工商管理优秀教材译丛

管理学系列

组织理论与设计

第 *12* 版

[美] 理查德 · L. 达夫特（Richard L. Daft） 著

Organization Theory and Design

Twelfth Edition

王凤彬 石云鸣 张秀萍 刘松博 等 译

清华大学出版社

北 京

北京市版权局著作权合同登记号　图字 01-2016-7437 号
Understanding the Theory and Design of Organizations, 12e
Richard L. Daft

图书在版编目(CIP)数据

组织理论与设计：第 12 版/(美)理查德·L. 达夫特著；王凤彬等译. —北京：清华大学出版社，2017(2022.1 重印)
(工商管理优秀教材译丛. 管理学系列)
书名原文：Organizaiton Theory and Design, 12e
ISBN 978-7-302-45403-8

Ⅰ. ①组…　Ⅱ. ①理…　②王…　Ⅲ. ①企业管理—组织管理学—教材　Ⅳ. ①F272.9

中国版本图书馆 CIP 数据核字(2016)第 260162 号

责任编辑：梁云慈
封面设计：常雪影
责任校对：宋玉莲
责任印制：杨　艳

出版发行：清华大学出版社
网　　址：http://www.tup.com.cn，http://www.wqbook.com
地　　址：北京清华大学学研大厦 A 座　　**邮　　编**：100084
社 总 机：010-62770175　　**邮　　购**：010-62786544
投稿与读者服务：010-62776969，c-service@tup.tsinghua.edu.cn
质量反馈：010-62772015，zhiliang@tup.tsinghua.edu.cn
印 装 者：三河市龙大印装有限公司
经　　销：全国新华书店
开　　本：185mm×260mm　　**印　张**：39.25　　**插　页**：2　　**字　　数**：897 千字
版　　次：2017 年 1 月第 1 版　　**印　　次**：2022 年 1 月第 8 次印刷
定　　价：89.00 元

产品编号：066251-02

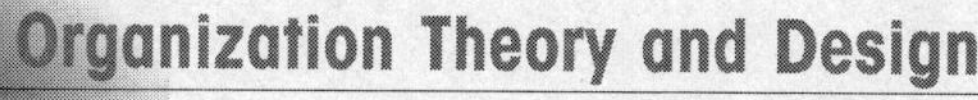

序　言

我编写《组织理论与设计》第 12 版的初衷，是以一种能激发学生兴趣和爱好的方式，将组织设计中出现的最新问题与重要思想及理论结合起来。为了更好地适应学生的学习需要，在第 12 版中，平均每章增加了 37 条新发现和新案例。新版继续保留了"问题引入"和"你适合哪种组织设计"两个栏目，同时更新了每一章的观点、案例、书评和综合案例。① 组织研究领域取得的成果和相关理论已非常丰富，且富有洞察力，这些能帮助学生和管理者更好地理解他们的组织和解决实际问题。我的使命就是从组织理论角度，将这些概念和模型与现实世界中变化的现象结合起来，提炼出最新的组织设计观点，供指导实际工作用。

第 12 版的新特点

总体而言，在学习组织理论课程的学生当中，许多人都没有丰富的工作经历，特别是缺少从事中高层管理工作的经历，而组织理论恰恰对中高层管理工作最为适用。还有些学生不愿花时间去读每章的开篇案例或章节末的案例，而将注意力集中在章节内容上。为了让学生置身于当今的组织世界，第 12 版在每一章开头编排了"问题引入"栏目，以引导学生思考并表达他们关于组织设计概念的想法和观点。"你适合哪种组织设计"栏目，安排在每章中间，以激发学生思考他们的个人风格和行为方式如何与组织设计相适应。其他的经验性内容，如新书评介、新应用案例、新教学案例等，用来引导

① 书尾附有 12 个案例，本译本中略去。——译者注

学生运用每章的新概念。这些着实扩展和更新了本书的内容,提高了它的可读性和易接受性。使用这些教学工具可以提高学生们对课本内容的参与程度。

你适合哪种组织设计

"你适合哪种组织设计"以简短的问卷形式安排在每章中间,问卷内容主要涉及学生自己的行为方式和偏好,通过问卷我们可以很快知道学生是如何适应特定组织或情境的。例如,问卷主题包括:"你的文化智力如何","你的战略表现力","你是否已经准备好承担国际化角色","企业文化偏好","制定目标是你的强项吗","你如何制定重要决策","个人网络",等等。这些调查问卷的回馈可以将学生的个人偏好和章节内容联系起来,从而增强本书的趣味性,并阐明概念之间的关联。

问题引入

本书将三个简短的观点性论题安排在每章开头,鼓励学生对即将学习的材料和概念表达自己的观点。开篇设计这些问题是基于这样的考虑:当学生们首次表达自己的观点时,他们的思想更自由,而且会对与开篇问题相关的内容产生兴趣。例如,要求学生们做出同意或不同意回答的问题有:

一定数量的冲突对组织来说是有益的。

企业绩效的最佳衡量指标是财务指标。

明智的组织应该鼓励管理者使用推特等社交网络。

CEO最重要的责任是确保组织设计正确。

管理者应该强调共同价值观、相互信任、为组织使命做出贡献,以此来控制员工行为。

与"问题引入"的三个开篇问题相对应,每章还包括了与此对应的"评价你的答案"栏目,让学生们将他们最初的观点与基于章节概念的正确或最合适答案进行比较。通过比较,学生们可以知道他们关于组织的心智模式和想法是否同组织世界相一致。

新书评介

"新书评介"是一些简短的书评。该栏目的书评内容反映了在现实组织中工作的管理者们所关注的一些当前研究的热点问题。书评中介绍了企业面对当今多变环境的挑战所采用的方式,这也是本书的一大特色。第12版新的书评包括《选择成就卓越》、《蓝海战略》、《有觉悟的资本主义:解放企业的英雄气概》和《创新公司:皮克斯的启示》。

应用案例

新版中编入了大量的新案例，用以说明理论概念。有许多国际企业的案例，而且所有的案例都取材于真实的组织。本书各章节中新添加的案例包括：富士胶片控股株式会社(Fujifilm Holding Corporation)、嘉年华邮轮公司(Carnival Cruise Lines)、阳狮集团和宏盟集团(Omnicom and Publicis)、安利公司(Amway)、哈雷戴维森公司(Harley Davidson)、晨星公司(Morning Star)、维尔福软件公司(Valve Software)、亚马逊公司(Amazon)、怪诞星期五管理技术(Freaky Friday Management Technique)、彭博资讯公司(Bloomberg PLC)、苹果公司(Apple)、塔可钟和菲多利(Taco Bell and Frito Lay)、欧莱雅公司(L'Oreal)、美国军队(the U. S. Military)、鲍克斯公司(Box)、伯灵顿北方圣太菲铁路运输公司(BNSF Railway)、丰田汽车公司(Toyota Motor Corporation)、荷兰皇家壳牌公司(Royal Dutch Shell PLC)、联合健康集团(United Health Group)、忠实航空公司(Allegiant Travel)、梵蒂冈(The Vatican)、耐克公司(Nike)、理查德·基诺里公司(Richard Ginori)、恺撒娱乐公司(Caesar's Entertainment)、国际戏剧舞台工作者联盟(International Alliance of Theatrical Stage Employees)、戴尔公司(Dell)、乔治亚州桑迪斯普林斯镇(Town of Sandy Springs, Georgia)、松下公司(Panasonic)、美捷步公司(Zappos)和纳拉亚纳·赫如达亚拉亚医院(Narayana Hrudayalaya Hospital)等。

图表

经常出现的图表可以帮助学生将组织关系视觉化，并能够更清晰地传递理论概念。

设计要点

这部分是小结和说明，告诉学生如何能在更广阔的组织理论与设计情境下掌握各章的知识要点。

案例分析

这些案例和每章的理论概念相配套，为学生分析和讨论提供工具。新增的分析案例包括：“没那么简单：罗伊斯咨询公司的结构变革”“维纳布尔艺术博物馆”“CPI公司：发生了什么？”“杀毒软件公司：软件工具项目”“雅虎：上班了！”“赛车手与赛车公司”以及“美第奇地中海餐厅”。

新概念

这个版本中新增和扩展了很多新的概念。新的内容包括：日益复杂的组织环境(increasing complexity of the organizational environment)；社交商业(social business)；目标冲突与混合型组织(goal conflict and the hybrid organization)；大数据分析(big data analytics)；绿色运动与可持续性(the green movement and sustainability)；合作的必要性(the need for collaboration)；社交网络分析(social network analysis)；准理性(quasirationality)；管理者的决策偏差(manager decision-making biases)；破坏性创新的几个阶段(stages of disruptive innovation)；智能工厂(the smart factory)和制造业的趋势；创新竞技和众包(innovation contests and crowdsourcing)；资源依赖型关系的类型(types of resource-dependent relationships)；高度分权和去领导化组织设计(radical decentralization and bossless organization design)；自觉资本主义(conscious capitalism)；建立全球团队(global teams)是缓解全球一致性(global uniformity)和本地响应性(local responsiveness)之间张力的有效方式。

章节结构

每一章都有高度的针对性并有严密的逻辑结构。现有的许多关于组织的教材都将资料按观点依次排列，如“观点 A”“观点 B”“观点 C”等。《组织理论与设计》一书则是着重展现理论在组织中的应用。而且，每一章都紧扣关键的知识点展开叙述，不向学生介绍过多的学术资料，或组织研究者们所采用的不同研究方法及其易导致学生理解上混乱的各种观点差异。书中所介绍的绝大部分内容都围绕着本书将要阐明的组织发展的主要趋势这一条主线。有几章还建立了将主要的观点纳入一个总体架构中的知识框架。

本书在反复使用中经受了学生的广泛检验。来自学生和各院校同人的反馈意见已经吸收到修订版中。本书的设计是通过将组织理论的有关概念与新书评介、实践探索、自我洞察力问卷、案例展示、体验性的练习，以及其他新的教学手段等融于一本教材中，从而更好地满足学生的学习要求。学生们对此给予了积极的反馈。

补充内容

同步网站

同步网站包含了与课程相关的重要的教学资料。使用者可以在网站上下载电子版教学资源，主要包括教师手册、试题库和课件，我们对这些资料进行了加密处理。

要获得这些材料和同步资料，请登录网站 www. cengagebrain. com。在网站的首页上，您可以使用页面顶部的检索框查找 ISBN 号，通过检索您可以查找到免费的课程同步资料。

教师手册

教师手册包括章节回顾、章节概要、讲座提升、问题讨论、练习册活动讨论、案例讨论以及综合案例的注释说明。试题库包括选择题、正误判断和论文写作。

Cognero 试题库

Cognero 试题库含有易于使用的出题软件。教师可以增加或编辑问题、使用说明和答案，而且可以通过屏幕显示进行随机或者数字顺序选择材料。教师还可以在线编写和管理考试试题。

多媒体课件

多媒体课件和报告为教师采用多种上课方式提供了方便。将本教材和教师资源指南相结合，共有 150 张幻灯片可供使用。这些课件包括教材中的数据和表格，还有教材以外的补充内容。这些材料是按教材章节顺序组织起来的，可以在个人使用过程中被修改或扩展。

《组织理论与设计实践练习》第二版

由北佛罗里达大学(University of North Florida)的 H. 尤金 · 贝克三世(H. Eugene Baker Ⅲ)和史蒂文 · K. 保尔森(Steven K. Paulson)所著。

为了帮助学生更好地理解和应用组织理论与设计的基本原理，《组织理论与设计实践练习》设计了一系列针对性的课堂练习。本书的主要内容安排与达夫特《组织理论与设计》(第 12 版)的主体目录相对应。本书各章节广泛涵盖了组织理论与设计领域的相关概念。每一章节对应一个特定的主题，比如组织权力、生产技术、组织文化等，而且提供了所有必需的材料以方便学生全面参与三种不同的练习。一些练习需要完全由个人完成，一些需要由小组完成，还有一些两种方式均可。从仪表器材的使用到评估性问卷调查，再到真实的创造性生产活动，都包含于本书之中。

致谢

教材的编写是一项由团队共同完成的事业。第12版凝聚了许多我要致以由衷感谢的人们的聪慧思想和艰辛劳动。上一版的评审者和为此特设的小组的成员,对新版本的修订做出了特别重要的贡献。他们在对本教材的许多特点表示认可和赞赏的同时,也对那些不足之处提出了一些批评和建议。我要感谢对本教材做出重要贡献的以下各位:

阿拉斯加东南大学的大卫·阿克曼(David Ackerman)

得克萨斯泛美大学的简·勒马斯特(Jane Lemaster)

纽约州立大学新帕尔茨分校的克莉丝汀·巴克豪斯(Kristin Backhaus)

纽约州立大学新帕尔茨分校的金姆·卡斯沙斯基(Kim Lukaszewski)

休斯敦浸礼会大学的迈克尔·伯恩(Michael Bourke)

圣托马斯大学的史蒂文·马瑞威勒(Steven Maranville)

卡梅隆大学的苏赞尼·克林顿(Suzanne Clinton)

贝乐大学的瑞克·马丁内斯(Rick Martinez)

得克萨斯女子大学的帕特·德里斯科尔(Pat Driscoll)

芒廷州立大学的安·玛丽·奈叶(Ann Marie Nagye)

萨姆休斯敦州立大学的乔·安尼·达菲(Jo Anne Duffy)

印第安纳大学的詹尼特·涅尔(Janet Near)

墨瑟大学的切尔·杜沃(Cheryl Duvall)

得克萨斯女子大学的朱利·纽克默(Julie Newcomer)

东肯塔基大学的艾伦·恩格尔 (Allen D. Engle, Sr.)

利伯缇大学的弗兰克·诺兰(Frank Nolan)

密苏里州立大学的帕特里夏·费尔特斯(Patricia Feltes)

乔治·福克斯大学的阿斯比乔·奥斯兰(Asbjorn Osland)

索诺马州立大学的罗伯·特格林(Robert Girling)

尼科尔斯州立大学的莱恩·皮扎诺特(Laynie Pizzolatto)

威斯康星大学白水分校的叶芝·高笛瓦勒(Yezdi H. Godiwalla)

纽约州立大学德里学院的保拉·里尔登(Paula Reardon)

马里兰大学的约翰·A. 古尔德(John A. Gould)

艾比伦基督大学的萨曼莎·赖萨(Samantha Rice)

斯普林爱伯大学的乔治·格里芬(George Griffin)

密歇根大学的理查德·萨沃德(Richard Saaverda)

印第安纳大学南本德分校的勒达·麦金泰尔·豪尔(Leda McIntyre Hall)

威斯康星大学的 W. 罗伯特 · 桑普森(W. Robert Sampson)
宾夕法尼亚州立大学的拉尔夫 · 汉克(Ralph Hanke)
南密西西比大学的埃米 · 希弗(Amy Sevier)
帕波戴大学的布雷斯 · J. 汉森(Bruce J. Hanson)
帕波戴大学的 W. 斯科特 · 舍曼(W. Scott Sherman)
罗斯福大学的托马斯 · 黑德(Thomas Head)
芒廷州立大学的马乔里 · 史密斯(Marjorie Smith)
斯蒂文斯理工学院的帕特丽夏 · 霍拉汉(Patricia Holahan)
弗吉尼亚联邦大学的 R. 斯蒂芬 · 斯密斯(R. Stephen Smith)
明尼苏达州立大学的乔恩 · 卡林沃思琪(Jon Kalinowaski)
陶森大学的菲利兹 · 塔巴克(Filiz Tabak)
杜兰大学的吉斯皮 · 拉比楠卡(Guiseppe Labianca)
科宾州立学院的托马斯 · 特瑞尔(Thomas Terrell)
东南路易斯安那大学的杰克 · 图斯(Jack Tucci)
德拉瓦大学的理查德 · 维斯(Richard Weiss)
威尔明顿大学的蕾妮 · 泰尔(Renee Tyre)
圣克拉拉大学的朱迪斯 · 怀特(Judith White)
北卡罗来纳州农工大学的艾赛亚 · 阿波诺(Isaiah Ugboro)
北达克达大学的简 · 扎哈里(Jan Zahrly)
北得克萨斯州大学的沃伦 · 沃森的(Warren Watson)

我要感谢范德比尔特大学欧文学院的朋友和同事们给予我的鼓励和支持,他们是布鲁斯 · 巴里(Bruce Barry)、里奇 · 奥利弗(Rich Oliver)、大卫 · 欧文斯(David Owens)、泰 · 帕克(Ty Park)、朗高 · 瑞曼(Ranga Ramanujam)和巴特 · 维克托(Bart Victor)。我还要特别感谢埃里克 · 约翰逊(Eric Johnson)主任和萨尔 · 马奇(Sal March)副主任,他们为我提供了时间和资源,使我可以阅读最新的组织设计文献并进行新版的写作。

我要向辅助我修订本教材的助手帕特 · 莱恩(Pat Lane)致以特别的谢意。在本书再版的整个过程中,帕特提供了重要的帮助。她娴熟地整理了各种专题和实例材料,收集了许多相关资料,在按版式要求编辑书稿、页码对照,以及辅助资料准备方面作出了重要贡献。帕特的热情与细心使本书第 12 版达到了更高的水平。我还要感谢蒂姬 · 莱斯特(DeeGee Lester),她更新了每一章章末的教学案例和综合案例。蒂姬独创性的写作技巧为本书带来了更多活力,大大提升了学生参与讨论和解决组织问题的激励力与趣味性。

圣智学习出版公司(Cengage Learning)的团队也特别值得一提。斯科特 · 皮尔森(Scott Person)在设计该项目方面做了杰出的工作,同时还对本书的修订提出了改进建议。负责内容开发管理的苏珊娜 · 怀尔德(Suzanne Wilder)和乔什 · 威尔斯(Josh Wells)工作非常出色,在人员和计划按照时间安排行动的同时,还创造性地迅速处理了一些难题。项目经理詹妮弗 · 齐格勒(Jennifer Ziegler)和约瑟夫 · 马尔科姆(Joseph Malcolm)拥有高超的协调能力,并利用他们创造性的管理技能保证了本书的按时完成。市场营销经理艾米丽·霍洛维茨(Emily Horowitz)、市场总监克里斯汀·赫德(Kristen Hurd)以及市场协调员克里斯多夫·沃尔兹(Christopher Walz)为我们提供了很多支持、创造性的想法和有价值的知识。

最后,我还想感谢我的女儿们,丹妮尔(Danielle)、艾米(Amy)、萝克珊(Roxanne)、索兰格(Solange)和伊丽莎白(Elizabeth)对我的支持和爱,还有我的外孙纳尔逊(Nelson),是他们使我的生活有了特殊的意义。

理查德·L.达夫特
田纳西州纳什维尔市
2015年1月

目　录

第Ⅰ篇　组织导论

第Ⅱ篇　组织目标与结构设计

第Ⅲ篇　开放系统设计要素

第Ⅳ篇 内部设计要素

第Ⅴ篇 动态过程管理

第Ⅰ篇

组织导论

ORGANIZATION THEORY AND DESIGN

第1章 Organization Theory and Design

组织与组织理论

问题引入

在阅读本章内容之前，请先看下面的问题并选择答案。

1. 通过了解创建组织的人就可以了解这个组织。

同意________　　不同意________

2. 商业组织的管理者最主要的职责是获得最高效率。

同意________　　不同意________

3. CEO最重要的责任是确保组织设计正确。

同意________　　不同意________

引例：施乐公司

可能每个人都曾经使用过“施乐”这个词来作为复印设备的代名词。施乐公司在复印机领域建立了自己的辉煌业绩。在21世纪前夕，施乐公司看起来处于世界之巅，收入增长迅猛，股价飙升，新的电脑化复印机在技术上领先于竞争对手。不到两年时间，很多人已经把施乐看成明日黄花，注定要在时间延续中凋谢。这主要是基于以下事实：

- 竞争对手追赶上了施乐的高端数码技术，以更低的价格提供同档次的产品，导致施乐的销售额和收入大幅缩水。
- 在21世纪的第一年施乐就亏损了3.84亿美元。后来赤字进一步扩大，债务总额高达180亿美元。
- 股价从64美元的高位跌至不足4美元，申请联邦破产保护的恐慌弥漫。在18个月的时间里，施乐股东的财富损失了380亿美元。
- 22 000名员工失去了工作，留下的员工的士气与忠诚度也受到削弱。主要客户也被疏远了，这是因为公司的再造将销售人员置于其不熟悉的领域，并将账务搞乱了，这导致了大规模混乱和记账错误。

施乐怎么了?

这是一个组织衰落的经典故事。尽管施乐看起来是一夜之间跌至谷底,但其实最近的这些问题是与这家公司多年来的一系列错误联系在一起的。

施乐在1906年成立时是一家生产成像用的化学原料卤化盐的公司,在1959年时,生产出世界上第一台复印机。毫无疑问,这种914复印机是一个生钱的机器。20世纪70年代初期,当914复印机停产时,它是有史以来卖得最好的工业产品。而这家公司的新名字"施乐",在字典中成为"影印"的同义词。然而,像很多赚钱的公司一样,施乐成为它自己成功的受害者。毫无疑问,领导者意识到了为保持增长,公司应该在复印机之外有所突破。但是,他们发现这种视野上的突破非常困难,毕竟914复印机的毛利润率达到了70%。

施乐保罗奥托研发中心(Xerox's Palo Alto Research Center, PARC)成立于1970年,以创新闻名于世。很多计算机产业中的革命性技术都诞生在这里,比如,个人电脑(PC)、图形用户界面(Graphical user interface)、以太网(Ethernet)和激光打印机。但是"复印机官僚体系",也就是被熟知的"Burox",蒙住了施乐领导人的眼睛,使得他们看不到这些创新的巨大潜力。当施乐在卖复印机这条路上蹒跚前行时,更年轻的、更小的公司却将PARC的技术开发成了赚大钱的产品和服务。一位前任的施乐经理说:"在施乐,只要股价尚可接受,除非公司出现危机,否则它就不会运转得很快。"

施乐的市场份额从95%跌到了1982年的13%。由于没有新产品以弥补差距,公司不得不学习日本风格的技术和全面质量管理,艰难地削减成本,收回市场份额。依靠CEO戴维·科恩斯的领导力,公司重整了人马并在1990年再次焕发出了活力。但是,他也同时把施乐引向了未来的灾难之路。为了寻求多样化,科恩斯将公司大规模地转向了保险和金融服务业。在他1990年将权力交给保罗·阿莱尔(Paul Allaire)时,施乐的资产负债表上已经有数十亿美元的保险负债了。

进入数字时代

阿莱尔很明智地采取了系统性的、有条不紊的方法将施乐解救出保险和金融领域。同时,他发动了成本削减和新产品引进的混合战略,使得这家笨重的公司继续前行。施乐在一系列的数字印刷和新的高速复印机上取得了成功,但是由于低估了喷墨打印机的威胁而再次犯下错误。

台式打印机,加之越来越多地使用互联网和电子邮件,大大减少了施乐复印机的销售额。人们不再需要以往那样多的复印,但是被创造和分享的文件的数量却大大增加了。阿莱尔将施乐的品牌重新塑造为"文件"公司,以此进入数字时代。他的想法是希望能够以复兴的IBM为榜样再造施乐,不仅仅提供"盒子"(机器),而是提供完整的文件管理解决方案。

作为这个战略的一部分，阿莱尔挑选了从IBM挖过来的理查德·托曼(Richard Thoman)作为自己的继任者。托曼曾是路易斯·郭士纳(Louis Gerstner)的左膀右臂，来到施乐后就任总裁、首席运营官(COO)，并最终成为CEO，被视为公司能够回到光辉岁月的希望所在。但仅仅13个月后，随着收入和股价的持续下滑，他被阿莱尔解了职，后者仍然担任董事会主席。

文化问题

阿莱尔和托曼互相指责对方没有成功地实施数字战略。然而，局外人却认为这次失败更多的还是因为施乐的失调文化：反应迟缓，一些人说在阿莱尔的领导下，公司已经完全陷入政治化的泥潭。托曼被引进本来是推动变革的，但是当他尝试去做的时候，旧势力就起来反抗了。管理层的斗争出现了这样的对垒：一方面是外来者托曼与少数的同盟者；另一方面是阿莱尔和他的内部人集团，他们熟悉施乐做事情的固有套路。由于他的知识、商战经历和强硬态度，托曼被认为有些傲慢和不易接近。他从没有对关键经理人员和员工施加过实质的影响，也没有得到过站在阿莱尔背后的董事会成员的支持。

这次失败的CEO交接显示了再造这家百年老店的巨大挑战。在托曼到来前，施乐已经在过去的将近20年里经历了多轮的重构、成本削减和再造，但是真正的变化却很小。有些人怀疑没有人能够拯救施乐，因为它的文化已经过于功能失调和政治化了。"总是存在内部人和外来者的对垒"，一个前任经理说道，"他们修剪了树枝，但是当仔细看时，他们会发现同样的那群老猴子仍然坐在树上"。

重振百年基业

2001年8月，阿莱尔将CEO的缰绳交给了安妮·玛尔卡希(Anne Mulcahy)，一个受人欢迎的24年老兵。她最初在施乐是复印机销售员，之后顺着层级一路上升。尽管她具有内部人的身份，但玛尔卡希表示她非常希望挑战施乐的现状。自从玛尔卡希接管施乐以后，施乐的业务取得了巨大好转，这让那些充满质疑的分析家、股东和员工们惊讶万分。

她是如何做到的？没有人认为玛尔卡希能够拯救施乐，但是事实证明她是一个很强势的决策制定者。她发起了一个数十亿美元的转型计划，包括大规模成本削减和停掉几个赔钱的业务和部门，这其中就包括她之前所在的部门。她坦言公司的真实状况，包括好的、坏的和不堪面世的，但是她对雇员的状况同样关注。她为雇员们提供尽可能的帮助，让雇员们看到未来的希望。很少有人知道，玛尔卡希正在努力地拯救施乐。在解聘雇员以后，她告诉人们她很抱歉，她让雇员发泄心中的不满。玛尔卡希亲自调查并处理一项有关会计欺诈的案件，坚持认为她本人的参与是非常必要的，这样可以发出对商业伦理新承诺和承担社会责任的信号。她直接要求债权人在新的管理团队做出必要改变之前不要催讨债款。

玛尔卡希将大部分生产业务外包出去，只将重点放在创新和服务上。除了致力于新产品的研发，施乐开始进入文件管理服务、IT咨询和数字印刷等高增长领域。一系列的并购使施乐公司进入了新的市场,加强了它在中小商业客户中的基础。

"我们不再生产复印机"

玛尔卡希当然也在计划着物色合适的下任CEO。2009年,玛尔卡希把最高职位转交给了她的副主管,乌苏拉·伯恩丝(Ursula Burns)。伯恩丝成为《财富》五百强企业中第一个非洲裔美国女性管理者。同玛尔卡希一样,伯恩丝在担任CEO之前也已经在施乐工作了数十年,此间逐级晋升。在获得哥伦比亚大学的工程学硕士学位之前,伯恩丝在施乐公司只是一个实习生。正如施乐用它的复印机主导了昨日的办公室市场,伯恩丝开启了主导未来办公室市场的新篇章。施乐开始将一多半的业务转向服务,比如高速公路和桥梁的电子收费解决方案运行、保险索赔处理、客户呼叫中心管理等。施乐还运营着加利福尼亚的停车收费系统。通过使用该系统,车主可以接收到有关停车信息的电话,被告知"下一街区有一个停车场",然后支付一定费用。这项服务使得市政能够在停车位紧张期间最大化停车收益。在曾经的招聘会上,人们对施乐展板上的新技术视而不见,而是对谷歌和IBM展板上的新技术颇感兴趣,施乐首席技术官索菲·范德布洛克(Sophie Vandebroek)对此无法忍受。为此,她在几年前立了一块新招牌,说"我们不再生产复印机了"。这引起了很多人的关注和疑问,"那你们要做什么呢?"

这家美国象征性企业在近乎倒闭的十多年之后,再一次得到了世界的认可。公司的定位是通过开发企业内容管理系统进入高德纳公司(Gartner Inc.)的魔力象限中的"远见者"(Visionaries)象限,为客户提供高效的内容管理系统服务,包括现场管理和云服务解决方案。这是"完美的黎明"代替了"完美的风暴"吗?伯恩丝和她的高层管理团队深信施乐公司能够灵活应对当今的经济疲软和衰退,但是在瞬息万变的组织世界,没有什么是确定的。[1]

应用中的组织理论

欢迎来到组织理论所要探讨的现实世界。施乐公司的命运奇迹般地扭转说明了组织理论的实际运用的重要性。施乐公司的管理者们在他们工作的每一天都深深涉身于组织理论中,只不过他们还没有认识到而已。这些管理者没有能够完全了解他们的组织是如何与环境发生着千丝万缕的联系,也不清楚他们的组织内部应该如何运作。组织设计理论为我们提供了评价和理解组织的工具,让我们明白为何有些组织获得了成长和成功,而其他组织没有。它帮助我们理解组织过去发生的事情,以及未来将要发生的事情,借此我们可以更有效地管理组织。熟悉组织理论就能帮助安妮·玛尔卡希和乌苏拉·伯恩丝分析和诊断所发生的事情,帮助施乐公司在快速变化的世界中保持竞争地位。组织理论给我们提供了一个解释施乐公司衰落和玛尔卡希转型的工具,并且能够帮助我们理解伯恩丝保持施乐竞争能力的一些做法和步骤。

大多数组织都面临着与施乐公司相似的问题和挑战。例如,柯达曾经统治了胶卷行业的江山,但是未能适应数字化的趋势。柯达发明了第一台数码相机,而且耗资数亿美元开发数字技术,但是管理者们担心数字技术会和他们原有的利润丰厚的胶片业务自相残杀,没有勇气将其投入市场。现在,柯达公司已进入打印机和油墨市场,为生计而奋斗。[2] 我们还可以来看一下美国政府近些年来表现出的戏剧性组织失误。有消息传出,负责美国总统贝拉克·奥巴马(Barack Obama)访问哥伦比亚卡塔赫纳(Cartagena)安保工作的人员进入一家脱衣舞俱乐部,喝醉了酒,并将妓女带到了酒店的房间。美国特勤局(The Secret Service)为此卷入了一场公共关系的噩梦。数名特工被解雇,在参议院下属委员会对事件控制情况作出解释之前,特勤局局长马克·苏利文(Mark Sullivan)及其他管理人员将被传唤。该机构在 2014 年 3 月底再次陷入困境,一名随行奥巴马访问荷兰的安保人员喝醉了酒,神志不清地倒在了阿姆斯特丹酒店的走廊里,三名特工为此被遣送回国。[3] 由于决定要对保守派茶党团体(Tea Party groups)的免税申请进行额外筛选,美国国税局(Internal Revenue Service,IRS)的声誉受到了挑战。长期以来,国税局一直对一些团体的免税申请增加审查程序,可能存在免税政策的欺诈性使用。批判人士称,该机构针对保守派政治组织的不当行为越来越离谱,在有些情况下,免税申请会被推迟很多年才通过。[4]

本书的主题

本书所涵盖的每一个主题都已经在施乐公司案例中得到了佐证。事实上,担任像施乐、柯达、特勤局、国税局这样的组织的管理者,经常会面对一系列的挑战。比如:

- 组织如何适应和控制诸如竞争者、顾客、政府以及债权人这样的快速变化的外部环境?
- 为了帮助组织维持有效性,战略和结构应做何变革?
- 组织如何避免可能威胁到企业诚信的管理道德缺失?
- 管理者如何处理组织规模过大和官僚主义的问题?
- 如何在管理人员中间巧妙地运用权力和权术?
- 如何管理内部冲突以及工作单元间的协作?
- 组织需要什么样的文化,管理者如何塑造这种文化?
- 组织需要什么样的创新和变革,以及需要多少这样的创新和变革?

这些都是组织设计所关注的问题。组织设计理论适用于所有行业中所有类型的组织。例如,韩国现代(Hyundai)的管理者致力于质量、成本控制和顾客满意,将曾经被认为是有着较差声誉、只会生产低价汽车的韩国汽车企业转变成为世界第四大汽车生产者。鲍勃·伊格尔(Bob Iger)和他的高层管理团队通过有效地管理内部冲突和提升公司内部以及公司与外部伙伴之间的关系,实现了沃尔特·迪斯尼(Walt Disney)的复兴。高端化妆品企业雅诗兰黛(Estée Lauder)的管理者们在衰退的经济环境中通过整顿提高了销售量。[5] 所有这些企业都使用了基于组织设计的概念。组织设计理论同样适用于非营利性组织,比如联合之路(United Way),美国慈善协会(American Humane Association),地方艺术组织、学院和大学,还有帮助晚期重症孩子实现愿望的组织——许愿基金会(Make-A-Wish Foundation)。

组织理论可以帮助我们从诸如施乐、沃尔特·迪斯尼、联合之路这样的例子中总结经验和教训,让学生和管理者受益。就像我们的开篇案例施乐公司所展示的,不管组织多大多成功,它们都是脆弱的,经验不是自然而然获得的,和它们的决策制定者一样,组织的承受力是有限的。研究表明,许多新创企业的存活时间超不过五年,然而,也有一些组织能保持 50 年甚至 100 年的茁壮成长。本章的新书评介部分概述了一些有助于组织长期发展的特征。组织绝不是静态的,它们需要不断地调整以适应外部环境的变化。今天,由于环境中出现的新挑战,许多公司正面临着将自己转变为与以往极为不同的组织的需要。

吉姆·柯林斯(Jim Collins);莫滕·托马斯·汉森(Morten T. Hansen)

选择成就卓越(*Great by Choice: Uncertainty, Chaos, and Luck—Why Some Thrive Despite Them All*)

吉姆·柯林斯是畅销书《从优秀到卓越》的作者,他曾花费多年时间观察相同时代的、经营状况比较好的公司,研究它们如何在动荡、不确定以及危机重重的艰难时期还能运营良好。《选择成就卓越》是他最新出版的一本书,由柯林斯团队和管理学教授莫滕·汉森共同完成,该书主要介绍了各种能够帮助公司取得成功的管理措施。

企业能够取得长期成功的三个特点

在《选择成就卓越》一书中,吉姆·柯林斯和莫滕·汉森首先介绍了 4 家至少在 15 年内比行业平均水平领先 10 倍的优秀企业,并将这些企业称为"10 倍领先者"(10Xers)。这些"10 倍领先"企业包括:美国西南航空公司(Southwest Airlines)、安进公司(Amgen)、英特尔公司(Intel)以及前进保险公司(Progressive Insurance)。然后,作者将"10 倍领先"企业和稍逊一筹的同类企业进行了对比。"10 倍领先"企业的管理者具备以下 3 个特征。

(1) 严格的自律。在《选择成就卓越》一书中，吉姆· 柯林斯和莫滕·汉森用 20 英里法则(20 Mile Marching)来描述企业的经营原则：为达到最终的目标，必须要有稳定而又持续的行动，这要求人们既要有实现目标的决心，又要有适可而止的自我控制能力。相比远大且收益较高的目标，"10 倍领先"企业的管理者们更加倾向于持续稳定的收益和进步。以英特尔公司的安德鲁·格罗夫(Andrew Grove)为例，在了解到存储芯片的技术环境和商业环境极其复杂多变之后，安德鲁放弃了生产存储芯片的想法。

(2) 经验性创造。《选择成就卓越》一书用了整整一章来描述"子弹先行，再放炮弹"的循序渐进的方法。"10 倍领先"企业的管理者们常常是先"发出一颗子弹"，以试探使用的方法或措施是否有效，然后再"发射炮弹"，使出重拳。吉姆·柯林斯和莫滕·汉森在书中写道："在发射炮弹之后，你需要坚持 20 英里法则，以获取最大程度的成功。"

(3) 居安思危。赫布·凯勒赫(Herb Kelleher)是美国西南航空公司(Southwest Airlines)的创始人，也是该公司的前任首席执行官。即使没有经济危机的预兆，他也总是处于要为下一次经济衰退做好准备的状态中。在经济状况良好的时候，"10 倍领先"企业的管理者们也会保持居安思危的心态，未雨绸缪，防微杜渐。此外，他们会为企业建立一个"缓冲区"，并将"缓冲器"落到实处，以应对各种突发事件。

面对变化时的控制力和纪律性

改变不可避免，而创新是公司得以发展的必然要求。公众和媒体更钦佩和敬畏那些勇于承担风险的公司。但柯林斯和汉森认为，最终能够实现长期发展的，必然是那些目标明确、讲究方法而又坚持不懈的公司，比如西门子移动通信投资公司(SMaC)。同时他们认为，"落后一步"有时候效果会更好。成功的企业通常会为那些不可预知的风险和变化事先做出十分周密的准备。这些企业一般不会选择承担较大的风险，并且会为他们涉足的所有领域预留充足的缓冲余地。这些企业的管理者注重依靠证据做决策，并且相对于所谓的大赢家，他们更加偏爱稳定而又持续的收益。

"接下来会发生什么呢?"作者在提问的同时回答道，"我们所知道的，就是没有人会知道接下来会发生什么。但是有些企业及其领导者却在大家都不知道将来会发生什么的情况下发展得特别好……这些企业实现的是长久的发展。我们知道，混乱、不确定性与动态性并存的环境并不好，无论是企业、领导者、组织，还是我们的社会，都很难在混乱的状态下实现繁荣发展。但这些'10 倍领先'企业做到了。"

Great by Choice, by Jim Collins and Morten T. Hansen, is published by HarperBusiness.

当前的挑战

通过对成百上千个组织进行研究而形成的组织理论,提供了使施乐和其他组织能够更有效运行的知识基础。组织在今天所面临的挑战与过去的情况就相当不同,组织的概念和组织理论就在这一进程中不断演进。现在,世界的变化比以前更快了,管理者们必须对组织进行定位,以适应新的需要。组织所面临的一些具体的挑战包括全球化、日益激烈的竞争、保持高标准的商业伦理和绿色化实践、对环境和顾客需求的变化做出快速反应,以及融入社交商业活动和利用大数据。

全球化

对于今天的组织来说,世界变得越来越小的描述已在很大程度上成为了现实。市场、技术、组织之间的相互联系愈加紧密。[6] 今天成功的组织必须能在世界的任何地方都感到"身处家中"。能够培养企业全球化视角的管理者是目前最需要的人才。比如日本汽车制造企业尼桑公司(Nissan)的首席执行官卡洛斯·戈恩(Carlos Ghosn),他是一位出生于巴西的黎巴嫩裔法国人。再比如美敦力公司(Medtronic)首席执行官奥马尔·伊什拉克(Omar Ishrak),他是孟加拉国人,在英国接受过教育,又在美国工作了近二十年。[7]

公司可以将组织中的各部分分布于最有利于开展业务的不同地方,如总部设在某个国家,而技术智囊中心和生产设施却设在其他地方。美国福特汽车公司首席执行官艾伦·穆拉利(Alan Mulally)将三分之一的时间用在了与中国有关的事务上。福特进入中国的时间比较晚,到2013年只占领了中国汽车市场3%的份额。穆拉利表示,他打算在中国再建五家汽车生产厂,将经销商的数量翻一番,向中国推出15款新车,并在2014年把林肯品牌汽车推向中国市场。"显然,这将让我们保持最快的增长速度,"穆拉利说。[8]

一个相关的趋势就是全球外包,把一些功能外包给其他国家的组织,或与外国组织建立战略伙伴关系以获得全球优势。跨国并购以及在其他国家建立有效的业务关系对于企业的成功至关重要。众多大型跨国公司都在积极寻求国际化经验丰富并且能够在不同文化之间自由转换的管理人员。然而全球化运营并非易事。2012年,几家建在孟加拉国的成衣生产厂发生了火灾,2013年,另一家服装生产厂发生倒塌,1100多名工人在这些事件中丧生。孟加拉国恶劣的工作条件受到了关注。许多零售企业,诸如沃尔玛(Walmart)、海恩斯莫里斯(H&M)、塔吉特(Target)以及其他大型企业,将生产放在巴基斯坦、柬埔寨、印度尼西亚和越南等其他低薪国家时,也存在工作条件太差的问题,而这些国家承担着全球大部分的服装生产工作。欧洲和美国零售企业都发布了改善海外工厂生产条件的计划,但是如何有效监控低薪国家的承包商和分包商是其中的一项巨大挑战。[9] 除了服装生产之外,苹果公司(Apple)、亚马逊(Amazon)以及其他西方国家企业在将其生产业务外包给海外承包商时,也遇到了很多问题。[10]

激烈的竞争

全球越来越紧密的联系为企业提供了优势，但同时也意味着企业的经营环境充满了更多的竞争。顾客需要低廉的产品价格以及产品和服务的质量保证，能够同时满足这两点的企业才能成功。在低薪国家的外包商支付的工资经常比美国公司低 50%～60%，所以提供相同服务的美国公司不得不寻找新的竞争途径或者进入新的业务领域。[11]一位企业家将生产工厂设在了中国深圳，生产一种新型的笔记本电脑电池。她本想在美国设立生产基地生产产品，但是她在美国的合约制造商要求她预先支付上百万美元的费用，这种要求在中国是不会发生的。[12]

在当今不景气的经济环境中，所有行业中的企业都感受到了降低成本和维持低价格的压力，但同时它们也必须增加研发投资，否则就会在创新驱动的全球竞争中落伍。德州仪器公司(Texas Instruments，TI)最近宣布它正在从移动芯片业务中抽身，原因是来自智能手机制造商的竞争太过激烈。该公司打算削减 1100 个工作岗位，以推动重点业务的转型，新的业务重点包括开发用于汽车和工业设备的新型嵌入式处理器。[13]我们再来看一下麦当劳。麦当劳(McDonald's)的经理们正在寻求丰富的菜单和吸引新顾客的途径，麦当劳实验室正在努力降低每美元菜单的成本。随着诸如奶酪、牛肉和圆形面包等原材料成本的上涨，麦当劳不得不削减内部成本，否则就会赔钱。[14]汽车保险公司正在寻找新的竞争途径，司机们面对过高的汽油价格都在想方设法降低交通成本。[15]

商业伦理和绿色运动

当今的管理者面临着来自政府和公众各方面的压力，他们的组织和员工必须具备较高的伦理标准和职业标准。伴随着越来越多的道德失误和财务丑闻，组织开始受到前所未有的质疑和审查。拉巴顿·苏查罗律师事务所(Labaton Sucharow)最近对华尔街工作者所做的一项调查发现，如果通过作弊能够获得 1000 万美元，而且又能够侥幸成功的话，有近 25%的金融专业人士会选择去作弊。此外，52%的受访者认为他们的竞争对手很可能从事了不法行为或者有过不道德举动。[16]许多大银行，比如摩根大通(J. P. Morgan Chase &Company)、美国银行(Bank of America)、花旗集团(Citigroup)等，在房地产衰退和金融危机期间花费了数十亿美元的法律费用来应对司法部对银行业的调查。摩根大通增加了 7000 名风险控制人员，并为这些员工提供了 750 000 小时有关规章和控制问题的培训。“我们首要的工作任务是修正控制问题。”首席执行官杰米·戴蒙(Jamie Dimon)说。虽然摩根大通认为自己并没有故意误导客户和投资者，但是戴蒙知道，他必须向监管机构和公众证明银行“一直在像关注利益一样地关注着控制问题”。[17]

除了呼吁企业提高道德标准之外，公众还要求它们履行更多社会责任，特别是在环境保护方面。社会公众态度转变，新的政府治理政策出台，气候变化，企业对环境的不良影响在信息技术传播下被迅速披露，在这一系列因素的驱动下，走向绿色(going green)已经成为一种新的商业趋势。许多企业开始推崇**可持续**(sustainability)的发展理念,可持续是指经济发展不但能够创造财富,满足现代人的需求同时也要能够保护环境,满足后代人的需求。[18]亚特兰大地毯制造商英特飞公司(Interface)一直致力于减少对原材料的使用,并计划到2020年完全消除其地毯生产对环境的影响。目前,英特飞公司49%的生产材料来自于回收性材料或生物型材料。该公司在菲律宾开发了一个名为"渔网回收计划"(Net-Works)的实验项目,村民可以把用过的渔网卖给项目组,然后获得一定的现金。项目组将回收的渔网打包运送到加工厂,和尼龙毛线以及其他废弃材料合在一起制成地毯纤维。这一项目帮助村民处理了废旧渔网,同时也减少了对海洋生物的伤害。英特飞希望扩大该项目在菲律宾的实验范围,并且将类似的项目推广到印度尼西亚和喀麦隆。[19]

速度与响应

组织面临的第四个挑战是对环境变化、组织的危机和不断变化的顾客期望做出快速和果断的反应。在20世纪的大多数时间里,组织都是处在一个相对稳定的环境中的,所以,经理们能够聚焦于设计使得组织运行得顺利和高效的结构与系统。几乎没有必要去寻求新的方法以应对日渐激烈的竞争、快速变化的环境和消费者需求的改变。当今时代,新产品,新企业,甚至是全新的产业,兴起又衰落,其速度比以往任何时候都快。研究发现,新产品开发的成败受其开发速度的影响。[20]为了成为高尔夫行业最具创新性的企业之一,卡拉威高尔夫公司(Callaway Golf)每年推出七八种新产品。要完成每年的产品创新任务,需要设计一套流程以鼓励设计团队、工程师、制造商、市场营销人员甚至包括律师之间的密切协作,同时要促进来自美国、中国大陆、日本、韩国、墨西哥和中国台湾地区等多个国家和地区的合作伙伴之间的信息共享。协作技术使得每个人都可以随时获得最新的信息和文件,消除时区差异产生的速度障碍。[21]

企业必须变得更加灵活。谁会想到有一天零售商通过智能手机就能实现信用卡收款?谁又会想到有一天音乐歌手不用出唱片就能赚钱?面对到当今世界的变幻多端,企业和管理者需要树立持续创新的心态才能成功,这就要求人们站在时代的前沿进行尝试和做决策。[22]斯坦利·麦克克里斯托将军(Stanley McChrystal)曾担任美国驻伊拉克和阿富汗的联合特种作战司令部最高指挥官,在辞职之前他掌管着美国和国际部队在阿富汗的所有武装力量,他对组织做出的解释是,"我们成长于军队(典型的层级结构),最高层有一个指挥官,再往下有2~7个下属,每个下属再往下有2~7个下属,以此类推。组织理论就是这样发挥作用的。"然而,面对"基地组织","我们必须改变一贯的结构,我们要成为一个网络,才能够快速做出反应。我们发现,能够做出最明智决策的人往往是那些最了解问题的人,而不是那些级别比较高的人。"[23]

社交商业和大数据

当今社会中,互联网、社交网络、博客、在线合作、网页端沟通、播客、移动技术设备、推特(Twitter)、脸谱网(Facebook)、优图比、Skype等众多技术和沟通工具的出现使得管理者曾经熟悉和适应的环境变得不同。[24]数字革命改变了一切——不但包括我们如何与别人沟通，搜索信息，分享想法，而且包括如何设计与管理组织，商业流程如何运转，员工如何工作。**社交商业**(social business)是指利用社交媒体技术促进员工、顾客和其他利益相关者之间的互动、沟通和合作。社交商业是管理者面临的最新的挑战之一。**社交媒体项目**(social media program)包括企业的在线社区网站、维基虚拟协作、脸谱网(Facebook)和领英(LinkedIn)等社交网站，优图比(YouTube)等视频通道，推特(Twitter)等微博平台，以及公司的网上论坛。企业可以利用社交媒体项目提高效率和生产力，通过促进企业内部以及企业之间的沟通和合作提升商业运营的速度和顺畅度。[25]此外，企业还可以利用社交媒体技术与客户建立联系和培养关系。[26]例如，戴尔公司在 2010 年设立了一个社交媒体指挥办公室，实时关注人们在社交媒体平台上对公司的评论。[27]

社交媒体还有助于管理者和员工之间建立更为密切、有效的关系。在任职万通公司(MassMutual)首席执行官不久之后，罗格·克兰多(Roger Crandall)参加了公司最大的销售会议。会上，一位手持摄像机的女雇员问柯兰多能否把他参会的视频拍摄下来，发布到公司的社区网站上。克兰多说，公司所有人能够在网站上实时查看公司"一周的生活"，这是"构建个人间联系的有效方式"。[28]一些管理者已经把视频等发布或分享到他们的个人博客上，因为这样他们可以与其他人从个人层面建立实时联系。[29]

数字革命的另一个领域是大数据分析的出现。**大数据分析**(big data analytics)是指使用一定的技术、技能和流程对大规模的、复杂的数据集进行搜索和研究，以揭示数据间隐藏的潜在模式和相关性。[30]例如，脸谱网会将你上传到个人网页上的资料收集起来，同时追踪并观察你在网上的行为，然后通过这些数据搜索并识别出你可能的"朋友"，再推荐给你。[31]亚马逊收集了客户的大量数据，包括客户买了哪些书，查看了哪些书，浏览了网站的哪些内容，怎么浏览的，以及在多大程度上受到促销信息和他人评论的影响，等等。收集到这些数据后，通过演算法预测出客户可能感兴趣的书，然后把相应的书推荐给客户。[32]当然，大数据不仅仅只对互联网公司有用。[33]沃尔玛每小时从客户交易信息中获取 2.5PB 的数据(1PB 约等于 100 万 G，或者相当于 2 000 万个装满数据文件的档案柜)，然后利用这些数据制定更好的决策。[34]

本章的目的

本章的目的是探讨组织的性质和当今的组织设计理论。组织设计理论是经过学者们对组织的系统性研究而发展起来的。组织设计理论中的原理、概念均来自于活生生的正在运行中的组织。组织设计理论具有实用性，这正如施乐案例所说明的。它有助于管理者们理解和诊断组织的需要与问题并对此做出反应。

下面就从组织的正式定义开始展开叙述，探讨供描述和分析组织用的一些基本的概念，包括不同的结构变量和权变因素。我们介绍了效果和效率的概念，描述了利益相关者理论，也就是不同群体想从组织当中得到什么。接下来的部分考察组织理论和设计方面的历史演变，提出了一个理解组织构型的框架，解释了有机式组织设计和机械式组织设计之间的差异，分析了组织作为一个开放系统应该如何行动，以及组织理论如何帮助人们对当今处于迅速变化时代的组织进行有效的管理。本章结尾部分将对覆盖本书的主要论题作简要的概括。

什么是组织

组织是无形的。我们可以看见的组织是诸如一幢高层建筑、一个计算机工作站，或一个友善的员工等这些外在的东西，但是整个组织却是模糊和抽象的，并且可能分布在若干个地方。虽然，我们知道组织肯定存在，因为我们每天都接触它们；但是，确实由于组织是如此常见，我们常将组织作为想当然的事实，而没有去刻意关注它。我们很少注意到，我们出生在某家医院，在政府某个部门进行出生登记，接受中小学和大学提供的教育，吃着农场和食品加工厂生产的食品长大，生病时由医院的医生们共同进行治疗，购买由建筑公司建造、房地产经销商销售的房子，不时地从银行借款，出现麻烦时求助于警察或消防部门，请搬家公司替我们搬家，从政府机构获得一系列的福利。[35]多数人除睡觉以外的大部分时间都在某种类型的组织中度过。

组织的定义

像银行、企业农场、政府机关和施乐公司这样各式各样的组织都有着共同的特征。本书使用以下的定义来描述组织：所谓**组织**(organizations)，是指这样一个社会实体，它具有明确的目标导向和精心设计的结构与有意识协调的活动系统，同时又同外部环境保持密切的联系。

组织是达成最后目标的途径。我们可以认为，组织是用来把事情做好并达成特定目标的工具。目标可以不同，但是组织的核心要素是成员之间的合作以及资源的目标导向配置。[36]一个组织并不是一幢建筑或者一套政策和程序。组织是由人及其相互之间的关系构成的。当人们之间相互作用以完成实现目标的基本活动时，组织就存在了。组织的所有者和管理者精心地组合和协调组织的资源以实现组织的目标。然而，即便工作可以被组织到各独立的部门或者一系列的活动中，大多数组织今天仍在努力实现工作活动的横向协调。它们通常利用团队组织形式，使不同职能领域的员工在一起工作，完成特定项目。当企业需要对外部环境的迅速变化做出反应时，部门之间的界限以及组织之间的界限就变得更富有灵活性和渗透性。不与客户、供应商、竞争者及其他外部环境因素相互作用的组织，是很难生存下去的。今天，一些公司甚至与它们的竞争对手合作，就是为了相互的利益而共享信息和技术。图1-1表明了组织作为一个开放系统，从外部环境获得输入，通过中间加工转换过程产生价值增值，然后以产品和服务的形式回到环境中。

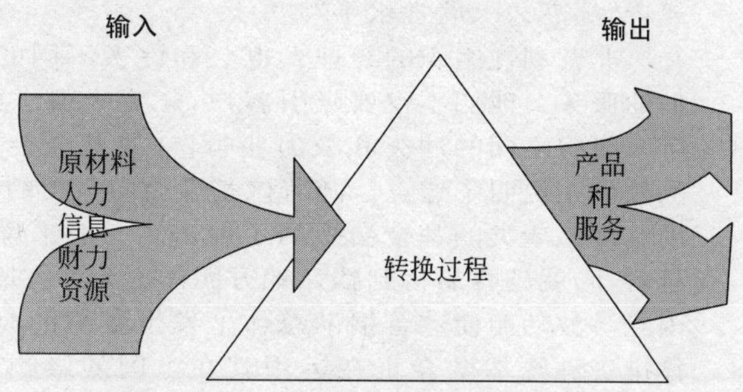

图 1-1 作为开放系统的组织

从跨国公司到非营利性机构

一些组织是大型的跨国公司，一些是小型的家族企业，还有一些是非营利性组织或政府机构。一些组织制造诸如汽车、平板电视机和灯泡这样的产品，还有一些组织提供法律、互联网和电信服务，或者提供心理健康资源和汽车维修服务。本书后面的第 7 章将探讨制造和服务技术的差异。第 9 章会讨论规模和生命周期问题，并描述大型组织和小型组织的不同之处。

另一个重要的差异是营利性组织和非营利性组织。本书中涉及的主题均适用于非营利性组织，比如救世军（Salvation Army）、世界野生动物基金会（the World Wildlife Fund）、拯救儿童基金会（the Save the Children Foundation）和芝加哥拉若比达医院（Chicago's La Rabida Hospital），这些组织都为穷人提供服务，就像诸如施乐（Xerox）、游戏基地（Gamespot）、天狼星 XM 广播（Sirius XM Radio）和邓肯甜甜圈（Dunkin-Donuts）等商业组织从事商业活动一样。但是，二者间也有一些重要的不同点需要注意。最主要的不同是商业经理人的行为目的是为公司赚钱，而非营利性组织的管理者所做的一切是为了产生某种社会影响。这种不同所体现出的非营利性组织的独有的特性和需求给组织领导者带来了独特的挑战。[37]

非营利性组织的财政资源一般来自政府拨款、赠与和捐赠，而不是来自产品和服务的销售。在商业领域，经理人关注于如何提高产品和服务来增加销售收入。然而在非营利性组织，服务被免费提供给客户，许多组织的主要问题在于如何保证稳定的现金流来维持运营。非营利性组织的经理人承担着以有限的资金服务于客户的义务，所以他们必须关注于如何将组织运营成本降至最低并且如何最有效地利用资源。而且，营利性企业往往自己筹集善款，和非营利性机构争夺有限的捐赠。[38]

此外，医院、私立大学等许多非营利性组织还面临着一个问题，由于购买新设备、升级技术等需要，非营利性组织为了填补这些支出就必须获得足够的收入，而这就存在一个收支“底线”，为此管理者们经常要努力寻求到底什么才是组织效率的构成。以金钱为衡量尺度是很容易的，但是对非营利性组织成功与否的衡量标准却模糊了很多。管理者们不得不去衡量一些不可量化的目标,比如“增进全民健康”,“在被剥夺权利的生活中创造不同”,或者“提高艺术欣赏水平”。

非营利性组织的经理人也会和许多不同的股东打交道,还必须推广他们的服务。他们不仅要吸引客户,还要吸引志愿者和捐赠者。这有时也会带来组织之间的冲突和权力斗争,许愿基金会(Make-A-Wish Foundation)的故事正说明了这点。随着该基金会向全美的城市扩张,小型的、本地的帮助实现愿望类的基金会受到了冲击。一般来说,一个团体能够帮助的孩子越多,它就越容易得到钱。地方团体不允许许愿基金会进入它们的区域,在因经济波动而使慈善捐助总体上发生萎缩的时候,这种情况更严重。小团体指责许愿基金会正在运用其在全国的影响力打压或吞并较小的团体。“我们不应该在孩子的数量和钱的数量方面相竞争,”印第安纳儿童愿望基金会(Indiana Children's Wish Fund)的管理者这样说。“他们(许愿基金会)正在动用所有的力量和金钱来得到他们想要得到的东西。”[39]

贯穿全书所讨论的组织设计的概念,比如应对权力和冲突、确定目标和衡量绩效、应对环境的不确定性、高效控制机制、满足多重利益相关者,这些都适用于许愿基金会这样的非营利性组织和施乐这样的营利性组织。这些概念和理论能够按照不同大小的、营利性或非营利性组织的特定需要和问题的不同而做出适应性的调整和变化。

组织的重要性

或许,在今天已经难以令人相信,但像我们现在所认识的“组织”还是人类历史上近期才出现的。即使在19世纪末,也很少有较大规模和重要性的组织——没有工会,没有贸易协会,也很少有大的企业、非营利性组织或政府部门。但是,从那时开始,就发生了巨大的变化!大型组织的发展改变了整个社会,实际上,现代公司也许是过去100年中最重大的创新。[40]

组织包围着我们,并以多种方式改变着我们的生活。然而,组织到底发挥着什么作用?它为什么这么重要?图1-2指出了7个方面的原因,说明了组织对个人和社会的重要性。首先,组织是达成最后目标的途径。组织将资源集合在一起,实现特定的目标。让我们以诺斯洛·普格拉曼的纽波特纽斯公司(Northrup Grumman Newport News)为例,其前身为纽波特纽斯造船公司(Newport News Shipbuilding)。这家公司生产尼米兹(Nimitz)级别的核动力航空母舰。这一个异常复杂的工作,动用了47 000吨精确焊接的钢铁,超过100万的不同配件,900英里的金属丝和缆线,17 800名雇员艰苦努力了7年多的时间。[41]如果没有一个组织来整合和协调这些不同的资源,这项工作怎么能完成呢?

组织也生产顾客想以竞争价格获得的产品和服务。企业不断寻找新的方式,以便更有效地生产和分销其产品及服务。曾经,哈雷·戴维森公司(Harley-Davidson)从来不担心组织有没有效率,但是最近的衰退使得该公司改变了一贯做法。哈雷·戴维森公司在宾夕法尼亚州的约克工厂(York plant)通过生产流程再造提升了效率。

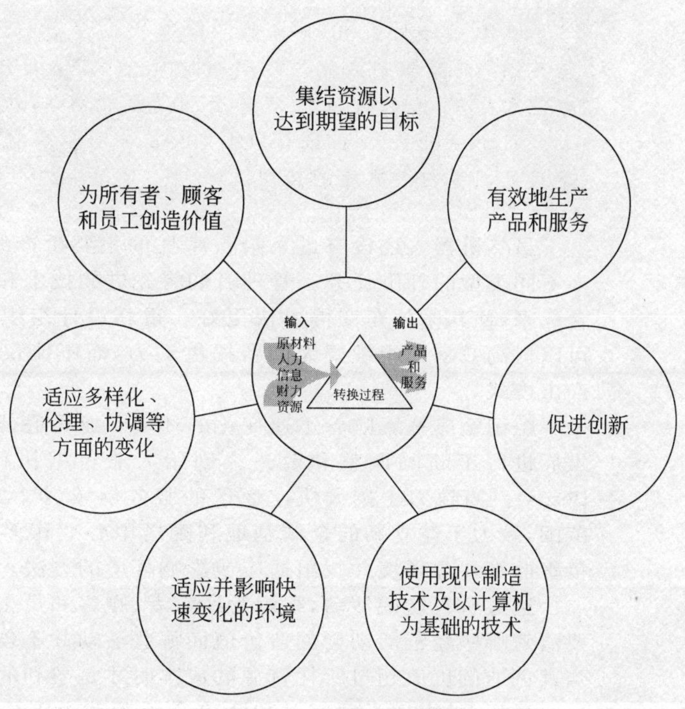

图 1-2　组织的重要性

应用案例 1-1

哈雷・戴维森公司

哈雷・戴维森一度对其自行车收取高额溢价，但是消费者愿意支付高价格，并且等上长达 18 个月的时间才取到一辆自行车。这几乎可以说是，低效率也是吸引力。但是到了 2009 年，低效率再也没有吸引力了，哈雷濒临破产，股票价格从 75 美元跌至 8 美元。

管理层挣扎着寻找新出路。对于一家素以"美国蓝领的工作品牌"著称的企业来说，破坏工会或者在墨西哥生产摩托车将带来灾难性的后果。管理者们知道，只有通过重新设计生产系统来提高效率，才能抗衡来自其他公司的竞争。他们拆掉旧厂房，建造了新工厂。新工厂里有数百名工人，5～6 名工人组成一组，手工打造每一辆摩托。这种生产模式看上去成本高昂，但是工厂经理艾德・麦基(Ed Magee)指出，工厂内大约有 1 200 种不同的配置，生产线上每 80 秒钟开始一辆新机车的生产。事实上每一辆机车都是独一无二的，甚至工人们都不知道 80 秒之后出来的摩托车会是什么样子。不像机器人，人类会在工作中进行调整。举个例子，一名工人注意到固定摩托车前车电子部件的滴塑片安装不正确，他就往正确的位置推了几下。他知道推动的这几下就能帮助工厂每年减少 2 200 辆摩托车的损失。在这名工人的作用下，哈雷修正了这个问题。

哈雷公司在2009年遇到了巨大的生存威胁,但是最近,其约克工厂荣获了"产业周刊最佳工厂奖"(Industry Week Best Plants award)。顾客需求高涨,人们可以在预定后的两周内提车,而不用再等上一年半载了。贝尔德研究公司(Baird)的克雷格·肯尼森(Craig Kennison)说:"这是我见识过的最成功的转型。"[42]

虽然机器人还没有进入哈雷摩托的主要生产线,但已经参与完成了很多不同类型的外围任务。管理者们将先进的技术和改进的人力资源系统整合起来,使其摩托车变得更快更好。重新设计组织结构和创新管理实践也可以提高效率。组织要为创新提供动力,而不能仅仅依靠标准化的产品和产出模式。

组织适应并影响着迅速变化的环境。亚马逊公司一直在随着互联网的发展进行不断的调整和改进。创始人兼首席执行官杰夫·贝佐斯(Jeff Bezos)一直致力于扩大快速运送的服务领域,扩大当日达和次日达的服务范围,致力于建立新的仓储基地和配送中心。[43]很多公司都设有专门的部门负责监视外部环境并找出适应或影响环境的方法。

通过所有这些活动,组织为所有者、顾客和员工创造着价值。管理者需要清楚哪些经营活动会创造价值而哪些活动并不创造价值。一家公司只有当其创造的价值超过所耗资源的成本时才是盈利的。

最后,组织还必须应对和适应今天劳动力多样化以及不断增强的对伦理和社会责任的关注等挑战,并要找出有效的办法来激励员工,使他们一起工作,实现组织的目标。

组织设计的变量*

组织塑造了我们的生活,而见多识广的管理者也可以塑造组织。了解组织的第一步工作就是要考察描述组织设计具体特征的变量。通过这些变量对组织进行描述与通过个性和体形特点对人进行描述非常类似。

组织变量可分为结构变量和权变因素两类,如图1-3所示。**结构变量**(structural dimensions)提供了描述组织内部特征的标尺,从而为测量和比较组织奠定了基础。**权变因素**(contingency factors)涵盖了影响组织结构变量的更多因素,包括组织规模、技术、环境和目标等。权变因素描述了那些影响和形成结构变量的组织环境。权变因素由于同时反映组织和环境两个方面,因而易于与结构变量混淆。可以将情境变量理解为隐藏在组织结构和工作过程之下的一系列互相重叠的因素,如图1-3所示。为了更好地理解和评价组织,我们必须同时考虑结构变量和权变因素。[44]这些组织设计的变量之间彼此相互作用、相互调节,有助于达到前面图1-2指出的目标。

* 原文为dimensions一词,译为"变量",亦可译为"维度"。——译者注

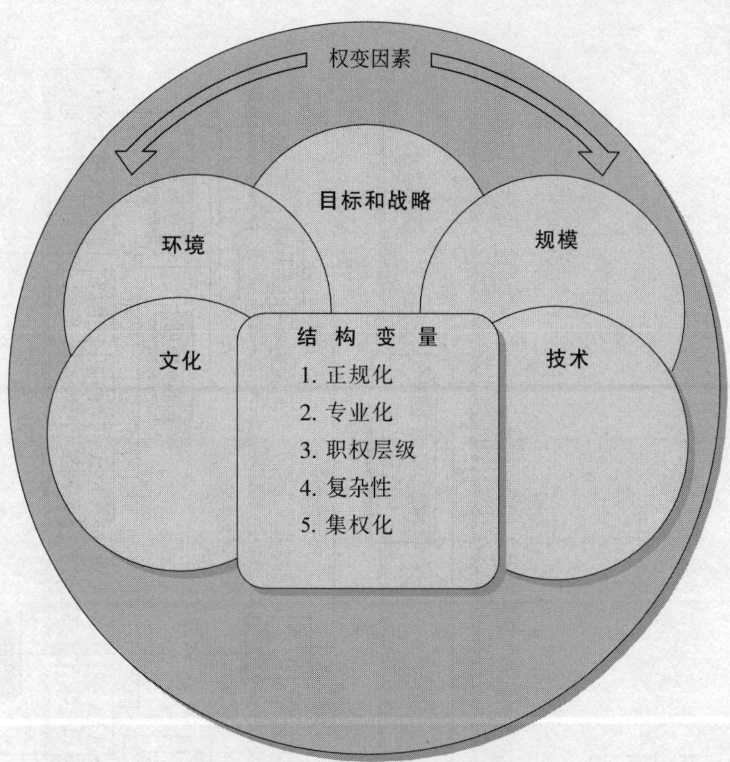

图 1-3　与权变因素交互的结构变量

结构变量

关键的组织结构变量包括正规化、专业化、职权层级、复杂性和集权化。

(1) 正规化

正规化(formalization)是指组织中书面文件的数量。这些文件包括工作程序、职务说明、规章条例和政策手册等。这些书面文件规定组织中的行为和活动。正规化通常可通过对组织内的文件页码数目的简单清点来衡量。例如,一所很大的州立大学,就倾向于具有较高的正规化程度,因为它会有许多成卷的有关学生注册、课程增减、学生联合会、学生公寓管理及财务支出等的书面规定。相比之下,一个小型的家族企业就几乎没有书面规定,因而也就可视之为非正规化的。

(2) 专业化

专业化(specialization)是指将组织的任务分解为各项独立工作的程度。如果专业化程度高,每个员工就只执行范围狭小的工作。如果专业化程度低,员工职责内的工作范围也就比较宽。专业化有时也称作劳动分工。

(3) 职权层级

职权层级(hierarchy of authority)描述了组织中的报告关系和每个管理者的管理幅度。这种层级通过组织图上的垂直线段来表示,如图 1-4 所示。

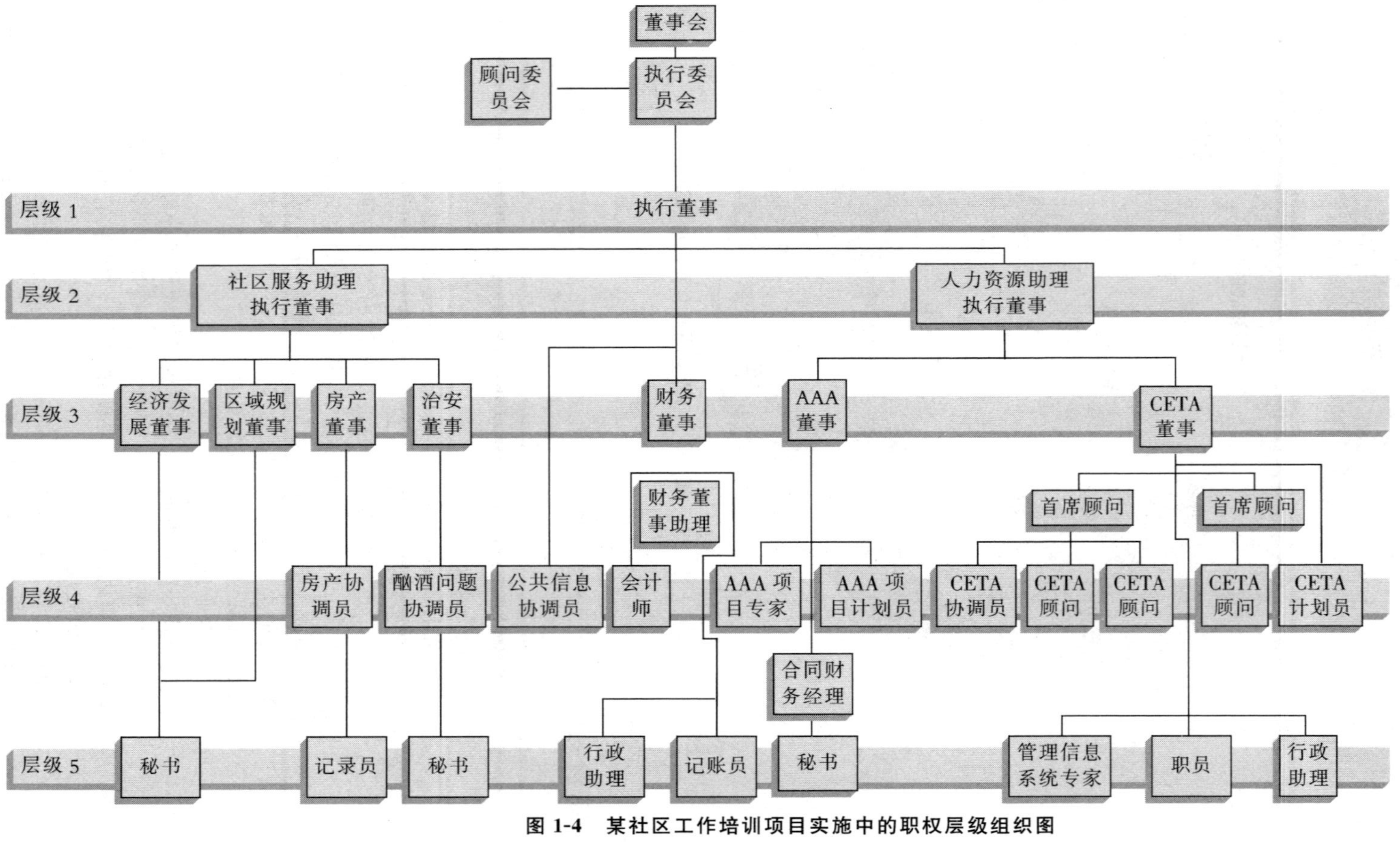

图 1-4 某社区工作培训项目实施中的职权层级组织图

层级是与管理幅度(即向某位主管报告工作的直接下属人数)相关联的。管理幅度较窄时,层级就倾向于增多。如果管理幅度较宽,职权的层级链就缩短。

(4) 复杂性

复杂性(complexity)是指组织内的部门数量或者活动频度。复杂性可以从三个维度进行测量:纵向复杂性、横向复杂性和空间复杂性。纵向复杂性是指组织层级水平的数量。组织内不同的层级掌握着不同的知识和技能。[45]横向复杂性是指组织内每一层级中的部门数量或者专业职位的数量。空间复杂性是指组织的部门和人员在地理上的分散程度。图 1-4 所示的组织,其组织层级分为 5 个层次,这是其纵向复杂性程度。在其第三层级中有 7 个部门,这是其横向复杂性程度。组织内所有部门均在同一地点办公,其空间复杂性程度为 1。

(5) 集权化

集权化(centralization)是指有权做出决策的层级高低。如果决策保持在高层,那么组织就是集权化的。当决策授予较低的组织层级时,就是分权化的。组织中运用集权或者分权制定的决策包括购买设备、确立目标、选择供应商、设定价格、雇用员工以及决定营销区域等。

为了更好地理解结构变量在组织设计中的重要性,我们来看下面的例子。

应用案例 1-2

志津川小学疏散中心和英国石油公司深水地平线钻井平台事件

近日,一名报社记者将日本描述为一个规则成风的国度,官僚主义盛行,即使是最平凡的工作或任务,也要冠之以某项头衔,或者为其成立某个委员会。但是在 2011 年的春天,当日本的南三陆町(Minamisanriku)毁于海啸之时,这些规则却发挥了至关重要的作用。以志津川小学疏散中心(Shizugawa Elementary School Evacuation Center)为例,先前所制定的各种规章制度、程序步骤以及权力机构在灾难发生时均发挥了显著的作用,给人们带来了极强的安全感,使大家能以一颗平常心面对灾难。在这场灾难中,疏散人员总共被分为 6 组,分别负责烹饪、清洁、存货管理和医疗护理等。其中,每个组都有详细的规章制度和操作流程。以严格遵守指令清单的清洁组为例,这份指令清单十分详细,甚至还规定了如何分类可回收垃圾和不可回收垃圾,以及如何更换垃圾袋等。然而,正是这一系列详尽细致的流程使得整个疏散中心井井有条,帮助人们应对这场巨大的灾难。日本 32 岁的演员高藤慎太郎(Shintaro Goto)刚好于海啸前的几个月从东京搬回了南三陆町,他同时也是一名电工。慎太郎说:"日本是这样的一个民族,规章制度越多,人们越感到安心,越是有安全感。"

然而,石油巨头英国石油公司的状况却与日本的情况刚好相反。2010年,英国石油公司"深水地平线"石油钻井平台(BP Transocean Deepwater Horizon Oil Rig)在墨西哥湾发生爆炸,导致11名工作人员死亡,并引发了严重的环境污染问题。抛开导致爆炸发生的现场原因不说,英国石油公司的组织结构不但没有阻止爆炸的继续,反而加剧了事态的严重性。钻井活动的组织较为松散,因此当事故发生的时候,不知道谁是应该处理事故的负责人,也不知道他们的权限和责任如何。当爆炸发生的时候,混乱也就产生了。23岁的安德莉亚·弗蕾塔丝(Andrea Fleytas)意识到身边的人都没有求救,便通过广播设备发出了求救信号,但是随后她被告知她的这一行动越级了。钻井平台的一名管理人员表示,他之所以没有寻求任何帮助是因为不清楚自己是否有权这样做。还有人表示,自己当时虽然寻求了帮助,但是被告知求救信号应该由其他负责人发出。钻井平台上的员工非常清楚事态的紧急性,但是他们不知道到底谁有权利最后做决定。火势一直在蔓延,几分钟过去之后,人们才接到了疏散的指示。随后弗蕾塔丝打开了广播系统,告知大家船员们已经放弃了钻井平台。一位名叫卡洛斯·拉莫斯(Carlos Ramos)的工作人员说:"当时的场面非常混乱,根本没有人来负责指挥工作,没有人为当时的情况负责。"[46]

权变因素

仅仅了解结构变量还不足以帮助我们理解并合理地设计组织。我们还有必要了解一下权变因素,包括组织规模、技术、外部环境、目标与战略以及组织文化。

(1) 组织规模

组织规模(size)是指以组织中的员工人数来反映的组织的大小。规模可以针对整个组织,也可以针对其中的特定部分,如针对一个工厂或一个事业部来进行衡量。因为组织是一个社会系统,规模通常就以人数来衡量。其他的尺度如销售总额或资产总额也反映组织大小,但它们不反映社会系统中人员方面的规模。

(2) 技术

技术(organizational technology)是指组织将投入转换为产出所使用的工具、工艺方法和机械装置。这里关注的是组织如何生产出提供给顾客的产品和服务,包括诸如计算机辅助制造技术、先进的信息技术和互联网的使用等。一条装配生产线、一间大学里的教室和一个通宵运作的包装与分销系统尽管彼此各不相同,但都使用了技术。

(3) 环境

环境(environment)包括组织边界之外的所有因素。主要包括产业、政府、顾客、供应商和金融机构等。一个组织外部的其他组织往往是其环境中对该组织有最大影响力的因素。

(4) 目标与战略

目标与战略(goals and strategy)决定了一个组织区别于其他组织的目的和竞争性技巧。目标常以书面方式陈述出来,作为公司目的的一种持久不变的说明。战略是行动计划,是组织应该对环境和达成组织目标而需要的资源分配和活动方案的描述。目标和战略决定组织经营的范围以及员工、客户和竞争者之间的关系。

(5) 组织文化

组织文化(culture)是指隐藏在组织中的由员工们共享的一套核心价值观、信念、认知和规范等。基本的价值观会影响组织的伦理行为、对员工的承诺、效率水平及对顾客的服务,并使组织的成员紧密地联结在一起。组织文化并无书面化的说明,不过,组织文化可以通过考察典故、口号、礼仪、穿着和办公室布设等观察和了解到。

以上所讨论的 5 个结构变量和 5 个权变因素之间是相互依存的。一些权变因素会影响组织的正规化和专业化的程度,进而影响到整个组织。例如,规模大、常规技术和稳定环境情境中的组织,都倾向于创设一种具有较高的正规化、专业化和集权化的结构。组织变量间的更具体的关联关系,将在本书以后的章节中讨论。

评价你的答案:

1. 通过了解创建组织的人就可以了解这个组织。

答案:不同意。一个组织有它自己的特点,这些特点独立于其创始人的个人特点。随着时间的推移,所有的人员都会被替代,但是一个组织的结构变量相似性会在相当程度上保持下来。

总之,如图 1-3 所示的这些变量为衡量和分析组织的特征奠定了基础。组织特征并不是通过偶然的观察就能发现。组织变量揭示了有关组织的重要信息。下面的"应用案例"栏目将维尔福软件公司(Valve Software)与沃尔玛公司(Walmart)及某一政府机构的组织特征做了一个对比。

应用案例 1-3

维尔福软件公司

维尔福软件公司是电子游戏行业的领导者,拥有反恐精英(Counter-Strike)、战栗时空(Half-Life 2)、求生之路(Left 4 Dead)和数字发行平台 Steam。2013 年 9 月,维尔福联合创始人加布·纽维尔(Gabe Newell)登上了英国"文化志"(WhatCulture)在线杂志评出的"五位最富有的、曾大学辍学的科技亿万富翁"榜单。纽维尔是维尔福公司的首席执行官,但是其公司官网上称"自 1996 年以来,公司就没有老板"。"当没有人告诉他们要做什么的时候,那些富有创造力的人们可以构思出让人惊讶的想法。"2012 年春天,维尔福的员工手册被人发布到了网上,之后,维尔福独特的组织结构受到了媒体小规模的热捧。自创建以来,在没有老板的情况下,维尔福一直平稳运转。纽维尔和前微软员工麦克·哈灵顿(Mike Harrington)作为公司的联合创始人,计划共创一个扁平、快速的组织,以给予员工最大限度的灵活性。这对员工来说听起来像一个梦,但是许多人不能适应“没有结构的结构”,然后选择了更传统的工作。维尔福的每个人在重大决策过程中都能发声,每个员工都能参与到以团队为单位的聘用决策中。这里没有晋升,只有新的项目,有些人在项目中承担着实际上的领导者角色。很少有员工被解雇,但是如果某个人不适合继续工作,会由小组集体做出解雇决定。团队会议是非正式的,员工可以分享自己的感觉和业务创意。

现在将维尔福软件公司的做法和沃尔玛的做法进行比较,沃尔玛是一家以低成本取得竞争优势的企业。沃尔玛按照标准的形式建设每家商店,各店都有统一的陈列,并销售相同的商品。沃尔玛的管理费用是所有连锁企业当中最低的。配送系统是沃尔玛的一个效率源泉,只要接到补货命令,货物就可在不到两天的时间内送抵任何一家连锁店。连锁店由公司总部控制,但商店经理们也被授予一些自主权以适应当地的情况。公司的绩效很好,员工也很满足,多数员工认为公司对他们很公平。

更鲜明的对比是那些主要依靠财政拨款的政府机构或非营利性组织。比如,在绝大多数的州慈善机构和文化部门中,虽然工作的人员并不多,但是他们却接受过较高水平的培训,且受到许多规章制度的束缚,每天埋头于文案工作。文化部的工作人员都不得不遵照时有变更的条例行事,可他们通常并没有时间去读那些不断增加的备忘录条款,而是被日常工作所困。这些工作人员必须要从所服务的顾客那里获得大量的报告材料,以便能向州和联邦政府等提供资金的部门做定期汇报。[47]

图1-5展示了维尔福软件、沃尔玛和州艺术馆的主要结构变量和权变因素。维尔福软件是一个小型组织,正规化和集权化程度较低,具有中等程度的专业化,强调通过横向合作而非垂直的层级结构更好地将创新性的产品服务于顾客。沃尔玛具有较高程度的正规化、专门化和集权化。对沃尔玛来说,效率比新产品更重要,所以多数活动都受标准化规定的指导。沃尔玛的职业化程度很低,而且沃尔玛将非程序化的人员比率保持在尽可能低的水平上。与这两个组织相比,州艺术馆是州级政府机构内的一个下属部门。州艺术馆要遵循由上级部门颁布的一系列规制,按一定的标准做事,绝大多数员工从事的是程序化的活动,尽管通常情况下很大一部分人员从事的是行政管理和支持性的事务工作。

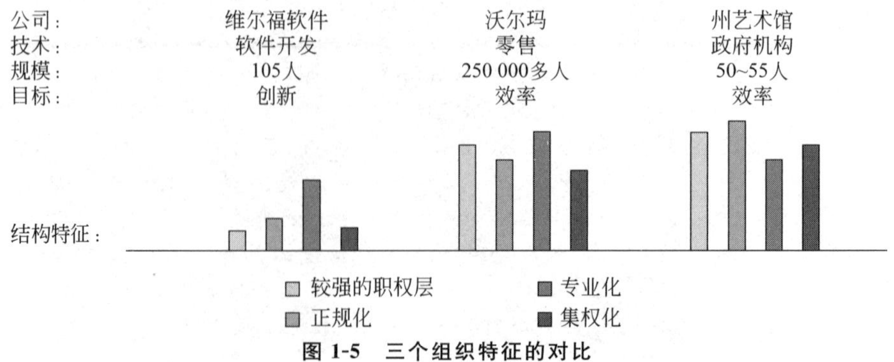

图1-5　三个组织特征的对比

可见，结构变量和权变因素能告诉我们有关组织的许多特征及组织之间的差异。本书以后的章节将更加详细地考察这些组织设计变量，确定每个变量必须保持在什么样的水平上，以便能使组织在不同的权变因素影响下高效地运营。

绩效和效果

理解不同结构与情境变量的目的就是让组织能够达到高的绩效和有效性。经理人员们调整结构和情境变量，以获得输入端到输出端最有效率和效果的转化，从而提供价值。**效率**(efficiency)指的是用来达到组织目标的资源量，是基于为获得一定水平的产出而投入的必要的原材料、金钱和雇员的数量。**效果**(effectiveness)是一个更广的术语，指的是组织达到其目标的程度。

为达到好的效果，组织需要清晰的聚焦的目标，以及实现这些目标的合适战略。战略、目标和衡量有效性的方法将在第 2 章详细讨论。很多组织正在用新技术来提高效率和效果。一位费城的医生通过采用信息技术来减少文书工作和流水线程序，提高了效率，在接诊更多病人的同时雇员比以前少了三个。新的系统也提升了工作效果。员工利用信息技术能够迅速搜集到信息，减少错误，提高护理水平，提供更优质的服务。[48]

然而，达到效果并不总是一件简单的事情，因为不同的人希望从组织中得到不同的东西。对消费者而言，主要关心的是以合理的价格获得高质量的产品和服务。而雇员关注的是丰厚的薪水、良好的工作条件和工作满意感。经理们则小心地平衡着不同利益群体在确立目标和争取达到效果中的需要和利益。这就是所说的**利益相关者方法**(stakeholder approach)，即通过关注不同的组织利益相关者和他们希望从组织中获得什么，来整合不同的组织活动。**利益相关者**(stakeholder)就是与组织的绩效有利害关系的组织内部和外部的任何群体。任何一个群体的满意度水平都可以作为组织的绩效和效果的指标来加以评估。[49]例如，政府机构给人的印象一般都是管理人员懒散，效率低下，陷入了官僚化的泥潭，但是与此不同的是，曼哈顿城(Manhattan)哈德逊街道护照办理处(Hudson Street passport office)却在Yelp 网以及其他点评网站上获得了众多好评。办理处主任迈克尔·霍夫曼(Michael Hoffman)设定了一个目标：为顾客提供他们真正需要的服务。虽然他必须处理一些专业化和标准化的事情，但是在如何管理工作人员和工作事务方面，他也具有一定的自由裁量权。霍夫曼在办理处设置了等待区和工作区，以保证人们的顺利行动和工作流程的畅通进行。他也会为员工提供指导和支持，给员工必需的资源和自由决策权，在必要的时候不需要经过管理人员的同意就可以做出相关处理。曼哈顿街道护照办理处的例子表明，良好的组织设计和管理能够带来完全不一样的效果。[50]

评价你的答案

2. 商业组织的管理者最主要的职责是获得最高效率。

答案：不同意。效率很重要，但是组织必须对不同的利益相关者做出回应，这些利益相关者可能会对组织有不同的要求。管理者为了满足利益相关者的需要和兴趣，努力追求效率和效果。效果比效率更重要。

图1-6显示的就是不同的利益相关者和每个群体希望从组织中得到什么。利益相关者的利益有时候是冲突的，组织经常会发现同时满足所有的利益群体是非常困难的。组织的一项业务可能在消费者满意度方面取得很好的成绩，但同时也可能会使其与债权人及供应商关系变得很糟糕。以沃尔玛为例，消费者喜欢它的效率和低价，但是对于低成本的强调使得公司与供应商之间产生了摩擦。一些激进主义团体宣称沃尔玛的策略是不符合伦理的，因为它迫使供应商裁员、关闭工厂和将生产制造外包给低工资的国家。一个供应商说，在沃尔玛销售的服装如此之廉价，以至于很多美国公司即使不付给员工报酬也不可能与之竞争。管理这样一个大型组织的挑战也导致了沃尔玛与雇员及其他利益群体之间的紧张关系，最近的性别歧视案和关于低工资和低利润的抱怨就说明了这一点。[51]沃尔玛的例子说明，经理们要想使多个利益相关者满意是多么困难。在所有的组织中，经理们不得不评估利益相关者的需求，并确定能够至少在最小限度上满足主要利益相关者的目标。

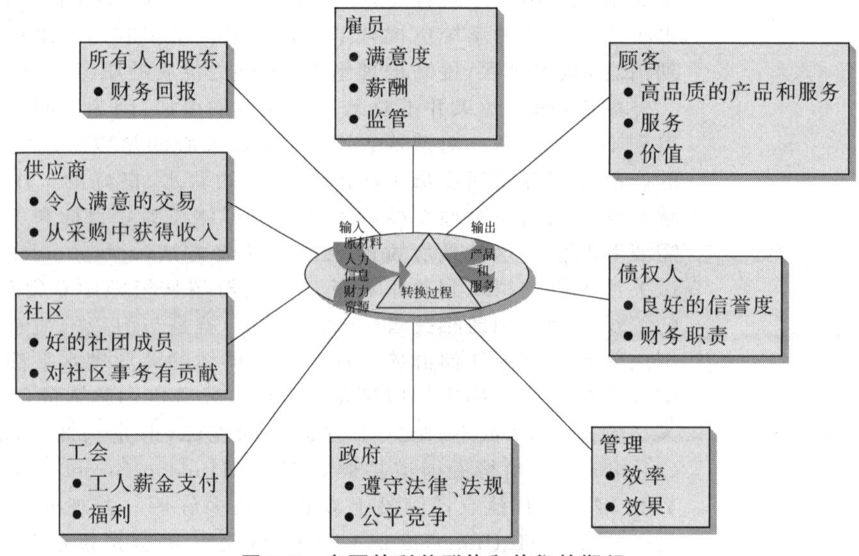

图1-6 主要的利益群体和他们的期望

组织设计的演进

组织设计并不是事实的汇集，而是关于组织如何配置人力和资源以达成特定目标的一种思考和思维方式。[52]组织设计提供了一种比其他方式能更

准确并且深入地考察和分析组织的方法。这种对组织的观察和思考方法建立在对组织设计和行为的类型及规律的认识的基础上。研究组织理论的学者探寻这些规律,并加以定义和衡量,使之能为我们所用。对组织运行一般形态的归纳和洞察,就比这种单纯研究对应的事实本身更具有意义。组织设计研究可以帮助管理者提高效率和效果,而且能够提高组织生活的质量。[53]组织设计与管理的实践是随着整个社会在历史进程中的变化而相应地发展演变的。

历史视角

请回顾一下管理学课程的介绍,你会想起管理理论的新纪元始于 19 世纪末 20 世纪初的古典管理思想。工业革命时期工厂制度的产生,提出了当时组织所难以解决的课题。由于工作是以更大的规模来进行的,因此需要有更多的人手,这样,人们就开始思考如何设计和管理工作,以便提高生产效率,使组织得到最大的效益。古典管理思想着眼于使组织像机器般高效、顺畅地运行,因而带来了层级制组织或行政式组织的设立。这种思想最终构成了许多现代管理理论和实践的基础。在这一部分中,我们将介绍一些古典管理思想,并将重点放在效率和组织上面,也将介绍一些面向新问题的新思想,比如员工需求和环境的角色。每一种思想的元素都还在组织设计中应用,尽管它们已经根据新的需要被调整和修改了。这些不同的思想都关注管理者思考和看待组织的不同方式——管理者参考系。回答下面"你适合哪种组织设计"中的问题,理解你的参考系。

你适合哪种组织设计

风格的演变

这个问卷要求你描述一下自己。下面每一道题目都有四个选项,请在你认为最能描述你的选择前面写上 4,在次选项前面写上 3,依此顺序写上 2 和 1,1 表示最不能描述你。

1. 我最擅长的技能是:

________ a. 分析技能

________ b. 人际技能

________ c. 政治技能

________ d. 戏剧天赋

2. 哪些词汇能最好地描述我:

________ a. 技术专家

________ b. 优秀的倾听者

________ c. 优秀的谈判家

________ d. 精神领袖

3. 能帮助我取得最大成功的能力是:

________ a. 制定好的决策

________ b. 培训和发展人员

________ c. 创建稳固的联盟和权力基础

________ d. 鼓励和激发别人

4. 最能够引起别人关注的是我的：

________ a. 对细节的关注

________ b. 对他人的关心

________ c. 面对冲突和反对时能够获得成功的能力

________ d. 魅力

5. 最重要的领导者特质是：

________ a. 清晰、有逻辑的思考

________ b. 关注和支持别人

________ c. 韧性和进取精神

________ d. 想象力和创造性

6. 能够最好地描述我的是：

________ a. 一个分析家

________ b. 一个人本主义者

________ c. 一个政治家

________ d. 一个有远见的人

计分：按照下面的规则给你的选择计分。较高的分数代表了你看待组织的方式，也会影响你的管理风格。

结构＝1a＋2a＋3a＋4a＋5a＋6a＝

人力资源＝1b＋2b＋3b＋4b＋5b＋6b＝

政治＝1c＋2c＋3c＋4c＋5c＋6c＝

象征＝1d＋2d＋3d＋4d＋5d＋6d＝

解析：通过一种或多种心理参考系，可以将管理者看世界的方式分为四种：(1)结构参考系将组织看作是一台机器，其垂直层级可以保证组织的经济有效性，管理者通过正式权威从事例行工作，并完成目标；(2)人力资源参考系将组织看作是由人员组织成的，管理者给组织人员以支持、权力和归属感，在霍桑试验之后，这种管理者思维方式得到了重视；(3)政治参考系将组织看作是为完成目标而对稀有资源进行的竞争，管理者强调在不同小组之间达成一致，这种参考系反映了组织对信息共享的需求，组织必须有一个合作战略，并能使所有部门共同工作；(4)符号参考系(symbolic frame)将组织看作是一个戏院，管理者强调符号、愿景、文化和激励，这种管理者参考系对于在一个学习型组织中管理适应性文化很重要。

哪一种参考系反映了你看世界的方式？前两种参考系——结构和人力资源——对于一个组织中低层新管理者来说很重要，管理者要首先掌握这两种参考系。如果管理者想获得管理经验，想在组织中获得晋升，他们需要获取政治和协作技能(第13章)，同时也需要学会利用符号来塑造文化价值(第10章)。管理者要确保不会在一种看待组织的途径上被卡住，这一点很重要，因为他们的进步会受到很多限制。

资料来源：Roy G. Williams and Terrence E. Deal, *When Opposites Dance: Balancing the Manage and Leader Within* (Palo Alto, CA: Davies-Black, 2003), pp. 24-28. Reprinted with permission.

效率就是一切

弗雷德里克·温斯洛·泰勒(Frederick Winslow Taylor)首创了**科学管理**(scientific management),该理论强调科学地设计工作和实施管理是提高效率和劳动力产量的途径。泰勒认为工人们“能够像机器一样被重新装备,他们都能够重新调整生理和心理以获得更高的产量”。[54]泰勒还认为管理本身应该改变,并强调有关组织和工作设计的决策必须基于对各种情况所做的精确、科学的研究。[55]依据这一思想,管理者要为每一项工作开发出精确、标准的程序,挑选具有合适能力的工人,提供工资激励以促使他们提高产量。

泰勒的思想在伯利恒钢铁厂(Bethlehem Steel)1898年进行的搬运试验中得到了最好的例证。这项搬运工作是将铁矿石从机动有轨车上卸下来,再将成品钢材装上车。泰勒计算出,如果采用正确的搬动姿势、工具和节奏,每个人每天能够搬运47.5吨,而不是通常的12.5吨。他还设计出奖酬制度,给达到新标准的工人支付每天1.85美元的工资,这一数字比以前1.15美元的工资水平有很大的提高。伯利恒钢铁厂的生产率顿时获得大幅度提高。这些洞察促使泰勒提出了这样一种组织设想,即管理者的任务是维持组织的稳定和效率,管理人员应该做思考的工作,而工人们则做管理人员告诉他们要做的事情。

组织应该创建一个高效率的系统,并以最大产出为目标组织工作,这种观念已经深入我们的组织活动之中。最近《哈佛商业评论》中一篇讨论现代管理理论创新的文章将科学管理理论推至十二个有影响力的创新理论的首位。[56]

如何组织

与科学管理主要侧重于研究技术核心层即车间中进行的工作不同,**行政管理原则**(administrative principles)考察的是作为整体的组织的设计和运行。具体地说,亨利·法约尔(Henly Fayol)提出了14项管理原则,如“每个下级只从一个上级那里接受命令”(统一指挥),“一个组织中相似的活动应该组合在一起,并置于一个管理者的领导之下”(统一领导)。这些原则为现代管理和组织设计实践提供了基础。

科学管理思想和行政管理原则发挥了非常强有力的影响,给当时的组织提供了提高生产率、促进发展的根本性的新思路。尤其是行政管理原则为**行政式组织**(bureaucratic organizations)* 的创设做出了贡献。行政式组织思想强调组织设计和管理要以非人格的、理性的方式进行,通过诸如明确界定职责权限、一切活动予以规范的书面记载,以及统一执行标准的规章制度等措施实现这种理性。尽管“行政化”一词在当今组织中常带有贬义,但行政化特征在满足工业化时代的要求方面发挥了极好的作用。继古典管理理论之后,产生了其他一些学术思想,它们侧重于解决社会环境变化和员工需要方面的问题。

* 也可译为官僚式组织,但这里的“官僚”绝无任何贬义。——译者注

关于人

由于科学管理思想在当时的绝对主导地位,早期在工业心理学和人际关系方面取得的成果很少得到人们的关注。然而,在芝加哥一家电气公司中进行的一系列试验为组织理论带来了重大的转变。这就是后来人们所称的**霍桑试验**(Hawthorne Studies)。这些试验的结论表明,善待员工会提高他们的工作动机,由此带来生产率的提高。研究成果的发表导致了员工管理的一场革命,并为其后考察如何看待员工及开展领导、激励和人力资源管理工作提供了基础。这些人际关系和行为思想为管理和组织研究增添了新篇章并做出了重要的贡献。

然而,直至20世纪七八十年代,工业革命时期诞生的层级制和行政式组织思想仍然在组织设计和运行中占据着主导地位。一般来说,在过去几十年中,这种方法对大多数的组织来说曾发挥过很好的作用,但是到了70年代及80年代早期,这种方法开始产生问题。日益加剧的竞争,特别是全球范围的竞争,改变了整个商界。[57]北美的公司不得不寻找更好的办法。

使科层制具有灵活性

20世纪80年代,一种新的公司文化产生,人员精干、灵活性、对顾客的快速反应、员工激励、关注顾客和高质量的产品受到了重视。组织从团队、扁平化层级(flattened hierarchies)和参与管理(participative management approaches)等方面展开试验。例如,1983年,杜邦公司(DuPont)在弗吉尼亚州(Virginia)马丁斯维尔市(Martinsville)的一个工厂组建了一个由生产员工组成的团队,来解决问题和管理日常工作,通过这种方法,管理层从八层削减到了四层。新的设计带来了质量的上升、成本的下降以及创新的加强,从而促使工厂在变化的环境中更具竞争力。[58]管理者们开始着眼于整个组织系统,包括外部环境,而不是依赖于严格的规制和层级。

自20世纪80年代起,组织的背景已经经历了意义更加深刻和影响更加深远的变化。更加灵活的组织设计开始普及。互联网和信息技术的发展,全球化和组织间日益密切的相互关系,雇员教育水平的提升以及他们对生活质量期望的提升,基于知识和信息的工作越来越成为组织的主要活动,这些都召唤着新的管理思想和更加灵活的组织设计方法。[59]

视情形而定:关键权变因素

将所有的组织视为同一类,会产生许多问题。可是,科学管理和行政管理原则却都试图将所有的组织都设计为同一类型的。在一个混合型公司中,对零售事业部有效的结构和系统,却对制造事业部效果不大。非常适合像品趣志(Pinterest)这样的新创型网络企业的组织图和财务程序,却对像卡夫公司(Kraft)这样的大型食品加工企业来说不会有效。

本部分内容的一个基本前提是:有效的组织设计意味着组织能够理解

不同的权变因素以及应该如何设计组织结构以适应这些权变因素。**权变**(contingency)意味着某一事物对其他事物的依赖，意味着有效的组织必须在其结构和各种权变因素之间找到一种“最佳状态”。[60]在一种情境下有效的方式，换了另一种情境，就不一定有效。不存在某种最佳的方式。权变理论的主张就是“视情况而定”。举例来说，政府机构可能处于确定的环境中，采用常规的技术，并希望取得高的效率。在这种情境下，采取行政式控制程序、职能型结构和正规的沟通管理方式就是合适的。相反，对处于不确定的环境和采用非常规的技术这样的情境来说，机动灵活的管理过程就更为有效。正确的管理方式取决于组织所面临的情境条件。在接下来的内容中，我们将分析两种组织设计的基本方法，每种方法都与一些典型的权变因素密切相关。

评价你的答案：

3. CEO 最重要的责任是确保组织设计是正确的。

答案：同意。高层管理者担负很多责任，但其中最重要的是正确地设计组织。组织设计要重视人们的工作，培养员工对顾客和其他利益相关者的反应能力。管理者既要考虑结构变量，又要考虑情境变量，还要确保组织的不同部分在一起工作，以完成组织的重要目标。

有机式设计与机械式设计的对比

组织可以看作是从机械式设计到有机式设计的连续统。通过对英国工业企业的调查，汤姆·伯恩斯(Tom Burns)和 G. M. 斯托克(G. M. Stalker)首次使用了有机式和机械式的概念表述组织设计的两个极限。[61]一般而言，**机械式**(mechanistic)设计意味着组织像一部标准化的机器，组织有标准化的规则、程序和清晰的职权层级。在机械式组织中，组织结构高度正规化、集权化，大部分决策都集中在高层。**有机式**(organic)设计意味着组织比较松散，自由流动性强，适应性较强。规则和规章通常没有被书面化，如果被书面化也是被灵活地应用。人们必须通过自己的方式明白自己该做什么。职权层级很松散，而且不清晰。组织采用分权式的决策制定模式。

不同的权变因素会影响组织在哪种组织设计中更有效，是在机械式组织中更有效还是在有机式组织中更有效。图 1-7 归纳了机械式组织和有机式组织的主要不同之处。我们从结构、职务、正规化、沟通和层级五个方面分析了这两种设计方式的不同之处。图中也列出了每一种组织设计的关键权变因素。

集权结构与分权结构

集权和分权是指组织决策主要是在哪些层级制定的。在机械式组织中，组织结构是集权的，在有机式组织中，决策制定是分权的。**集权**

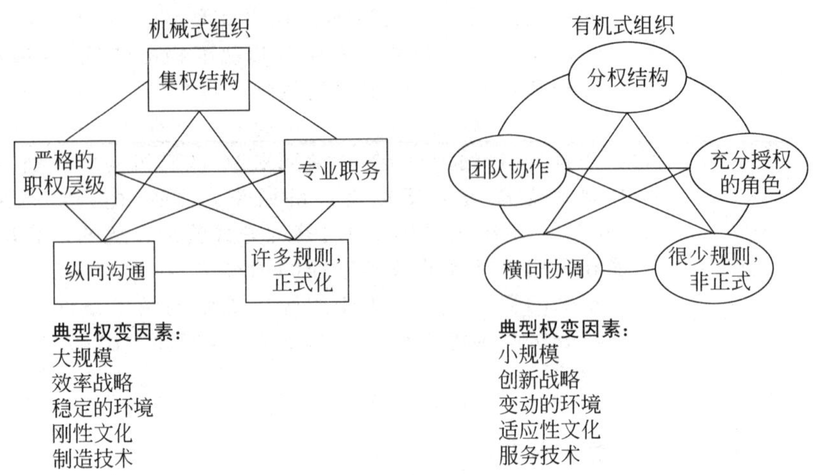

图 1-7 有机式设计和机械式设计

(centralization)意味着决策权主要集中在组织的高层。知识以及活动控制权也被集中在组织高层，员工只需要按照指示完成他们的工作和任务即可。**分权**(decentralization)意味着决策制定权被下放到组织的较低层级。在高度有机式组织当中，知识和活动控制掌握在员工手中，而不是主管或者高层管理者手中。组织鼓励员工通过和其他员工或者顾客合作，共同解决问题，在这一过程中员工可以使用他们的自主决策权。

专业化的职务与充分授权的角色

所谓**职务**(task)，就是分配给一个人的范围狭小的工作。在机械式组织中，组织就像一部机器一样，职务被分解为专业化的、相对独立的部分，每一个员工根据特定的工作描述开展自己的工作。与之形成对照，**角色**(role)则是动态的社会系统的基本构成部分。角色具有自我处置问题的权力和责任，允许员工运用其自主权和能力取得某种结果或实现某一目标。在有机式组织中，员工在团队或者部门中扮演一定的角色，而且这些角色会被持续地重新定义或者调整。

正式系统与非正式系统

在机械式组织中，有非常多的规则、规章和标准程序。正式系统用来管理信息，指导沟通，检测那些偏离既定标准和目标的活动。与此相反，在有机式组织中，规则和正式的控制系统很少，沟通和信息共享是非正式的。

纵向沟通与横向沟通

机械式组织强调按照组织层级垂直地进行沟通。高层管理者将组织的目标与战略、工作说明、程序等信息下达给雇员，并要求下属员工将工作中出现的问题、绩效报告、财务信息、建议等信息进行上报。有机式组织更加重视横向沟通，信息在部门间以及不同层级间等各个方向流通。大范围的信息共享使得员工能够了解企业的整体信息，这有助于员工对内外部变化做出快速反应。同时，有机式组织保持着与顾客、供应商之间的信息沟通，甚至还保持着和竞争者之间的信息沟通，以增强组织的学习能力。

职权层级与协作团队

在机械式组织中，正式的控制链与纵向层级紧密相关。工作活动通过行政命令被组织起来，职能部门之间很少合作。整个组织通过纵向层级被控制起来。与机械式组织不同，有机式组织强调团队协作，而非层级控制。组织根据纵向流程和工作程序的分布进行组织结构设计，而不是按照部门职能。只要能够解决问题，人们可以跨部门工作，甚至可以跨越组织边界工作。因此，有机式组织设计鼓励内部企业家精神，组织中的人聚集在一起，提出新创意，以便更好地响应客户需求。[62] 自主型团队是组织中应用比较广泛的基本工作单位。

当前的组织设计：高度分权

当今的组织结构在一定程度上还留有 19 世纪弗雷德里克·泰勒(Frederick Taylor)时代出现的层级制、官僚制和正规化的印迹。然而，今天动态环境带来的挑战要求组织必须具备较强的灵活性。有少数组织，比如我们之前提到的维尔福软件公司，已经转变成一种高度有机式的组织设计，也就是“去领导化”组织设计。事实上，这种无领导化的工作环境在戈尔公司(W. L. Gore & Associates)和法国 FAVI 公司等企业中已存在了数十年，但是近几年来，这种组织结构愈发成为一种趋势。首先，在哪里工作以及怎么工作的问题已经发生了很大的变化。现在，很多人选择在家办公或者在办公室以外的其他地方办公，这些方式变得越来越便利。例如，在赛门铁克公司，曾经大多数员工坐在隔断间里工作，但现在很多人已经改在家里工作，或在分散在全球其他地方的办公地点工作。[63] 甚至对于那些只需要员工通过网络完成工作的公司来说，新技术的出现和普及意味着每个人都可以和组织最核心的部分产生联系。[64] 如果每个人都可以获得他们所需的信息，接受所需的培训，以便制定更好的决策，此时增加管理层次只会增加成本，降低组织的反应速度。

许多去领导化的企业，比如维尔福软件公司、网飞公司(Netflix，一家视频观看与租赁公司)以及 Atlassian 公司(一家企业软件公司)，都属于与技术相关的行业。但是，像通用航空公司(GE Aviation，航空制造业)、戈尔公司(一家以戈尔特斯面料而闻名的公司)、全食超市(Whole Foods，超市)、三星电机(Semco，多元化制造企业)等各行业的企业已经成功地转变成了去领导化的组织结构。晨星公司在去领导化工作环境方面是一个很好的例子。

应用案例 1-4

晨星公司

克里斯·鲁费尔(Chris Rufer)是全球最大的番茄加工企业晨星公司(Morning Star)的创始人。晨星公司拥有三家工厂,其产品供应给亨氏食品公司(Heinz)、金宝汤公司(Campbell Soup Company)等企业。鲁费尔认为,如果一个人可以在没有上司的情况下管理好自己复杂的生活,那么就没有理由不相信他也能在工作场所管理好自己。目前,晨星公司拥有400多名员工,每年创造7 000多万美元的收入。鲁费尔采用的自我管理的原则包括:

- 没有上司。
- 员工之间通过协商划分职责。
- 每个人都可以花公司的钱。
- 没有头衔和晋升。
- 员工报酬由同级同事决定。

这种制度是如何运作的呢?随着公司的成长,员工从24名增加到400名,但是难题也出现了。一些员工在没有领导和层级的工作环境中遇到了麻烦,为此,鲁费尔创办了晨星公司自我管理学院(Morning Star Self-Management Institute),为员工提供自我管理原则和制度方面的培训。每一位员工都参与培训,10～15人一组共同学习。培训的内容包括:怎样作为团队的一分子有效地工作;怎样担负起曾经由管理者负责的"计划、组织、领导和控制";怎样理解并和其他人有效沟通;怎样处理冲突。[65]

在像晨星公司这样的去领导化的工作环境中,没有人发号施令,也不必有人去执行什么命令。责任是面向客户和团队的,而不是面向管理者。去领导化工作环境具有很多优势,包括:工作更加灵活;员工积极性和参与度更高;决策制定得更快、更好。[66]然而,去领导化的工作环境也面临着一些新的挑战。由于减少了很多支出,成本随之降低,但是用于持续性的员工培训和开发的资金不能减少,这样才能保证员工能在去领导化的工作环境中高效地工作,有效地管理自己。企业的文化也必须是鼓励员工参与的,能够支持这种去层级的工作环境。

本书的框架

究竟哪些领域的主题与组织理论与设计相关?管理学或组织行为学课程同组织理论课程有什么区别?要回答这些问题,需要考察各理论相应的分析层次。

分析层次

每个系统都由子系统构成，而子系统之中又有次一级的子系统。因此，需要选择某个**分析层次**(level of analysis)作为研究的重点。典型的组织通常具有四个分析层次，如图 1-8 所示。个体是组织的基本构成单位。个体之于组织，就像细胞之于生物体一样。比个体高一个层次的是群体或部门，它们是为完成群体任务而在一起工作的个体的集合。再高一个的分析层次就是组织本身。组织是群体或部门集合而成的，这些群体或部门组成了整个的组织。

组织本身可以集合成下一更高的分析层次，这就是跨组织的集合体和社区，前者是指由若干单个组织互动形成的组织群体，后者即社区之中的其他组织，也构成组织环境的重要部分。

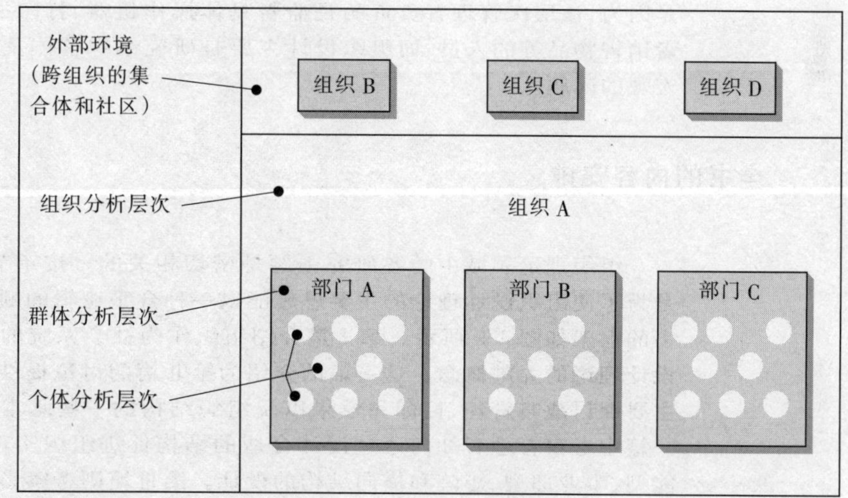

图 1-8 组织的分析层次

资料来源：Based on Andrew H. Van De Ven and Diane L. Ferry, *Measuring and Assessing Organization*(New York: Wiley, 1980), 8; and Richard L. Daft and Richard M. Steers, *Organizations: A Micro/Macro Approach*(Glenview, IL.: Scott, Foresman, 1986), 8.

组织设计理论将侧重点放在组织这一分析层次，但也关注群体和环境。为了解释组织，你不仅应该考察组织本身的特征，也应该考察其环境的特征以及构成组织的部门和群体。本书着重通过考察组织的具体特点、性质和构成组织的部门及群体间的关系，以及构成环境的组织集合体等来帮助你认识组织。

组织设计理论研究个人吗？组织设计无疑也涉及人的行为，但这是以总体的方式来研究的。人的因素很重要，但不是我们分析的重点。组织设计与组织行为学有明显的区别。

组织行为学(organizational behavior)是对组织的微观研究，它将其主要的分析单元放在组织中的个人。组织行为探讨的概念是诸如激励、领导风格和个性等,它关注组织中的个人认知和情感差异。

组织理论与设计(organization theory and design)则是对组织的一种宏观角度的研究,因为它将整个组织作为分析单元。组织设计理论考察人们是如何集合部门及组织的,如何关注组织这一分析层次上的结构和行为的差别。组织设计理论是关于组织的社会学,而组织行为学则是组织的心理学。

组织设计理论直接与高层和中层管理者所关心的问题相关,但只是部分地与低层管理者有关。高层管理者要对整个组织负责,并制定目标和战略、解释外部环境因而必须设定目标、制定战略、对外部的环境做出解释,并决定组织的结构和设计。中层管理者关注的是与主要部门如营销或研究等相联系的问题,为此需要决定其所领导的部门如何与组织的其他部门相联系。中层管理者必须使其部门设计能够适合本工作单位的技术,必须处理权力与权术、群体间的冲突以及信息和控制系统等问题,这其中每一项都属于组织设计的研究内容。若说组织设计只是部分地与低层管理者有关,这是因为,该层次管理者负责的是监督具体操作机器、打印书信文件、授课或者销售物品等的人员,而组织设计主要是研究组织整体及其主要部门这些宏观的问题。

全书的内容安排

组织理论领域中的各研究主题是密切相关的。按章节来叙述的目的,是为了使组织设计理论的主要思想能以一种合乎逻辑的顺序得以展开。本书的框架如图 1-9 所示。第Ⅰ篇介绍组织作为社会系统的基本概念和组织设计理论的关键概念。这一篇的介绍为第Ⅱ篇的讨论提供了基础。第Ⅱ篇主要探讨战略管理、目标和效果以及组织结构的一些基本知识。我们在这一篇中考察管理者如何通过设计合适的结构促进组织实现其目标,包括职能型、事业部型、矩阵和横向结构的设计。第Ⅲ篇则考察影响组织结构及设计的各种开放系统要素,包括外部的环境、组织间的关系以及全球环境。

第Ⅳ篇和第Ⅴ篇考察组织内部的过程。第Ⅳ篇描述了组织设计与诸如制造和服务技术、组织规模和生命周期、信息与控制系统等因素有什么样的联系。第Ⅴ篇转而考察存在于组织主要部门内部和部门之间的动态过程,其中的话题包括像创新与变革、文化和伦理价值观、决策过程、组织间冲突管理、权力和权术等。

各章内容的安排

本书各章均以一组问题开头,引导学生学习章节具体内容。各章的主体部分则介绍和解释相关的理论概念,中间会穿插若干个实例来具体说明这些概念,并说明这些概念如何应用于实际组织中。每章有一个"你适合哪种组织设计"的问卷,帮助学生们更深入地理解具体的主题,引导他们根据

第Ⅰ篇 组织导论

第 1 章 组织与组织理论

第Ⅱ篇 组织目标与结构设计

第 2 章 战略、组织设计和效果
第 3 章 组织结构的基础

第Ⅲ篇 开放系统设计要素

第 4 章 外部环境
第 5 章 组织间关系
第 6 章 面向国际环境的组织设计

第Ⅳ篇 内部设计要素

第 7 章 制造与服务技术
第 8 章 控制技术、社交商业与大数据
第 9 章 组织规模、生命周期及组织衰退

第Ⅴ篇 动态过程管理

第 10 章 组织文化和伦理价值观
第 11 章 创新与变革
第 12 章 决策过程
第 13 章 冲突、权力和权术

图 1-9 本书的框架

自己的经历和想法思考组织设计问题。每章中还辟有“新书评介”栏目，展现管理者当前面临的组织新课题。通过新书评介中对最新组织概念及应用的介绍，加深并拓宽读者对组织问题的理解。例子和书评说明了当今管理思想和实践正在发生的剧烈变化。各章的结尾是“设计要点”部分，回顾和解释这一章的重要理论及概念。

设计要点

■ 组织理论是理解、设计以及更有效地管理组织的工具，包括的问题诸如：如何适应动荡的环境；如何应对不断扩大的组织规模和不断增加的

复杂性;如何管理内部冲突,如何协调;如何塑造正确的组织文化以达成目标。

■ 管理者面临着新的挑战,包括全球化、加剧的竞争、严格的伦理审查以及绿色化实践、对需求的快速响应、融入社交商业活动以及充分利用大数据。

■ 组织是开放的系统,从外部环境中获得输入,经过转化实现价值增加,然后变成产品和服务回到环境中。

■ 组织非常重要,管理者有责任取得好的组织绩效并满足社会需求。组织的结构变量包括正规化、专业化、职权层级、集权化,权变因素包括规模、组织技术、环境、目标和战略以及文化等。这些为衡量和分析组织提供了标尺。这些维度的变量会因组织的不同而有很大的差异。以后的各章将提供运用这些概念分析组织的有关知识框架。

■ 组织有多种类型。一个重要的分类是营利性组织和非营利性组织。前者的经理们的行为目的是为公司赚钱,而后者的管理者所做的一切是为了产生某种社会影响。经理们设计组织是为了达到高的绩效和效果。效果是复杂的,因为不同的人有希望组织能够满足的不同兴趣和利益需要。

■ 组织设计的视角随着时间发生变化。管理者们通过了解历史视角和对比机械式组织设计和有机式组织设计可以更好地理解组织。

■ 组织是从机械式设计到有机式设计的连续统。机械式组织设计的特征包括集权结构、专业职务、正式系统、纵向沟通和严格的职权层级。有机式组织设计的特征包括分权结构、充分授权的角色、信息系统、横向沟通和协作式团队工作。尽管机械式组织设计在许多情况下还依然有用,但是当今的竞争环境促使越来越多的企业从机械式组织设计转向有机式组织设计。

■ 本书的大多数概念是与组织的高层和中层管理相关的。本书侧重于讨论这些层级的管理议题,而不是作业管理层中有关员工监督和激励的问题,这些是组织行为学中所探讨的问题。

关键概念

行政管理原则(administrative principles)
大数据分析(big data analytics)
行政式组织(bureaucratic organizations)
集权化(centralization)
权变因素(contingency factors)
权变(contingency)
分权化(decentralization)
效果(effectiveness)
效率(efficiency)

霍桑试验(Hawthorne Studies)
分析层次(level of analysis)
机械式(mechanistic)
开放系统(open system)
有机式(organic)
组织理论与设计(organization theory and design)
组织行为学(organizational behavior)
组织(organizations)
专业型官僚结构(professional bureaucracy)
角色(role)
科学管理(scientific management)
社交商业(social business)
社交媒体项目(social media programs)
利益相关者(stakeholder)
利益相关者方法(stakeholder approach)
结构变量(structural dimensions)
可持续(sustainability)
职务(task)

讨论题

1. 组织的定义是什么？简要地说明该定义的几个要点。

2. 描述一些社交商业影响你所熟悉的组织的方式，比如你的学校、当地的零售店或者饭店、志愿者组织或者你参加的俱乐部，甚至是你的家庭。你能否从正反两个方面说说这些影响？

3.《财富》500 强中的许多企业都有一百多年的历史，你认为这些企业的哪些组织特征可以解释它们的百年经久不衰？

4. 组织是否可以有效率而没效果？没有效率的组织是否仍然可以取得成效？解释你的答案。

5. 正规化与专业化之间有何区别？你是否认为一个组织如果在某一特征变量上的取值高，那么它在其他特征变量上的取值也会高？请讨论。

6. 权变的含义是什么？权变理论对管理者的意义是什么？

7. 机械式组织设计与有机式组织设计有哪些主要差异？按照你的观点，哪一类组织更易于管理？请讨论。

8. 如何理解组织是一个开放的系统？如何将利益相关者方法和开放系统的概念联系起来？

9. 利益相关者对非营利性组织和对营利性组织的期望有哪些不同？与营利性组织相比，非营利性组织的管理者是否需要更加关注利益相关者？请讨论。

10. 早期的管理理论家主张组织应该尽可能是理性化、合理化的,做到位得其人、人有其位。试讨论这种方式对当今的组织有何适合及不适合之处?

练 习

衡量组织的各维变量

一个人或者两个人一组,采访两个来自不同组织的人,或者他们在同一组织,但是在不同的部门,并且做不同的工作。请每一个受访者回答下列这些问题。每道题从完全错误、基本错误、基本正确到完全正确,一共分为四个分数档。你需要邀请两个受访者分别作答,计算分数,并进行分析。

正规化程度	完全错误	基本错误	基本正确	完全正确
1. 有书面的工作说明书。	______	______	______	______
2. 有标明人员层级的结构图。	______	______	______	______
3. 有书面的绩效考核办法。	______	______	______	______
4. 有书面的危机管理文件。	______	______	______	______
5. 针对大多情况都有书面的工作流程。	______	______	______	______

正规化程度分数______(计算方法:对于第 1 至第 5 题,选择完全正确计 4 分,选择基本正确计 3 分,选择基本错误计 2 分,选择完全错误计 1 分。)

集权化程度	完全错误	基本错误	基本正确	完全正确
6. 工作执行者无法完全自己做决定。	______	______	______	______
7. 我的任何决定都要得到领导的同意。	______	______	______	______
8. 即使小事也得找上级领导做决定。	______	______	______	______
9. 我参与同级员工的雇用决策。	______	______	______	______
10. 工作执行者决定事情该怎么做。	______	______	______	______

集权化程度分数______(计算方法:对于第 6 至第 8 题,选择完全正确计 4 分,选择基本正确计 3 分,选择基本错误计 2 分,选择完全错误计 1 分;对于第 9 和第 10 题计反向分,选择完全正确计 1 分,选择基本正确计 2 分,选择基本错误计 3 分,选择完全错误计 4 分。)

技术(工作多样性)	完全错误	基本错误	基本正确	完全正确
11. 我的工作每天都有新内容。	______	______	______	______
12. 这里的工作非常多样化。	______	______	______	______
13. 每天都要做不同的事情。	______	______	______	______
14. 这里的工作很常规。	______	______	______	______
15. 像我这样的员工大部分时间都用相同的方式做相同的工作。	______	______	______	______

技术分数________（计算方法：对于第 11 至第 13 题，选择完全正确计 4 分，选择基本正确计 3 分，选择基本错误计 2 分，选择完全错误计 1 分；对于第 14 和第 15 题计反向分，选择完全正确计 1 分，选择基本正确计 2 分，选择基本错误计 3 分，选择完全错误计 4 分。）

问题

1. 你采访的两个人在三组分数之间有何差异？

2. 你是否发现了三组分数之间的某种关联，比如某一组的分数较高，对应另一组的分数也较高或者反而较低？

3. 哪一个受访者看起来对他的工作更加满意？你觉得他们的满意度是否和正规化程度、集权化程度以及技术之间有所关联？请解释一下。

教学案例

没那么简单：罗伊斯咨询公司的结构变革[67]

肯·文森特（Ken Vincent）的办公室位于 12 楼行政套房，此刻办公室外灯光闪烁。文森特连续九年加班到深夜并且没有休过假，如今是公司的联合合伙人。一切都应该更加容易些，但是罗伊斯咨询公司新提出的改革举措比他预想的更具挑战性。他心想："我知道客户、员工和公司的声誉才是最重要的，但我不明白，我为什么要对即将做出的改革政策如此紧张呢？我们已经分析了为什么要做出这样的改变，甚至还请了外部人员帮忙，行政支持人员也非常满意！为什么经理们还是没有激情呢？我们都知道明天会议上要做的决定。开会之后一切就都结束了，对吗？"他一边想一边关上了灯。

背景

罗伊斯咨询公司（Royce Consulting）是一家国际化咨询公司，其客户均为大型企业，且与它们保持着长期合作关系。罗伊斯公司的员工会因为工作而在其客户企业里待上几周，几个月，甚至几年。该公司提供的咨询服务所涉足的行业范围非常广泛，从制造业到公用事业再到服务性行业都有其客户。目前，罗伊斯已在 65 个国家拥有 160 多家咨询办事处。仅在文森特工作的这个地方，罗伊斯咨询公司就有 85 名员工、22 位站点经理、9 位中高级合伙人、6 位行政支持人员、1 位人力资源专家和 1 位财政支持者。

大多数情况下，罗伊斯咨询公司直接聘用刚毕业的大学生作为新员工，五六年后，工作优秀者晋升为经理，负责维护与客户的合作关系，并且协助合伙人为未来的工作出谋划策；六七年后仍然没有获得晋升的人通常会离开公司另寻他业。

罗伊斯咨询公司会给新晋升的经理分配一间办公室，这是经理的特权。早些时候，由于空间不足，某些新晋升的经理必须与其他人共用一间办公室。为了尽可能地减少共用办公室所带来的摩擦，其中一名经理通常会被外派出去负责某项长期性项目，因此，每一个经理实际上都有一间单独的办公室。

罗伊斯咨询公司的基本结构和改革方案

罗伊斯咨询公司正在考虑构建旅馆型办公室系统(也称“非区域性办公室”或“自由区域办公室”)。这一系统能够使经理们更容易使用办公室，因为办公室的使用建立在“预约”或“偶然使用”的基础之上。公司不再给经理分配固定的办公室，取而代之的是临时办公室，经理们需要的任何材料或设备都会搬到临时办公室里。以下是旅馆型办公室系统的特色和优点：

- 不再分配固定办公室
- 根据预约安排办公室的使用
- 可以对某间办公室做长期使用安排
- 安排单独的文件室用于存放资料
- 每间办公室都有标准的手册和供应品
- 旅馆型办公室系统的协调人员负责办公室的维护
- 办公室的使用权是变化的
- 避免了两个或多个经理共用一间办公室的情况
- 允许经理根据需要一直使用同一间办公室
- 使用期间，经理必须带齐所有需要的文件
- 办公室使用信息均是标准化的
- 经理不需担心办公室的维护问题

公司正在考虑的另一项举措是将电子化办公技术升级到最新水平。届时，公司会为所有经理配置新的笔记本电脑，这些电脑安装了罗伊斯咨询公司的专用软件包，具有现代化的通信能力。同时，电子文档系统作为电子化办公技术的一部分也在计划中。这一系统可以使办公人员直接从罗伊斯咨询公司网站上查询方案、客户记录以及宣传资料等相关信息。

在应用程序的使用方面，相比经理而言，行政支持人员经验有限。他们主要和文字接触，对电子制表软件、通信系统以及图形软件包等知之甚少。罗伊斯咨询公司有一个专门的制图部门，而且经理们已经自行完成了大部分的工作，因此行政人员不必使用那些应用程序包。

工作模式

罗伊斯咨询公司位于美国中西部一座大城市，虽然地处市中心，但是交通便利。因此，负责市内项目的经理经常每天在外面待几个小时。手头暂时没有项目的经理通常会留在办公室做一些协助性工作，或者与合伙人一起做一些开发新业务的方案。

项目经理大部分时间都在客户公司工作，因此经理办公室使用率在40％～60％。这意味着罗伊斯咨询公司约有一半的时间在为闲置的办公室支付租赁费。考虑到办公室的使用率以及未来十年的扩张计划，一个经理一间办公室甚至是两个经理一间办公室都显得没有必要。新的改革方案要求经理和行政支持人员调整工作模式。此外，如果旅馆型办公室系统得以应用，所有经理均需将他们的文件集中放在专用的档案室里。

组织文化

罗伊斯咨询公司有很强的组织文化并且管理人员能十分有效地将其传达给所有的员工。

文化的稳定性

罗伊斯咨询公司的文化是比较稳定的，公司管理层十分了解自己的组织，了解组织的类型。目前该公司已在所有领域的大型商业咨询中处于领先地位。罗伊斯咨询公司首席执行官表示公司始终致力于以客户为中心，公司所有事情均是为客户而做。

培训

罗伊斯咨询公司的新入职员工都要接受组织文化和项目咨询方面的培训。培训按照结构化的课程设计程序展开，从电脑辅助类课程开始，讲授为各个行业的企业提供咨询时所需要的技术。公司会聘用那些积极进取或者愿意尽一切可能完成工作的优秀青年。在新员工中，友谊与竞争同在。这种态度在培训与宣传的过程中将会进一步得到强化。

工作关系

罗伊斯咨询公司的员工对组织有着极为相似的看法。接受组织的文化和准则对每一个员工来说都非常重要。公司准则以高绩效预期和强工作投入为中心。

普通员工被提升为经理后，他们要更加熟知公司的行为规范。他们成为新员工的业务导师和行为楷模。公司的行为准则包括什么时候进办公室、在办公室待到多晚以及对他人的评价。经理们负责检查督促员工的行为规范，并与他们探讨应该如何去做。

工作关系的标准是专业化。经理深知他们必须完成合伙人要求的工作并保证随时待命。根据公司的行为准则，罗伊斯咨询公司的员工要在工作问题上互相帮助，但是私人问题则另当别论。通过调查以及和员工谈话，大家对此已经了然于心。私人问题不会影响工作业绩，但是如果公司有需要，假期就需要暂时搁置,其他的事情也要先放到一边。

组织价值观

有三件事情对组织来说非常重要:客户、员工和声誉。罗伊斯公司始终践行以客户为中心的理念,将客户放在首位,努力满足客户要求并争取超越客户的期望。公司的管理人员用心倾听客户的需求并适时作出调整,满足客户要求。

罗伊斯咨询公司的声誉对公司领导层来说非常重要。为此,公司致力于雇用高素质人才,通过他们提供的优质服务来维护并提高公司的声誉。罗伊斯咨询公司的员工凭借高昂的工作积极性以及团结和乐于奉献的精神不断强化巩固着公司的客户和声誉。

管理风格和层级结构

罗伊斯咨询公司的组织以指令型的管理风格为特色,合伙人对所有重要的事项拥有最终决定权,所以经常会听到类似于这样的话"经理要能够解决各种问题,要不惜一切代价完成工作"或"不管合伙人有什么需求,我们都要满足"。合伙人会询问并接受经理对项目的反馈意见,但合伙人才有最终的决定权。

现状

罗伊斯咨询公司有一个开拓性的五年计划,这份计划对中高级合伙人、经理和员工的增长数量做出了预测。届时,公司将需要更多的办公室,租赁成本会因此升高,可变成本和固定成本也会随之提高。

以执行合伙人唐纳德·格雷(Donald Gray)和联合合伙人肯·文森特为领导的合伙人们已经认识到,必须要采取一些措施以提高空间利用率以及管理人员和行政人员的工作效率。公司合伙人同意对创新措施进行可行性研究和潜在影响分析。

合伙人小组作为最终决策者有权批准某一方案并给予财政支持。计划委员会成员包括肯·文森特、人力资源部专员、财务部主任和外部咨询专家玛丽·思科瑞恩(Mary Schrean)。

可行性研究

启动会议后的两个工作日内,所有的合伙人和经理都收到了一份旅馆型办公室系统可行性研究备忘录。备忘录对旅馆型办公室的理念进行了简单描述,并表示会对公司内部人员进行意见调查。此时,合伙人和经理们早已听说了公司可能会进行改革,而且知道格雷可能会更倾向于采用旅馆型办公室模式。

对合伙人的意见调查

所有的合伙人都参与了意见调查。他们的一个相似观点是:创办旅馆型办公室是非常有必要的,但希望不会影响到他们自己。有三个合伙人表达了他们对经理是否接受这一改革的担忧,但结论是:如果公司实行旅馆型办公室政策，不管有没有电子化办公技术，经理们都必须接受，因为经理应该满足合伙人的一切要求。

合伙人一致认为，组织所有层级的工作效率都能够得到提升，除他们自己之外，还应该包括秘书和经理在内。

合伙人们都已意识到，罗伊斯咨询公司现有的信息技术水平不足以支持旅馆型办公室政策，必须考虑使用电子化办公技术。

合伙人本以为办公室格局变化和技术改进是最需要关注的问题，其次才是文件归档问题。然而事实却是所有人都非常关注文件的所有权和控制权问题，而且大部分合伙人和经理不想把所有事情都集中起来处理。

对经理的意见调查

10 名原本享有固定办公室的经理均接受了单独的意见调查。调查中，有四名经理问思科瑞恩旅馆型办公室模式是不是她的想法。尽管经理们把这个问题当玩笑似地随便一问，但他们仍然希望得到回答。思科瑞恩说她只是一个顾问，这个方案不是她提出的，对这些改革她没有最终决定权。

接受意见调查的经理中任职时间最短的刚满半年，最长的已经有五年，但无一例外，他们都没有对旅馆型办公室模式表示出积极的态度，每个人都说起自己工作有多辛苦才当上了经理，才拥有了自己的办公室。有 8 名经理认为，办公室不仅是身份的象征，而且固定办公室为他们保存信息和文件提供了很大的便利。两名经理表示，他们不在乎身份地位，但很在意固定办公室带来的便利性。一名经理表示如果没有固定的办公室，他到办公室的频率会降低。经理们认为，旅馆型办公室模式会降低他们的工作效率。还有两名经理表示，他们不在乎罗伊斯咨询公司的租赁成本，只想有自己的办公室。

尽管对旅馆型办公室模式持否定态度，但经理们仍表示支持合伙人的任何决定。一名经理认为，如果罗伊斯咨询公司与客户的业务往来足够频繁，是否拥有固定办公室不是大问题。

在意见调查中，每位经理都对能够提升工作效率的新工具表示了响应和支持，特别是升级电子化办公技术。有一半经理表示，技术升级会让旅馆型办公室没那么糟糕，同时他们也希望自己的秘书能使用同样的软件。

经理们对文件管理问题看法不一。经理所拥有的文件数量与其任期成正比：任期越长，文件越多。不管在什么情况下，经理们都亲自保管自己的文件，或者放在他们的办公室里，或者放在空置的文件柜里。作为对经理人员意见调查的一部分，他们的行政助理也被问及对这一改革的看法。6 名行政助理均表示升级电子化办公技术对经理非常有益。关于旅馆型办公室，他们认为，如果合伙人想要这么办，经理们即使不想接受也仍会同意。

调查结果

意见调查结束两周后，所有的合伙人和经理都收到了一份调查报告。9位合伙人和16位经理共同完成了完整的调查报告。以下是报告的内容：

工作模式。经理有相当一部分时间不在办公室似乎是共识，但是并没有数据来证实，为此被调查者提供了自己的时间表。调查结果表明，合伙人有38%的时间在办公室，54%的时间在客户公司，5%的时间在家，3%的时间在机场等别的地方；与之相对应的经理的时间分配分别是：32%，64%，4%，1%。

经过15周的时间，调查小组统计了15名经理的办公室使用情况，每天统计4个时间点：早上9:00，早上11:00，下午2:00和下午4:00。之所以选择这些时间点，是因为从最初的观察来看，这是经理在办公室最多的时候。在每个特定的时间点，平均有6个(40%)办公室是空着的，也就是说，办公室的使用率是60%。

另一种办公室模式。计划委员会提出的其中一种办公室格局实际上是共用办公室理念的延伸和扩展。相比旅馆型办公室模式，11名经理表示更喜欢这种格局，因为多个经理同时出现在办公室的可能性比较小。报告显示，有8名经理每月会发生0～5次办公室冲突，3名经理每月有6～10次办公室冲突。共用办公室的冲突包括：没有足够的文件存放空间、打电话时相互干扰、缺少私人空间等。

经理们一致认为有一间固定的办公室很重要。调查报告进一步证实了经理们的态度：只有两名经理更喜欢共用办公室模式，他们认为旅馆型办公室会对工作效率带来负面影响。如果罗伊斯咨询公司采用旅馆型办公室模式，面临的将是无法满足经理的期望、文件的使用和整理、安全与隐私问题、不确定的工作安排以及高峰时段办公室的使用等方面的挑战。

对个人文件的管控。由于在之前的调查中经理们非常关心文件的存放和管理问题，调查小组让受访对象对管控个人文件的重要性进行打分。打分采用5分制，5分代表强烈支持(非常重要)，1分代表强烈反对(不重要)。以下是调查结果：

受访者	样本	得分
合伙人	6	4.3
经理：		
0～1年	5	4.6
2～3年	5	3.6
4年	6	4.3

电子技术。罗伊斯咨询公司有一套基本的网络办公系统，但是已经无法适用于在各个远程站点工作的合伙人和经理。行政支持人员使用另一套单独的网络系统，因此经理和员工之间无法实现电子化通信。调查显示，有 95％的经理想要使用这套网络系统，但只有 50％的经理在真正使用。

选项分析

财务分析显示，不同的选择成本大不相同。

选项 1：继续采用固定办公室模式，并安排一部分共用办公室

• 在现在的办公楼上再租一层楼用作办公室：每年花费 360 000 美元

• 重装新租赁的楼层（比如对办公室和工作区域进行划分、装修和购置设备）：一次性花费 600 000 美元

选项 2：升级电子化办公技术，实行旅馆型办公室模式

• 升级电子化办公技术：一次性花费 190 000 美元

选项 1 费用比较昂贵，因为在现有的租赁条约下，罗伊斯咨询公司要想扩展办公空间，必须租用一整个楼层。相反，旅馆型办公室模式在经济上非常占优势，与选项 1 相比每年节省 360 000 美元的租赁费，同时还能节约 410 000 美元的一次性成本。

挑战

文森特找到玛丽·思科瑞恩，与她讨论即将与合伙人和经理一起召开的会议。此次会议上，他们将会报告调查结果并提出改革方案。调查报告中还包括对两种办公室模式的分析。文森特和格雷计划推荐旅馆型办公室系统，这种系统可以为经理和行政支持人员提供必要的储物空间以及最先进的电子化办公技术，并可对文件进行集中管理。做出这一选择的根本原因在于经理不在办公室的时间比较多、维护成本较高。此外，还有以下一些考虑：

1. 由于公司的行业特性，办公室在 40％～60％的时间里是闲置的。

2. 租房成本持续攀高。

3. 随着业务的发展，公司需要更多的办公室，成本控制策略需要随业务的发展而改进。

4. 罗伊斯咨询公司在行业内的组织创新方面扮演着领导角色。

会间休息回来后，文森特心想："这仍然只是一次尝试，成本预算结果支持这个选择，公司业务发展也支持这个选择。就这么简单吧？做决定只是比较简单的一部分。也不知哪些因素会阻碍或者有利于这一政策的可接受性？从长远来看，我们需要加强内部流程建设，不能因为这些简单的改革而影响工作效率。"

注 释

1. This case is based on Anthony Bianco and Pamela L. Moore, "Downfall: The Inside Story of the Management Fiasco at Xerox," *BusinessWeek*, March 5, 2001, 82–92; Robert J. Grossman, "HR Woes at Xerox," *HR Magazine*, May 2001, 34–45; Jeremy Kahn, "The Paper Jam from Hell," *Fortune*, November 13, 2000, 141–146; Pamela L. Moore, "She's Here to Fix the Xerox," *BusinessWeek*, August 6, 2001, 47–48; Claudia H. Deutsch, "At Xerox, the Chief Earns (Grudging) Respect," *The New York Times*, June 2, 2002, Section 3, 1, 12; Olga Kharif, "Anne Mulcahy Has Xerox by the Horns," *BusinessWeek Online*, May 29, 2003; Amy Yee, "Xerox Comeback Continues to Thrive," *Financial Times*, January 26, 2005, 30; George Anders, "Corporate News; Business: At Xerox, Jettisoning Dividend Helped Company Out of a Crisis," *The Asian Wall Street Journal*, November 28, 2007, 6; Andrew Davidson, "Xerox Saviour in the Spotlight," *Sunday Times*, June 1, 2008, 6; Betsy Morris, "The Accidental CEO," *Fortune*, June 23, 2003, 58–67; Matt Hartley, "Copy That: Xerox Tries Again to Rebound," *The Globe and Mail*, January 7, 2008, B1; Nanette Byrnes and Roger O. Crockett, "An Historic Succession at Xerox," *BusinessWeek*, June 8, 2009, 18–22; William M. Bulkeley, "Xerox Names Burns Chief as Mulcahy Retires Early," *The Wall Street Journal*, May 22, 2009, B1; Geoff Colvin, "C-Suite Strategies: Ursula Burns Launches Xerox Into the Future," *Fortune*, April 22, 2010, http://money.cnn.com/2010/04/22/news/companies/xerox_ursula_burns.-fortune/ (accessed July 1, 2011); Brian Bergstein, "Q+A Ursula Burns," *MIT Technology Review*, February 20, 2013, http://www.technologyreview.com/featuredstory/511281/xeroxs-ceo-wants-tp-shake-up-the-services-market/ (accessed February 10, 2014); David Zax, "How Xerox Evolved From Copier Company to Creative Powerhouse," *Fast Company*, December 11, 2013, http://www.fastcompany.com/3023240/most-creative-people/dreaming-together-how-xerox-keeps-big-ideas-flowing (accessed February 10, 2014); and "Xerox Positioned in the Visionaries Quadrant of Gartner's 2013 Magic Quadrant for Enterprise Content Management," Press Release, Xerox, October 17, 2013, http://news.xerox.com/news/Xerox-positioned-in-the-Visionaries-Quadrant-of-Gartners-2013-Magic-Quadrant-for-ECM (accessed February 10, 2014).
2. Dana Mattioli, Joann S. Lublin, and Ellen Byron, "Kodak Struggles to Find Its Moment," *The Wall Street Journal*, August 11, 2011, http://online.wsj.com/news/articles/SB10001424053111903454504576488033424421882 (accessed September 24, 2014).
3. Ed O'Keefe, "Lieberman Calls for Wider Inquiry into Secret Service Scandal," *The Washington Post*, April 23, 2012, A3; Laurie Kellman and Alicia A. Caldwell, "Inquiry Hears of Wider Secret Service Misbehavior," *The Salt Lake Tribune*, May 25, 2012; and Evan Perez, "Secret Service Agents Sent Home after One Found Passed Out in Amsterdam," *CNN.com*, March 26, 2014, http://www.cnn.com/2014/03/25/us/secret-service-amsterdam/ (accessed March 26, 2014).
4. Damian Paletta and Dionne Searcey, "Inside IRS Unit Under Fire," *The Wall Street Journal*, May 25, 2013, A1; and Nicholas Confessore, David Kocieniewski, and Michael Luo, "Confusion and Staff Troubles Rife at I.R.S. Office in Ohio," *The New York Times*, May 18, 2013, http://www.nytimes.com/2013/05/19/us/politics/at-irs-unprepared-office-seemed-unclear-about-the-rules.html?pagewanted=all&_r=0 (accessed August 15, 2013).
5. Mike Ramsey and Evan Ramstad, "Once a Global Also-Ran, Hyundai Zooms Forward," *The Wall Street Journal*, July 30, 2011, A1; Richard Siklos, "Bob Iger Rocks Disney," *Fortune*, January 19, 2009, 80–86; Ellen Byron, "Lauder Touts Beauty Bargains," *The Wall Street Journal*, May 5, 2009.
6. Harry G. Barkema, Joel A.C. Baum, and Elizabeth A. Mannix, "Management Challenges in a New Time," *Academy of Management Journal* 45, no. 5 (2002), 916–930.
7. Gregory C. Unruh and Ángel Cabrera, "Join the Global Elite," *Harvard Business Review*, May 2013, 135–139.
8. Mike Ramsey, "Ford's CEO Revs up Auto Maker's China Role," *The Wall Street Journal*, April 16, 2013, B7.
9. Steven Greenhouse and Stephanie Clifford, "U.S. Retailers Offer Safety Plan for Bangladeshi Factories" *The New York Times*, July 10, 2013, http://www.nytimes.com/2013/07/11/business/global/us-retailers-offer-safety-plan-for-bangladeshi-factories.html?pagewanted=all&_r=0 (accessed August 21, 2013); and Kate O'Keeffe and Sun Narin, "H&M Clothes Made in Collapsed Cambodian Factory," *The Wall Street Journal*, May 21, 2013, http://online.wsj.com/article/SB10001424127887324787004578497091806922254.html (accessed August 21, 2013).
10. Vanessa Fuhrmans, "Amazon Acts on German Controversy; Online Retailer Cuts Ties with Security Firm after a Television Documentary on Working Conditions," *The Wall Street Journal*, February 19, 2013, B3; Eva Dou and Paul Mozur, "IPhone-Factory Deaths Dog Apple and Supplier," *The Wall Street Journal Online*, December 11, 2013, http://online.wsj.com/news/articles/SB10001424052702304202204579251913898555706 (accessed February 10, 2014).
11. Keith H. Hammonds, "The New Face of Global Competition," *Fast Company*, February 2003, 90–97; and Pete Engardio, Aaron Bernstein, and Manjeet Kripalani, "Is Your Job Next?" *BusinessWeek*, February 3, 2003, 50–60.
12. Pete Engardio, "Can the U.S. Bring Jobs Back from China?" *BusinessWeek*, June 30, 2008, 38ff.
13. Anna Prior and Don Clark, "Corporate News: Texas Instruments to Cut Jobs," *The Wall Street Journal*, January 22, 2014, B2.
14. Janet Adamy, "McDonald's Tests Changes in $1 Burger as Costs Rise," *The Wall Street Journal*, August 4, 2008, B1.
15. Lavonne Kuykendall, "Auto Insurers Paying Up to Compete for Drivers," *The Wall Street Journal*, April 9, 2008, B5.
16. Reported in Dan Kadlec, "Gordon Gekko Lives: New Evidence That Greed Is Rampant on Wall Street," *Time*, July 17, 2013, http://business.time.com/2013/07/17/gordon-gekko-lives-new-evidence-that-greed-is-rampant-on-wall-street/

(accessed July 19, 2013).

17. Monica Langley and Dan Fitzpatrick, "Embattled J.P. Morgan Bulks Up Overnight," *The Wall Street Journal Online*, September 12, 2013, http://online.wsj.com/news/articles/SB10001424127887324755104579071304170686532 (accessed February 11, 2014).
18. This definition is based on Marc J. Epstein and Marie-Josée Roy, "Improving Sustainability Performance: Specifying, Implementing and Measuring Key Principles," *Journal of General Management* 29, no. 1, (Autumn 2003), 15–31; World Commission on Economic Development, *Our Common Future* (Oxford: Oxford University Press, 1987); and Marc Gunther, "Tree Huggers, Soy Lovers, and Profits," *Fortune*, June 23, 2003, 98–104.
19. Steve Minter, "A Net Gain for Sustainable Manufacturing," *Industry Week*, August 2013, 48.
20. Pinar Cankurtaran, Fred Langerak, and Abbie Giffin, "Consequences of New Product Development Speed: A Meta-Analysis," *Journal of Product Innovation Management* 30, no. 3, (2013), 465–486.
21. Brad Kenney, "Callaway Improves Long Game with Collaborative Tech," *Industry Week*, June 2008, 72.
22. Robert Safian, "Secrets of the Flux Leader," *Fast Company*, November 2012, 96–136.
23. Quoted in Safian, "Secrets of the Flux Leader."
24. This section is based partly on Fahri Karakas, "Welcome to World 2.0: The New Digital Ecosystem," *Journal of Business Strategy* 30, no. 4, (2009), 23–30.
25. Jacques Bughin, Michael Chui, and James Manyika, "Capturing Business Value with Social Technologies," *McKinsey Quarterly*, November 2012, http://www.mckinsey.com/insights/high_tech_telecoms_internet/capturing_business_value_with_social_technologies (accessed September 27, 2013).
26. Roland Deiser and Sylvain Newton, "Six Social-Media Skills Every Leader Needs," *McKinsey Quarterly*, Issue 1, February 2013, http://www.mckinsey.com/insights/high_tech_telecoms_internet/six_social-media_skills_every_leader_needs (accessed August 21, 2013).
27. Ibid.
28. Leslie Gaines-Ross, "Get Social: A Mandate for New CEOs," *MIT Sloan Management Review*, March 7, 2013, http://sloanreview.mit.edu/article/get-social-a-mandate-for-new-ceos/ (accessed August 21, 2013).
29. Deiser and Newton, "Six Social Media Skills Every Leader Needs."
30. Darrell K. Rigby, *Management Tools 2013: An Executive's Guide* (Bain & Company 2013), http://www.bain.com/Images/MANAGEMENT_TOOLS_2013_An_Executives_guide.pdf (accessed August 27, 2013); Margaret Rouse, "Big Data Analytics," *TechTarget.com*, January 10, 2012, http://searchbusinessanalytics.techtarget.com/definition/big-data-analytics (accessed August 27, 2013); and David Kiron, Renee Boucher Ferguson, and Pamela Kirk Prentice, "From Value to Vision: Reimagining the Possible with Data Analytics," *MIT Sloan Management Review Special Report*, March 5, 2013, http://sloanreview.mit.edu/reports/analytics-innovation/ (accessed August 27, 2013).
31. Steve Lohr, "Sure, Big Data Is Great. But So Is Intuition," *The New York Times*, December 29, 2012.
32. Andrew McAfee and Erik Brynjolfsson, "Big Data: The Management Revolution," *Harvard Business Review*, October 2012, 61–68.
33. Lohr, "Sure, Big Data Is Great. But So Is Intuition."
34. McAfee and Brynjolfsson, "Big Data: The Management Revolution."
35. Howard Aldrich, *Organizations and Environments* (Englewood Cliffs, N.J.: Prentice Hall, 1979), 3.
36. Royston Greenwood and Danny Miller, "Tackling Design Anew: Getting Back to the Heart of Organizational Theory," *Academy of Management Perspectives*, November 2010, 78–88.
37. This section is based on Peter F. Drucker, *Managing the Non-Profit Organization: Principles and Practices* (New York: HarperBusiness, 1992); Thomas Wolf, *Managing a Nonprofit Organization* (New York: Fireside/Simon & Schuster, 1990); and Jean Crawford, "Profiling the Non-Profit Leader of Tomorrow," *Ivey Business Journal*, May–June 2010.
38. Christine W. Letts, William P. Ryan, and Allen Grossman, *High Performance Nonprofit Organizations* (New York: John Wiley & Sons, Inc., 1999), 30–35; Crawford, "Profiling the Non-Profit Leader of Tomorrow."
39. Lisa Bannon, "Dream Works: As Make-a-Wish Expands Its Turf, Local Groups Fume," *The Wall Street Journal*, July 8, 2002, A1, A8.
40. Robert N. Stern and Stephen R. Barley, "Organizations and Social Systems: Organization Theory's Neglected Mandate," *Administrative Science Quarterly* 41, (1996), 146–162.
41. Philip Siekman, "Build to Order: One Aircraft Carrier," *Fortune*, July 22, 2002, 180[B]–180[J].
42. Adam Davidson, "Building a Harley Faster," *New York Times Magazine*, January 28, 2014, http://www.nytimes.com/2014/02/02/magazine/building-a-harley-faster.html?_r=0 (accessed February 12, 2014).
43. Lindsey Kratochwill, "02: Amazon: For Speeding Up the Delivery of Change," *Fast Company* (part of the section "The Most Innovative Companies 2013") http://www.fastcompany.com/most-innovative-companies/2013/amazon (accessed February 12, 2014).
44. The discussion of structural dimensions and contingency factors was heavily influenced by Richard H. Hall, *Organizations: Structures, Processes, and Outcomes* (Englewood Cliffs, N.J.: Prentice Hall, 1991); D. S. Pugh, "The Measurement of Organization Structures: Does Context Determine Form?" *Organizational Dynamics* 1 (Spring 1973), 19–34; and D. S. Pugh, D. J. Hickson, C. R. Hinings, and C. Turner, "Dimensions of Organization Structure," *Administrative Science Quarterly* 13, (1968), 65–91.
45 This discussion is based in part on Virpi Turkulainen and Mikko Kitokivi, "The Contingent Value of Organizational Integration," *Journal of Organization Design* 2, no. 2, (2013), 31–43.
46. Daisuke Wakabayashi and Toko Sekiguchi, "Disaster in Japan: Evacuees Set Rules to Create Sense of Normalcy," *The Wall Street Journal*, March 26, 2011, A8; Ian Urbina, "In Gulf, It Was Unclear Who Was in Charge of Oil Rig," *The New York Times*, June 6, 2010, A1; Douglas A. Blackmon, Vanessa O'Connell, Alexandra Berzon, and Ana Campoy, "There Was 'Nobody in Charge,'" *The Wall Street Journal*, May 27, 2010, http://online.wsj.com/articles/SB10001424052748704113504575264721101985024 (accessed September 29, 2014); and Campbell Robertson, "Efforts to Repel Gulf Oil Spill Are Described as Chaotic," *The New York Times*, June 14, 2010, http://www.nytimes.com/2010/06/15/science/earth/15cleanup.html?pagewanted=all (accessed September 29, 2014).
47. "5 Richest Tech Billionaires Who Dropped Out of University," *WhatCulture!*, September 30, 2013, http://whatculture.

com/technology/5-richest-tech-billionaires-who-dropped-out-of-university.php (accessed September 30, 2013); "Our People," Valve Website, http://www.valvesoftware.com/company/people.html (accessed September 30, 2013); Claire Suddath, "Why There Are No Bosses at Valve," *Bloomberg Businessweek*, April 27, 2012, www.businessweek.com/articles/2012-04-27/why-there-are-no-bosses-at-valve (accessed August 10, 2012); Rachel Emma Silverman, "Who's the Boss? There Isn't One," *The Wall Street Journal*, June 20, 2012, B1; and Alex Hern, "Valve Software: Free Marketer's Dream, or Nightmare?" *New Statesman*, August 3, 2012, www.newstatesman.com/blogs/economics/2012/08/valve-software-free-marketeers-dream-or-nightmare (accessed August 10, 2012); and John Huey, "Wal-Mart: Will It Take Over the World?" *Fortune*, January 30, 1989, 52–61.

48. Steve Lohr, "Who Pays for Efficiency?" *The New York Times*, June 11, 2007, H1.
49. T. Donaldson and L. E. Preston, "The Stakeholder Theory of the Corporation: Concepts, Evidence, and Implications," *Academy of Management Review* 20, (1995), 65–91; Anne S. Tusi, "A Multiple-Constituency Model of Effectiveness: An Empirical Examination at the Human Resource Subunit Level," *Administrative Science Quarterly* 35, (1990), 458–483; Charles Fombrun and Mark Shanley, "What's in a Name? Reputation Building and Corporate Strategy," *Academy of Management Journal* 33, (1990), 233–258; and Terry Connolly, Edward J. Conlon, and Stuart Jay Deutsch, "Organizational Effectiveness: A Multiple-Constituency Approach," *Academy of Management Review* 5, (1980), 211–217.
50. Ray Fisman and Tim Sullivan, "The Most Efficient Office in the World," *Slate*, July 31, 2013, http://www.slate.com/articles/business/the_dismal_science/2013/07/renewing_your_passport_visit_the_incredibly_efficient_new_york_city_passport.html (accessed February 14, 2014).
51. Charles Fishman, "The Wal-Mart You Don't Know—Why Low Prices Have a High Cost," *Fast Company*, December 2003, 68–80.
52. Greenwood and Miller, "Tackling Design Anew."
53. Greenwood and Miller, "Tackling Design Anew"; and Roger L. M. Dunbar and William H. Starbuck, "Learning to Design Organizations and Learning from Designing Them," *Organization Science* 17, no. 2, (March–April 2006), 171–178.
54. Quoted in Cynthia Crossen, "Early Industry Expert Soon Realized a Staff Has Its Own Efficiency," *The Wall Street Journal*, November 6, 2006, B1.
55. Robert Kanigel, *The One Best Way: Frederick Winslow Taylor and the Enigma of Efficiency* (New York: Viking, 1997); Alan Farnham, "The Man Who Changed Work Forever," *Fortune*, July 21, 1997, 114; and Charles D. Wrege and Ann Marie Stoka, "Cooke Creates a Classic: The Story Behind F. W. Taylor's Principles of Scientific Management," *Academy of Management Review*, October 1978, 736–749. For a discussion of the impact of scientific management on American industry, government, and nonprofit organizations, also see Mauro F. Guillèn, "Scientific Management's Lost Aesthetic: Architecture, Organization, and the Taylorized Beauty of the Mechanical," *Administrative Science Quarterly* 42, (1997), 682–715.
56. Gary Hâmel, "The Why, What, and How of Management Innovation," *Harvard Business Review*, February 2006, 72–84.
57. Amanda Bennett, *The Death of the Organization Man* (New York: William Morrow, 1990).
58. Ralph Sink, "My Unfashionable Legacy," *Strategy + Business* (Autumn 2007), http://www.strategy-business.com/press/enewsarticle/enews122007?pg=0 (accessed August 7, 2008).
59. Dunbar and Starbuck, "Learning to Design Organizations."
60. Johannes M. Pennings, "Structural Contingency Theory: A Reappraisal," *Research in Organizational Behavior* 14, (1992), 267–309; and Turkulainen and Kitokivi, "The Contingent Value of Organizational Integration."
61. Tom Burns and G. M. Stalker, *The Management of Innovation* (London: Tavistock, 1961).
62. Li-Yun Sun and Wen Pan, "Market Orientation, Intrapreneurship Behavior, and Organizational Performance: Test of a Structural Contingency Model," *Journal of Leadership and Organizational Studies* 18, no. 2, (2011), 274–285.
63. Roxane Divol and Thomas Fleming, "The Evolution of Work: One Company's Story," *McKinsey Quarterly*, Issue 4, (2012), 111–115.
64. Tom Ashbrook, "The Bossless Office," *On Point with Tom Ashbrook* (June 20, 2013, at 11:00 A.M.), http://onpoint.wbur.org.
65. Doug Kirkpatrick, "Self-Management's Success at Morning Star," *T + D*, October 2012, 25–27; and Gary Hamel, "First, Let's Fire All the Managers," *Harvard Business Review*, December 2011, 48–60.
66. Hamel, "First, Let's Fire All the Managers."
67. Presented to and accepted by the Society for Case Research. All rights reserved to the authors and SCR.
This case was prepared by Sally Dresdow of the University of Wisconsin at Green Bay and Joy Benson of the University of Illinois at Springfield and is intended to be used as a basis for class discussion. The views represented here are those of the case authors and do not necessarily reflect the views of the Society for Case Research. The authors' views are based on their own professional judgments. The names of the organization, individuals, and location have been disguised to preserve the organization's request for anonymity.

第Ⅱ篇

组织目标与结构设计

ORGANIZATION THEORY AND DESIGN

第 2 章 Organization Theory and Design

战略、组织设计和效果

问题引入

在阅读本章内容之前，请先看下面的问题并选择答案。

1. 一个公司的战略意图和方向反映了管理者对组织和战略环境的系统分析。

同意________ 不同意________

2. 最好的商业战略是提供尽可能差异化的产品和服务，以在市场中获得利润。

同意________ 不同意________

3. 财务指标是对企业绩效的最好评价。

同意________ 不同意________

管理者的一项主要职责是通过设定目标和制定具有竞争力的战略来对他们的组织进行成功的定位。印视达公司(Instagram)的例子可以说明这一点。我们来看一下印视达公司的情况，运营主管艾米丽·怀特(Emily White)已经成功地将一款引领流行时尚的在线应用程序变成了公司的一项实际业务。脸谱网花费大约10亿美元收购了印视达公司，但到目前为止一分钱都还没赚。怀特认为，出现这种情况的一个重要原因是缺少明确的使命和目标去引导员工的行为，导致公司不知如何将服务提供给未来的广告商。怀特和公司创始人兼首席执行官凯文·斯特罗姆(Kevin Systrom)经过两个星期的密切合作之后，提出了一句简短又响亮的使命宣言："捕捉和分享世界的精彩时刻。"怀特和斯特罗姆正在和公司领导团队的其他成员一起制定战略和目标，使公司不需要以疏远忠诚客户为代价增加营销资金投入。与其他公司建立合作伙伴关系是此次战略计划中的主要内容。例如，李维-斯特劳斯公司(Levi Strauss & Co.)最近启动了一场营销活动，一群艺术家乘着火车穿越各个城市，在途经的城市里创作音乐和其他艺术作品，并把照片和视频上传到印视达上与大家分享。[1]

在扭亏为盈之前,印视达可能还有很长的路要走,但是管理者们已经认识到,明确使命、设立目标、制定战略是任何想要获得成功的企业必须经历的第一步。管理者们必须先要知道组织想要去哪里,然后再付出努力去那里。如果管理者没有设定明确的目标,或者设定的目标之间是相互冲突的,组织将会陷入困境,寸步难行。我们可以来看一下平价医疗法案(Affordable Care Act,也就是奥巴马医改计划"ObamaCare")在早期执行阶段因为缺陷而遇到的情况。负责在联邦医疗保险网站上管理保险交易的联邦政府工作人员发现,不同机构购买保险的目标不一样,机构负责人发出的指令也不一样,导致很难顺利开展保险交易。一位知情人士道出了其中困惑,他说:"就像两拨人分别从河的两边开始修桥,而你希望他们最后会在河中间相遇。"[2]

本章的目的

一般来讲,高层管理者指明组织发展的方向。他们设定组织的目标,并制定组织实现这些目标的战略。本章的目的就是帮助读者了解组织所追求的目标类型,以及管理者为使组织达到这些目标所采取的一些竞争性战略。我们将考察战略行动制定的两个重要框架,并探讨战略如何影响组织设计。本章还将讨论衡量组织活动效果的最常用的方法。为了有效地管理组织,管理者需要对如何衡量组织达成目标的效果有明确的认识。

战略指向在组织设计中的作用

组织目标和战略选择影响组织设计。**组织目标**(organizational goal)是组织努力达到的一种理想状态。[3] 一个目标代表了组织努力指向的结果或者终点。

高层管理者决定组织为之奋斗的最终目的,并指出组织为完成这一目的的行动方向。组织的设计和管理就是由这一目的和方向派生而来。事实上,高层管理者的主要职责就是决定组织的目标、战略和设计,由此使组织能适应变化的环境。[4] 中层管理者在高层管理者的指导下也为本部门做类似的工作。高层管理者由提供指向到组织设计的逻辑关系如图 2-1 所示。

组织发展方向制定的过程一般始于外部环境的机会与威胁的分析,这包括了环境变化程度和不确定性以及资源可获取性的评价等,这些内容我们将在第 4 章中进行详细讨论。高层管理者还要评估内部的优势与劣势,确定本企业相对于行业中其他企业的独特的能力。内部环境和外部环境的竞争分析是战略管理的核心概念。[5]

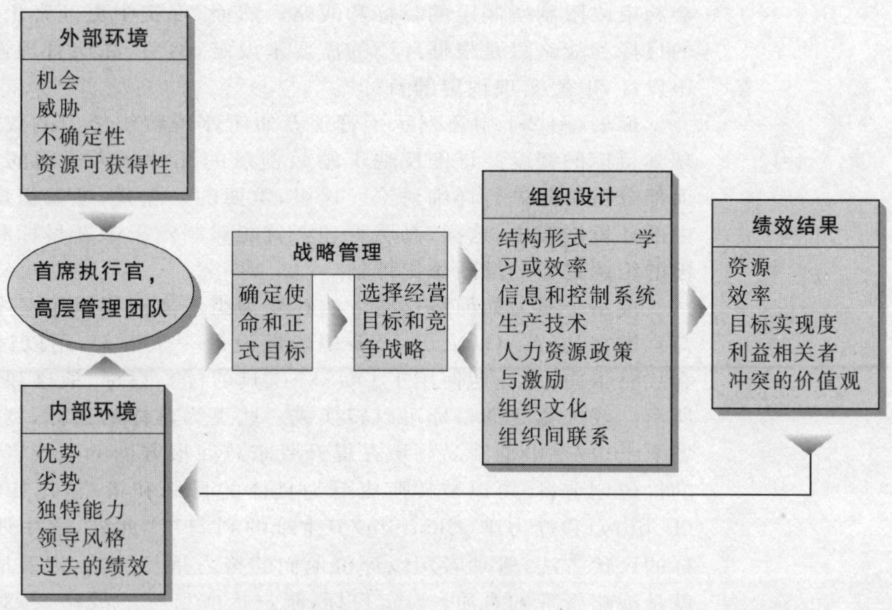

图 2-1　高层管理者在确定组织方向及组织设计和效果评价中的作用

资料来源：Adapted from Arie Y. Lewin and Carroll U. Stephens, "Individual Properties of the CEO as Determinants of Organization Design," unpublished manuscript, Duke University, 1990; and Arie Y. Lewin and Carroll U. Stephens, "CEO Attributes as Determinants of Organization Design: An Integrated Model," *Organization Studies* 15, no. 2(1994), 183-212.

评价你的答案：

1. 一个公司的战略意图和方向反映了管理者对组织和战略环境的系统分析。

答案：同意。最好的战略来自于对组织优势和劣势以及对环境中机会和威胁的系统分析。严谨的分析加上经验可以帮助高层管理者对特定目标和战略做出决策。

下一个步骤就是定义和阐明组织的战略意图，从外部机会与内部优势的匹配中确定企业的总体使命和正式目标，然后领导人形成具体的操作性目标和战略，以确定组织如何达到其总目标。如图 2-1 所示，组织设计反映了目标和战略实现的途径，这样做能使组织的精力和资源集中到实现这些使命和目标上来。

组织设计是对战略计划的管理和实施。管理者对组织结构设计的类型做出决策，包括第 1 章讨论的组织设计应该以学习和创新为导向（有机式）还是以效率为导向（机械式）。其他的决策包括信息和控制系统、生产技术类型、人力资源政策、文化以及与其他组织的联系等的选择。有关结构、技术、人力资源政策、文化和组织间关系的变化，我们将在以后的章节中进行讨论。请注意，图 2-1 中有一条从组织设计框图返回至战略意图框图的箭线，这表明战略经常是在组织的现有结构中制定的，所以，当前的组织设计会约束或限制所制定的目标和战略。然而,现实中更经常出现的情况是,新的目标和战略只是根据环境的需要来设定,然后,高层管理者再设法改变组织设计,以便实现预定的目标。

最后,图2-1中还列示了管理者如何评价组织努力的效果,也即组织实现其目标的程度。该图反映了绩效衡量的几种最为通用的方法,本章的后面部分将对此进行详细讨论。这里,重要的一点是,绩效衡量结果要反馈到内部环境框架中,这样,高层管理者就能对制定未来新目标和战略所必须考虑的组织过去的绩效做出评估。

宝洁公司为如何将这些方法转变为组织实践提供了一个案例。首席执行官雷富礼(A. G. Lafley)希望能够设计一个框架,用以讨论组织的目标和战略指向,为此他使用了OGSM工具(目的、目标、战略和评价),如表2-1所示。较为宽泛的目标可以转换成一些更为具体的目标,例如"成为北美市场上纸巾/毛巾消费品领域在提升股东总回报方面的领导者,成为宝洁公司的价值创造者"可以被转换成更为具体的目标和策略,比如"提高邦蒂纸巾(Bounty)和魅力牌(Charmin)卫生纸的利润"。[6] 此外,表中还列示了相应目标的评价方法,管理者用以评价他们的努力是否成功,以及成功的程度。这就是战略管理的本质:设定目标,制定达成目标的战略,并对战略实施效果进行评价。

表2-1 宝洁公司的战略框架

目的	战略	评价
通过提供厨房和浴室专用纸产品,提升人们的生活水平。 成为北美市场上纸巾/毛巾消费品领域在提升股东总回报方面的领导者,成为宝洁公司的价值创造者。 **目标** 年营业性股东总回报增长率>××% ×%的增长率和市场份额 ×%的营业总额增长率&营业利润增长率 ×%的厂房设备与库存的投资回报率	**目标领域** ● 在北美市场取得成功 ● 提高邦蒂纸巾和魅力牌卫生纸的利润 ● 在超市和大规模折扣渠道取得成功 ● 提升消费者感知,实现消费者细分市场的价值目标。 **如何成功:** 1. 精益求精 ● 工厂/设备的资本投入占销售收入的××% ● 将库存率降低××% 2. 赢得顾客青睐 ● 优质的产品,合适的价格 ● 改善产品形式和设计 ● 增加产品类型 3. 赢得零售商青睐 ● 提升货架使用率,提升服务 ● 开发差异化购物解决方案 ● 与零售商共赢市场	● 营业性股东总回报增长率 ● 市场份额和销售增长率 ● 利润增长率 **效率评价:** ● 资本效率 ● 库存周转率 **消费者偏好评价:** ● 购买意向加权值 ● 试用、购买和忠诚 **零售商反馈评价:** ● 关键业务驱动因素(分销、货架陈列长度、推销配额,等等) ● 受零售商偏爱程度

高层管理者的作用是非常重要的，因为不同的管理者可能对环境做出不同的解释，从而会制定出不同的目标和战略。几年前，沃尔玛在美国的经营绩效不佳，高管们不得不尝试新的策略。沃尔玛不再坚持严格的经营效率目标和天天低价策略，而是通过改造店面、整理内部摆放、提供有机食品和时尚商品等吸引高端顾客；同时，不再以天天低价为卖点，反而提高大量商品的价格，然后再对部分商品进行降价促销。沃尔玛成功地实现了其吸引高端顾客的目标，但是它的核心顾客却流失了很多，他们转而走向了其他折扣商店和美元连锁店。沃尔玛的销售量急剧下降。沃尔玛美国首席执行官威廉·西蒙(William Simon)说，"我们的品牌延伸有点太过了"。现在，管理者们开始反思公司的经营目标，并努力寻找重新赢得市场的良方。[7]

高层管理者对目标、战略及组织设计的选择对组织的绩效影响甚巨。需要记住，目标和战略既不是固定不变的，也不是可以想当然制定的。组织的高层和中层管理者必须为他们的单位选择合适的目标和战略。他们做这些决策的能力在很大程度上决定了公司的成败。另外，组织设计作为实现组织目标和战略的手段，也决定着组织的成败。

组织目标

所有的组织，包括沃尔玛、宝洁公司、印视达(Instagram)、谷歌公司(Google)、哈佛大学、天主教会(the Catholic Church)、美国农业部、地方干洗店以及邻近的熟食店等都是为一定的目的而存在的。这个目的可以表述为使命或总目标。组织的各个部门也设立各自的目标或指标，以使组织的总目标、使命或目的得到落实和实现。

战略意图

组织中存在多种类型的目标，每种目标又有不同的作用。为了取得成功，组织目标和战略常常聚焦在战略意图上。**战略意图**(strategic intent)意味着组织将所有的精力和资源都用在重要的、统一的和备受关注的总体目标上。[8] 微软公司(Microsoft)早期的"让每一个家庭的桌子上都有一台电脑"，小松公司(Komatsu)的"包围卡特彼勒(Capterpillar)"，可口可乐公司的"让全世界的人都喝可口可乐"，这些都是组织战略意图的典型例子。[9] 战略意图为管理行为提供了焦点，与战略意图相关的三个方面包括：使命、核心竞争力和竞争优势。

使命

组织的总目标通常称为**使命**(mission)，它说明组织存在的理由。使命陈述了组织的愿景、共享的价值观和信念，以及组织存在的原因。它对组织具有强有力的影响。使命有时又称为**正式目标**(official goals),因为它是官方对组织力图实现的经营范围和结果的正式说明。正式目标通常限定企业的业务经营活动,它可能侧重强调组织的价值观及其特定的市场和客户等。不论是称为使命还是正式目标,组织有关其经营活动的目的和哲学的一般说明通常都会载入组织的政策手册和年度报告中。图2-2所示的是CVS健康集团(CVS Health)的新使命。CVS健康集团将它的使命(或者如图2-2中表述的目标)归结为"帮助人们提升健康水平",这一使命描述能够反映该企业的核心价值观。

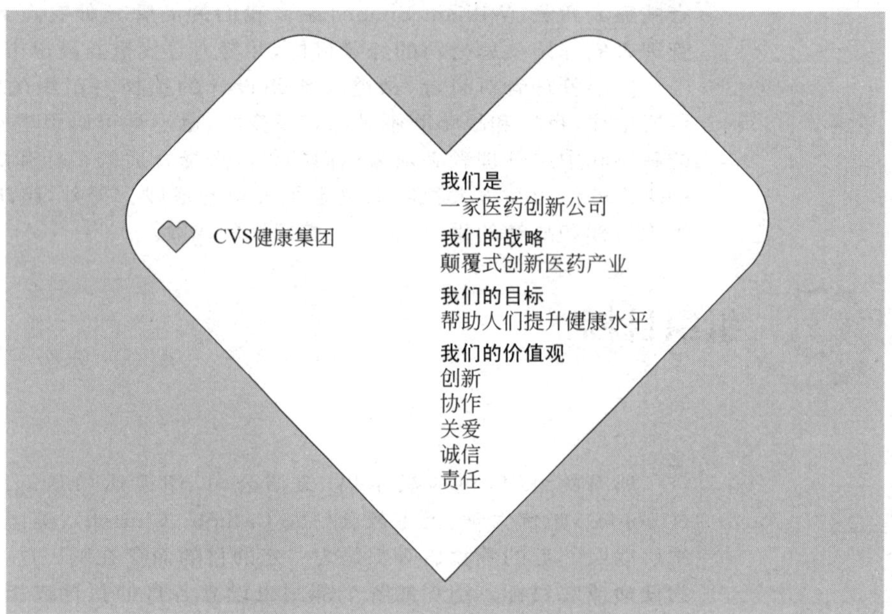

图2-2 CVS健康集团的使命描述

使命的一项重要作用,是作为沟通的工具。[10]使命向组织目前的以及未来的员工、顾客、投资者、供应商与竞争对手传达这一组织代表什么,又希望实现什么。使命向组织内部与外部的利益相关者传达组织的合法性,而这些人则可能因为认同组织所表述出的目标而加入并忠于这一组织。大多数高层领导都希望员工、顾客、竞争对手、供应商、投资者和地方社区以赞许的眼光看待自己,而合法性这一概念在其中起着关键性的作用。CVS医药公司(CVS Caremark)将名字改成了CVS健康集团(CVS Health),其经营目标将扩大到更广泛的医疗服务领域,公司的使命确立为"为人类未来健康做出必需的创新"。[11]2014年年初,公司宣布将在当年10月停止销售香烟和其他烟草类产品,集中精力提供诊所、药店和医药零售等方面的产品和服务。管理者们说,作为一家致力于促进人类健康的医疗保健企业,公司没有理由继续销售烟草类产品,这会有损企业的声誉。这一决定预计将导致公司销售额减少20亿美元。分析人士认为,其他提供健康医疗服务的医药类企业将会跟随CVS健康集团的做法,因为它们也有必要增强企业的合法性。很多企业的管理者认真履行着企业的使命,比如美力敦公司(Medtronic)践行

"重获健康，延长生命"的企业使命，利宝保险公司(Liberty Mutual)践行"让人民的生活更安全、更稳定"的企业使命。一般而言，这些专注于履行使命的企业能够雇用到更好的员工，能够与外部各方保持更好的关系，在市场中的长期表现也比较好。[12]

竞争优势

战略意图的总体目标是帮助组织获得持续竞争优势。**竞争优势**(competitive advantage)是指能将组织区别于其他竞争者，以及能为组织在市场中满足顾客或客户需求提供差异性支持的一种优势。为了适应环境变化，战略必须要随时间改变，优秀的管理者会密切关注那些要求组织在运营中进行变革的趋势。管理者通过分析竞争者和内外部环境来发现潜在的竞争机会(competitive openings)，并从中学习到组织为了在行业中超越竞争对手必须获取哪些新的能力。[13]竞争机会可被认为是一种市场空间，企业可以在这个市场空间中找到可满足的领域。本章的新书评介认为，企业不应该费尽心思在拥挤的市场中参与竞争，各竞争者相互追逐，市场份额只会越来越小(红海)，相反，聪明的管理者会在广阔的蓝海中寻找属于自己的领地，那里有更多的机遇和更少的竞争。

W. 钱·金(W. Chan Kim)、勒妮·莫博涅(Renée Mauborgne)

《蓝海战略》(*Blue Ocean Strategy: How to Create Uncontested Market Space and Make the Competition Irrelevant*)

大部分关于战略的书或文章都关注如何超过竞争对手，打败竞争者，在同等成本下赢得竞争。很多企业及其管理者都选择在残酷和血腥的"红海"里与其他众多竞争对手刀光相见。在这本备受欢迎的《蓝海战略》中，W. 钱·金和勒妮·莫博涅提出了一种全新的视角看待竞争：开拓一片竞争稀少的新市场。这是蓝海战略的本质。

一些使用蓝海战略的经典案例

金和莫博涅花费 15 年之久研究蓝海战略，对 30 个行业 100 多年发展历史中的战略行为进行了分析，本书就是在此基础上撰写而成。这里是一些经典案例，讲述企业如何创造无竞争的市场空间。

- 任天堂 Wii。任天堂没有参与索尼和微软之间的红海战争，而是决定为不同的消费群体——女性顾客、成年人以及家庭推出一款游戏系统——Wii。Wii 的图像水平一般但是讲究互动性，正好适合那些不经常玩视频游戏的人。任天堂 Wii 开发了一种新的游戏类型。
- 太阳马戏团。这是一家加拿大马戏团，通过创新演出方式减少了传统马戏团的成本费用——不再四处拉着动物表演，而是增加剧场内的演出,不同的演出吸引了不同细分市场的观众,使太阳剧团可以收取一个较高的费用,而在这块市场沃土中尚没有太多竞争者。

● 纽约公共图书馆。在资金被削减20%以及竞争不断加剧的情况下,纽约公共图书馆公共项目主管保罗·霍德格雷德(Paul Holdengrader)创新举措,让传统书籍阅读变得更有趣、更具吸引力,使纽约公共图书馆成为本地最热门的聚会场所之一。他邀请诗人、政治家、摇滚明星以及作家参加对话节目,针对热议话题,比如强迫症、恐怖主义和音乐下载等进行讨论。他还把谈话节目的时间调整到晚上6点到7点,这是大部分人已经下班的空闲时段。

如何开拓蓝海

蓝海战略把企业经营焦点从有输有赢转变为双赢。金和莫博涅说:“新开拓的市场为企业、社会、员工创造了盈利空间,有时甚至能够为整个竞争市场创造新机遇。这就是蓝海战略的本质。”此外,任何企业都能开拓蓝海战略,具有以下一些方法:

● 重构市场边界。保罗·霍德格雷德通过改变对话节目的时间并扩展讨论话题,创造了新的市场空间,为纽约公共图书馆开拓了蓝海战略。

● 关注大局,而不是数量。太阳马戏团本应关注曾经因为缺少动物表演而流失的大量观众,但是如果它真的这样做就忽视了更大的市场。

● 避开现有需求。当任天堂推出Wii游戏的时候,市场上针对男性青少年的游戏需求已成规模,任天堂避开了现有市场,将游戏业务开拓到未被开发的客户群体中,创造了自己的蓝海。

Blue Ocean Strategy, by W. Chan Kim and Renée Mauborgne, is published by Harvard Business School Press.

核心竞争力

一个公司的**核心竞争力**(core competence)是与它的竞争对手相比做得好的地方。公司的核心竞争力可能是高端研发、专业技术知识、程序效率,或者是卓越的顾客服务。[14]例如,以打印和复印为主业的油印品公司(Mimeo)将战略定位于高端客户服务,应用先进技术保证内部工作流程的高效率。油印品公司能够处理同类大企业无法处理的棘手工作。苹果公司(Apple)将战略定位于高端设计和市场营销技术。[15]在每一个案例中,公司的领导人都认识到他们做得好的地方,并围绕着这些优势制定战略。亚马逊公司已经在快运领域培养出了自己的核心竞争力,其他零售商正在竞相效仿。

应用案例 2-1

亚　马　逊

很难相信亚马逊曾经是一个在生死线上苦苦挣扎的在线图书销售商。今天,正如GSI商业公司(GSI Commerce)执行副总裁菲奥娜·迪阿斯(Fiona Dias)所说的,对所有零售商而言,亚马逊已经成为一个“存在的威胁”。亚马逊的目标顾客是那些希望利用互联网搜寻到更好的商品并进行网上交易的消费群体。顾客们只要登录亚马逊网站，就能获得任何想要的东西。相比其他地方，这里的价格也更加便宜。并且顾客们能快速拿到商品，像去当地店铺购买一样。

亚马逊致力于"以实惠的价格提供优质的商品"。为此，亚马逊发展了一个由第三方店铺组成的网络——与网络店铺建立紧密的、互利共赢的合作关系，以不断提升企业经营效率，并创建一套精细协调的配送系统。亚马逊依靠商品选择广、成本效率高和物流配送便捷等优势来维持核心能力。

亚马逊已经能够为大城市购物者提供当日达的配送服务，同时，沃尔玛也有同样的目标。弗雷斯特研究公司（Forrester Research）的一位分析师说："每个零售商都畏惧亚马逊，他们担心越来越多的销售收入会流向亚马逊。"如果沃尔玛想把亚马逊拉下来，基本上需要把 4000 多家沃尔玛商店作为分流中心，才能超过亚马逊的竞争力。另一方面，亚马逊首席执行官杰夫·贝佐斯说："亚马逊能够吸引顾客的一大优势是我们会给顾客寄一个盒子，里面装着不同种类的东西。"在零售业，运输战争才刚刚开始。[16]

操作性目标

组织的使命和整体目标为组织发展更具体的操作性目标提供了基础。**操作性目标**（operative goals）指明了组织实际经营过程所要达到的结果，它说明组织实际上正在力图实现什么。[17]操作性目标描述的是具体的、可衡量的结果，而且通常是关注较短时期内的结果。操作性目标一般是涉及组织所要完成的主要任务。[18]给各项主要活动设定具体的目标，将为各部门的日常决策和行动提供方向指导。如图 2-3 所示，一般的操作性目标包括绩效目标、资源目标、市场目标、员工发展目标、生产目标和创新及变革目标。

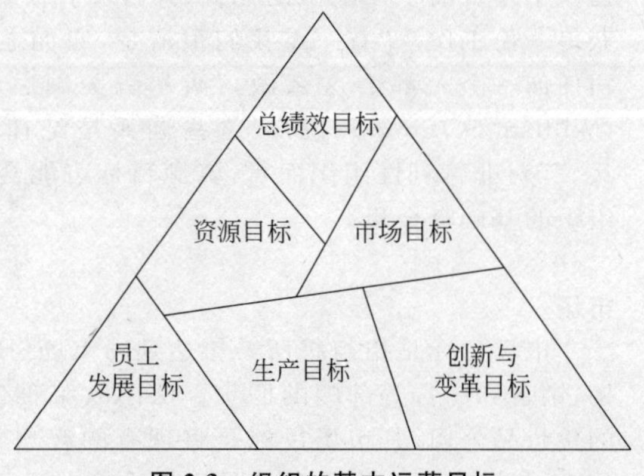

图 2-3　组织的基本运营目标

总绩效

盈利能力是反映营利性组织的总绩效的一个典型目标,可用净收益、每股股票的收益或者投资回报率等来表示。其他总体目标还包括组织的成长和产出量。成长指的是一段时间内销售额或利润的增长幅度,产出量则是指销售总额或者售出的产品和服务的总量。例如,在2013年暑假期间,美国联合包裹服务公司(UPS)在实现其包裹投递的预期绩效目标方面遇到了问题。一些较小的快递公司能够采取灵活的措施适应快递需求高峰时期的能力要求,比如说租赁卡车和雇佣临时司机,但是像联合包裹服务公司这样的大型快递企业却无法适应来自亚马逊、科尔士(Kohl's)以及其他合作伙伴的预期之外的快递运输需求,由于可选择的运输方式太少,他们在将商品运送到顾客手里的过程中受到了限制。[19]

政府和非营利性的组织,如劳动工会,当然就没有盈利目标。但是,它们也制定一些规定在何种预算费用水平下为其顾客或成员提供什么样服务的具体目标。美国国内税务局(Internal Revenue Service)的一个目标,是要对纳税人提出的关于新税法的问题中的85%给出精确答复。成长目标和数量目标也常常作为非营利性组织总体绩效的衡量指标。许多社会服务机构,如提供危机救援热线服务电话的美国热线(Contact USA),其主要目标就是寻找更多的客户服务群体。

资源

资源目标指的就是从环境中取得所需要的人力、物力和财力资源。这可能涉及为新建的工厂筹措资金,寻找廉价的原材料供应渠道,以及招聘高素质的大学毕业生等。最近,星巴克(Starbucks)与印度的塔塔集团(Tata Group)结成了联盟以获得印度优质的阿拉伯咖啡豆。联盟还帮助星巴克在印度寻找到了更合适的产品销售方式,这对星巴克来说也是一种有价值的资源。[20]沃尔玛在资源方面的一个新目标是:为每一个需要工作的退伍老兵提供工作。前一年退伍的老兵,并且没有被开除军籍的,下一年可在沃尔玛获得一份工作。"有一点我们很清楚,雇佣老兵是一个最好的决定,我们公司任何一个人都会这么做。"沃尔玛美国总裁兼首席执行官威廉S.西蒙(William S. Simon)说:"这些老兵是纪律、训练、热情服务等方面的标兵。"[21]对非营利性组织而言,资源目标可能会包括雇佣专用志愿者,并增加组织的基础资金量。

市场

市场目标是指组织所希望达到的市场份额和市场地位。市场目标是营销、销售和广告等部门的职责。法国欧莱雅公司(L'Oreal SA)是全球最大的化妆品公司,其市场目标是将现有的客户数量翻番,到2020年的时候增加10亿顾客。女性是化妆品市场的最大消费群体,但是欧莱雅却在开拓巴西女性市场时遇到了问题。因此,欧莱雅达成其市场目标的第一步就是变革营销策略和销售模式,在巴西争取到更多顾客。[22]市场目标同样也适用于非营利性组织。辛辛那提儿童医院医学中心(Cincinnati Children's Hospital Medical Center)不满足于仅仅扮演一个地方医疗保健中心的角色,通过开发罕见和复杂病症等方面的专业知识以及持续关注质量,它增加了在全国的市场份额。[23]

员工发展

员工发展目标涉及员工的培训、升迁、安全及成长等。这里既包括管理人员,也包括工人。常常名列《财富》杂志"100 家最佳雇主"名单中的公司,都拥有很远大的员工发展目标。此外,研究发现员工发展目标与部门绩效之间存在着相关关系。[24]华尔街的银行一直以鼓励职员长时间工作而著称,但是现在一些银行开始重新审视这种强硬的文化。例如,美银美林集团(Bank of America Merrill Lynch)在最近的一份内部备忘录中说,年轻的雇员每个月应该有两个周末的休息时间。为了扩大员工开发计划,银行还提出要"确保年轻雇员有机会尝试各种不同的任务类型……员工核心技能开发是工作任务分配过程中需考虑的一个重要因素。"[25]

生产率

生产率目标指的是利用所投入资源而生产出的产品的数量。生产率通常可以表述为取得预期产出而投入的资源量,因此经常用"单位产品成本"、"员工劳动生产率"或"每个员工平均的资源耗费"等指标来表示。启明娱乐公司(Illumination Entertainment)是热播电影《拯救小兔》(Hop)的生产制作公司,该公司的生产目标是以大公司一半的费用制作动画片。公司 CEO 克里斯托弗·麦雷丹德瑞 (Christopher Meledandri)相信,严格的成本控制和成功的动画片并非相互矛盾,但是这个目标也意味着启明娱乐 30 多名员工的工作要高度有效。[26]

创新与变革

创新目标是指组织内部对环境的意外变化做出反应的准备程度及灵活性。创新目标通常从开发某些特定的新服务、新产品及生产过程的角度来确定。宝洁公司(Procter & Gamble)在 2001 年启动了一个"联合+开发"的项目。该项目的目标是,到 2010 年通过合作获得的来自外部人员和组织的创新构想要占到总量的 50%。这一目标已经超额完成,宝洁公司收获了很多创新产品,比如速易洁除尘器(Swiffer Dusters)、玉兰油新生唤肤系列化妆品(Olay Regenerist)和神奇魔术擦(Clean Magic Eraser)。[27]

成功的组织都制定了一套经过认真权衡的具有可操作性的目标。举例来说,虽然盈利是重要的,但当今不少优秀公司也认识到,单独强调财务报表底线的利润额可能并不是公司实现高绩效的最好办法。在迅速变化的环境中,创新和变革目标的重要性在不断增强,虽然这些做法可能在早期带来利润的下降。员工发展的目标也是很重要的,它使组织能在面临劳动力市场供应紧张时维持一支具有强烈动机和献身精神的员工队伍。

目标冲突与混合型组织

组织同时执行多项活动,追求多个目标,以共同完成组织整体的使命。但是由谁来决定组织要履行什么使命,追求哪些目标呢?要追求一些目标,就意味着要放弃另一些目标或者把它们放在不重要的位置,这就要求管理者要经常对目标的重要性和优先序进行否定和再决策。员工发展目标经常会和生产目标相冲突,创新目标可能会阻碍利润目标。彭博资讯公司就是活生生的例子,该公司精确报道新闻的目标有时候会和销售金融数据终端服务的商业目标相冲突。

应用案例 2-2

彭博资讯公司

大部分的报纸和杂志企业内部都会分为两派:新闻派和商业派,两派之间的关系往往很紧张。比如,商业派管理者们不想涉及与批判主要广告客户相关的新闻或报道。在彭博资讯,早些年两派和谐相处,因为当时新闻服务比例非常小,不至于惹恼客户,但是现在已经不一样了。

彭博资讯的核心业务是金融数据终端服务,这部分业务占据了公司大约85%的收入。然而,能够给公司带来信誉度的是新闻报道,新闻部门的规模也增长了一倍多。但是大部分的数据终端使用者需要的是短消息,就像推特网上发布的那些消息长度一样,这样能够快速了解市场动向,他们不需要记者做深入的报道。

这种冲突和矛盾在中国表现的更为突出。在中国,彭博资讯的金融数据服务收入每年以45%左右的速度增长。但是,在彭博资讯新闻部对中国事件进行强硬报道之后,官方取消了对彭博资讯的消息订阅,彭博资讯的数据终端服务收入也严重下滑。商业派的编辑删除了公司网站上的一些报道,这一举动惹怒了新闻派的记者[28]。

彭博资讯以及其他媒体企业所表现的组织结构叫作混合型组织。**混合型组织**(hybrid organization)是指将两种不同的价值体系和行为混合在一起的组织结构形式,这两种价值体系代表着社会不同的两方面,处理不慎将会引起组织内部在目标及其重要性方面的冲突,造成紧张局面。[29]组织内两方之间的目标和价值观有时候是相互排斥的,所以管理者们必须在公司目标方向上进行协调,以达成一些共识。例如,担负社会使命的组织可能需要雇佣一些有商业头脑的人将组织的服务推销出去,以获得一定的额外收入。有商业头脑的员工会将重点放在销售、收入以及效率上,而有公共服务意识的员工会将重点放在做贡献和满足社会需求上。当社会福利组织必须通过商业化活动达成其社会使命时,管理者们经常会受困于这两种相互竞争的目标需求——以市场需求目标为主还是以社会福利目标为主。组织中的一方可能会坚持以利润目标为主，而另一方可能会坚持以满足社会需求为主。混合型组织的另一个例子是生物科技公司。一方面要进行基础性科学研究以创造新知识，另一方面要开发出在市场上有利可图的产品，生物科技公司需要把这两种目标和思维结合在一起。生物科技公司内部在目标以及方向上存在着差异，除非管理者可以平衡这些相互冲突的要求，否则可能会导致相应目标支持者人为操控以及刻意回避或弱化对方目标。

解决这些冲突的一种方法是联盟管理，也就是将支持管理者目标的人集中起来，建立一个联盟，联盟内的人要有能力去影响其他人，让他们接受管理者的目标，并朝着他们的目标方向工作。[30]管理者们要和组织内的人交谈，了解他们面临的挑战和机遇。他们不但需要知道谁支持他们的目标，而且还要知道谁反对他们的目标，以及为什么反对。他们不会让目标间的冲突阻碍整体目标的实现，或者偏离整体目标方向。管理者有责任打破不同目标间的界限，促成人们之间的协商与合作，保证重要目标的实现。在必要的时候，管理者必须舍弃自己的目标，支持其他管理者的目标。建立关系，加强讨论，保持协商，是管理者在混合型组织中工作时必须掌握的重要技能。

目标的重要性

正式目标和操作性目标对组织来说都很重要，但是它们服务于不同的目的。正式目标和使命描述了组织的价值体系，操作性目标则反映了组织的主要任务。正式目标使组织的存在具有合法性，而操作性目标则为员工提供行动的方向、决策的指导和绩效评价的标准等。

操作性目标有以下几项作用，图 2-4 概括了这一内容。首先，目标为员工提供了一种方向感，告诉员工他们正在为什么而工作。这有助于激励员

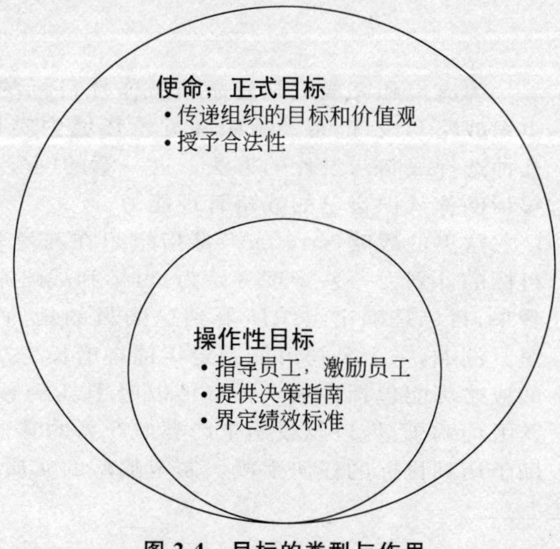

图 2-4　目标的类型与作用

工完成目标。大量研究表明，明确的高目标可以显著提升员工绩效。[31]最近的一项实证研究发现，当员工致力于实现组织目标时，部门绩效显著提高。[32]人们希望自己的行动和努力能够得到关注。社会交换网络平台勤志公司(Change.org)现任总裁兼首席运营官詹尼弗·杜尔斯基(Jennifer Dulski)谈到了她在前一家公司工作时是如何激励员工的。她说，"每一季度我们要完成三大目标，我告诉他们，'如果我们三大目标全都完成了，那我们就是三连胜(trifecta*)，到时候我们所有人都去看赛马。'我会给每个人发50美元参加赛马投注。我把自己当成一个老师，每一个员工心里面都住着一个小孩子。员工们非常喜欢这种有趣的事情。他们可能不会直白地承认自己非常喜欢这些事情，但他们确实喜欢。"[33]

目标的另一个重要作用是作为员工行为和决策的指南。合适的目标是对个体行为的一种约束，保证员工在组织和社会容许的范围内活动。[34]谷歌使用了一套叫作"目标和关键成果"(Objectives and Key Results)的系统。例如，一位经理设定了一个目标——提高谷歌博客(Google Blogger)的声誉，然后他会为这个目标设计一些可测量的结果，比如"通过在3次行业活动中发声，重塑谷歌的领导者地位"；"经常参与推特上的讨论，回答有关谷歌博客产品的问题"。从高层领导到基层员工，每个人的目标和关键成果都是公开的。评价结果不作为员工晋升的依据，但是通过这些评价可以让员工时刻关注自己正在做些什么以及完成了些什么。

目标有助于判断关于组织结构、创新、员工福利或成功方面的决策是否合适。最后，目标还提供了绩效评价的标准。组织的绩效水平，不论是以利润、产量、员工满意度、创新水平还是顾客投诉的数量来衡量，都需要一个评价的基准。操作性目标就提供了这样的衡量标准。

两个选择战略与设计的框架

为支持和完成组织使命和操作性目标的指向，管理者需要选择特定的组织战略与设计，帮助组织在竞争环境中实现其目标。这一部分就将介绍几种选择战略与设计的方法。这一章的问卷调查"你适合哪种组织设计"能够帮助你认识自己的战略管理能力。

这里的**战略**(strategy)是指组织在与竞争性环境相互作用中实现预定目标的计划。一些管理者认为，目标和战略是可以相互转化的，但是在我们看来，目标是确定组织所要到达的目的地，而战略则确定组织如何到达那里。例如，一个公司可能制定年销售增长率达到15%的目标，而达到该目标的战略可能包括加强广告宣传以吸引新的顾客，激励销售人员使顾客提高其平均购买量，以及收购生产类似产品的其他企业，等等。战略可以包括有助于达到目标的任何手段。制定战略的实质是组织能够在开展与竞争对手

* 赛马场的一种说法，赌马时押中某一场前三名的赛马，并且排名序完全一致，称之为三连胜。——译者注

不同的活动和开展与竞争对手相同的活动但比竞争对手做得更有效二者之间做出选择。[35]

制定战略的两个模型，一个是波特的竞争战略模型，另一个是迈尔斯和斯诺的战略分类模型。他们为确定竞争行动提供了分析框架。在介绍了这两个模型以后，我们将讨论战略的选择如何影响组织设计。

你适合哪种组织设计

你的战略和表现力

作为一名未来的管理者，在战略制定和实施方面你有何强项？想一想你如何应对挑战以及如何解决在你学习或工作中遇到的问题，然后根据你的行为表现在下面的问题中选择 a 或 b，这些问题的答案没有正确或错误之分。请选择最能描述你如何应对工作情境的选项。

1. 在我做记录的时候

a. 非常小心地处理文件。

b. 处理文件时比较杂乱。

2. 如果我主持了一个小组或项目

a. 提出总体想法，让其他人决定如何做具体工作。

b. 制定出每一项具体目标、时间限制和预期结果。

3. 我的思维方式可以被描述为

a. 线性思考者，从 A 到 B 到 C。

b. 像蚂蚱一样地思考，从一个想法跳跃到另一个想法。

4. 我办公室或者我家里的东西

a. 这里那里遍地都是。

b. 整齐地摆放起来，至少是有条有理的。

5. 我在________时感到自豪。

a. 找了一个跨越障碍的解决方法

b. 找到了引发问题原因的新设想

6. 在确保________时，我能最好地促进战略的实施。

a. 有很多设想

b. 能够彻底地实施新想法

7. 我的一个强项是________。

a. 能够把事情做好

b. 喜欢计划未来

8. 当我强调________时，我是最有效率的。

a. 提出原始的解决方法

b. 做出切实的改进

计分：为了测算战略制定能力，偶数题号的题目，选择 a 得 1 分，奇数题号的题目，选择 b 得 1 分。为了测算战略实施能力，偶数题号的题目，选择 b 得 1 分，奇数题号的题目，选择 a 得 1 分。你的两组分数哪个更高，分别是多少？较高分数的一组代表你的战略能力。

解析：战略制定和实施是管理者为战略管理和效果创造价值的两种重

要途径。有较强战略实施能力的管理者适合制定操作性的目标,做事更有效率,也更可信。有较强战略制定能力的管理者适合做黑箱之外的战略,思考组织的使命、愿景和重要突破。两种风格的能力对战略管理和组织效果都非常重要。战略制定者经常利用他们的技能设计全新的战略和方法,战略实施者需要进行战略提升、执行和测评。

如果你的两组分数之差是 2 分或更少,说明你有比较平衡的战略制定和实施能力,在这两个方面你都可以有很好的表现。如果分数差为 4 分或 5 分,说明你的能力出现了中度的偏向,你可以在你擅长的方面做到最好。如果分数差为 7 分或 8 分,说明你有显著的某一方面的能力,你应选择在你擅长的领域工作,而不是相反的领域。

资料来源:Adapted from Dorothy Marcic and Joe Seltzer, *Organizational Behavior: Experiences and Cases* (South-Western, 1998), 284-287, and William Miller, *Innovation Styles* (Global Creativity Corporation, 1997).

波特的竞争战略

迈克尔·波特(Michael E. Porter)研究了大量商业组织,他认为管理者可以通过采取差异化战略或者成本领先战略帮助组织获得更多利润,增强竞争力。[36]采用成本领先战略意味着管理者选择通过比较低的成本参与竞争,而差异化战略意味着组织通过向顾客提供优质的、差异化的产品或服务参与竞争,通常这些差异化的产品或者服务都有一个比较高的价格。图 2-5 比较了这两种战略。另外,每一种战略都可以在一个从宽到窄的范围内变动。

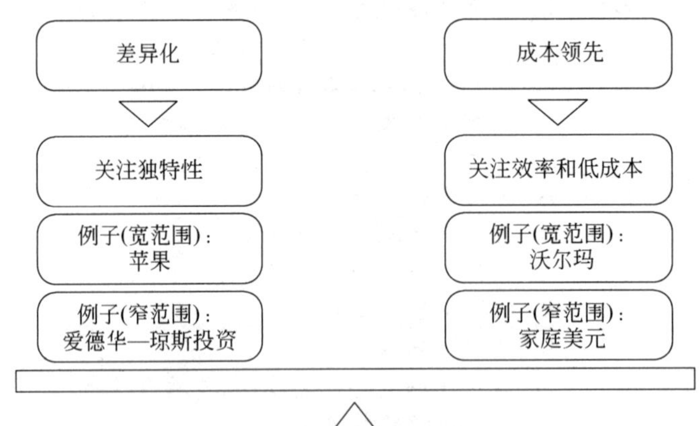

图 2-5 波特的竞争战略

资料来源:Based on Michael E. Porter, *Competitive Advantage: Creating and Sustaining Superior Performance* (New York: The Free Press, 1988).

差异化战略

在**差异化战略**(differentiation strategy)中，组织试图使其产品或服务与同行业中其他组织的产品或服务相区别。组织可能利用广告宣传、产品的特色、附加的服务或者新的技术等，使它的产品在顾客看来具有独特性。这种战略一般是面向那些不十分关心价格的顾客，因此可以获得相当高的利润。

差异化战略由于使顾客忠诚于公司的品牌，从而能降低行业内对手的竞争，并抵御替代品的威胁。然而，公司也需要记住，成功的差异化战略要求开展一些花费高昂的活动，如产品研究和设计、高强度的广告宣传等。追求差异化战略的公司需要有较强的营销能力，还要求有创造力的员工花费时间和资源去寻求创新。可以用来说明差异化战略能够获利的一个例子是苹果公司。苹果公司从不在价格上与对手竞争，它被看作是一个精英品牌。比如，因其与众不同的特点，苹果的个人电脑可以定一个比其他电脑高很多的价格。通过提供创新的个性化产品和树立自己的高端形象，苹果公司已经培养了一大批忠诚顾客。

服务型公司也可以采取差异化战略。乔氏超市(Trader Joe's)成立于 1967 年，是一家非常典型的便利店，在创始人乔・库尔姆(Joe Coulombe)的不断改进下得以迅速成长，为顾客提供独特的食品和饮料，并且很快在美国加利福尼亚州南部开设了 17 家分店。如今，乔氏超市在美国拥有 370 多家分店，店面遍及全国各地，人们迫切地希望乔氏超市能够继续开设更多分店。但是，乔氏超市的管理者却对扩张异常谨慎。乔氏超市内不出售任何品牌产品，旨在以合理的价格提供新颖且有益健康的高质量饮食产品。超市内 80％的商品贴的都是乔氏的自有商标，顾客们不知道是谁为他们生产商品。传统的大型超市内商品种类繁多，售卖的商品可达 40 000 多种，与此相比，乔氏超市虽然仅仅出售大约 2 500 种商品，但是商品的种类却总是在不停地变化。而恰恰是其不断变化的商品种类以及类似于拐角处的小型超市所特有的热情周到的服务，带给顾客一种新奇、冒险的感觉——你永远不知道你会在乔氏超市找到什么，这一点使得顾客们非常乐意频频光顾超市。经理们在做决策时，十分关注乔氏超市能否给顾客带来社区食品杂货店的感觉。[37]

成本领先战略

成本领先战略(low-cost leadership strategy)，亦称低成本战略，就是试图通过依靠比竞争对手更低的成本来增加市场份额。采取成本领先战略的组织，竭力通过高效的设施、低廉的成本以及严密控制的方法，使产品的生产效率高于竞争对手。低成本并不意味着低价格，但是在很多情况下，低成本领导者会以较低的价格向消费者提供产品和服务。例如，爱尔兰的瑞安航空公司(Ryanair)CEO 在谈及其公司战略时这样说："这是最古老也最简单的规则：大量供应，廉价出售……我们要做航空业中的沃尔玛。没人能在价格上击败我们，永远不能。"瑞安航空公司的票价之所以如此之低，是因为公司将成本压在最低线上，低于欧洲的所有竞争对手。公司的宗旨是：

提供低廉的票价,而非卓越的服务。[38]

成本领先战略主要关注的是稳定性,而不是冒险或寻求创新和成长的新机会。成本低的优势使公司能够以低于竞争对手的价格提供具有相当质量的产品,从中获得可观的利润。像瑞安和沃尔玛这样的成本领先公司可以削弱竞争对手的价格优势,同时还能获得可观的利润。另外,如果有替代品或潜在的新竞争者加入竞争行列中,低成本的生产商也有较强的实力去抵御市场份额的丢失。

波特发现,与主动采取了某种战略(低成本战略或者差异化战略)的企业相比,那些没有自觉采取某种战略的公司,其利润往往低于平均水平。许多网络公司由于没能发展出使自己在市场上与众不同的竞争战略而失败。[39] 相反,谷歌公司采取区别于其他搜索引擎的差异化战略并取得了成功。

评价你的答案:

2. 最好的商业战略是提供尽可能差异化的产品和服务,以在市场中获得利润。

答案:不同意。差异化是一种有效的战略途径,可以使企业的产品或服务不同于市场中的其他竞争对手。低成本领先战略可能会和差异化有同样的效果,甚至更好,这取决于企业的实力,以及行业竞争的特性。

竞争范围可宽可窄

不管采取何种战略,组织的竞争行为都可以设定在一个或宽或窄的竞争范围内。也就是说,组织可以选择在多个市场和细分顾客群体中参与竞争,也可以只关注某一个竞争市场或购买群体。比如,沃尔玛(Walmart)采用的是成本领先战略,涉及的竞争范围比较宽,细分市场比较多。窄范围成本领先战略的一个例子是忠实航空公司(Allegiant Travel Company)。

应用案例 2-3

忠实航空公司

忠实航空公司董事长安德鲁·利维(Andrew Levy)说:"我们为全国小城镇居民提供航空服务,希望成为乘客家乡的航空公司。"忠实航空仅有64架飞机,提供从75个缺少航空服务的小城市到14个气候温和的旅游胜地之间的航空运输服务,14个旅游胜地包括奥兰多(Orlando)、拉斯维加斯(Las Vegas)和火奴鲁鲁(Honolulu)等。

忠实航空已经实现了行业内的成本最低、入座率最高和利润最大。通过服务那些竞争者不愿意服务的小城市,忠实航空在41个季度中有39个季度获得盈利。忠实航空的聚焦成本领先战略使得其203条航线中仅有17条航线面临竞争。管理者们相信"抓住了利基市场,就抓住了盈利机会"。举例来说,当其他航空公司纷纷离开铁锈地带(指曾经工业繁盛而今却已衰落的一些地区)的时候,忠实航空反而进入。忠实航空还说服加拿大的国际航班从美国小的机场起降飞机。现在,忠实航空又将视线瞄准了墨西哥市场，意图为萨卡特卡斯(Zacatecas)或者库利亚坎(Culiacan)等地的墨西哥中产阶级提供到美国拉斯维加斯等旅游胜地的航空运输服务。

忠实航空极端追求低成本目标。公司营销主要依靠口碑宣传，而不是付钱给旅行社让他们代为宣传。忠实航空不提供不必要的服务，但是其他所有服务几乎都收费，从行李托运到一瓶水。管理者也自称"有钱赚的时候我们才飞"。使用多年的老飞机很耗油，因此这些飞机仅仅在旅游高峰期航班基本满员的时候才出动。"星期二的时候，我们看上去像一个即将破产的公司"，利维说，"但是谁会在星期二开始他们的旅行呢？"[40]

窄范围差异化战略的一个案例是位于圣路易斯的一个经纪商社——爱德华·琼斯公司(Edward Jones)，它在美国农村和小城镇开拓业务，为投资者提供稳健的长期投资服务，并取得了成功。管理学者、咨询顾问彼得·德鲁克(Peter Drucker)评价道，爱德华·琼斯以"安全第一"为战略导向，为客户提供了"华尔街都无法提供的客户感知：气定神安"。[41]

迈尔斯和斯诺的战略分类

雷蒙德·迈尔斯(Raymond Miles)和查尔斯·斯诺(Charles Snow)在企业战略研究中对战略做了另一角度的分类。[42]他们的分类模型是建立在这样的认识基础上，即管理者都试图制定出与外部环境相匹配的企业战略。组织要设法保持内部组织特征、战略与外部环境的适应。组织可采用的四种战略是：探索型战略、防御型战略、分析型战略和反应型战略。

探索型战略

探索型(prospector)战略着眼于创新、冒险、寻求新的机会以及成长。该战略适合于动态、成长中的环境，因为这时创造比效率更加重要。在产品和内部流程都实现了创新的耐克公司是实施探索型战略的例子。例如，耐克(Nike)引进了一款新的运动鞋生产线，这款运动鞋由可循环材料和有限的有毒化学品胶水制作而成。[43]

中国的浙江吉利控股集团(Zhengjiang Geely Holding Group)从全球汽车制造商福特(Ford)手中收购沃尔沃(Volvo)后，采用的就是探索型战略。多年来沃尔沃公司一直致力于树立稳定、安全、可靠的家用汽车品牌形象，并以此来培养忠诚顾客。但是新东家李书福(Li Shufu)为公司制定了新的发展方向——将沃尔沃的战略目标转向豪华车市场，与宝马、梅赛德斯(Mercedes)等企业展开竞争。沃尔沃欧洲区总裁斯蒂芬·雅各布(Stefan Jacoby)不希望太快改变沃尔沃传统的低调形象，因此与李书福有不同的观点。最终，两人达成一致，制订了耗资 100 亿的五年转型计划，到 2020 年沃尔沃要实现全球销量翻番，达到 80 万辆的宏伟目标。李书福说："中国已经出现了高端消费群体，他们出手非常阔绰，所以我认为沃尔沃应该转型，提供创新性的、能够令人眼前一亮的汽车，从而吸引新的消费群体。中国的汽车销量在整个市场中占有的比重越来越大,如果沃尔沃无法满足中国新涌现的高端顾客群体的需求,就无法取得进一步的发展。"[44]李书福和雅各布还在努力地协调他们不同的观念和管理风格,但是沃尔沃升级产品线、扩张市场的探索型战略已经起航。诸如脸谱网、谷歌等网络企业采用的都是探索型战略。

防御型战略

防御型(defender)战略几乎与探索型战略相反。防御型战略的采用者更关注稳定甚至收缩,而不是冒风险和寻求新的机会。它力求保持现有的顾客,而不寻求创新或成长。防御者主要关心内部的效率和控制,以便为稳定的顾客群提供可靠的、高质量的产品。处于衰退的行业或稳定的环境中的组织,采用防御型战略能取得成功。派拉蒙电影公司(Paramount Pictures)就曾经采用过几年的防御型战略。[45]当时,派拉蒙公司并没有遭受到致命打击,但却有许多问题不断涌现。公司管理者开始尽量避免风险,有时甚至拒绝一些可能走红的电影以保证成本。这些举措使派拉蒙公司得以保持很高的利润率,而其他电影公司的回报率则很低(实际上甚至是赔本的)。

分析型战略

分析型(analyzer)战略的采用者试图维持一个稳定的企业,同时在周边领域创新。这种战略介于探索型战略与防御型战略之间。企业中有些产品面向的是一种稳定的环境,因而对之采取追求效率的战略,以便保持住现有的顾客。其他产品则处于新的、更为动态,但具有成长性的环境中。因此,分析型战略采用者就试图在现有产品线的高效率生产和新产品线的创造性开发之间取得平衡。亚马逊公司(Amazon. com)是一个采取分析型战略的例子。亚马逊现行战略是保护它的核心业务——通过互联网销售图书和其他物品,同时开辟数字媒体新业务,包括原创作品,如电子图书服务和在线DVD出租业务,同时还包括一个数字音乐商店,这项业务将与苹果开发的iTunes相竞争。[46]

反应型战略

反应型(reactor)战略实际上并不能称作是战略,因为反应者只是以一种随机的方式对环境的威胁和机会做出被动的反应。采取这一战略时,高层管理者既没有制订长期的计划,也不明确指出组织的使命和目标,因而组织所采取的行动都似乎是为了满足眼前的需要。虽然采取反应型战略的企业有时也能成功,但更经常的情况是,它导致了企业的失败。许多曾经辉煌的大公司就是因为管理者没有采取与市场消费变化趋势相一致的战略,从而挣扎于困境中。巴诺书店曾是一家一直处于盈利状态的成功企业,但是近几年来开始在市场中苦苦挣扎,其管理者们正在寻找合适的战略。公司开发了Nook,与亚马逊的Kindle相竞争。这款产品"看起来很好,用起来不错,卖起来也比公司预期得要好"。但问题是,当苹果公司推出平板电脑iPad的时候,巴诺做出的回应却是,用这款多功能设备与之相竞争。这是一个错误的决定。在2013年4月截止的财年中,Nook媒体业务运营亏损

4.75 亿美元。巴诺首席执行官威廉·林奇(William Lynch)的一个分析师说,“他喝了太多数字化的酷爱牌(Kool-Aid)饮料”。这名分析师目前已经离开了巴诺。[47]

迈尔斯和斯诺的战略分类应用很广,研究者们也已经在许多不同类型的组织(如医院、大学、银行、制造企业和保险公司)中检验了它的效度。他们发现,对现实中的组织管理者而言,迈尔斯和斯诺的战略分类非常有效。[48]

管理者设计并保持一种清晰竞争战略的能力是企业获得成功的重要因素。但是,现代很多管理者无法担负起正确制定战略的责任。本章的新书评介介绍了管理者如何区分好战略与坏战略,从而为自己的企业制定有价值的战略。

战略如何影响组织设计

战略的选择会影响组织的内部特征。组织设计必须支持企业的竞争战略。比如,力求成长和开发新产品的公司,看起来或者“感觉”起来就与旨在维持早就投放市场的产品在一个稳定行业中的市场份额的这类企业不同。表 2-2 概括了与波特及迈尔斯和斯诺的战略相适应的组织设计特征。

表 2-2 与战略相适应的组织设计

波特的竞争战略	迈尔斯和斯诺的战略分类
差异化战略 ● 学习导向;灵活、宽松的行为、强有力的横向协调 ● 强大的研究开发能力 ● 密切联系顾客的价值观和行动机制 ● 鼓励员工发挥创造性、冒险和创新 **成本领先战略** ● 效率导向;较强的集权、严格的成本控制、频繁详细的控制报告 ● 标准化操作程序 ● 高效率的采购和分销系统 ● 严密的监督;常规任务、很少向员工授权	**探索型战略** ● 学习导向;灵活、机动、分权的结构 ● 强大的研究开发能力 **防御型** ● 效率导向;集权和严格的成本控制 ● 强调生产效率和降低管理费用 ● 严密的监督;很少向员工授权 **分析型战略** ● 效率和学习相平衡;在进行严格的成本控制的同时保持灵活性和适应性 ● 产品的高效率生产;同时强调创造性 ● 研究及冒风险的创新行为 **反应型战略** ● 没有明确的组织形式;根据现实情况的变化,组织设计特征会发生急剧的改变

资料来源:Based on Michael E. Porter, *Competitive Strategy: Techniques for Analyzing Industries and Competitors* (New York: The Free Press, 1980); Michael Treacy and Fred Wiersema, “How Market Leaders Keep Their Edge,” *Fortune* (February 6, 1995), 88-98; Michael Hitt, R. Duane Ireland, and Robert E. Hoskisson, *Strategic Management* (St. Paul, Minn.: West, 1995), 100-113; and Raymond E. Miles, Charies C. Snow, Alan D. Meyer, and Henry J. Coleman, Jr., “Organizational Strategy, Structure, and Process,” *Academy of Management Review* 3(1978), 546-562.

采用成本领先战略的管理者是从提高效率的角度设计组织,而差异化战略则要求考虑学习能力。回顾第1章,从效率角度进行的机械式组织设计,与从学习角度进行的有机式组织设计有截然不同的特征。成本领先战略是与高强度的集权、严密的控制、标准化的操作程序以及高效率的采购和分销系统相联系的。员工通常是在紧密的监督和控制下执行常规的任务,不能自主做决策或采取行动。与之相反,差异化战略要求员工不断尝试和学习,因而采取一种灵活而有弹性的结构,强化横向之间的协调。员工得到充分的授权,直接与顾客一道工作,并会因其创造力和敢于冒风险而受到奖励。这类组织对研究、创造性和创新性的重视超过了对效率和标准程序的关注。

探索型战略对组织特征的要求类似差异化战略。防御型战略则与成本领先战略类似,都采取以效率为中心的组织设计。分析型战略的采用者,一方面要在稳定的产品线经营中求得效率,另一方面又要在新产品领域保持灵活性和学习能力,为取得这种平衡,就往往表现为一种混合式组织特征,如表2-2所示。而在反应型战略之下,管理者既没有给组织指明方向,也没有一种明确的组织设计思路。

影响组织设计的其他因素

战略是影响组织设计的一个重要因素。然而,最终的组织设计是多个权变因素共同作用的结果。这些权变因素将在本书中逐一讨论。组织是重视效率和控制(机械式)还是重视学习和灵活性(有机式),决定于战略、环境、规模与生命周期、技术以及组织文化等多方面的因素。组织设计必须适应这些权变因素,如图2-6所示。

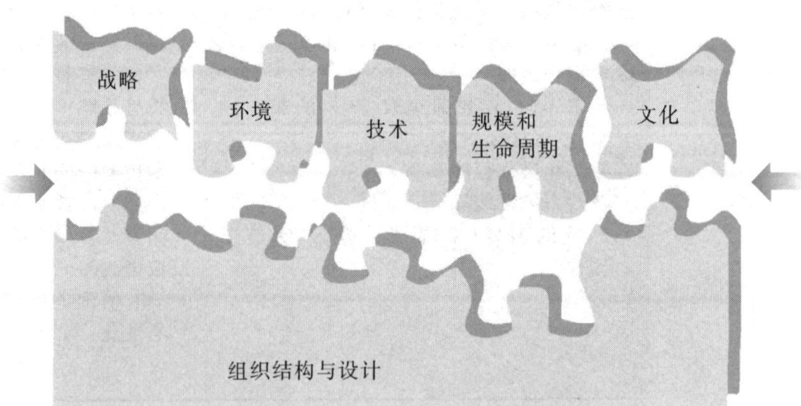

设计特征与权变因素的适当匹配

图2-6 影响组织设计的权变因素

具体来说,处于稳定环境中的组织可以采用传统的结构形式,即注重纵向控制、效率、专业化、标准程序和集中决策。但处于迅速变化环境中的组织可能更需要一种弹性的结构,通过团队及其他机制取得强有力的横向协调。有关环境的讨论详见本书第 4 章和第 5 章。就规模和生命周期而言，年轻、小规模的组织通常是非正规的，很少有劳动分工和规章条例，预算和绩效评价系统也常是随机性的。对比之下，像可口可乐(Coca-Cola)、三星(Samsung)和通用电气(General Electric)这样的大型组织，就具有高强度的劳动分工和很多的规章条例，设立了预算、控制、奖惩和创新方面的标准程序和系统。规模和生命周期阶段将在第 9 章中讨论。

组织设计还必须与组织工作流程技术保持一致。如果组织采用的是大批量生产技术，如传统的汽车装配生产线，那么，正规化、专业化、决策权高度集中并实行严密控制的以效率为中心的组织，就会取得良好的效果。而像电子商务这样的企业，则需要具有非正规化和富有弹性的特征。技术对组织设计的影响将在第 7 章和第 8 章中详细讨论。另一个影响组织设计的权变因素是公司文化。例如，在注重团队工作、合作、创造性以及所有员工和管理者之间的开放式沟通的组织文化氛围下，那种采取刻板、纵向的结构和严厉的规章条例的组织，肯定难以取得好的效果。文化对组织设计的影响将在第 10 章详细讨论。

管理者的一大责任，就是要使组织设计同战略、环境、规模与生命周期、技术以及文化等权变因素相匹配。保持这些因素之间的恰当的匹配，会使组织取得良好的效果，否则会导致组织衰退甚至灭亡。

组织效果的评价

了解组织的目标和战略以及掌握组织设计与各权变因素相匹配的原理，这些只是理解组织效果的第一步。组织目标反映组织存在的原因，以及组织力求达到的结果。本章以下几部分将探讨有关组织效果的内容以及如何衡量组织效果。

定义

根据第 1 章的内容，组织的效果就是指组织实现其目标的程度。效果(effectiveness)是一个广义的概念，它实际上将组织层次和部门层次的一系列因素都考虑在内。效果可用来评价组织多方面目标实现的程度，无论是正式目标还是操作性目标。效率(efficiency)是一个较狭义的概念，仅与组织内部的工作有关。组织的效率是指生产单位产出所耗用的资源量。[49]它可以用投入产出率来衡量。如果一个组织能用比其他组织更少的资源生产出同样的产品，那么，这个组织就更有效率。[50]

有些情况下，效率会带来好的效果。然而，在许多情况下，效率和效果并不是相关的。一个组织可能具有很高的效率，但却不能够实现目标，因为它所生产的产品可能根本就没有销路。同样，一个组织可能实现了其利润目标,但效率却可能是低下的。一些提高效率的努力可能反而会使组织变得更加无效,特别是通过削减成本等途径。例如,一个地区性的快餐连锁店想通过接到点餐菜单再做菜的方式减少食物浪费,以此降低成本,但这种方式同时也导致了服务的滞后、顾客的不满和营业额的降低。[51]

组织的总体效果很难全面衡量。组织通常是巨大、多样而分散的,它们同时从事多种活动,追求多重目标,并产生多个结果,其中有些结果是计划设想到的,另一些则是未曾预设的。[52]管理者要决定以什么指标来作为衡量组织效果的标尺。有四种可行的评价组织效果的方法:

- 目标评价法
- 资源评价法
- 内部过程评价法
- 战略性利益主体评价法

谁来决定

对组织负责的关键性人物,比如高层管理者或者董事会成员,需要对组织效果达成一致共识。组织效果是一种社会建构(social construct),它被个人或群体所创造和定义,无法独立地存在于外部世界中。[53]一个典型的例子来自对棒球的概念确定。三个裁判解释他们对球和棒的称呼:第一个裁判说,我叫它们棒球,因为它们是棒球;第二个裁判说,我叫它们棒球,因为我见过棒球;第三个裁判从社会建构的角度说,如果我不叫它们棒球,它们就什么都不是。[54]同样,管理者或利益相关者将它称为组织效果它才是组织效果,否则它什么都不是。

员工认为组织效果在于能够按时发放薪酬,兑现奖励承诺。顾客认为组织效果在于能够提供优质低价的商品。CEO 认为组织效果在于能够盈利。组织效果往往是多维的,因此对效果的评价也是多维的。商业组织的管理者一般都会将利润和股票绩效作为评价组织效果的指标,但是他们通常也会考虑到其他因素,比如员工满意度、顾客忠诚度、企业公民、创新性或者行业声誉。[55]

管理者经常采用四种方法(目标法、资源法、内部程序法、战略性利益主体评价法)中的多个指标对组织效果进行评价。表 2-3 列举了大型、跨国企业的管理者经常用来评价组织效果的 15 个指标。本章后面部分要讲到评价组织效果的四种方法,请大家看看这 15 个指标分别对应于哪一种评价方法。[56]

从表 2-3 中可知,效果指标既有定量的也有定性的,既有清晰的也有模糊的。例如,达成一定的销售目标或者市场份额是很容易量化的,但是像员工敬业度、质量、顾客满意度这样的指标就不够清晰,需要定性评价。[57]但是,仅仅依靠量化指标无法全面测量组织效果,甚至会扭曲组织效果。据说在爱因斯坦的办公室有这样一条标语:不是每一件重要的事情都算得清楚,也不是每一件算得清楚的事情都是重要的。[58]

表 2-3　跨国企业评价组织效果的常用指标
1. 如期完成;按时交货
2. 及时获得资源和设备
3. 产品或服务的质量
4. 顾客满意/抱怨
5. 相对于竞争对手的市场份额
6. 员工培训和发展(小时数)
7. 开支控制在预算之内
8. 股东满意
9. 成本节约
10. 供应链延迟或改善
11. 生产率;每单位产出的成本
12. 员工敬业度
13. 完成销售目标
14. 产品开发周期(缩短周期时间)
15. 完成工作的时间(小时数或天数)

四种效果评价方法

如图 2-7 所示，作为开放系统，组织是从环境中取得资源投入，然后将这些资源转换为产出，再输出到环境中去。前面第 1 章中提到，组织在内部和外部有很多利益相关者。这四种评价组织效果的方法关注组织不同的部分，评价指标涉及了产出、投入、内部活动，以及关键利益相关者，也就是战略性利益主体。[59]

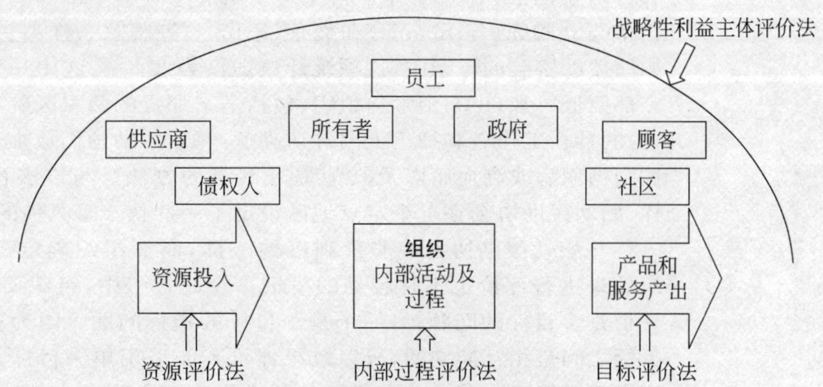

图 2-7　衡量组织效果的四种方法

目标评价法

效果的**目标评价法**(goal approach)包括识别组织的产出目标以及测评组织在何种程度上实现了这些目标。[60]这是一种符合逻辑的评价方法，因为组织总是努力达到一定的产量、利润和顾客满意水平。目标评价法就是衡量这些目标实现的情况。

指标

操作性目标是这种效果评价法所考虑的主要衡量指标，因为官方目标(使命)比较抽象，难以测量。操作性目标能够真实反映组织的绩效活动。[61]

目标评价法的指标主要包括：

- 盈利能力——公司在花费了一定成本之后希望从商业运营中得到的正面收益。
- 市场份额——相对于竞争对手来说公司能够占有的市场比率。
- 成长能力——组织随时间而扩大规模、增加利润和扩大顾客群的能力。
- 社会责任——组织服务于社会利益以及它本身的程度。
- 产品质量——组织提高产品或服务质量的能力。

应用

目标评价法能够被组织所采用主要是因为产出目标是可以被准确测量的。然而，一些致力于解决社会问题的非营利机构也可以采用目标评价法。例如，妇幼援助协会(Every Child Succeeds)是一家主要通过联合之路(United Way)筹集资金的公私部门联合运作的组织，该组织的目标是降低俄亥俄州(Ohio)辛辛那提市(Cincinnati)及周边地区的婴儿死亡率，改善该区域产妇的保健条件。在辛辛那提市周围的七个县中(包括俄亥俄州的县和肯塔基的县)，每1000个新生儿中就有8.3人在长到一周岁前死亡，其死亡率与立陶宛(Lithuania)和文莱(Brunei)等国家一样高。然而，在那些加入妇幼援助协会的母亲中，这项统计数据仅为2.8‰，这比几乎所有的工业化国家都要低。来自15个参与组织(包括辛辛那提的两家医院和一些社会服务机构)的社会工作者和护士上门拜访高危产妇，帮助她们戒烟，教她们合理饮食、控制糖尿病或高血压以及其他提升健康的方法。与许多社会改进方案不一样，妇幼援助协会在七个定点地区设定了一些狭窄且具体的目标。[62]

与妇幼援助协会等非营利机构一样，商业组织确定操作性目标并对组织效果进行评价也不是容易的事情。在此过程中，组织要解决好两个问题：一个是多目标的问题；另一个是子目标的指标问题。因为有时候组织的一些目标之间是相互冲突的，所以效果评价不能采用单一目标。一个目标的高水平实现可能意味着另一个目标的低水平实现。除此之外，还存在着部门目标和整体目标。因此，对组织效果的全面评价需要同时考虑不同的目标。

另外一个需要解决的问题是，如何确定操作性目标以及如何测量目标的实现程度。对于商业组织来说，有些目标的衡量会有一些常用的客观指标，比如利润或增长率。妇幼援助协会也用了一些客观指标，比如有多少婴儿接受了免疫疫苗，有多少孕妇在怀孕期间停止了吸烟。然而，其他目标可能需要主观评价，比如员工福利、社会责任、客户满意度等。高层管理者和管理团队中的其他关键人物必须清楚地确定哪些目标是组织需要评估的。当定量指标不可用的时候，组织需要采用主观指标对目标实现情况进行评价。要准确评价这些目标的实现程度，管理者需要从顾客、竞争对手、供应商、员工以及组织自身等各个方面搜集信息。

资源评价法

资源评价法（resource-based approach）关注如图 2-7 所示的转换过程的投入端。它假定组织必须成功地获得并管理有价值的资源，这样组织才是有效的。[63]在资源评价法下，组织的效果定义是组织获得稀缺而又宝贵的资源并成功地加以整合和管理的绝对或相对的能力。[64]

指标

能够成功获得并管理资源是评价组织效果的重要标准。广义地讲，资源评价法所用的效果衡量指标包括以下几方面：[65]

- 讨价还价能力，指组织从环境中获取稀缺而又宝贵的资源的能力。这些资源包括金融资源、物质资源、人力资源、知识和技术等。
- 组织决策者认知并准确理解外部环境真实特征的能力。
- 管理者确保组织在日常活动中利用有形和无形的资源（前者如供应品、人员；后者如知识、公司文化）取得杰出成绩的能力。
- 组织对环境变化做出反应的能力。

应用

在其他绩效评价指标难以获取时，组织可以采用资源评价法。比如，在很多非营利机构和公益性组织中，评估组织的产出目标或者内部效率比较困难，这种情况下就可以采用资源评价法。圣地兄弟会儿童医院（Shriners Hospital for Children，SHC）的例子可以说明这一点。22 家圣地兄弟会儿童医院为孩子们提供外科矫形、烧伤、脊椎损伤、裂唇等疾病的免费治疗。起初，医院取得了极大的成功，得到了其赖以运营的社会捐款。但是，后来联邦政府推出了一个无成本健康医疗项目，为低收入家庭的孩子提供医疗服务，圣地兄弟会儿童医院的病人就此流向了传统的医疗服务提供者。随着病人数量的减少，圣地兄弟会儿童医院逐渐衰落，医院的管理者们必须寻找应对竞争和获取资源的新途径。[66]资源在竞争中发挥着关键作用，因此很多营利性机构也会采用资源评价法评价组织效果。例如，英国零售企业玛莎百货（Marks & Spencer）在评价组织效果时就考虑了自己获取、管理以及维护有价值的资源的能力，这些资源包括繁华地段的店面、有实力的品牌、高素质的员工以及良好有效的供应商关系。[67]

虽然在其他评价方法不可用的时候资源评价法很有价值,但是它也存在很多不足。最重要的一点是,这种方法只是含糊地考虑了组织与顾客需求之间的关联。资源和能力并不都是有价值的,只有在它们帮助组织满足某种需要的时候才有价值。批判资源评价法的观点认为,这种方法假定市场环境稳定,没有考虑到资源的价值会随着竞争环境和顾客需求的变动而改变。[68]

内部过程评价法

在**内部过程评价法**(internal process approach)中,效果是以组织内部的健康状态和效率来衡量的。一个有效的组织具有顺畅、平滑的内部过程:员工心情愉快,具有满足感;各部门的活动相互配合、彼此相同,能保持高的生产率。当然,这种方法并不考虑组织的外部环境。其效果的重要影响因素是组织利用既有的资源所开展的活动。效果主要反映在内部的健康状态和效率方面。

指标

内部过程评价法最常用的一个指标是经济效益。过程模型的倡导者中最有名的是组织理论的人际关系学派。阿吉里斯(Chris Argyris)、本尼斯(Warren G. Bennis)、利克特(Rensis Likert)和贝克哈特(Richard Beckhard)等学者都曾对组织的人力资源进行过广泛研究,他们非常强调人力资源和组织效果之间的关系。[69]最近一项对近200所中学的研究结果表明,人力资源和员工导向的过程在解释和提高组织效果方面有重要意义。[70]

内部过程评价指标包括:[71]

- 一个浓厚的和自适应的公司文化和积极的工作氛围
- 员工与管理层之间的信心与信任
- 运营效率,比如使用最少的资源完成目标
- 不间断的横向和纵向沟通
- 员工成长和发展
- 组织各部分之间的协调,在冲突的解决中以高一级组织的利益为重

应用

内部过程法是一种非常重要的组织效果评价方法。有效的资源利用以及和谐的内部运作是评价组织效果的重要依据。在经济萧条的影响下,杜邦(DuPont)、金宝汤(Campbell Soup)以及联邦快递(UPS)等诸多公司都在寻找更有效的企业运营方式,比如加大对现有技术的应用。在金宝汤北卡罗来纳州的麦克斯通(Maxton)工厂,大量的小的发明创造和改进都是由工人提出来的,这些发明创造和改进将工厂的运营效率提升了85%,这个水平是管理者能够想象到的最高限度。联邦快递的运货卡车安装了能够预知前方道路左拐数的设备,司机可以通过这个系统找到最少左拐的路线。这个系统将会帮助联邦快递每年减少140万加仑的燃料耗费。[72]

当今大多数管理者都认识到了员工的积极主动参与以及正能量的企业

文化是评价组织内部效果的重要方面。内部过程法也有缺陷。这种方法没有考虑总产出以及组织与外部环境的关系。另一个问题是，评价往往是主观的，因为输入以及内部过程的许多方面无法量化。管理者们应该认识到，这种方法仅代表衡量组织效果的一种视角。伯灵顿北方铁路公司(Burlington Northern Railroad)和艾奇逊-托皮卡-圣菲铁路公司(Atchison，Topeka，and Santa Fe Railway)合并后组成了伯灵顿北方圣太菲铁路运输公司(BNSF Railway)，公司管理者们致力于创建一种能够确保整体组织效果的环境，他们还使用内部过程评价法并结合其他方法对组织效果进行评价。

应用案例 2-4

伯灵顿北方圣太菲铁路运输公司

伯灵顿北方圣太菲铁路运输公司目前面临的情况是：将两个运营系统、管理系统和企业文化整合到同一个组织中。管理者们意识到，他们可以让组织文化顺其自然地发展，也可以积极地创造出想要的文化。最后，他们选择谨慎地建设一种积极的内部环境。

公司评价内部有效性的指标是：员工以从事铁路运输工作为傲，并且有获得个人成长和发展的机会。企业的共享价值观包括：倾听顾客的声音，并采取行动满足他们的期望。除此之外，管理者们关注员工的持续进步，并为他们提供安全的工作环境。

管理者们将内部过程评价法和组织目标实现方法结合起来共同评价组织效果。组织的目标包括：百分之百准时；不损害顾客服务质量；为顾客提供精确、及时的运输信息；为顾客所花的每一分钱创造最大的价值。其他目标是关于股东回报的，包括：超过其他铁路公司、投资回报要高于资本成本。

伯灵顿北方圣太菲铁路运输公司的管理者们也考虑到了其他的利益相关者。他们注重对所服务的社区履行道德和法律承诺，也充分考虑了在提升企业整体效益的过程中对自然环境的影响。[73]

正如这个案例所表明的，由于组织追求多种不同类型的目标，为不同的利益群体服务，所以很多组织使用多种方法评价组织效果。

战略性利益主体评价法

战略性利益主体评价法与第 1 章讲到的利益相关者法有联系。第 1 章的图 1-6 强调，组织中不同的利益相关者对组织有不同的要求，这些要求可能是互斥或者相互竞争的。本章的图 2-7 中也标明了组织中的一些重要利益相关者。

在现实中，组织不可能同时均等地满足所有利益相关者的需求。用战略性利益主体评价法评价组织效果，就是只关注组织中的关键利益相关者，这些利益相关者对组织的生存和繁荣有着至关重要的作用。组织对这部分利益相关者需求的满足是衡量组织绩效的重要指标。[74]

指标

在战略性利益主体的基础上评价组织效果，首先要做的工作是划分不同的利益主体，如下所示的97家小型企业将其战略性利益主体划分成七个不同部分，每一部分都有一组代表成员。每个小组的成员对每一组标准给出自己的观点。[75]不同的战略性利益主体使用不同的衡量标准：

战略性利益主体	有效果的衡量标准
所有者	财务回报
员工	工资、良好的监督、员工满意
客户	商品和服务的质量
债权人	信誉
社区	对社区事务的贡献
供应商	满意的交易
政府	遵守法律法规

如果一个组织没能满足其中一些利益相关者的需求，它就可能没能完成特定的效果目标。虽然几乎每个组织都必须在一定程度上满足这七组利益相关者的需求，但是不同的组织有不同的侧重，也就是说不同的组织有不同的战略性利益主体。例如，诸如脸谱网之类的公司的关键利益相关者不是客户、供应商或者所有者，而是能独立工作的软件开发人员。脸谱网CEO马克·扎克伯格(Mark Zuckerberg)一直重视对开发人员的吸收和任用。在一次开发者会议上，扎克伯格公布了一项新技术——其他网站可以免费安装一个脸谱网的"Like"按钮，用户可以单击这个按钮来标示自己感兴趣的内容。用户点击"Like"之后，与之相关的网页链接就会出现在他/她的脸谱网页面上。这项技术将促进脸谱网和其他网站之间的用户流动。[76]

应用

研究表明，战略性利益主体评价法能准确评价组织的有效性，尤其能评价组织的适应能力。[77]此外，营利性组织和非营利性组织都关心组织的声誉，并且试图通过高绩效塑造组织形象。[78]战略性利益主体评价法为评价组织效果提供了一个更广阔的视角，它既关注组织外部环境，又关注组织本身。战略性利益主体评价法同时关注几个标准：输入、内部流程和输出。

战略性利益主体评价法在组织应用中较为流行。这种方法认为组织效果是一个复杂、多维的概念，不存在单一的评价方法。[79]在下一部分内容中，我们介绍另一种较为流行的方法——一种综合衡量组织效果的多维方法。

一个整合的效果评价模型

冲突价值观模型(competing values model)平衡地关注组织的各个部分，而不是某一个部分。这种方法认为，组织会做很多事情，因而会有很多结果。[80]冲突价值观模型将衡量组织效果的几个指标整合到了同一个框架中。

冲突价值观模型假设：关于构成组织效果的要素存在着不同意见和竞争性的观点。管理者们对于什么是组织最重要的目标有着不同的意见。冲突性观点和竞争性利益可能会为组织带来悲剧，一个典型的案例来自于美国国家航空航天局(NASA)。2003 年 2 月，七名宇航员死于哥伦比亚号航天飞机爆炸。此后一个调查委员会介入调查，发现美国宇航局存在着深层次的组织缺陷，包括没有有效的机制调解调度经理和安全经理之间的不同意见。保证哥伦比亚号准时发射这一外部压力超越了安全问题。[81]同样，国会对 2010 年"深水地平线"钻井平台爆炸和墨西哥湾石油泄漏事件进行的调查发现，英国石油公司的工程师和管理者们做决策时主要考虑的是承包商的建议，他们把成本控制和准时完成任务放在了安全问题的前面。[82]英国石油公司和美国国家航空航天局的例子可以说明，不但在组织内部存在着不同的观点，外部也会有来自承包商、政府监管机构、国会和公众等方面的不同观点，这让组织变得非常复杂。

冲突价值观模型考虑到了这些复杂性。该模型最初是由罗伯特·奎因(Robert Quinn)和约翰·罗夫保(John Rohrbaugh)提出的，他们将不同的绩效指标整合在了同一个框架中。[83]该模型给出了一个综合性的指标列表，在实际应用中，专家小组需要给这些相似的组织效果评价指标进行排序。奎因和罗夫保发现了一些评价组织效果的潜在维度，这些维度中的效果指标能够代表组织的管理价值观。

指标

第一个价值维度是组织**关注点**(focus)，也就是组织主要关注内部问题还是外部问题。内部问题主要是员工关心的福利和效率问题，外部问题主要是组织如何在环境中生存。第二个价值维度是组织**结构**(structure)及其稳定性与灵活性倾向。倾向于稳定性结构的组织关注管理效率以及自上而下的控制，而倾向于灵活性结构的组织关注学习和变革。

价值维度的结构及其关注点见图 2-8。这些维度组合起来形成了衡量组织效果的四种方法。虽然这些方法看似不同，但它们之间密切相关。在现实中，这些竞争性的价值观可以同时存在于同一组织中。不同的效果评价法对组织结构和关注点有不同的侧重。[84]

将外部关注和灵活结构组合在一起，称之为**开放系统观**(open systems emphasis)。在这种价值观下，管理的主要目标是经济增长和资源获取，组织通常将这些目标分解成灵活性、敏捷性和正面外部评价三个子目标。组织的核心价值观是与外部环境建立良好关系，以获取资源，促进组织成长。这种观点在某些方面类似于前面描述的资源评价法。

理性目标观(rational goal emphasis)强调结构控制和外部关注。这种观点强调组织的主要目标是生产力、效率和利润。组织利用各种控制手段达到产出目标。子目标主要包括内部规划和目标设定，这些都是理性的管理工具。理性目标观类似于前面描述的目标评价法。

图 2-8 的左下部是**内部过程观**(internal process emphasis)。这种观点

强调内部关注和结构控制。组织追求的主要目标是保持稳定,维护自身的有序运行。在环境中保持当前地位是这一目标的主要体现。子目标包括有效的沟通机制、信息管理机制和决策机制。虽然这种观念在某些方面类似于前面讲到的内部过程评价法,但是它不像内部评价法那样强调人力资源和关注效率。

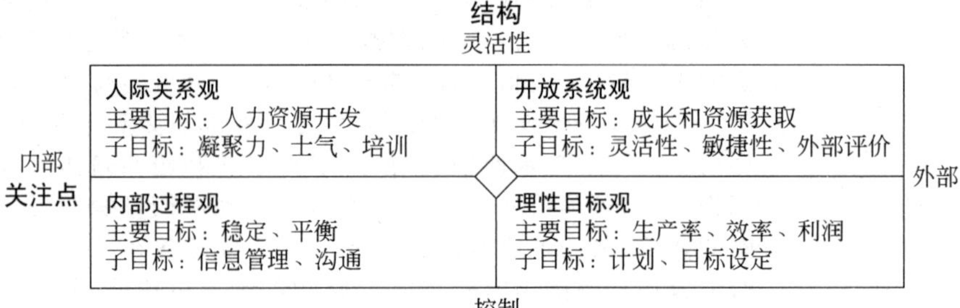

图 2-8 四种组织效果价值观

资料来源:Adapted from Robert E. Quinn and John Rohrbaugh, "A Spatial Model of Effectivenss Criteria: Toward a Competing Values Approach to Organizational Analysis," *Management Science* 29(1983), 363-337; and Robert E. Quinn and Kim Cameron, "Organizational Life Cycle and Shifting Criteria of Effectiveness: Some Preliminary Evidence," *Management Science* 29 (1983), 33-51.

人际关系观(human realtions emphasis)综合了内部关注和灵活性组织结构。在这种价值观下,管理者关注的是人力资源的发展。员工有自主权和发展的机会。管理的子目标定位于凝聚力、士气和培训机会。组织更加关注员工,而非环境。

图 2-8 中的四个单元代表了不同的组织价值观。管理者决定哪种价值观在组织中占优先地位。图 2-9 将两个组织映射到了四种方法之上。[85]组织 A 是一个比较年轻的组织,它主要关注如何寻找利基市场以及如何在外部环境中站稳脚跟。组织比较重视灵活性和创新,从外部环境中获取资源,以及对外部利益相关者需求的满足。这种组织对人际关系有着中等水平的重

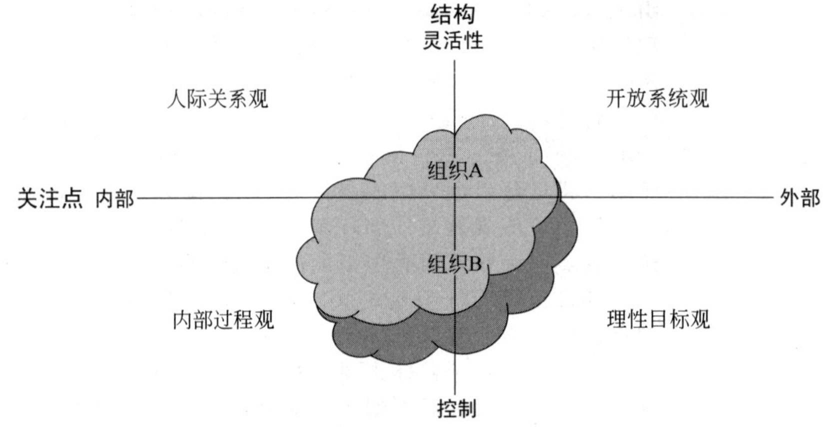

图 2-9 两个组织的效果价值观

视，对生产率和利益的重视较少。满足和适应外部环境是最重要的。对开放系统的关注意味着组织对内部过程的重视基本上不存在。组织对稳定性和均衡的关注也非常之少。

与 A 相反，组织 B 是一家过了创建期的企业，更加重视生产率和利润，重视计划和目标设定。组织 B 是一家大型企业，已经在环境中树立了自己的地位，因此更加重视有效的生产和较高的利润。灵活性和人力资源不是组织主要的关注点。这种组织喜欢稳定和平衡。组织希望最大化现有客户的价值，因此更加重视学习和创新。

评价你的答案：

3. 财务指标是对企业绩效的最好评价。

答案：不同意。如果只能用一种标准衡量企业绩效，那只能是财务。但是，对此也可以有不同的看法，比如使用平衡计分卡，已被证明比仅仅使用财务指标更有效，因为管理者可以更好地理解和控制那些促进业务有效性的活动。仅仅使用财务数字只能提供狭隘、有限的信息。

应用

冲突价值观模型有两大贡献。一是，该模型将不同的效果概念整合在同一个视角之中。冲突价值观模型整合了产出目标、资源获取、人力资源开发等不同的组织发展目标。二是，该模型从管理价值观角度解释效果标准是如何被社会建构的，解释了组织中不同的价值观如何同时存在。管理者们必须决定哪种价值观最为重要，而哪些价值观不那么重要。四种竞争性的价值观可以同时存在，但不可能给予相同的重视程度。例如，新建的小企业更加关注如何在竞争环境中生存，因而对外部环境的重视多于对员工发展的重视。

组织中的主导价值观会随时间而变化。组织会面临新的环境需求，高层领导也会更替，或者还有一些其他变化，这些都会引起组织主导价值观的改变。例如，当三星集团的管理者们从重视销售数量转变为重视产品质量时，其主导价值观也需要发生相应的转变。

应用案例 2-5

三星集团

三星集团曾经是一家专门生产低端产品的公司，以销量为第一要务，公司管理者十分注重稳定性、生产力和效率。然而这一切，在三星集团董事长李健熙（Kun-hee Lee）于 20 世纪 90 年代初访问了洛杉矶（Los Angeles）的一家零售商后，便发生了彻底的改变。李健熙发现，三星的产品后壳很容易沾染灰尘，而与此同时消费者越来越青睐其他制造商生产的高端产品。

回到韩国后，李健熙下令将价值 5 千万美元的存货全部销毁，同时他宣布将“质量”和“创新”作为公司新的指导原则。在新原则的指导下，公司开始注重对员工的授权和培训，而且十分重视培养员工的创造力、灵活性、革新能力以及适应外部环境变化的能力。最终，三星集团取得了巨大的成功。2006年,知名咨询公司国际品牌集团(Interbrand)将三星集团列入全球最具价值的电子品牌名单。2013年,三星智能手机在风格和创新性方面已经能与苹果手机相媲美了。

三星集团在将其注意力由"数量"转向"质量"的同时,也加强了对"人"的重视。"以人为本"、"公司最重要的资产是人才"是指导公司发展的座右铭。三星集团非常注重人才管理,以便为培养下一代优秀的接班人做好准备。各种新型数字化学习设备以及网络空间都非常有利于培养人才的创造力和革新能力。[86]

三星集团过去使用的组织效果评价方式主要是内部过程评价法和目标评价法。管理者重视稳定性、生产率、效率以及平稳的利润。然而,集团主席李健熙认识到必须改变以往的方式,否则很难持久盈利。为此,他将公司的效果价值观转变为以人力资源观和开放系统观为主。但是要记住,所有的组织都是由竞争性目标和价值取向组成的复杂体。组织目标和价值取向会随着时间推进而改变。

设计要点

■ 组织都是为一定的目的而存在的。高层管理者确定组织要达成的特定的使命或任务。使命说明或正式目标使组织的目的和方向明朗化。正式目标和操作性目标是组织中的关键要素,因为这些能满足建立组织面对外部群体的合法性以及为内部员工设定绩效标准等的需要。

■ 组织中的目标冲突是不可避免的。管理者们有时候必须共同协商,确定哪些目标是重要的,达成一致意见。混合型组织意味着将代表不同社会方面的价值体系和行为混合在一起,这些不同的价值体系要求的目标及其优先序也不一样,相互之间存在竞争和冲突。

■ 同战略意图相关的另外两个方面是竞争优势和核心竞争力,竞争优势是指将组织与其他组织区分开来并为组织提供独特利益的优势。核心竞争力是指组织能够比竞争对手做得好的能力,管理者寻求竞争机遇,并基于自身的核心竞争力发展战略。

■ 战略可以包括有助于达到预定目标的任何手段。制定战略的两个模型,一个是波特的竞争战略,另一个是迈尔斯和斯诺的战略分类。组织设计需要与企业的竞争方式相匹配,以确保组织的效果。

■ 对组织效果的测评相当复杂,但反映组织复杂性是研究的一个主题。将效果看作是一种社会建构,意味着衡量效果的标准是被人们创造出来并加以选择的。不同的人对于什么因素能够促使组织"有效"有着不同的观点。管理者们必须确定他们对于组织效果的定义和衡量标准。

■ 没有一种既容易、简单而又可靠的测评方法能提供对组织绩效的清晰的测评。组织要想成功就必须有效地执行各种各样的活动,包括取得资源的投入,直到输出产出物。目标评价法、资源评价法、内部过程评价法和战略性利益主体评价法是衡量组织效果的四种方法。组织效果是多维度的,所以管理者们从各种方法中选择不同的衡量指标,通常既包括定性指标也包括定量指标。

■ 没有哪一种方法可以适用于所有组织,但是每一种方法都会提供其他方法所不具备的优势。冲突价值观模型平衡了对组织各方面的关注,而不是仅关注组织的某一方面。这种方法认识到组织有不同的关注点(内部,外部)和组织结构(灵活性,稳定性),管理者可以从中做出选择。

关键概念

分析型(analyzer)
冲突价值观模型(competing values model)
竞争优势(competitive advantage)
核心竞争力(core competence)
防御型(defender)
差异化战略(differentiation strategy)
聚焦点(focus)
目标评价法(goal approach)
人际关系观(human relations emphasis)
混合型组织(hybrid organization)
内部过程评价法(internal process approach)
内部过程观(internal process emphasis)
低成本或成本领先战略(low-cost leadership strategy)
使命(mission)
正式目标(official goals)
开放系统观(open systems emphasis)
操作性目标(operative goals)
组织目标(organizational goal)
探索型(prospector)
理性目标观(rational goal emphasis)
反应型(reactor)
资源评价法(resource based approach)
社会建构(social construct)
战略性利益主体评价法(strategic constituents approach)
战略意图(strategy intent)
战略(strategy)
结构(structure)

讨论题

1. 讨论高层管理者在组织方向设定中的作用。

2. 企业的员工发展目标是如何可能与其创新和变革的目标相关联的?与生产率目标的关联又如何?你能对组织中这两类目标发生冲突的方式做一讨论吗?

3. 对于你参加这门课程学习的班级来说,它的目标是什么?是谁设立了这一目标?试讨论目标如何影响你的动机和努力方向。

4. 依本教材的定义,目标和战略之间有什么区别?请指出你涉身其中的某一所大学或某一社区组织的目标和战略。

5. 试讨论波特竞争战略理论与迈尔斯和斯诺战略分类理论所描述的战略有何异同。

6. 你是否认为使命说明和正式目标陈述会给组织提供一个在外部环境中存在的真正的合法性?如果由于销售香烟的行为和企业使命相冲突,一家公司决定不再销售香烟,比如说 CVS 公司(本章已讨论过),会对公众舆论造成什么影响?对公司未来业务又会造成什么影响?请加以讨论。

7. 如果请你评价中等规模社区的警察局的效果,你将从何处着手,如何进行评价?你倾向采用何种效果评价方法?

8. 资源评价法和目标评价法在衡量组织效果中各有什么优缺点?

9. 冲突价值观模型与战略性利益主体效果评价方法有什么异同之处?

10. 一位著名的组织理论家曾经说过:“组织效果可以是高层管理者规定的任何东西。”试加以讨论。

练　习

识别你的目标偏好

假设你能设计出一个能够体现你的价值观的完美组织。你的组织想要优先实现哪些目标?请将下列 10 个目标从 1 到 10 进行排序,以表明在你的组织中最重视哪些目标以及最不重视哪些目标。

目标	从 1 到 10 进行排序
员工发展	________
组织稳定性	________
市场份额领导者地位	________

创造和创新　________

社会贡献　________

高涨的士气/高满意度　________

高生产率　________

快速成长/适应能力　________

利润最大化　________

不违法/遵守商业伦理　________

问题

1. 参考图 2-8 和图 2-9 的整合效果评价模型，以上这些目标你认为应该放到哪个象限里？哪个象限里的目标是你最重视的？哪个象限里的目标是你最不重视的？

2. 将你的排序和其他同学的排序进行对比，看看有哪些相同的排序以及不同的排序？

3. 是否还有一些目标你认为是重要的但不在上述列表之内？你觉得那些被漏掉的目标应该排在第几位？

教学案例

维纳布尔艺术博物馆

维纳布尔艺术博物馆被当地人称为"脆弱的维纳布尔"，这可能是爱称，也可能是讽刺。维纳布尔艺术博物馆坐落于雄伟的罗马式风格建筑内，该建筑是工业大亨贺拉斯·维纳布尔和妻子玛格丽特·维纳布尔（Horace and Margaret Venable）的故居。到 2010 年，博物馆已有一百年的历史。博物馆的诞生源于贺拉斯和他的妻子在法律医嘱中的慷慨捐赠。这对夫妇在 1910 年于一场汽车事故中离开人世，两人膝下无子。名人故居再加上浓厚的艺术气息，维纳布尔艺术博物馆不仅给当地人带来了公民自豪感，同时也带来了文化自豪感。但是目前，博物馆正面临着体制危机和财务危机的双重困境，而且正在逼近引爆点。

按照遗嘱规定，董事会负责建立并掌管维纳布尔艺术博物馆各项事务。董事会成员由维纳布尔的家人和朋友组成，而且董事会成员的位置实行世袭制度。根据贺拉斯和玛格丽特的遗愿，博物馆允许所有人参观，因此维纳布尔艺术博物馆在过去的几十年中一直免费对外开放。为了感受维纳布尔艺术博物馆的艺术气息，游客们不惜排长队也要进入这座雄伟的建筑，一睹博物馆真容。然而，虽然人们都慕名而来，但是很少有人深入宅邸内部参观,也很少有人去欣赏博物馆内的艺术作品。当人们的好奇心和新鲜劲消失,维纳布尔艺术博物馆便成了文化界所谓的“名气虽然很大,实际上却没有什么”的典型。

在过去的几十年中,董事会迫于保存艺术品的成本以及维护宅邸、花园和土地的费用不断升高的压力创立了筹资宴会。该宴会每年举行一次,参与宴会的社会各界人士聚在一起,共同欣赏艺术,同时参会者之间也可以相互交流,彼此欣赏。后来,为了维持博物馆运营,不得不开收门票,博物馆的财务状况略有好转,只是整体情况仍不乐观,而且大多数当地居民从未拜访过维纳布尔艺术博物馆。一位当地常住居民表示:“我经常觉得,除非我开着梅塞德斯牌汽车前来参观,否则维纳布尔艺术博物馆的工作人员根本不会关注到我的到来。他们太不热情了,甚至可以用冷漠来形容。”

维纳布尔艺术博物馆存在的问题变得众所周知。雇佣或者解雇哪位员工全凭董事会心血来潮或是一时兴起。曾经有一次,董事会没有发出任何警告,就忽然解雇了全部员工。2010年本打算举办的百年纪念也因为各种争论和法律诉讼而泡汤。这些争论和法律诉讼主要集中在是否应该卖掉大部分的艺术藏品以维持博物馆的收支平衡。

即将失去大多数连当地居民都从未看过的艺术藏品引发了媒体界和法律界等的强烈呼吁,这些呼吁鼓舞着每个人慷慨解囊,拯救脆弱的维纳布尔。在这场运动中,维纳布尔艺术博物馆董事会努力寻找潜在的捐赠者,并得到了附近一所私立大学的支持,该大学承诺与博物馆建立合作伙伴关系。

2013年,经历了一个世纪的变迁之后,博物馆经济状况得以好转,此时董事会成员已经经历五代的变更。董事会在推动脆弱的维纳布尔继续向前发展的同时,一方面面临着组织文化的冲击,另一方面又面临着来自大胆的新股东的压力。为了找到维纳布尔艺术博物馆未来的发展方向,也是为了选出新的负责人,董事会聘请了两名商学院学生就博物馆未来前景和目标以及与合作大学的关系等问题对利益相关者进行了面对面的采访。

一些受访者的观点

一位重要的私人捐赠者:维纳布尔艺术博物馆虽然以收藏上乘艺术品而著称,但是不够有亲和力,这和贺拉斯和玛格丽特·维纳布尔的意图截然不同。我和我的妻子之所以捐款是希望维纳布尔艺术博物馆最终能采纳捐助者的建议,让所有人都能感受到博物馆的艺术气息。为了实现这一目标,必须把教育机构充分考虑进来,鼓励本地学生前来参观,特别是市中心接触不到艺术的孩子以及博物馆方圆一英里以内的孩子。从董事会成员一直蔓延至各层级工作者中的势利、精英主义的氛围必须要有所改变。

一位董事会成员:我已经听说关于维纳布尔艺术博物馆要向公立学校参观者开放以及开设课余项目的传闻了。我非常明白学校的孩子需要接触艺术,对此我也深表赞同。但是这与博物馆的理念不一致。维纳布尔艺术博物馆有将近120年的历史,内有众多精美的艺术藏品,博物馆设计典雅,结构精良,需要为我们将来的子孙后代细心维护。博物馆的长远维护与当前的游客参观要求密切相关。若是维纳布尔艺术博物馆每年增加几千名学生来参观艺术品，游客熙熙攘攘，噪声充斥着整个博物馆，这些都会对博物馆造成损害。我认为教育项目应当在学校开展，而不是把学生带到博物馆来，博物馆显然不适合学生的课余活动。我真的是不能理解这种做法。

一名高校管理者：重要的是能给维纳布尔艺术博物馆增添新生的当代作品，这样博物馆既能吸引大学生，也能吸引成年人，还能为游客认识当代发生的重大事件提供见解。通过偶尔举办一场譬如伊斯兰艺术这样的有争议的展会，或者是吸引拉丁裔美国人和非洲裔美国人的展会，我们能够使博物馆得到更多的关注，并且大家可以相互交流意见与看法。这需要我们在其他重要的博物馆做巡回展览，同时作为交换，我们也需要借出维纳布尔艺术博物馆的部分藏品。

艺术史学系主任：重要的是，维纳布尔艺术博物馆并没有能够服务于大众的艺术资源或者经济资源。对于维纳布尔艺术博物馆来说，与学术相结合是一个绝佳的机会。如果两者相结合，博物馆将会是那些学习艺术教育和艺术史的本科生、研究生的主要艺术或经济资源。如果能够充分利用馆内藏品，并且将原有的房间作为教室，对于工科学生、建筑系学生以及文科学生来说都是适用的。这是我们艺术历史系的责任，也能使我们区别于国内其他院校的艺术历史系。

艺术历史系的一名教师：博物馆与大学建立合作关系的最大好处就是集中精力培养艺术历史系博士生，以支持相关学术研究。我强烈建议维纳布尔艺术博物馆集中精力进行研究生教育，这样一来，整个国家的高等院校的声望都会得以提高。研究生可以根据自己的学术研究领域参与相关的展品设计。若只是努力在学校和社会上宣传博物馆以增加客流量，反而是对这种有限资源的浪费。艺术历史系会努力培养博士生，这也会增加维纳布尔艺术博物馆的声望。

大学公共历史系新系主任：在选举新的负责人时，董事会十分有必要放弃一些权力，以更好地搜集现代藏品，并为将来的展品设计做打算。董事会可以将这些权力让予受过训练的博物馆专业人员，但不应该是艺术历史系专家。领导人员和员工的专业知识，加上他们在该领域的实践知识，以及他们对博物馆未来趋势和创新的独特认识，最终将会决定维纳布尔艺术博物馆的成败。

假如你已受邀参与有关博物馆负责人选举的意见调查，你现在需要想一下如何回答访谈过程中可能出现的问题。同时你也需要思考一下，假如是你自己接受了这份工作，你将如何推动维纳布尔艺术博物馆不断向前发展。

卡温顿瓦楞零部件服务公司[87]

拉里莎·哈里森(Larisa Harrison)表情痛苦地将公司最近的季度报表扔在了桌子上。回想当年在弗吉尼亚州卡温顿瓦楞零部件服务公司时销售激增近千万马克的那段时间，拉里莎非常肯定公司已经准备就绪，即将迎来稳定增长的美好时光。今天的卡温顿,主要为本国的瓦楞纸箱和纸板行业提供精密机械零件和相关服务,虽然所占的市场份额仍具有绝对优势,但销售收入和利润都明显显示出了停滞的迹象。

20多年前,拉里莎的祖父借给了她一大笔钱作为她创立公司的启动资金,并且还把家里面的雪兰多山谷农场交给了她,作为她的第一个工厂。她祖父的思想与同时代的很多人相比要进步得多,因为当时很多人都嘲讽让一个女人运营一个机械配件厂这样的想法,但是她的祖父却不这样认为,他觉得没有理由拒绝一个聪明并且有野心的27岁的女人做自己想做的事情。当拉里莎成为当地最重要的雇主的时候,她祖父的那些思想守旧的朋友再也不嘲笑他了。今天,卡温顿在81号洲际公路附近拥有一个50 000平方英尺的工厂,离那个旧的家庭谷仓也只有几英里。这个工厂也让拉里莎实现了以前那个看似不可能实现的目标:在不需要背井离乡的情况下,也能生活得很好。她对自己拥有将近150个雇员并且大多都是自己的邻居感到十分满意。这些人工作都非常努力,对公司也十分忠心。但是,那些第一批进来的雇员大多快到了退休年龄。经验告诉拉里莎要找到合适的人来代替这些有经验的工人是一件十分棘手的事。这个区域中的那些聪慧能干的年轻人更倾向于选择离开这个地方而到外面去寻找工作,而不是像他们的父辈那样安于停留在一个地方。而对于那些留下来的人,拉里莎觉得他们不具有自己所期望的员工应有的职业道德。

其他问题也迫在眉睫。卡温顿曾经占据市场份额的70%,但是近年来由于很多直接竞争者的进入以及行业的变化,导致市场份额迅速下滑。盒子和纸板行业尤其经受不住经济衰退的冲击,产品需求也总是随着行业产量的波动而波动。不稳定的经济形势已经影响了整个行业,卡温顿最大的客户也遭受了一定损失。祸不单行,不但如此,那些替代的运输产品,比如说更具灵活性的塑料薄膜和可重复使用的塑料容器等,变得越来越流行。但是这些可替代的运输产品究竟对纸箱和纸板的市场需求有多大影响,还需要进一步的观察。更令人担心的是,行业中大量并购的发生导致大量的美国小型工厂被挤了出去,而这些却正是卡温顿以前所服务的对象。而对于幸存下来的那些工厂,不是到国外建厂了就是和国外企业建立了合资公司。这些幸存下来的工厂也大多开始投资于那些高质量的从德国进口的机器,这些机器更少出现故障,因此对于卡温顿的产品需求也变得更少了。

卡温顿现在很显然站在一个十字路口,它的管理者们也在争论着公司到底该何去何从。如果卡温顿想保持持续的增长,单靠日常业务难以实现。对于怎样寻找到一条最优的增长路径公司也始终没有一个统一的方案。市场经理认为公司应该开发新的产品和服务,甚至进入新的市场为其他行业提供服务;财务总监却认为公司需要的是更有效率的运营,甚至解雇一些员工,提供给顾客最低的价格。拉里莎听到要解雇自己的员工这样的提议就开始畏缩了，因为她的关注点在于什么样的方案对于自己的员工是最好的。财务经理强调效率和盈利是衡量卡温顿绩效的关键指标，但是市场经理对此表示强烈反对，他认为公司只有在变动的环境中始终聚焦于客户满意度才能使公司有效运行，而这样也就意味着公司必须要承担一定的财务风险。"我知道'瓦楞'在我们的公司名字里，"他说："但是我们先前所做的也不仅仅只是'瓦楞'业务，我们还提供其他种类的纸箱制造设备。为什么我们不就此转型为一个全能供应商，为任何生产容器和包装材料的生产商提供产品和服务呢？不管他们需要纸质的还是塑料的。"这个想法听上去过于有野心，但是这个市场经理不安于现状，他已经开始行动，着手调查了可能的并购机会和与其他公司建立合作关系的可能性。财务总监听后一脸铁青："如果有人正在考虑并购的话，这人应该是我，而不是市场经理！"在最近的一次经理会议上，她脱口而出。同时，生产副总裁却认为应该将产品出口到国外，实现全球化，但是他的这一提议马上遭到了财务总监和市场经理的质疑。"为什么我们以前从没有听你提起过这个计划？"市场经理问道："当然我不是反对您的计划，但是我觉得我们的沟通和交流一直都存在问题。我甚至连上一季度的财务报表的副本都没有。"财务总监迅速回击，并指责市场经理看上去似乎并不关心公司的损益，那这样他为什么还需要报告副本。

拉里莎认为最近的一次会议已经退化到近乎混乱的状态，她开始思考引发这种混乱的缘由。她意识到这些问题的产生有一部分原因是组织设计导致的。在过去的 20 多年中，卡温顿依靠着一个松散甚至是随意的组织结构也取得了成功，这是因为组织里面的每一个人都团结一心，都聚焦于如何使公司更好地发展。人们似乎也只是做了应该做的事情。然而，现在仅仅这样已经不够了，因为之前公司没有受到任何威胁。"也许我们公司只是缺少一个好的组织框架来面对如今的挑战。"拉里莎想。当她看见最后一班工人走向他们自己的小车时，拉里莎拿出了一份报告，这份报告是一位顾问朋友在几个月前为她做的。报告里强调：

- 瓦楞公司的员工士气排名非常高。
- 瓦楞公司的创新和变革排名比较低。
- 瓦楞公司的组织文化强调生产效率。
- 瓦楞公司的组织文化不是很重视开发新客户。
- 每个部门的工作都很不错，但是部门间的协作却低于平均水平。
- 由于顾客群的增长越来越缓慢，导致价格竞争越来越激烈。

行业将经历势不可当的持续变革，纸板制造机将越来越少，高质量的进口机器将越来越多。

拉里莎在笔记本上记下了一些要点：

我们应该怎样来决定我们的战略目标？

我们应该怎样安排公司的权利和责任？

我们怎样能提高我们的沟通技能？

我们应该用什么标准来衡量绩效和确保问责制的有效施行？

拉里莎知道，只要她或者她的团队能够确定一些答案，她也能睡得更好一点。

注释

1. Evelyn M. Rusli, "Instagram Pictures Itself Making Money," *The Wall Street Journal Online*, September 8, 2013, http://online.wsj.com/news/articles/SB10001424127887324577304579059230069305894 (accessed February 17, 2014).
2. Christopher Weaver and Louise Radnofsky, "Federal Health Site Stymied by Lack of Direction," *The Wall Street Journal Online*, October 28, 2013, http://online.wsj.com/news/articles/SB10001424052702304682504579158043537719338 (accessed February 18, 2014).
3. Amitai Etzioni, *Modern Organizations* (Englewood Cliffs, NJ: Prentice Hall, 1964), 6.
4. John P. Kotter, "What Effective General Managers Really Do," *Harvard Business Review*, November–December 1982, 156–167; Henry Mintzberg, *The Nature of Managerial Work* (New York: Harper & Row, 1973); and Henry Mintzberg, *Managing* (San Francisco: Berrett-Kohler Publishers, 2009).
5. Charles C. Snow and Lawrence G. Hrebiniak, "Strategy, Distinctive Competence, and Organizational Performance," *Administrative Science Quarterly* 25 (1980), 317–335; and Robert J. Allio, "Strategic Thinking: The Ten Big Ideas," *Strategy & Leadership* 34, no. 4 (2006), 4–13.
6. Based on A. G. Lafley and Roger Martin, "Instituting a Company-Wide Strategic Conversation at Procter & Gamble," *Strategy & Leadership* 41, no. 4 (2013), 4–9.
7. Miguel Bustillo, "Corporate News—Boss Talk: Wal-Mart's U.S. Chief Aims for Turnaround," *The Asian Wall Street Journal*, March 22, 2011, 22; and Miguel Bustillo, "Wal-Mart Tries to Recapture Mr. Sam's Winning Formula," *The Wall Street Journal Online*, February 22, 2011, http://online.wsj.com/article/SB10001424052748703803904576152753111788930.html (accessed July 17, 2012).
8. Gary Hamel and C. K. Prahalad, "Strategic Intent," *Harvard Business Review* July–August 2005, 148–161.
9. Ibid.
10. Barbara Bartkus, Myron Glassman, and R. Bruce McAfee, "Mission Statements: Are They Smoke and Mirrors?" *Business Horizons*, November–December 2000, 23–28; and Mark Suchman, "Managing Legitimacy: Strategic and Institutional Approaches," *Academy of Management Review* 20, no. 3 (1995), 571–610.
11. CVS Health, "Our New Name," http://www.cvshealth.com/research-insights/health-topics/our-new-name (accessed December 12, 2014).
12. Bill George, "The Company's Mission Is the Message," *Strategy + Business*, Issue 33 (Winter 2003), 13–14; and Jim Collins and Jerry Porras, *Built to Last: Successful Habits of Visionary Companies* (New York: Harper Business, 1994).
13. Hamel and Prahalad, "Strategic Intent."
14. Arthur A. Thompson, Jr. and A. J. Srickland III, *Strategic Management: Concepts and Cases*, 6th ed. (Homewood, IL: Irwin, 1992); and Briance Mascarenhas, Alok Baveja, and Mamnoon Jamil, "Dynamics of Core Competencies in Leading Multinational Companies," *California Management Review* 40, no. 4 (Summer 1998), 117–132.
15. Issie Lapowsky, "Logistics; No Time to Spare; Tackling Last-Minute Jobs," *Inc.*, July–August 2011, 106, 108.
16. Brad Stone, "What's in the Box? Instant Gratification," *Bloomberg Businessweek*, November 29–December 5, 2010, 39–40; Stephanie Clifford, "Same-Day Delivery Test at Wal-Mart," *The New York Times*, October 10, 2012, B1; and S. Levy, "CEO of the Internet: Jeff Bezos Owns the Web in More Ways than You Think," *Wired*, December 2011, www.wired.com/magazine/2011/11/ff_bezos/ (accessed July 24, 2012).
17. Charles Perrow, "The Analysis of Goals in Complex Organizations," *American Sociological Review* 26 (1961), 854–866.
18. Johannes U. Stoelwinde and Martin P. Charns, "The Task Field Model of Organization Analysis and Design," *Human Relations* 34 (1981), 743–762; and Anthony Raia, *Managing by Objectives* (Glenview, IL: Scott Foresman, 1974).
19. Henrich Greve, "UPS's Christmas Failure Delivers a Powerful Lesson About Alliances," *Strategy + Business Blog*, January 16, 2014, http://www.strategy-business.com/blog/UPSs-Christmas-Failure-Delivers-a-Powerful-Lesson-about-Alliances?gko=e33d3 (accessed February 19, 2014).
20. Paul Beckett, Vibhuti Agarwal, and Julie Jargon, "Starbucks Brews Plan to Enter India," *The Wall Street Journal Online*, January 14, 2011, http://online.wsj.com/article/SB10001424052748703583404576079593558838756.html (accessed July 16, 2011).
21. James Dao, "Wal-Mart Plans to Hire Any Veteran Who Wants a Job," *The New York Times*, January 14, 2013, http://www.nytimes.com/2013/01/15/us/wal-mart-to-announce-extensive-plan-to-hire-veterans.html?_r=0 (accessed February 19, 2014).
22. Christina Passariello, "To L'Oreal, Brazil's Women Need Fresh Style of Shopping," *The Wall Street Journal*, January 21, 2011, B1.
23. Reed Abelson, "Managing Outcomes Helps a Children's Hospital Climb in Renown," *The New York Times*, September 15, 2007, C1.
24. Robert L. Porter and Gary P. Latham, "The Effect of Employee Learning Goals and Goal Commitment on Departmental Performance," *Journal of Leadership & Organizational Studies* 20, no. 1 (2013), 62–68.
25. William Alden and Sydney Ember, "Wall St. Shock: Take a Day Off, Even a Sunday," *The New York Times*, January 11, 2014, A1.
26. Brooks Barnes, "Animation Meets Economic Reality," *The New York Times*, April 4, 2011, B1.

27. A. G. Lafley and Ram Charan, *The Game Changer: How You Can Drive Revenue and Profit Growth with Innovation* (New York: Crown Business, 2008); Larry Huston and Nabil Sakkab, "Connect and Develop; Inside Procter & Gamble's New Model for Innovation," *Harvard Business Review*, March 2006, 58–66; G. Gil Cloyd, "P&G's Secret: Innovating Innovation," *Industry Week*, December 2004, 26–34; and "P&G Sets Two New Goals for Open Innovation Partnerships," Press Release (October 28, 2010), Procter & Gamble website, http://www.pginvestor.com/phoenix.zhtml?c=104574&p=irol-newsArticle&ID=1488508 (accessed July 15, 2011).
28. Amy Chozick, Nathaniel Popper, Edward Wong, and David Carr, "At Bloomberg, Signs of Change in News Mission," *The New York Times*, November 25, 2013, A1.
29. This discussion is based on Anne-Claire Pache and Filipe Santos, "Inside the Hybrid Organization: Selective Coupling as a Response to Competing Institutional Logics," *Academy of Management Journal* 56, no. 4 (2013), 972–1011.
30. Stephen Friedman and James K. Sebenius, "Organization Transformation: The Quiet Role of Coalitional Leadership," *Ivey Business Journal*, January–February 2009, www.iveybusinessjournal.com/topics/leadership/organizational-transformation-the-quiet-role-of-coalitional-leadership (accessed January 27, 2012); and Gerald R. Ferris et al., "Political Skill in Organizations," *Journal of Management*, June 2007, 290–320.
31. See studies reported in Gary P. Latham and Edwin A. Locke, "Enhancing the Benefits and Overcoming the Pitfalls of Goal Setting," *Organizational Dynamics* 35, no. 4 (2006), 332–340.
32. Porter and Latham, "The Effect of Employee Learning Goals and Goal Commitment on Departmental Performance."
33. Adam Bryant, "Tell Me the Problem and 3 Ways to Solve It" (an interview with Jennifer Dulski, Corner Office column), *The New York Times*, December 1, 2013, BU2.
34. James D. Thompson, *Organizations in Action* (New York: McGraw Hill, 1967), 83–98.
35. Michael E. Porter, "What Is Strategy?" *Harvard Business Review*, November–December 1996, 61–78.
36. This discussion is based on Michael E. Porter, *Competitive Strategy: Techniques for Analyzing Industries and Competitors* (New York: Free Press, 1980).
37. Scott Sloan, "Lexington's Trader Joe's Opens Friday," *Kentucky.com*, June 28, 2012, http://www.kentucky.com/2012/06/28/2241801/lexingtons-trader-joes-opens-friday.html (accessed July 17, 2012); Mark Mallinger, "The Trader Joe's Experience: The Impact of Corporate Culture on Business Strategy," *Graziadio Business Review*, Graziadio School of Business and Management, Pepperdine University, 10, no. 2 (2007), http://www.gbr.pepperdine.edu/2010/08/the-trader-joes-experienc/ (accessed July 17, 2012); Shan Li, "Can Trader Joe's Stay 'Homey' as It Grows?"; and Beth Kowitt, "Inside Trader Joe's," *Fortune* (September 6, 2010), 86ff.
38. Alan Ruddock, "Keeping Up with O'Leary," *Management Today*, September 2003, 48–55; and Jane Engle, "Flying High for Pocket Change; Regional Carriers Offer Inexpensive Travel Alternative," *South Florida Sun Sentinel*, February 13, 2005, 5.
39. Michael E. Porter, "Strategy and the Internet," *Harvard Business Review*, March 2001, 63–78; and John Magretta, "Why Business Models Matter," *Harvard Business Review*, May 2002, 86.
40. Jack Nicas, "Allegiant Air: The Tardy, Gas-Guzzling, Most Profitable Airline in America," *The Wall Street Journal*, June 4, 2013, http://online.wsj.com/article/SB10001424127887324423904578525310460541592.html (accessed September 16, 2013).
41. Richard Teitelbaum, "The Wal-Mart of Wall Street," *Fortune*, October 13, 1997, 128–130.
42. Raymond E. Miles and Charles C. Snow, *Organizational Strategy, Structure, and Process* (New York: McGraw-Hill, 1978).
43. Nicholas Casey, "New Nike Sneaker Targets Jocks, Greens, Wall Street," *The Wall Street Journal*, February 15, 2008, B1.
44. Norihiko Shirouzu, "Chinese Begin Volvo Overhaul," *The Wall Street Journal*, June 7, 2011, B1.
45. Geraldine Fabrikant, "The Paramount Team Puts Profit Over Splash," *The New York Times*, June 30, 2002, Section 3, 1, 15.
46. Greg Bensinger, "Amazon Revenue, Spending Grow Apace," *The Wall Street Journal*, April 26, 2013, B4; and Mylene Mangalindan, "Slow Slog for Amazon's Digital Media—Earnings Today May Provide Data on What Works," *The Wall Street Journal*, April 23, 2008, B1.
47. Susan Berfield, "The End: Barnes & Noble in Silicon Valley," *Bloomberg Businessweek*, July 25, 2013, http://www.businessweek.com/articles/2013-07-25/the-end-barnes-and-noble-in-silicon-valley (accessed February 20, 2014).
48. "On the Staying Power of Defenders, Analyzers, and Prospectors: Academic Commentary by Donald C. Hambrick," *Academy of Management Executive* 17, no. 4 (2003), 115–118.
49. Etzioni, *Modern Organizations*, 8; and Gary D. Sandefur, "Efficiency in Social Service Organizations," *Administration and Society* 14 (1983), 449–468.
50. Richard M. Steers, *Organizational Effectiveness: A Behavioral View* (Santa Monica, CA: Goodyear, 1977), 51.
51. Michael Hammer, "The 7 Deadly Sins of Performance Measurement (and How to Avoid Them)," *MIT Sloan Management Review* 48, no. 3 (Spring 2007), 19–28.
52. Karl E. Weick and Richard L. Daft, "The Effectiveness of Interpretation Systems," in Kim S. Cameron and David A. Whetten, eds., *Organizational Effectiveness: A Comparison of Multiple Models* (New York: Academic Press, 1982).
53. This discussion is based on Robert D. Herman and David O. Renz, "Advancing Nonprofit Organizational Effectiveness Research and Theory," *Nonprofit Management and Leadership* 18, no. 4 (Summer 2008), 399–415; Eric J. Walton and Sarah Dawson, "Managers' Perceptions of Criteria of Organizational Effectiveness," *Journal of Management Studies* 38, no. 2 (March 2001), 173–199; and K. S. Cameron and D. A. Whetton, "Organizational Effectiveness: One Model or Several?" in *Organizational Effectiveness: A Comparison of Multiple Models*, K. S. Cameron and D. A. Whetton, eds., (New York: Academic Press, 1983), 1–24.
54. Story told in Herman and Renz, "Advancing Nonprofit Organizational Effectiveness Research and Theory."
55. Graham Kenny, "From the Stakeholder Viewpoint: Designing Measurable Objectives," *Journal of Business Strategy* 33, no. 6 (2012), 40–46.
56. Most of these indicators are from Cristina B. Gibson, Mary E. Zellmer-Bruhn, and Donald P. Schwab, "Team Effectiveness in Multinational Organizations: Evaluation Across Contexts," *Group & Organizational Management* 28, no. 4 (December 2003), 444–474.
57. Herman and Renz, "Advancing Nonprofit Organizational Effectiveness Research and Theory"; Y. Baruch and N. Ramalho, "Communalities and Distinctions in the Measurement of Organizational Performance and Effectiveness Across For-Profit and Nonprofit Sectors," *Nonprofit and Voluntary Sector Quarterly* 35, no. 1 (2006), 39–65; A. M. Parhizgari and G. Ronald Gilbert, "Measures of Organizational Effectiveness: Private and Public Sector Performance," *Omega; The International Journal of Management Science* 32 (2004), 221–229; David L. Blenkhorn and Brian Gaber, "The Use of 'Warm Fuzzies' to Assess Organizational

Effectiveness," *Journal of General Management,* 21, no. 2 (Winter 1995), 40–51; and Scott Leibs, "Measuring Up," *CFO* (June 2007), 63–66.

58. Reported in David H. Freedman, "What's Next: The Dashboard Dilemma," *Inc.*, November 1, 2006, http://www.inc.com/magazine/20061101/column-freedman.html (accessed July 14, 2011).
59. Kim S. Cameron, "A Study of Organizational Effectiveness and Its Predictors," *Management Science* 32 (1986), 87–112; and Joseph R. Matthews, "Assessing Organizational Effectiveness: The Role of Performance Measures," *The Library Quarterly* 81, no. 1 (2011), 83–110.
60. James L. Price, "The Study of Organizational Effectiveness," *Sociological Quarterly* 13 (1972), 3–15; and Steven Strasser, J. D. Eveland, Gaylord Cummins, O. Lynn Deniston, and John H. Romani, "Conceptualizing the Goal and Systems Models of Organizational Effectiveness—Implications for Comparative Evaluation Research," *Journal of Management Studies* 18 (1981), 321–340.
61. Richard H. Hall and John P. Clark, "An Ineffective Effectiveness Study and Some Suggestions for Future Research," *Sociological Quarterly* 21 (1980), 119–134; Price, "The Study of Organizational Effectiveness"; and Perrow, "The Analysis of Goals in Complex Organizations."
62. Gautam Naik, "Poverty: The New Search for Solutions; Baby Steps: Cincinnati Applies a Corporate Model to Saving Infants," (Third in a Series), *The Wall Street Journal*, June 20, 2006, A1.
63. David J. Collis and Cynthia A. Montgomery, "Competing on Resources," *Harvard Business Review*, July–August 2008, 140–150.
64. The discussion of the resource-based approach is based in part on Michael V. Russo and Paul A. Fouts, "A Resource-Based Perspective on Corporate Environmental Performance and Profitability," *Academy of Management Journal* 40, no. 3 (June 1997), 534–559; and Jay B. Barney, J. L. "Larry" Stempert, Loren T. Gustafson, and Yolanda Sarason, "Organizational Identity within the Strategic Management Conversation: Contributions and Assumptions," in David A. Whetten and Paul C. Godfrey, eds., *Identity in Organizations: Building Theory through Conversations* (Thousand Oaks, CA: Sage Publications, 1998), 83–98.
65. These are based on David J. Collis and Cynthia A. Montgomery, "Competing on Resources," *Harvard Business Review*, July–August 2008, 140–150; J. Barton Cunningham, "A Systems-Resource Approach for Evaluating Organizational Effectiveness," *Human Relations* 31 (1978), 631–656; and Ephraim Yuchtman and Stanley E. Seashore, "A System Resource Approach to Organizational Effectiveness," *Administrative Science Quarterly* 12 (1967), 377–395.
66. Roger Noble, "How Shriners Hospitals for Children Found the Formula for Performance Excellence," *Global Business and Organizational Excellence*, July–August 2009, 7–15.
67. Based on Collis and Montgomery, "Competing on Resources."
68. Richard I. Priem, "Is the Resource-Based 'View' a Useful Perspective for Strategic Management Research?" *Academy of Management Review* 26, no. 1 (2001), 22–40.
69. Chris Argyris, *Integrating the Individual and the Organization* (New York: Wiley, 1964); Warren G. Bennis, *Changing Organizations* (New York: McGraw-Hill, 1966); Rensis Likert, *The Human Organization* (New York: McGraw-Hill, 1967); and Richard Beckhard, *Organization Development Strategies and Models* (Reading, MA: Addison-Wesley, 1969).
70. Cheri Ostroff and Neal Schmitt, "Configurations of Organizational Effectiveness and Efficiency," *Academy of Management Journal* 36 (1993), 1345–1361.
71. J. Barton Cunningham, "Approaches to the Evaluation of Organizational Effectiveness," *Academy of Management Review* 2 (1977), 463–474; and Beckhard, *Organization Development.*
72. Craig Torres and Anthony Feld, "Campbell's Quest for Productivity," *Businessweek*, November 24, 2010, 15–16.
73. Jeanne Michalski, "BNSF's Leadership Engine," *Organizational Dynamics* 42 (2013), 35–45.
74. Anne S. Tusi, "A Multiple Constituency Model of Effectiveness: An Empirical Examination at the Human Resource Subunit Level," *Administrative Science Quarterly* 35 (1990), 458–483; Charles Fombrun and Mark Shanley, "What's In a Name? Reputation Building and Corporate Strategy," *Academy of Management Journal* 33 (1990), 233–258; and Terry Connolly, Edward J. Conlon, and Stuart Jay Deutsch, "Organizational Effectiveness: A Multiple Constituency Approach," *Academy of Management Review* 5 (1980), 211–217.
75. Frank Friedlander and Hal Pickle, "Components of Effectiveness in Small Organizations," *Administrative Science Quarterly* 13 (1968), 289–304.
76. Jessica E. Vascellaro, "Facebook Taps Consumer Card—Social Networking Site Wants to Know More than Just Who Your Friends Are," *The Wall Street Journal*, April 22, 2010, B2.
77. Tusi, "A Multiple Constituency Model of Effectiveness."
78. Fombrun and Shanley, "What's In a Name?"
79. Kim S. Cameron, "The Effectiveness of Ineffectiveness," in Barry M. Staw and L. L. Cummings, eds., *Research in Organizational Behavior* (Greenwich, CT: JAI Press, 1984), 235–286; and Rosabeth Moss Kanter and Derick Brinkerhoff, "Organizational Performance: Recent Developments in Measurement," *Annual Review of Sociology* 7 (1981), 321–349.
80. Eric J. Walton and Sarah Dawson, "Managers' Perceptions of Criteria of Organizational Effectiveness," *Journal of Management Studies* 38, no. 2 (2001), 173–199.
81. Beth Dickey, "NASA's Next Step," *Government Executive*, April 15, 2004, http://www.govexec.com/features/ 0404-15/0404-15s1.htm 34 (accessed July 19, 2011).
82. Neil King Jr. and Russell Gold, "BP Crew Focused on Costs: Congress," *The Wall Street Journal Online*, June 15, 2010, http://online.wsj.com/article/SB10001424052748704324304575306800201158346.html (accessed July 19, 2011).
83. Robert E. Quinn and John Rohrbaugh, "A Spatial Model of Effectiveness Criteria: Towards a Competing Values Approach to Organizational Analysis," *Management Science* 29, no. 3 (1983), 363–377; and Walton and Dawson, "Managers' Perceptions of Criteria of Organizational Effectiveness."
84. Regina M. O'Neill and Robert E. Quinn, "Editor's Note: Applications of the Competing Values Framework," *Human Resource Management* 32 (Spring 1993), 1–7.
85. Robert E. Quinn and Kim Cameron, "Organizational Life Cycles and Shifting Criteria of Effectiveness: Some Preliminary Evidence," *Management Science* 29 (1983), 33–51.
86. Dongwook Chung, "A Management 180," *T + D*, July 2013, 56–59.
87. Based on Ron Stodghill, "Boxed Out," *FSB*, April 2005, 69–72; "SIC 2653 Corrugated and Solid Fiber Boxes," *Reference for Business, Encyclopedia of Business*, 2nd ed., http://www.referenceforbusiness.com/industries/Paper-Allied/Corrugated-Solid-Fiber-Boxes.html (accessed November 11, 2011); "Paper and Allied Products," *U.S. Trade and Industry Outlook 2000,* 10–12 to 10–15; "Smurfit-Stone Container: Market Summary," *BusinessWeek Online*, May 4, 2006; and Bernard A. Deitzer and Karl A. Shilliff, "Incident 15," *Contemporary Management Incidents* (Columbus, OH: Grid, Inc., 1977), 43–46.

第3章 Organization Theory and Design

组织结构的基础

问题引入

在阅读本章内容之前，请先看下面的问题并选择答案。

1. 一个受欢迎的组织要让员工在他们想工作的部门工作，这样就可以充分激励员工，让员工保持高度的工作热情。

同意________　　　　不同意________

2. 由不同部门成员组成的委员会和任务小组常常不能把事情做好。

同意________　　　　不同意________

3. 高层管理者会对组织关键工作单位的活动加以控制，而不是承包给其他公司，这种做法是很明智的。

同意________　　　　不同意________

20 世纪 90 年代末期，卡洛斯·戈恩(Carlos Ghosn)力挽狂澜，将日本第二大汽车公司——日产汽车公司(Nissan)从破产边缘拯救了出来。但是到了 2013 年，日产汽车公司利润大大降低，市场占有率持续下滑，卡洛斯·戈恩重组日产汽车公司的能力再次受到了挑战。对于市场占有率下滑的原因，高层管理者们准确地指出了其中的关键。他们表示，问题既不出在设计室或工厂车间，也不出在规划办公室，而是公司组织结构的问题。在当今的全球化背景下，各种机遇和投资机会迅速增加，而公司却只有一位首席运营官，无法应对全球的变化。在新的组织结构中，将有三位执行副总裁共同负责公司相关事务的计划和执行工作。三位执行副总裁从一开始就紧密配合，以快速发现问题，均衡配置资源，并协调地区间的投资问题。新组织结构的首要目标就是提高公司各个方面的协调能力，以迅速解决各类问题。戈恩表示，有了正确合理的管理结构，人们之间相互配合，组织目标就能实现。他还说：“公司还需要一个管理团队来推动这个目标的实现。”[1]

组织结构是帮助企业执行战略和达成目标的重要元素之一。正如尼桑公司遇到的情况，缺少协调和合作是当今众多组织面临的一个巨大问题。例如，世界银行(World Bank)最近进行了一项员工调查，发现全球一百多个国家的众多大型经济发展机构中的合作氛围都非常“糟糕”。[2] 当今的许多公司采用诸如团队和矩阵设计之类的结构创新，以保持组织的协作性和灵活性。例如，联邦调查局(Federal Bureau of Investigation，FBI)就部分地采用了这种战略打击恐怖主义。与其他类型的组织一样，FBI必须使用有限的资源达成目标。FBI的创新之一是飞虎队(flying squads)，这是一个由各部门的志愿者和支持人员组成的团队，当FBI在全球各地的办事处需要行动协助时，这些团队成员可以提供帮助，他们做好了随时投入行动的准备。[3] 亚马逊公司首席执行官杰夫·贝佐斯按照“两个披萨团队”的原则进行了组织设计。他说，公司内每个自主型团队的成员不应该超过10个人——人数要足够得少，这样在他们工作到很晚的时候，要两个披萨就可以填饱肚子了。[4]

由于组织面临的环境愈加复杂，组织自身也变得比以往更加复杂，越来越没有固定形式。惠氏与埃森哲组建了一个合资机构——临床数据联盟(Alliance for Clinical Data Excellence)。双方的合作旨在实现强强联合，由合资机构来管理惠氏整个临床试验操作——从方案设计到患者治疗再到现场监控。[5] 埃森哲没有一个正式的总部，没有官方分公司，没有固定的办公室。公司的主要技术在德国，人力资源总部在芝加哥，财务总监在硅谷，大部分的咨询专家一直是流动工作的。[6] 惠氏和埃森哲反映了当今组织结构的趋势正向外包、联合和虚拟网络发展。

其他一些仍然采用传统功能结构的公司也获得了成功，功能结构通过垂直层级对组织进行协调和控制。组织采用各种不同的结构以实现其目标。今天，几乎每个企业为应对新的挑战都需要在某一时刻经历一场重组。结构变革是适应新的战略和其他权变因素变化的必然需要。我们已在第1章和第2章中介绍了战略以外的其他权变因素，包括环境、技术、规模与生命周期以及文化等。

本章的目的

本章介绍组织结构的基本概念，说明如何设计组织结构，并在组织图上加以体现。首先，我们要对结构下个定义，并对结构设计问题进行综述。然后，引入信息处理观来解释如何设计组织的横向和纵向联系，以便提供所需的信息流。之后，本章概述了组织设计的基本方案，接着讨论了用于将组织活动组合成职能、事业部、矩阵或混合型结构的方法。本章最后考察这些结构形式的采用如何取决于组织所处的特定情境条件，并分析结构设计不当的主要症状。

组织结构

组织结构(organization structure)的定义包含三方面关键要素：

1. 组织结构决定了组织中的正式报告关系，包括职权层级的数目和主管人员的管理幅度。

2. 组织结构确定了将个体组合成部门、部门再组合成整个组织的方式。

3. 组织结构包含了确保跨部门沟通、协作与力量整合的制度设计。[7]

上述 3 要素涉及了组织的纵、横方向。具体地说，前两个要素规定了组织的结构框架，也即纵向的层级。[8] 第三个要素则是关于组织成员之间的相互作用关系。一个理想的组织结构应该鼓励成员在必要的时间和地点通过横向联系提供共享的信息和协调。

组织结构反映在组织图上。人们不可能像观察制造设施、办公室或产品那样“看清楚”组织的内部结构。虽然我们能看见在各处上班的员工们在履行他们的职责并完成各项的任务，但要切实地看到所有这些活动后面的结构还只能借助于组织图。组织图是对组织的一整套基本活动和过程的形象化的表现。图 3-1 就是一张示例性的组织图。组织图对我们了解一个组织如何运行有很大的作用。它不仅说明了组织的各构成部分和相互关联的方式，而且也展现了各职位、各部门是如何整合为一个整体的。

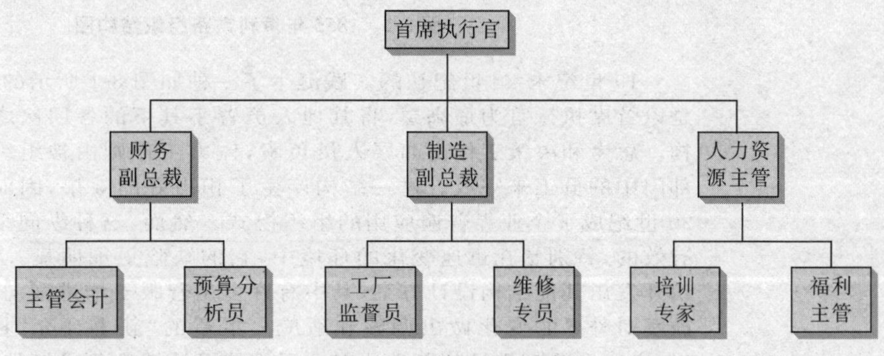

图 3-1　一种组织图示例

用组织图表现组织设立哪些职位，各职位如何组合起来构成部门，以及谁向谁报告工作等，这种思想在几百年前就有了。[9] 例如，人们发现西班牙中世纪教堂就画有展现教会层级轮廓的图案。不过，组织图在企业中的应用还大体上是在工业革命开始以后。就像我们在第 1 章中讨论的，随着工作变得越来越复杂并由越来越多的工人完成，就迫切需要开发出一些方式来管理和控制组织。铁路的发展就是一个例子。在马萨诸塞州 1841 年发生两列客车相撞事件后，公众纷纷要求加强对铁路运营的管理。结果，西部铁路公司(Western Railroad)董事会采取措施确定了“公司各业务部门的明确的职责,画出了铁路行政管理、维护和运营方面的单一的职权和指挥线”。[10]

图3-2是一个早期组织系统图的有趣例子,该图是1855年丹尼尔·麦卡勒姆(Daniel McCallum)为伊利铁路(Erie Railroad)设计的。面对资金紧张和生产率下滑等问题,麦卡勒姆设计了组织系统图,用来向投资者解释铁路的运营,同时也可以用来为铁路线的负责人指明责任的划分。麦卡勒姆按照地理区域划分管理的范围,每一个管理区域安排一名负责人进行监管和指导。[11]

图3-2 1855年伊利铁路组织结构图

19世纪末20世纪初的实践诞生了一种如图3-1所示的组织结构,这就是以首席执行官为最高层,将其他人员置于其下的各层次之中的层级制结构。思考和决策工作由高层人员负责,体力工作则由被组织到各不同职能部门中的员工来完成。这一结构产生了相当好的效果,因而在差不多整个20世纪成了企业界普遍应用的组织模式。然而,这种纵向型结构并不总是有效的,特别是在迅速变化的环境中,它的缺陷更加明显。近年来,有些组织开发出其他结构设计方案,其中有许多是着眼于增进横向的协调和沟通,鼓励对外界的变化做出调整和适应。本章的“新书评介”栏目表明,21世纪,组织和管理人员的新方法对公司维持可持续竞争优势非常重要。

评价你的答案

1. 一个受欢迎的组织要让员工在他们想工作的部门工作,这样就可以充分激励员工,让员工保持高度的工作热情。

答案:不同意。有一小部分公司尝试了这种方法,并取得了成功,但是一个典型的组织应该以一种能够确保工作完成和协调的方式来设计它的工作活动、职位和部门,以便能够实现组织目标。很多管理者会尽量给员工一些选择权利以维持员工的工作热情。

加里·哈默尔(Gary Hamel),比尔·布林(Bill Breen)

《管理大未来》(*The Future of Management*)

加里·哈默尔在和比尔·布林合作写成的《管理大未来》一书中说道,比起新产品或服务创新,像科学管理原则、部门化组织结构和通过品牌经理实施横向协调这些管理突破为企业创造了更强大的持续竞争优势。哈默尔说,等一下好了——这些想法还没有被普及——但是会永远如此吗?他指出,事实上今天的管理者正在用一个多世纪以前就出现了的组织理念、实践和结构机制管理21世纪的组织。当时,垂直层级、专业化、科层控制和集中化是解决无效率问题的新方法。当变化持续加快的时候,这些方法就显得过于静态和死板了。哈默尔认为,当今的组织必须"既能有效运行,又有适应的战略"。

一些结构创新

哈默尔指出,管理实践经历的转变和工业革命及科学管理的出现相类似。《管理大未来》里有一些例子,说明了当管理者围绕着社区、创造性和信息共享等而非严格的层级原则去建立组织结构时,会有什么么样的可能。

- 全食超市

团队是全食超市(Whole Foods Market)最基本的组织单位,并且拥有零售业史无前例的自主性。每个商店由大约8个自我指导的团队组成,这些团队负责监督新鲜产品、制成品、乳制品和产品检测等部门的工作。团队负责所有的关键运营决策,包括价格、订单、招聘和店内促销。

- 戈尔公司(W. L. Gore)

戈尔公司的创新是,通过对工作加以组织,不管是否有管理者在控制,事情都会照常运转。最有名的是戈尔特克斯网状结构(Gore-Tex fabric),员工自己可以决定做什么,没有管理层,没有头衔,没有组织结构图。就像全食超市一样,戈尔公司的核心运营单位也是小型团队,但是在戈尔内部,人们可以自主选择去哪个团队工作,而且可以对任何人提出的要求说"不"。不过,戈尔公司仍执行严格的问责制——每个人每年都会接受20个同事的审查。

- 维萨卡公司(Visa)

几乎每个人都听说过维萨卡,但很少人知道这个品牌背后的组织的事情。维萨卡公司是世界上第一家几乎完全虚拟的组织。在20世纪70年代早期,几家银行组成了一个财团,今天,这个财团已经成长为拥有21 000家金融机构和13亿持卡者的全球网络。这个组织几乎是自组织的,会随着情况的变化持续演进。

如何成为一个管理创新者

大多公司都有产品创新系统,但是哈默尔认为很少公司能为管理创新设计良好的程序。《管理大未来》提供了管理者能够增加管理思想突破机会的具体步骤。哈默尔将现代管理和组织设计的出现视为20世纪最重要的创新。然而现在是时候等待21世纪新思想的诞生了。

The Future of Management, by Gary Hamel with Bill Breen, is published by Harvard Business School Press.

有关结构的信息共享观

结构的信息共享观认为，应该将组织设计成能提供实现组织总目标所必需的所有纵向和横向信息流的这样一种结构形态。如果结构不能满足组织对信息的需要，组织中的成员不是无法得到足够的信息，就是花费过多时间处理其工作中并不怎么需要的信息，这些都会影响到组织的效果。[12]然而，在依靠纵向联系手段还是横向联系手段这个问题的处理上，组织存在着一个固有的矛盾。如果说纵向联系手段的设计主要是为了实施控制，那么横向联系手段的设计则是为了促进协调和合作，而后者常常意味着减弱控制。

集权与分权

组织中存在的一个问题是哪一个层级有权制定决策，决策层级的不同决定了信息需求的不同。集权和分权是两种类型的决策制定方向，**集权**(centralization)意味着组织的决策制定权集中于组织高层当中，**分权**(decentralization)意味着决策权力被下放到了更低的组织层次上。

组织可以在两类方案中做出选择：一是依照传统的以效率为中心的组织设计，强调纵向的沟通和控制(机械式组织，第 1 章所述)；二是采用现代的学习型组织设计，强调横向的沟通和协调(有机式组织)。图 3-3 比较了效率型和学习型组织的设计。对效率和控制的重视是与任务专业化、职权层级、规章条理、正式报告制度、很少的团队或任务小组、集权的决策等相关

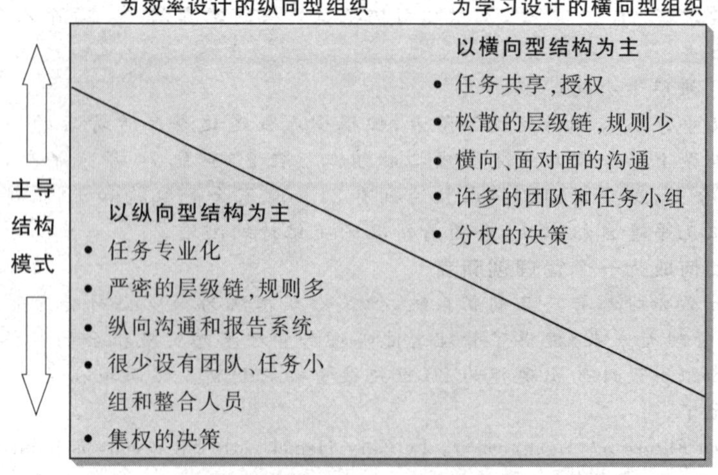

图 3-3 以效率为中心和以学习为中心的组织设计对比

的，而对学习能力的重视则与任务共担、层级弱化、较少的规章条例、面对面的沟通、很多的团队或任务小组以及非正规的分权的决策等相关联。

组织可能需要进行试验，才能找出适应其需求的、正确的集权或分权程度。例如，威廉·大内(William Ouchi)的一项研究发现，3 个已经转换为更为灵活的分权结构的大学区(school district)被授予了更多的自主权、责任和对资源的控制权，它们比那些高度集权的大学区绩效更好，也更有效率。[13]英国政府领导人也希望通过分散国民医疗服务体系(National Health Service)取得这样的效果。自 1948 年建立该体系起，这是有史以来幅度最大的一次结构改革。改革计划中的一个关键部分是，将每年数十亿美元的医疗预算控制权分散到当地医疗机构的医生手中。政府领导人相信，通过"将权力下放到病患者和临床医生手中"，分权化改革将有助于降低成本，简化和流程化医疗程序，提高效率。[14]

像丰田之类的日本企业，即使它们一直以强势的集权管理方式而著称，也开始探索利用分权的力量，培养员工的主人翁精神。

应用案例 3-1

丰田公司

"我们不需要把每件事都拿到日本做决策，"位于密歇根州安阿伯(Ann Arbor)附近的丰田技术中心的首席工程师兰迪·史蒂芬(Randy Stephen)说，"我们可能回日本汇报项目进展，但是这款车的归属感在这里。"该技术中心负责新版阿瓦隆系列(Avalon)轿车的工程设计工作。

新版阿瓦隆的设计和工程工作都在密歇根州进行，制造在肯塔基州。作为公司最为美国化的汽车类型，阿瓦隆系列正备受推崇。这是丰田第一款不在日本研发的车型，同时，研发阿瓦隆的这种组织模式也检验着丰田下放决策权到子公司后的运行效果。在经历了四年的安全问题和召回危机之后，管理者们开始重振曾经强大的丰田，包括更加全球化地分配责任。

公司因为在处理安全问题和召回问题时需要总部协调每个决策而饱受争议。总部已经彻查了质量控制流程，并且将更多的决策权下放到北美、欧洲和亚洲等地区的负责安全管理的区域经理手中。[15]

虽然很多决策权仍掌握在总部高管手中，但是丰田已经意识到有些决策权应该下放到执行层。区域经理们相信，丰田经历的问题能让总部高管层敢于去冒一些曾经不敢尝试的风险。[16]

当然，组织不需要集中做出所有决策。在很多企业内部，高层主管希望将一些权力集中起来以消除重复工作，而业务经理们想要保持其享有的控制权，导致组织内经常存在着"集权和分权之间的拉锯战"。[17]管理者总是要根据组织自身的情况，不断寻找纵向控制与横向合作、集权与分权的最佳组合。[18]

纵向信息共享

组织设计应该能促进组织成员、部门之间的沟通,这对于达成组织的总任务是必不可少的。管理者设置了信息联系(information linkages)以方便组织各个部分之间的沟通和协调。用于协调组织高层和基层间活动的**纵向联系**(vertical linkages)主要是为了组织的控制目的而设计的。低层员工开展的活动应该与高层的目标保持一致,而且高层经理人员应该得到有关低层活动及其完成情况的信息。组织可以运用各种各样的结构性手段来实现这种纵向联系。具体手段包括层级安排、规则与计划以及正式的管理信息系统等。[19]

层级安排

第一种纵向联系的手段是层级链,亦称作指挥链,如前面图3-1中的垂直线所示。如果员工面临某一问题又不知如何解决时,他可以将问题提交给上一层级。如果该层级能够解决问题,则答案就顺着层级链往下传递到低层。组织图中的垂直线就发挥沟通渠道的作用。

规则与计划

第二种纵向联系的手段是运用规则和计划。只要问题和决策是经常反复出现的,就可以制定出规则或程序,使员工知道该如何加以应对,而不需要直接请示其主管人员。规则提供了一种标准的信息源,使员工能够在无须事事都进行实际沟通的情况下协调地开展工作。例如,百事公司在墨西哥的吉米萨(Gemesa)饼干业务部的管理者们简化了对生产工人在目标、流程和程序上的要求,这样工人们就能自行完成大部分工作,并能保证生产流程的顺利运行,从而减少了管理人员的数量。[20]计划也可为员工提供相对持久的信息。应用最广泛的计划是预算。有了计划周密的预算方案,低层的员工就可以在分配的资源额度内独立地工作。

纵向信息系统

纵向信息系统(vertical information system)是增强纵向信息沟通能力的另一种手段。它包括分送给管理者的各种定期报告、书面信息和以计算机为基础的信息沟通等。信息系统使沿着层级链进行上下沟通更有效率。

在今天这个充斥着公司财务丑闻与道德问题的世界上,许多高层管理者都在考虑加强其组织内的联系以获得纵向信息与控制。除此之外,组织工作中的另一主要议题是取得协调和合作所需的横向联系。

横向信息共享与协作

横向沟通能够消除部门之间的障碍,为员工提供协作的可能,以便集中力量实现组织的目标。**协作**(collaboration)意味着来自两个或两个以上部门的人一起努力，完成共同的目标，或者共享合作成果。通过协作能够达到任何一个单独部门或个人工作时无法达到的效果。[21] 为了理解协作的价值，我们来看一下 2011 年美国在巴基斯坦突袭奥萨马·本·拉登(Osama bin Laden)大院的例子。如果没有中央情报局(Central Intelligence Agency, CIA)和美国军方之间的密切合作，这次突袭就不可能取得成功。情报部门和美国军方之间历来没有太多互动，但是这次反恐战争改变了他们的心态。在计划突袭本·拉登期间，在中央情报局一个偏远的安全园区内，军官们每天和中央情报局的团队成员工作在一起，连续数月。一位官员在谈到这次协作任务时说："人们只在电影上看到过这种情况，而在现实中，政府人员在过去一直认为这是不可能的。"[22]

横向联系(horizontal linkage)指的就是组织中跨部门横向沟通和协调的程度。20 世纪 80 年代，李·亚克卡(Lee Iacocca)在接管克莱斯勒公司(Chrysler)时就发现了横向联系的重要性。下面引用的这段话可能已经有三十年的历史了，但是它简洁地概括了一个发生在全球各地的组织中的问题：

> 在克莱斯勒，我发现有 35 名副总裁，每人都有各自的地盘……真是让我难以置信。比如，主管工程的副总裁居然与主管制造的副总裁没有接触。但这正是事实所在。每个人都独自工作。看到这种情况，我几乎要辞职了。那一刻我才真正认识到我面临多大的难题。……克莱斯勒公司中好像没有人知道一个企业内不同职能部门间的相互作用是至关重要的。工程部和制造部的人几乎必须同吃同住才行。可是，克莱斯勒的这些家伙们竟然相互间连一个招呼也不打![23]

亚克卡在克莱斯勒公司任职期间，将横向协调推到极高的程度，并且产生了显著的积极影响。所有与特定汽车项目相关的人员，包括设计师、工程师、制造人员以及营销、财务、采购的代表，乃至外部的供应商，都在同一楼层一起工作，这样就能够不断地相互沟通。福特公司和通用汽车公司也通过诸如团队、任务小组和信息系统等手段加强了横向的沟通和协调。横向联系手段通常不在组织图上表现出来，但它仍然是组织结构的重要组成部分。在小型组织中，互动多为全体员工共同参与，但是在大型组织中，就需要横向信息共享机制，才能促进有效的合作和知识共享，帮助进行有效的决策制定。[24] 例如，由于合作以及信息共享的缺失，丰田被指责对其产品质量和安全问题的反应和决策极为迟钝。[25] 下面介绍的一些手段是能改进组织横向协作和信息流动的结构性方案。[26] 其中每一种手段都能促使人们相互地交流信息。

信息系统

当今组织实现横向联系的一个重要手段是应用跨职能信息系统。计算机化的信息系统可以使遍布组织的管理者和一线工人就各种问题、机会、活动和决策例行地交换信息。例如，退伍军人管理局(Veterans Administration, VA)所属的医疗机构设计了一种叫作维斯塔(Vista)的复杂系统，系统内的医疗工作者可以根据病人的完整信息为病人提供更好的护理。通过密切的协调和合作,技术在医疗机构间得以转移,使得退伍军人管理局的医疗机构从曾经的次等机构转变为美国最优质、最有效率的医疗服务提供者。[27]

有些组织鼓励员工使用公司的信息系统建立遍及组织的关系,以支持并加强跨越项目与地理界限的横向协调。全球最大的私人国际救援组织之一——国际关怀协会(Care International)加强了其人事数据库,以方便人们找到与自己拥有相同兴趣、关注点和需求的其他人。数据库列出了每个人过去和现在的责任、精力、语言能力、有关外国的知识、急救经验、技能与外在兴趣。这一数据库使跨越组织边界工作的员工们得以轻松地搜索到对方,共享想法与信息,并建立持续性的横向联系。[28]

联络员角色

横向联系的高层次手段是直接接触,这是在受某一问题共同影响的管理者之间或员工之间直接进行的联系。创设某一特定的**联络员角色**(liaison role),是促进直接接触的一种方式。联络员隶属于一个部门,但负责与其他部门进行沟通并实现协调。在工程和生产部门之间就经常设置联络员角色,因为工程部门所开发和测试的产品必须与既定的生产设施条件相适应。工程师的办公室可能会被安排在生产地区,这样方便工程师和生产主管对生产过程中的工程问题进行讨论。研发部门的人可能会参加销售会议,与销售人员共同讨论顾客需求以及新产品开发等问题。

任务小组

联络员通常只联系两个部门。当这种联系扩展到多个部门时,就需要更复杂的联系手段,比如任务小组。**任务小组**(task force)是由与某一问题相关的各部门的代表共同组成的一个临时性的委员会。[29]每位成员都代表一个部门的利益,并将组内会议的信息带回到该部门中。

对于临时性任务来说,任务小组是一种有效的横向联系手段。它是通过直接的横向协调解决问题的,因而可以减少纵向层级链的信息载荷。通常,在既定的任务完成以后,任务小组也就宣告解散了。任务小组被广泛应用于组织中的每一件事上,从安排公司的年度野餐会到解决昂贵而复杂的制造问题。马里兰州(Maryland)北贝塞斯达地区(North Bethesda)的乔治敦城预备中学(Georgetown Preparatory School)就是这样一个例子。学校组建了一个由老师、行政管理人员、教练、后勤人员以及校外顾问组成的任务小组,共同开发了一个预防流感的计划。当N1流感传播的时候,与其他大多数教育机构相比,乔治敦城预备中学有更好的装备预防流感,就是因为这个任务小组制订了抵抗流感的实时计划。[30]

评价你的答案:

2. 由不同部门成员组成的委员会和任务小组常常不能把事情做好。

答案:不同意。跨职能委员会和任务小组是为了共享信息,以协调各部门之间的活动。召开会议、谈话和提出不同意见是委员会的主要工作。这些小组的工作重点不是努力“把事情做好”,而应该更重视效率。

专职整合人员

一种更强有力的横向联系手段是，创设仅以促进协调为任务的专门的职位或部门。专职**整合人员**(integrator)通常有一个诸如产品经理、项目经理、规划经理或品牌经理这样的头衔。与上面提到的联络员不同，专职整合人员并不隶属于任何一个要加以协调的职能部门，而是独立于各个部门之外，负责多个部门之间的协调。

整合人员也可以负责某一创新或变革的项目，如负责一种新产品的设计、筹资和营销活动。图 3-4 列示了新产品开发项目经理在组织图中的位置。项目经理画在图的另一侧，以显示其与职能部门的区别。箭头表明许多成员被分派到新产品开发项目中。如新产品项目 A 中就指派了一位财会师以跟踪成本和预算情况，工程人员则提供设计建议，采购和制造人员也分别负责各自领域的工作。项目经理对整个项目负责。她/他要确保按时开发出新产品来并推向市场，实现项目目标。图 3-4 中的横线表示项目经理在提薪、聘用或解聘人员方面并没有正式的职权。这种职权是由职能部门经理行使的，他们对其下属人员拥有正式职权。

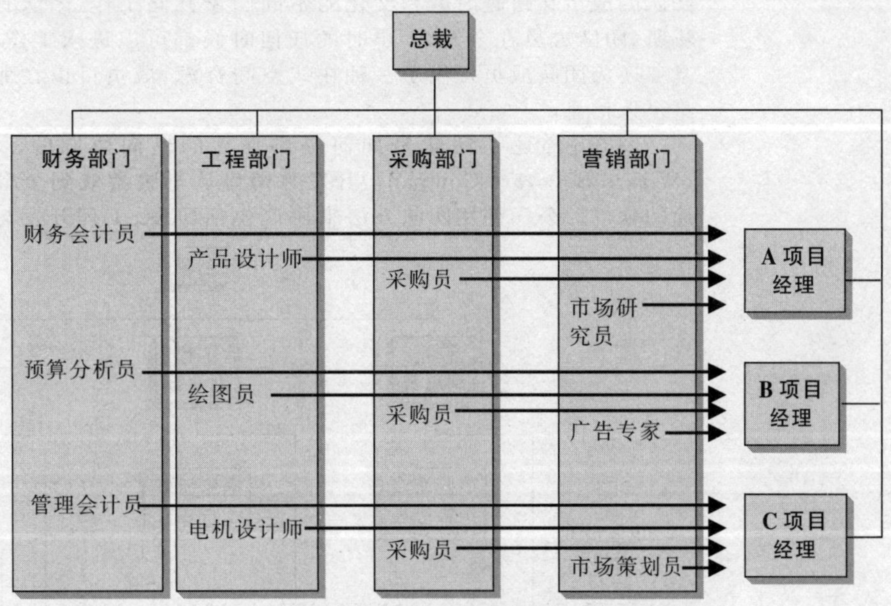

图 3-4 项目经理在组织结构中所处的位置

整合人员需要出色的人际技能。在大多数公司中，整合人员往往职责大而职权小。他们不得不通过专家技能和游说力来取得协调。整合人员跨越各部门的界限，必须有能力把人们组织起来，获得他们的信任，解决面临的问题，并从组织整体利益出发处理冲突和分歧。[31]

团队

项目团队可以说是一种最强有力的横向联系手段。**团队**(teams)是一种长久性的任务小组，而且经常与专职整合人员一同使用。当部门间的活动需要在一段长时期内取得强有力的协调时，设立跨职能团队就是常用的解决办法。组织在开展大型的项目、重大的创新或开发全新的产品线时，都可以设立**特别项目小组**(special project teams)。捷蓝航空(JetBlue Airways)组建了一个特殊的项目团队，团队由机舱计划员、系统操作员、调度员、票务代理以及其他雇员组成，负责解决航线因恶劣天气等原因而采取非常规操作时遇到的问题。如何有效解决这些非常规问题关乎公司绩效以及顾客满意度。团队的工作效果要求成员之间密切合作。在团队第一次会议上，公司领导展示了一种模拟的紧急情况，然后询问团队成员应该如何应对。团队成员经历了处理危机情况的整个过程之后才能够辨识出问题所在。团队的主要目标是提升常规准时起航的绩效，同时为重大事件提供解决方案。[32]

当今许多企业采用了跨职能虚拟团队。**虚拟团队**(virtual team)由在组织上或地理上分散的成员构成，主要通过先进的信息技术进行沟通。团队成员使用网络与合作软件，而不是面对面地共同工作。[33] 例如，IBM的虚拟工作团队主要通过互联网使用维基(Wiki)技术协作。[34] 在诺基亚公司，虚拟团队的成员在跨越时区和文化的不同国家共同工作，团队有一个虚拟工作场所，团队成员在全天24小时的任何时候都可以进入工作场所。此外，诺基亚还为团队成员提供了一种在线空间资源，成员可以在那里传照片和分享个人信息。[35]

图3-5描述了团队是如何提供强大的横向协调的。魔术软件公司(Wizard Software Company)开发并销售从电脑游戏到金融服务等各种用途的软件。公司使用团队方法来协调包括研发、工程开发与营销部门在内

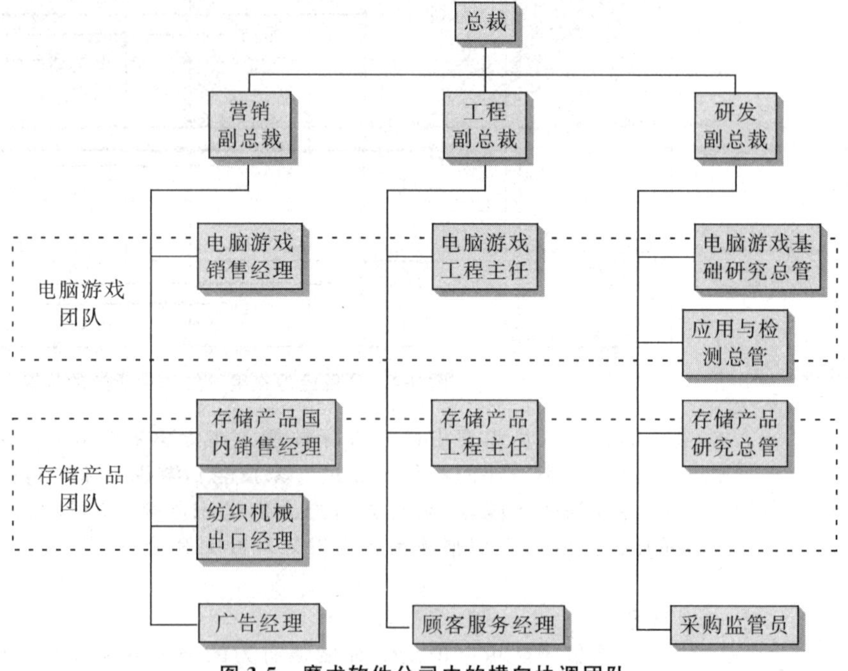

图3-5 魔术软件公司中的横向协调团队

的每一条产品线，这在图 3-5 中是以虚线和阴影框来表示的。如有需要，每个团队的成员每天见面的第一件事情，便是解决该产品线的相关问题，具体涉及顾客需求、工作延误、工程变更、进度冲突等方方面面。你是如何理解横向团队工作的？完成问卷调查"你适合哪种组织设计"，看看你觉得应该如何在团队中工作。

图 3-6 概括反映了组织实现横向联系的各种机制。任何组织的管理者都可以从中选择某些手段，用于增进横向的协调。越是高级的手段，就越具有更强的横向信息联系能力，但是，在时间和人力耗费方面给组织造成的成本负担也相应更大。不过，横向沟通不足，各部门会发现难以同步工作，这样就无法为组织总目标的实现做出贡献。因此，当组织需要较高的横向协调时，管理者就应该选用高层次的手段。

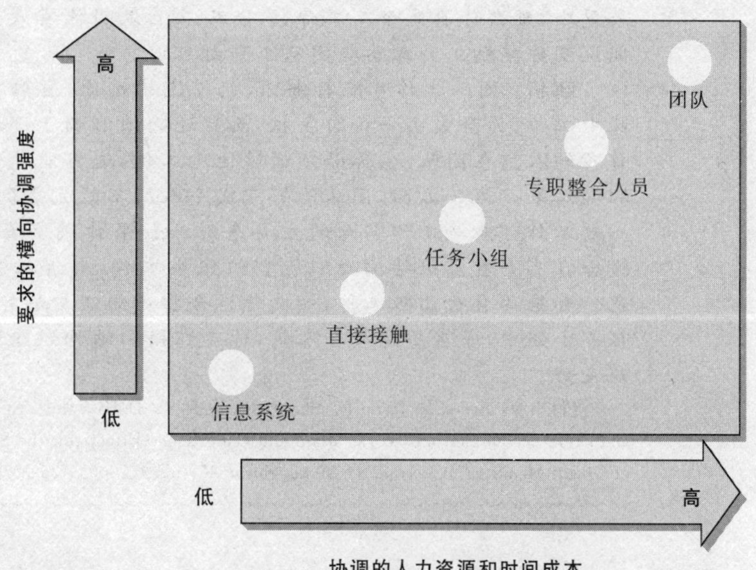

图 3-6　横向联系和协调机制阶梯图

你适合哪种组织设计

团队工作的苦与乐

你完成工作或学习任务的方法能够说明你是否能在团队中工作。回答下面关于你工作偏好的问题。请判断下列陈述是否符合你的情况。

	基本符合	不太符合
1. 我喜欢在团队中工作，而不喜欢单独工作。	________	________
2. 如果可以选择，我宁愿单独工作，也不愿面对小组工作的麻烦。	________	________
3. 和其他人一起工作时，我喜欢和别人互动。	________	________
4. 我喜欢自己只做自己的工作，让别人做		

他们自己的工作。 ______ ______

5. 相比个人成功,我能从小组成功中得到更多满足。 ______ ______

6. 如果人们之间不相互分享,团队工作是毫无价值的。 ______ ______

7. 即使有不同意见,我和其他人一起工作时也感觉很好。 ______ ______

8. 我喜欢依靠自己完成一项工作或任务,而不依靠他人。 ______ ______

计分:奇数题目选择基本符合得1分,偶数题目选择不太符合得1分,你的分数能够说明你对团队工作或个人工作的喜好程度。如果你只得2分或更少,那么你喜欢个人工作,7分及以上说明你喜欢团队工作,3～6分之间说明你单独工作或参与团队工作都可以。

解析:团队工作可能打击你,也可能鼓励你,这取决于你的偏好。在团队中工作,你会失去一些自主权,而且还必须依赖于那些可能还没你参与工作多的人。在团队中,你必须通过他人工作,这可能导致你无法控制工作过程和结果。另一方面,团队能够完成个人所不能完成的工作,而且和其他人一起工作可能是工作满意的主要来源。如果你确实喜欢个人工作,那么你适合在有垂直层级结构的职能型组织中工作,或者担当个人贡献者这一角色。如果你喜欢团队工作,那么你适合担当组织中的横向联系角色,比如在任务小组中,或者作为整合人员,你会在横向结构组织或矩阵结构组织中表现良好。

资料来源:Based on Jason D. Shaw, Michelle K. Duffy, and Eric M. Stark. "Interdependence and Preference for Group Work: Main and Congruence Effects on the Satisfaction and Performance of Group Members", *Journal of Management* 26, no. 2(2000), 259-279.

关系式协调

如图3-6中所示,横向协调的最高水平是关系式协调。**关系式协调**(relational coordination)是指"通过共享目标、共享知识以及相互尊重实现经常且及时的、能够解决问题的沟通"。[36] 与图3-6中列举的其他方式不同,关系式协调不是一种手段或者机制,而是组织的一部分。存在关系式协调的组织通常都有着较强的结构性和文化性。在关系式协调水平较高的组织中,人们跨边界、跨部门地共享信息,而且人们之间的互动建立在持续的信息和知识共享上。人们通过积极的人际关系进行协调,而不是正式的协调角色或者机制。[37] 跨部门的员工之间可以进行直接协调。

要想将关系式协调构建成组织结构的一部分,需要管理者发挥积极作用。管理者们要加大对员工培训的投资,提升员工的沟通技能和跨部门解决冲突的能力。管理者还要积极地关心员工,与员工建立信任感。管理者们要有意识地构建基于整体目标的关系,而不能强调单个部门的目标。人们从严格的工作规则中走出来,获得自由,他们就可以灵活地与人沟通,并在他们被需要的地方做出贡献。奖励要基于整个团队的努力和成绩。一线主管掌握小跨度的控制权，以便与下属建立密切的工作关系，同时能够训练或者指导员工。管理者们还应该创建一些跨职能角色，促进跨边界协调。西南航空公司就是一个很好的例子。

应用案例 3-2

西南航空公司

航空业面临着很多挑战，其中需要每天持续面对的就是飞机安全、准时着陆的问题。飞机起飞是一个相当复杂的过程，在此过程中有许多来自不同部门的员工需要在限定时间内协作完成一系列任务，并且这一过程会伴随着很多不确定的因素。飞机起飞过程中涉及的人员包括票务人员、飞行员、空乘、行李员、检票员、运营人员、机械师、机舱保洁员、机坪操作员、货物装卸管理人员、燃料管理员以及餐饮管理员等，如果这些部门无法紧密协作，飞机就很难按时起飞。

西南航空公司之所以能够让起飞耗时最短，原因之一是其改善了各部门之间的协作，从而达到了准时起飞的目标，并提升了顾客满意度。任何航空公司都不可避免地会出现航班延误时的责任不清问题，因此西南航空公司的管理者们设计了一套“团队延误”(team delay)准则，该准则强调不同部门之间要密切协作，而不是在出现问题时去寻找谁该为此负责。对团队精神的重视能够让每个员工都将注意力集中在准时起飞、安排好行李托运、乘客安全和顾客满意度等共同目标上。由于延误变成了集体的责任，员工们就会积极主动地做好工作的衔接，而不是推脱责任以免受责罚。与此同时，管理者们也和员工紧密协作，但他们很少以“老板”的形象出现，而更多的是在员工的学习和工作中提供帮助。西南航空公司采用了小跨度的管理方式(1个管理者负责8～9个一线员工)，以便于管理者有时间指导和帮助员工。员工是企业的内部顾客。[38]

在西南航空公司，管理者们通过关系式协调确保多个部门协调一致，共同完成航班起飞的相关工作。当关系式协调的水平较高时，人们之间共享信息，协调活动，无须领导或正式机制告诉他们怎么做。

美国中将大卫·M.罗德里格斯(David M. Rodriguez)，国际安全援助部队联合司令部(International Security Assistance Force Joint Command, IJC)第一任司令，美国驻阿富汗军队副司令，积极促进美国和阿富汗军队领导人、低级别的指挥官以及文职领导人等之间的关系式协调。他的行动中心给人以新闻编辑部的感觉，人们彼此轻松交谈，分享知识。高级军官的指示会得到从队长和中士开始的自下而上的提炼。罗德里格斯明白人们必须“在一起工作，所以需要找出使团队工作效果最大化的途径”。他努力构建基于相互信任、尊重、共享目标和承诺的关系。罗德里格斯在接受采访时表示，“我们彼此以一种相同的方式让对方负责”。[39]无论在军事上还是商业上，领导者能够建立稳固关系，就会带来信任、知识和协作。

组织设计方案

组织结构的整体设计包括三方面内容：工作活动设计、报告关系、部门组合方式。

工作活动设计

设立部门的目的是完成对组织有战略意义的任务。例如，在典型的制造企业中，工作活动被划分为一系列职能，以帮助组织完成其目标。比如设立人力资源部门进行招聘与培训，设立采购部门以取得供应品与原材料，设立生产部门制造产品，设立销售部门销售产品，等等。当组织越来越大，越来越复杂时，组织需要完成的职能也越来越多。一般而言，组织会设立新的部门或事业部以完成那些有价值的任务。例如，英国石油巨头英国石油公司(BP)在“深水地平线”石油泄漏事故发生后增加了一个新的安全部门。

报告关系

一旦规定的工作活动与部门确定后，接下来的问题就是：这些活动与部门应如何在组织层级中统一起来？报告关系，通常也称作指挥链，在组织图中是用垂直线来表示的。指挥链应该是一条连续的权力线，它将组织中所有的成员连接起来，并显示谁应该向哪位主管报告工作。在一些大型组织中，比如通用电气、英国石油、欧莱雅、微软等公司，需要有百余张组织图来界定数以万计的员工之间的报告关系。部门职责的确定以及报告关系的确立就决定了组织应该如何将员工组合到各部门中。

部门组合方式

部门组合的方式包括职能组合、事业部组合、多重组合、横向组合以及虚拟网络组合等，如图3-7所示。**部门组合**(departmental grouping)方式影响到员工个人，因为这些员工将拥有共同的主管，使用共同的资源，一起对部门的绩效负责，并趋向于彼此认同和相互合作。[40]

职能组合(functional grouping)是将执行相似的职能或工作过程，或者提供相似的知识和技能的员工组合在一起。比如，将所有的市场营销人员置于同一主管人员的领导下工作，制造工人、人事部门员工、工程人员也这样组合起来。对于一个互联网公司来说，与网络维护相关的所有人员会被

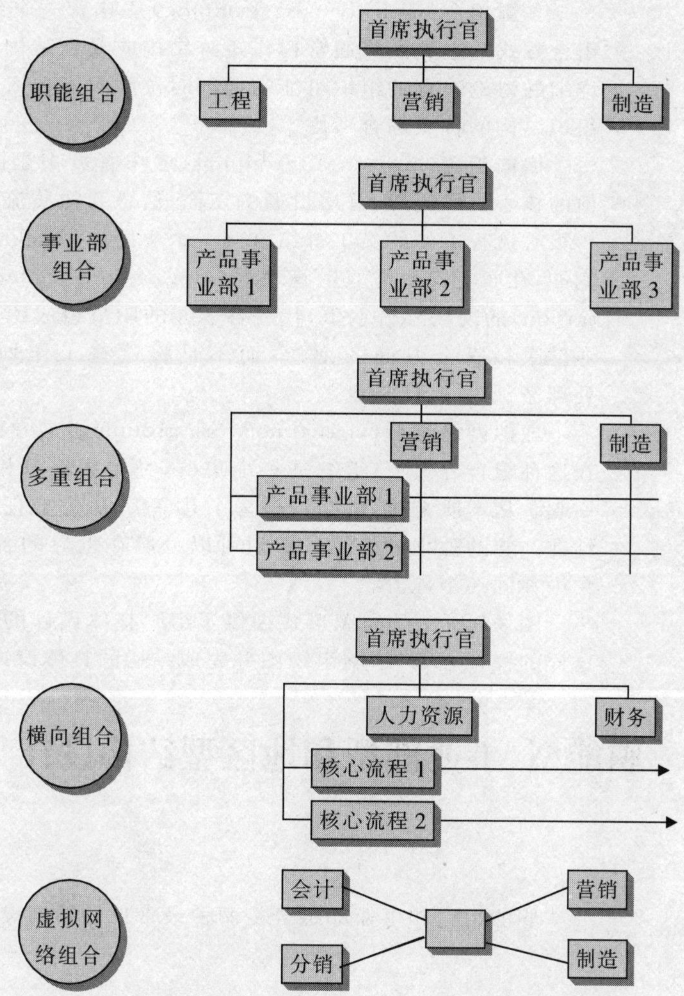

图 3-7　将员工组合为部门的结构方案

资料来源：Adapted from David Nadler and Michael Tushman, *Strategic Organization Design* (Glenview, Ⅲ.: Scott Foresman, 1988), 68.

组织到一个部门。在一个科研公司内部，所有的化学研究人员组合为一个部门，而生物学研究人员则组成另一部门，因为他们代表着不同的学科领域。

事业部组合(divisional grouping)是按照所生产的产品将人们组合在一起。生产牙膏所需要的所有的人员，包括营销、制造和销售人员，都组合在同一经理人员的领导下。像在时代华纳(Time Warner Corporation)这样的大公司中，一些产品线或者服务项目可能代表了相互独立的业务，比如华纳兄弟娱乐(Warner Brother Entertainment，电影和录像)，时代集团(Time Inc，出版体育画报、时代周刊和人物等杂志)，还有特纳广播(Turner Broadcasting，有线电视网络)。

多重组合(multifocused grouping)意味着一个组织同时采用两种结构组合方式。这类模式通常称作矩阵结构或混合结构。本章后面将对此做更详细的讨论。有的组织可能需要同时按照职能和产品事业部或者结合几种组织结构的特点综合考虑。

横向组合(horizontal grouping)意味着员工是围绕直接为顾客提供价值的核心工作流程、首尾贯通的工作、信息和物质流来组织的。所有参与某一核心流程工作的员工都组合到一个小组内,而不是分散于各职能部门中。例如,在职业安全与卫生管理局(Occupational Safety and Health Administration)的现场办公室里,代表各职能的职员组成团队处理美国工人有关职业健康和安全方面的抱怨,而不是将这些工作划分为由各专业人员来处理。[41]

虚拟网络组合(virtual network grouping)是一种最新的部门组合方式。在这种组合方式下,组织是一个集群,其组成部分相互独立,松散地联结在一起。从本质上讲,部门就是为了共享信息、完成任务而通过电子化方式联结在一起的独立的组织。部门可以分散在世界的各个角落,而不一定必须集中在同一个地方。

图3-7所示的组织形式提供了组织整体设计的各种方案。我们就是在这样的框架之下,绘制组织图并完成结构的具体设计的。

职能型、事业部型和地区型结构设计

职能组合和事业部组合是两种最常见的结构设计方式。

职能型结构

在**职能型结构**(functional structure)中,组织从下至上按照相同的职能将各种活动组合起来。[42]所有的工程师安排在工程部门中,主管工程的副总裁负责所有的工程活动。营销、研究开发、制造等的组织也是这样。本章前面图3-1所示的就是职能型组织结构的例子。

职能型结构是将所有与特定活动相关的人的知识和技能合并在一起,从而为组织提供纵深的知识。当深度技能对于组织目标的实现至为重要,或者当组织需要通过纵向层级链进行控制和协调,以及当效率是成功的关键因素的时候,职能型结构是最佳的模式。换句话说,在横向协调需要量较少的情况下,这种结构可以是相当有效的。表3-1概括了职能型结构的优缺点。

表 3-1　职能型结构的优缺点	
优　点	缺　点
1. 实现职能部门内部的规模经济	1. 对环境变化反应迟缓
2. 促进知识和技能的纵深发展	2. 可能导致决策堆积于高层,层级链超载
3. 促进组织实现职能目标	3. 导致部门间横向协调差
4. 最适于只有一种或少数几种产品的组织	4. 导致缺乏创新
	5. 对组织目标的认识有限

资料来源：Adapted from Robert Duncan,"What Is the Right Organization Structure? Decision Tree Analysis Provides the Answer",*Organizational Dynamics* (Winter 1979), 429.

职能型结构的一大优点就是：它促进了职能领域内规模经济的实现。规模经济意味着组合在一起的员工可以共享某些设施。例如,在一家工厂生产所有的产品,使这家工厂可以获得最新的机器设备。只建造一套生产设施,而不是为每个产品线都建造独立的生产设施,这减少了重复建设和浪费。另外,员工能接触到其所在职能部门开展的一系列职能活动。[43]一个有趣的例子来自印度的一家医疗机构,心脏外科医生戴维·谢蒂(Devi Shetty)采用标准化的操作程序和大规模生产原理,为病人提供医疗服务所收取的费用仅为美国的 10%,而同时医疗服务质量也没有因此下降。

应用案例 3-3

纳拉亚纳·赫如达亚拉亚医院

当你要去做心脏外科手术的时候,你也许不会想到这种手术还可以通过流水线作业完成,但是纳拉亚纳·赫如达亚拉亚医院(Narayana Hrudayalaya Hospital)的戴维·谢蒂医生做到了。谢蒂曾是特蕾莎修女医院(Mother Teresa)的心脏外科医生,20 世纪 90 年代早期在那儿工作。她创造性地将亨利·福特的大规模生产原理应用到医疗护理领域,大大降低了成本,提供尖端医疗服务的成本仅为美国的一小部分。通过扩大规模,谢蒂医生降低了成本。

谢蒂说："医疗护理需要的是过程创新,而不是产品创新。"如果服务可以被细化为明确的步骤,员工在执行重复性任务时可以遵循一定的规则和程序。这与精益服务的理念一致,精益服务关注的是同时提高服务质量和服务效率。"在健康护理领域,你不可能只做一件事情就能降低价格,"谢蒂医生说,"我们必须完成 1000 件小事"。

当服务可以被标准化时,严格、集中的职能结构是有效的。医生要做很多次心脏外科手术,所以他们经过越来越多的实践后会越做越好。相比于美国心脏外科手术平均 1.9%的死亡率,纳拉亚纳·赫如达亚拉亚医院最常用的心脏外科医疗程序的死亡率是 1.4%。[44]

职能型结构对于纳拉亚纳·赫如达亚拉亚医院而言是正好适用的。医院选择保持中等的规模,并且专注于少量的医疗程序。

职能型结构的主要缺点是：它对外界环境变化的反应迟钝。因为这种反应需要跨部门的协调。这会使纵向层级链出现超载,从而使决策堆积,高层管理者不能做出足够快速的反应。职能型结构的其他缺点是：由于协调差,从而导致创新乏力;每位员工对组织总目标的认识比较有限。

设有横向联系手段的职能型结构

许多组织在职能型结构下运行良好，根据职能进行组织仍然是比较普遍的组织设计方法。[45]然而，在当今快速发展的世界里，几乎没有公司能够通过严格的职能型结构取得成功。例如，沃特赛德资产管理公司（Watershed Asset Management）以职能为基础将组织划分为法律部、会计部和投资部等，但是为了保证部门间的协调和配合，公司创始人麦瑞迪·A. 穆尔（Meridee A. Moore）安排所有部门的工作人员在同一间开放型的办公室里工作。“这样我们就不会错过或忽略什么，”她说，“在我们处理事情的时候，可以得到前后所有人的协助。”[46]对于小型组织来说，这种非正式的协作机制是可以发挥作用的，但是随着组织的成长壮大，就需要更加强有力的横向协调机制。

管理者改善组织的横向协调，可以采用的方式包括信息系统、部门间的直接接触、专职整合人员、项目经理（参见图3-4）以及任务小组或团队（参见图3-5）。非营利性组织也同样认识到了横向联系的重要性。瑞典斯德哥尔摩的卡罗林斯克（Karolinska）医院就很有趣地应用了横向联系机制。该医院原来设有47个职能部门，后缩减到11个。但是，即使高层管理者采取了这一措施，协调还是非常不尽如人意。高管团队着手围绕病人治疗重组了医院的业务流程。不是让病人在部门间转来转去，而是针对疾病的康复过程，将挂号、X光、外科等部门组成一个流程。重组中最有趣的方面是设立了护士协调员这一新职位。护士协调员就是专职整合人员，负责找出部门内部或部门之间管理协调不当的问题并对其加以解决。横向协调的改进极大地提高了医院的生产率和对病人的治疗效果。[47]卡罗林斯克医院就这样有效地运用横向联系手段克服了职能型结构的一些缺陷。

事业部型结构

这里的**事业部型结构**（divisional structure）一词是作为一般概念使用的，它有时也称作产品部结构或战略经营单位。在这种结构下，可以按照单项的产品或服务、产品群组、大型的项目或规划、事业、业务或利润中心来组建事业部。[48]这种结构有时也被称为产品结构或者业务单位结构。事业部型结构的显著特点是：它是基于组织的产出过程来组合部门的。例如，乐高集团（LEGO Group）从职能型结构转变为事业部结构后，将公司分为三个产品事业部：针对低龄儿童的得宝（DUPLO）系列大块积木玩具；乐高组装类玩具；以乐高材质为基础的其他类型的游戏材料，比如拼插型珠宝类游戏材料。[49]美国最大的50家工业公司之一联合技术公司（United Technologies Corporation，UTC）有很多部门，包括开利（Carrier，经营空调和暖气事业）、奥的斯（Otis，经营电梯和自动扶梯事业）、普惠（Pratt & Whitney，经营飞机发动机事业）和西科斯基（Sikorsky，经营直升机事业）。[50]中国的电子商务企业淘宝(Taobao)将组织分为三个部门提供三种不同类型的服务：帮助个人买家和卖家建立联系；为零售商将产品销售给顾客提供虚拟市场；为人们提供搜索中国各购物网站的服务。[51]

随着组织变得越来越复杂，组织结构也开始从职能型结构转变为事业部型结构。[52]事业部型结构和职能型结构的区别如图 3-8 所示。职能型结构可以重组为产品事业部结构，每个产品部内设立研究开发、制造、会计和营销等部门。跨职能的协调就这样在各产品部内部得到了强化。在事业部型结构中，因为每个单位的规模较小，能更好地适应环境的需要，因而会促进灵活性和变革。此外，事业部型结构将权力下放到较低的层级，实现了决策的分权化。与之不同，职能型结构总是将决策推到最高层后才能使涉及多部门的问题得到解决。

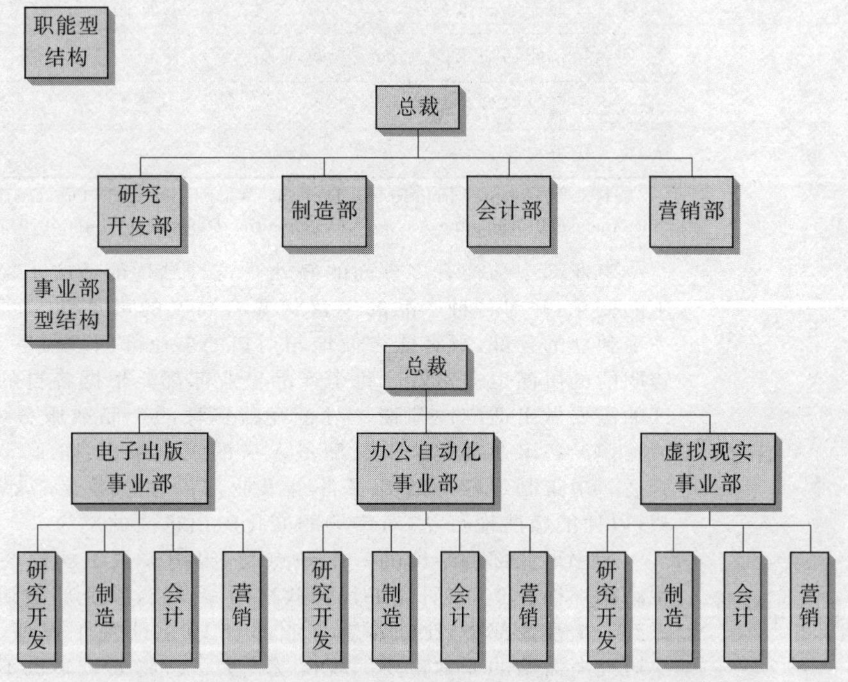

图 3-8　信息技术公司由职能型结构向事业部型结构的重组

表 3-2 概括了事业部型结构的优缺点。这种组织结构形式对于取得跨部门协调有很好的效果。当组织通过传统的纵向层级链不再能得到合适的控制，或者当组织的目标转向以适应和变革为中心时，事业部型结构就非常适用。像通用电气公司、时代华纳、强生公司这样的大型、复杂的企业，都将自己划分为若干小规模的、自我包容的经营单位，以实现更好的控制和协调。这些大公司内部设立的经营单位有时叫作事业部、业务单位或者战略经营单位。例如，强生公司将组织分为三个主要事业部：消费品业务，医疗器械和诊断类业务，制药业务。这三个事业部分布在 57 个国家的 250 个独立的业务经营单位中。[53]为了更好地服务公众，某些美国政府部门也采用了事业部型结构。国内税收署(Internal Revenue Service)就是一个例子。为

变得更具顾客导向,该部门将工作重点转向了告知、教育与服务公众;这些工作主要通过4个独立的、服务不同纳税人群体(个体纳税人、小型企业、大型企业和免税组织)的事业部来实施。每个事业部均有其各自的负责预算、人事、政策和规划的员工,这些员工会为该部门所负责的特定纳税人群体确定最优的举措。[54]

表3-2 事业部型结构的优缺点

优 点	缺 点
1. 适应不确定性环境中的快速变化	1. 失去了职能部门内部的规模经济
2. 产品责任和接触点明确会使顾客满意	2. 导致产品线之间协调差
3. 实现跨职能的高度协调	3. 不利于能力的纵深发展和技术的专业化
4. 使各单位能适应不同的产品、地区或顾客	4. 使跨产品线的整合和标准化变得困难
5. 最适于提供多种产品的大型组织	
6. 决策的分权化	

资料来源:Adapted from Robert Duncan,"What Is the Right Organization Structure? Decision Tree Analysis Provides the Answer",*Organization Dynamics*(Winter 1979),431.

事业部型结构有多方面的好处。[55]这种结构能适应不稳定环境中迅速发生的变化,并对各种产品的经营状况有高度的可见性。因为每种产品都是一个独立的分部,顾客能方便地与对口的事业部门取得联系并产生满意感。跨职能的协调也非常好。每个产品事业部都能根据各自的顾客或所服务地区的需要做出适应性调整。对于经营多种的产品或服务,并拥有足够的人力资源给各事业部职能单位配备人员的组织来说,事业部型结构通常最为合适。决策制定权下放到了各个事业部。每个事业部都保持相当小的规模,以便能敏捷地行动,对市场的变化做出迅捷的反应。

运用事业部型结构的一个缺点是,组织失去了规模经济。不是像职能型结构那样让50名研究工程师共享同一设施,事业部型结构是将这些人分派到5个事业部中,比如每个事业部有10名研究工程师。这样,开展深层次研究所需要的非常重要的规模就丧失了。物质设施也不得不在每一种产品线中重复配置。另一个问题是,各产品线的生产经营相互分立,使跨产品线的协调难以实现。正如强生公司的一位经理所说的:"我们需要不断地提醒自己:我们是在为同一家公司工作。"[56]

一些公司设置了大量的事业部,它们在横向协调方面也面临着严重问题。索尼在数字媒体产品业务上输给了苹果公司,就可部分归结于公司内部糟糕的协调状况。苹果公司(Apple)的iPod已经迅速占领了60%的美国市场,而索尼公司的市场份额仅为10%。数字音乐业务的成功,取决于企业内天衣无缝的协调。目前,索尼的随身听(Walkman)事业部甚至还未意识到部分音乐装置可以运用公司已有的SonicStage软件来制作,因此并没有与音乐下载事业部建立紧密的关系。[57]除非有效的横向协调机制已经到位,否则,事业部型结构会产生许多问题。某个事业部生产的产品或程序可能与另一事业部出售的产品互不相容。顾客如果察觉到一家公司某个事业部的销售代表并不了解其他事业部的新品开发情况，他们就会感到迷惘而最终抛弃这家公司。因此，通过任务小组或其他联系手段取得跨事业部的协调是必需的。此外，技术专业化的缺失也是事业部型结构面临的问题之一。员工所认同的是某条特定的产品线，而不是某项职能专长。比如，研发人员会倾向于从事使该产品线得益的应用研究，而不愿意从事使整个组织受益的基础研究。

由于部门之间缺少协调和配合，微软在进入利润可观的智能手机和平板电脑市场时行动迟缓。高层管理人员为此正在通过重组进行变革，但是重组的规模巨大又困难重重。

应用案例 3-4

微软公司

微软公司越来越难以跟上苹果公司和谷歌公司的发展步伐了。当苹果和谷歌不断有新产品问世并获得热销的时候，微软却像底特律(Detroit)的汽车制造商们一样，开发的产品只是外表光鲜，而实际上却是将要下线的老旧产品。导致微软发展缓慢的一个重要原因是：公司各个部门之间相处不和睦，长期处于交战状态。由于公司内部的各种明争暗斗和权力斗争，用于开发平板电脑和智能手机的技术创新被迫终止、延期或者偏离原来的方向。微软前任首席执行官史蒂芬·巴尔默(Steven A. Ballmer)说："为了提升公司的行动力，我们要将多个微软变成一个微软。"

微软调整了公司的组织结构，将现有的 8 个产品部门重组为 4 个业务单位，以更好地促进协作和团队工作。巴尔默说，组织重构的目标是"推动公司层团队工作的成功"。过去，每个事业部都有自己独立的财务部门和市场营销部门。现在，微软将这些职能部门集中到了公司层面，所有的硬件、软件和服务工作也都在一起进行，以促进不同单位之间更加密切的合作，创造出更加有竞争力的产品。在新的组织结构下，对于任何重大的提议或行动，都会有一名高层人员专门负责，并直接向首席执行官汇报工作，以促进信息的流动，确保所有人朝着相同的方向努力。

在某次电话采访中，微软必应(Bing)及其他互联网业务总裁陆奇(Qi Lu)说，微软之前的组织结构就像是棒球运动，每位员工都各自施展才华。而新型的组织结构则如足球运动，比赛开始之前，所有人都要先拥抱在一起，共同努力。[58]

微软能否将长期以来一直不大和睦的各部门团结在一起，能否让各部门把整体利益放在部门目标之上，还有待观察。由于微软公司的问题变得越来越严重，20 位高层股东从 2013 年 10 月初开始游说董事会，试图迫使比尔·盖茨辞去董事会主席的职位，而微软公司是 38 年前由比尔·盖茨作为联合创始人建立起来的。[59]微软可能会采用多种类型的结构机制，以鼓励公司四大业务单位间的合作，让公司重获辉煌。

协调和合作问题对于全球化企业来说可能更为严重。在全球范围内组织活动的企业，企业各单位之间不仅目标不同，工作活动不同，而且地理位置和时区也不同,文化价值观不同,语言可能也不同。管理者们应该如何同时在国内和全球范围内推动必要的协调与合作呢?协调是信息分享和部门合作的结果。如前所述,管理者们可以对组织系统和结构进行设计,促进横向协调与合作。

地区型结构

结构组合的另一依据是组织的用户或顾客。在这种情况下最常见的结构就是按地区分设经营单位。一国内的不同地区可能会有不同的口味和需要。每个地区单位可以包括该地区产品或服务的生产和销售所需的所有职能。美国女童子军组织(the Girl Scouts of the USA)、人类家园国际组织(Habitat for Humanity)、许愿基金会(Make-A-Wish Foundation)和美国联合慈善基金会(the United Way of America)等大型非营利性组织经常采用这种地区型结构,在总部之下设立半自主性的地方性机构。在这些组织中,国家级机构负责提供品牌、协调筹款活动并担负某些共同的管理职能,而日常控制与决策活动则授权给地方性或地区性机构来运作。[60]世界银行采用了复杂的地区事业部型结构,按照国家和地区划分组织。由于地区之间的协调性和合作性较差,2012年接任世界银行行长的金墉(Jim Yong Kim)制订了一项全面的组织重构计划,提出14项"全球实践",覆盖了组织中的所有部门,全球实践包括农业、能源、教育等,需要跨越银行的不同项目部门、基金部门和地区部门。重构的目标是鼓励各部门间的协调和合作。[61]

跨国公司常常在不同国家或世界的不同地区设立自主经营的业务单位。图3-9是一个化妆品公司的地区结构设计,这种结构形式可以将管理者和员工的精力集中在满足特定地区的顾客需要和销售目标上。沃尔玛的商店按照地理区域进行组织,如沃尔玛日本区、沃尔玛印度区、沃尔玛巴西区、沃尔玛中国区、沃尔玛亚洲区,等等。沃尔玛在美国的业务原本按照职能进行组织,最近,管理者们将美国的业务重组划分为三个地理区域:西部、南部、北部,使沃尔玛在美国的运作更像是国际化运作。使用地区型结构能够帮助企业拓展新市场和更有效地利用资源。[62]

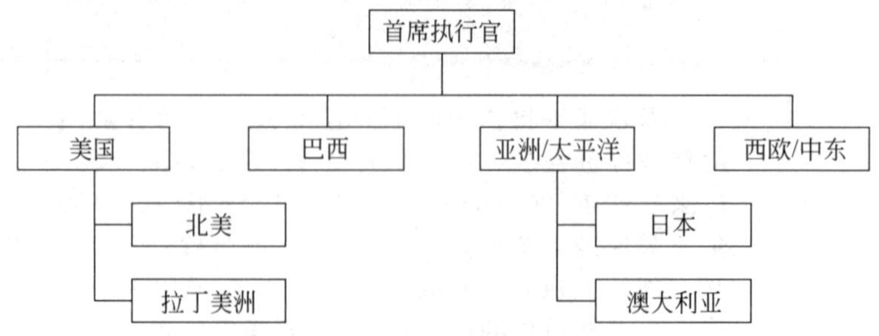

图3-9 化妆品公司的地区型结构

区域分部型结构的优缺点与表 3-2 所示的事业部型结构的组织优缺点相似。具体就是，组织能够适应各自所服务地区的特殊的需要。员工会认同地区目标，而不是国内目标。这种结构强调了地区内的横向协调，而不是跨地区间的或与国内总部的联系。例如，世界银行行长金墉说："当我们询问技术人员花了多少时间为其他地区提供支持时，答案是不到 1%。"

矩阵型结构

有时，组织结构需要多重的组合，比如同时按照产品和职能或者产品和地区进行部门组合。**矩阵型结构**（matrix structure）就是实现这种多重组合的一种方式。[63]矩阵型结构适用于技术专长及产品创新和变革都对实现组织目标有重要影响的场合。或者当组织发现无论职能型、事业部型、地区型结构还是其配以横向联系手段后的结构都难以奏效时，矩阵型结构常常是解决问题的答案。

矩阵是横向联系的一种有力方式。如图 3-10 所示，矩阵组织的独特之处是同时使用产品事业部（横向的）和职能（纵向的）结构。产品经理和职能经理在组织内拥有同等的权力，员工同时向他们报告工作。矩阵型结构与本章前面介绍的运用专职整合人员或产品经理（参见图 3-4）的情况相似。不过，矩阵型结构中的产品经理（横向的）得到了与职能经理（纵向的）同等的正式的职权。

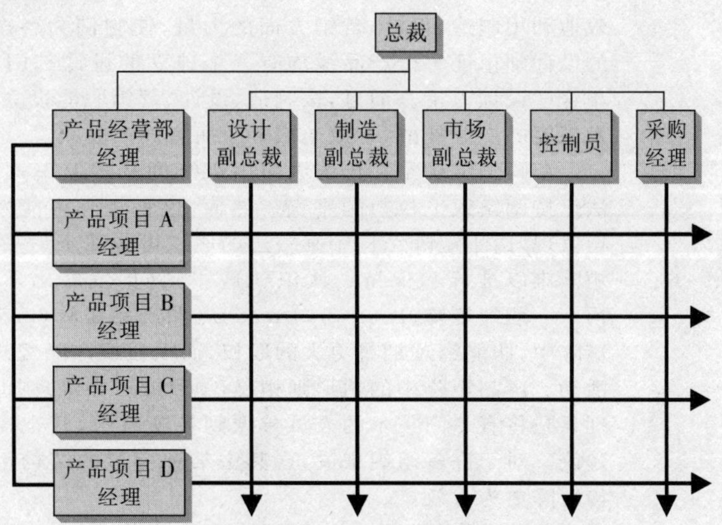

图 3-10 矩阵型结构中的双重职权

矩阵型结构的适用条件

双重职权关系看起来好像是一种非正常的组织设计方式,但在符合下列几个条件时,矩阵型结构就是一种合适的结构设计。[64]

条件1:存在跨产品线共享稀缺资源的压力。这类组织通常只有中等的规模,拥有中等数量的产品线,这些产品线之间存在人力和设备灵活调用和共享的压力。但是,组织的规模还没有大到这样的程度,使组织能给每一条产品线配备专职的工程师。这样,工程师只能以临时调配的方式被指派到各产品线或项目组中。

条件2:环境压力使组织需要提供两方面或更多方面的关键产出,如深度发展的专业技术知识(职能型结构)和不断更新的产品(事业部型结构)。这种双方面的压力意味着组织需要在职能和产品双重职权线上保持权力的平衡,而双重职权结构正是维持这种平衡所需的。

条件3:组织的环境领域不仅复杂,而且充满不确定性。外界的频繁变化和部门之间的高度依存要求组织无论在纵向还是横向上都要具有较高的协调和信息处理能力。

在上述3个条件下,必须使纵向和横向的职权线得到同等的承认。于是便创设了具有双重职权关系的矩阵型结构,以使这两条线之间的权力保持一种均等的平衡。

再回到前面的图3-10。假设一个服装制造公司设立矩阵型结构。产品A是鞋类,产品B是外套类,产品C是睡衣类,如此等等。每一产品线服务于一个不同类别的顾客和市场。作为一个中等规模的组织,该公司必须有效地利用制造、设计、营销方面的力量,使它们为各产品线工作。没有足够的设计师保证每个产品线均有一个独立的设计部门,因而需要跨产品线共享这些设计力量。而且,按制造、设计、营销职能设立部门,也有利于员工开发深度的专业技能,有效地服务于所有的产品线。

矩阵型结构是在传统纵向层级链的基础上正式配备横向的团队,并设法保持两条线上权力的平衡。然而,这种矩阵可能发生某种变形。许多公司发现,由于矩阵结构中某一边的职权可能强于另一边,从而使真正平衡的矩阵难以推行和保持。认识到这一倾向,发展出了两种变形的矩阵型结构——**职能矩阵**(functional matrix)和**产品矩阵**(product matrix)。在职能矩阵中,职能经理拥有更大的职权,而项目或产品经理只是协调各产品线的活动。产品矩阵中的情形则相反,项目或产品经理拥有更大的职权,职能经理只是将有专门技术的人员分派到各项目中,并在需要时提供专业技能的建议。对于许多组织来说,这其中某种变形的结构可能比双重职权线的平衡矩阵更为有效。[65]

各种类型的组织,包括医院、咨询公司、银行、保险公司、政府机构和许多类别的工业企业,都有使用矩阵型结构的经验。[66]这种结构在福特汽车公司、宝洁公司、联合利华公司(Uniliver)和道化学公司(Dow Chemical)这样的组织中已经得到成功的应用,它们使矩阵型结构与其各自特定的目标和文化保持了很好的协调。

矩阵型结构的优缺点

矩阵型结构最适合于环境变化大且目标反映双重要求(如对产品和职能的双重目标要求)的组织。双重职权结构促进了沟通和协调,它是应对迅速变化的环境所必需的。它还促进了产品和职能经理两方面的权力平衡。矩阵型结构也促使人们能对没有预见到的问题展开充分讨论,并做出适当的反应。在只有一条产品线的场合没有必要使用矩阵型结构,而产品线太多又难以迅速地达成两条权力线间的协调。基于我们所了解的运用矩阵型结构的组织的经验,我们将矩阵型结构的优缺点归纳为如表 3-3 所示的几大方面。[67]

表 3-3　矩阵型结构的优缺点

优　点	缺　点
1. 获得满足顾客双重需要所必需的协调	1. 导致员工面临双重的职权关系,容易产生无所适从和混乱感
2. 促使人力资源在多种产品线之间得到灵活的共享	2. 意味着员工需要有良好的人际技能并接受高强度的训练
3. 适应不确定性环境中频繁变化和复杂决策的需要	3. 耗费时间,需要频繁开会协调及讨论冲突解决方案
4. 为职能和产品两方面技能的发展提供了机会	4. 除非员工理解这种模式,并采用像大学那样的而不是纵向的关系方式,否则难以奏效
5. 最适于拥有多种产品线的中等规模的组织	5. 需要做出很大努力来维持权力的平衡

资料来源:Adapted from Robert Duncan,"What Is the Right Organization Structure? Decision Tree Analysis Provides the Answer",*Organizational Dynamics* (Winter 1979), 429.

矩阵型结构的优点之一是:它使组织能满足环境中顾客所提出的双重要求。资源(人力、设备)可以在不同产品线之间灵活分配,这样组织就能很好适应不断变化的外界要求。[68]这种结构还给员工提供了根据自己的兴趣获取职能技能或者一般管理技能的机会。

矩阵型结构的缺点之一是:有些员工面临双重的职权关系,同时向两个上司负责,有时还会面临着相互矛盾的要求。这容易让人产生无所适从和混乱感,特别是当高层管理者未能清晰定义这些员工的角色与责任时。[69]他们需要高超的人际技能和解决冲突的能力,而这可能需要专门的人际关系训练才能获得。矩阵型结构也迫使管理者将大量时间耗费在开会协调上。[70]许多在矩阵型结构中工作的人说,他们每周花两天的时间用来开会,但是会议内容只有 50%是跟他们或者他们的工作相关的。[71]而且,如果管理者不能适应矩阵型结构对信息和权力共享的要求,这一体制也难以奏效。管理者在制定决策中必须相互精诚合作,而不是依赖纵向的职权。应用案例 3-4 介绍了英国一家钢铁公司是如何成功地推行矩阵型结构的。

应用案例 3-4

英格兰人钢铁公司

在人们的印象中,英国钢铁产业是在稳定的确定性环境中发展的。然而,到了20世纪80年代和90年代,过剩的欧洲钢铁产能、经济衰退、小型钢铁厂的出现,以及来自德国和日本钢铁厂商的竞争等彻底改变了英国钢铁业。到世纪之交时,美国的一些传统钢铁厂,如伯利恒钢铁公司(Bethlehem Steel Corp)和LTV公司(LTV Corp)等,都面临着破产的命运。亚洲的米塔尔钢铁(Mittal Steel)和欧洲的头号钢铁厂阿塞洛公司(Arcelor)开始收购其他钢铁公司,试图成为全球钢铁产业巨擘。在这种情况下,小型传统钢铁厂唯一的生存希望就是转向特种钢铁领域。一家小公司可以对特种钢铁展开强有力的营销,并根据顾客需求做出快速调整。这要求公司针对每张订单迅速改变钢铁制造的复杂流程与操作环境——对于大型公司而言无疑是很难办到的。

英格兰人钢铁公司(Englander Steel)有2 900名雇员,年产钢铁40万吨(约为阿塞洛公司年产量的1%)。该公司已有180年的历史了。在其中160年的时间里,公司的职能型结构一直运转良好。然而,随着环境变得更为动荡,竞争更为激烈,公司管理者认识到,他们已经跟不上形势的变化了。公司50%的订单无法如期交货,劳动力、原材料和能源成本的上升侵蚀着公司的利润,市场份额也在不断下降。

通过外部专家的咨询,英格兰人钢铁公司的总裁发现,公司运作已如履薄冰。公司需要在各职能领域内维持规模经济和复杂的专业技能,同时还不得不针对不同市场的需求生产多种高附加值的特制产品。双重的压力使公司最终采用了钢铁企业中少见的解决方案——实行矩阵型结构。

英格兰人钢铁公司有4条产品线:开模锻件、环形轧制产品、车轮车轴以及钢板制造。每条产品线的业务经理均被授予一定的权责,包括为各自的产品线制订业务计划,设定成本、库存、发运日期和毛利等方面的目标。这些经理拥有达成目标所需的职权,同时也就要确保其所负责的产品线能够获利。职能副总裁负责该职能相关的技术决策。职能经理则要跟踪了解其专业领域的最新技术动态,对手下人员进行新技术培训并使这些新技术最终应用于各条产品线。英格兰人钢铁公司每月会接到约2万种特种钢铁和几百种新品类的订单,因此,职能人员的专业技能必须保持与技术发展同步。因为现场销售和工业关系这两个职能部门是独立运作的,因此并没有被纳入矩阵型结构中。这样,最终的设计就是一个具有矩阵和职能两类关系的混合矩阵结构,如图3-11所示。

矩阵型结构的实施进展缓慢。中层管理者一时陷入了混乱之中,跨职能部门的协调会议似乎每天都要举行。在外部咨询顾问进行了大约1年的培训之后,英格兰人钢铁公司才逐渐走上了正轨。现在,90%的订单都能按时交货,失去的市场份额也恢复了。生产率和盈利水平都在稳步上升。管理人员在矩阵型结构的运作中逐渐成熟起来。协调产品和职能决策的会议,使他们的经验不断累积。公司开始在中层管理者中吸收年轻的管理人员参与到矩阵讨论中,试图培养这些年轻人承担起未来的管理责任。[72]

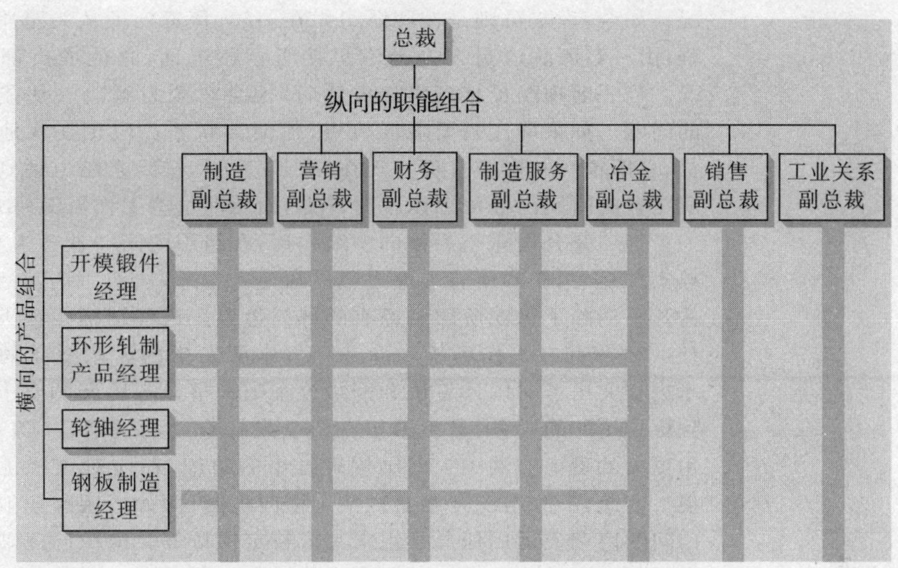

图 3-11　英格兰人钢铁公司的矩阵型结构

这一实例展示了对矩阵型结构的一种正确的应用。保持规模经济和产销 4 种产品的双重压力，使得该公司需要同等地重视职能和产品两条职权线。通过持续的会议协调，英格兰人钢铁公司取得了规模经济和灵活性双重效果。

横向型结构

横向型结构(horizontal structure)是一种最新的组织方式。它是按照核心流程来组织员工的。组织常常是通过再造转化为横向型结构的。**再造**(reengineering)，或称业务流程再造(business process reengineering)，指的是重新设计组织结构，使其由纵向型结构转为按横向工作流和流程来组织。**流程**(process)是指一系列将输入转化为输出、为顾客创造价值的相关任务与活动的组合。[73]订单执行、新产品开发和客户服务都是采用流程方式运作的典型代表。再造改变了管理者对工作应如何完成的想法：与以往将工作划分为不同职能部门中狭窄的职务不同，他们强调的是横向贯穿整个组织的核心流程，将员工按团队组织起来，共同工作、服务顾客。

进步汽车保险公司(Progressive Casualty Insurance Company)是阐述流程结构的一个很好的案例。过去，申请赔保的顾客必须首先将车祸报告给保险代理人，再由保险代理人转给客户服务代表，之后再转给某位理赔经理。接下来，这位理赔经理将与同一领域内的员工共同处理这项索赔，并将其指派给一名理赔员。最终，这名理赔员将定下日程，前往检查车辆损坏情况。如今,理赔员则是按团队组织在一起,负责处理从头至尾的整个理赔过程,由一名团队成员在办公室里接听索赔电话,其他成员都在实地考察情况。当一名理赔员接到索赔电话时,他会尽全力解决一切能通过电话解决的问题。如果确实需要现场检查,他便会联系一位正在实地工作的团队成员,立即预约并安排日程。现在,进步公司从接到索赔电话到完成实地考察所花费的时间已经可以以小时计算,而此前这些工作需7～10天。[74]

当一家公司重组为横向型结构后,在组织内同一业务流程(如理赔或订单实现)上工作的所有人都更容易与他人沟通,从而协调其活动。横向型结构几乎消除了纵向阶层和原有的部门边界。这种结构在很大程度上是过去15～20年间在工作场所和商务环境中所发生的深刻变化的一种反映。技术进步突出了对以计算机和网络为基础的整合与协调的要求。顾客希望得到更快更好的服务,员工希望有机会发挥自己的智慧,并学习新的技能,承担更大的责任。囿于纵向结构思维中的组织,在应对这些挑战时陷入了困境。因此,一些组织开始尝试使用横向机制,例如运用跨职能团队实现各部门间的协调或运用任务小组来完成特定项目等。组织已逐渐从基于职能的层级制结构转变为基于横向流程的结构。

横向型结构的特征

图3-12列示了公司再造后建立的横向型结构,它具有如下特征:[75]

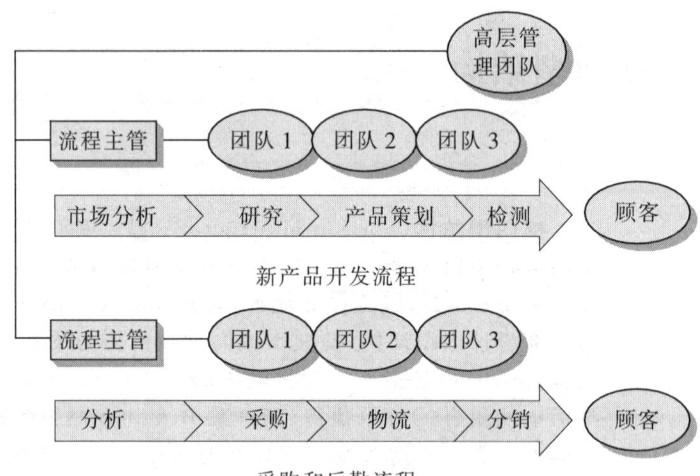

图3-12 横向型结构

资料来源:Based on Frank Ostroff, *The Horizontal Organization* (New York: Oxford University Press, 1999); John A. Byrne, "The Horizontal Corporation", *Business Week* (December 20, 1993), 76-81; and Thomas A. Stewart. "The Search for the Organization of Tomorrow", *Fortune* (May 18, 1992), 92-98.

● 按跨职能核心流程而不是仅仅根据任务、职能或地区来设立结构。这样，就消除了部门之间的界限。例如，福特汽车公司的顾客服务事业部就设立了业务开发、配件供应与物流、车辆维修服务与规划、技术支持等核心流程小组。

● 自我管理的团队取代个人成为组织设计和绩效评估的依据。Schwa是位于芝加哥的一家饭店，它通过一个团队为顾客提供多种套餐，团队成员轮换工作，所以每个团队成员有时是厨师，有时是洗碗工，有时是服务员，有时是电话接线员，有时负责安排预订，有时又在门口接待顾客。[76]

● 流程主管对各自的核心流程负全面责任。以福特公司的配件供应与物流流程为例，有许多团队开展诸如配件分析、采购、物料流和配给等工作，并专门配备了 1 名流程主管来负责协调整个的过程。

● 团队中的成员具有所需的技能、工具和职权，并受到激励，让他们做出对团队绩效有重大关系的决策。团队成员得到多面手的训练，能够完成多种工作。团队需要具备完成一项重要组织任务所必需的综合技能。

● 团队有权自主而独创性地思考问题，并对出现的新挑战做出灵活的反应。

● 顾客推动着横向型组织。组织是按照流程最终的绩效目标（也即基于给顾客带来的价值）以及顾客满意度、员工满足感和财务贡献等指标来衡量效果。

● 组织的文化是一种开放式的，充满信任和合作，并注重持续的改进。这种文化强调对员工的授权和责任，关注员工的前途。

通用电气（GE）位于北卡罗来纳州索尔兹伯里（Salisbury）的工厂，通过转变为横向型结构提高了灵活性，改善了客户服务。

应用案例 3-5

通用电气公司索尔兹伯里工厂

通用电气公司位于北卡罗来纳州索尔兹伯里的工厂（GE Salisbury），生产工业用和商用电气照明仪表板。从前，这家工厂采用的是以职能为基础的纵向结构。由于没有任何两个通用电气的顾客的需求会完全一致，每块仪表板都不得不根据订单配置并生产，因而经常给标准的生产过程带来瓶颈问题。20 世纪 80 年代中期，面对过高的产品线成本、不稳定的顾客服务质量和不断缩水的市场份额，管理人员开始探索新的组织方式，以突出团队、责任、持续改进、授权和顾客承诺等特点。

到 90 年代早期，索尔兹伯里工厂已经完成了向横向型结构的转变，由一系列相互联系的技术多元化的团队负责整个按单定制流程。新结构建立在这样一个目标的基础上，即要“在最短时间内、以最具竞争力的价格生产最高质量的照明仪表板，并提供最出色的服务”。整个流程由 4 支相互联系的团队构成，每支团队包括 10～15 名拥有全套技术、担负各种职能的成员。产品质量控制团队是流程主管（正如图 3-12 展示的一样），负责接收订单、规划、协调生产、采购、与供应商和客户磋商、盘点存货，并保证所有团队都专注于目标的实现。制造团队切割、制造、焊接并油漆构成钢盒的不同零件,这只钢盒将用于盛放电子部件板。他们的工作成果则由电子部件团队验收并组装。同时,电子部件团队还要负责产品装运工作。维修团队负责重型设备的维护保养工作,因此并没有被纳入日常生产流程之中。管理人员成为员工们的参谋、指导者和教练,并将专业人员引入需要的团队中。

横向型结构成功的关键,是所有团队都必须通力合作,并能够获得实现团队目标与流程目标所需的信息。团队能够获得有关销售、积压、存货、人事、生产率、成本、质量的信息与其他数据,且每个团队都会经常性地与其他团队分享自己这一部分流程的信息。联合生产会议、工作轮换以及员工交换培训都是促进整合的一些机制。这些相互联系的团队负有自行设定生产目标、决定生产日程、职责分配以及识别并解决问题的责任。

横向型结构大大提高了生产率与绩效。那些曾经破坏了生产日程的工作流中的瓶颈已被确实消除。产品交付期(lead time)由原先的6周减至2天半。更为细微的但却同等重要的变化,是索尔兹伯里工厂的员工满意度和顾客满意度均获得了提升。[77]

横向型结构的优缺点

横向型结构与其他所有的结构设计一样,都有其优点和缺点。表3-4列示了横向型结构的优缺点。

表3-4 横向型结构的优缺点

优点	缺点
1. 促进组织对顾客需要的变化做出灵活而快速的反应	1. 确定核心流程较为困难,而且耗费时间
2. 将员工的注意力引向为顾客生产和提供价值	2. 要求对组织文化、工作设计、管理哲学、信息和奖酬系统做出变革
3. 每个员工都对组织目标有宽广的认识	3. 传统的管理者可能有阻力,因为他们得放弃权力和职权
4. 促进员工注重团队工作和合作	4. 需要极大地加强员工培训,使他们能在横向型团队环境中有效地工作
5. 通过提供分享责任、制定决策及对结果负责的机会提高员工的生活质量	5. 可能会制约技能的纵深发展

资料来源:Based on Frank Ostroff, *The Horizontal Organization: What the Organization of the Future Looks Like and How It Delivers Value to Customers* (New York: Oxford University Press, 1999); and Richard L. Daft, *Organization Theory and Design*, 6th ed. (Cincinnati, Ohio: South-Western, 1998), 253.

横向型结构最显著的优点是:它因为增进了协调,所以能极大地提高公司的灵活性和对顾客需要的反应能力。这种结构使员工的注意力转到顾客上来,从而在改进生产率、速度和效率的同时也带来了顾客满意度的提升。另外,由于打破了职能部门间的边界,员工对组织目标有了宽广的认识,而不是仅限于单个部门的目标。横向型结构还促使员工注重团队工作和合作,这样会促进团队成员达成一种献身的共识,以实现共同的目标。最后,横向型结构通过提供分享责任和决策的机会,使员工的生活质量得到改善,并促使他们为组织做出更大的贡献。员工一般更喜欢参与一些比较大的项目,而不是小型的部门项目。在洛克希德马丁公司(Lockheed Martin)导弹火控事业部位于亚拉巴马州特洛伊市(Troy)的派克县运营分部(Pike County Operations)里,所有员工都被分配到自我指导小组工作,每个小组有自己的绩效目标,各自制定有关组装和测试导弹系统的决策。派克县运营分部工作小组的准时交货率达到了 100%,顾客拒收率为零。[78]

横向型结构的一个缺点是:它可能给组织带来损害,除非管理者能细致地鉴别出对提供顾客价值起关键作用的核心流程。然而,确定这些流程,再围绕它们进行组织,这些工作如果不能说是困难的,起码也是耗费时间的。而且,实现向横向型结构的转变更加耗时,因为它要求对组织文化、工作设计、管理哲学、信息和奖酬系统做出重大的变革。传统的管理者可能会阻挡这种结构转型,因为他们得放弃权力和职权,转变为教练式的领导者和团队的促进者。员工得通过强化培训,使之能在团队环境中有效地工作。最后,由于工作本质上是跨职能的,横向型结构可能会制约知识和技能的纵深发展,除非采取措施给员工提供保持和提高技术专长的机会。

虚拟网络型结构和外包

组织设计已经超越传统组织边界的概念发展到了横向协调和合作。近年来,将组织部分业务外包给其他企业的组织设计方法越来越流行。[79]**外包**(outsourcing)是指与其他公司签订合同,将本公司的某些职能,如制造、信息技术或信用评估等移交给这些公司来做。

几乎所有的组织都采用了外包这种新的组织设计方法。俄亥俄州立大学(Ohio State University)正在外包其停车系统。加利福尼亚州的梅伍德市(Maywood)决定将从停车执法到街道维护再到公共安全的一切事物外包出去。外包之前,该市警察部门每年的预算近 800 万美元,现在只需要支付大约一半的费用给洛杉矶治安局(Los Angeles County Sheriff's Department),而且居民反映服务有所改善。[80]美国军事部门越来越多地通过私有军事公司承包商处理除战争和安全防卫之外的几乎所有事情。例如,哈里伯顿公司(Halliburton Corporation)的附属公司 KBR 公司(Kellogg Brown & Root)为军事基地的建立和维护提供餐饮和清洗服务。在商业领域,日立公司(Hitachi)电视机的零部件曾经全部是日立自己制造,但是公司现在开始将生产外包,同时也开始寻找关键零部件的外部供应商。美联银行(Wachovia Corporation)将它的人力资源管理项目外包给了翰威特咨询公司(Hewitt Associates)。英国食品零售商桑斯博里(J. Sainsbury's)将其信息技术的相关运作全部交由埃森哲管理咨询公司(Accenture)负责。药品制造商礼来公司(Eli Lilly & Company)有20%的化学类工作是通过在中国建立像化学研究者(Chem-Explorer)这样的实验室来完成的。像印度的维布络公司(Wipro)、法国的S. R.互联企信公司(S. R. Teleperformance)和美国的肯沃基公司(Convergys)等都为全球大型计算机和手机公司管理着呼叫中心并提供技术支持。[81]辉瑞制药公司(Pfizer)正在使用一种新颖的方式,让一些员工通过单击一个按钮把他们的一些工作转交给在印度的外包公司,但不是将所有工作全部转交。这种个人外包的方法允许人们只外包某些乏味且耗费时间的工作,而雇员只需要专注于高附加值的工作。[82]

正如一位观察员所说,"过去,一个公司的运营单位要么是存在于组织内部,和组织密切相关,要么是存在于组织外部,和组织毫不相关"。[83]而现在,这种界限非常模糊,要区分哪些部分属于一个组织,哪些部分不属于这个组织,已经不是那么容易了。IBM公司为许多大型企业提供后台运作服务,但它同时也将它自己的部分活动外包给其他公司,而这些公司又会将自身的一些职能外包给其他组织。[84]

一些组织将外包发挥到极致,就此创造出了虚拟网络型结构。在**虚拟网络型结构**(virtual network structure),或者说模块化结构(modular structure)中,企业签订合同,将许多甚至大部分主要流程外包给不同的公司,并通过一个很小的总部来协调它们的活动。[85]

虚拟网络型结构的运作方式

虚拟网络型组织可被视作外部专业人士网络所环绕的中心。菲利普·罗斯戴尔(Philip Rosedale)可以在他家里或者旧金山周围的咖啡店运行他的"爱心机器"(LoveMachine)。通过"爱心机器",企业员工可以发送推特(Twitter)消息,说"谢谢你"或者"做得漂亮",一旦消息被发送,企业里的每个人都会收到。这种方式可以提升员工的士气。想要使用"爱心机器"的企业可以免费使用它的配套软件。在开发"爱心机器"的过程中,并没有全职研发人员参与,而是由网络自由职业者合作开发而成,这些自由职业者经常做一些创建新功能、修复故障等方面的工作。此外,罗斯戴尔还将薪酬和行政管理等工作也外包了出去。[86]

在网络型结构中,会计、设计、生产、营销和分销等服务不再像原先那样集中在同一个屋顶下或同一个组织中进行,而是被外包给不同的公司,这些公司则运用电子化手段与总公司相联结。分布在全球各地的合作者可以借由联机电脑或网络快速、流畅地交换数据和信息,使得由供应商、制造商、分销商组成的松散网络看起来像是(而且实际上也是)一个无缝对接起来的公司。虚拟网络型结构以自由市场模式代替了传统的纵向层级制。转包商可根据需求的变化流入或流出这一系统。乔治亚州桑迪斯普林斯镇(Sandy Springs)的运营几乎全部由分包商完成。

应用案例 3-6

乔治亚州桑迪斯普林斯镇

位于亚特兰大市(Atlanta)郊区的桑迪斯普林斯镇有 94 000 名居民，但是包括市政执行官约翰·麦克唐纳(John F. McDonough)在内，仅仅有七名正式雇用的城市管理人员。整个城市在统一化的工业园区式管理模式下运行，七名正式雇员由市政府支付报酬，并与外部承包商的员工一起工作，他们看上去并没有什么不同。

例如，如果你去申请一个营业执照，帮你办理此事的是塞文纯水务公司(Severn Trent)的工作人员，这是一家总部在英国考文垂(Coventry)的跨国公司；如果你去申请建筑许可，你需要和合商公司(Collaborative)的工作人员打交道，这是一家总部位于马萨诸塞州波士顿市(Boston)的公司；如果你在废物回收方面遇到问题，你需要和优斯公司(URS Corporation)的工作人员接洽，这是一家总部位于加利福尼亚州旧金山市(San Francisco)的公司。当然，如你所知，所有这些人都在为桑迪斯普林斯市工作。甚至法院的工作和行政管理工作也交由外包商处理。这个城市没有自己的警察机关和火警部门，但是有外包商 IXP 公司运营着 911 电话中心，这是一家总部位于新泽西州克兰伯里(Cranbury)的企业。

桑迪斯普林斯还不是美国外包最多的城市。外包最多的当属加利福尼亚州梅伍德市(Maywood)，这里仅有一名正式雇员，其余的所有事务都通过合同处理。梅伍德市的一位城市议会议员说这种方式提高了城镇运营成本。他说："如果一棵树倒了砸到了一辆车，以前我们会有专门的人负责处理。而现在必须先预约，然后负责此事的人在时间允许的时候才来处理。他们不归我们管，所以很难控制。"桑迪斯普林斯镇市政执行官说他们可以避免这样的问题。他解释道，问题的关键是掌握起草合同的艺术。[87]

当组织采用网络型结构时，处于中心位置的企业控制着那些自己在其中具有世界级实力或难以模仿的能力的流程，而将其他活动——包括相关决策与控制——移交给其他组织。这些合作组织则以自身的想法、资产和工具来组织并完成移交给自己的工作。[88]网络型结构的理念，是企业应当把精力集中在自己做得最好的事情上，再把其他所有事情都交给擅长这些事情的公司，从而以最少的代价做最多的事。[89]例如，"健康心脏"食品公司巧又多(Smart Balance)通过采用虚拟网络结构实现了快速创新和发展。巧又多公司只有大约 67 名员工，但是实际上有将近 400 人在通过外包商和分包商为其工作。每天清晨，公司全职雇员和实际上为公司工作的人员之间会通过电子邮件和电话交换信息，相互之间更新并确认前一天工作进行到什么阶段，以及今天又需要进行哪些工作。公司的高层管理人员花费很多时间管理公司各个方面的关系。[90]

在网络型结构中，正如巧又多公司所采用的，"组织在哪里"这一传统条件下的问题变得很难回答。组织的不同部分被聚集在一起，并通过电子手段进行协调，这等于是创建了一种新的组织形式。就像积木一样，为了满足不断变化的需求,网络中的某一部分可以被添加进去,也可以被拿走。[91]图3-13是诸如巧又多(Smart Balance)之类的公司所采用的网络型结构图的简图,其中某些职能已经被外包给了其他公司。

图3-13 虚拟网络结构举例

虚拟网络型结构的优缺点

表3-5列示了虚拟网络型结构的主要优点与缺点。[92]其优点之一是无论多小的组织都能通过采用网络型结构实现真正的全球化。它们在全球范围内获取资源,实现质量与价格的最优化,再通过下级承包商在全球范围内销售产品与服务。虚拟网络型结构还能帮助新组建的公司或小公司开发新产品和新服务并迅速投入营销,而无须在工厂、设备、仓库或分销设施等方面进行大量投资。虚拟网络型结构非常灵活、反应迅速,能根据需求的变化配置或重新配置资源,并给予顾客最好的服务。全球性的专家网络,使企业可以迅速地开发出新技术。采用虚拟网络型结构的组织能够不断重新定义自己的结构和位置,以迎合产品变化或市场机会。虚拟网络型结构的最后一个优点,是减少了行政管理费用。组织不再需要一大群专业人员和管理人员。所有的管理人才与技术人才都专注于那些能为企业带来竞争优势的关键性活动,其他活动则全部外包。

表3-5 虚拟网络型结构的优缺点

优 点	缺 点
1. 使小型组织能在全球范围内获取人才与资源	1. 管理人员无法对众多的活动与员工进行直接控制
2. 公司无须在工厂、设备或分销设施上大量投资便可即时扩大经营范围	2. 需要花费大量时间来管理与签约伙伴的关系和冲突
3. 组织高度灵活,迅速应对需求的变化	3. 一旦合作组织经营失败或退出该行业,则组织存在着失败的风险
4. 减少了行政管理费用	4. 由于员工感到自己随时会被外部签约服务所取代,员工忠诚度和公司文化可能会很弱

资料来源:Based on Linda S. Ackerman,"Transition Management: An In-Depth Look at Managing Complex Change",*Organizational Dynamics* (Summer 1982),46—66;and Frank Ostroff,*The Horizontal Organization* (New York: Oxford University Press,1999),Fig 2.1,34.

当然，虚拟网络型结构也有不少缺点。其中，最主要的缺点就是缺乏控制。网络型结构将分权运用到了极致。管理人员无法掌控所有企业运作活动，必须依赖合同、协调与谈判才能将这些活动整合起来。这就意味着，企业花费在关系管理和解决冲突上的时间会大大增加。康耐斯品牌公司(K'Nex Brands)是坐落在费城附近的一家生产玩具的家族企业，该公司已经将大部分原本交由中国等国家分包商生产的塑料拼装玩具业务转移回了国内，以便更好地控制质量和材料。家长们越来越关注海外工厂所产玩具的安全性问题，加之中国劳动力成本和运输成本上升，康耐斯的管理者们认识到，将生产转移回国内，会产生一定的竞争优势。[93]

评价你的答案：

3. 高层管理者会对组织关键工作单位的活动加以控制，而不是承包给其他公司，这种做法是很明智的。

答案：*不同意。虚拟网络和外包形式的组织已经开始流行，因为它们有更好的灵活性，能够对快速变化的环境做出及时响应。根据情况的变化，组织可以增加或取消外包部门。对管理者来说，在内部控制所有活动会更方便，但是这样会降低灵活性。*

虚拟网络组织的另一个主要缺点是，一旦其他合作组织未能成功交货、有工厂遭遇火灾或是退出了原有行业，组织便会立刻面临失败的风险。此时，总部组织的管理者必须迅速行动、找出问题所在并做出新的安排。最后，从人力资源的角度来看，出于对职业安全的关注，网络型组织的员工忠诚度也许会很低。员工们会感到自己随时可能被外部签约服务所取代。此外，企业也很难培育出有凝聚力的企业文化。组织与员工之间的情感承诺较低，离职率也会相应增加。在改变产品、市场和合作伙伴时，为获得恰当的技术与能力组合，组织可能随时需要将现有员工重新洗牌。

混合型结构

实际上，现实中许多结构并不是以我们本章介绍的纯粹的形式存在的。尤其是在今天复杂的商务环境中，多数大型组织通常使用**混合型结构**(hybrid structure)将各种组织形式的特点综合起来，以适应特定的战略需要。许多公司就将职能型、事业部型、地区型、横向型和虚拟网络型结构的特点结合起来，利用了各种结构的优点，同时避免了其某些缺点。混合型结构倾向于在迅速变化的环境中得到应用，因为它给组织提供了更大的灵活性。

常用的一种混合型结构是将职能型和事业部型结构的特点结合起来。当一家公司成长为大公司并拥有多个产品或市场时，通常需要重组成为某种自我包容的单位。对某一产品或市场的经营具有重要性的职能，就需要分散而纳入该自我包容的单位中。但某些相对稳定不变且要求规模经济和纵深专业化的职能则集中在总部。例如,星巴克公司有大量的地区事业部,但是其市场营销、法律、供应链管理等职能是集中到总部的。[94]再例如,太阳石油制品公司(Sun Petroleum Products Corporation,SPPC)重组为混合型结构后,对市场的变化表现出了更好的反应能力。图3-14第1部分所示的是该公司新近采用的混合型结构。它创设了3个主要产品事业部——燃料、润滑油、化学制品。每个事业部服务于各自不同的市场,要求采取不同的经营战略和管理方式。在重组后的结构中,每个产品部副总裁都负责掌管该产品生产经营的各项职能,包括营销、计划、供应和配送以及制造等。然而,像人力资源、法律、技术和财务等活动则是集中在总部的职能部门,以保持规模经济。这些职能部门均向整个组织提供服务。[95]

另一种混合方式是将职能型和横向型结构的特点结合起来,这在今天已经得到越来越多的运用。例如,福特汽车公司的顾客服务事业部,就是运用这种混合型结构的一个实例。该事业部拥有12 000名员工,在全球范围开展业务,为近15 000个商家服务。从1995年开始,福特公司就推行了"福特2000"计划,旨在使其成为21世纪世界领先的汽车企业。高层经理人员逐渐开始明显地关注顾客服务中的各种抱怨。他们相信横向型模式提供了一个绝好的机会,使公司能以更快、更有效并且整合的方式提供顾客服务。图3-14第2部分就是福特顾客服务事业部混合型结构的局部示意图。该事业部内设立了数个横向联结的小组,它们由具有多样技能的团队组成,集中完成诸如配件供应与物流(获得配件并快速、高效地向商家供货)、汽车维修服务与规划(收集和传递有关汽车维修的信息)、技术支持(确保每一个服务部门收到最新的技术信息)等核心流程。每个流程组任命一名流程主管负责确保各团队实现总体的目标。福特的顾客服务事业部,在诸如财务、战略与沟通、人力资源职能上仍保留职能型结构,这些部门为整个事业部提供服务。[96]

在福特公司这样的大型组织中,管理者必须运用多种结构特点来满足整个组织的需要。例如,和许多大型组织一样,福特公司也将一些非核心活动外包出去了。与纯粹的职能型、事业部型、横向型或虚拟网络型结构相比,混合型结构更经常地得到应用,因为它提供了各种结构的某些优点,而又克服了其某些缺点。

结构设计的应用

每种类型的结构都适用于不同的情境条件,满足不同的需要。在对各种结构的描述中,我们初步了解了环境稳定或变化、组织规模等与结构相关联的情境条件。每种形式的结构——职能型、事业部型、矩阵型、横向型、网络型、混合型——都是帮助管理者改进组织效果的一种工具,其有效性如何取决于特定情境条件的要求。

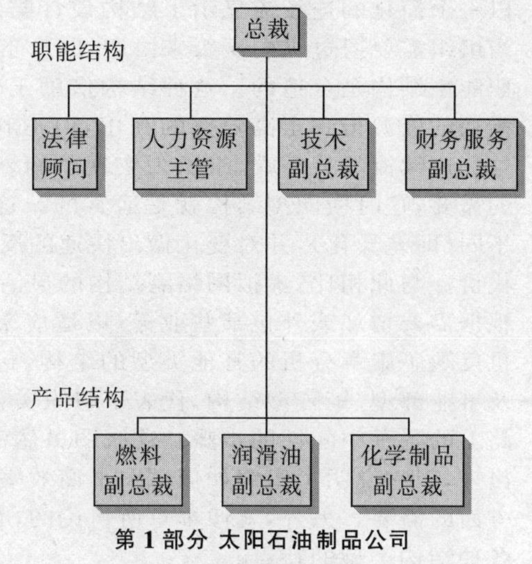

第 1 部分 太阳石油制品公司

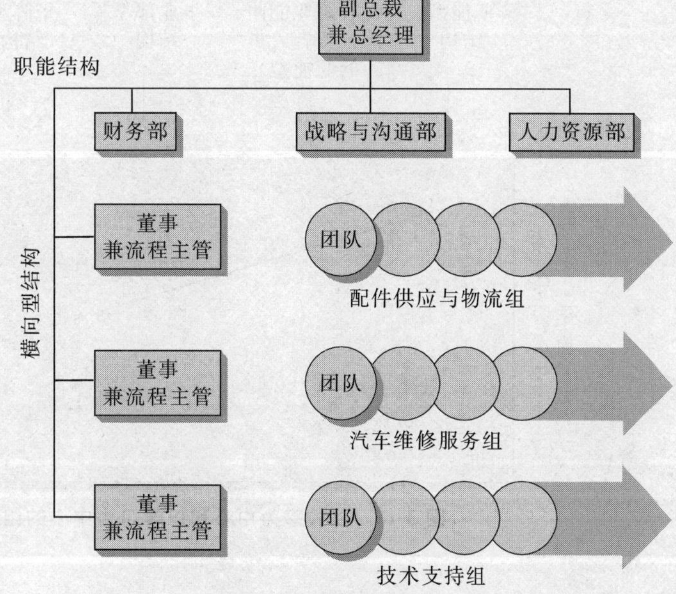

第 2 部分 福特顾客服务事业部

图 3-14　两种混合型结构

结构的连续流

从根本上说，管理者有关结构设计的最重要决策是找到纵向控制与横向协调之间的合适的平衡点，而这取决于组织的需要。纵向控制是与效率和稳定性目标相关的，横向协调则与学习、创新和适应性相关联。图 3-15

以一个简化的连续流显示了结构设计与纵向控制和横向协调之间的关系。当组织需要通过纵向层级来协调,以及当效率对实现组织目标至关重要时,职能型结构是合适的。这种结构借助于任务的专业化和严格的指挥链,使稀缺的资源得到了高效率的利用,但不利于组织获得灵活性和创新性。在这一连续流的另一端,组织为实现创新、促进学习,对跨职能协调有高强度的需要,这时横向型结构就是适宜的。这种结构促进组织实现自己的与众不同(即差异化),并对变化做出快速的反应,但是它要以资源的有效利用为代价。与此相比,虚拟网络型结构的灵活性更高,反应速度更快。组织可以根据需要增加或外包某些业务,以适应来自于环境和市场的变化。图3-15也反映了本章分析的其他类型的结构,包括配备横向联系手段的职能型以及事业部型、矩阵型结构,代表了组织实现效率或者实现创新与学习这条道路上的各种中间性的步骤。这张图虽然没有把所有可能的结构设计都反映出来,但它说明了组织如何试图平衡效率和纵向控制、创新和横向协调这两方面的需要。另外,就像本章所讨论的,有许多组织使用混合型结构来综合各种结构类型的特点。

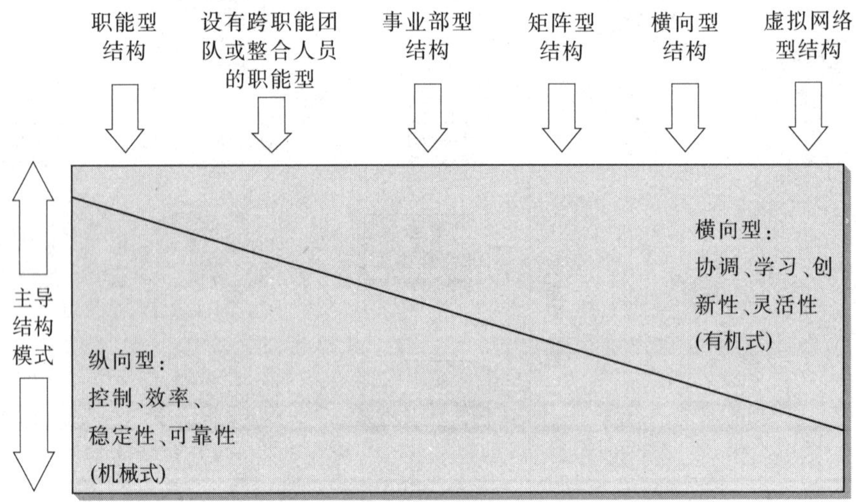

图3-15 以效率为中心和以学习为中心的组织结构的关系

结构无效的症状

高层经理人员要定期评价组织结构,判别这种结构是否适合组织变化的需要。许多组织在试用了一种组织结构后,又重组为另一种结构形式,为的是找到内部报告关系和外部环境需要之间的更恰当的匹配。作为一般规则,当组织结构不适合组织的需要时,会出现以下一个或多个**结构无效的症状**(symptoms of structural deficiency)[97]:

- 各单元之间缺少协调。有效的组织结构应该能够鼓励协作,并能将冲突性的部门目标汇总成一整套组织整体目标,以便达到组织目标。

当各部门按不同的目标各行其是，或者处于一种为完成部门目标而牺牲组织整体目标的压力之下时，这样的结构就存在问题。比如，缺乏适当的横向联系机制。

- 决策迟缓或质量不高。由于组织层级汇聚太多的问题和决策给决策者，他们可能负担过重。这可能是向低层的授权不足所致。另一个导致决策质量不高的原因是，信息可能没有传达给合适的人。该组织中无论纵向还是横向的信息联系，可能都不足以保证决策的质量。
- 组织不能创造性地对环境的变化做出反应。部门之间没有横向地协调起来，这是缺乏创新的一个原因。营销部门对顾客需要的识别，必须与研究部门对技术进步的认识协同一致。组织结构中也应该将包括环境监测和创新的职责明确地纳入部门的职责范围。
- 员工绩效下降以及目标无法实现。由于组织的结构无法提供清晰的目标、责任和协调及合作机制，可能导致员工绩效的降低。组织结构应该能够反映复杂的市场环境，并能够让员工有效地在组织内工作。

设计要点

■ 组织结构必须对组织起到两方面的作用：一方面是提供职责、报告关系和部门组合的框架；另一方面是提供联结和协调组织要素使之成为一个和谐的整体的机制。组织结构反映在组织图中。但将组织联结为一个和谐的整体，除了需要组织图外，还需要运用信息系统和各种联系手段。

■ 可以根据实现组织目标对信息处理的要求，合理地设计组织结构，以便提供所需的纵向和横向信息联系。管理者可以在两类方案中做出选择：一是依照传统的以效率为中心的组织设计，强调诸如层级、规则与计划、正式信息系统等纵向的联系（机械式设计）；二是采用现代的学习型组织设计，强调横向的沟通和协调（有机式设计）。对今天的大多数组织来说，纵向沟通已经不够了。组织可通过跨职能信息系统、不同部门管理者之间的直接接触、临时性任务小组、专职整合人员和团队等来取得横向联系。

■ 将员工和部门组合为整体结构设计的方式，包括职能型组合、事业部型组合、多重组合以及横向型组合。对职能型、事业部型或横向型结构的选择，决定了组织在何种状态下取得最大的协调和整合。选用职能型和事业部型结构时，管理者也需要配以横向沟通手段，以弥补纵向联系的不足，从而将各个部门、层级整合为一个组织整体。采用横向型结构时，活动是围绕核心工作流程来加以横向组织的。

■ 虚拟网络型结构拓展了跨越传统组织边界的横向协调与合作的含义。处于网络中心位置的企业仅仅运作某些核心活动，其他职能与活动则外包给签约伙伴。

■ 矩阵型结构则试图在结构的纵向和横向两方面达到一种均等的平衡。当然，许多组织并不以某种纯粹的结构形式存在，而是采用混合型结构,将两种或多种结构的特点结合起来。

■ 管理者应该在纵向控制和横向协调之间寻求正确的平衡。组织结构无效的表现主要包括:决策滞后、缺乏创新和员工低绩效。

■ 最后,组织图不过是在一张纸上绘制出的一些线条和方框。设计一种新的组织结构不一定能解决组织的问题。组织图仅仅反映了人们应该做什么以及他们的职责是什么。组织图的目的在于鼓励和指导员工的工作活动和信息沟通,以促进组织实现其目标。组织图显示的是结构,而员工展现的是行为。组织图是鼓励人们协同工作的一个指针,但还必须靠管理来推行这种结构,使之得到实现。

关键概念

集权(centralization)
协作(collaboration)
分权(decentralization)
部门组合(departmental grouping)
事业部组合(divisional grouping)
事业部型结构(divisional structure)
职能组合(functional grouping)
职能矩阵(functional matrix)
职能型结构(functional structure)
横向组合(horizontal grouping)
横向联系(horizontal linkage)
横向型结构(horizontal structure)
混合型结构(hybrid structure)
整合人员(integrator)
联络员角色(liaison role)
矩阵型结构(matrix structure)
多重组合(multifocused grouping)
组织结构(organization structure)
外包(outsourcing)
流程(process)
产品矩阵(product matrix)
结构(structure)
再造(reengineering)
关系式协调(relational coordination)
结构无效的症状(symptoms of structural deficiency)
任务小组(task force)
团队(teams)

纵向信息系统(vertical information system)
纵向联系(vertical linkages)
虚拟网络组合(virtual network grouping)
虚拟网络结构(virtual network structure)
虚拟团队(virtual team)

讨论题

1. 组织结构的定义是什么？组织图能表示出组织结构吗？请解释。

2. 什么时候应优先选用职能型结构而不是事业部型结构？

3. 大公司倾向于运用混合型结构，为什么？

4. 传统的以效率为中心的组织设计与现代的学习型组织设计有哪些主要的区别？

5. 任务小组与团队之间有何不同？联络员与整合人员之间呢？这其中哪一种提供了最强有力的横向协调？

6. 作为一个管理者，你应该如何提高组织的关系式协调水平？

7. 组织采用矩阵型结构时通常要具备什么条件？

8. 一家消费品公司的经理说："我们通过品牌经理职位培养未来的经理人员。"你是否认为品牌经理职位是一种很好的培训方式？试讨论。

9. 为什么采用横向型结构的企业拥有一种开放式的并强调对员工的授权与责任的组织文化？依你看来，在以横向方式组织的企业中，管理者的工作会是什么样的呢？

10. 描述一下虚拟网络结构。与将所有职能活动都置于组织内部相比，运用虚拟网络结构有哪些优缺点？

练　习

组织结构与你[98]

为了更好地理解组织结构在你日常生活中的重要意义，请做下面的练习。

请选择下面的一种组织，展开你的组织工作：

1. 一家打印复印店
2. 一家旅行社
3. 一家海边旅游胜地的运动器械(如喷气式水艇或机动雪橇)出租店

4. 一家面包房

背景知识

组织是获得一定的权力以影响不可靠的环境的一种方式。环境为组织提供了各种投入物,包括原材料、人力资源、财力资源等。组织则利用技术生产出某种产品或服务。这些产出要输送给顾客,即必须尽力培育的一组特定的人群。环境和技术的复杂性决定了组织的复杂性。

策划你的组织

1. 用几句话写出组织的使命或目的。

2. 为实现这一使命需要做哪些具体的事情?

3. 根据上题的具体列项,画出组织图。图中各职位将完成某一特定的任务,或者对某种结果负责。

4. 你的组织将进入第3年的运营,业务非常成功,你打算在几英里之外的地方开设第二个业务点。你在两个商业点同时经营业务会遇到什么问题?画一个组织结构图,将两个商业点都包括进去。

5. 5年过去了,你的商业点已经在两个城市增加到了5个,你如何同时经营这5个商业点?在运营中会出现什么样的控制和协调问题?更新你的组织结构图,解释你为什么这么做?

6. 20年以后,你的商业点已经在5个州发展到了25个,有哪些事情和问题需要通过组织结构来处理?为现在的组织画一张组织结构图,指明谁对顾客满意度负责、你如何获知顾客需求、信息流如何在组织中流动等。

教学案例

C&C 杂货店公司(C&C Grocery Stores, Inc.)[99]

第一家C&C杂货店是1947年由道格·库明斯(Doug Cummins)和他的兄弟鲍勃(Bob)开办的。他们俩都是退伍军人,都想自己做一些生意。于是,他们用自己的积蓄在北卡罗来纳的夏洛特开设了一家小杂货店。这个杂货店很快获得了成功。该店的地理位置好,而且道格·库明斯有一种好胜的个性。杂货店的员工都奉行道格的不拘礼节的风格和"服务顾客"的态度。C&C杂货店不断增大的顾客群能在这里买到丰富多样的新鲜肉和农产品。

到1997年,C&C杂货店公司已经开设了超过200家的分店。新店一律采用标准化的店面布置。1985年,公司总部从夏洛特搬到了亚特兰大。C&C公司的组织图如图3-16所示。设在亚特兰大的中心办公室处理所有连锁店的人事、推销、财务、采购、不动产和法律事务。就每家分店的管理而言,其组织结构是按地区设立的,南部地区、东南区、东北区的每个事业部都下辖有约20家分店。因此,每个地区又进一步分成5个片区,每个片区内有 10～15 家分店，片区主管负责该区内这 10～15 家分店的监督和协调活动。

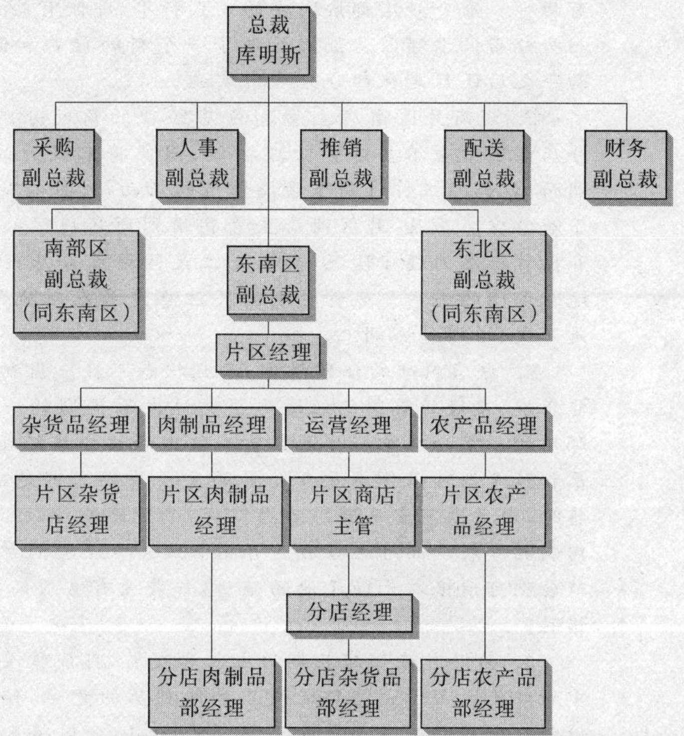

图 3-16　C&C 杂货店公司的组织结构图

每个片区内则按职能专长分设 4 条职权线，其中 3 条直接伸到分店。每家分店的农产品部经理直接对片区事业部的农产品专家负责；肉制品经理也同样如此，即直接向该片区域的肉制品专家报告工作。肉制品和农产品经理都对所有与易腐食品有关的供应和销售活动负责。分店经理的职责包括杂货品的销售、前端部门管理和商店运营。分店经理对员工表现、商店整洁、付款服务和价格准确度等负责。杂货品经理向分店经理报告工作，并维持所售杂货品的库存和上架。片区各类货品推销办公室负责促销活动、广告宣传材料、片区内的广告宣传活动以及吸引顾客进店的其他措施。片区各货品经理被要求使货品推销活动与片区内各店的销售活动协调一致。

在 1980—1981 年经济衰退时期，C&C 连锁店在所有地区的销售都下降了，并且在 1983—1984 年经济好转期，销售额也没有提高。这使高层经理人员万分担心。他们也察觉到其他连锁超级市场中正出现一种一次购物的趋势，即包括了药品、干货、杂货等多品类产品的综合性销售，就像一个百货商店那样。C&C 公司的经理人员不知道是否应该朝这个方向转变，这种改变又如何融合到目前的商店组织体系中。但最为迫切的问题还是怎样增进他们现有百货店的业务。他们从一所著名大学请来了一个咨询组调查公司的组织结构和运营。

咨询人员拜访了各个地区的许多家连锁店，同大约 50 位经理和员工做

了交谈。他们写出了一份报告,指出了商店经理们必须重视的4个问题:

1. 连锁店对变化的反应迟缓。商店布置和结构均与15年前的设计没有两样。每个分店都按同样的方式行事,即便有些分店是地处低收入区,另一些分店位于郊区。虽然开发了一个新的订购和储存的货品管理系统,但两年之后还只是在部分分店中实施。

2. 现有片区商店主管和分店经理的角色分工导致了各方面的不满。分店经理希望学些综合管理技能,以便将来提升为片区或地区管理人员。然而,他们的工作仅局限于操作性的活动,对推销及肉制品和农产品的管理了解甚少。而且,片区商店主管利用到商店视察的机会检查各分店的整洁和操作标准的遵守情况,而不是立足于培养分店经理和帮助协调与易腐品运营部门的关系。运营管理的关注点是放在对操作细节的密切监督,而不是开发、培训和协调上。

3. 分店内部的合作很少,而且状态不良。当初道格·库明斯所营造的非正规、友好的氛围已经消失了。这方面问题的一个例子发生在路易斯安那州的一家分店中。片区杂货店经理和该分店经理决定为促销而将可口可乐和节食型可乐作为亏本销售的主要货品。可是,当上千箱的可乐送来销售时,由于腾不出足够的库存空间,导致无处堆放。分店经理想动用一层的肉制品和农产品厅来摆放可乐箱,但这些经理们都反对。农产品部经理说节食型可乐根本无助于他的销售,如果没有这项促销活动,他的销售也是不错的。

4. 为促进连锁店长期的成长和发展,可能需要对公司的长期战略进行重新评价。由于大型超级商店和便利店的竞争,传统杂货店所占有的市场份额在全国范围内都普遍下降了。C&C公司将来可能需要引入非食品项目以为顾客提供一次购物的方便,并在商店内添加些专卖品。有些分店可以仍然只销售杂货品,但其商店位置和营销技巧也就应该充分突出杂货业经营的特点。

为解决前3个问题,咨询组建议按照图3-17所示的片区和商店组织结构进行重组。在这一重组后的结构中,肉制品、杂货品和农产品部经理均向分店经理报告工作。分店经理将拥有全面控制该分店的权力,并负责协调本店内所有的活动。片区主管的角色将从监督转向培训和开发。他将率领一个团队,团队由他本人及若干肉制品、农产品和推销专家组成,到管辖区域内的各商店拜访,以一个团队的方式提出建议,并为分店经理和其他员工提供帮助。这个团队将在片区专家和各分店之间起一种联络员的作用。

咨询组对他们所提议的组织结构充满信心。取消了片区运营监督这一管理层级,分店经理将拥有更大的自主权和责任。片区联络团队将建立一种新型的集体协作管理方式并在各分店中实施。将分店经营的权责集中于一个经理身上,这将促进商店内部的协调,同时使各店的经营更适合当地的情况,并为整个商店的管理变革提供一个明确的责任人。

咨询组同样相信,如果将来要增扩一些商店,他们所提议的组织结构也可以做些扩展而将那些新增的非杂货业务融入进来。每个分店内可增设一名分部经理,负责管理药品、干货或其他的新增业务。在片区联络团队中,也可以增加新业务专家,由他们作为该片区内各商店的联络员。

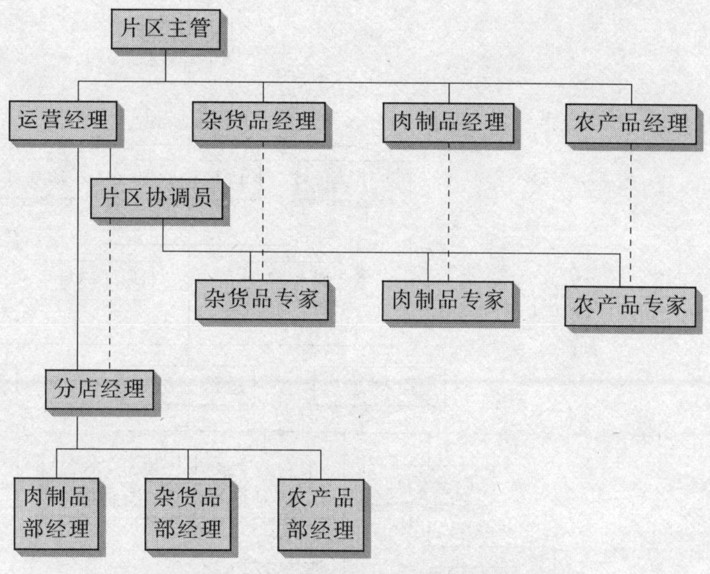

图 3-17 C&C 杂货店公司的结构重组建议

宝瓶宫广告代理公司(Aquarius Advertising Agency)[100]

宝瓶宫广告代理公司是一家中型企业。它为客户提供两种基本服务：(1)按客户需要策划广告宣传的内容(如广告语、广告版面设计)；(2)制订媒体(如广播、电视、报纸、露天广告牌、杂志等)的全套计划。此外，该公司还有另一些服务项目，包括提供市场营销和产品分销方面的帮助以及进行广告效果检测的市场调研等。

该公司的业务是按传统的方式组织的。其正式组织图如图 3-18 所示。每一个部门中都包括若干类似的职能。

每一个客户的服务都由一名客户经理来协调。他在客户和公司内多方面专家，包括广告制作、市场营销部门的职业人员之间起联络官的作用。客户和专家之间、客户和客户经理之间以及专家和客户经理之间的各种直接沟通和接触如表 3-6 所示。公司为咨询顾问在开展正式和非正式沟通方式研究中收集了有关的社会学测量的数据。宝瓶宫职员和客户之间的每个交叉格的数据就反映他们之间直接接触的频度。

尽管客户经理被任命为客户和公司内各专家间的联络官。然而，避开该联络官而发生的客户代表和专家之间的直接沟通实际相当频繁。这类直接接触包括了范围广泛的互动方式，如会议、电话、信件等。大量的直接沟通也发生在宝瓶宫公司专家和其客户单位的专家之间。例如，作为某一特定客户服务项目团队的一个成员而工作的美术专家，会经常直接与客户单位内部的美术专家接触；公司的研究人员也与客户企业的研究人员直接沟通。另外，未经正式安排的某些接触还经常导致召开一些与客户的较为正式的会议。在这样的会议上，宝瓶宫广告代理公司职员会发表一些演讲，向客户解释公司的政策并作些辩护，同时会承诺公司将采取某些行动。

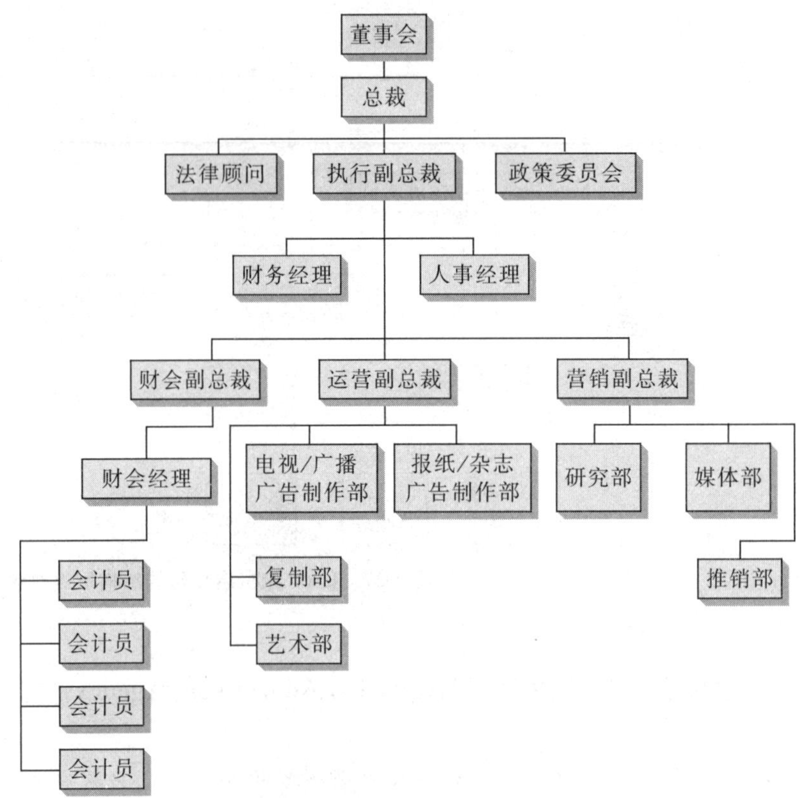

图 3-18 宝瓶宫广告代理公司组织图

在广告制作和市场营销部门内的各业务部门中,职权层级关系和专业系统关系两条线同时并存。从职权层级链看,每个业务部门中都配有一位主管和一位助理主管,下辖若干层级单位。与此同时,专业系统内的沟通也广为发生,这主要涉及有关知识和技术的共享、工作的专业评价和职业兴趣的开发等。宝瓶宫广告代理公司中对每一个部门的控制主要是通过对下级所做工作的监督和有限制的提升来实施的。然而,许多客户经理觉得他们需要有更强的影响力。其中一个这样说道:创造力和艺术,这是我在这里听到的所有的一切。就像遇到六七个艺高而自负的人,他们声称只做自己的事情,你要有效地管理他们不知有多困难。他们每一个都想将自己的想法推销给客户,而他们这样做的大部分情况我都一无所知,直到一周后我才知道发生了什么事情。如果我是个有足够权力的管理者,我会要求他们所有人都首先同我商量,得到我的批准。这样,这里的事情才能确实有改变。

环境的变化使公司的重组需要更加迫切。在一段很短时期内,宝瓶宫广告代理公司的大客户就发生了迅速的流动。伴随着消费行为和生活方式的改变以及频频的产品创新,没有事先征兆就很快地失去或得到客户,这已成为广告代理商通常面临的现实。

宝瓶宫广告代理公司的重组是高层管理者提出的一个解决方案,目的是增强公司在这种无法预见环境中经营的灵活性。这项重组活动的目标是,

表 3-6　宝瓶宫职员和客户间接触的社会学量值

客户/职员	客户	财会经理	会计员	电视/广播专家	报纸/杂志专家	复制专家	艺术专家	推销专家	媒体专家	研究专家
客户	X	F	F	N	N	O	O	O	O	O
财会经理		X	F	N	N	N	N	N	N	N
会计员			X	F	F	F	F	F	F	F
电视/广播专家				X	N	O	O	N	N	O
报纸/杂志专家					X	O	O	N	O	O
复制专家						X	N	O	O	O
艺术专家							X	O	O	O
推销专家								X	F	F
媒体专家									X	F
研究专家										X

说明:F 代表经常——每天;O 代表偶尔——每个项目一两次;N 代表零次。

缩短公司对环境变化的反应时间,增进各部分专家之间的合作和沟通。公司高层管理者并不明确哪一种重组方案是最适合的。因此,他们希望你能对其公司所处的环境和目前的组织结构做一分析,并欢迎你提出一个新的组织结构建议。

注　释

1. Phred Dvorak and Yoshio Takahashi, "Nissan Pins Revival on Leadership Trio," *The Wall Street Journal Online*, November 21, 2013, http://online.wsj.com/news/articles/SB10001424052702304607104579211641207439728 (accessed February 24, 2014).
2. Annie Lowrey, "World Bank, Rooted in Bureaucracy, Proposes a Sweeping Reorganization," *The New York Times*, October 7, 2013, B2.
3. Dan Carrison, "Borrowing Expertise from the FBI," *Industrial Management*, May–June 2009, 23–26.
4. Reported in Brad Stone, *The Everything Store: Jeff Bezos and the Age of Amazon* (New York: Little, Brown, 2013), 168–169.
5. Pete Engardio with Michael Arndt and Dean Foust, "The Future of Outsourcing," *BusinessWeek*, January 30, 2006, 50–58; "Working with Wyeth to Establish a High—Performance Drug Discovery Capability," Accenture website,

http://www.accenture.com/SiteCollectionDocuments /PDF/wyeth (accessed July 18, 2011); and Ira Spector, "Industry Partnerships: Changing the Way R&D Is Conducted," *Applied Clinical Trials Online*, March 1, 2006, http://appliedclinicaltrialsonline.findpharma.com /appliedclinicaltrials/article/articleDetail.jsp?id=310807 (accessed July 18, 2011).

6. Carol Hymowitz, "Have Advice, Will Travel; Lacking Permanent Offices, Accenture's Executives Run 'Virtual' Company on the Fly," *The Wall Street Journal*, June 5, 2006, B1.
7. John Child, *Organization* (New York: Harper & Row, 1984).
8. Stuart Ranson, Bob Hinings, and Royston Greenwood, "The Structuring of Organizational Structures," *Administrative Science Quarterly* 25 (1980), 1–17; and Hugh Willmott, "The Structuring of Organizational Structures: A Note," *Administrative Science Quarterly* 26 (1981), 470–474.
9. This section is based on Frank Ostroff, *The Horizontal Organization: What the Organization of the Future Looks Like and How It Delivers Value to Customers* (New York: Oxford University Press, 1999).
10. Stephen Salsbury, *The State, the Investor, and the Railroad: The Boston & Albany, 1825–1867* (Cambridge: Harvard University Press, 1967), 186–187.
11. "The Cases of Daniel McCallum and Gustavus Swift," Willamette University, http://www.willamette.edu/~fthompso /MgmtCon/McCallum.htm (accessed July 29, 2011); "The Rise of the Professional Manager in America," *ManagementGuru.com*, http://www.mgmtguru.com/mgt301 /301_Lecture1Page7.htm (accessed July 29, 2011); and Alfred D. Chandler, *Strategy and Structure: Chapters in the History of the American Industrial Enterprise* (Cambridge, MA: Massachusetts Institute of Technology Press, 1962).
12. David Nadler and Michael Tushman, *Strategic Organization Design* (Glenview, IL: Scott Foresman, 1988).
13. William C. Ouchi, "Power to the Principals: Decentralization in Three Large School Districts," *Organization Science* 17, no. 2 (March–April 2006), 298–307.
14. Sarah Lyall, "Britain Plans to Decentralize Health Care," *The New York Times*, July 24, 2010, www.nytimes. com/2010/07/25/world/europe/25britain. html?pagewanted=all (accessed August 14, 2012).
15. Hiroko Tabuchi and Bill Vlasic, "Battered by Expensive Crises, Toyota Declares a Rebirth," *The New York Times*, January 3, 2013, B1.
16. Ibid.
17. Andrew Campbell, Sven Kunisch, and Günter Müller-Stewens, "To Centralize or Not to Centralize?" *McKinsey Quarterly*, June 2011, www.mckinseyquarterly.com/To_centralize_or_ not_to_centralize_2815 (accessed August 14, 2012).
18. Ibid.; and "Country Managers: From Baron to Hotelier," *The Economist*, May 11, 2002, 55–56.
19. Based on Jay R. Galbraith, *Designing Complex Organizations* (Reading, MA: Addison-Wesley, 1973), and *Organization Design* (Reading, MA: Addison-Wesley, 1977), 81–127.
20. George Anders, "Overseeing More Employees—With Fewer Managers," *The Wall Street Journal*, March 24, 2008, B6.
21. Thomas Kayser, "Six Ingredients for Collaborative Partnerships," *Leader to Leader*, Summer 2011, 48–54.
22. Siobhan Gorman and Julian E. Barnes, "Spy, Military Ties Aided bin Laden Raid," *The Wall Street Journal*, May 23, 2011, http://online.wsj.com/article/SB1000142405274870408 3904576334160172068344.html (accessed May 23, 2011).
23. Lee Iacocca with William Novak, *Iacocca: An Autobiography* (New York: Phantom Books, 1984), 152–153.
24. Ronald J. Recardo and Kleigh Heather, "Ten Best Practices for Restructuring the Organization," *Global Business and Organizational Excellence*, January–February 2013, 23–37; Kirsten Foss and Waymond Rodgers, "Enhancing Information Usefulness by Line Managers' Involvement in Cross-Unit Activities," *Organization Studies* 32, no. 5 (2011), 683–703; M. Casson, *Information and Organization* (Oxford: Oxford University Press, 1997); Justin J. P. Jansen, Michiel P. Tempelaar, Frans A. J. van den Bosch, and Henk W. Volberda, "Structural Differentiation and Ambidexterity: The Mediating Role of Integration Mechanisms," *Organization Science* 20, no. 4 (July–August 2009), 797–811; and Galbraith, *Designing Complex Organizations*.
25. "Panel Says Toyota Failed to Listen to Outsiders," *USA Today*, May 23, 2011, http://content.usatoday.com/communities /driveon/post/2011/05/toyota-panel-calls-for-single-us-chief-paying-heed-to-criticism/1#.VDU5Q7N0x1s (accessed October 7, 2014).
26. These are based in part on Galbraith, *Designing Complex Organizations*; and Recardo and Heather, "Ten Best Practices for Restructuring the Organization."
27. David Stires, "How the VA Healed Itself," *Fortune*, May 15, 2006, 130–136.
28. Jay Galbraith, Diane Downey, and Amy Kates, "How Networks Undergird the Lateral Capability of an Organization—Where the Work Gets Done," *Journal of Organizational Excellence* (Spring 2002), 67–78.
29. Walter Kiechel III, "The Art of the Corporate Task Force," *Fortune*, January 28, 1991, 104–105; and William J. Altier, "Task Forces: An Effective Management Tool," *Management Review*, February 1987, 52–57.
30. Margaret Frazier, "Flu Prep," *The Wall Street Journal*, March 25–26, 2006, A8.
31. Paul R. Lawrence and Jay W. Lorsch, "New Managerial Job: The Integrator," *Harvard Business Review*, November–December 1967, 142–151.
32. Dan Heath and Chip Heath, "Blowing the Baton Pass," *Fast Company*, July–August 2010, 46–48.
33. Anthony M. Townsend, Samuel M. DeMarie, and Anthony R. Hendrickson, "Virtual Teams: Technology and the Workplace of the Future," *Academy of Management Executive* 12, no. 3 (August 1998), 17–29.
34. Erin White, "How a Company Made Everyone a Team Player," *The Wall Street Journal*, August 13, 2007, B1.
35. Pete Engardio, "A Guide for Multinationals: One of the Greatest Challenges for a Multinational Is Learning How to Build a Productive Global Team," *BusinessWeek*, August 20, 2007, 48–51; and Lynda Gratton, "Working Together . . . When Apart," *The Wall Street Journal*, June 18, 2007.
36. Jody Hoffer Gittell, *The Southwest Airlines Way: Using the Power of Relationships to Achieve High Performance* (New York: McGraw-Hill, 2003).
37. This discussion is based on Jody Hoffer Gittell, "Coordinating Mechanisms in Care Provider Groups: Relational Coordination as a Mediator and Input Uncertainty as a Moderator of Performance Effects," *Management Science* 48, no. 11 (November 2002), 1408–1426; J. H. Gittell, "The Power of Relationships," *Sloan Management Review* (Winter 2004), 16–17; and J. H. Gittell, *The Southwest Airlines Way*.

38. Based on the story in Jody Hoffer Gittell, "Paradox of Coordination and Control," *California Management Review* 42, no. 3 (Spring 2000), 101–117.
39. "Transcript of Stripes Interview with Lt. Gen. David M. Rodriguez," *Stars and Stripes*, December 31, 2009, http://www.stripes.com/news/transcript-of-stripes-interview-with-lt-gen-david-m-rodriguez-1.97669# (accessed July 21, 2011); and Robert D. Kaplan, "Man Versus Afghanistan," *The Atlantic*, April 2010, 60–71. Note: Rodriguez was scheduled to leave Afghanistan in late July 2011.
40. Henry Mintzberg, *The Structuring of Organizations* (Englewood Cliffs, NJ: Prentice-Hall, 1979).
41. Frank Ostroff, "Stovepipe Stomper," *Government Executive*, April 1999, 70.
42. Raymond E. Miles, Charles C. Snow, Øystein D. Fjeldstad, Grant Miles, and Christopher Lettl, "Designing Organizations to Meet 21st-Century Opportunities and Challenges," *Organizational Dynamics* 39, no. 2 (2010), 93–103.
43. Based on Robert Duncan, "What Is the Right Organization Structure?" *Organizational Dynamics*, Winter 1979, 59–80; and W. Alan Randolph and Gregory G. Dess, "The Congruence Perspective of Organization Design: A Conceptual Model and Multivariate Research Approach," *Academy of Management Review* 9 (1984), 114–127.
44. Geeta Anand, "The Henry Ford of Heart Surgery," *The Wall Street Journal*, November 25, 2009, A16.
45. Survey reported in Timothy Galpin, Rod Hilpirt, and Bruce Evans, "The Connected Enterprise: Beyond Division of Labor," *Journal of Business Strategy* 28, no. 2 (2007), 38–47.
46. Adam Bryant, "An Office? She'll Pass on That," (an interview with Meridee A. Moore, Corner Office column), *The Wall Street Journal*, March 7, 2010, BU2.
47. Rahul Jacob, "The Struggle to Create an Organization for the 21st Century," *Fortune*, April 3, 1995, 90–99.
48. R. E. Miles et al., "Designing Organizations to Meet 21st-Century Opportunities and Challenges."
49. David C. Robertson with Bill Breen, *Brick by Brick: How LEGO Rewrote the Rules of Innovation and Conquered the Global Toy Industry* (New York: Crown Business, 2013), 32.
50. N. Anand and Richard L. Daft, "What Is the Right Organization Design?" *Organizational Dynamics* 36, no. 4 (2007), 329–344.
51. Loretta Chao, "Alibaba Breaks Up E-Commerce Unit," *The Wall Street Journal*, June 17, 2011, B2.
52. Yue Maggie Zhou, "Designing for Complexity: Using Divisions and Hierarchy to Manage Complex Tasks," *Organization Science* 24, no. 2 (March–April 2013), 339–355.
53. Geoff Colvin and Jessica Shambora, "J&J: Secrets of Success," *Fortune*, May 4, 2009, 117–121.
54. Eliza Newlin Carney, "Calm in the Storm," *Government Executive*, October 2003, 57–63; and Brian Friel, "Hierarchies and Networks," *Government Executive*, April 2002, 31–39.
55. Based on Duncan, "What Is the Right Organization Structure?"
56. Joseph Weber, "A Big Company That Works," *BusinessWeek*, May 4, 1992, 124.
57. Phred Dvorak and Merissa Marr, "Stung by iPod, Sony Addresses a Digital Lag," *The Wall Street Journal*, December 30, 2004, B1.
58. Nick Wingfield, "Microsoft Overhauls, the Apple Way," http://www.nytimes.com/2013/07/12/technology/microsoft-revamps-structure-and-management.html?pagewanted=all (accessed October 7, 2014); Brian R. Fitzgerald, "Microsoft Memo: The Highlights," *The Wall Street Journal*, July 13, 2013, http://blogs.wsj.com/digits/2013/07/11/microsoft-memo-the-highlights/ (accessed February 25, 2014); and quote from Kurt Eichenwald, "Microsoft's Lost Decade," *Vanity Fair*, August 2012, 108–135.
59. Susanna Kim, "Major Microsoft Investors Want Bill Gates Out as Chairman," *ABC News*, October 2, 2013, http://abcnews.go.com/Business/microsoft-shareholders-call-bill-gates-step-chairman/story?id=20443636 (accessed October 2, 2013).
60. Maisie O'Flanagan and Lynn K. Taliento, "Nonprofits: Ensuring That Bigger Is Better," *McKinsey Quarterly*, no. 2 (2004), 112ff.
61. Lowrey, "World Bank, Rooted in Bureaucracy, Proposes a Sweeping Reorganization."
62. Mae Anderson, "Wal-Mart Reorganizes U.S. Operations to Help Spur Growth," *USA Today*, January 28, 2010, http://www.usatoday.com/money/industries/retail/2010-01-28-walmart-reorganization_N.htm (accessed July 21, 2011); and "Organizational Chart of Wal-Mart Stores," The Official Board.com, http://www.theofficialboard.com/org-chart/wal-mart-stores (accessed July 21, 2011).
63. Jay R. Galbraith, "The Multi-Dimensional and Reconfigurable Organization," *Organizational Dynamics* 39, no. 2 (2010), 115–125; Thomas Sy and Laura Sue D'Annunzio, "Challenges and Strategies of Matrix Organizations: Top-Level and Mid-Level Managers' Perspectives," *Human Resource Planning* 28, no. 1 (2005), 39–48; and Stanley M. Davis and Paul R. Lawrence, *Matrix* (Reading, MA: Addison-Wesley, 1977), 11–24. For a current perspective on matrix management, see Kevan Hall, *Making the Matrix Work: How Matrix Managers Engage People and Cut Through Complexity* (London: Nicholas Brealey Publishing, 2013).
64. Davis and Lawrence, *Matrix*.
65. Steven H. Appelbaum, David Nadeau, and Michael Cyr, "Performance Evaluation in a Matrix Organization: A Case Study (Part One)," *Industrial and Commercial Training* 40, no. 5 (2008), 236–241; Erik W. Larson and David H. Gobeli, "Matrix Management: Contradictions and Insight," *California Management Review* 29 (Summer 1987), 126–138; and Sy and D'Annunzio, "Challenges and Strategies of Matrix Organizations."
66. Davis and Lawrence, *Matrix*, 155–180.
67. Robert C. Ford and W. Alan Randolph, "Cross-Functional Structures: A Review and Integration of Matrix Organizations and Project Management," *Journal of Management* 18 (June 1992), 267–294; and Duncan, "What Is the Right Organization Structure?"
68. Lawton R. Burns, "Matrix Management in Hospitals: Testing Theories of Matrix Structure and Development," *Administrative Science Quarterly* 34 (1989), 349–368; and Sy and D'Annunzio, "Challenges and Strategies of Matrix Organizations."
69. Carol Hymowitz, "Managers Suddenly Have to Answer to a Crowd of Bosses" (In the Lead column), *The Wall Street Journal*, August 12, 2003, B1; and Michael Goold and Andrew Campbell, "Making Matrix Structures Work: Creating Clarity on Unit Roles and Responsibilities," *European Management Journal* 21, no. 3 (June 2003), 351–363.
70. Christopher A. Bartlett and Sumantra Ghoshal, "Matrix Management: Not a Structure, a Frame of Mind," *Harvard Business Review*, July–August 1990, 138–145.

71. Kevan Hall, "Revisiting Matrix Management," *People & Strategy* 36, no. 1 (2013), 4–5.
72. This case was inspired by John E. Fogerty, "Integrative Management at Standard Steel" (unpublished manuscript, Latrobe, Pennsylvania, 1980); Stanley Reed with Adam Aston, "Steel: The Mergers Aren't Over Yet," *BusinessWeek*, February 21, 2005, 6; Michael Arndt, "Melting Away Steel's Costs," *BusinessWeek*, November 8, 2004, 48; and "Steeling for a Fight," *The Economist*, June 4, 1994, 63.
73. Michael Hammer, "Process Management and the Future of Six Sigma," *Sloan Management Review*, Winter 2002, 26–32; and Michael Hammer and Steve Stanton, "How Process Enterprises *Really* Work," *Harvard Business Review* 77 (November–December 1999), 108–118.
74. Hammer, "Process Management and the Future of Six Sigma."
75. Based on Ostroff, *The Horizontal Organization*; and Anand and Daft, "What Is the Right Organization Design?"
76. Julia Moskin, "Your Waiter Tonight . . . Will Be the Chef," *The New York Times*, March 12, 2008, F1.
77. Frank Ostroff, *The Horizontal Organization*, 102–114.
78. Jill Jusko, "Engaged Teams Keep Lockheed Martin Delivering on Time, Every Time," *IndustryWeek*, January 2013, 26.
79. See Anand and Daft, "What Is the Right Organization Design?"; Pete Engardio, "The Future of Outsourcing," *BusinessWeek*, January 30, 2006, 50–58; Jane C. Linder, "Transformational Outsourcing," *MIT Sloan Management Review*, Winter 2004, 52–58; and Denis Chamberland, "Is It Core or Strategic? Outsourcing as a Strategic Management Tool," *Ivey Business Journal*, July–August 2003, 1–5.
80. Bob Sechler, "Colleges Shedding Non-Core Operations," *The Wall Street Journal*, April 2, 2012, A6; and David Streitfeld, "A City Outsources Everything. California's Sky Doesn't Fall," *The New York Times*, July 20, 2010, A1.
81. Anand and Daft, "What Is the Right Organization Design?"; Yuzo Yamaguchi and Daisuke Wakabayashi, "Hitachi to Outsource TV Manufacture," *The Wall Street Journal Online*, July 10, 2009, http://online.wsj.com/article/SB124714255400717925.html (accessed July 17, 2009); Engardio, "The Future of Outsourcing"; Chamberland, "Is It Core or Strategic?"; and Keith H. Hammonds, "Smart, Determined, Ambitious, Cheap: The New Face of Global Competition," *Fast Company*, February 2003, 91–97.
82. Jena McGregor, "The Chore Goes Offshore," *BusinessWeek*, March 23 & 30, 2009, 50–51.
83. David Nadler, quoted in "Partners in Wealth: The Ins and Outs of Collaboration," *The Economist*, January 21–27, 2006, 16–17.
84. Ranjay Gulati, "Silo Busting: How to Execute on the Promise of Customer Focus," *Harvard Business Review*, May 2007, 98–108.
85. The discussion of virtual networks is based on Anand and Daft, "What Is the Right Organization Design?"; Melissa A. Schilling and H. Kevin Steensma, "The Use of Modular Organizational Forms: An Industry-Level Analysis," *Academy of Management Journal* 44, no. 6 (2001), 1149–1168; Raymond E. Miles and Charles C. Snow, "The New Network Firm: A Spherical Structure Built on a Human Investment Philosophy," *Organizational Dynamics*, Spring 1995, 5–18; and R. E. Miles, C. C. Snow, J. A. Matthews, G. Miles, and H. J. Coleman Jr., "Organizing in the Knowledge Age: Anticipating the Cellular Form," *Academy of Management Executive* 11, no. 4 (1997), 7–24.
86. Darren Dahl, "Want a Job? Let the Bidding Begin; a Radical Take on the Virtual Company," *Inc.*, March 2011, 93–96.
87. David Segal, "A Georgia Town Takes the People's Business Private," *The New York Times*, June 24, 2012, BU1.
88. Paul Engle, "You *Can* Outsource Strategic Processes," *Industrial Management*, January–February 2002, 13–18.
89. Don Tapscott, "Rethinking Strategy in a Networked World," *Strategy + Business* 24 (Third Quarter, 2001), 34–41.
90. Joann S. Lublin, "Smart Balance Keeps Tight Focus on Creativity" (Theory & Practice column), *The Wall Street Journal*, June 8, 2009; and Rebecca Reisner, "A Smart Balance of Staff and Contractors," *BusinessWeek Online*, June 16, 2009, http://www.businessweek.com/managing/content/jun2009/ca20090616_217232.htm (accessed April 30, 2010).
91. Gregory G. Dess, Abdul M. A. Rasheed, Kevin J. McLaughlin, and Richard L. Priem, "The New Corporate Architecture," *Academy of Management Executive* 9, no. 3 (1995), 7–20.
92. This discussion of strengths and weaknesses is based on Miles and Snow, "The New Network Firm"; Dess et al., "The New Corporate Architecture"; Anand and Daft, "What Is the Right Organization Design?"; Henry W. Chesbrough and David J. Teece, "Organizing for Innovation: When Is Virtual Virtuous?" *Harvard Business Review*, August 2002, 127–134; Cecily A. Raiborn, Janet B. Butler, and Marc F. Massoud, "Outsourcing Support Functions: Identifying and Managing the Good, the Bad, and the Ugly," *Business Horizons* 52 (2009), 347–356; and M. Lynne Markus, Brook Manville, and Carole E. Agres, "What Makes a Virtual Organization Work?" *Sloan Management Review*, Fall 2000, 13–26.
93. James R. Hagerty, "A Toy Maker Comes Home to the U.S.A.," *The Wall Street Journal*, March 11, 2013, B1.
94. "Organization Chart for Starbucks," The Official Board.com, http://www.theofficialboard.com/org-chart/starbucks (accessed July 21, 2011).
95. Linda S. Ackerman, "Transition Management: An In-depth Look at Managing Complex Change," *Organizational Dynamics*, Summer 1982, 46–66.
96. Based on Ostroff, *The Horizontal Organization*, 29–44.
97. Based on Child, *Organization*, Ch. 1; and Jonathan D. Day, Emily Lawson, and Keith Leslie, "When Reorganization Works," *The McKinsey Quarterly*, 2003 Special Edition: The Value in Organization, 21–29.
98. Adapted by Dorothy Marcic from "Organizing," in Donald D. White and H. William Vroman, *Action in Organizations*, 2nd ed. (Boston: Allyn & Bacon, 1982), 154; and Cheryl Harvey and Kim Morouney, "Organization Structure and Design: The Club Ed Exercise," *Journal of Management Education* (June 1985), 425–429.
99. Prepared by Richard L. Daft, from Richard L. Daft and Richard Steers, *Organizations: A Micro/Macro Approach* (Glenview, IL: Scott Foresman, 1986). Reprinted with permission.
100. Adapted from John F. Veiga and John N. Yanouzas, "Aquarius Advertising Agency," *The Dynamics of Organization Theory* (St. Paul, MN: West, 1984), 212–217, with permission.

第Ⅲ篇

开放系统设计要素

ORGANIZATION THEORY AND DESIGN

第4章 Organization Theory and Design

外部环境

问题引入

在阅读本章内容之前，请先看下面的问题并选择答案。

1. 组织适应复杂环境的最好方法是设计一个复杂的结构（而不是简单的结构）。

同意________　　　　不同意________

2. 在一种反复无常、快速变化的环境中，根据严格制订的计划来行动是对时间和资源的浪费。

同意________　　　　不同意________

3. 商业组织的管理者不应该参与政治活动。

同意________　　　　不同意________

1979 年，格雷格·斯特恩哈菲尔（Gregg Steinhafel）以采购员的身份进入美国塔吉特（Target）公司，他能够以较低的价格采购到当下流行的商品，并因此而著称。2008 年，他以首席执行官的身份接管塔吉特公司。如今，公司的靶心品牌标志已经成为零售界最有名的商标之一。塔吉特公司似乎不可能有任何出错或疏忽的时候，但其实在过去的几年里，斯特恩哈菲尔和塔吉特公司渡过了一段非常艰难的时光。2013 年感恩节购物季期间，恶意软件偷偷潜入塔吉特公司未加密的收银系统，致使约 4 000 万名顾客的信用卡和借记卡账户数据被盗。塔吉特公司的发展因这次信息泄露事件而遭受重创，顾客严重流失，其他工作也变得更加困难。与此同时，塔吉特公司在加拿大的扩张活动也举步维艰，比计划预期的要困难许多。同样面临困境的还有从亚马逊手中接管网络销售运营业务。2011 年之前，塔吉特公司一直委托亚马逊处理其在线运营工作。当塔吉特公司第一次接管网络销售业务时，还有点儿应付不来，由于某些畅销产品需求量非常大，导致网站数次因访问量过大而瘫痪。这一系列的问题使得塔吉特公司总部不得不裁掉

475名员工,同时也取消了700个职位的招聘工作,这是自2009年以来规模最大的裁员活动。目前,塔吉特公司员工士气低落。坎塔尔零售咨询公司(Kantar Retail)分析员艾米·库(Amy Koo)说:"塔吉特公司全体员工需要全身心地投入到企业重振工作中,信息泄露事件在公司发展的关键时刻极大地分散了他们的注意力。"[1]

环境的变化既能为组织带来威胁,也能带来机遇。数据外泄对塔吉特来说是一个严重的外部威胁,管理者们可能在接下来的多年时间中都需要处理这个问题。所有组织在应对外部环境的时候都面临着巨大的不确定性,企业常常需要迅速适应新的竞争、经济动荡、消费者兴趣的变化或者技术创新。网络犯罪,比如塔吉特公司面临的数据外泄,正成为每个组织都可能会面临的环境威胁。

本章的目的

本章的目的在于提出一个评价环境并说明组织如何对环境做出反应的分析框架。首先,我们要确定组织的边界和影响组织的环境领域。然后,我们将探讨作用于组织的两股主要环境力量,即组织对信息的需要和对资源的需要。组织可通过结构设计、计划系统对环境力量做出反应,并尽力适应和影响外部环境中的各种人员、事件和组织。

组织环境

从广义上说,环境是无限的,它包括了组织外部的每一个方面。不过,本书的分析仅考虑了环境中组织非常敏感的部分,即组织为了生存必须对其做出反应的那些方面。这样,我们对**组织环境**(organizational environment)的定义就是:存在于组织的边界之外,可能对组织的总体或局部产生影响的所有要素。

组织环境可以通过分析组织外部的领域来加以认识。所谓组织的环境**领域**(domain),是指组织所选择的活动的环境区域。它是组织为了自身的产品、服务及其面向的市场而选定的领域。领域决定了组织的经营方位,以及组织为了实现目标而需要与之相互作用的外部环境要素。巴诺书店就是在图书销售环境发生变化时,忽视了其环境领域中很重要的因素。因此,它没能及时利用新技术开展电子商务,而让竞争对手获得了巨大的优势。

环境是由若干**方面**(sectors)组成的,每个部分又是包含着有相似要素的外部环境子系统。对于任何组织,其环境领域都可从10个方面加以分析,这就是行业、原材料、人力资源、金融资源、市场、技术、经济形势、政府、社会文化以及国际环境。这10方面环境要素和一个假定的环境领域如图4-1所示。对大多数企业来说,图4-1所示的环境领域可以进一步细分为任务环境和一般环境两个层次。

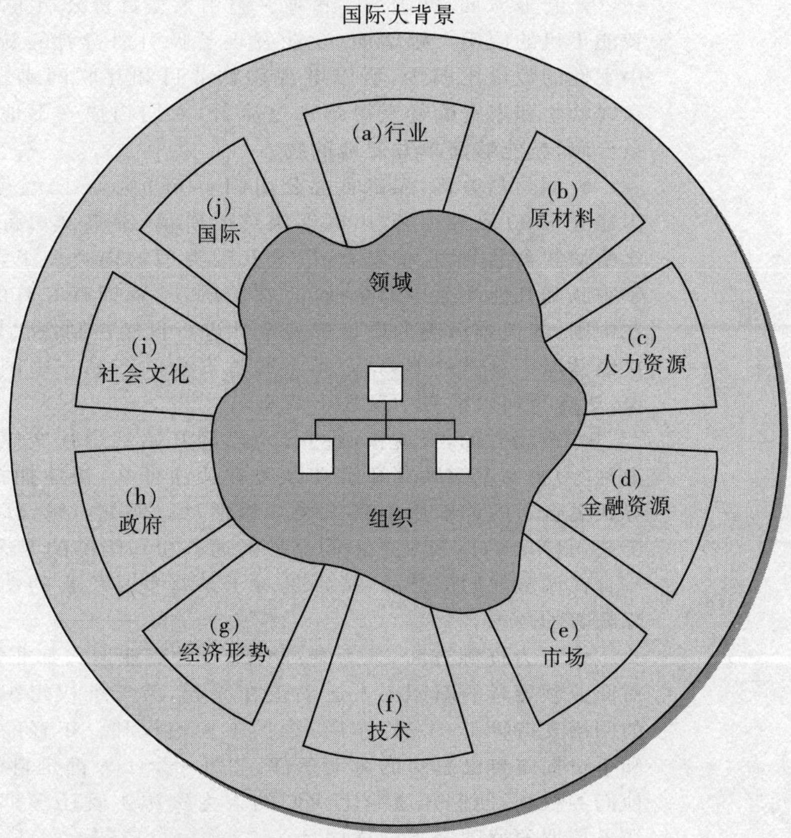

(a) 竞争者，所在行业规模与竞争强度
(b) 供应商、制造商、不动产商、服务商
(c) 劳动力市场、就业机构、大学、培训学校、其他企业的员工、工会
(d) 股票市场、银行、储蓄与信贷机构、私人投资者
(e) 顾客、客户、产品和服务的潜在使用者
(f) 生产技术、科技、计算机、信息技术、电子商务
(g) 经济萧条情况、失业率、通货膨胀率、投资回报率、经济增长率
(h) 市、州、联邦的法律和法规，税收、服务、司法系统，政治活动情况
(i) 绿色运动、可持续性、自然资源管理
(j) 年龄、价值观、信念、教育程度、宗教、职业伦理、消费者运动
(k) 外国企业的竞争及收购，本国企业进入海外市场，外国的习俗、管制、汇率

图 4-1　组织的环境

任务环境

任务环境(task environment)是指组织与之发生直接的相互作用，并且对组织实现目标的能力有直接影响的那些环境要素。任务环境一般包括行业、原材料、市场等方面，还可能包括人力资源和国际环境。

下列例子说明了每一方面环境要素是如何影响组织的：

● 行业方面，韩国的零售业一直由大型百货公司主导，但随着过去几年智能手机的使用大幅增加，企业发现了吸引消费者的新方式。韩国劳动力中女性的数量比较少，所以电视购物节目和互联网卖家有足够多的受众。在线购物和家庭购物变得越来越流行，人们扫描一下地铁站墙体海报上的条形码，就能够简单方便地购物。[2]

● 原材料方面，泰森食品公司(Tyson Foods)已经花费了数亿美元在中国建立了90家养鸡场，以确保肉鸡的质量，泰森公司将这些肉鸡加工处理卖给快餐食品公司、批发商，以及其他类型的肉类加工企业(比如将鸡肉用于香肠和其他产品中的企业)。在美国，泰森拥有专有的农民养鸡场，但是在中国，却很难对鸡的质量和安全性进行直接控制，所以公司打算在中国直接经营属于自己的养鸡场，希望通过安全的产品在中国树立良好的品牌形象，毕竟公司目前在中国还不算有名。[3]

● 市场方面，反应机敏的公司已经开始利用社交媒体(比如tweets、脸谱网等)密切观察顾客和潜在顾客在关注什么，快速捕捉未来需求动向，并寻找更合适的词汇用于其市场营销活动。例如，M&M巧克力的制造商玛氏公司(Mars)以及生产不同品种的通心粉和奶酪的卡夫食品公司(Kraft)，一直在调整他们的产品，特别是对于某些食品色素的使用，慎之又慎，以消除顾客的顾虑。[4]

● 人力资源方面，人力资源对每一种商业形式都非常重要。在中国，针对商业领导者的新型工人运动正在兴起，劳工维权组织、法律援助、大学里的网络支持等都在发挥作用，维护工人的权利。年轻的农民工使用互联网和手机揭露自己恶劣的劳动条件。"每一个工人都是自己的劳工律师，关于他们的权利，他们知道的比我们的人力资源主管还多。"一位在中国生产电缆连接器的德国老板这样说。[5]

● 对于今天的许多公司来说，因为全球化程度的加深和竞争的加剧，国际环境已成为企业任务环境的一部分。2013年8月，美国农业部(U. S. Department of Agriculture，USDA)批准四家中国肉类加工企业出口熟制肉类产品到美国，这加剧了美国肉类加工企业之间的竞争。该项决议通过之后不久，中国的双汇国际控股有限公司(Shuanghui International Holding Ltd.)便以47亿美元的价格收购了美国猪肉加工处理企业斯菲尔德食品公司(Smithfield Foods Inc.)，以获取新的技术，提升安全实践水平。[6]

一般环境

一般环境(general environment)是指那些对企业的日常经营可能没有直接影响但会有间接影响的各种环境要素。一般环境通常包括政府、社会文化、经济形势、技术以及金融资源等要素。这些要素最终会影响到所有的组织。请看下面的例子：

● 政府方面，规章制度会影响组织发展的每个阶段。近年来，对美国影响最深远的两项最著名变革是《患者保护与平价医疗法案》(卫生保健改革法案）和多德-弗兰克法案（金融监管改革）。[7] 特别是小公司正在花费时间和成本来艰难应对卫生保健和金融法律改革的新规定。

● 自然方面，地球上自然存在的所有元素都在随着消费者、组织以及管理者不断从环境中汲取资源而变得越发重要，企业产品和商业实践也在对环境产生着越来越重要的影响。许多企业已经采取了可持续发展的战略。可持续发展是指通过保护环境使得经济发展不但能满足现代人的需求，也能满足后代人的需求。全球最大的博彩公司之一恺撒娱乐（Caesars Entertainment）设计了一个计分卡，来记录公司的所作所为对环境的影响，包括降低能源消耗，减少浪费，降低水资源消耗，以及满足其他一些"绿色"目标。公司的管理者们发现，顾客们对凯撒可持续实践了解得越多，对公司的感觉就越好，他们在娱乐场的体验就更舒畅，也就越有可能预定下一次的光顾。[8]

● 社会文化方面，社会文化领域的一个重要元素是来自倡导性团体的压力，比如呼吁沃尔玛、苹果公司、亚马逊等企业的承包商改善员工的工作条件。沃尔玛公司最近暂停了与一家南方海鲜供应商的合作。这家供应商雇用移民作为工人，工人们说他们每周要进行 80 多个小时的高强度工作。而这家供应商威胁工人们，如果他们敢向政府机构反映问题，就有可能遭到殴打，而且远在墨西哥的家人也可能会受到伤害。全美外来工人联盟（National Guestworker Alliance）公布了沃尔玛公司 12 家供应商的 644 条违反联邦法规的罪状。"在美国，我们和 6 万多家供应商有着合作关系，我们制定了严格的标准，要求供应商必须满足，"沃尔玛发言人洛伦佐 · 洛佩兹（Lorenzo Lopez）说。沃尔玛还称，他们正在进行重新调查，并将终止与任何有失道德标准的供应商之间的合作。[9]

● 一般经济环境的变化也会影响企业运作的方式。2008 年开始的全球经济衰退影响到了所有行业。布里格斯公司（Briggs Inc.）是纽约的一家小企业，专门为那些想要吸引顶级客户或者奖励员工和忠诚顾客的企业提供定制化活动服务。当布里格斯的顾客开始流失的时候，管理者们不得不做出一些改变。在经济疲软的影响下，即使大型企业也都在极力控制成本，所以布里格斯开始寻找为客户省钱的方法，比如将活动转移到较小的场所，减少装饰，添加一些不会增加成本的细节。例如，公司可以将举办时尚精品发布会的场地定在酒店，而不是第五大道。布里格斯的策略增加了自己的财政负担，但也帮助公司留住了长期客户。[10]

● 技术环境是近年来发生巨大变化的一个领域。其中，移动互联网技术的发展相当之快。技术已经创造了一些工作机会，但是分析人士认为，技术消灭的工作机会远比创造的要多。已有研究表明，从美国到加拿大再到日本，大量白领因为新技术的应用而失去了工作。当今时代，应用一些软件就可以通过医学扫描剔除令人担忧的斑点，在股票交易中可以毫秒为单位计算时点利润，在法律案件中可以通过文件搜索法筛选证据，通过数字电表就可以记录数百万家庭的电量使用情况。一位顾问人员估计，从 2008 年到现在，美国和欧洲已经有大约 200 万个人力资源、财务、信息技术以及采购方面的工作岗位被技术取代。随着商业环境的改善，许多管理者意识到他们没有必要再重新雇用这些岗位的职员。[11]

● 金融资源是所有企业都不得不关心的资源，在创业者心中，金融资源常常是首先要考虑到的,也是最重要的方面。由于银行收紧了贷款标准,小型公司的所有者已经开始借助于在线一对一(P-to-P)贷款网以获得小额贷款。例如,杰夫·沃尔什(Jeff Walsh)通过 Prosper.com 为他的投币式洗衣机业务争取了 22 000 美元的贷款。亚历·卡尔马帕(Alex Kalempa)为了扩大他的摩托车赛车转向系统的业务,需要 15 000 美元的资金,但是银行只为他提供 500~1 000 美元的贷款,卡尔马帕在 LendingClub.com 获得了 15 000 美元的资金,其贷款利率比银行还要低几个百分点。[12]

国际环境

国际环境亦能直接影响许多组织。特别是最近几年,它成了极其重要的环境要素。例如,汽车行业经历了深刻的变化,中国成为世界上最大的汽车市场。为了应对这一变化,许多汽车制造商将国际总部转移到了中国,汽车设计也在迎合中国市场,比如空间变得更大,设计更豪华的后排座椅,配备先进的娱乐系统和浅色内饰。这些来自于中国市场的设计影响到了全球,根据这些设计生产的汽车已经远销世界各地。[13]

另外,所有的国内环境要素也都受到国际环境的影响。例如,在可可豆产量占世界 2/3 的西非,气候灾害和工人罢工导致了巧克劳格公司(Choco-Logo)原材料成本的增加,巧克劳格是纽约州布法罗市(Buffalo)一家小型的美味巧克力制造商。[14]由于一场出乎意料的粮食短缺以及国际环境变化带来的成本增加,美国的农民、化肥公司、食品制造商和杂货商正面临着新的竞争。发展中国家强劲的经济增长使人们有能力支付更加丰富的饮食,包括食谷家禽等肉类食品,这一点直接造成了美国的粮食短缺。[15]世界范围内的国家和组织以一种前所未有的方式联系在一起,世界任何一个地方的经济、政治和社会文化的变化都会最终影响到其他地区。

所有的组织都无法逃避国内外环境的不确定性。我们来看一下意大利的理查德·吉诺里(Richard Ginori)陶瓷餐具工厂的命运。

应用案例 4-1

理查德·吉诺里公司

理查德·吉诺里工厂创建于 1735 年,生产别致的手工陶瓷餐具,装饰意大利人优美的餐桌,让富人的生活更加优雅。工厂为豪华航空线路和奢侈酒店定制瓷器餐具,梵蒂冈也成为其产品的使用者。但是挣扎数年之后,该工厂于 2013 年 1 月宣布破产。

由于环境中的动态性和不确定性太过强烈,导致吉诺里无法自如应对。正式宴会逐渐没落,手工瓷器市场也随之衰退。手工瓷器的生产速度很低,且成本昂贵。为了更好地参与市场竞争,吉诺里工厂开始生产更日常化的陶瓷产品,包括为一家超市提供用于盛放免费促销样品的餐具。有人说,参与廉价陶瓷制品的竞争会削弱吉诺里的品牌形象。当前,意大利人购买的陶瓷制品中有 60%来自中国。代表 273 家意大利陶瓷产品制造商的游说团体控告中国厂商在意大利市场以低于制造成本的价格倾销商品。

法院指定的清算机构正在寻找吉诺里剩余资产的买家。整个塞斯托-菲奥伦蒂诺市(Sesto Fiorentino)以及吉诺里工厂 300 名焦灼的员工对此感到无能为力,面对环境的不确定性,面对无法回转的事态走向,他们几乎什么都做不了。"我们欢迎外资",市长詹尼(Gianni Gianassi)说,"但是工厂的主要决策和执行人员必须是托斯卡纳人(Tuscan)"。[16]

所有的组织都必须既要面对细微的环境变动又要面对巨大的环境变化。在下面的章节里,我们将更加详细地讨论公司如何应对环境的不确定性和不稳定性。

变动的环境

环境如何影响组织？环境领域所发生的事件和类型可以从三个主要的维度加以分析：动态性(环境是稳定还是不稳定的)、复杂性(环境是简单的还是复杂的)、资源充裕度(组织成长所需财务资源的可获得量)。[17]图 4-2 显示了这些分析维度。随着环境变得越来越复杂,事物稳定性越来越差,财务资源越来越难获得,环境的不确定性也增加了。这些维度可归结为环境对组织影响的两种基本方式：(1)对有关环境变动信息的需要；(2)从环境中获得资源的需要。复杂、多变的环境条件,产生了组织对信息收集以及基于信息做出反应的更强烈的需要。另外,组织也关心稀缺的物资和财力资源,因此存在保证资源供应的需要,这些内容将在本章后面部分讲到。

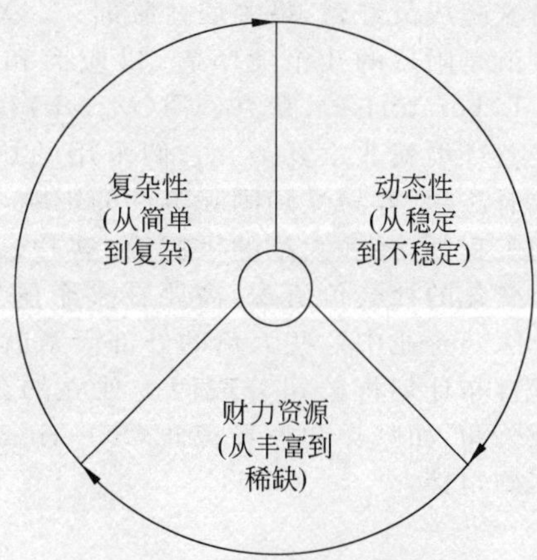

图 4-2　引起组织不确定性的因素

环境的不确定性主要指那些组织固定的每天要打交道的因素的不确定程度。尽管一般环境因素,比如说经济条件、社会潮流或技术进步等也能够给组织的发展带来不确定性,但是组织环境的不确定性通常更多地来自任务环境(task environment)中的因素,比如说组织需要定期注意的因素有哪些(比如人、其他组织、事件),这些因素变化有多快,等等。要对环境的不确定性进行评估,我们可以沿着简单—复杂以及稳定—不稳定这两个维度来对组织任务环境的每一个因素进行分析。[18]任务环境因素中不确定因素的总和就是组织最终感受到的环境不确定性。

组织必须设法应对和管理环境的不确定性,以使自己取得满意的效果。**不确定性**(uncertainty)意味着决策者不能得到关于环境各要素足够的信息,因而难以预见外界的变化。不确定性增加了组织反应行动失败的风险,并使决策方案成本和成功概率的估算变得困难。[19]在本节接下来的部分,我们将从组织对所处环境的感知入手,按照组织所处的环境是简单还是复杂,以及环境各要素的动态性两个维度来考察不确定性。在本章的后面,我们将讨论组织如何控制环境以获得所需要的财力资源。

复杂性

复杂性(complexity)指的是环境的异质性,或者说是影响组织运营的外部环境要素(比如竞争者、供应商、行业变革、政府法规)的数量和差异化程度。影响组织的外部环境要素越多,以及组织所在领域内的其他企业数量越多,环境的复杂性就越高。复杂的环境,意味着有许多不同的外部要素与组织发生相互作用并影响到组织。而简单的环境,只有若干个相似的外部要素影响组织。

例如,一家位于城郊社区的家庭经营的五金店的外部环境就很简单。这样的五金店不需要应对复杂的技术问题或是大量的政府管制。社会文化和社会变迁对它也没什么影响。此外,人力资源也不是问题,因为五金店主要由家庭成员经营,最多雇些临时工。对这样的小店来说,唯一重要的外部因素就是附近的几个竞争者、供应商和顾客。与此相比,像雅培公司(Abbott Laboratories)、默克公司(Merck)和辉瑞公司(Pfizer)之类的医药企业的经营环境就非常复杂。它们采用的技术繁多而复杂,需要应对不断变化的政府法规,容易受到国际事件的影响,需要争夺稀缺的财力资源和训练有素的工程师,要和大量的供应商、客户、承包商、合作伙伴打交道,需要应对不断变化的社会价值观,需要在多个国家处理复杂的法律和金融系统。在一个医药企业中这些大量的外部元素就能构成一个复杂的环境。雅培公司最近宣布计划将公司分成两个独立的公司,以更好地应对环境的复杂性。其他公司,如默克和先灵葆雅(Schering Plough),则选择合并,以更好地应对不确定性。[20]

动态性

动态性(dynamism)指的是组织运营面临的环境是稳定的还是不稳定的。如果在几个月或几年时间内环境领域一直保持不变,这就是稳定的环境。不稳定的情况是指环境要素快速变化。看一下数码相机制造商的经营环境正在发生着什么变化。

应用案例 4-2

富士胶片控股株式会社

富士的管理者们虽然在预见数码相机趋势方面表现不凡，反应也比柯达公司更快，但是却未能在紧凑型数码相机的动态环境中做好充足的准备。

许多电子消费品增加了 Wi-Fi 技术用于网络连接，但是大部分数码相机仍旧是独立的设备。这种技术缺失不仅阻碍了富士的发展，还包括松下、奥林巴斯、佳能以及其他相机制造商。人们越来越喜欢拍照，拍照频率和数量越来越多，但是大多人选择使用智能手机拍摄照片，以便能够轻松地分享在脸谱网、印视达（Instagram）以及其他社交平台上。2013 年的前 5 个月，紧凑型数码相机的出货量骤降 42%。"这是一个整个行业的适应能力受到挑战的典型案例。"国际数据公司（IDC）的数码成像分析师克里斯多夫·邱特（Christopher Chute）说。

富士计划将傻瓜相机的生产量减少 50%，但是仅这一项措施可能还远远不够。"数码相机行业的每个制造商都意识到了市场正在变化，"富士公司副总裁田中广志（Hiroshi Tanaka）说，"问题是我们该如何应对这样的变化"。

电子消费产品零售商日本电产株式会社（Nidec Corporation）首席执行官永守重信（Shigenobu Nagamori）提醒那些立志重振紧凑型数码相机的生产商，"我告诉他们要认清一个事实，那就是便宜的相机正在消亡，就像个人电脑一样。"[21]

正如这个例子所示，当消费者利益诉求发生改变、市场上出现了新技术、竞争对手增加了广告投放或者推出了新产品或服务等情况出现的时候，市场就变得不稳定了。有时候，一些特别的、不可预知的事件——比如在开篇案例中讲到的塔吉特的数据外泄问题，关于中国生产的美泰玩具（Mattel）涂料含铅量超标的报道，巴基斯坦政府试图屏蔽优图比（YouTube）上的一些视频，万络（Vioxx）和西乐葆（Celebrex）等止痛药会引发心脏问题——都会给组织带来不稳定因素。今天，随心所欲的博客、推特（Twitter）和优图比用户是企业一个巨大的不稳定来源。例如，当美国联合航空公司（United Airlines）拒绝赔偿一个音乐家价值 3 500 美元的吉他时，这位音乐家就写了一首歌，制作了一个讽刺性的音乐视频放在优图比上，讲述他与航空公司之间冗长的谈判。当信息在互联网上迅速传播的时候，许多人迅速作出回应，然后联合起来共同讨论如何解决问题。[22]同样，两个恶作剧者发布了一段视频，视频描述了达美乐（Domino）员工在送披萨的过程中将披萨弄脏，达美乐披萨的管理者们必须迅速采取行动。为此，达美乐发布了一则视频作为回应。同时，公司总裁表达了歉意，并且向引起他关注此事的网络社区表示感谢。他承诺，违法者将被起诉，并表示达美乐正在采取措施，以确保这类事件不会再次发生。通过参与在线讨论，达美乐表现出了对顾客的关心，进一步消除了谣言和恐惧。[23]

对大部分企业来说,环境领域正变得越来越不稳定。[24]本章的“新书评介”栏目讨论了今天商业世界多变的本质,并为如何在一个快速变化的环境中做好管理给出了一些好的建议。虽然今天的大多数组织都正在面临越来越不稳定的环境。但是,传统的稳定环境在某些地区或者某些行业也还是存在着,公共事业就是一个例子。[25]在中西部农村,公共事业的供求因素相对稳定;虽然需求可能渐长,但还是容易用时间顺推法来预测的。相比之下,玩具公司则面临不稳定的环境。他们很难预测哪种新玩具会畅销,由于孩子们往往被电视、电脑游戏、电子产品和互联网所吸引,他们很小就会对玩具失去兴趣。随着那些大的玩具零售商在同像沃尔玛这样的折扣商的竞争中失败出局而导致玩具零售市场的萎缩,大的玩具制造商所面临的环境更不稳定了。玩具制造商开始努力吸引来自发展中国家市场的消费者,如中国、波兰、巴西和印度等,以弥补不断下滑的美国市场,但是玩具制造商要进入这些目标国家面临着挑战。一些公司,像美泰旗下的费雪(Fisher-Price)玩具公司,会发现,在品牌认知不敏感的国家,他们的产品一直摆放在货架上无人问津,因为购物者们都去购买更加便宜的商品了。正如一位玩具分析家所说,没有费雪牌玩具,中国的孩子也照样成长了5 000年。[26]

劳伦斯·包熙迪和瑞姆·夏蓝(Lawrence A. Bossidy & Ram Charan)

《应变——用对策略做对事》(*Confronting Reality: Doing What Matters to Get Things Right*)

近年来,商业世界已经发生了很大的变化,而且这种变化还将以更快的速度持续下去。这种变化也正是刺激霍尼韦尔国际(Honeywell International)前CEO和董事长拉里博西迪(Larry Bossidy)以及著名作家、演讲家和商业顾问拉姆查兰(Ram Charan)合作撰写《应变——用对策略做对事》一书的原因。两位作者相信,有太多的经理总是试图埋头解决财务问题,而不是去勇敢面对无序和复杂的组织环境。

现实的经验和教训

对很多公司来说,今天的商业环境的特点就是全球性的超级竞争、不断下降的价格和顾客力量的增长。为帮助企业领导人平安驶过变化莫测的商业海洋,包熙迪和夏蓝总结了一些经验教训。

- 重点在于了解现在的环境并估计将来的环境,而不是念念不忘过去的环境。太依赖过去和传统智慧可能带来灾难性的后果。比如说,当沃尔玛鲸吞自己的顾客并开创出一种全新的商业模式的时候,卡玛特(Kmart)仍固执地坚持原有的经营模式。比如说,在1990年,没有人能够预见沃尔玛会成为美国最大的杂货销售商。

● 寻找并欢迎不同的声音和标新立异的观点。在和员工、供应商、顾客、同事以及其他接触到的人交谈的时候,经理们需要积极主动并且思想开明。人们到底在想什么?他们觉察到了什么样的变化,发现了什么样的机会?他们对未来有什么担忧?

● 避免经理们常犯的错误:过滤过的信息(filtered information)、选择性的倾听(selective hearing)、一厢情愿的想法、畏惧、对失败的行动的过度感情投资以及不切实际的期望。比如说,在 2001 年的早几个月,当数据存储巨人 EMC 公司的销售额和利润直线下降的时候,早已经习惯于听好消息的公司管理层认为业绩下滑只是企业成长曲线上的暂时现象。但是当乔·托西(Joe Tucci)被任命为公司新的 CEO 时,他下决心要弄清楚公司的业绩忽然下滑到底是不是暂时现象。通过直接同客户公司的高层会谈,托西找到了 EMC 存在的问题,即 EMC 基于高成本的技术之上的现有商业模式已经不适应时代要求了。于是托西推行一种全新的商业模式来帮助 EMC 适应实际的环境。

● 无情地评估你的组织。理解组织的内部环境也同样重要。经理们需要评估他们的公司是否拥有推动正确变革所必需的人才、决心和态度。在 EMC,托西意识到他的销售人员需要改变观念,不能像过去那样仅仅推销昂贵的硬件,也需要推销软件、服务和商务解决方案。EMC 过去的那一套自大的、强硬的推销策略将不得不被一种更温和、更顾客导向的新方式所取代。

永葆活力

在今天的商务环境中要想永葆活力,经理们需要保持警惕。他们需要密切注意竞争对手、行业发展总趋势、技术进步、政府政策变动、市场力量的消长和经济的发展。同时,经理们也需要时刻关注顾客真正的想法和需求。只有这样做,企业的领导者们才能从容应变。

Confronting Reality: Doing What Matters to Get Things Right, by Lawrence A. Bossidy and Ram Charan, is published by Crown Business Publishing.

分析框架

简单—复杂与稳定—不稳定两个维度相结合,可以形成一个评价环境不确定性的分析框架,如图 4-3 所示。简单、稳定环境中的不确定性很低,只有少量外部要素(比如供应商、顾客)需要应对,而且这几个要素都是趋于稳定的。复杂、稳定的环境,有相对更大的不确定性。组织为了取得好绩效,必须调查和分析大量的环境要素(比如供应商、顾客、政府法规、行业变革、工会、经济状况),并做出反应。但这种环境中的外部要素并不发生迅速的或不可预见的变化。

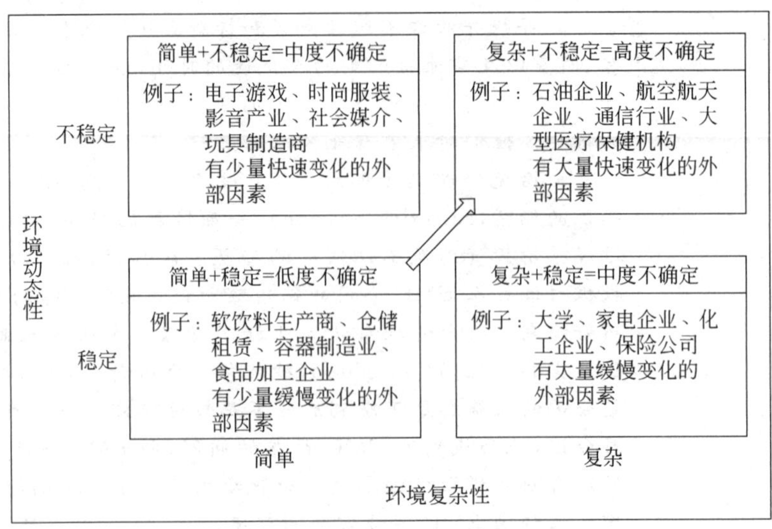

图 4-3　环境不确定性分析

更大的不确定性存在于简单、不稳定的环境中。[27]环境的迅速变化给管理者带来了不确定性。尽管组织只面临为数不多的几个外部要素，但这些因素不仅难以预见(比如变迁中的社会趋势或者不断变化的顾客利益)，而且会对组织的创新行为产生意料之外的反作用。对组织而言，最大的不确定性出现在复杂、不稳定的环境中。这是因为不仅有大量的外部要素冲击着组织，而且这些要素频繁地变化，并对组织的创新行为产生强烈的反作用。如果许多要素同时变化，环境自然就成为动荡的了。[28]

软饮料经销商是在简单、稳定的环境中经营的。软饮料需求量的变化只是渐进的，经销商有固定的分销渠道，能按时供应。州立大学、小家电制造商、保险公司等则处于稳定、复杂的环境中，面临大量的外部环境要素。但是，尽管这些要素会发生变化，其变化只是渐进、可预见的。

玩具制造商则处于简单、不稳定的环境中。设计、制造和销售玩具的组织，或者涉足服装或影音业的组织，就面临着变化无常的供求关系。例如，时尚服装公司飒拉(Zara)每年发布大约 11 000 种新产品来满足不断变化的顾客需求。[29]尽管它们可能只有少量的外部要素(如技术、竞争者)需要应对，但这些要素难以预见且会突然发生料想不到的变化。

电信业和航空业面临着复杂和不稳定的环境。许多外部因素可能同时发生变化。以航空公司为例，短短几年内，它们就开始面临许多问题，这些问题包括空管人员不足，飞机老化，员工怠工，油价飙升，低成本竞争者的进入，一系列大的空难事故以及乘客人数的直线下降，等等。在短短几年之内，四家大型航空公司和许多小型航空公司相继破产，航空业裁员多达 170 000 人。2013 年年末，美国航空公司(American Airlines)从破产保护中摆脱出来，与全美航空公司(US Airways)合并。[30]

适应变动的环境

你已经知道了环境是怎样因稳定性和复杂性程度不同而呈现出千姿百态的。接下来的问题是，组织应该如何适应不同程度环境的不确定性？环境的不确定性对组织结构和内部行为提出了重要的权变要求。回顾第 3 章可知，面临不确定环境的组织通常采用更明显的横向型结构，鼓励跨职能沟通和合作，以帮助组织适应环境的不确定性。这一部分我们将更详细地讨论环境如何影响组织。处于确定性环境中的组织，在职位和部门的设立、组织的分化和整合、控制过程以及未来的计划和预测等方面，其管理和控制都有别于不确定环境中的组织。组织应在内部结构和外部环境之间保持恰当的匹配。

增加职位和部门

当外部环境的复杂性增加时，组织中的职位和部门的数目也相应增加，这样就提高了组织内部的复杂性。这种关系是组织作为一个开放系统的重要表现。外部环境的每一个方面都需要有相应的人员或部门来应对。比如，人力资源部门同那些想在公司求职的待业人员打交道；营销部门寻找顾客；采购人员从数以千计的供应商那里买来原材料；财务部门与银行家往来；法律部门与法院和政府机构联系。许多公司已经增加了电子商务部门来处理电子商务方面的事务，增加了信息技术部门来应对日益复杂的信息技术和知识管理系统。例如，美国总统贝拉克·奥巴马(Barack Obama)在美国政府中增加了一个首席技术官的职位和一个首席信息官的职位。许多组织增加了首席合规官或首席治理官来处理与 2002 年萨班斯-奥克斯利法案(Sarbannes-Oxley Act，通常被称为 SOX)相关的复杂问题。SOX 对几种类型的公司治理改革提出了要求，包括更好的内部监控，减少欺诈的风险，高管对财务业绩的确认，改善内部审计，加强公共财务披露。增加新职位和部门是组织应对日益增长的环境复杂性和不确定性的常见方式。英国石油公司在经历了墨西哥湾原油泄漏和爆炸的灾难之后，开始对其勘探、开发和生产业务(也即上游业务)进行重组，以防止此类事件再度发生。为了改善风险管理，首席执行官罗伯特·W. 杜德利(Robert W. Dudley)任命了一名专门的首席主管负责公司在全球范围内的上游业务。[31]

建立关系

应对不确定性的传统方法是建立缓冲部门。**缓冲角色**(buffering

roles)的作用就是吸收环境的不确定性。[32]技术核心完成组织的主要生产活动。缓冲部门包围着技术核心,负责在环境与组织之间进行原材料、资源和货币的交换。它们帮助技术核心有效地运作。比如,采购部门通过储存供应品和原材料对技术核心起缓冲作用;人力资源部门则通过处理与寻找、聘用和培训生产工人等相关的不确定性来缓冲技术核心。

有些组织最近采用的一种方法是将缓冲部门取消,使技术核心直接暴露于外界不确定的环境中。这些组织不再设立缓冲部门,因为它们相信与顾客和供应商的直接联系比内部的效率更加重要。为了对高度不确定的环境做出快速响应,组织要能够快速地传递信息和知识。如第3章所述,团队经常直接与客户以及组织外部的其他单位一起工作。[33]总律师公司(Total Attorneys)是一家总部位于芝加哥的公司,该公司为小型律师事务所提供软件和服务,公司中的跨职能团队要和客户一起工作,这些客户要对团队开发的产品进行测试并提供反馈。[34]向环境开放的组织更具有灵活性和适应性。

边界联系角色(boundary-spanning roles)的作用是将组织与外部环境中的关键要素联结并协调起来。边界联系主要涉及两个方面的信息交换:侦察并将环境变化的信息传到组织,以及向环境传送能很好展现组织的信息。[35]

组织必须保持对环境中所发生事件的了解,这样才能使管理者对市场的变化及其他进展做出反应。一项对高科技企业的调查发现,有97%的竞争失败是因为对市场的变化关注不够,或者没能根据重要的信息采取行动。[36]要想获得并将重要的环境信息传入组织,就需要边界联系人员对环境进行扫描。例如,通过市场研究部门侦察和监测消费者偏好变化的趋势;通过工程和研究开发部门的边界联系人员探测新的技术进展、创新和新开发的原材料。边界联系人员帮助高层管理者及时地了解环境的变化,从而能防止组织停滞不前。环境越是不确定,边界联系人员就越重要。[37]

有一种跨边界的新方法是利用**商务智能**(business intelligence),即利用高科技手段对大量的内外部情报加以分析以找出其中可能有意义的模式和关系。比如说,威瑞森电信公司(Verizon)利用商务智能来密切关注它和顾客之间的互动,以便一旦发现问题便可及时解决。[38]近些年来,可以自动进行商务情报收集的软件工具成为软件业的热点,各公司都在商务智能软件上进行了大量投资。[39]

另外一个和商务情报相联系的重要的跨边界领域称为竞争情报(competitive intelligence,CI)。竞争情报为企业高层提供了一个系统化的方法来收集和分析竞争对手的公开信息并利用这些信息来帮助自己更好地决策。[40]收集竞争情报使用的技术五花八门,包括互联网搜索到垃圾堆挖掘等。情报人员收集竞争对手各种资料包括新产品研制、制造成本或是培训手段等并把这些情报报告给公司高层。情报团队是竞争情报活动的最新趋势。**情报团队**(intelligence team)是一个由管理者和员工组成的跨职能小组,这个小组通常由竞争情报专家领导,团队成员一起工作,以便对特定商业事件做出更深刻的理解,团队工作的目的是为高层管理搜集更多观点、可能性和建议。[41]情报团队可以为管理者做出更明智的决策提供支持,同时也可以针对主要的竞争问题提供应急计划和方案。

向环境传送信息，并且对外代表组织，这一边界联系工作影响着外界对组织的认识。在营销部门，广告和销售人员对顾客而言就代表着组织。采购人员可能给供应厂家打电话陈述购买要求。法律部门则向竞选人和当选官员说明组织对政治事务的看法和要求。许多公司都设立了特别的网页和博客，对外展现组织的良好形象。

评价你的答案

1. 组织适应复杂环境的最好方法是设计一个复杂的结构（而不是简单的结构）。

答案：同意。随着组织环境变得越来越复杂，组织必须增加新的工作、部门和跨边界角色来处理环境中的所有要素。当环境因素变得复杂时，组织就无法继续保持简单结构，也无法继续有效运行了。

分化与整合

组织对环境不确定性的另一个反应，体现在部门间分化与整合的程度上。组织**分化**（differentiation）指的是"在不同职能部门的管理者在认知和情感导向上的差异，以及这些部门在正式结构方面的差异"。[42] 在外部环境处于复杂而且迅速变化的状态时，为了对付外部环境的不确定性，组织的部门必须高度的专业化。因为对每一环境要素的成功反应，都需要专门的技能和行为。比如，研究开发部门的员工与制造和销售部门的员工相比，他们具有截然不同的独特的态度、价值观、目标及受教育程度。

保罗·劳伦斯（Paul Lawrence）和杰伊·洛尔施（Jay Lorsch）曾对 10 家公司的制造、研究和销售部门进行了研究。[43] 他们发现，为了应对外部环境中的各种特定要素，每个部门都逐渐形成了各具特色的目标和结构。劳伦斯和洛尔施识别了环境中的市场、科技和制造等子系统，如图 4-4 所示。组织的每个部门都与互不相同的外部要素发生相互作用。表 4-1 显示了组织内各部门逐渐形成的分化。比如，为在科技子环境中有效地工作，研究开发部门制订了高质量工作的目标和长期（5 年以上）的计划，采用非正规的结构，并配备以任务为导向的员工。销售部门则相反，它制订了顾客满意的目标和短期（2 周左右）的计划，采用高度正规化的结构，雇用社会性导向的员工。

表 4-1　组织各部门目标和导向的差异

特　征　项	研究开发部门	制造部门	销售部门
目标	新品开发、质量	生产效率	顾客满意度
时间视野长度	长期	短期	短期
人际导向方面	大多为任务	任务	社会
结构正规化程度	低	高	高

资料来源：Based on Paul R. Lawrence and Jay W. Lorsch, *Organization and Environment* (Homewood, Ⅲ,: Irwin, 1969), 23-29.

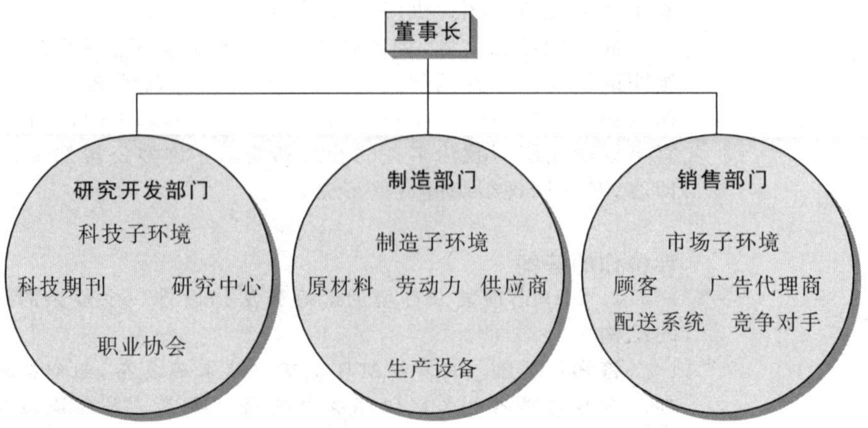

图 4-4 应各子环境要求的组织部门分化

高度分化的一个结果是,部门之间的协调变得十分困难。在态度、目标和工作导向差异很大的情况下,要实现协调就需要花费更多的时间和资源。所谓**整合**(integration)就是指部门之间相互合作的特性。[44]为协调各部门的工作,组织通常要配备专门的整合人员。在环境处于高度不确定的状态下,频繁的变化使得实现协调所需要的信息处理工作量增加,这样,整合人员的设置就会对组织结构形成一个必不可少的补充。整合人员,有时也叫作联络员、品牌经理或协调员。正如表 4-2 所示,处于高度不确定性环境中的、具有高度分化的结构的组织,大约配有 22%的管理人员执行整合任务。这些人或是在委员会或任务小组中服务,或是专司联络之职。[45]在环境非常简单、稳定的组织中,几乎不需要配备执行整合任务的管理人员。表 4-2 说明,随着环境不确定性的增加,部门间的分化程度也相应提高,因此组织必须配备更多的管理人员担任协调任务。

表 4-2 环境不确定性与组织整合人员

	塑料制品行业	食品行业	容器制造业
环境不确定性	高	中等	低
部门分化程度	高	中等	低
执行整合任务的管理人员比例	22%	17%	0%

资料来源:Based on Jay W. Lorsch and Paul R. Lawrence,"Environmental Factors and Organizational Integration",*Organizational Planning*:*Cases and Concepts* (Homewood, Ⅲ,: Irwin and Dorsey, 1972), 45.

劳伦斯和洛尔施的研究结论是,当组织分化和整合的程度与环境的不确定性程度相匹配时,组织会运行得更好。在不确定性环境中运行良好的组织,具有较高的分化和整合度。反之,在较低的不确定性环境中运行良好的组织,则具有较低的分化和整合度。最近一项对 9 个国家的 266 个现代制造企业的研究证实,在复杂环境中,高整合度有助于企业取得更好的绩效。[46]

有机的管理过程与机械的管理过程

回想一下我们在第 1 章中讨论的有机式设计和机械式设计。外部环境的不确定性程度是影响组织选择机械式设计还是有机式设计的主要权变因素。汤姆·伯恩斯(Tom Burns)和 G. M. 斯托克(G. M. Stalker)调查了英国 20 家工业企业,发现外部环境与内部管理结构有关。[47]在外部环境稳定的情况下,内部组织表现出具有大量的规则、程序和明确的职权层级的特征,组织是正规化而且集权的。伯恩斯和斯托克把这种组织称为**机械式**(mechanistic)组织体系,正如第 1 章中图 1-7 所示。

在迅速变化的环境中,内部组织往往相当松散,可以自由流动,且具有适应性,层级结构松散,同时有着分权化的决策机制。伯恩斯和斯托克用**有机式**(organic)来概括这类管理结构的特征。完成问卷调查"你适合哪种组织设计",测试一下你适合在机械式组织中工作,还是适合在有机式组织中工作。

你适合哪种组织设计

心智和环境

你是否知道如何在确定或不确定的环境中最好地适应组织?回想一下你作为学生、雇员、正式或非正式领导的时候,你是如何行动的?请判断下列陈述是否符合你的情况。

	基本符合	不太符合
1. 我经常对数据的解释或者事件发表评论。	______	______
2. 即使在有压力的工作中,我也能欣然接受其他人的不同观点。	______	______
3. 我很重视参加工业贸易协会和公司(学校)活动。	______	______
4. 我鼓励其他人表达不同的想法和观点。	______	______
5. 我会问一些"愚蠢"的问题。	______	______
6. 即使面临工作任务期限的时候,我也喜欢听新的意见。	______	______
7. 我会向我的老板和同事表达有争议的观点。	______	______
8. 我会提一些改进自己和他人做事方法的意见。	______	______

计分:选择基本符合得 1 分,如果你的总分少于 5 分,你的专注水平(mindfulness level)适合稳定环境中的组织,而非不稳定环境中的组织。总分在 5 分及以上说明有较高的专注水平,更容易适应不确定环境中的组织。这个练习中较高的分数说明了较高程度的专注水平,以及在不确定环境中对有机式组织的更好的适应。

解析:在高度不确定环境中的组织,每一件事情都在变化,专注是专业人员或管理者最重要的才智,包括有开放的头脑和独立的思考能力。在稳定的环境中,组织将会更"机械",一个没有专注能力的管理者也可以表现很好,因为所有工作都可以按传统方式完成。在不确定的环境中,每一个人必须有新的思考、新的想法和新的工作方式。本练习中,较高的分数说明了较高的专注水平,更适合在不稳定环境中的有机式组织里工作。

资料来源:These questions are based on ideas from R. L. Daft and R. M. Lengel, *Fusion Leadership*, Chapter 4 (San Francisco, Calif: Berrett Koehler, 2000); B. Bass and B Avolio, *Multifactor Leadership Questionaire*, 2nd ed., (Menlo Park, Calif: Mind Garden, Inc.); and Karl E. Weick and Kathleen M. Sutcliffe, *Managing the Unexpected: Assuring High Performance in an Age of Complexity* (San francisco, Califf.: Jossey-Bass, 2001).

随着环境不确定性的增加,组织会越来越多地向有机式设计转变,这就意味着组织要将更多职权和责任授予较低层级的人员,同时鼓励员工和其他人一起工作,共同解决问题,鼓励团队合作,更多地通过非正式途径分配工作和责任。这样,组织将会变得更加具有流动性,进而能够持续地适应外部环境的变化。[48]比如说,当菲多利(FritoLay)这样的大食品企业进入到低脂肪点心市场的时候,以生产低脂肪的玉米粉薄圆饼和其他优质点心为主的吉尔特里斯美食(Guiltless Gourmet)公司把自己的组织结构改造成更为灵活的网络型以保持公司的竞争力。吉尔特里斯重新设计了自己的组织结构,成功转型为一家专门的营销公司,而把生产和其他业务外包出去。为此公司关闭了位于奥斯汀的18 000英尺的工厂,原来的125名员工也减到了10个核心人员来专门负责营销和促销。组织结构上的柔性化使得吉尔特里斯公司可以很快地适应不断变化的市场环境。[49]

计划、预测与响应

增加组织的内部整合度,转向更为有机的组织过程的关键,是增强组织迅速响应不确定环境中突然变化的能力。人们也许认为在一个所有事物都不停变化的环境中,计划是没有什么用处的。但是,正是在不确定的环境中,计划和环境预测更加重要。它们能使组织准备好,以便对环境变化做出协同和迅速的响应。在环境稳定的情况下,组织可以集中精力解决当前经营中的问题,提高日常工作的效率。由于未来的环境要求与今天的环境要求没有什么两样,所以不需要长期的计划和预测。

但是,随着环境不确定性加大,计划和预测就变得十分必要了。[50]实际上,对跨国公司的调查发现,由于环境变得越来越不确定,管理者们增加了他们的计划活动,特别是一些鼓励学习、持续适应及创新的计划活动。[51]例如,在2001年9月11日美国发生恐怖袭击事件后,利用预案和应急计划管理不确定性的公司越来越多。虽然这些方法曾经失宠了几年,但由于环境动荡的加剧和最近的全球金融危机,这些方法又被重新使用。例如,索尼、松下、夏普等日本消费电子产品制造商一直挣扎在产品销售全线下滑的困境中，不得不为未来另做打算。索尼的计划是通过投资内窥镜制造商奥林巴斯（Olympus）进入医疗领域。[52]

计划的范围可以非常的广泛，计划人员需要预测不同的环境变化情境（Scenario）并设计出不同的应对方案。通过预测环境变化情境，经理们可以预先在脑子里想象不同的环境变化对组织造成的影响，并设想应该如何应付。环境变化情境就像故事一样生动描述企业面临的选择、未来各种变化以及企业领导们如何应对。壳牌石油公司（Royal Dutch/Shell Oil）一直以来都使用情境预测的方法，当许多组织还没有觉察到环境变化时，壳牌却可以做到快速响应，胜人一筹。[53]计划能减小外界变化对组织产生的冲击。处于不确定环境中的组织往往建立一个单独的计划部门。在一个不可预测的环境中，计划人员细察环境因素并分析其他组织可能采取的行动或反击。

评价你的答案

2. 在一种反复无常、快速变化的环境中，根据严格制订的计划来行动是对时间和资源的浪费。

答案：不同意。科林·鲍威尔（Colin Powell）将军曾经说过，“在与敌人的作战中，没有计划将无法生存”，[54]明智的将军不会不制订计划就投入战斗。尽管一个计划不会持续很长时间，但是在多变的环境中，严格的计划变得更加重要。计划和环境预测可以帮助管理者进行事先安排，并对响应变化做出准备。此外，在稳定的、可预测的环境中，缺少计划是相对有意义的。

但是，计划并不能完全替代其他行动，比如有效的边界联系和充分的内部整合与协调。在不确定条件下最成功的组织是那些使每个人都与环境保持持续的接触，在此过程中察觉环境的机会和威胁，及时地做出反应的组织。

组织应对环境变动的分析框架

图 4-5 总结了环境的不确定性对组织特征的影响。这张图将变化和复杂性两个维度结合起来，列示了 4 种不同程度的不确定性情形。低不确定性的环境是简单、稳定的，处在这种环境中的组织只设少数几个部门，采用机械式的结构。在中等偏低不确定性的环境中，组织需要设置较多的部门，并配备整合人员来协调这些部门的工作，同时也需要一些计划。中等偏高的不确定性环境，是不稳定但简单的。因而，组织结构是有机的、分权化的，计划受到重视，并且管理人员需要能够在必要时迅速地做出组织内部的变革。高度不确定性的环境则是复杂而不稳定的。从管理的角度看，这是一种最难应对的环境。组织规模很大，设置的部门很多，且采用有机的结构。这种组织配有大量的管理人员负责协调和整合任务。组织还重视边界联系、计划和预测工作。

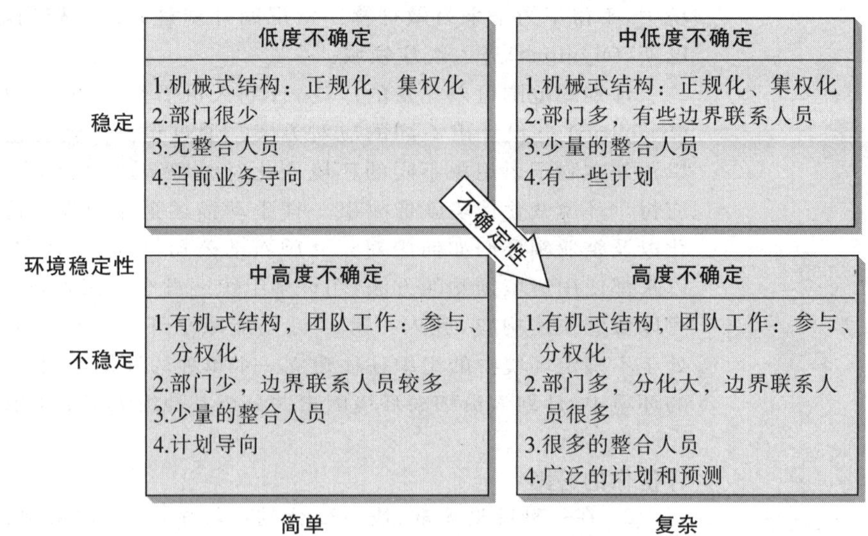

图 4-5 环境不确定性和组织反应对策权变框架

财务资源依赖

到目前为止，本章已经描述了组织应对信息缺乏和环境不确定性（这是由环境的动态性和复杂性所引起）的几种方式。现在，我们讨论影响组织的组织与环境关系的第 3 个特点，就是组织所需财务资源的充裕度或稀缺度。许多组织面对财务资源不断减少的第一反应是裁员和削减投资。例如，由于美国政府在 2012 年年末的预算谈判中有意削减 6 000 亿美元的政府开支，导致众多组织，从国防合约承包商洛克希德·马丁公司（Lockheed Martin）到医疗保险运营商安泰公司（Aetna）都做出了裁员的计划，以应对预期财务资源的减少。[55]裁员，或者缩减企业的劳动力规模，我们将在第 9 章中进行更为详细的讨论。

企业还需要努力控制财务资源，以减少对其他组织的依赖。[56]环境是组织生存所必需的稀缺而有价值的资源的源泉。资源依赖性就是对这一领域问题的研究。所谓**资源依赖性**（resource dependence）管理，是指组织既依赖于环境，又力争通过控制环境中的资源而减少这种依赖性。如果重要的资源被其他组织所控制，组织就会变得脆弱。因此，每一个组织都尽可能地保持独立。组织并不希望在其他组织面前显得过于脆弱，因为这对其绩效具有负面的影响。

尽管各家公司愿意把他们的资源依赖性降到最小，但是当这样做的成本和风险都很高时，一些公司会联合起来共享稀缺的资源以使得自己在全球市场上更有竞争力。与其他组织缔结正式的关系，这对管理者来说是一个两难的问题。北美许多组织都试图通过与其他组织加强联系来缓解自己在资源方面的脆弱性，但它们还希望能最大限度地保持自己的自主权和独立性。虽然，组织间的联系提出了协调的要求，[57]但是却降低了每个组织独立做出决策的自由，这种决策可能并不顾及其他组织的需要和目标。因此，组织间关系代表着资源与自主权之间的权衡。为保持自主权，已拥有丰富资源的组织就不愿建立新的联系，而需要资源的组织将会愿意放弃独立性以获取这些资源。例如，DHL 是德国邮政股份公司（Deutsche Post AG）的一家快递单位，为了占领美国包裹快递市场，它已经损失了数十亿美元。后来，DHL 与联邦快递（UPS）建立了合作关系，联邦快递负责处理 DHL 在美国的包裹。这两个公司将继续在海外市场竞争。面对 30 亿美元的损失和在美国建立管理团队的重重困难，以及美国包裹处理分支机构的维持问题，德国邮政股份公司 CEO 弗兰克·阿佩儿（Frank Appel）呼吁合作伙伴为美国公司的运作制定一个"务实有用的战略"。[58]关于资源依赖理论的更详细内容将在第 5 章讨论。

影响财务资源

根据对资源的需要情况，组织努力在与其他组织的联系和自身的独立性之间保持平衡。组织通过努力改变、操纵或者控制外部环境中的因素（比如其他组织，政府法规）来满足自身需求，从而维持这种平衡。[59]为了生存，组织需要向外伸展，以试图控制和改变环境因素。对外部环境中的资源的管理，通常可采取两种策略：与环境中的关键要素建立有利的联系；改变所处的环境领域。[60]实施这些策略的具体方法概括为表 4-3。一般的原则是，当组织意识到有价值的资源稀缺时，会运用如表 4-3 所示的策略而不是独自解决问题。请注意：这些策略与表 4-3 所描述的应对环境变化和复杂性的策略不同，这种不同反映了应对信息的需要和应对资源的需要两者之间存在着区别。

表 4-3　组织控制外部环境的策略

建立组织间联系	控制环境领域
1. 所有权	1. 改变领域
2. 合同、合资	2. 政治活动、规章条例
3. 董事的增选与连锁	3. 行业协会
4. 聘任经理人员	4. 非法活动
5. 广告宣传与公共关系	

建立正式关系

建立正式关系包括获得股权、建立合资公司和合作关系、发展与重要人物的联系、招收关键性的人物、使用广告和公共关系等。

获得股权

公司会利用多种形式的股权来降低不确定性。例如,一家公司购买了另一家公司的部分或控股性的股权,这种策略为公司提供了接近它自己目前尚不具备而对方已具备的技术、产品或其他资源的机会。

通过收购或合并可以获得更高程度的所有权和控制权。收购是指一个组织被另一组织所购买,并由购买者所控制的情形,例如谷歌收购优图比,电子港湾(eBay)收购贝宝(PayPal),沃尔玛收购英国 ASDA 集团。合并则指两个或更多的组织联合组成一个新的实体。[61] 例如,天狼星卫星广播(Sirius Satellite Radio)和 XM 卫星广播(XM Satellite Radio)合并成为天狼星 XM 广播(Sirius XM Radio),合并使公司组合了资源,分担了风险,在与其他数字音乐提供商和新兴音乐发行商的竞争中更具优势。过去几年间,在电信行业爆发了大规模的收购和合并浪潮,反映出了这个行业中的企业所面临的巨大不确定性。例如,为了在资源越来越少的新环境中赢得竞争,宏盟集团和阳狮集团试图合并成为全球最大的广告公司。

应用案例 4-4

阳狮宏盟集团

曾经,广告业被一小部分相互独立的企业控制,这些企业的领导满腹创造力。他们扩张,吞并其他竞争者,在成长中越来越强大。今天,广告和销售已经成为一个大产业,同时还衍生出了"大数据"产业。宏盟集团和阳狮集团合并的初衷不是要应对其他广告公司的竞争,而是要应对来自 IBM、谷歌、销售力(Salesforce)和甲骨文等公司的竞争。MDC 合营广告公司(MDC Partners)媒体厨房事业部的首席数字媒体官达伦·赫尔曼(Darren Herman)预测说:"这场进行中的商业战争可能会以失败告终。"

宏盟集团和阳狮集团在巴黎宣布合并的时候,阳狮集团首席执行官莫里斯·莱维(Maurice Levy)说,"数以亿计的网民"提供了能够创造机会的数据,企业可以利用广告技术对数据进行处理,并能够精确地将特定广告投递给特定的受众。广告企业和谷歌、脸谱网和推特等企业之间有着悠长的合作历史,但是现在,不仅是谷歌、脸谱网和推特,还包括 IBM、甲骨文、微软以及许多数据分析公司,开始直接和客户企业合作开发精准广告营销活动,挤压广告公司的生存空间。包括耐克、前进公司(Progressive)和宝洁在内的一些公司,使用快速算法定价系统有针对性地向个人消费者投放广告。广告公司正在承受空前的压力。这次合并传递的信号是:营销正在变得更加个性化,并且竞争更加激烈。一位专门研究广告行业公司合并的分析师指出:"两家公司合并之后不仅规模大、有盈利能力,而且他们还要和其他同样规模大、有盈利能力的公司相竞争。"[62]

建立合资企业和合作关系

当两个公司在经营业务、地理位置或技能方面存在较大的互补性时,通常的惯例是两企业间结成联盟,而不是并购。[63] 这种联盟可以通过合同和合资形式而实现。

合同和合资是通过与其他企业建立合法而紧密联系的办法来减少不确定性的。合同的形式有：(1)特许协议，即购买在一定时期内某项资产(如一项新技术)的使用权；(2)供应协议，即约定一家公司的产品售给另一家公司。合同之所以能提供长期的保证，因为它使供需双方共同遵守约定的供货数量和价格。例如，意大利服装公司范思哲(Versace)同一家眼镜制造商签订协议，把自己的品牌特许给后者使用。[64]

合资，导致了名义上独立于母公司的新组织的创设。不过，母公司对合资的企业拥有某种程度的控制权。[65]总部位于马德里的 FON 和英国电话运营商 BT 组建了一家合资公司，200 多万 BT 用户的调制解调器都将安装 FON 的无线保真技术(wi-fi technology)。欧迪办公用品公司(Office Depot)和瑞兰斯零售公司(Reliance Retail Limited)，是印度最大的两家私营雇主，他们合资组建了一家为商务客户提供办公用品和服务的公司。粮食和农业公司嘉古(Cargill)在世界范围内有大量合资公司，最近嘉古和西班牙的霍希布兰卡(Hojiblance)合资共同向世界范围的消费者提供自有品牌产品和散装橄榄油。正如这些例子所证明的，很多企业选择合资是为了在其他国家或世界范围内经营业务时能够有其他企业分担风险。

锁定关键人物

增选董事(cooptation)就是将环境中重要机构的领导者吸收为本组织的董事会成员，以增进合作。例如，具有影响力的顾客或供应商被选入公司董事会，银行的资深经理人员出任制造业企业的董事，等等。一旦成为董事会成员，银行的代表就会从内心深处关注该制造业企业的利益。

连锁董事(interlocking directorate)指的是这样一种正式的联系，即一家公司的董事同时担任另一家公司的董事。这位董事就是两公司之间联系的桥梁，他可以影响两家公司的政策和决策。一个人担任两家公司的联系环时，这常称作**直接连锁**(direct interlock)。而当 A 公司的一名董事和 B 公司的一名董事同时成为 C 公司的董事时，则称 A 公司和 B 公司之间发生了**间接连锁**(indirect interlock)。这两人有彼此接触的机会，但并不对他们供职的公司产生直接的影响。[66]最近有项研究表明，企业随着财务状况的恶化，与金融机构的直接连锁则不断增加。一个行业在面临财务状况不确定性时，竞争企业之间的间接连锁也相应呈增加之势。[67]然而，在近年来的经济动荡中，包括苹果和谷歌在内的一些公司也遭遇到了美国联邦法律明文禁止竞争公司之间进行直接连锁的限制。例如，罗氏制药基因科技公司(Roche Holding AG's Genentech)主席李文生(Arthur Levinson)在联邦贸易委员会开始调查他参与谷歌和苹果董事会的事件后，就从谷歌董事会辞职了。与此类似，随着谷歌和苹果公司在越来越多的业务领域展开竞争，谷歌执行主席及前任 CEO 埃里克·施密特(Eric Schmidt)辞去了苹果公司董事会的职务。[68]

重要的商业或社团领导也可进入公司的董事会或其他各种委员会、任务小组等。通过在委员会或者咨询小组任职，这些有影响力的人了解公司的需要，因而更有可能在决策过程中考虑公司的利益。现在，很多公司面临着来自环境压力集团的不确定性，所以都竭力从这些部门选择领导人，比如杜邦公司(Dupont)任命环境专家作为生态技术咨询部门的成员。[69]

聘任经理人员

经理人员的调动或交换也提供了一种方式，使企业与外部组织之间建立起有利的联系。例如，高频交易公司(Getco LLC)聘请了美国证券交易委员会(Securities and Exchange Commission)交易与市场部的一位前任副主任，并将其安排在公司的监管与合规团队中。[70]航天业每年都聘用一些从国防部退休的军官和行政官员。由于这些人在国防部内部有很多私交，航天公司可以依靠他们获得更多的有关新武器系统的技术规格、价格和交货期等方面的信息。这些人了解国防部门的需要，能以更有效的方式促成防卫合同的签约。没有私人关系的公司会发现，要想取得防卫合同几乎不可能。拥有组织之间相互沟通和影响的渠道，能帮助组织降低财务绩效上的依赖性和不确定性。

广告宣传与公共关系

广告宣传是建立良好关系的传统方式。组织不惜花费大量的资金去影响消费者的偏好。在竞争性强的消费品行业和需求变化大的行业中，广告宣传尤为重要。例如，自从美国食品药品监督管理局(Food and Drug Administration)放松了管制，允许处方药品做广告，几家主要的制药公司每年在广告上的投入近 50 亿美元，比如一只可爱卡通蜜蜂向过敏症和心脏病发作患者喷内舒拿(Nasonex)鼻喷雾剂的广告让抗胆固醇的立普妥(Lipitor)销量大增，获利颇丰。[71]

公共关系类似于广告宣传。不同的是，公共关系经常是一种免费的报道，并以公共意见为目标。人们通过演讲及在报纸杂志和电视上宣传组织，使组织在供应商、顾客和政府官员以及公众的心目中留下良好的形象。谷歌在公共关系方面表现出色，该公司通过捐款和奖学金项目等树立形象，并积极参与各种会议，借此和众多倡导性组织、公共知识分子以及学术机构建立关系网络，这些组织、团体和个人经常会在公共辩论和国家政策问题讨论时站在谷歌这一边。通过鼓励和支持与自己观点相似的团体，谷歌持续而广泛地推进着自己的公共关系活动，一位报道者将谷歌此种做法称为"微妙的说服行为"。[72]博客、微博和社交网络已经成为当今许多公司公关活动的重要部分。[73]

影响关键方面

除了建立有利的联系以获得资源外，组织通常还可以改变外部环境。影响或改变企业的环境，主要有以下 4 种方法。

改变领域

在本章的前面部分讨论了组织领域和组织环境的十个方面。组织领域不是固定的。管理者决定经营范围、市场领域以及相关的供应商、银行、员工和厂址，但是其环境领域仍然是可以改变的。[74]组织可以谋求建立新的环境联系，减少旧的联系。长期以来一直专注于大型仓储式超市的沃尔玛终于打算进入电子商务领域，而亚马逊这家电子商务公司正试图在全国范围内构建自己的实体存在。

应用案例 4-5

亚马逊和沃尔玛

之前谁曾想过，沃尔玛有一天需要想方设法追赶亚马逊呢？但正在发生的一切好像确实如此。目前，沃尔玛这家美国最大的实体店零售商正努力建立在线商城，以应对来自网上零售商亚马逊的竞争压力。而与此同时，亚马逊也正忙着在全国范围内建设仓库和提货地点，以侵占沃尔玛的地盘。

亚马逊正在采取各种措施争取实体店内的消费者，而不再局限于网上消费者。为了应对亚马逊的战略扩张，为了维持在实体店销售领域的竞争力，沃尔玛开始努力从头学习技术商业模式下的各种规则，建立了网络事业部——沃尔玛全球电子商务公司(Walmart Global E-Commerce)，成立了沃尔玛实验(@WalmartLabs)。两大巨头企业都在扩大自己的经营领域，沃尔玛越来越偏重技术，亚马逊在实体空间参与了更多竞争。两家企业都相信，未来一定是实体零售与在线零售相互交织的局面。

沃尔玛全球电子商务公司坐落于美国硅谷，已经收购了不少创业公司，包括数据处理工具研发公司、手机应用开发公司、网速增强公司，同时，这些公司的创始人和工程师也一并随公司进入沃尔玛旗下。沃尔玛设立了“黑客日”，所有程序员在“黑客日”这一天可以做任何他们想做的事情，不受任何限制。同时，沃尔玛全球电子商务公司还聘用了曾在雅虎(Yahoo)和电子港湾(eBay)等公司工作过的 150 名员工。沃尔玛希望把美国的 4 100 家连锁店和 6 200 家海外连锁店中的大部分都发展成电子商务型实体店。这样一来，消费者从网上购买的商品可以从实体店发货。消费者在实体店也可以选择在线销售的商品，而且沃尔玛正在试销市场上努力实现当日送达的目标。[75]

沃尔玛的管理者们认识到，随着消费者购物习惯持续从线下转为线上，他们必须改变竞争领域，以更具竞争力地对抗亚马逊。管理者们有很多理由改变组织的竞争领域，他们会设法寻找竞争不太激烈、政府管制少、资源供应充足、顾客购买力强、竞争者难以进入的领域。收购和撤资是转移领域的两种途径。例如，为了将竞争领域扩大到搜索之外，谷歌收购了优图比，脸谱网最近以 160 亿美元的价格收购了拥有 4.5 亿用户的即时通信应用开发商传信公司(WhatsApp)。撤资的一个例子是，谷歌在 2014 年 2 月以 29 亿美元的价格将摩托罗拉的智能手机业务出售给了联想集团，退出了手机制造领域。[76]

利用政治

政治活动包括影响政府立法和规章条例的各种方法。政治策略可以被用来给新竞争对手设置法规障碍或废除对自身不利的立法。公司也同样试图对政府机构的人事任免施加影响,以使得自己的支持者能够得到任命。

医疗保险公司大量游说联邦和州政府官员,试图避开新卫生保健法对保险费和公司利润的严格监管。沃尔玛和塔吉特(Target)之类的大型零售商正在游说政府改变法律,他们认为亚马逊应该被征收销售税。脸谱网设有一间华盛顿办事处,办事处共有八人,负责游说立法者加强对网络公司的隐私限制。[77]

许多首席执行官认为他们应该直接参与游说。与一般说客相比,首席执行官更容易介入游说,开展政治活动也更加有效。政治活动是如此重要,"非正式说客"几乎是任何CEO工作描述中不成文的一部分。[78]美联电信公司(Amerilink Telecom Corporation)的高管们开展了一些政治活动,试图帮助中国华为技术有限公司(Huawei Technologies Company)打开美国的电信设备市场。

应用案例 4-6

华为公司

华为技术有限公司多年来一直尝试进军美国市场,但是安全问题一直阻碍着这一计划。美国政府担心华为公司与中国政府和军方有关,如果允许华为公司的设备进入美国市场,政府的重要通话可能会被中断或者窃听。

华为是全球最大的电信设备制造商,也是移动电话网络"管道"铺设方面的领头羊。2012年,其销售收入超过354亿美元。华为公司表示,世界上超过三分之一的人口是通过华为的设备连接网络的,而这一点令美国官方甚是担忧。华为最近一次尝试进军美国市场的举动是竞标斯普林特公司(Sprint Nextel)的一项数十亿美元的网络升级业务。为了达成目标,华为公司与威廉·欧文斯(William Owens)创建的美联国际咨询公司(Amerilink)建立了合作伙伴关系。欧文斯曾在比尔·克林顿任总统时担任参谋长联席会议(Joint Chiefs of Staff)的副主席。在双方建立合作伙伴关系之后,欧文斯和公司其他高管立刻展开了大范围的游说活动,会见了很多国会政要,并对奥巴马政府展开游说。另外,美联国际咨询公司还招聘了一些前政府官员以加强游说的力度,其中包括前国会领导人理查德·格布哈特(Richard Gebhardt)、乔治·布什政府时期的国防及国土安全部副部长戈登·英格兰(Gordon England)以及前世界银行行长詹姆斯·沃尔芬森(James Wolfensohn)。

尽管华为借助美联展开了大规模的游说活动,但是政府官员向斯普林特公司的管理者表达了他们对安全风险的极度担忧,斯普林特公司拒绝了华为与美联国际咨询公司的联手竞价。另外,美国进行了一场悄悄的游说活动,试图说服其他国家不要使用华为的设备。韩国最近同意不使用华为的设备,至少不用华为的设备与美国军事基地联系,鉴于美国和韩国之间的通信联系比较敏感,他们将采用单独的网络路由设备。[79]

尽管到目前为止这场游说总体上是失败的，但是这个例子可以说明企业如何利用政治活动影响政府的意见和立法，进而推动组织的成功。

评价你的答案

3. 商业组织的管理者不应该参与政治活动。

答案：不同意。聪明的商业管理者会参与到游说和其他政治活动中，以确保新的法律法规对他们自己的公司是最有利的。企业在协会和说客身上花费大量费用，是为了确保政府能做出对他们的组织有利的活动。

联合其他组织

影响外部环境的许多工作通常是与具有相同利益的其他组织的合作中共同完成的。比如说，大部分的美国制药企业都是美国药物研究与制造商协会(Pharmaceutical Research and Manufacturers of America)的会员。而大多数制造企业参加了全国制造业协会(National Association of Manufacturers)，零售企业则加入零售行业领导协会(Retail Industry Leaders Association)。美国石油学会(The American Petroleum Institute)是石油和天然气企业的领导性贸易组织。通过集中资源，这些组织可以雇用人员开展政治活动，如游说议员，影响新规定，开展公共关系活动，安排竞选赞助。普瑞玛瑞卡(Primerica)利用美国寿险公司委员会(American Council of Life Insurers)的资源和影响力推动国家执照考试的改革，该公司认为改革之前的政策让少数民族处于劣势。与大多数大型保险公司不同，普瑞玛瑞卡专注于销售基本的定期人寿保险，其收入几乎完全依赖于中等收入消费者。公司管理者认为改革之前的执照考试方式限制了他们扩大少数民族保险业务代理的能力，少数民族代理队伍的扩大可以更好地为少数民族社区提供服务。[80]

远离非法活动

非法活动是企业有时用以控制环境领域的最后一种办法，但是这种办法经常事与愿违。诸如利润低下、资深经理重压、环境资源短缺这样一些情况，都可能导致管理人员采取一些不顾及法律后果的行为。[81]一项研究发现，处于低需求、资源短缺或罢工频繁的行业中的企业更容易采取非法活动，表明非法活动是企业为了解决资源稀缺问题而采取的手段。一些非营利性组织也被发现使用过不合理的或非法的行动来扩大自己的知名度和声誉，以使自己的组织在同其他组织争夺有限的拨款或捐助时能获得优势。[82]

行贿是最常见的一种非法活动，特别是对于在全球经营业务的公司。例如，能源公司面临非常大的不确定性，需要得到外国政府进行大量投资的批准及风险项目的授权。为了赢得在尼日利亚的合同项目，KBR(后来成为哈里伯顿公司的一部分)前任执行官阿尔伯特·杰克·斯坦利(Albert Jack Stanley)承认他曾经向尼日利亚官员行贿大约 1.82 亿美元，以得到液化天然气工厂的开发权，斯坦利面临着七年牢狱和认罪之后的高额罚款。[83]其他类型的非法活动包括贿赂外国政府，非法政治捐赠，赠送促销礼品，协议售价。近十年来，宝洁公司(Procter & Gamble)、高露洁公司(Colgate-

Palmoliv)、联合利华(Unilever)、汉高公司(Henkel AG)等企业高管们经常在巴黎周围的餐厅里秘密会面,商讨如何有理有据地调整法国市场上洗衣粉的售价。管理者们使用虚假的名字,讨论如何制定精细又复杂的定价机制。有时候他们的会面持续长达四小时。这种秘密协议活动持续了好几年,直到有成员对价格上调和促销持有异议,其中一名成员向法国反垄断机构交出了长达282页的报告,事情才被揭露。涉案的企业最终被罚款共计3.61亿欧元(4.84亿美元)。[84]

组织与环境的整合性框架

图4-6显示的关系图是对本章讨论的关于组织与环境间关系的两个主要论题的概括。其中一个论题是,组织环境领域中的复杂性和变化程度影响着组织对信息的需要,并由此产生了组织所感知的不确定性。信息方面的高度不确定性,可以通过增强组织结构的灵活性(有机式设计)以及配置更多的部门和边界联系人员来解决。当不确定性较低时,管理组织结构可以是机械式的,且部门设置和边界联系人员的数量较少。另一个论题是关于物资和金融资源的稀缺性问题。一个组织对其他组织的资源依赖性越大,这个组织与其他组织建立有利的联系或控制该领域的进入障碍的意义也就越大。反之,如果组织对外部资源的依赖性低,该组织就可以保持自主性,而不必同外界建立联系或控制外部领域。

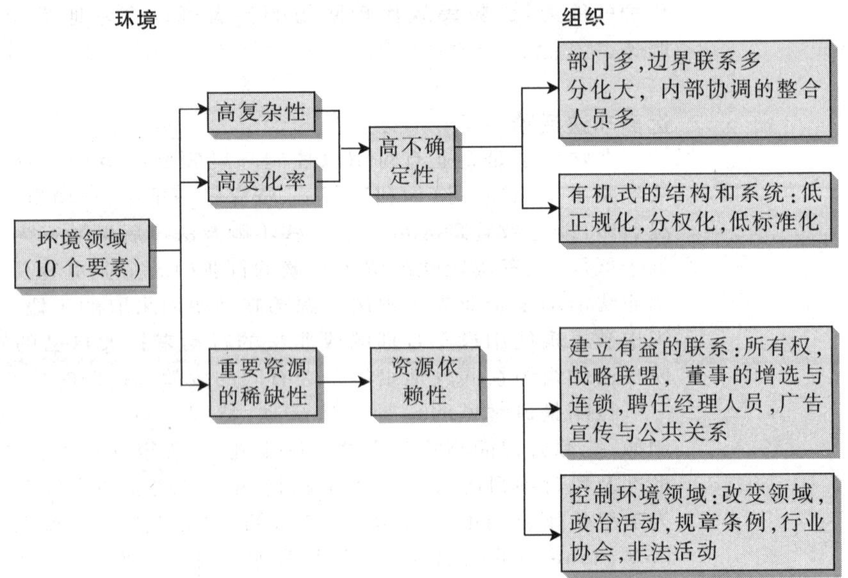

图4-6 环境特征与组织行为之间的关系

设计要点

■ 外部环境的变化和复杂性对组织设计和管理工作有重要意义。组织是开放的社会系统，大多处于数以百计的外部要素的包围之中，比如顾客、供应商、竞争者、政府法规、特殊利益群体等。组织需要处理的环境方面包括：行业、原材料、人力资源、财务资源、市场、技术、经济状况、政府、社会文化和国际环境。

■ 组织的环境因不确定性和资源依赖性的不同而千变万化。组织的不确定性是稳定—不稳定、简单—复杂这两维环境因素综合作用的结果。资源的依赖性是由组织所需要的物资和金融资源稀缺性所引起的。

■ 从合乎逻辑的观点看，组织设计必须考虑环境的影响。组织努力在以不确定性和资源稀缺为特征的世界中求得生存并获得效率。组织设置许多专门的部门和职能来应对不确定性。组织可以被视为是由缓冲环境不确定性影响的若干部门所包围的一个技术核心。边界联系就是提供有关环境信息并将组织信息传送给外部环境的一种途径。

■ 本章的基本概念为理解环境如何影响组织的结构和功能提供了具体的分析框架。环境的复杂性和变化对组织内部的复杂性和适应性具有某种特定的重要影响。在高不确定性的环境下，需要给那些负责计划、对付特定的环境要素和协调内部的各种活动的部门配备更多的资源。另外，在快速变化的环境中，组织经常表现为一种松散有机的结构和管理过程。

■ 当风险较大、资源稀缺时，组织可通过所有权的获得、战略联盟、连锁董事制、经理人员的聘用、广告宣传和公共关系等方式同外界建立联系，以降低风险和维持稀缺资源的供应。其他控制环境的方法包括改变组织运营的环境领域、政治活动、参加行业协会等。另外，可能还会产生非法的活动。

■ 本章的两个主要论题之一是：组织可以了解并适应环境；另一个是：组织能够控制和改变环境。这种战略思想对于拥有许多资源的大型组织来说，尤其具有特殊的意义。大型组织不仅可以及时地适应环境，而且还可以中和或改变环境中的不利因素。

关键概念

边界联系角色(boundary-spanning roles)
缓冲角色(buffering roles)
商务智能(business intelligence)
复杂性(complexity)

增选董事(cooptation)
分化(differentiation)
直接连锁(direct interlock)
领域(domain)
动态性(dynamism)
一般环境(general environment)
间接连锁(indirect interlock)
整合(integration)
情报团队(intelligence team)
连锁董事(interlocking directorate)
机械式(mechanistic)
有机式(organic)
组织环境(organizational environment)
资源依赖性(resource dependence)
环境方面(sectors)
任务环境(task environment)
不确定性(uncertainty)

讨论题

1. 在界定组织的环境时,对于一家新创立的互联网企业来说,它的任务环境是否与政府福利机构的任务环境相同?试讨论。

2. 影响环境不确定性的因素有哪些?通常来说,环境的复杂性与环境的变化哪一个对环境不确定性产生的影响最大?

3. 选择一个组织,并列举导致其环境复杂性的因素。这种环境复杂性有没有导致组织复杂性?请解释。

4. 试讨论国际环境对当今组织的重要意义。请与国内环境相比较。对于你所在城市或社区的组织来说,国际环境影响的方式有哪些?

5. 请对分化和整合做一个描述。试问在哪一种环境不确定性条件下,组织的分化和整合最大?何时又最小?

6. 相对于20年前的计划来说,当今的组织计划是怎样的?你认为,在快速变化、危机已成组织生活常规部分的当今世界,计划是越来越重要了,还是越来越不重要了?为什么?

7. 什么叫有机式组织?什么叫机械式组织?环境如何影响有机的和机械的组织结构?

8. 组织为什么要涉入组织间的关系?这种关系是否影响组织的独立性和绩效?

9. 假定请你计算两个组织的职能人员对生产工人的比率,其中一个组织处于简单、稳定的环境中,另一个组织处于复杂、多变的环境中,你估计计算的结果会有何不同？为什么？

10. 改变组织环境领域是不是应对环境不利威胁的一个可行策略？请解释。

练　习

你所依赖的组织[85]

请在下表中列示日常生活中在某种程度上你所依赖的 8 个组织，例如饭馆、洗衣店、音像商店、大学、家庭、邮局、电话公司、航空公司、披萨饼配送店以及你的工作单位等。在第 1 栏中列出这 8 个组织的名称。同时，在第 2 栏中填上你在这 8 个组织不能供你使用时你会用以替代的备选组织名称。然后，评价你对第 1 栏所列组织的依赖程度——强、中、弱，并在第 3 栏中标示出来。最后，在第 4 栏列出各组织在满足你的需要方面的确定性程度——高(确定性)、中或低。

第 1 栏 组织名称	第 2 栏 备选组织	第 3 栏 依赖程度	第 4 栏 确定性程度
1.			
2.			
3.			
4.			
5.			
6.			
7.			
8.			

问　题

1. 对那些高度依赖的组织，你是否有可替代的备选组织？你如何开发更多的备选组织？

2. 你标为高依赖性、高确定性的组织，如果突然变为高依赖性、低确定性的，这时你将怎么办？你的行为与资源依赖理论的主张有哪些吻合之处？

3. 你是否采取过类似于表 4-3 的行为去管理你与上表第 1 栏所列组织的关系？

教学案例

CPI公司：发生了什么？[86]

有这么一样东西：它是人们最为珍视的财产；它一般被挂在壁炉架或客厅的墙上；在家里遭遇火灾或其他自然灾害后，家庭成员们拼命寻找的第一件物品就是它。它就是全家福照片。

CPI是人物拍摄行业中的市场领导者，拥有60年的辉煌历史，在沃尔玛、希尔斯(Sears)和宝贝反斗城(BabiesRus)等零售业巨头里开有专门的摄影便利店。再看当时的市场，合影之风正浓，拍照需求正盛。按理说这样的企业应该会有一个稳健和光明的未来。这就是以店中店摄影工作室为主要经营模式的CPI公司当时所处的环境。CPI拥有1 500多家门店，为顾客提供了便利又便宜的全家福摄影套餐以及可满足其家居需求的一站式购物服务。

然而，在2013年4月，CPI公司突然宣布关闭其在美国的所有门店。这份声明及其门店的停止营业让包括其雇员和顾客在内的所有人惊诧不已。一时间许多家庭急忙跑到摄影店取回他们的照片，CPI的职员则需承受失去薪水及医保等福利带来的打击。

但是在近几年来，CPI公司又重新发声，开始审视自己的运营方向。2006年在圣路易斯(St. Louis)举行的一次董事会会议上，当时的首席执行官保罗·拉斯姆森(Paul Rasmussen)表达了对公司现状的担忧，他意识到顾客在拍照时的等待时间过长——而且之后将照片从集中冲印点送到顾客手中的时间同样漫长(最高长达6周)，因此他认为顾客的店内消费体验亟须提升。

对于行业内许多仍在茁壮成长的竞争对手而言，真正让他们惊讶的是，CPI公司作为行业领导者没能利用前沿科技开辟出新道路就已突然倒闭。

“发明出图片分享软件印视达(Instagram)的应该是CPI公司才对”，视图公司(ScanMyPhotos. com)首席执行官米奇·高尔德斯通(Mitch Goldstone)说，“他们本来具备最好的机会。他们在全国范围内拥有庞大的客户基础，只可惜一夜之间这些就化为乌有了。”

由于陶醉于自身的强大，CPI越来越无法感知到整个行业环境的变化并做出应对。这家公司的潜在问题透过其近期历史可见一斑。拉斯姆森在2006年就提出要缩短顾客的店内等待时间，并对背景幕和传统的照相姿势风格进行现代化改造，可是他的建议遭到了董事会成员们的无视，他们将关注点放在了吸引更多顾客上面。数码摄像的普及加之苹果时代(iPhone age)的到来，使得人们能够即时获取和分享自己的照片，消费者的期望也在发生着变化。然而CPI却固守着集中冲印的套路，也不愿花费成本对门店进行数码技术升级。与此同时，它的竞争对手们已经找到了将技术融入服务、产品中的新途径。比如完美图像公司(PicturePerfect)能够提供1小时数码冲印成像服务。视图公司开始提供在线照相的便利服务。爱福达(Lifetouch)是一家在彭尼百货(JCPenny)和塔吉特的商店里开设店中店摄影工作室的公司,也拓展了其业务范围,开始提供校园摄影服务。

技术趋势以及顾客的行为和态度都已发生了变化,CPI 却仍然固守着过往的成功模式继续运营。2013 年 4 月 CPI 关闭在美国的所有门店时,还有 9 850 万美元的债务没有还清。到了 6 月,CPI 与竞争对手爱福达公司达成出售其所有资产的"掩护马"协议(也叫假马竞拍),并开始等待其他竞拍者的出现。

摄影和数码技术仍在以一种难以想象的速度继续发展,人们不再满足于拍摄、分享和冲印照片,他们开始尝试亲自对照片进行设计、处理和动态化制作。在谋划未来时,行业内的竞争对手们该如何调整经营策略才能避免重蹈 CPI 的覆辙呢?

一对面貌各异的孪生企业:阿克米电气公司与奥梅加电气公司[87]

第 1 部分

1986 年,位于克利夫兰的一家制造商收购了宾夕法尼亚州伊利市的一家技术产品公司。这家克利夫兰制造商对该技术产品公司的电气业务并无经营的兴趣,遂将其下属的两家制造印刷电路板的工厂分别售给了不同的投资者。其中一个工厂位于附近的沃特佛德,购买者将其更名为阿克米电气公司(Acme Electronics);另一个工厂位于伊利市的市区,更名为奥梅加电气公司(Omega Electronics)。

阿克米电气公司保留了原管理队伍,任命原总经理为公司总裁。奥梅加公司聘请一大型电子研究所的所长担任公司总裁,同时在公司内提升了该厂许多原有的管理人员。阿克米公司和奥梅加公司经常为争取同一项合同展开竞争。作为电子产品协作厂,两家公司都得益于 20 世纪 70 年代电子行业的快速发展,它们也都期望着将来的增长和繁荣。阿克米公司的年销售收入为 1 亿美元,员工有 550 人。奥梅加公司的年销售收入为 8 000 万美元,员工有 480 人。阿克米公司通常能挣到更多的净利润,这引起了奥梅加公司管理人员的嫉妒。

阿克米公司的内部情况

阿克米公司总裁约翰·泰勒自信地认为,如果不是市场需求量大,它的竞争对手就不可能生存下来。"事实上,"他说,"我们常常能击败奥梅加公司获得丰厚利润的合同,从而使我们的利润能持续地增加"。泰勒将自己公司的好效益归功于管理者们对员工实行严密控制的能力。他解释道,他的公司沿用了技术产品公司所设计的基本组织结构,因为这一结构对于大批量生产印刷电路板和随后进行的装配有很高的效率。阿克米公司具有详细的组织图和职务说明书。泰勒相信每个人都应该有明确的职责范围和细密的专业分工,这些能够带来工作的高效率及公司的高利润。员工们一般对他们在阿克米公司的工作感到满意,然而,一些管理人员提出了扩大工作自主权的要求。

奥梅加公司的内部情况

奥梅加公司的总裁吉姆·罗尔斯不相信组织图。他知道自己的组织也设有与阿克米公司相似的部门,但他认为奥梅加公司的规模并不大,像组织图这类东西只能在专家之间制造人为障碍,而这些专家是需要在一起工作的。奥梅加公司不允许使用备忘录。罗尔斯说:"公司就这么小的规模,谁想要沟通,尽可以与对方当面讨论问题。"

机械工程部的领导说:"吉姆将自己和我们的许多时间花在了确保公司每个人都明白我们正在做什么以及听取大家的建议上。"罗尔斯关注员工的满足感,希望每个人都能感觉到自己是组织的一分子。高层管理团队就是按罗尔斯的观点运作的。他们也都认为,员工应该了解组织内的各项活动,这样会增进部门间的合作。工业工程部*一名新来的员工说,"我刚来这里时,不知道自己该干些什么。头一天,我与一些机械工程师一同工作,第二天,我又帮助装运部门设计包装箱。工作的头一个月里忙忙碌碌的,不过,至少我对奥梅加公司的整个活动都有了比较真切的了解"。

第2部分

到了20世纪90年代,集成电路的出现使印刷电路板的需求锐减。集成电路(ICs),或称"芯片",是电子行业迈向产品微型化的第一步。因为集成电路的生产过程是高度保密的,阿克米公司和奥梅加公司都意识到这项技术对它们的未来发展是一个潜在的威胁,因此两家公司都开始积极寻找新的客户。

1992年7月,有家大型的复印机制造商新研制了一种复印机,正想为其中的存储器部件生产找个协作厂,这项外包合同预计每年有500万~700万美元的订货额。

阿克米公司和奥梅加公司在地理位置上都很靠近这家复印机厂商,并且两家都为争取这种配件的100件样品生产合同投了非常有竞争力的标价。尽管阿克米公司的标价比奥梅加公司的标价稍低一些,但这两家公司都被要求试生产100件样品。复印机厂告诉这两家公司:速度很关键,因为他们的总裁已经向其他厂家夸口说他的公司将在圣诞节前制造出一台完整的新复印机,这一吹嘘使设计师们大为慌张。他们要求向所有的外包厂家施加压力,让他们在新型复印机最终设计完成之前就开始试生产各种配件样品。这就意味着,阿克米公司和奥梅加公司最多只能用两个星期的时间试生产出所承接的样品,否则,复印机成品装配就会耽误。

第3部分

阿克米公司约翰·泰勒一拿到设计图纸(星期一,1992年7月13日)就立即给采购部门发出一份备忘录,要他们提前采购到所有必需的元器件。同时,他将设计图纸交给了制图部门,要求他们制订出制造方案。工业工程部门则被告知开始进行装配流程设计,以供生产部门主管使用。泰勒同时给所有部门的负责人和经理人员发了一份书面通知,提示时间是这项工作的关键性因

* 这里的工业工程(英文为 industrial engineering)部门,是指按科学管理原理进行工作方法等研究的管理部门。——译者注

素，并表明他希望所有的员工都能够一如既往高效率地完成任务。

开头几天，各部门之间没有什么接触，它们看来都在按各自的进度安排工作着。各部门都多多少少遇到了一些问题：采购部门不能按时购得所有的元器件；工业工程部门难以排出一个省时的装配流程；机械工程部门对于这个交货期限要求不够重视，而将该工作分解并分包给小厂家去做，以使自己的工程师能做前期计划排定的其他工作。泰勒强调要与复印机厂保持联系，让他们知道本公司的工作进度，并获得开发进展的新信息。他按照惯常方式开展工作，设法使重要顾客高兴。泰勒每星期至少与复印机厂的人员通两次电话，在这个过程中他与设计部门负责人建立了很好的关系。

7 月 17 日，泰勒得到了机械工程部门工艺开发进度落后的消息后，大为不满。更糟的是，由于采购部门没有购齐所有的元器件，因此，工业工程部门只好决定在短缺一种元器件的情况下先把存储器装配起来，想等到购得短缺的那个元器件后再补上去。到了星期四，即 7 月 23 日，组装工作终于开始了，尽管这时与计划进度相比已经推迟了好几天。在星期五，即 7 月 24 日，当泰勒视察工厂时，最后一件产品装配完毕。当天晚些时分，泰勒接到复印机厂设计部门负责人打来的电话。他告诉泰勒说，他已在星期三接到了奥梅加公司吉姆·罗尔斯的电话。他解释说，罗尔斯的工人发现了存储器接线板设计上的一个错误，并说已经在他们试生产的样品中予以更正了。他告诉泰勒，他本人检查后也确认原设计确实有错误，奥梅加公司是正确的。泰勒差点被这个消息击垮了。他告诉这个设计部负责人说，他的公司已经差不多装配好了所有的存储器，正准备着装运呢，并说他们一旦在星期一或星期二购到目前缺的那个元器件，他们就能够运出所生产的样品。但设计师解释道，他们会在新的设计蓝图中将设计错误改正过来，而且很快会派人送来新的设计蓝图。他还坚持阿克米公司要在原定的星期四这天交货。

新的设计蓝图送到以后，泰勒招来生产主管估计设计变更的影响。不幸的是，这个设计变更要求拆开组装好的装配件并卸掉接线板上的一些焊点。泰勒吩咐生产主管，星期一上午第一件事要增派人员更改错误，争取在星期二之前完成这项工作。周二傍晚，更改工作完成了，短缺的元器件也刚好运抵厂里。星期三早上，生产主管发现要将短缺的元器件补上去，还得拆开成品。约翰·泰勒得知后大发雷霆。他打电话给工业工程部，问他们能否解决这个问题。生产主管和装配流程设计师对于如何插入这个元器件无法达成一致的意见。约翰·泰勒命令再次拆开所有成品，安装这个短缺的元器件，从而解决了这个争议。他同时命令装运部门在星期五下午准备好纸板箱。

到了星期五，即 7 月 31 日，50 件样品在来不及做最后检验的情况下从阿克米公司装运出发了。约翰·泰勒非常关心他公司的声誉，他是在亲自检测了一件样品，发现它能正常运行之后，才放弃了最终检验要求的。星期二，即 8 月 4 日，阿克米公司运出了另外 50 件样品。

奥梅加公司

星期五，即 7 月 10 日，吉姆·罗尔斯召开了各部门负责人都参加的会议，把公司即将接到一项新任务之事告诉了他们。他希望大家一接到设计蓝图就开始工作。星期一,即7月13日,设计蓝图送来了,各部门负责人再次开会讨论这项工作。会议结束时,制图部门同意着手准备制造图纸,同时工业工程部门和生产部门将一起进行装配流程设计。

同阿克米公司一样,奥梅加公司也出现了两个问题:一些外购的元器件未能按时购到;装配程序的设计也是个难题。但对于这些问题,各部门相互帮着出主意。而且,各部门负责人和主要人员还每天开会讨论这项工作。电子工程部门的负责人说他知道日本有个货源,从那里可以买到一般的供应商所无法提供的元器件。到了星期六,即7月18日,大部分问题都得到了解决。

星期一,即7月20日,装配流程设计师和生产主管共同制订出了装配计划,生产部门准备第二天正式开始装配。星期一下午,机械工程部、电子工程部、生产部和工业工程部的员工聚在一起试装配一件样品。试装配的目的是确认生产中没有疏漏。在这个样品试制过程中,他们发现了接线板设计上的那个错误,经过反复检查设计图纸,所有的工程师都同意接线板设计有误的看法。当晚,机械工程部门和电子工业部门的人员重新设计了接线板,制图部门修改了制造图纸。星期二早晨,罗尔斯闻知设计修改的消息后大吃一惊,决定要征得复印机厂的认可。罗尔斯在星期三接到了复印机厂设计负责人的回电,告诉他们可以按照前一天在电话中所说的设计修改方案继续工作。星期五,即7月24日,产成品经过质量控制部门的检验后装运出厂。

第4部分

阿克米公司生产的存储器中有10件质量不合格,而奥梅加公司的所有产品都通过了复印机厂的检验。本来复印机厂就对阿克米公司推延交货日期感到失望。现在因返修不合格品,又进一步耽误了一些时间。尽管如此,复印机厂还是把生产协作任务交由阿克米公司和奥梅加公司共同来承担,而没有把整批订货全部给其中某一家。他们在协作生产合同中附加了两个条件:(1)保持零缺陷;(2)降低产品成本。1993年,通过广泛的节支努力,阿克米公司使单位产品成本降低了20%,从而最终获得了全部存储器生产的协作合同。

注释

1. Paul Ziobro and Joann S. Lublin, "Target's Data Breach Adds to CEO's Sack of Woe," *The Wall Street Journal Online*, January 23, 2014, http://online.wsj.com/news/articles/SB10001424052702304856504579339194050181258 (accessed January 23, 2014).
2. Evan Ramstad, "A New Look for South Korean Retail," *The Wall Street Journal*, April 16, 2013, B8.
3. David Kesmodel, "Inside China's Supersanitary Chicken Farms; Looking to Capitalize on Food-Safety Concerns, Tyson Shifts from Using Independent Breeders," *The Wall Street Journal Online*, December 9, 2013, http://online.wsj.com/news/articles/SB10001424052702303559504579197662165181956 (accessed March 3, 2014).
4. Stephanie Strom, "Social Media as a Megaphone to Push Food Makers to Change," *The New York Times*, December 31, 2013, B1.
5. Dexter Roberts, "A New Labor Movement Is Born in China," *BusinessWeek*, June 14–June 20, 2010, 7–8.
6. Stephanie Strom, "Chinese Chicken Processors Are Cleared to Ship to U.S.," *The New York Times*, August 31, 2013, B3; and Kesmodel, "Inside China's Supersanitary Chicken Farms."

7. "What's in Health Care Bill? Take a Dose," *CBS News.com*, March 19, 2010, http://www.cbsnews.com/-stories/2010/03/19/politics/main6314410.shtml (accessed June 1, 2010); "Another View: Full Speed Ahead on Banking Reforms," *San Gabriel Valley Tribune*, February 25, 2010; and "Government and Regulatory Reform," National Federation of Independent Business, http://www.nfib.com/issues-elections/government-and-regulatory-reform?gclid=CIf_5oWLpKoCFcjAKgodhh2GYA& (accessed July 28, 2011).
8. Bruce Posner and David Kiron, "How Caesars Entertainment Is Betting on Sustainability," *MIT Sloan Management Review*, Summer 2013, 63–73.
9. Steven Greenhouse, "Wal-Mart Suspends Supplier of Seafood," *The New York Times*, June 30, 2012, B1.
10. Simona Covel, "Briggs Retains Clients by Helping Them Cut Costs," *The Wall Street Journal Online*, May 2, 2008, http://online.wsj.com/article/SB120943805522951855.html (accessed May 2, 2008).
11. "AP IMPACT: Middle-Class Jobs Cut In Recession Feared Gone for Good, Lost to Technology," *The Washington Post*, January 23, 2013.
12. Jane J. Kim, "Where Either a Borrower or a Lender Can Be," *The Wall Street Journal*, March 12, 2008, D1, D3.
13. Norihiko Shirouzu, "Chinese Inspire Car Makers' Designs," *The Wall Street Journal*, October 28, 2009.
14. Alex Salkever, "Anatomy of a Business Decision; Case Study: A Chocolate Maker Is Buffeted by Global Forces Beyond His Control," *Inc.*, April 2008, 59–63.
15. Scott Kilman, "Consumers Feel Impact of Rising Grain Costs," *The Wall Street Journal*, August 8, 2008, A1, A11.
16. Elisabetta Povoledo, " 'Ferrari of Porcelain' Struggles to Find Buyer, Reflecting Hard Times in Italy," *The New York Times*, February 9, 2013, B1.
17. For an extended discussion of environmental change and uncertainty, see Randall D. Harris, "Organizational Task Environments: An Evaluation of Convergent and Discriminant Validity," *Journal of Management Studies* 41, no. 5 (July 2004), 857–882; Allen C. Bluedorn, "Pilgrim's Progress: Trends and Convergence in Research on Organizational Size and Environment," *Journal of Management* 19 (1993), 163–191; Howard E. Aldrich, *Organizations and Environments* (Englewood Cliffs, NJ: Prentice Hall, 1979); and Fred E. Emery and Eric L. Trist, "The Casual Texture of Organizational Environments," *Human Relations* 18 (1965), 21–32.
18. Gregory G. Dess and Donald W. Beard, "Dimensions of Organizational Task Environments," *Administrative Science Quarterly* 29 (1984), 52–73; Ray Jurkovich, "A Core Typology of Organizational Environments," *Administrative Science Quarterly* 19 (1974), 380–394; and Robert B. Duncan, "Characteristics of Organizational Environments and Perceived Environmental Uncertainty," *Administrative Science Quarterly* 17 (1972), 313–327.
19. Christine S. Koberg and Gerardo R. Ungson, "The Effects of Environmental Uncertainty and Dependence on Organizational Structure and Performance: A Comparative Study," *Journal of Management* 13 (1987), 725–737; and Frances J. Milliken, "Three Types of Perceived Uncertainty About the Environment: State, Effect, and Response Uncertainty," *Academy of Management Review* 12 (1987), 133–143.
20. Jonathan D. Rockoff, "Abbott to Split Into Two Companies," *The Wall Street Journal Online*, October 20, 2011, http://online.wsj.com/news/articles/SB10001424052970204485304576640740820288766 (accessed October 20, 2011).
21. Daisuke Wakabayashi, "The Point-and-Shoot Camera Faces Its Existential Moment," *The Wall Street Journal*, July 30, 2013, http://online.wsj.com/article/SB10001424127887324251504578580263719432252.html (accessed August 26, 2013).
22. Reported in Pekka Aula, "Social Media, Reputation Risk and Ambient Publicity Management," *Strategy & Leadership* 38, no. 6 (2010), 43–49.
23. Jay Stuller, "The Need for Speed," *The Conference Board Review*, Fall 2009, 34–41; and Richard S. Levick, "Domino's Discovers Social Media," *BusinessWeek*, April 21, 2009, http://www.businessweek.com/stories/2009-04-21/dominos-discovers-social-mediabusinessweek-business-news-stock-market-and-financial-advice (accessed October 8, 2014).
24. See Ian P. McCarthy, Thomas B. Lawrence, Brian Wixted, and Brian R. Gordon, "A Multidimensional Conceptualization of Environmental Velocity," *Academy of Management Review* 35, no. 4 (2010), 604–626, for an overview of the numerous factors that are creating environmental instability for organizations.
25. J. A. Litterer, *The Analysis of Organizations*, 2nd ed. (New York: Wiley, 1973), 335.
26. Constance L. Hays, "More Gloom on the Island of Lost Toy Makers," *The New York Times*, February 23, 2005, C1; and Nicholas Casey, "Fisher-Price Game Plan: Pursue Toy Sales in Developing Markets," *The Wall Street Journal*, May 29, 2008, B1, B2.
27. Rosalie L. Tung, "Dimensions of Organizational Environments: An Exploratory Study of Their Impact on Organizational Structure," *Academy of Management Journal* 22 (1979), 672–693.
28. Joseph E. McCann and John Selsky, "Hyper-Turbulence and the Emergence of Type 5 Environments," *Academy of Management Review* 9 (1984), 460–470.
29. McCarthy et al., "A Multidimensional Conceptualization of Environmental Velocity."
30. Terry Maxon, "Judge OKs American Airlines-US Airways Merger, American's Exit from Bankruptcy," *DallasNews.com*, November 27, 2013, http://aviationblog.dallasnews.com/2013/11/judge-oks-american-airlines-us-airways-merger-americans-exit-from-bankruptcy.html/ (accessed March 4, 2014); and Susan Carey and Melanie Trottman, "Airlines Face New Reckoning as Fuel Costs Take Big Bite," *The Wall Street Journal*, March 20, 2008, A1, A15.
31. Julia Werdigier, "BP Appoints New Chief of Production," *The New York Times*, November 24, 2012, B3.
32. James D. Thompson, *Organizations in Action* (New York: McGraw-Hill, 1967), 20–21.

33. Jennifer A. Marrone, "Team Boundary Spanning: A Multilevel Review of Past Research and Proposals for the Future," *Journal of Management* 36, no. 4 (July 2010), 911–940.
34. Darren Dahl, "Strategy: Managing Fast, Flexible, and Full of Team Spirit," *Inc.*, May 2009, 95–97.
35. David B. Jemison, "The Importance of Boundary Spanning Roles in Strategic Decision-Making," *Journal of Management Studies* 21 (1984), 131–152; and Mohamed Ibrahim Ahmad At-Twaijri and John R. Montanari, "The Impact of Context and Choice on the Boundary-Spanning Process: An Empirical Extension," *Human Relations* 40 (1987), 783–798.
36. Reported in Michelle Cook, "The Intelligentsia," *Business 2.0*, July 1999, 135–136.
37. Robert C. Schwab, Gerardo R. Ungson, and Warren B. Brown, "Redefining the Boundary-Spanning Environment Relationship," *Journal of Management* 11 (1985), 75–86.
38. Patricia Buhler, "Business Intelligence: An Opportunity for a Competitive Advantage," *Supervision*, March 2013, 8–11; and Tom Duffy, "Spying the Holy Grail," *Microsoft Executive Circle*, Winter 2004, 38–39.
39. Reported in Julie Schlosser, "Looking for Intelligence in Ice Cream," *Fortune*, March 17, 2003, 114–120.
40. Ken Western, "Ethical Spying," *Business Ethics*, September/October 1995, 22–23; Stan Crock, Geoffrey Smith, Joseph Weber, Richard A. Melcher, and Linda Himelstein, "They Snoop to Conquer," *BusinessWeek*, October 28, 1996, 172–176; and Kenneth A. Sawka, "Demystifying Business Intelligence," *Management Review* 85, no. 10 (October 1996), 47–51.
41. Liam Fahey and Jan Herring, "Intelligence Teams," *Strategy & Leadership* 35, no. 1 (2007), 13–20.
42. Jay W. Lorsch, "Introduction to the Structural Design of Organizations," in Gene W. Dalton, Paul R. Lawrence, and Jay W. Lorsch, eds., *Organizational Structure and Design* (Homewood, IL: Irwin and Dorsey, 1970), 5.
43. Paul R. Lawrence and Jay W. Lorsch, *Organization and Environment* (Homewood, IL: Irwin, 1969).
44. Lorsch, "Introduction to the Structural Design of Organizations," 7.
45. Jay W. Lorsch and Paul R. Lawrence, "Environmental Factors and Organizational Integration," in J. W. Lorsch and Paul R. Lawrence, eds., *Organizational Planning: Cases and Concepts* (Homewood, IL: Irwin and Dorsey, 1972), 45.
46. Virpi Turkulainen and Mikko Ketokivi, "The Contingent Value of Organizational Integration," *Journal of Organization Design* 2, no. 2 (2013), 31–43.
47. Tom Burns and G. M. Stalker, *The Management of Innovation* (London: Tavistock, 1961).
48. John A. Courtright, Gail T. Fairhurst, and L. Edna Rogers, "Interaction Patterns in Organic and Mechanistic Systems," *Academy of Management Journal* 32 (1989), 773–802.
49. Dennis K. Berman, "Crunch Time," *BusinessWeek Frontier*, April 24, 2000, F28–F38.
50. Thomas C. Powell, "Organizational Alignment as Competitive Advantage," *Strategic Management Journal* 13 (1992), 119–134; Mansour Javidan, "The Impact of Environmental Uncertainty on Long-Range Planning Practices of the U.S. Savings and Loan Industry," *Strategic Management Journal* 5 (1984), 381–392; Tung, "Dimensions of Organizational Environments"; and Thompson, *Organizations in Action.*
51. Peter Brews and Devavrat Purohit, "Strategic Planning in Unstable Environments," *Long Range Planning* 40 (2007), 64–83; and Darrell Rigby and Barbara Bilodeau, "A Growing Focus on Preparedness," *Harvard Business Review*, July–August 2007, 21–22.
52. Hiroko Tabuchi, "Japan's Electronics Behemoths Speak of Dire Times Ahead," *The New York Times*, November 2, 2012, B6.
53. Ian Wylie, "There Is No Alternative To . . .," *Fast Company*, July 2002, 106–110.
54. General Colin Powell, quoted in Oren Harari, "Good/Bad News About Strategy," *Management Review* 84, no. 7, July 1995, 29–31.
55. Kate Linebaugh and Siobhan Hughes, "Companies Warn About Cutbacks," *The Wall Street Journal*, November 14, 2012, A6.
56. Jeffrey Pfeffer and Gerald Salancik, *The External Control of Organizations: A Resource Dependent Perspective* (New York: Harper & Row, 1978); David Ulrich and Jay B. Barney, "Perspectives in Organizations: Resource Dependence, Efficiency, and Population," *Academy of Management Review* 9 (1984), 471–481; and Amy J. Hillman, Michael C. Withers, and Brian J. Collins, "Resource Dependence Theory: A Review," *Journal of Management* 35, no. 6 (2009), 1404–1427.
57. Andrew H. Van de Ven and Gordon Walker, "The Dynamics of Interorganizational Coordination," *Administrative Science Quarterly* (1984), 598–621; and Huseyin Leblebici and Gerald R. Salancik, "Stability in Interorganizational Exchanges: Rulemaking Processes of the Chicago Board of Trade," *Administrative Science Quarterly* 27 (1982), 227–242.
58. Mike Esterl and Corey Dade, "DHL Sends an SOS to UPS in $1 Billion Parcel Deal," *The Wall Street Journal*, May 29, 2008, B1.
59. Judith A. Babcock, *Organizational Responses to Resource Scarcity and Munificence: Adaptation and Modification in Colleges Within a University* (Ph.D. diss., Pennsylvania State University, 1981).
60. Peter Smith Ring and Andrew H. Van de Ven, "Developmental Processes of Corporative Interorganizational Relationships," *Academy of Management Review* 19 (1994), 90–118; Jeffrey Pfeffer, "Beyond Management and the Worker: The Institutional Function of Management," *Academy of Management Review* 1 (April 1976), 36–46; and John P. Kotter, "Managing External Dependence," *Academy of Management Review* 4 (1979), 87–92.
61. Bryan Borys and David B. Jemison, "Hybrid Arrangements as Strategic Alliances: Theoretical Issues in Organizational Combinations," *Academy of Management Review* 14 (1989), 234–249.

62. Tanzina Vega, "Two Ad Giants Chasing Google in Merger Deal," *The New York Times*, July 29, 2013, A1.
63. Julie Cohen Mason, "Strategic Alliances: Partnering for Success," *Management Review* 82, no. 5 (May 1993), 10–15.
64. Teri Agins and Alessandra Galloni, "After Gianni; Facing a Squeeze, Versace Struggles to Trim the Fat," *The Wall Street Journal*, September 30, 2003, A1, A10.
65. Borys and Jemison, "Hybrid Arrangements as Strategic Alliances."
66. Donald Palmer, "Broken Ties: Interlocking Directorates and Intercorporate Coordination," *Administrative Science Quarterly* 28 (1983), 40–55; F. David Shoorman, Max H. Bazerman, and Robert S. Atkin, "Interlocking Directorates: A Strategy for Reducing Environmental Uncertainty," *Academy of Management Review* 6 (1981), 243–251; and Ronald S. Burt, *Toward a Structural Theory of Action* (New York: Academic Press, 1982).
67. James R. Lang and Daniel E. Lockhart, "Increased Environmental Uncertainty and Changes in Board Linkage Patterns," *Academy of Management Journal* 33 (1990), 106–128; and Mark S. Mizruchi and Linda Brewster Stearns, "A Longitudinal Study of the Formation of Interlocking Directorates," *Administrative Science Quarterly* 33 (1988), 194–210.
68. Miguel Bustillo and Joann S. Lublin, "Board Ties Begin to Trip Up Companies," *The Wall Street Journal*, April 8, 2010, B1.
69. Claudia H. Deutsch, "Companies and Critics Try Collaboration," *The New York Times*, May 17, 2006, G1.
70. Tom McGinty, "SEC 'Revolving Door' Under Review; Staffers Who Join Companies They Once Regulated Draw Lawmakers' Ire," *The Wall Street Journal*, June 16, 2010, C1.
71. Keith J. Winstein and Suzanne Vranica, "Drug Ads' Impact Questioned," *The Wall Street Journal*, September 3, 2008, B7.
72. Rob Levine, "Google's Spreading Tentacles of Influence," *Bloomberg Businessweek*, October 31–November 6, 2011, 43–44.
73. Aula, "Social Media, Reputation Risk and Ambient Publicity Management."
74. Kotter, "Managing External Dependence."
75. Claire Cain Miller and Stephanie Clifford, "To Catch Up, Walmart Moves to Amazon Turf," *The New York Times*, October 20, 2013, A1.
76. Matt Rosoff, "Google's 15 Biggest Acquisitions and What Happened to Them," *Business Insider*, March 14, 2011, http://www.businessinsider.com/googles-15-biggest-acquisitions-and-what-happened-to-them-2011-3 (accessed July 28, 2011); and Kathy Bergen and Ameet Sachdev, "Lenovo Takes On a Fixer-Upper with Motorola Acquisition," *Seattle Times*, February 9, 2014, http://seattletimes.com/html/businesstechnology/2022861882_motorolalenovoxml.html (accessed March 6, 2014).
77. Robert Pear, "Health Insurance Companies Try to Shape Rules," *The New York Times*, May 15, 2010, http://www.nytimes.com/2010/05/16/health/policy/16health.html (accessed May 15, 2010); Miguel Bustillo and Stu Woo, "Retailers Push Amazon on Taxes; Wal-Mart, Target and Others Look to Close Loophole for Online Sellers," *The Wall Street Journal*, March 17, 2011, B1; and Sara Forden, "Facebook Seeks Friends in Washington amid Privacy Talk," *BusinessWeek*, December 2, 2010, http://www.businessweek.com/news/2010-12-02/facebook-seeks-friends-in-washington-amid-privacy-talk.html (accessed July 28, 2011).
78. David B. Yoffie, "How an Industry Builds Political Advantage," *Harvard Business Review* (May–June 1988), 82–89; and Jeffrey H. Birnbaum, "Chief Executives Head to Washington to Ply the Lobbyist's Trade," *The Wall Street Journal*, March 19, 1990, A1, A16.
79. Adam Entous, "U.S.-South Korea Communications Won't Use Huawei Gear," *The Wall Street Journal Online*, February 13, 2014, http://online.wsj.com/news/articles/SB10001424052702303704304579381742601220138 (accessed March 6, 2014); Emily Rauhala, "Huawei: The Chinese Company That Scares Washington," *Time*, April 4, 2013, http://world.time.com/2013/04/04/huawei-the-chinese-company-that-scares-washington/ (accessed March 6, 2014); Spencer E. Ante and Shayndi Raice, "Dignitaries Come on Board to Ease Huawei into U.S.," *The Wall Street Journal Online*, September 21, 2010, http://online.wsj.com/article/SB10001424052748704416904575501892440266992.html (accessed September 23, 2010); P. Goldstein, "Former Defense Official Joins Amerilink in Huawei Lobbying Bid," *FierceWireless.com*, October 22, 2010, http://www. fiercewireless.com/story/former-defense-official-joins-amerilink-huawei-lobbing-bid/2010-10-22 (accessed July 26, 2011); Joann S. Lublin and Shayndi Raice, "U.S. Security Fears Kill Huawei, ZTE Bids," *The Asian Wall Street Journal*, November 8, 2010, 17; and Shayndi Raice, "Huawei and U.S. Partner Scale Back Business Tie-Up," *The Wall Street Journal*, February 10, 2011, B5.
80. Leslie Scism, "Insurer Pushes to Weaken License Test," *The Wall Street Journal*, April 25, 2011, A1.
81. Anthony J. Daboub, Abdul M. A. Rasheed, Richard L. Priem, and David A. Gray, "Top Management Team Characteristics and Corporate Illegal Activity," *Academy of Management Review* 20, no. 1 (1995), 138–170.
82. Barry M. Staw and Eugene Szwajkowski, "The Scarcity-Munificence Component of Organizational Environments and the Commission of Illegal Acts," *Administrative Science Quarterly* 20 (1975), 345–354; and Kimberly D. Elsbach and Robert I. Sutton, "Acquiring Organizational Legitimacy Through Illegitimate Actions: A Marriage of Institutional and Impression Management Theories," *Academy of Management Journal* 35 (1992), 699–738.
83. Russell Gold, "Halliburton Ex-Official Pleads Guilty in Bribe Case," *The Wall Street Journal*, September 4, 2005, A1, A15.
84. Max Colchester and Christina Passariello, "Dirty Secrets in Soap Prices," *The Wall Street Journal*, December 9, 2011, http://online.wsj.com/news/articles/SB10001424052970203413304577086251676539124 (accessed December 19, 2011).

85. Adapted by Dorothy Marcic from "Organizational Dependencies," in Ricky W. Griffin and Thomas C. Head, *Practicing Management*, 2nd ed. (Dallas: Houghton Mifflin), 2–3.
86. Based on Tom Gara and Karen Talley, "Portrait of a Studio Missing the Boat," *The Wall Street Journal Online*, April 9, 2013, http://online.wsj.com/news/articles/SB10001424127887323820304578411103993150918 (accessed April 15, 2014); Kavita Kumar, "The Fall of CPI," *St. Louis Post-Dispatch*, April 14, 2013, http://www.stltoday.com/business/local/the-fall-of-cpi/article_28fa0d94-0575-5e06-8ad0-4de245e07eeb.html (accessed April 15, 2014); and Jim Suhr, "CPI Corp., Sears' and Walmart Portrait Photographer, Abruptly Shuts Down," *The Huffington Post*, http://www.huffingtonpost.com/2013/04/07/cpi-corp-shut-down_n_3033911.html (accessed April 15, 2014).
87. Adapted from John F. Veiga, "The Paradoxical Twins: Acme and Omega Electronics," in John F. Veiga and John N. Yanouzas, *The Dynamics of Organizational Theory* (St. Paul, MN: West, 1984), 132–138.

第5章 Organization Theory and Design

组织间关系

问题引入

在阅读本章内容之前，请先看下面的问题并选择答案。

1. 组织应该尽力保持独立和自给，这样管理者才不至于“在别人的腔调下跳舞”。

同意________　　　　不同意________

2. 创建组织的成败取决于创业者的智慧和管理才能。

同意________　　　　不同意________

3. 管理者应该迅速模仿或借鉴成功企业的做法，使自己的组织更有效，并紧跟时代变化的步伐。

同意________　　　　不同意________

2012 年，孟加拉国数家成衣厂发生火灾。2013 年，另一家成衣厂发生倒塌。这些事故造成 1 100 多名工人丧生。这些事件使得孟加拉国恶劣的工作条件成为人们关注的焦点。事故频发激起了群众的公愤，公众要求委托孟加拉国承包商生产商品的零售商们对这些问题做出回应，其中就包括沃尔玛、塔吉特和海恩斯莫里斯（H&M）等在内的诸多零售商。毫无疑问，这一问题十分严重。尽管沃尔玛宣布将大约 250 个存在安全隐患的孟加拉国供应商列入黑名单，其他零售商也纷纷采取类似的措施，但是仅仅平息公众的愤怒是远远不够的。目前，盖普（Gap）、沃尔玛、塔吉特、梅西百货（Macy's）、好市多（Costco）和威富公司（VF Corporation）等美国主要的零售商已经联合起来成立了孟加拉国工人安全联盟（Alliance for Bangladesh Worker Safety），该联盟的首要目标就是改善服装工厂的工作条件，防患于未然，保障工人的人身安全。联盟制定了防火与建筑安全标准，并成立了相关的委员会。委员会由 4 名公司代表、美国驻孟加拉国前任大使吉姆·莫里亚蒂（Jim Moriarty）和消防安全顾问兰迪·塔克（Randy Tucker）组成。

联盟将提供1亿美元的低成本贷款。但是,该联盟并未得到诸如海恩斯莫里斯等大多数欧洲公司的支持。海恩斯莫里斯目前已经同意直接向大约5 000家孟加拉国工厂支付费用,用于工厂修理和翻修工作。不管怎样,这些行动都是朝着正确的方向迈出的第一步。前美国代表艾伦·奥凯恩·陶舍尔(Ellen O'Kane Tauscher)即将出任联盟委员会的主席,她表示自己的工作就是要负责:"我们会进行认真彻底的调查,但希望大家能给我们一些时间将计划付诸行动,这对我们来说非常重要。"[1]

在处理这种庞杂的问题时,比如企业在孟加拉国面临的这种组织灾难,即使是最有经验、最有能力的组织也会感到力不从心。正如我们在前一章所讨论的,由于环境的复杂性和不确定性,当今的组织面临着许多复杂的问题。因此,减少边界,增加组织间协作,甚至是竞争者之间的协作,已经成为一种广泛的发展趋势。例如,意大利邮政集团(Poste Italiane S. p. A.)创建了一套全球最复杂的网络安全操作系统。该公司是一家提供邮政服务以及银行、信用卡和移动电话服务的企业。公司首席执行官马西莫·萨米(Massimo Sarmi)意识到,要想为客户提供安全可靠的服务,与其他组织合作是意大利邮政集团的唯一方法。为此,他开始在世界各地寻找合作伙伴。意大利邮政集团与美国特工处(U. S. Secret Service)签署了一份谅解备忘录,还加入了设在纽约的电子犯罪工作组。该公司还与微软公司、意大利国家电力公司(Enel)、维萨/万事达卡公司以及乔治梅森大学和伦敦大学等组建了一个网络安全中心,共同开发了一个全球网络安全计划。网络安全中心旨在促进国际合作,共同维护互联网的动态安全,共同寻找防御网络犯罪的方法。"这个问题不是某个国家或地方的,而是全球性的。"萨米说。[2]

在许多行业,商业环境非常复杂,以至于没有一个公司可以开发自己所需的全部专业知识和资源来保持竞争力。为什么呢?全球化以及技术、通信和运输等方面的快速进步为组织创造了惊人的新机会,但同时也提高了组织的经营成本,使得任何一家企业单凭自身能力都难以抓住这些机会。在这个新经济时代,组织网络出现了。建立合作伙伴关系成为一种新的经商之道。组织将它们自己看作是一个共同创造价值的团体,而不是独立存在并与其他所有公司相竞争。

本章的目的

本章将探讨组织工作的最新动态,这就是组织中日益增强的密集的关系网。企业总是要依赖其他组织获得供应品、原材料和信息。问题是,应该怎样管理组织间的这些关系呢?这一度只是大企业如何控制小企业的问题。如今,任何一个企业都可以选择建立积极的互信的关系。第3章描述的横向联系的思想和第4章中有关环境不确定性的解释,都将组织的演进引向了一个新的阶段,这也就是跨组织的横向的关系。组织可以选择多种方法建立组织间关系,包括选定供应商、订立协议、业务联营、合资企业乃至购并等。

在组织间关系的研究中提出了资源依赖、合作网络、生态学和制度理论等各种观点。这些观点归结起来就是:管理者再也不能停留在仅仅管理单体组织这一"安全岛"上了。这种认识让人感到气馁,但管理者必须想办法管理好组织间的一整套关系。在很大程度上可以说,组织间关系的管理更加复杂,但也更加具有挑战性。

组织的生态系统

组织间关系(interorganizational relationships)是指发生在两个或两个以上组织间的相对持久的资源交换、流动和联系。[3] 传统的观点一直将组织间的交易和关系看作是为获得组织所需要的一切而必须采取的一种不正当的手段。这一观点的前提假设是,世界是由独立的企业构成的,各企业都为了保持自己的自主性和强权地位而进行竞争。一个企业可能被迫与其他企业结成某种组织间关系,这取决于该企业的需要和环境的不稳定性、复杂性。

詹姆斯·穆尔(James Moore)提出了一种新观点。他认为,现在的组织正在向商界的生态系统演进。所谓**组织生态系统**(organizational ecosystem),是指由组织的共同体与环境相互作用而形成的系统,它跨越了传统的行业界限。[4] 类似的一个概念是巨型社区,企业、政府和非营利组织等跨越部门和行业联合起来,应对那些关乎大家共同利益的重大问题,比如能源开发、世界饥饿或者网络犯罪。[5]

竞争是否消失了

在不断加剧的国际竞争、技术变革和新的管制环境下,任何公司都难以独立发展。全球的组织都嵌入到复杂的关系网络之中——在一些市场上彼此合作,而在另一些市场上激烈地竞争。近年来,许多新的联盟一直是由竞争对手组成的。[6] 现代、克莱斯勒、三菱组建了全球引擎制造联盟,共同开发四缸发动机。沃尔沃现在属于中国浙江吉利控股集团,但它仍与前任所有者福特汽车公司维持着联盟关系,以便从福特获得引擎和其他一些零部件的供应。[7]

传统上公司必须通过竞争来压制对手从而获得生存的现象已不复存在,因为每个组织都需要通过支持和依靠对方在市场上生存和取得成功。然而,大多数管理者意识到在一个市场份额可能突然下降的市场上,竞争的风险比以往变得更大,没有产业能够抵挡住市场几乎直接崩溃的风险。[8] 在今天的世界,一种新的竞争形式事实上正在加强。[9]

表现之一是,当代的企业需要与其生态系统中的其他企业共同进化,才能使每个企业都变得更加强大。试想一下狼与驯鹿的关系。狼猎食弱小的驯鹿,这迫使鹿群必须强壮起来。鹿强壮了,这意味着狼本身也必须变得更加强壮。通过共同进化,整个生态系统的动物都变得更强壮了。同样,企业通过相互间的交流,拥有共同的愿景,建立联盟以及处理相互之间的复杂关系,这使得各方得到共同发展。

图5-1通过展示无数的重叠关系显示了组织生态系统的复杂性,这些是高科技公司之间的生态系统关系。从本图被制作的时候起,这里面的许多公司在网络泡沫破灭后已经被收购,或被兼并,或破产。生态系统一直在变化和进化,一些关系变强了,而其他一些关系却变弱了或结束了。生态系统中关系的不断变化模式和互动促进了整体系统的健康和有效。[10]

在一个组织生态系统中,冲突和合作往往并存。我们来看一下苹果和三星这两家公司正在发生的事情。

应用案例5-1

苹果公司和三星公司

三星是苹果在智能手机领域最强劲的竞争对手。但同时,三星也是苹果许多产品(包括iPhone,iPod和iPad等在内)的精密处理器和记忆芯片的最大供应商。此外,三星还为苹果的某些产品生产屏幕。

十年前,苹果开始和三星合作的时候,两家公司并不是竞争对手的关系。但是,自从三星开始生产智能手机以后,情况发生了变化。今天,三星的智能手机打破了苹果一统江湖的地位。苹果管理者已在竭力寻找能够替代三星的零部件供应商,可是并不容易。两家公司已经有5年多的合作历史,培养了共同的客户群体。苹果的高管们已经意识到,三星有意要和他们竞争,但是又只有三星能够提供他们需要的多种技术。同时,三星也需要和苹果继续维持合作关系。苹果仍旧是三星最大的客户。苹果尝试使用夏普的屏幕用于第三代iPad,但是夏普错过了第三代iPad的发布期限。之后,三星很快购买了夏普3%的股份,并且同意从夏普购买更多的液晶显示屏。这使得三星成为夏普的关键客户,无形中阻止了苹果从夏普那里获得更多议价权。

现在,苹果和三星彼此需要对方。如果苹果停业,三星的销售收入和利润将会受到重创。苹果可能会继续寻找方法和三星"离婚",但是目前两家公司还是会以相互影响的互利关系绑定在一起。虽然两家公司仍然维持合作关系,但是他们之间仍花费了两年的时间在智能手机的外观、触觉和特征方面进行诉讼和反诉讼。[11]

一些企业将合作看作是成功的关键。例如,谷歌有一个专门的团队负责将技术让于竞争对手。微软也开始和越来越多的企业合作,为其他企业提供支持。微软公司已经投资了20亿美元用于支持戴尔公司(Dell Computer)的收购项目。一位高管说,"微软正在致力于推动整个个人电脑生态系统的长期成功"。[12]

其他公司,比如苹果,尽管知道合作的益处,却并不倾向于和太多企业建立合作关系。"开放系统也不可能战无不胜。"最近逝世的苹果公司联合创始人兼前任CEO史蒂夫·乔布斯(Steve Jobs)警告说。乔布斯一直严格控制着苹果公司的产品。[13]然而,总的来说合作已成为许多行业的规则,尤其是在高科技公司中。商业媒体充满了谈论盟友(frenemies)的文章,企业之

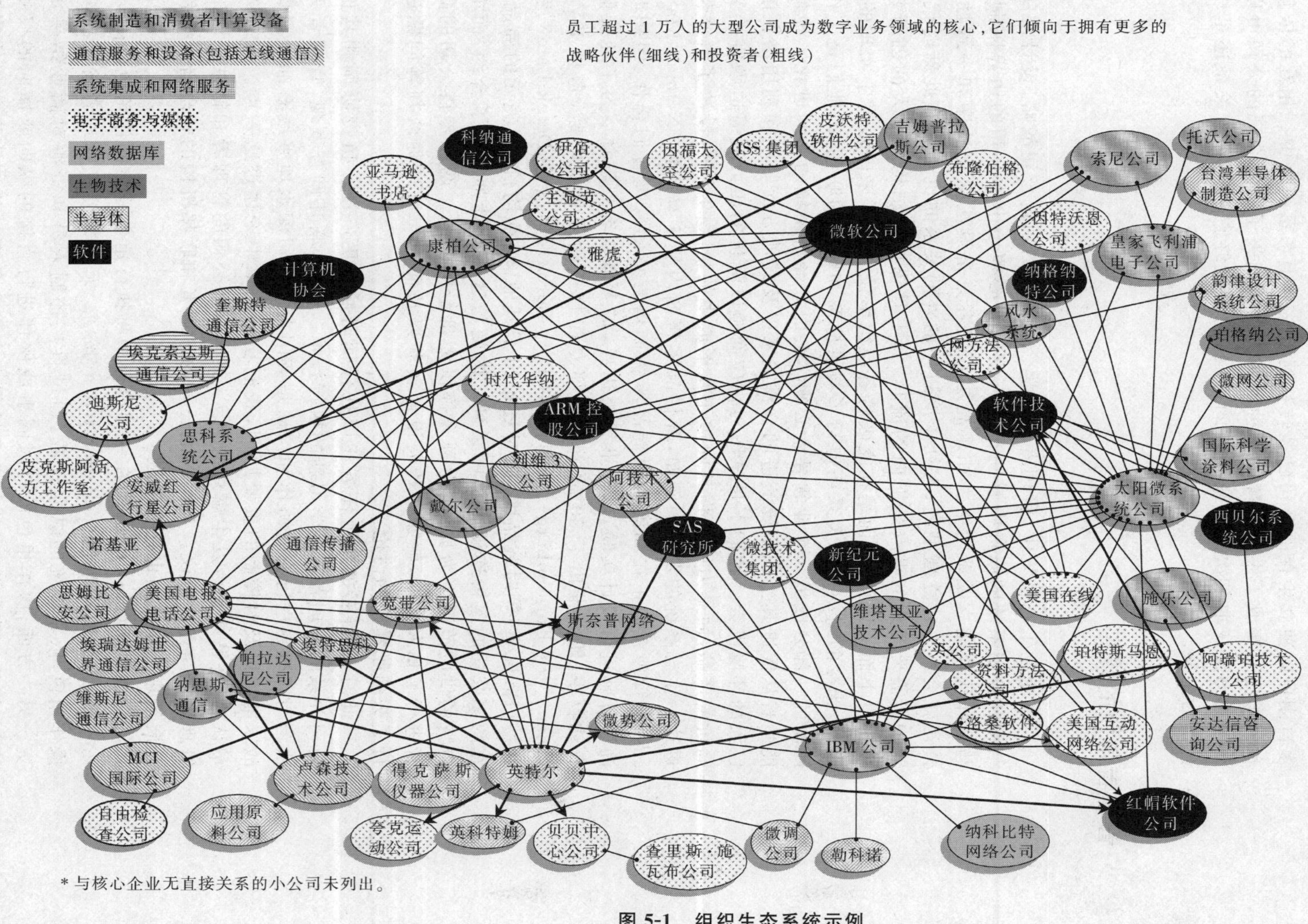

* 与核心企业无直接关系的小公司未列出。

图 5-1 组织生态系统示例

间既是朋友又是敌人,既是合作者又是竞争对手,这已经成为一种趋势。许多自诩可以独立生存的公司已经转移到了一个生态系统之中。相互的依赖和合作已经变成了生态系统的一种现实。竞争消失了吗?今天的公司可以利用其力量获取某次冲突或谈判的筹码,但是最终它们现有的关系还是以合作为主导。

管理者角色的转变

在企业生态系统中,管理者逐渐学会从传统的制定公司战略、设计层级结构和控制系统的职责中解脱出来。管理者必须走出本公司的边界限制,与合作伙伴建立关系网络。如果高层管理者只是设法强化秩序和一致性,公司就会失去建立新型的、正处于演进中的外部关系的机会。[14]在此新时代,管理者需要考虑的重点是横向的流程,而不是纵向的结构。重大的创新并不是自上而下取得的,而是在突破将各组织单位分割开来的边界中实现的。而且,当今的组织横向关系还包括了与供应商和顾客的联系,因他们是工作团队的一部分成员。企业领导者必须学会引导经济系统的共同进化。他们能学着从促进其生态系统演进的合作关系以及其他方面鉴别和利用潜在的巨大的环境机会。他们不是试图对供应商施以降价的压力或逼迫顾客接受高价的产品,而是力图加强其周边正在形成中的更大的系统,设法了解并促进这一生态系统的发展。例如,奢侈品零售商内曼·马库斯(Neiman Marcus)的管理者们正在和廉价时尚品零售商塔吉特的管理者们合作,组织时尚设计师进行设计实验,以外推零售边界,扩大潜在客户群体。为了迎接假日购物季,他们推出了 50 款由设计师专门打造的限量版时装,包括 DVF (Diane Von Furstenberg)、汤丽柏琦(Tory Burch)、林达克(Derek Lam)、罗达特(Rodarte)等时装品牌,同时还推出了其他 20 款均价 60 美元的商品,在两家公司的零售连锁店都可买到。内曼与这些设计师签订了合约,而塔吉特的供应范围更为宽泛,为顾客提供大批量的商品。两家零售公司的高管进行了私人会谈,就如何开展设计实验以及何时与设计师谈判等问题进行了头脑风暴式的讨论。[15]

此时,领导者的角色任务比以往任何时候都更广泛。负责协调和其他公司关系的管理者需要学习新的执行技术。例如,联邦调查发现,管理者无法跨组织边界进行有效协作和沟通是英国石油公司深水地平线石油泄漏事故未能得以及时控制的重要原因,我们在第 1 章中论述过这一点。调查人员认为,在钻井平台发生爆炸的当天,英国石油公司的管理者和钻井平台的管理者之间存在争议。英国石油公司的管理者和联邦机构的管理者在合作开展清理工作方面也存在问题。[16]

合益集团(Hay Group)在一项研究中将执行角色分为操作角色(operation roles)和协作角色(collaborative roles)。大多数传统管理者善于扮演操作角色,依靠传统的纵向权威,通过直接控制人员和资源对商业结果负责。另一方面,协作角色没有对同事或伙伴进行直接的纵向或横向的权威控制,但是尽管如此,具体的业务结果也会有人负责。扮演协作角色的管理者必须保持高度的灵活性和积极主动性，他们一般会通过人际沟通以及寻找需要的信息和资源来达成目标。[17]

传统的管理方式主要依赖于操作角色，维护组织的边界，对资源进行直接控制。然而，今天，协作角色对获得成功的重要性越来越大。组织间的联盟没有成功，经常是因为合作双方之间缺少足够的信任和协作关系，而不是因为缺少有效的计划或战略。在成功的联盟中，人们就像同一个公司的员工一样，共同工作。[18]来看一下美国的反恐战争。正如我们在本章开头部分讨论的，组织间的合作对于解决复杂、重大的问题来说至关重要。为了打击恐怖主义，美国政府不仅与其他国家的政府合作，还和很多私人保安公司合作。在五角大楼的国家军事指挥中心，私营公司的员工与军事人员并肩工作，在全球范围内监控潜在的危机，并为高层领导提供信息。在国家情报总监的办公室，前首席人力资本官罗纳德·桑德斯(Ronald Sanders)说："没有他们，我们无法完成使命，他们是我们的储备，能够提供我们自身不具备的灵活性和专业知识。一旦介入工作，我们就把他们视作我们整体力量的一部分。"[19]

组织间关系的分析框架

分析这种更大的组织生态系统是组织理论中最引人入胜的领域之一。用于理解组织间关系的模型和视角最终会有助于管理者改变其角色任务，也即从自上而下的管理转向跨组织的横向管理。反映有关组织间关系各种观点的分析框架如图 5-2 所示。对于组织间的关系，可从两个特征项来分析：各组织是同类的还是不同类的；其关系是竞争性的还是合作性的。通过这些各种角度的分析，管理者可以对企业的环境做出评价，并采取符合需要的战略。图 5-2 中的第一种观点称作资源依赖理论，我们在第 4 章已做过简要概述。它主张组织是以理性的方式处理与其他组织的关系以减少对环境的依赖性。第二种观点是合作网络理论，它说明组织有意让自己依靠其他组织以提升双方的价值和生产率。第三种观点是组织生态学理论，它

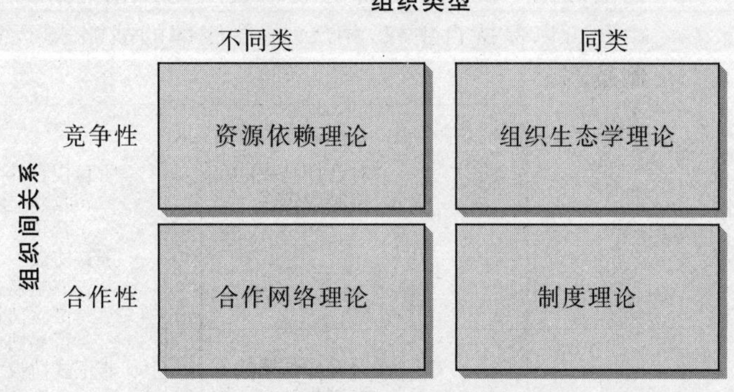

图 5-2 组织间关系分析框架

注：感谢阿南德·纳拉辛汉(Anand Narasimhan)对本框架的建议。

考察新型组织是如何在现有组织所留下的生存空间中占有自己的领地,以及多种多样的新型组织会如何有利于社会。第四种观点是制度理论,它阐释了组织为什么以及如何使自己在其大环境中合法化,并参照其他组织的模式来设计自己的结构。这四种研究组织间关系的方法将在本章后面逐一介绍。

资源依赖理论

资源依赖理论代表了对组织间关系的传统观点。正如我们在第4章中所介绍的,**资源依赖理论**(resource-dependence theory)认为组织总是努力减少自己在重要资源供应方面对其他组织的依赖性,并试图影响环境以保障所需的资源。[20]组织是在设法取得依赖性和自主性的平衡中取得成功的。面临过大依赖性威胁的组织,会加强对外部资源的控制以减少这种依赖性。

根据资源依赖理论,当组织感到资源供应受到限制的时候,它们会设法通过各种战略来维持自己的自主性,我们在第4章介绍过几种战略。其中一种策略就是调整或改变这种依赖关系。这可能意味着购买供应厂家的所有权,或者建立长期的合同关系或建立合资企业以保证必要的资源供应,以及通过其他的方法建立关系。

资源依赖关系的类型

根据资源依赖理论,组织在运营中会尽量减少对其他组织的依赖,并保持对资源和结果的控制权,以减小不确定性。图5-3显示了资源依赖关系的层级水平。越往顶部的战略表示组织对合作结果的直接控制越强,组织由此可以保持自主权,相反,越往底部的战略表示组织对合作结果的直接控制越弱。

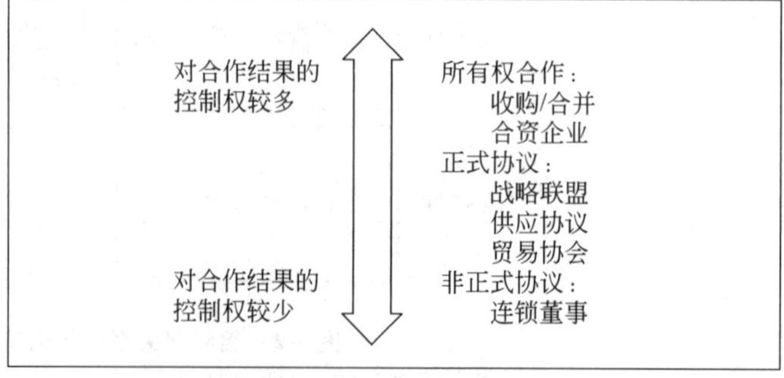

图5-3 资源依赖关系的类型

收购/合并

在这种类型的合作关系中，组织能够对合作结果产生最大程度的控制，因为并购企业获得了被并购对象所有的资源、资产和能力。例如，美泰公司（Mattel）最近收购了加拿大的美佳玩具公司（Mega Brands）以扩大其玩具产品线，以增强其在塑料积木市场上的竞争力，对抗乐高公司。收购之后，美泰将获得这家公司的所有权，并掌控其所拥有的一切。[21]

合资企业

与完全所有权相比，组织在合资企业中的控制权相对较少。正如彼得·德鲁克（Peter Drucker）所说："曾经，企业获得成长的路径有两条：要么是内部成长，要么是对外并购……而今天，企业通过联盟的方式成长——各种各样的危险的联盟。很少人能够理解合资企业和合作经营。"[22]**合资企业**（joint venture）是由两个或两个以上的组织为了研发新产品或共享技术而联合建立的全新且独特的组织实体。例如，葫芦网（HULU）是一家成功的视频流媒体网站，而它其实是由新闻集团（News Corporation，旗下拥有福克斯公司）、迪斯尼公司（Disney，旗下拥有美国广播公司，也即 ABC 公司）以及康卡斯特公司（Comcast，旗下拥有美国全国广播公司，也即 NBC 公司）三家企业合资成立的。虽然这三家企业在电视广播领域相互竞争，但是他们知道在流式视频领域，合作会让他们比单打独斗更具竞争力。[23]惠而浦公司（Whirlpool）和海信科龙电器股份有限公司（Hisense-Kelon Holdings Co.）成立了合资公司，在中国生产冰箱和洗衣机。[24]

战略联盟

相对于合资企业来说，**战略联盟**（strategic alliance）没有那么正式，关系没有那么紧密。战略联盟是两个或两个以上组织之间的合作协议，参与联盟的各组织为了一个共同的目标而贡献各自的资源，但各组织保持独立。NBC 环球新闻集团（NBCUniversal News Group）和即时新闻（NowThis News）之间的战略伙伴关系就是一个例子。即时新闻是一家新创企业，主要为诸如印视达（Instagram）和快拍（Snapchat）之类的社交媒体网站量身定制一些短小的视频新闻，使用者在手机的应用软件上可以全天候地随时观看新闻。即时新闻目前提供的主要视频类型是 10 秒、15 秒、30 秒的短小新闻，主要关注每天发生的重要事件。通过与 NBC 环球新闻集团的合作，即时新闻希望能够为用户提供一些时间更长的视频，以满足那些想要获得更多信息的用户的需求。[25]

供应商协议

很多组织通过和关键供应商签订协议的方式获取资源，以保证内部资源和能力的充裕。企业经营不可能只靠一己之力，像苹果、沃尔玛、戴尔、特易购之类的公司和供应商建立了互利共赢的合作关系，以确保获得它们所需的物资和资源。例如，爱生雅集团（Svenska Cellulosa Aktiebolaget，SCA）使用再生纸纤维生产纸巾、卫生纸以及其他类型的用纸，供餐厅、办公室、学校和其他机构使用。由于纸张浪费的减少，加之来自中国造纸企业的竞争，导致再生纸的供应在近些年来不断下滑。为此，爱生雅集团和众多废品回收中心建立了合作关系。爱生雅为回收中心提供用于改善设备的资金支持，作为交换，回收中心只将再生纸纤维卖给爱生雅。[26]同时，企业也不想只依靠一家供应商。多年来，苹果公司只与一家承包商——富士康(Foxconn)合作，由其负责苹果手机(iPhone)和平板电脑(iPad)的组装工作。而最近，苹果公司开始了与第二家承包商——和硕联合科技有限公司(Pegatron Corp.)的合作，由其负责迷你平板电脑(iPad Mini)和低成本苹果手机的主要组装工作。苹果公司此举的目的是，减少在供应链中对一家供应商的过度依赖以及由此带来的风险。[27]

贸易协会

贸易协会(trade association)是一种由不同企业(通常是同一行业)组成的联合会，协会内的成员之间相互交流，共享信息，相互监督各自的行为。贸易协会还能够利用集体资源游说政府，影响政策，以保护行业利益。随着电子烟(vaping)的流行以及电子烟行业遭受的反对声不断高涨，越来越多的电子烟企业加入了无烟替代品贸易协会(Smoke Free Alternatives Trade Association ,SFATA)。[28]该贸易协会对政府进行了游说，希望联邦政府能够用管制电子烟行业的方式对烟草行业进行管制，他们相信，“自律是行业成功的关键”。[29]

连锁董事

连锁董事是指一个董事服务于多个公司的董事会，并在这些公司之间建立联系。比如，糖果企业好时公司(Hershey)的董事会在数十年的时间里一直与其他企业之间共享至少十二名连锁董事。[30]这种情况在硅谷也很常见，风险投资家马克·安德森(Marc Andreessen)是好几家公司的连锁董事，其中包括电子港湾(eBay)、惠普和脸谱网(Facebook)。[31]

权力策略

资源依赖理论认为，大型、独立的公司对规模较小的供应商或者合作伙伴拥有一定的权力。例如，当像亚马逊这样的大企业比一些小型出版公司掌握更多权力时，他们就可以要求这些小公司负责运送，或者降低价格，而这些出版公司只能同意，别无选择。亚马逊一位负责欧洲供应商关系的前任高管也承认，在亚马逊变大变强之后，为了迫使图书出版商为公司提供更优惠的财务条款，他使用了“非常过分的威逼手段”。[32]脸谱网在不断强大之后，也对那些为社交网站开发应用程序的独立开发商进行了各种限制和约束。

应用案例 5-2

脸 谱 网

脸谱网出人意料地中断了与照片共享应用软件复古相机(Vintage Camera)的联系,并且取消了从脸谱网登录复古相机的通道。脸谱网做出这一举动之后,复古相机瞬间失去了近50万名习惯从脸谱网登录应用的用户。安托万·莫尔科斯(Antoine Morcos)说:“我真的非常震惊!”莫尔科斯曾收到过脸谱网的一封邮件,邮件中说他们收到了太多关于复古相机的用户投诉。复古相机是一款第三方应用程序,其竞争对手正是脸谱网自有的图片共享应用程序印视达(Instagram),莫尔科斯认为这才是复古相机遭到脸谱网封杀的真正原因。

复古相机并不是唯一一款遭到脸谱网封杀的应用程序。脸谱网最近封杀了很多第三方软件应用程序,其中包括信息推送应用程序Voxer,俄罗斯搜索引擎企业Yandex公司的社交搜索应用好奇(Wonder),以及推特的视频应用Vine。应用程序开发商们认为,脸谱网是在利用自己掌握的权力,对与其存在竞争关系的产品实行封锁。即时通信服务提供商给信公司(Message Me)回绝了脸谱网的收购请求后,脸谱网不久便阻止了给信访问脸谱网朋友列表。随着企业的成长,脸谱网在软件开发商、广告商和自有新产品之间的平衡能力越来越失调。软件开发商们表示,在如今的情况下,除非他们努力适应脸谱网不断变化的政策,否则就可能遭到封杀,最终被排挤出局。[33]

资源依赖也可以从相反的方面发挥作用。丰田公司和通用汽车公司等汽车制造企业正在努力开发一种新型电机,不需要使用稀有的钕——一种几乎完全需要在中国开采和冶炼的矿物。随着这些汽车公司对混合动力和电动汽车的研发及生产力度的加大,钕矿的价格将会飙升,中国供应商就能在材料供应方面支配这些汽车公司。[34]各个行业的权力关系总是处在不断变化之中。

协作网络理论

协作网络理论(collaborative-network perspective)是资源依赖理论的一个新视角。企业联合起来会变得更有竞争力,也有利于共享稀缺的资源。大的航天公司不仅彼此合作,而且与小的公司和供应商合作设计新一代飞机。大的制药公司与小的生物科技公司联合起来共享资源和知识,激发创新。咨询公司、投资公司、会计事务所可能结成联盟,共同满足客户对新服务的需求。公司不仅进入它们自己未曾涉足的领域,而且它们还竞相建立联盟。[35]五个领导性医学组织之间互相分享电子数据,包括病人健康记录,这个分享系统跨越了好几个国家,并且有大量病人加入。这五家医学组织包括：格伊辛格卫生系统(Geisinger Health System)、凯萨医疗机构(Kaiser Permanente)、梅奥诊所(Mayo Clinic)、山间医疗保健公司(Intermountain Healthcare)以及健康合作组织(Group Health Cooperative)。他们认为，共享数字化的病人记录可以帮助卫生保健服务者做出更明智的决定，提供更好的护理，例如，将病人推荐到另一个机构的专家那里看病时，信息共享就能发挥这些作用。[36]企业联盟要求管理者善于跨边界建立人际网络。你在网络中能否发挥有效作用，请完成问卷调查“你适合哪种组织设计”进行测试。

你适合哪种组织设计

个人网络

在你的个人网络中，你和他人接触的时候你是自然的吗？拥有多重信息来源是与其他组织中的人进行合作的基础。了解一下你的个人网络，回答下面的问题。请判断在你的学习或工作中，下列陈述是否和你的情况符合。

	基本符合	不太符合
1. 我很早就知道组织正在发生的变化以及对我或我的工作的影响。	______	______
2. 个人网络是用来帮助他人解决问题的，也是来帮助我自己的。	______	______
3. 我加入了专业小组和协会，来扩展我的接触面，增加我的知识。	______	______
4. 我认识其他组织中的人，并且与他们有交流。	______	______
5. 在我的工作组和其他工作组之间，我起到了桥梁的作用。	______	______
6. 我经常利用吃午饭的机会来认识和联系新的朋友。	______	______
7. 我经常参与慈善事业。	______	______
8. 对一些朋友和同事我会送圣诞卡片给他们。	______	______
9. 我和以前的组织及学校小组的人保持着联系。	______	______
10. 我主动向我的下属、同事和老板传递信息。	______	______

计分：选择基本符合得1分，总分在7分及以上说明你有一个非常活跃的个人网络，如果总分在3分或以下，对你来说，接触他人不是一件很自然的事情，而是需要很多努力。

解析：在一个组织之间存在对抗性关系的世界里，跨越组织边界的网络是不重要的。但是，在一个组织之间存在合作性关系的世界里，积极活跃的网络会带来许多好处，构建一个组织关系网络会帮助组织或个人把事情做好。如果你要管理与其他组织的关系，构建网络是你工作的关键部分。

网络构建了有利于各方的社会、工作和职业关系。有着大的、活跃的个人网络的人们更可能从网络中获益，并为网络中的伙伴做出贡献，因而对组织间关系的影响力更大。

评价你的答案

1. 组织应该尽力保持独立和自给，这样管理者才不至于“在别人的腔调下跳舞”。

答案：不同意。努力和其他企业保持距离并维持独立是一种老套的思路，这种观点认为组织应该最小化它们对其他公司的依赖程度，这样它们就不会变得脆弱。然而，当今组织都将协作看作是一种在权力和把事情做好之间维持平衡的更好方式。

合作的起因

为什么这些企业都热衷于组织之间的合作呢？一些企业已经转变了思想，从过去的独自行走转变为和其他组织建立相互依赖的合作关系，以完成一些凭一己之力无法完成的事情。例如，在过去的三十年间，战略联盟已经成为一股巨大的浪潮，不管是已经建立了基业的大公司还是新创的小企业，都在享受着合作带来的益处。[37]企业之间进行合作的主要原因包括：分担进入新市场的风险，共同开发花费巨大的新项目或降低成本，改进组织在某些选定的产业或技术领域的业务组合等。协作是实现更大的创新以及解决问题、提高绩效的重要前提条件。[38]建立伙伴关系是企业进入全球市场的主要通道，要进入北美市场，可以和北美的大公司及小企业建立合作关系。例如，与其他国家的企业建立合资公司是美国公司进入国外市场的主要途径。[39]

北美的公司传统上喜欢独自运行、相互竞争，而且相信个人主义和自力更生。但是他们已经在国际化进程中认识到缔结组织间关系可能有很大的益处。日本和韩国都有悠久的建立财团或工业集团的历史。在这样的财团或集团中，企业间相互合作、相互支持。北美人则通常认为相互依赖是一件坏事，会削弱竞争。实际上，日本的横向型企业集团中并没有哪一家公司占统治地位，彼此间的竞争是很激烈的。这犹如同属一家庭的兄弟姐妹办起了各自的企业，他们都希望超过对方，但他们会在需要的时候相互帮助。

公司间的联结提供了一个鼓励长期投资和风险分享的安全网。当公司间试图从竞争对手的关系转为合作伙伴的关系时，它们可以获得更高的创新和绩效水平。[40]看看下面的这些例子：

- 通用汽车公司和福特汽车公司在轿车和卡车销售领域有着激烈的竞争，但是他们也要联手开发用于前轮驱动汽车的 9 速新型变速器以及用于后轮驱动轿车和卡车的 10 速新型变速器。两家公司间的这一合作是为了满足美国和欧洲市场即将采用的燃油效率和二氧化碳排放新标准，此举是他们采取的应对行动之一。通过在设计、工程和测试方面的合作，他们将节约数百万美元的费用。这两家汽车制造商此前已经合作开发了6速变速器。福特汽车公司动力系统工程副总裁说,"此前的合作已经证明,福特汽车公司和通用汽车公司的变速器工程师能够合作得很好"。[41]

- 微软公司和甲骨文公司(Oracle)最近达成了一项协议,甲骨文的部分商业软件将和微软的软件及线上服务进行合作。网络型产品对两家公司的一些关键产品形成了严峻的替代竞争,为此这两家经常交战的科技巨头展开了合作。此外,两家公司拥有共同的客户,这些客户希望他们合作开发新产品。微软前任首席执行官史蒂芬·鲍尔默(Steven Ballmer)说,其实微软和甲骨文早就有一些"幕后合作",但是当顾客需要两家公司共同提供云服务时,此前的合作是远远不够的。甲骨文首席执行官拉里·埃里森(Larry Ellison)隐晦地表示,甲骨文还将与其他一些企业建立合作伙伴关系。[42]
- 罗氏公司(Roche Holding AG)和阿斯利康公司(AstraZeneca PLC)建立了合作伙伴关系,以分享药物研发早期阶段的数据,共同研发安全有效的药物,提升研发成功率。这些数据也将与第三家企业——美德医药化工公司(MedChemica Ltd.)分享,该公司是一家专门负责检测化学化合物的公司,这些化学化合物如果未通过检测标准,则可能会引发安全问题,该公司对化学化合物的检测可精确到化学结构。这些相互分享数据的公司希望其他医药公司也加入到数据分享的行列中,以推动更为安全、有效的药物研发。[43]各医药企业一直对自己的研究数据予以保密,直到最近才有了合作的趋势,比如共同成立了加速新药研发联盟(Accelerating Medicines Partnership)。

应用案例 5-3

加速新药研发联盟

为了取得竞争优势,各大医药公司不惜花费数十亿美元为诸如阿尔茨海默病之类的疑难病症研发突破性药物,但最终没有一家公司取得实质性进展。目前,有10家大型制药公司已经与美国国家卫生研究院(National Institutes of Health)签下5年合作协议,同意共享各自的科学专家,组织和血液样本,以及科研数据。通过这项合作,科学家们希望能找到阿尔茨海默病、2型糖尿病、系统性红斑狼疮和类风湿性关节炎等病症的发病机理,从而研发出能够克服这些疾病的新型药物和新疗法。

加速新药研发联盟是一个由众多医疗机构组成的合作组织,其成员包括百时美施贵宝(Bristol-Myers Squibb)、强生公司(Johnson Johnson)、葛兰素史克(GlaxoSmithKline)、礼来制药公司(Eli Lilly)、赛诺菲制药集团(Sanofi)和默克公司(Merck)等。该联盟签订了合作协议,计划将研究出的所有数据和分析结果向整个医学界公开。在公开之前,任何成员都不能私自利用研究成果。美国国家卫生研究院的戴维·哈利(David Wholley)说:"当合作项目有所突破的时候,所有的竞争必将重新开始,各大医药公司将纷纷利用合作成果研发新药物。"

推动合作项目的进展不是一件容易的事情。因为有些时候,一些成员之间都"不怎么交流"。礼来制药公司研究工作实验室的负责人简·伦德伯特(Jan Lundbert)说:"懂得如何和竞争对手合作是解决这一问题的关键,也就是说,我们要懂得相互尊重对方,尊重对方的科学家身份。"[44]

从对手到伙伴

供应商、顾客、竞争者一度激烈竞争的饱经战争之苦的地方,现在正鲜花怒放。北美组织间的合作首先产生于非营利性的社会服务和精神健康组织中,那里是公众利益的关注点。社区内的各组织相互合作,以便使各方都取得更好的效果和更有效地利用稀缺的资源。[45]在国际竞争者和国际范例的促动下,精明而讲究实际的美国管理者们开始转向一种新的伙伴关系范式,并以此为基础构建组织间的关系。

表5-1展示了这种观念上的变化。更多的公司正从传统的竞争导向转向合作导向。新模式基于依赖和信任,而不是各自独立。对合作伙伴的绩效评估比较宽松,大家通过讨论和谈话来解决问题。管理和其他公司的战略关系已经变成了一个重要的管理技能,就像在本章的"新书评介"栏目中所讨论的一样。在这种新的伙伴关系导向中,人们努力为双方增加价值,相信彼此间的高度承诺,而不是怀疑和竞争。合作双方都为各公司能获得公平的利润而工作,而不是仅仅为了自身的利益。这种新模式的另一个特点表现为大量的信息共享,包括自动订货的电子信息联系,以及能提供修正性反馈和问题解决方案的面对面的讨论。有时合作企业的人员来到现场,促进更紧密的合作。合作伙伴们提出公平的方案来解决冲突而不是诉诸于法律意义上的合同关系和诉讼条款。合同的条款可能比较宽松,但是伙伴企业在合同规定的范围以外相互帮助,这已是司空见惯的事了。[46]

表5-1　变化中的组织间关系

传统的导向:对手关系	新的导向:伙伴关系
低依赖	高依赖
怀疑,竞争,一次性交易	信任,双方的价值增加,高度的允诺
详细的绩效评估,严密监督	宽松的绩效评估,讨论问题方式
价格,效率,自身的利润	公平,平等交易,各方的利润
有限的信息交流与反馈	通过电子联系手段分享关键的信息,问题反馈和讨论
依靠法律手段解决冲突	采用紧密协调的机制,邀请合作伙伴的人员来到现场
少量的参与和先期投资	参与合作伙伴的产品设计和生产
短期的合同	长期的合同
以合同限定关系	超出合同规定的业务协助

资料来源: Based on Mick Marchington and Steven Vincent"Analysing the Influence of Institutional, Organizational and Interpersonal Forces in Shaping Inter-Organizational Relation", *Journal of Management Studies* 41, no. 6(September 2004), 1029-1056; Jeffrey H. Dyer, "How Chrysler Created an American Keiretsu", *Harvard Business Review*(July-August 1996): 42-56; Myron Magnet, "The New Golden Rule of Business", *Fortune*, February 21 1994, 60-64; and Peter Grittner, "Four Elements of Successful Sourcing Strategies", *Management Review*(October 1995): 41-45.

从一个新的角度来看合作关系,依赖于其他公司不是增加了风险,而是减少了风险。合作双方都可以获得更大的价值。通过融入组织间关系系统,每一方都可以做得更好,因为系统成员之间可以相互帮助。组织保持独立才能做得最好这种观念已经不适用了。在很多行业中都存在着合作。例如,飞机制造商欧洲宇航防务集团(EADS)、巴西航空工业公司(Embraer)和波音公司(Boeing)联手研发了航空生物燃料。[47]一些顶级医疗中心,比如梅奥诊所(Mayo Clinic)、安德森癌症中心(MD Anderson Cancer Center)、社区卫生系统公司(Community Health Systems)等,已经和众多诊所或者较小的非营利性医院建立了合作伙伴关系,以扩大服务范围,提升品牌影响力。[48]汽车公司为了分担开发电动汽车的成本,建立了大量的合作关系。加拿大庞巴迪公司(Bombardier)和它的供应商紧密合作,共同建造大陆商用飞机(continental business jet),几乎变成了一个组织。[49]

通过打破企业边界,每个成员在能够公平交易并且为双方带来增值的条件下彼此合作,今天的公司正改变着组织的概念。

莱昂纳多·格林哈尔希(Leonard Greenhalgh)

《管理战略关系:公司成功的关键》(*Managing Strategic Relationships: The Key to Business Success*)

在21世纪什么决定了公司的成功?根据《管理战略关系:公司成功的关键》的作者莱昂纳多·格林哈尔希的观点,公司经理如何成功地支持、培育、保护公司内外的合作关系决定了公司的成功。在书的每一章,作者提出了管理公司内的人与人、团队与团队之间关系的战略,以及公司与公司之间的关系的战略。有效的管理关系产生了一种团结和认同感,这最终决定了公司的成功。

新世纪的关系管理

格林哈尔希认为管理者需要一种新的思维方式来与新世纪的管理实践相匹配。下面是一些指导原则:

- 意识到详细的法律合同条款可能破坏信任和良好意愿。格林哈尔希强调了建立关系应基于诚实、信任、理解和共同目标,而不是仅仅关注于一个公司能给另一个公司规定什么样的合同条款。
- 把合作伙伴当作你自己组织的成员。合作组织的成员需要通过参加培训、小组会议和其他活动积极参与到学习对方的经验中。给合作组织的员工一个机会做出真正的贡献以建立更深的联系和整体感。
- 高层管理者必须拥护联盟。两个组织的管理者必须向组织内和组织外的每个人显示,他们很重视合作关系。运用仪式和符号可以帮助在公司的文化中逐渐灌入对合作伙伴承诺的文化元素。

结论

为了在今天的环境中成功，基于权力、等级和对立关系的旧的管理实践范式必须让位于新世纪强调合作和公共组织形式的联邦实践范式。格林哈尔希认为成功的公司是那些能使得自己的行动真正协调，能够成功地整合战略、流程、业务安排、资源、系统和授权的员工。他认为，要想取得成功，就必须有效地创造、塑造和保持战略关系。

Managing Strategic Relationships: *The key to Bussiness Success*, by Leonard Greenhalgh, is published by The Free Press.

组织生态学

这一部分介绍组织间关系的另一种观点。**组织生态学观点**(population-ecology perspective)与其他观点的不同之处是，它侧重于研究某一类种群组织中组织形式的多样性及其适应环境的过程。[50]这里的**种群**(population)是指进行类似活动的一系列组织，它们利用资源的方式相似，而且取得的结果也类似。这样，同一种群内的组织就会为了争夺类似的资源或相近的顾客而相互竞争，就像西雅图地区的金融机构或者得克萨斯州休斯敦市的经销商那样。

组织生态学研究者所关注的问题是社会上存在的某一种群组织的数量及其形态的变异。为什么新形态的组织不断产生，以致形成千姿百态的组织？他们的答案是：与环境需要的变化相比较，各组织的适应能力是极其有限的。在特定种群组织中所发生的创新和变革，与其说是归因于现有组织的改革和变化，毋宁说要归因于新形式或新类型的组织的诞生。确实，组织的形态被认为是相对稳定的，但是通过企业家的首创精神，会不断发展出新形态的组织，从而给整个社会带来好处。因为与变化迟缓的既有组织相比，新的组织能更好地满足社会新出现的需要。[51]

这一理论对管理实践有什么意义呢？它意味着成功的大组织经常会变得像恐龙那样庞大。1995 年财富 500 强榜单上的企业到今天只有 71 家企业的上榜时间达到了 50 年。一些企业被其他企业收购或者兼并，其他的一些企业就是简单地排名下降，然后消失。大型的、创建已久的公司在应对快速变化的环境时经常会遇到很多困难。所以，能够适应当前环境的新型组织填补了新的利基市场，并随着时间的推移，逐渐超越已有的成功企业。[52]根据组织生态学的观点，如果将组织种群(organization population)看作是一个整体，那么变动的环境将决定组织是存活还是失败。这一观点的前提假设是，每个组织都受到结构惯性的压力，因而很难适应环境的变化。所以，当环境发生剧烈变动时，老的组织很有可能衰退或失败，能够适应环境需求的新型组织将会出现。

是什么阻碍了组织适应性?

已经成功的原有公司为何难以适应迅速变化的环境呢?组织生态学理论的创始人迈克尔·汉南(Michael Hannan)和约翰·弗里曼(John Freeman)认为,有许多因素限制着组织的变化能力。这些限制来自于对厂房、设备的巨额投资,人员的专业化,有限的信息,决策者的固有视角,组织自身成功的历史对现行程序的固化,以及改变公司文化的困难等。在所有这些阻力面前,组织要实现真正的转型就成为罕见的、近乎不可能的事件。[53]来看一下巴诺书店(Barnes & Noble)的例子。

应用案例 5-4

巴诺书店与亚马逊

1997年,当杰夫·贝佐斯在哈佛商学院发表演说时,一位学生毫不客气地对他说:"你看起来是个很不错的人……但是你应该把你的企业卖给巴诺书店,然后你就可以走了。"贝佐斯首先承认这位同学的观点很可能是正确的,但他又说:"只是你可能低估了实体店经营的难度。每个公司都有自己习惯的运营方式,很难具备绝对的灵活性,要进入一个新领域也会面临很多困难。未来我们可能会看到这些。"[54]

贝佐斯非常清楚,让一个老牌企业重新适应新模式是非常困难的。同时他也明白,巴诺书店的管理者们要参与在线销售竞争也有相当的难度,因为他们大都不愿为前途未卜的新业务承担亏本的风险,也不愿将那些有能力、有经验的员工从利润可观的实体店业务中分离出去,他们不希望员工为一项至少在一段时间内都不会盈利的事业而努力,也不想把用以建设实体书店的资金用作别处。况且,巴诺书店也没有相应的包装和运输系统,无法一本一本地把书运送到个体消费者手中。巴诺书店更习惯一箱一箱地把书运送到一定地点。如果要转型,可能会困难重重,问题百出。但同样的事情对于亚马逊来说却十分简单,一次运送一本书是他们的日常工作。[55]

早在1997年的时候,一些人就认识到亚马逊的存在是对巴诺书店的一个威胁。这个新兴公司击败巨头企业的故事说明,对于一些大型老牌企业来说,要转变经营方式是极为困难的。另一个例子来自柯达公司(Kodak),实际上柯达最早发明了一些数字摄影技术,但是他们不认为客户会放弃传统的胶片。柯达在很长的时间内相当成功,它是如此庞大且有着根深蒂固的经营方式,即使管理者想去改变,它也无法从本质上改变自己。[56]

组织生态学是由生物的自然选择理论发展而来的,引用进化、选择等术语来说明内在的变化过程。生物进化理论试图解释:为什么一些生命有机体会出现并存活下来,另一些却消亡了?这种理论的回答是:那些生存下来的,通常是最适合所面临的环境的,这也就是"适者生存"法则。如果说20

世纪 40 年代和 50 年代的环境适合于伍沃斯公司(Woolworth),但在 80 年代,像沃尔玛这样的新型组织转而成为了零售业的主力。现在,环境再次发生了变化,"大箱子"时代即将结束。越来越多的人从网上购物,小型实体零售商店再次获得了发展优势。沃尔玛计划在城市的市区开几十个小规模的便利商店。百思买也选择了一些较小的店面,起名叫移动百思买。百思买还在其大型店面中寻找没有被利用的空间。[57]没有公司能够免受社会变化的影响。近年来,技术带来了巨大的环境变化,导致许多跟不上时代步伐的组织逐渐衰退,同时也催生了一些新的公司,如品趣志(Pinterest)、脸谱网和推特等。

组织形态和经营领域

组织生态学涉及组织的形态。所谓**组织形态**(organizationc form),是指那些可能为环境所选择或淘汰的组织的技术、结构、产品、目标和人员等的形态。每个新组织都在努力寻找一个足以支持它生存下去的**经营领域**(niche)*,即环境中有独特资源和需求的领域。对于某一特定形态的组织来说,其发展早期阶段适合的经营领域通常是很小的。如果这一组织获得成功,适合它生存的经营领域就会随着时间的推移而逐渐扩大。但是如果适合的经营领域并不存在,那么该类组织就会衰退,或许消亡。

从单个企业的角度来看,运气、机遇和随机性在其存亡中都扮演着重要的角色。新创的组织和大组织都会不断地提出新的构想,生产出新的产品。这些新想法乃至新的组织形式能否在环境中得到存留,是一个机遇的问题,也即外部条件是否碰巧有利于它的问题。一位妇女在诸如得克萨斯州奥斯汀市(Austin,Texas)或者北卡罗来纳州罗利市(Raleigh,North Carolina)之类的地方(这两个城市是 2014 年发展最快的城市)开办小规模的电气产品承包业务,她可能会因为环境的发展和繁荣而获得一个成功的绝好机会。同样是这个人,如果在美国别的一个衰退的社区中开展这种业务,她成功的机会就可能小多了。可见,一个企业的成败更多地取决于环境的特征,这和该组织管理者所采取的战略和技能同样重要。

评价你的答案

2. 创建组织的成败取决于创业者的智慧和管理才能。

答案:不同意。运气和智慧同样重要,因为环境的力量很强大,特别是管理者无法看到的力量会让一些企业成功,而让另一些企业失败。如果在合适的时间和地点创建组织,不论管理者的能力如何,成功的可能性会更高。

---

* niche 一词在生物学中指"小生境"、"生存的适当空间"的意思。从管理学的角度看,它是指足以支持某一形态的组织生存下去的特定的经营位置,或合适的经营方位、经营领域。中文有时也将它直译为"利基"。——译者注

生态变化的过程

组织生态模式假定在一定的种群内,新的组织总是在不断的出现。因此,组织的种群一直是处于变化之中的。一个种群中组织数量的变化过程由三条原则决定。这三条原则分别表现在变异(variation)、选择(selection)和保留(retention)三个阶段,如图5-4所示。

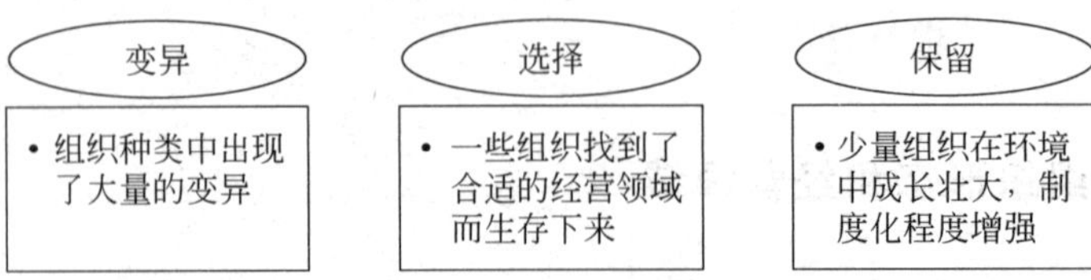

图5-4 组织种群生态模式的构成要素

- 变异。变异是指组织的种群中不断有新的组织形态出现。新的组织或者是由创业者运用大公司的风险资本创立,或者是由政府提供的新服务而设立。有些形态的组织可能是为了适应外部环境中可觉察的需要而建立的。最近几年已经创建了大批的新企业,如开发计算机软件的企业、向大公司提供咨询和其他服务的企业,以及开发电子商务产品和技术的企业等。另外一种新的组织是,虽然仍生产传统的产品,比如钢铁,但采用的是微炼钢技术和新的管理方法,这使新型钢铁企业获得了更强的生存能力。组织的变异与生物的变种类似,它增大了环境中组织形式的种类和复杂性。
- 选择。**选择**(selection)是指一种新型的组织形式能否适应环境并生存下来。只有一部分变异被环境选择,能长期生存下来。某些变异可能比另一些变异更能适应外部环境。有些变异出来的组织由于处于有利的环境中,因此能找到合适的经营位置,并从环境中取得生存所需要的资源。另外一些变异后的组织则因为不能满足环境的需要而消亡。如果一个组织的产品没有足够的销路,或者所需要的资源没有充分的保障,这个组织就会被“淘汰”。只有少数变异组织会为环境“选中”而长时期地生存下去。
- 保留。**保留**(retention)是指经环境选择后的组织形态留存了下来,并站稳脚跟。有些技术、产品和服务为环境所高度重视,这种形态的组织因而留存下来,成为环境的主要部分。许多组织形态,比如政府部门、学校、教堂和汽车制造厂等,都属站稳了脚跟的机构。在快餐市场上占有43%份额并给许多十几岁青少年提供了第一份工作的麦当劳公司,就已经成为美国人生活中的重要组成部分。

像麦当劳公司这样得到制度化的组织,似乎在其所属的组织种群中具有相对稳定的特征,但这绝不是说,这些组织将长期永久地生存下去。环境总是在不断变化的,已经站稳了脚跟的特定形态的组织,如果不能适应外界的变化,它们就会逐渐地消失,并最终被其他形态的组织所代替。

根据组织生态学的观点,环境是组织成败的决定性因素。组织必须满足环境的需要,否则就会被淘汰出局。变异、选择和保留的过程,导致了一个组织种群内新的组织形态的不断建立。

生存战略

组织生态学提出的另一原则是**生存竞争**(struggle for existence),也就是优胜劣汰。组织乃至整个组织种群都参与到争夺资源的竞争中,每一种形态的组织都无不在为其生存而斗争。这种斗争在新组织中尤为激烈。新组织的诞生及其生存下去的可能性都与其更大环境中的要素密切相关。诸如城市区域的大小、移民相对于现有居民的数量、政局的动荡、经济增长率以及环境的多变性等因素都影响到一系列组织的建立和存亡,这些组织包括了报社、电信企业、铁路、政府机构、工会,甚至志愿者组织。[58]

按照组织生态学的观点,**综合化经营**(generalist)和**专业化经营**(specialist)战略是区分为生存竞争过程中各种组织形态的基本标志。在广阔领域中经营的组织,也就是提供宽广的产品线或者服务于广泛市场的组织,实行的是综合化经营战略。而提供狭窄的产品线或者服务于窄小的市场的组织,则实行专门化经营战略。

在自然界,专门类的植物群和动物群是在像夏威夷这样的生物保护隔离区内进化的。那里离最近的陆地有 2 000 英里的距离,而且动物群、植物群受到严格的保护。相比之下,拉丁美洲哥斯达黎加这样的地方经常受到外界的干扰和影响,于是便产生了一种综合的或全面类的动物群、植物群,它们具有更好的恢复力和适应力,能够适应更为多样的外部条件。在商界,亚马逊书店是以专业化经营战略起家的,专注于通过互联网销售图书,但后来进化为综合化经营者,引入了音乐、DVD、电子产品及其他产品,首创了 Kindle 电子阅读器,还有最近增加的能够提供大量电影和电视剧的流视频服务。再如,奥尔麦克公司(Olmec Corporation)是玩具业中实行专门化经营战略的一个企业,它只出售美国黑人布娃娃和西班牙布娃娃。而美泰公司(Mattel)则是采用综合化经营战略,为各种年龄的男孩和女孩提供品种广泛的玩具。[59]苹果公司的 iPhone 手机使用的是专业化战略,每次只推出一种智能手机型号,而三星公司采用的是综合化战略,为消费者提供多个版本的多种手机。[60]

一般来说,实行专门化经营战略的企业,与实行综合化经营战略的企业相比,在它们相重合的窄小的经营领域内,前者的竞争力更强。但是,后者的经营领域广泛,在一定程度上可以避免环境变化的影响。也即对综合化经营的企业来说,在某些产品或服务的需求减少的同时,常常会有另一些产品或服务的需求处于增长中。由于产品、服务和顾客的多样化,综合化经营的企业能在内部重新分配资源以适应环境的变化,而专业化经营的企业却不能适应。不过,由于实行专业化经营战略的企业通常都是小公司,它们时常能迅速地采取行动,因而能够灵活地适应变化的环境。[61]管理对公司成功的影响常来自于一个让公司进入开放的利基市场的战略。

制度理论

制度理论提供了分析组织间关系的又一个视角。[62] **制度理论**(institutional perspective)描述了组织如何在与环境的期望保持一致中求得生存和成功。所谓**制度环境**(institutional environment),是由各类利益相关者(顾客、投资者、协会、委员会、政府部门以及与之有合作关系的组织)的规范和价值观构成的。制度理论认为,组织是从取悦于外部者的角度建立了内部的结构和过程的,这样做的结果使组织呈现出规范化的特征。制度环境反映出什么样的组织和行为方式将被更大的社会认可才是恰当的。[63]

合法性(legitimacy)可定义为在环境的规范、价值观和信念系统内对组织行动是否合乎期望及恰当性、合适性的一般认识。[64] 制度理论是考察影响组织行为的一系列无形的规范和价值观,而不是技术、结构这些有形的要素。组织必须与其利益相关者的认知与情感方面的期望相匹配。例如,除非银行传递出表明存款安全和遵守理智的金融管理规范的信号,否则人们是不会把钱存入这家银行的。再看看你所在地区的政府,如果当地的居民不同意学校所在地区的政策和活动,政府是否能够因为学校资金的增加而提高财产税。

大多数组织都关注合法性,像《财富》杂志每年依据公司的声誉进行的公司排名,以及由声誉研究所(Reputation Institute)所评选的每年一度的全球声誉企业 100 强(Global Rep Trak 100)。成功和良好的声誉密切相关。对航空行业的一项调查表明,良好的声誉能为组织带来很多回报。取得良好的声誉与较高水平的公司绩效密切相关,公司绩效通常以资产回报和净利润率等来衡量。[65]

许多公司积极塑造并管理它们的声誉以提高竞争优势。例如,随着按揭业的衰退和贝尔斯登(Bear Stearns)及雷曼兄弟(Lehman Brothers)的倒闭,金融业的很多公司开始寻求加强合法性的新方法。花旗、美林(Merrill Lynch)和瓦霍维亚(Wachovia)都罢免了它们那些与"按揭事件"有关的执行官,作为要争取更好表现的承诺信号。由于对深水地平线石油泄漏事故处理不当,英国石油公司董事会要求唐熙华辞去 CEO 的职位,董事会任命了一个新的 CEO,他们认为新任 CEO 可以采取必要的措施,恢复公司的声誉。[66]

合法性思想解答了制度理论中一个重要的问题:在已经建立的组织中,为什么其形态和惯例会如此相似?例如,你去拜访一些银行、中学、医院、政府部门、工商企业,同行业中的组织,不论地处国内什么地方,它们会看起来惊人的相像。当某一领域的业务(如电子商务)刚刚开办时,组织的多样性是常规性的。各式的新组织填充了正在形成中的新的经营领域。一旦该行业稳定下来,这时就会有一股无形的力量推动着组织的类同化。同构性就是用以描述这种趋于类同化现象的惯用语。

制度视角与组织设计

制度理论反映出组织有两个基本的方面——技术的方面和制度的方面。前者是指组织日常的工作方法和操作要求，后者则是指组织中最外显于外部公众的那些要素。如果说技术的方面受到理性和效率规范的制约，制度的方面则受制于来自外部环境的期望。外部环境给组织施与了以恰当而正确的方式做事的压力，结果导致许多组织的正式结构更多地反映环境的期望和价值观，而不是组织内部开展工作活动的需要。这意味着组织可能会不顾及对效率的影响，采取一些被更大的社会认为很重要的姿态或活动，如设立电子商务事业部、首席合规官、社交媒体总监等，以此增强组织的合法性，确保其生存的前景。例如，即使有时候维持网站的成本高于从网站中得到的收益，很多小企业还是建立了自己的网站。在当今社会来看，拥有自己的网站是非常重要的。或许从工作流程及产品或服务生产的角度来看，组织的某种正式结构和设计并不是理性的，而只是与外界的期望相符的，但这样做却可能确保其在大环境中生存下去。

组织适应环境要通过显示其与外界环境的需要和期望保持一致的信号表现出来。这种外界的需要和期望来自于由职业团体、资助机构、顾客等设定的文化规范和标准。组织为获取外界的准允、合法性和持续支持而设计的结构，会在一定程度上与技术工作相脱节。这样，组织所采用的结构就可能不符合实际生产的需要，进而导致组织不考虑解决内部特定的问题。从这一点看，正式的结构与技术活动存在着某种分离。[67]

制度类同性

组织有着强烈的欲望要显示自己的合法性。在这样做的时候，其结构和行为的许多方面就可能倾向考虑环境的可接受性，而不是内部的技术性效率。于是，组织间关系的特征就表现为，存在着一种力量，使同种群中的组织看起来彼此相像。**制度类同性**(institutional similarity)，学术著作中常将之称作制度同构性，就是指同一领域中的各组织会形成某种相同的结构和活动方式。同构性的过程导致了面临同类环境条件的某一组织种群中的各单位彼此类同和相似。[68]

究竟怎样才能使这种类同性不断提高呢？有哪些制度的力量，它们的作用又是如何实现的？表 5-2 概括了三种制度调适机制。也即存在着三方面力量发挥制度调适的作用：模仿的力量，它产生于对不确定性的反应；规范的力量，它产生于共同的培训和职业化；强制的力量，它产生于政治性影响。[69]

表 5-2 三种制度调适机制

	模仿的力量	强制的力量	规范的力量
类同化的原因	不确定性	依赖性	责任或义务感
事件	创新的可见性	政治性的法律、条例及附加条款	职业化——证书、资格证明
社会基础	文化上的支持	合法的	道德的
实例	再造、标杆管理	污染控制、学校规章	会计准则、咨询训练

资料来源：Adapted from W. Richard Scott, *Institutions and Organizations* (Thousand Oaks, Calif.: Sage, 1995).

模仿的力量

大多数组织，尤其是企业组织，面临着很大的不确定性。资深经理人员并没有准确地知道何种产品、服务或技术会使企业实现预期的目标，有时甚至连目标本身也不清楚。在面临这种不确定性情况下，**模仿的力量**(mimetic forces)就会产生。这是一种复制和仿效其他组织做法的压力。某一个被认为成功的企业进行了某项创新，这种管理实践很快就被模仿。麦当劳通过增加健康菜单和饮料种类解决了销售停滞的问题，其他快餐连锁店也开始做同样的事。百胜餐饮集团(Yum Brands)CEO 大卫·诺瓦克(David Novak)说，“你需要向你的竞争对手学习”。百盛餐饮集团是肯德基、塔可钟(Taco Bell)和必胜客(Pizza Hut)的母公司。新帝公司(SanDisk)、微软、三星和其他公司也推出了自己的数字音乐播放器，试图从苹果 iPod 的成功中得到启发。[70]许多大公司的管理者看到他们最大的竞争对手进入了某个外国市场时，他们也会进入该国市场，即使这样做的风险非常高。管理者们不想输掉竞争。[71]

许多时候，这种模式并不一定会提高公司的绩效。模仿的过程解释了为什么流行和时尚会发生在商业世界。一旦某人提出了某个新主意，许多组织都争先恐后地采用，结果就只会要么难以应用，要么所产生的问题可能比所要解决的问题还要多。最近，许多行业刮起合并的强劲之风就是模仿的典型实例。过去几十年见证了历史上最大规模的兼并，但是证据表明许多兼并没有产生预期的财务绩效和其他收益。兼并的趋势如此具有影响力以至于公司兼并的动机并不是提高效率和盈利能力，而是仅仅认为别人都这样做，自己这样做一定也是对的。[72]

诸如外包、流程再造、六西格玛质量管理和平衡计分卡等技术虽然都已经被大多数组织采用，但是并没有证据清楚地表明他们将会提高组织的效率和效果。一个很确定的收益是管理者感知的不确定性降低了，公司被认为是采用最先进的管理技术而使得自己的形象提高了。最近对 100 个组织的研究证明，那些采用最流行管理技术的公司并不像预期的被别人推崇，在质量管理方面受到的评价也不像预期的那么高。[73]也许最明显的模仿例子要数标杆管理(Benchmarking)了，它是在全面质量运动中产生的。标杆管理的意思是先识别行业中某一方面的最佳实践，然后模仿他们这种做法，以创造卓越的绩效，或者在模仿的过程中改善绩效。然而，很多组织只是简单地模仿竞争对手，而不去思考对方为什么会成功，对方的做法是如何与自己的经营方式相啮合或者相冲突的。[74]

模仿过程产生作用的原因在于，组织持续地面临高度的不确定性，但能注意到环境中正在出现的创新实践，而且这种创新得到了文化上的支持，因而能给采用者以应有的合法性。模仿是一种强有力的机制，它使一批银行或者学校、制造业企业开始呈现出相似的形象和相同的行为。

评价你的答案：

3. 管理者应该迅速模仿或借鉴成功企业的做法，使自己的组织更有效，并紧跟时间变化的步伐。

答案：同意。管理者们经常模仿其他公司使用的技术，成功的组织将之视为一种显示合法性和保持先进性的有效方法。模仿其他公司是组织之间在结构、流程和管理系统等方面的表现和行动都趋于一致的原因之一。

强制的力量

所有的组织都受到正式和非正式压力的影响。这些压力来自于政府部门、立法机构及其他环境中的重要组织，尤其是那些依赖于组织的环境要素。所谓**强制的力量**(coercive forces)，是指迫使组织采用类同于其他组织的结构、方法或行为的外界压力。例如，大型公司会向会计师事务所或律师事务所等服务提供商施加压力，以加强这些服务提供商在多样化方面的努力。这些服务提供商的管理者也感觉到了在组织内部增加多样性的压力，他们希望与他们有业务往来的公司能够雇用和提拔更多的女性和少数民族。[75]

一些压力可能具有法律的效果，如政府要求企业采用新的污染控制设备或者是新的安全标准。在华尔街崩盘之后，政府出台了新的条例，并成立了新的政府监督委员会来监督抵押贷款和金融行业。信用卡问责、责任和信息披露(CARD)法案要求信用卡公司增加关于延期支付的特定警告，如果贷款客户只能支付最低还款额，信用卡公司应该提醒他们应该支付的总款额。

强制的压力还可能出现于存在权力差距的组织之间，这正如本章前面部分的资源依赖理论所阐述的。大零售商和制造商要求其供应商采用某种政策、程序、方法，此类的压力并非少见。例如，作为其新的可持续发展的一部分，沃尔玛要求其大约 10 万家供应商计算他们制造产品的“环境总成本”(比如用水量、二氧化碳的排放、废物等)，并将这些信息提供给沃尔玛，沃尔玛将这些信息输入到一个评级系统，购物者将会在商品价格旁边看到评级信息。[76]

强制压力可能不会使组织变得更有效率，但是能够被环境所接受，获得合法性，这也是在强制压力下这些行为发生的原因。由于强制的力量而导致的组织变革通常发生于以下的情况：一个组织依赖于其他组织的场合，或者存在法律、规章及附加条款等政治性因素，以及组织间关系是由某种合同或者其他合法的形式来确定的时候。在这些约束下运行的组织，将会做出某种变革，并相互参照着采取某种行为方式，以增加同质性、减少多样性。

规范的力量

按照制度理论的观点,引发组织变革的第三个原因是**规范的力量**(normative forces)。规范的力量是指组织将变革自己以遵循职业标准,并采用职业行会所认定的某些最新且有效的方法的压力。变革可能发生在所有的领域,如信息技术、会计规范、营销技巧等。职业人员共同接受某种正规的教育,都从大学取得了学位,而且通过职业网络与咨询专家和职业领袖们交流各自的思想。高等院校、咨询公司、行业协会职业培训机构使职业管理人员养成了特定的行为规范。人们不仅经历相似的培训,接纳相同的准则,而且还持有其工作的组织内所推行的某种共享的价值观。商学院对学习理财、营销、人力资源专业的人传授某些比较优越的管理方法,因此,采用这些方法就成为该领域的规范。一项研究发现,有家广播电台从职能型结构转变为事业部型结构,原因不过是一位咨询人员建议说,这是业务经营的“更高级的标准”。并没有证据证明采用这一结构的绩效会更好,只因为这家广播电台想得到外界的认可,希望被认为是完全职业化的、采用的是最新的管理方法。在一些情况下,虽然规范的力量使得合法性遭到破坏,就像最近在会计行业中所发生的丑闻一样,此时需要强制的力量把组织重新扭转回到可接受的标准。

经受这种规范压力的企业管理者,会感到自己有义务或责任按其各自相关组织中管理者和专业人员共享的职业规范,将企业的绩效提高到更高的水准上,这些规范通过职业教育和获得证书的过程得到了传播。规范产生了一种近乎是道德的或伦理的要求,使人们保持该时期职业圈内所认可的最高标准。

一个企业可以运用以上模仿的力量、强制的力量和规范的力量中的某一种或几种来改变自己,以便在制度环境中获得更大的合法性。特别是当企业处在较高的依赖性和不确定性、模糊的目标以及依靠职业资格证明开展经营的情况之下时,它们更倾向于采用这些制度调适机制。该过程的结果就使组织变得更加相似、同质,而不是像管理者与环境间自然进化过程所料想的那样充满多样性和变异。

设计要点

■ 本章论述了关于组织间关系的重要的演进过程。人们一度认为,组织应该保持自主、独立,并要努力超越其他组织。今天,人们更多地将组织看作是生态系统的一部分。一个组织或许会横跨几个行业,但是都需要在与其他组织密集关联的关系网络中确定自己的位置。在这种生态系统中,合作与竞争是同等重要的。确实,根据所处的位置和所面临的问题,组织可能在同一时刻既彼此竞争又相互合作。在企业生态系统中,管理者的角色任务正发生改变,包括了与其他组织建立横向的关系。

■ 对组织间关系的解释，已经提出了四种理论。最传统的是资源依赖理论，它认为组织总是设法避免对其他组织的过分依赖。依照这一观点，组织会付出相当的努力，在保持自身独立性的同时，设法控制环境，以保证获取充足的资源。资源依赖关系的类型包括：收购或合并、合资企业、战略联盟、供应协议、行业协会和连锁董事。

■ 合作网络理论是新出现的另一种观点。它认为，组织乐意与其他组织合作和相互依存，这样会提升双方的价值。合作成功的报道见于非营利性组织中，也见于像日本横向型企业集团这样的国际大集团中。许多管理者的思想观念正从强调自主转变为强调合作，甚至经常是与原敌对企业的合作。这种新观念突出了信任、公平交易以及为关系中的所有各方创造利润。

■ 组织生态学理论解释了组织的多样性会持续地增加的原因，即不断有新的组织出现，填充了原有组织留下的生存空间。这种观点认为，大企业常常不能适应环境的变化，因而新的企业得以产生，它们以适当的形态和技术满足环境中新的需要。经过变异、选择和保留的过程，一些组织将会生存下来并得到发展，另一些组织将会消亡。而企业可以采取综合化经营或者专业化经营的战略，使自己在众多组织的竞争中求得生存。

■ 制度理论认为，组织间关系是由企业取得合法性的需要和提供产品或服务的需要共同决定的。对合法性的需要意味着组织将采取那种外部利益相关者认为有效、合适和最新式的结构及活动。这样，现有的组织之间就会相互模仿某些做法，从而变得非常相像。在同一领域中各组织之间出现相同结构和活动方式的现象，就称作制度类同性，或者制度同构性。有三种主要机制可用来解释组织间的类同性会不断提高的原因，这就是：模仿的力量，产生于对不确定性的反应；规范的力量，产生于共同的培训和职业化；强制的力量，产生于权力差距和政治性的影响。

■ 以上各种观点都是有用的。它们反映了看待组织间关系的四种不同的视角。也即：组织经历为保持自主而进行的竞争；它可借助与其他组织的合作关系兴旺发达；其逐渐迟缓的适应能力为新组织提供了生存发展的空间；组织寻求从外部环境中获得利润并取得合法性。管理者的一项重要任务就是要认识组织间的关系，并有意识地对其加以管理。

关键概念

强制的力量(coercive forces)
协作网络(collaborative network)
综合化经营(generalist)
制度环境(institutional environment)
制度理论(institutional perspective)
制度类同性(institutional similarity)

组织间关系(interorganizational relationships)
合资企业(jiont venture)
合法性(legitimacy)
模仿的力量(mimetic forces)
经营领域(niche)
规范的力量(normative forces)
组织生态系统(organizational ecosystem)
组织形态(organizational form)
种群(population)
组织生态视角(population-ecology perspective)
资源依赖性(resource dependence)
保留(retention)
选择(selection)
专业化经营(specialist)
战略联盟(strategic alliance)
生存竞争(struggle for existence)
贸易协会(trade association)
变异(variation)

讨论题

1. 企业生态系统概念的提出,意味着组织比以往任何时候都更加相互依存。依你的个人经验来看,你是否赞同这一观点?请予解释。

2. 作为一位管理者,需要管理与其他企业的一整套关系,而不仅仅是管理你自己的公司,你认为担任这种管理者的前程会是怎样?试讨论。

3. 假定你是一位小企业的经理,你的企业依赖一家大型的计算机制造商购买你们的产品。运用资源依赖理论,将你自己放在这一小企业的位置上,请描述你可以采取哪些措施保障企业的生存和成功?如果将你置于这家大公司的立场上,你又应该采取哪些措施?

4. 当今许多管理者都是在与其他企业的对手关系假设下接受培训的。依你看来,以对手方式开展经营,与将其他企业作为伙伴的经营方式相比较,是更容易还是更困难?试讨论。

5. 试讨论对手关系导向与伙伴关系导向各自如何适用于同班同学之间?是否会存在一种对成绩的竞争?是否有可能发展成一种真正的伙伴关系,使你的工作与其他人的工作相互依存?

6. 组织生态学主张,在环境的变化之中,新的组织不断产生,旧的组织不断消亡,这对社会是有益的。你同意这种观点吗?欧洲国家为什么曾经要通过一些法规,保存传统的组织,禁止新组织的出现?

7. 请说明变异、选择和保留的过程怎样用来解释一个组织内发生的创新。

8. 你是否相信合法性的需要会真正激励一个像沃尔玛那样巨型的组织？为他人所接受是否是对一个人的激励？请予解释。

9. 对合法性的需要如何使组织变得更加相似？

10. 模仿的力量与规范的力量之间有什么区别？请各举一例说明。

专题讨论

沙摩陀丝[77]

讨论指导：

1. 三人一组进行分组，一半小组为"1s"方，另一半小组为"2s"方。

2. "1s"方代表药理公司，"2s"方代表放射公司。你只需阅读你所在小组的角色信息，无须阅读另一方的。

3. 不参与协商谈判的同学可以分派到不同的小组谈判中担任观察工作。

4. 每个小组都想从 DBR 手中购买沙摩陀丝。

5. 各小组在进行协商谈判之前有 10 分钟的准备时间。

6. 药理团队与放射团队之间以小组为单位进行一对一的协商谈判。

7. 每组之间的谈判时间为 15 分钟，尽可能与对方达成协议，获得从 DBR 购买沙摩陀丝的机会。

8. 你要做出抉择，你能否和对方达成合作协议，共建合资公司，还是要和对方团队成为竞争对手。合作协议的内容包括购价决定，成本分摊，由谁负责运输(哪家公司)，以及如何最好地利用这些植物。

9. 每个小组都要向全班同学汇报协商谈判结果。观察员可以对此进行评价，比如信任水平，是否相互坦诚，达成协议的难易状况等。

10. 老师带领大家一起讨论组织间协议、决策和合资公司等问题。

药理公司的团队角色

柏妮丝·霍布斯(Bernice Hobbs)博士是药理公司(Pharmacology, Inc.)的生物学研究员，一直密切关注着有关巴西亚马孙雨林的相关报告。热带雨林的保护问题关系到从世界气候形态变化到医学成分估计的一切事情。但是在过去的十年中，科学家和制药公司，以及环保组织及个人，都已发现热带雨林正在遭受严重的破坏，已经威胁到了整个雨林的植物、动物和昆虫的生存。

在破坏日益严重的情形之下，密切关注热带雨林状况的霍布斯十分关心一些特殊植物的生存状况。这些特殊的植物生长在尼格罗河(Rio

Negro)附近,数量稀少。生在热带雨林的树木,其树根长得都比较浅,因为树木所需的主要营养成分聚集在地表附近。生物学家在尼格罗河附近的树林里发现了一种罕见的微型植物,生长在盘旋交错的地表树根之间。他们把这种植物叫作沙摩陀丝(Shamatosi)。许多年来,研究人员一直在探究这种微型植物的潜在医学用途。

霍布斯博士对这种沙摩陀丝的叶子进行了长时间的大量研究,惊喜地发现这种叶子中含有的成分具有控制癌症病发的潜在作用,可用于乳腺癌手术后的恢复和辅助治疗,有防止复发的效果。多年来,用于抑制乳腺癌复发的主要药物一直是他莫西芬(Tamoxifen)。这是一种合成药,制药商称其具有非常显著的治疗效果,乳腺癌研究小组的一位首席研究员声称,与其他任何肿瘤药物相比,这种药物拯救了更多人的生命。然而,他莫西芬提高了子宫内壁的癌变率,还可能会导致肺部血栓。随着他莫西芬副作用的不断显现,人们对这种药物的关注度也越来越高。霍布斯博士希望能够研发出新的药物避免这些问题,为医生和病人开创一种新的治疗方案。但新药物还有待更多研究。霍布斯需要尽可能多的沙摩陀丝叶子。

DBR是巴西一家木材公司,已经将几千株沙摩陀丝移植到了便携箱内。你所在的药理公司为你的团队提供了150万美元的资金,用于获取这些沙摩陀丝。放射公司也想从DBR手中购买这些植物,用于进行相关的研究。你们的团队将会和放射公司的团队进行协商谈判,争取在植物购买与使用方面达成协议。

放射公司的团队角色

阿尔贝托·多明格斯(Alberto Dominguez)博士是放射公司(Radiology, Inc.)的生物化学专家,掌握着防辐射方面的专业知识。他一直密切关注着有关巴西亚马孙雨林的相关报告。热带雨林的保护问题关系到从世界气候形态变化到医学成分估计的一切事情。但是在过去的十年中,科学家和制药公司,以及环保组织及个人,都已发现热带雨林正在遭受严重的破坏,已经威胁到了整个雨林的植物、动物和昆虫的生存。

在破坏日益严重的情形之下,密切关注热带雨林状况的多明格斯十分关心一些特殊植物的生存状况。这些特殊的植物生长在尼格罗河附近,数量稀少。生在热带雨林的树木,其树根长得都比较浅,因为树木所需的主要营养成分聚集在地表附近。生物学家在尼格罗河附近的树林里发现了一种罕见的微型植物,生长在盘旋交错的地表树根之间。他们把这种植物叫作沙摩陀丝。许多年来,研究人员一直在探究这种微型植物的潜在医学用途。

多明格斯博士对沙摩陀丝的根部进行了长时间的大量研究,以寻找应对辐射事故的解决方案。核设施的全球扩张,1986年切尔诺贝利(Chernobyl)核事故的教训,以及由此导致上千万儿童和青少年患上甲状腺癌,都对人类生存造成了威胁。多明格斯博士及其同事们为此进行了大量密集的研究,以期研制出能够快速应对辐射威胁的强力药物。多年来,疾病控制中心(Centers for Disease Control)等机构为人们提供了碘化钾(KI),以应对辐射事故。然而,研究发现碘化钾无法防止辐射对人体许多部位的伤害,比如肝脏和肠道。多明格斯博士发现沙摩陀丝的根部可以用来研发新型防辐射药物，提升对人体的保护效果，甚至是对于遭受大规模辐射事故或者长期接触辐射的人，也有防护效果。2011 年 3 月，日本东北部发生地震和海啸，导致福岛核电站发生核泄漏，引发核辐射危机。科学家们加速研发用以抵御核辐射的药物。多明格斯博士为此需要尽可能多的沙摩陀丝。

DBR 是巴西一家木材公司，已经将几千株沙摩陀丝移植到了便携箱内。你所在的放射公司为你的团队提供了 150 万美元的资金，用于获取这些沙摩陀丝。药理公司也想从 DBR 手中购买这些植物，用于进行相关的研究。你们的团队将会和药理公司的团队进行协商谈判，争取在植物购买与使用方面达成协议。

教学案例

合作为什么这么难?

阿曼多·布朗纳多(Armando Bronaldo)在 6 年前移民到了美国，在这之前他是一家专门生产家用音响系统的意大利公司的主设计师。凭借远见卓识和 15 年的工作经验，布朗纳多创办了一家公司，取名为 Technologia。公司主要提供声音转换组件，产品包括底座散热器、圆顶高音(高频)、复合纸盆(中端音)、在接线柱(声音翻译交付)以及欧姆阻抗(通过扬声器进行声音传导)等产品。因为 Technologia 在产品质量、供应链服务以及交货准时性等方面有良好的声誉，因此与 AUD 公司建立了稳固持续的合作关系，并且对 AUD 有所依赖。AUD 是一家家庭音响系统制造商，它的首席执行官是奥迪·理查兹(Audie Richards)。AUD 是 Technologia 公司的第一个合作伙伴，占 Technologia 业务量的 50%。由于与 AUD 的初步协议已发展壮大，加上目前的业务关系，这也给 Technologia 带来了源源不断的订单。即使面对严峻的经济形势，布朗纳多也能在过去三年中逐年增加工人人数。与 AUD 交易的可靠性很高，布朗纳多很看重这一点，但他有时也在怀疑这种业务关系是否平等。

"我认为一开始 AUD 就盘算得很好，他知道我们是一个新起步的公司，急迫需要建立牢固的客户基础。我自己也是迫切地想得到合约因而想尽一切办法去讨好大公司的领导者，我一再对他们提出的要求给予让步，并且也尽量顺着他们的要求和希望行事，"布朗纳多承认道。"就因为我们是一个年轻的公司，并且到目前为止他也是我们最大的客户，我认为他可能习惯了把自己当作焦点，认为在这一段业务关系中，理所应当地应该首先满足他的要求和利益。但是现在，我们作为一个公司，是时候重新审视我们两家之间的关系了。"

对于现在与 Technologia 公司的安排，理查兹感到很满意，就像他最近和自己的同事交谈中提及的，他不仅把自己看作 Technologia 的客户，同时还认为自己是Technologia的良师益友。“布朗纳多来到这个国家建立自己的公司,我也愿意给他这样一个机会。我建立了我们自己的物流帮助AUD寻求更多发展机会,我认为这对于AUD公司来说是一件好事。但是他现在却说想要改变我们的做事方式,我真怀疑他到底在想些什么。他对我们的需要胜过我们对他的需要。看吧,现在我有一个好的供应商,他从我们这里得到了很多业务;我完全没有看到需要改变的原因。”

尽管高层管理者之间的关系和交涉非常紧张,但是两个公司的中层管理者之间却经常交流,并在积极探索和运用一种新形式的供应商管理库存(VMI)的系统,这种系统有助于建立一种强有力的相互依存和公平的合作关系。VMI可以让AUD与供应商分享自己每天销售的电子信息,Technologia在看见销售清单以后就可以马上自动补足存货而不用AUD再向其发出采购订单。AUD的中层管理者拉里·斯坦塞尔(Larry Stansell)和Technologia的中层管理者维多利亚·桑托斯(Victoria Santos)会定期地交谈和会面,以发掘一些能使两家公司更加紧密地合作、更好地共享信息以及更快地交流反馈问题的潜在领域。

“我知道理查兹有所疑虑,但是现在双方是时候用新的眼光来审视这一段业务关系了,并且思考他们怎样才能寻找到一个能使双方都受益的解决方案。”桑托斯说,“现在游戏规则已经发生了变化,Technologia变得更加强大了。”

“但是这样的关系现在并没有什么实质性的改变,并且我认为在布朗纳多找到一个减少对AUD的依赖的办法之前,这样的关系也不会有任何改变。然而,柔性、信息共享以及重新考虑成本-效率才是现在应该思考的重点。”斯坦塞尔坦言道,“但是我们也开始讨论是否AUD在这两个组织之间抢占了所有的焦点而过于强势。”

“是的,并且讨论还必须包括物流相关问题。”桑托斯说。

“是的,包括交货,还有关于托盘的分歧……”

“查理兹强调要把最好的货物交付给AUD,”斯坦塞尔说,“但是布朗纳多坚持认为早上包装送货比下午要好,并且如果用Eastmond包装公司代替布拉德利包装公司,就可以减少运送的公里数而减少费用。再加上Eastmond包装公司发明了一种新型的专为客户定制的托盘,能够保证高科技配件所需要的装载稳定性。Technologia因此会节省一笔开销,而我们也乐意与AUD分享这笔节省的收益。”

“但是布拉德利包装公司也与AUD公司建立了持久的合作关系。”斯坦塞尔指出。

“所以,现在我们需要讨论的不仅仅是我们这两家公司,而是整条供应链。柔性的丧失以及信息共享的不充分使两家公司都付出了一定代价。如果AUD公司接收到零售客户的要求而增加产量,这样就会把Technologia公司的生产计划打乱,并且也给两家公司的管理者和工人造成巨大的压力。”

“VIM是一个很有用的工具,它能给两家公司都带来益处。”斯坦塞尔说,“通过这个系统,Technologia公司就能够直接根据我们的订单和需求信息——不管是长期的还是短期的,给我们创建采购订单。”

“那样,我们就能够共同合作开发出一个最具成本-效率的方法来管理我们的货物交付和库存。”斯坦塞尔继续说道,“我们将从整个供应链的角度来审视我们的整个流程,看是否通过一些改变甚至是细微的变动就使我们的整个成本有所下降,并且还能加强我们的合作关系,但是这样做的前提是平等交易。”

“要使这一切有效运转,灵活性对于双方来说都是非常重要的,”斯坦塞尔指出,“这不是一场竞争。没有人必须是正确的。”

“但是怎样让高层管理者达成这样的共识这才是我们真正的挑战,”桑托斯说。“我们应该开始展望未来了。VIM应该是我们通往联合库存管理(Jointly Managed Inventory,JMI)的前奏。JMI需要双方建立更加深层次的合作关系,增加双方的战术规划协调性,并且真正做到Technologia和AUD销售系统的一体化。那样就可以为双方提供最优成本共享和实时销售数据,也能允许我们保持领先的生产计划以及实时物流以满足AUD的需求。”

“所以我们下一步应该怎么办呢?”斯坦塞尔问道,“我们怎样能把这些设想变成实际行动呢?”

牛津塑胶公司[78]

牛津塑胶(Oxford Plastics Company)为一系列产品制造塑料和树脂原材料,从草坪的装修到庭院里的家具再到汽车,都会用到它们的产品。牛津塑胶的工厂雇用了3 000工人,位于加拿大贝蒂(Beatty)镇的附近,这个镇位于国家的东南部,大约有4.5万人口。它在当地经济的发展过程中起到了重要的作用,事实上,对整个州的经济发展都起到重要作用,因为公司提供了为数不多的待遇不错的工作。

早在2004年,山姆·亨德森(Sam Henderson),公司的经理,通知州长汤姆·温切尔(Tom Winchell),他们准备宣布一个成立颜料实验室和油漆店铺的计划,以便更快、更好地满足顾客对颜色的需求。新的店铺将使得牛津公司在快速变化的全球塑胶市场更有竞争力,并且使它能够完全遵守美国环保署(EPA)于两年内生效的条例。

新实验室的计划基本上比较完善。当时剩下最大的任务就是确定特定的地址。新颜料实验室和油漆店铺大概占地25英亩,需要公司购买位于其附近的学校的75英亩地。亨德森多少有点关心高层管理者所喜欢的场地,因为这个场地超出了当前产业区的边界,而且,还可能毁掉几个有着四五百年历史的山毛榉森林。这块地产权的所有者是非营利机构,他们准备出售,然而位于学校另一面的地区的产权可能很难在规定的时间内获得。公司完成项目的时间很紧。如果新的设施不能在美国环保署新的条例生效前运营,有可能环保署将强迫牛津公司停止使用它过去的流程,其实也就相当于关掉了工厂。

州长对于牛津公司在贝蒂成立新工厂的决议很感兴趣,他催促亨德森尽快开始与当地官员和州政府人员紧密合作来解决以上的问题。他强调,关键是这个计划不能被不同利益团体的冲突所搁浅或延缓,因为它对于地区经济的发展太重要了。州长温切尔派州长经济发展办公室主任贝丝·弗雷得兰德(Beth Friedlander)与亨德森在那个项目上密切合作。但是州长温切尔并不想承诺帮助公司重新规划它的土地,因为他过去曾是环保事业积极的支持者。

亨德森与州长温切尔谈完话后,他坐下来确定了一些对新颜料实验室感兴趣的人和组织,他需要与他们合作以使得项目得以平稳、及时地进展。他们是:

牛津塑胶

马克·汤姆斯(Mark Thomas),北美运营公司的副总裁。汤姆斯将从牛津公司的总部密歇根飞过来监督土地的购买和谈判。

山姆·亨德森(Sam Henderson),贝蒂工厂的经理,他在贝蒂工厂工作了一生,刚从学校毕业就进了工厂。

韦恩·泰伯特(Wayne Talbert),当地工会的主席。工会非常倾向在贝蒂成立一个新的店铺,因为可以为当地居民提供更多高工资的工作。

州政府

州长汤姆·温切尔可以向当地政府官员施加压力来支持项目。

贝丝·弗雷得兰德,州长经济发展办公室主任。

玛努·戈特利布(Manu Gottlieb),州环境质量部门的主任。

市政府

市长巴巴拉·奥托(Barbara Ott),一个新的政府官员,他刚上任不到一年,支持环保事业。

华盛顿少校(Major J. Washington),当地经济发展商务部的主席。

公众

梅·派恩勒斯(May Pinelas),贝蒂历史文化委员会的主席,他强烈呼吁当地的未来在于对历史和自然旅游风景的保护。

汤米·汤普金斯(Tommy Tompkins),拯救未来基金会的主席,既是一个普通公民,也是当地学校的代表,他长期卷入公共环境事业之中,至少成功地阻止了一个类似的土地扩张项目。

亨德森对于如何推进项目感到很发愁。他自言自语道:"我如何在如此多的组织和团体之间建立一个联盟才能推进项目的进展呢?"他知道牛津公司想要尽快实施项目,但是他想要公司与这些反对破坏自然的组织和个人建立一种良好的关系。亨德森总喜欢寻求一种双赢的妥协,但是这个项目有如此多的利益团体以至于他都不知道该从哪儿入手。或许他应该首先与州长办公室的贝丝·弗雷得兰德密切合作,毫无疑问,这个项目对于全州的经济发展意义太重要了。另一方面,正是当地的人民才最受影响,与最终决策最密切相关。牛津公司的副总裁已经建议在这周末举行一个新闻发布会来宣布新的店铺,但是亨德森想取消新闻发布会。或许他现在应该召集各方的利益团体见一个面,让每个人都阐述一下自己的感受和观点。但是他怀疑如果他不这么做,过段时间事情会变得更糟糕。

注 释

1. Based on Shelly Banjo and Suzanne Kapner, "Retailers to Implement Bangladesh Factory Plan," *The Wall Street Journal*, August 20, 2013, B3.
2. Fernando Napolitano, "The Megacommunity Approach to Tackling the World's Toughest Problems," *Strategy + Business*, August 24, 2010, http://www.strategy-business.com/article/10305?gko=73c6d (accessed August 1, 2011).
3. Christine Oliver, "Determinants of Interorganizational Relationships: Integration and Future Directions," *Academy of Management Review* 15 (1990), 241–265.
4. James Moore, *The Death of Competition: Leadership and Strategy in the Age of Business Ecosystems* (New York: HarperCollins, 1996).
5. Mark Gerencser, Reginald Van Lee, Fernando Napolitano, and Christopher Kelly, *Megacommunities: How Leaders of Government, Business, and Non-Profits Can Tackle Today's Global Challenges Together* (New York: Palgrave Macmillan, 2008).
6. Jonathan Hughes and Jeff Weiss, "Simple Rules for Making Alliances Work," *Harvard Business Review*, November 2007, 122–131; Howard Muson, "Friend? Foe? Both? The Confusing World of Corporate Alliances," *Across the Board*, March–April 2002, 19–25; and Devi R. Gnyawali and Ravindranath Madhavan, "Cooperative Networks and Competitive Dynamics: A Structural Embeddedness Perspective," *Academy of Management Review* 26, no. 3 (2001), 431–445.
7. Katie Merx, "Automakers Interconnected Around World," *Edmonton Journal*, April 6, 2007, H14; and Keith Bradsher, "Ford Agrees to Sell Volvo to a Fast-Rising Chinese Company," *The New York Times Online*, March 28, 2010, http://www.nytimes.com/2010/03/29/business/global/29auto.html (accessed August 1, 2011).
8. Thomas Petzinger, Jr., *The New Pioneers: The Men and Women Who Are Transforming the Workplace and Marketplace* (New York: Simon & Schuster, 1999), 53–54.
9. James Moore, "The Death of Competition," *Fortune*, April 15, 1996, 142–144.
10. Brian Goodwin, *How the Leopard Changed Its Spots: The Evolution of Complexity* (New York: Touchstone, 1994), 181, quoted in Petzinger, *The New Pioneers,* 53.
11. Jessica E. Lessin, Lorraine Luk, and Na Juro Osawa, "Apple Finds It Difficult to Divorce Samsung," *The Wall Street Journal*, June 29, 2013, A1.
12. Shira Ovide and Anupreeta Das, "Microsoft Takes a Side in PC War," *The Wall Street Journal*, February 6, 2013, B1.
13. Greg Ferenstein, "In a Cutthroat World, Some Web Giants Thrive by Cooperating," *The Washington Post*, February 19, 2011, http://www.washingtonpost.com/business/in-a-cutthroat-world-some-web-giants-thrive-by-cooperating/2011/02/19/ABmYSYQ_story.html (accessed February 19, 2011); and Jessica E. Vascellaro and Yukari Iwatani Kane, "Apple, Google Rivalry Heats Up," *The Wall Street Journal*, December 11, 2009, B1.
14. Sumantra Ghoshal and Christopher A. Bartlett, "Changing the Role of Top Management: Beyond Structure and Process," *Harvard Business Review*, January–February 1995, 86–96.
15. Ann Zimmerman and Dana Mattioli, "Retail's New Odd Couple," *The Wall Street Journal*, July 11, 2012, B1.
16. Ian Urbina, "In Gulf, It Was Unclear Who Was in Charge of Oil Rig," *The New York Times*, June 5, 2010, http://www.nytimes.com/2010/06/06/us/06rig.html (accessed August 5, 2011).
17. "Toward a More Perfect Match: Building Successful Leaders by Effectively Aligning People and Roles," Hay Group Working Paper (2004); and "Making Sure the Suit Fits," *Hay Group Research Brief* (2004). Available from Hay Group, The McClelland Center, 116 Huntington Avenue, Boston, MA 02116, or at http://www.haygroup.com.
18. Hughes and Weiss, "Simple Rules for Making Alliances Work."
19. Dana Priest and William M. Arkin, "Top Secret America, A *Washington Post* Investigation; Part II: National Security Inc.," July 20, 2010, http://projects.washingtonpost.com/top-secret-america/articles/national-security-inc/1/ (accessed November 28, 2011).
20. J. Pfeffer and G. R. Salancik, *The External Control of Organizations: A Resource Dependence Perspective* (New York: Harper & Row, 1978); and Amy J. Hillman, Michael C. Withers, and Brian J. Collins, "Resource Dependence Theory: A Review," *Journal of Management* 35, no. 6 (2009), 1404–1427.
21. Paul Ziobro, "Mattel Puts a Target on Lego," *The Wall Street Journal*, February 28, 2014, http://online.wsj.com/news/articles/SB10001424052702303801304579410671597945030 (accessed March 10, 2014).
22. Peter Drucker, quoted in Rajesh Kumar and Anoop Nathwani, "Business Alliances: Why Managerial Thinking and Biases Determine Success," *Journal of Business Strategy* 33, no 5 (2012), 44–50.
23. Patrick Hull, "Joint Ventures Provide Opportunities for Entrepreneurs," *Forbes*, July 21, 2013, http://www.forbes.com/sites/patrickhull/2013/06/21/joint-ventures-provide-opportunities-for-entrepreneurs/ (accessed March 10, 2014).
24. James R. Hagerty, "Whirlpool Expands in China," *The Wall Street Journal*, March 19, 2012, http://online.wsj.com/news/articles/SB10001424052702303812904577291793985890430 (accessed March 12, 2014).
25. Leslie Kaufman, "NBC's News Unit Teams with Video Clip Start-Up," *The New York Times*, January 13, 2014, B3.
26. Ellen Byron, "Theory & Practice: Tight Supplies, Tight Partners," *The Wall Street Journal*, January 10, 2011, B5.
27. Eva Dou, "Apple Shifts from Foxconn to Pegatron," *The Wall Street Journal*, May 30, 2013, B5.
28. Ashleigh Barry and Marcey Goulder, "As 'Vaping Bars' Thrive, Jury Remains Out on E-Cigarettes," *The Columbus Dispatch*, March 9, 2014, http://www.dispatch.com/content/stories/business/2014/03/09/as-vaping-bars-thrive-jury-remains-out-on-e-cigarettes.html?utm_source=rss&utm_medium=rss&utm_campaign=as-vaping-bars-thrive-jury-remains-out-on-e-cigarettes (accessed March 11, 2014).
29. "About SFATA," Smoke Free Alternatives Trade Association Website, http://www.sfata.org/about-sfata/ (accessed March 11, 2014).

30. Brian L. Connelly and Erik J. Van Slyke, "The Power and Peril of Board Interlocks," *Business Horizons* 55 (2012), 403–408.
31. Greg Bensinger and David Benoit, "Ichan Targets Silicon Valley Directors' Club," *The Wall Street Journal Online*, February 24, 2014, http://online.wsj.com/news/articles/SB10001424052702304610404579402831365897274 (accessed March 10, 2014).
32. Brad Stone, *The Everything Store: Jeff Bezos and the Age of Amazon* (New York: Little Brown and Company, 2013), 245.
33. Evelyn M. Rusli, "Facebook Takes Aim at Apps Makers," *The Wall Street Journal*, March 18, 2013, B1.
34. Mike Ramsey, "Toyota Tries to Break Reliance on China," *The Wall Street Journal*, January 14, 2011, B1.
35. Mitchell P. Koza and Arie Y. Lewin, "The Co-Evolution of Network Alliances: A Longitudinal Analysis of an International Professional Service Network," Center for Research on New Organizational Forms, Working Paper 98–09–02; and Kathy Rebello with Richard Brandt, Peter Coy, and Mark Lewyn, "Your Digital Future," *BusinessWeek*, September 7, 1992, 56–64.
36. Steve Lohr, "Big Medical Groups Begin Patient Data-Sharing Project," *The New York Times*, April 6, 2011, http://bits.blogs.nytimes.com/2011/04/06/big-medical-groups-begin-patient-data-sharing-project/ (accessed April 6, 2011).
37. Eugene Geh, "Understanding Strategic Alliances from the Effectual Entrepreneurial Firm's Perspective—An Organization Theory Perspective," *SAM Advanced Management Journal* (Autumn 2011), 27–36.
38. Saul Berman and Peter Korsten, "Embracing Connectedness: Insights from the IBM 2012 CEO Study," *Strategy & Leadership* 41, no. 2 (2013), 46–57; Christine Oliver, "Determinants of Interorganizational Relationships: Integration and Future Directions," *Academy of Management Review*, 15 (1990), 241–265; and Ken G. Smith, Stephen J. Carroll, and Susan Ashford, "Intra- and Interorganizational Cooperation: Toward a Research Agenda," *Academy of Management Journal* 38 (1995), 7–23.
39. Paul W. Beamish and Nathaniel C. Lupton, "Managing Joint Ventures," *Academy of Management Perspectives*, May 2009, 75–94.
40. Timothy M. Stearns, Alan N. Hoffman, and Jan B. Heide, "Performance of Commercial Television Stations as an Outcome of Interorganizational Linkages and Environmental Conditions," *Academy of Management Journal* 30 (1987), 71–90; David A. Whetten and Thomas K. Kueng, "The Instrumental Value of Interorganizational Relations: Antecedents and Consequences of Linkage Formation," *Academy of Management Journal* 22 (1979), 325–344; G. Ahuja, "Collaboration Networks, Structural Holes, and Innovation: A Longitudinal Study," *Administrative Science Quarterly* 45 (2000), 425–455; and Corey C. Phelps, "A Longitudinal Study of the Influence of Alliance Network Structure and Composition on Firm Exploratory Innovation," *Academy of Management Journal* 53, no. 4 (2010), 890–913.
41. Lindsay Brooke, "Ford-G.M. Teamwork on Transmissions," *The New York Times*, April 21, 2013, AU4.
42. Shira Ovide and Don Clark, "Oracle, Microsoft Strike Deal to Make Core Software Work Easily Together," *The Wall Street Journal*, June 25, 2013, B4.
43. Jeanne Whalen, "Roche, AstraZeneca Agree to Share Drug Research Data," *The Wall Street Journal*, June 26, 2013, B3.
44. Monica Langley and Jonathan D. Rockoff, "Drug Companies Join NIH in Study of Alzheimer's, Diabetes, Rheumatoid Arthritis, Lupus," *The Wall Street Journal*, February 3, 2014, http://online.wsj.com/news/articles/SB10001424052702303519404579353442155924498 (accessed March 12, 2014).
45. Keith G. Provan and H. Brinton Milward, "A Preliminary Theory of Interorganizational Network Effectiveness: A Comparative Study of Four Community Mental Health Systems," *Administrative Science Quarterly* 40 (1995), 1–33.
46. Peter Smith Ring and Andrew H. Van de Ven, "Developmental Processes of Corporate Interorganizational Relationships," *Academy of Management Review* 19 (1994), 90–118; Jeffrey H. Dyer, "How Chrysler Created an American *Keiretsu*," *Harvard Business Review*, July–August 1996, 42–56; Peter Grittner, "Four Elements of Successful Sourcing Strategies" *Management Review*, October 1995, 41–45; Myron Magnet, "The New Golden Rule of Business," *Fortune*, February 21, 1994, 60–64; and Mick Marchington and Steven Vincent, "Analysing the Influence of Institutional, Organizational and Interpersonal Forces in Shaping Inter-Organizational Relationships," *Journal of Management Studies* 41, no. 6 (September 2004), 1029–1056.
47. Travis Hessman, "Collaborating with the Competition," *Industry Week*, June 2013, 52, 54.
48. Anna Wilde Mathews, "Cleveland Clinic, Hospital Operator Forge Alliance," *The Wall Street Journal*, March 21, 2013, B8.
49. Philip Siekman, "The Snap-Together Business Jet," *Fortune*, January 21, 2002, 104[A]–104[H].
50. This section draws from Joel A. C. Baum, "Organizational Ecology," in Stewart R. Clegg, Cynthia Hardy, and Walter R. Nord, eds., *Handbook of Organization Studies* (Thousand Oaks, CA: Sage, 1996); Jitendra V. Singh, *Organizational Evolution: New Directions* (Newbury Park, CA: Sage, 1990); Howard Aldrich, Bill McKelvey, and Dave Ulrich, "Design Strategy from the Population Perspective," *Journal of Management* 10 (1984), 67–86; Howard E. Aldrich, *Organizations and Environments* (Englewood Cliffs, NJ: Prentice Hall, 1979); Michael Hannan and John Freeman, "The Population Ecology of Organizations," *American Journal of Sociology* 82 (1977), 929–964; Dave Ulrich, "The Population Perspective: Review, Critique, and Relevance," *Human Relations* 40 (1987), 137–152; Jitendra V. Singh and Charles J. Lumsden, "Theory and Research in Organizational Ecology," *Annual Review of Sociology* 16 (1990), 161–195; Howard E. Aldrich, "Understanding, Not Integration: Vital Signs from Three Perspectives on Organizations," in Michael Reed and Michael D. Hughes, eds., *Rethinking Organizations: New Directions in Organizational Theory and Analysis* (London: Sage, 1992); Jitendra V. Singh, David J. Tucker, and Robert J. House, "Organizational Legitimacy and the Liability of Newness," *Administrative Science*

Quarterly 31 (1986), 171–193; and Douglas R. Wholey and Jack W. Brittain, "Organizational Ecology: Findings and Implications," *Academy of Management Review* 11 (1986), 513–533.

51. Derek S. Pugh and David J. Hickson, *Writers on Organizations* (Thousand Oaks, CA: Sage, 1996); and Lex Donaldson, *American Anti-Management Theories of Organization* (New York: Cambridge University Press, 1995).
52. Jim Collins, "The Secret of Enduring Greatness," *Fortune*, May 5, 2008, 72–76; Julie Schlosser and Ellen Florian, "In the Beginning; Fifty Years of Amazing Facts," *Fortune*, April 5, 2004, 152–159; and "The Fortune 500; 500 Largest U. S. Corporations," *Fortune*, May 23, 2011, F1–F26.
53. Hannan and Freeman, "The Population Ecology of Organizations."
54. Quoted in Brad Stone, *The Everything Store*, p. 65.
55. Brad Stone, *The Everything Store*; Julie Bosman, "The Bookstore's Last Stand," *The New York Times*, January 29, 2012, BU1; and Jeffrey A. Trachtenberg and Martin Peers, "Barnes & Noble Seeks Next Chapter," *The Wall Street Journal Online*, January 6, 2012, http://online.wsj.com/news/articles/SB10001424052970203513604577142481239801336 (accessed January 6, 2012).
56. Damon Darlin, "Always Pushing Beyond the Envelope," *The New York Times*, August 8, 2010, BU5.
57. Miguel Bustillo, "As Big Boxes Shrink, They Also Rethink," *The Wall Street Journal*, March 3, 2011, B1.
58. David J. Tucker, Jitendra V. Singh, and Agnes G. Meinhard, "Organizational Form, Population Dynamics, and Institutional Change: The Founding Patterns of Voluntary Organizations," *Academy of Management Journal* 33 (1990), 151–178; Glenn R. Carroll and Michael T. Hannan, "Density Delay in the Evolution of Organizational Populations: A Model and Five Empirical Tests," *Administrative Science Quarterly* 34 (1989), 411–430; Jacques Delacroix and Glenn R. Carroll, "Organizational Foundings: An Ecological Study of the Newspaper Industries of Argentina and Ireland," *Administrative Science Quarterly* 28 (1983), 274–291; Johannes M. Pennings, "Organizational Birth Frequencies: An Empirical Investigation," *Administrative Science Quarterly* 27 (1982), 120–144; David Marple, "Technological Innovation and Organizational Survival: A Population Ecology Study of Nineteenth-Century American Railroads," *Sociological Quarterly* 23 (1982), 107–116; and Thomas G. Rundall and John O. McClain, "Environmental Selection and Physician Supply," *American Journal of Sociology* 87 (1982), 1090–1112.
59. "Amazon.com Inc.; Amazon Announces Digital Video License Agreement with NBCUniversal Domestic TV Distribution," *Computers, Networks & Communication*, August 11, 2011, 93; and Maria Mallory with Stephanie Anderson Forest, "Waking Up to a Major Market," *BusinessWeek*, March 23, 1992, 70–73.
60. Jessica E. Vascellaro and Evan Ramstad, "The Two-Horse Smartphone Race," *The Wall Street Journal*, April 24, 2012, B1.
61. Arthur G. Bedeian and Raymond F. Zammuto, *Organizations: Theory and Design* (Orlando, FL: Dryden Press, 1991); and Richard L. Hall, *Organizations: Structure, Process and Outcomes* (Englewood Cliffs, NJ: Prentice Hall, 1991).
62. M. Tina Dacin, Jerry Goodstein, and W. Richard Scott, "Institutional Theory and Institutional Change: Introduction to the Special Research Forum," *Academy of Management Journal* 45, no. 1 (2002), 45–47. Thanks to Tina Dacin for her material and suggestions for this section of the chapter.
63. J. Meyer and B. Rowan, "Institutionalized Organizations: Formal Structure as Myth and Ceremony," *American Journal of Sociology* 83 (1990), 340–363; and Royston Greenwood and Danny Miller, "Tackling Design Anew: Getting Back to the Heart of Organizational Theory," *Academy of Management Perspectives*, November 2010, 78–88.
64. Mark C. Suchman, "Managing Legitimacy: Strategic and Institutional Approaches," *Academy of Management Review* 20 (1995), 571–610.
65. Richard J. Martinez and Patricia M. Norman, "Whither Reputation? The Effects of Different Stakeholders," *Business Horizons* 47, no. 5 (September–October 2004), 25–32.
66. Guy Chazan and Monica Langley, "Dudley Faces Daunting To-Do List," *The Wall Street Journal Europe*, July 27, 2010, 17.
67. Pamela S. Tolbert and Lynne G. Zucker, "The Institutionalization of Institutional Theory," in Stewart R. Clegg, Cynthia Hardy, and Walter R. Nord, eds., *Handbook of Organization Studies* (Thousand Oaks, CA: Sage, 1996).
68. Pugh and Hickson, *Writers on Organizations*; and Paul J. DiMaggio and Walter W. Powell, "The Iron Cage Revisited: Institutional Isomorphism and Collective Rationality in Organizational Fields," *American Sociological Review* 48 (1983), 147–160.
69. This section is based largely on DiMaggio and Powell, "The Iron Cage Revisited"; Pugh and Hickson, *Writers on Organizations*; and W. Richard Scott, *Institutions and Organizations* (Thousand Oaks, CA: Sage, 1995).
70. Janet Adamy, "Yum Uses McDonald's as Guide in Bid to Heat Up Sales," *The Wall Street Journal*, December 13, 2007, A21; and Nick Wingfield and Robert A. Guth, "IPod, TheyPod: Rivals Imitate Apple's Success," *The Wall Street Journal*, September 18, 2006, B1.
71. Kai-Yu Hsieh and Freek Vermeulen, "Me Too or Not Me? The Influence of the Structure of Competition on Mimetic Market Entry," *Academy of Management Annual Meeting Proceedings* (2008), 1–6.
72. Ellen R. Auster and Mark L. Sirower, "The Dynamics of Merger and Acquisition Waves," *The Journal of Applied Behavioral Science* 38, no. 2 (June 2002), 216–244; and Monica Yang and Mary Anne Hyland, "Who Do Firms Imitate? A Multilevel Approach to Examining Sources of Imitation in Choice of Mergers and Acquisitions," *Journal of Management* 32, no. 3 (June 2006), 381–399.
73. Barry M. Staw and Lisa D. Epstein, "What Bandwagons Bring: Effects of Popular Management Techniques on Corporate Performance, Reputation, and CEO Pay," *Administrative Science Quarterly* 45, no. 3 (September 2000), 523–560.
74. Jeffrey Pfeffer and Robert I. Sutton, "The Trouble with Benchmarking," *Across the Board* 43, no. 4 (July–August 2006), 7–9.

75. Karen Donovan, "Pushed by Clients, Law Firms Step Up Diversity Efforts," *The New York Times*, July 21, 2006, C6.
76. Miguel Bustillo, "Wal-Mart to Assign New 'Green' Ratings," *The Wall Street Journal*, July 16, 2009, B1.
77. Based on Donald D. Bowen, Roy J. Lewicki, Francine S. Hall, and Douglas T. Hall, "The Ugli Orange Case," *Experiences in Management and Organizational Behavior*, 4th ed. (Chicago, IL: Wiley, 1997), 134–136; "Amazon Rainforest," BluePlanetBiomes.org, http://www.blueplanetbiomes.org/amazon.htm (accessed August 24, 2011); and "Rainforest Plants," BluePlanetBiomes.org, http://www.blueplanetbiomes.org/rnfrst_plant_page.htm (accessed August 24, 2011).
78. Based in part on "Mammoth Motors' New Paint Shop," a role play originally prepared by Arnold Howitt, executive director of the A. Alfred Taubman Center for State and Local Government at the Kennedy School of Government, Harvard University, and subsequently edited by Gerald Cormick, a principal in the CSE Group and senior lecturer for the Graduate School of Public Affairs at the University of Washington.

第6章 面向国际环境的组织设计

Organization Theory and Design

问题引入

在阅读本章内容之前，请先看下面的问题并选择答案。

1．组织在不同国家取得成功的唯一方法是定制其产品和服务，以迎合每个国家本土消费者的兴趣、偏好和价值观。

同意________ 不同意________

2．在一个全球化团队中工作，会遇到的困难和挑战是如何将自己的业务活动与全球其他不同的区域单位进行协调，以及如何与这些单位的同事共享思想和观念。

同意________ 不同意________

3．最先进的跨国公司已经建立了一套严密的控制体系，实现了总部对分布在各个国家的子公司的严格控制。

同意________ 不同意________

尽管英国百货零售商特易购(Tesco)不愿接受在美国经营失败的事实，但在5年间亏损10亿英镑(约16.1亿美元)后，管理者开始考虑出售或者关闭公司旗下的199家鲜易商店(Fresh & Easy markets)，并且计划退出美国市场。特易购公司首席执行官菲利普·克拉克(Philip Clarke)曾公开表示："有可能……我们公司会退出美国市场。"对于美国人来说，鲜易店的形式十分新颖，它比一般的便利店要大，但又比超级市场的规模小，主要经营新鲜可口的食物。然而后来美国人发现，在鲜易店，不仅食物不怎么新鲜，而且购物也没有那么方便。一方面，管理者们并没有选择去迎合美国人的口味，而是直接引进英国人爱吃的食物。另一方面，所有的鲜易店销售的均是已经包装好的商品，并且不同地区可供选择的食物完全一样，没有任何区别。同时，鲜易店也并没有为顾客开设熟食区。包装出售的三明治对英国人来说是很平常的事，但美国人却觉得像是从自动贩卖机里直接买来的食物,他们不肯接受这种售卖形式。此外,特易购的面市时机也帮了倒忙,鲜易店正式营业刚好赶上美国次贷危机前夕。次贷危机过后,加利福尼亚(California)、亚利桑那州(Arizona)以及内华达州(Nevada)等许多地区均受到严重影响,经济明显衰退,而特易购公司早期的鲜易店大多分布在这些地区。其实,特易购公司的鲜易店从未实现真正意义上的盈利。[1]

这就是国际化经营中的现实情况。当一个企业决定走出国门去做生意时,管理者将会面临一系列挑战和阻碍。它们有时候会发现在国际化经营中,将它们的本土经验转移到其他国家中需要采取完全不同的方式。例如,英国零售业巨头特易购公司尽管在英国本土市场获得了巨大的成功,但却在其他国家的经营中遇到了问题,特别是波兰、捷克共和国、斯洛伐克和中国。一般而言,食品零售商若想在海外市场获得成功,大多是通过收购一些具有较强业务基础和精干管理人才的本地企业实现的,比如沃尔玛在1999年收购了英国连锁超市阿斯达(Asda)。2013年秋,洛杉矶的尤开帕集团(Yucaipa Companies)协议收购了150家鲜易店,这些商店大部分都位于加利福尼亚州。[2]

其他一些企业也在国际竞技场中遇到了困难。迪尔公司(Deere & Company),世界最大的农业设备制造商,正在努力进入俄罗斯的农用设备市场,但俄罗斯政府通过了一项法律,不允许农业机械行业在境外融资,所以农民们没有办法从迪尔公司购买农用设备。迪尔公司在莫斯科附近建了一家工厂,但仍然面临着巨大的风险和不确定性。零售业巨头沃尔玛在1996年高调进入韩国,并报以很高的期望,但却在十年后将其在韩国所有的门店卖给了韩国一家本土零售商,完全撤离了这个国家。同样,沃尔玛花费了八年时间试图打入德国零售折扣市场,最后选择了放弃。[3] 然而,管理者们不能仅仅只看到那些成功企业从一个又一个的外国市场抽身离开的黯然神伤,而更应当思考到底出了什么问题。

在全球范围内取得成功的确并非易事。管理者必须在战略层面做出艰难的抉择:如何在国际市场中拔得头筹,如何设计组织架构来获得国际化扩张中的收益。尽管存在这些挑战,但大多数企业的管理者都会认为国际化经营的潜在收益是大于潜在风险的。美国本土企业通过国际化运营来生产产品和服务以满足其他国家的消费者需求,同时也获得了为美国本土消费者生产产品和服务的低成本和技术诀窍。日本、德国、英国等其他国家的企业与美国企业在本国市场及国际市场上进行着较量。企业对于跨国经营的热衷没有哪个时候比现在更加强烈。

本章的目的

本章将探讨管理层如何设计组织结构以适应国际竞争环境。我们首先看看有哪些促使企业拓展国际业务的动力,国际拓展的几个典型阶段,以及如何运用战略联盟来帮助企业更好地进行国际扩展。然后我们探讨了国际化组织在结构设计方面面临的挑战,讨论了几种战略制定方法,以及为了利用国际市场带来的机遇可以采用哪些不同的组织结构设计,并看看有哪些适用于国际化组织的协调机制。本章的最后我们介绍一种新出现的全球组织结构模式,跨国模式(transnational model)。这种新的组织结构能够帮助企业在复杂多变的国际环境中获得成功运作所需要的多种新能力。

进入全球竞技场

在几十年前,许多企业不关注国际环境也能生存。但是今天就不一样了。世界正在迅速发展成一个统一的整体,每个企业及其管理者都需要放眼全球。巴西、俄罗斯、印度和中国(通常被称为"金砖四国")以及其他新兴经济体快速成长,为美国、加拿大、欧洲和其他发达国家提供产品和服务。与此同时,这些地区也成为北美企业销售产品和服务的主要市场。[4] 中国进入了有史以来中产阶级数量增长最快的阶段,已成为许多产品和服务的第一或者第二大消费市场,包括手机、汽车、消费电子产品、奢侈品和互联网服务。[5]

美国福特汽车公司首席执行官艾伦·穆拉利(Alay Mulally)将他三分之一的时间用在了与中国有关的事务上,穆拉利正计划着在中国再建 5 家工厂,同时将经销商的数量翻一倍。[6] 中国还有 12.2 亿的手机用户,智能手机领导者苹果公司和韩国三星将和刚进入智能手机市场不久的中国手机制造商小米、联想、宏基等展开新的竞争。[7] 在接下来的几十年里,"金砖四国"将会有更加巨大的消费能力,因为约有 10 亿人将成为新的中产阶级的一部分。[8] 对于今天的企业来说,整个世界都成为商业威胁和机会的来源。本章中的"新书评介"将讨论什么因素促进了国际互动的日益增加,以及这些互动如何影响组织。

托马斯·L.弗里德曼(Thomas L. Friedman)

《世界是平的:21 世纪简史》(*The World is Flat: A Brief History of the Twenty-First Century*)

全球竞争场地正在被夷为平地。全球化发展得到底有多迅速?三次获得普利策奖的《纽约时报》专栏作家托马斯·弗里德曼正在忙着出版他的畅销书《世界是平的》的第二版,这本书的第一版即将售完。然而,弗里德曼认为,加速全球化进程的力量在 20 世纪就开始显现了。

什么使世界变平?

弗里德曼列出了十项使世界变平的力量,并将之称为平坦器(Flatteners)。这些力量都直接或间接地与技术进步有关。

● 工作流软件

令人眼花缭乱的软件使人们通过电脑就可以简单快捷地沟通;使得像超创公司(Wild Brain)这样的动画工作室可以和遍布全球的团队合拍电影;使得波音公司可以向世界各地的客户补给零件。这意味着企业可以建立全球虚拟办公室,也可以将自己的业务外包给任何一个可以做到最好的承包商,不论它在世界哪个地方。

● 供应链

工作流软件优化了全球供应链。20世纪90年代,供应商、零售商和顾客之间的横向协调开始增多。反过来,供应链越完善、越发达,地球就变得越来越平了。供应链促进公司之间在共同标准和技术上的调整,这可以促进各个公司之间的无缝连接。

● 类固醇

弗里德曼将很多新技术比喻为类固醇,因为它们可以不断扩散,对其他平坦因子有促进作用。或许,最重要的因素是无线技术的发展,无线技术让一切都得以数字化、虚拟化和个性化,你可以在世界各地享用这些技术。正如空域公司(Airspace)的高级副主席艾伦·科恩(Alan Cohen)所说,"你可以带着你的桌子去任何一个地方,越多的人有能力从别人那里获取和传递信息,越多的竞争和沟通障碍就会消失"。

如何从变平的世界中获益

一个变平的、相互联系的世界意味着雇员和组织可以成功地开展更多合作和竞争,不管它的规模有多大,不管它位于哪里。但是从变平的世界里获益并非自然而然的。弗里德曼为企业提出了几种可以利用的全球化战略。他提醒美国企业(雇员),他们应该认识到再也不存在所谓的美国企业或者美国工作了。在一个变平的世界里,最好的公司是最好的合作者。

The World is Flat, by Thomas L. Friedman, is published by Farrar, Straus & Giroux.

国际扩张的动力

经济、技术和竞争等诸多方面因素交织在一起把企业从国内市场推向国际市场。通信、技术以及运输业的进步创生出了一个新的、高度竞争的格局。[9]

在一些行业中,一个企业成功与否是从国际市场的角度进行衡量的。全球环境对今天企业的重要性可以从多变的全球经济中反映出来。作为指标之一,《财富》杂志(Fortune)的世界500强(Global 500)排名按照收入列出了世界上500家最大的公司,表明经济影响力正在全世界范围内扩散开来。表6-1罗列了一些国家2006年、2008年和2013年世界500强公司的年收入总和。从表中可以看到,北美和西欧国家的企业数量普遍下滑,而中国、巴西、俄罗斯及中国台湾等国家和地区的企业数量在增加。特别是中国，增长势头极为迅猛。中国的国内生产总值在 2010 年下半年超过日本，成为世界上第二大经济体（仅次于美国）。[10] 1993 年中国只有三家公司位列《财富》全球 500 强名单，而现在增加到了 89 家。同时，日本企业的下滑趋势明显，从 1993 年的 149 家下降到 2008 年的 64 家，之后又在 2013 年下降到 62 家。[11]

表 6-1　从《财富》世界 500 强公司看世界经济变化

	世界 500 强名单中的企业数量				世界 500 强名单中的企业数量		
	2006 年	2008 年	2013 年		2006 年	2008 年	2013 年
美国	170	153	132	意大利	10	10	8
日本	70	64	62	西班牙	9	11	8
中国	20	29	89	印度	6	7	8
法国	38	39	31	中国台湾	3	6	6
德国	35	37	29	澳大利亚	8	8	8
英国	38	34	26	巴西	4	5	8
瑞士	12	14	14	俄罗斯	5	5	7
韩国	12	15	2	墨西哥	5	5	3
荷兰	14	13	11	瑞典	6	6	3
加拿大	14	14	9	新加坡	1	1	2

资料来源：Based on data from "global 500," *Fortune* magazine's annual ranking of the world's largest corporations for 2006, 2008, and 2013, http://money. cnn. com/magazines/fortune/global500/(accessed December 7, 2011 and March 14,2014)

随着全球国家力量格局的不断调整，企业成为参与全球经济竞争的主要成员。的确，在许多产业中，一个公司只有实现在全球范围内的成功才是真正的成功。总的来说，有三个主要因素促使企业在全球扩展：规模经济、范围经济和低成本生产要素。[12] 回想第 2 章我们所讲的，企业常常追求更高的效率和效益，而全球扩张是达成这些目标的一种途径。

规模经济

全球经营扩大了一个企业的经营范围，这帮助企业实现了**规模经济**（economies of scale）。创建大企业的潮流开始于工业革命（the Industrial Revolution）时期。当时许多行业都希望创办大型企业来获得新技术和新生产方式带来的规模经济。通过大规模的生产，这些大企业能够实现最小的单位产品成本。但是，对今天的许多公司来说，仅仅靠国内市场已经不能提供达到规模经济所需的产品销售量。例如，对于农业设备制造商来说，比如迪尔公司（Deere & Company），其主要收入增长来自那些耕地面积比较多、农民机械化需求比较高的海外市场。根据最近一份关于农机市场的调查报告，北美市场上的大部分农业设备都比较新。报告称，"农机产品在北美市场上的增长可能会有所下滑，与低谷相比，现在更接近峰值。"迪尔公司正在寻找美国市场之外的海外市场，比如金砖四国，以增加其海外销售，确保企业实现规模经济。[13]

随着电影票和 DVD 销量在美国的下降以及在其他国家的上升，好莱坞电影产业最近也扩大了国际视野。制片公司正在通过吸纳更多的国际明星和重组脚本来迎合国际观众。一个电影产业的老行家说:"没有工作室愿意拍摄高成本的电影……除非它具有全球吸引力。仅靠国内收入很难收回电影的制作成本。"[14]对于很多电影公司来说,国际市场的票房收入占比可达80%。派拉蒙电影公司(Paramount Pictures)投入众多精力制作了《星际迷航2》(Star Trek Into Darkness),希望在海外市场获得成功。主创人员和制片人员到世界各地巡回宣传该部电影。派拉蒙一改往日风格,开始吸纳外籍演员,编剧也在尽力把故事写得既能留住现有的忠诚粉丝,又能吸引那些从未看过其系列电影的外国观众。[15]对于美国的许多企业来说,国内市场已经饱和,唯一的增长潜力在海外。星巴克先后在美国关闭了数百家业绩不佳的门店,并已经将目标转向快递成长的亚洲,计划在中国、印度和越南开设数千家门店。[16]亚洲市场一直是星巴克收入增长的主要来源,但是在越南不像在其他亚洲国家,越南有自己根深蒂固的咖啡文化,在如何制作咖啡以及如何提供服务等方面,星巴克必须适应该国文化,才有可能取得成功。[17]规模经济也可以帮助企业从供应商那里获得更多的总额折扣(volume discounts),并降低企业的生产费用。

范围经济

第二个因素是充分利用**范围经济**(economies of scope)来增强企业的竞争力。范围是指一家公司提供的产品或服务的数量和种类,以及该公司提供这些产品和服务的国家、地区和市场的数目和类型。好莱坞梦工厂将50%的股份出售给了印度的信实娱乐(Reliance BIG Entertainment),因为信实娱乐的经营领域涉及了每一种娱乐平台,它可以通过影院、卫星网络、电影租赁、广播电台和移动电话等销售梦工厂的电影。[18]

在许多不同的国家进行经营的公司比起那些只在很少国家进行经营的公司具有更强的营销能力(marketing power)和协同力(synergy)。比如说,一家在好几个国家开展业务的广告公司会获得某种竞争优势,能使它更好地为跨国大公司服务。比如麦当劳在全世界所有的餐馆中都使用几乎完全相同的芥末酱和调味番茄酱,一家在麦当劳经营餐馆的所有国家都有业务的供货商会具有极大的竞争优势。因为它可以在任何国家都为麦当劳便宜、稳定和方便地供货,这样麦当劳就不必在每个国家都与不同的当地供应商单独协调。范围经济还可以使公司获得比竞争对手更高的市场支配力。因为在跨范围经营的过程中,公司会积累出关于文化、社会、经济和其他因素的广博知识。这些因素反映出不同地区的顾客的不同需要,公司因而能为这些顾客提供满足其需要的专门的产品和服务。为了能够在中国站稳脚跟并获得蓬勃发展,安利公司不得不做出改变,扩大其产品和服务范围,而这些改变也帮助该公司在其他海外地区获得了成功。

应用案例 6-1

安利公司

安利公司创建于1959年,其经营模式是通过由独立销售人组成的直销渠道将产品直接卖给消费者。到了20世纪80年代末,安利公司一半以上的销售收入来自于美国之外，因此，当它于 1995 年首次进入中国的时候，已经积累了丰富的海外销售经验。几年之内，安利在中国的业务规模达到 2 亿美元，并且增长迅速。之后，由于一些非法销售者从事不道德直销行为，中国取缔了直销。

安利可能会被挤出中国市场。或者，掌管安利中国（Amway China）的郑汝桦（Eva Cheng）可以和中国政府合作，共同找到妥善的解决方案。在接下来的几年，中国的监管改革迫使安利思考了很多问题，并反复调整了其商业模式。实际上，安利为了在中国做生意已经对商业模式进行了五次调整。其中一次是，建立实体商店，针对逛街的潜在顾客销售产品，这是之前从未有过的。安利开始直接在中国生产产品，而不是从美国进口，并对其在中国的整个经销商补偿系统进行了调整。安利也开始做品牌营销，因为他们无法再依赖口碑营销获得直接的销量。安利公司高瞻远瞩，今天，中国已经成为其最大的销售市场。

安利在中国推行的模式改革是其海外经营中的一次巨大飞跃，而且已成功地将其中一些做法推广到了其他市场上。除此之外，被迫调整商业模式，让管理者意识到，经常反思商业模式是极为重要的，这样才能在全球不同的市场上取得成功。[19]

低成本的生产要素

与公司全球扩展有关的第三个因素是生产要素（factors of production）。美国公司到海外投资的一个最早的，也是最重要的原因是以尽可能低的价格获得原材料和其他资源。很多的公司很早就开拓海外市场以保障获得本国稀缺的或没有的原材料。在 20 世纪早期，轮胎企业纷纷到国外去开办橡胶种植园以为美国茁壮成长的汽车工业生产轮胎。今天，美国造纸企业如惠好公司（Weyerhaeuser）和美国纸业公司（U. S. Paper Co.）迫于国内的环保压力不得不转向海外寻找新的林地。这些公司在新西兰以及其他国家控制着上百万英亩的林场。[20]

有许多公司到海外扩展是为了获得便宜的劳动力。例如，苹果公司的智能手机（iPhone）和平板电脑（iPad）都是由富士康科技与和硕联合科技公司等海外合同制造商生产的。虽然这些制造商的劳动用工饱受争议，但是将这些制造装配中的任何一种工作转回美国的可能性都非常小。2011 年 2 月，史蒂夫·乔布斯（Steve Jobs）在加利福尼亚与美国总统贝拉克·奥巴马共进晚餐，乔布斯告诉奥巴马，与低成本相比，工厂的规模、速度和灵活性以及海外工人的技能和勤恳同样重要。[21]

现在美国本土几乎已经没有什么纺织企业了，因为该行业的企业都已经把大部分的生产转移到了劳动力和原材料更便宜的亚洲、墨西哥、拉丁美洲和加勒比地区。一些非软垫家具制造企业也迅速采取了同样的模式，公司将美国的工厂关闭，从中国进口高质量的木质家具，因为在中国雇用 30 个工人的成本和在美国雇用一个橱柜工人的成本相当。[22]墨西哥正在占据汽车生产的舞台中心。2011 年，美国销售的十分之一的汽车是在墨西哥生产的。[23]然而这种趋势不仅限于制造业。越来越多的服务型公司在印度编写软件，开展咨询工作，并为一些美国的大型企业提供技术支持以及会计和数据处理服务。一则数据显示,印度900多家商业服务公司雇佣了大约57.5万人。[24]

国际扩展的阶段

没有公司可以在一夜之间完成全球扩展,公司的管理层必须有意识地采纳一系列的国际化发展战略。公司可以依据不同的模式以不同的方式进入国外市场。一般来说,一家公司的国际化道路通常要经历表6-2显示的几个阶段。[25]

第一阶段是**国内阶段**(domestic stage)。这一阶段的企业以国内市场为导向,但管理者们看到了全球市场,开始考虑初步进入外国市场以扩大规模。这一阶段企业的市场潜力有限,主要以本国的市场为主。这类企业的结构基本上是国内结构,一般为职能型或事业部型结构,其初步开始做的海外销售业务是由出口部门负责的。货物发运、关税问题和外汇兑换等细节性事务都请外部机构代为处理。糖果生产企业好时公司(Hershey)就是这个阶段的一个例子。这家公司主要关注国内市场,同时管理者们也正在考虑进军海外市场,特别是中国市场。为了更好地迎合中国消费者的口味,好时公司计划在上海建立其亚洲创新中心。[26]

表6-2 国际发展的四个阶段

四个阶段	Ⅰ. 国内阶段	Ⅱ. 国际化阶段	Ⅲ. 多国化阶段	Ⅳ. 全球化阶段②
战略导向	以国内市场为导向	以出口为导向的多国本地战略	多国化	全球化
发展阶段	初步进入外国市场	竞争定位	扩张	全球化
组织结构	在国内结构基础上增设出口部	在国内结构基础上增设国际事业部	全球地区或产品①结构	矩阵、跨国结构
市场潜力	中 主要在国内	大 涉及几个国家	相当大 多国化的	整个世界

资料来源:Based on Nancy J. Adler, *International Dimensions of Organizational Behavior*, 4th ed. (Cincinnati, ohio: South-western, 2002), 8-9; and Theodore T. Herbert, "Strategy and Multinational Organization Structure: An Interorganizational Relationships Perspective," *Academy of Management Review* 9 (1984): 259-271.

第二阶段是**国际化阶段**(international stage)。这一阶段的企业重视出口业务,并开始考虑多国化经营。**多国本地战略**(multidomestic)意味着,在一个国家中遇到的竞争问题与在其他国家中遇到的各不相同,因此企业需要分别应对每个国家的市场。这一阶段的关注点是,在特定产业中本企业相对于其他企业的国际竞争定位。此时,国际事业部已经取代了出口部,企业聘用专门人才来处理海外的销售、服务和库存问题。多个国家被定义为

① 此表的概括似不够准确。西方更多的学者认为,全球地区结构适合于多国化阶段,而全球产品结构更适合于全球化阶段。——译者注

② 全球化阶段之后是跨国化阶段(transnational stage),适合的组织结构为在全球矩阵结构基础上发展而来的跨国结构模式。——译者注

企业的潜在市场。比如说，总部设在佐治亚州多拉威勒市的小公司普滤(Purafil)把能清除污染物和净化空气的空气过滤器销售到了 60 多个不同的国家。[27]从 20 世纪 90 年代早期开始出口产品到现在，普滤销售收入的 60%来自海外市场。服务业的一个例子是警觉驾驶公司(AlertDriving)，该公司为其他公司的车队提供在线培训课程。公司必须根据预期、驾驶习惯和地理差异调整它在 20 多个出口国的课程及市场营销策略。[28]

第三个阶段是**多国化阶段**(multinational stage)。这一阶段的企业广泛进入大量的国际市场中，并且已经在一系列的海外国家中建立了营销、制造或研究开发设施。组织从本国之外的销售中获得了很大比例的销售收入。随着国际业务的开展，企业出现了大规模的扩张，从而将经营单位设到全世界各个地方，以便与供应商、制造商和分销商进行联系。处于多国化阶段的公司的例子包括德国的西门子(Siemens)、日本的索尼(Sony)和美国的可口可乐(Coca-Cola)。印度的埃迪亚贝拉集团(Aditya Birla Group)是一家跨国公司。公司始建于 1850 年，是贝拉家族的贸易公司。20 世纪 70 年代从东南亚开始，埃迪亚贝拉集团不断扩大在世界各地的生产和销售，经营领域包括纤维、化工、水泥、金属、纱线及纺织品、服装、化肥和炭黑等。2010 年，集团有大约 60%的收入来自印度以外。[29]

第四个也是最后一个阶段是**全球化阶段**(global stage)。这一阶段意味着企业已超越任何单一的国家。其业务不仅是国内各产业业务的集合，而且是将分支机构高度联结起来，使企业在一个国家中取得的竞争地位会明显地影响到在其他国家的活动。[30]真正的**全球性企业**(global companies)不再认为自己有一个母国，而且事实上，这种企业已被认为是"无国籍"的公司。[31]这代表着一种崭新的、巨大的演进，从而与 20 世纪六七十年代盛行的多国性企业有了显著的区别。在这一阶段，所有权、控制权、高层管理被分散在几个国家。[32]雀巢就是一个很好的例子。公司大部分的销售都来自瑞士之外的国家，公司有 28 万名员工分布在世界各地。首席执行官保罗·薄凯(Paul Bulcke)是比利时人，主席彼得·包必达(Peter Brabeck-Letmathe)出生在奥地利，公司有超过一半的管理人员不是瑞士人。雀巢拥有上百个品牌，几乎在每一个国家都建有生产设施或开展了其他业务。[33]你在管理全球化公司以及与来自不同文化背景的人交往时是怎样的？请完成下面的"你适合哪种组织设计"，以评估你的文化智力。

你适合哪种组织设计

你的文化智力如何？

下列各项描述在多大程度上与你的行为相符合？请如实地做出选择。

	基本符合	不太符合
1. 在和来自不同文化背景的人见面之前，我会事先考虑一下如何和他们相处。	____	____
2. 我了解主要的宗教信仰以及这些信仰对文化的影响。	____	____
3. 我了解若干个国家的地理、历史和文化领袖。	____	____
4. 我经常和家人及朋友讨论国际大事。	____	____

5. 我会寻找机会和来自不同文化背景的人相处。 ________ ________
6. 我能够很轻松地适应在异国他乡的生活。 ________ ________
7. 我很自信能在异域文化中和当地人成为朋友。 ________ ________
8. 我觉得在多元文化团队中工作非常不错。 ________ ________
9. 我经常和来自不同文化背景的人来往。 ________ ________
10. 为了便于和其他文化的人进行交流,我会适时变换我的面部表情和手势。 ________ ________
11. 当我偶然碰到了其他文化背景的人时,我会及时改变自己的行为方式。 ________ ________
12. 和那些英文讲得不是很好的人交谈我感觉非常愉快。 ________ ________

计分和解析:

这些问题的得分能够从某些方面说明一个人的文化智力。文化智力是管理者在多元文化情境中有效管理组织的重要能力。每一个题目选择基本符合可得1分,题项含义如下:

认知性文化智力,第1～4题,得分=________

情感性文化智力,第5～8题,得分=________

行为性文化智力,第9～12题,得分=________

认知性文化智力在于脑,情感性文化智力在于心,行为性文化智力在于身。如果你有丰富的国际化经验,而且三组题目的得分都在3～4分之间,那么就说明你有较高的文化智力。如果你三组题目的得分都在1～2之间,那你就需要学习更多关于其他国家文化的知识。掌握更多观察技巧,学习更多国际化课程,寻找一些出国旅行的机会,学习识别一些线索,以便与来自不同文化背景的人交往时应对各种不同的情况。把你的得分和其他同学的进行对比。如果你不是很喜欢和不同文化背景的人相处,那你如何与那些和你不同的人产生更多的共鸣呢?

全球性企业是以真正的全球方式经营的,因而整个世界都是它的市场。这一阶段的组织结构可能极其复杂,通常会演进为国际矩阵或跨国模式。本章后面部分将对此详加讨论。巨型的全球性公司如雀巢(Nestlé)、皇家荷兰/壳牌石油公司(Royal Dutch/Shell)、联合利华(Unilever)和松下电器(Matsushita Electric)的业务可能覆盖到一百多个国家。要想把公司分散在世界各地相隔数千英里的各个分支机构整合成一个整体,其组织结构问题的复杂程度可想而知。全球性公司的组织架构设计非常复杂,通常要涉及全球矩阵结构或跨国模式,这些将在本章后面加以介绍。

建立国际战略联盟进行全球扩张

战略联盟可以说是国际化经营中最时兴的一种组织方式。环境多变行业如媒体、娱乐、医药、生物技术和软件业中的企业甚至可能建立多达数百

种的不同类型的战略联盟关系。[34]

典型的联盟形式包括许可证交易、合资企业和并购。回想一下，我们曾经在前面的章节中讨论资源依赖关系的类型时提到过这些模式。同样的，这些模式也可以用于全球扩张。[35]例如，当零售商企业如萨克第五大道(Saks Fifth Avenue)和巴尼斯纽约(Barneys New York)等进入新兴市场，特别是发展中国家时，它们会通过许可证方式将它们的品牌名称出售给国外合作者，这在一定程度上降低了风险。如萨克在利雅德(Riyadh)和迪拜、沙特阿拉伯和墨西哥等地拥有许可企业，巴尼斯在日本拥有许可企业。这些企业，包括美国本土的一些门店在内，目前正成为一股强大的国际冲击力，刺激着美国本土日益萎靡的销售和竞争。[36]正如我们前面章节所讨论的，**合资企业**(joint venture)是由两个或两个以上的现有企业作为发起人创设的独立的组织实体。这是分担开发和生产成本并向新市场渗透的一种新兴的方法。[37]企业可以与客户单位或者竞争对手联合组建合资企业。比如说，电信行业的竞争对手美国斯普林特电信(Sprint)、德国电信集团 (Deutsche Telecom)和法国电信(Telecom France)联合其他几家更小规模的公司共同组成了一家合资企业来为全球的跨国公司在 65 个国家提供通信服务。[38]例如，尽管位于美国伊利诺伊州沃伦威尔(Warrenville)的航星国际集团(Navistar International Corporation)与印度一家增长快速的设备厂商马辛德拉有限公司(Mahindra & Mahindra Ltd.)是竞争对手，但仍然通过合资的方式共同出口卡车和公共汽车。[39]又如，沃尔玛与印度巴帝(Bharti)公司建立合资企业——巴帝沃尔玛有限公司(Bharti Walmart Private Limited)，来巩固印度快速增长但仍不理想的零售市场。[40]不幸的是，各种问题席卷了印度的经济，腐败指控不断，政府法规又设置了障碍，导致两家公司在 2013 年末终止了合作关系，沃尔玛撤出了合资公司。[41]

通过创设合资企业，公司可以利用合作伙伴对当地市场的了解，获得规模经济效应以降低生产成本，获得互补的技术优势或者通过合作伙伴的流通渠道来销售自己的产品和服务。然而，如果能说服对方企业的高管继续留任，很多企业更喜欢采用并购的方式，因为相对于合资企业来说，并购能获得更多控制权。例如，沃尔玛与西友公司(Seiyu Ltd.)成立了合资企业，西友公司是日本一家全国性连锁超市企业。在合资公司成立后，沃尔玛用 7 年时间在日本市场积累了足够多的经验，然后收购了西友。[42]并购在中国企业实现国际化扩张的进程中也备受青睐。

应用案例 6-2

中国企业的国际化扩张

中国企业国际并购最成功的案例或许当属联想。联想在 2005 年收购了 IBM 的个人电脑事业部，其中包括 ThinkPad 电脑。IBM 个人电脑事业部在好几年的时间里举步维艰，但是联想在收购之后，保留了事业部内几位关键的管理人员，并将总部同时分设在北京和事业部曾用总部所在地北卡罗来纳州的莫里斯维尔(Morrisville)。这些举措夯实了联想国际化运营的基础。联想接管 IBM 个人电脑事业部之后，ThinkPad 的销量翻了一番，利润率保持在了 5%以上。

中国企业还并购了相当数量的其他国外企业,包括沃尔沃、AMC影院、意大利豪华游艇公司法拉帝(Ferretti)、史密斯菲尔德食品公司(Smithfield Foods)。史密斯菲尔德食品公司长期以来一直为美国的食品商店供应史密斯菲尔德火腿、艾克瑞克香肠、阿默肉丸、田园培根等。中国双汇国际控股公司(Shuanghui International Holdings Ltd.)以47亿美元的价格收购了史密斯菲尔德公司,成为中国迄今为止最大的跨国收购案。但是中国企业不会就此止步。尽管中国直到2000年左右才开始向发达国家市场投资,但中国企业对外投资的增长速度以及涉及行业及区域的广泛程度都令人震惊。这些并购可能会重塑全球商业格局。[43]

中国本土品牌已经开始在国际市场上角逐,但中国企业早已认识到,只有收购有实力的国际品牌并保持其健康发展,才能取得国际化经营的成功。在很多案例中,中国企业都将本地管理人员留在被收购企业中继续管理公司。例如,中国房地产企业大连万达集团公司(Dalian Wanda Group Corporation)收购AMC娱乐控股公司(AMC Entertainment Holdings Inc.)之后,将一个财务团队派到了美国,但仍由美国管理团队决定如何使用战略预算。[44]

全球化设计面临的挑战

如何在全球市场扩张中抓住机遇,是全球化企业的管理者们面临的巨大挑战。图6-1展示了全球化组织设计面临的三种主要挑战:更高的复杂性和分化程度(complexity and differentiation)、协调的需要(need for coordination)以及转移知识和创新的难度增加。全球性企业必须接受国际环境高度复杂的现实并需要应付不同国家市场之间的巨大差异性。比如,每个国家都有自己的历史、文化、法律和监管系统,人们饮食各异,宗教不同,观念存在差异,并且有着不同的社会习俗。[45]正如我们在第4章中讨论到的,环境的复杂性和国家之间的差异性要求组织更加分化。

同时,全球性企业必须找到某种机制,以有效地协调和整合其广布全球的各个分支机构,并促进知识和创新在组织内部的发生和转移,这些对于构建全球性学习型企业至关重要。[46]尽管许多小企业也积极开展国际业务,但大部分国际性企业的规模都很巨大,带来了很大的协调问题。表6-3比较了一些大的跨国公司的经济增值(value added)与几个国家的国内生产总值(GDP),这样的比较将有助于加深我们对这些跨国巨头的规模和影响力的理解。

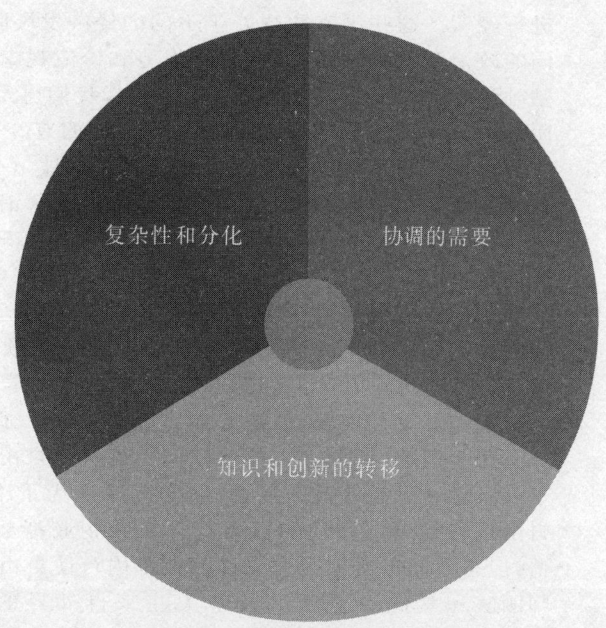

图 6-1　全球化设计面临的挑战

表 6-3　几家全球最大的跨国公司经济增值与一些国家的国内生产总值的比较(数据取自 2010 年,货币：美元)

公　　司	收入* (10 亿美元)	国家	年度 GDP (10 亿美元)
沃尔玛	421.89	挪威	414.46
埃克森美孚	354.67	泰国	318.85
雪佛龙	196.34	捷克	192.15
房利美(Fannie Mae)	153.83	秘鲁	152.83
通用电气	151.63	新西兰	140.43
伯克希尔·哈撒韦(Berkshire Hathaway)	136.19	匈牙利	128.96
通用汽车	135.59	孟加拉国	104.92
美国银行(Bank of America)	134.19	越南	103.57

*这一规模大小的比较是假定收入能够通过等量的 GDP 来衡量。

更高的复杂性和分化程度

当公司进入国际舞台以后,它们将遭遇到比国内市场复杂得多的内外部环境。公司必须构建起一种有效的组织结构以确保企业能在不同的国家进行经营。这些国家往往处于不同的经济发展阶段,使用不同语言,有着不同的政治制度和政府法规、文化规范和价值观念,在诸如交通和通信之类的基础设施建设上也是千差万别。例如,我们已经提到的电脑制造商联想集团是一家中国企业,它在中国香港注册,拥有9个运营中心,其高层管理者和公司部门遍及世界各地,如CEO在新加坡,总裁在北卡罗来纳州的罗利,首席财务官在中国香港,它在世界范围内的营销活动在印度进行协调。[47]

与外部环境的复杂性相比,跨国公司内部环境更为复杂。正如第4章所述,内外部环境越复杂和不确定,组织就越需要高度分化出许多专门的职位和部门来应对环境中特定的挑战。比如说,全球性企业也许需要设立专门的部门来处理不同国家纷繁复杂的政府条款、法律法规和会计准则。在印度,谷歌、雅虎和脸谱网等互联网企业将制定一定的规则,禁止网民在网站上发布煽动性内容,但是要制定出界定"煽动性"的标准很困难。印度是一个民主国家,原则上支持互联网上的言论自由,也支持出版自由。然而由于其宗教和民族政治的混合性,印度政府为了维持公共秩序保留了对言论自由进行"合理限制"的权力。大多数企业都会遵守当地的法律和风土人情,但是他们也希望在可允许的范围内行使自由裁量权,所以他们会安排律师团队和其他专业团队经常关注来自外界的不满,然后决定如何做出应对。[48]

除了需要处理各国的法律法规之外,企业需要更多的跨边界部门来预测和应对外部环境的变化。全球企业可能需要将它们的运营工作,如工程、制造、设计、营销和销售等在全球分散化。特别是,许多企业开始建立全球产品开发系统以获取更多国际化知识,设计出更加符合全球市场需求的产品。例如,德勤(Deloitte)的一项研究发现,在被调查的北美和西欧国家的制造商中,48%在其他国家建立了工程运营部门。[49]跨国企业必须在国际水平上实施它的多种战略,开展更广泛的活动,以及提供更多数量的产品和服务。

协调的需求增加

随着组织变得越来越分化,多样化的产品,不同的事业部、职能部门、职位散布于不同的国家,全球性企业的高层将面对如何整合公司的巨大挑战。协调指的是组织内部各单元之间协作的质量。问题是如何能使全球性企业达到所需要的协调和协作,以便企业能获得全球扩展所带来的规模经济性、范围经济性和低成本生产等好处。我们在第4章中讲到,即使是本土企业,各部门之间的高度分化也要花费更多的时间和资源来进行协调,因为不同员工的态度、目标或工作导向往往差异很大。全球性企业面临的问题则更加复杂,因为它们的各个部门不但在工作目标和态度上有很大差别,而且这些部门还分散在不同的地区、时区,有着不同的文化价值观念,甚至可能使用的语言也不一样。企业必须找到在组织间共享信息、思想、新的产品和新技术的途径。所有企业在推行国际化的时候,必然会遇到将各部分工作如何在正确的时间和正确的地点以适当的方式整合的问题。

知识和创新的转移更加困难

全球化带来的第三个挑战是如何在全球性企业内部通过共享知识和创新来学习组织在全球化过程中积累的经验。国际环境的多样性给组织提供了一个绝好的学习和发展多样化能力的机会，还有惊人的产品和服务的创新。例如，世界最大的眼科矫正镜片制造商依视路国际公司（Essilor International SA）在德国设计透镜，在美国制造高透明聚合物镜片毛坯，然后在日本加上微薄涂层。[50]

一些专业人士认为，未来更多更大的创新将会来自中国和印度等新兴市场上的企业。[51]传统的创新途径是产品和服务创新主要来自于发达国家，然后被推广引进到欠发达地区，但是一种被称为"逆向创新"或"反向创新"的新型创新方式引起了企业的广泛关注，而且这些创新方式比以往任何时候都更需要跨国共享机制。医疗行业就是一个例子。通用电气医疗集团已经在中国开创了稳定的市场，但其高端超声机器和其他产品没有满足资金贫困地区和技术水平较低的乡村医院或诊所的医疗从业者的工作需要。价格、便携性和易用性是重要标准。通用电气医疗集团（GE Healthcare）在中国组建了一个半自治小组，并命名为"本地成长团队"，负责招聘本地人才，并将产品开发、采购、生产和市场营销等职能组合到一个业务单位中，这个团队还开发了一种便携式超声波机器，售价低于公司高端超声机器成本的15%。通用电气现在在世界各地销售这种产品，在六年之内其全球产品线销售额将增长到2.78亿美元。[52]通用电气首席执行官杰弗里·伊梅尔特（Jeffrey Immelt）说："如果我们不在贫困国家跟进产品创新，将他们纳入国际市场，来自发展中国家的企业也会这么做，比如迈瑞（Mindray）、苏司兰（Suzlon）和金风科技（Goldwind），这会对我们形成新的竞争。"[53]表6-4列举了一些逆向创新的例子。

表6-4　逆向创新的事例

公　司	创新和应用
达能集团（Groupe Danone）	在孟加拉国建设小工厂，产量仅是达能一般工厂的百分之一，发现小工厂运行起来几乎和大工厂一样有效率，激发了达能适应其他市场的新思路。
雀巢	将美极（Maggi）品牌的干面条制作成巴基斯坦和印度乡村地区的低成本主食，并把它重新开发为澳大利亚和新西兰的友好健康食品。
通用电气	印度医疗从业者缺少购买大机器的资金和置放空间，更换昂贵的设备零件存在困难，而且当地尘土较多，针对这些情况，通用电气为印度顾客开发了一种便宜的便携式心电图机。现在这种机器已经销往美国及世界其他国家。

续表

公　司	创新和应用
惠普	在印度有一个团队负责把为亚洲和非洲开发的手机网页界面应用程序推广到美国和欧洲等发达市场。
约翰迪尔	为印度农民开发出了高质量低成本的拖拉机。受经济衰退影响,美国农民对这种拖拉机的需求越来越多。同时,这种拖拉机将在约翰迪尔扩张俄罗斯市场的过程中扮演重要角色。

全球性企业各地的分支机构在应对当地环境挑战过程中掌握了满足当地特定市场需要的技巧和知识。这些知识大都与产品改进、运营效率、技术进步或企业的其他各种能力提高有关,因而在其他国家也是适用的。所以全球性企业需要建立一种制度来推进组织内部知识和创新的传播。一个很好的例子是宝洁公司,20 世纪 80 年代液体汰渍(Liquid Tide)是宝洁在美国市场最畅销的产品,该产品是宝洁公司各个部门共享创新的成果。液体汰渍使用的可以在水中分离污渍的技术来自美国宝洁总部,洁净剂配方是宝洁的日本技术人员发明出来的。清除硬水中天然盐的特别成分是公司在布鲁塞尔研究所的科学家们研制出来的。[54]

将员工的思想和知识在跨国界的边界范围内转移是更加具有挑战的。为提高公司的生产率和利润率,总部设在卢森堡市的阿塞洛米塔尔钢铁集团(ArcelorMittal)计划让其印地安纳州勃恩斯港(Burns Harbor)的工厂采用先进的生产设备和技术,与比利时根特市(Gent)的工厂目前的设备与技术相似。但是,这一决定并未受到员工的热烈欢迎。他们已经习惯用纸和笔来计算每批钢中铁矿石、焦煤和石灰石的正确混合比例,员工们拒绝学习电脑操作类的课程。对此,公司采取了“结对学习”的管理措施,将两个规模、成立年限以及产品都相似的工厂放在一起,让实力相对较弱的一方向实力相对较强的一方学习。阿塞洛米塔尔钢铁集团将 100 多名工程师和管理人员派往比利时根特市,学习比利时工厂的先进经验。如今,勃恩斯港的工厂已经创下产量记录,生产率已达到与比利时工厂相当的水平。工人们纷纷表示,“结对学习”帮助他们避免了不幸的发生,他们的工作内容跟以前不同了,但是比以前更好了。[55]许多组织只利用了跨境转移过程中的一小部分知识和创新思想。世界各地的人分散在不同地方,有时很难建立信任关系。其他原因还包括:[56]

- 语言壁垒、文化差异和地理距离会阻碍管理者发现存在于不同国家的组织单元间的知识和机会。
- 有时候管理者并不看重企业整合的价值,而是保护本部门的利益,不与其他部门合作。
- 有时,组织中有的部门把知识和创新看成是一种权力而不愿与别的部门分享,以此来为自己部门在组织中谋求更大的影响力。
- “非此处发明”综合征(not-invented-here syndrome)使得许多部门经理不愿接受其他部门的专门知识和专门技术。
- 大部分的组织的知识都存在于员工的脑海中,很难轻易地记录下来与别的部门分享。

要应对国际化带来的挑战,组织必须找到办法来鼓励知识的创造和共享,采取措施来传播各个分支机构创造的知识并建立有效的创新共享机制。管理者们都在尽力根据具体情况设计正确的战略和结构。

适应全球化战略的结构设计

我们在第 3 章曾经讨论过,一个组织在把员工们集合到特定的职能、产品或地区部门中后,必须相应地提供足够的信息处理能力,以保证所需的协调和控制,这样组织结构才能与其情境相适应。国际化经营中组织结构的设计应遵循同样的逻辑,这里我们将讨论的重点放在全球战略机会与地方战略机会的比较上。

全球机会与地方机会模型

当企业进入国际市场时,为了更好地完成企业制定的目标,高层们需要努力制定一个能为企业全球经营带来协同效应的连贯的全球战略。企业面临的一个选择的困境是:应该强调全球**标准化**(standardization)还是强调本地响应性,即企业的高层必须决定他们是愿意标准化企业遍布全球的分支机构,还是愿意让这些分支机构自主经营。企业的这些决策最终反映在企业采纳全球战略还是多国本地战略上。

全球战略(globalization strategy)意味着在全世界范围内采用标准化的产品设计、生产和广告宣传战略,这样比在不同市场上提供不同产品的成本要低。[57]例如,布莱克德克尔公司(Black & Decker)就是在将其各种电动工具产品改为标准化生产之后,才大大提高了国际竞争力。像可口可乐饮料和利瓦伊工装裤等,本来就是全球性的产品,只是在广告和营销方面需要针对不同的地区做些调整。总的来说,服务性企业更不适合采用全球战略,因为不同国家的不同风俗习惯往往要求企业用不同的方式来提供服务。例如,全球酒店排名前 20 的西班牙最大的连锁酒店美利亚国际酒店(Meliá Hotels International)为了获取隐性知识,与全球 35 个不同国家的本地企业建立了合资公司,或者构建了其他类型的合作伙伴关系,这些国家包括中国、保加利亚、美国、印度尼西亚、希腊、克罗地亚、巴西、埃及和英国等。[58]缺少对本地知识的了解是沃尔玛在韩国市场上遇到的一种麻烦,因为它仍然沿用西方国家风格的商品陈列方式和营销战略,而韩国的零售商则采用了灯火通明、吸引眼球的商品陈列方式,并雇佣员工通过扩音器和鼓掌促销产品,通过这些方式,韩国零售商取得了成功。在印度尼西亚,沃尔玛同样做得很糟糕,仅仅维持了一年就不得不关门了,因为当地的人们不喜欢灯火通明、货物摆放整齐的沃尔玛超市,而且因为不让讲价,当地人觉得沃尔玛的东西卖得太贵了。[59]

近年来,很多的企业也开始改变单一地采用全球战略的做法。经济和社会的发展,包括反对巨型跨国企业的声浪,已经使得许多顾客不再那么迷信世界品牌转而更喜欢带有地方特色的产品。[60]但是,通过标准化产品设计和制造、选择相同的供应商、在全球范围更迅速地引进新产品、协调全球产品的价格以及合理调配整体产能等手段,采用全球战略可以帮助制造企业获得规模经济效益。[61]生产个人仪容用品(grooming products)如男士用"锋速3"(Mach 3)剃须刀和女士用"维纳斯刀片"(Venus razor)的吉列公司(Gillette)在其全世界的工厂中都采用统一的供货商和技术规格标准化的生产流程。[62]

评价你的答案

1. 组织在不同国家取得成功的唯一方法是定制化其产品和服务,以迎合每个国家本土消费者的兴趣、偏好和价值观。

答案:不同意。全球各地的消费者确实希望能够享受量身定做的产品和服务,以满足需求和偏好,一些企业迎合本地市场的需求,提供相应的产品或服务,取得了成功。然而,有一些跨国公司在全球多个国家提供相同设计的产品,采用相同的市场战略,也获得了巨大的竞争优势。

多国本地战略(multidomestic strategy)意味着,企业在每一个国家中的经营活动,都是以与它在其他国家中的经营活动无关的方式进行的。这样,多国战略就会促使企业根据每个国家的特定需要来调整产品设计、组装及营销。有些企业已经发现,它们的产品无法在单一的全球市场上热销。墨西哥部分地区的居民用洗衣粉清洗餐具。即使是美国快餐连锁店,一度被认为是世界市场标准化的典范,也发现需要更多地适应本地差异和民族差异。虽然麦当劳的采购和分配系统是标准化和集中化的,但是麦当劳在世界各地的菜单却大不相同。[63]当肯德基在1973年第一次进入亚洲的时候,试图推行它的全球化战略,但是却在两年之内相继关闭了11家门店。管理者们通过采用本地化战略进行二次尝试,取得了很大的成功,特别是在中国。在中国,肯德基占有快餐连锁市场40%的份额,而麦当劳只占16%。[64]

跨国公司的组织结构设计要么满足全球一体化的要求,要么满足国别化响应的要求。最近有项研究考察了一百多家西班牙跨国公司,研究结果支持了跨国公司的组织结构和战略定位之间存在某种联系的观点。[65]图6-2展示了跨国公司的组织设计和国际化战略是如何适应环境的需要的。[66]

根据所生产的产品或服务是否具有全球化的潜力,也即是否具有在全世界范围内标准化生产的优势,我们可以对企业进行一定的分类。将各产品线中的同一产品或服务销往许多国家的企业,采取的是全球战略。与之对比,一些企业的产品和服务则更适合采取多国战略,也即通过差异化和个性化取得在各国区别经营的优势。

如图6-2所示,当全球整合和在许多国家中的国别化响应这两种压力都比较低时,可以采用在国内结构基础上增设国际事业部的方式来处理国际业务。不过,对某些行业来说,技术、社会或经济因素可能形成一种环境,在这种环境下,企业向全世界销售标准化的产品具有竞争优势基础,因为相

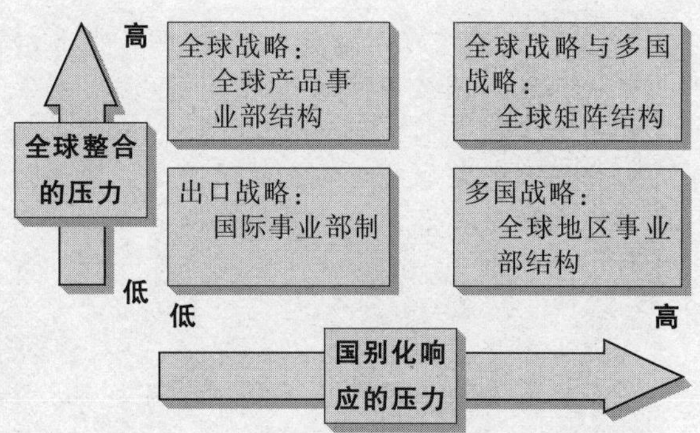

图 6-2　组织结构适应国际优势的模型

资料来源：Roderick E. White and Thomas A. Poynter, "Organizing for Worldwide Advan-tage," *Business Quarterly* (Summer 1989)：84-89. Adapted by permission of *Business Quarterly*, published by the Western Business School, the University of Western Ontario, London,Ontario, Canada.

比针对不同的市场提供不同的产品，这种战略的成本更低。在这种情况下，全球产品结构是合适的。这种结构授予了产品经理在全球范围内管理其产品线的权力，并促进企业充分利用全球统一市场的优势。而在另一些情况下，企业则可通过国别响应，即针对业务所面向的各个国家的独特需要来做出反应，以此获得竞争的优势。对这些行业中的公司来说，全球地区事业部结构是合适的。采用这种组织结构的全球企业授权自己全球各地的分支机构根据所在地的实际情况来相应地调整自己的产品和服务。一个很好的例子是奥美广告公司(Ogilvy & Mather)，该公司把自己的业务划分为四个主要的地理区域，因为广告业需要根据各地不同的口味、偏好、文化价值和政府规章制度来调整所使用的广告策略和手段。[67]如说在美国，儿童形象经常出现在产品广告中，但在法国，这样做是违法的。美国电视广告中常见的嘲弄对手产品的行为换到德国也是属于违法行为。[68]

在许多情况下，企业需要同时对全球的机会和地区的机会都做出反应。此时，可采用全球矩阵结构。也即产品线的某些部分可能需要全球范围的标准化生产，另一些部分则要根据各国当地的需要进行调整。在现实中，对于大多数企业来说，都存在着在全球一致性和本地响应性之间的张力问题，而且这种张力有不断变大的趋势。以下是松下电器公司为缓解这一问题而采取的做法。

应用案例 6-3

松下电器公司

1987 年，松下在中国建立了第一家合资制造企业，不久便在中国拥有了 40 多家制造基地。到 21 世纪初，中国已经成为松下的家用电器制造中心，其目的是为实现出口产品制造的效率性和低成本。大部分的产品开发在日本完成，他们并没有投注太多精力去了解中国的家电市场。

之后，松下的管理者注意到中国的海尔正在快速赶超。当松下的销售增长基本保持停滞状态的时候，海尔每年以20%～30%的速度增长。松下的管理者们意识到，不仅是在中国市场上，而且是在所有市场上，他们都需要调整战略以防止销售下滑。随着时间的推移，松下逐渐认识到：满足本地消费者需求的目标应当和通过全球一体化经营获得竞争优势的目标同等重要。松下在上海成立了中国生活方式研究中心(China Lifestyle Research Center)，这是松下第一次为深入了解日本以外的消费者生活方式而付出的努力。从一开始，研究中心主任就以开放的心态接纳全球一致性和本地响应性之间存在的张力。一项适应中国市场的改造是冰箱"瘦身"，瘦身后的冰箱能够装进小于55厘米宽的空间。这项适应了中国厨房典型特征的改造使得松下的冰箱销量急剧上升。

随着各种知识从中国流向其他地区，又从不同业务单位流向中国，松下开始更为积极深入地了解全球其他多元市场。今天，松下继续奉行它的"拥抱张力哲学"——既关注全球范围内的效率，又关注本地消费者需求。[69]

因此，即使是那些没有采用矩阵结构(如图6-2所示)的企业，也经常利用各种各样的机制来协调全球一致性和本地响应性之间的张力问题。现在让我们对图6-2中列示的各种结构做详细讨论。

国际事业部

当企业开始开发国际市场机会时，它们通常先是设立一个出口部，然后再扩展为**国际事业部**(international division)。国际事业部与企业内其他主要部门或事业部拥有同等的地位，如图6-3所示。国际事业部内设有自己

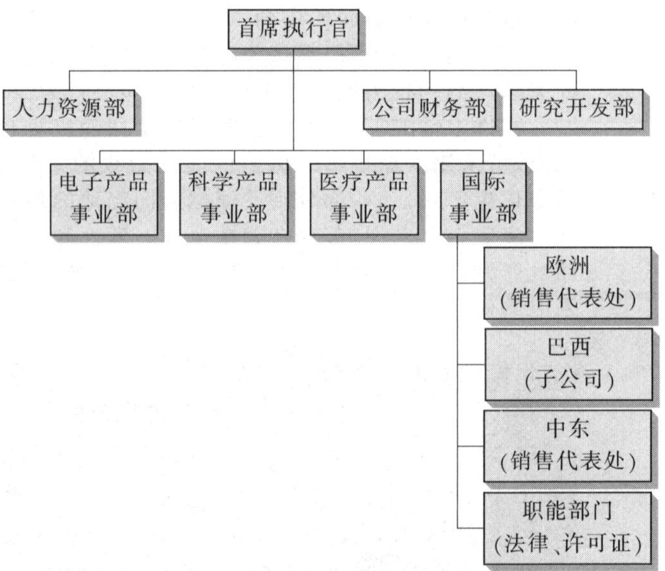

图6-3 国内与国际事业部混设的结构

的机构处理各国的业务(如许可证交易、合资企业等)。国际事业部负责将国内事业部生产的产品和服务销往国外,或者开办企业的附属机构。国际事业部的努力通常会把组织引向更为复杂的国际化经营。

虽然企业在国内业务方面通常会采用职能型结构,但这种结构越来越少地用于国际业务的管理。[70]如果在全世界范围使用职能型结构,职能层级链就会延伸得过长。因此,产品型结构或地区型结构的形式得到了使用,因为它们能将组织分成小的经营单位。企业通常始于国际部,然后依据它们所采用的战略而采取产品或地区事业部结构或矩阵。例如,一项研究发现,在全球领先的企业中,48%采取事业部结构,而28%采取矩阵式结构。[71]

全球产品事业部结构

在**全球产品事业部结构**(global product structure)中,产品事业部负责特定产品领域的全球性经营。当公司高层想要实现全球性目标时,这种结构最为适用,因为它提供了一种非常简明的方式来有效地管理遍布全球的各种业务和产品。各事业部的负责人可以按照他们认为合适的方式来组织本部门的全球经营活动,并负责调动本部门员工的积极性来集中解决本部门面临的问题或机遇。[72]而且,全球产品事业部结构还能帮助跨国公司总部的高层们从全世界的范围来审视公司面临的竞争,从而使得整个企业能够更加快速地响应不断变化的国际环境。[73]服务型企业也可以使用事业部结构。例如,意大利联合信贷银行(Italian bank UniCredit)总部设在米兰,在22 个国家设有 9 600 多个分支机构,该公司设有三个产品事业部:家庭和中小企业事业部(家庭和中小型商业银行)、企业和投资银行事业部、私人银行和资产管理事业部。该公司也设有地区事业部,专注于在中欧和东欧国家的运营与成长。[74]

在全球产品事业部结构中,各事业部经理负责特定产品领域的全球性经营。每个产品事业部可以按它认为合适的方式组织其国际经营活动。各事业部经理负责其供应全世界所有市场的产品生产和分销等各项职能的计划、组织和控制工作。我们从图 6-3 中可以看出,当企业有机会在全球范围内为所有的市场生产和销售标准化产品时,全球产品结构最为有效,因为它能带来生产、营销及广告宣传活动的标准化,并产生规模经济效益。

伊顿公司(Eaton)现在采用的是一种全球产品结构,如图 6-4 所示。在这一结构中,汽车配件群部、产业群部等负责世界范围产品的制造和销售。国际业务副总裁负责管理各地区的协调官。公司在日本、澳大利亚、南美洲和北欧各设有一名协调官。协调官负责找出实现所管辖地区内各产品线之间共享设施及改进生产发运工作的可行办法。这些协调官担任着像本书第 3 章中所描述的整合人员类似的职能。

产品结构最适合于全球范围内的标准化生产和销售,但它也存在一些缺陷。通常情况下,产品事业部之间并不能很好地共事,很可能会在某些国家的经营中相互竞争,而不是共同合作。而且,产品经理们可能会忽视开发某些国家的市场。伊顿公司通过设立地区协调官的办法,使这些协调人员

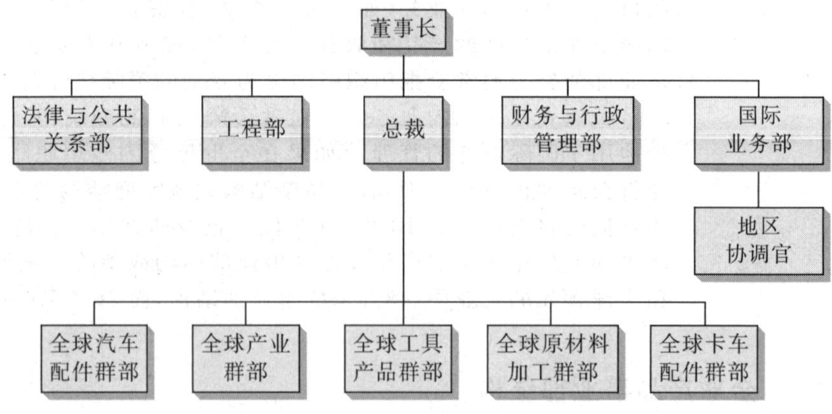

图 6-4 伊顿公司的部分全球产品结构

资料来源：Based on *New Directions in Multinational Corporate Organization*(New York: Business International Corp., 1981).

拥有明确的职责，从而为解决这类问题提供了一条有效的途径。海尔采用的是典型的产品结构，公司将员工按照10～30人一组划分为2 000个半自治小组，每个小组自负盈亏，负责关注一种特定产品或项目在多个国家内的运营情况。[75]

全球地区事业部结构

如图6-2所示，**全球地区事业部结构**(global geographic structure)非常适合那些想通过采用多国战略来强调地区或当地市场响应性的公司。该结构把全世界分为几个大的地理区域，每个区域直接向母公司的CEO报告。每个地理区域的负责人拥有对本地区内所有职能活动的完全控制权。比如说，总部设在瑞士的雀巢公司就大力强调熟悉当地市场的地区经理自主权。作为世界上最大的食品公司，雀巢不赞同那种所谓的单一全球市场的说法，也不认为单一采用某种特定的地区组织结构就能满足不同国家不同市场的需求和应对当地的竞争。所以雀巢的地区经理们有权按照他们认为合适的方式来调整产品的口味、包装、分量等。实际上，雀巢旗下的8 000多个品牌中很多都只在一个国家进行了注册。[76]

采用全球地区事业部结构的公司大都拥有成熟的产品线和可靠的技术，因而能够在不同国家找到低成本生产的方法并能满足不同市场不同的营销和销售要求。但是，近来一些商业运营和组织设计中出现的新潮流扩大了这种组织结构的适用范围。[77]比如说，服务型企业这几年的发展超过了制造型企业，服务行业的性质要求这些服务型企业必须满足当地市场的需要。星巴克咖啡公司将其全球市场划分为三大区域：中国及亚太地区，包括日本、韩国、中国香港、泰国、马来西亚、新加坡、印度尼西亚、菲律宾、澳大利亚和新西兰；美洲地区，包括美国、加拿大、墨西哥和拉丁美洲地区；

EMEA 地区（欧洲、中东和非洲的简称），包括欧洲、英国、俄罗斯、中东地区和非洲。[78]

此外，为了迎接日益激烈的竞争，许多制造企业也开始强调定制产品以满足客户特定的需要，这客观要求制造企业必须强调本地或地区响应性。事实上，由于当今多变的商业环境和加剧的竞争挑战，所有的企业都不得不和顾客建立更为密切的关系，这也可能使得企业越来越从基于产品的组织结构转向基于地区市场的组织结构。例如印度的 Bupharm 公司，一个成长中的年轻医药公司，设置了地区事业部，包括亚太地区、拉丁美洲地区和欧洲地区等，这些地区事业部帮助公司更好地服务于 40 个国家的客户。[79]

企业在采用全球地区结构时，资深经理们会面临由于各地区事业部自治而产生的一些问题。比如，因为每个事业部的行动只着眼于满足本地区的需要，像新产品研究开发这样的需要在全球范围内开展的活动就不易做出安排。国内开发出的新技术、新产品，可能难以扩展到国际市场，因为每个事业部都会认为应由自己开发所需要的产品。另外，要将海外开发成功的产品迅速引入到国内市场，也是一件难事，还有，企业常常会出现各地直线和职能管理人员重复配置的问题。由于地区部门需要满足各自区域的特定需求，因此保持对成本的控制将是一个重要的问题。下面的应用案例将会告诉我们高露洁公司（Colgate-Palmolive Company）的经理们是如何克服与地区结构相关的问题的。

应用案例 6-4

高露洁公司

在好几年的时间里，生产和销售个人护理、家居护理产品和宠物食品的高露洁公司一直采用的是如图 6-5 所示的全球地区事业部结构。高露洁有着从事国际化经营的长期历史和丰富经验。公司凭借其在北美、欧洲、拉丁美洲、远东和南太平洋地区的各个事业部保持着竞争优势：公司总收入的一半以上来自美国以外的市场。

采用全球地区事业部的组织结构符合高露洁强调个人自主权（individual autonomy）、企业家精神（entrepreneurial spirit）和本地响应能力（ability to act locally）的企业文化。每个地区事业部的主管直接向总部的首席运营官汇报，每个事业部都有自己的职能部门（staff functions），比如人事、财政、生产和营销等。为了处理不同地区事业部之间的协调问题，高露洁设立了一个名为国际商业发展小组（international business development group）的机构，专门负责公司长期规划和全球范围内公司产品间的协调和交流。该小组由几个产品团队领导人领导，他们中的许多人都是具有丰富经验和广博知识的前地区事业部负责人。产品团队的领导人主要充当各地区事业部的协调人和顾问。虽然他们并没有直接的指挥权，但却有足够的能力和必要的公司支持能对各地区事业部产生很大的影响。引入商业发展小组的做法很快收到了积极的效果：高露洁在所有国家引进新产品的速度更快了，公司的营销也变得更有效和更低成本了。

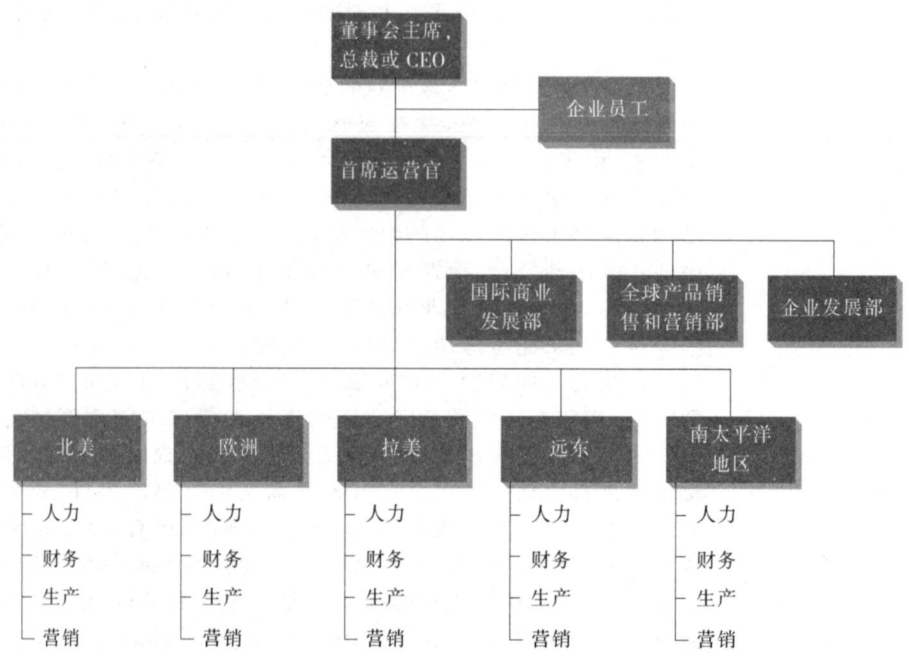

图6-5 高露洁公司的全球地区事业部结构

资料来源:Based on Robert J. Kramer, *Organizing for Global Competitiveness: The Geographic Design* (New York: The Conference Board, 1993), 30.

引进商业发展小组的成功促使高露洁的高层设立了两个新的协调职位——一个专门负责并购的企业发展的副总裁和一个协调所有地区事业部的销售和营销事务的全球销售营销小组。随着在公司组织结构中设置这样两个全球性的职位,高露洁达到了它的目标:保持聚焦每个地区的能力、实现全球统一协调统一规划、更快的新产品引进速度以及更高的销售和营销效率。[80]

全球矩阵结构

我们已经讨论了运用产品事业部结构的伊顿公司如何找到协调全球事业部之间活动的方法,也介绍了高露洁公司如何运用全球地区事业部结构并找到协调不同地区事业部的方法。这两个企业都侧重强调某个单一的维度。回忆一下第3章,矩阵型结构提供了一种方式,使企业能够沿着两个维度同时取得纵向和横向的协调。多国公司采用全球矩阵结构(global matrix structure),原理类似于第3章有关矩阵型结构的描述,只是这里沟通的地理距离长了一些,因而协调起来更为复杂。

当面临平衡产品标准化和本地化两方面利益的决策压力时,或者当共享资源的协调很重要时,矩阵结构是最有效的。正如图6-2所示,矩阵结构适用于全球化战略和多国本地战略混合的情况,也就是说,这种结构可以使跨国企业同时实现全球一致性和本地多样化及本地响应。[81]很多年以来，总部位于瑞士苏黎世（Zurich）的电力产品行业巨头 ABB 公司一直运用矩阵结构来协调公司分布于 200 个国家的 15 万名雇员，收到了非常好的效果。

应用案例 6-5

ABB 公司

ABB 公司已经赋予"世界范围的本地化"思想以新的含义。许多年来，ABB 公司采取与图 6-6 相似的全球矩阵结构，取得了全世界范围内的规模经济，并且在地方市场上保持了灵活性和反应能力。

公司的高层是首席执行官和一个由 10 名高层管理者组成的国际委员会，他们经常主持召开全球性会议。矩阵的纵轴是遍布全世界的业务领域，包括电力产品、电力系统、离散自动化和运转、低压产品和过程自动化等。每个业务领域的领导者负责处理全球范围内的该领域业务，分配出口的市场，设立成本与质量标准，并建立多国混合的团队解决问题。每一个事业部又被分成更小的业务单元，事业部经理对这些业务单元负责。

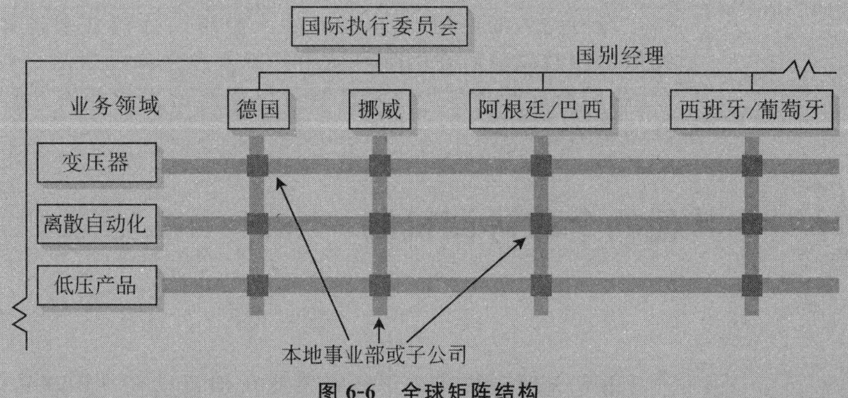

图 6-6　全球矩阵结构

矩阵的横轴是地区结构。ABB 在北欧、中欧、地中海地区、北美、南美、印度、中东地区和非洲、北亚和南亚设有 8 个区域经理。在区域经理的下面，设有国别经理，他们负责地方公司的运营。地方公司一般会同时经营几种业务。国别经理对本地的资产负债表、损益表和人事升迁等负责。

矩阵结构涵盖到了地方公司这一级。这些地方公司的总裁向两位老板报告工作，其中一位是通常不在该国地域内的业务领域领导人，另一位是所属国别的总裁，他所领导的各国公司是以地方组织作为子公司的。

ABB 的经营哲学是将权力授予到最低层。全球经理是乐于助人、富有耐心，并懂得多种语言的人。他们必须与团队一起工作，这些团队由不同国籍并持有不同文化价值观的成员组成。全球经理为遍布全世界的员工和子公司制定正确的战略并进行绩效评估。相比而言，地区经理则是地区的直线主管，负责几家设在该国内的子公司。他们必须与各业务领域的全球经理通力合作,促进全球范围效率的提高和新产品的开发。总的说来,地方公司的总裁有两个老板:一个是全球老板,即各业务领域的经理;另一个就是国别老板。地方公司的总裁学会了如何协调这两方面的要求。[82]

ABB公司是一家成功的大型公司,通过全球矩阵结构取得了产品和地区组织的双重利益,然而,在过去几年里,ABB公司面临着越来越复杂的竞争局面,这使公司领导者们将这种结构转变为跨国模式。我们将在本章的后面讨论这种模式。

在现实世界中,很多跨国公司,比如ABB、高露洁、联合信贷银行(Unicredit)、雀巢和伊顿集团等,采用如本书第3章描述的那种混合结构,在混合组织结构中,两种或多种不同的组织结构或者好几种不同的组织结构的组成部分综合在一起使用。在高度不稳定的环境中,企业采用混合组织结构更加常见。比如说联合信贷银行的组织结构就综合运用了职能事业部、地区事业部和产品事业部等多种不同结构,以使公司在不同国家多变的市场环境中能做到快速响应。[83]

没有完美的结构,全球运营的大型跨国公司必须经常对自己的组织结构做出调整以应对在国际环境中开展业务带来的挑战。在本章接下来的部分,我们来看看有哪些协调机制可以用来应对组织在全球范围内运营时面临的挑战。

其他的全球协调机制

我们都听过许多关于著名企业在把自己在本国成功的思想、产品或服务转移到国际市场时遭到挫折的案例。正如我们在本章前面部分所讨论的,不断增加的复杂性和差异化程度、协调需要的增加、转移知识和创新的难度增加等,为全球化组织设计带来了挑战。另外,管理者必须在实现全球范围内的效率和统一与实现本地适应和响应之间做出权衡。有很多方法可以帮助管理者应对全球化挑战,其中最常用的是创建全球团队、加强总部计划和控制职能以及设立协调人角色。

全球团队

实现全球协调以及知识和创新转移的最有效机制之一就是全球团队。此外,全球团队还可用来协调全球一致性(global uniformity)和本地响应性之间存在的张力。[84]**全球团队**(global teams),又称为跨国团队,指的是由多种技能的多国籍成员组成的、活动范围跨越多个国家的跨边界工作组。[85]一般来说,全球团队有两种类型:跨文化团队(intercultural teams),指其成员来自不同国家，彼此之间面对面工作的团队；虚拟全球团队（virtual global teams），指其成员分散在世界各地，彼此之间通过电子邮件或其他现代通信方式共同工作的团队。[86]德国喜力公司（Heineken）曾组成过一个名为欧洲生产特遣队（European Production Task Force）的全球团队，该团队由 13 个来自不同国家的成员组成。团队成员定期碰面并提出建议以优化喜力在欧洲的工厂的生产。[87]德国蒂森克虏伯公司（ThyssenKrupp）采用全球虚拟团队，应用先进的计算机网络和软件跨越三个大洲联系和协调团队成员的工作。[88]

然而，建立有效的全球团队并非易事。文化和语言上的差异产生的不理解、愤恨以及不信任会很快影响团队的努力。下面可以参照一个由来自印度、以色列、加拿大、美国、新加坡、西班牙、布鲁塞尔、英国和澳大利亚等国的员工组成的虚拟团队所发生的故事。

起初，团队的员工还比较陌生时，很勉强地去问一些事情，害怕别人会把这种寻求帮助理解成为无能。当团队成员寻求帮助时，并不总是会出现援助之手。一个团队的成员坦言她需要仔细计算她要与他人分享多少信息。在她看来，在这个虚拟团队中，需要自己的加倍努力，付出大量的时间和精力，但不需要他人的帮助与互惠。[89]

正如上述例子所示，“我们与他们”这种心理定式的发展成为企业发展全球团队的阻碍。[90]难怪当《首席信息官》（CIO）这本杂志的管理顾问让一些全球首席信息官排列哪种挑战是他们所面对的最大的挑战时，管理全球化虚拟团队被列为最有压力的挑战。[91]全球化妆品巨头——法国欧莱雅公司（L'Oréal）在构建全球团队方面是最有效的企业之一。欧莱雅通过构建全球团队有效提升了协调水平，促进了知识和创新的转移，缓解了全球一致性和本地响应性之间的紧张关系，并且转变了不同部门员工之间的“对抗”心态。

应用案例 6-6

欧　莱　雅

当产品开发需要隐性知识的时候，全球一致性和本地响应性之间存在的张力往往是最激烈的。隐性知识都比较精细、复杂且不易被编码和用文字记录。隐性知识埋藏在人们的大脑里，通常只有在行动和互动中才会显露出来，这意味着跨边界转移隐性知识时，往往无法得到正确的理解。化妆品公司欧莱雅在面对全球一致性和本地响应性之间存在的张力时，也和其他公司一样，因为个人护理需求在不同文化中各不相同。但是在管理者的精妙设计下，欧莱雅的全球化特征和本地化特征都很强。欧莱雅在全球 130 个国家设有办事处，2012 年公司一半以上的销售收入来自美国和欧洲以外的新市场，大部分是发展中国家。

高层管理团队深受母国文化的影响，那么公司是怎样将其产品和其他文化相结合的呢？产品开发是欧莱雅一贯的竞争优势，为了保持这种优势，欧莱雅大力招聘和组建产品开发团队，并由具有多元文化背景的管理者领导。在一个由 3～4 人组成的团队中，通常至少有两名跨文化的成员，比如一个出生于黎巴嫩的西班牙裔美国籍经理可能会和一个出生于法国的爱尔兰裔柬埔寨籍经理或者和一个出生于印度的美国裔法国籍项目经理一起工作。在为期一年的工作进程中,产品开发团队成员之间相互分享自己的想法,同时向高管层汇报工作并征求意见。“他们的背景组合在一起就是一个大师研讨班,每次都会提出不止一种想法和创意”,一个主管说,“这种情形就好像是同时有法国人、美国人和中国人在一起思考问题,所有文化同时出现了。”

这种管理模式是如何促进知识转移和创新的呢?一个出生于法国的爱尔兰裔柬埔寨籍经理在从事皮肤护理产品工作时发现,在亚洲,大部分彩色面霜同时具有紧致肌肤的效果。而在欧洲,大部分面霜要么是彩色的,可做化妆品使用;要么是有紧致肌肤效果的,是一种护肤产品。这位经理利用他掌握的亚洲美容趋势方面的知识开发了一款针对法国市场的彩色面霜,并获得了巨大的成功。

随着公司在全球范围内的成长,一些具有跨文化背景的管理者开始谋求进入公司的高级管理层,一些证据表明这种想法是可行的。欧莱雅已经开始将有跨文化背景的管理者安排到品牌、区域和职能部门中的中心位置,并鼓励将子公司的知识转移到母公司,同时将母公司的知识转移到子公司。[92]

评价你的答案

2. 在一个全球化团队中工作,会遇到的困难和挑战是如何将自己的业务活动与全球其他不同的区域单位进行协调,以及如何与这些单位的同事共享思想和观念。

答案:同意。不同的语言、地理位置、文化价值观以及商业实践产生的问题导致国际化团队成员之间难以形成合力。只有团队全体成员有耐心和能力超越阻碍,开放性地包容和共享彼此的信息和思想,这个团队才能得到有效运转。同时,团队成员要对文化差异持包容态度,真诚与其他国家的团队成员合作和沟通,这样全球团队才会取得较好的绩效。

总部计划

更好地进行全球协调的第二种方法是全球性企业总部在计划、组织和控制方面发挥更加积极的作用,以确保企业分散在全球各地的各个部门能协调一致地朝一个共同的目标努力。一项调查发现,70%的全球性企业报告说总部最重要的职能是“领导企业”(provide enterprise leadership)。[93]例如,如此前应用案例中所述,松下电器的全球消费市场营销部门(Global Consumer Marketing)接受公司高层的直接领导。高层领导制定有关资源配置的决策,更长远地权衡全球化和本地化之间的目标差异。如果高层领导不制定相关决策,确保企业既能从长远角度培养全球思维,又能深刻理解不同国家的差异化本地需求,而只是扮演观察员的角色,企业的目标就很难实现。[94]

如果没有强有力的领导，那些高度自治的地区事业部可能会更像独立的公司那样开展业务，而不是作为全球性企业的一个有机组成部分协调行动。为了克服这些问题，企业高层一方面需要在某些方面授权（比如允许各地区事业部改进产品或服务以满足当地市场的特定要求）；另一方面又需要通过建立集中的管理和信息系统来加强控制，从而满足协调和整合的需求。[95]有效的计划、组织、正式的规则和程序不仅可以确保各分支机构之间以及各分支机构与总部之间的联系，也可以促进各个物理距离遥远的业务单元之间的合作和协同以更合算地实现组织目标。为此，公司高层可以做出清晰的战略部署、指导遥远的分支机构的运行并协调处理不同业务单元之间的冲突。

扩展的协调角色

全球性企业也可以改进组织结构来获得更高程度的协调和协作。[96]设立特别的组织协调角色或职位就是一种有效的整合组织各部分以增强组织的整体竞争力的办法。比如说，在许多成功的全球性企业中，职能经理的角色就被扩展到包含以下职责：进行跨国协调、在全球范围内识别并传播组织的专门知识和资源。而负责生产的经理则必须密切关注企业在其他国家的生产活动并进行协调，以在整个企业范围内实现生产效率并推进企业在不同国家制造部门间先进技术和思想的共享。比如说，福特的巴西工厂实施的一种可以用以提高效率的新生产方法可能也对福特在欧洲和北美的工厂有用。企业负责生产的经理们负责留意各地工厂使用的新技术并把这些知识推广到全企业。同样地，全球性企业的营销经理、HR 经理，以及其他的职能经理不但要负责好自己所在部门的工作，而且还需要同其他国家的同类部门进行协调。

与职能经理负责协调不同国家间的同类部门不同，全球性企业的国别经理（country managers）的职责是协调同一国家内部不同职能部门之间的关系。国别经理需要协调公司在某一国家各种不同的职能活动以解决遇到的问题、利用潜在的机会、满足当地市场需要或了解当地市场的发展趋势并帮助公司在不同的国家获得更大的灵活性和更高的响应速度。比如说，像高露洁这样的全球性消费产品生产企业，它的委内瑞拉经理就需要协调高露洁在该国从生产到人力资源到营销等一切事务，以确保高露洁在委内瑞拉的所有活动能够适合当地的语言、文化以及政府和法律法规的要求。同样，高露洁的荷兰或加拿大经理的工作也是如此。国别经理还负责收集和整理他所负责国家中的各个业务单位创新的思想、潮流、产品或技术并把它们传播到企业的其他部门和分公司。一些企业设置了业务整合员（business integrators），协调可能包括几个国家的区域之间的工作。业务整合员的职权包括组织不同的部门处理问题，协调跨团队、跨部门或跨国家的各项活动。

还有些全球性企业设立了正式的网络协调员职位(network coordinator)以协调与关键顾客利益相关的信息和行动。比如说,为了满足像特易购、沃尔玛、家乐福这样的大客户的要求,这些协调员可以组织和协调企业在不同国家和地区的不同事业部为制造部门提供知识和整合的解决方案,以帮助制造部门更好地生产出客户需要的产品。成功的全球性企业高层还鼓励和支持组织内部非正式的网络与关系以保持信息向各个方向流动。实际上,组织中大部分的信息交换不是通过正式的系统和结构传播的,而是通过非正式的渠道和关系进行的。通过支持这些非正式网络和给员工提供跨边界结识和联系的机会,全球性企业的管理层可以更好地增强组织内部的协调。[97]

协调的益处

如果没有好的内部协调和协作机制,今天的全球性企业将很难保持竞争力。那些激励和支持企业内部协作的全球性企业通常在利用分散的资源上更占优势,并更有可能培养出成功运营和赢利的能力。[98]总的来说,好的企业内部协作机制能带来如下好处:

- 节约成本

通过在企业各个事业部之间共享最佳生产运营方式等办法,良好的内部协作能给企业带来实实在在的、可测量的成本节约上的好处。比如说,通过学习BP(英国石油公司)在英国和荷兰加油站的先进做法,BP美国事业部成功地提高库存周转率并减少了运营加油站所需的资金。

- 更优的决策

通过在不同的事业部之间共享信息和建议,各个事业部的管理层可以做出既有利于自己所在的部门又有利于整个企业的决策。

- 更高的收益

通过在不同的事业部之间共享专门知识和产品信息,全球性企业可以获得更高的收益。再举一个BP公司的例子,该公司从世界各地抽调了75名员工前往中国去帮助当地一个团队建立一家乙酸工厂。结果,该项目提前竣工并比项目设计预期的更早开始赢利。

- 更多的创新

跨事业部的思想和技术创新共享促进了更多新的思想、产品和服务的诞生。如麦当劳采用了一种叫作"框架下的自由"的方式,允许各地区和国家的管理者开发适合本土的产品和活动。麦当劳允诺为国际管理者提供足够多的沟通和共享信息的正式和非正式途径。麦当劳通过在德国一家门店试验,在瑞典推出了一款叫"大美味"(The Big Tasty)的巨大的有5.5盎司的淋上烤肉酱和盖上三片奶酪的牛肉馅饼,经过口口相传,在巴西、意大利和葡萄牙等国家的门店也开始出售这种馅饼,并取得了巨大反响。[99]

组织的跨国模式

由于传统组织方式已无法满足快速变化、日益复杂的环境需求，许多大型跨国公司开始转而采用跨国模式，这种模式以高度差异化的方式解决全球环境中日益增加的复杂性，为组织提供高水平的协调、学习以及组织内知识和创新的转移。**跨国模式***(transnational model)是目前最先进的全球性企业组织结构模式。它反映了全球性企业发展中遇到的一个难题：一方面，随着企业内部各种类型的业务单元的增加，组织结构变得极端复杂；另一方面，组织又迫切需要各种协调机制来整合组织中的各个部分。对于大型的在许多国家拥有分支机构的全球性企业来说，跨国模式能帮助它们挖掘全球和本地优势，推动技术进步，带来更多创新以及更大程度的全球知识共享。跨国模式不但能帮助全球性企业构建服务于某一地区的特定能力，而且还能帮助它们同时提高全球效率、国别响应性以及全球的知识共享程度。跨国模式是一种复杂的结构，因为显然，处理全球性企业多重的、错综复杂的问题需要相应复杂的组织结构形式。

图 6-7 展示了飞利浦公司的组织结构，这样的跨国模式代表了对复杂的全球性企业组织结构的最新尝试。总部设在荷兰的飞利浦公司拥有遍布全球的成百上千个不同的经营单位，典型的类似组织还有像联合利华、松下或宝洁这样的全球性企业。[100]大型专业服务公司如毕马威(KPMG)、普华永道会计师事务所(PriceWaterhouseCoopers)等也采用了跨国结构。例如，普华永道在 151 个国家设有 757 个办事处，员工共 16 万余人。普华永道提供了高度多样化的知识服务，各地办事处在特定语言环境中针对特定客户提供定制化服务，所以地方办事处需要自主决策权。与此同时，普华永道也需要制定全球一致的操作标准和控制系统。[101]

图 6-7 中所示的这些经营单位相距非常遥远。无论协调的需要，还是激发子公司的参与及融合感，以及实现信息、技术与顾客的共享，这些都要求一种更复杂的、多维度的结构形态。例如，像飞利浦(Philips)、联合利华(Unilever)、普华永道这样的全球性企业是如此之大，以致当协调全球范围的经营时，规模本身就成为了一个问题。另外，一些子公司可能变得太大，使它们不再适合总部委任给它们的较狭窄的战略任务。作为一大型组织的构成部分，它们也需要有自己的自主权，需要能对组织的其他部分施加影响。

* 指拥有多个中心，下属机构管理者为整个公司从事战略和创新活动，并通过公司文化和共享的愿景目标与价值观实现联合和协调的一种横向型组织。——译者注

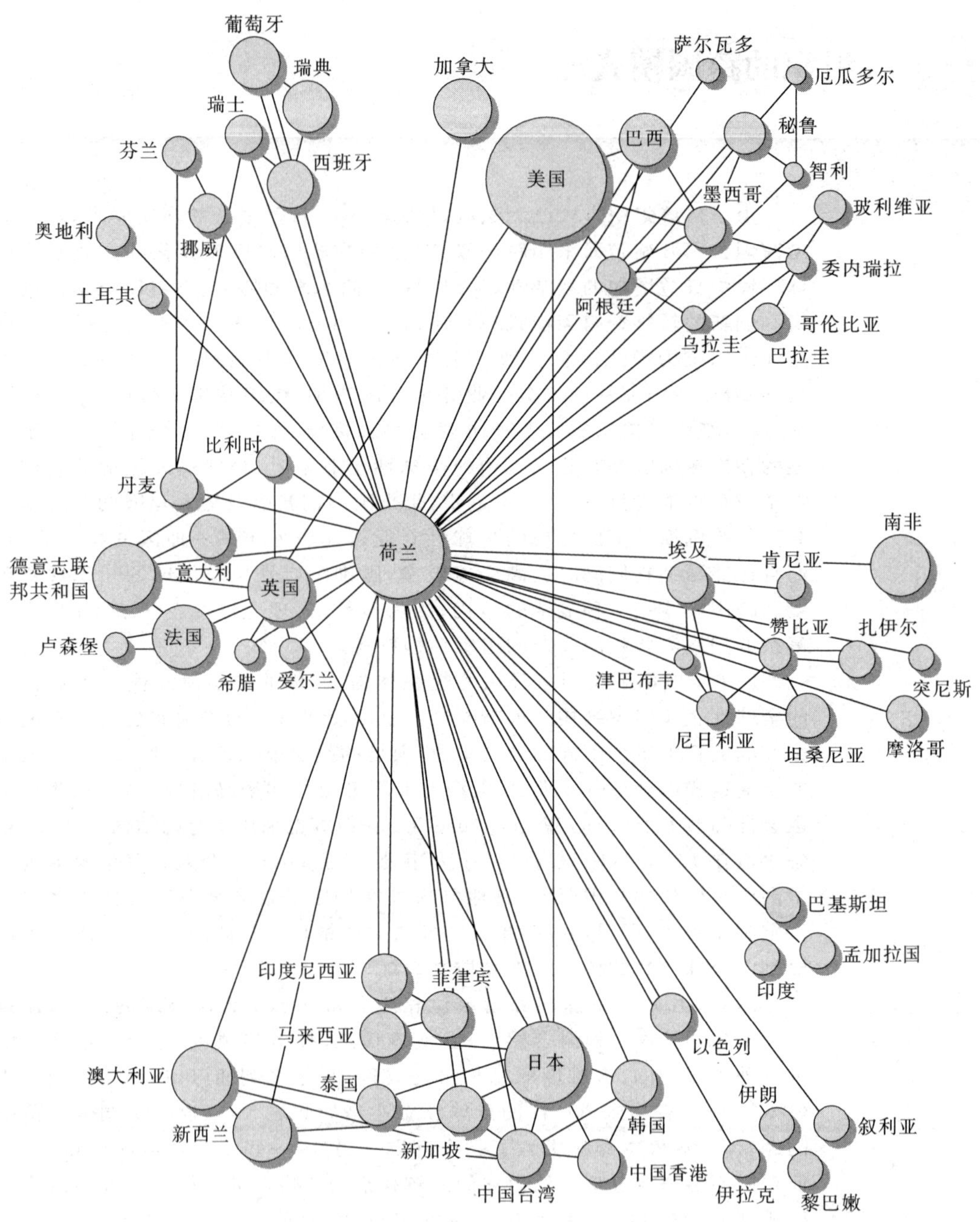

图 6-7 飞利浦公司的全球组织单位及相互联系

资料来源：Academy of Managemeat Review by Ghoshal and Bartlett. Copyright 1990 by Academyof Management (NY). Reproduced with permission of Academy of Management (NY)in the format Other book via Copyright Clearance Center.

评价你的答案

3. 最先进的跨国公司已经建立了一套严密的控制体系，实现了总部对分布在各个国家的子公司的严格控制。

答案：不同意。作为大型企业中的一部分，个体业务单位要取得成功，需要一定的灵活性和自主权。跨国公司要实现全球范围内的统一，更多依靠的是共同的文化和价值观、共同的理想和目标，同时还要依靠和子公司之间的相互依存关系。管理者要走出自己熟悉的地区，在全球市场取得成功，需要建立子公司，这有时候意味着总部要传统意义上的控制权。

通过构建紧密联系的整合的个体单位运营网络来实现组织的多重目标，跨国模式可以用来应对组织面临的上述挑战。[102]与以前那些要么强调完全的事业部独立性和要么强调总部对事业部的控制的结构模式不同，跨国模式内在的管理哲学是组织各部分应该建立在相互依赖(interdependence)的基础上。它绝不仅仅是用一张组织结构图能表示的，而是一种全球性学习系统能够运转所需要的思维、一套价值观念、一种共享的愿望。它也是有效管理这样一个学习系统所需要的一种理想化的组织结构。下面对跨国模式几个特征的描述将有助于读者把这种模式与我们前面讨论过的几种组织模式(比如矩阵模式)区分开来。

1. 企业分散在世界各地的资产和资源形成高度专业化的业务单位，彼此之间通过相互依赖的关系网络连接起来。广泛分布的资源和能力有助于企业觉察环境的变化并做出响应，如世界不同地区的市场需求、技术发展或顾客偏好的变化等。管理层负责帮助不同的产品部门、职能部门和地区单位之间构建相互依赖的关系。比如说，建立如跨部门的团队等协调机制促使各个商业单位为了本部门和整个组织的利益共同奋斗。跨国模式中的各个业务单位并不能完全自给自足，它们需要与其他部门相互合作才能实现自己的目标。例如，在普华永道，客户管理系统将不同单位、不同服务线以及全球不同区域的人员联系了起来。为了应对国际市场充满竞争的环境，这样的相互依赖关系会促进企业中各单位共享信息和资源、共同解决问题并在实践上相互帮助。最终，材料、人力、产品、思想、资源和信息能够在一个整合的网络中各个分散的部分循环流动。而且，管理层能在有效地塑造、管理和加强这些跨职能、产品、事业部和国家的非正式信息网络方面发挥积极作用。

2. 灵活和不断变化的组织结构。跨国模式起作用的一个重要的原则是灵活集权制(flexible centralization)。这意味着，组织可能对某一个国家的某些职能实施集权，对另外一些国家的另外一些职能实施集权，又或者对别的地区的另外一些职能实施分权。组织的研发中心可能集中在荷兰，采购中心可能集中在瑞典，而财会职能则分散到不同国家的不同分支。中国香港的一个单位可能负责协调企业在全亚洲的事务，而其他国家事务的协调则可能由企业伦敦总部的某一个事业部负责。跨国模式要求管理层在设计组织结构的时候根据潜在收益灵活处理。一些职能、产品和地区可能从本质上更适合集权处理。而且，企业的协调和控制机制将随时变化以满足新的需求和应对新的竞争。随着企业在本土市场的日益壮大和管理的日益复杂,一些企业开始在不同国家建立多个总部,而且离重点市场越来越近。例如,艾迪德控股BV公司(Irdeto Holdings BV)就在荷兰的霍夫多普(Hoofddorp, the Netherlands)和中国北京都设有总部,而且其首席执行官还带着家人一起搬到了中国。IBM在上海设立了一个市场成长总部,负责亚洲(不包括日本)、拉丁美洲、俄罗斯、东欧、中东和非洲的业务。日本的尼桑汽车公司将其豪华品牌汽车英菲尼迪(Infiniti)的总部设在了中国香港(Hong Kong)。[103]

3. 基层经理是公司战略和创新的最先发起人,然后再推广到全公司。在传统组织结构中,基层经理只担任本部门的战略角色。在跨国模式中,全球性企业遍布世界的各种中心和分支机构在响应当地市场的特殊需求的过程中,发展出各种实用的响应方式和创新的项目并把这些创新传播到公司其他地区的分支机构中,就这样,跨国模式中的战略和创新很大程度上是自下而上进行的。运用跨国模式的企业把世界范围内的每一个业务单位看成是一种独特能力和资源的来源,这种能力和资源将使全组织受益。

4. 跨国模式中的全球性企业各部分的一致和协调主要通过企业文化、共享的愿景和价值观以及管理风格来达到,而不是通过正式的结构和系统来实现。一项来自合益集团(Hay Group)的研究发现,一家企业在全球范围内取得成功的特征之一是他们的全球业务单位和子公司能够围绕共同的战略愿景和价值观进行协调,而不是仅仅依靠正式的协调系统。[104]在一个员工来自不同的国家、不同的时区、不同的地理区域和不同的文化规范的全球性企业中,共享的愿景比正式的系统更能实现企业统一和协调的目标。公司高层负责帮助各个业务单位负责人建立共享愿景、价值观和信念,然后再由这些基层负责人把这些愿景和价值观传播到公司的每个分支机构。正是因为各级经理在整个协调系统中的重要作用,跨国公司对这些经理进行选拔和培训时特别强调灵活性和开放性。而且,采用跨国模式的全球性企业中的员工常常在不同的工种、事业部和国家之间进行轮换,以获得更多的实际经验和加深对整个企业文化的了解。在跨国模式中达到既定的协调的目标是一个非常复杂的过程,这个过程绝不仅仅是在制定决策过程中实施简单的集权或分权,而是需要重塑和调整企业信念、文化和价值观,以便企业的每一个成员都能参与到信息共享和学习过程中来。

总的来说,跨国模式的上述特点有利于全球性企业在全球范围内的有效协调、知识创造和信息共享。从某种程度上讲,跨国模式的确是一种对组织结构的复杂和杂乱的概念化操作,但是,由于这种组织模式把整个世界市场当成一个整体看待,而不仅仅着眼于某一个特定的国家或地区,所以跨国模式对大型的全球性企业来说变得越来越有吸引力:跨国模式强调设立小型业务单元并赋予其自治权,这使得这些单元更具活力,同时也使得整个组织在响应当地市场的环境变化和利用竞争机会方面更具灵活性;跨国模式也强调企业各个组成部分之间的相互依赖关系,这有利于企业在全球市场的运作效率和全企业范围内的知识共享,而且也有利于企业遍布全球的各分支机构之间以及各个分支机构和企业总部之间紧密联系并最终结合为一个有机的整体。

设计要点

■ 本章讨论了全球性企业的领导层如何在复杂的国际环境中设计组织结构。今天的企业几乎无一例外地受到影响深远的全球化趋势的冲击，很多的企业开始拓展海外业务以利用经济全球化带来的好处。推动企业全球扩展的三大动力是实现规模经济、利用范围经济和获得稀缺的或低成本的生产要素，如劳动力、原材料或土地等。企业走向国际化的一种常用方法是与跨国公司建立战略联盟关系，包括许可证转让、创办合资企业及并购三种方式。

■ 企业的发展通常经历四个阶段，从开始的以国内市场为主的阶段，到开始转向国际市场的阶段，然后是跨国公司阶段，最后进入全球化阶段，这时的企业把全球市场都看成是自己的潜在市场。与这四个国际扩展阶段相适应，即在开始时企业设立出口部，然后随着业务发展设立国际部，最后企业发展出一个世界范围的地区或产品事业部的结构。

■ 要想在全球市场取得成功并不容易。全球性企业面临的挑战主要有三类：采用复杂和分化的组织结构来应对环境的复杂性，在高度分化的各个业务单元之间实现有效的协调以及建立有效的知识和创新的传播机制。

■ 组织会根据其战略目标设计相应的结构。对于那些采用多国化战略的企业来说，全球地区结构是有效的结构，因为这意味着各国的分公司可以根据所在国的市场需求和特定文化设计出最符合当地需要的产品或服务。产品事业部的结构适用于全球化战略，因为这意味着企业的产品或服务可以按照统一的标准生产或提供并销往全世界。巨型的全球性企业可能使用混合型结构来同时响应当地市场和全球市场。许多企业还把本章中提到的好几种不同的组织结构中的某些元素结合起来构成一种新的混合结构以满足不断变化的全球商业环境。

■ 常见的用以解决全球性企业内部整合和知识传播的方法包括：全球团队、有效的总部计划和控制以及设立特殊的协调角色。此外，全球团队也是调节全球一致性和本地响应性之间张力的有效方式。

■ 许多全球性企业面临着新的更大范围的协调需要，这些企业开始尝试采用组织的跨国模式。跨国模式建立在相互依赖的基本观点之上。采用这种组织结构模式的企业高度分化，同时又能在企业各个地理距离遥远的部门之间有效协调、促进创新和传播知识。从组织结构的复杂性和组织整合的角度来说，跨国模式代表了全球性企业组织设计的终极模式：全球性企业的每个部门都意识到企业其他部门的存在，彼此之间紧密联系成为一个整体并相互补充和促进。

关键概念

国内阶段(domestic stage)
规模经济(economies of scale)
范围经济(economies of scope)
生产要素(factors of production)
全球性企业(global companies)
全球地区结构(global geographic structure)
全球矩阵结构(global matrix structure)
全球产品结构(global product structure)
全球化阶段(global stage)
全球团队(global teams)
全球化战略(globalization strategy)
国际事业部(international division)
国际化阶段(international stage)
合资企业(joint venture)
多国本地化(multidomestic)
多国本地战略(multidomestic strategy)
多国化阶段(multinational stage)
权力距离(power distance)
标准化(standardization)
跨国模式(transnational model)

讨论题

1. 请列举一些你认为在当今采用全球化战略会成功的企业并解释为什么你会选择这些企业。全球化战略与多国战略有什么不同之处?

2. 全球一致性和本地响应性之间的张力正在变得越来越大,你觉得是为什么?

3. 很多美国企业通过和中国本土企业建立合资企业进入中国,而中国企业进入美国的主要方式是收购。有哪些因素可以解释这种不同?

4. 你认为一家跨国企业拥有不止一个总部是合理的吗? 两个总部都要对不同的事情负责,这样会有哪些优势呢? 你认为有哪些缺陷?

5. 企业决定进行国际化扩展的主要原因是什么？举出新闻中报道过的一家最近刚建立海外分支机构的企业例子，你认为本章中提到的企业进行全球扩展的三种原因中哪一种最能用来解释该企业的国际化行为？请讨论。

6. 什么时候组织会考虑使用矩阵结构？全球矩阵结构与第 3 章中提到的国内矩阵结构有什么区别？

7. 请列举一些造成全球性企业环境复杂性的因素。组织如何应对这种复杂性？你认为这些因素也适用于那些想国际化的网络公司（比如电子港湾公司）吗？请讨论。

8. 墨西哥的传统价值观支持高权力距离和低不确定性规避。如果一家公司计划在该国开设分公司，并计划采用以权力共享，民主自由，没有正式指导原则、规章和结构的全球团队的运作方式，请你来预测下这家公司在墨西哥未来的发展。

9. 你认为全球性企业有可能同时做到下面这些吗？达到全球效率和整合的目标，实现国别响应性、灵活性以及全球范围内的知识和创新的传播，为什么？

10. 请比较本章中提到的跨国模式和第 1 章中提到的学习型组织的各个要素。你认为跨国模式对巨型全球性企业会有用吗？为什么？

练　习

美国制造？

请找三样消费品，比如说衬衫、玩具和鞋。请按照下表列举的内容找出每样产品的以下信息。你可以访问制造商的网站、查找刊登有该产品广告的各种报纸和杂志或利用产品标签提供的信息，你也可以打电话给制造商并同它的员工进行交谈。

产品	产品的原材料来自哪个国家？	该产品是在哪里制造或者组装的？	该产品的营销和广告的目标国家是哪些？	该产品被销往哪些国家？
1				
2				
3				

从你的分析中可以得出哪些关于国际性产品和国际性组织的结论？

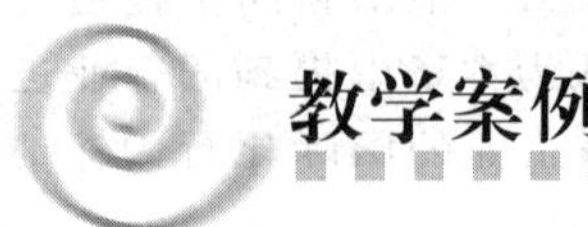

教学案例

冠军狗软件(TopDog Software)[105]

在为一家位于西海岸的大型软件公司工作了差不多15年以后，39岁的艾瑞·威勒(Ari Weiner)和他的未婚妻玛丽·卡彭特(Mary Carpenter)创办了自己的软件公司，为此他们俩兑现了所有的股票期权，取出了所有的积蓄并最大限度地透支了自己的信用卡。他们把新公司命名为冠军狗软件以纪念他们心爱的阿拉斯加爱斯基摩狗。艾瑞和玛丽开发出了一种用于客户关系管理(customer relationship management,CRM)的新型应用软件包，这种软件比市场上同类产品都要先进。冠军狗软件对呼叫中心(call center)特别有效，因为它可以高效地整合海量的客户数据并可以使客服人员在接听电话的同时就获得这些资料。而且，冠军狗软件既可以单独使用，也可以很容易地同市场上其他主要的CRM软件兼容。总之，冠军狗软件可以极大地提高客户识别、确认、检索相关信息的速度，并用友好的界面提供给客服人员，这有利于呼叫中心或客服中心的服务人员提供迅速、友好和个性化的服务。

事实证明冠军狗软件投放市场的时机刚刚好。CRM运动正在美国如火如荼地进行。冠军狗正巧利用了这种趋势充当了这个新兴市场的缝隙填补者角色(niche player)。威勒和卡彭特引进了两个以前的同事作为合伙人。公司很快就吸引了风险投资家(venture capitalist)的注意并成功地获得了风险投资。不到几年，冠军狗就雇用了28名员工，销售额也增长到了近400万美元。

但是现在，公司正面临创建以来的第一个挑战。冠军狗的销售部经理萨曼塔·杰金斯(Samantha Jenkins)了解到一家位于伦敦的名为快速数据(FastData)的软件公司正在对一种新的CRM软件包进行β测试(Beta testing)。该公司宣称它们的这种新型软件要比冠军狗功能强大。而且，快速数据在新闻发布会上大力宣扬自己的全球扩展计划。"如果我们只做美国市场而他们现在就进军全球市场的话，用不了几个月他们就会把我们挤出去。"萨曼塔担心地说，"我们也需要实施国际化战略来应对这样的竞争。"

通过一系列的小组会议、外出静思会(off-site retreats)和一对一交谈等方式，艾瑞和玛丽从他们的合伙人、雇员、顾问和朋友那里搜集到许多不同的意见和想法。现在到了做决定的时候了，冠军狗要不要国际化？如果要的话，采用什么样的方式最有效？CRM软件的海外市场正在日益增长，而且，像快速数据这样的新对手也会很快打进美国市场并瓜分掉冠军狗的市场份额。很显然，萨曼塔·杰金斯并不是公司中唯一一个认为冠军狗不走国际化道路就会被对手吃掉的人。但是，也有的员工担心公司并没有做好国际化的准备。由于迅速的扩展，公司有限的财力物力都已经开始吃紧，一些顾问也警告说盲目的全球扩展可能带来灾难性的后果。国际化的反对派们同时指出，冠军狗在美国本土的根基也还不稳固，此时走国际化道路会进一步分散公司的能力和资源。而且，还有一些员工指出公司中没有任何人有经营国际化企业的经验，因而要想进入海外市场，公司将不得不雇用更多有国际化公司经营经验的员工。

尽管玛丽倾向于认为冠军狗目前应该扎根美国打好基础，艾瑞却开始相信进行某种程度的国际化是有必要的。但是如果公司最终真的决定要走国际化的道路，艾瑞却不知道究竟该如何面对国际市场多变和复杂的环境。萨曼塔坚持认为公司应该先在国外设立小型办事机构并主要雇用当地员工。她宣称建立一个英国办事处和一个亚洲办事处将使公司获得未来打入世界市场所需要的信息和经验。但是，这样做的成本会很高，更不要说还要应对不同文化、语言、法律、政府政策和其他复杂的事物。另外一个选择是同小型欧洲或亚洲软件公司建立联盟关系或创办合资企业，通过把冠军狗的软件整合进这些公司的软件产品而使双方受益。至于设立国外分支和建立全球销售和流通渠道的费用则由双方分摊。这种方法成本相对较小，冠军狗也能从国外伙伴的专门知识中受益。但是，建立联盟关系或创办合资企业不但需要长时间的谈判，而且也意味着冠军狗需要放弃一些对合资公司的控制权。

冠军狗的另外一个合伙人提出了另一个成本更低的建议，那就是作为一种国际扩张手段，冠军狗把自己的软件通过许可证转让方式提供给国外合作伙伴。通过授权国外软件公司制造、营销和销售公司 CRM 软件，冠军狗可以创建自己的品牌并在顾客心中留下印象，同时又可以很好地控制成本。艾瑞喜欢这种低成本的方法，但是却又怀疑许可证转让的方式能不能保证冠军狗充分的参与权和控制权以成功地构建自己的国际形象。又是一天过去了，从早上开始讨论公司国际扩展的事情到现在，艾瑞和玛丽却仍然对究竟该做什么样的决策一筹莫展。

罗氏工业公司(Rhodes Industries)

大卫·杰维尔(David Javier)正在阅读咨询公司为罗氏工业公司(RI)组织结构变革提交的报告。在阅读时，大卫怀疑这些顾问们的建议会弊大于利。大卫成为 RI 的总裁已经 18 个月了，他清楚地知道 RI 要想提高利润和增加自己的国际业务，首先要解决公司中广泛存在的组织和协调问题。

公司背景

RI 在 20 世纪 50 年代由罗伯特·罗得(Robert Rhodes)创建于加拿大的南安大略省。尽管罗伯特是一个工程师，但他却更像是一个企业家。罗伯特从做管材和工业用玻璃起家。随着生意的起步，他很快就进入到工业用密封剂、涂层和清洁剂的生产领域，甚至还制造消声器和货车零配件。RI 的大部分扩展发生在 60 年代，公司兼并了加拿大和美国许多小的制造企业。RI的组织结构就像一个大的联合企业,公司旗下各式各样的分支机构散布在北美各地,这些工厂都直接向安大略的总部报告。每个工厂在当地都有自己的业务并被允许在能给RI带来利润的前提下独立运作。

70年代到80年代,RI当时的总裁克利福德·迈克尔(Clifford Michaels)采取有力措施把RI推向了国际化的道路。他的战略是在全世界范围内并购小企业。克利福德相信这些企业会形成一个有凝聚力的整体。而且,通过低成本制造和服务全球市场,这些企业会给RI带来协同力和利润。有时RI并购某个企业仅仅是因为价钱划算。最终,除了原来的主业外,RI还涉足了许多不同的行业,比如消费类产品(纸制品和信封)、电子设备(配电板、灯泡和安全系统)。这些新并购进入的企业大多有自己的商标并为大型跨国公司如通用电气或康宁玻璃(Corning Glass)代工生产。

在90年代的时候,RI的新总裁,公司创始人罗伯特·罗得的孙子肖恩·罗得(Sean Rhodes)接手了公司的业务并开始采用业务集中的战略。肖恩把RI的业务按产品种类分为三个部门:工业产品部门、消费产品部门和电子产品部门。肖恩在上述三个业务部门领域内进行了更多的并购并剥离了许多不相关的产业。三个部门在北美、欧洲和亚洲都有各自的工厂、营销和流通渠道。工业产品部的产品包括管材、玻璃、工业用密封剂、涂层、清洁设备和货车配件等;电子产品部生产特种灯泡、配电板、电脑芯片以及代工生产电阻器和电容器等;消费产品部的产品包括餐盘和玻璃制品、纸制品和信封、铅笔和钢笔等。

组织结构

2004年,大卫接替肖恩成为公司的新总裁。大卫非常关心RI是否需要一个新的组织结构的问题。如图6-8所示,RI目前的组织结构建立在北美、欧洲和亚洲三个主要的地理区域之上。每个区域的各种自治的业务单位向该区域的副总裁报告。当几个单元位于同一个国家时,其中一个单位的总裁也兼任该国各商业单位之间的协调人。但是绝大部分的协调工作还是由区域副总裁来完成的。各个业务单位非常独立,这赋予了各个单位的经理们很大的灵活性和动力。

相对来说,安大略总部的职能部门规模比较小。三个中心部门:公司关系和公共事务部、财务和并购部以及法律事务和管理部负责公司全球范围的事务。其他的职能部门如人力资源管理部、新产品开发部、营销和制造部在每个分公司都单独设立,而且各个地区之间的这些职能部门之间的联系非常的少。每个分公司自行决定自己的研发和生产,并负责在所在国或地区销售自己的产品。

组织问题

大卫在RI发现的问题(这些问题在咨询公司的报告中也提到了)主要有三类:第一,各个子公司就像是独立的公司那样各自为政。它们有着自己的报告制度并只为本部门利益最大化而努力。各个分公司的这种过当的自治权使得RI合并全球各个分公司的财务报告越来越难,这样一来,RI就

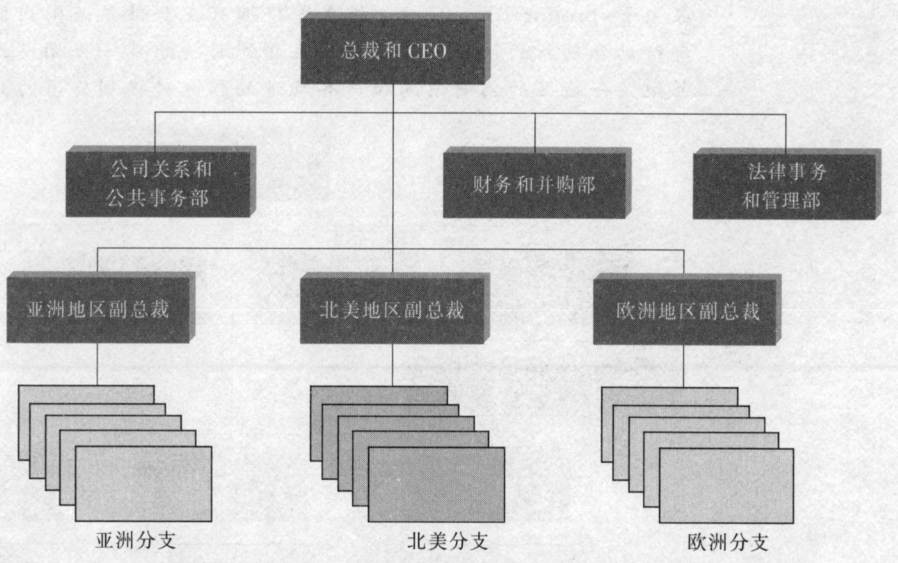

图 6-8　罗氏工业公司组织结构图

无法获得统一的信息和报告系统带来的有效性。

第二，许多主要的战略决策的制定是为了最大化单个业务单位或单个国家或地区的利益。与那些 RI 全球性的项目相比，各地的项目和利润中心获得越来越多的时间和资源。比如说，RI 在新加坡的一个电子设备制造厂拒绝增加销往美国的芯片和电容器的生产，因为这家工厂觉得这样做会损害自己的利润。但是，对于 RI 来说，新加坡工厂获得的规模经济性会大大地弥补产品运往美国的运费，这样 RI 就可以关闭欧洲那些运营成本高昂的工厂从而提高整个公司的效率和利润率。

第三，RI 内部没有能实现技术、新的产品设计理念或其他创新思想的传播。比如说，公司在加拿大的一家灯泡制造厂的先进的节约成本的技术就没有能有效地传播到公司在亚洲和欧洲的同类型工厂。又比如，欧洲分公司开发的使房屋主人能够利用手机控制家里的安全系统的技术创新也被公司北美的分公司所忽视。咨询公司的报告强调指出 RI 没有能把创新成果传播到全公司。咨询公司指出，这些被忽视的创新本来可以用来极大地促进全世界各个子公司的制造和营销。"在 RI 中，没有人从整个公司的角度来看待产品和子公司问题，这使得 RI 无法利用各个分公司的生产改进和新产品创新。"该报告指出，改进 RI 在世界各地的子公司之间的协调每年将为公司节约 7%的成本并能挖掘出约 10%的市场潜力。

推荐的组织结构

咨询公司的报告中推荐 RI 可以采用两种方式来改进其组织结构。第一种是在总部设立一个新的国际部来协调公司在世界范围内的技术转移、产品制造和全球营销（如图 6-9 所示）。这个新设立的部门将在三个主要的产品事业部（工业产品部门、消费产品部门和电子产品部门）各安排一个产品主管(product director)。该主管将拥有在全世界范围内协调本产品事业部行动和创新的权力。每个产品主管同时将组建一个团队到各个工厂巡视并把某一地区的创新信息和产品改进的信息传播到公司的其他分厂。

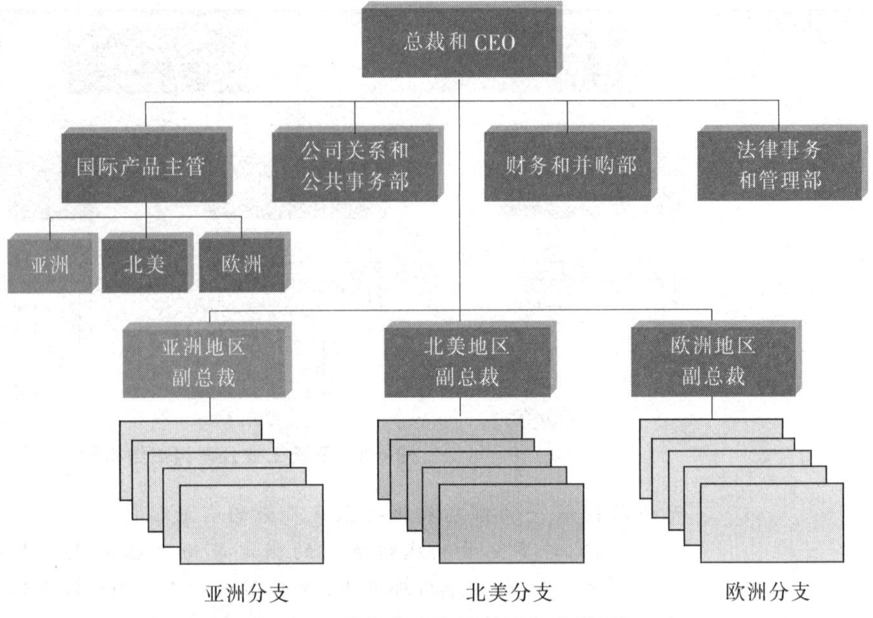

图 6-9　增设产品主管的组织结构图

第二种推荐的结构是如图 6-10 所示的全球产品结构。公司所有的分支机构中生产同一产品的部门都向同一个产品线业务经理汇报。该业务经

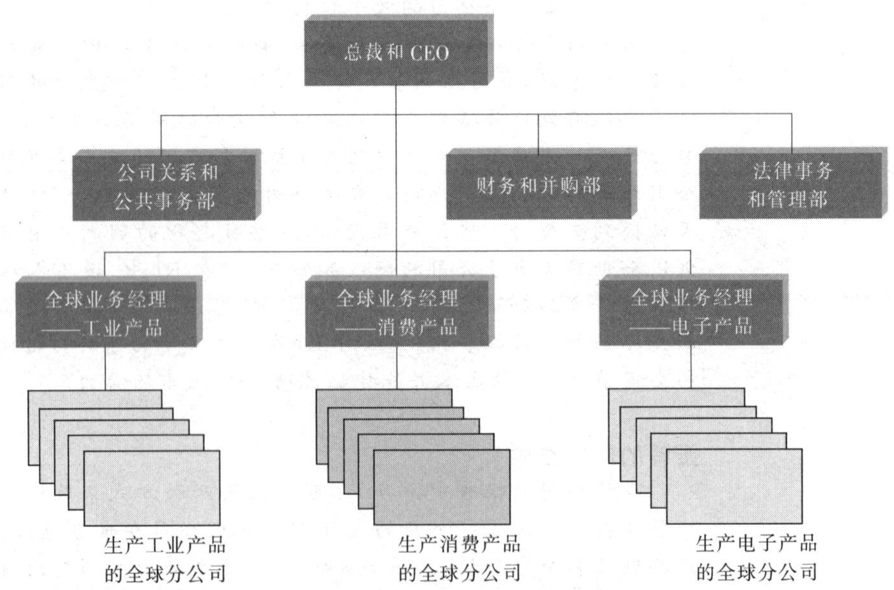

图 6-10　增设全球业务经理的组织结构图

理和他手下的员工则负责制定本产品部的商业战略并负责提高其产品部的制造效率并协调世界范围内的产品研发。

这样的全球产品结构对 RI 来说将是一个巨大的组织结构变动。大卫需要考虑许多问题：如果公司各地的分厂被迫同其他地区的分厂进行协调，这些分厂能不能继续保持它们在当地市场的竞争力和适应能力呢？新设立的商业经理职位能不能改变各个分公司经理的行为习惯，使他们采取更为全球化的行动呢？到底第一步是先设立产品主管协调员，还是直接就改为采用业务经理产品结构呢？大卫有种预感全球产品协调结构对公司会起作用，但是他仍然想预先考虑到改变公司结构可能会带来的问题以及如何实施这样的结构变革。

注　释

1. Paul Sonne and Peter Evans, "The $1.6 Billion Grocery Flop: Tesco Poised to Quit U.S.," *The Wall Street Journal*, December 5, 2012, http://online.wsj.com/news/articles/SB10001424127887324640104578160514192695162 (accessed December 6, 2012); and Shan Li, "Tesco May Sell All Fresh & Easy Stores," *Los Angeles Times*, December 6, 2012, http://articles.latimes.com/2012/dec/06/business/la-fi-tesco-fresh-easy-20121206 (accessed December 6, 2012).
2. Stuart Pfeifer, "Ron Burkle's Yucaipa Buying Fresh & Easy Stores from Tesco," *Los Angeles Times*, September 10, 2013, http://articles.latimes.com/2013/sep/10/business/la-fi-burkle-fresh-easy-20130911 (accessed March 14, 2014).
3. Bob Tita, "Deere Enhances Focus on Russia," *The Wall Street Journal*, March 24, 2011, http://online.wsj.com/article/SB10001424052748704604704576220684003808072.html (accessed August 9, 2011);Choe Sang-Hun, "Wal-Mart Selling Stores and Leaving South Korea," *The New York Times*, May 23, 2006, C5; and Miguel Bustillo, Robb Stewart, and Paul Sonne, "Wal-Mart Bids $4.6 Billion for South Africa's Massmart," *The Wall Street Journal*, September 28, 2010), http://online.wsj.com/article/SB10001424052748704654004575517300108186976.html (accessed September 28, 2010).
4. Michael A. Hitt and Xiaoming He, "Firm Strategies in a Changing Global Competitive Landscape," *Business Horizons* 51 (2008), 363–369.
5. George Stalk and David Michael, "What the West Doesn't Get About China," *Harvard Business Review*, June 2011, 25–27; and Zoe McKay, "Consumer Spending in China: To Buy or Not To Buy," *Forbes.com*, June 15, 2012, www.forbes.com/sites/insead/2012/06/15/consumer-spending-in-china-to-buy-or-not-to-buy/ (accessed June 29, 2012); and Adam Davidson, "Come On, China, Buy Our Stuff!" *The New York Times*, January 25, 2012, www.nytimes.com/2012/01/29/magazine/come-on-china-buy-our-stuff.html?pagewanted=all (accessed June 29, 2012).
6. Mike Ramsey, "Ford's CEO Revs up Auto Maker's China Role," *The Wall Street Journal*, April 16, 2013, B7.
7. Ian DeMartino, "Xiaomi Soars Past Apple and Samsung, Best Selling Smartphone in China in December," *GizChina.com*, http://www.gizchina.com/2014/02/08/xiaomi-soars-past-apple-samsung-best-selling-smartphone-china-december/ (accessed March 14, 2014); and Bruce Einhorn, "Lenovo Takes on Apple and Samsung in Smartphone Market," *Bloomberg BusinessWeek*, January 30, 2014, http://www.businessweek.com/articles/2014-01-30./lenovo-takes-on-apple-and-samsung-in-smartphone-market (accessed March 14, 2014).
8. Qamar Rizvi, "Going International: A Practical, Comprehensive Template for Establishing a Footprint in Foreign Markets," *Ivey Business Journal*, May–June 2010, http://www.iveybusinessjournal.com/topics/global-business/going–international-a-practical-comprehensive-template-for-establishing-a-footprint-in-foreign-markets (accessed August 9, 2011).
9. Michael A. Hitt and Xiaoming He, "Firm Strategies in a Changing Global Competitive Landscape," *Business Horizons* 51 (2008), 363–369.
10. D. Barboza, "China Passes Japan as Second-Largest Economy," *The New York Times*, August 14, 2010, http://www.nytimes.com/2010/08/16/business/global/16yuan.html (accessed August 12, 2011).
11. Jenny Mero, "Power Shift," *Fortune*, July 21, 2008, 161; and "The Fortune Global 500," *Fortune*, http://money.cnn.com/magazines/fortune/global500/2013/ (accessed March 14, 2014).
12. This discussion is based heavily on Christopher A. Bartlett and Sumantra Ghoshal, *Transnational Management: Text, Cases, and Readings in Cross-Border Management*, 3rd ed. (Boston: Irwin McGraw-Hill, 2000), 94–96; and Anil K. Gupta and Vijay Govindarajan, "Converting Global Presence into Global Competitive Advantage," *Academy of Management Executive* 15, no. 2 (2001), 45–56.
13. Shruti Date Singh with Ganesh Nagarajan, "Small Is

Beautiful," *Bloomberg Businessweek* (September 26–October 2, 2011), 33–34.

14. Lauren A.E. Schuker, "Plot Change: Foreign Forces Transform Hollywood Films," *The Wall Street Journal*, July 31, 2010, A1.
15. Brooks Barnes, "Paramount Hopes New 'Star Trek' Is a Global Crowd-Pleaser," *The New York Times*, May 3, 2013, B1.
16. Mariko Sanchanta, "Starbucks Plans Major China Expansion," *The Wall Street Journal*, April 13, 2010, http://online.wsj.com/article/SB10001424052702304604204575181490891231672.html (accessed April 16, 2010); and Paul Beckett, Vibhuti Agarwal, and Julie Jargon, "Starbucks Brews Plan to Enter India," *The Wall Street Journal*, January 14, 2011, http://online.wsj.com/article/SB100014240527487035834045760795935588838756.html (accessed July 16, 2011).
17. James Hookway, "Starbucks Brings Its Culture to Vietnam," *The Wall Street Journal*, May 18, 2013, B3.
18. Eric Bellman, "Indian Firm Takes a Hollywood Cue, Using DreamWorks to Expand Empire," *The Wall Street Journal*, September 22, 2009, B1.
19. Doug DeVos, "How I Did It . . . Amway's President on Reinventing the Business to Succeed in China," *Harvard Business Review*, April 2013, 41–44.
20. Jim Carlton, "Branching Out; New Zealanders Now Shear Trees Instead of Sheep," *The Wall Street Journal*, May 29, 2003, A1, A10.
21. Charles Duhigg and Keith Bradsher, "How U.S. Lost Out on iPhone Work," *The New York Times*, January 22, 2012, A1; and David Barboza and Charles Duhigg, "China Plant Again Faces Labor Issue on iPhones," *The New York Times*, September 11, 2012, B1.
22. Dan Morse, "Cabinet Decisions; in North Carolina, Furniture Makers Try to Stay Alive," *The Wall Street Journal*, February 20, 2004, A1.
23. Nicholas Casey, "In Mexico, Auto Plants Hit the Gas," *The Wall Street Journal*, November 20, 2012, A1.
24. Keith H. Hammonds, "Smart, Determined, Ambitious, Cheap: The New Face of Global Competition," *Fast Company*, February 2003, 91–97; and W. Michael Cox and Richard Alm, "China and India: Two Paths to Economic Power," *Economic Letter*, Federal Reserve Bank of Dallas (August 2008), http://dallasfed.org/assets/documents/research/eclett/2008/el0808.pdf (accessed October 14, 2014).
25. Based on Nancy J. Adler, *International Dimensions of Organizational Behavior*, 4th ed. (Cincinnati, OH: South-Western, 2002); Theodore T. Herbert, "Strategy and Multinational Organizational Structure: An Interorganizational Relationships Perspective," *Academy of Management Review* 9 (1984), 259–271; and Laura K. Rickey, "International Expansion—U.S. Corporations: Strategy, Stages of Development, and Structure" (unpublished manuscript, Vanderbilt University, 1991).
26. Colum Murphy and Laurie Burkitt, "Hershey Launches New Brand in China," *The Wall Street Journal*, May 21, 2013, B1.
27. Julia Boorstin, "Exporting Cleaner Air," segment of "Small and Global," *Fortune Small Business*, June 2004, 36–48; and Purafil website, http://www.purafil.com/company/facts.aspx (accessed August 8, 2011).
28. Emily Maltby, "Expanding Abroad? Avoid Cultural Gaffes," *The Wall Street Journal*, January 19, 2010.
29. Vikas Sehgal, Ganesh Panneer, and Ann Graham, "A Family-Owned Business Goes Global," *Strategy + Business* (September 13, 2010), http://www.strategy-business.com/article/00045?gko=aba49 (accessed August 9, 2011).
30. Michael E. Porter, "Changing Patterns of International Competition," *California Management Review* 28 (Winter 1986), 9–40.
31. William J. Holstein, "The Stateless Corporation," *Business Week*, May 14, 1990, 98–115.
32. Nancy J. Adler, *International Dimensions of Organizational Behavior*, 4th ed. (Cincinnati, OH: South-Western, 2002), 8–9; and William Holstein, Stanley Reed, Jonathan Kapstein, Todd Vogel, and Joseph Weber, "The Stateless Corporation," *Business Week*, May 14, 1990, 98–105.
33. Deborah Ball, "Boss Talk: Nestlé Focuses on Long Term," *The Wall Street Journal*, November 2, 2009; Transnationale website, http://www.transnationale.org/companies/nestle.php (accessed March 17, 2010); Company-Analytics website, http://www.company-analytics.org/company/nestle.php (accessed March 17, 2010); and Nestle website, http://www.nestle.com (accessed March 17, 2010).
34. Debra Sparks, "Partners," *Business Week*, Special Report: Corporate Finance, October 25, 1999, 106–112.
35. David Lei and John W. Slocum, Jr., "Global Strategic Alliances: Payoffs and Pitfalls," *Organizational Dynamics*, 19, no. 3 (Winter 1991), 17–29.
36. Vanessa O'Connell, "Department Stores: Tough Sell Abroad," *The Wall Street Journal*, May 22, 2008, B1.
37. Paul W. Beamish and Nathaniel C. Lupton, "Managing Joint Ventures," *Academy of Management Perspectives*, 23, no. 2 (May 2009), 75–94; Stratford Sherman, "Are Strategic Alliances Working?" *Fortune*, September 21, 1992, 77–78; and David Lei, "Strategies for Global Competition," *Long-Range Planning* 22 (1989), 102–109.
38. Cyrus F. Freidheim, Jr., *The Trillion-Dollar Enterprise: How the Alliance Revolution Will Transform Global Business* (New York: Perseus Books, 1998).
39. Pete Engardio, "Emerging Giants," *Business Week*, July 31, 2006, 40–49.
40. Eric Bellman and Kris Hudson, "Wal-Mart to Enter India in Venture," *The Wall Street Journal*, November 28, 2006, A3.
41. Neha Thirani Bagri, "Wal-Mart Drops Ambitious Expansion Plan for India," *The Wall Street Journal*, October 20, 2013, B3.
42. Shelly Banjo, "Japan Ready for Wal-Mart," *The Wall Street Journal*, September 28, 2012, B6.
43. Laurie Burkitt, "USA Inc., a Division of China Corp.," *The Wall Street Journal*, May 31, 2013, B1; and Joel Backaler, "What the Shuanghui-Smithfield Acquisition Means for Chinese Overseas Investment," *Forbes*, November 5, 2013, http://www.forbes.com/sites/joelbackaler/2013/11/05/what-the-shuanghui-smithfield-acquisition-means-for-chinese-overseas-investment/ (accessed March 18, 2014).
44. Burkitt, "USA Inc., A Division of China Corp."
45. C.K. Prahalad and Hrishi Bhattacharyya, "Twenty Hubs and No HQ," *Strategy + Business* (February 26, 2008), http://www.strategy-business.com/article/08102?gko=8c379 (accessed July 25, 2009).

46. The discussion of these challenges is based on Bartlett and Ghoshal, *Transnational Management*.
47. Phred Dvorak, "Why Multiple Headquarters Multiply," *The Wall Street Journal*, November 19, 2007, B1.
48. Amol Sharma and Jessica E. Vascellaro, "Google and India Test the Limits of Liberty," *The Wall Street Journal*, January 4, 2010, A16.
49. Peter Koudal and Gary C. Coleman, "Coordinating Operations to Enhance Innovation in the Global Corporation," *Strategy & Leadership* 33, no. 4 (2005), 20–32; and Steven D. Eppinger and Anil R. Chitkara, "The New Practice of Global Product Development," *MIT Sloan Management Review* 47, no. 4 (Summer 2006), 22–30.
50. Yves Doz and Keeley Wilson, "Leading Ideas: Overcoming the Global Innovation Trade-Off," *Strategy + Business* 69 (Winter 2012), http://www.strategy-business.com/article/00145?pg=all (accessed March 18, 2014).
51. David W. Norton and B. Joseph Pine II, "Unique Experiences: Disruptive Innovations Offer Customers More 'Time Well Spent,'" *Strategy & Leadership* 37, no. 6 (2009), 4; and "The Power to Disrupt," *The Economist*, April 17, 2010, 16.
52. Jeffrey R. Immelt, Vijay Govindarajan, and Chris Trimble, "How GE Is Disrupting Itself," *Harvard Business Review*, October 2009, 3–11; C.K. Prahalad and Hrishi Bhattacharyya, "How to Be a Truly Global Company," *Strategy + Business* 64 (Autumn 2011), http://www.strategy-business.com/article/11308?pg=all (accessed March 19, 2014); Daniel McGinn, "Cheap, Cheap, Cheap," *Newsweek.com*, January 21, 2010, http://www.newsweek.com/2010/01/20/cheap-cheap-cheap.html (accessed September 3, 2010); and Reena Jana, "Inspiration from Emerging Economies," *BusinessWeek*, March 23 & 30, 2009, 38–41.
53. Jeffrey Immelt, quoted in Vijay Govindarajan and Chris Trimble, "Reverse Innovation: Is It in Your Strategic Plan?"
54. P. Ingrassia, "Industry Is Shopping Abroad for Good Ideas to Apply to Products," *The Wall Street Journal*, April 29, 1985, A1.
55. John W. Miller, "Indiana Steel Mill Revived with Lessons from Abroad," *The Wall Street Journal*, May 21, 2012, A1.
56. Based on Gupta and Govindarajan, "Converting Global Presence into Global Competitive Advantage"; Yves Doz and Keeley Wilson, "Leading Ideas: Overcoming the Global Innovation Trade-Off," *Strategy + Business* 69 (Winter 2012), http://www.strategy-business.com/article/00145?pg=all (accessed March 18, 2014); Giancarlo Ghislanzoni, Risto Penttinen, and David Turnbull, "The Multilocal Challenge: Managing Cross-Border Functions," *The McKinsey Quarterly*, March 2008, http://www.mckinseyquarterly.com/The_multilocal_challenge_Managing_cross-border_functions_2116 (accessed August 11, 2011); and Bert Spector, Henry W. Lane, and Dennis Shaughnessy, "Developing Innovation Transfer Capacity in a Cross-National Firm," *The Journal of Applied Behavioral Science* 45, no. 2 (June 2009), 261–279.
57. Kenichi Ohmae, "Managing in a Borderless World," *Harvard Business Review*, May–June 1989, 152–161.
58. Paloma Almodóvar Martínez and José Emilio Navas López, "Making Foreign Market Entry Decisions," *Global Business and Organizational Excellence*, January–February 2009, 52–59.
59. Choe Sang-Hun, "Wal-Mart Selling Stores and Leaving South Korea"; and Constance L. Hays, "From Bentonville to Beijing and Beyond," *The New York Times*, December 6, 2004, C6.
60. Conrad de Aenlle, "Famous Brands Can Bring Benefit, or a Backlash," *The New York Times*, October 19, 2003, Section 3, 7.
61. Cesare R. Mainardi, Martin Salva, and Muir Sanderson, "Label of Origin: Made on Earth," *Strategy + Business* 15 (Second Quarter 1999), 42–53; and Joann S. Lublin, "Place vs. Product: It's Tough to Choose a Management Model," *The Wall Street Journal*, June 27, 2001, A1, A4.
62. Mainardi, Salva, and Sanderson, "Label of Origin."
63. Prahalad and Bhattacharyya, "How to Be a Truly Global Company."
64. William Mellor, "Local Menu, Managers Are KFC's Secret in China," *The Washington Post*, February 12, 2011, http://www.washingtonpost.com/wp-dyn/content/article/2011/02/12/AR2011021202412.html (accessed February 13, 2011); and Julie Jargon and Laurie Burkitt, "KFC's Crisis in China Tests Ingenuity of Man Who Built Brand," *The Wall Street Journal*, January 12, 2014, http://online.wsj.com/news/articles/SB10001424052702303754404579312681624114274 (accessed March 19, 2014).
65. José Pla-Barber, "From Stopford and Wells's Model to Bartlett and Ghoshal's Typology: New Empirical Evidence," *Management International Review* 42, no. 2 (2002), 141–156.
66. Sumantra Ghoshal and Nitin Nohria, "Horses for Courses: Organizational Forms for Multinational Corporations," *Sloan Management Review* 34, no. 2 (Winter 1993), 23–35; and Roderick E. White and Thomas A. Poynter, "Organizing for Worldwide Advantage," *Business Quarterly*, Summer 1989, 84–89.
67. Robert J. Kramer, *Organizing for Global Competitiveness: The Country Subsidiary Design* (New York: The Conference Board, 1997), 12.
68. Laura B. Pincus and James A. Belohlav, "Legal Issues in Multinational Business: To Play the Game, You Have to Know the Rules," *Academy of Management Executive* 10, no. 3, 1996, 52–61.
69. Toshiro Wakayama, Junjiro Shintaku, and Tomofumi Amano, "What Panasonic Learned in China," *Harvard Business Review*, December 2012, 109–113.
70. John D. Daniels, Robert A. Pitts, and Marietta J. Tretter, "Strategy and Structure of U.S. Multinationals: An Exploratory Study," *Academy of Management Journal* 27 (1984), 292–307.
71. Hay Group Study, reported in Mark A. Royal and Melvyn J. Stark, "Why Some Companies Excel at Conducting Business Globally," *Journal of Organizational Excellence*, Autumn 2006, 3–10.
72. Robert J. Kramer, *Organizing for Global Competitiveness: The Product Design* (New York: The Conference Board, 1994).
73. Robert J. Kramer, *Organizing for Global Competitiveness: The Business Unit Design* (New York: The Conference Board, 1995), 18–19.
74. Tina C. Ambos, Bodo B. Schlegelmilch, Björn Ambos, and

Barbara Brenner, "Evolution of Organisational Structure and Capabilities in Internationalising Banks," *Long Range Planning* 42 (2009), 633–653; "Divisions," UniCredit website, http://www.unicreditgroup.eu/en/Business/Strategic_Business_Areas.htm (accessed August 10, 2011); and "Organizational Model," UniCredit website, http://www.unicreditgroup.eu/en/Business/Organizational_structure.htm (accessed August 10, 2011).

75. John Jullens, "How Emerging Giants Can Take on the World," *Harvard Business Review*, December 2013, 121–125.
76. Carol Matlack, "Nestlé Is Starting to Slim Down at Last; But Can the World's No. 1 Food Colossus Fatten Up Its Profits As It Slashes Costs?" *BusinessWeek*, October 27, 2003, 56.
77. Robert J. Kramer, *Organizing for Global Competitiveness: The Geographic Design* (New York: The Conference Board, 1993).
78. Starbucks Corporation 2012 Annual Report, http://www.google.com/url?sa=t&rct=j&q=starbucks%20company%20structure%202012&source=web&cd=7&ved=0CDUQFjAG&url=http%3A%2F%2Fphx.corporate-ir.net%2FExternal.File%3Fitem%3DUGFyZW50SUQ9NDkxNTE3fENoaWxkSUQ9NTI4OTE2fFR5cGU9MQ%3D%3D%26t%3D1&ei=zvYpU9GmLeWwygH3nYGACg&usg=AFQjCNE7nmyBSaYAZPruBGBP-Gn6u797Lw (accessed March 19, 2013).
79. Rakesh Sharma and Jyotsna Bhatnagar, "Talent Management—Competency Development: Key to Global Leadership," *Industrial and Commercial Training* 41, no. 3 (2009), 118–132.
80. Kramer, *Organizing for Global Competitiveness: The Geographic Design*, 29–31.
81. Jane XJ. Qiu and Lex Donaldson, "Stopford and Wells Were Right! MNC Matrix Structures *Do* Fit a 'High-High' Strategy," *Management International Review* 52 (2012), 671–689.
82. "Group Structure," ABB website, http://new.abb.com/about/abb-in-brief/group-structure (accessed March 10, 2014); William Taylor, "The Logic of Global Business: An Interview with ABB's Percy Barnevik," *Harvard Business Review*, March–April 1991, 91–105; Carla Rappaport, "A Tough Swede Invades the U.S.," *Fortune*, January 29, 1992, 76–79; Raymond E. Miles and Charles C. Snow, "The New Network Firm: A Spherical Structure Built on a Human Investment Philosophy," *Organizational Dynamics* 23, no. 4 (Spring 1995), 5–18; and Manfred F.R. Kets de Vries, "Making a Giant Dance," *Across the Board*, October 1994, 27–32.
83. Ambos et al., "Evolution of Organisational Structure and Capabilities in Internationalising Banks"; and "Organizational Structure Map," UniCredit website, http://www.-nicreditgroup.eu/ucg-static/downloads/-Organizational_structure_map.pdf (accessed August 10, 2011).
84. Hae-Jung Hong and Yves Doz, "L'Oréal Masters Multiculturalism," *Harvard Business Review*, June 2013, 114–199; and Prahalad and Bhattacharyya, "How to Be a Truly Global Company."
85. Vijay Govindarajan and Anil K. Gupta, "Building an Effective Global Business Team," *MIT Sloan Management Review* 42, no. 4 (Summer 2001), 63–71.
86. Charlene Marmer Solomon, "Building Teams Across Borders," *Global Workforce*, November 1998), 12–17.
87. Charles C. Snow, Scott A. Snell, Sue Canney Davison, and Donald C. Hambrick, "Use Transnational Teams to Globalize Your Company," *Organizational Dynamics* 24, no. 4 (Spring 1996), 50–67.
88. Robert Guy Matthews, "Business Technology: Thyssen's High-Tech Relay—Steelmaker Uses Computer Networks to Coordinate Operations on Three Continents," *The Wall Street Journal*, December 14, 2010, B9.
89. Benson Rosen, Stacie Furst, and Richard Blackburn, "Overcoming Barriers to Knowledge Sharing in Virtual Teams," *Organizational Dynamics* 36, no. 3 (2007), 259–273.
90. Gupta and Govindarajan, "Converting Global Presence into Global Competitive Advantage"; and Nadine Heintz, "In Spanish, It's *Un Equipo*; in English, It's a Team; Either Way, It's Tough to Build," *Inc.*, April 2008, 41–42.
91. Richard Pastore, "Global Team Management: It's a Small World After All," *CIO*, January 23, 2008, http://www.cio.com/article/174750/Global_Team_Management_It_s_a_Small_World_After_All (accessed May 20, 2008).
92. Hong and Doz, "L'Oréal Masters Multiculturalism."
93. Robert J. Kramer, *Organizing for Global Competitiveness: The Corporate Headquarters Design* (New York: The Conference Board, 1999).
94. Wakayama, Shintaku, and Amano, "What Panasonic Learned in China."
95. Ghislanzoni et al., "The Multilocal Challenge."
96. Based on Christopher A. Bartlett and Sumantra Ghoshal, *Managing Across Borders: The Transnational Solution*, 2nd ed. (Boston: Harvard Business School Press, 1998), Chapter 11, 231–249.
97. See Jay Galbraith, "Building Organizations Around the Global Customer," *Ivey Business Journal*, September–October 2001, 17–24, for a discussion of both formal and informal lateral networks in multinational companies.
98. This section and the BP examples are based on Morten T. Hansen and Nitin Nohria, "How to Build Collaborative Advantage," *MIT Sloan Management Review* 46, no. 1 (Fall 2004), 22ff.
99. Peter Gumbel, "Big Mac's Local Flavor," *Fortune*, May 5, 2008, 114–121.
100. Sumantra Ghoshal and Christopher Bartlett, "The Multinational Corporation as an Interorganizational Network," *Academy of Management Review* 15 (1990), 603–625.
101. Royston Greenwood, Samantha Fairclough, Tim Morris, and Mehdi Boussebaa, "The Organizational Design of Transnational Professional Service Firms," *Organizational Dynamics* 39, no. 2 (2010), 173–183.
102. The description of the transnational organization is based on Bartlett and Ghoshal, *Transnational Management* and *Managing Across Borders*.
103. Bettina Wassener, "Living in Asia Appeals to More Company Leaders," *The New York Times*, June 21, 2012, B3; Nirmalya Kumar and Phanish Puranam, "Have You Restructured for Global Success?" *Harvard Business Review*, October 2011, 123–128; and Dvorak, "Why Multiple Headquarters Multiply."
104. Royal and Stark, "Why Some Companies Excel at Conducting Business Globally."
105. Based on Timo O.A. Lehtinen, Mika V. Mäntylä, and Jari Vanhanen, "Development and Evaluation of a Lightweight Root Cause Analysis Method (ARCA Method): Field Studies at Four Software Companies," *Information and Software Technology* 53 (2011), 1045–1061; and Walter Kuemmerle, "Go Global—Or No?" *Harvard Business Review*, June 2001, 37–49.

第Ⅳ篇

内部设计要素

ORGANIZATION THEORY AND DESIGN

第7章 Organization Theory and Design

制造与服务技术

问题引入

在阅读本章内容之前，请先看下面的问题并选择答案。

1. 精益制造是一种能够生产高质量产品的超效(super-efficient)制造形式。

同意________　　　　不同意________

2. 一家企业提供良好服务的最佳方式是制定足够的和清晰的规则及程序，以确保每个员工能够遵循和执行。

同意________　　　　不同意________

3. 一种组织结构设计和管理流程对一家电视台的销售部门有效，但可能不适用于这家电视台的新闻部门。

同意________　　　　不同意________

汽车配件工厂派其工程师在世界范围内学习新生产方法。一个航空公司团队向纳斯卡(NASCAR)赛车团队成员学习停车进站技术。一个位于纽约的小型服装制造厂投资购买了一台德国制造的计算机化的针织机器。那么，这些组织有什么共同之处？原来，它们都在提供产品和服务方面寻求更有效果和有效率的方式。

大多数美国制造工厂正面临着决一死战的情形。总体上，随着服务业在经济中比重的不断增加，近些年美国和其他发达国家的制造业已经在走下坡路。根据美国劳工统计局的数据，从 1990 年到 2012 年，美国制造业部门流失了 580 万个工作机会。[1] 然而，一些制造业企业正在通过运用新技术来获取新的竞争优势。美国正在回归制造业，但回归之路可能会有些曲折。现在是机器在做大部分的工作，而不是人。南卡罗来纳州的帕克岱尔纺织厂(Parkdale Mills)是美国最大的原棉收购商，该工厂于 2010 年重新开业，有140名工人,每周产纱250万镑。在1980年,同样的产量需要2 000名工人。帕克岱尔首席执行官安德森·沃里克(Anderson Warlick)说:"价格低廉的进口纱对我们形成了挑战,我们必须充分利用技术手段才能生存下来。"其他制造企业也将美国视作更佳的投资地。一项调查显示,将生产制造设在海外的企业中大约有三分之一正打算将其中一些生产转移回美国。[2]这些全都是因为技术的变化。IBM的2012年首席执行官研究报告(IBM's 2012 CEO Study)显示,技术是首席执行官们想在今后几年用来影响组织发展的最主要的外部力量。[3]

服务性公司同样需要跟上技术更新的步伐,不断探索更好的生存方式。随着全球竞争的日益加剧,许多服务性公司也在为其生存而战,无效落后的技术和程序会导致组织的衰退和失败。本章将探讨服务业和制造业的技术以及技术与组织结构的关系。所谓**技术**(technology),是指用以将组织的投入(原材料、信息、思想)转换为产出(产品和服务)的各种工作流程、技术、机器和方法。[4]技术指的是组织的生产过程,它不仅包括机器设备,也包括了工作程序。

本章的一个重要主题就是核心技术如何影响组织结构。理解了核心技术,我们才能更好地理解如何设计组织结构以获得高绩效。[5]一个组织的**核心技术**(core technology)就是那些直接关系到组织使命的工作程序,如高校中的教学、诊所里的医疗服务,又或是AAM的制造生产。在AAM公司,核心技术起始于原材料(例如,铁、铝和合金)。员工们处理原材料,使它们发生变化(他们切割、铸造和装配部件),进而将原材料转变为组织的产成品(斧子、传动轴、机轴、传送设备等)。而对于UPS这样的服务型组织,核心技术包括生产设备(例如,分类机、装袋打包设备、卡车、飞机)和包裹输送,以及连夜快递。此外,像UPS和AAM那样,计算机和新通信技术给制造业和服务业组织的工序带来了深刻变革。关于新通信技术在组织中的具体作用将在第8章中论述。

图7-1反映了一个制造车间的核心技术,阐明了核心技术是如何由原材料的输入,流程的转换(碾磨、检查、组装),从而改变和增加原材料的价值,产生最终的产品和服务,进而销售给环境中的消费者。在当今复杂化的大型组织中,要对其技术做出准确的界定确实有一定的困难。但我们可以通过考察输入组织中的原材料[6]、组织内工作活动的变异性[7]、生产过程的机械化程度[8]、业务流程中各项任务间的相互依赖程度[9],以及所产出的新产品或新服务的数目等各个角度对一组织的技术做出评价。[10]

组织由许多部门组成,其中每一个部门在组织中可能会采用不同的流程(技术)来提供产品或服务。**非核心技术**(non-core technology)是指一个部门的流程,该流程对组织非常重要,但并不直接关系到组织的主要使命。在图7-1中,非核心流程可以由人力资源部(HR)、财务部、研发部(R&C)和市场营销部来进行。这样,研发部将想法转变为新产品,而市场营销部将存货转变为收入,各自使用不同的流程。人力资源部的产出就是让员工在组织中工作,而财务部门则是提供组织财政状况精确的描述。

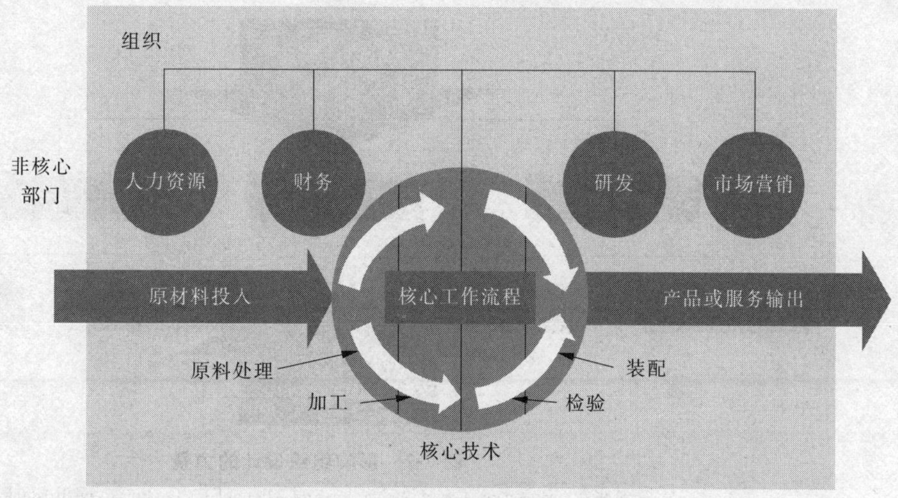

图 7-1　制造性企业的核心转换流程

本章的目的

在本章中,我们将探讨核心与非核心工作流程,以及它们之间的关系对组织结构设计的影响。在设计组织时,必须考虑组织工作流程的实质就是为了使组织的效率和效果最大化。最佳组织设计取决于多种因素。图 7-2 阐述了影响组织设计的力量来自于组织外部和内部。外部战略的需要,例如环境条件、战略方向和组织目标,会对组织设计产生各种压力,从而使它能够适应环境和完成组织目标。这些在组织设计中的压力已经在前一章中讨论过了。然而,组织设计同样要考虑来自组织自下而上的生产产品和服务所需要的流程的压力。操作流程会影响到那些既有核心技术又有非核心技术部门的结构设计。因此,本章的主题可以归纳为:组织应该如何设计从而使各个作业流程更协调、更便利。

本章将从以下几个方面展开:首先,我们要考察组织作为一个整体所使用的技术如何影响组织的结构及设计,具体包括制造技术和服务技术两部分。接着,我们将考察部门间技术的差异,以及技术如何影响组织内部单位的设计和管理。最后,我们要探讨部门间在物流和信息流方面的相依关系对组织结构的影响。

制造业组织的核心技术

制造技术既包括传统的制造方法,又包括现代技术的运用,例如柔性制造和精益制造。

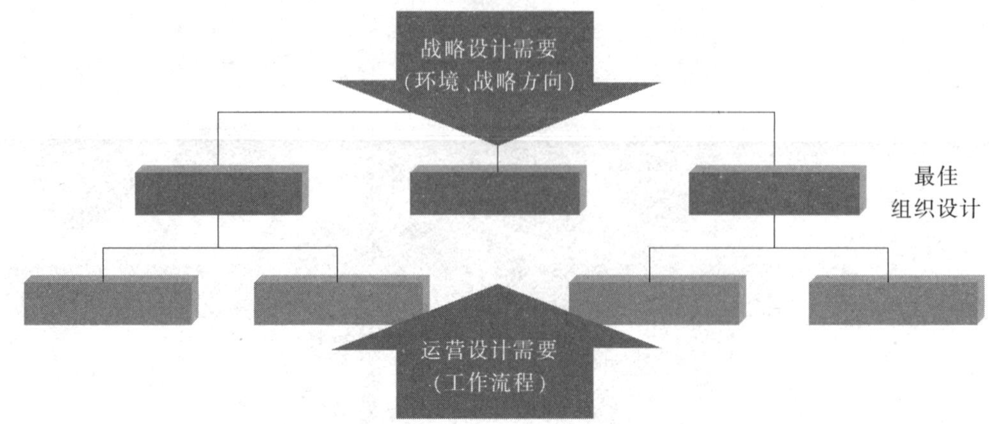

图 7-2　影响组织设计的力量

资料来源：Based on David A. Nadler and Michael L. Tushman, with Mark B. Nadler, *Competing by Design: The power of Organizational Architecture* (New York: Oxford University Press, 1997), 54.

制造业企业

对制造技术最早且最有影响的研究是由英国的工业社会学家琼·伍德沃德(Joan Woodward)进行的。这一研究始于她在南艾塞克斯郡开展的管理原理的实地研究。当时(20世纪50年代)占主导地位的管理思想都认为存在普遍适用的管理原则。这些原则是所有有效的组织都要采用的"唯一最佳"的处方。伍德沃德亲自对100家制造业企业进行了调查,以了解它们是如何组织的。[11]她带领研究小组走访每一家企业,同管理人员进行交谈,研究公司的有关记录,还观察现场的制造活动。她搜集的资料中包括了一系列结构的特征(如管理幅度、管理层次)和反映管理风格的各方面情况(书面沟通、口头沟通、奖酬的发放)以及制造过程的类型。同时她还收集了反映这些企业经营绩效的数据。

伍德沃德采用了一个量表,并根据制造过程技术的复杂性程度对所调查的企业进行了分类。所谓**技术复杂性**(technical complexity),是指制造过程机械化的程度。技术复杂性高,意味着大多数工作是由机器来完成的;技术复杂性低,意味着工人在生产过程中起更大的作用。伍德沃德的技术复杂性量表最初分为十级,如图7-3所示。对这十个等级归类后,合并为三组基本的技术类型。

- 第Ⅰ组:单件小批生产

这类企业倾向于按满足顾客特定需要的小批量订单进行加工和装配。顾客的要求就是标准。**单件小批量生产**(small-batch production)主要依靠操作工人,因此机械化程度不高。一个小批量生产的例子是爱马仕国际公司(Hermes international)的凯莉手包(Kelly Handbag),这一产品名称取自

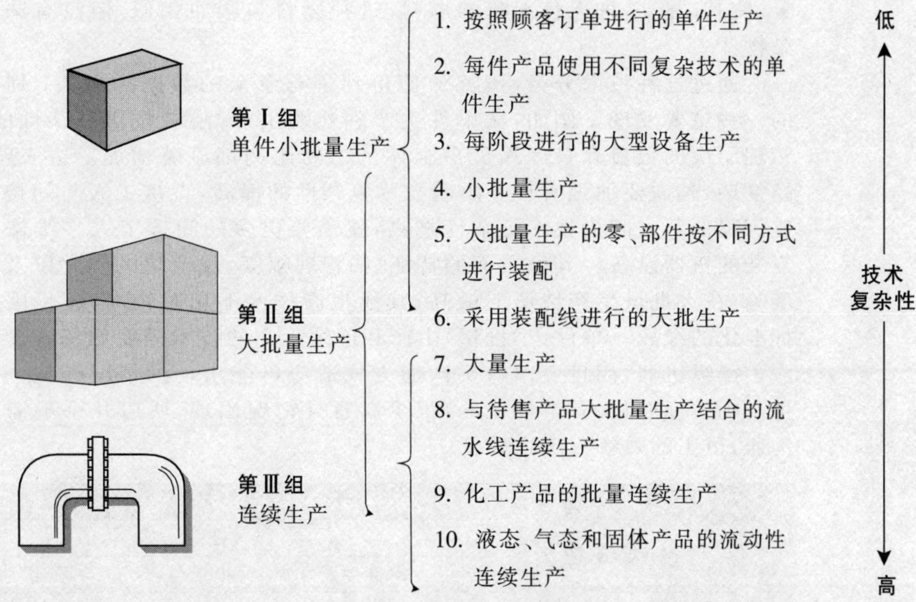

图 7-3　伍德沃德依据制造系统对英国 100 家制造业企业分类

资料来源：Adapted from Joan Woodward, *Management and Technology* (London: Her Majesty's Stationery Office, 1958), Used with permission of Her Britannic Majesty's Stationery Office.

已故著名女演员格瑞斯·凯莉(Grace Kelly)，每件这样的价值 7 000 美元的手包都由工匠手工缝制而成，并在完成时贴上品牌标签。[12] 亚马逊传统的配送中心是一种小批量运营服务。工人们从货架上挑选出产品，然后按照订单一次一件地为顾客派送。

● 第Ⅱ组：大批量生产

大批量生产(large batch production)是以标准化零配件的长时间生产为特征的一种制造过程。产成品通常作为存货储备着，来了订单以后再从库房提货，因为顾客对产品并没有特别的要求。绝大多数装配流水线，如汽车装配线、活动板房装配线等，就属于这一生产类型。

● 第Ⅲ组：连续生产

连续生产(continuous process production)的整个流程都是机械化的。生产过程连续不断，周而复始，其机械化程度和标准化程度都比装配线生产高，自动化设备控制着连续的生产过程，产出结果属于明显可预见的。亚马逊的新型全自动化配送中心可以实现连续加工生产。亚马逊最近收购了基瓦系统(Kiva Systems)，该系统能够实现机器人抓取和移动顾客订单中的所有产品，交由一个工人，然后其他机器人将装好的货箱放进运输装备的门口。[13] 化工厂、炼油厂、液化气厂、核电厂等也都属于这一类。荷兰皇家壳牌公司(Royal Dutch Shell)在卡塔尔(Qatar)的珍珠气转油项目(Pearl GTL, gas-to-liquid)也是一个很好的说明。在新的处理系统中，天然气流经错综复杂的管道、储罐、气化装置、蒸馏器、反应堆和其他设备，高技能员工在中央控制室监控整个过程。该项目利用化学处理从物理上改变气体分子的成分,使其产生一种无色无味的燃料,这种燃料与柴油相似,但没有柴油的污染物。[14]

通过这种技术分类,伍德沃德得到了有意义的数据。表7-1列举了她的一些重要发现。例如,从单件生产到连续生产,随着技术复杂性的提高,管理层次的数目和管理人员占全体员工的比例都显著增加。这表明,技术越复杂,越需要加强管理。随着技术复杂性的提高,直接工人与间接工人的比例降低了。因为技术复杂性越高,就需要更多的间接工人来维修和保养复杂的机器设备。其他方面的特征,如管理幅度、规范化的程序以及集权程度等,在大批量生产情形下最高,其他生产技术下相对较高,这是因为工作标准化的缘故。单件(小批量)生产和连续生产的技术需要熟练程度高的工人去操纵机器,而且要以口头沟通方式适应可能出现的情况变化。大批量生产则是标准化的、常规化的,很少有意外情况出现,所以几乎不需要口头沟通,员工的熟练程度也较低。

表7-1 技术复杂性与结构特征间的关系

结构特征	技术		
	单件生产	大批量生产	连续生产
管理层次数目	3	4	6
主管人员的管理幅度	23	48	15
直接工人与间接工人的比例	9:1	4:1	1:1
管理人员占全体员工的比率	低	中等	高
工人的技术熟练程度	高	低	高
工作流程的规范化程度	低	多	低
集权程度	低	高	低
口头沟通的数量	多	少	多
书面沟通的数量	少	多	少
总体的结构形态	有机式	机械式	有机式

资料来源:Based on *Management and Technology* by Joan Woodward (London: Her Majesty's Stationery Office, 1958).

总的说来,在单件生产和连续生产这两种技术下,管理系统和组织结构可以用第1章和第4章介绍的有机式组织特征来概括。也即具有较强的灵活性、适应性,程序化和标准化的程度低。而大批量生产则是一种机械的管理系统,工作是标准化的,程序是规范化的。伍德沃德对技术的这种研究为分析不同组织结构的产生原因提供了新视野。用伍德沃德自己的话说:"不同的技术,对个体和组织都提出了不同的要求,从而需要通过一个恰当的组织结构来适应不同的要求。"[15]

战略、技术和绩效

伍德沃德研究的另一部分内容是运用诸如盈利性、市场份额、股票价格以及企业声誉这些指标来衡量企业的成败。就像第2章指出的,效果的衡量是复杂而又不易得到精确结果的，但是，伍德沃德依据企业在上述战略目标方面取得的高于平均、等于平均以及低于平均这三个档次的绩效水平对各企业经营成功的程度给出了测度。

伍德沃德将结构—技术关系与经营的成功程度做了对比分析。她发现，成功的企业通常是那些在结构和技术关系上保持良好的对应关系的企业。如表 7-1 所示，成功的企业在许多组织特征项上的分值接近该技术类型所有样本企业的平均值。绩效在平均水平之下的企业，倾向于其结构特征偏离其相应的技术类型的要求。另一个重要结论是：结构特征可以归结为有机式和机械式两类管理系统，这两类系统在第 1 章和第 4 章中有介绍。成功的单件生产和连续生产类型的组织采用有机式的结构，而成功的大批量生产类型的组织则采用机械式的结构。后来的研究结果与她的发现是一致的。[16]

伍德沃德的发现对当代企业的启示是：战略、结构、技术之间需要相互匹配，尤其是当企业面临变化的竞争条件时。[17]例如，床垫行业的变动要求丝涟(Sealy)采取一种更为有机式的组织设计。随着睡眠指数(Sleep Number)和泰普尔(Tempur-Pedic)等竞争性品牌床垫越来越受欢迎，加之整个商品住宅市场放缓，丝涟的管理者们发现，其高级床垫品牌思登福斯特(Stearns & Foster)的销售收入大幅下滑。丝涟改变了设计床垫的方式，组建了跨职能团队，并与设计公司艾迪欧(IDEO)合作，一起设计出更精美的床和床垫，产品风格不同于思登福斯特的产品。丝涟想让人们相信他们在用心地生产高端产品。[18]该公司还应用了精益制造(在本章稍后部分将会介绍)，以增强在新环境中的竞争力。

无法采用合适的新技术支持战略的实施，或者采用了新技术以后未能调整战略使战略与技术重新匹配，这两种情况都会导致企业绩效下降。当今日益加剧的全球化竞争使市场变得更加不稳定，产品生命周期在缩短，消费者更为成熟且更有知识。因此能否灵活地满足这些新要求就成为企业成功的战略性前提。[19]制造业企业会通过启用新的技术来支持这一灵活性战略。然而，组织结构及管理过程还必须与新的战略和技术相匹配，因为高强度机械式的结构会阻碍组织保持应有的灵活性，从而影响企业组织充分发挥新技术的优势。[20]

现代技术的应用

如今的工厂与伍德沃德在 19 世纪 50 年代研究的工业企业有很大的不同。特别是，计算机已经使所有类型的制造业——单件小批量生产、大批量生产和连续生产都发生了变革。在加利福尼亚北部的马里昂(Marion)，洛克威尔自动化动力分割系统(Automation's Power Systems Division)的工厂，由于有了计算机、无线技术和无线电频率识别系统(RFID，radio-frequency identification systems)，训练有素的员工能一次迅速地取出一次生产需要的原料。在一个案例中,马里昂工厂生产、包装和运送一个替代轴承到得克萨斯来安装一家工厂的空调,这些工作在顾客提出要求后的15个小时内就完成了。[21]

趋势

正如我们在前面案例中讲到的帕克代尔纺织厂,技术改变了当今的工厂。大部分的工厂已不再是充满着燥热的空气、飞扬的尘土、拥挤的工作间以及疲惫的工人,而是流水线生产、现代化设备,工作间的空气质量、温度、湿度等被严格设定,以保证复杂机器的高效运行。技术还变革了服务行业。然而,技术复杂性的不断增加既存在有利的一面,也存在不利的一面。

极端复杂化

波音公司(Boeing)将其787梦幻客机(787 Dreamliner)的生产视作是"制造业的革新"。新技术的出现使得飞机可以由复合材料制造而成,这在行业内是第一次。这使得飞机的燃油效率增加20%,而污染排放减少20%。但是这种飞机的问世被推迟了好几年,而当它真正问世的时候,又因为一个又一个的质量而饱受非议,其中包括燃料泄漏、驾驶舱窗户破碎、布线问题、电池过热等。[22]

波音公司不是唯一一家遭受新技术过度复杂之苦的企业。让我们来看看另外一个来自邮轮产业的例子。

应用案例 7-1

嘉年华邮轮公司

2013年秋天,嘉年华邮轮集团发生的一连串事故致使有些顾客发誓再也不乘坐嘉年华的轮船了。其中一次事故是,轮机舱着火让载有4 200名游客的嘉年华凯旋号(Carnival Triumph)丧失动力系统,被困在了墨西哥湾。原本为期四天的航行延长了一倍的时间,食物和水紧缺,船舱没有空调,乘客热得难受。媒体曝光了满到溢出的厕所,说那是"地狱般"的场景。嘉年华的管理者们正在重新审视原本计划建造更大邮轮的战略。如果邮轮过大,紧急事件发生时,情况就会非常复杂,致使问题无法得到有效处理。

歌诗达协和号(Costa Concordia)在意大利海岸搁浅并翻船,致32人死亡,更为清晰地证明了这种战略的风险,暴露了嘉年华在安全和紧急情况处理程序方面存在的缺陷。船长弗朗西斯科·斯凯蒂诺(Francesco Schettino)在此次事故中存在很多失误。据说在船员向他报告船舱进水致使发动机停止运转之后,他足足45分钟没有做出任何反应,加剧了这次危机。然而,此次事故的部分原因来自于船体过大,以及缺乏行业监管。今天体积最大的邮轮几乎是1985年时最大邮轮的5倍。[23]

邮轮业最近发生的一些事故促使安全专家和监管机构对该行业的企业施加了更多的责任压力，他们认为建造超大型船舶的策略充满了风险。史蒂文斯理工学院(Stevens Institute of Technology)工程学院院长迈克尔·布鲁诺(Michael Bruno)说："鉴于当今的船只规模，任何一个故障都可能会立即演化为一个很大的问题。"[24] 本章的新书评介从历史的角度透析了由于没有理解和有效管理高度复杂的先进技术而带来的危害。

詹姆斯·R. 奇利斯(James R. Chiles)

《灾难：科技前沿的教训》(Inviting Disaster：Lessons from the Edge of Technology)

时间：2000 年 7 月 2 日；地点：法国巴黎

就在法国空客 4 590 次航班飞离查尔斯·戴高乐(Charles DeGaull)机场不到两分钟之后，可怕的事情发生了。这架巨型飞机拖着烈焰和翻滚着的浓烟，朝左边打了个滚儿之后撞上了一家酒店的大厦，机上 109 人、地面至少 4 人无一生还。这仅是詹姆斯·R. 奇利斯在其《灾难：科技前沿的教训》一书中描绘的众多技术灾难之一。奇利斯在书中的观点之一是，不断发展的技术使得机器的创新成为可能，但人们却越来越疲于理解和安全地操作它们。而且，他指出，当我们利用的能量愈加强大，创新与应用之间的时间愈加缩短时，安全的边际也在变得愈加薄弱。奇利斯认为，在今天"每 20 本追寻成功的书中，我们需要一本来研究为什么有的事物尽管被付出巨大努力并被寄予美好愿望，却在骤然间招致崩溃"。他提醒我们：所有复杂的系统在某些时刻注定都会失败。

事物如何骤间崩解：系统失误的例证

奇利斯运用一些历史和现代的灾难如"泰坦尼克"沉没、"挑战者号"太空飞船爆炸(该书于 2003 年哥伦比亚号太空飞船坠毁事件发生之前出版)来描述系统失误的危险所在。这是人类面对复杂机械失灵采取不当应急反应造成的一连串事件结果。灾难总是从某个与其他环节相联系的薄弱节点上开始。

- "王妃号"(Sultana，航行于美国田纳西州孟菲斯城附近密西西比河上的一艘蒸汽机船)，1865 年 4 月 25 日。这艘设计最大乘客量为 460 人的蒸汽机船，载着 2 000 名北军士兵(美国南北战争时期北方联邦军队的士兵——译者注)外加 200 名船员及乘客，向北行驶，因其 4 个锅炉有 3 个爆炸而使 1 800 人丧命。其中一个锅炉曾经被暂时修补过裂缝，但补丁太过单薄，操作者由于降低安全价值标准而使修补工作归于失败。
- 帕而波·阿尔法钻油平台(Piper Alpha，英国北海海上钻油平台)，1988 年 7 月 6 日。该钻塔平台负责运送从其他钻塔管道输送过来的大量天然气。一个日间维修工作组在尚未完全结束天然气冷凝泵维修任务的情况下,仅给下一班工作人员留了个口信,不知情的工作人员于是打开了冷凝泵。当冷凝泵上的临时封口失效时,全体工作人员被爆炸产生的烈火围困在钻塔平台上无法找到逃生出口,167 名工作人员与营救人员丧生。

● 联合碳化(印度)有限公司[Union Carbide(India)Ltd]向社区排放剧毒化学药品,印度波帕市(Bhopal,Mahdya Pradesh,India),1984 年 12 月 3 日。大量的水流进化学药物储蓄池,引起剧烈反应,向周边环境排放了大量导致生物生长障碍的剧毒异氰酸甲酯,据估计造成 7 000 人死亡。关于事发原因有三种说法:(1)薄弱的安全保障;(2)蓄意破坏;(3)工作人员的操作失误。

导致系统失误的原因

导致系统失误的真正原因有多种,从设计错误、不充分的操作员培训到计划的缺乏和管理的缺失。奇利斯写此书的目的是提醒我们,无论是在太空,还是在高达 2 000 英尺的大厦,抑或是在化工产品的加工厂,技术已经把我们带到了充满危险的境地。奇利斯也为大家提供了通过急速思考和恰当的措施来避免潜在危险的一些实例。为了防止系统失误,管理人员需要建立这样一个组织,在该组织中所有的员工都是具有能够敏锐地察觉到任何可能导致真正问题的细微信号的专家,而且他们都有权利去报告并采取及时的措施。

Inviting Disaster: *Lessons from the Edge of Technology*, by James R. Chiles, is published by HarperBusiness.

对人的影响

在中国的一家飞利浦工厂里,数百名工人手工组装电动剃须刀。而在荷兰的飞利浦工厂里,同样的工作由 128 台机械臂在摄像机监控下完成。机械臂的工作速度非常快,因此要被放置于笼子里,以免伤及监督它们工作的几个工人。荷兰飞利浦工厂里的工人大约是中国飞利浦工厂的十分之一。UPS 和联邦快递现在仍然雇佣上万人做装车和卸车工作,但是由机械人操控的自动化作业已在不远的将来。[25]新一代的灵巧机器人正在取代制造业和服务业中的工作人员。组织中的技术和人力系统交织在一起。所以当机器人以及其他机器取代人所做的工作时,对于人来说将会怎样?不管你是否喜欢,这都是未来不可阻挡的趋势,这也可能是发达国家在人工成本上与低人工成本国家相竞争的唯一途径。技术进步往往会消除一些工作,同时创造另一些工作,但正如我们在第 4 章以及本章前些部分所描述的,近些年来的技术所消除的工作远比它们创造的工作要多。即使是金融、人力资源以及其他职能部门的白领的工作也正在被复杂的信息技术所取代。本章稍后部分将更为细致地介绍信息技术。

先进的技术使企业的运行效率和生产率更高,但是也有一些工作是机器人无法完成的。例如,哈雷·戴维森公司(Harley-Davidson)发现,人类比机器更加灵活，正如我们在第1章的应用案例中介绍的，他们仍然使用工人生产1 200种不同配置的摩托车。人类即使在匆忙的时候也可以做调整，但是机器人做不到。在哈雷·戴维森以及其他一些公司，机器人负责做简单的、重复性的工作，工人负责处理更为复杂的和动态性的工作。说到机器人，曾经的麻省理工学院机器人学教授罗德尼·布鲁克斯(Rodney Brooks)说："并不是说一个机器人就能代替一个人，人类在处理某些事情的时候比机器人强多了。"[26]

智能工厂

智能工厂和精益制造是当今时代两种效果最显著的、用于大规模制造的先进技术。如今，绝大多数的工厂运用各种各样的新制造技术，包括机器人、数字控制工具、无线电频率识别(RFID)、无线技术、产品设计计算机软件、工程分析、遥感控制机器。例如，一项研究发现，美国制造商使用的信息处理设备(计算机等)的数量是他们20年前的6倍。[27]这一增长反映了制造企业面临的不确定性和艰难挑战日益增长，包括经营全球化，竞争加剧，产品复杂性的增加，与更多商业伙伴进行协调的需要等。[28]这些最终的自动化的工厂被认为是**智能工厂**(smart factories)[29]，也叫作数字工厂、计算机一体化制造、柔性制造系统、先进制造技术或是灵活制造。智能工厂将原先独立的制造部分连为一体，这样，机器人、机器、产品设计和工程分析由一台单独的计算机整合起来。[30]

智能工厂通常由以下几部分构成：

● 计算机辅助设计(CAD)。将计算机用于帮助进行新产品或新部件的绘图、设计和工艺安排。设计者在计算机上操作，可在屏幕上画出特定形状的图案，包括参数指标和各方面的细节。通过对初始设计进行尺寸大小的调整，可以形成上百种设计方案。[31]

● 计算机辅助制造(CAM)。计算机控制的机器在原料处理、粗加工、精加工及组装过程中的运用极大地提高了生产效率。计算机辅助制造还通过改变计算机内的控制指令或软件使一条生产线能快速地从一种产品的生产转换至任何其他种类产品的生产。这样，生产线就能迅速满足顾客对产品设计和产品组合要求的变化。[32]

● 机器人(robots)。汽车制造商使用大型机器人在流水线上工作已经有不少年的历史了，但是更小巧、更简便易用的新一代机器人能够使中小型制造商也从中受益。这些新型机器人可以和人进行沟通和协作，在制造过程的每个阶段都可以为人们提供帮助，从交付零件到组装产品，到仓储，再到包装和运输，都可以有机器人的参与。[33]随着对象检测和传感技术的进步，以及新的成像技术和人机交互软件的发展，各种规模的制造商都可以使用这些机器人，因为它们的运行不受笼子的约束。它们能够感知"同事"的存在并作出反应，有内置的安全机制，能够在执行重复任务时作出常识性决策。[34]

● 3D打印(3-D Printing)。我们知道，3D打印也叫增材制造(additive

manufacturing),该技术通过逐层叠加的方式构造物体。有了3D打印技术,我们可以让设计师设计出任何一种物体,不管是芭比娃娃还是福特卡车轮轴,都可以用塑料、金属或复合材料在电脑上打印出来,而不需要根据模具进行切割或者钻孔。这项技术能够减少材料浪费,并且能够让制造商以更快的速度获得产品并交付给客户。[35]

在智能工厂里,可以在计算机上设计出一种新的产品,并在无须人工处理的情况下将样品制造出来。按这种理想模式建立的工厂能迅速而准确地从一种产品转换到另一种产品的生产,速度和精度兼顾,无须为了文件工作或者保存记录而使系统停滞。[36]另外,新软件可以协调一项设计中各个参与部门和参与组织的信息,虚拟设计甚至可以"建造"一个全新的工厂。

坐落于德国安贝格(Amberg)的西门子电子厂(Siemens Electronic Works)是智能工厂方面的一个很好的例子。西门子通过自动化控制装置(Simatic),将各种智能设备集成起来,协调产品的生产和分配。自动化系统可实现定制化的按单生产,工厂将来自250家供应商的15亿个组件制造成950种不同的产品,而这些只是每年50 000多种不同产品中的一部分。这些作业能够保持99%的可靠率,每百万件产品的缺陷率大约是15%。[37]汽车制造商也是受益于智能工厂的典型案例。本田公司在美国俄亥俄州利伯蒂(Liberty)的工厂实现了更大程度的柔性制造。本田在北美的具有最大柔性制造能力的汽车制造商在仅仅五分钟内就能实现从生产思域(Civic)向生产CRV混型车(crossover)的转换,CRV混型车比思域有更长的车身和更高的车顶。即使零件千差万别,本田公司大多数的汽车类型以相同的方式放在一起设计。这种从一种类型的汽车装配转换到另一种类型的汽车装配需要将不同的"手"安装在机器人身上来处理不同的部分。本田能够迅速调整不同类型汽车的库存水平,这是本田处于汽油价格波动和汽车式样不断改变的时代中的核心战略优势。[38]

精益制造

当所有部分相互依存地使用,并在所谓精益制造的系统中结合柔性管理程序时,智能工厂在改进产品质量、消费者服务和成本削减方面达到了它的最高水平。**精益制造**(lean manufacturing)在产品生产过程中的每一个阶段都使用训练有素的雇员。他们脚踏实地地处理细节和解决问题,从而减少一切浪费和提升顾客价值。精益制造通常会和六西格玛管理结合起来。六西格玛是一种要求极为严格的质量标准,要求产品的目标缺陷率不超过百万分之3.4。[39]但是,六西格玛法实际上脱离了它原来的精确定义,而指的是强调对更高质量和较低成本持续不断的追求的一整套控制程序。最近一项由《产业周刊》(Industry Week)和"制造业企业绩效研究会"发起的调查显示,在向745家制造商询问它们使用何种程序和技术来改进其绩效时,精益制造是到目前为止最普遍的答案,超过40%的企业报告中提到它们采用了精益制造技术。[40]

精益六西格玛管理通过团队驱动的方式实现消除浪费和提升质量的目

标。[41]精益六西格玛管理融入了各种技术元素，如 CAD/CAM 和 PLM，但是它的核心不是机器或软件，而是人。精益制造要求组织系统不断改变，例如，决策制定过程和管理过程，以及支持员工积极参与的组织文化，从质量的角度来看，都是聚焦于消费者。员工要培养自己的“精益思考”方式，这意味着在所有领域反对浪费和促进连续改进。[42]

持续改进

精益制造的一个重要启发就是上述系统改变的过程中总是存在改进空间的。持续改进(Kaizen)，或者叫持续改善，以大量细小的、递增的改进为基础，在组织各个领域全面、不间断地展开。组织希望员工在工作中通过践行各种改变为组织作出贡献，所有的员工都深知这一点。持续改进的基本理念是，一次改进一点儿，坚持不懈，成功的可能就越来越大。创新可以从很简单的事情开始，员工可以在这种无止境的改进过程中取得属于自己的成功。持续改进让田纳西州代顿市(Dayton)的拉兹男孩(La-Z-Boy)即使在经济衰退时期也依旧欣欣向荣。

应用案例 7-2

拉兹男孩

拉兹男孩持续改善部经理戴维·罗宾逊(David Robinson)说：“如果我们仍按 2005 年的经营模式继续发展，公司现在应该已经倒闭了，站在这里说话的会是别人。如今公司每年盈利 5 000，超越了曾经的我们。”

拉兹男孩的经理们和工程师们都参与了六西格玛质量管理方面的培训，跨职能团队已经在安全、质量和生产力等方面完成了 24 项改善。其中，代顿工厂实施的一项最重要的过程改进项目是“完美启动计划”(Flawless Launch Program)，指派一名生产工程师负责在所有新产品设计中保证质量和可制造性。罗宾逊指出，在这种情况下，公司就知道重复生产相同的产品需要哪些工具和设备，怎样能够保持较低的生产成本，并避免出错。他指着车间里首次尝试制造的电动升降椅，给大家举了一个例子。生产这种升降椅的失败率高达 40%。但是在引入零缺陷过程管理计划之后，罗宾逊说，“目前我们在该产品领域的失败率是 1%。”[43]

几年前，拉兹男孩的管理者们开始了精益生产的调查工作。和北美的许多公司一样，他们也研究了精益生产的实践先驱——丰田和其他日本公司。例如，在丰田公司的宫城工厂(Miyagi factory)里，即使一些小的改进也都是针对装配线上并行生产的车辆进行的，而不是针对一辆车从头到尾的生产流程，这样就不需要工人大距离地来回走动，进而可以降低安装成本，提升生产效率。[44]

评价你的答案

1. 精益制造是一种能够生产高质量产品的超效(super-efficient)制造形式。

答案：同意。精益制造技术已经在全球上百家组织得到了应用，并且能够促进产品质量、生产力和效率方面的提升。不仅制造业企业持续不断地应用精益制造这项重要的技术,服务型企业的管理者也开始学习这种精益思想。

大规模定制

精益制造和智能工厂已经为**大规模定制**(mass customization)铺平了道路。大规模定制就是用大规模生产技术来快速和有成本效益地组装那些单独设计以满足消费者个人需要的产品。大规模定制的目标是准确地将顾客想要的东西在他们需要的时候提供给他们。[45]大规模定制已经广泛地应用到各种产品的生产中,如农业机器、热水器、服装、计算机和工业洗涤剂等。[46]客户订购索尼笔记本电脑时可以要求特定的硬盘驱动能力、芯片处理速度和软件包,或者在购买宝马汽车时要求特定的特性和配套零件。60%销往欧洲的宝马(BMW)汽车是根据订单生产的。[47]奥斯克斯卡车公司(Oshkosh Truck Company)曾经在行业低迷时,由于提供定制消防车、水泥车、垃圾车和军用卡车而兴旺不已。消防员们经常参观车间,观看他们新设备的成形过程,有时候还带着喷好漆的零件来使他们车队的颜色更加个性化。[48]

智能工厂的最显著优点是:可以将不同型号、品种以及应顾客特殊要求的产品,很方便地融合在一条装配线上生产,使企业能够以大批量生产的成本为顾客提供一系列的定制产品。[49]印在零部件上的条形码会帮助机器做出瞬时的调整,如将一个大螺栓插入不同的地方,而不需要减慢装配生产线的运行速度。制造商可以不受限制地批量生产出种类繁多的产品,如图 7-4 所示。伍德沃德研究过的传统制造系统所提供的选择是非常有限的,如图中的斜线所示。小批量生产可以满足高程度的产品灵活调整和定制要求,但是,由于定制产品所特有的"手工艺性",每次生产的批量必定很小。大批量生产可以进行批量规模很大的生产,但只能提供有限种类的产品,缺乏灵活性。流水生产能大量地生产出单一的标准化产品。相比之下,智能工厂使企业走出了图中这条向右下方伸长的斜线,能同时提高生产的批量规模和产品的多样性(如图中上部的水平线所示)。就最理想的状态而言,智能工厂能实现大规模定制,使生产的每一件产品都符合顾客的特定要求。智能工厂的这种高水准的应用被称为计算机辅助手艺制造,因为是计算机将每一件产品调整到能精确地满足每一位顾客的特定要求的水平的。[50]

对绩效与结构的影响

研究表明,在使用了计算机集成制造技术的工厂中,机器的利用率提高了,劳动生产率也获得改进,同时产品的缺陷率下降,而产品的多样性和顾客满意度大大提高。[51]许多美国制造业企业正在应用数字系统及精益制造技术再造它们的工厂,以便提高企业的生产率。

有关智能工厂与组织特征间关系的研究正刚刚开始。表 7-2 显示了这

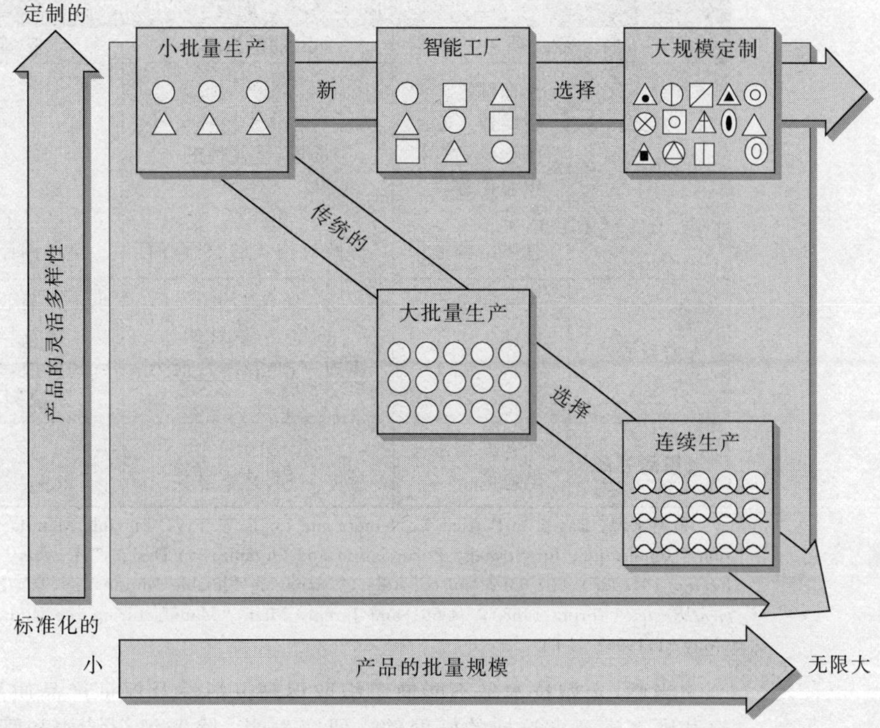

图 7-4　智能制造技术与传统技术的关系

资料来源：Based on Jack Meredith, "The Strategic Advantages of New Manufacturing Techn-ol-ogies for Small Firms," *Strategic Management Journal* 8(1987): 249-258; Paul Adler, "Managing Flexible Automation," *California Management Review* (Spring 1988), 34-56; and Otis Port, "Custom-made Direct from the Plant," *BusinessWeek*/21st Century Capitalism (November 18, 1994), 158-159.

种关系类型。与传统的大批量生产技术相比较，在使用智能工厂的企业中，管理幅度较宽*、层次数目较少，任务具有适应性、手艺性特征，专业化分工程度低，组织是分权化的，而且整体上表现出有机式和自我调控的特征。员工需要具备参与团队工作的技能，为此需要接受范围较宽的培训（因而员工并不是高度专业化的），而且培训要经常地进行（因而员工能不断更新技术）。专门技术倾向于是可认知的，因而员工能逐步地掌握专业知识，并且能将比较抽象的理论概念用于解决实际问题。在使用智能工厂技术的企业中，组织间关系上的特征表现为要能适应顾客需求的千变万化（因为新技术能很方便地解决这个问题），这样，与少数能提供高质量原材料的供应商建立密切的关系就成为必需。[52]

* 原文此点的正文解释及表 7-2 中的文字均为"narrow"，似有明显错误。本译稿将这点有关的表述及大批量技术下的管理幅度特征（"wide"）三处做了未经原作者同意的修改。——译者注

表 7-2 大批量生产与智能工厂的特征对比

特征项		大批量生产	智能工厂
结构	管理幅度	窄	宽
	层级数	多	少
	任务	常规、重复性的	适应、手艺性的
	专业化程度	高	低
	决策	集权化	分权化
	总体结构	行政机构式的、机械的	自我调控的、有机的
人力资源	人际间关系	独自工作	团队工作
	培训	面窄,一次性的	面宽,经常性的
	专长	体力方面,技术性能力	认知方面,社会性能力及解决问题的能力
组织间关系	顾客的需求	稳定	多变
	供应商	量多,一次性交易关系	量少,紧密的关系

资料来源:Based on Patricia L. Nemetz and Louis W. Fry, "Flexible Manufacturing Organizations: Implications for Strategy Formulation and Organization Design," *Academy of Management Review* 13(1988), 627-638; Paul S. Adler, "Managing Flexible Automation," *California Management Review* (Spring 1988), 34-56; and Jeremy Main, "Manufacturing the Right Way," *Fortune* (May 21, 1990) 54-64.

当然,光靠技术是不能使组织取得高灵活性及保证产品质量、提高生产率和顾客满意度这样的好处的。研究表明:除非组织结构和管理过程也做了能充分发挥新技术优势的新的设计,否则,智能工厂可能成为组织的重负,而不是一项竞争优势。[53]如果高层管理者能允诺推行那种授权于员工并支持学习和知识创造氛围的新的结构和过程,智能工厂才可能促使企业变得更有竞争力。[54]

服务业组织的核心技术

组织技术中发生的最大变化之一是服务业的比重日益增大。一半以上的美国企业是服务型组织,而且据估计将近90%的美国劳动力在服务行业工作,例如医院、宾馆和度假村、在线服务、金融服务和信息服务。[55]

服务业企业

服务业技术不同于制造业技术,因此会要求一种不同的组织结构设计。

定义

与制造业组织通过产品的生产实现基本使命不同,服务业组织是通过服务(如教育、医疗、交通、金融和住宿等)的生产和提供而实现其基本使命的。对服务业组织的研究,主要集中在其独特的服务技术方面。**服务技术**(service technology)与制造技术的特征对比如图 7-5 所示。

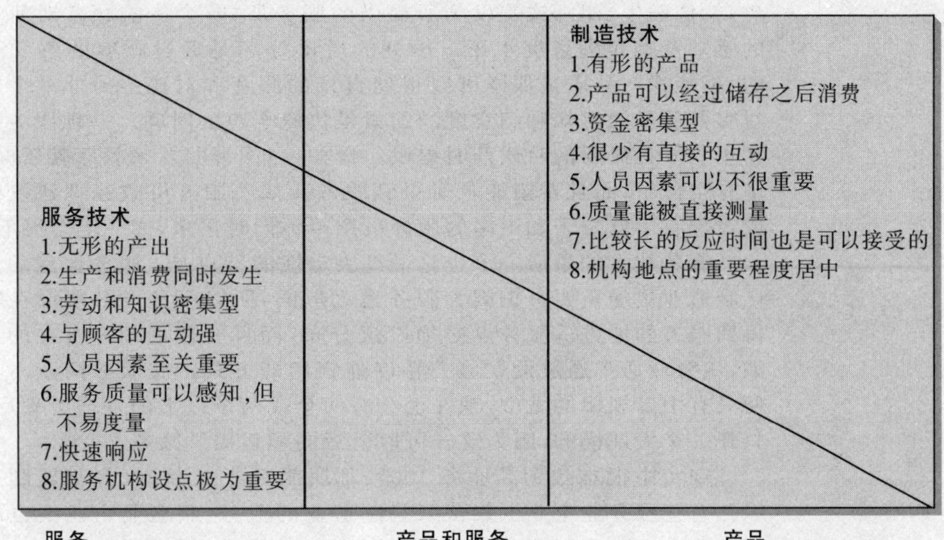

服务	产品和服务	产品
航空公司	快餐店	饮料企业
酒店	化妆品	钢铁企业
咨询公司	房地产	汽车制造商
医疗保健机构	股票经纪商	矿业企业
律师事务所	零售商店	食品加工厂

图 7-5　服务技术与制造技术的区别

资料来源:Based on F. F. Reichheld and W. E. Sasser, Jr.,"Zero Defections: Quality Comes to Services,"*Harvard Business Review* 68(September-October 1990), 105-111; and David E. Bowen, Caren Siehl, and Benjamin Schneider,"A Framework for Analyzing Customer Service Orientations in Manufacturing,"*Academy of Management Review* 14(1989), 75-95.

最明显的区别是,服务技术生产出的是一种无形的产出,比如说脸谱网提供的社交网络,而不像制造业企业生产的是有形的产品,比如说通用电气生产的冰箱。服务是抽象的,通常包含着知识和思想,但不是物质化的东西。因此,如果说制造商的产品可以库存一段时间后再销售,服务业则是以同时生产同时消费为特征的。如医生或律师为客户提供服务,教师在教室里为学生授课,都属于这种情况。服务是一种无形的产品,它在顾客需要前不可能提前生产出来。它既不能储备、储存,也不能以成品形态存在。一项服务如果不是在生产的同时就得到消费,它就不存在。[56]这通常意味着服务业企业是劳动和知识密集型的,需要配备许多员工以满足顾客的需要。对比之下,制造业企业趋向于是资金密集型的,主要依靠批量生产或者连续生产的技术以及先进的制造技术。[57]

服务业中顾客与员工间的直接互动强度通常非常高,而在制造业企业技术核心中员工和顾客间很少有直接的互动。直接互动使得人员因素(员工)成为服务业企业中至关重要的。绝大多数消费者都没有见过制造他们所购买的汽车的生产工人,他们直接接触的都是向他们推销新车的销售人员或者是度假的时候为他们提供租车服务的公司。从推销员那里得到的服务,就像医生、律师或美发师所提供的服务那样,会影响顾客对所得到服务的感知及顾客满意度水平。服务的质量好坏是通过顾客的感知反映出来的,不能像产品质量那样可以得到直接的测量和对比。另外一个影响顾客对服务质量的感知和满意度的因素是快速响应的时间。一项服务必须在顾客想要并且需要的时候及时提供。比如,当你带朋友来餐厅就餐时,你会希望有空位子,而且希望能及时得到服务。如若服务员或经理建议你们明天或者等有了空位子和更多的服务员招待你们时再来,你一定会很不满意。

服务技术的最后一个也是最具决定性的特点是:服务地点的选择通常比制造业更加重要。正因为服务是无形的,所以服务点必须设在顾客想要得到服务的地方。服务点必须广泛分布,而且要靠近顾客所在的地方。例如,快餐业通常通过设立地方特许连锁店的方式广布服务网点。大多数即便只有中等规模的城市,现在也会有两个或两个以上的麦当劳餐厅,而不是只开一个大规模的,因为这样可以就近向顾客提供服务。

现实中很难找到其业务100%都属服务业或者100%都属制造业的组织。有些服务业企业也兼营某些制造业的业务,制造业企业中也可能兼营服务业务。许多制造业的企业对顾客服务给予了极大的重视,为的是使自己区别于其他同类企业和形成更强的竞争力。另外,制造业组织中普遍设有诸如采购、人力资源、营销等建立在服务技术上的部门。从另一个角度看,加油站、股票经纪商、零售商店、快餐店等,常常被归类为服务业组织,尽管供应实物产品是这些组织经营活动中的主要部分。绝大多数组织是既生产实物产品,又提供服务的。在图7-5中,很重要的一点是,所有的组织都处在制造业和服务业混合的某种状态下。本章的"你适合哪种组织设计"问卷将会使你受到启发:你到底适合做一名服务企业的经理还是制造企业的经理。

你适合哪种组织设计

制造型 VS 服务型

下列问题是请你描述一下你自己的行为,对每一个问题,请你选择描述你行为的最佳答案。

1. 我上课或约会时经常迟到:

A. 是

B. 否

2. 参加考试时,我更喜欢:

A. 主观性问题(讨论或作文)

B. 客观性问题(多项选择题)

3. 在做决策时,我更倾向于:

A. 跟着感觉走——自己觉得什么是正确的感觉

B. 仔细衡量每个选项

4. 在处理问题时，我更喜欢：

A. 先散步，仔细斟酌，然后讨论

B. 写下各种替代方案，衡量其利弊，然后挑选最佳方案

5. 我认为，将时间花费在白天做梦上：

A. 是一种有效的计划未来的手段

B. 浪费时间

6. 为了记住方向，我经常：

A. 看视觉化的信息

B. 做记录

7. 我工作的风格几乎是：

A. 马上将一些事情快速处理完

B. 集中于一件任务直到完成

8. 我的办公桌、工作区域或者盥洗区域总是：

A. 零乱的

B. 干净的和有秩序的

计分：数一下你选择的 A 选项个数和 B 选项个数。每个 A 选项代表你的左脑思维过程，B 选项是右脑思维过程。如果你的 A 选项个数或 B 选项个数为 6 或更多，说明你是一个拥有独特思维过程风格的人，相反，如果你的 A 选项个数或 B 选项个数小于 6，你很可能是一个平衡型思维风格的人。

解析：人类拥有两种思维过程——大脑右侧的一半负责视觉和直觉，左侧的一半负责语言和分析能力。你属于何种思维过程将决定你善于处理哪种类型的知识和信息——要么是技术性的报告、分析性信息以及定量数据（左脑），要么是与人交谈、主题式印象或是个人化的直觉（右脑）——这些知识和信息将作为有效的输入而进入你的思维和决策过程。在制造型企业里，需要运用左脑通过物理的、客观衡量的技术来处理数据，而在服务型企业里，需要运用右脑来解释不太明晰的情境并直接为人提供服务。左脑思维过程被概括为基于逻辑的思维，而右脑思维过程被概括为基于感性的思维。

资料来源：Adapted from Carolyn Hopper, *Practicing Management Skills* (Houghton Mifflin, 2003); and Jacquelyn Wonder and Priscilla Donovan, "Mind Openers," *Self* (March 1984)

精益服务的新趋势

服务业企业一直倾向于提供定制化的产出，即完全按每个顾客的所想及所需提供服务。比如，当你光顾一家美发厅时，美发师不会刻板地把你的发型剪得与前几位顾客的一模一样。美发师会根据你的要求为你剪发。潘多拉（Pandora. com）的使命是"只播放你喜欢的音乐"，该公司为 2.5 亿左右的注册用户提供自定义广播频道，播放一系列符合用户喜好的音乐。[58]

顾客对高质量服务的期望是在不断提高的。美捷步（Zappos. com）为顾客提供免费送货和退货服务。亚马逊不仅追求最低的价格和最快的运送，还帮助外部零售商将他们的顾客服务提升到标准水平，帮助他们弥补服务上的缺陷。保险和金融服务业巨头 USAA 交叉培训其代理商和客服代

表,以保证客户在遇到任何有关产品和服务的问题时,不论向哪一个部门(代理商或者客服代表)咨询都能得到答复,而不会遇到部门间相互推脱的情况。[59]位于纽约市布朗克斯区(Bronx)的蒙特斐奥医疗中心(Montefiore Medical Center)没有设置专门的内科、外科、心胸科和神经外科重症监护病房(ICUs)等,而是将这些专科都集合到一个重症监护中心,以提高效率,提升对病人的护理水平,这种结构是弗拉基米尔·凯文泰恩(Vladimir Kvetan)医生设计的。凯文泰恩担任该中心的主任,他一直在寻找办法,力图更有效地为病人提供更好的医疗服务。而要做到这一点,就意味着蒙特斐奥医疗中心需要突破其他很多医疗组织经历的瓶颈问题。[60]

通过向制造业企业学习,从包裹的配送到银行业,服务改进的愿望同样推动着服务业企业。[61]日本邮递(Japan Post),在削减191亿美元运作损失的压力下,雇用丰田的高桥利弘(Toshihiro Takahashi)来帮助运用丰田生产系统收集、整理和配送邮件。总体上,高桥的团队进行了370项改进,同时邮局的总工作时间减少了20%。浪费减少,预计在一年内成本减少3.5亿美元左右。[62]近年来,在美国和其他国家,大量的服务型企业开始采用精益制造原则。星巴克公司聘请的精益思想副总裁带领公司的精益团队与全球雇员一起,共同思考如何减少浪费以及如何提升顾客服务。由于顾客经常需要在潘娜拉面包公司(Panera Bread Company)连锁店门口排长队,导致一部分顾客失去耐心,放弃购买,而订单失误又使其他很多回头客流失了,针对这些情况,公司目前正在想办法提升销售量和利润。[63]另一个比较好的例子来自于西雅图儿童医院(Seattle Children Hospital),该医院借鉴制造业的精益思想提高效率,改善病人护理。

应用案例 7-3

西雅图儿童医院

十年前,西雅图儿童医院立志要成为国家顶级儿童医院。但是随着全国的医疗保健费用上涨,管理者不仅需要找到一些方法改善病患的护理,而且更应该设法降低成本。他们通过一个称作"持续提升性能"(Continuous Performance Improvement,CPI)的计划来落实精益生产。这一计划的主要目标是减少浪费,并为顾客(患者)提供更多的增值服务。

从病人到达停车场到他们付完所有费用,CPI计划涉及了患者体验的各个方面。医院的管理者们将医院全体员工动员起来,共同研究药品、病人和信息的流动,并且要求员工们找出改善流程的方法,这种做法就像制造企业研究材料流动的方式一样。患者如果是非急诊,通常要等一个月才能做核磁检查。而现在,在更有效率的计划安排之下,患者等待的时间缩减到了一天到两天。另外,将特定类型的外科手术仪器标准化可以降低研发费用,并降低仪器准备过程中的错误率。例如,一个手术室小组发现扁桃体切除需要填写21张不同的表格,他们努力缩减到11张。同时,对手术器械消毒过程的改进增加了医院可以施行手术的数量。总体来说,通过执行CPI计划,2009年每个患者的治疗成本降低了3.7%,共节省了2 300万美元。同时,可以在不扩建、不加床位的情况下多接待上千位患者。

CPI 计划的核心内容是通过对医生、护士、管理者和其他成员进行新方法、新思路的培训，转变其企业文化。有了 CPI 计划，团队就能够在他们认为可以改善操作过程或减少浪费的时候做出变通（这里的浪费是指任何不能为患者提供附加价值的行为）。即使只能为提高效率、改善病人护理做出一点点贡献，医院管理者也是非常鼓励的。一个主治医师说："院方的支持促进了一种思想的形成，那就是每个人都可以为他们的科室做出积极贡献。"[64]

随着医疗保健成本的不断上涨，其他医疗机构也采取了持续改进的方法来削减成本，这种方法不需要以牺牲护理质量为代价。戴维·谢蒂(Devi Shetty)在印度有一家医院，该医院做一次"开心"手术的费用仅为美国的 10%。谢蒂医生说："在医疗保健行业，不可能通过只做一件大事情来降低价格，我们必须做 1 000 件小事情。"[65]

服务业组织的结构设计

考虑服务技术特点对组织结构和控制系统的独特影响是很必要的，它能使技术核心的员工更接近顾客。[66]提供服务与提供产品的组织在保持与顾客接触的必要性方面的区别如表 7-3 所示。

表 7-3　服务业组织与制造业组织的形态和结构特征对比

特征项		服务业组织	制造业组织
结　构	1. 专设的边界联系人员	少	多
	2. 空间上分散化程度	大	小
	3. 决策	分权	集权
	4. 正规化程度	较低	较高
人力资源	1. 员工技术水平	较高	较低
	2. 技能重点	人际技能	技术技能

同顾客接触对组织结构的影响，可通过边界联系部门的设立及组织结构的分散化情况加以反映。[67]为了响应顾客的需要，也为了使技术核心尽可能不受干扰，制造业企业普遍设置了边界联系部门。但是，服务业企业中较少设立边界联系部门，因为需要服务的顾客都必须直接与技术核心的员工（如医生、股票经纪人）接触才能得到服务。

服务业企业面对的是信息和无形的产出，因而规模不需要很大。它通过分解为小单位，并在接近顾客处布点，可以实现最大的经济性。证券经纪商、医生的诊所、咨询公司以及银行等，都将服务网点分散到各个地区，设立了许多地方办事处。与之对比，制造业企业倾向于将业务集中在原材料和劳动力供应充足的某个地方，通过大规模生产实现对购价昂贵的机器设备的有效利用和保持生产过程的连续进行，以此获得规模经济。

服务技术也影响到用以指挥和控制组织运作的一些内部特性。首先，服务业企业中技术核心员工的技能必须相当高,他们必须具备足够的知识和理解力来处理顾客的问题,而不是只限于完成某项单一的机械性的任务。有些服务业组织授予员工一定的决策自主权,并提供决策所需的信息,使员工们可以做任何为满足顾客需要而必须做的事情。当然,也有一些组织,像麦当劳,订立了为顾客服务的各种规则和程序。不管具体做法如何,服务业企业的员工除需具备技术技能外,他们还需要有社会和人际的技能。[68]由于员工的技能熟练程度高,而且组织结构相当分散化,服务业企业中的决策通常是分权化的,规范化程度也较低。尽管一些服务组织,如许多快餐店,已经为顾客服务设定了规则和程序,但服务组织的员工在工作上有更多的自由和判断。例如家得宝有限公司(Home Depot Inc.)的经理们意识到了如何管理员工与服务型组织能否取得成功有重要关系。

应用案例 7-4

家得宝公司

家得宝公司(Home Depot)成长为世界上最大的家装零售商,很大程度上是依赖于其员工的力量。它的门店雇佣的许多员工以前都是水管工、木匠或拥有其他技能的销售员,他们了解产品,并为能够自己动手去发现适当的工具和耗材以及如何来使用它们而发自内心地引以为豪。

然而,近年来为了削减成本,公司开始雇佣更多钟点工,并且制定了一些工资上限的制度,导致公司的工作对于有经验的工人丧失了部分吸引力。为了制定未来可以减少成本的方法,管理者开始测算门店各个方面的生产力情况,例如卸载产品集装箱需要花费多长时间,或者每个员工每周卖出多少延长保修的产品。但他们忽视的是,员工提供的这些服务到底质量如何。因为顾客开始抱怨找不到任何人来帮助他们解决问题——甚至即使找到了,这些员工也不具有相应的知识和技能来给予更多的帮助。由此,一些顾客开始转去别的商家,即使这样意味着他们将要去一些规模更小、价格更高但服务更好的商家。

现在,管理者开始努力将这种局面扭转并回到原来的轨道上。门店开始再次雇佣更多的全职员工,并制定了一系列培训项目,并努力寻求其他方式来确保员工能够拥有足够的知识和技能来提供帮助。公司的CEO已经向公司创始人伯尼·马库斯(Bernie Marcus)和阿瑟·布兰克(Arthur Blank)建议如何重拾家得宝公司的客户服务的荣誉。[69]

家得宝公司的许多管理者都能够理解服务技术的特点有助于他们更好地处理战略、结构和管理过程之间的匹配关系。这种匹配关系与以产品生产为主的或者说在传统的制造业技术下的匹配关系非常不同。例如,将复杂的任务分解成一系列小的工作以及充分利用规模经济的观念是传统制造业的基石,但是研究人员发现,将其运用于服务型组织常常无法得到相同的效果。[70]一些服务公司已经重新设计工作来划分低的和高的顾客接触行为,而低接触行为伴随着更多的规则和标准。高接触服务工作,像在家得宝的那些服务工作,需要更多的自由和更少的管束,以便能满足顾客需要。

评价你的答案

2. 一家企业提供良好服务的最佳方式是制定足够的和清晰的规则和程序，以确保每个员工能够遵循和执行。

答案：不同意。提供服务的员工需要具备良好的人际技能，并拥有个人决策的自主权，以满足每个顾客的特定需求。尽管许多服务型组织为员工服务顾客提供了标准程序，但在集权化和正式化方面还是比较低的。因为过多的规则会抹杀员工个人决策的自主权和个人服务风格。

现在让我们转入另一角度考察部门级技术，即在特定组织部门中进行的生产活动。部门级技术的特征类似于服务技术，因为这些部门常常是为组织内的其他部门提供服务的。

非核心部门技术

这一部分分析的内容转到了部门这一级，因为组织内的某些部门并不一定处于技术核心的位置。例如，回到本章的图 7-1 中，我们知道，人力资源、会计、研发和市场营销这些部门都处于技术核心的外部。组织中的这些部门（还有其他非核心部门）都有其特定的生产过程，该过程包含着某种独特的技术。例如，天纳克公司（Tenneco），一家汽车零配件制造商，内设有技术、研究开发、人力资源、广告、质量管理、财务以及其他共计几十个职能部门。本章这一部分分析部门级技术的性质以及部门技术与部门结构之间的关系。

在理解部门级技术方面，一个最具影响力的框架是由查尔斯·佩罗（Charles Perrow）提出的。[71]佩罗的模型已被广泛用于解释各种技术，这为研究部门活动提供了理想的工具。

多样性

佩罗提出了考察与组织结构和过程有关的部门活动的两个维度。第一个维度是工作中例外事件的数量。它被称为任务的**多样性**（variety），它反映转换过程中所发生的预料之外的新事件的频数。当雇员将组织输入资源转化为产出时，任务的多样化涉及每次操作流程是一样还是有所不同。[72]如果部门成员遇到大量的未曾预料的情形，从而面临许多问题，这时就认为多样性是比较高的。如果很少有意外发生，或者日常工作任务是重复性的，这样的技术就包含很低的多样性。部门级技术的多样性程度差异很大，最低多样性的如装配线上单一操作的不断重复，最高多样性的如处理一系列互不相关的问题或者完成一系列互不相关的项目，比如在一家医院的急诊室。

可分析性

考察技术的第二个维度是工作活动的**可分析性**(analyzability)。如果转换过程是可分析的,那么,其工作就可以分解为机械步骤,这样操作者也就可以遵循一个客观的、程序化的方式解决问题。问题的解决可能要采用诸如指令和政策手册这样的标准程序,也可能涉及教科书或工作手册中传授的技术知识。但另一方面,有一些工作是不可分析的。这意味着当问题出现时,很难找到正确的解决办法,就是没有现成的方法或程序可以准确地告诉人们该怎么做。问题产生的原因和解决办法都是不清晰的,员工需要依靠积累的经验和直觉、判断来解决问题。问题的最终答案常常来自智慧和经验,而不是来自标准程序的运用。菲利普斯·波罗斯(Philippos Poulos)是斯坦韦父子公司(Steinway & Sons)的调音师,他工作所用的技术就是不可分析的。调音师要仔细检查钢琴的每一个键才能确定音色是纯正的。[73]这种质量检验工作需要多年的经验和实践才能完成。标准程序根本无法告诉人们应该如何完成这样的工作。

分析框架

佩罗(Perrow)提出的考察技术的两个维度和各类部门活动的示例如图7-6所示。将任务多样性和可分析性两个维度结合起来,在此基础上可区分出四种主要类型的技术:常规技术、手艺技术、工程技术和非常规技术。

部门层技术的分类

(1) 常规技术

常规技术(routine technologies)的特点是任务的多样性低,采用客观的、程序化的方式来处理。其任务是规范化、标准化的。汽车装配线和银行出纳员的工作就属于这一类。

(2) 手艺技术

手艺技术(craft technologies)的特点是活动相当稳定,但转换过程是不可分析的,或者不易识别的。完成这类任务需要大量的训练和经验,因为工作人员需要凭借智慧、直觉和经验来对无形的因素做出反应。尽管机械技术的发展似乎已使组织中手艺技术的数量减少了,但一定量的手艺技术依然存在。比如,炼钢工程师仍然要依靠直觉和经验进行拌料,服装厂的纸样制作师仍然要将粗糙的服装设计图变为可生产服装的样型,诸如路易斯威登(Louis Vuitton)、扎拉(Zara)、海恩斯莫里斯(H&M),以及《房子》(House)或者《实习医生格蕾》(Grey's Anatomy)这样的电视节目的作家团队将创意转化为故事。

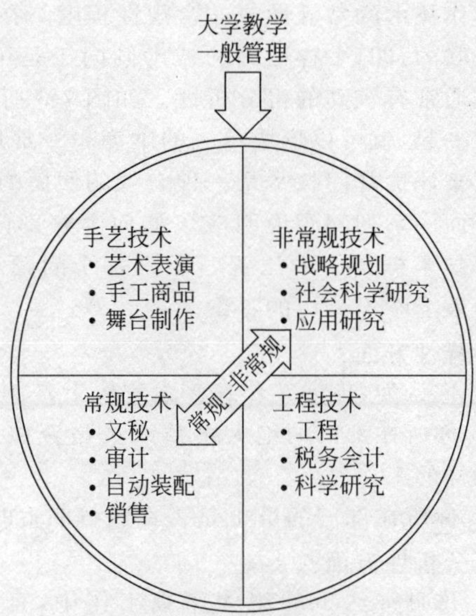

图 7-6　部门级技术分析框架

资料来源：Based on R. L. Daft and N. Macintosh, "A New Approach to the Design and Use of Management Information," *California Management Review* 20(August 1978), 82-92; R. L. Daft and N. Macintosh, "The Technology of User Departments and Information Design," *Information and Management I*(April 1978), 122-131; and R. L. Daft and N. Macintosh, "A Tentative Exploration into the Amount and Equivocality of Information Processing in Organizational Work Units," *Administrative Science Quarterly* 26(June 1981), 207-224.

（3）工程技术

工程技术(engineering technologies)通常是复杂的，因为所要完成的任务有很高的多样性。不过，其中的各种活动常常都能依据既有的范式、程序和方法来进行。工作人员通常只要依靠已有的一整套知识去处理问题。工程技术和会计工作通常属于这一类。

（4）非常规技术

非常规技术(nonroutine technologies)中任务的多样性很高，而且转换过程是不可分析，或者不易识别的。面对非常规技术，有关人员需要投入大量的时间和精力对问题和活动进行分析，而且所提出的若干解决问题的方案往往难以辨别出优劣。经验和技术知识就是解决这类问题和完成工作所需的。像基础研究、战略规划以及其他涉及新的预见和未预料到的问题的这类活动都属于非常规技术类型。正在兴起的生物工艺行业同样代表一种非常规技术。在细胞水平上弄懂新陈代谢和生理学并取得突破要依靠那些训练有素的雇员运用他们的经验和直觉以及科学知识。[74]

常规性与非常规性

有关技术的多样性和可分析性可以被合并成一个单项目的维度。这个维度称作技术的常规性或非常规性程度。在部门中可分析性和多样性通常是相关联的,即,多样性高的技术倾向于是可分析性比较低的,而多样性低的技术通常有较高的可分析性。如图7-6所示,这样,将可分析性和多样性结合在一起,就可以形成单一的维度——常规性/非常规性。用这样一个单一维度来评价部门技术是一种有效的便捷的办法。

下面一系列问题说明应该如何考察部门技术,以确定其在图7-6所示的佩罗技术框架中的位置。[75]下列每个问题需要部门内的人员在一个1~7的刻度表上圈出相应的答案。

多样性方面:

1. 你认为,你的工作在多大程度上是例行公事的?

2. 你所在部门的绝大多数人员是否在大部分时间内都几乎以同种方式做同样的工作?

3. 你所在部门的员工是否在履行职责时都做重复性的工作?

可分析性方面:

1. 你日常从事的绝大多数工作中,有多少已经有明确的工作方式、方法?

2. 在开展工作中你在多大程度上可以遵循既有的工作步骤?

3. 你在多大程度上可以依靠既定的程序和惯例去做工作?

如果对以上问题的回答显示出在可分析性方面的得分高,而多样性方面的得分低,那么,你所在的部门属于常规技术类型。如果得分恰好相反,则属非常规技术。低多样性和低可分析性得分就代表手艺技术,而高多样性和高可分析性得分则表示所采用的是工程技术。就实际情况而言,绝大多数部门都可以归到图中对角线的某一位置上,即可以用常规技术或非常规技术做最便利的分类。

部门设计

部门级技术的性质一旦识别出来,与之相适应的结构也就可以确定了。部门所用的技术通常是同该部门的一系列结构特征相联系的,这些特征包括员工的熟练程度、正规化程度以及沟通方式等。一个单位的技术和它的结构特征之间确实存在某种特定类型的关系,而这种关系与部门绩效的高低也有关联。[76]这一部分要描述部门技术与其他特征之间的主要关系,请看图7-7的归纳。

部门的整体结构可以概括为有机式的或者机械式的。常规技术往往与机械式的结构和过程相关联,这样的部门有着正式的规则和刻板的管理程序。与非常规技术相联系的是有机式结构,部门管理富有灵活性和流动性。正规化、集权化、工人技术熟练程度、管理幅度、沟通和协调方式等设计特征都依各部门的技术的不同而各异。例如,让我们来看一下为医院病人提供食品的部门组织。

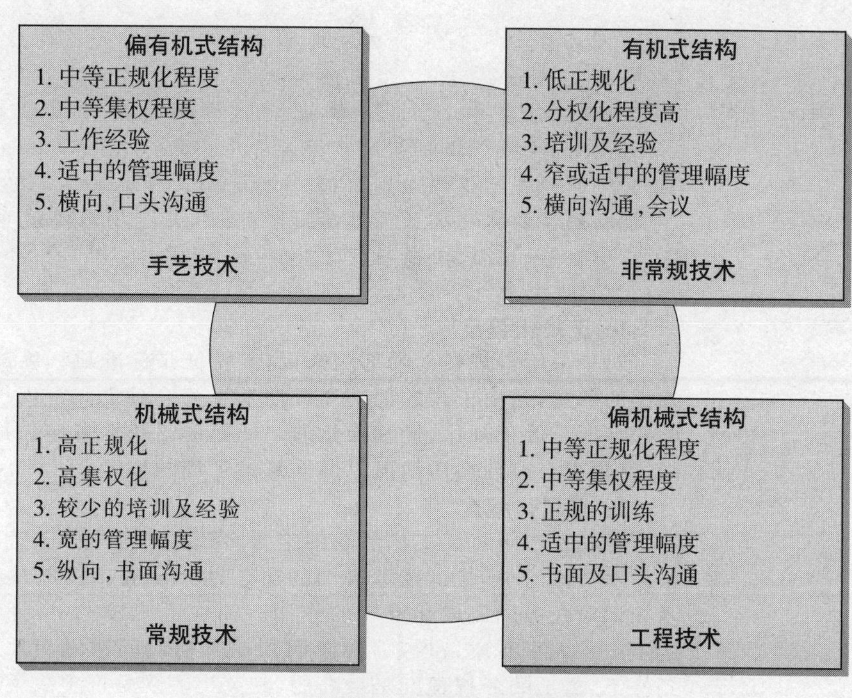

图 7-7　部门技术与结构及管理特征的关系

应用案例 7-5

纪念斯隆-凯特琳癌症中心

多年来,医院的餐饮服务单位一直在常规技术指导下运行。工作人员按照标准的菜单准备饭菜,按照标准的食谱制作饭菜,所有活动都遵循标准化的规章制度和流程。然而最近几年,一些医院开始了一些不同寻常的尝试。

普尼娜·佩莱德(Pnina Peled)是纪念斯隆-凯特琳癌症中心(Memorial Sloan-Kettering Cancer Center)的主厨,她于近日首次尝试制作了柠檬口味的披萨。佩莱德一直在考虑为病人制作新口味的食物。一位十几岁的病人告诉她说自己想吃披萨,但是却又只能吃柠檬味的披萨。因此佩莱德专门为这位病人制作了一个披萨,最后在上面涂上了一层柠檬味的阿尔弗雷多奶香酱。食品和营养服务中心的负责人维罗妮卡·迈克莱蒙特(Veronica McLymont)说:"如今,在自身健康条件允许的情况下,癌症中心的病人可以点他们自己喜欢吃的饭菜。"这意味着医院浪费的食物会大大减少,但同时这也要求厨房工作人员接受更好的培训,丰富自己的经验,并且更加灵活,以便为病人提供个性化的餐饮服务。目前,纪念斯隆-凯特琳癌症中心、北卡罗来纳州罗利市的雷克斯健康中心(Rex Healthcare)、休斯敦的安德森癌症中心(MD Anderson Cancer Center)以及波士顿的布莱根妇女医院(Brigham and Woman's Hospital)等各家医疗机构都在对其厨房员工进行重新培训,并在他们使用非常规技术为病人提供服务的过程中给予更多灵活性。[77]

1. 正规化程度

对于采用常规技术的部门来说,其特征是标准化程度高,劳动被划分为细小的部分,并由正式的规则和程序来规范。对于非常规技术来说,部门结构的特征是低正规化、低标准化的。如果部门技术多样性很高,比如研究部门,就很少会有什么活动可以遵循某种正规的程序。[78]

2. 分权化程度

常规技术中有关工作活动的绝大多数决策都集中于管理部门。[79]而在工程技术类部门中,受过技术培训的员工通常享有中度的决策权,原因是,技术知识对任务的完成起重要的作用。而在手艺技术中,拥有长期实践经验的生产工人享有决策权,因为他们知道如何对问题做出反应。非常规技术条件下,员工的分权程度是最高的,其突出表现是许多决策都由员工做出。

3. 员工的技术熟练程度

常规技术部门中的工作人员通常并不需要接受很高的教育或具有丰富的经验,这是与其重复性的工作活动相一致的。在多样性高的工作单位中,工作人员技能比较熟练,通常要在技术学校或大学里接受正规的培训。对于可分析性低的手艺工作来说,员工的训练往往是通过工作经验获得的。而非常规技术类的活动,则既需要有正规的教育,也需要具备工作经验。[80]

4. 管理幅度

管理幅度是指直接向一个管理者或监督人员报告工作的雇员的数目。这个结构特征通常受到部门技术的影响。越是复杂、非常规的任务,主管人员要介入其中予以解决的问题就越多,管理幅度就越窄。尽管管理幅度还受到其他诸如员工技术熟练程度等因素的影响,但是,复杂性高的任务中管理幅度通常应窄一些,因为对于这种任务,主管人员与下属间应该保持频繁的接触。[81]

5. 沟通与协调

沟通的频率随着任务多样性的增强而提高。[82]经常出现问题的单位中需要更多地共享信息,便于解决问题,以确保工作活动的完成。一般说来,在非常规技术的单位中,沟通的方向通常是横向的,而在常规技术的单位中,沟通的方向则多数是纵向的。[83]沟通的方式也随任务可分析性程度的不同而变化。[84]在任务可分析性高的情况下,统计的和书面方式的沟通(如备忘录、报告、规则和程序等)得到更经常的使用。在任务的可分析性低的情况下,信息通常是通过面对面的方式沟通的,如打电话或召开小组会议等。

图 7-7 反映了两个重要观点:第一,部门之间确实各不相同,它们可以按其工作流的技术加以分类。[85]第二,由于部门技术的不同,使结构和管理过

程也不同，管理者应该从满足其特定技术的要求出发设计他们的部门。当部门设计与技术明显不一致时，设计问题就显而易见了。研究表明，如果部门结构和沟通方式没有反映出技术的要求，这一部门就倾向于是低效的。[86]因为其员工不能按解决问题所必需的频率进行沟通。

评价你的答案

3. 一种组织结构设计和管理对一家电视台的销售部门有效，但可能不适用于这家电视台的新闻部门。

答：同意。相对于销售部门，新闻部门的技术是非常规技术的类型，因为没有人知道一天里会发生什么有新闻价值的事件，这些事件在什么时间或什么地方发生，或者这些事件要用什么方式来报道。而销售任务，尤其是电话销售是要不断地给顾客做广告，这样的方式可以通过标准程序来进行，但收集和报道新闻事件却不能标准化。一个销售部门的技术类型是常规化的，因为这里几乎没有多样化任务和难以理解的任务。

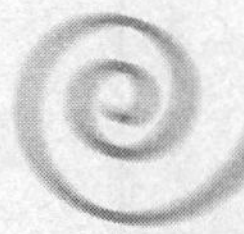

部门间工作流的相依性

技术对结构影响的另一个特征称作相依性。所谓**相依性**(interdependence)，是指一个部门依赖其他部门提供完成任务所需的信息、资源或材料的程度。相依性低意味着这一部门可以不依赖其他部门而独自开展工作，不需要与其他部门接触、咨询或交换材料。相依性高则意味着部门之间必须不断地交换资源。

相依关系的类型

詹姆斯·汤普森(James Thompson)确定了影响组织结构的三种相依关系。[87]图 7-8 显示了这些相依关系，下面详细对其进行讨论。

并列式

并列式相依(pooled interdependence)是部门间相依关系的最低形态。在这种相依关系中，工作不在部门之间流动。每一部门都是组织的一个部分，都对组织的共同利益做贡献，但是彼此的工作则是独立的。赛百味(Subway)快餐店或银行的分支机构都是并列式相依的例子。比如，芝加哥的分店并不需要同厄巴纳(Urbana)的分店打交道。并列式相依还与事业部型结构中的部门间关系相连。前面第 3 章中已经定义了事业部型结构。事业部或分支机构之间共享着来源渠道相同的财务资源，每一部门的成功都对整个组织的成功做出贡献。

汤普森认为，并列式相依存在于他称为中介型技术的企业中。**中介型**

相依关系的类型	决策中对横向沟通的需要程度	所需的协调手段类型	部门组合的优先序
并列式(银行) 顾客	低	标准化 规则 程序 事业部型结构	低
顺序式(装配线) 顾客	中等	计划 进度安排 反馈 任务小组	中等
交互式(医院) 顾客	高	相互调整,跨部门会议,团队工作 横向型结构	高

图 7-8　汤普森对工作相依关系的分类及其含义

技术(mediating technology)所生产的产品或服务是作为连接外部环境中的顾客的媒介。在提供这些产品或服务中,每个部门都可以彼此独立地工作。银行、经纪商行和房地产公司都是联结买者和卖者的中介机构,在其组织之内各单位都独立地开展工作。

并列式相依条件下的管理工作是相当简单的。汤普森主张管理者应该利用规则和程序来使各部门的活动标准化。每个部门应当采用相同的工作程序和财务报表,这样,所有部门的成果都可以得到衡量,使它们成为并列式的关系。部门间的活动很少需要日常性的协调。

顺序式

当相互依赖表现出序列联结的方式,即一个部门生产的零配件成为另一部门的投入时,这种相依关系就称为**顺序式相依**(sequential interdependence)。为了使后续部门能够顺利地工作,前面工序的部门必须正确地执行工作。这是比并列式相依程度更高的相依关系,因为部门之间相互交换资源,并且依靠其他部门才能做好工作。顺序式相依对横向协调提出了更高的要求,如采取专职整合人员或任务小组等协调机制。

顺序式相依发生在汤普森所称的长链型技术中。所谓**长链型技术**(long-linked technology),是"指一个组织中连贯进行的一系列生产步骤的集合,其中每一生产步骤都使用前一步骤的产品作为投入,同时又为下一个步骤提供投入。"[88]顺序式相依的一个例子来自于造船工业。直到最近,船体设计者用纸和夹板制作模型和样品,并将它们送去组装。切割部门依赖于设计人员的精确测量,而组装部门则依赖于切割部门精确切割的零件。这种顺序式相依意味着测试和样机组合中的错误，会导致在切割和组装流程中错误的发生，从而会延迟流程和增加成本。海军建筑师菲利普·卡利(Filippo Cali)发明一种复杂的软件程序，能够在设计和组装间架起一座桥梁。该软件通过将至关重要的设计流程输入到计算机程序中，从而消除设计与组装之间的很多问题。[89]另一个顺序式相依的例子是一条汽车组装线，它必须有它所需要的所有部分，例如，发动机、操纵装置和轮胎，从而使生产持续进行。

与并列式相依相比，顺序式相依对管理的要求更高，因为需要对相连的工厂或部门进行协调。鉴于这种相依是物资的单向流动，广泛的计划和进度安排是必需的。例如，B 厂需要知道它可预期 A 厂会给它提供什么，这样才能使两方都有效地生产。此外，为了处理预见不到的问题和例外事项，还必须加强两个工厂间的日常沟通。

交互式

最高程度的相依关系是**交互式相依**(reciprocal interdependence)。当 A 作业部门的产出成为 B 部门的投入，而 B 部门的产出又反过来成为 A 部门的投入时，它们之间就存在交互式相依关系。这时，一个部门的产出会以交互作用的形式影响到所有的部门。

交互式相依通常存在于汤普森所称的**密集型技术**(intensive technologies)中。这是指以集结的方式为某一顾客提供各种产品或服务。企业的新产品开发也属于这种相依情形。产品设计、工程技术、制造、营销之间需要高强度的配合，将各自的资源集结起来，才能开发出适合顾客需要的产品。例如，卡拉威高尔夫公司(Callaway Golf)每年推出七种到八种新产品，以保证其成为行业内最具创新性的制造商之一。要保持这样的创新速度，需要设计团队、工程师、营销人员甚至律师之间的紧密协调。团队之间要保持沟通，并能够快速、安全地将计算机辅助设计软件(CAD)和计算机辅助制造软件(CAM)分享给中国、日本、韩国、墨西哥、台湾地区等国家和地区的生产合作商。流程中所涉及的各个人员通过协同软件在全天 24 小时中的任何时间都可以获取这些文件，以密切跟踪项目进程。在一般的工作日中，每天会有 200 位不同的人接触到这些文件，并与他人协同工作。[90]医院也是一个典型的例子，因为医院要为病人提供协调一致的服务。

交互式相依要求部门之间密切协作、协调配合。最近关于高管团队的研究证实了良好的沟通和密切的协调有助于拥有高度相依特征的团队提高绩效。[91]在交互式相依这种模式下，组织的结构必须能够允许横向沟通和调整，这可以通过跨职能团队或横向结构实现。广泛的计划也是需要的，但计划并不可能预见或解决所有的问题，这就需要各部门的管理者共同参与到面对面的协调、团队工作以及决策制定中。基于这些原因，在交互式相依的组织中，管理者经常采用第 3 章所述的关系式协调，组织中的人们将共享信息和跨部门协调作为日常工作的一部分。协调和信息共享被构筑到组织结构之中。[92]西南航空公司就是一个很好的例子。

应用案例 7-6

西南航空公司

对于所有的航空公司来说,飞机起飞是一个相当复杂的过程,在此过程中有许多来自不同部门的员工需要在限定时间内协作完成一系列任务,并且这一过程会伴随着很多不确定的因素。图 7-9 显示了在飞机起飞过程中票务人员、飞行员、空乘、行李员、检票员、运营人员、机械师、机舱保洁员、机坪操作员、货物装卸管理人员、燃料管理员以及餐饮管理员等工作人员之间的关系式协调。部门间的紧密协作是飞机能够按时起飞的关键。

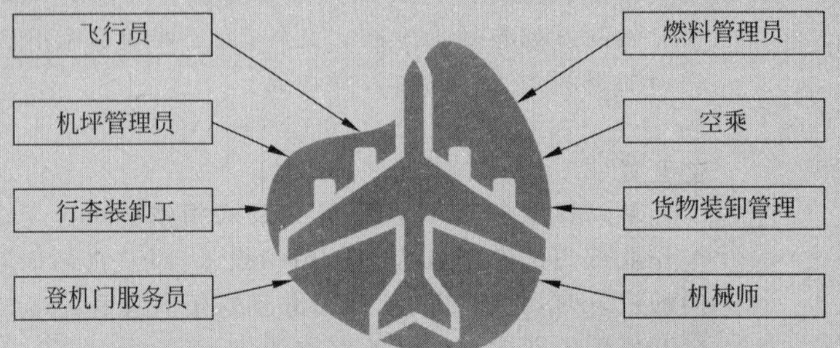

图 7-9 航班起飞过程中涉及的部门间相互依存关系

正如我们在第 3 章中介绍的,西南航空公司能够让起飞耗时最短,他们是如何做到的呢?答案就是西南航空公司改善了各部门之间的协作,从而达到了准时起飞的目标,并提升了顾客满意度(如图 7-9)。西南航空公司的管理者们设计了一套"团队延误"("team delay")准则,该准则强调不同部门之间要密切协作,而不是在出现问题时去寻找谁该为此负责。对团队精神的重视能够让每个员工都将注意力集中在准时起飞、安排好行李托运、乘客安全和顾客满意度等共同目标上。员工们会积极主动地做好工作的衔接,而不是推脱责任以免受责罚。管理者们也和员工紧密协作,在员工的学习和工作中提供帮助。

西南航空公司在选择员工时,最看重的不是工作技能,而是团队精神,员工培训与发展以及公司内流传的故事都是在强化团队合作和相互尊重。曾经有一个飞行员到西南航空公司面试,由于他对行政助理不礼貌,就没能获得这份工作。西南航空公司的一位管理者指出,他们的理念是"员工与公司同荣辱、共进退"。[93]

通过支持团队工作、共享目标、相互尊重以及共担责任和义务,西南航空公司践行了关系式协调,促进了相互依存的部门之间的紧密协调。交互式相依是组织所面临的最为复杂的相互依赖的情形,也是当前管理者组织结构设计中最大的挑战。

部门组合的优先序

如图 7-8 所示，既然交互式相依情形下的决策、沟通和协调问题最为突出，这种相依关系在组织结构设计中就应该得到优先考虑。组织中交互式相依的活动有必要紧紧地组合在一起，这样管理者才有更便利的渠道与另一环节人员取得相互的调整。即交互式相依的单位应当向同一位管理者报告工作，并且空间距离要近，这样可以减少协调的时间和精力的耗费。围绕核心过程组建相互联结的一系列工作团队并形成横向型结构，可以提供足以支持交互式相依的相当紧密的协调。协调不良将导致组织绩效低下。如果交互式相依的部门在地理位置上并不邻近，组织就应该增设一些协调机制，如部门间每日的例会，或者利用内部互联网，以促进相互的沟通。结构设计中其次考虑的是顺序式相依，最后是并列式相依。这种组织策略使得对组织成功至关重要的协调能拥有最短的沟通渠道。

结构性协调机制

如图 7-10 所示，绝大多数组织存在不同程度的相依性，结构设计必须能够适应这种需要。[94]在制造业企业中，新产品开发包括了设计、工程、采购、制造及销售部门之间的并列式相依，这样的企业或许可以通过横向型结构或跨职能团队来处理信息和资源在部门间的交互传递。一旦产品开发出来，其生产过程就表现为顺序式相依，物品是在采购、库存、生产控制、制造和装配部门之间依次流向下一部门的。产品的实际订货和运送是并列式相依关系，各产品设有自己独立的仓库，而且顾客可以就近订货。因而，除了缺货等特殊的情况外，仓库间并不需要加以协调。

一项对球队的研究说明了球类运动中三种不同程度的相依关系及其对球队其他特征的影响。这项研究考察了棒球队、橄榄球队和篮球队队员之间的相依关系。

应用案例 7-7

球　　队

棒球、橄榄球、篮球这三种运动的主要区别在于队员之间的相依关系不同。棒球队中的相依关系低，橄榄球队居中，而篮球队象征着队员间最高程度的相互依赖。这三种球队中的相依关系及其他特征如表 7-4 所示。

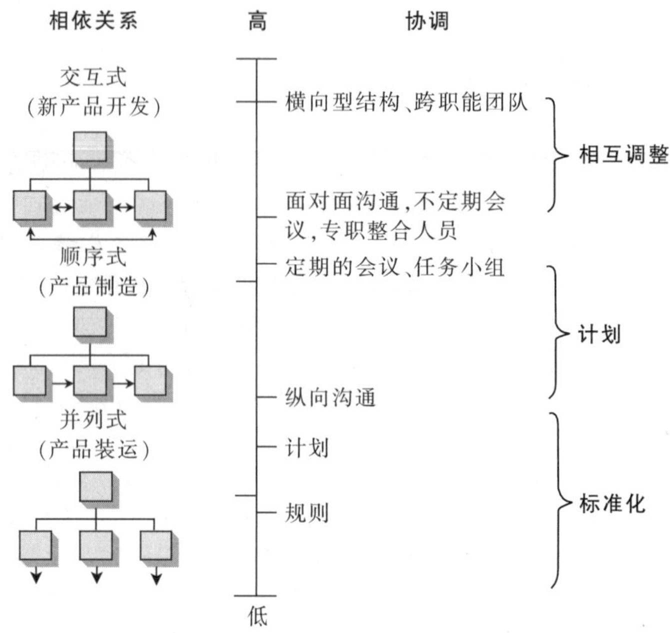

图 7-10 制造业企业适应不同任务相依性的主要协调手段

资料来源:Adapted from Andrew H. Van de Ven, Andre Delbecq, and Richard Koenig, "Determinants of Communication Modes within Organizations," *American Sociological Review* 41(1976),330.

表 7-4 相依性与球队其他特征之间的关系

	棒 球	橄榄球	篮 球
相依性	并列式	顺序式	交互式
队员在场上分布的分散程度	高	中等	低
协调手段	比赛的规则	比赛方案及队员定位	相互调整,共担责任
管理者的关键任务	挑选队员,提高队员的技能	事先准备,现场指挥	影响比赛动态过程

资料来源:Based on William Pasmore, Carol E. Francis, and Jeffrey Haldeman, "Sociotechnical Systems: A North American Reflection on the Empirical Studies of the 70s," *Human Relations* 35(1982),117-1204.

皮特·罗斯(Pete Rose)指出:"棒球虽然是球队之间的竞赛,但9名队员如果各自取得了他们个人的得分,这个球队就是最杰出的。"对于棒球运动来说,队员之间的相依性很低,可以认定是并列式相依。每个队员独立行动,轮流执棒,并且在各自的位置上防守。若有相互配合,也仅限于两三个队员之间的,比如在双杀的场合。球员在球场上分散开来,比赛的规则就是协调球员间活动的主要手段。每个球员独自地练习和提高各自的技能,如练习如何执棒,如何站好位置。管理者的任务是挑选出色的队员,因为如果每个队员表现出色,整个球队就能取胜。

橄榄球队中队员之间的相依关系要高些，它倾向于顺序式的。第一排队员要挡住对手的进攻，以便后排的队员能往前跑或跨越对方的障碍。比赛从第 1 节到第 4 节依序进行。队员地理位置上分布属中等的分散度，这便于队员间作为协作的单位相互配合。协调队员的主要手段是开发出一个比赛方案，并配以规范队员行为的一些规则。每名队员都有特定的任务，但各人的任务必须与其他队员的任务相匹配才有意义。因此，球队的管理者要设计出一套获胜的比赛方案。

篮球队中的相依关系基本属于交互式的。赛场上情况变化无常，队员之间的任务分工不像其他球类运动那么明确。每位队员既要防守，又要进攻，运球、投篮，争取进球。篮球在队员之间传来传去。篮球队员间以一种动态的方式相互配合，以便取得比赛胜利。篮球队管理的技能就包含了影响这一动态过程的能力，包括替换队员以及将球递到特定的区域。球员必须学会适应赛场上的各种变化，学会在出现特定事件时能适应伙伴的行动。

队员间的相依关系不同是解释这三种球类运动差异的主要变量。棒球赛是围绕各自独立的队员组织的，橄榄球赛是围绕顺序式相依的小组而组织的，篮球赛则要按交互式相依的队员间的自由流动来组织。[95]

社会技术系统

到目前为止，本章已经介绍了用以分析制造技术、服务技术以及部门级技术如何影响结构和管理过程的几种模型。新技术对组织的影响遵循某种特定的关系模式，即先对各职务工作内容产生直接的影响，经过一段时间以后，进一步对组织的设计产生影响。技术对员工的最终影响可以部分地通过有关职务设计和社会技术系统的观点来阐释。

社会技术系统理论(sociotechnical system approach)认识到了在有效的工作设计中技术因素和人类需要是相互影响的，因而提倡要将人的需要与组织对技术效率的需要结合起来。这里，社会因素指的是组织中工作的个人和群体及其工作组织和协调的方法，技术因素指的是原材料、工具、设备以及用以将组织的投入转化为产出的工艺过程等。

图 7-11 列出了社会技术系统模型的三部分主要内容。[96]其中，社会系统涵盖了所有人的要素，诸如个体和群体的行为、组织文化、管理实务、沟通开放性程度等，这些都会影响到工作的绩效水平。技术系统则指生产技术的类型、相依性程度、任务的复杂性，等等。社会技术系统理论的目标是设计出一种**联合最优化**(joint optimization)的组织。也就是，只有当社会系统和技术系统的设计能够相互匹配地适应对方的需要时，这样的组织才能够实现最佳的功能。事实上，根据社会技术理论，人和技术的有效融合将创造一种和谐的关系，因为人们能够理解新技术的优势，然后利用它，而不是与它

对抗。[97]如果组织的设计仅考虑满足人的需要而忽视了技术系统的要求，或者为改进效率而进行的技术变革无视人的需要，那么都注定要导致绩效的恶化。例如，进化心理学家罗宾·邓巴(Robin Dunbar)说，不管技术有多么先进，人们能够维持"有意义的社会关系"的最高数量限制是150人。这也是为什么戈尔公司(W. L. Gore & Associates)的分支机构最多只雇佣150名员工，当员工数量超过150人时，公司就另设立一个新的分支机构。管理者们知道，一旦人们之间的联系超过其数量限制而失去意义的时候，就无法有效地沟通和合作，也就无法为组织创造卓越的绩效。[98]社会技术系统理论就试图在人员的愿望和需要与组织生产系统对技术的要求两者之间找到一种平衡。[99]

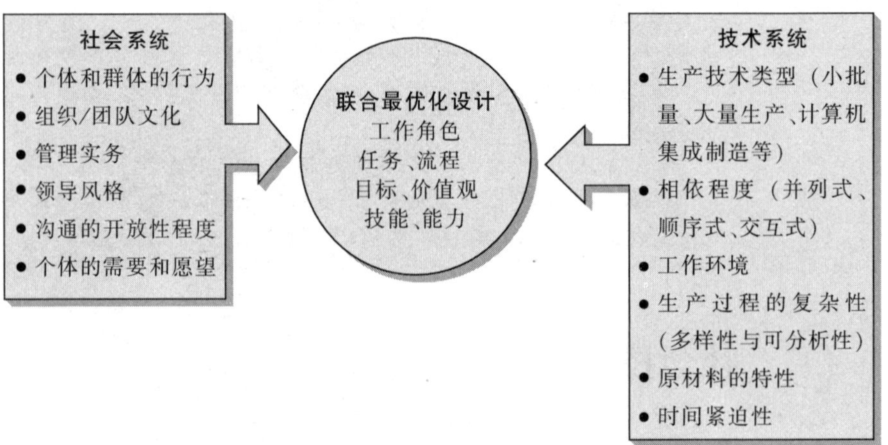

图 7-11　社会技术系统模型

资料来源：Based on T. Cummings, "Self-Regulating Work Groups: A Socio-Technical Synthesis," *Academy of Management Review* 3(1978), 625-634; Don Hellriegel, John W. Slocum, and Richard W. Woodman, *Organizational Behavior*, 8th ed. (Cincinnati Ohio: South-western, 1998), 492; and Gregory B. Northcraft and Margaret A. Neale, *Organizational Behavior: A Management Challenge*, 2nd ed. (Fort Worth, Tex.: The Dryden Press, 1994), 551.

博物馆安装闭路电视监视系统就是这方面的一个例子。不是派若干名保安巡视博物馆设施和场地，而代之以监视系统，这只需要一名保安人员就能监控整个博物馆。这项技术节约了资金，因为每班只需要一名保安人员，但是，它却产生了预想不到的绩效问题。过去，保安人员在巡视中能享受到社会性接触的乐趣，现在，监视闭路电视让他感到远离人群、单调乏味。联邦机构对该系统进行了18个月的测试，结果表明：在几千起违法闯入的事件中，电视监视系统只探测到其中的5%。[100]这证明该系统是无效的，因为人的需要没有得到考虑。

社会技术原则是英国一所名为塔维斯多克研究所(Tavistock Institute)的研究机构在20世纪五六十年代进行的研究工作中提出的。[101]应用社会技术系统原则进行组织变革的例子已经见于许多组织中，包括通用汽车公司、沃尔沃公司(Volvo)、田纳西河谷管理局(Tennessee Valley Authority,

TVA)以及宝洁公司等。[102]在许多应用中，尽管失败的情况也有，但在技术和结构变革中力求同时满足效率和人的需要两方面要求的联合最优化确实对改善绩效、安全和质量以及较低缺勤率和离职率等产生了有益的影响。在有些情形下，基于技术和科学原理的工作设计并不是最有效的，相反，员工的参与和全身心投入却能使组织取得与众不同的成绩。后来的研究进一步表明，新技术不是必然会给员工带来消极的影响，因为这样的技术通常会要求更多地动用脑力并需要有高水平的社会技能，这样技术也就可以成为能促进员工高程度参与和全身心投入这样一种(联合最优化)状态的因素，从而给员工和组织都带来有利的影响。

社会技术系统理论所坚持的应当把人看作资源并赋予其一定的技能、有意义的工作及适当的报酬的原则，在当代技术复杂性愈益增大的新时代中具有更重要的意义。[103]一项对造纸企业的研究表明，组织如果过于相信机械设备和技术的作用，不重视以一种合适的方式对人进行管理，这样的组织并不能提高效率和增强灵活性。如今绝大多数成功的企业都努力寻求机器、计算机系统与人之间的最佳组合，并探寻使它们之间取得协调的最有效方式。[104]

设计要点

■ 这里指出技术文献中的一些重要观点。第一个是伍德沃德对于制造技术的研究。她深入各种组织并搜集到了关于技术特征、组织结构和管理系统的实际数据。她发现了高绩效企业的技术和结构之间存在清晰的关系。她的研究结论如此清晰，经理们完全可以在相同的技术和结构维度上分析自己的组织。另外，技术和结构都可以与组织战略相匹配，来满足不断变化的需求并产生新的竞争优势。

■ 第二个是服务技术与制造技术在系统层面有本质的不同。服务技术具有产出结果无形以及在生产过程中直接与客户打交道的特征。服务型企业中不存在制造型企业中的基于机器和固定化的技术特征，因此，组织结构通常也不相同。

■ 第三个是佩罗的应用在部门技术方面的研究框架。对于技术的种类和可分析性的理解，有助于我们分析部门的管理风格、结构和过程等特征。常规技术的部门就采取机械式结构，而非常规技术的部门就采取有机式的结构。如果对一个部门采取了错误的管理系统则会导致不满意和效率的降低。

■ 第四个是组织中各部门之间的相依关系。部门间互相的物质、信息或其他资源的相互依存程度决定了彼此之间需要的协调程度。随着部门间相依程度的提高，对协调机制的需求也必须相应增强。组织结构设计必须考虑到适当的沟通和协调来处理跨部门间的相依关系。

■ 第五个是智能工厂技术和精益制造已经在组织中采用，并对组织结构设计产生了较大程度的正向影响，也就是不论是车间还是管理层级的设计都更加倾向于有机式结构。同时，这些技术代替了常规的工作，给予员工更多自主权，同时也产生了更多富有挑战性的工作，鼓励团队工作，使得组织更具柔性和反应性。新技术使得工作更加丰富化，并使得组织成为更加令人愉悦的工作场所。

■ 第六个是需要考虑社会技术系统理论的一些原理，即试图设计组织的技术层面和人的层面并使其互相匹配，这些原理和技术进步同样重要，在当今企业中的应用日益增加，改变了工作性质和社会交互。

关键概念

可分析性(analyzability)
连续生产(continuous-process production)
核心技术(core technology)
手艺技术(craft technologies)
工程技术(engineering technologies)
密集型技术(intensive technologies)
相依性(interdependence)
联合最优化(joint optimization)
大批量生产(large-batch production)
精益制造(lean manufacturing)
长链型技术(long-linked technology)
大规模定制(mass customization)
中介型技术(mediating technology)
非核心技术(noncore technology)
非常规技术(nonroutine technologies)
并列式相依(pooled interdependence)
交互式相依(reciprocal interdependence)
常规技术(routine technologies)
顺序式相依(sequential interdependence)
服务技术(service technology)
单件小批量生产(small-batch production)
智能工厂(smart factories)
社会技术系统理论(sociotechnical systems approach)
技术复杂性(technical complexity)
技术(technology)
多样性(variety)

讨论题

1. 根据佩罗的技术分析框架，你所在的大学及学院或系采用的是什么样的技术？在做这一评价时，请考虑其多样性和可分析性特征。专门从事教学的系与专门从事科研的部门，它们是否处于完全不同的象限？

2. 请解释汤姆斯有关相依性的分级。以你所在的大学或学院为背景，各举一个说明不同程度相依性的例子。大学或学院的管理者应该采取哪类协调手段来处理这三种不同程度的相依关系？

3. 伍德沃德发现主管人员的管理幅度与技术复杂性之间存在什么关系？

4. 智能工厂和精益制造与其他的制造技术有什么区别？为什么这些新式制造技术在当前的环境下是必需的？

5. 什么叫服务技术？不同类型的服务技术是否要与不同的结构相匹配？请予以解释。

6. 持续改进和减少浪费等精益概念在制造型企业中应用已久，讨论一下服务型企业如何应用这些精益思想。你何以认为很多服务型企业正在应用这些思想？

7. 为什么像西雅图儿童医院这样的医疗机构需要强调关系式协调？

8. 有位高层经理认为高层管理是一种手艺技术，因为诸如处理人事问题、解释环境的变化、以经验学习的方式解决异常的事件等工作都包含着无形的成分。如果果真如此，在商学院中教管理是否还合适？按教科书教管理的方法，是否认定管理者的工作是可分析的，因而正规的训练就比经验更加重要？

9. 新技术的发展在何种程度上使员工的工作简单化和常规化了？你能列举出一些例子吗？新技术能否也会使工作更加多样化和复杂化？试讨论。

10. 请描述社会技术系统模型。为什么有些管理人员反对采纳社会技术系统理论的观点？

练　习

不同餐厅所用的技术[105]

这里要求你对麦当劳、赛百味(Subway)和一家典型的欧美风格家庭小餐馆——所使用的技术做一分析。你的老师将告诉你需要以个人还是小组方式完成这份作业。

你可以在参观这三类餐厅后，按以下方面推论它们各自是怎样完成工作的。不要去“访问”任何一位员工，而要从观察者的角度去察看。参观时，尽可能地多做些记录。

	麦当劳	赛百味	家庭小餐馆
组织的目标： 服务的速度、质量，用餐环境，等等			
以伍德沃德模型区分的技术类型			
组织结构： 机械式或有机式			
团队或个体： 员工是在一起还是独自工作			
相依性： 员工工作中如何相互依赖			
任务： 常规的还是非常规的——工作的多样性如何			

问　题

1. 按照各家餐厅的目标和环境要求，它们各自所使用的技术是否是最合适的？

2. 根据上述的资料判断它们各自的结构及其他特征是否与技术相匹配？

3. 如果你是一咨询小组的成员，你会提出什么建议改善每家餐厅的经营？

教学案例

杀毒软件公司：软件工具项目[106]

肯尼斯·泰罗纳(Kenneth Tirona)已经在这家世界第二大信息安全公司*工作三年了。他从一名质量保证专员(Quality Assurance Specialist)做

* 原文中该公司名为“AV Corporate”，但是译者并未查到这家公司，应是案例作者有意对公司名进行了更改，本书将“AV Corporate”理解为“Anti Virus Corporate”，译为杀毒软件公司。

起，如今已经成为产品研发部的经理，非常熟悉杀毒软件运营部（Anti Virus Operations Department）的内部流程。杀毒软件公司的部分组织结构如图 7-12 所示。

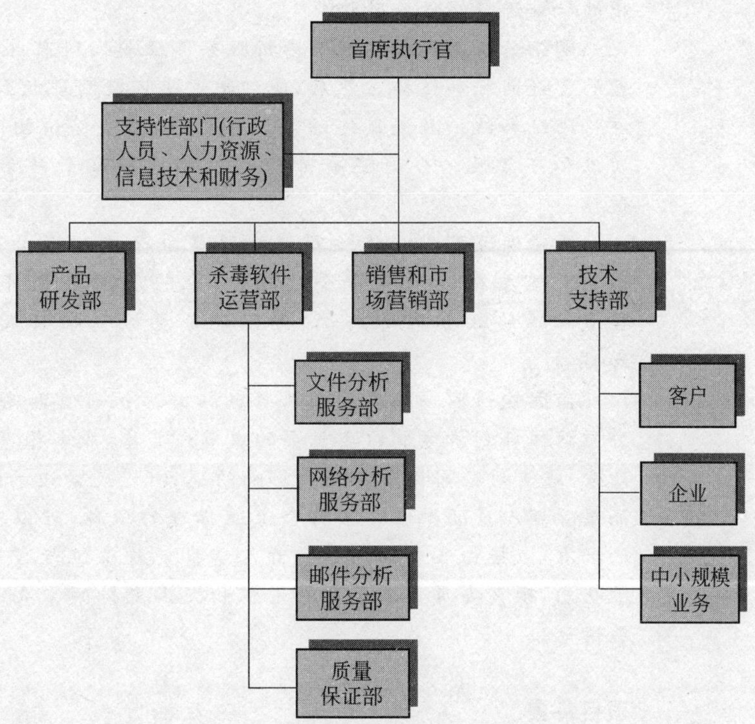

图 7-12　杀毒软件公司部分组织结构图

组织背景

市场营销　市场营销部不仅要参与传统意义上的销售和市场营销活动，也要参与产品的研发过程，帮助产品研发部门对潜在产品进行市场调查，并在最后阶段对即将推出的产品进行贝塔测试（Beta testing）。

产品研发部　产品研发部负责推动整个项目的发展。通常情况下，产品研发部在项目初期需要先与市场营销部合作，以了解用户的各种需求，确定要开发哪些新产品，而后再对这些新产品进行开发。

技术支持部　技术支持部是面向客户的，负责处理新产品发布后用户所面临的各种问题和请求。按照惯例，技术支持部把用户无法处理的问题传达给杀毒软件运营部，杀毒软件运营部根据具体的问题编写新的“命令”，以解决用户所面临的问题。

杀毒软件运营部　杀毒软件运营部通常负责为公司的产品定期更新“命令”。工程师们通过分析文件、网络和邮件等编写新的程序命令。同时，他们也负责为技术支持部提供相关的支持和帮助。

文件分析服务部 文件分析服务部经常会收到来自技术支持部或其他来源的可疑文件。为此,文件分析服务部专门编写了用于清除可疑文件的程序。每套程序在正式应用到公司的产品中之前,质量保证部都需要对其中的命令进行编译和验证。

网络分析服务部 网络分析服务部经常收到来自技术支持部或其他来源的可疑网址和链接。然后,他们把这些可疑网址放到一个临时数据库中。在将网址和链接放进最终的数据库之前,质量保证团队负责核验它们的真实性和可靠性。公司还有专门的产品能够从最终数据库中找到可疑的链接。

质量保证部 在将编写好的程序命令应用于公司产品之前,质量保证团队需要核验这些命令。此外,在将临时数据库中的网址和网站链接放入最终数据库之前,该部门还负责检查临时数据库中的可疑网址和链接。

首席执行官 高层管理人员包括首席执行官和每个部门的负责人,是公司总体计划方案制订委员会的成员。其中,成本很高的项目(超过五百万比索)或者对公司运营有重大影响的项目(进度紧迫的项目,等等)需要获得高层管理人员的批准。不符合上述标准的项目,可以不用获取首席执行官的批准,直接由各个部门的负责人审批。首席执行官可以不必跟进项目进展状态,项目委员会出于监督进程和提供支持的需要必须每月跟进项目进展情况。

项目背景

肯尼斯最新接手的项目是改善一款软件工具的性能,这款小工具刚开始只在肯尼斯自己团队内部使用,高层管理人员发现它非常实用。如今,肯尼斯所在的整个部门都在使用这款软件。但是,现在它已经无法满足日益庞大的用户群的需求了。作为这款小工具最初开发者,肯尼斯对于能参与最新版本的开发工作感到非常激动。

通常情况下,这款小工具能自动处理某些程序,如文件分析和初步分析等程序。同时,它还能为二次分析(Secondary Analysis)和报表生成(Report Generation)提供声音输入,从而加速了人工处理的进程,使得整个处理过程从平均245分钟下降到60分钟,效率是先前的4倍。详见图7-13。

肯尼斯决定从杀毒软件运营部着手,与该部门内各个团队的经理面谈,搜集各位经理对这款软件的看法和意见。了解了大家对新版本的功能要求后,肯尼斯将其设计理念汇报给了管理部门并获得了批准。这一项目预计将会持续6个月,公司给予150万比索的资金支持,同时要求肯尼斯每个月月底向管理部门定期汇报项目进度。

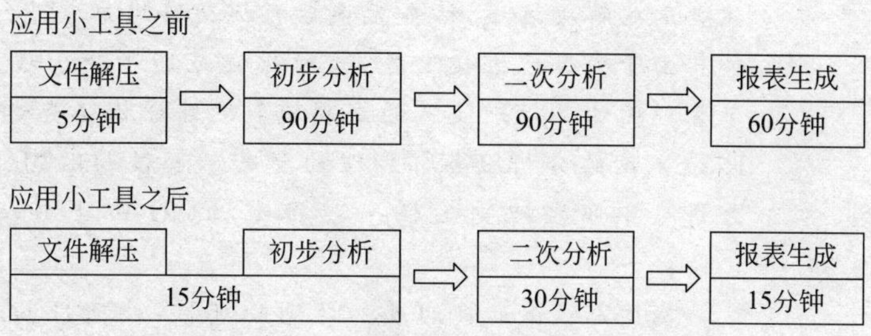

图 7-13　自动处理程序应用前后的流程比较

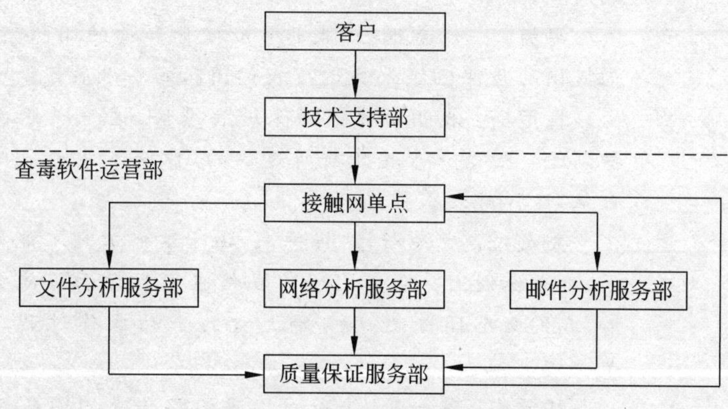

图 7-14　客户支持方案路径

各个团队的经理按照惯例聚在一起讨论项目进行过程中的各种问题和相应的改进措施。由于这个项目与每位经理都有关系，因此成为每周的经理会议上必谈的项目之一。各个团队的经理之间相互独立，有权自由地改变自己团队的行动而不受其他团队的约束。但是，当改动影响到其他团队的时候，就必须向所有被涉及的团队解释清楚。然后要对改动建议进行投票，有超过 60％的经理表示同意才能继续推进。这样一来，就能够保证所有与改动有关的团队成员都能清楚接下来要做什么。

在杀毒软件公司，客户通常会将支持方面的问题提交给技术支持团队，技术支持团队负责解决与产品相关的问题，并进一步将与杀毒有关的问题提交给杀毒软件运营部（见图 7-14）。上述问题均由单点接触网接收，单点接触网团队由 4 个人组成，他们会根据分析结果对问题进行分类。与文件相关的问题，比如严重破坏用户电脑的恶意文件，将被发送至文件分析服务团队。与网络有关的问题，比如某网站是否为欺诈网站或钓鱼网站，将被发送至网络分析服务团队。最后，与邮件有关的问题将被发送至邮件分析服务团队，该团队负责分析这些邮件是否为垃圾邮件。

这三个团队在处理相似问题的时候，通常会使用杀毒软件运营部提供的公用软件工具。同时，每个团队也有各自的专门工具，并且流程不尽相同。三个团队在向客户提供最终解决方案之前，需要由质量保证服务团队核查这些解决方案，核查无误后再提交给用户。

由于项目已经接近尾声，因此肯尼斯十分乐观地将软件的雏形呈现给了管理团队。管理团队的成员有：文件分析服务部经理马克·雷戈(Mark Rago)、网络分析服务部经理约瑟夫·罗莎莉欧(Joseph Rosario)以及邮件分析服务部经理艾薇拉·塔拉韦拉(Elvie Talavera)。以下是部分会议记录：

肯尼斯：正如我们最初计划的那样，该项目的主要功能都能在改进后的软件中体现出来。现在，我已经准备好回答你们的问题了，所有问题都可以问我。

马克：一切都很好，我非常欣赏你和你的团队所取得的进展。但是，你们提供的条件已经无法适应我们团队的新进展了。

肯尼斯：我明白你们团队进展很快，这一点你在每月的例会中都跟我提到过。但是正如我此前所建议的，你能不能把一些新功能放到下一个项目里，这样对大家都好。

艾薇拉：肯尼斯，这样一来，由于这个工具不能处理马克他们团队的需求，那么他们团队和我们团队在信息同步方面可能会出现问题。这就意味着，我们两个团队之间需要大量的手动操作过程，我们或许也要等下一个……

约瑟夫：等一下，艾薇拉。我同意马克的团队在项目进程方面确实存在一些新需求，但是我不同意推迟发布这款工具软件。我们团队真的非常需要这款新工具，希望能如我们讨论的那样在规定的时间发布使用。事实上，我的团队出于需求也想做出某些改变，但是我们却在等这个项目完成之后再做改变。

马克：约瑟夫，我认为这很不公平。在整个项目进程中，我们所有人都是通过肯尼斯进行沟通的，所以我相信肯尼斯一定能为团队之间的进程变动找到解决方案。但是如果我们推迟发布这个工具，那么你的团队或许就可以推行那些推迟了的变动方案。同时，我们也能为肯尼斯争取足够多的时间改进这款工具，满足所有团队的需求。

约瑟夫：我认为我们应该坚持现在的项目，我们要做的是适应新技术而不是推迟新技术的发布。我们在这个项目上已经花费了100多万比索，我想领导并不希望我们推迟发布，这必然会产生额外的费用。

艾薇拉：我确定我的部门负责人会同意我提出的改动方案。而且我相信，他也会批准所有相关的改动方案。肯尼斯，请问对于新的变动，你需要花费多少钱和多少时间呢?

肯尼斯：这要取决于我们的改动幅度。

约瑟夫：艾薇拉、马克，我知道你们二人一定认为推迟这个项目利大于弊。但是如果现在推迟项目进程会带来更多的变动，我们还要推迟吗?

马克：改变一直是我们公司的文化传统，我相信我们能够处理将来发生的任何变化。

肯尼斯：约瑟夫先生、马克先生以及艾薇拉女士，谢谢你们刚才的提议。我先把新的要求都集中到一起，看看这些变动的复杂程度，然后再提出新的时间表和预算需求，怎么样？

马克：谢谢你，肯尼斯。我们等你的新消息。

会后，肯尼斯觉得非常困惑。起初，肯尼斯特别希望借助这个项目推动事业的发展，但是现在看来这个项目有可能会成为一个没完没了的项目，项目期间每个团队中任何微小的变动都会影响到整个项目的进程。

肯尼斯花了一些时间重温了会议上的笔记，回顾了每个团队在项目执行过程中所经历的详细流程。这时候，他注意到了涉及共享资源的某些流程（下表中的阴影部分为共享资源）。

核心流程	网络分析	文件分析	邮件分析
下载与解压	文件下载	无	文件下载
	文件解压	文件解压	文件解压
自动分析	文件分析	文件分析	文件分析
	网址分析	无	网址分析
	文本分析	无	文本分析
	相关网址分析	无	相关网址分析
人工分析	行为分析	行为分析	行为分析

下载和解压：网络分析服务部和邮件分析服务部都需要先把文件下载下来，再解压文件。

自动分析：文件下载完成后，所有的分析服务部门都需要有文件分析过程。但是只有网络分析服务部和邮件分析服务部需要进行网址分析、文本分析和网址链接分析。上述所有工作基本都是由系统自动处理的。

人工分析：所有自动化分析过程完成后，再进行行为分析。行为分析要求工程师描述出潜在威胁的行为表现，这项工作是手工操作完成的。

作者注释

曼纽尔·C. 曼纽尔（Manuel C. Manuel Ⅲ）是菲律宾大学迪里曼分校（University of the Philippines, Diliman）工商管理学院的副教授兼学院秘书。

本案例由曼纽尔与菲律宾大学刚毕业的（2011 级）工商管理硕士迈克尔·同可（Michael Tongco）合作完成。注意，本案例并无意阐述有效或无效的管理处理方法。文中提到的某些人名为作者虚构。

注 释

1. Reported in Stephanie Clifford, "Textile Plants Humming, but Not with Workers," *The New York Times*, September 20, 2013, A22.
2. Clifford, "Textile Plants Humming, but Not with Workers."
3. Saul Berman and Peter Korsten, "Embracing Connectedness: Insights from the IBM 2012 CEO Study," *Strategy & Leadership* 41, no. 2 (2013), 46–57.
4. Charles Perrow, "A Framework for the Comparative Analysis of Organizations," *American Sociological Review* 32 (1967), 194–208; and R. J. Schonberger, *World Class-Manufacturing: The Next Decade* (New York: The Free Press, 1996).
5. Wanda J. Orlikowski, "The Duality of Technology: Rethinking the Concept of Technology in Organizations," *Organization Science* 3 (1992), 398–427.
6. Linda Argote, "Input Uncertainty and Organizational Coordination in Hospital Emergency Units," *Administrative Science Quarterly* 27 (1982), 420–434; Charles Perrow, *Organizational Analysis: A Sociological Approach* (Belmont, CA: Wadsworth, 1970); and William Rushing, "Hardness of Material as Related to the Division of Labor in Manufacturing Industries," *Administrative Science Quarterly* 13 (1968), 229–245.
7. Lawrence B. Mohr, "Organizational Technology and Organization Structure," *Administrative Science Quarterly* 16 (1971), 444–459; and David Hickson, Derek Pugh, and Diana Pheysey, "Operations Technology and Organization Structure: An Empirical Reappraisal," *Administrative Science Quarterly* 14 (1969), 378–397.
8. Joan Woodward, *Industrial Organization: Theory and Practice* (London: Oxford University Press, 1965); and Joan Woodward, *Management and Technology* (London: Her Majesty's Stationery Office, 1958).
9. Hickson, Pugh, and Pheysey, "Operations Technology and Organization Structure"; and James D. Thompson, *Organizations in Action* (New York: McGraw-Hill, 1967).
10. Edward Harvey, "Technology and the Structure of Organizations," *American Sociological Review* 33 (1968), 241–259.
11. Based on Woodward, *Industrial Organization* and *Management and Technology*.
12. Christina Passariello, "Brand-New Bag: Louis Vuitton Tried Modern Methods on Factory Lines—For Craftsmen, Multitasking Replaces Specialization," *The Wall Street Journal,* October 9, 2006, A1.
13. John Letzing, "Amazon Adds That Robotic Touch," *The Wall Street Journal*, March 20, 2012, B1.
14. Guy Chazan, "Clean-Fuels Refinery Rises in Desert," *The Wall Street Journal,* April 16, 2010, B8; and "Renewed Optimism for the Future of GTL, CTL, and BTL," *Oil and Gas News,* July 11, 2011.
15. Woodward, *Industrial Organization*, vi.
16. William L. Zwerman, *New Perspectives on Organizational Theory* (Westport, CT: Greenwood, 1970); and Harvey, "Technology and the Structure of Organizations."
17. Dean M. Schroeder, Steven W. Congden, and C. Gopinath, "Linking Competitive Strategy and Manufacturing Process Technology," *Journal of Management Studies* 32, no. 2 (March 1995), 163–189.
18. Daniel Roberts, "Going to the Mattresses," *Fortune*, September 24, 2012, 28–29; and Jake Stiles, "Lean Initiatives Help Sealy Prepare for Market Rebound," *IndustryWeek*, May 6, 2009, http://www.industryweek.com/articles/lean_initiatives_help_sealy_-prepare_for_market_rebound_19073.aspx?ShowAll=1 (accessed August 17, 2011).
19. Fernando F. Suarez, Michael A. Cusumano, and Charles H. Fine, "An Empirical Study of Flexibility in Manufacturing," *Sloan Management Review*, Fall 1995, 25–32.
20. Raymond F. Zammuto and Edward J. O'Connor, "Gaining Advanced Manufacturing Technologies' Benefits: The Roles of Organization Design and Culture," *Academy of Management Review* 17, no. 4 (1992), 701–728; and Schroeder, Congden, and Gopinath, "Linking Competitive Strategy and Manufacturing Process Technology."
21. John S. McClenahen, "Bearing Necessities," *Industry Week*, October 2004, 63–65.
22. James Surowiecki, "Requiem for a Dreamliner?" *The New Yorker*, February 4, 2013, 2; Nancy Trejos, "Boeing Faces More Dreamliner Problems," *USA Today*, September 26, 2013, http://www.usatoday.com/story/todayinthesky/2013/09/26/norwegian-air-polish-lot-boeing-dreamliner/2878019/ (accessed November 13, 2013); and "Boeing 787 Dreamliner: A Timeline of Problems," *The Telegraph*, July 28, 2013, http://www.telegraph.co.uk/travel/travelnews/10207415/ (accessed November 13, 2013).
23. Dov Gardin, "Carnival Cruise Lines: What They Should Have Done," *Risk Management Monitor*, February 22, 2013, http://www.riskmanagementmonitor.com/carnival-cruise-lines-what-they-should-have-done/ (accessed October 25, 2013); Lateef Mungin and Mark Morgenstein, "Carnival Cruise Line in More Troubled Waters," *CNN*, March 16, 2013, http://www.cnn.com/2013/03/15/travel/carnival-problems (accessed October 25, 2013); and Jad Mouawad, "Too Big to Sail?" *The New York Times*, October 28, 2013, B1.
24. Quoted in Mouawad, "Too Big to Sail?"
25. John Markoff, "Skilled Work, Without the Worker," *The New York Times*, August 19, 2012, A1.
26. Quoted in Sam Grobart, "What Machines Can't Do," *Bloomberg BusinessWeek*, December 17–December 30, 2012, 4–5.
27. Heritage Foundation statistic, based on data from the U.S. Department of Labor, Bureau of Labor Statistics, "Multifactor Productivity, 1987–2007," and reported in James Sherk, "Technology Explains Drop in Manufacturing Jobs," *Backgrounder*, October 12, 2010, 1–8.
28. John Teresko, "Winning with Digital Manufacturing," *Industry Week*, July 2008, 45–47.
29. Travis Hessman, "The Dawn of the Smart Factory," *Industry Week*, February 2013, 14–19.
30. Hessman, "The Dawn of the Smart Factory"; Jim Brown, "Leveraging the Digital Factory," *Industrial Management*, July–August 2009, 26–30; Teresko, "Winning with

Digital Manufacturing"; Jack R. Meredith, "The Strategic Advantages of the Factory of the Future," *California Management Review* 29 (Spring 1987), 27–41; and Althea Jones and Terry Webb, "Introducing Computer Integrated Manufacturing," *Journal of General Management* 12 (Summer 1987), 60–74.

31. Paul S. Adler, "Managing Flexible Automation," *California Management Review* (Spring 1988), 34–56.
32. Bela Gold, "Computerization in Domestic and International Manufacturing," *California Management Review* (Winter 1989), 129–143.
33. Travis Hessman, "The New Age of Robotics," *Industry Week*, August 2013, 22–25.
34. Brown, "Leveraging the Digital Factory."
35. Clint Boulton, "Barbies, Auto Parts Hot Off the Press," *The Wall Street Journal*, June 6, 2013, B1.
36. Graham Dudley and John Hassard, "Design Issues in the Development of Computer Integrated Manufacturing (CIM)," *Journal of General Management* 16 (1990), 43–53.
37. Hessman, "The Dawn of the Smart Factory."
38. Kate Linebaugh, "Honda's Flexible Plants Provide Edge; Company Can Rejigger Vehicle Output to Match Consumer Demand Faster Than Its Rivals," *The Wall Street Journal*, September 23, 2008, B1.
39. Tracy Mayor, "Six Sigma Comes to IT: Targeting Perfection," *CIO*, December 1, 2003, 62–70; Hal Plotkin, "Six Sigma: What It Is and How to Use It," *Harvard Management Update*, June 1999, 3–4; Tom Rancour and Mike McCracken, "Applying Six Sigma Methods for Breakthrough Safety Performance," *Professional Safety* 45, no. 10 (October 2000), 29–32; G. Hasek, "Merger Marries Quality Efforts," *Industry Week*, August 21, 2000, 89–92; and Lee Clifford, "Why You Can Safely Ignore Six Sigma," *Fortune*, January 22, 2001, 140.
40. 2006 Census of Manufacturers, reported in "Lean Choices," sidebar in Jonathan Katz, "Back to School," *Industry Week*, May 2007, 14.
41. Chris Liebtag, "Making Change with Lean Six Sigma Generates Many Happy Returns for CPA Firm Rea & Associates," *Global Business and Organizational Excellence*, May/June 2013,16–27.
42. Jeffrey K. Liker and James M. Morgan, "The Toyota Way in Services: The Case of Lean Product Development," *Academy of Management Perspectives*, May 2006, 5–20; and Brian Heymans, "Leading the Lean Enterprise," *Industrial Management*, September–October 2002, 28–33.
43. Steve Minter, "La-Z-Boy Never Rests on Continuous Improvement," *Industry Week*, January 2013, 25.
44. Chester Dawson, "For Toyota, Patriotism and Profits May Not Mix," *The Wall Street Journal*, November 29, 2011, http://online.wsj.com/news/articles/SB10001424052970203733504577025523618197732 (accessed March 27, 2014).
45. B. Joseph Pine II, *Mass Customization: The New Frontier in Business Competition* (Boston: Harvard Business School Press, 1999); and Fabrizio Salvador, Pablo Martin De Holan, and Frank Piller, "Cracking the Code of Mass Customization," *Sloan Management Review*, Spring, 2009, 71–78.
46. Barry Berman, "Should Your Firm Adopt a Mass Customization Strategy?" *Business Horizons*, July–August 2002, 51–60.
47. Erick Schonfeld, "The Customized, Digitized, Have-It-Your-Way Economy," *Fortune*, September 28, 1998, 115–124.
48. Mark Tatge, "Red Bodies, Black Ink," *Forbes*, September 18, 2000, 114–115.
49. Zammuto and O'Connor, "Gaining Advanced Manufacturing Technologies' Benefits."
50. Joel D. Goldhar and David Lei, "Variety Is Free: Manufacturing in the Twenty-First Century," *Academy of Management Executive* 9, no. 4 (1995), 73–86.
51. Meredith, "The Strategic Advantages of the Factory of the Future."
52. Patricia L. Nemetz and Louis W. Fry, "Flexible Manufacturing Organizations: Implementations for Strategy Formulation and Organization Design," *Academy of Management Review* 13 (1988), 627–638; Paul S. Adler, "Managing Flexible Automation," *California Management Review* (Spring 1988), 34–56; Jeremy Main, "Manufacturing the Right Way," *Fortune,* May 21, 1990, 54–64; and Frank M. Hull and Paul D. Collins, "High-Technology Batch Production Systems: Woodward's Missing Type," *Academy of Management Journal* 30 (1987), 786–797.
53. Goldhar and Lei, "Variety Is Free: Manufacturing in the Twenty-First Century"; P. Robert Duimering, Frank Safayeni, and Lyn Purdy, "Integrated Manufacturing: Redesign the Organization before Implementing Flexible Technology," *Sloan Management Review* (Summer 1993), 47–56; and Zammuto and O'Connor, "Gaining Advanced Manufacturing Technologies' Benefits."
54. Goldhar and Lei, "Variety Is Free: Manufacturing in the Twenty-First Century."
55. Estimate reported in "Services Firms Expand at Slowest Pace in 17 Months," *MoneyNews.com*, August 3, 2011, http://www.moneynews.com/Economy/ism-economy-Service-Sector/2011/08/03/id/405915 (accessed August 15, 2011).
56. Byron J. Finch and Richard L. Luebbe, *Operations Management: Competing in a Changing Environment* (Fort Worth, TX: The Dryden Press, 1995), 51.
57. This discussion is based on David E. Bowen, Caren Siehl, and Benjamin Schneider, "A Framework for Analyzing Customer Service Orientations in Manufacturing," *Academy of Management Review* 14 (1989), 79–95; Peter K. Mills and Newton Margulies, "Toward a Core Typology of Service Organizations," *Academy of Management Review* 5 (1980), 255–265; and Peter K. Mills and Dennis J. Moberg, "Perspectives on the Technology of Service Operations," *Academy of Management Review* 7 (1982), 467–478.
58. "Pandora Announces Listener Milestone," Pandora Press Release (July 12, 2011), http://blog.pandora.com/archives/press/2011/07/pandora_announc_1.html (accessed August 17, 2011).
59. Jena McGregor, "When Service Means Survival," *BusinessWeek*, March 2, 2009, 26–30; and Heather Green, "How Amazon Aims to Keep You Clicking," *BusinessWeek*, March 2, 2009, 37–40.
60. Melinda Beck, "Critical (Re)thinking: How ICUs Are Getting a Much-Needed Makeover," *The Wall Street Journal*, March 28, 2011, http://online.wsj.com/article/ SB10001424052748704132204576190632996146752 .html (accessed October 5, 2012).
61. Liker and Morgan, "The Toyota Way in Services."
62. Paul Migliorato, "Toyota Retools Japan," *Business 2.0*, August 2004, 39–41.
63. Julie Jargon, "Latest Starbucks Buzzword: 'Lean' Japanese Techniques," *The Wall Street Journal*, August 4, 2009; and Julie

Jargon, "Panera Says It Can't Handle Crush," *The Wall Street Journal*, October 23, 2013, http://online.wsj.com/news/articles/SB10001424052702303615304579153450909661702 (accessed March 28, 2014).
64. Julie Weed, "Factory Efficiency Comes to the Hospital," *The New York Times*, July 9, 2010.
65. Geeta Anand, "The Henry Ford of Heart Surgery," *The Wall Street Journal*, November 25, 2009, A16.
66. Richard B. Chase and David A. Tansik, "The Customer Contact Model for Organization Design," *Management Science* 29 (1983), 1037–1050.
67. Ibid.
68. David E. Bowen and Edward E. Lawler III, "The Empowerment of Service Workers: What, Why, How, and When," *Sloan Management Review* (Spring 1992), 31–39; Gregory B. Northcraft and Richard B. Chase, "Managing Service Demand at the Point of Delivery," *Academy of Management Review* 10 (1985), 66–75; and Roger W. Schmenner, "How Can Service Businesses Survive and Prosper?" *Sloan Management Review* 27 (Spring 1986), 21–32.
69. Ann Zimmerman, "Home Depot Tries to Make Nice to Customers," *The Wall Street Journal*, February 20, 2007, D1.
70. Richard Metters and Vincente Vargas, "Organizing Work in Service Firms," *Business Horizons*, July–August 2000, 23–32.
71. Perrow, "A Framework for the Comparative Analysis of Organizations" and *Organizational Analysis*.
72. Brian T. Pentland, "Sequential Variety in Work Processes," *Organization Science* 14, no. 5 (September–October 2003), 528–540.
73. Jim Morrison, "Grand Tour. Making Music: The Craft of the Steinway Piano," *Spirit*, February 1997, 42–49, 100.
74. Stuart F. Brown, "Biotech Gets Productive," *Fortune*, special section, "Industrial Management and Technology," January 20, 2003, 170[A]–170[H].
75. Michael Withey, Richard L. Daft, and William C. Cooper, "Measures of Perrow's Work Unit Technology: An Empirical Assessment and a New Scale," *Academy of Management Journal* 25 (1983), 45–63.
76. Christopher Gresov, "Exploring Fit and Misfit with Multiple Contingencies," *Administrative Science Quarterly* 34 (1989), 431–453; and Dale L. Goodhue and Ronald L. Thompson, "Task-Technology Fit and Individual Performance," *MIS Quarterly*, June 1995, 213–236.
77. Dawn Fallik, "New Hospital Cuisine: Dishes Made to Order," *The Wall Street Journal*, February 21, 2012, http://online.wsj.com/news/articles/SB10001424052970204642604577213390021632180 (accessed February 24, 2012).
78. Gresov, "Exploring Fit and Misfit with Multiple Contingencies"; Charles A. Glisson, "Dependence of Technological Routinization on Structural Variables in Human Service Organizations," *Administrative Science Quarterly* 23 (1978), 383–395; and Jerald Hage and Michael Aiken, "Routine Technology, Social Structure and Organizational Goals," *Administrative Science Quarterly* 14 (1969), 368–379.
79. Gresov, "Exploring Fit and Misfit with Multiple Contingencies"; A. J. Grimes and S. M. Kline, "The Technological Imperative: The Relative Impact of Task Unit, Modal Technology, and Hierarchy on Structure," *Academy of Management Journal* 16 (1973), 583–597; Lawrence G. Hrebiniak, "Job Technologies, Supervision and Work Group Structure," *Administrative Organizational Design* (Arlington Heights, IL: AHM, 1978), Chapter 1.
80. Patrick E. Connor, *Organizations: Theory and Design* (Chicago: Science Research Associates, 1980); and Richard L. Daft and Norman B. Macintosh, "A Tentative Exploration into Amount and Equivocality of Information Processing in Organizational Work Units," *Administrative Science Quarterly* 26 (1981), 207–224.
81. Paul D. Collins and Frank Hull, "Technology and Span of Control: Woodward Revisited," *Journal of Management Studies* 23 (1986), 143–164; Gerald D. Bell, "The Influence of Technological Components of Work upon Management Control," *Academy of Management Journal* 8 (1965), 127–132; and Peter M. Blau and Richard A. Schoenherr, *The Structure of Organizations* (New York: Basic Books, 1971).
82. W. Alan Randolph, "Matching Technology and the Design of Organization Units," *California Management Review* 22–23 (1980–81), 39–48; Daft and Macintosh, "A Tentative Exploration into Amount and Equivocality of Information Processing"; and Michael L. Tushman, "Work Characteristics and Subunit Communication Structure: A Contingency Analysis," *Administrative Science Quarterly* 24 (1979), 82–98.
83. Andrew H. Van de Ven and Diane L. Ferry, *Measuring and Assessing Organizations* (New York: Wiley, 1980); and Randolph, "Matching Technology and the Design of Organization Units."
84. Richard L. Daft and Robert H. Lengel, "Information Richness: A New Approach to Managerial Behavior and Organization Design," in Barry Staw and Larry L. Cummings, eds., *Research in Organizational Behavior*, 6 (Greenwich, CT: JAI Press, 1984), 191–233; Richard L. Daft and Norman B. Macintosh, "A New Approach into Design and Use of Management Information," *California Management Review* 21 (1978), 82–92; Daft and Macintosh, "A Tentative Exploration into Amount and Equivocality of Information Processing"; W. Alan Randolph, "Organizational Technology and the Media and Purpose Dimensions of Organizational Communication," *Journal of Business Research* 6 (1978), 237–259; Linda Argote, "Input Uncertainty and Organizational Coordination in Hospital Emergency Units," *Administrative Science Quarterly* 27 (1982), 420–434; and Andrew H. Van de Ven and Andre Delbecq, "A Task Contingent Model of Work Unit Structure," *Administrative Science Quarterly* 19 (1974), 183–197.
85. Peggy Leatt and Rodney Schneck, "Criteria for Grouping Nursing Subunits in Hospitals," *Academy of Management Journal* 27 (1984), 150–165; and Robert T. Keller, "Technology-Information Processing," *Academy of Management Journal* 37, no. 1 (1994), 167–179.
86. Gresov, "Exploring Fit and Misfit with Multiple Contingencies;" Michael L. Tushman, "Technological Communication in R&D Laboratories: The Impact of Project Work Characteristics," *Academy of Management Journal* 21 (1978), 624–645; and Robert T. Keller, "Technology-Information Processing Fit and the Performance of R&D Project Groups: A Test of Contingency Theory," *Academy of Management Journal* 37, no. 1 (1994), 167–179.
87. James Thompson, *Organizations in Action* (New York:

McGraw-Hill, 1967).
88. Ibid., 40.
89. Gene Bylinsky, "Shipmaking Gets Modern," *Fortune*, special section, "Industrial Management and Technology," January 20, 2003, 170[K]–170[L].
90. Brad Kenney, "Callaway Improves Long Game with Collaborative Tech," *Industry Week*, June 2008, 72.
91. Murray R. Barrick, Bret H. Bradley, Amy L. Kristof-Brown, and Amy E. Colbert, "The Moderating Role of Top Management Team Interdependence: Implications for Real Teams and Working Groups," *Academy of Management Journal* 50, no. 3 (2007), 544–557.
92. Jody Hoffer Gittell, "Organizing Work to Support Relational Coordination," *The International Journal of Human Resource Management* 11, no. 3 (June 2000), 517–539.
93. Jody Hoffer Gittell, "Paradox of Coordination and Control," *California Management Review* 42, no. 3 (Spring 2000), 101–117.
94. This discussion is based on Christopher Gresov, "Effects of Dependence and Tasks on Unit Design and Efficiency," *Organization Studies* 11 (1990), 503–529; Andrew H. Van de Ven, Andre Delbecq, and Richard Koenig, "Determinants of Coordination Modes within Organizations," *American Sociological Review* 41 (1976), 322–338; Argote, "Input Uncertainty and Organizational Coordination in Hospital Emergency Units"; Jack K. Ito and Richard B. Peterson, "Effects of Task Difficulty and Interdependence on Information Processing Systems," *Academy of Management Journal* 29 (1986), 139–149; and Joseph L. C. Cheng, "Interdependence and Coordination in Organizations: A Role-System Analysis," *Academy of Management Journal* 26 (1983), 156–162.
95. Robert W. Keidel, "Team Sports Models as a Generic Organizational Framework," *Human Relations* 40 (1987), 591–612; Robert W. Keidel, "Baseball, Football, and Basketball: Models for Business," *Organizational Dynamics* (Winter 1984), 5–18; and Nancy Katz, "Sports Teams as a Model for Workplace Teams: Lessons and Liabilities," *Academy of Management Executive* 15, no. 3 (2001), 56–67.
96. Based on Don Hellriegel, John W. Slocum, Jr., and Richard W. Woodman, *Organizational Behavior*, 8th ed. (Cincinnati, OH: SouthWestern, 1998), 491–495; and Gregory B. Northcraft and Margaret A. Neale, *Organizational Behavior: A Management Challenge*, 2nd ed. (Fort Worth, TX: The Dryden Press, 1994), 550–553.
97. William H. Bishop, "The Elements of Leadership in a Global Environment," *Global Business and Organizational Excellence* 32, no. 5 (July–August 2013), 78–85.
98. Drake Bennett, "The Dunbar Number," *Bloomberg BusinessWeek*, January 10, 2013, 52–56.
99. F. Emery, "Characteristics of Sociotechnical Systems," Tavistock Institute of Human Relations, document 527 (1959); William Pasmore, Carol Francis, and Jeffrey Haldeman, "Sociotechnical Systems: A North American Reflection on Empirical Studies of the 70s," *Human Relations* 35 (1982), 1179–1204; and William M. Fox, "Sociotechnical System Principles and Guidelines: Past and Present," *Journal of Applied Behavioral Science* 31, no. 1 (March 1995), 91–105.
100. W. S. Cascio, *Managing Human Resources* (New York: McGraw-Hill, 1986), 19.
101. Eric Trist and Hugh Murray, eds., *The Social Engagement of Social Science: A Tavistock Anthology*, vol. II (Philadelphia: University of Pennsylvania Press, 1993); and William A. Pasmore, "Social Science Transformed: The Socio-Technical Perspective," *Human Relations* 48, no. 1 (1995), 1–21.
102. R. E. Walton, "From Control to Commitment in the Workplace," *Harvard Business Review* 63, no. 2 (1985), 76–84; E. E. Lawler, III, *High Involvement Management* (San Francisco: Jossey-Bass, 1986), 84; and Hellriegel, Slocum, and Woodman, *Organizational Behavior*, 491.
103. William A. Pasmore, "Social Science Transformed: The Socio-Technical Perspective," *Human Relations* 48, no. 1 (1995), 1–21.
104. David M. Upton, "What Really Makes Factories Flexible?" *Harvard Business Review*, July–August 1995, 74–84.
105. Adapted loosely by Dorothy Marcic from "Hamburger Technology," in Douglas T. Hall et al., *Experiences in Management and Organizational Behavior*, 2nd ed. (New York: Wiley, 1982), 244–247, as well as "Behavior, Technology, and Work Design" in A. B. Shani and James B. Lau, *Behavior in Organizations* (Chicago: Irwin, 1996), M16–23 to M16–26.
106. Manuel C. Manuel III, "AV Corporate: Software Tool Project," *Journal of the International Academy for Case Studies* 19, no. 1 (2013). Used with permission.

控制技术、社交商业与大数据

问题引入

在阅读本章内容之前，请先看下面的问题并选择答案。

1. 只要员工高质量地完成工作，管理者就不必追究他们是如何或者何时完成任务的。

同意________ 不同意________

2. 明智的组织应该鼓励管理者使用推特等社交网络。

同意________ 不同意________

3. 通过精准的样本数据选择，大数据分析为决策提供了良好的依据。

同意________ 不同意________

谷歌工程师在科学杂志《自然》上发表了一篇文章，解释了为什么谷歌能够预测出美国冬季流感会传播到哪些区域，甚至是哪些别的国家。就在这篇文章发表几周之后，H1N1 流感病毒的消息占据了新闻头条，这让人们颇为震惊。谷歌每天都会接收到 30 多亿条搜索查询，系统对这些查询结果进行了保存。工程师们筛选出了 5000 万条最常见的搜索术语，并与疾病控制中心统计的 2003 年至 2008 年之间的季节性流感传播数据进行了比较，从而寻找特定搜索查询频率和流感传播之间的相关性。经过数据处理，谷歌得到了 4.5 亿个不同的匹配模型用以检验这些搜索术语，并将这些预测结果和真实的流感病例进行对比。谷歌团队得到了值得欣慰的结论：软件处理结果发现有 45 条搜索术语在谷歌预测和官方数据之间建立了很强的相关性。《自然》杂志上的这篇文章几乎没有考虑计算机科学专家以外的世界，但它极大地影响了卫生部门的官员们。当一种新的病毒出现并以很快的速度蔓延时，卫生官员的最大希望就是减缓疾病传播速度，但是要想做到这一点就需要知道病毒的传播轨迹。虽然疾病预防控制中心能够从医生、公共卫生诊所和医院那里获得信息，但这些信息至少滞后了两周。疾病迅速蔓延，两周的时间就可能传播得到处都是。谷歌建立在“大数据”基础上的模型可以近乎实时地获知流感的传播区域，不需要等到事情发生一周甚至两周以后才知道真实情况。[1]

大数据是信息技术领域最新的发展。大数据正在重塑企业以及整个商业。亚马逊收集了大量的客户数据，包括他们买了哪些书，他们还关注哪些内容，他们是如何浏览网站的，以及他们在多大程度上受到促销和评论的影响。亚马逊通过数据运算对客户可能感兴趣的读物进行预测并据此为客户推送建议。此外，亚马逊针对客户是响应还是忽视推送建议进行预测的结果一次比一次好。[2] 众多组织也已经因为其他形式的信息技术而发生了变革。信息技术早就成为了知识密集型企业的必需品，如毕马威会计师事务所（KPMG）、雅美能源公司（Amerex Energy，专业能源中介公司）、商务杂志《商业资讯》（Business Wire）。现在，全球竞争日益激烈，消费者对快速、便捷、品质和价值的需求日益突出，信息技术成为帮助各行业获得竞争优势的必备武器。信息技术主要帮助企业提高决策能力，加强企业内部控制，提高效率，加强企业与合作伙伴、顾客间的协调能力和控制能力。一些研究组织的学者指出，信息技术正在逐步替代组织活动中起协调和控制作用的某些传统结构。[3]

本章的目的

信息是组织的命脉。管理者至少要将其 80％的时间花在主动地交换信息上。他们需要这些信息从而将企业整合为一个整体。本书第 3 章中描述的纵向和横向信息联系渠道，就是设计来为管理者提供有用的信息，以便帮助他们进行决策、评价和控制。现在，设施设备，甚至产品和服务均不能作为企业成功的标志，取而代之的是信息部经理所拥有的信息以及如何利用这些信息。我们发现，最有效地应用信息技术的企业都是最成功的企业。

在过去的这些年，企业搜集和利用信息的方式已经发生了巨大的变化。本章主要考察信息技术的演进过程，首先探讨将信息技术系统应用于组织运营的情况，接下来验证信息技术在帮助组织进行控制及协调过程中所发挥的作用，包括对知识管理的讨论。接下来的部分分析信息技术是如何利用社交商业和大数据增加战略价值的。现在的信息技术创新是在商务智能、知识管理等原有技术应用基础上不断进步的自然结果。信息技术使组织在加强内外部关系、强化组织理解和战略成功等方面实现了巨大突破。最后本章为读者总结信息技术给组织设计带来的影响。

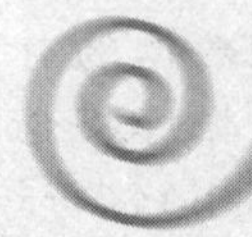

信息技术的演进

信息技术的演进过程如图 8-1 所示。一线管理人员一般是关注与作业活动和过去事件有关的概念明确的问题。相比之下，高层管理人员则绝大部分是处理诸如战略、计划等隐含的、不确定性的模糊的问题。随着基于电子计算机的信息技术系统的发展和复杂化,应用软件也越来越多地被开发出来,从而有效地支持了高层管理有关复杂和不确定性问题的控制和决策。

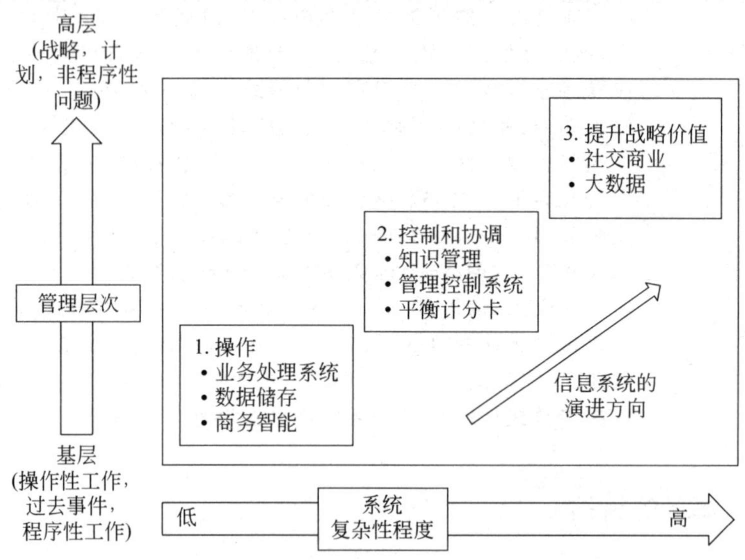

图 8-1 信息技术在组织中应用的演进过程

一开始,组织中的信息技术系统只是应用于组织运营过程中。最早的这些应用是基于机器室效率(machine room efficiency)的概念——就是说,将计算机技术应用到当前的组织运营过程中可以大大地提高组织效率。应用信息技术的目的是让计算机承担某些工作任务,以降低劳动力成本。这类系统被广泛称作**业务处理系统**(transaction processing systems,TPS)。它使组织中日常的常规业务活动得到自动化处理。这类系统能从销售、采购、存货变动等交易活动中收集数据,并将其储存在数据库中。例如,企业连锁租车公司(Enterprise Rent-a-Car)使用一套电子化系统就能够追踪公司一个小时内发生的所有 1 400 000 项业务。该系统可以为一线员工提供有关汽车以及相关的最新信息,这样他们就能够为顾客提供差异化的服务。[4] 位于得克萨斯州的米德兰纪念医院(Midland Memorial Hospital)最近应用信息技术建设了一套电子医疗记录系统。该系统只用了四周时间就完成了医院原本至少花费半年时间才能完成的 1670 万美元账单录入和 4500 份积压病历的编码工作。[5]

近些年来,数据储存与数据开发的概念使所收集和积累的数据的有用性得到扩大。**数据储存**(data warehousing)就是利用大型的数据库将企业的所有数据集合起来,使信息使用者可以直接进入数据库,利用它撰写报告并获得"假如出现什么情况,应该怎么解决"这类问题的答案。商务智能软件,也叫作分析软件,可以帮助用户弄清楚所有数据所表达的信息。**商务智能**(business intelligence)指的是对企业的数据进行高科技的精确分析以帮助企业做出更准确的战略决策。[6] 商务智能有时也被称作数据挖掘(data mining)，意思是对来自于各个渠道的数据进行筛选和分析，这些数据有时也来自于组织外部，从而确认那些可能很重要的组织模式和关系。零售商是商务智能软件最大的用户群体之一。比如专门销售年轻女士服装的 Wet Seal，还有服装设计生产公司艾利·塔哈瑞(Elie Tahari)，这些企业的管理者都需要快速掌握服装需求的变动趋势，所以他们会持续地挖掘服装销售数据。Wet Seal 创建了一个叫作 Outfitter 的网站，允许服装消费者将他们的全套服装放到网站上，通过对 30 万套用户服装搭配的数据挖掘，管理者及早地发现讲究的上衣搭配休闲裤或牛仔裤将成为今后的着装趋势。[7]

经理们通过商务智能软件来分析搜集到的合适数据，去发现数据变化的趋势和模式，这样他们可以更准确地做出决策。例如，1-800-Flowers. com(一家在线花卉零售公司)使用数据挖掘技术推动其市场营销活动。在六个月的时间里，在更加有针对性的网页设计和促销拉动之下，公司的转换率(从浏览者变为购买者)提高了 20%。[8] 信息技术的应用已经演进到更复杂的管理控制和组织协调系统中，如图 8-1 中第二个阶段所示。下一步就是信息技术的应用将极大地增加战略价值，这也是该项应用的最高水平。

社交商业(social business)* 是指企业利用博客、社交网络、推特之类的社交媒体，促进员工、客户、其他利益相关者相互之间的沟通和协作。例如，胡椒博士(Dr. Pepper)已经开发了一个 850 万人的脸谱网粉丝基地。管理者们每天都在粉丝基地网页上发布两条信息，然后挖掘这些数据来看看人们正在想什么。[9] 企业参与社交商业活动可以提升组织的效率，提高生产力，通过促进组织内部和组织之间的沟通、协作和知识共享，实现组织更快、更流畅的运行。[10] 大数据是一种最新的商业技术，是商务智能自然成长的结果。**大数据分析**(big data analytics)是指利用一定的技术、技能和流程对大规模的、复杂的数据集进行搜集和研究，以揭示隐藏在这些数据之间的相关性和模式。[11] 沃尔玛每小时从客户交易信息中收集 2.5pb 的数据(1pb 约等于 100 万 G，或者相当于 2000 万个装满数据文件的档案柜)，然后利用这些数据制定更好的决策。[12] 脸谱网会将你上传到个人网页上的资料收集起来，同时追踪观察你在网上的行为，然后通过这些数据搜索并识别出你可能的“朋友”，再推荐给你。[13] 本章的主要内容聚集于信息技术演进中这两个较高水平的阶段——社交商业和大数据分析。

控制系统的理念与重心

管理者常常幻想着既能够掌控全局，又可以控制各个部门、团队和个体。一些控制战略适合在组织高层中运用，因为高层关心整个组织或者组

* 本书所讲的“社交商业”主要是指以社交媒体为工具的“社交商业活动”。——译者注

织的某些重要部分。组织的基层和运营层也存在控制问题,但基层部门经理和主管更多的还是关注团队和员工个人的工作表现。

变化中的控制理念

很多组织的控制方式都在发生着变化。随着员工参与和赋权理念的愈加流行,很多公司开始采用分权控制的方式,而不是过去的层级控制。层级控制和分权控制代表着企业文化中两种不同的理念。大多数组织都是在某些方面表现为层级控制,在另一些方面表现为分权控制,但是管理者通常会在两者之间有所偏重,这取决于组织文化以及管理者对于控制的认识。

层级控制(hierarchical control)是指通过大量的规则、政策、职权体系、成文章程、奖励系统以及其他正式机制来监控和影响员工的行为。[14]相反,分权控制依靠的是文化价值观、传统、共同的信念、信任,并使这些和组织目标相一致。管理们相信,即使没有大量的规则和严密的监督,员工们也是值得信任的,并且他们愿意高效工作以获得良好的表现。

表8-1对层级控制和分权控制的使用进行了对比。层级方法指的是为控制员工行为而使用的明确的规则、政策和程序。这种控制依赖于集中化的权威、正式的层级结构以及严密的个人监督。质量控制的责任落在质量控制检查员和主管身上,而不是员工身上。工作描述较为具体,各项任务明确清晰。管理者为员工设定最小可接受的绩效标准,如果达到了标准,员工会得到外在奖励,如工资、福利,还可能往上一级晋升。员工很少参与控制过程,任何形式的参与都在正式的机制和程序里做出了规定,如申诉程序。在层级控制下,组织文化有些僵硬,管理者没有把文化视作管理员工和组织的有效工具。技术通常被用来控制工作流程和进度,或者用来监督员工,如监测统计员工打电话的时间长度或者员工坐在电脑前敲了多少下电脑键盘。

层级控制方法在很多日本企业中表现得尤为明显。日本文化一向喜欢规则,规则能把混乱的事情变得有条不紊。例如,在2011年毁灭性的地震和海啸之后,日本高效率地为在灾难中失去家园的家庭组建了疏散中心。自治委员会管理着这些临时避难所,并且制定了详细的居民日常职责。各项具体任务分配到指定居民手中,包括对垃圾进行分类、清扫洗浴室、清洗淡水存储槽等。这种层级控制方法能够有效管理临时疏散中心,帮助幸存者们找回日常生活的状态和责任感,这对减轻这场自然灾难对人们造成的长期的心理和生理压力有着极大的作用。[15]

表8-1　层级控制和分权控制

	层级控制	分权控制
基本假设	人是不自律的,不值得信任。需要对他们进行严密的监视和控制。	当人们完全投身于组织工作时,他们才能做到最好。

续表

	层级控制	分权控制
行为	使用详细的规则和程序以及正式的控制系统。	使用少量的规则；依靠共同的价值观、集体意识和自我控制、选择和社会化。
	利用自上而下的权威、正式的等级制度、职位权力、监督、质量控制检查。	依靠灵活的权威、扁平化的结构和专家权力；每个人都可以对质量进行监控。
	依赖于任务相关的工作描述。	依赖于以结果为基础的工作说明，强调目标的实现。
	强调外在奖励（工资、福利、地位）。	强调外在的和内在的奖励（有意义的工作，成长的机会）
	组织文化僵硬，将以不信任为前提的文化规范作为控制的手段。	适应型组织文化；文化被视作统一个体和团队行为以达成组织目标的工具。
结果	员工遵循指令，只做要求他们做的工作。	员工积极主动，勇于承担责任。
	员工对工作感到冷漠。	员工积极参与，投身于他们的工作。
	员工缺勤率和流动率较高。	员工流动率很低。

分权控制（decentralized control）建立在与层级控制几乎完全相反的假设和价值观上。规则和程序仅在必要情况下使用。管理者通过共同的目标和价值观来控制员工。组织非常重视员工的选拔和社会化，以确保员工具备为实现组织目标所需要的价值观。没有哪个组织可以 100%地控制员工，自律和自我控制才是保证人们完成工作标准的关键。员工授权、有效的社会化以及培训有助于形成内部标准，而这些内部标准又有助于培养员工的自我控制能力。尼克·萨瑞罗（Nick Sarillo）在伊利诺伊州拥有两家披萨酒吧店。他将自己的管理风格称之为“信任和追踪”，意思是为人们提供他们所需要的工具和信息，告诉他们需要达成的结果，然后让他们用自己的方式完成目标。同时，在此过程中萨瑞罗保持着对结果的追踪，以保证公司运行在正确的轨道上。[16]

在分权控制下，权力更加分散，并建立在知识和经验基础之上，知识和经验与正式职位同等重要。组织结构是扁平化和横向化的，职权设计灵活，员工采取团队工作的方式共同解决问题，共同作出改进。每个人都持续地参与质量控制。工作说明通常是基于结果的，更多地强调实现特定结果，而不是执行特定任务。管理者不但要使用外在奖励，如工资，还要使用内在奖励，如有意义的工作、成长和学习的机会。技术成为授权员工的渠道和工具，具体包括为员工提供必要的信息，以帮助他们制定有效的决策、共同工作以及共同解决问题。人们因为团队和组织的成功以及个人表现而获得奖励，员工权益受到重视。员工参与的范围比较广泛，包括目标设定、确定绩效标准、质量监控、设计控制系统等。

在分权控制下，组织是适应型文化，管理者认识到了组织文化在统一个人目标、团队目标和组织目标方面的重要性，组织文化可以帮助管理者实现更好的整体控制。在理想的情况下，分权控制能够使员工将各自擅长的专业领域汇集在一起,可以达到比员工各自工作更好的效果。金宝汤公司(Campbell Soup)向员工征集提升工厂效率的方法建议,并以此为途径实施分权控制。在北卡罗来纳州的迈克斯通(Maxton)工厂里,工人们每天早晨和管理者一起寻找为公司省钱的办法。员工是公司分权文化的一部分,管理者和员工共享公司的目标,共同寻找提升效率的方法。每天一次的员工经理碰头会就是为了"让每个人都参与",一位有28年工龄的老员工"大约翰"(Big John)这么说,"我们只需要告诉别人我们的问题,不需要别人告诉我们应该做什么。"[17]

反馈控制模型

有效的控制系统指的是通过反馈来确定组织的绩效是否能够满足组织所设定的标准从而有助于组织完成既定目标。管理者建立组织控制系统有四个重要的步骤,如图8-2中**反馈控制模型**(feedback control model)所示。

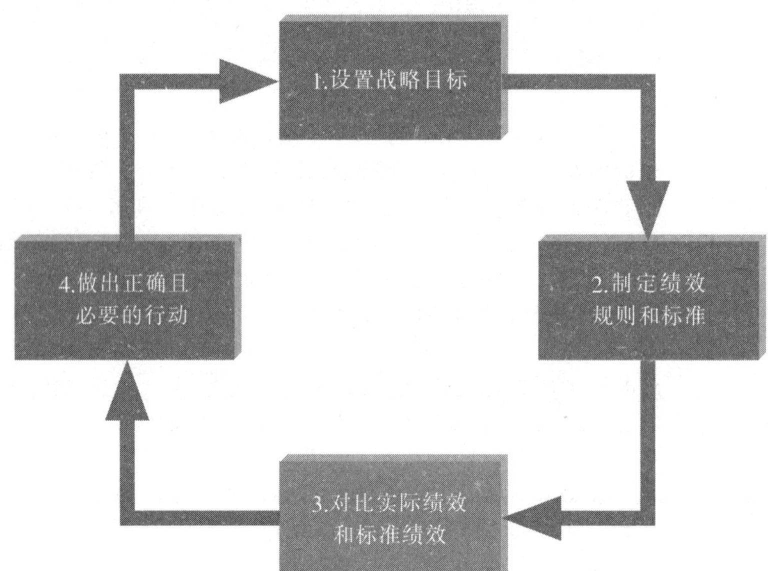

图8-2 简化的反馈控制模型

一个控制循环过程包括为组织整体或者组织内各个部门设置战略目标,制定绩效规则和标准,将实际绩效和标准绩效进行对比,最后,有必要的话,纠正或者做出相应的改革措施。一个反馈控制模型的例子来自杰斐逊—派拉特金融公司(Jefferson Pilot Financial,JPF),该公司提供人寿保险和年金方面的服务。主管们为每一个部门设定目标:把从接到申请到出立保单之间的时间减少60%,把出立保单出错的数量减少40%。在评估绩效的时候,每个单位已经完成了减少40%犯错量的目标,而且超额完成了减少从申请到出立保单之间时间的目标,实际周转时间减少了70%。[18]通过反馈控制过程，管理者可以在工作活动、绩效标准或者是组织目标方面做出必要的调整，以实现组织成功的目标。请您完成问卷“你适合哪种组织设计”，可以测试出您在制订计划方面的有效性。

你适合哪种组织设计

制订目标是你的强项吗？

想知道你的工作习惯是否适应制订计划和制订目标的工作吗？那就来测试一下吧，下面列出 9 种工作或学习行为，你需要在“基本符合”和“不太符合”间作出选择。

	基本符合	不太符合
1. 经常为自己制订明确的工作目标和生活目标。	______	______
2. 生活目标很明确。	______	______
3. 倾向于制订处于某范围内的目标，而非具体的目标。	______	______
4. 设定明确的工作期限会激励我的工作。	______	______
5. 抽出一天或一周的时间计划自己的工作。	______	______
6. 目标达成时，对实现目标的过程了如指掌。	______	______
7. 喜欢具有挑战性的目标。	______	______
8. 会帮助他人明确目标。	______	______
9. 为特定目标而努力会令生活更美好。	______	______

计分：1～2 题与 5～9 题，选择“基本符合”每题加 1 分；3 题和 4 题，选择“不太符合”，每题加 1 分。如果得分小于或者等于 4 分，你可能不适合从事制订目标的工作；如果得分在 6 分及以上，你非常适合从事制订目标的工作，应做好担任企业领导角色的准备。

解析：制订员工和部门目标、评估结果、审核实现过程是组织生活的重要组成部分。大多数组织都有自己的目标制订和审核制度。测验中所列的问题在一定程度上可以检测出，在日常生活和工作中你已经在使用目标管理。研究显示，为重要部门制订清晰、明确、有挑战性的目标，可以促使部门创造出更优异的成绩。但并不是每个人在禁锢的目标管理制度下都能取得好成绩，然而，作为一名组织管理者，制定目标、评估结果和有根据地管理员工也会提升威信。制定目标的能力可以通过后天学习获得。

“评估什么”、“怎样评估”是管理者们非常关心的问题。在斯普林特公司(Sprint Nextel Corporation)，新任 CEO 发现公司的状况岌岌可危，因为主管们没有测评应该测评的事情。比如，客户服务部门的主管关注的是成本控制，而不是解决客户问题。长此以来，斯普林特的客户服务声誉开始下降，公司正在流失客户，也未能完成财务目标。丹·汉斯(Dan Hesse)担任公司 CEO 之后，他让主管们不要再担心处理客户问题花了多少时间，而要关注客户的问题是否得到了有效解决。不久以后，公司将注意力转向了顾客满意度评价，新客户的数量开始增加。[19] 其他众多企业管理者采用的绩效评估和控制方式也和斯普林特一样，不只是通过财务报表，而是运用不同的评估方式。管理者们普遍采用的评估方式非常多，如评估企业的顾客满意度、产品销量、员工忠诚度和流失率、经营绩效、创新能力、企业社会责任和财务报表等。

组织层次：平衡计分卡

近期出现的控制系统创新是将内部财务评价方法和关于市场和顾客以及雇员的统计报告整合在一起。所谓**平衡计分卡**（balanced scorecard，BSC），就是将传统的财务评价和经营评价结合起来，并从与企业经营成功关键因素相关联的方面建立绩效评价的这样一种综合管理控制系统。[20] 如图 8-3 所示，它包含四个主要的评价方面：财务绩效、顾客服务、内部业务流程及组织学习和成长能力。[21]

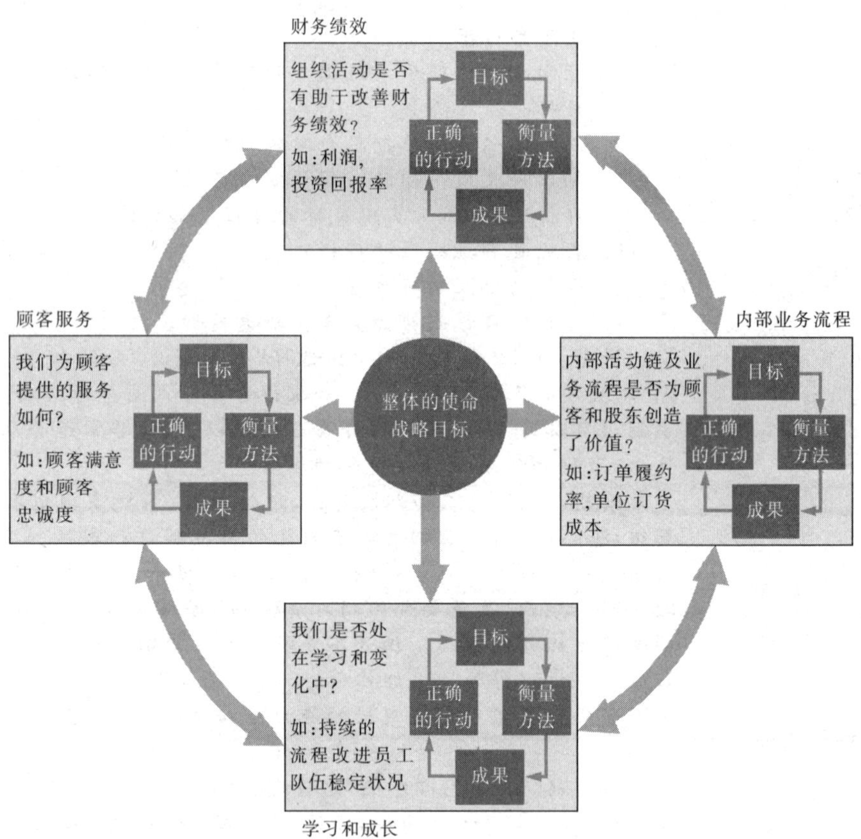

图 8-3　平衡计分卡的主要方面

资料来源：Based on Robert S. Kaplan and David P. Norton，"Using the Balanced Scorecard as a Strategic Management System"，*Harvard Business Review*(January-February 1996)，75-85；Chee W. Chow，Kamal M. Haddad，and James E. Williamson，"Applying the Balanced Scorecard to Small Companies"，*Management Accounting* 79，no. 2(August 1997)，21-27；and Cathy Lazere，"All Together Now"，*CFO*(February 1998)，28-36.

在这四个评价领域，管理者要确定组织要努力实现的关键绩效指标。财务指标(financial perspective)集中反映组织活动对改善短期和长期财务绩效的贡献，具体包括净收益、投资回报率等传统的绩效指标。顾客服务指标(customer service indicators)则衡量诸如顾客如何看待这个组织以及顾客保持率、顾客满意度等。业务流程指标(business process indicators)集中反映内部生产及业务工作的绩效统计状况，如订单履约率、单位订货成本等。最后一个角度是考察组织学习和成长(potential for learning and growth)，它侧重评价组织为了未来的发展而对人力资本及其他资源管理的状况，具体衡量指标包括员工队伍稳定状况、业务流程改进程度以及新产品开发水平等。平衡计分卡法对这些衡量绩效各个角度的指标进行一体化的设计，这样确保指标之间相互配合，并将当期的行动与长期的战略目标联结起来，如图 8-3 中的箭线所示。管理者可以使用平衡计分卡法来设定目标、分配资源、编制预算及确定奖酬方案。

虽然这些要素听起来最为适用于基于有形产品的企业组织，但其实平衡计分卡也可以应用于营利性和非营利性的服务型组织。例如，一家大型技术服务提供商将其关键业绩指标(KPIs)识别为股本回报率(财务指标)、在过去一年内实施的创意数量(学习和成长指标)、准确性和响应能力(内部流程指标)以及顾客忠诚和顾客维持(顾客服务指标)。[22]平衡计分卡法已成为许多组织管理系统的核心，这些组织包括希尔顿酒店公司(Hilton Hotels Corp)、好事达公司(Allstate)、贝尔爱米吉斯公司(Bell Emergis，加拿大贝尔公司属下的一个分支机构)以及信诺保险公司(Cigna Insurance)等。英国航空公司(British Airways)将平衡计分卡的用法和前面图 8-2 所示的反馈控制模型结合在一起。平衡计分卡可以作为月度管理会议的一项议程，在这里，管理可能评估本月绩效表现，讨论应该采取哪些必要的正确行动，并且为每个平衡计分卡项目制订新的目标。[23]

近几年，平衡计分卡已经开始应用到企业系统中，帮助管理者从因果关系的角度分析这四个相互联系的板块的绩效情况。最终分析结果中的整体效率数字用来度量四个板块的协调程度，为了实现这个目标，员工个人、团队以及部门需要团结一致、共同努力，才能取得高绩效。[24]

因果控制技术就是战略地图。**战略地图**(strategy map)是一种可视化的方式，可以将驱动组织成功的关键因素提炼出来，并展现每个结果具体是怎样被联系在一起的。[25]战略地图是管理者了解不同绩效度量指标间因果关系的一个强有力的工具。图 8-4 中给出的简单式的战略地图给我们展示了一个公司长期成功的四个核心板块：学习和增长、内部经营过程、顾客服务、财务绩效，也展示了每个板块呈现的不同结果是怎样直接与另一个板块的绩效联系起来的。企业内部的学习和成长是企业内部经营的基础，高效的内部经营有助于企业提供高质量的顾客服务，获得较高的顾客满意度，最终可以使企业达到预定的财务目标，帮助每个利益相关者实现价值最大化。

从图 8-4 中可以看出，组织的学习和成长目标包括员工培训与发展、持续性学习和知识共享、培育创新文化。这些目标的实现有助于组织建立有效的内部业务流程，改善组织和供应商、合作伙伴间的关系，提高运营的质量和柔性，并在开发创新产品和服务上更胜一筹。内部运营目标达成后又

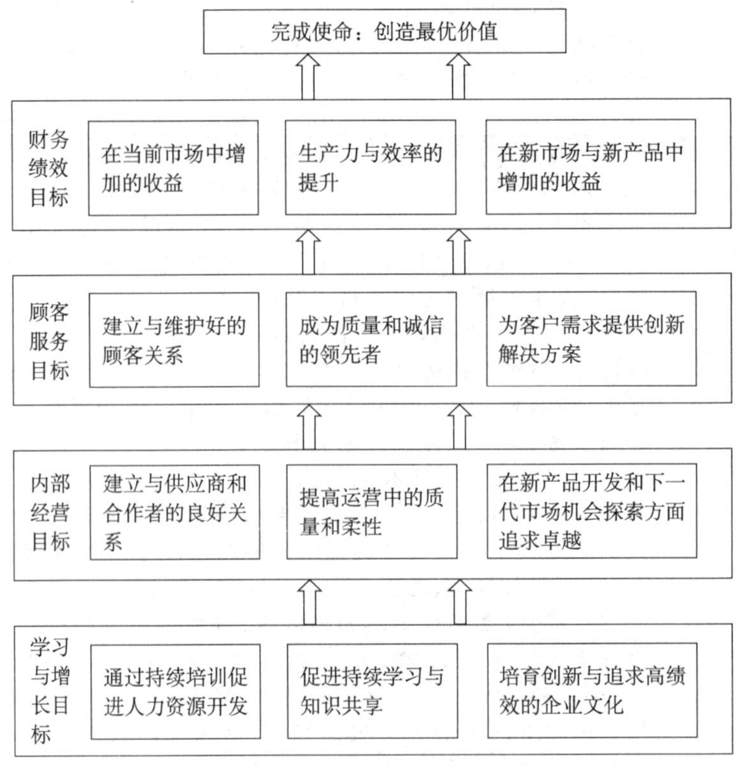

图 8-4 战略地图在绩效管理中的应用

资料来源：Based on Robert S. Kaplan and David p. Norton, "Mastering the Management System," *Harvard Business Review* (January 2008), 63-77; and R. S. Kaplan and D. P. Norton, "Having Trouble with Your Strategy? Then Map It," *Harvard Business Review* (September-October 2000), 167-176.

能反过来强化组织和顾客之间的关系；成为同行业产品品质和可靠性的"领先者"；提供创新性的解决方案来满足顾客的新需求。在这个战略地图的最上层，这些低层次目标的实现有助于增加现存市场的收入，有助于通过提高生产力和效率削减成本，有助于在新的细分市场出售新产品和服务。

当然，在组织现实的发展中，组织的战略地图通常更复杂，会显示出组织的具体的特定目标、需达到的结果以及与特殊业务相关的衡量指标。不管怎样，图 8-4 能够教会管理者如何使用战略地图制订目标、追踪各种衡量指标、评估绩效和根据需要进行变革。

部门层次：行为与结果控制

中高层管理者主要利用平衡计分卡、战略地图这些技术工具，基层管理者更多关注的是部门员工的绩效问题，组织要想达成总体目标，部门级别的目标和标准就必须得到满足。

主管一级使用最多的是奖励制度。有两种不同的方法可以用来评估和控制团队或者个人绩效，也可以用来分配奖励。一种方法就是关注员工的工作过程，另一种就是关注员工的工作结果。[26]**行为控制**(behavior control)就是管理者直接观测并监督员工的工作是否符合流程以及设置的任务。这些流程和任务包括：员工是否按时上岗？员工在工作时是专注于工作还是花时间与同事处理关系？员工的着装是否得体？员工是否按照已确定的方法和操作规范来完成工作？管理者通过行为控制对员工的行为进行严密管理和控制，关注员工完成工作的方法，依照具体的标准，如对员工的仪表、守时性、技能和活动表现进行相应的评估和奖励。

信息技术有助于管理者进行行为控制。例如，艾克瑞德病虫害解决方案公司(Accurid Pest Solutions)的老板丹尼斯·格雷(Dennis Gray)怀疑，他的一些员工在工作期间将大部分的时间用在个人事务上。他在公司发放给员工个人的专用智能手机上安装了全球定位系统跟踪软件(GPS)，发现有一个员工一周之内有好几次登录同一个网站。该名员工承认，他在网上和一位女士约会。另一名员工也坦白，他没有好好工作。一项调查发现，在将员工派到外面工作、靠电话维持联络的企业当中，有 37％的企业已经开始通过员工的手持终端或驾驶的车辆对他们进行实时跟踪。[27]许多公司的管理者监督员工的电子邮件和其他的网络活动。一些零售商使用现金注册管理软件管理收银员的行为。[28]医院也在利用技术手段来解决药品丢失这一长期存在的问题。

应用案例 8-1

田纳西大学医疗中心

医疗行业存在的“物资被盗”问题众所周知，而且这样的事情频繁发生。据估计，大约有 15％的医疗专家在职业生涯中都有过挪用处方药的经历。此外，病人或者拜访病人的人也可能会偷走医院的药品物资。

药品丢失每年都会给医院带来数百万美元的经济损失，同时也威胁着病人和社区的安全。金姆·纽(Kim New)是田纳西大学医疗中心(University of Tennessee Medical Center)的一名合规专员，负责检查医疗监测报告，以杜绝所有可疑的行为。其中，自动配药机通过扫描文件确定药剂量，提高了处方药在配置过程中以及剩余药物处理方面的安全性。处方药通常盛放在一个一次性小药瓶中，在给病人使用后，如果小药瓶内有剩余药物，护士或其他工作人员应在有其他目击证人的情况下，严格按照规定，将剩余药物予以丢弃。纽在检查医疗监测报告的过程中发现，有一名护士总是等到值班快要结束的时候才去丢弃各种盛有未用完药剂的一次性小药瓶。后来事实证明，她是在利用值班的时间收集剩余药物。纽说，自动生成报告系统能够帮助医院找到那些意图转移药物的工作人员，而且大概每月就能检查出一位这样的工作人员。[29]

对医疗组织的物资进行监控是非常必要的，但是对于很多企业来说，这样的密切监控可能会适得其反。第二种控制方法是不再过多关注员工做什么，而是关心员工最后完成的结果。**结果控制**(outcome control)就是管理者对工作结果进行检测和奖励,而不追究结果是如何取得的。利用结果管理之后,管理者就不会再以传统的思想监督员工,员工只要能够取得预期的结果就行,至于工作过程、地点、时间上都可以自主安排。管理者与其监测员工工作多长时间,倒不如关注员工完成多少工作量。

百思买公司(Best Buy)实施的"结果至上的工作环境"(ROWE, Results-Only Work Environment)项目将结果控制演绎到了极致。当百思买公司(Best Buy)管理者觉察到总部员工流失率上升后,就开始寻找能够逆转这种趋势的方法。曾经,百思买公司的企业文化就是提倡长时间工作,强迫性的工作程序,管理者就像班长一样,但现在他们意识到这种文化已经过时了。一种新的制度允许员工只需完成工作任务,而不约束工作的时间和地点。该公司选择一个士气低落的部门作为实验区,方案实施效果很好,很快其他部门也都开始使用这套方案。效果如何呢? 2005年至2007年,部门员工流失率降低了近90%,生产力提高41%。虽然由于近几年的经营业绩下滑使得百思买中断了ROWE项目,但是,它仍是将结果控制演绎到极致的典型代表。副总裁约翰·汤普森(John Thompson)曾经对ROWE持怀疑态度,但如今看到效果后,他对此项目深信不疑。"这么多年来,我都想错了,"汤普森说:"以前我总是关心人是否在工作,其实我应该关注的是他们做了什么。"[30]

就像百思买的ROWE系统实施的结果控制一样,信息技术不是用来监管和控制员工个人行为的,而是评估绩效结果的。例如,百思买公司的网络预订部经理使用信息技术来测量他的团队每小时处理多少订单,可能他的团队成员中一个在办公楼下工作,一个在家工作,一个下午就要飞离城市,一个在400英里外的度假小屋里工作。[31]所以,良好的绩效指标对于结果控制制度的有效运行起到关键性的作用。

然而,结果控制并不是在所有情境下都适用,在一些情境下,行为控制更加合适和有效。但是总体上来讲,成功企业的管理者都正在从密切监督和控制员工行为向赋予员工更多自主权转变。本章的"新书评介"介绍了一种简单的工具,管理者可以用来给员工更多的自主权,同时又能保持对关键工作活动的控制。在大多数企业中,管理者会综合应用这两种控制方法。

阿图·葛文德(Atul Gawande)
清单革命(*The Checklist Manifesto: How to Get Things Right*)

建筑的坍塌是因为设计修正时没有将关键的工程规范考虑进去。工厂火灾、石油泄漏以及采矿事故都是由于忽略了安全措施。每年仅在美国就有将近十万人因为医源性感染而死亡,而这仅仅是因为漏掉了一些灭菌的步骤。"各个领域知识呈现爆炸性的增长而变得越来越复杂,而运用这些复杂的知识来正确、安全以及可靠地解决各种问题已经超出了人们的能力。”阿图·葛文德说。他是一名医师，也是《清单革命》的作者。

处理复杂工作的简单方法

葛文德在书中描述了怎样利用清单减少在复杂工作中的失误，包括标明重点，帮助人们记住那些在复杂的情境中容易忘记的关键步骤以及防止沟通中断等。葛文德引用了外科手术、对外情报、建筑、航空、摇滚音乐会、软件设计以及其他领域的一系列例子，说明了正确的清单如何通过抓住我们“天生的思维缺陷——包括记忆的不完整、注意力不集中以及惰性思维”——帮助我们提升做事效果。下面就是怎样有效使用清单的方法：

- **保持它的简单性。**你不可能详细列明——比如说手术、开办摇滚音乐会或是编写一个新的软件——过程中的所有步骤。相反，它应该是简洁而又精确的，只需列出那些最容易出现失误的“最关键和最重要的步骤”。一个好的清单能让使用它的人清楚地知道它的重点。
- **记住复杂会使显而易见的事物变得模糊不清。**一个好的清单能确保人们不会因为深陷复杂的情况中而出现愚蠢的失误。一个急救护理专家制作了一张五步骤的清单，旨在减少特护病房中的病人遭受静脉注射感染的概率：用肥皂洗手；为病人的皮肤消毒；用无菌布帘盖住病人全身；戴上面罩，穿上手术衣，戴上手套；在插入位置放上无菌敷料。在一年内，感染率就从11％下降到了0。
- **让它成为一个交流的工具。**清单能推动必要的交流。比如说，在建筑业中，支护结构中的一个微小变动就会影响到其他规划好的步骤，例如水管装置和电力装置。清单能确保项目的各部分负责人在做决定时与可能会受到其影响的其他负责人进行商议。“仅仅在选项框上打钩不是我们的最终目的。”葛文德写道：“构建一种团队合作和有纪律性的文化才是我们的目的。”

清单有助于放权

好的清单能使管理者“将做决定的权力下放到外围使其远离中心”，葛文德说。清单意味着管理者无须过多关注严格的行为控制。“它们提供了一系列的核查来确保那些乏味但又关键的步骤没有被忽略，并且提供了另外一套机制促进人们之间的交流和合作，使人们能够接受自己的责任，因为他们有权依照自己了解的最佳方式去处理那些不可预测的事件。”

The Checklist Manifesto: How to Get Things Right, by Atul Gawande, is published by Metropolitan Books.

评价你的答案

1. 只要员工高质量地完成工作，管理者就不必追究他们是如何或者何时完成任务的。

答案：同意。结果控制对于很多组织的部门控制来说是卓有成效的。员工讨厌像小孩子一样被约束。众多管理者也发现，不是苛刻地限制员工的正当行为，而是更多地关注工作结果，才能够创造出更高的工作绩效。

促进员工协调与提高效率

信息技术还被用来促进员工之间的协调和知识共享、提升效率、促进组织内部的协作。

知识管理

一种较为普遍的公司网络化形式是**内联网**(intranet)。内联网是公司自有的全企业范围的信息系统,它采用国际互联网和万维网的通信协定和网页标准,但只有公司内部人员才可以登录。使用者要查阅文件或收集信息,只要利用普通的网页浏览器进入网站并点击链接即可。内联网改进组织内部的沟通,并使隐藏的信息得以显露。内联网使员工们及时了解组织的运行情况,快速而便捷地获得他们所需的信息,并且相互交流思想和在一些项目上协同工作。

内联网主要用来进行知识管理。**知识管理**(knowledge management)是指这样一种努力,即系统地发现、组织和运用企业的智力资本,培育持续学习和共享知识的文化。[32] 这里,企业的**智力资本**(intellectual capital)是其拥有的信息、经验、见解、关系、流程、创新、发现等的总和。

公司需要将编码知识或者潜在的、隐性的知识在组织间进行转化。[33] **编码知识**(codified knowledge)是正式的系统化的知识,它能够以文件或一般指令的形式被整理、记录及传递。**隐性知识**(tacit knowledge)则包括如何解读谈判代表的面部表情以及如何从与客户的长期合作中学习经验等,它建立在个人的经验、实践、直觉和判断的基础上。隐性知识通常很难交流和传递给他人。组织中 80%有价值的知识均是不易获取和转换的隐性知识。[34] 一些企业利用**专家探测系统**(expert-locator system),在一个可搜索的数据库中识别和分类专家,这样人们可以快速了解到哪些专家掌握着他们需要的知识。[35]

表 8-2 概括出了知识管理的两种方法。[36] 知识管理的第一种方法着重解决编码知识的收集和共享问题,这在相当程度上是通过使用复杂的信息技术系统实现的。编码知识包括:知识产权,如专利和许可证;工作方法,如政策规定和程序;有关顾客、市场、供应商、竞争对手的具体信息;竞争情况的报告;标杆管理数据;等等。知识管理的第二种方法着重于开发利用个人的专业技能和知识——即隐性知识——通过面对面的沟通或互动的媒介将有关的人员联结起来。这里隐性知识包括了职业工作的诀窍、个人的见识和创造力、个人的经验和直觉等。使用这种知识管理方法时,管理者要集中开发将个人联系起来的网络,以便共享隐性知识。组织使用信息系统的主要目的是为员工提供沟通的机会,使员工之间可以共享经验、见解和创意。

表 8-2　知识管理的两种方法		
显性知识 为查阅和使用经过编辑的可再利用的知识提供迅速、可信、高质量的信息系统		**隐性知识** 为个人的专业技能提供渠道，从而为战略问题的解决提供创造性意见
人—文档法 建立电子文档系统来编辑、储存、传递知识，并提供再利用的途径	**知识管理策略**	**人—人法** 建立网络联结组织成员，使潜在知识得到共享
为方便人们查阅经过编辑的可再利用知识，在信息技术方面投入巨资	**信息技术方法**	在信息技术方面做中度的投资，以促进人们间的交流及潜在知识的交换

资料来源：Based on Morten T. Hansen, Nitin Nohria, and Thomas Tierney, "What's Your Strategy for Managing Knowledge?" *Harvard Business Review* (March-April 1999), 106-116.

看一下康弗蒂姆公司(Converteam)的例子，该公司总部位于英国，为世界各地的船只和石油勘探平台提供电力和动力装置系统。工作在中国、印度、巴西、美国和挪威的员工之间需要分享专业知识，同时也要和总部分享专业知识。该公司的信息技术系统中有一个专家库，里面有他们的联系方式，这些专家多为工作在不同国家的工程师。在遇到关于新产品或者工作方面的问题时，工程师可以直接联系另一个工程师，而不必经过总部。[37]

鼓励和促进隐性知识的共享并不容易。尽管公司已经为知识管理软件和其他技术花费了大量资金，但有一些迹象表明，共享的知识无法达到管理者的目标。例如，哈里斯公司(Harris)的一项民意调查显示，60%的受访员工认为他们所在组织的许多工作经常是重复的，因为人们没有关注彼此的工作，54%的人认为他们的公司由于协作和信息共享不足而错失了创新机遇，51%的人认为由于员工的知识没有得到有效利用导致管理者们经常做出差劲的决策。[38]例如，通过交谈和持续的互动，销售人员就能够知道客户企业的高管想从产品或服务中获得什么。通过获取这种隐性知识，销售人员就能够为客户开发更好的解决方案，完善公司的营销信息，增加公司收入。然而大多数组织缺乏用以挖掘这些隐性知识的内部信息共享网络。销售人员自然将工作重点放在与客户和潜在客户建立关系网络上，而不是和公司内部的人建立网络。[39]管理人员应该熟悉并管理企业内部的信息网络，以便能够更好地分享隐性知识。

社会网络分析

社会网络分析(social network analysis, SNA)是一种很有应用价值的技术，它可以帮助管理者了解组织中的非正式关系和网络结构。通过社会网络分析，我们可以知道哪些人能对其他人产生影响，哪些人手里掌握着信息，哪些人拥有创新性的知识和技术，哪些人具备领导者潜力。社会网络分析是科学工作者开发的一种社会学理论，用来图解人与人之间的关系，这种关系不同于正式层级结构中人们之间的关系。社会网络分析包括人们向谁寻求帮助、建议、信息和支持,他们是否同属一个工作组。员工的大部分工作是在这些网络中完成的。[40]"每一个组织中都存在一个秘密的结构,这个秘密结构推动着组织的成败。你没办法在组织结构图中看到这种结构的存在,也没办法在电子表格上的资金流动里看到它的存在。但是在这个非正式的结构中,坐在第三个隔间的靠近电梯口的助理比坐在角落的华丽办公室里的管理者还要重要。"企业人类学家凯伦·斯蒂芬森(Karen Stephenson)说。[41]

人们在社会网络中扮演着不同的角色。组织中有三种明显可见的角色,或者叫三种关系模式,分别是:中心人物(hubs)、跨界者(brokers)、边缘人士(peripheral players)。中心人物是处于信息网络中心位置的人。这些人掌握着众人需要的知识和信息。中心人物能够比其他员工产生更大的影响。他们可能掌握着技术专长和组织记忆,以及一些能够帮助别人获取所需信息的关系。组织中的中心人物是大家都会去找的人。他们即使不知道答案,也知道去哪里寻找答案。组织中长期从事销售工作的人员可能是中心人物,因为他们不但和其他销售人员建立了联系,还和客户、管理人员以及其他部门的人建立了联系,他们拥有多年的知识积累,知道组织是如何运作的。边缘人士掌握的关系数量最少,位于网络的边界地带。虽然他们是边缘人士,但仍然很重要,因为他们可能掌握着独有的专业技术或者是有价值的外部联系。这些人不是网络结构中日常所需的组成部分,但可能在专门的项目中或者在危机时刻发挥重要作用。跨界者的作用尤为重要,他们联系着不同边界内的人,与不同的子群保持着联系。[42]跨界者联系着不同的专业知识资源,而且能够在组织内部整合出一个更大的关系网络。例如,一家著名的投资银行从竞争对手手中挖走了一个重要客户,而这多亏了银行经理大卫·霍金斯(David Hawkins),他在这场竞争中扮演着重要的跨界者角色。多年来,这家客户一直和竞争对手保持着合作关系。然而,霍金斯在银行内部与各个产品和服务部门都有联系,但是竞争对手的经理却没有做到这一点。霍金斯在银行内部扮演着联系人的角色,他把这家客户介绍给银行不同业务部门的主管,然后各个部门联合在一起为客户提供更有针对性的定制化的金融解决方案,满足了客户的独特需求。[43]

图8-5展示了组织中的三种角色,从中可以看出,跨界者能够将不同的网络联系起来形成更大的网络。正确认识并利用这些非正式网络能够帮助企业获得竞争优势。如果知道了谁在提升其他人的绩效、谁在与他人合作、谁掌握着更多私人关系,就可以将这些作为管理工具,借此促进企业的发展、创新和成长。[44]IBM多年来一直利用社会网络分析法分析隐藏在员工之间的关系网络。公司和社会网络分析专家合作,通过询问员工一些问题就能发现公司内部存在的非正式关系网络。这些问题非常简单,比如下列这些:

"你要尽快做出决定的时候一般跟谁商量?"

"你一般约谁出去玩?"

"你一般向谁寻求帮助?"

"你想到好创意的时候一般会告诉谁?"

"你一般向谁请教职业方面的建议?"[45]

社会网络分析可以通过员工调查的方式实现，也可以通过追踪员工之间的电子邮件往来信息的方式实现。下面列举了一些能够通过复杂网络追踪系统获得答案的问题：

- 在公司的社会网络里，谁和谁共事？
- 谁是非正式的领导者，谁有潜力成为非正式的领导者？
- 组织内的知识和信息是如何流动的？
- 谁被过分重视，谁又被忽略了？
- 公司的专业人士有哪些，他们掌握的专业知识能否在退休之前被公司储备起来或者传给公司下一代？[46]

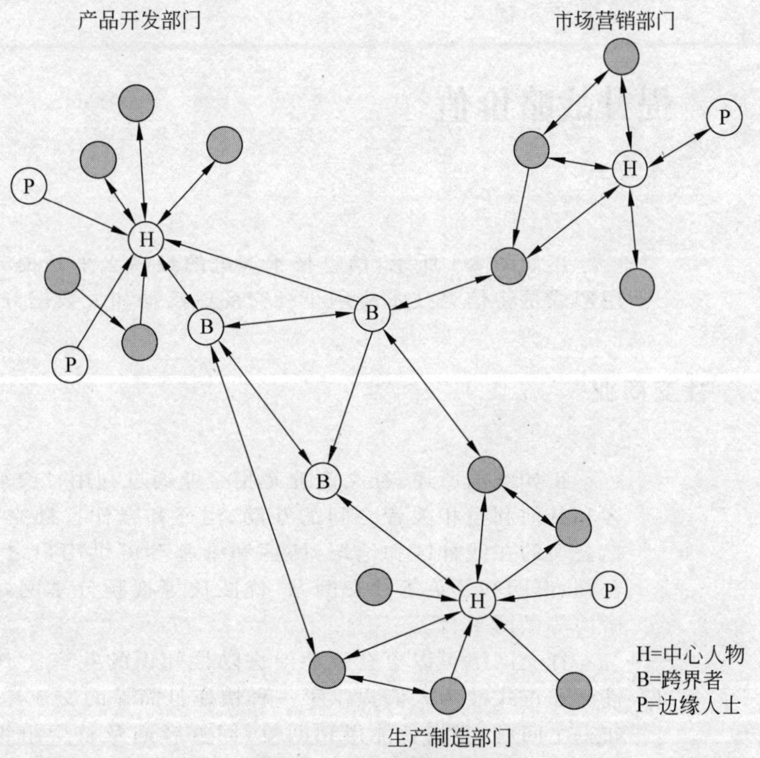

图 8-5　社会网络中的角色

社会网络分析可以揭示工作场所中隐藏的关系网络。社会网络中各种关系的清晰界定主要依据数据、事实和统计结果，而不是依靠谣言和含沙射影的揣测。这些数据可以用来引导和促进组织的变革。例如，包装食品业巨头玛氏公司(Mars)在做完社会网络分析之后发现，新泽西州休闲食品部门的员工和洛杉矶食品部门的员工之间没有太多的交往和联系。这导致两个部门做了很多重复工作，也不利于员工之间隐性知识的分享。现在，玛氏公司构建了两岸员工交流联系通道，以促进两部门员工之间取得和保持联系，而且考核员工绩效时也开始把员工参与的非正式社交活动考虑进来。[47]

若要改变网络关系模式有时需要较强的干预。一家全球咨询公司发现公司内部基于技术技能和非技术技能分成了两个子群体。而客户需要的是公司将"软"战略和"硬"技术知识灵活地结合在一起，共同为其提供服务。经调查发现，之所以会出现分裂为两个子群体的现象，是因为公司员工会因为共同的工作活动和专业兴趣而聚集在一起，参加同一个会议，在同一时间一起工作，进而形成了一个小群体。为了改变这种情况，公司管理层要求每个子群体都要学习对方是如何为客户提供服务的。管理层把两个子群体组织在一起，共同讨论公司面临的情况，最终改变了两个子群体之间的相处模式。这些举措促进了公司内部的知识共享和子群体之间的协作，增强了公司的竞争优势，提升了市场份额和顾客满意度。[48] 基于社会网络分析的系统化的管理者干预能够帮助企业构建健康的非正式关系模式，取代失调的非正式关系模式。[49]

提升战略价值

正如图 8-1 所示，信息技术演进的最高水平是提升战略价值，其主要作用形式是将信息技术应用于社交商业活动和大数据分析。

社交商业

正如此前所述，社交商业是指企业通过利用社交媒体技术促进员工、顾客和其他利益相关者之间的互动、沟通和合作。**社交媒体**(social media)包括公司的在线社区和论坛，博客和维基等可供用户之间实现合作的虚拟平台，脸谱网和领英等社交网站，优图比等视频分享网站，推特和中国的新浪微博等微博平台。

社交网络可以更有效地促进隐性知识的共享。[50] 例如，推特凭借其简单性和非正式性为人们提供了一种快速且简易的交流途径。在社交网站上发布一个问题，很快就能得到回复，回复者遍及整个组织，甚至还包括外部人士。随着脸谱网和推特等社交网站在人们的生活中越来越普及，大多数员工都喜欢在社交网站上对自己赞同的观点点赞或者跟帖，也喜欢和同事们通过社交网站进行在线交流。通过将社交网络用于商业管理，人们可以比较轻松地建立跨组织或者跨地理边界的联系，以更好地维护专业关系、保证共同利益、解决共同问题，以及实现其他目的。一位在迪拜工作的赛门铁克公司(Symantec)的销售员在公司的网站上建了一个销售技巧交流小组，来自世界各地的员工都可以在这个小组里交流意见。[51] 人们可以通过社交网络寻找一些识别性的标签，通过这些标签能够知道哪些人掌握着什么样的知识和资源，进而利用这些人掌握的知识和资源更好地完成自己的工作。而且，社交网络的本质决定其必须建立在信任的基础之上，这样人们之间才更有可能实现合作和信息共享。[52]

此外，社交媒体技术还被企业用来建立与客户之间的信任关系。[53] 摩根斯坦利公司(Morgan Stanley)财富管理部较早地利用了这一技术。数字化战略总监劳伦·博伊曼(Lauren Boyman)与销售经理和投资顾问密切合作,利用推特以及其他社交媒体技术和客户进行沟通。[54]

评价你的答案

2. 明智的组织应该鼓励管理者使用推特等社交网络。

答案:同意。推特和其他微博平台成为一种越来越流行的沟通方式,管理者和员工沟通时会用到,和顾客沟通时也会用到。有些管理者几乎像使用电子邮件一样地使用博客和微博。员工也希望管理者至少要偶尔使用一下推特。

同样重要的是,社交媒体还可以在管理者和员工之间构建更强大、更有效的关系。

应用案例 8-2

通用汽车公司

在通用汽车公司申请破产保护后,马克·罗伊斯(Mark Reuss)离开澳大利亚,前往美国担任通用汽车公司北美区总裁,并采取措施取消了与2000多家美国代理商的合作关系。他清楚地知道,自己的每一项决定都关系到公司能否渡过难关,这些决定有可能会取得最终的成功,也有可能使公司再次破产。

罗伊斯没有选择使用邮件或者其他的企业间通信的方式,而是通过脸谱网的即时通讯板块——“让我认识你”与代理商交流。这一策略帮助通用汽车公司建立起了信任和声誉。原因是,罗伊斯真诚地和人交流,大家不再觉得他遥不可及。他说:“不管发生什么,他们都知道,我在认真地倾听……如果他们想要和我交流,立刻就能做到。如果你想了解我们是怎样度过那段艰难时期的,或者想了解我们的代理商,或者想知道我们是如何建立信任关系的……这一切都要归功于脸谱网的即时通信功能。”[55]

有些管理者还发现社交网络可以用来快速建立信任关系及信誉。在任职万通公司(MassMutual)首席执行官不久之后,罗格·克兰多(Roger Crandall)参加了公司最大的销售会议。会上,一位手持摄像机的女雇员询问柯兰多能否把他参会的视频拍摄下来,发布到公司的社区网站上。克兰多说,公司所有人能够在网站上实时查看公司“一周的生活”,这是“构建个人间联系的有效方式”。[56]一些管理者已经把视频等发布或分享到他们的个人博客上,因为这样他们可以与其他人从个人层面建立实时联系。[57]

从小型创业公司和非营利组织到大型企业,越来越多的组织正在利用社交媒体达成自己的商业目标。丹麦航运与能源巨头马士基集团(Maersk Group)在其一百多年的发展历史中一直保持低调的公众形象,但是该公司现在已经转变为社交商业领域中的领袖企业。在脸谱网、推特、优图比、微博客(Tumblr)、谷歌+、新浪微博、领英等社交媒体网站上,都有马士基公司的身影。一方面,社会公众希望马士基公司能够更加透明化;另一方面,马士基公司也发现利用社交媒体能够促进公司和顾客及其他人士之间展开更深入的交流。马士基公司还将社交媒体用于公司的内部协调。马士基集团旗下的一家业务单位——德高货运(Damco)建立了一个德高人网络(Damco People's Network),借助这个网络,哥本哈根的销售人员可以和其他市场的销售人员建立联系,特别是潜力较大的市场上(比如说中国)的销售人员。另一家业务单位利用 Chatter 将在世界各地工作的销售团队联系在一起,并创建了一个知识数据库。公司品牌经理安娜·格兰霍姆-布朗(Anna Granholm-Brun)说,当你把完全不认识的人联系在一起,形成一个全球网络时,"奇迹就发生了"。[58]

适应社交商业的结构设计

马士基公司不是唯一一家利用社交媒体与顾客进行交流的企业。很多组织,包括福特汽车公司、哈拉斯娱乐(Harrah's Entertainment)、麦当劳、庞特科(Petco)以及美国电话电报公司(AT&T),都已设立了社交媒体主管(social media directors)一职,负责有关社交商业的一系列活动,如市场营销和促销、顾客服务和支持。[59]和组织内大多数新兴活动和技术一样,社交商业在起步阶段发展较慢,然后逐渐开始流行起来。但与其他活动不一样的是,社交商业通常是自下而上发起的,也就是说,组织较低层次的员工和管理人员最先涉足使用,发现了使用社交商业的价值,之后这种趋势再逐渐蔓延渗透到组织中的其他部分。脸谱网创建于 2004 年,推特网创建于 2006 年,但是大部分组织都是在最近几年才开始积极利用这些社交媒体进行商业管理的。

由于社交媒体在联系顾客方面具有较高应用价值,社交商业最先被应用在了市场营销和公共关系部门,或者企业中其他的沟通部门。诸如推特和博客之类的社交网络成为一种被广泛使用的、面向顾客的技术。2013 年,世界 500 强中 77%的公司报告称开设了推特账号,70%的公司在脸谱网上十分活跃。有趣的是,只有 34%的公司报告称开通了公司博客。[60]

社交媒体主管和社交商业团队一般需要向市场营销部门或者公司其他沟通部门汇报工作,但是,社交商业团队正在越来越多地直接向高层汇报工作,以便服务公司内的所有部门。2013 年的一份调查显示,四分之三的公司专门设立了为整个公司服务的社交媒体团队,但是只有 14%的公司设立了单独的社交媒体部门。组织可以采取许多方式来促进和支持社交媒体项目。[61]其中最为流行的一种方式是成立社交媒体指挥中心。[62]

企业可以成立一个专门的**社交媒体指挥中心**(social media command center),用来监视社交媒体平台上关于公司的说法和意见。图 8-6 所展示的就是一个社交媒体指挥中心。对于一些企业来说,这是一间艺术与技术交织的、最具前沿性的办公室,供专业的社交商业团队使用。而对于另一些企业来说,这只是一间摆放着一些桌椅的屋子。在这一指挥中心里,工作人员能够在第一时间获知许多信息,包括顾客对公司的评论和意见,行业内出现了哪些趋势,顾客针对本公司或者行业内其他公司有哪些不满和投诉以及竞争对手是怎么应对的。例如，可口可乐公司最近取消了一场主题为“大家一起来”(You're on)的广告宣传活动。该活动本来是为健怡可乐做宣传，但是在社交媒体网站上，这场即将开展的广告宣传活动被讽刺得一塌糊涂。一些博客主说，这让人想起了可卡因，还有健怡可乐的兄弟品牌可口可乐，其原料配方中曾含有少量的药物成分。[63]指挥中心的信息搜集结果可在整个组织内被广泛分享。思科公司(Cisco)在首席执行官和首席营销官的办公室内各安装了一个双屏显示器，时刻提醒高管们关注人们在社交媒体上是如何评论公司的。戴尔公司利用指挥中心搜集到的信息帮助员工更好地了解顾客。佳得乐公司(Gatorade)在这方面是先行者之一，该公司成立了一个使命监控中心，为公司提供有价值的信息，如公司产品如何迎合消费者需求，顾客对于公司的营销活动作何反应，等等。[64]富国银行(Wells Fargo Bank)建立了一个社交媒体指挥中心，用来作为银行的早期预警系统，监控顾客服务和风险管理方面的问题。富国银行的管理者们认识到，牵涉到社会问题时，一个很小的错误就有可能造成非常严重的后果，所以银行开展社交商业项目的目标之一就是，在员工敬业和风险控制之间加以平衡，因为有时候员工太敬业也可能会引发一些风险问题。[65]

图 8-6　一个社交媒体指挥中心

大数据

信息技术中最热门的一个术语就是大数据。**大数据**(big data)是指超越了常规边界和常规信息技术处理能力的大规模数据集。理解大数据需要一种非传统的方法，它要求管理者摒弃旧的思维方式，采用全新的方法。图 8-7 展示了大数据与常规数据的不同。

大数据的数据规模超出了传统软件工具在可接受的时间范围内对数据进行管理和处理的能力。如前所述，大数据分析是指检验这些大规模的数据集，并从中发现隐藏在数据背后的模式、关系以及其他有用信息的过程，为制定更好的决策提供依据。由于数据集的规模非常巨大，大数据分析一般无法通过现有的分析工具完成，因此出现了一系列新的大数据技术。

图 8-8 展示了大数据的五个要素，下面分别对这五个要素进行讨论。

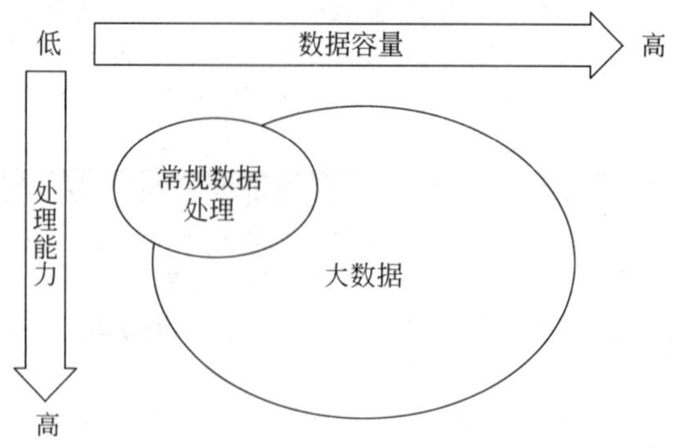

图 8-7 大数据之大

资料来源：Based on Steve Duplessie, "Big Data: A Better Definition", Enterprise Strategy Group blog, January 6, 2012, http://www.esg-global.com/blogs/big-data-a-better-definition/ (accessed December 20, 2014).

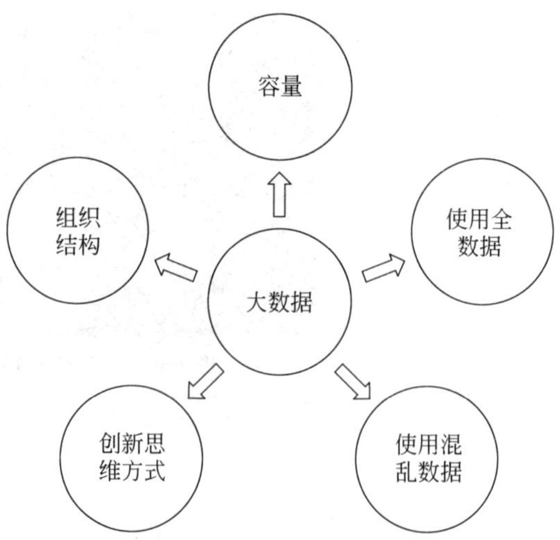

图 8-8 大数据的作用要素

资源来源：Based on Figure 1.1 Cracking the Big Data Nut, in David Loshin, *Big Data Analytics: From Strategic Planning to Enterprise Integration with Tools, Techniques, NoSQL, and Graph* (Morton Kaufmann, 2009), 3.

容量

大数据非常之大，大得让人难以理解。你知道 1ZB 或者 1YB 是什么概念吗？每天新创建的数据多得数不清，如果非要用个数字表示，就粗略地估计为数亿亿亿个字节还要多吧。根据 IBM 对世界数据的估算，目前累计的数据中大约有90%都是最近这两年创建的。[66]个体每天都在无意识地创建数据，数据的搜集其实非常容易。很多汽车一直都在孜孜不倦地记录着数据。我们的物理位置形成了数据，被记录了下来。如果打开智能手机上的谷歌地图，你就知道你在哪个方位。甚至人与人之间的互动和联系都会形成数据。大数据专业书籍著作者维克托·迈尔-舍恩伯格(Viktor Mayer-Schonberger)和肯尼思·库克耶(Kenneth Cukier)将这种现象称之为“数据化的一切”。[67]

如果将当今所有可获得的数据打印装订成书，这些书籍能够覆盖整个美国表面52层。将这些数据储存到只读光盘上，然后将这些光盘叠放在一起，这个长度能够连接到月球上5次。[68]我们淹没在了庞大的数据里，如何对待这些数据对我们来说是一个挑战。例如，戴尔发在它的官方网站上，有超过7×10^{24}种可能的配置方案。为了创建一个“最优化配置”方案选择系统，戴尔的分析团队从所有可能的配置方案筛选出最常用的选择类型，将7×10^{24}种配置方案减少到几百万种配置方案，甚至在这个基础上再减少到更少的选择类型，并将其作为预配置方案放到库存中。这些举措都是为了帮助戴尔和顾客节约时间和金钱。[69]“当今时代，记录数据和储存数据的成本都很低，”信息技术解决方案提供商Emcien公司首席执行官拉迪卡·萨布拉马尼安(Radhika Subramanian)说，“现在数据遍地都是，每个人都有数据，就像泥土一样常见。”[70]

使用全数据

使用大数据，个人和企业可以做到以往在小规模数据下做不到的事情。企业现在能够获取和储存所有的经营数据，而不再像以前那样只能使用样本数据。从全部数据中，企业可以发现一些有意思的相关性。例如，一家公司发现喜欢买小垫子放在椅子腿下面保护木地板的人，通常具有更好的信用记录。一项针对汽车使用情况的数据分析发现，橙色汽车的缺陷率是其他颜色汽车缺陷率的一半。[71]这能说明什么呢？管理者们应该树立大数据思维，接纳数据间存在的一切可能的相关性，即使在短时间内无法看到这些相关性产生的原因或者可能带来的后果。有一些相关性被证明是非常有价值的。例如，《预测分析时报》(Predictive Analytics)编辑埃里克·西格尔(Eric Siegel)谈到了企业如何使用大数据量化一个特定顾客拖欠贷款的可能性，如何提升有线电视的服务水平，以及个人如何利用大数据找一份新工作。借助更完善的数据分析结果，美国公民银行(Citizens Bank)能够将由于支票诈骗而造成的损失降低20%。联邦快递能够预测客户转向竞争对手企业的可能性，预测准确率可达65%～90%，这些结果可以提醒公司采取更有效的激励措施以留住客户。[72]

使用混乱的数据

随着数据集的规模越来越大，错误也越来越多。对于一个小型杂货店来说，每天晚上都可以在收银机旁把最后一分钱数清楚。但对于一个国家来说，每天统计一遍全国的国内生产总值是不现实的。在大数据的世界里，必须放弃数据的严格精确度，只需要确定一个大致的方向。大数据通常是很混乱的,数据质量不同,来源也不同。但是相对于抽样调查,大数据仍然可以保持一个较低的误差,因此管理者可以容忍这些不准确性的存在。亚马逊曾做过一项测试,看看是编辑人员向顾客推荐的图书销售量多,还是计算机系统根据数据分析结果向顾客推荐的图书销售量多。毫无疑问,计算机数据分析赢了这场比赛。各个网站都在致力于收集混乱又庞大的客户数据。很多公司,如亚马逊、网飞公司、eHarmony网、领英和脸谱网等,根据收集到的全部数据分析隐含的相关性,向用户推荐书籍、产品、朋友、约会或者兴趣小组,他们甚至不需要知道为什么用户对这些内容感兴趣,就可以做出有效的推荐。[73]

创新思维方式

面对大数据需要创新思维方式。这可能需要我们听从于数据的指挥。亚马逊公司的格雷格·林登(Greg Linden)说,"编辑团队输给了数据分析,这让我很伤心。但是数据是不会说谎的。"[74]人们最早对大数据思维的接触可以追溯到2011年的一部电影——《点球成金》(Moneyball)。布拉德·皮特(Brad Pitt)饰演奥克兰运动家棒球队的传奇经理比利·比恩(Billy Beane),他在2002年用最小的预算组建了一个美国职业棒球大联盟的夺金团队。比恩很少依赖于观察者的直觉做决策,因为这会使他拒绝一个"看起来不像能够参加大联盟比赛"的球员,他所做的决策很大程度上依据的是数据和统计分析。如果分析结果表明一个没有被任何球队看好的运动员有可能是头号选手,比恩就会去把他召集到自己的球队中。这部电影主要反映的是数据分析专家和首席球探以及球队经理之间的冲突,很多管理者一时间无法从一贯凭直觉和经验做决策的习惯中走出来。从那时起,其他大多数运动团队也开始借助管理科学技术,通过分析各种类型的数据做决策。"或许还有人在拿着秒表看时间或仅凭预感,但技术已经改变了游戏规则。"前美国职业棒球大联盟副局长史蒂夫·格林伯格(Steve Greenberg)说。[75]

大数据思维和传统的以历史数据和管理经验做决策的思维格格不入,这种冲突正在世界各地的企业管理者之间发生着。这可能也是许多大数据支持者开始自建新公司的原因之一,如谷歌创始人拉里·佩奇(Larry Page)和谢尔盖·布林(Sergey Brin)、亚马逊创始人杰夫·贝佐斯(Jeff Bezos)、电子港湾创始人皮埃尔·奥米迪亚(Pierre Omidyar)以及航班预测网(FlightCaster. com)创始人布拉德福德·克罗斯(Bradford Cross)。克罗斯和他的一些朋友分析了在过去10年时间里航班延迟和天气情况,将过去和现在的天气数据进行匹配,来预测美国的某趟航班可能会发生延迟的概率。但是当一家更大的企业——准飞公司(FlyOnTime)开始行动,也做同样的事情时,航班预测公司失去了它的先行者优势。克罗斯把他的公司卖给了勇跃公司(Next Jump),这是一家使用大数据技术管理公司折扣项目的企业。[76]

评价你的答案

3. 通过精准的样本数据选择,大数据分析为决策提供了良好的依据。

答案:不同意。大数据分析使用的是全数据,不像传统数据分析使用的是样本数据。因为数据分析基于整个全样本，所以使用全数据可以提升数据分析结果的准确度。这是大数据分析与传统的基于小样本的数据分析最主要的不同。

大数据与组织结构

与大数据相关的一个重要问题是，如何在企业中组织与大数据相关的活动。大数据分析活动应该是集中的还是分散的？数据分析专家应该被集中到一个部门，还是分散到各个单位或职能部门中去？他们要向现有的哪些单位或职能部门汇报工作？由于在组织内部还有其他很多活动，所以这些问题没有最好的答案。图 8-9 是四种运行大数据分析活动可选择的结构类型。不同的结构类型能否发挥最佳作用，取决于组织规模和组织类型。

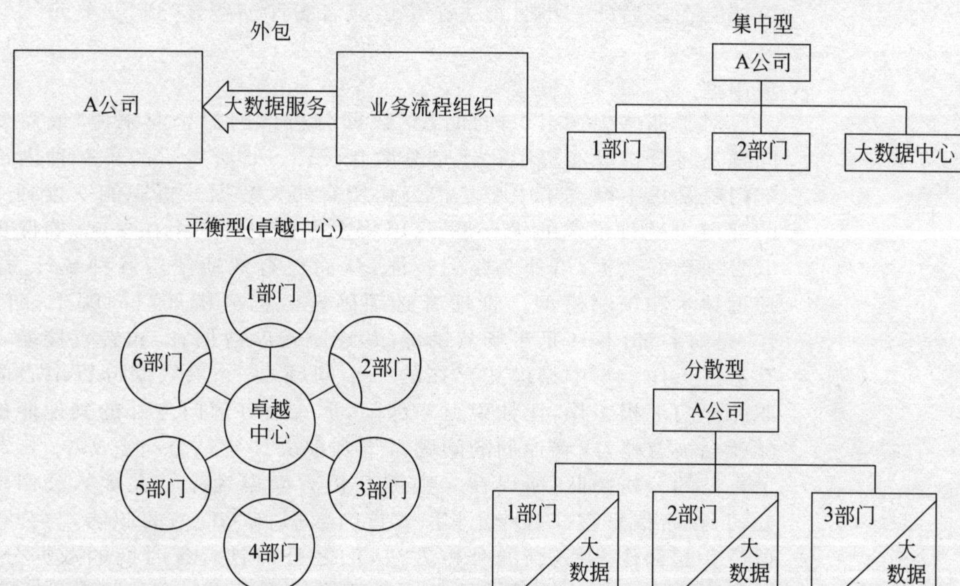

图 8-9 组织大数据分析可选择的结构类型

外包

第一种选择是将数据分析业务外包出去。这是一种很常见的选择，因为很多企业不具备足够的知识资源和经验去组建一个专门的数据分析团队。此外，寻找大数据专家和分析师并不容易。因为大数据分析目前非常热门，所以经验娴熟的分析师在人才市场上很紧俏。这使得很多企业选择了外包，将数据业务委托给专业的组织。许多业务流程组织（Business Process Organizations，BPOs）提供呼叫中心服务、计算机编程服务、法律研究服务、会计服务以及其他服务，最近这些企业又推出了数据分析服务。比如，印度的很多业务流程服务公司就拥有由高技术人才组成的数据分析团队。

外包模式的优势之一是增加了企业的灵活性,因为这种模式把企业的固定成本变成了可变成本。在企业内部建立一个部门需要花费较高的成本。对于那些没有能力将数据分析职能内部化的企业来说,外包是一种以较低成本快递获取所需资源的良好途径。外包可以帮助企业执行数据分析项目,以此从数据中获得重要发现。从外部市场寻找数据分析人才或者购买分析技术是比较困难的,外包可能是很多企业完成数据分析目标以超越竞争对手的唯一途径。外包受托组织通常还可以为企业提供必要的资源,并对企业员工进行培训。[77]

另一种形式的外包是**数据中介**(data intermediaries),数据中介把多个组织的数据收集起来,并将数据综合在一起进行分析,再将结果返回给组织。[78]例如,维萨公司(Visa)和万事达公司(Master Card)对210个国家的持卡人的数十亿笔交易数据进行了分析,以预测消费趋势和商业趋势,并把这些数据卖给其他人。万事达顾问中心发现,在下午4点左右去加油的人,很可能会在之后的一小时内去杂货店或者餐厅消费35到50美元。[79]

集中型

对于那些想在组织内部设立数据分析部门的企业来说,最需要解决的问题是将分析职能集中化还是分散化。图8-9所展示的第一种内部化分析部门就是集中型。集中型是把公司所有的大数据分析职能安排到一个单独的部门。[80]这种模式的优点是,可以将数据分析师集中在一起,确保更方便获取必须要的数据,培养必要的技能,从而更有效地使用各种统计方法、数据挖掘技术和预测模型。管理者必须确定数据分析部门向哪个部门汇报工作,是财务部门,还是市场营销部门,还是首席数据官,或者直接向首席执行官汇报工作。集中型模式存在的一个问题是,如果数据分析中心向某一个职能部门汇报工作,比如说财务部门,那么财务部门之外的其他职能部门可能就会被忽略,或者他们的问题得不到解决。[81]宝洁公司自1992年起就建立了自己的分析团队,所以在大数据分析方面也领先于大多数公司。在宝洁公司,首席信息官(CIO)也承担着首席数据官(CDO)的职能,与公司的业务单位一起合作,引入新的分析方法,加之公司具有长时期的数据分析经验,目前这些新方法的应用效果良好。因特尔公司让首席信息官和首席营销官充分合作,以保证公司在大数据分析方面走在市场前列。IBM设置了企业转型主管(enterprise transformation head)一职,向首席执行官汇报工作,相当于首席数据官的职能。[82]

平衡型

另一种将数据分析职能内部化的方式是采用平衡型设计或者混合型设计。将少量的数据分析专家安排到公司的"卓越中心"中,由首席数据官领导,然后把其余的数据分析人员安排到各个职能部门或业务单位中。[83]卓越中心发挥着协调作用,负责评估公司的需求,对公司项目进行优先级排序,以及其他一些职能。这种模式是一种中心辐射型设计。专家小组在卓越中心发挥协调作用,为各个职能部门和业务单位解答问题,提供数据分析方面的支持和帮助。这种设计模式考虑了不同部门在数据分析方面的不同重点，如市场营销部门重视促销，而运营部门重视库存。当然，卓越中心更强调要建立一支公司层面的分析专家团队，以协调整个企业的数据分析战略。卓越中心的分析专家可能会被指派到某一个部门或者某一个特定的项目中，为该部门或者项目中的分析人员提供帮助和支持。[84]

分散型

这种模式是把数据分析职能完全分散到各部门，每个部门或者业务单位都有自己的分析专家。这种完全分散化的模式能够确保每个部门或者业务单位都有自己的分析专家，分析工作能够较好地契合本部门的需求。但是，这种模式不利于数据分析专家跨部门地分享创新性解决方案，而且可能会造成组织层面的问题，或者错失机遇。此外，分散型模式还存的一个问题是，每个部门的数据分析人员是否具备获得必要数据和设计相关数据分析模型所需的专业技能。[85]凯撒娱乐公司（Caesars Entertainment）为了提高大数据分析的效率和效果，将其数据分析职能从分散型转变成了集中型。

应用案例 8-3

凯撒娱乐公司

凯撒娱乐有 7 万多名员工，博彩场地遍布全球四个大洲。凯撒娱乐十分重视大数据的分析应用。首席执行官盖里·罗夫曼（Gary Loveman）是一个接受过典型能力培训的经济学者，他已经将数据分析理念融入了组织文化。

曾经，凯撒娱乐的每一处产业都有一个 3 到 4 人组成的分析团队，但是罗夫曼和首席分析官鲁本·希卡拉（Ruben Sigala）认为：要从数据分析中获利，需要更强的集中管理。在过去的几年中，凯撒娱乐对数据分析职能进行了集中化重组，以便更深入地了解公司的整体情况。凯撒娱乐利用数据分析对消费者进行深度了解，帮助各地产业提升顾客体验。同时，公司还利用数据分析提升运营效率——从食物和饮料分析到人力资源分析等一系列事项都涵盖其中。集权型数据分析为各个运营部门提供了统一的视角，各部门人员在整个组织范围找到了能够相互理解的共同语言。将数据分析职能进行集中管理，有助于分析团队为各项业务开发提供顶级分析支持，促进了组织不同区域之间以及组织与外部合作伙伴之间的创新。[86]

信息技术对组织设计的影响

许多管理者和组织理论专家花费了半个多世纪的时间来研究信息技术与组织设计及功能化之间的关系。正如我们在第 7 章中提到的，IBM 的 2012 年首席执行官研究报告显示，在高管所预测的未来几年将显著影响组织的外部力量中,技术位居最前列。[87]近年来,信息技术的进步对每个行业的组织都有着深远的影响。[88]具体表现为组织设计精简化、结构分散化、内外部合作化以及建立起新型的网络组织结构。

(1) 组织小型化

一些基于互联网运营的企业可能只存在于电子空间中,而没有像办公楼、办公室和桌椅等作为传统正规组织标识的东西。一个或几个人待在家里或租用一个办公地点就可维持网站的正常运行。即使是在传统型商业活动中,新兴的信息技术也能够使得组织以较少的人力完成较多的工作。顾客甚至无须与销售代表洽谈就可以通过网络自行购买保险服务、衣服、工具和设备以及其他任何东西。另外,信息技术系统能够自动处理一些行政事务,减少了对书记人员的需求。密歇根州交通局(The Michigan Department of Transportation,MDOT)过去需要一个连队的人员来检验承包人的工作。大型的工程通常需要至少20名巡视员每天到现场督促工程进度。现在,MDOT向每个工程地点最多派送一名技术人员。工作人员将数据输入到便携式电脑中,通过道路建造管理软件传送到总部的数据库中。该系统会自动估算出应付款,并且还能处理一些原来由人工处理的行政事务。[89]公司还能将许多功能外包出去,这样更加节省了内部资源。

(2) 组织结构趋向分权化

虽然将信息技术用来实现组织信息和决策的分权化或者用来加强集权化的组织结构要受到管理哲学和公司文化的内在影响,[90]但是,今天绝大多数的组织都将信息技术用以实现组织的分权化。在信息技术的帮助下,以前只有总部高层管理者才能获取的信息,如今即使远隔千里,也能够便捷地在组织内进行共享。IBM首席执行官研究报告中提到,技术已经成为开放、协作和弱化层级结构的推动性力量。[91]在不同业务部门或办事处的管理者们有针对性地获取信息,迅速做出重要决策,省去等待总部指示的时间。社交商业技术实现了网上会面、网上协调和合作,有利于虚拟团队的员工自发组织交流和决策。

(3) 横向协调和合作的改善

也许信息技术进步的一个最大影响表现在,它具有改善组织内协调、交流与合作的巨大潜能。内部互联网、外部互联网和其他形式的网络能将甚至分散在世界各地的办公室、工厂或商店里的人们联结起来。对于很多年轻的员工来说,仍然使用传统工具和技术管理公司看起来太落伍了。一位阿根廷银行高管在参加IBM的2012年首席执行官研究会时说:"我们是电子邮件的一代,而年轻人是社交网络的一代。"IBM很好地利用了虚拟团队这种形式,团队成员可以通过信息技术进行交流和合作。由来自美国、德国、英国的员工组成的团队将一种合作软件作为虚拟的会议室,讨论解决几天前飓风卡特里娜(Hurricane Katrina)带来的技术问题。[92]又如,西门子公司建立了一个全球内部网络,全球450 000名员工可以通过它进行知识共享和项目合作。[93] MITRE 是一家提供研发咨询和服务的机构，其客户主要是国防部（Department of Defense）和联邦航空管理局（Federal Aviation Administration）等政府机构，该公司利用社交网络来克服限制组织信息共享和协作的任期、地点、职能从属关系等传统障碍。[94]

(4) 强化的网络结构

我们在第 3 章描述了在虚拟网络组织结构中，组织间协作的最高水平若没有先进的信息技术是不可能达到的。在商务世界中，这些结构有时也被称作模块化结构或者虚拟组织。外包已经成为一个较大的趋势，这是因为，有了计算机技术，它将公司置于信息流的某个位置上。例如，中国香港的利丰集团公司（Li&Feng）是最大的服装提供商之一，阿贝克隆比费奇（Abercrombine & Fitch）、Guess 服饰、安·泰勒（Ann Taylor）以及迪士尼都是它的客户，但是，公司并不拥有自己的工厂、机器甚至布料。利丰集团对信息管理进行细化，依赖网络与世界上 37 个国家的 7 500 个合作伙伴取得联系，为其提供原材料和制作衣服。利丰通过信息技术和世界各地的合作伙伴保持联系，并迅速将产品从工厂运送到零售商手中。它还允许零售商跟踪订单，甚至在他们将产品运送到客户手中前一分钟，都可以随时在订单上修改和增补。[95] 在网络化结构中，大多数业务活动被外包出去，因此组织要求不同的公司执行各自擅长的功能。电子化沟通的速度和便利使得网络化结构成为各公司的可行方案，这不仅使组织降低了成本，并且增加了业务活动范围，巩固了市场地位。

设计要点

■ 当今大部分成功的组织都是那些能够有效应用信息技术的组织。为了满足组织的信息需要，信息技术系统已经被演进为多种应用形式。业务活动方面的应用是将信息技术用于组织基层结构明确的任务中，提高工作效率，包括业务处理系统、数据储存和商务智能等。

■ 先进的信息系统还更好地应用于组织控制和协调。许多组织正在从层级控制向分权控制转变。分权控制依靠的是共同的价值观，而不是严格的规则和严密的监控。在分权控制系统下，每个人都可以获得完善的信息。

■ 在组织层次的控制方面，平衡计分卡是一项创新，能够为管理者提供一种平衡地看待组织的观点，这就是从传统的财务衡量指标和所关注的市场、客户和员工的统计报告相整合的视角来看待。高层管理者可以利用战略地图分析影响成功的关键因素之间的因果关系。而部门级别的管理者可以使用行为控制和结果控制，行为控制注重监督员工活动，而结果控制是对结果进行评估和奖励。许多管理者将两者相结合，偏重于结果控制，因为结果控制能够获得更好的绩效和激励效果。

■ 促进协作的两种主要途径是知识管理和社会网络分析。管理者通过内联网和其他信息技术系统促进显性知识和隐性知识的共享。社会网络分析帮助管理者确定组织中非正式信息交流的中心人物以及跨过组织边界连接其他人和团体的非正式领导。

■ 社交商业是指利用社交媒体促进员工、客户以及其他利益相关者之间的沟通和协作。社交商业是一个发展极其迅速的领域。很多企业设有社交媒体主管和社交媒体团队,这些职位通常设在市场营销部门或者公共关系部门。这些职位和团队经常会通过社交媒体指挥中心密切关注企业在网络上的声誉。设计媒体指挥中心的工作人员实时追踪社交网站、博客以及其他在线媒体,看看大家是怎么评论自己的组织的,并将这些信息分享给组织中的其他人。

■ 信息技术领域目前最神速的进步之一是大数据。大数据分析是早期商务智能应用的直接产物,主要是指利用新技术通过检验大规模数据集和其他有用的信息,揭示隐藏在数据背后的模式和相关性,以便做出更好的决策。大数据的主要特征要素包括:超大容量,使用全数据而不是样本数据,使用混乱的数据,需要创新思维。一些企业选择将大数据分析活动外包给业务流程组织或者数据中介,因为要在企业内部培养大数据分析能力并非易事。然而,随着越来越多的人掌握了大数据分析技能,越来越多的企业也正在建立自己的大数据分析部门。企业可以选择将大数据分析活动集中起来,也可以选择分散到各个部门和单位中,此外还可以建立卓越中心。

■ 信息技术的这些进步在很大程度上影响了组织的设计,一些专家认为信息技术将最终取代传统层级模式,成为协调和控制的主要途径。信息技术促使网络化组织结构的出现,在这种结构下,组织将其大部分功能外包出去,并通过电子化的方式与公司总部保持联系。信息技术对于组织的其他细节影响包括组织精简化、组织结构分散化,以及强化了内部协作和外部协作。

关键概念

平衡计分卡(balanced scorecard)
行为控制(behavior control)
大数据(big data)
大数据分析(big data analytics)
商务智能(business intelligence)
编码知识(codified knowledge)
数据中介(data intermediaries)
数据储存(data warehousing)
分权控制(decentralized control)
专家探测系统(expert-locator system)

反馈控制模型(feedback control model)
层级控制(hierarchical control)
智力资本(intellectual capital)
内联网(intranet)
知识管理(knowledge management)
结果控制(outcome control)
社交商业(social business)
社会网络分析(social network analysis)
社交媒体(social media)
社交媒体指挥中心(social media command center)
战略地图(strategy map)
隐性知识(tacit knowledge)
业务处理系统(transaction processing systems)

讨论题

1. 你是否认为社交商业技术将使高层管理者在工作中越来越少地使用面对面沟通方式?

2. 作为一名学生,你平常生活中使用哪类信息技术? 若没有这些信息技术,你的生活会发生怎样的变化?

3. 医院的管理者如何通过社会网络分析促进护士、医生、技师以及其他员工之间的跨职能团队沟通和协调?

4. 试讨论一些大型保险公司如好事达(Allstate)、前进保险公司(Progressive)、国家农场(State Farm)等是如何使用微博、社交网络等社交媒体工具的。你认为这些工具更适合服务型企业还是制造型企业? 请讨论。

5. 描述一下在本章中提到的平衡计分卡中的四个要素是如何在组织的反馈控制中应用的。哪一个要素更类似于结果控制? 哪个更类似于行为控制?

6. 请描述你在开展研究或撰写学期论文时对编码知识的使用情况。在这些活动中你是否也使用了隐性知识? 试加以讨论。

7. 为什么知识管理对于一个想建成学习型组织的企业来说尤其重要?

8. 凯撒娱乐将其大数据分析职能集中了起来,以提高效率。你是否能想到一些竞争性的因素会导致企业将集中化的大数据分析职能转变为分散到各个单元的大数据分析职能?

9. 社交媒体如何促进管理层和员工之间信任关系的形成,如何促进企业和客户之间信任关系的形成?

10. 为什么先进的信息技术的应用会导致更大程度上的分权化? 在一些组织中信息技术的应用能够导致更大的集权化吗? 请解释。

练　习

平衡计分卡练习

下列指标适用于商务公司和医疗组织。在正确的平衡计分卡名录下核实每个指标。若一个指标适用于平衡计分卡的两项,在该指标下用1或2标出。

	财务	顾客	业务流程	学习与增长
商务公司				
员工资本回报率				
2016年12月建成员工休闲场地				
每8个月开发一次新产品				
2015年7月对团队领导进行培训				
2017年12月获得顾客满意度是98%				
每月顾客投诉数量				
每单位成本的销售降低10%				
顾客保留度提高15%				
员工满意度提高20%				
2016年前在递送速度方面引领市场				
2017年达到最低行业成本				
明年利润率上升12%				
预算精确				
到2016年12月开发3种新产品				
培训的比例能够完成				
准备晋升的管理者数量				
完成后续的计划				
兼职员工百分比				
每月销售增长1%				
员工抱怨次数				

续表

	财务	顾客	业务流程	学习与增长
员工参与度				
员工离店数量				
政策实施的时间间隔				
货物按时运送率				
年度总收入				
效用消费成本				
员工索赔				
税息折旧及摊销前利润				
医疗组织				
预筹款数目				
病人满意度				
准时接待预约				
病人痊愈的百分比				
需要服务的病人数目				
提供临床支持的员工百分比				
护士满意度				
医师工作时间长短				
病人对医疗安排的满意度				
病人对等待时间的满意度				
病人感知的质量				
关怀病人成本				
利润率				
职工对私人规定的不满意度				
床上用品更新率				
每百名病人中的死亡人数				
护士长学士学历的百分比				
病人意见反应速度				
对病人家属如何给病人提供护理的教育				
疼痛程度控制的质量				

续表

	财务	顾客	业务流程	学习与增长
准确配药百分比				
护士流失率				
护士失误率				
处方服务成功率				
劳动总成本				
边际运营费用				
公益关怀的次数				
公共项目的未支出成本				
禁烟方案实施效率				
医疗赔偿审核报告				
教育完成率				

教学案例

世纪医药公司[96]

萨姆·诺兰(Sam Nolan)待在书房里,敲击着鼠标,一遍遍地玩着游戏。他已经玩了一个多小时了,他的妻子早已放弃了说服他陪她看电影或在城里过周末的打算。迷人的游戏似乎使萨姆不再思考他的工作,更不考虑他的工作是如何变得每况愈下的。

诺兰是总部设在康涅狄格州的一个大型药品制造公司——世纪医药公司(Century medical)的信息部主任,他是4年前到这个公司的,这之后,公司在将技术应用于各系统和数据处理方面取得了极大的进展。诺兰为公司设计和建立了两个非常好的管理系统。其中之一是为公司的人力资源部建立了利润—管理系统,另一个是以网络为基础的复杂的采购系统,这一系统使得消耗品和投资品的采购十分顺畅。尽管这一系统才建立并运行了短短的几个月,保守地估算,它能为公司每年节约200万美元资金。

在这之前,公司的采购经理为处理各种文件所困扰,采购过程从员工填写购物申请单开始,在这一申请正式生效之前,要流转许多办公室以得到批准和签字。而在新的购买系统下,员工填写电子申请文档,申请单填好之后会自动转发给需要签字的管理人员。这样,申请过程所需时间就由几星期缩短到几天，甚至几小时。当申请单正式通过之后，这一系统会自动将申请单转发给合适的供应商。另外，新的系统极大地缩短了采购经理用于处理文件的时间，从而使他们有更多的时间与主要的利益相关者合作，确定并选择最好的供应商，更好地洽谈业务。

诺兰想起他用了那么长的时间让整个公司的人信任他，向他们展示科技不仅仅能节约时间和金钱，并有助于合作，还能帮助人们对自己的工作掌握更大的控制权。当他想起 61 岁的亚埃塞尔·穆尔（Ethel Moore），一位长期在人力资源部工作的员工，不由得笑了笑。当诺兰第一次向她展示公司的内部互联网时，她惊呆了，但现在她是这项工作的最积极的支持者之一。事实上，是亚埃塞尔首先向他提出了建立网络工作系统的想法。他们合作，有了建立一个利用聚合的以网络为基础的人造智能软件将公司的管理人员、内部应聘者、求职人员联系在一起的想法。当诺兰向他的上司执行副总裁桑德拉·艾维（Sandra Ivey）提出这一建议时，她十分高兴地在这个计划上签了字。在几个星期之内，他们的工作组就获得授权，从而启动了这一项目。

但 6 个月后，艾维的辞职使所有的事情发生了变化。她在纽约找到了一份更好的工作，她的继任者汤姆·卡尔（Tom Carr）对这一项目似乎没什么兴趣。在他们第一次会谈时，卡尔明确指出这一项目纯属浪费时间和金钱。他也很快否决了公司内招聘人员的建议。即使大家认为这些建议能提高劳动力的利用率，而且节约上百万美元的培训费。卡尔仍固执己见，他说，“必须坚持原来的计划，并按计划完成，无论如何所有的事情都必须用人工来完成。你通过计算机了解到的东西，远没有通过与人交谈所得到的多。至于内部招聘人员问题，如果他们已在这个公司工作，与他们交谈并不困难”。卡尔似乎并不明白为什么要用新技术，怎样使用新技术。当亚埃塞尔·穆尔指出这一系统是以网络为基础的，卡尔被激怒了。他宣称他从未登录公司的内联网、国际互联网，并认为“互联网热”不管怎样，在 1 年之内就会过去。亚埃塞尔对这项工作的热忱对他也无济于事。她尽力向他展示人力资源在网上的可行性，并解释它将会如何使公司各部门受益，然而他武断地打断了。他说：“技术只适用于 IS 部门的人，我的工作是对人，你的工作也应是如此。”亚埃塞尔只好退却了。诺兰意识到要说服卡尔赞同他们的观点就等于自讨没趣。在会谈快结束时，卡尔甚至开玩笑地建议大家应买几个文件柜来装文件，这样会节省大家的时间和精力。

当大家觉得事情已发展到了最坏的程度时，卡尔又采取了其他的重要举措。按照他的指示，他们不能再收集所有新系统使用者的信息。诺兰担心没有潜在使用者数据，这一系统将很难满足他们的需要。因为不容许使用者参与这一系统，这甚至会招致使用者对公司产品的抵制。无疑，这一结果只能换来卡尔得意的微笑并说：“我已告诉你了。”

诺兰叹了一口气，无奈的靠在椅背上。这一项目从开始就像一个闹剧。工作组所设想的充满活力、充满创新精神的人力资源部现在看来仅仅是一个幻想。但是，尽管遇到了这么多的挫折，有一个新的想法还是进入了诺兰的大脑：“卡尔只是十分的顽固，还会没有远见？或许他认为人力资源部面对的只是人的问题，因而不需要高科技的工作系统？”

有人在听吗

巴特·盖恩斯(Bart Gaines)扫了一眼来电显示,极不情愿地接了电话。

"巴特,对于T型锁的计划安排,你、我还有克雷格必须再进行一次讨论。"

又来?巴特心想,但是他也只有回应道:"当然可以,勒隆,你安排,我一定参加。"

T型锁是一种新型的专用后座门闩,它因其安全性能而备受推崇,主要用于一家汽车制造商生产的新型家庭轿车。对于一个常年遭受机械召回、灾难性的媒体调查报告以及备受关注的诉讼困扰的行业来说,高层管理者和市场营销人员都热情地接受了家庭安全这一概念。面对严峻的经济形势,一种新型的中等价位的高里程家庭车对于消费者来说很有吸引力,并且汽车制造商还通过一系列广告向公众展现自己专注于"安全为你爱的人"这一理念,这也打消了潜在购买者的疑虑。

然而,尽管受到广告媒体的追捧,令人奇怪的是,最先对于T型锁的安全性提出疑虑的却是这个汽车制造商的三个工厂经理:巴特·盖恩斯(Bart Gains),勒隆·凯茜(LeRon Cathy)以及克雷格·兰利(Craig Langley)。他们几乎同时发现它在极端的温度下会突然断裂,这会导致即使很小的事故也可能引起产品故障,导致后座成员(特别是小孩)受伤甚至死亡。在疑虑的开始阶段,他们三个达成一致,认为对于这个问题的讨论只能通过电话而不用邮件,直到他们知道这个问题出现在哪儿。

"随着越来越多的这种车上路,那些新闻社和公众迟早会叫嚷着要求调查和提出诉讼,这只是一个时间的问题罢了,"勒隆在一次电话会议中提及,"一个巨大的责任落在了我们肩上啊,伙伴们。"

"但是我们必须要考虑这里的一些问题,"克雷格指出,"我们不可能在销售量极速增长的情况下,就简单地将这个炸弹丢给高层管理者,况且我们的证据还不充分。这样是不会被认可的,并且我们也不能仅仅给他们'如果……那会怎样'的设想。我的意思是,我们都只是认为这个可能发生,但是我们是不是需要进行更多的测试或什么的?"

"要不这样吧,"巴特建议道,"让我们花点时间来认真地写一个备忘录给中层管理者,告诉他们我们已经检测出这种新车在一些极端的情况下可能会出现的一些潜在问题,并让他们来决定在把这事告诉高层之前下一步应该采取什么行动。"

"这个听上去不错,"克雷格说,"我们不要在这个备忘录里面喋喋不休地说太多,也不要让他们觉得我们大惊小怪。我们只是要让他们知道这里需要做些什么并且我们会遵从他们的建议行事。"

这三人认真地起草了一个备忘录以表达他们的疑虑,并顺着指挥链将其提交给了总部的中层管理者。很快,他们就收到了一个简短的回复:"我们会查明情况。"接下来的一个报告宣称调查小组没有发现 T 型锁存在任何问题,这让这几个工厂经理感到很意外。"你们是在极端的温度下进行检测的吗?"三人反驳道。

"一切都很好,"这便是答复,"听着,这是最近几年生产的最好的家庭车。高管们对它的销量感到兴奋,公众也喜爱它,并且我们也没有发现任何存在重大安全问题的证据。"

在几天之后的电话会议上,巴特告诉他的朋友们,觉得自己就像是那些在 1986 年挑战号爆炸之前不断抱怨 O 形橡胶圈存在问题的 NASA 工程师。"那也是一个有关温度的问题,记得吗? 当时也没有任何人听取他们的意见。"他提醒道。巴特接着补充道:"为什么我们上头的那帮人就不能从自己的信息系统中发现这个问题呢? 他们是由于巨大的销量而分心了还是他们的信息系统根本就没有提供给他们这个问题的详细数据?"

在这三人中,克雷格最不认为这里存在危险或是有继续追查这个问题的必要。"你知道吗? 也许我们反应过度了。当然,这里是显示出了一些危险信号,但是你任何时候开车,不都是会有危险的吗?"

"告诉我,克雷格,"勒隆说,"知道这些情况后,你还会把你的孩子放在这个车的后座吗?"

"那不公平,勒隆。我相信我们的公司,并且我的意思是我们已经向他们表达了我们的疑虑,那些高层也调查了这事,他们很满意。我们只是需要再给这事一些时间。"

"也许他是对的,"巴特说,"也许这个问题会自动得到解决,或者中层们会递交给设计部些什么。如果这里存在问题,他们肯定会发出召回声明,让购买者将车送回经销商以做调整。"

事实情况是公司中有人知道了他们的疑虑,并且高层人员面对销量的节节上升也可能对这个车的坏消息无动于衷,还说服了这三人不要再插手这事而让中层管理者来处理。

这个冬天发生了两起悲惨事故(一起发生在明尼苏达州,另一起发生在科罗拉多州)导致了三个小孩的死亡。尽管国家公路交通安全管理局还在对这两起事故的原因进行调查,这里没有任何评论说这两起悲剧可能和 T 型锁的问题有联系。尽管如此,巴特还是给勒隆打了一个电话。

"你怎样看,勒隆?"

"我已经采取行动了,巴特。我已经给我们之前交谈过的那个中层打了电话,他要我们不要过早对这事下结论。但是他们愿意把一些备忘录摘要发送给高层要员。这个备忘录最好是管理者喜欢的那种重点总结。这样不但能让他们意识到这些潜在的问题,也不会让他们对于我们新的产品线过于悲观。"

"那将意味着又会有更多的延迟。"

"生产正在高速运转,并且公司正在捕获每一点可能的回报。那些人认为对于这个重大问题我们没有充分的证据,并且现在就迫使公司发布通告或是对这个车做出改变还为时过早。听着,他们不想让任何人陷于危险的境地。这里最主要的关注点是家庭安全。但是甚至是国家公路交通安全管理局也没有给出任何最终的结论。如果有需要,这些信息就会被发布出去。我想我可能赞同这一做法,并且我确信克雷格也会赞同的。”

“好吧。”巴特挂断了电话,从他的桌子上拿起了一个 T 型锁的样品并对其进行了仔细观察。好吧,我们等着瞧吧,他一边想着一边将样品放到了抽屉里。

注 释

1. Based on Viktor Mayer-Schönberger and Kenneth Cukier, *Big Data: A Revolution That Will Transform How We Live, Work, and Think* (Boston: Houghton Mifflin Harcourt, 2013), 1–2.
2. Andrew McAfee and Erik Brynjolfsson, “Big Data: The Management Revolution,” *Harvard Business Review*, October 2012, 61–68.
3. Raymond F. Zammuto, Terri L. Griffith, Ann Majchrzak, Deborah J. Dougherty, and Samer Faraj, “Information Technology and the Changing Fabric of Organization,” *Organization Science* 18, no. 5 (September–October 2007), 749–762.
4. Erik Berkman, “How to Stay Ahead of the Curve,” *CIO*, February 1, 2002, 72–80; and Heather Harreld, “Pick-Up Artists,” *CIO*, November 1, 2000, 148–154.
5. Laura Landro, “An Affordable Fix for Modernizing Medical Records,” *The Wall Street Journal*, April 30, 2009, A11.
6. “Business Intelligence,” special advertising section, *Business 2.0*, February 2003, S1–S4; Alice Dragoon, “Business Intelligence Gets Smart,” *CIO*, September 15, 2003, 84–91; and Steve Lohr, “A Data Explosion Remakes Retailing,” *The New York Times*, January 3, 2010, BU3.
7. Lohr, “A Data Explosion Remakes Retailing.”
8. Ibid.
9. Geoffrey A. Fowler, “Leadership: Information Technology (A Special Report)—Are You Talking to Me?” *The Wall Street Journal*, April 25, 2011, R5.
10. Jacques Bughin, Michael Chui, and James Manyika, “Capturing Business Value with Social Technologies,” *McKinsey Quarterly*, November 2012, http://www.mckinsey.com/insights/high_tech_telecoms_internet/capturing_business_value_with_social_technologies (accessed September 27, 2013); and Roland Deiser and Sylvain Newton, “Six Social-Media Skills Every Leader Needs,” *McKinsey Quarterly*, Issue 1, February 2013, http://www.mckinsey.com/insights/high_tech_telecoms_internet/six_social-media_skills_every_leader_needs (accessed August 21, 2013).
11. Darrell K. Rigby, *Management Tools 2013: An Executive's Guide* (Boston, MA: Bain & Company, 2013), http://www.bain.com/Images/MANAGEMENT_TOOLS_2013_An_Executives_guide.pdf (accessed August 27, 2013); Margaret Rouse, “Big Data Analytics,” *TechTarget.com*, January 10, 2012, http://searchbusinessanalytics.techtarget.com/definition/big-data-analytics (accessed August 27, 2013); and David Kiron, Renee Boucher Ferguson, and Pamela Kirk Prentice, “From Value to Vision: Reimagining the Possible with Data Analytics,” *MIT Sloan Management Review Special Report*, March 5, 2013, http://sloanreview.mit.edu/reports/analytics-innovation/ (accessed August 27, 2013).
12. McAfee and Brynjolfsson, “Big Data: The Management Revolution.”
13. Examples reported in Steve Lohr, “Sure, Big Data Is Great. But So Is Intuition,” *The New York Times*, December 29, 2012; Thomas H. Davenport and Jeanne G. Harris, *Competing on Analytics: The New Science of Winning* (Boston, MA: Harvard Business School Press, 2007); and McAfee and Brynjolfsson, “Big Data: The Management Revolution.”
14. William G. Ouchi, “Markets, Bureaucracies, and Clans,” *Administrative Science Quarterly* 25 (1980), 129–141; and B. R. Baligia and Alfred M. Jaeger, “Multinational Corporations: Control Systems and Delegation Issues,” *Journal of International Business Studies* (Fall 1984), 25–40.
15. Daisuke Wakabayashi and Toko Sekiguchi, “Disaster in Japan: Evacuees Set Rules to Create Sense of Normalcy,” *The Wall Street Journal*, http://online.wsj.com/article/SB10001424052748703784004576220382991112672.html (accessed October 3, 2012).
16. Ian Mount, “A Pizzeria Owner Learns the Value of Watching the Books,” *The New York Times*, October 25, 2012, B8.
17. Craig Torres and Anthony Feld, “Campbell's Quest for Productivity,” *Bloomberg BusinessWeek*, November 29–December 5, 2010, 15–16.
18. Cynthia Karen Swank, ‘The Lean Service Machine,” *Harvard Business Review*, October 2003, 123–129.
19. Shayndi Raice, “Sprint Tackles Subscriber Losses; Carrier Stems Defections as Customer-Service Gains Take Root,” *The Wall Street Journal Online*, December 17, 2010, http://online.wsj.com/article/SB10001424052748704073804576023572789952028.html (accessed December 17, 2010).
20. Robert Kaplan and David Norton, “The Balanced Scorecard: Measures That Drive Performance,” *Harvard Business Review*, January–February 1992, 71–79; “On Balance,” a CFO Interview with Robert Kaplan and David Norton, *CFO*, February 2001, 73–78; Chee W. Chow, Kamal M. Haddad, and James E. Williamson, “Applying the Balanced Scorecard

to Small Companies," *Management Accounting* 79, no. 2 (August 1997), 21–27; and Meena Chavan, "The Balanced Scorecard: A New Challenge," *Journal of Management Development* 28, no. 5 (2009), 393–406.

21. Based on Kaplan and Norton, "The Balanced Scorecard"; Chow, Haddad, and Williamson, "Applying the Balanced Scorecard"; and C. A. Latshaw and Y. Choi, "The Balanced Scorecard and the Accountant as a Valued Strategic Partner," *Review of Business* 23, no. 1 (2002), 27–29.
22. Rajesh Tyagi and Praveen Gupta, "Gauging Performance in the Service Industry," *Journal of Business Strategy* 34, no. 3 (2013), 4–15.
23. Nils-Göran Olve, Carl-Johan Petri, Jan Roy, and Sofie Roy, "Twelve Years Later: Understanding and Realizing the Value of Balanced Scorecards," *Ivey Business Journal*, May–June 2004, 1–7.
24. Geary A. Rummler and Kimberly Morrill, "The Results Chain," *TD*, February 2005, 27–35; Chavan, "The Balanced Scorecard: A New Challenge"; and John C. Crotts, Duncan R. Dickson, and Robert C. Ford, "Aligning Organizational Processes with Mission: The Case of Service Excellence," *Academy of Management Executive* 19, no. 3 (August 2005), 54–68.
25. This discussion is based on Robert S. Kaplan and David P. Norton, "Mastering the Management System," *Harvard Business Review*, January 2008, 63–77; and Robert S. Kaplan and David P. Norton, "Having Trouble with Your Strategy? Then Map It," *Harvard Business Review*, September–October 2000, 167–176.
26. This discussion of behavior versus outcome control is based in part on Erin Anderson and Vincent Onyemah, "How Right Should the Customer Be?" *Harvard Business Review*, July–August 2006, 59–67; and Bruno S. Frey, Fabian Homberg, and Margit Osterloh, "Organizational Control Systems and Pay-for-Performance in the Public Service," *Organization Studies* 34, no. 7 (2013), 949–972.
27. Spencer E. Ante and Lauren Weber, "Memo to Workers: The Boss Is Watching; Tracking Technology Shakes Up the Workplace," *The Wall Street Journal*, October 22, 2013, http://online.wsj.com/news/articles/SB10001424052702303672404579151440488919138 (accessed April 22, 2014).
28. Pui-Wing Tam, Erin White, Nick Wingfield, and Kris Maher, "Snooping E-Mail by Software Is Now a Workplace Norm," *The Wall Street Journal*, March 9, 2005, B1; and Ante and Weber, "Memo to Workers."
29. Laura Landro, "Hospitals Address a Drug Problem: Software and Robots Help Secure and Monitor Medications," *The Wall Street Journal*, February 23, 2014, http://online.wsj.com/news/articles/SB10001424052702304104504579377283066012564 (accessed April 22, 2014).
30. Bill Ward, "Power to the People: Thanks to a Revolutionary Program Called ROWE, Best Buy Employees Can Lead Lives—Professional and Personal—On Their Own Terms," *Star Tribune*, June 1, 2008, E1; Michelle Conlin, "Smashing the Clock," *BusinessWeek*, December 11, 2006, 60ff; and Jyoti Thottam, "Reworking Work," *Time*, July 25, 2005, 50–55.
31. Conlin, "Smashing the Clock."
32. Based on Andrew Mayo, "Memory Bankers," *People Management*, January 22, 1998, 34–38; William Miller, "Building the Ultimate Resource," *Management Review*, January 1999, 42–45; and Todd Datz, "How to Speak Geek," *CIO Enterprise*, Section 2, April 15, 1999, 46–52.
33. This discussion is based in part on Gustavo Guzman and Luiz F. Trivelato, "Transferring Codified Knowledge: Socio-Technical Versus Top-Down Approaches," *The Learning Organization* 15, no. 3 (2008), 251–276; Ikujiro Nonaka and Hirotaka Takeuchi, *The Knowledge-Creating Company: How Japanese Companies Create the Dynamics of Innovation* (New York: Oxford University Press, 1995), 8–9; Robert M. Grant, "Toward a Knowledge-Based Theory of the Firm," *Strategic Management Journal* 17 (Winter 1996), 109–122; and Martin Schulz, "The Uncertain Relevance of Newness: Organizational Learning and Knowledge Flows," *Academy of Management Journal* 44, no. 4 (2001), 661–681.
34. The description of tacit knowledge is based on Matt Palmquist, "(Tacit) Knowledge Is Power," *Strategy + Business*, April 9, 2014, http://www.strategy-business.com/blog/Tacit-Knowledge-Is-Power (accessed April 22, 2014); and C. Jackson Grayson, Jr., and Carla S. O'Dell, "Mining Your Hidden Resources," *Across the Board*, April 1998, 23–28.
35. Dorit Nevo, Izak Benbasat, and Yair Wand, "Knowledge Management; Who Knows What?" *The Wall Street Journal*, October 26, 2009.
36. Based on Morten T. Hansen, Nitin Nohria, and Thomas Tierney, "What's Your Strategy for Managing Knowledge?" *Harvard Business Review*, March–April 1999, 106–116.
37. Mark Easterby-Smith and Irina Mikhailava, "Knowledge Management: In Perspective," *People Management*, June 2011, 34–37.
38. David Gilmore, "How to Fix Knowledge Management," *Harvard Business Review*, October 2003, 16–17.
39. Palmquist, "(Tacit) Knowledge Is Power."
40. Phyllis Korkki, "The Leaders Who Aren't Always Followed," *The New York Times*, April 13, 2014, BU3.
41. Karen Stephenson, quoted in Ethan Watters, "The Organization Woman," *Business 2.0*, April 2006, 106–110.
42. Korkki, "The Leaders Who Aren't Always Followed."
43. This example is from Rob Cross and Robert J. Thomas, "How Top Talent Uses Networks and Where Rising Stars Get Trapped," *Organizational Dynamics* 37, no. 2 (2008), 165–180.
44. Jennifer Reingold and Jia Lynn Yang, "The Hidden Workplace: There's the Organization Chart—and Then There's the Way Things Really Work," *Fortune*, July 23, 2007, 98–106.
45. Ethan Watters, "The Organization Woman."
46. Susannah Patton, "Who Knows Whom and Who Knows What?" *CIO Magazine*, June 15, 2005, 51–56.
47. Ibid.
48. Rob Cross, Stephen P. Borgatti, and Andrew Parker, "Making Invisible Work Visible: Using Social Network Analysis to Support Strategic Collaboration," *California Management Review* 44, no. 2 (Winter 2002), 25–46.
49. Lowell L. Bryan, Eric Matson, and Leigh M. Weiss, "Harnessing the Power of Informal Employee Networks," *McKinsey Quarterly*, November 2007, http://www.mckinsey.com/insights/organization/harnessing_the_power_of_informal_employee_networks (accessed April 23, 2014).

50. This discussion is based on Verne G. Kopytoff, "Companies Stay in the Loop by Using In-House Social Networks," *The New York Times*, June 27, 2011, B3; Daniel Burrus, "Social Networks in the Workplace: The Risk and Opportunity of Business 2.0," *Strategy & Leadership* 38, no. 4 (2010), 50–53; Evelyn Nussenbaum, "Tech to Boost Teamwork," *Fortune Small Business*, February 2008, 51–54; Nevo et al., "Knowledge Management"; and "Building the Web 2.0 Enterprise: McKinsey Global Survey Results," *The McKinsey Quarterly*, July 2008, http://www.mckinseyquarterly.com/Building_the_Web_20_Enterprise_McKinsey_Global_-Survey_2174 (accessed October 18, 2011).
51. Kopytoff, "Companies Stay in the Loop."
52. Nevo et al., "Knowledge Management."
53. Roland Deiser and Sylvain Newton, "Six Social-Media Skills Every Leader Needs," *McKinsey Quarterly*, Issue 1, February 2013, http://www.mckinsey.com/insights/high_tech_telecoms_internet/six_social-media_skills_every_leader_needs (accessed August 21, 2013).
54. David Kiron, Douglas Palmer, and Robert Berkman, "The Executive's Role in Social Business," *MIT Sloan Management Review*, Summer 2013, 83–89.
55. Ibid.
56. Ibid.
57. Deiser and Newton, "Six Social-Media Skills Every Leader Needs."
58. Anna Granholm-Brun, interviewed by Robert Berkman, "Turning a 'No Comment' Company into a Social Media Leader," *MIT Sloan Management Review*, August 2013, 1–4.
59. Felix Gillette, "Twitter, Twitter, Little Stars," *Bloomberg Businessweek*, July 19–July 25, 2010, 64–67.
60. Nora Ganim Barnes, Ava M. Lescault, and Stephanie Wright, "2013 *Fortune* 500 Are Bullish on Social Media: Big Companies Get Excited About Google+, Instagram, Foursquare and Pinterest," University of Massachusetts, Dartmouth Center for Marketing Research, http://www.umassd.edu/media/umassdartmouth/cmr/studiesandresearch/2013_Fortune_500.pdf (accessed May 5, 2014).
61. This discussion is based on Brian Solis and Charlene Li, "The State of Social Business 2013: The Maturing of Social Media into Social Business," Altimeter Group, http://www.altimetergroup.com/research/reports/the_state_of_social_business_2013 (accessed May 5, 2014).
62. The discussion of command centers is based on Amanda Nelson, "Everything You Need to Know About Social Media Command Centers," *Salesforce.com*, May 30, 2013 http://blogs.salesforce.com/company/2013/05/social-media-command-centers.html (accessed May 5, 2014); Joel Windels, "Social Media Command Centers Are Coming of Age," *Brandwatch.com*, February 12, 2014, http://www.brandwatch.com/2014/02/social-media-command-centers-come-of-age/ (accessed May 5, 2014).
63. Stuart Elliott, "Mocked on Internet, Diet Coke Alters Ads," *The New York Times*, May 7, 2014, B6.
64. Nelson, "Everything You Need to Know About Social Media Command Centers."
65. Susan Etlinger, Andrew Jones, and Charlene Li, *Shiny Object or Digital Intelligence Hub? Evolution of the Enterprise Social Media Command Center*, Altimeter, March 18, 2014, http://www.slideshare.net/Altimeter/report-evolution-of-the-enterprise-social-media-command-center-susan-etlinger (accessed May 5, 2014).
66. Travis Hessman, "Putting Big Data to Work," *Industry Week*, April 2013, 14–18.
67. Alden M. Hayashi, "Thriving in a Big Data World," *MIT Sloan Management Review*, Winter 2014, 35–39; and Mayer-Schönberger and Cukier, *Big Data*.
68. Mayer-Schönberger and Cukier, *Big Data*.
69. Hessman, "Putting Big Data to Work."
70. Quoted in Hessman, "Putting Big Data to Work."
71. Reported in Hayashi, "Thriving in a Big Data World"; and Mayer-Schönberger and Cukier, *Big Data*.
72. Reported in Hayashi, "Thriving in a Big Data World."
73. Mayer-Schönberger and Cukier, *Big Data*, 51–52.
74. Quoted in Mayer-Schönberger and Cukier, *Big Data*, 52.
75. Matthew Futterman, "Friday Journal—Baseball After Moneyball," *The Wall Street Journal*, September 23, 2011, D1.
76. Mayer-Schönberger and Cukier, *Big Data*, 129–130.
77. This discussion is based on David Fogarty and Peter C. Bell, "Should You Outsource Analytics?" *MIT Sloan Management Review*, Winter 2014, 41–45.
78. Mayer-Schönberger and Cukier, *Big Data*, 134–135.
79. Mayer-Schönberger and Cukier, *Big Data*, 127.
80. This discussion is based on Robert L. Grossman and Kevin P. Siegel, "Organization Models for Big Data and Analytics," *Journal of Organization Design* 3, no. 1 (2014), 20–25; and Jay R. Galbraith, "Organization Design Challenges Resulting from Big Data," *Journal of Organization Design* 3, no. 1 (2014), 2–13.
81. Thomas H. Davenport, "Five Ways to Organize Your Data Scientists," *The Wall Street Journal*, August 22, 2013, http://blogs.wsj.com/cio/2013/08/22/five-ways-to-organize-your-data-scientists/ (accessed April 25, 2014).
82. Galbraith, "Organization Design Challenges Resulting from Big Data."
83. Davenport, "Five Ways to Organize Your Data Scientists"; and Grossman and Siegel, "Organization Models for Big Data and Analytics."
84. Based on Brad Brown, David Court, and Paul Wilmott, "Mobilizing Your C-Suite for Big-Data Analytics," *McKinsey Quarterly*, November 2013, 14–21.
85. Davenport, "Five Ways to Organize Your Data Scientists"; and Grossman and Siegel, "Organization Models for Big Data and Analytics."
86. Ruben Sigala, interviewed by Renee Boucher Ferguson, "A Process of Continuous Innovation: Centralizing Analytics at Caesars," *MIT Sloan Management Review*, Fall 2013, 1–6.
87. Saul Berman and Peter Korsten, "Embracing Connectedness: Insights from the IBM 2012 CEO Study," *Strategy & Leadership* 41, no. 2 (2013), 46–57.
88. Zammuto et al., "Information Technology and the Changing Fabric of Organization."
89. Stephanie Overby, "Paving over Paperwork," *CIO*, February 1, 2002, 82–86.
90. Siobhan O'Mahony and Stephen R. Barley, "Do Digital Telecommunications Affect Work and Organization? The State of Our Knowledge," *Research in Organizational Behavior* 21 (1999), 125–161.

91. Berman and Korsten, "Embracing Connectedness."
92. "Big and No Longer Blue," *The Economist*, January 21–27, 2006, http://www.economist.com/node/5380442 (accessed October 18, 2011).
93. "Mandate 2003: Be Agile and Efficient," *Microsoft Executive Circle*, Spring 2003, 46–48.
94. Salvatore Parise, Bala Iyer, Donna Cuomo, and Bill Donaldson, "MITRE Corporation: Using Social Technologies to Get Connected," *Ivey Business Journal*, January–February 2011, http://www.iveybusinessjournal.com/topics/strategy/mitre-corporation-using-social-technologies-to-get-connected (accessed August 25, 2011).
95. Joanne Lee-Young and Megan Barnett, "Furiously Fast Fashions," *The Industry Standard*, June 11, 2001, 72–79.
96. Based on Carol Hildebrand, "New Boss Blues," *CIO Enterprise*, Section 2, November 15, 1998, 53–58; and Megan Santosus, "Advanced Micro Devices' Web-Based Purchasing System," *CIO*, Section 1, May 15, 1998, 84.

第9章 Organization Theory and Design

组织规模、生命周期及组织衰退

问题引入

在阅读本章内容之前，请先看下面的问题并选择答案。

1. 在公司的成长中，创建者亲自干预管理控制是明智的。

同意________　　不同意________

2. 一个管理者应当把共享价值观、信任和对组织使命的承诺作为控制员工行为的主要手段。

同意________　　不同意________

3. 实施了必要的裁员后，管理者不需要花费大量时间去安抚下岗员工，而应该更多地关注在岗员工，确保他们正在按要求工作，以维持公司的生存和发展。

同意________　　不同意________

“西南航空公司目前正处在一个比以往任何时候都好的发展阶段上，”公司首席执行官加里·凯利(Gary Kelly)说。但是仔细来看，西南航空公司已经开始显现出了衰老的迹象。其实凯利也承认，不但整个航空业发生了变化，而且西南航空公司在航空业中的地位也发生了变化。西南航空公司的成长已经停滞了。长期以来以低价格为核心竞争力的卖点也没有那么明显了，西南航空公司的机票相对其他航空公司来说也没有那么便宜了。美国最大的三家航空公司——美国航空集团(American Airlines Group)、美国联合大陆控股公司(United Continental Holdings)和达美航空公司(Delta Air Lines)——为吸引商务旅客推出了很多项目，提供了很多服务。竞争对手的超低折扣活动迫使西南航空公司不得不降低票价。西南航空公司的电话和计算机系统也非常过时，遇到问题的时候常常会捉襟见肘。例如，2014年冬天由于暴风雪导致上千次航班取消，而工作人员必须手动重新安排旅客的乘机问题。2014年1月2日，西南航空公司在芝加哥米德韦机场

(Midway Airport)不慎丢失了 7500 个包裹。西南航空公司的员工非常期待能够回到联合创始人赫伯・凯莱赫(Herb Kelleher)在位时的样子,凯莱赫曾任公司的首席执行官兼执行主席。凯莱赫以他古怪的穿衣风格而著称,喜欢喝野火鸡波本威士忌,喜欢骑哈雷摩托。"自从凯莱赫离开以后,这里更像是一个公司,而不像是一个家庭,"工会代表兰迪・巴恩斯(Randy Barnes)说。[1]

像西南航空这样的组织,随着规模逐渐发展壮大,业务逐渐多元化,就需要更加多元化的系统和程序来指导和控制组织。而且,较复杂的系统和程序会给组织带来无效率和刚性、反应时间变慢等问题,也就是说,公司很难在短时间内适应并满足客户或顾客的需求。在最近发布到网上的一段视频中,西南航空公司现任首席执行官加里・凯利问前任首席执行官赫伯・凯莱赫,"对于员工关注的变革问题,你是怎么回复他们的?"凯莱赫回答说,"我告诉他们……'我们现在正在讨论的是你的未来。如果我们不变革,你就没有未来'。"[2]

与大多数组织相比,西南航空公司已经享受了较长时期的"青春",保持着创新性、适应能力以及创业者的心态,但是每个组织,从本土餐馆和自主经营的实体店到国际化大公司、非营利性组织,还有法律实施机构,都会面临组织规模、官僚层级和控制问题。在 20 世纪,大型组织变得很普遍,同时,组织的行政体制开始成为组织理论研究的一个重要课题。[3] 大部分大型组织都存在行政化的特征,它可以是很有效的。这些组织为我们提供大量产品和服务,完成令人惊叹的事情——探索火星,可到达世界任何一个地方的包裹快递,在美国安排和协调一天中 10 000 架次的飞机起落——这些都是那些组织有效运行的证明。另外,行政化机构也会因许多缺陷而受到指责,如低效、缺乏灵活性以及繁文缛节的程序化工作使组织远离它的雇员和服务的顾客。

本章的目的

这一章我们要探讨组织的规模问题,分析规模与结构及控制的关系。组织规模是影响组织设计和运行的一个情境变量,其重要性与前几章讨论的技术、环境、目标等情境变量相似。本章第一部分中,我们先要考察规模大小的各自好处,然后我们要介绍组织生命周期的概念,并探讨每一阶段的结构特征。接下来,我们要探讨历史上对行政式机构作为大型组织控制的一种手段的需要,并将行政控制与其他的控制手段相比较。最后,本章将探寻组织衰退的原因并讨论解决组织裁员的一些方法。学完本章后,读者应该能领会行政式机构的本质以及它的优点和缺点。读者应该认识到在什么样的情况下采用行政式控制手段能使一个组织更加有效,在什么样的情况下选用其他的控制办法会更有效。

组织规模:是否越大越好

组织规模大还是小的问题源于对组织成长的认识。许多组织都感到存在一种压力,需要不断地成长壮大。

成长的压力

你梦想开家小公司吗?许多人都梦想过,美国经济的"血液"就是创业型公司。的确,实际上每位创业者梦想自己的公司赶快发展壮大,甚至成为《财富》500强。[4] 有时,这个目标比制造最好的产品,获得最多的利润更加紧迫。然而,正如本章"新书评介"中所讨论的,也有一些欣欣向荣的企业,它们的企业管理者抵抗住了不断发展壮大的压力,转而关注其他一些不同的目标。

如今,许多大公司出现了经济危机,并频频解雇员工,这种情况激励许多年轻创业者试图开创自己的公司或者以独立所有权的形式单独经营公司。然而,行业整合、全球扩张、多样化等使得现在的企业与几十年前相比大了很多。1960年,排名前50的美国企业的总收入为1030亿美元,平均每家公司收入21亿美元。2010年,这一总值达到了51 000亿美元,平均收入达到了1 020亿美元。[5] 此外,尽管新的小型企业快速增加,但诸如丰田、通用电气、三星和沃尔玛等这些企业巨头仍然在持续增长。

从零售业到航空业、新闻媒体业的公司都在努力成长,以获得参与全球竞争、投资新技术、控制分销渠道、确保市场准入的规模和资源。[6] 企业成长过程中会存在许多问题,然而实践证明,公司必须通过成长才能维持健康发展。停止成长就是失败的开始。稳步不前就无法持续不断地满足顾客需求,而且竞争者也会瓜分你的市场。罗威欧娱乐软件公司(Rovio Entertainment)于2012年推出了"愤怒的小鸟"(Angry Birds),之后像掘到了金矿一样,获得了迅猛的发展。然而,高层管理者们也知道,公司能否持续成长取决于他们能否"从一家北欧游戏开发商转变为全球性的娱乐巨头"。如果罗威欧无法继续成功地为客户提供新游戏,它就无法继续成长。[7] 沃尔玛的管理者们即使在投资回报率(ROI)下降的情况下也依旧热衷于企业扩张,他们坚信"停止成长就是失败和破产的开始",首席财务官汤姆·斯科沃(Tom Schoewe)也指出:"我可以接受投资回报率稍微降低情况下企业快速的成长。"[8]

较大规模的企业可以承担更多风险,这些风险足以摧毁那些小型企业,同时,规模对于一些行业的健康发展非常重要。例如,在美国的医疗行业中经常出现并购热潮,因为医院、医疗组织和保险机构都在努力地控制医疗成本,以应对平价医疗法案(Affordable Care Act)带来的挑战。[9] 规模对于像可口可乐、宝洁这样的营销密集型企业来说，更是其保持经济上健康发展的关键。正是大规模使这些企业在市场中获得了竞争力，从而提高其销售收入。[10]通过一系列的收购和兼并，比利时酿酒公司英特布鲁(Interbrew，现为Anheuser-Busch InBev，百威英博)成为世界上最大的啤酒生产商和分销商，在行业中具有巨大的影响力。此外，成长中的组织也是有活力的、激发人的工作场所，这使得组织能够吸引和保持高素质的员工。当雇员的数量不断扩大时，企业可以为员工提供更多的挑战和发展机会。

波·伯明翰(Bo Burlingham)

《小巨人：只求更好不求更大的企业》(*Small Giant: Companies That Choose to Be Great Instead of Big*)

传统商业经营思想是“扩张铸就辉煌”。然而，美国《公司》杂志的编辑伯明翰提醒我们，有些企业只求更好不求更大，他称这种企业为“小巨人”。在他的同名著作里，他列举了 14 家在本行业很有威望且很成功的小企业，这些企业的管理者已经决定不扩张、不上市、不被大公司收购。

“小巨人”的生命力来自哪里？

伯明翰所写的企业来自各行各业，它们的员工数量、公司结构、管理方法和处于的生命周期阶段都各不相同。那么它们相似之处在哪儿呢？伯明翰和我们分享了 7 个使得这些企业取得近乎奇迹般成就的特质。下面列出其中 3 个：

● 公司的开创者和管理者力图建立一家能够“生存”的公司，而不是受外界压力影响而建的公司。联合广场咖啡馆的老板丹尼·迈尔(Danny Meyer)说：“做自己认为正确的事会比迎合别人做事赚更多的钱。”奥克啤酒厂(Anchor Brewery)老板弗里茨·美泰(Fritz Maytag)将公司的销售区域限制在加利福尼亚州北部，他甚至将酿酒技术传授给竞争对手的酿酒师，以满足不断上升的对奥克啤酒厂啤酒的需求。

● “小巨人”们与公司周围社区关系维持得很好。美国首家独立的档案储存公司——城市保管公司(Citi Storage)为了节省开支，在市中心附近的贫困区域建造了自己的仓库。然而，该公司迅速与当地居民打成一片，如雇用当地居民，向社区活动开放设施设备，向当地学校捐款。

● 管理者对公司充满热情。不管是制作音乐、制造特殊效果、设计和生产恒转矩铰链、酿酒还是建筑设计，这些公司的管理者都对他们的事业、员工、顾客和供应商充满了由衷的热情。

想成立一家“小巨人”公司吗？

伯明翰这部著作的作用之一就是向年轻的创业者们证明了“不一定要更大才能更好”，不要试图抓住一切扩大规模的机会。但是，伯明翰也指出,控制企业成长也需要一定的能力。这本富有趣味的著作引导一些有毅力的企业家和管理者做出正确的选择。

Small Giants: Companies That Choose to Be Great Instead of Big, by Bo Burlingham, is published by Portfolio, a division of the Penguin Group.

规模的两难选择

组织感到成长的压力,但是,压力究竟多大,规模要扩大到什么程度?多大规模的组织能在全球化市场竞争中有最好的表现?关于规模大小问题的争论可概括为图9-1。

图9-1 大型组织与小型组织的区别

资料来源:Based on John A. Byrne, "Is Your Company Too Big?" *Business Week* (March 27, 1989), 84-94.

大规模

富足的资源和规模经济是许多参与全球化竞争的组织必备的条件。只有大型组织才有能力建立起贯通加拿大西部和整个美国的石油管道系统——基石输油管线项目(Keystone Pipeline),也只有像通用电气这样的大公司才能够花费 200 万美元建造超效率的由 8000 个不同零件组成的风力涡轮机。[11]只有强生公司这样的大企业才有实力投下数百万美元的资金开发出像双光镜片隐形眼镜和皮下节育器这样的新产品。此外，大企业更容易度过最近几年的经济危机，而很多小企业仍在挣扎或已经歇业。[12]最近一项针对 99 个发展中国家的研究发现，大企业的生产力显著地高于小企业。由于规模经济和范围经济的存在，规模和生产力之间的相关性在美国也表现得非常显著。[13]大型组织可以在困难的时期成为支持经济和社会的力量。2011 年，日本发生地震、海啸和核泄漏等一系列灾难，大部分收入来自日本的美国家庭人寿保险公司（Aflac）给客户 6 个月的宽限期来支付保费。此外，该公司还捐赠了数百万美元用以救灾。[14]大型组织在遭受灾难后也能更快地恢复其业务，这可以在危急时期给雇员一种安全感和归属感。

大企业往往是以一种标准化，甚至常常是机械化的方式运作，并且呈现出高度的复杂性。复杂性能使组织拥有大量的职能专家，他们能完成复杂的任务，生产出复杂的产品。而且，大型组织一旦成为稳定运行的机构，能在市场上持续地存在多年。管理者会乐意加入这样的企业并预期自己获得像 20 世纪五六十年代的"组织者"那样的职业生涯。这样的组织可以为员工提供稳定的就业以及提薪和晋升等机会。

小规模

一种对立的观点认为小的就是美好的。他们主张全球经济中成功的关键，是要能在瞬息万变的市场中保持灵活性和应变的能力。小型组织在需要快速应对顾客需求及环境和市场条件时能显示出巨大的优势。[15]另外，小型组织由于规模小，员工更容易将自我融入进去，组织就能够获得更高的员工忠诚度。小型组织会分派给员工不同类型的工作，使他们感到更具活力且充实，而大型公司的工作比较单一和乏味。在哪里做管理者会比较幸福呢？做完本章的"你适合哪种组织设计"你就会得到答案。

你适合哪种组织设计

你适合在哪种规模的组织里工作？

怎样测量你的工作爱好适合多大规模的企业呢？回答下面有关兴趣的问题。标出每个问题对你是"基本符合"还是"不太符合"。

	基本符合	不太符合
1. 注重组织的稳定和发展空间。	______	______
2. 规定是用来被打破的。	______	______
3. 工作经验是工资和晋升的重要决定因素。	______	______
4. 通常喜欢挑战不同类的工作，讨厌单调的工作。	______	______
5. 入职前，会核实该公司是盈利的。	______	______
6. 倾向于在管理责任分散的团队里工作，不喜欢由单一领导管理。	______	______
7. 喜欢进有名的大型企业。	______	______

8. 宁可在一家年薪9万美元的小企业里做副总裁，
也不去一家年薪10万美元的大企业里做中层管理者。

______ ______

计分：偶数题号的问题选择“基本符合”加1分，奇数题号的问题选择“不太符合”加1分。

解析：大型组织和小型组织的工作经历存在很大区别。大型组织信誉好、效益好、稳定、规章制度齐全、工作界定清楚、管理机构层次清晰。小型组织可能苦于生存，有激情，工作种类多，有风险，得分担责任。得分大于或等于6分的适合于大型组织，得分小于或等于3分的适合于小型、结构简单的组织。

资料来源：From Hellriegel/Jackson/Slocum. Managing, IIE. Copyright 2008 South-Western, a part of Cengage Learning, Inc. Reproduced by permissim, http://www.cengage.com/permissions.

在最近几年中，许多大型组织通过兼并或者并购，规模变得更加庞大，然而，研究表明，这些兼并形成的组织很少实现了其期望的业绩水平。麦肯锡公司(McKinsey & Company)、合益集团(Hay Group)和其他咨询公司的研究显示，企业合并后绩效降低20%。也有些评估显示，90%的公司合并后没有按照预期发展。据有关估计，90%的并购并未辜负最初的期望。很多学者和分析人士认为，只是不断地使企业规模变大并不能提升组织绩效。[16]美国第二大建筑商普尔特集团(Pulte Group)于2009年收购了一家中介公司。由于整合两家公司的压力，加上房地产市场的疲软，此次收购对普尔特的盈利能力造成了较大破坏。自收购时间开始到2011年年中，除了有一个季度盈利之外，普尔特已经损失了数百万美元。[17]

尽管许多公司的规模在不断增大，但是美国以及世界上其他大部分发达国家的经济活力却取决于小型和中型的公司。根据美国小型企业管理局(Small Business Administration)的统计，小企业的数量占到了美国全部企业数量的99%。美国的2790万个小型企业的收入占到了所有企业销售收入的一半以上，提供了55%的工作岗位。[18]另外，从1993年到2011年，小企业每年提供了64%的新工作岗位，并且在最近的经济衰退时期占到了67%(从2009年年中到2011年)。[19]在出口商中，小型公司占了很大的比例。互联网和其他信息技术的发展使得小型公司可以和较大的企业相竞争。服务业的迅速发展促使组织的平均规模缩小了，因为，绝大多数服务业企业都力争在小规模经营中更好地为顾客服务。

小型组织实行的是一种扁平化的结构和机动、灵活的管理风格，因而有助于激发创新精神和创造力。当今领先的生化药品几乎都是小企业开发出来的，如抵抗艾滋病病毒的药品反吞噬型滤过性病菌(anti-retroviral)是由基莱德科技公司(Gilead Sciences)开发研制的，而不是像辉瑞公司(Pfizer)那样的大型制药公司开发的。[20]除此之外，员工在小企业经营中的个人高度参与感也极大地激发了他们的工作积极性和对企业的全身心投入，这些企业的员工已认同了公司的使命。基于对原始社会、宗教派系、军事组织和一些企业的研究，人类学家罗宾·顿巴(Robin Dunbar)建议，150人是任何一个组织达成目标的最佳规模，这也正如我们在第7章中所介绍的。超过这个规模，企业的效率就会降低，因为过多的规定、程序和官僚主义会使业务运作速度变慢，也会降低群体的道德水平、热情程度和忠诚度。[21]

大企业与小企业的混合体

小企业独有的优势使之获得成功并成长壮大，从而成为大型的组织，这是一个悖论。小企业可能成为其自身成功的牺牲品，因为伴随着企业的成长壮大，它可能会转向注重纵向层级的机械式结构，这样就孕育出了许多的"组织者"而不是创业者。大型公司注重的是"不求创新，只求最好。"[22]大企业受现有产品和技术的束缚，缺乏对未来改革的追求。

解决这一问题的途径之一是通用电气公司董事长杰克·韦尔奇(Jack Welch)所称的"大企业与小企业的混合体"结构，也就是将大型公司所拥有的资源和渠道与小企业特有的简单性和灵活性相结合。这些企业通过整合组织结构和流程，使自己在保持适应能力的同时又有效率。它们所使用的是双管齐下的策略(ambidextrous approach)，通过整合结构和流程，使组织既能够拥有小企业的创造能力，又拥有大企业的创新系统。比如说，灵活、宽松的组织结构和较高程度的授权能够鼓励员工的创新想法和创新行为。但是在这样的情况下，组织很难实施变革，员工可能会因为习惯了自主行事而不遵从变革规定。通过双管齐下的策略，管理者在组织中的某些部门内部鼓励灵活性和自主行事，以激励员工提出创新想法，但是在整个组织内要进行更严格的、集中的、标准化的管理以实现组织创新。[23]例如，位于伦敦的万盛软件公司(Misys)的首席执行官迈克·罗瑞(Mike Lawrie)组建了一个单独的部门设计开源解决方案(Open Source Solutions)，旨在为卫生保健行业研发潜在的破坏性技术。罗瑞希望有创造力的人有时间和资源去开发新软件，使所开发的系统软件能够实现数据在医院、医生、保险公司和其他卫生保健系统之间的无缝交换。那些注重方法和精确度的创新行为更有可能发生在规则型的组织中。[24]事业部型结构，如第 3 章所述，是大型组织成为大公司与小企业混合体的另一种方法。通过将大公司重组为若干小型公司，像强生(Johnson & Johnson)这样的大型组织就获得了小企业的思维模式和经营优势。强生实际上是由 250 家独立经营的分布于 57 个国家的企业所组成的群体。[25]迈克尔·戴尔(Michael Dell)正在试图通过给部门授予自主权，让公司像初创企业一样充满活力，使公司重获辉煌。

应用案例 9-1

戴尔公司

戴尔曾经是全球顶尖的个人电脑制造商。现在它排名世界第三，位列惠普和联想之后。同时，它还要面对来自 IBM、惠普和甲骨文在企业计算机市场上的激烈竞争。戴尔正在从个人电脑制造商转型为解决方案提供商，创始人迈克尔·戴尔也正在试图让公司回归创业时的状态。

戴尔正在进军新的业务领域，为此开设了新的部门，如网络安全、数据中心设计和管理等，并给这些新部门授予了更多的自主运作权。负责数据中心部门运营工作的福瑞斯特·诺罗德(Forrest Norrod)说,他已获得授权,可以忽略公司办公室给予的"帮助"。迈克尔·戴尔说他希望这些部门更具创造性,少一些官僚主义,所以他采取了不干涉的方法。诺罗德的部门位于戴尔的帕默南园区内(Parmer South),距离戴尔总部 8 英里。当员工找不到测量服务器机架的尺子时,他们有时候会用美元纸币作尺子。一位员工在他的车库里设计了一个特殊的无线电底架,使用胶带连接上电源。这看起来不像运行大型计算机的方式,但是诺罗德和迈克尔·戴尔认为这是一个好的开始,这使戴尔更像一个成长快速、运行灵活的初创企业。这可能是戴尔打败大型技术竞争对手的最好机会。[26]

其他公司也在寻找既保持大企业风范又保持小企业心态的方法。例如,零售巨头劳氏公司(Lowe's)在广告、采购和资金筹措等方面利用了其规模优势,但对于乡镇小型商店,它会给商店经理一些服务顾客的自主权。为了避免高管被隔离于实际情况之外,共同基金经理班卡多(Vanguard)要求每个人——即使是首席执行官——每个月花费一些时间与顾客直接交谈。[27]成长中的小型公司也可以使用这些方法帮助他们的组织保持灵活性和顾客的关注度,从而促进组织成长。

组织生命周期

生命周期这一概念为探讨组织的成长和变化提供了一条有益思路。[28]所谓组织的生命周期(life cycle),就是指一个组织的诞生、成长直至最后消亡的过程。随着组织向生命周期下一阶段的演进,其结构、领导风格及管理系统都会演变为一种相对可预见的模式。生命周期的各阶段在本质上是顺序演进的,它遵循的是一种规律性的进程。

生命周期演进的阶段

关于组织生命周期的最新研究表明,在组织发展中表现出四个阶段的不同特征。[29]这些阶段以及各阶段面临的问题如图 9-2 所示。要解决每一阶段面临的问题,需要将组织转变为下一阶段的形态。

定义

成长并不是件容易的事。组织每次进入生命周期的一个新的阶段,就等同于进入了一场全新的球赛。组织面临的是一套全新的规则,它规范着组织如何在内部运行以及如何与外界的环境相联系。[30]

1. 创业阶段

组织诞生之初的经营重点是创造出一种产品,并力求在市场竞争中生

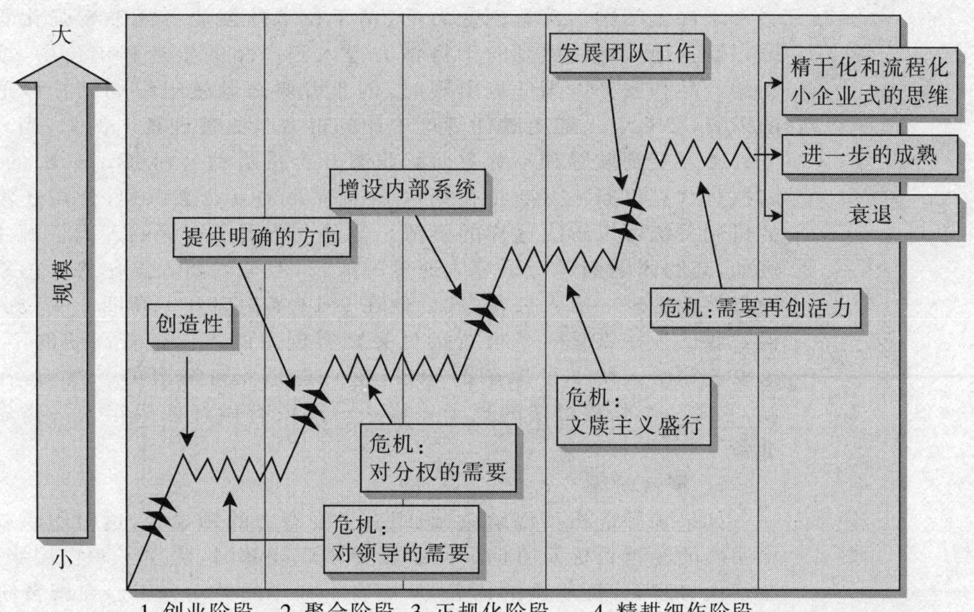

图 9-2 组织的生命周期

资料来源：Adapted from Robert E. Quinn and Kim Cameron, "Organizational Life Cycles and Shifting Criteria of Effectiveness: Some Preliminary Evidence", *Management Science* 29(1983), 33-51; and Larry E. Greiner, "Evolution and Revolution as Organizations Grow", *Harvard Business Review* 50(July-August 1972), 37-46.

存下来。组织的创建者被称为企业家，他们将全部的精力投入到生产和营销的技术性活动中。组织是非正规的，不具有行政式机构的特征。组织中的工作时间往往很长，且依靠创业者的亲自监督来实施控制。在创造性地推出某种新的产品或服务中，组织获得了成长。例如，1998 年，安德鲁·梅森(Andrew Mason)将一家失败的社交活动网站转型成了一家日交易量惊人的团购网站——高朋团购网(Groupon)。丹尼斯·克劳利(Dennis Crowley)和纳文·赛尔瓦杜莱(Naveen Selvadurai)创建了第一个版本的四方(Foursquare)——一种移动网络服务，用户可以用来与朋友分享自己的地理位置，标记他们想到达的地点信息，分享小窍门和经验——克劳利在纽约东村(East Village)的餐桌上就可以做这些。2009 年，他们将这项服务推广到了得克萨斯州的奥斯汀。截至 2014 年 1 月，四方在全球的用户达到 4500 万。克劳利亲自担任首席执行官，用独到的眼光谋求公司发展，目前公司员工已发展到 140 名。[31]

当史蒂夫·乔布斯(Steve Jobs)和斯蒂芬·沃曾耐克(Stephen Wozniak)于 1976 年在沃曾耐克父母家的车库里创建苹果计算机公司(Apple Computer)时，他们的组织也正处于**创业阶段**(entrepreneurial stage)。

创业阶段的危机：对领导的需要。组织开始成长后，日益增多的员工会带来许多问题。富有创造力的、精于技术的创业者面临着强化管理的问题,然而,他们可能更倾向于将精力投入到产品的生产和销售中,或者开发新的产品和服务。当危机出现时,创业者要么调整组织的结构以适应成长的需要,要么引入能更胜任管理工作的得力职业管理者。例如,当一位女性工程师因受到欺辱和不尊重而辞职离开吉特哈勃公司(GitHub)的时候,首席执行官克里斯·万斯特拉斯(Chris Wanstrath)意识到,公司还没有现成的机制系统可以解决这样的事情。他马上聘用了资深的人力资源主管。再例如,高朋团购网经历了惊人速度的成长,但是创始人安德鲁·梅森好像并没有兴趣管理一家大公司,然后他在2013年初离开了高朋。一位分析人士说,"我认为梅森是一个很有远见又富有创意的人。随着高朋的不断成长,这家公司给人留下了深刻的印象,这一点是无可辩驳的。然而,在有些时候,它像一个长得过快的孩子一样……还没有做好像成年人一样做决策的准备"。[32]

2. 聚合阶段

如果领导危机得以解决,组织有了强有力的领导者,这时组织就开始提出明确的经营目标及方向。组织设置了职能部门,建立了职权层级链,并给各层次、部门分配明确的任务,从而有了初步的劳动分工。在**聚合阶段**(collectivity stage),员工们对组织使命一致认同,竭力协助组织取得成功。他们感到自己是集体的一分子,组织中的沟通和控制大多是非正式的,尽管此时开始出现了一些正规的制度。苹果计算机公司在其从1978年到1981年这段迅速成长的时间里就处于聚合阶段。随着拳头产品的形成,员工们积极投身于公司的业务活动中,并与2 000多个经销商签订了合约。

聚合阶段的危机:对分权的需要。如果新的管理层成功地进行了领导,低层级的员工们逐渐会发现他们受制于自上而下的强有力的控制。下层管理人员开始在自己的工作领域中获得一种自信,从而要求有更多的自主权。而凭借强有力的领导和愿景来激励从而取得成功的高层管理者可能不愿放弃其职责,这样就产生了自主危机。高层管理者希望确保组织的各个部分都协调运作并齐心协力。这时,组织需要找到一些方法能协调和控制各部门的活动,而又不需要高层管理者进行直接监督。例如,当钻石国际湿纸巾公司(Diamond Wipes International)由于部门间沟通不畅而发生代价高昂的错误时,台湾企业家严筱意(Eve Yen)聘请了一位总经理让他负责协调各部门间的工作。[33]

评价你的答案

1. 在公司的成长中,创建者亲自干预管理控制是明智的。

答案:不同意。创业者通常都热衷于亲自制造和销售新产品或服务。但是公司逐渐发展壮大后,创业者应该扮演管理员工、制定工作流程和规章制度的角色,但如果角色转变存在问题,他们就会长时间停留在手把手的管理控制中。多数情况下,成功的创业者会聘请经验丰富的管理者经营公司,协助组织过渡到下一个阶段。

3. 正规化阶段

正规化阶段(formalization stage)涉及规则、程序和控制系统的建立和使用。沟通不再很频繁，而且更加正规化了。组织中增加了工程人员、人力资源专家及其他职员。高层管理当局转而关心诸如战略和计划这样的问题，而把公司的日常经营管理问题交给中层管理人员。组织可能会设立产品群部或其他的分权单位，以增进协调。以利润为基础的激励制度得到采用，这样可以确保管理者朝着最有利于整个企业的方向努力工作。脸谱网目前处于正规化阶段的早期。董事会正在与创始人兼首席执行官马克·扎克伯格(Mark Zuckerberg)和首席运营官谢丽尔·桑德伯格(Sheryl Sandberg)一起制定公司的规则和流程，以指导和监控公司的运行。扎克伯格拥有几乎绝对的权力，但是脸谱网现在已经到了一个必须制定正式规则和控制机制的阶段。[34]如果行之有效，新的协调和控制系统会促进组织进一步成长，因为它在高层管理与现场单位之间建立了联系机制。像电子港湾(eBay)和亚马逊这样的互联网公司正处于生命周期的正规化阶段，管理者们正在设计新的系统处理公司运营中不断增加的复杂性。

正规化阶段的危机：文牍主义盛行。在组织发展的这一时点上，制度和规划的广泛使用可能开始困扰着中层管理人员。组织似乎过于行政机构化了。中层管理者可能会对参谋人员的介入表现出极大不满。创新可能受到束缚。组织看起来过大、过于复杂了，以至于难以通过正规的计划来加以管理。谷歌正面临这一危机，联合创始人拉里·佩奇正全力以赴地消除官僚主义，重新找回谷歌的创业精神。

4. 精耕细作阶段

克服文牍主义危机的办法是通过培育一种新的意识促进协作和团队工作。在整个组织中，管理者要开发员工面对和解决问题及协同工作的能力。行政式机构可能已经达到了极限。社会控制和自我约束机制的引入可以减少对过多的正规控制的需要。管理者会学着在行政式机构中工作而不再增加行政式机构的特征。正规的制度可能得到简化，取而代之的是管理者团队和任务小组。为了实现协作，公司内部常常会组建一些跨职能部门或跨事业部的团队。组织也可能会分解成若干事业部，以保持小企业经营的特色。苹果计算机公司当前正处于其生命周期的**精耕细作阶段**(elaboration stage)。同样的情形还见于丰田、通用电气、卡特皮勒公司(Caterpillar)以及在开篇案例中所讲的西南航空公司。

精耕细作阶段的危机：需要再创活力。当组织成熟后，可能会步入暂时衰退的时期。[35]可能每 10～20 年就需要对组织进行一次重建，使之获得新的活力。这时的组织可能不再适应其环境，或者变得行动迟缓，过于行政化，因而必须经历一个重塑和创新的过程。在这一阶段，通常需要更换高层管理者。如在苹果计算机公司，为了使企业获得新生和活力，在 1985 至 1997 年之间几次更换高层领导者：约翰·斯卡利(John Sculley)、迈克尔·斯平德勒(Michael Spindler)和吉尔伯特·阿米莉欧(Gilbert Amelio)这几位首席执行官在公司困境加重时都一一被董事会免职了。史蒂夫·乔布斯在 1997 年中期回到他大约 25 年前创办的公司来主持经营。一个更老但更敏锐的乔布斯快速地重组了公司，放弃了低效的业务并将苹果公司的重点重新放在针对消费者市场的产品改革上。更重要的是，乔布斯通过开发 iPod 音乐系统和 iPhone 将公司的发展引入了一个全新的方向，从而使创业精神再次回到苹果公司。在个人电脑市场不断萎缩的时候,苹果的iPod取得了跳跃式的成长。苹果的销售量和利润开始上升,取得了长期的成功。[36]在乔布斯离开苹果公司(Apple)的几年里,他学到了许多管理知识,获得了管理经验,然而,他也很明智地聘请了许多其他有经验的管理者。例如,1998年乔布斯雇用有"故事背后的故事"称号的蒂莫西·库克(Timothy D. Cook)。乔布斯负责愿景领导,库克负责日常运营。2011年年中乔布斯卸任之后,库克担任首席执行官,乔布斯去世之后,库克继续担任此职。[37]苹果公司依然很成功,但是它也面临着许多成熟组织都会存在的难题。像图9-2中最后阶段所显示的那样,所有的成熟组织必须经历再创活力的变革,否则它就会衰退。

小结

据统计,在创业头一年取得成功的企业,有84%在5年时间内就失败了,其中的根本原因就在于这些企业没有实现从创业阶段向下一阶段的转型。[38]组织越是进入到生命周期的后几个阶段,实现转型就越困难。没能成功地解决与生命周期阶段演进相关的转型问题的组织,它们的成长将要受到极大的限制,甚至要惨遭失败。从组织内部看,生命周期各阶段上的危机是现实存在的。拉里·佩奇(Larry Page)正在努力解决谷歌繁文缛节过多的问题,因为这个问题已经为谷歌带来了危机。

应用案例9-2

谷歌公司

对于科技公司来说,企业生命周期正在变得越来越短。为了保持企业竞争力,诸如脸谱网、网飞公司、谷歌之类的科技型企业必须在生命周期各个阶段都取得比其他企业更快的进步。你或许很难相信,谷歌成立于1998年。然而更难以置信的是,谷歌目前已经达到了极度官僚化的状态。虽然从成立到现在只有15年的时间,但在互联网领域,其企业历史已经相当长了,可以算是半个老人了。

公司联合创始人拉里·佩奇正在努力帮助谷歌度过"中年危机",使其恢复创业时的年轻状态。他重新组织了高层领导团队,为各个领域挑选了适合的人才,并且要求他们每天都去谷歌村(Googleplex)的1900大厦四楼的开放式办公室坐上一会儿。这一想法的灵感来源于前纽约市市长迈克尔·布隆伯格(Michael Bloomberg)。布隆伯格每天将大家聚在一起一段时间,从而加速了决策的制定进程。与此同时,佩奇砍掉了许多产品,并将公司组织结构重组为7个事业部,集中精力发展最有前途的产品,并根据公司的整体绩效确定年终奖。过去,公司的决策需由佩奇、联合创始人谢尔盖·布林(Sergey Brin)以及行政总裁埃里克·施密特(Eric Schmidt)共同参与。而现在,佩奇希望公司能够更为快速地做决策,即使这个决策不完美也没有关系。他督促谷歌的管理者向小公司的领导学习,亲自解决各类争端,而不只是像现在这样,只是通过邮件来解决各类问题。[39]

生命周期各阶段的组织特征

随着组织在生命周期四个阶段中的演进，其结构、控制系统、创新、目标等方面也相应发生了变化。表 9-1 概括了每一阶段相关的组织特征。

创业阶段的组织特征

新创办的组织往往是规模小、非行政机构化的，而且由一个人全权指挥。这位最高领导人决定了组织的结构和控制方法。整个组织的精力投入到求生存以及单一产品或服务的生产中。

表 9-1　生命周期四个阶段的组织特征

特征项	Ⅰ 创业阶段	Ⅱ 聚合阶段	Ⅲ 正规化阶段	Ⅳ 精耕细作阶段
	非行政机构化	前行政机构化	行政式机构	强行政式机构
结构	非正规的，一人全权指挥	基本非正规的，有一些程序	正规化的程序，劳动分工，增设职能专家	行政式机构内的团队工作，小企业式的思维
产品或服务	单一的产品或服务	以一主导产品为主，有些变异	形成一个系列的产品或服务	多个产品或服务系列
奖酬和控制系统	人治的，家长式的	人治的，但强调对组织成功所做的贡献	非人格化的，通过规范化的制度	广泛、多方面的，与产品或部门的情形相适应
创新力量	作为所有者兼管理者的个人	管理者和一般员工	独立的创新小组	制度化的研究开发部门
目标	生存	成长	内部的稳定和市场扩张	声望，完善的组织
高层管理风格	个人主义的、创业	超凡魅力的、方向指引	控制之下的授权	团队式，抨击行政式机构

资料来源：Adapted from Larry E. Greiner, "Evolution and Revolution as Organizations Grow", *Harvard Business Review* 50 (July-August 1972), 37-46; G. L. Lippitt and W. H. Schmidt, "Crises in a Developing Organization", *Harvard Business Review* 45 (November-December, 1967), 102-112, B. R. Scott, "The Industrial State: Old Myths and New Realities", *Harvard Business Review* 51 (March-April 1973), 133-148, Robert E. Quinn and Kim Cameron, "Organizational Life Cycles and Shifting Criteria of Effectiveness", *Management Science* 29 (1983), 33-51.

聚合阶段的组织特征

在这一阶段，组织进入了青年期。成长非常迅速，员工情绪激昂，对组织的使命高度认同。尽管制定出一些程序，但结构仍然基本上是非正规的。强权的具有超凡魅力的领导人指定了组织发展的方向和目标。这时期组织的主要目标是寻求持续的成长。

正规化阶段的组织特征

在这一时期,组织步入中年期,开始出现行政式机构特征。组织增设了参谋辅助人员,制定了大量的正规化程序,实施了高度的劳动分工,并建立了明确的层级制。创新多是通过独立设置的研究开发部门取得。组织的主要目标是保持内部的稳定和实现市场扩张。高层管理人员在向下授权的同时建立了正规的控制系统。

精耕细作阶段的组织特征

步入成熟期的组织规模很大,而且呈行政式机构特征,设有大量的控制系统、规则和程序。组织的管理者会试图在行政式机构内发展某种团队工作思想,以防止进一步的行政机构化。高层管理者关注的是建立一个完善的组织。组织的地位和声望十分重要。创新通过研究开发部的活动得到制度化。管理当局可能对行政式机构进行一些改革,使之精简和流程化。

小结

呈成长状态的组织会从生命周期的一个阶段演进到另一阶段。每一个阶段都有其特定的结构、控制系统、目标及创新方式。生命周期现象是一个极为有用的概念,它能促进人们正确地理解组织面临的问题,并帮助管理者采取积极有效的措施应对所面临的问题,从而使组织顺利地发展到生命周期的下一阶段。

组织规模、行政式机构和控制

组织在向生命周期后期阶段的演进中,伴随着规模的扩大和组织的日益复杂化,从而往往会表现出行政式机构特征。对行政式机构的系统研究始于社会学家马克斯·韦伯(Max Weber),他通过对欧洲政府部门的研究概括出了框架性的管理基本特征。他认为,这些特征能使大型组织更为合理,也更有效率。[40]韦伯旨在探求一个组织应该如何设计,才能使之在整个社会中起积极的作用。

什么是行政式机构

尽管韦伯也感觉到**行政式机构**(bureaucracy)是对人类基本自由的一种威胁,但他更认识到,这是所有可能的组织方式中最有效率的一种。他预言行政式机构会取代其他的组织模式,因为这种组织无论对企业还是政府机构来说都能使组织更有效率地运行。韦伯识别了这种组织的具体特征,如图9-3所示。这些特征是在成功的行政式机构的组织中都能找到的。

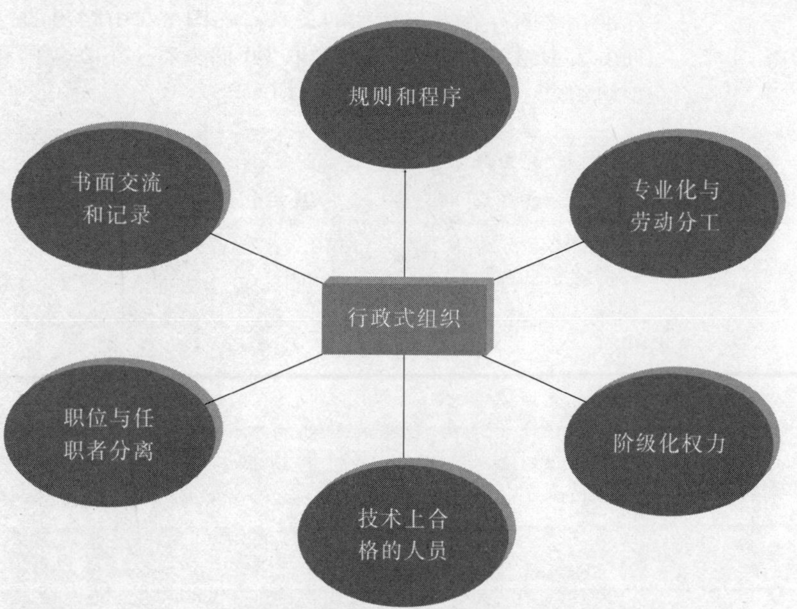

图 9-3 韦伯的行政式组织的特征

规则和标准程序使组织能够按照可预见的、常规的方式开展活动。专业化的责任意味着每位员工都有一个明确的任务。职权层级链提供了监督和控制的有力手段。技术能力取代那些使工作绩效受到极大影响的友谊、家庭关系和个人喜好等而成为是否雇用某个人的依据。职位与职位担当者的分离意味着个人并不生来就拥有或理所当然地可以占有该职位，这种人与职位的分离促进了效率的提高。书面文字记录为组织提供了一种记忆能力，并确保了工作的持续稳定性。

虽然被推到极端的行政式机构特性受到了当今社会的广泛批评，然而韦伯所倡导的理性控制思想在当时那个时代具有重要的意义，并成了一种新型的组织模式。与基于个人偏好、社会地位、家庭血亲及受贿等不公平的关系而构建的传统的组织形式相比较，行政式机构具有许多优点。例如，对喀布尔银行(Kabul Bank)的调查发现该银行存在大规模舞弊行为，导致这家阿富汗最大的金融机构几近倒闭。银行职员及其亲戚朋友从银行骗取了8.61亿美元贷款。在有些情况下，银行用新债偿还旧债，借东墙补西墙。公司文件和财务报表都是伪造的，而且在有些时候，银行的现金还经过航空运输被偷运出国。[41]在中国，传统的任人唯亲现象依旧很普遍。但是，中国越来越多的受过良好教育的人们开始极力反对这种官员将最好的职位给自己的孩子和其他亲戚的现象。[42]而发生在伊利诺伊州州长罗德·布拉戈耶维奇(Rod Blagojevich)身上的事实证明了：美国也存在腐败。他被指控滥用职权，如出售总统贝拉克·奥巴马(Barack Obama)空出的参议院议席。[43]相比之下，韦伯所描述的符合逻辑和理性化的组织形式能够使工作做得更加有效而且能够按照所确立的规则来做。

最近一项针对一家组织四十多年发展情况的实证研究显示，韦伯的行政模型依然是有效的和具有持续性的；如图 9-3 中所示，专业化、正规化和标准化之间存在着正相关的关系。在图9-3中列出的行政式组织的特征对许多大型组织都有积极的影响。[44]我们来看一下在美国和加拿大最高效的大型组织之一,联合包裹服务公司(UPS)。

应用案例9-3

联合包裹服务公司

联合包裹服务公司(United Parcel Service,UPS),是世界最大的包裹快递公司,每日包裹递送量达1500万个,是一家在供应链、物流和信息服务方面的全球性领跑企业,这家企业的业务遍及全球200多个国家和地区。同时,UPS因其棕色的卡车和员工制服而闻名,也被称为"棕色巨人"。

UPS是如何走向成功的?采用行政组织模式来提高效率功不可没。UPS内部制定了许多严格的规章制度。就驾驶员如何递送一个包裹来说,UPS有一套包含340个步骤的规定,比如,怎样装货、怎样系保险带(用左手)、怎样行走以及怎样拿钥匙等,其精确程度让人吃惊。同时,UPS对员工的着装也进行了非常严格的强制性规定:员工每天需要穿着整洁的棕色制服,穿干净防滑的黑色或棕色鞋,所有上衣扣子必须扣严(领口第一个扣子除外),头发长度不能超过领口,不能留胡子,在顾客面前不能吸烟等。在每次轮到上岗开车之前,司机都被要求进行一次"Z"形检查,即在车的两侧和前后进行字母Z形状的检查。此外,公司对驾驶员、搬运工、职员及经理都有针对性的安全制度说明。UPS要求每位员工在当天工作结束时把自己的办公桌整理干净,以便第二天能在一个整洁清新的环境中开始工作。另外,UPS为经理们配备了公司的制度手册,希望他们能按规章制度对公司进行正规化的管理,从而使公司的制度能够渗透并体现在每个员工每天的工作中。

尽管有如此多严格的规章制度和多样化的政策,员工对UPS的满意度仍非常高。这主要得益于UPS倡导的一种平等公正的文化,能够为员工提供公平的待遇和丰厚的薪水。在UPS,所有人打招呼都直呼其名。公司制度中明确规定:"管理者不应用自己的职位称呼来显示其拥有的权力。"在人员聘用和提升方面,要摒弃领导者的个人偏好,高水平的业务能力才是关键。比如,公司的高层管理者都是从基层发展起来的,现任执行总监詹姆斯·凯勒(James Kelly),最开始只是一个临时假期驾驶员。UPS对平等公平和内部晋升等意识的强调,唤起并激发了公司内部各层员工的忠诚感和责任心。[45]

联合包裹服务公司的发展说明了行政组织的特征是如何随规模增大而强化的。联合包裹服务公司强大的工作能力和良好的信誉,使它得以统治小型包裹快递市场。在它扩张并转入一个全球化、知识化的物流业务时,联合包裹服务的管理者可能需要找到一个有效的方法来减少"行政式"行为。新的技术和新的服务需要企业更为重视员工,而员工需要更加灵活和更多的自主权以更好地完成服务。现在,让我们来看些更加具体的规模影响组织结构和控制的途径。

规模和结构性控制

在组织理论研究领域中，组织规模一直被认为是影响结构设计和控制方法的一个重要因素。那么随着组织规模的扩大，组织是否应变得更加行政机构化呢？在多大规模的组织中，按照行政式机构特征来设计组织会最为合适？已经有 100 多项的研究试图回答上述问题。[46]这些研究中的绝大多数都表明，在行政式结构的几个特征项，包括正规化程度、集权化程度及人员比率方面，大型组织与小型组织有着显著的区别。

正规化与集权化

按照第 1 章的定义，正规化(formalization)是指组织通过规则、程序和书面文件来规定员工的职权和职责。[47]有充分的证据说明大型组织是更为正规化的，就像 UPS 一样。原因是，大型组织要依赖规则、程序和文书工作来使其众多的员工及部门的行为标准化并处于受控的状态。相比之下，小型组织中的高层管理者可以通过个人的督察来实施控制。[48]例如，星巴克(Starbucks)为了在全球进行标准化管理和运营控制，制定了详细的操作规范、政策和工作流程。然而，当地小城镇里的一家咖啡屋就不需要这样。

集权化(centralization)是指有权做出决策的人或部门所处的层级。在集权化的组织中，决策趋向于由组织的高层制定。而在分权化的组织中，类似的决策则由较低的层次来制定。

分权化是组织设计中的一个悖论。理论上，在纯粹的行政式机构中，所有的决策都是由高层管理者制定，这些人对组织拥有完全的控制权。然而，随着组织变得越来越大，员工和部门的数量越来越多，这样就不可能将所有的决策都提交最高层，否则，高层管理者将不堪重负。有关组织规模的研究表明，规模越大的组织，其分权程度越高。[49]与此相反，在小型的新创建的公司中，创业者或最高管理者通常介入到每一项决策中，不论这项决策是大是小。

人员比率

行政式机构的另一个特征表现在行政管理人员、办事员、职能辅助人员等所占的**人员比率**(personnel ratios)。研究中最常涉及的是行政管理人员的比率。[50]目前的研究已经清楚地揭示出两种关系。第一是在大型组织中，高层行政管理人员相对于全体员工的比率实际上是比较低的。[51]这意味着随着规模的扩大，组织可获得行政管理工作的规模经济。然而，最近对大型大专院校的研究发现，在过去的十年间，管理人员的数量增长到了教师数量的 8 到 10 倍。根据美国教育部(U. S. Department of Education)的统计数据，高等教育机构雇佣的行政管理人员的数量增长速度比教师数量增长速度高出50%,这些行政管理人员主要负责人事、项目和规则等方面的工作。[52]但是,由于各个教育机构对员工的分类方式不同,所以可能导致其中一些被统计的人员可能是文职人员或专业助理,而不是行政人员。第二是办事员及职能辅助人员比率与组织规模的关系。[53]这两类人员比例倾向于随着组织规模的扩大而提高。办事员比率的升高是因为,组织规模扩大后需要更多的沟通和日常工作汇报。职能辅助人员比率的增大则是因为大型、复杂的组织对专业技能有更大的需要。

图9-4列示了小型组织和大型组织中行政管理人员及辅助人员比率的对比。随着组织规模的扩大,行政管理人员比率下降,而各类辅助人员比率则上升。[54]对直接工人的影响是,他们在全部员工中的比例随着组织规模的扩大而下降。总之,尽管大型组织高层行政管理人员所占的比例并不是不恰当的,但事实证明,高层管理费比例往往在大型组织中是比较高的。随着美国经济的衰退,技术型企业也急速萎缩,战争和恐怖主义的威胁以及人们心中普遍存在不稳定感,都使得许多公司正开始重新削减管理费用。对当今的大型组织来说,能否将行政管理人员、办事员及职能辅助人员的管理费支出控制在一个较低的水平上,这仍然是一个非常严峻的挑战。

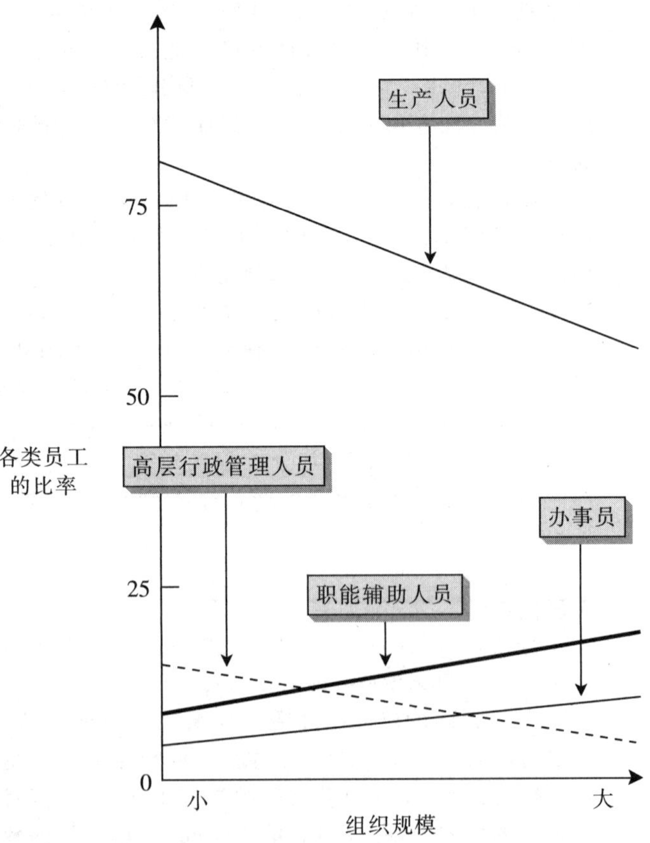

图9-4　行政管理及支持活动人员比率对比

时代变迁中的行政式机构

从恐怖分子占领重要建筑的事实可以看出，恐怖组织“并非是一个临时组合的、支离破碎的组织，基地组织（al-Qaida）的行为表现更像一个跨国公司”。从买一块蛋糕支出 0.6 美元到买 3300 发子弹支出 330 美元，他们把每项支出都仔细记录下来。一位专家说，严密的行政式机构不但使基地组织生存了下来，而且不断发展。“他们使用的控制方式并不多……他们必须将基地组织当作一个企业来运营。”[55]可见，即使是基地组织都可以从行政式机构的井然有序中受益。

韦伯关于行政式机构能够成功的预言经过验证是正确的。行政式机构具有许多优点，在适应工业时代的多种需要方面表现得相当出色。[56]通过建立职权层级链和具体的规则、程序，行政式机构提供了对庞大的员工队伍加以有序安排并防止权力滥用的一种有效方式。它提供了一种系统而合理的方法去组织和管理非常复杂的任务，这些任务因其复杂性，是少数人所不能理解和处理的。这样，行政式机构的组织方式就大大提高了大型组织的工作效率和效果。行政式机构以不受个人情感影响的职务关系为基础，而不是像前工业时代的组织那样徇私和重用亲属。

然而，世界是迅速变化的，工业化时代机械性的行政式机构在面临新的挑战需要做出迅速反应时无法发挥应有的作用了。例如，梵蒂冈的官僚机构——罗马天主教会（Catholic Church）因无力响应和更好地服务于民众而受到指责。方济各（Pope Francis）是最近一位也是唯一一位花费数十年精力——目前为止一直失败——但仍努力改革梵蒂冈的教宗。前任罗马天主教修道会总会长说，“不是人在改变结构，而是结构在改变人”。各部门之间的沟通速度就像蜗牛爬行一样。现在，梵蒂冈的一些官员开始使用推特，但是他们的回复十分迟缓。一位官员说，罗马教廷设计的机制就是要阻止那些有新创意的人把想法变成现实。[57]

商业组织也面临着同样的问题。微软公司以前还有现在的员工都抱怨，这些年微软公司存在严重的官僚主义，导致办事效率下降和组织缺乏灵活性。几乎每项重要的行动都需要律师签字，甚至一件很平常的小事也需要几周的时间才能通过。一名员工由于繁重的文字工作而辞职了。这名员工诉苦道：“最小的一件事都能引出像噩梦一样的上千份电子邮件。”[58]微软管理者正在寻求精简工作流程的办法，使员工更有效率地工作，维持微软的竞争力。许多公司和微软一样都反对公司越来越规范化和专业员工比例上升。

过多的官僚主义导致美国许多大型的政府组织工作的无效率。例如，奥巴马总统要求他的内阁秘书削减 1 亿美元的预算。为了响应总统的要求，美国储蓄机构监理局（U.S. Office of Thrift Supervision，财政部的一个部门）发现，其未使用的电话线路每年花费 32 万美元。[59]最近一项研究发现，大多数政府机构的顶层部门和基层部门之间平均存在18个管理层级，比如在农业部长和森林管理员之间，或者在内政部长和石油钻塔检查员之间。[60]一些机构配置了过多的文员，职位名称混乱，员工根本就不知道谁在做什么。理查德·卡瓦纳夫(Richard Cavanagh)曾是总统吉米·卡特(Jimmy Carter)的助理，他说自己最喜欢的联邦称号是“总务管理局行政管理科副科长的行政助理”。[61]一些批评家指责2001年的恐怖袭击、哥伦比亚航天飞机的失事、阿布格莱布(Abu Ghraib)监狱的虐囚事件以及在2010年墨西哥湾漏油事件和2012年被桑迪(Sandy)飓风袭击后的慢速反应都与政府的行政式机构在情报、沟通以及行使责任中的失败有关。理查德·A.鲍斯纳是联邦上诉法庭的法官，他曾写过一本关于情报改革的书，他认为：“在行政式机构中每增加一层人员，信息在命令链中的传递速度就会慢一些。……信息也会被变得越来越弱，因为在每一层都会遗失一些细节。”[62]许多商业组织都太需要缩减形式化和行政化机构了。例如，狭义地定义工作描述，这样动辄就会限制组织的创造性、灵活性和快速反应，但在今天基于知识的组织中，创造性、灵活性和快速反应是非常需要的。

临时组织系统

在快速变化的环境中，组织该如何克服行政化带来的问题呢？下面是在组织机构方面的一些正在实行的具有创新性的解决方案。一个结构化概念是启用临时系统或结构以应对危机情况。公安局、消防队和其他危机管理机构常常使用这种办法维持效率，控制机构效益，还可以防止反应迟钝现象的发生。[63]一些其他类型的组织正在通过改造它来帮助组织在面对新的机会、不可预见的竞争威胁以及组织中的危机时能快速反应。

基本想法是组织能够在两种不同的结构之间平稳地变换。一种是在稳定时期的高效的、高度正式化的、层级的结构，一种是在需要快速反应以应对不可预见的和危急环境时的更加灵活、松弛的结构。层级化的结构可以通过它的规定、程序和命令链来帮助组织维持控制并确保那些经过多年发展和检验、能够克服已知困难的规定得到遵守。在极度不确定的时期，最有效的结构则要求组织放松命令线并使人们在一份清楚明白的任务和引导纲领的指导下进行跨部门和跨阶层的工作，从而预测、避免和解决那些无法预知的困难。这种方式在实际中的应用从“世界最富有效率的组织”——救世军(Salvation Army)上可以体现出来。

应用案例 9-4

救 世 军

救世军(Salvation Army)为那些无家可归的人以及经济极度贫困的人提供日常救助。另外，无论何时，只要大的灾难发生，不管是龙卷风、洪水、飓风、飞机空难或者是恐怖袭击，救世军都会立即冲到现场，并和其他相关的机构一起展开救助。在危机度过，最危急的时刻已经过去之后，救世军还会在经济上帮助人们恢复生计并重建家园，为难民提供食物、衣服、房屋等以满足他们的物质需求。不仅如此，救世军还会在精神上帮助受难的人们，帮他们重建对未来生活的信心和希望。救世军的管理者意识到面临紧急事件需要高度的灵活性，同时，为了保证其长期存在以履行他们每天都有的责任，救世军又需要一个高度的可控性和责任心。就像一个前国家领导人所指出的一样，"我们必须两者兼备，我们不能够在灵活性且不计后果和富有责任心这两者之间只选择一个……我们必须在同一个时间作为不同类型的组织存在"。

在危机刚刚发生时，救世军立即组织成一个有自己的命令结构的临时应急组织。人们必须知道由谁负责不让情况变得更加无序和混乱。例如，当救世军应对田纳西州的洪水或者俄克拉何马州的龙卷风时，手册上必须明确规定谁负责媒体发言，谁负责按货物清单供应物品，谁负责和其他机构联络，等等。这种模式使得应急组织有足够的应对能力并持续存在。在危机过后的重建和恢复时期，监管者通常只是给出大体上的原则，让人们为找到最合适的解决方案而即兴发挥。监管者没有太多时间为那些家庭和社区的重建制订出每一个计划和决定。

因此，救世军事实上让人们工作在各种类型的组织结构中，有传统的纵向命令结构、横向团队，以及和其他组织一起协作的网状组织。用这种灵活的方式运作常常能够使得救世军完成惊人的任务。一年里，救世军救助了美国被灾难困住的230万人，另外，有更多的人在日常的救助活动中得到了帮助。救世军还被公认为是一个能使有限的资金转化为最大化效用的模范，这使得捐助者愿意向其提供捐赠，因为，他们相信，这个组织是有责任心的，同时在面对人们不同需求的时候，这个组织又富有灵活性和创新精神。[64]

减少行政化的其他方法

许多组织正大量采用一些不同于以往的、不引人注目的方法来减少行政化，经常是通过顶层领导驱动。现在，许多大型组织都在削减层级、压缩总部职员，同时授予低层人员更大的决策自主权，而不是给他们施以诸多的规章条例控制。高层领导的承诺对于减少官僚主义，让组织变得更加灵活和具有响应能力至关重要。[65]请看如下几个案例：

- 如前所述，拉里·佩奇最近重回谷歌担任首席执行官，力图消除谷歌发展过程中出现的官僚主义。佩奇用来加速决策和恢复企业初创感觉的一项机制是日常"大房间"会议。每天下午，佩奇和其他高管在谷歌总部的一个公共办公区一起工作，员工可以直接接近他们，交流他们的问题或者关心的事情。蒂芬·列维(Steven Levy)写过一本关于谷歌的书，他说，"越是有人说大公司不能像小公司一样，[拉里·佩奇]越要坚定地找出做到这一点的办法"。[66]
- 跨国消费品制造商的高管们在每个地理区域创建小型团队，专注于每个区域的客户需求和竞争状况。他们还精简团队和部门与总部进行沟通和工作的程序。这大大减少了问题的协商时间,带来了更快的决策,减少了对员工和客户的时间浪费。[67]问题的关键是减少那些抑制部门和团队灵活性和自主性的繁文缛节。

- 位于伦敦的葛兰素史克(GlaxoSmithKline PLC)医药公司的顶级科学家,他们不是高级执行官或者研究委员会,但是都有权力给部门分配药物。资助哪种药物研究决定权的改变,为这个巨头公司重新注入了创业的激情,就如同是一个小型生物技术公司一样。[68]

对行政式机构的摒弃还源自员工职业化程度的提高。职业化程度是员工接受正规训练程度和工作经历方面的衡量指标。在谷歌、苏黎世金融服务集团(Zurich Financial Services)、葛兰素史克(GlaxoSmithKline PLC)等企业中,从事律师、科研或医师工作的员工大都需要有本科、MBA或其他专业学位。基于网络的公司,它们的员工几乎都具有良好的教育背景。职业研究结果表明,正规化并非是现代组织必需的,因为职业训练使员工形成了一种高度标准化的行为,可以取代行政式机构的规范作用。[69]尤其当企业为了推动员工个人和整个组织进行持续的学习,从而对所有的员工,包括直接与顾客打交道的前端人员以及从事产品生产的后端人员,都进行良好的培训以后,这种从行政式机构向职业化转换的趋势才能得到强化。因为培训的加强可以替代行政式的规则和程序,这样就释放了员工的创造性,使他们能更好地解决问题并增强组织的竞争力。

现在已萌生出一种完全由职业人员组成的所谓职业合伙制组织。[70]这些组织已经出现在医疗诊所、律师事务所和咨询公司等行业中。关于职业合伙制研究的一般发现是,其分支机构都具有很大的自主性,它们得到授权能做出必要的决策,与传统的企业和政府组织通常依靠自上而下的指挥不同,这些组织中的人员是围绕着共同的目标方向开展工作的。这样,不断增强的职业化,伴之以环境的迅速变化,就导致北美企业的行政式机构特征趋于弱化。

行政与其他的控制形式

尽管许多组织正设法减弱行政式机构特征,减少制约员工的规则程序,但不论什么组织都需要设立某种控制系统以指导和调节整个组织的运作。在当今的组织中,员工可能拥有更大的自主权,但保持控制仍然是管理当局的一项主要职责。

高层和中层管理者为实施对组织的控制,有三种基本的控制方法可供选择。这些方法是从威廉·大内(William Ouchi)所提出的组织控制框架中归纳出来的。威廉·大内教授是任教于洛杉矶加利福尼亚大学的日裔美籍学者。他提出组织可以采用三种控制方法——行政控制、市场控制和团体控制。[71]不同的控制方法需要使用不同类型的信息。不过,三种控制方法可能同时在一个组织中得到运用。实施各种控制方法所需具备的条件见表 9-2。

表 9-2　组织控制的三种策略

类　别	要求的条件
行政控制	规则、标准、职权层级链、合法的权力
市场控制	价格、竞争、交换关系
团体控制	传统、共享的价值观、信念、信任

资料来源：Based on William G. Ouchi,"A Conceptual Framework for the Design of Organizational Control Mechanisms",*Management Science* 25(1979),833-848.

行政控制

行政控制(bureaucratic control)是利用规则、政策、职权层级链、书面文件、标准化及其他行政式机构手段来使员工的行为得到规范并据以评价工作表现的一种控制方法。行政控制所依赖的实际上就是韦伯所确定的行政式机构特征。运用行政式机构的规则程序，其主要目的就是使员工的行为得到规范和控制。

前已介绍，随着组织向生命周期各阶段的演进及组织规模的扩大，它们会变得越来越趋于正规化、标准化。一个大型的组织中会有数以千计的工作行为和信息交换行为，这些行为发生在组织的纵、横各个方向。规则、政策等就在试错过程中逐渐得到明确订立，用以规范组织中的各种行为。现实中几乎每个组织都实施某种程度的行政控制。规章条例和指令中包含了规范一系列行为的信息。例如，表 9-3 列举了一家豪华游艇俱乐部的管理者们通过规则进行控制的各种行为。

表 9-3　一家游艇俱乐部的规则

东北港游艇俱乐部员工守则
⊕ 员工在工作期间须保持形象整洁和着装得当
⊕ 夏季制服为绿色短裤，黑色或棕色腰带，白色衬衫塞进式穿法，船鞋。俱乐部内禁止穿已被磨损的服装
⊕ 员工需在换班之时或换班之前到达工作场地
⊕ 员工在俱乐部期间任何时候都不允许抽烟或饮酒
⊕ 员工应与俱乐部会员之间保持距离，并且不允许接受会员的任何社会邀请
⊕ 员工在非工作时间不允许在俱乐部逗留
⊕ 员工不允许使用俱乐部的电话接打个人电话
⊕ 指导人员必须自己配备手册和播音设备
⊕ 维护人员必须自己配备和使用自己的工具

为了实施有效的行政控制,管理者必须拥有足够的职权以保持对组织的控制力。韦伯认为,授予管理者合理合法的权力,即职权,要比采用其他类型的控制手段(如给以赏识或酬劳等)作为组织决策和行动的基础都更可取。在作为组织运作基础的权力方面,韦伯识别了当时社会中存在的三种权力,以此解释当时大型组织的创设和控制。[72]

合理合法的权力(rational-legal authority)是建立在员工对规则的合法性以及担任一定职位的人就有权发布命令这样的权力的承认基础之上的。合理合法的权力是大多数政府组织建立和控制的基础,也是世界上各种组织中最常见的控制基础。前一章介绍的企业资源计划及其他复杂的信息系统的应用,会使管理者合理合法的权力得到增强。**传统的权力**(traditional authority)是建立在人们对传统习俗以及依这些习俗行使权力的人的地位的合法性的承认基础上的。传统的权力是君主制、教会及拉丁美洲和波斯湾地区许多组织的控制基础。**魅力型权力**(charismatic authority)建立在对具有示范性的人格特征或个人英雄主义的推崇及由这些人物所界定的秩序的基础之上。革命时期的一些军事组织就经常建立在领导者的神授般的超凡魅力之上。由超凡人物领导的北美的一些组织就属于此类,如最近刚辞世的苹果首席执行官史蒂夫·乔布斯,还有传媒企业家奥普拉·温弗瑞(Oprah Winfrey),她经营着一家成功的杂志社和一家网络电视公司。

当今的组织中也存在多种权力,包括基于悠久传统的或领导者特殊魅力的权力。但是,合理合法的权力是组织控制内部工作活动和决策制定过程的应用最为广泛的一种权力,在大型组织中尤其如此。行政控制可以非常有效,如果将安全性放在第一位,规则和标准化尤为重要。“规章制度的存在,以及那些执行规章制度的官僚……可以通过抑制各种不利活动而预防组织走向灾难。”[73]例如,纽威尔集团(Newell Rubbermaid)在生产和检测汽车座椅和婴儿推车的过程中严格遵守标准化流程。再来看一下企业在钻探马塞卢斯页岩(Marcellus Shale)的过程中需要考虑的环境安全问题。马塞卢斯页岩是一个庞大的地下岩层,天然气储量丰富,有众多资源公司在此钻探。

应用案例 9-5

伊斯特资源公司与荷兰皇家壳牌公司

伊斯特资源公司(East Resources Inc.)于2008年开始在马塞卢斯页岩钻井,是最早开始此项钻井业务的公司之一。然而该公司因泄露问题和其他环境违法问题屡次被监管部门传讯。之后,荷兰皇家壳牌公司收购了伊斯特资源公司,并将壳牌的行政式控制体系引入公司内部。

接管伊斯特资源公司之后,壳牌采取的第一项举措是关闭钻井机,重新培训所有工人。自2010年以来,伊斯特资源公司的平均钻井违章率保持到了四分之一以下,并且在整个马塞卢斯岩的钻井水平都保持了这一标准。随着拥有标准化程序的大公司不断收购小公司,钻探企业的环境和安全记录也在不断刷新。为了避免失误的发生,大公司开发出了更加严谨的方法。他们知道,即使是一个小错误也会使他们在各个领域的商业活动能力受损。多数企业都从英国石油公司遭遇的问题中吸取了教训,那就是安全比说"对不起"更重要。而规模较小的企业更有可能采用更加冒险的程序。检查记录显示，诸如壳牌、埃克森(Exxon)和雪佛龙(Chevron)之类的大公司，平均每钻 100 个马塞卢斯井，有 38 个违章；中等规模的公司平均每钻 100 个井，受到 69 次传讯；而那些规模最小的公司平均每 100 个井，受到 139 次传讯。

美国环保协会(Environmental Defense Fund)的一位高级政策顾问说："有理由认为……随着越来越多的钻井工作转由大公司承担，我们将会看到环境保护绩效的提高。"[74]

当然，很多公司也发现过多规则会妨碍客户服务。星巴克，从 1987 年的 6 家咖啡店快速成长为一家在全球拥有上万家店面的大公司，其员工也正在被烦琐却已不再有用的规则和政策捆绑。一致性对任何公司来说都很重要，它提供了预测结果的规则和程序，推动了星巴克的成长和成功。然而，僵硬、盲目地应用规则很快就造成了问题。一个软件企业家兼杂志撰稿人讲述了一个故事：星巴克的一个点单员和一个想在柜台前面取三明治的顾客发生了争吵，"我们不允许在这里取餐！"员工对着既震惊又尴尬的顾客这样喊道。[75]

市场控制

当价格竞争被引入到组织活动的成果及效率评价中时，组织就使用了**市场控制**(market control)方法。市场控制的思想源自经济学。[76]以货币表现的价格是一种有效的控制工具，因为管理者可以借此比较价格和利润，从而评价他们企业的效率。几乎所有的高层管理者都引入价格机制来评估他们公司的绩效状况。公司的销售收入和成本会在损益表中反映出来，这样就可与公司以前年度的业绩或其他公司的业绩进行比较。

应用市场控制的方法要求组织的产出必须能够清晰地界定并可确定其价格水平，同时还要求存在着竞争。没有竞争，价格就不会准确地反映组织内部的效率。现在，甚至一些政府部门和传统的非营利性组织也转向采用市场控制方法。例如，美国联邦航空管理局(Federal Aviation Administration)就对其工资发放计算机系统进行了公开招标(农业部击败 IBM 和其他两家私营企业而中标)。当前美国的地方政府中有 73%使用了私营物业管理公司，54%使用了私营垃圾清理公司。[77]印第安纳波利斯市政府要求其所有的部门都同私人公司展开竞标。当市交通局在修理道路的一项合同竞标中输给了一家私人公司后，该市的公务员工会提出一项动议，要求市交通局精减大部分中层管理人员，并重组工会工作，以便节约开支。结果，18 位管理人员被免职，这样降低了 25%的成本，从而使该部门有能力在竞标中获胜。[78]

市场控制一度主要用于整个组织的控制，但现在越来越多地也在产品事业部中得到应用。正如第 3 章所介绍的，每个自我包容的产品事业部都可以是利润中心。因为每一个事业部都支配生产某种产品所需要的各方面资源,这样就能根据损益额将之与其他的事业部相对比。ABB公司是一家跨国的电力系统承包商和电子设备制造商,它下设三类不同的利润中心,每一个利润中心单位都按其自身的净收益目标来运营,并且相互之间以及与外部的顾客之间都以买卖的方式发生关系。[79]也是在第3章中讲述的,网络组织也很好地体现了市场控制的方法。为中心组织提供所需功能和服务的不同公司会在价格上进行竞争。中心组织则通常会与性价比最好的公司签订合同。

团体控制

团体控制(clan control)就是通过诸如组织文化、共享价值观、承诺、传统、信念等社会化力量来控制员工的行为。使用团体控制方法的组织需要拥有共享的价值观,员工之间有高度的相互信任。[80]当组织面临较高的模糊性和不确定性时,团体控制法就具有重要的作用。高不确定性意味着组织不能为所提供的服务订出价格,而且因为情况迅速变化使得组织难以制定出能规范每一项行为的规章条例。而在团体控制下,组织可能会聘用或接纳那些认同组织目标的人,如宗教组织或聚焦于社会性使命的组织都是如此。新的员工可能要经历较长时间的社会化过程才能被组织中的同事所接受。要遵守集体规范需要承受较大的压力,这些集体规范对员工的一系列行为有指导作用。管理者主要扮演导师、楷模以及价值观启蒙者的角色。[81]

评价你的答案

2. 一个管理者应当把共享价值观、信任和对组织使命的承诺作为控制员工行为的主要手段。

答案:同意或不同意皆可。因为像团体控制这种依赖于文化、信任、承诺以及共享价值观和传统的方法,的确能够在一些具有高不确定性和动荡环境的组织或部门中起到特别的作用,但是其他形式的控制,如行政控制和市场控制,则是在其他合适的环境中才适用和有效。

传统的控制系统是建立在刻板的规则和严密的监控基础上的。在高度不确定性和快速变化的环境下,这种控制员工行为的方法已不再有效。[82]另外,随着计算机网络和国际互联网的广泛使用,信息会在整个组织中以非常民主的方式扩散,这样就促使许多企业更少地依赖行政控制,转而更多地依靠共享价值观来指导员工为整个企业的利益而各尽其责。[83]

一个相似的概念是自我控制。所不同的是,团体控制要求个人被社会化为群体中的一员,而自我控制则源于个人自身的价值观、目标和准则。使用自我控制法的组织要努力导入一种变化,即要使员工个人的内在价值观和工作偏好等与组织的价值观和目标保持一致。[84]在实施自我控制法的组织中,员工通常可设定自己的工作目标并监控自己的业绩。不过,这样的组织需要有强有力的领导者,他能明确地划定员工依靠自身知识行使自主权的范围。

团体控制及自我控制也可以应用于组织内部的一些部门中，如战略计划部门。适用的条件是，这类部门面临的不确定性程度高，业绩难以清晰地衡量。使用这些非正式的控制手段的部门领导人千万不能认为没有了书面的行政控制用的规章条例就意味着不存在控制。团体控制虽然无形但却可能相当有力。一项研究表明，与行政式机构的层级控制相比，团体控制法对员工行为的控制不但更为有力，也更加全面。[85]一旦团体控制发生作用，组织也就可以不再需要行政控制了，正如下面这两个企业的管理者已经认识到的。

应用案例 9-6

门洛创新和 FAVI

理查德·谢里登(Richard Sheridan)、詹姆斯·格贝尔(James Goebel)、罗伯特·西姆斯(Robert Simms)以及托马斯·米洛奇(Thomas Meloche)创立的门洛创新公司主要为企业提供定制化软件。他们的主要目标之一是创建一种鼓励平等、团队合作、信任、学习和乐趣价值观的独特文化。通过建立公共工作区，门洛创新为员工们在艰苦又孤独的软件开发工作中注入了乐趣和幸福。在许多软件公司中，开发人员都是单独工作的，但在门洛创新公司，合作高于一切。大家都在一个大的、开放的空间里工作，没有任何形式的障碍会限制人们的交流与信息分享。员工们结对合作，他们共用一台电脑，并在集思广益和排疑解难时来回传递鼠标。门洛的无领导面试过程被称为"极端面试"，有点类似于男女速配。有时会有五个面试者申请同一个职位，他们会被带入面试办公室，一排员工作为面试官，对他们进行快速面试。面试主要问一些与"幼儿园技能"相关的问题，如好奇心、学习兴趣、与他人一起玩的能力、慷慨大方等。门洛公司认为，让合作伙伴变得更好也是一种能力，而且比技术能力更重要。门洛创新公司成为美国成长最快的私人企业 500 强之一。

FAVI 是一家正从传统的科层控制向去领导化模式转型的法国企业，拥有 600 名员工，主要设计和生产汽车零部件。当首席执行官简-弗朗索瓦·佐布里斯特(Jean-François Zobrist)接管 FAVI 的时候，他取消了传统的层级制度。转型后的 FAVI 没有人事部门，没有中层管理，没有时间限制，也没有员工手册。"我告诉他们，'明天你再来公司上班的时候，你不是为我工作，也不是为哪个老板工作，你是为你的顾客工作。不是我给你发工资，而是你的顾客。'"FAVI 在 10 年的时间内都没有延误过顾客订单。[86]

团体控制模式在门洛创新和 FAVI 这样的企业中运行得比较成功，他们为其他企业尝试去领导化设计提供了借鉴。运行这种模式的关键是建立强有力的团体价值观，并用来指导员工的行为。正如我们在前面的章节中讨论的，很多组织的管理者都在变革其控制方式。组织更加重视工作中的合作，结构设计也趋向于无领导化，很多企业开始采用分权的方式进行团体控制，而不再是以前的行政控制以及与之相关的层级划分。

组织的衰退与裁员

在本章的前面部分,我们讨论组织的生命周期时指出,组织将经历诞生、成长直至最后消亡的过程。规模可能成为阻碍许多组织发展的绊脚石。例如,以奶油糕点汀奇饼(Twinkies)著称的好时特思公司(Hostess Brands)在经历了82年的运营之后(期间更换了几次名字),于2012年停业。其中一些品牌被其他公司买走,继续存活,但是这家公司将不复存在。引发公司倒闭的原因有很多,包括负债累累、劳动力成本攀升、工会争斗、管理不善等。[87]通用汽车(General Motors)即将"不堪重负",不得不申请破产保护,并开始压力重重下的重组。公司不仅仅需要支付巨额的工资和医疗保险,而且笨重的官僚机构也使公司很难密切关注顾客需求。区域经理们说,他们有关产品改进或者广告方式的想法和意见从未送达到决策层,或者是决策层充耳不闻。[88]每个组织都会经历一段业务暂时下降的时期。而且,以现实情况来看,某些公司继续发展壮大是不可行的。

在我们周围,可以看到一些组织已经停止了成长,同时还有很多正在衰退。雷曼兄弟(Lehman Brothers)、贝尔斯登(Bear Stearns)等大型金融服务公司破产的部分原因就是无节制的发展和控制失效。随着经济状况的下滑,许多大型组织近年来裁员严重。当地政府由于税收减少而不得不关闭学校,解雇警察,关闭消防局。学院和大学停止了研究所的招聘,停止了建设项目,只保留了一些维修工作,如电动清洗窗户和人行道。[89]

在这一部分,我们将找出组织衰退的原因和经历的阶段,然后讨论组织领导者在现代公司不断衰退的事实中将如何进行有效的管理。

定义及原因

组织衰退(organizational decline)通常是指在一定时期内组织资源的实际量或绝对量不断减少的情况。[90]就组织在某一领域的经验以及组织在规模上的缩减(如顾客需求的减少或某一城市税源的减少)或是组织经营类别的减少(如顾客需求的变化)而言,组织的衰退是与环境的恶化相联系的。总的来讲,有三个因素被认为能引起组织衰退。

(1) 组织萎缩。当组织继续成长并变得低效和过度的行政化后,萎缩就开始了。组织适应环境的能力开始退化。通常来讲,萎缩会产生于一个较长时期的成功发展之后。因为组织在取得成功后,总是将功劳归结于过去工作中所采用的行动或是结构,于是不再根据环境变化调整自身,从而导致适应力衰退,走向萎缩。[91]一个典型的例子是黑莓手机(BlackBerry),它曾开创了智能手机的革命性时代,但却未能在市场竞争和变化中做好准备。组织萎缩的警示性信号包括:过多的管理和人员支持,繁杂的行政程序,缺乏有效的沟通和协调，不适用的组织结构。[92]

（2）脆弱性。脆弱性反映了在特定环境中，组织所制定的促进自身繁荣的战略是无效的。这通常会发生在那些还没有完全成熟的小型组织身上。因为，它们易受顾客喜好以及大型团体经济状况的影响。有一些组织很脆弱，是因为它们没能针对环境做出正确的战略。脆弱的组织通常需要重新界定它们的外部环境从而进入新的产业或市场。

（3）环境恶化或竞争加剧。环境恶化是指能够支持组织发展的可用能量或资源的减少。当环境中只有较少的能力来支持组织时，组织则要么选择减小规模，要么转入新的领域。[93]例如，美国红十字会的管理者正面临着入不敷出的困境。最近几年，捐款额一直在下降，而最近发生的一些灾难，比如菲律宾的台风海燕（Typhoon Haiyan），日本、中国、巴基斯坦以及其他国家和地区的地震，华盛顿的巨大泥石流，以及美国东北部的桑迪飓风，已经用尽了它的资源。股市猛跌、物价上涨、大众对美国经济的悲观情绪致使非营利组织募资艰难。[94]新的竞争和产业的快速变革也是一个问题。社会商业及消费者需求迅速从个人电脑转向了手机和平板电脑，即使是对于一些根基良好的企业来说，如惠普、戴尔、思科等，都对这种超乎想象的变化速度感到措手不及。在新的环境中赢得竞争的是诸如亚马逊和苹果之类的企业，而不是惠普、戴尔和思科之类的老牌企业。[95]

以上所述的三种因素在伊斯曼柯达公司（Eastman Kodak）的衰退中都有体现，而柯达公司曾经一度成为美国摄影行业的象征。

应用案例 9-7

伊斯曼柯达公司

伊斯曼柯达公司成立于 1880 年，为胶卷行业的诞生做出了不可磨灭的贡献，几十年间一直占据着胶卷行业的领导地位，是美国最有名的企业之一。在其鼎盛时期，柯达公司在全球拥有 145 000 多名员工。但是由于种种原因，导致柯达一直走下坡路，最终走向破产的边缘。柯达公司于 2012 年 1 月申请破产保护。如今的柯达生活在曾经辉煌形象的背影之下。

柯达综合实力不断下滑的最主要原因在于：竞争和产业的变化。当然，数码摄影发展太快而导致胶卷业萎缩，以及柯达脆弱的产业链，也是柯达最终走向破产的两个原因。柯达曾研发了首台数码相机，并且投入了数百万美元资金用于研发数码技术。但是经理们却因担心影响公司非常赚钱的胶卷业务而患得患失，举棋不定，没有把数码相机的业务继续做下去。富士（Fujifilm）是柯达在传统胶卷市场上的竞争对手，通过削减价格和低成本战略与柯达进行过几年激烈的竞争。在柯达高层没有正视数码技术发展的时候，富士敏锐地捕捉到了市场气息，快递转向了数码产品领域。

柯达后来试图挽回自己江河日下的情形，但却已经错失良机，管理者们发现他们早已与数码世界脱轨，找不到正确的竞争战略了。2003 年，柯达停止投资传统的胶卷业务，放弃了一些长期客户。对柯达来说，现在才考虑进入数码世界并与富士等数码公司相抗衡已经太晚了。于是，柯达决定赌一把,寄希望于喷墨式打印机,但最终依然没有什么成效。2004年至今,柯达只有一年实现了盈利。破产保护过后,柯达仍然会继续运作,管理者们希望能够扭转这样的局面。[96]

当组织同时面临三种衰退诱因时,如柯达遇到的,想生存下来就极为困难。在有些情况下,唯一的选择就是有序地停业。在下一节中,我们讨论组织的衰退阶段和管理者经常犯的一些会导致组织解散的错误。

衰退阶段模型

衰退阶段模型的提出是建立在对组织衰退的相关研究资料的广泛阅读之上,如图 9-5 所示。模型认为,组织在衰退时,如果没有经过恰当的管理,那么,会依次经历 5 个阶段,最后走向解体。[97]

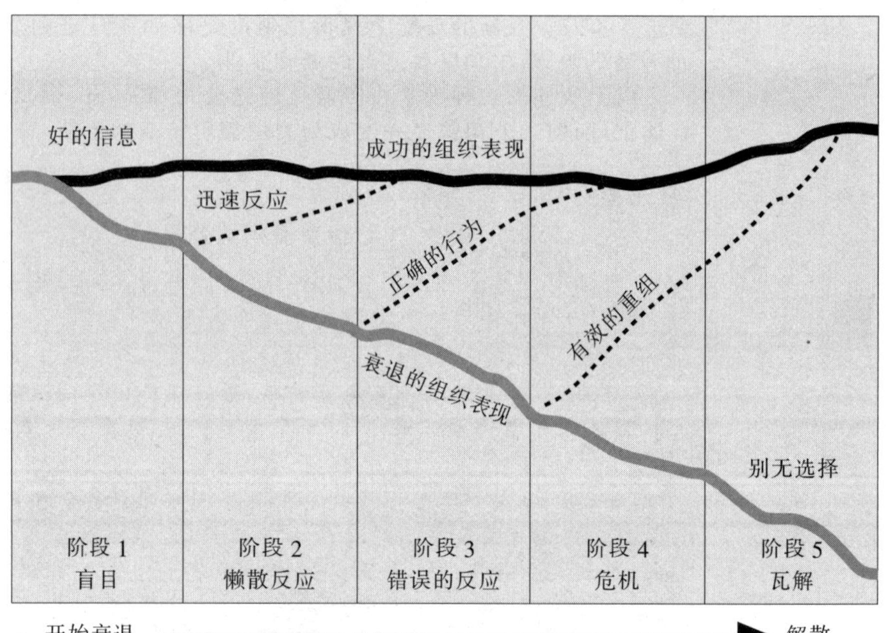

图 9-5 组织衰退的阶段和不断扩大的绩效差距

资料来源:William Weitzel and Ellen Jonsson, "Decline in Organizations: A Literature Integration and Extension", *Administrative Science Quarterly* 34 (March 1989), 99-109. Reprinted by permission of SAGE Publications.

(1) 盲目阶段。衰退的第一个阶段是组织内部和外部发生变化,危及组织的长期生存并要求组织紧张起来。这时，组织可能会有过多的人员，烦琐的程序，以及缺乏与顾客协调。当组织出现问题时，领导者经常会忽视衰退的信号，也不知道应当采取哪些措施来找到发现问题、在问题发生时能及时提示的方法。敏锐的执行者会参考及时的信息，把组织重新带回最好的状态中去。

(2) 懒散阶段。衰退的第二个阶段被称为懒散阶段。在此阶段，尽管组织已经看到运行衰退的信号，但否认其发生。有些时候，领导者们试图说服员工"一切运行良好"。解决的方法是领导者们承认组织在衰退并迅速采取行动使组织重新适应环境。领导者的行为可以包括制定新的问题解决方案，增加参与决策的人数，鼓励人们说出不满，以了解到底错在哪里。

(3) 错误反应阶段。在第三阶段，组织面临严峻的形势，差的业绩表现无法被忽视。此时，如果不能调整衰退曲线的走向，那么组织将走向消亡。领导者迫于恶劣的现状，开始考虑采取重大变革。其行为包括缩减开支，如裁员。领导应当通过阐明价值观和提供信息来减少员工的不确定性。在这一阶段的任何一个重大错误都将会减少组织转变的机会。

(4) 危机阶段。在第四阶段，组织由于仍然没能有效地处理好衰退问题而面临恐慌。他们会经历诸如混乱、努力想要回到原来的状态、急剧变化以及愤怒这样几个过程。管理者最好避免进入危机阶段，其唯一的解决方法就是进行重大的重组。组织的社会结构正在被侵蚀，采取引人注目的行为如更换高层管理者，变革组织的结构、战略及文化等都是必要的，裁员可能是最严重的。

(5) 瓦解阶段。衰退的这一阶段是不能取消的。组织失去了市场和信誉，失去了最好的员工，资金耗竭。唯一有效的措施是以有序的方式解散公司并减少员工分离的精神忧伤。

这个例子说明，如果一个组织想要避免瓦解，就要恰当地管理组织衰退。领导者有责任发现衰退信号，承认衰退，实行必要的行为并扭转乾坤。一些最难做出的决定就是裁员(downsizing)，这里是指有目的地减小组织劳动力的规模。

裁员的执行

经济衰退使得裁员在美国的公司中成了一种常见行为。此外，裁员也是现代组织在众多变革中优先采用的一种做法。[98] 事业部门重组、兼并和收购，全球性竞争以及资源外取的趋势都导致了工作岗位的减少。[99]

一些研究者发现，大量的裁员通常不能达到预期的目的并且有时会严重地伤害组织。[100] 霍尼韦尔公司(Honeywell)首席执行官大卫·科特(David Cote)认为从长远来看裁员会对企业造成伤害。在最近的衰退中，霍尼韦尔采取了不同的措施，但不仅仅是为了应对经济的衰退，而是为了一方面寻找最好的方式确保公司的长期效率和盈利能力，另一方面不影响公司成功度过恢复时期。管理者们最后的决定是，大规模裁员并非明智之举。[101] 在某些时候，裁员是管理组织衰退的一个必要的组成部分。大量的技巧可以帮助组织顺利完成裁员并减轻那些离开雇员以及存留雇员的紧张感。[102]

(1) 以满足未来工作需求为原则建立标准。在情况需要的时候，裁员应该是一种让组织更强大、更具竞争力的手段，而不仅仅只是削减员工数量。管理者需要作出判断，知道什么样的职位和工作是公司未来所需要的，是能够提升公司绩效的。然后，他们就知道组织所需要的员工应该具备哪些知识、技能、能力和工作经验，并以此为基础建立选择标准。管理者们如果认识不到这些，就可能把具备这些技能和能力的人裁掉，而这些人原本可以帮助公司重获生机，贸然裁掉是一种极大的冒险。[103]

(2) 寻找替代方法。管理人员可以使用创造性的方法来削减成本和控制衰退期间不得不解雇的人数。霍尼韦尔在最近的经济衰退中通过休假和削减福利来控制裁员。停薪休假，但是不解雇员工，也是一种可行的方式。康涅狄格州政府、三星工业(Tri-Star Industries)以及其他许多组织采用工作分担计划让员工减少工作时间。其他组织正在削减工资，提供无偿或部分带薪休假，安排强制关闭日，或利用其他技巧避免全面裁员。[104]

(3) 多沟通。一些组织认为对即将来临的裁员说得越少越好。其实不是这样，流言比公开的沟通更具破坏性。在3Com公司(现在是惠普公司的一部分)，管理者们针对他们要进行的裁员制订了一个包括3个阶段在内的计划。首先，在几个月之前他们就提示员工裁员是不可避免的。不久，他们在所有的场所举行现场演讲，向员工解释为什么需要裁员，并尽可能多地提供一些关于该如何看待这件事的信息。[105]管理者应当牢记在动乱的时期，"过多的沟通"是不可能的，提醒员工他们需要知道组织期望他们做什么，否则可能会引起更多的裁员，同时，还要提醒员工需要知道对于那些失去工作并且乐于合作的员工，组织会为他们提供什么样的帮助。

(4) 向被免职的员工提供帮助。组织有责任帮助被免职的员工克服失去工作的困难并在劳动力市场被重新雇用。组织可以提供如培训、一揽子遣散安排、额外的救济金以及失业援助。在电子港湾公司(Bay)，管理者允许下岗员工暂留四周以内的时间处理个人事务。公司为每个下岗员工提供五个月的遣散费和四个月的健康福利，以及数月的新工作介绍服务。电子港湾高级人力资源主管表示，"如何对待走的人对留下来的人如何看待公司有很重要的影响"。[106]此外，对员工及其家人的劝说性服务可以减轻他们失去工作的精神创伤。越来越多的公司会继续为下岗员工提供援助，帮助他们应对压力、抑郁和其他问题。[107]

(5) 帮助留下的员工成长。关于"下岗员工综合征"的研究非常多。[108]许多人在失去同事后经历了内疚、愤怒、疑惑以及悲伤，管理者应该承认这些事情。留下来的人也可能会担心失去工作，对公司管理层失去信心，产生低迷情绪或变得愤世嫉俗。人们有时会难以适应裁员之后自己在工作职责、责任和报告关系等方面的变化。不管自我感觉有多沮丧，管理者们都不能逃避现实，这一点非常重要。管理者们应该走出去和员工交流，做一切可能的事情来减少员工的不确定性、压力以及困惑。管理咨询顾问西玛·利伯曼(Simma Lieberman)认为，"管理层在这时候可能做的最糟糕的事情之一就是不承认这些情况，也不承认这些情况对员工产生的影响"。[109]

评价你的答案

3. 实施了必要的裁员后，管理者不需要花费大量时间去安抚下岗员工，而应该更多地关注在岗员工，确保他们正在按要求工作，以维持公司的生存和发展。

答案：不同意。裁员后安慰在岗员工最好的办法就是安抚下岗工人。因为公司的这种行为会传递出一种信号，那就是对公司有贡献的员工，即使离开了公司，公司依旧会帮助他们。裁员管理指的是同时帮助下岗员工和在岗员工。

即使是管理工作做得最好的企业有时也需要进行裁员，如面临动乱的环境或是为了使组织获得新的活力以及扭转衰退局面。如果领导者能够在裁员时使离开的员工带着尊严，能够保持留下的组织成员的动力、生产力以及给他们承诺更好的前途，那么，公司裁员就可以获得一个好的结果。

设计要点

■ 组织要成长会面临许多压力，在某些行业里，大规模对于一些行业经济的健康发展至关重要，不仅能够形成规模经济，而且能够提供很多就业机会，还能使公司有能力投资具有风险的大项目。然而，大型组织一般都是标准化、机械式运营，其组织结构很复杂，因此它很难适应环境的瞬息万变。小型组织一般是扁平结构，采用有机的和自由流动的管理。它们对环境变化反应迅速，更加适合于创新和创业。大型或者成长型组织的管理者正在寻求一种使组织更加灵活、反应迅速的机制。

■ 组织在成长和成熟过程中都必须经历不同的生命周期阶段。发展阶段不同，组织结构、内部系统和管理内容也不同。组织在发展壮大的过程中会遇到很多危机和变革。管理者一项重要的职责就是引领组织顺利通过发展的创业阶段、聚合阶段、正规化阶段和精耕细作阶段。

■ 组织经历生命周期而逐渐发展壮大并且结构复杂，通常这时官僚主义特征就会呈现出来，如规则、劳动分工、书面记录、行政权力、非个性化程序。官僚是使公司有效地利用资源的一种逻辑形式。官僚容易造成权力集中，组织结构扁平化，无规章制度，无记录，滋生小公司心态等，因此在许多大型企业和政府组织里，官僚主义受到了猛烈的抨击。这些公司都情愿放弃规模经济，使组织更具灵活性和适应性。许多公司都细分化，以汲取小公司的优势。另一种克服官僚主义的方法就是运用临时性系统，当公司处于不可预期和变化的环境时，临时性系统可以使组织暂时从高度正规化、多行政层级化（公司正常运行时是有效的）转变成较灵活的、结构松散的组织形式。

■ 所有的组织，无论规模大小，都需要建立控制系统。管理者可在 3 种控制方法，即市场控制、行政控制和团体控制中进行选择。行政控制依靠的是标准的规则、管理者合理合法的权力。当所生产的产品或服务能予以定价并且存在竞争时,可以使用市场控制方法。团体控制法和自我控制法,适用于不确定性程度高及组织活动过程快速变化的情形。它们依赖承诺、传统、共享价值观等实施控制。管理者可以将几种控制方法结合起来使用,以更好地满足组织控制的需要。总体而言,当今的组织正在从层级控制向分权控制转变。

■ 许多组织已经停止了成长,其中还有一些正在衰退。组织经历衰退的每一个阶段,管理者都有责任去发现衰退的信号,采取必要行动并扭转局面。其中,最难做的决策与裁员有关。为了使裁员过程顺利进行,管理者应当多与雇员沟通,尽快而且尽可能多地提供信息,并向免职者提供援助,同时牢记,重视那些仍留在组织中的员工的情感需求。

关键概念

行政式机构(bureaucracy)
行政控制(bureaucratic control)
集权(centralization)
魅力型权力(charismatic authority)
团体控制(clan control)
聚合阶段(collectivity stage)
裁员(downsizing)
精耕细作阶段(elaboration stage)
创业阶段(entrepreneurial stage)
正规化(formalization)
正规化阶段(formalization stage)
生命周期(life cycle)
市场控制(market control)
组织衰退(organizational decline)
人员比率(personnel ratios)
合理-合法的权力(rational-legal authority)
传统的权力(traditional authority)

讨论题

1. 为什么规模大的组织拥有大量的文员和行政助手?为什么他们比规模小的组织更加正规化?

2. 应用生命周期的概念分析一个你所熟悉的组织，如一所大学或一家地方企业。该组织目前处于生命周期的哪个阶段？它怎样处理或度过其生命周期中的危机？

3. 为什么组织在成长过程中会面临许多压力？你如何看待本章“新书评介”——《小巨人》中描述的公司抵制压力的行为？

4. 说一说韦伯所界定的 3 种权力基础。在同一组织内是否可能同时运用这 3 种权力？

5. 阅读《财富》(Fortune)、《商业周刊》(Business Week)、《快公司》(Fast Company)等商业杂志上近期的报道，找出两家试图改变官僚主义的公司。讨论这些公司所应用的技术。

6. 威廉·大内在论及组织控制的类型时比喻说：“市场控制像鳟鱼，团体控制像鲑鱼，它们都非常漂亮但属于明显不同的种群，每一种都需在特定的条件下才能存活。相比较而言，行政控制法犹如鲇鱼——笨拙、丑陋但可在广泛的环境条件下生存，从而成为占主导地位的种群。”试讨论大内这段话的寓意。

7. 政府组织的行政式机构特征通常要强过营利性组织。这其中的原因是否与政府组织所采用的控制方法有关？请解释。

8. 救世军(Salvation Army)如何成为“当时与众不同的组织”？救世军的方法适用于时代华纳等大型影视公司或者迪斯尼等寻求减少官僚主义的公司吗？

9. 近几年，雷曼兄弟(Lehman Brothers)、美林证券公司(Merrill Lynch)等许多大型金融机构都经历了严重的衰退或者破产。本章所讲的引起组织衰退的三种原因中，哪一个最能解释这些现象？

10. 你认为“不成长”(No Growth)的管理哲学是否应该在商学院被讲授？讨论一下。

专题讨论

教室里的控制

回想一下你在学校最喜欢的一门课和最不喜欢的一门课。在这些课程中，你的老师是怎么控制你和其他同学的？针对这两门课程，请将下面这些问题的答案写下来。

有哪些规则、标准或者合法权力是用来影响学生行为的，以及如何影响的？

最喜欢的课程：

最不喜欢的课程：

有哪些竞争和可量化的结果是用来影响学生行为的,以及如何影响的?

最喜欢的课程:

最不喜欢的课程:

有什么样的共同价值观、规范、期望和自我控制是用来影响学生行为的,以及如何影响的?

最喜欢的课程:

最不喜欢的课程:

问 题

1. 控制方式的不同是如何影响你对课程的喜欢程度的?
2. 控制数量的多少是如何影响你对课程的喜欢程度的?
3. 班级规模是如何影响老师的控制类型和控制程度的?
4. 和其他同学讨论你的答案,你更能接受哪种控制,其他同学更能接受哪种控制,比较一下你和其他同学之间有何相同和不同之处?

教学案例

雅虎:上班了!

高科技的发展在各行各业均有体现,特别是在移动通信技术上的发展尤为显著,沟通的便利性随处可见,通过远距离沟通、远程工作就能达到与切实到场相同的效果;人们可以通过减少上下班次数来减轻对环境产生的影响;还可以提高工作地点的灵活性从而减少对时间的浪费。

弹性工作制是一种有效的解决方案,灵活的工作时间对于求职者来说很有吸引力,特别是在科技型企业中。此前的员工们一直坚持着一些模范性的做法,他们以为这些能为未来的员工所用。然而,随着科技发展,一切都改变了,有些事情也戛然而止。

"上班了"这句话可能是你妈妈说的,可能是你的教练说的,也可能是你的老师说的。然而,对于雅虎的员工来说,这句话是你的老板、新上任的执行总裁玛丽莎·梅耶尔(Marissa Mayer)说的。《企业家》杂志(Entrepreneur)将梅耶尔的这一做法称为"最愚蠢的举动",这也激发了一场关于工作地点是该固定还是灵活的争论。

雅虎由斯坦福毕业生杨致远(Jerry Yang)和大卫·费罗(David Filo)于1994年创建,创建不久便迅速引起了公众的关注,掀起了一场互联网泡沫狂潮，创造了股市上历史新高和历史最低价格。此后，微软意图收购雅虎，但是雅虎拒绝了，并在 2012 年进行了有史以来最大规模的裁员，2000 名员工丢了工作。在 2009 年到 2014 年这五年的时间内，雅虎前后经历了 6 名首席执行官，他们不断地改变着公司的发展方向，公司前途摇摆不定。

2013 年 5 月，曾在谷歌工作过的玛丽莎·梅耶尔开始担任雅虎的首席执行官，并且一上任就掀起了一股裁员风暴，时刻提醒着员工好好工作，还宣布雅虎的在家工作制度已被取消。从此以后，曾经空荡荡的停车场、办公室以及小隔间开始挤满了员工。

梅耶尔的做法让大部分原本激情高涨的员工变得士气低落，公司内外都对这一政策表示了不满和批判，他们认为这种做法是对灵活性的概念扭曲和远程员工生产力的否定。

梅耶尔取消在家工作制度的目的是防止 200 名左右的员工滥用在家工作无人看管的特权来做一些自己的事。一些人指出，如果一个科技型企业都不允许员工远距离工作，其他行业会怎么看我们？这难道不是要搬起石头砸自己的脚吗？

一些支持者认为这一政策有利于加强公司的控制，特别是对于雅虎这样一个经常发生方向性变革的企业来说，控制更为重要。为了改变士气低落的现状，为了增加员工之间面对面的沟通和协作，以追赶竞争对手的创新脚步，雅虎公司需要这么做。《纽约时报》(The New York Times)引用过一位雅虎前任高管所说的话，“在科技时代，说你在雅虎工作是一件让人感觉十分可惜的事情”，然而实际情况比这还要糟糕。

梅耶尔的复兴策略要求员工全身心投入，也就是要求员工都在办公室工作。一些批评人士认为这种做法是搬起石头砸自己的脚，雅虎公司回复称：“在家工作并没有在行业内得到广泛共识，而且现在最关键的问题是，什么样的做法对雅虎来说是最合适的。”

在梅耶尔看来，以前的工作习惯是一种文化上的自我封闭。空荡荡的办公大楼里，只有首席执行官办公室的门半开着，项目运行效率低下，有的甚至被遗忘在角落里。但是与此同时，脸谱网(Facebook)和其他的一些竞争对手早已遥遥领先，在雅虎还止步不前的时候推出了很多创新观念，吸引了很多广告客户，占领了大部分的社交媒体市场。

梅耶尔担任首席执行官后，收购了在线相册管理公司 Flickr，并对其进行改造。Flickr 与其竞争对手相比看似失去了在相片分享领域的领导地位，为此，雅虎雇佣了新员工，对 Flickr 网站的整体设计进行了更新。《企业家》杂志将梅耶尔的这一做法称为“最聪明的举动”。除此之外，梅耶尔将员工的黑莓手机换成了应用安卓系统的手机和苹果手机，公司每个月为员工的手机使用花费买单。现在公司整体实现了现场办公而不是在家工作，也在努力营造一个合作的工作氛围。除此之外，公司在咖啡厅休息室为员工提供免费的食物。同时，在每个星期五继续推行为期一天的以“问题/解答/计划”为主题的会议，高层管理人员和所有员工都会参加。

雅虎必须弥补以前浪费的时间，同时快速赶上同行的发展速度。竞争对手是不会原地不动等你的，还会有一些准备进入这个行业的企业埋伏在你看不见的地方准备随时进入。一些批评人士认为，梅耶尔的这种做法是把员工当作小孩子来对待，就好像是她为自己的孩子开办了一个托儿所，这对其他企业造成了压力，使得它们也开始对在家办公持观望态度——不仅在雅虎公司内部,而且在全国范围,很多企业都在重新审视远程工作文化的未来。

向日葵公司[110]

向日葵公司(Sunflower Incorporated)是个拥有5 000多名员工和年销售收入超过5.5亿美元(2003年)的大型经销商。公司购进小食品和饮品,然后批发给遍布美国和加拿大的零售店。小食品有玉米片、土豆片、奶酪卷、玉米薄饼和花生。公司将美国和加拿大分成22个地区,每一地区拥有一个中心仓库、一些经销人员、财务部和采购部。公司既经营全国性品牌的商品也经营地方性品牌的商品,有些种类的商品还冠有私人的标签。这个行业的竞争非常激烈。在饮品的需求量降低的情况下,宝洁公司和福雷特雷(Frito-Lay)公司又通过开发新的小食品而挤占了像向日葵这样小公司的市场份额。公司总部鼓励各地区事业部实行自主经营,因为各地消费者对食品的口味有不同的要求。比如,美国东北地区的消费者对加拿大威士忌和美国威士忌的需求较大,而西部则偏爱酒精含量低的酒,如伏特加酒、杜松子酒和甘蔗制成的甜酒。而西南地区的小吃因受墨西哥口味的影响而多数是海味的。

早在1998年,公司就开始应用财务报告制度来比较各地方公司的销售额、成本和利润。每个地区事业部是一个利润中心,而事业部利润水平差异之大让公司总部的管理层惊叹不已。到2001年,差异大到让公司感到有必要实施一些标准化的管理了。管理者认为高利润地区的事业部有时经营质量差的甚至是二流的商品,因此而获得高额利润。而这种做法有损公司的形象。另外,许多地区为了保住市场份额面临着非常残酷的价格竞争。由安海斯布希公司(Anheuser-Busch)的英格尔(Eagle Snacks)小食品事业部、经营全国性业务的分销商如福瑞特·里尔、博登公司(Borden)、纳比斯科(Nabisco)、宝洁和斯坦斯·布兰德(Standard Brands)公司发起的价格战,使商家必须通过削价和开发新品来保持或提高各自的市场份额。

随着这些问题的进一步发展,公司的总裁乔·斯蒂尔曼(Joe Steelman)决定设立一个职位去监督定价和采购业务。财务部的洛雷塔·威廉斯(Loretta Williams)被选中了。她的新头衔是定价和采购部主任,她受财务副总裁彼得·兰莉(Peter Langly)领导。兰莉给威廉斯很大的自主权,鼓励她按实际的需要建立规则和程序。兰莉还鼓励她去收集各地区事业部的信息资料。每个地区事业部的经理都收到了公司正式的、通知他们与威廉斯会面的备忘录。备忘录的复印件张贴在各仓库的告示栏上。公司的报纸也刊登了这则消息。

上任三周后,威廉斯选定了两个需要她解决的问题。就长远看,公司应该更好地利用信息技术。她认为信息技术能为公司总部的决策提供更多的帮助。过去各分部的高层管理可以通过电子信息手段与总部保持联系,而这不包括较低层次的员工和销售人员。而且只有少数分部的高级管理人员定期使用信息系统。

就目前看,威廉斯认为支离破碎的定价和采购方式是要解决的问题。需要在整个公司对它实施标准化管理。而且,她认为,这个问题必须立即得到解决。首先,她要求各地区事业部的财务经理向她汇报凡是变化率超过3%的价格变动,她还决定,各地区事业部凡是金额超过5 000美元的新采购合同都要由她批准(这样几乎各事业部60%的采购由总部调配,其余40%的采购和分销在当地解决）。威廉斯知道，唯一能使各事业部实行标准化运营的方法是提前将所有价格变化和采购计划的变化通知总部。她与兰莉就这个想法交换了意见。兰莉表示同意，于是他们起草了正式的计划书，交给了也一致认同这个计划的总裁和董事长。这个变化属于政策和程序上的转化，当时正值进入旺季，所以威廉斯想立即实施新的政策。她决定给各地区事业部的财务和采购经理先发 E-mail，再发传真布置这项新政策。而且这个变化的内容要在 4 个月之内反映在公司全体员工手中的工作手册中。

威廉斯将写好的草稿交给兰莉，征求他的意见。兰莉说，草稿的内容很好，但恐怕光有这些还不够。因为各地区事业部经营着上百种商品，而且已经习惯于分权式的决策。兰莉建议威廉斯应该亲临各地区事业部，与地区事业部的经理们探讨采购和定价政策。威廉斯不同意，她说：出差会花很多经费而且浪费时间。她要在总部做的事情就很多了，所以去各地区事业部是不可能的事情。兰莉还建议威廉斯等 3 个月，待公司年会开过之后，再实施新的政策，因为在公司年会上她可以见到各地区事业部的经理。可威廉斯说，那样时间太长，因为那样做使得新政策必将是在旺季之后才能实施。她认为现在就需要实施新政策。第二天电子邮件和传真就发了出去。

接下来的几天，她收到了来自地区事业部的电子邮件，经理们说他们同意并乐意配合这项工作。

8 周之后，威廉斯也没收到各地区事业部关于价格和采购方面变化的通知。其他几位考察过地区事业部仓库的经理告诉她，地区事业部与往常一样繁忙。似乎地区事业部的经理们还按以往的程序进行着他们的业务。她给一位地区事业部的经理打电话，对方竟不知道她是谁，也从来没听说过有定价和采购部主任这样一个官职。他还说："就是没有总部的新政策，要实现利润就已经够让我们烦心的了。"

威廉斯因为她自己的职位及她建议实施的新政策没产生任何影响而苦恼着。她不知道是因为各事业部的经理都不服从管理呢，还是自己应该使用其他的沟通策略。

注　释

1. Jack Nicas and Susan Carey, "Southwest Airlines, Once a Brassy Upstart, Is Showing Its Age," *The Wall Street Journal Online*, April 1, 2014, http://online.wsj.com/news/articles/SB10001424052702303949704579459643375588678 (accessed April 14, 2014).
2. Ibid.
3. James Q. Wilson, *Bureaucracy* (New York: Basic Books, 1989); and Charles Perrow, *Complex Organizations: A Critical Essay* (Glenview, IL: Scott, Foresman, 1979), 4.
4. Tom Peters, "Rethinking Scale," *California Management Review* (Fall 1992), 7–29.
5. Statistics reported in Claudio Feser, "Long Live Bureaucracy!" *Leader to Leader* (Summer 2012), 57–62.
6. Donald V. Potter, "Scale Matters," *Across the Board*, July–August 2000, 36–39.
7. Juhana Rossi, "Angry Birds Maker at Pivot Point," *The Wall Street Journal Online*, April 3, 2013, http://online.wsj.com/news/articles/SB10001424127887323646604578400201763339218 (accessed April 3, 2013).
8. Kris Hudson, "Wal-Mart Sticks with Fast Pace of Expansion Despite Toll on Sales," *The Wall Street Journal*, April 13, 2006, A1.
9. Christopher Weaver, "Managed Care Enters the Exam Room as Insurers Buy Doctors Groups," *The Washington Post*, July 1, 2011, http://www.washingtonpost.com/insurers-quietly-gaining-control-of-doctors-covered-by-companies-plans/2011/06/29/AG5DNftH_story.html (accessed September 6, 2011).
10. James B. Treece, "Sometimes, You Still Gotta Have Size," *Businessweek*, October 22, 1993, 200–201.

11. Nelson D. Schwartz, "Is G.E. Too Big for Its Own Good?" *The New York Times*, July 22, 2007, Section 3, 1.
12. Scott Thurm, "For Big Companies, Life Is Good," *The Wall Street Journal*, April 9, 2012, B1.
13. James Surowiecki, "Big Is Beautiful," *The New Yorker*, October 31, 2011, 38.
14. Ken Belson, "After the Disasters in Japan, a Stoic Response from Aflac," *The New York Times*, April 16, 2011, B4.
15. Frits K. Pil and Matthias Holweg, "Exploring Scale: The Advantages of Thinking Small," *MIT Sloan Management Review*, Winter 2003, 33–39; and David Sadtler, "The Problem with Size," *Management Today*, November 2007, 52–55.
16. See Keith H. Hammonds, "Size Is Not a Strategy," *Fast Company*, September 2002, 78–86; David Henry, "Mergers: Why Most Big Deals Don't Pay Off," *Businessweek*, October 14, 2002, 60–70; and Tom Brown, "How Big Is Too Big?" *Across the Board*, July–August 1999, 15–20, for a discussion.
17. Chip Jarnagan and John W. Slocum, Jr., "Creating Corporate Cultures Through Mythopoetic Leadership," *Organizational Dynamics* 36, no. 3 (2007), 288–302; and Robbie Whelan and Dawn Wotapka, "Corporate News: Home Builder Pulte to Lay Off Executives," *The Wall Street Journal*, May 13, 2011, B2.
18. Winslow Sargeant, "Small Business Economy 2012," SBA Office of Advocacy, http://www.sba.gov/sites/default/files/files/Small_Business_Economy_2012(2).pdf (accessed September 6, 2013); and "Small Business Trends," Small Business Administration, http://www.sba.gov/content/small-business-trends (accessed September 6, 2013).
19. Bureau of Labor Statistics data, reported by U.S. Small Business Administration Office of Advocacy, September 2012, http://www.sba.gov/sites/default/files/FAQ_Sept_2012.pdf (accessed September 6, 2013).
20. "The Hot 100," *Fortune*, September 5, 2005, 75–80.
21. Reported in Sadtler, "The Problem with Size."
22. Gary Hamel, quoted in Hammonds, "Size Is Not a Strategy."
23. For more information on the ambidextrous approach, see Charles A. O'Reilly III and Michael L. Tushman, "Organizational Ambidexterity in Action: How Managers Explore and Exploit," *California Management Review* 53, no. 4 (Summer 2011), 5–22; and S. Raisch et al., "Organizational Ambidexterity: Balancing Exploitation and Exploration for Sustained Performance," *Organization Science* 20, no. 4 (July–August 2009), 685–695.
24. Michael L. Tushman, Wendy K. Smith, and Andy Binns, "The Ambidextrous CEO," *Harvard Business Review*, June 2011, 74–80.
25. "Our Company," Johnson & Johnson website, http://www.jnj.com/connect/about-jnj/ (accessed August 31, 2011).
26. Anne VanderMey, "Dell Gets in Touch with Its Inner Entrepreneur," *Fortune*, December 12, 2011, 58.
27. Reported in Jerry Useem, "The Big...Get Bigger," *Fortune*, April 30, 2007, 81–84.
28. John R. Kimberly, Robert H. Miles, and associates, *The Organizational Life Cycle* (San Francisco: Jossey-Bass, 1980); Ichak Adices, "Organizational Passages—Diagnosing and Treating Lifecycle Problems of Organizations," *Organizational Dynamics*, Summer 1979, 3–25; Danny Miller and Peter H. Friesen, "A Longitudinal Study of the Corporate Life Cycle," *Management Science* 30 (October 1984), 1161–1183; and Neil C. Churchill and Virginia L. Lewis, "The Five Stages of Small Business Growth," *Harvard Business Review* 61 (May–June 1983), 30–50.
29. Larry E. Greiner, "Evolution and Revolution as Organizations Grow," *Harvard Business Review* 50 (July–August 1972), 37–46; and Robert E. Quinn and Kim Cameron, "Organizational Life Cycles and Shifting Criteria of Effectiveness: Some Preliminary Evidence," *Management Science* 29 (1983), 33–51.
30. George Land and Beth Jarman, "Moving Beyond Breakpoint," in Michael Ray and Alan Rinzler, eds., *The New Paradigm* (New York: Jeremy P. Tarcher/Perigee Books, 1993), 250–266; and Michael L. Tushman, William H. Newman, and Elaine Romanelli, "Convergence and Upheaval: Managing the Unsteady Pace of Organizational Evolution," *California Management Review* 29 (1987), 1–16.
31. Sam Gustin, "The Next Tech Titan? 10 Hottest Technology Start-Ups of 2010," DailyFinance.com, August 12, 2010, http://www.dailyfinance.com/2010/08/12/the-next-tech-tian-10-hottest-technology-start-ups-of-2010/ (accessed September 1, 2011); and "About Foursquare," https://foursquare.com/about (accessed April 16, 2014).
32. Claire Cain Miller, "Yes, Silicon Valley, Sometimes You Need More Bureaucracy," *The New York Times*, May 1, 2014, B3; and David Streitfeld, "Groupon Dismisses Chief After a Dismal Quarter," *The New York Times*, February 28, 2013, http://www.nytimes.com/2013/03/01/technology/groupon-dismisses-its-chief-andrew-mason.html?_r=0 (accessed April 17, 2014).
33. Eve Yen, "Delegate Smart," *Fortune Small Business*, April 2009, 33–34.
34. Jeffrey Sonnenfeld, "Analysis: Facebook Board Must Learn to Deal with Genius CEO," *The Washington Post*, May 19, 2012, http://www.washingtonpost.com/analysis-facebook-board-must-learn-to-deal-with-genius-ceo/2012/05/18/gIQADEFtYU_story.html (accessed April 17, 2014); and Shayndi Raice, "Is Facebook Ready for the Big Time?" *The Wall Street Journal Online*, January 14, 2012, http://online.wsj.com/news/articles/SB10001424052970204542404577157113178985408 (accessed January 20, 2012).
35. David A. Whetten, "Sources, Responses, and Effects of Organizational Decline," in Kimberly, Miles, and Associates, *The Organizational Life Cycle*, 342–374.
36. Peter Burrows, "Opening Remarks: The Essence of Apple," *Bloomberg Businessweek*, January 24–January 30, 2011, 6–8; Brent Schlender, "How Big Can Apple Get?" *Fortune* (February 21, 2005), 67–76; and Josh Quittner with Rebecca Winters, "Apple's New Core—Exclusive: How Steve Jobs Made a Sleek Machine That Could Be the Home-Digital Hub of the Future," *Time*, January 14, 2002, 46.
37. Nick Wingfield, "Apple's No. 2 Has Low Profile, High Impact," *The Wall Street Journal*, October 16, 2006, B1, B9; and Garrett Sloane, "Apple Gets Cored; End of an Era as Legend Steve Jobs Resigns," *The New York Post*, August 25, 2011, 27.

38. Land and Jarman, "Moving Beyond Breakpoint."
39. Brad Stone, "The Education of Larry Page," *Bloomberg Businessweek*, April 9–April 15, 2012, 12–14; and Claire Cain Miller, "Google's Chief Works to Trim a Bloated Ship," *The New York Times*, November 10, 2011, A1.
40. Max Weber, *The Theory of Social and Economic Organizations*, translated by A. M. Henderson and T. Parsons (New York: Free Press, 1947).
41. Rahim Faiez, "Review: Kabul Bank Sent Millions of Dollars Abroad," Associated Press story in *HeartlandConnection.com*, November 28, 2012, http://www.heartlandconnection.com/news/story.aspx?id=830523#.U0_n5ZhOV1s (accessed November 28, 2012).
42. Barry Kramer, "Chinese Officials Still Give Preference to Kin, Despite Peking Policies," *The Wall Street Journal*, October 29, 1985, 1, 21.
43. John Chase, "Delay Requested for Indictment; 3 More Months Sought in Case Against Governor," *The Chicago Tribune*, January 1, 2009, 4.
44. Eric J. Walton, "The Persistence of Bureaucracy: A Meta-Analysis of Weber's Model of Bureaucratic Control," *Organization Studies* 26, no. 4 (2005), 569–600.
45. Nadira A. Hira, "The Making of a UPS Driver," *Fortune*, November 12, 2007, 118–129; Devin Leonard, "UPS's Holiday Shipping Master: They Call Him Mr. Peak," *Bloomberg Businessweek*, December 19, 2013, http://www.businessweek.com/articles/2013-12-18/upss-holiday-shipping-master-scott-abell-they-call-him-mr-dot-peak#p4 (accessed April 17, 2014); "Logistics: Squeezing More Green Out of Brown," *Bloomberg Businessweek*, September 20–September 26, 2010, 43; David J. Lynch, "Thanks to Its CEO, UPS Doesn't Just Deliver," *USA Today*, July 24, 2006, http://www.usatoday.com/money/companies/ management/2006-07-23-ups_x.htm?tab1=t2 (accessed July 24, 2006); Kelly Barron, "Logistics in Brown," *Forbes*, January 10, 2000, 78–83; Scott Kirsner, "Venture Vèritè: United Parcel Service," *Wired*, September 1999, 83–96; Kathy Goode, Betty Hahn, and Cindy Seibert, *United Parcel Service: The Brown Giant* (unpublished manuscript, Texas A&M University, 1981); and "About UPS," UPS corporate website, http://www.ups.com/content/ corp/about/index.html?WT.svl=SubNav (accessed October 27, 2008).
46. See Allen C. Bluedorn, "Pilgrim's Progress: Trends and Convergence in Research on Organizational Size and Environment," *Journal of Management Studies* 19 (Summer 1993), 163–191; John R. Kimberly, "Organizational Size and the Structuralist Perspective: A Review, Critique, and Proposal," *Administrative Science Quarterly* (1976), 571–597; and Richard L. Daft and Selwyn W. Becker, "Managerial, Institutional, and Technical Influences on Administration: A Longitudinal Analysis," *Social Forces* 59 (1980), 392–413.
47. James P. Walsh and Robert D. Dewar, "Formalization and the Organizational Life Cycle," *Journal of Management Studies* 24 (May 1987), 215–231.
48. Nancy M. Carter and Thomas L. Keon, "Specialization as a Multidimensional Construct," *Journal of Management Studies* 26 (1989), 11–28; Cheng-Kuang Hsu, Robert M. March, and Hiroshi Mannari, "An Examination of the Determinants of Organizational Structure," *American Journal of Sociology* 88 (1983), 975–996; Guy Geeraerts, "The Effect of Ownership on the Organization Structure in Small Firms," *Administrative Science Quarterly* 29 (1984), 232–237; Bernard Reimann, "On the Dimensions of Bureaucratic Structure: An Empirical Reappraisal," *Administrative Science Quarterly* 18 (1973), 462–476; Richard H. Hall, "The Concept of Bureaucracy: An Empirical Assessment," *American Journal of Sociology* 69 (1963), 32–40; and William A. Rushing, "Organizational Rules and Surveillance: A Proposition in Comparative Organizational Analysis," *Administrative Science Quarterly* 10 (1966), 423–443.
49. Jerald Hage and Michael Aiken, "Relationship of Centralization to Other Structural Properties," *Administrative Science Quarterly* 12 (1967), 72–91.
50. Peter Brimelow, "How Do You Cure Injelitance?" *Forbes*, August 7, 1989, 42–44; Jeffrey D. Ford and John W. Slocum, Jr., "Size, Technology, Environment and the Structure of Organizations," *Academy of Management Review* 2 (1977), 561–575; and John D. Kasarda, "The Structural Implications of Social System Size: A Three-Level Analysis," *American Sociological Review* 39 (1974), 19–28.
51. Graham Astley, "Organizational Size and Bureaucratic Structure," *Organization Studies* 6 (1985), 201–228; Spyros K. Lioukas and Demitris A. Xerokostas, "Size and Administrative Intensity in Organizational Divisions," *Management Science* 28 (1982), 854–868; Peter M. Blau, "Interdependence and Hierarchy in Organizations," *Social Science Research* 1 (1972), 1–24; Peter M. Blau and R. A. Schoenherr, *The Structure of Organizations* (New York: Basic Books, 1971); A. Hawley, W. Boland, and M. Boland, "Population Size and Administration in Institutions of Higher Education," *American Sociological Review* 30 (1965), 252–255; Richard L. Daft, "System Influence on Organization Decision-Making: The Case of Resource Allocation," *Academy of Management Journal* 21 (1978), 6–22; and B. P. Indik, "The Relationship Between Organization Size and the Supervisory Ratio," *Administrative Science Quarterly* 9 (1964), 301–312.
52. John Hechinger, "The Troubling Dean-to-Professor Ratio," *Bloomberg Businessweek*, November 26–December 2, 2012, 40–42; and Douglas Belkin and Scott Thurm, "Deans List: Hiring Spree Fattens College Bureaucracy—And Tuition," *The Wall Street Journal*, December 29, 2012, A1.
53. T. F. James, "The Administrative Component in Complex Organizations," *Sociological Quarterly* 13 (1972), 533–539; Daft, "System Influence on Organization Decision-Making: The Case of Resource Allocation"; E. A. Holdaway and E. A. Blowers, "Administrative Ratios and Organization Size: A Longitudinal Examination," *American Sociological Review* 36 (1971), 278–286; and John Child, "Parkinson's Progress: Accounting for the Number of Specialists in Organizations," *Administrative Science Quarterly* 18 (1973), 328–348.
54. Richard L. Daft and Selwyn Becker, "School District Size and the Development of Personnel Resources," *Alberta Journal of Educational Research* 24 (1978), 173–187.

55. Rukmini Callimachi, "0.60 for Cake: Al-Qaida Records Every Expense," Associated Press, December 20, 2013, http://bigstory.ap.org/article/060-cake-al-qaida-records-every-expense (accessed April 17, 2014).
56. Based on Gifford and Elizabeth Pinchot, *The End of Bureaucracy and the Rise of the Intelligent Organization* (San Francisco: Berrett-Koehler Publishers, 1993), 21–29.
57. Rachel Donadio and Jim Yardley, "Vatican's Bureaucracy Tests Even the Infallible," *The New York Times*, March 19, 2013, A1.
58. Victoria Murphy, "Microsoft's Midlife Crisis," *Forbes*, October 3, 2005, 88.
59. Jonathan Weisman, "In a Savings Shocker, the Government Discovers that Paper Has Two Sides," *The Wall Street Journal*, July 29, 2009, A1.
60. Study by Paul C. Light, reported in Paul C. Light, "The Easy Way Washington Could Save $1 Trillion; How an Independent Agency Could Squeeze $1 Trillion in Savings from the Bureaucracy," *The Wall Street Journal*, July 7, 2011, http://online.wsj.com/article/SB10001424052702304760604576428262419935394.html (accessed September 6, 2011).
61. Jack Rosenthal, "Entitled: A Chief for Every Occasion, and Even a Chief Chief," *New York Times Magazine*, August 26, 2001, 16.
62. Scott Shane, "The Beast That Feeds on Boxes: Bureaucracy," *The New York Times*, April 10, 2005, Section 4, 3.
63. Gregory A. Bigley and Karlene H. Roberts, "The Incident Command System: High-Reliability Organizing for Complex and Volatile Task Environments," *Academy of Management Journal* 44, no. 6 (2001), 1281–1299.
64. Robert A. Watson and Ben Brown, *The Most Effective Organization in the U.S.: Leadership Secrets of the Salvation Army* (New York: Crown Business, 2001), 159–181.
65. Julian Birkinshaw and Suzanne Heywood, "Putting Organizational Complexity in Its Place," *McKinsey Quarterly*, Issue 3 (2010), 122–127.
66. Amir Efrati, "At Google, Page Aims to Clear Red Tape," *The Wall Street Journal*, March 26, 2011, B1; and Jessica Guynn, "New CEO Stirs Up Google Ranks; Larry Page Promotes Seven Execs to Run the Company's Most Important Divisions," *Los Angeles Times*, April 9, 2011, B1.
67. Birkinshaw and Heywood, "Putting Organizational Complexity in Its Place."
68. Jeanne Whalen, "Bureaucracy Buster? Glaxo Lets Scientists Choose Its New Drugs," *The Wall Street Journal*, March 27, 2006, B1.
69. Philip M. Padsakoff, Larry J. Williams, and William D. Todor, "Effects of Organizational Formalization on Alienation among Professionals and Nonprofessionals," *Academy of Management Journal* 29 (1986), 820–831.
70. Royston Greenwood, C. R. Hinings, and John Brown, "'P2-Form' Strategic Management: Corporate Practices in Professional Partnerships," *Academy of Management Journal* 33 (1990), 725–755; and Royston Greenwood and C. R. Hinings, "Understanding Strategic Change: The Contribution of Archetypes," *Academy of Management Journal* 36 (1993), 1052–1081.
71. William G. Ouchi, "Markets, Bureaucracies, and Clans," *Administrative Science Quarterly* 25 (1980), 129–141; idem, "A Conceptual Framework for the Design of Organizational Control Mechanisms," *Management Science* 25 (1979), 833–848; and Jay B. Barney, "An Interview with William Ouchi," *Academy of Management Executive* 18, no. 4 (November 2004), 108–116.
72. Weber, *The Theory of Social and Economic Organizations*, 328–340.
73. Raymond Fisman and Tim Sullivan, "The Unsung Beauty of Bureaucracy," *The Wall Street Journal*, March 15, 2013, http://online.wsj.com/news/articles/SB10001424127887324077704578360243017096714 (accessed April 17, 2014).
74. Daniel Gilbert and Russell Gold, "As Big Drillers Move In, Safety Goes Up," *The Wall Street Journal*, April 2, 2013, A1.
75. Joel Spolsky, "Good System, Bad System; Starbucks' Meticulous Policy Manual Shows Employees How to Optimize Profits. Too Bad It Undercuts Basic Customer Service," *Inc.* (August 2008), 67.
76. Oliver A. Williamson, *Markets and Hierarchies: Analyses and Antitrust Implications* (New York: Free Press, 1975).
77. David Wessel and John Harwood, "Capitalism Is Giddy with Triumph: Is It Possible to Overdo It?" *The Wall Street Journal*, May 14, 1998, A1, A10.
78. Anita Micossi, "Creating Internal Markets," *Enterprise*, April 1994, 43–44.
79. Raymond E. Miles, Henry J. Coleman, Jr., and W. E. Douglas Creed, "Keys to Success in Corporate Redesign," *California Management Review* 37, no. 3 (Spring 1995), 128–145.
80. Ouchi, "Markets, Bureaucracies, and Clans."
81. Jeffrey Kerr and John W. Slocum, Jr., "Managing Corporate Culture Through Reward Systems," *Academy of Management Executive* 19, no. 4 (2005), 130–138.
82. Richard Leifer and Peter K. Mills, "An Information Processing Approach for Deciding upon Control Strategies and Reducing Control Loss in Emerging Organizations," *Journal of Management* 22, no. 1 (1996), 113–137.
83. Stratford Sherman, "The New Computer Revolution," *Fortune*, June 14, 1993, 56–80.
84. Leifer and Mills, "An Information Processing Approach for Deciding upon Control Strategies"; and Laurie J. Kirsch, "The Management of Complex Tasks in Organizations: Controlling the Systems Development Process," *Organization Science* 7, no. 1 (January–February 1996), 1–21.
85. James R. Barker, "Tightening the Iron Cage: Concertive Control in Self-Managing Teams," *Administrative Science Quarterly* 38 (1993), 408–437.
86. "Core Value: Teamwork," segment in Leigh Buchanan, "2011 Top Small Company Workplaces: Core Values," *Inc.* (June 2011): 60–74; Matthew Shaer, "The Boss Stops Here," *New York Magazine*, June 24–July 1, 2013, 26-34; and Leigh Buchanan, "Taking Teamwork to the Extreme" in the Culture segment of "The Audacious 25: Meet the Scappiest, Smartest, Most Disruptive Companies of the Year," *Inc.*, May 2013, 54–76 (Menlo profile is on page 76); and Matthew E. May, "Mastering the Art of Bosslessness," *Fast Company*, September 26, 2012, http://www.fastcompany.com/3001574/mastering-art-bosslessness (accessed August 20, 2013).

87. Steven Greenhouse and Michael J. De La Merced, "Court Allows Liquidation of Hostess," *The New York Times*, November 21, 2012, http://dealbook.nytimes.com/2012/11/21/judge-approves-hostess-brands-plan-to-close-down/?_php=true&_type=blogs&_r=0 (accessed November 22, 2012).
88. Lee Hawkins Jr., "Lost in Transmission—Behind GM's Slide: Bosses Misjudged New Urban Tastes; Local Dealers, Managers Tried Alerting Staid Bureaucracy," *The Wall Street Journal*, March 8, 2006, A1.
89. Deepak K. Datta, James P. Guthrie, Dynah Basuil, and Alankrita Pandey, "Causes and Effects of Employee Downsizing: A Review and Synthesis," *Journal of Management* 36, no. 1 (January 2010), 281–348; Jack Healy, "Big Companies Around Globe Lay Off Tens of Thousands," *The New York Times*, January 27, 2009; Kevin Sack, "A City's Wrenching Budget Choices," *The New York Times*, July 4, 2011; Tamar Lewin, For Colleges, Small Cutbacks Are Adding Up to Big Savings," *The New York Times*, June 19, 2009, A19.
90. Kim S. Cameron, Myung Kim, and David A. Whetten, "Organizational Effects of Decline and Turbulence," *Administrative Science Quarterly* 32 (1987), 222–240.
91. Danny Miller, "What Happens after Success: The Perils of Excellence," *Journal of Management Studies* 31, no. 3 (May 1994), 325–358.
92. Leonard Greenhalgh, "Organizational Decline," in Samuel B. Bacharach, ed., *Research in the Sociology of Organizations* 2 (Greenwich, CT: JAI Press, 1983), 231–276; and Peter Lorange and Robert T. Nelson, "How to Recognize—and Avoid—Organizational Decline," *Sloan Management Review* (Spring 1987), 41–48.
93. Kim S. Cameron and Raymond Zammuto, "Matching Managerial Strategies to Conditions of Decline," *Human Resources Management* 22 (1983), 359–375; and Leonard Greenhalgh, Anne T. Lawrence, and Robert I. Sutton, "Determinants of Workforce Reduction Strategies in Organizations," *Academy of Management Review* 13 (1988), 241–254.
94. Stephanie Strom, "Short on Fund-Raising, Red Cross Will Cut Jobs," *The New York Times*, January 16, 2008, A15.
95. Quentin Hardy, "As Computing Changes, Hewlett-Packard Struggles to Follow," *The New York Times*, May 24, 2012, B1.
96. Dana Mattioli, Joann S. Lublin, and Ellen Byron, "Kodak Struggles to Find Its Moment," *The Wall Street Journal* August 11, 2011; Michael J. De La Merced, "Eastman Kodak Files for Bankruptcy," *The New York Times*, January 19, 2012, http://dealbook.nytimes.com/2012/01/19/eastman-kodak-files-for-bankruptcy/?_php=true&_type=blogs&_r=0 (accessed January 19, 2012); and Mike Spector, Dana Mattioli, and Katy Stech, "Kodak Files for Bankruptcy Protection," *The Wall Street Journal*, January 19, 2012, http://online.wsj.com/news/articles/SB30001424052970204555904577169920031456052 (accessed January 19, 2012).
97. William Weitzel and Ellen Jonsson, "Reversing the Downward Spiral: Lessons from W. T. Grant and Sears Roebuck," *Academy of Management Executive* 5 (1991), 7–21; and William Weitzel and Ellen Jonsson, "Decline in Organizations: A Literature Integration and Extension," *Administrative Science Quarterly* 34 (1989), 91–109.
98. Datta et al., "Causes and Effects of Employee Downsizing"; and William McKinley, Carol M. Sanchez, and Allen G. Schick, "Organizational Downsizing: Constraining, Cloning, Learning," *Academy of Management Executive* 9, no. 3 (1995), 32–42.
99. Datta et al., "Causes and Effects of Employee Downsizing"; Gregory B. Northcraft and Margaret A. Neale, *Organizational Behavior: A Management Challenge*, 2nd ed. (Fort Worth, TX: The Dryden Press, 1994), 626; and A. Catherine Higgs, "Executive Commentary" on McKinley, Sanchez, and Schick, "Organizational Downsizing: Constraining, Cloning, Learning," *Academy of Management Executive* 9, no. 3 (1995), 43–44.
100. Wayne Cascio, "Use and Management of Downsizing as a Corporate Strategy," Society for Human Resource Management Foundation (2009), http://www.shrm.org/about/foundation/ products/Documents/609%20Exec%20Briefing-%20 Downsizing%20FINAL.pdf (accessed September 8, 2011); Wayne Cascio, "Strategies for Responsible Restructuring," *Academy of Management Executive* 16, no. 3 (2002), 80–91; James R. Morris, Wayne F. Cascio, and Clifford E. Young, "Downsizing after All These Years: Questions and Answers about Who Did It, How Many Did It, and Who Benefited from It," *Organizational Dynamics* (Winter 1999), 78–86; Brett C. Luthans and Steven M. Sommer, "The Impact of Downsizing on Workplace Attitudes," *Group and Organization Management* 2, no. 1 (1999), 46–70; and Pat Galagan, "The Biggest Losers: The Perils of Extreme Downsizing," *T+D*, November 2010, 27–29.
101. David Cote, "Honeywell's CEO on How He Avoided Layoffs," *Harvard Business Review*, July 2013, 43–46.
102. These techniques are based on Cascio, "Use and Management of Downsizing as a Corporate Strategy"; Mitchell Lee Marks and Kenneth P. De Meuse, "Resizing the Organization: Maximizing the Gain While Minimizing the Pain of Layoffs, Divestitures, and Closings," *Organizational Dynamics* 34, no. 2 (2005), 19–35; Bob Nelson, "The Care of the Un-Downsized," *Training and Development*, April 1997, 40–43; Joel Brockner, "Managing the Effects of Layoffs on Survivors," *California Management Review* (Winter 1992), 9–28; Kim S. Cameron, "Strategies for Successful Organizational Downsizing," *Human Resource Management* 33, no. 2 (Summer 1994), 189–211; and Stephen Doerflein and James Atsaides, "Corporate Psychology: Making Downsizing Work," *Electrical World*, September–October 1999, 41–43.
103. Michael A. Campion, Laura Guerrero, and Richard Posthuma, "Reasonable Human Resource Practices for Making Employee Downsizing Decisions," *Organizational Dynamics* 40 (2011), 174–180.
104. Cote, "Honeywell's CEO on How He Avoided Layoffs"; Steven Greenhouse, "To Avoid Layoffs, Some Companies Turn to Work-Sharing," http://www.nytimes.com/2009/06/16/business/economy/16workshare.html?pagewanted=all (accessed September 8, 2011); Kathleen Madigan, "More Firms Cut Pay to Save Jobs," *The Wall Street Journal*, June 9, 2009, A4; and Cascio, "Use and Management of Downsizing as a Corporate Strategy."
105. Matt Murray, "Stress Mounts as More Firms Announce Large Layoffs, But Don't Say Who or When" (Your Career Matters column), *The Wall Street Journal*, March 13, 2001, B1, B12.

106. Ebay example reported in Cascio, "Use and Management of Downsizing as a Corporate Strategy."
107. Joann S. Lublin, "Theory & Practice: Employers See Value in Helping Those Laid Off; Some Firms Continue Access to Programs That Assist Workers," *The Wall Street Journal*, September 24, 2007, B3.
108. Marks and De Meuse, "Resizing the Organization"; Jeanenne LaMarch, "How Companies Reduce the Downside of Downsizing," *Global Business and Organizational Excellence* 29, no. 1 (November–December 2009), 7–16; and Cascio, "Use and Management of Downsizing as a Corporate Strategy."
109. Matt Villano, "Career Couch: Dealing with Low Morale After Others Are Laid Off," *The New York Times*, July 29, 2007, BU17.
110. This case was inspired by "Frito-Lay May Find Itself in a Competition Crunch," *Businessweek*, July 19, 1982, 186; Jim Bohman, "Mike-Sells Works to Remain on Snack Map," *Dayton Daily News*, February 27, 2005, D1; "Dashman Company" in Paul R. Lawrence and John A. Seiler, *Organizational Behavior and Administration: Cases, Concepts, and Research Findings* (Homewood, IL: Irwin and Dorsey, 1965), 16–17; and Laurie M. Grossman, "Price Wars Bring Flavor to Once Quiet Snack Market," *The Wall Street Journal*, May 23, 1991, B1, B3.

第 V 篇

动态过程管理

- 第 10 章　组织文化和伦理价值观
- 第 11 章　创新与变革
- 第 12 章　决策过程
- 第 13 章　冲突、权力和权术

ORGANIZATION THEORY AND DESIGN

第10章 Organization Theory and Design

组织文化和伦理价值观

问题引入

在阅读本章内容之前，请先看下面的问题并选择答案。

1. 高管们要在战略和结构上投入比企业文化更多的精力。

同意________ 不同意________

2. 伦理和社会责任不仅只是一个公司应该做的事情，它也是公司成败的关键。

同意________ 不同意________

3. 一个组织落实伦理的最好办法是制定强有力的伦理准则，并且让所有员工熟知这些准则。

同意________ 不同意________

当人们想到在一个新创立的技术型企业里工作时，脑海里可能会浮现出下面一些词：长时间的工作、协作、创造力、凝聚力、挑战、友情、乐趣。但是下面这些词汇你可能很少在新创立的企业里听到过：内部竞争、逆境、冲突、威胁。如果你谈论到逃离亚马逊的事，在亚马逊工作过的一些雇员和管理人员会认为是在说他们。他们将亚马逊的内部环境称为"角斗士文化"，员工之间的竞争似乎无处不在。一些离开的人说，他们从未想过再回亚马逊工作。当然，也有其他一些人喜欢亚马逊对抗性文化中的速度和挑战，他们认为只有在亚马逊才能有效地工作。职业社交网站领英网显示，有很多高管离开了亚马逊，又回到亚马逊，因为他们想念那里的竞争文化。布拉德·斯通(Brad Stone)在他所写的一本关于亚马逊的书中讲到，"在亚马逊内部，这种行为被称之为是回巢(boomerang)"。[1]

亚马逊是一家非常成功的企业。员工和管理人员非常享受他们的工作，他们喜欢在公司做事的方式。但同时也有一些员工和管理人员认为，亚马逊的文化价值观和所做的事情损害了员工的利益和企业的长远成功。每个组织,就像亚马逊一样,有一套价值观约束着员工们的行为方式,并指引组织每天如何开展业务。一个组织的领导者最重要的工作就是灌输和支持公司发展所需要的价值观。

强势的文化会对组织产生极强的影响力,这种影响力可能是积极的也可能是消极的。例如,在2004年度美国《财富》杂志"百强最佳雇主"评选中,JM斯莫克公司(JM Smucker)就以历史上首个制造企业的身份赢得了名单榜首。在这个公司中,极强的合作精神使公司关心着每一位顾客和雇员;一种"所有的努力只为每位顾客和员工"的理念使公司能够在竞争激烈的食品行业中始终顺利地完成生产率、产品质量、客户服务等目标。[2] 反之,消极的组织文化,也能够像积极文化为组织带来强大的力量那样,给公司带来巨大的破坏。例如,因为操作利率的丑闻而接受审查的巴克莱银行(Barclay),就被发现是其文化价值观出了问题。审查报告称,在过去的二十多年里,银行管理者试图将巴克莱从一家零售银行发展为全球性的金融巨头,为此他们创造了这样一种文化——"交易重于关系,短期重于长期,财务目标重于一切"。增加利润成为一切行动的动机。银行新任首席执行官安东尼·P.詹金斯(Antony P. Jenkins)宣布了一项提升巴拉克企业文化的计划,其中包括控制激进的冒险行为。在银行的一份内部备忘录中,他劝那些不愿意帮助银行重振声誉的员工离开公司。[3]

一个关于组织的规范和文化对于员工如何在一起工作以及他们如何处理与其他员工和顾客关系的影响力的概念被称为"社会资本"。**社会资本**(social capital)涉及人们之间的相互作用以及他们对于同一问题是否能够达成共识。例如,在一个有着丰富的社会资本的组织中,员工之间的相互关系是建立在相互信任、理解和分享他人想法与价值观的基础上的,这样,能够使他们互相合作和协调自己的行为以达成组织的目标。[4] 每一个组织所拥有社会资本的多少是不同的。可以把社会资本看成"信誉"。在一个组织中,当它无论是内部员工之间的关系,还是与客户、供应商或者合作者的关系,都是建立在诚信、信任和尊重的基础上时,那么就存在着一种"信誉",人们愿意合作并实现共同的利益。高水平的社会资本能够减少社会交往和交流中的摩擦,促进组织功能的发挥。人们的关系建立在激烈的竞争、个人的利益以及尔虞我诈之上,则会给公司带来毁灭性的破坏。社会资本涉及企业的文化和伦理价值观,它是本章要研究的主题。

本章的目的

本章要探讨有关企业文化及相关的伦理价值观的一些思想,分析组织如何影响和改变其文化和伦理价值观。第一部分介绍组织文化的实质、起源和作用,以及人们如何通过观察组织中的典礼、仪式、典故和神话、象征物、组织结构、权力关系和控制体系来确定和解释其文化。我们还讨论文化如何用来强化组织在特定环境中成功经营所需实施的战略和结构，并考察文化在创建学习型组织中所起的重要作用。接着，本章探讨组织中的伦理价值观，考察领导者如何通过结构和组织系统贯彻伦理价值观，以影响员工的行为。我们还要讨论领导者如何塑造符合组织战略和绩效目标的文化和伦理价值观。本章最后要简短地描述一下管理者在全球环境中所要面对的复杂的文化管理问题。

组织文化

组织文化研究热潮的兴起提出了一系列问题。我们能否识别出一个组织的文化？文化能否与战略保持一致？怎样管理和改变文化？解答这些问题的始点最好是先定义文化，并解释如何识别一个组织的文化。

什么是文化？

文化(culture)是一个组织所有成员所共享的并且作为标准传承给新成员的一系列价值观、信念、看法和思维方式的总和。[5] 它不被诉诸文字，但却是人们能感觉到的组织的重要部分。文化代表了非正式的组织，而像前面章节中讲到的结构、规模和战略等代表正式的组织。每个组织的工作都包括两个方面：正式的结构和系统；非正式的价值观、标准和企业文化。[6] 每个人都受到文化的影响，但这种影响往往不为人所知觉。只有当组织试图推行一些与组织基本行为规范和价值观相悖的新的战略或方案时，文化的力量才会为人们真切地感受到。

组织文化存在于两个层面。如图 10-1 所示，在冰山露出水面的部分是人们可以看到的表征性的东西和可观察到的行为，如人们衣着和行动的方式，组织成员共享的仪式、典故和象征物等。文化中可见的这些因素可能反映存在于组织成员思想深处的价值观。这些深藏于水下的因素包括价值取向、假设、信念、思维方式等，这些才是文化最根本的内涵。[7] 例如，正如本书第 1 章所述，在番茄加工企业晨星公司，行政办公室位于工厂附近，以方便管理者和员工之间的互动。在德国团智公司(TeamBank)，高层管理者要求大家称呼对方时使用非正式的“你”(德语 Du)，而不是工作场所惯用的正式的“您”(德语 Sie)。这些都是可观察的符号。该公司倡导的价值观是开放、合作、平等主义和团队精神。[8] 构成文化的各方面要素可能会以多种不同的方式展现出来，但它们通常会通过组织成员的社会互动过程逐渐演变成一套具有特定方式的行为。[9] 这样所形成的行为的特定方式可用来解释这一组织的文化。

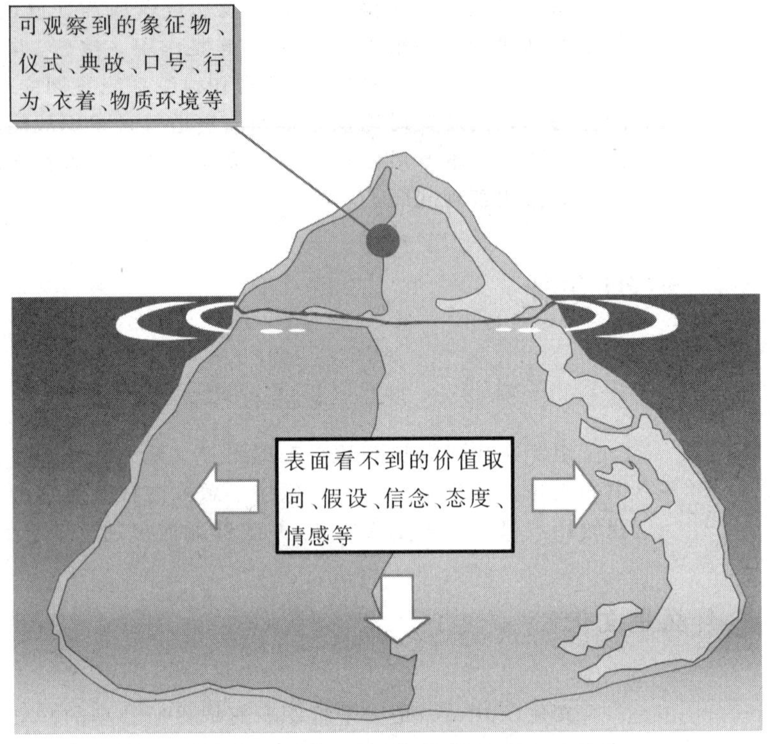

图 10-1 组织文化的分层

文化的形成与作用

文化使组织成员对组织有了一种认同感,并会激发成员对超越于他们自身的信念和价值观的承诺意识。[10]虽然最终成为组织文化一部分的某些思想可能产生于组织中的某一成员,但一般说来,组织文化源于组织的创始人或早期的领导者,是他们把某些特定的理念和价值观清晰地表达出来并作为愿景、经营哲学或战略加以贯彻。

当这些理念和价值观使组织获得成功后,它们就会得到制度化,这样,反映组织创始人或领导者的愿景目标和战略的组织文化便随之出现了。例如,正如开篇案例中所描述的,亚马逊的文化反映了创始人杰夫·贝佐斯的价值观。贝佐斯是一个在争议和挑战中奋发图强的企业家,他认为,在决策中有不同意见时,领导者应该为有争议的决策和意见负责,坚持自己,即使这样做可能会让人感觉不舒服。领导者必须有勇气坚持自己的信念,必须顽强而执着,不要只是为了一团和气而做出妥协。但是一旦做出某项决定,领导者就要全身心地去践行。贝佐斯植入亚马逊的其他文化包括节俭、顾客至上、创新以及行动力。一名女性员工曾在一次全体会议上问他,公司打算何时采取行动以更好地平衡员工的工作和生活,因为目前的状态不是她想要的。贝佐斯直言不讳地回答说："我们待在这里的目的是要把事情做好，这是最重要的，这是亚马逊的基因。"[11]

文化可在组织中发挥两个关键的作用：(1)使组织成员知道该如何彼此相处，实现组织内部的整合；(2)提高组织的外部适应性。所谓**内部整合**(internal integration)，是指组织成员会发展出一种集体认同感并明了该如何有效地一同工作。正是文化引导了组织成员的日常工作关系，决定组织中人们相互沟通的方式以及什么样的行为是可接受和不可接受的，组织中的权力和地位是什么样的格局。所谓**外部适应**(external adaptation)，是指组织如何达成目标及如何处理与外部人的关系。文化不仅能指导组织成员的日常活动以实现既定的目标，还能促进组织对顾客的需要或竞争对手的行为做出快速的反应。正如在本章的新书评介中讨论的那样，正确的文化在一个组织从优秀到卓越的飞跃中起着至关重要的作用。例如，我们可以看一下新泽西州的小型自动化电子结算服务公司比尔信托(Billtrust)，通过加强内部整合促使企业更好地适应外部环境。

应用案例 10-1

比尔信托

在过去的两年里，比尔信托的规模已经由原先的 45 人发展为 145 人，这意味着比尔信托的业务越来越多，需要更多的员工处理事务。这对比尔信托来说是个好消息，但是公司创始人弗林特·莱恩(Flint Lane)希望公司能够继续保持幽默风趣、沟通顺畅、相互协作、部门互动的文化氛围。

比尔信托采取门户开放的政策，鼓励员工全身心地投入到工作中，可以对管理者表达自己的任何观点和想法。随着公司的不断发展，管理者们决定每月举行一次全体员工都要参加的市政厅形式的大会。会议从上午 11：37 开始。之所以选择 11：37 这样一个特别的时间，是为了显示员工对公司的忠诚，始终将时间观念放在首位。会议期间，莱恩和诸位经理鼓励员工将各自的问题坦诚地说出来，他们会做出公开真诚的解答。与此同时，公司也会承办各式各样的全公司员工都能参加的休闲活动，比如一年一度的乒乓球团体锦标赛、每两年举行一次的保龄球锦标赛和定期的夏日野餐活动。其中，在野餐活动中，各个部门需要轮流派出他们心中的"烧烤大师"，为大家服务。

这些活动不仅增强了员工之间的凝聚力，而且进一步巩固了公司的文化价值。尽管员工数量在不断增加，但仍能团结一致。正如一名新员工所说的："其他公司提供给我的只是一份工作，而比尔信托提供给我的是一种归属感。"[12]

一个组织的文化还指导员工在没有书面价值观和信念的条件之下做出决策。[13]这样，文化的所有功能都会渐渐地促使公司内外部形成积极的或是消极的社会关系，并建立起组织的社会资本。

解释组织的文化

要识别和解释文化的内涵,要求人们对表征性的东西进行观察并做出合理的推论。表征性的东西是可以研究的但很难对之做出准确的解释。比如,同是颁奖仪式,在不同的企业中可能会有不同的用意。要推论出一个组织真正有什么样的文化,需要进行探索性的研究,或许还需要作为内部人在这个组织中体验一段时间。图 10-2 所示为一些典型的可观察到的重要的文化要素。[14]这其中包括典礼和仪式、典故和神话、象征物、组织结构、权力关系和控制体系。[15]

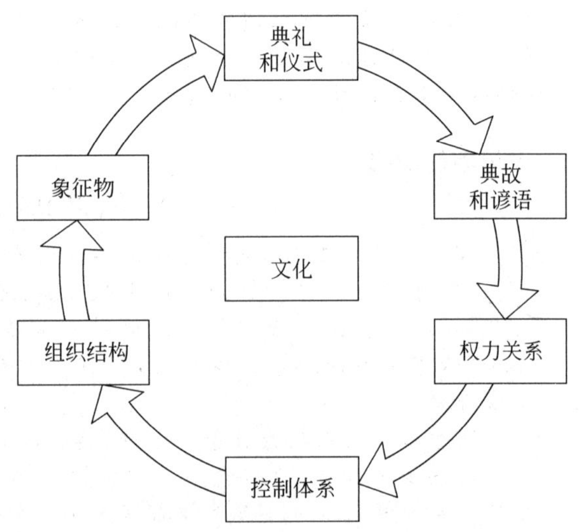

图 10-2 可观察到的重要文化要素

资料来源: Based on Gerry Johnson, "Managing Strategic Change—Strategy, Culture, and Action," *Long Range Planning* 25, no. 1 (1992), 28-36, and Gerry Johnson, "Rethinking Incrementalism," *Strategic Management Journal* 9, no. 1 (1988), 75-91.

典礼和仪式

文化的一个重要表现是**典礼和仪式**(rites and ceremonies)。它们是组织精心策划的有计划的活动,通常以能给参加者带来某种利益的方式举行,并被视为组织中一件不平常的事件。管理者举行典礼和仪式的目的,是通过这些典型的事例说明组织所看重的东西。这类特别安排的事件能强化组织特定的价值观,在组织成员间建立一条纽带,使大家共享某种重要的理念。在这些典礼和仪式上会表彰那些象征着组织重要信念或表现出组织所希望的行为的英雄人物,庆祝他们所取得的成绩。[16]

有一种典礼是入盟典礼,其用于促进员工向新的社会角色的转换。教会、联谊会和兄弟会、企业和军队等组织通过仪式召集接纳新成员,交流重要的价值观。另外一种典礼是整合典礼,它会使员工形成共同的联结纽带和良好的情感，增进员工对组织的承诺意识。请仔细考虑下面的例子。

● 温柔巨人(Gentle Giant)，一家位于马萨诸塞州(Massachusetts)萨默维尔市(Somerville)的搬家公司，从《波士顿》杂志赢得了 9 个波士顿最优奖，该公司的入职仪式是"体育场跑步"。公司 CEO 拉里·奥图尔(Larry O'Toole)决定将新员工入职仪式设在哈佛大学体育场，是想强调公司职员要努力工作、挑战自我、勇往直前、坚持到底，而不是在事情变得困难的时候就止步不前。跑步仪式结束后，奥图尔为职员提供丰盛的早餐，并做入职演讲。"只有你完成了跑步仪式，你才是温柔巨人的员工。"职员凯尔·格林(Kyle Green)说。[17]

● 方济各领导着一个一直饱受丑闻争议的组织，他试图通过各种仪式来拯救世界各地已经疲惫不堪和饱受伤害的天主教，以重获公众关注，重振天主教廷。例如，将谦逊和包容的价值观符号化，在耶稣升天节(Holy Thursday)当天为少年拘留所里的囚徒洗脚，而不是像以前的教宗在位时那样为牧师洗脚，他改变了这一传统仪式。据称新仪式还包括首次起用了两名女性和两名穆斯林为教廷工作。这可以看作是一种整合典礼。[18]

典故和神话

典故(stories)是对组织成员中经常口传的真实事件的整理和记录，这些叙事会被不时地讲给新的员工听，使他们了解组织的情况。有许多典故是关于本组织中的**英雄人物**(heroes)的，他们是体现或弘扬组织规范和价值观的模范或典型人物。还有一些典故是**传奇**(legends)，因为这些故事虽然是组织历史上曾经发生的真实事件，但其中可能被加入一些虚构的细节。[19]这些故事传承了组织的基本价值观，有助于员工们对组织文化形成共同的理解。谚语(saying)可能是格言或者颂词，用来描述组织的关键文化，例如沃尔玛的"天天低价"。运用典故和谚语来塑造组织文化的例子如：

● 在布林克资本公司(Brinker Capital)，管理者想塑造一种勇于承担责任的文化，但首席执行官诺里·比曼(Noreen Beaman)知道，人们有时会犯错误。在她职业生涯的早期，就曾犯过一个很大的错误。解决这个问题的关键是不让大家再犯同样的错误。公司的格言之一是"发现它，解决它，预防它"。拉什化妆品公司(Lush Cosmetics)使用的格言是"我们有权犯错误"。另一家公司的格言是"设定目标，保持记录，赢得胜利"，强调的是竞争、冒险的价值观。[20]

● 有时候，谚语可能出自于一个故事，比如乐高公司(LEGO)的"只有最好才是足够好"。故事要追溯到公司还生产木制玩具的时候，公司创始人奥利·柯克(Ole Kirk)的儿子戈弗雷(Godtfred)吹嘘说，一般人装运玩具鸭子需要三层包装，而我只需要两层就可以了，我为公司省了钱。奥利对此感到非常恼怒，他命令戈弗雷回到火车站，检查货物装运情况，并让他在那儿彻夜悔过。戈弗雷从 12 岁开始就在公司工作，后来成为了公司的首席执行官。他把父亲的座右铭刻在木制牌匾上，时刻铭记，世代流传。现在，在丹麦比隆市(Billund)的乐高公司总部的餐厅门口，悬挂着一幅照片，照片所展示的就是这幅刻有座右铭的木制牌匾。[21]

象征物

另一个有助于解释文化的是**象征物**(symbols)。它用一些形象的事物来反映或表达某种思想。典礼、仪式、典故、口号等从某种意义上说都是象征物,它们象征着组织中深层次的价值理念。另一类的象征物是组织中以物质形态存在的具体的标识性东西。这个以物质形态存在的标识,因为集中关注一项特定的主题而显示出强有力的感染力,这方面的例子如:

- 在亚马逊总部的会议室里,会议桌是由六张门桌(door-desks)拼在一起组成的。节俭是亚马逊的核心价值观之一,亚马逊认为把钱花在会议室或者管理人员用的桌子上,不如花在为顾客提供服务上。公司创始人杰夫·贝佐斯认为,20年前他创建亚马逊时,一切都从零开始,在车库拆下一块门板当办公桌就已经很知足,现在对于每一个亚马逊人来说,用门桌办公也应该感到知足。公司设立了"门桌奖",对那些能够以更低的成本为顾客提供服务的雇员给予奖励。[22]
- 如果按摩产品制造商 Foot Levelers 的员工看到"鲁迪在进步"(Rudy in Progress)的标签贴在会议室门口,他们就知道有一群新员工在看电影《追梦赤子心》(Rudy)的 DVD,这是一部拍摄于1993年的励志电影。电影讲述了没有天赋却意志坚定的圣母大学(Notre Dame)橄榄球运动员鲁迪·瑞泰格(Rudy Ruettiger)的故事,他在圣母大学与佐治亚理工学院(Georgia Tech)最后一场比赛的最后几分钟才上场,却击垮了对方四分卫。电影所要表达的决心、激情、承诺和坚忍正是公司所倡导的。当员工因为棘手的问题而求助经理的时候,经理会问:"你像鲁迪一样了吗?"意思是,你是否做了所有能做的事去解决这个问题。[23]

组织结构

一个组织如何被设计是对其文化的深刻反映。它是稳定的机械式结构(mechanistic)还是灵活的有机结构(organic)?这些概念在第4章有涉及。是高的还是扁平的结构?这些概念第3章有涉及。如何将人员和部门合理安排成一体,以及员工拥有多大灵活度和自主权,阐释了一个公司所强调的文化价值观。这里有一些小例子:

- 图10-3所示是诺德斯特龙百货公司(Nordstrom)组织图,用来表征组织对基层员工工作的支持。诺德斯特龙公司以杰出的顾客服务而闻名,它的组织图象征着其管理者的任务是支持那些为顾客提供服务的员工,而不是作为高高在上的管理者监控着他们。[24]
- 克莱斯勒(Chrysler)破产重组后为了实现迅速恢复,首席执行官塞尔吉奥·马尔乔内(Sergio Marchionne)精简了数级管理层,使结构更加扁平化,高管更能接近汽车生产和销售。马尔乔内还选择了一个技术中心的4楼作为自己的办公室,而不是安排在顶楼的行政套房,以此强调高管接近工程师和主管日常决策的重要性。[25]

权力关系

权力关系(power relationships)所指的意思是,谁能够施加影响或者控

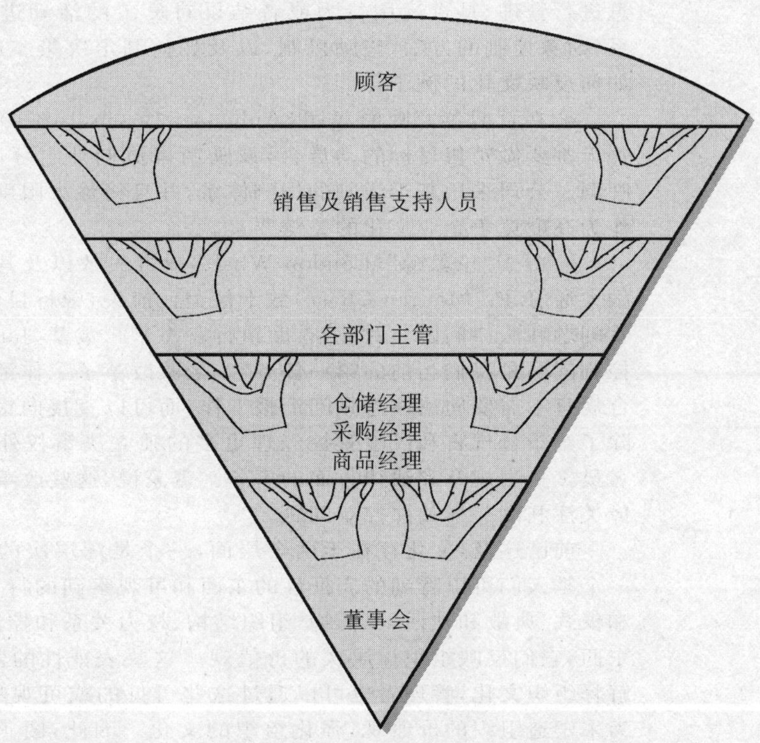

图 10-3　诺德斯特龙百货公司组织图

资料来源：Used with permission of Nordstrom，Inc.

制，抑或是有能力去做。哪些人和部门掌握着一个组织的权力？有的公司财务人员相当有权力，但有的公司工程师和设计师拥有较多的权力。另外一个要考虑的方面是正式或非正式的权力关系，如人们是否拥有权力主要是基于他们所处层级结构中的位置，或是其他方面因素，如专长或人格魅力。考虑如下例子：

- 位于佐治亚州亚特兰大的一家投资公司，有一个集办公室、休息室和餐厅于一体为高层管理者服务的密室。进入该密室的门上有一个电子锁，只有高层管理者才能进入该密室。中层管理者因为拥有主管的头衔，所以能够在一个独立的餐厅就餐。一线的监督者和其他普通员工只能共用一个员工餐厅。就餐设施和头衔的差别就说明在这家垂直层级的组织中谁拥有更多的权力。
- 戈尔公司(W. L. Gore)很少有人有职务头衔，也没有上司。职员拥有权力并不在于他身居何职，如果谁有好的点子并且能够召集到人为他工作，那么他就是领导者。[26]

控制体系

图 10-2 所示的最后一个文化要素就是控制体系(control systems)，它是组织如何对人员和业务操作进行控制的内部工作方式。这包括如何对信

息进行管理，是否运用行为或者结果对员工的活动进行控制，质量控制体系，财务控制的方法，奖励机制，以及如何制定决策。这里有两个控制体系如何反映文化的例子：

- 在百威英博啤酒集团(Anheuser-Busch，InBev)，分销中心的经理们每天都要做销售目标的动员会，鼓励销售员们外出拜访客户并销售更多的啤酒。公司采用基于激励的报酬体系，并且将最大限度降低成本、增加销量作为高度竞争企业文化的关键要素。[27]
- 由于"伦敦鲸"(London Whale)投资失败以及其他一些问题，导致摩根大通(J. P. Morgan Chase)数十亿美元流失，银行目前正面临着严峻的监管问题和法律问题。对此，首席执行官杰米·戴蒙(Jamie Dimon)说，"修正控制问题是我们当前的第一任务"。戴蒙改革了工作汇报体系，摩根的高级合规官不需要向法律总顾问汇报工作，而可以直接向银行首席运营官汇报。除了给予合规官和风险管控经理更多的独立决策权外，戴蒙还增加了数千名员工负责规章和法律方面的事务。戴蒙说，这些改革措施表明，摩根正在像关注利润一样关注控制问题。[28]

前已述及，文化存在于两个层面，一个是深层次的价值取向和理念，另一个是人们可以看到的表征性的东西和可观察到的行为。上面介绍的典礼和仪式、典故和神话、象征物、组织结构、权力关系和控制体系都是表征性的东西，它们反映组织深层次的价值观。这些表征性的器物和行为可以帮助解释组织文化，管理者也可以通过这些可见的或可观察的表征性器物及行为来塑造组织的价值观，强化组织的文化。因此，图10-2所示的对文化表征性要素的总结可以作为解释文化的机理和行为的指南帮助经理人员在需要的时候改变或强化文化价值观。[29]

组织设计与文化

组织的文化应该有助于强化组织在竞争环境中有效运营所必须实施的战略和结构设计。具体来说，如果外部环境要求组织具有灵活性和应变能力，这就像环境对当今新兴的网络公司的要求，如推特、潘多拉(Pandora)、品趣志、葫芦网，那么组织的文化就应该能鼓励对环境的调适。如果在组织的文化、战略、结构及环境之间保持正确的关系，就会有助于提高组织的绩效。[30]

文化可以从多个维度进行评估，例如，在员工和部门中的合作和孤立程度的对比，控制的重要性和控制集中在哪里，或者是组织时间定位，长期行为还是短期行为。[31]这里，我们集中看两个特殊维度：(1)竞争环境要求灵活性或稳定性的程度；(2)战略焦点是集中在组织的内部还是外部？依据这两个不同的特征维度可将文化分为四种类型：适应型文化、使命型文化、团体型文化以及行政机构型文化，如图10-4所示。[32]无论哪一类型文化，只要它与外部环境的要求和组织的战略重点相匹配，都可能是成功的、有效的文化。

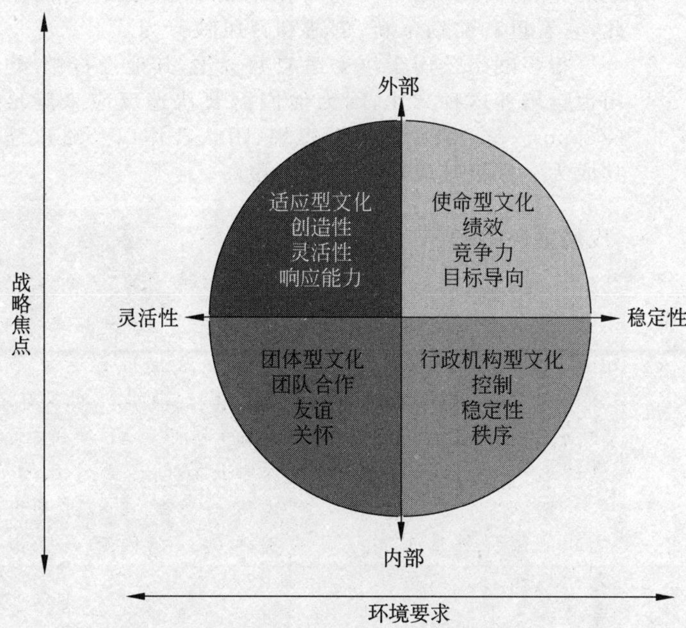

图 10-4　四种类型的组织文化

资料来源：Based on Daniel R. Denison and Aneil K. Mishra, "Toward a Theory of Organizational Culture and Effectiveness," *Organization Science* 6, no. 2 (March April 1995), 204-223; R. E. Quinn, *Beyond Rational Management: Mastering the Paradoxes and Competing Demands of High Performance* (San Francisco: Jossey-Bass, 1988); and Mohamed Hafar, Wafi Al-Karaghouli, and Ahmad Ghoneim, "An Empirical Investigation of the Influence of Organizational Culture on Individual Readiness for Change in Syrian Manufacturing Organizations," *Journal of Organizational Change Management* 27, no. 1 (2014), 5-22.

评价你的答案

1. 高管们要在战略和结构上投入比企业文化更多的精力。

答：不同意。聪明的高管们明白要想组织取得成功，正确的文化能够支持和帮助战略和结构更好地适应外部环境。有人曾经说过："文化把战略当作午餐。"高管们能够把所有的时间和资源投入到战略上，不过如果不与文化价值观一致，组织战略将无法得以实施。

适应型文化

适应型文化（adaptability culture）是以战略焦点集中于外部环境为特征的，这类文化中的组织是通过提高灵活性和变革自己来满足顾客的需要。其组织文化倡导那些能支持组织提高探察和解释环境的能力并将环境中的信号转化成相应要采取的反应行动的行为规范和信念。然而，这种文化类型的企业并不只是对环境变化做出快速的反应，而是积极地创造变化。因此，它看重和奖励革新、创造和冒风险行为。

很多网络公司会培养适应型文化，其他像行销、电子和化妆品行业的公司也会培养这种文化，因为他们需要快速反应来满足顾客的需求。美捷步(Zappos.com)鼓励开放性思想、团队合作以及略显怪异的适应性文化帮助其成为一家极其成功的网络零售商。

应用案例 10-2

美　捷　步

美捷步是一家在线零售公司，以它在鞋类和服装上的多样化选择以及免邮费政策而知名。但是对于首席执行官谢家华(Tony Hsieh)来说，公司的真正目标是给员工和顾客奉上幸福。谢家华的管理哲学是：如果你创造一种幸福第一的工作文化，预想的行为和(最终)预想的利润就会自然地随之出现。他的经营哲学正在创造着非凡的商业成就。

谢家华深知，强大的、有适应能力的文化对组织来说非常重要，这种文化能够促进员工和顾客的满意度。在创建美捷步之前，他也曾做过既无乐趣又无意义的工作，在那种技术能力就是一切的环境中生存过。他写了一本书叫《三双鞋：美捷步总裁谢家华自述》，书中记录了他"从追逐利润到追逐热情"的过程，记录了他从生活经历中获得的经验教训，并将这些经验教训应用到美捷步的管理运营中。以下是谢家华构建适应型文化的关键要点：

- 找到正确的价值观。美捷步设定了十大核心价值观，其中包括："创造欢乐以及一点点搞怪"；"通过服务让人们感到惊叹：WOW!"；"拥抱并驱动变革"；"勇于冒险，敢于创新，开放思想"；"积极进取，不断学习"；"虚怀若谷"。谢家华向所有员工发了一封邮件，让他们给出自己的一些想法：究竟哪些价值观应该作为公司的信条。所有的回答经过讨论、凝练以及合并后形成了最终版本。
- 找到正确的人。进入美捷步要经过两轮面试。第一轮关注工作经历、专业和技术能力以及团队合作的能力。第二轮只关注文化契合性。对于公司的每一个核心价值，都配套设定了一些问题，比如说"你有多搞怪?"进入公司的员工必须要经过认真的挑选，保证他们适合公司的文化，即使这意味着要拒绝一些拥有很强技术能力的人。
- 将文化作为第一优先。所有的员工都要参加历时四周的培训课程并把公司的核心价值观背下来。培训结束后，如果他们认为自己不适合公司的文化，那么公司将支付给他们2000美金让他们离职(金额每年都会变)。每年，美捷步都会出版一本文化小册，上面是一些员工分享的亲历故事，主要是关于美捷步公司的文化到底对自己意味着什么。[33]

美捷步的价值观似乎有点古怪，但是通过鼓励趣味性、灵活性和创新性，确保了员工有足够的能力适应和融入变革，美捷步的文化非常适合这个行业变化极其快速的时代。

使命型文化

对那些关注满足外部环境中特定顾客的需要但无须做出快速的反应和调适的组织来说，使命型文化更为合适。**使命型文化**(mission culture)的特征是：强调对组织的宗旨和目的要有清晰的认识，并注重通过销售增长、盈利能力或市场份额目标的达成来促进组织宗旨和目的的实现。具体地讲，每名员工都对一个特定领域的绩效负责，同时组织也允诺对取得了预期成果的员工给予一定的奖赏。管理者通过设定和沟通组织预期的未来状态来引导员工的行为。因为所面临的环境是稳定的，管理者可以将组织的目的转化成可衡量的目标，并根据这些目标实现的情况评价员工的绩效水平。在一些情况下，使命型文化代表了强势竞争和利润导向的行为。亚马逊的使命和文化强调竞争力、自信心以及提升销售额和市场份额。

百威英博啤酒集团(Anheuser-Busch InBev，在本章前面部分有所提及)，就拥有一种使命型文化，敬业、雄心和进取是核心价值观。经理们让销售员们时刻关注销售量和利润达成，那些能够完成销售目标的销售员能够获得丰厚的奖赏。奖金和晋升主要是基于销售员们的表现，并不是论资排辈，那些高管们从不吝啬于给销售业绩出色的员工一些特殊的待遇。[34]

团体型文化

团体型文化(clan culture)下组织的主要关注点是组织成员的介入和参与及对外部环境迅速变化的要求做出反应。这种文化类似于第 9 章所讲的团体控制模式。与其他种类的文化相比，这种文化更强调满足员工的需要是取得高绩效的关键。介入和参与会使人产生责任感和主人翁意识，因而会使员工对组织做出更大的承诺和贡献。

在一个团体型文化中，一个很重要的价值观就是照顾好员工，确保他们拥有他们所需的东西以提高他们的满意度和生产率。UKRD 公司首席执行官威廉·罗杰斯(William Rogers)所采用的文化类型就是团体型文化。UKRD 是一家英国企业，旗下拥有大量的商业电台。“如果你把员工看作是公司获得高绩效的关键，那么你就让他们开心，让他们相互交流，给他们承诺，这些都是企业获得成功的基础，”罗杰斯说，“我们的价值观是，让人们的生活变得更好。”公司领导人到全国 17 家电台参加会议的时候，会花大量的时间用来和员工交谈，最后离开的时候会和电台的每个人告别。每年，公司的各个团队小组会抽出一天的时间，一起讨论价值观、行为以及他们想要的工作环境。UKRD 公司为坚持以人为本的文化制定了“钢铁承诺”，任何一个没有履行承诺的管理者都会被要求离开公司。[35]

行政机构型文化

采取**行政机构型文化**(bureaucratic culture)的组织更多关注组织内部,它适应外部稳定的环境而强调组织内行为的一致性。这类组织所拥有的文化是更注重业务经营的方式方法。它使用仪式、象征物、反映英雄人物事迹的典故等来促进员工的合作,发扬组织的传统,以及促使人们遵守既定的政策、惯例,以此作为实现目标的手段。在这种组织中,个人的参与在某种意义上说是比较低的,取而代之的是对组织成员行为一致性、循规蹈矩和合作等的强调。这种组织是依靠高度的整合能力和效率而取得成功的。

现在,由于对灵活性的需求增强,大多数的管理者开始逐渐远离行政机构文化。但是赛仕软件公司(SAS Institute)和太平洋边缘软件公司(Pacific Edge Software)已经成功地实施了行政机构文化中的一些要素,保证所有项目都及时完成并在预算之内,并确保员工的生活更为稳定健康。例如,强调秩序和纪律控制的文化就意味着,在赛仕公司每周的规定工作时间是35小时。虽然有时周到意味着缓慢,但是太平洋边缘软件公司和赛仕软件公司已经成功地跟上了外部环境要求的步伐。[36]

有的人喜欢行政机构型文化的循规蹈矩和可预测性,还有的人会因为太多规则限制而感觉到压抑,他们比较偏向其他类型的组织文化。完成问卷"你适合哪种组织设计",看看你适合哪种类型的文化——适应型、使命型、团体型还是行政结构型,并且能在工作中取得成功。

你适合哪种组织设计

企业文化偏好

一个经理或员工和企业文化的契合程度决定了个人的成功和满意度。为清楚地了解你所偏好的文化类型,请根据自己的偏好对下面1项到8项陈述进行排序(1=最偏爱;8=最不偏爱)。

1. 组织是很私人化的,就像一个大家庭。
2. 组织是动态和变化的,在那里人人都要冒险。
3. 组织是成就导向的,以竞争和任务达成为主。
4. 组织是稳定和结构化的,有着清晰和固定的程序。
5. 组织的管理风格以团队合作和参与为主。
6. 组织的管理风格以创新和勇于冒险为主。
7. 组织的管理风格以高绩效要求和达成为主。
8. 组织的管理风格以安全和可预测为主。

计分:计算你每种文化类型偏好的得分,把每组两个问题的得分加到一起,如下所示:

团队型文化——为问题1,5:

适应型文化——为问题2,6:

使命型文化——为问题 3,7；

行政机构型文化——为问题 4,8：

解析：每个问题都对应图 10-4 中四种文化类型中的一种。分数较低说明那种企业文化比较符合你的个人偏好。分数较高说明文化不符合你的期望,你需要改变来适应文化。回顾文中关于四种文化类型的讨论。看看你的文化偏好分数对于你而言是否准确？你能想到哪些企业比较符合你的文化偏好吗？

资料来源：Adapted from Kim S. Cameron and Robert E. Quinn, *Diagnosing and Changing Organizational Culture*(Reading, Massachusetts: Addison-Wesley, 1999).

文化强度及组织中的亚文化

所谓**文化强度**(culture strength)是指组织成员就持有某种价值观的重要性所达到的认识上的一致程度。如果某种价值观在组织中获得广泛的共识,则该组织的文化就是有凝聚力的强文化。如果存在很低的共识,则该组织的文化就属于弱文化。[37]强文化能够反映清晰的价值观和社会规范,也就是说,人们知道自己被期望做什么。还有就是组织文化中的人,他们的差异性很小,而且他们不能容忍过于背离规范的人或行为。因为人们喜欢现在的文化,而且想要一直保持现在的行为方式,所以他们对变革的抗拒意识很强。[38]

强文化通常与各种仪式、象征物、典故的频繁使用有关,如前所述,经理人员会匹配结构和程序来协同文化价值观。这些可见的文化因素会增强员工对组织价值观和战略的承诺。应该指出,在一个组织内部,文化也并不总是统一的。即使是在具有强文化的组织内,特别是在大型企业内,也可能存在几类不同的亚文化。**亚文化**(subcultures)是在一个团队、部门或其他类型单位内形成的,是对其成员共同面对的问题、共享的目标及经验的反映。那些在地理上远离企业主体业务活动区域的下属单位、分支机构和办事处等可能会拥有各具特色的亚文化。

比如,尽管一个组织占主导地位的文化可能是使命型文化,然而各部门却可能会出现诸如适应/创新型文化、团体型文化或行政机构型文化。在一个大型企业中,制造部门在其特定环境中成功的关键可能取决于秩序、效率及对规则的服从,而科研部门则可能要强调授权于员工、灵活性及以顾客为中心。这种文化差异与第 4 章讨论的分化概念类似。根据保罗·劳伦斯(Paul Lawrence)和杰伊·洛奇(Jay Lorsch)的研究,[39]制造部门、销售部门和科研部门的员工在考虑问题的时间视角、人际关系和正规化程度方面有着不同的价值观,这种差异是为了适应各部门最有效地开展各自独特的工作的需要。皮特尼鲍斯公司(Pitney Bowes)是一家制造邮资计量器、复印机及其他办公设备的大型企业,其下属的信用公司(Pitney Bowes Credit Corporation, PBCC)就形成了一种更鼓励创新和冒险的独具特色的亚文化。

应用案例 10-3

皮特尼鲍斯信用公司

皮特尼鲍斯公司(Pitney Bowes)是一家制造邮资计量器和其他办公设备的企业。其经营环境一直处于一种有序、可预见的状态,这使该公司取得了长久的成功。皮特尼鲍斯公司的总部设在康涅狄格州的谢尔顿。

其办公大楼内的白墙和色泽柔和的地毯等装饰反映了该公司所具有的稳定环境和井然有序的文化氛围。不过,当你步入这幢大楼第三层时,你会以为自己已置身于另一家公司。其实,这是皮特尼鲍斯公司下属的一家子公司——皮特尼鲍斯信用公司的办公场所。它看起来更像一个颇有特色的室内公园,有圆形石头图案的地毯、仿汽灯式的灯具,还有一座通常在市中心广场才见得着的大钟。此外,还有一个法式咖啡厅,一个 20 世纪 50 年代风格的餐厅,以及一个"放松你的大脑"的活动室。在这个活动室里,员工们可以坐在舒适的小型电脑间里进行网上冲浪或者观看电视教育节目。充满温馨气氛的门厅和方便的走廊,使人愿意在这里随意交谈,彼此交流信息,共享一些在其他场合不愿说出的思想和看法。

皮特尼鲍斯信用公司的业务从前一直是与母公司一道给予客户资金方面的支持。但公司的新任首席执行官兼总裁麦特亨·基斯纳(Matthew Kisner),与公司的其他管理人员一道,对本公司的业务做了重新定义,即要成为服务的创造者,而不仅仅是服务的提供者。这样,现在的皮特尼鲍斯信用公司就不仅提供现有产品销售和租赁的贷款,还开发出了许多顾客愿意购买的新的服务项目。例如,经过缜密策划而推出的名为购买能力的信用服务项目,就是为各类企业提供邮资费用信贷的。此项服务推出仅 9 个月就获得了可观的利润,目前已拥有 400 000 个客户。随着业务的重新定义,皮特尼鲍斯信用公司相应地形成了一种亚文化——强调团队工作、敢冒风险以及创造性。"我们需要一种能体现本公司文化的充满乐趣的办公场所,"基斯纳说:"去掉那些空间上的直线,会使直线式的思考更少些。我们是一家金融服务公司,富有见地的思想是我们最大的优势。"皮特尼鲍斯信用公司的新模式目前已经产生了效果。在最近的一年中,这家只有 600 名员工,占皮特尼鲍斯公司全部员工人数不到 2%的子公司,已经创造了占母公司净利润 36%的业绩。[40]

亚文化通常是由占主要地位的组织文化中的基本价值观加上该单位成员所持有的独特的价值观而构成的。一个组织内拥有几种不同的亚文化,这时常可能导致部门间的冲突,尤其是在组织没有形成整体范围内很强的企业文化的情况下更是如此。当一种亚文化变得过强以至超过整个组织的文化时,组织的绩效就要受到影响。本书第 13 章将详细探讨这种冲突。

建设型文化、学习和绩效

在创造一种对挑战、竞争威胁或者新的机遇做出反应的学习和创新的组织氛围的过程中，文化扮演着重要的角色。一个鼓励适应和改变的强势文化通过激励员工，统一其目标和使命以及规范员工的行为，使每个人的行为统一于公司的战略，通过这些途径提高组织的绩效。因此，创造和影响一种建设型的文化对于组织的领导者来说是非常重要的工作之一。适宜的文化能够促进高绩效。[41]亚伦·列维(Aaron Levie)在 20 岁时与他人联合创办了鲍克斯公司(Box)，公司位于加利福尼亚州的洛斯拉图斯(Los Altos)，为商业客户提供在线文件存储服务。该公司就是建设型文化的一个好例子。

应用案例 10-4

鲍克斯公司

鲍克斯公司首席执行官亚伦·列维说，他的首要目标是"创新和颠覆"。"当然，我还要防止被别人颠覆"，列维说。这些目标反映了鲍克斯公司的文化，强调速度、灵活性和突破边界。列维一直提醒员工：我们可以把事业做得大十倍、好十倍、快十倍。这就是鲍克斯公司的"10 倍领先"价值观(10X)。其他的核心价值观包括"接到一完成"和"勇于冒险，快速失败"。

勇于冒险是企业保持竞争力的必然要求，而快速失败意味着人们可以快速纠正错误。鲍克斯公司有 600 人，要与比它大十倍的公司相竞争，速度是决定性的。鲍克斯公司的组织文化关注的是在尽可能短的时间内完成自己的任务。目标通常被设定得比较高，在遇到难题时，组织文化是一种较为有效的解决工具。在鲍克斯公司，包括列维在内，没有任何人有私人办公室。开放式办公让人们之间得以更为频繁地互动和合作。44 间办公室被用来作为会议室，大家在这里进行头脑风暴式的讨论，出谋划策，设计方案。如果有想法可以把它写在玻璃墙上，公司非常鼓励大家"把自己的观点写到墙上"。

快节奏和有挑战性的目标可能意味着高压力，但是鲍克斯公司也倡导趣味性。"我们这里有全球最好的杂技演员和全国最好的乐队指挥"，列维说，"我们好多人还有很精湛的马戏技艺"。[42]

一些研究表明，文化和绩效之间有正向的相关关系。[43]在《公司文化和绩效》一书中，科特(Kotter)和赫斯克特(Heskett)提供了一些证据，那些强调文化价值观的公司比那些不强调的同类公司绩效高。一些公司发展了系统化的方法来衡量和管理文化在组织绩效中的影响。[44]甚至，美国的联邦政府也认可文化和绩效之间的联系。美国人事管理办公室创造了它的组织评估调查系统，作为一种在联邦机构中衡量文化因素和改变价值观以提高绩效的方法。[45]

但是,不鼓励适应性的强势文化会对组织造成损害。对于许多成功的组织来说存在一种这样的危险——文化变得固定不变,不能随着外部环境的变化而改变。当组织成功时,使其获得成功的价值观、理念和实践变得制度化。当环境改变的时候,这些价值观对于未来的绩效来说是不利的。许多组织由于沉浸于自己过去的成绩,紧紧抓住那种过时的甚至是毁灭性的价值观和行为不放,成为作茧自缚的受害者。例如,当企业高管层出现不道德行为的时候,整个公司的文化都有可能被污染。我们可以看一下新闻集团(News Corporation)发生的情况。这家媒体巨头在世界各地都有自己利润可观的媒体企业。董事长兼首席执行官鲁珀特·默多克(Rupert Murdoch)被指控经常采用不道德手段经营媒体业务,有时在商业交易中还使用一些卑劣的策略。默多克喜欢说,"掩埋你的错误"。[46]新闻集团的报社记者窃听私人电话和语音留言,为了追踪独家新闻而向警察行贿,在这些事件被曝光之后,丑闻席卷了整个公司。据《纽约时报》(*The New York Times*)报道,新闻集团的记者甚至入侵了一名死于谋杀的13岁女孩儿的语音信箱。这名女孩儿名叫米莉·道勒(Milly Dowler),在她只是被列入失踪人员名单而尚未确定死亡之前,新闻集团的记者就入侵了她的语音信箱。[47]被害女孩儿家人的律师马克·刘易斯(Mark Lewis)指出,"这不仅仅是一种个人行为,而是关乎一个组织的文化"。[48]这种不道德的文化可能会帮助组织在竞争中获得短暂的成功,但是这种不道德严重损害了企业的声誉。

可见,强文化对组织的影响并不总是正面的。一些组织可能拥有鼓励积极适应外部环境的文化,另一些组织则拥有倡导按部就班行为和稳定性的文化。正如图10-5所示的,建设型文化有着与非建设型文化截然不同的

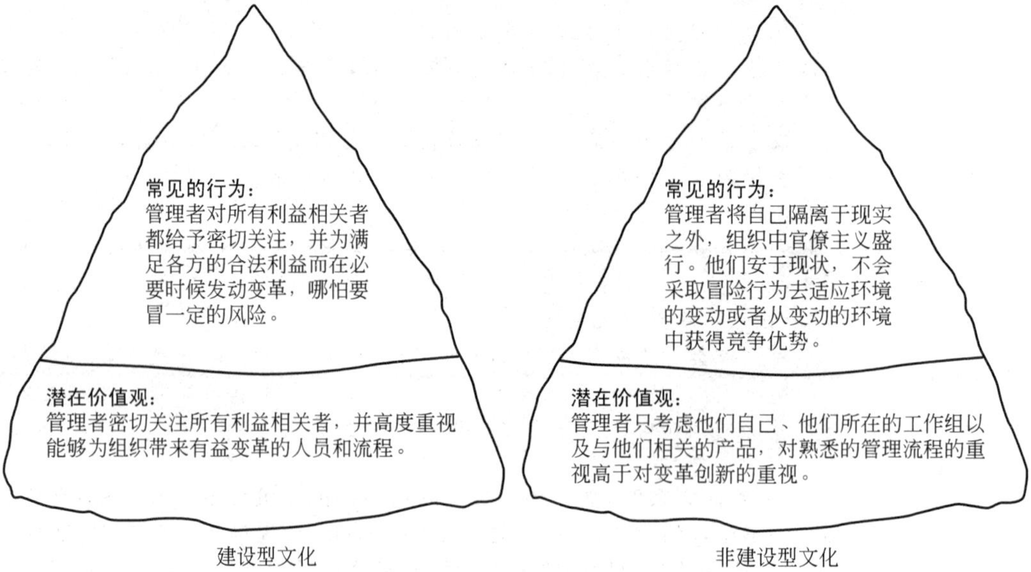

图10-5 建设型文化与非建设型文化的对比

资料来源:Based on John P. Kotter and James L. Heskett, *Corporate Culture and Performance* (New York: the Free Press, 1992), 51.

价值观和行为方式。[49]在建设型文化中，管理者既关注顾客和员工，也关注能带来有益变革的内部业务流程和工作方法。组织中员工的行为很灵活。管理者在察觉有必要实施变革时，即使明知有很大的风险，也会全力推行变革。而在非建设型的文化中，管理者更关注的是他们自己和自身所负责的项目，他们的价值观是排斥冒险和变革。因此，健康的文化能够帮助组织更好地适应外部外境，相反，不健康的组织文化将会把企业带入歧途。

伦理价值观和社会责任

在构成组织文化的价值观中，伦理价值观现在已被认为是其中最重要的方面，而且在金融丑闻和道德缺失频出的当今时代得到了重新关注。伦理资源中心(Ethics Resource Center)针对 6400 名美国劳工的一项调查表明，41%的受访者已经发现自己的组织在工作中存在着一些不正当行为。这个比例听起来好像很高，但其实它还低于 2011 年的 45%和 2007 年的 55%。但是还有更坏的消息，这些道德违规行为中有 60%发生在组织的权威管理层。此外，员工因为揭发不正当行为而遭到报复的比例，和此前的调查结果相比并没有太大变化。[50]这种问题不只存在于美国，德国和日本的商界领军企业在近些年的丑闻也层出不穷。[51]过去，公司的高层管理者从未接受过公众的监督。现在，即使小的公司也越来越重视伦理道德以重建它们在消费者和社会中的诚信。

个人伦理价值观的影响因素

所谓**伦理**(ethics)，是指导个人和群体行为及进行是非判断的一套道德准则和价值观念的总和。伦理价值观为人们设定了判断行动或决策好坏的标准。[52]虽然特定的群体、组织或社会在很多方面都有关于道德行为的规定，但是每个人都有着属于自己的独特的伦理价值观。[53]每个人都是由其所在的地区和所处的时代造就的。民族文化、宗教传统和历史背景等导致了社会伦理的发展以及社会价值观的形成。社会伦理观通常通过行为的标准和那些构建有序社会的价值观来反映。一些道德以法律条文的形式确定下来，例如，酒后驾车、抢劫、谋杀等。

这些法律和那些没有被明文规定的社会伦理道德，塑造了当地的人文环境，例如，一个人在其所处的社区、家庭和工作场所中应该如何表现。人们被他们的家庭、社区、文化、社会、宗教团体和地理环境所同化，并受到身边人们的伦理价值观的影响。每个人的道德态度都是其所处的历史、文化、社会和家庭背景共同影响的综合体。

了解个体的伦理价值观是很重要的，因为，伦理观通常影响个人的行为，无论是他决定去行动，或是指出他人的错误做法，都是其内在价值观的表现。在组织中,一个人的伦理态度也许会受到同级、下属、领导和企业文化的影响。企业文化通常对个体选择有深远影响,它可以支持和鼓励道德行为,也可以促使非道德和不负责任的行为的发生。

管理伦理观

近年来一些丑闻的曝光,使得政府开始处理那些违法的个人和公司。例如,儿童宣传、健康和公共利益等团体结成的联盟已经向美国联邦贸易委员会(Federal Trade Commission)投诉,声称麦当劳开心乐园餐(McDonald's Happy Meal)、尼克网(Nick. com)、尼克国际儿童频道(Nickelodeon site)、通用磨坊花生酱泡芙(General Mills'RessesPuffs. com)、赛百味儿童(SubwayKids. com)、特纳卡通频道(Turner's CartoonNetwork. com)等一些线上市场营销活动违反了联邦法律关于保护儿童隐私的规定。批评人士说,搜集邮件地址并将广告材料直接发送给儿童是违法的,而这些企业以及其他一些公司利用技术手段进行市场营销活动,比如获取儿童在线玩游戏的网站信息,并通过技术手段获知他们将游戏推荐给了哪些朋友,然后这些企业把广告信息直接发送给那些朋友。[54]很多企业被指控在海外国家行贿,这也是违反美国法律的。[55]但是要谨记,伦理决策远远超越了法律规定,这一点非常重要。[56]**法规**(rule of law)源于规定人们应如何行事的一套法典性的原则和条例,它普遍为社会民众所接受,并且在法庭上得到强制执行。[57]

例如,联邦检察官们最近发现了一种考试作弊行为,考生用金钱行贿一些人,监考老师就允许他们以虚假身份参加考试。一些人已被指控利用电报和邮件从事阴谋活动,还有社会保险欺诈活动,一些人由于参与南方三省的活动计划已被关进了监狱,南方地区搞这些活动的计划已长达15年之久。[58]美国军方正在南卡罗来纳州查尔斯顿(Charleston)的核反应堆培训中心调查美国海军和空军的作弊行为,同时接受调查的还有蒙大拿(Montana)的核导弹工作人员。在接受作弊指控调查期间,美国海军官方已经撤回了新招募的30名高级水手的入职资格,空军官方也暂停了招募92名下级军官的决定。美国海军上将乔纳森·格林纳特(Jonathan Greenert)说:“这些行为违背了我们的核心价值观。我们军队全体上下的行为基础就是要诚实正直。”[59]

在道德标准和法律要求之间存在如图10-6所示的关系。道德标准中的绝大多数可以用来规范未被法律所涵盖的那些行为,而法律也不一定能将道德标准所规范的行为全部包含在内。现行的法律一般能反映人们的道德判断,然而,并不是所有的道德判断都被写进法律中。例如,抢救溺水者这种道德准则并没有在法律中规定;日常交通中的靠右行驶是一条交通法规,但与道德要求并无关联;对于抢劫和凶杀这些行为,法律和道德标准是重合的。很多人误以为,只要不触犯法律,其行为就是合乎道德的。但实际上,道德的要求往往比法律包含的要广泛得多。许多行为在法律中并没有明文的规定,但管理者必须对有关这些现象所形成的道德规范和价值观有一定的敏感性。

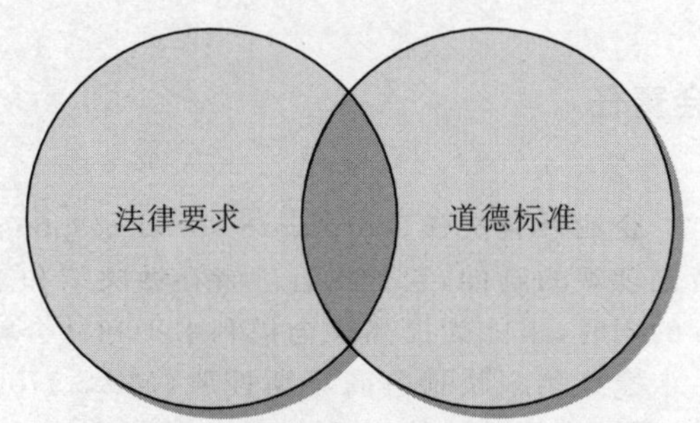

图 10-6 道德标准与法律要求间的关系

资料来源：LaRue Tone Hosmer，*The Ethics of Management*，2d ed.（Homewood，Ill.：Irwin，1991）.

管理伦理观（managerial ethics）就是指导管理者决策和行为的一套原则，这些原则会使管理者从道德的角度判断自己所做的事情是正确的还是错误的。对管理伦理观的需要可以从以下例子中得到体现：[60]

- 高层管理者正在考虑提拔一个销售经理，这个经理每年能为公司带来 7000 万美元的销售额并且开拓了在巴西和土耳其的新市场，这些新市场对公司的全球增长计划有着重要的作用。然而，女性雇员多年来却一直抱怨这位经理，如果没有非常精确地按照他的要求完成的话，这位经理就会辱骂她们，开一些人身攻击性的玩笑，并且大发脾气。
- 一家美容用品供货店的经理被告知如果她和她的销售员卖出一定数量的新产品，就能得到可观的回扣。但是消费者购买这种新产品的价格是旧产品价格的两倍，这位经理就要求销售员将旧产品放回库房并且告诉消费者旧产品的运输出现了延迟。
- 负责一个咨询项目的管理者在琢磨是否该把一些事实从报告中删除，因为若据实陈述，为该咨询项目计付酬劳的那位营销经理肯定会被惹恼。
- 有一家在海外经营业务的北美制造厂商被所在国政府官员索要现金（贿赂），并被告知这样做符合当地的习惯，不过，若以北美的法律来评判，这是一种非法的行为。

以上案例说明伦理和社会责任会影响管理者的决策。他们每天都要面临着许多选择，包括对供应商是诚实还是欺骗，对雇员是尊重还是漠视，是做一个对社会有益的还是有害的公民。这些问题处理起来非常棘手，而且常让人处于两难困境。每一种可供选择的方案或行为都显得不合适时，就产生了道德上的**两难困境**（ethical dilemma）。[61]这时，正误很难明确的鉴别。例如，那些美容院的销售员，她们的价值冲突就在于是对顾客诚实还是听从经理的吩咐。制造企业的管理者会感到非常的困惑，是该遵守当地的海关进出口政策，还是违反国家的有关法规进行贿赂。有时，无论做出怎么样的选择和行为都是不太如意的。道德上的两难困境是不易解决的，但是从道德的立场上来看，高层管理者应该为员工能够做出最佳的决定而提供指导，以建构企业的价值观。

企业社会责任

企业社会责任(corporate social responsibility, CSR)的观念是对管理者伦理观的延伸,它是指管理者在做决策和采取行动时,在实现组织自身目标的同时,也能为提高社会福利水平和社会整体利益做出贡献。[62]例如,斯里兰卡家族制服装制造商马斯控股(MAS Holdings)承诺为经济发展做出贡献,同时改善员工的生活、家庭以及社区。在一个服装制造商几乎每周都暴露出伦理问题、劳工关系及安全问题的时代,马斯控股用实际行动向委托生产方证明了,他们有足够的能力采取积极的措施,改善员工的生活和社区。马斯控股是维多利亚的秘密(Victoria's Secret)的最大供应商,该公司为28家工厂的4.5万名员工提供上下班的通勤服务、免费工作餐以及医疗保障。由于女性职工占比超过90%,所以公司将工厂建在乡村地区,以方便女性职工上下班和照顾家庭。[63]

企业社会责任曾经只被少数公司所重视,如巴塔哥尼亚(Patagonia)、美体小铺(the body shop),但现在已经逐步发展成所有组织思考和行动的主流。IBM公司的企业全球志愿服务队(Corporate Service Corps)经常会派出一些员工志愿者小组去执行一些为期一个月的任务,比如去和肯尼亚邮政系统项目组一起工作,或者和印度在线教育改革项目组一起工作。金宝汤公司在新泽西州卡姆登市(Camden)为当地民众捐赠了一家食品库,并开发了一个产品线,将快过期的捐赠食品制作成罐装辣酱,筹得了10万美元善款。[64]惠而浦(Whirlpool)为每一个北美的仁人家园(Habitat for Humanity)的家庭捐赠一台冰箱。百事公司承诺从200多个国家的学校里迁出高热量甜饮店。沃尔玛和通用电气等企业巨头都曾宣布了宏伟的环境责任目标。全球超过1 000家公司发布报告称他们将会关心员工、环境和当地社区。[65]此外,包括通用电气、IBM、百事可乐、雀巢和强生等许多公司在内,都在追求自觉资本主义模型所包含的战略和商业机会。**自觉资本主义**(conscious capitalism),也叫共享价值模型(shared value),是指组织的政策和实践既能够推动本公司的经济成功,又能够提高公司经营所在社区的经济和社会条件。[66]例如,联合利华印度公司(Hindustan Unilever)在印度一些地方采用"直接到家"的分销系统销售其卫生产品,生活在不到2000人村庄的贫困妇女能够得到小微信贷,并能接受相关培训,以此去做一些小买卖。通过培养妇女们的技能,并为她们提供机会,妇女们获得的收入有时是她们家庭收入的两倍,同时,将卫生产品销售到偏远地区也减少了疾病的传播,这些都是联合利华为其所在社区带来的利益。通过在难以达到的偏远地区扩展市场和创建品牌,这项系统也为公司带来了利益。该项目目前在联合利华印度公司的收入占到总收入的5%。[67]本章新书评介进一步描述了自觉资本主义的哲学。

约翰·麦基(John Mackey)和拉吉·西索迪亚(Raj Sisodia)

《自觉资本主义：解放商业的英雄气概》(*Conscious Capitalism*：*Liberating the Heroic Spirit of Business*)

《自觉资本主义》一书的作者是全食食品公司(Whole Foods)创始人兼联席首席执行官约翰·麦基和营销学教授拉吉·西索迪亚。他们撰写本书的前提假设是：商业能够使人们的生活更充实，更有活力，因此"它从根本上是有益且合乎伦理的"。他们说，仅仅两百年，世界人口中生活极度贫困的人口比重已经从85%降至16%；但是，他们希望商业领导人能够睁开双眼、敞开心智，从利益相关者的角度看问题，这样才能够实现"自由企业资本主义式的求真、美好、善意和英雄主义"。

自觉资本主义的四条原理

为了实践自觉资本主义，企业管理者必须树立正确的信念。如下四条是自觉资本主义的基本信条：

1. 追求更高的目标。没有更高的目标，任何一个企业都无法实践自觉资本主义。目标能够使管理者不再狭隘地仅注重利润，而是将能量和关爱注入组织，促成员工及其他利益相关者的全身心投入。

2. 意识到每一个利益相关者团体都是重要且相互依存的。作者把这个称作利益相关者一体化。有自觉精神的企业会努力满足所有利益相关者的需求，这中间包括寻求利益的投资者们，而未必要在"此消彼长"中做出权衡。作者认为，"我们可以共同创造未来，所以应当有自觉性，有合作精神，有责任感"。

3. 自觉商业需要自觉领导。自觉资本主义企业的领导者信奉"分权化、激发活力、创新、合作"。领导者有很强的动力帮助企业实现更高的目标，并使所有利益相关者之间达成利益一致。作者对如何成为一名更自觉的领导者提出了有实践指导意义的建议。

4. 接受自觉商业价值观。自觉资本主义文化包含信任、负责、公平、关爱、透明、正直、体恤、忠诚、个人成长和平等主义。

善行需要付出

金钱是衡量价值的标准之一，但它绝不是唯一标准。麦基和西索迪亚认为，主导性的商业模式最终将是一种自觉资本主义式的，而不是利益追逐式的。他们说，有确凿的证据表明，从长远看，自觉资本主义式的企业将远远超越以传统方式运营的组织。诸如谷歌公司、康泰纳商店(the Container Store)、好市多公司(Costco)、宝路公司(Pedigree)、美力敦公司(Medtronic)、乔氏超市连锁店(Trader Joe's)、潘娜拉面包店(Panera Bread)

和哈雷·戴维森公司(Harley-Davidson)都是拥有自觉资本主义哲学的企业。

Conscious Capitalism: Liberating the Heroic Spirit of Business, by John Mackey and Raj Sisodia, is published by Harvard Business Review Press.

评价你的答案

2. 伦理和社会责任不仅是一个公司应该做的事情,它还是公司成败的关键。

答:同意。回顾近几年的企业丑闻,员工和公众都对商界的伦理和社会责任提出了更高要求。企业、非营利组织和政府组织都在重建公众的信任。新一代的求职者在选择工作时也都将企业的社会责任纳入考虑当中,所以如果公司想雇用最优秀的员工,就要重视伦理和社会责任。

这种代价值得吗?

组织的伦理观和社会责任与组织绩效之间的关系受到管理实践者和研究者的共同关注,而且存在许多争论。[68]大量的研究都在探讨提升企业伦理和社会响应能否提升企业的财务绩效。[69]学者们的研究结果各异,但他们普遍发现,伦理和社会响应与企业的财务绩效之间存在正向关系。例如,最近一项针对全球100强企业的研究表明,加大环境和社会活动方面的投入以保护自然资源,能够显著提升企业的销售增长、资产收益率、利润和现金流,至少在某些业务领域能够支持这一结论。[70]另一项关于美国大型公司的财务报表的研究认为"最具有社会责任感的公司"有良好的名声和良好的财务状况。[71]虽然这些研究结果还没有足够多的证据做支撑,但是它们确实能够说明将资源用于伦理和社会责任至少不会对企业有害。[72]

企业也正在努力测评能够创造价值的非财务因素。例如,研究发现人们喜欢在有着较高伦理水平和社会责任感的公司工作,所以,这类公司可以吸引并且留住高素质的雇员。[73]莎拉·安托内特(Sarah Antonette)说她之所以选择到匹兹堡国际金融服务集团(PNC)而不是其他两家公司,原因是匹兹堡国际金融服务集团有员工志愿者计划。[74]天木蓝(Timberland)公司的一位副总裁说她拒绝了其他公司的高薪条件的吸引,因为她更看重一个公司的伦理水平和社会责任而非薪酬的高低。[75]一项对13岁到25岁青年人的调查显示,79%的人都想供职于对社会有贡献的企业。[76]消费者也很重视一个公司的伦理水平和社会责任。沃克(Walker Research)的一项研究表明,在价格和质量相同的条件下,三分之二的人们表示他们愿意购买那些遵守伦理和承担社会责任的公司的产品。[77]

正如前面所提到的,企业长期利益大部分来自于社会资本,这意味着公司需要赢得一种诚信、公平的良好声誉,而且要做正确的事。那些置伦理道德于不顾,只注重眼前利益的公司必将不能长久。要想赢得员工、消费者、投资商和公众的信任,企业必须将伦理道德放在第一位。

领导者如何塑造文化和伦理观

在温蒂汉堡(Wendy's)成立初期,戴夫·汤玛斯(Dave Thomas)就以他的壮举而闻名——他走进汉堡店,把没有妥善存放的食物全盘扔掉。[78]迈克尔·布隆伯格(Michael Bloomberg)在担任纽约市长的第一任期期间,和成千上万的纽约人一样,步行或者乘地铁上下班。通过和市民一起经历艰辛——不舒服的气温、拥挤的人群、列车晚点——布隆伯格向大家表明了他要改变城市交通拥堵情况和减少碳排放的目标和决心,他为实现这些目标付出了实实在在的行动,而不只是说说。[79]高层管理者的行为被大家看在眼里,这会影响到整个组织中的其他人的行为。

一项关于成功且具有较高伦理道德的公司的道德政策和实践的研究显示,最重要的就是高层管理者必须担当起对伦理价值给予承诺以及领导者表率作用的角色。[80]首席执行官和其他高层管理者全身心地贯彻某种特定的伦理价值观,并持续不断地指导这些伦理价值观的制定和修订。伦理价值观可以通过多种方式——如演讲、公司出版物、政策陈述,尤其是个人的所作所为——得到传播。高层领导有责任营造和保持一种强调每位员工日常伦理行为重要性的文化氛围。当维科·塞尼(Vic Sarni)担任 PPG 工业公司 CEO 的时候,他总是称自己为首席伦理官。塞尼从来不用专门的人员或部门去解决关于道德的投诉,相反,他自己担当起了公司的道德委员。这象征着道德在这个组织中的重要地位。[81]但需要谨记的是,所有组织的经理人都要支持伦理价值观并以身作则。员工们往往会受到与他们一起工作的经理或者主管的影响,而不是高高在上的最高领导者。如果领导不去设定和维持高标准的伦理行为,所有正式设计的伦理标准和培训计划就都会落空。[82]

下面就详细研究管理者如何通过领导作用和正式的组织系统来展示和贯彻公司价值观。

基于价值观的领导

员工能够通过观察管理者的行为领会到哪些价值观在组织中是重要的。管理者必须表现出自己的价值观以及那些能够指导团队或者组织行为的价值观,并通过言行在组织中传递这些价值观。[83]由于每个人都有不同的价值观,而且会随着时间的改变而改变,所以管理者要了解自己的价值观,必须清楚哪些对自己来说是重要的,哪些对有效管理来说是重要的。表 10-1 所示的是不同时代的管理者对价值观的排序的不同,这是一篇研究得出的结果。这张表所显示的只是通过了显著性检验的排名,从表中可知,每组之间的排序都各不相同。

表 10-1　不同时代的管理者对伦理价值观的排序

价值观	婴儿潮时期出生的管理者的排序	X一代管理者的排序	Y一代管理者的排序
雄心壮志	5	12	6
心胸开阔	15	10	7
勇敢	9	6	13
平等	15	13	10
独立	6	15	12

资料来源：Based on Table 3, Generation Differences in Managers' Terminal and Instrumental Value Rankings, in Edward F. Murphy, Jr., Jane Whitney Gibson, and Regina A. Greenwood, "Analyzing Generational Values Among Managers and Non-Managers for Sustainable Organizational Effectiveness," *SAM Advanced Management Journal* (Winter 2010), 33-55.

组织中深层次的价值观问题不可能以传统的方式加以管理。比如，颁布命令式的指示对组织价值系统很少或几乎不会产生影响。组织的价值观主要是通过**基于价值观的领导行为**(values-based leadership)而形成和得到强化的。这种领导行为反映了领导者和被领导者之间的关系是建立在该领导者所倡导和实施但为组织内部所有成员所共享的价值观的基础上的。[84]好市多公司(Costco)新任首席执行官克雷格·耶利内克(Craig Jelinek)立志要继续坚持前任首席执行官兼联合创始人吉姆·塞内加尔(Jim Sinegal)在位时培育的价值观。

应用案例 10-5

好市多公司

2009年，随着经济状况的愈加萧条，许多雇主决定裁员、降薪。然而，好市多首席执行官吉姆·辛尼格(Jim Sinegal)却反其道而行之——给员工加薪！在美国，好市多是仅次于沃尔玛(Walmart)的第二大零售商。在此之后，沃尔玛面临的问题越来越多，而好市多的销售量和利润一直在增长。

当时，美国的最低工资标准是7.25美元/小时，劳动力非常廉价，但好市多的起薪就在12美元/小时左右。由于一些员工在职时间比较久，所以好市多的平均时薪在20.89美元左右。而且，好市多还为员工(包括兼职)提供十分健全的医疗保健福利。新任首席执行官克雷格·杰利内克(Craig Jelinek)于近日写了一封公开信，力劝美国议会提高最低工资水平。这封信激起了人们对好市多公司文化和经营理念的兴趣。《华尔街日报》(*Wall Street Journal*)多次批评好市多的领导层，要求他们降低工资水平和医疗保健福利。但是，好市多的领导层从公司成立之时起就一直坚持给员工每隔3年增加一次薪水。好市多首席财务官理查德·加兰蒂(Richard Galanti)曾在2009年表示："吉姆·辛尼格告诉我们的第一件事就是，虽然经济不景气，但我们要做的是想出为员工加薪的办法，而不是减薪。"同时加兰蒂也承认，如果给员工降薪 2 美元到 3 美元，好市多的确可以赚更多钱，但公司是绝对不会这么做的。

杰利内克于 2012 年担任好市多首席执行官，他曾宣誓将辛尼格的价值导向进行到底。例如，作为首席执行官其工资只是普通员工的 28 倍左右，而其他公司首席执行官的待遇为普通员工的 380 倍左右，差别非常巨大。好市多不会直接雇佣商学院的毕业生担任管理职位，而是选择培养基层员工，而后再资助这些有潜力的员工完成相关的学业。好市多的人员流动率在 5%左右，这在零售界可以说是非常低的了。杰利内克表示："如果你既尊重你的消费者，又尊重你的员工，那好事就一定会发生在你的身上。"[85]

好市多的领导们坚守的价值观是：着眼于长远、和善地对待人们才是真正的好企业。

诺曼·施瓦茨科普夫将军(Norman Schwarzkopf)曾经说过："领导是战略和个性的结合。如果你必须缺少一项，战略是可以没有的。"[86]优秀的领导者知道他们的任何言行举止都会对文化和价值观产生影响。员工是通过观察管理者的言行而了解组织的价值观、信念和目标的，正如学生从观察教授中获知哪些问题是某项测试的重点、教授喜欢什么及如何取得高分等。行动的力量总是大于语言，所以，基于价值观的领导者必须将他们的语言付诸实践。[87]杜邦公司(Dupont)主席兼 CEO 查尔斯·O. 霍利迪 (Charles O. Holliday)曾经说过："只是在口头上承诺具有较高的伦理道德水平是没有用的，你必须通过日常的行为来赢得信任。"[88]

图 10-7 概括了基于价值领导者的几个特质。[89]基于价值观的领导者关心、帮助并支持他人，用心去维持这种良好的人际关系。他们带着敬意，公平地对待每个人。基于价值观的领导者能够包容别人的错误和失败。他们以高伦理道德标准要求自己，不断努力使自己无论在公共和私人场合都变得真诚、谦虚、值得信任和高尚。不仅如此，他们还乐于承担因为伦理道德缺失而带来的责任。

基于价值观的领导者同样会坚定地把这种高伦理道德标准的愿景倾注于组织当中，他们会坚持不懈地通过让组织中所有人承担相应的责任使高伦理道德标准的愿景制度化，从而将伦理道德超越短期的个人和企业利益。他们通过每天的行为、仪式、典礼和象征物、组织体系和政策不断地强化伦理道德价值观。

正式的结构与组织系统

领导者用于塑造文化和伦理价值观的另一类方法是利用正式的结构与组织系统。组织系统已成为近些年影响管理伦理观的非常见效的因素。

组织结构

多数专家都认为有必要制订正式的伦理计划，以确保道德文化的贯彻，

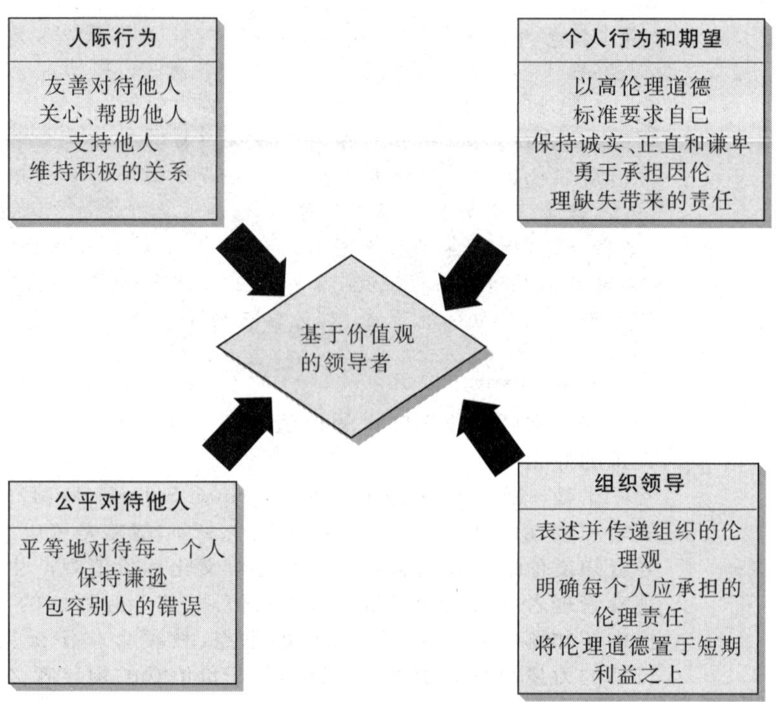

图 10-7 基于价值观的领导者的特质

资料来源：Based on Gary Weaver, Linda Klebe Trevino, and Bradley Agle, "'Somebody I Look Up To': Ethical Role Models in Organizations," *Organizational Dynamics* 34, no. 4 (2005), 313-330.

特别是对于大型组织来说尤为重要。[90]这不仅意味着组织要花费一定的时间和精力来处理伦理问题，而且也要向每个人昭示着伦理问题的重要性。企业可以设置相关的职位或机构来承担管理伦理价值观的责任。这方面的一个组织措施是设立**伦理委员会**(ethics committee)，这是由受命承担公司伦理监管责任的一组经理人员组成的群体。委员们制定处理有争议的伦理问题的规则，并承担训导违规者的责任。通过委派高层管理者到伦理委员会任职，组织也因此发出了伦理问题重要性的信号。

现在，越来越多的组织设立伦理机构来管理和协调公司中出现的伦理问题。这些机构由一个位于公司高层的首席伦理官或者**合规官**(compliance officer)来领导，这位领导者负责监督公司道德的各个方面，包括广泛地建立和传播道德标准，设立道德培训计划，审阅道德问题的调查报告，并且在公司的高层管理者做出关于道德方面的决策时给予建议。为了确保这一职位切实有效，合规官应该直接向公司董事会报告工作，而且不会受到被首席执行官解雇的威胁。[91]

伦理办公室有时也像咨询中心那样帮助员工解决两难的道德困境，主要是帮助员工做出正确的决策或者是纠正错误的行为。大多数的伦理机构都设有隐私性强的**伦理热线**(ethics hotlines)，员工可以通过它获得指导，并举报有问题的行为。一个组织称这种热线为“指导热线”，以强调把它当作一种帮助做出伦理决策和揭发错误的工具。[92]据一家伦理资源中心的负责人加里·爱德华兹(Gary Edwards)透露，在大多数组织中，65％～85％的热线电话都是咨询伦理问题的。[93]

披露机制

伦理办公室、伦理委员会或伦理巡查员的设置为员工提供了表达他们对伦理工作实践问题关注的渠道或机制。这一机制所具有的一个最重要的功能是，建立使有悖伦理的行为得到揭发、检举的有关政策和程序。**揭发**(whistle-blowing)就是员工自觉地站在组织的角度揭露组织内不合法、不道德、不合理的行为。[94]随着伦理问题在企业界不断滋长，许多公司都在寻求保护揭发者的途径。除此之外，那些揭发非法或非伦理商业活动的人们也在寻求强有力的法律保护，并且呼声日渐强烈。[95]如果没有保护措施，揭发者就会遭到报复，公司的非伦理或非法行为也会越发猖獗。多德-弗兰克(Dodd-Frank)金融监管改革法案中提出了一个新的揭发人奖励计划，旨在奖励揭发人，并防止发生在雷曼兄弟公司(Lehman Brothers)会计事业部前高级副总裁马修·李(Matthew Lee)身上的事再次发生。马修·李曾对雷曼兄弟将 500 亿美元高风险贷款资产暂时移出资产负债表来隐藏风险表示担忧。在他表达出这种担忧的几周之后，就被公司解雇了。曾做过雷曼公司交易员的劳伦斯·麦克唐纳(Lawrence McDonald)写过一本关于巨人公司倒闭的书，麦克唐纳说雷曼经常解雇或边缘化告密者，以继续公司的风险和不道德行为。[96]与马修·李不一样，有一位揭发了一家企业数百万美元诈骗案的举报者于 2012 年 8 月获得了 5 万美元的奖励，奖励额度是诈骗金额的百分之一。[97]

很多政府，包括美国和日本，都颁布了法律来保护揭发者。不过，这些还不够。开明的公司努力创造一种良好的氛围和公司文化，在这里，员工们可以自由指出问题，而管理者则及时采取行动来纠正这些不道德的和违法的行为。这些公司把揭发行为视为公司的一种财富，它能够帮助阻止那些给公司带来毁灭性打击的事件，就像安然(Enron)、贝尔斯登、全美金融公司(Countrywide)、新闻集团和雷曼兄弟公司那样。

伦理准则

每家企业都需要一些易于理解的伦理准则，包括列举一些事例，并对预期的行为和可能的处罚进行解释。[98]**伦理准则**(code of ethics)阐明了公司对员工所作所为的期望，使所有员工明白公司希望他们个人的行为能与公司有关行为是否符合伦理的标准相一致。例如，在洛克希德·马丁(Lockheed Martin)公司，伦理准则阐明一个组织通过遵循诚信、正直、尊重、信任、责任、公民权利的原则，来“建立伦理行为的准则”。这些准则明确说明了符合价值观的行为的类型，并且鼓励员工运用公司现有的资源来做出伦理选择和决策。[99]伦理准则可能涵盖很广泛的问题，包括公司指导性价值观的陈述，关于工作场所安全性、财产安全信息或是员工隐私等问题的指导原则，还有环境保护的责任、产品的质量安全和涉及利益相关者的其他问题。例如，瑞士联合银行(UBS AG)构建了一套强有力的道德规范来解决金融犯罪、竞争和机密性等问题,包括制裁员工违反道德规范的概述。道德规范明确禁止工作人员帮助客户实施税收作弊,以应对企业使用离岸账户来逃避调查。国税局(Internal Revenue Service)对一位协助揭发银行骗局的瑞士联合银行(UBS)前任雇员给予了有史以来金额最高的一次奖励——1.04亿美元。[100]还有一项重要的改进,新道德规范还禁止管理者对检举不正当行为的员工实施报复。[101]

有些企业制定了包括伦理准则在内的更广泛的价值观说明书,确定本公司奉行的伦理价值观及公司文化以及有关公司责任、产品质量、员工待遇等方面的许多内容。正式地陈述公司的价值观,可以明确组织在价值判断问题上的立场,从而为阐明合乎伦理道理的行为和选择提供依据。[102]

尽管明文规定的伦理准则是十分重要的,但最关键的是公司的高层管理者必须通过他们的行动来支持这些准则并将其落到实处,奖惩分明。否则,伦理准则就成了一纸空文。事实上,一项调查表明,那些对伦理准则有明文规定却不付诸实施的公司与那些根本没有准则且有违法行为的公司是一样的。[103]

评价你的答案

3. 一个组织落实伦理的最好办法是有强有力的伦理准则,并且让所有员工熟知这些指导准则。

答:不同意。拥有强有力的伦理准则是构建伦理组织的一个重要组织部分,但是领导者的行动对于人们是否达到高伦理标准似乎更关键。如果领导者不真诚、不道德或者无情,并且在组织内营造了一种支持或者无视此类行为的文化,那么员工将不会把这些正式的伦理准则放在心上。

企业文化和全球环境中的伦理

多元化文化和市场因素导致全球化的组织经营常常要面对艰难的伦理挑战。环境与组织的复杂性越高,带来伦理问题和误解的可能性就越大。[104]

例如,对于管理者来说,来自全球供应链的挑战源源不断。全球供应链分布广泛而且分散,以至于管理者常常很难知道他们在和一个什么样的企业做生意,更别说了解这些企业的最新动态了。亚马逊在德国的配送中心运营成本非常高,为此,他们经常通过第三方机构雇用从波兰、西班牙、罗马尼亚和其他欧洲国家来的移民为临时民工,以满足亚马逊的季节性人工需求。但是公司陷入了一场道德困境,在德国公共电视台播出的一部纪录片中,工人说亨汉森欧洲安全服务公司(Hensel European Security Services, HESS)的安保人员恐吓他们,说他们偷盗食物,并突然搜查了他们居住的生活区。纪录片显示,一些HESS安保人员穿着索尔·斯泰纳(Thor Steinar)的衣服,而索尔·斯泰纳是一个在德国新纳粹主义社区非常流行的时尚品牌。亚马逊立即停止了与 HESS 的合作。HESS 高管否定了这些指控,并且表示:"我们和任何形式的政治激进主义都保持着明确的距离。"德国劳动部对此正在调查中。[105]

许多企业一旦发现合作企业有不安全行为或者不道德行为,就会收回它们的订单,并终止与这些企业的业务往来。一些企业最近开始采用的做法是,与海外企业工厂密切合作,改善海外生产状况,管理者认为这是一种双赢的做法。[106]

在全球范围内经营业务时需要注意的另一个问题是,不同国家的员工可能会有不同的态度和信仰,使组织难以在共同文化意识的基础上培养员工的群体意识和凝聚力。事实上,研究表明民族文化对员工的影响大于企业文化,国家文化的差异也会导致巨大的道德态度的差异。[107]管理者往往很难将成长、伦理等企业层面的文化移植到全球复杂的环境中。埃森哲(Accenture)是一家提供管理咨询、技术服务和外包服务的公司,它在 48 个国家拥有 14 万名员工,每个地区的员工与联络人一起工作。联络人被称为"地区道德领导",他们要确保道德规范是用适当的语言编写的,以满足不同地区员工的阅读需求。这些联络人在东道国举行的焦点小组会议上了解员工的所作所为。因此,虽然有共同的核心价值观,埃森哲公司还是为每个设有办事处的国家定制了各自的道德规范。[108]

设计要点

■ 本章探讨了有关企业文化的许多命题,阐述了文化和伦理价值观的重要性,以及管理者用于影响组织文化价值观的各种方法。企业文化和伦理价值观帮助决定组织的社会资本,而正确的价值观将能够为组织的成功做出贡献。

■ 文化是一个组织所有成员所共享的一系列价值观、信念、看法和思维方式的总和。组织文化有两个最根本、最重要的作用:一是整合组织成员,使大家知道该如何彼此相处;二是促进组织更好地适应外部环境。一个组织的文化可以通过观察其典礼和仪式、典故和英雄人物、象征物、组织结构、控制体系和权力关系等来识别和解释。领导者同样可以通过这些要素来影响文化。

■ 组织文化应当用来强化组织在特定环境中成功地经营所需实施的战略和结构。现实中有四种类型的组织文化:适应型文化、使命型文化、团体型文化和行政机构型文化。如果有某种价值观在组织中获得广泛的共识,则该组织的文化就是有凝聚力的强文化。然而,即使在拥有强文化的组织中,特别是在大型组织中,也可能存在几类不同的亚文化。

■ 强文化的组织可能具有适应力,也可能不具有适应力。学习型组织的主要特点之一就是拥有一种很强的鼓励开放性、无边界、平等、持续的改进及勇担风险的适应型组织文化。适应型文化有着与非适应型文化截然不同的价值观和行为方式,不健康但很强的文化反而会成为组织把握成功机会的障碍。

■ 管理伦理观是组织价值观的一个重要方面。伦理是指导人的行为及是非判断的一套价值标准。企业社会责任的观念是对管理伦理观的延伸,它是指管理者在做决策和采取行动时为了使他们的组织能在实现自身目标的同时,为提高社会福利水平和社会整体利益做出贡献而必须尽的义务。许多企业已经引入了自觉资本主义的概念。自觉资本主义是指企业在采取策略和行动提高竞争力的同时也要提升企业所在经营环境的经济和社会条件。

■ 本章还讨论了领导者应该如何塑造文化和伦理观。基于价值观的领导是其中一个重要的思想。这意味着领导者要设定一个适宜的价值观愿景,将之在整个组织中进行传播、沟通,并通过日常行为、典礼、仪式和象征物等加以制度化。正式的系统对塑造伦理价值观有重要影响。形成正式系统的措施包括设置伦理委员会、伦理巡查员,建立使不符合伦理标准的行为得到揭发的披露机制,制订伦理培训计划,编制伦理准则或价值观说明书,等等。

■ 随着企业越来越多地跨越地理区域和文化界限开展经营活动,管理者要建立使所有员工都一致认可和赞同的强组织文化,无疑就面临着更大的挑战。全球供应链是伦理问题多发的领域,需要重点关注。

关键概念

适应型文化(adaptability culture)
行政机构型文化(bureaucratic culture)
团体型文化(clan culture)
伦理准则(code of ethics)
合规官(compliance officer)
自觉资本主义(conscious capitalism)
企业社会责任(corporate social responsibility, CSR)
文化(culture)
文化力度 (culture strength)
伦理的困境 (ethical dilemma)
伦理 (ethics)
伦理委员会 (ethics committee)
伦理热线 (ethics hotlines)
外部适应 (external adaptation)
英雄人物 (heroes)
内部整合 (internal integration)
传奇 (legends)

管理伦理观（managerial ethics）
使命型文化（mission culture）
典礼和仪式（ rites and ceremonies）
法规（rule of law）
谚语(sayings)
社会资本(social capital)
典故（stories）
亚文化(subcultures)
可持续性(sustainability)
象征物（symbol）
基于价值观的领导行为(values-based leadership)
揭发（whistle-blowing）

讨论题

1. 你认为相比有多年工作经验的内行而言，一个外行通过分析象征物、仪式、着装和其他可观察的方面，有多少可能领悟组织深层次的价值观？请给一个具体的数值(例如 10%，70%)，并说明你的理由。

2. 在《财富》杂志上榜的很多值得我们钦佩的公司，同时也是盈利最多的公司。有的人说这说明高社会资本能够转化为盈利能力。还有的人则认为高盈利是公司拥有好的文化，并且受人钦佩的原因。对这两个截然相反的解释，谈谈你的理解。

3. 根据文中及图 10-5 的内容，一个有着强行政机构型文化的公司可能又是建设型文化吗？

4. 为什么基于价值观的领导会对影响一个组织的文化产生极其重要的作用？你是否认为，一个象征性的举动比一份公开的价值观说明更能表达和传递公司的价值取向？试加以讨论。

5. 你能够回想起你或者身边的人遇到伦理两难困境的场景吗？例如，坐地抬价或在考试中交换答案。你认为做决定的时候，主要是受个人道德观念，还是团队或公司价值观念的影响？请解释你的理由。

6. 通过对欧洲 16 国、俄罗斯、土耳其和美国 2000 多人进行调查发现，55%的人说相比于五年前，现在商界欺诈更常见。你认为这个属实吗？请讨论。

7. 你会对领导者的言论和行动对组织伦理价值观及决策的影响赋予多大的权重？

8. 为什么全球化使得伦理问题更加复杂化？你认为一个跨国公司能够有统一凝聚力的企业文化吗？或者是拥有统一的伦理价值观？

9. 解释自觉资本主义的概念。你是否认为以共享价值观为基础的企业管理者更有可能遵守伦理道德和承担社会责任？请讨论。

10. 伦理准则被指责说是将组织的伦理行为责任转移到员工个人身上。你同意这种说法吗？你认为伦理准则对于一个组织有价值吗？

专题讨论

伦理的力量[109]

这项活动将帮助你更好地理解伦理的概念及其对你的意义。

提示：

1. 让每人花5分钟时间思考下面四个问题。

2. 将全班同学分组，每组为4～6人。

3. 每组内要尽可能对每一个问题都达成共识。对第三个问题，不妨选择一种实情来说明。这一练习需要20～40分钟，具体时间长短由授课老师确定。

4. 让各组在全班同学面前陈述他们的观点，之后，由授课老师引导大家对伦理及其在商界的影响力展开讨论。

问　题

1. 用你自己的一两句话给伦理下个定义。

2. 假如你是一个管理者，你将如何激励你的员工采取合乎伦理要求的行为？答案不要超过两句话。

3. 描述你曾遇到过的一个两难的伦理问题。在这种伦理困境中，你的选择和行为是什么？你怎样决定那样做的？能否把你的决策与本章介绍的概念联系起来？

4. 你认为能对他人产生足够影响的伦理信条是什么？你是从哪里得到这一信条的？它将如何影响你未来的行为？

教学案例

全国工业产品公司的变革[110]

柯蒂斯·辛普森(Curtis Simpson)坐在办公室凝视着窗外，他在想今天下午见到汤姆·劳伦斯(Tom Lawrence)该说些什么呢？很显然，当辛普森在一年多前聘请劳伦斯为全国工业产品公司(National Industrial Product)的总经理时，就已经使劳伦斯面临了一个挑战。但后来的情况表明，这个公司有分裂的迹象。作为几年前收购全国工业产品公司的辛普森工业总公司(Simpson Industries)的董事长兼首席执行官，他需要向劳伦斯了解问题并与他交换意见。

全国工业产品公司是一家生产水泵、机械密封物和其他一些控制漂浮的产品的中等规模的公司。在辛普森对该公司进行购并之前，该公司一直由吉姆·卡彭特(Jim Carpenter)全权管理。卡彭特在全国工业产品公司做了近 30 年的首席执行官，他非常受员工的爱戴。他总是像对家庭成员那样对待他的员工：他能说出多数员工的名字，当员工生病时，他到员工家中去看望，他每天都要花宝贵的时间与员工聊天。公司每年为全体员工组织一次晚会，每年还搞几次野餐和其他的一些活动，而卡彭特经常参加这些活动。因为他认为，参加这些活动就像拜访顾客、与供应商谈判那么重要。他认为善待员工非常重要，因为公司善待员工，员工就会忠诚于公司。就是在公司经营状况欠佳时，他也不解雇员工，而是给他们找其他的活去做，比如清扫停车场。他认为若公司失去那些有技术专长而无法替代的员工，将会遭受无法承受的损失。他说："如果你善待员工，员工就会主动把工作做好，而不需你任何的督促。"

卡彭特从不为各部门设定业绩目标和标准，他相信他的经理们会按他们所认为的最佳方式去运作自己的部门。他为各部门的经理和各工作小组的组长设置一年若干次的关于沟通和人际关系方面的培训项目。卡彭特的方法在全国工业产品公司历史上的多数时期被证明是非常有效的。员工对卡彭特和公司都非常的忠诚，有很多案例证明员工们的表现比工作职责所要求的更出色。例如，当公司生产的两个为美国海军军舰供水的水泵，在军舰即将离港前的那个星期六的晚上出现故障时，两位员工立即加工了新的密封阀，接着又把它们送到港口并且安装好，这样他们整整工作了一夜。全国工业产品公司多数经理和员工都在这个公司供职多年，该公司也自称是本行业内职工流动率最低的公司。

然而，最近几年，由于该行业出现的一些变化使全国工业产品公司的竞争力开始降低。它们四家大的竞争对手合并成两家更能适应顾客需要的大公司，这也是导致该公司被辛普森公司购并的原因之一。购并之后，全国工业产品公司的销售额和利润仍继续下滑，而成本却一直上升。另外，辛普森公司的高层管理人员也对全国工业产品公司的低效率十分担忧。尽管他们曾十分欢迎卡彭特在并购的转型期继续留任于原职，然而，在不到一年的时间内，他们又礼貌地让他提前退休了。一些高层管理人员认为卡彭特为了保持友好的工作氛围，而容忍了拙劣的业绩和低效率。有人提出："当今社会，你绝对不能那么做。我们应该选出一个能实施变革、快速改变公司状况的人，否则这个公司即将倒闭。"就是在这种情况下，汤姆·劳伦斯被董事会任命为全国工业产品公司的总经理，委以重任来降低成本、提高效率、增加利润。

劳伦斯年轻、精力充沛、办事敏捷的特点，使得人们对他的评价不断提高。他很快在公司内实行变革。首先他中断了公司组织的社交活动以降低成本,甚至不允许搞生日庆典这个曾作为公司日常工作与生活当中的一项惯例的活动。他取消了沟通和人际关系的培训项目,理由是它们浪费时间和资金。他对管理人员说:“我们的任务不是设法让人们对我们有好感,谁不愿意在这儿工作,就辞掉他,找人替他好啦。”他经常将那些对公司的变化有意见的员工称为“爱抱怨的人”。

劳伦斯为他的副总经理和部门经理建立了严格的考核工作业绩的标准,而且也要求他们同样为自己的下属制定严格的考核工作业绩的标准。他每周都要与每一位部门经理会面,检查各部门的业绩,并讨论各部门存在的问题。全体员工都接受定期的工作业绩检查。任何一位员工,若他的表现没有达到规定的标准,将会受到警告,若两周之内没有改进,他将被解雇。过去,决定管理者和销售代理工资水平的唯一依据是他们的资历,而劳伦斯实行了一套修正方案,即对那些实现了劳动生产率、销售额和利润目标的人进行奖励。实现了上述目标的人员会得到非常丰厚的奖赏,包括高额奖金和额外的一些补贴,如公司为他们提供汽车、坐头等机舱的飞机去参加业务会议,而那些没有实现上述目标的人员,则会受到当众的批评以警示旁人,若他们没有及时改进,劳伦斯会毫不犹豫地将他们解雇。

在劳伦斯作为全国工业产品公司总经理的第一年年末,公司的生产成本降低了近20%,而总产出提高了10%,销售额也提高了近10%。但是,三位颇有经验、在公司很受人尊敬的管理人员离开了公司而加盟竞争对手的公司,工人的流动率也惊人地增长。在当今劳动力供应紧缺的市场条件下,用以替代的劳动力是不容易找到的。最使辛普森不安的是一份由他委派去做调查的一位咨询员提出的调查报告的结果,调查表明:公司员工的士气很低,工人带着敌对情绪和恐惧感看待管理者。认为管理者关注的只有利润和定额,而丝毫不关心工人的需要和情感。他们还表示,那些使公司成为好的工作场所,那些能让人感觉到像同学般、朋友般人际关系的氛围,也因而使公司成为一个理想的工作场所的氛围已荡然无存;取而代之的是激烈的内部竞争和人们之间的互不信任。

令辛普森欣喜的是,劳伦斯已使全国工业产品公司的利润和生产率提高到总公司预期的水平;但他也担心员工们低的士气、高的流动率长此以往将会对公司造成严重的伤害。劳伦斯认为,公司的许多员工都是“爱抱怨的人”,这种观点正确吗?那些不愿意为适应当今复杂环境而需进行变革的员工,是否是被卡彭特迁就惯了的人?最后,辛普森想,是否在卡彭特所营造的充满了同事情意和合作精神的氛围中能产生出环境所需求的竞争精神呢?

赛车手与赛车公司

纳斯卡(美国全国赛车联合会,NASCAR)的车迷们在希望所有赛车手都灵活、敏捷、有智谋的同时,也希望他们既能按照要求把车停在车库里,又能在车道上按规则行驶。忠实的粉丝们似乎非常了解他们喜欢的赛车手,可以毫不费力地勾勒出自己与最喜欢的赛车手一起在引擎盖下喝啤酒或花上一整个下午的时间一起修理赛车的画面。在纳斯卡疯狂而又快节奏的世界里，赛车手和竞争车手可能会互相开玩笑，一起结伴玩耍；也可能会发生口角和争执，甚至拳脚相加。毫无例外地，他们一定会穿印有"火球"(Fireball)或"威吓者"(The Intimidator)等字样的衣服。

对！没错！这就是赛车手！赛车运动最早可以追溯到禁酒令时期(Prohibition)，非法酿酒商驾驶着改装后加大马力的车越过阿帕拉契亚山脉(Appalachia)，尽管在运输酒的过程中要冒着生命和违法的风险，但是他们在智慧和速度方面都远超联邦调查员(Feds)和负责取缔非法酿酒业者的财政部税务官员(Revenuers)。随着这些酿酒商声望的不断提升，他们越来越希望能正面竞争以博取炫耀的资本。最终，非正式的赛车雏形得以形成。

随着赛车比赛的流行度越来越高，1947 年 12 月，车手比尔·弗朗斯(Bill France)将众多驾驶者召集到代托纳(Daytona)举行会议。他们将各地的赛车道进行了标准化修改，统一了形式和规则。此次会议诞生了一个新的管理机构——美国全国赛车联合会(NASCAR)。两个月后，车手们在首次纳斯卡赛车会上聚集。

几十年过去了，美国全国赛车联合会依然保持其家族式企业的性质，第三代接班人布莱恩·弗朗斯(Brian France)于 2014 年出任首席执行官。纳斯卡的总部仍然设在代托纳，但是分公司已经遍布全国，甚至在墨西哥和加拿大都有他们的分支机构。传统的不羁的赛车模式逐渐演变成了规范化的赛车模式。如今，赛车已经成为美国第二大观赏性项目，电视赛事进入 150 个国家，并拥有一支面向世界 500 强企业的招商团队。

然而，大多数的赛车手如今仍然集中在北卡罗来纳州夏洛特(Charlotte)附近的山脉一带。他们喜欢在这里展开激烈的争夺赛。赛车手和粉丝仍然热衷于传统的赛车以及传统的赛道，热衷于传统的不羁的赛车理念。他们认为打破规则以赢得比赛优势是合情合理的。

纳斯卡的车迷非常喜欢赛车手们的不羁形象。一位体育专栏作家曾经提醒说："如果纳斯卡不羁的血液完全流干，那么赛车将会如一面白旗般没有特色，它的流行力也会转瞬即逝。"

从一开始到最近，人们似乎很少会担心纳斯卡赛车手不羁形象会逐渐消失，但是争议如史诗般漫长而艰难。1983 年，里查德·佩蒂(Richard Petty)在夏洛特的比赛中取得胜利，虽然发动机气缸的尺寸超出了规定的范围，仍被视为有效。同时，令粉丝们极为振奋的是，非常受欢迎的赛车手朱尼尔·约翰逊(Junior Johnson)延续了他父亲狂热的赛车模式，使用重新改装的加大马力的赛车。这虽然不符合规定，但只要有可能朱尼尔·约翰逊便在比赛时使用这样的赛车。也正是这个原因，他经常与赛车联合会发生冲突，然而传统的改装赛车主义者却极为振奋。

2001 年和 2013 年在赛车界发生了两件最大的丑闻。2001 年，戴尔·伊恩哈德(Dale Earnhardt Sr.)死于代托纳 500 的赛车比赛中，18 支车队因违规而接受处罚或罚款。2013 年在里士满(Richmond)，又有 6 支车队受到处罚或罚款。联合会对这次违规采取了拉网式搜捕。搜捕过程中，迈克尔·沃尔特普(Michael Waltrip)不仅受到了纳斯卡赛车史上最多金额的罚款(30万美金),还被扣除历次锦标赛中获得的100积分。原因是他在比赛中使用粉丝和媒体所称的“火箭燃料”。多年以后,赛车手及其工作人员都非常生气,虽然他们道歉认错了,但却对争议十分不屑。他们继续寻找能够赢得比赛的方法,即使这些方法不被认可。

除了赛车手之间的竞争,还有纳斯卡公司、媒体和赞助商站在另一端施加各种力量,他们担心的是赛车手的形象问题以及相关行为是否得当,关注的焦点是规则、罚款和处罚措施。纳斯卡比赛规则手册不断有新的规则添加进来,同时现有的规则也在不断修改。所有赛车都要接受赛前检查,获胜的车辆还要进行拆卸检查,以确保车辆没有不良改装或其他形式的作弊。目前,对于赛车手、工作人员和比赛用车总共有6个处罚级别,从P-1(轻微违法)一直到P-6(停赛)。

关系到赛车手生命安全的问题也进入到这场激烈的文化竞争中。赛车手宣称,赛车联合会更加关心的是如何打击违规行为,而不是赛车手的安全问题。在赛车手看来,联合会专注于随心所欲地分配和撤回赛车,专注于严格执行赛车手(工作人员)与竞争对手的交流禁令,同时也专注于对那些拒绝与媒体交谈的赛车手施行罚分措施。许多车队指出,联合会多次对譬如安全法规等比较重要的问题视而不见。

格林·罗伯茨(Glen Roberts)死于火灾之后才有了防火服,亚当·佩蒂(Adam Petty)牺牲后才有了油门安全开关,2000年至2001年间发生数起死亡事件后才制定了有关赛车手发生碰撞期间所用加速力的规定。戴尔·恩哈特(Dale Earnhardt)牺牲后,联合会才决定将赛车手的座位重新向中间调整,并安装了头颈部支撑装置(Head & Neck Support Device)。

与此同时,体坛官员和赞助商似乎对任何有利于赛车手在赛车方面的微小改进都小心翼翼。传统的改装赛车主义者认为,所有改进都是符合职业道德的,是赛车文化内涵的一部分。赛车手们和工作人员发现,很多细微的改进都有可能为他们带来胜利。

所有人都不知道赛车联合会下一步会做怎样的安排。2014年,新任首席执行官布莱恩·弗朗斯和赛车联合会突然决定打破传统的赛车模式。这虽然对于观众来说激动人心,但是却将赛车手置于险境。相应的,联合会还为这一决定设立了新的规则,将“每次一辆车,争分夺秒”改为“所有赛车可同时出现在赛道上”。

一方面,赛车模式的改变能够点燃车迷们的热情;另一方面,赛车手们将面临更多的挑战和危险,他们在比赛中必须兼顾速度与策略,以抢占杆位。实际上,这一改变使得赛车手们在比赛之前就已经展开了激烈的竞争。

有赛车手对这一模式更改十分兴奋,表示支持。也有赛车手表示了担心,因为有的车手可能会想方设法把车开到前面去争夺杆位,而有的车手可能会畏缩不前,不想冲在比赛前面,因此可能会产生更多安全问题。此外,由于在加时赛中,会有43辆750马力的赛车以150英里/小时的速度出现在赛道上,因此还有人担心赛车在柏油路上的能量传输效率问题。

在新任首席执行官的带领下，赛车运动逐步进入新的纪元。人们会重新关注纳斯卡组织、车队以及赞助商如何妥善解决道德和价值观等问题，营造统一的文化。

注　释

1. Brad Stone, *The Everything Store: Jeff Bezos and the Age of Amazon* (New York: Little, Brown and Company 2013), 327–328.
2. Julia Boorstin, "Secret Recipe: J. M. Smucker," *Fortune*, January 12, 2004, 58–59.
3. Mark Scott, "Report Faults 'at All Costs' Attitude at Barclay's That Encouraged Risk," *The New York Times*, April 4, 2013, B2.
4. Mark C. Bolino, William H. Turnley, and James M. Bloodgood, "Citizenship Behavior and the Creation of Social Capital in Organizations," *Academy of Management Review* 27, no. 4 (2002), 505–522; and Don Cohen and Laurence Prusak, *In Good Company: How Social Capital Makes Organizations Work* (Boston: Harvard Business School Press, 2001), 3–4.
5. W. Jack Duncan, "Organizational Culture: 'Getting a Fix' on an Elusive Concept," *Academy of Management Executive* 3 (1989), 229–236; Linda Smircich, "Concepts of Culture and Organizational Analysis," *Administrative Science Quarterly* 28 (1983), 339–358; and Andrew D. Brown and Ken Starkey, "The Effect of Organizational Culture on Communication and Information," *Journal of Management Studies* 31, no. 6 (November 1994), 807–828.
6. See Jon Katzenbach and Zia Khan, "Leading Outside the Lines," *Strategy + Business*, April 26, 2010, http://www.strategy-business.com/article/10204?gko=788c9 (accessed September 9, 2010) for the idea of the formal versus the informal organization.
7. Edgar H. Schein, "Organizational Culture," *American Psychologist* 45, February 1990, 109–119.
8. Doug Kirkpatrick, "Self-Management's Success at Morning Star," *T+D*, October 2012, 25–27; and Christoph H. Loch, Fabian J. Sting, Arnd Huchzermeier, and Christiane Decker, "Finding the Profit in Fairness," *Harvard Business Review*, September 2012, 111–115.
9. Harrison M. Trice and Janice M. Beyer, "Studying Organizational Cultures Through Rites and Ceremonials," *Academy of Management Review* 9 (1984), 653–669; Janice M. Beyer and Harrison M. Trice, "How an Organization's Rites Reveal Its Culture," *Organizational Dynamics* 15 (Spring 1987), 5–24; Steven P. Feldman, "Management in Context: An Essay on the Relevance of Culture to the Understanding of Organizational Change," *Journal of Management Studies* 23 (1986), 589–607; and Mary Jo Hatch, "The Dynamics of Organizational Culture," *Academy of Management Review* 18 (1993), 657–693.
10. This discussion is based on Edgar H. Schein, *Organizational Culture and Leadership*, 2nd ed. (Homewood, IL: Richard D. Irwin, 1992); and John P. Kotter and James L. Heskett, *Corporate Culture and Performance* (New York: Free Press, 1992).
11. Stone, *The Everything Store*, 328 and 88–90.
12. Jim Kanir, "Culture Champions," *T+D*, January 2013, 80.
13. Larry Mallak, "Understanding and Changing Your Organization's Culture," *Industrial Management* (March–April 2001), 18–24.
14. Based on Gerry Johnson, "Managing Strategic Change—Strategy, Culture, and Action," *Long Range Planning* 25, no. 1 (1992), 28–36.
15. For an expanded list of various elements that can be used to assess or interpret corporate culture, see "10 Key Cultural Elements," sidebar in Micah R. Kee, "Corporate Culture Makes a Fiscal Difference," *Industrial Management* (November–December 2003), 16–20.
16. Gazi Islam and Michael J. Zyphur, "Rituals in Organizations: A Review and Expansion of Current Theory," *Group & Organization Management* 34, no. 1 (2009), 114–139; Trice and Beyer, "Studying Organizational Cultures through Rites and Ceremonials"; and Terrence E. Deal and Allan A. Kennedy, "Culture: A New Look through Old Lenses," *Journal of Applied Behavioral Science* 19 (1983), 498–505.
17. Leigh Buchanan, "Managing: Welcome Aboard. Now, Run!" *Inc.*, March 2010, 95–96.
18. Susan Cramm, "Leadership Gone Viral," *Strategy + Business*, January 17, 2014, http://www.strategy-business.com/blog/Leadership-Gone-Viral (accessed May 6, 2014); and Claudio Lavanga, "Pope Washes Feet of Young Detainees in Holy Thursday Ritual," NBCNews.com, March 28, 2013, http://worldnews.nbcnews.com/_news/2013/03/28/17502522-pope-washes-feet-of-young-detainees-in-holy-thursday-ritual?lite (accessed May 6, 2014).
19. Trice and Beyer, "Studying Organizational Cultures through Rites and Ceremonials."
20. Adam Bryant, "Noreen Beaman of Brinker Capital, on Accountability" (Corner Office column), *The New York Times*, January 25, 2014, http://www.nytimes.com/2014/01/26/business/noreen-beaman-of-brinker-capital-on-accountability.html?_r=0 (accessed May 6, 2014); Lucas Conley, "Rinse and Repeat," *Fast Company*, July 2005, 76–77; and Robert Bruce Shaw and Mark Ronald, "Changing Culture—Patience Is Not a Virtue," *Leader to Leader*, Fall 2012, 50–55.
21. David C. Robertson with Bill Breen, *Brick by Brick: How LEGO Rewrote the Rules of Innovation and Conquered the Global Toy Industry* (New York: Crown Business, 2013), 17.
22. Quoted in Stone, *The Everything Store*, 300 and 174.
23. Buchanan, "Managing: Welcome Aboard. Now, Run!"
24. "FYI: Organization Chart of the Month," *Inc.*, April 1991, 14.

25. Neal E. Boudette, "Fiat CEO Sets New Tone at Chrysler," *The Wall Street Journal Online*, June 19, 2009, http://online.wsj.com/article/SB124537403628329989.html?utm_source=feedburner&utm_medium=feed&utm_campaign=Feed%3A+wsj%2Fxml%2Frss%2F3_7011+%28WSJ.com%3A+What%27s+News+US%29#mod=rss_whats_news_us (accessed September 12, 2011).
26. Gary Hamel with Bill Breen, *The Future of Management* (Boston: Harvard Business School Press, 2007).
27. Matt Moffett, "At InBev, a Gung-Ho Culture Rules; American Icon Anheuser, A Potential Target, Faces Prospect of Big Changes," *The Wall Street Journal*, May 28, 2008, B1; and Matt Moffett, "InBev's Chief Built Competitive Culture," *The Wall Street Journal*, June 13, 2008, B6.
28. Monica Langley and Dan Fitzpatrick, "Embattled J.P. Morgan Bulks Up Overnight," *The Wall Street Journal*, September 12, 2013, http://online.wsj.com/news/articles/SB10001424127887324755104579071304170686532 (accessed May 7, 2014).
29. Johnson, "Managing Strategic Change—Strategy, Culture, and Action."
30. Jennifer A. Chatman and Sandra Eunyoung Cha, "Leading by Leveraging Culture," *California Management Review* 45, no. 4 (Summer 2003), 20–34; and Abby Ghobadian and Nicholas O'Regan, "The Link between Culture, Strategy, and Performance in Manufacturing SMEs," *Journal of General Management* 28, no. 1 (Autumn 2002), 16–34.
31. James R. Detert, Roger G. Schroeder, and John J. Mauriel, "A Framework for Linking Culture and Improvement Initiatives in Organizations," *Academy of Management Review* 25, no. 4 (2000), 850–863.
32. Based on Daniel R. Denison, *Corporate Culture and Organizational Effectiveness* (New York: Wiley, 1990), 11–15; Daniel R. Denison and Aneil K. Mishra, "Toward a Theory of Organizational Culture and Effectiveness," *Organization Science* 6, no. 2 (March–April 1995), 204–223; R. Hooijberg and F. Petrock, "On Cultural Change: Using the Competing Values Framework to Help Leaders Execute a Transformational Strategy," *Human Resource Management* 32 (1993), 29–50; and R. E. Quinn, *Beyond Rational Management: Mastering the Paradoxes and Competing Demands of High Performance* (San Francisco: Jossey-Bass, 1988).
33. Carlin Flora, "Paid to Smile," *Psychology Today*, September–October 2009, 59; and Tony Hsieh, *Delivering Happiness: A Path to Profits, Passion, and Purpose* (New York: Business Plus, 2010).
34. Moffett, "InBev's Chief Built Competitive Culture."
35. William Rogers, "Sound Advice," *People Management*, August 2012, 40–43.
36. Gerald D. Klein, "Creating Cultures That Lead to Success: Lincoln Electric, Southwest Airlines, and SAS Institute," *Organizational Dynamics* 41 (2012), 32–43; and Rekha Balu, "Pacific Edge Projects Itself," *Fast Company*, October 2000, 371–381.
37. Bernard Arogyaswamy and Charles M. Byles, "Organizational Culture: Internal and External Fits," *Journal of Management* 13 (1987), 647–659.
38. Based on Table 1, Tightness-Looseness of Cultures, in Michael Harvey et al., "Corralling the 'Horses' to Staff the Global Organization of 21st Century," *Organizational Dynamics* 39, no. 3 (2010), 258–268.
39. Paul R. Lawrence and Jay W. Lorsch, *Organization and Environment* (Homewood, IL: Irwin, 1969).
40. Scott Kirsner, "Designed for Innovation," *Fast Company*, November 1998, 54, 56.
41. Chatman and Cha, "Leading by Leveraging Culture"; and Jeff Rosenthal and Mary Ann Masarech, "High-Performance Cultures: How Values Can Drive Business Results," *Journal of Organizational Excellence*, Spring 2003, 3–18.
42. Aaron Levie, as told to Memon Yaqub, "I'm Obsessed with Speed," *Inc.*, November 2012, 100–103.
43. Ghobadian and O'Regan, "The Link between Culture, Strategy and Performance"; G. G. Gordon and N. DiTomaso, "Predicting Corporate Performance from Organizational Culture," *Journal of Management Studies* 29, no. 6 (1992), 783–798; and G. A. Marcoulides and R. H. Heck, "Organizational Culture and Performance: Proposing and Testing a Model," *Organization Science* 4 (1993), 209–225.
44. John P. Kotter and James L. Heskett, *Corporate Culture and Performance* (New York: The Free Press, 1992); and Kee, "Corporate Culture Makes a Fiscal Difference."
45. Tressie Wright Muldrow, Timothy Buckley, and Brigitte W. Schay, "Creating High-Performance Organizations in the Public Sector," *Human Resource Management* 41, no. 3 (Fall 2002), 341–354.
46. David Carr, "Troubles That Money Can't Dispel," *The New York Times Online*, July 18, 2011, B1.
47. John F. Burns and Jeremy W. Peters, "Two Top Deputies Resign as Crisis Isolates Murdoch," *The New York Times Online*, July 16, 2011, www.hongkong-mart.com/forum/viewtopic.php?f=2&t=367 (accessed June 13, 2012).
48. Carr, "Troubles That Money Can't Dispel."
49. Kotter and Heskett, *Corporate Culture and Performance.*
50. Jena McGregor, "Ethical Misconduct, by the Numbers," *The Washington Post*, February 4, 2014, http://www.washingtonpost.com/blogs/on-leadership/wp/2014/02/04/ethical-misconduct-by-the-numbers/ (accessed May 8, 2014).
51. Mike Esterl, "Executive Decision: In Germany, Scandals Tarnish Business Elite," *The Wall Street Journal*, March 4, 2008, A1; and Martin Fackler, "The Salaryman Accuses," *The New York Times*, June 7, 2008, C1.
52. Gordon F. Shea, *Practical Ethics* (New York: American Management Association, 1988); Linda K. Treviño, "Ethical Decision Making in Organizations: A Person–Situation Interactionist Model," *Academy of Management Review* 11 (1986), 601–617; and Linda Klebe Treviño and Katherine A. Nelson, *Managing Business Ethics: Straight Talk about How to Do It Right*, 2nd ed. (New York: John Wiley & Sons Inc., 1999).
53. This discussion of the sources of individual ethics is based on Susan H. Taft and Judith White, "Ethics Education: Using Inductive Reasoning to Develop Individual, Group, Organizational, and Global Perspectives," *Journal of Management Education* 31, no. 5 (October 2007), 614–646.
54. Natasha Singer, "Web Sites Accused of Collecting Data on Children," *The New York Times*, August 22, 2012, B1.
55. Samuel Rubenfeld, "Survey Finds 25% of People Paid Bribes in Last Year," *The Wall Street Journal*, July 9, 2013, http://blogs.wsj.com/riskandcompliance/2013/07/09/survey-finds-one-fourth-of-people-paid-bribes-in-last-year/ (accessed May 9, 2014); and James B. Stewart, "Bribery, But Nobody Was Charged," *The New York Times*, June 25, 2011, B1.

56. Dawn-Marie Driscoll, "Don't Confuse Legal and Ethical Standards," *Business Ethics*, July–August 1996, 44.
57. LaRue Tone Hosmer, *The Ethics of Management*, 2nd ed. (Homewood, IL: Irwin, 1991).
58. Motoko Rich, "2 More Educators in the South Are Charged in Test Cheating," *The New York Times*, June 21, 2013, http://www.nytimes.com/2013/06/22/us/2-more-educators-in-the-south-are-charged-in-test-cheating.html?_r=0 (accessed June 29, 2013).
59. Julian E. Barnes, "Navy Probes Allegation of Instructors' Cheating," *The Wall Street Journal*, February 4, 2014, http://online.wsj.com/news/articles/SB10001424052702304851104579363402001370472 (accessed May 9, 2014).
60. Some of these incidents are from Hosmer, *The Ethics of Management*.
61. Linda K. Treviño and Katherine A. Nelson, *Managing Business Ethics: Straight Talk About How to Do It Right* (New York: John Wiley & Sons, Inc., 1995), 4.
62. N. Craig Smith, "Corporate Social Responsibility: Whether or How?" *California Management Review* 45, no. 4 (Summer 2003), 52–76; and Eugene W. Szwajkowski, "The Myths and Realities of Research on Organizational Misconduct," in James E. Post, ed., *Research in Corporate Social Performance and Policy*, vol. 9 (Greenwich, CT: JAI Press, 1986), 103–122.
63. D. Bright, K. Cameron, and A. Caza, "The Amplifying and Buffering Effects of Virtuousness in Downsized Organizations," *Journal of Business Ethics* 64 (2006), 249–269; as described in Mario Fernando and Shamika Almeida, "The Organizational Virtuousness of Strategic Corporate Social Responsibility: A Case Study of the Sri Lankan Family-Owned Enterprise MAS Holdings," *European Management Journal* 30 (2012), 564–576.
64. "Volunteerism as a Core Competency," *Bloomberg BusinessWeek*, November 12–November 18, 2012, 53–54.
65. "Habitat for Humanity," Whirlpool Corporation website, http://www.whirlpoolcorp.com/responsibility/building_communities/habitat_for_humanity.aspx (accessed September 13, 2011); Bruce Horovitz, "Pepsi Is Dropping Out of Schools Worldwide by 2012," *USA Today*, March 16, 2011, http://www.usatoday.com/money/industries/food/2010-03-16-pepsicutsschoolsoda_N.htm (accessed September 13, 2011); Kate O'Sullivan, "Virtue Rewarded," *CFO*, October 2006, 46–52.
66. Definition is based on John Mackey and Raj Sisodia, *Conscious Capitalism: Liberating the Heroic Spirit of Business* (Boston: Harvard Business Review Press, 2013); and Michael E. Porter and Mark R. Kramer, "Creating Shared Value: How to Reinvent Capitalism—and Unleash a Wave of Innovation and Growth," *Harvard Business Review*, January–February 2011, 62–77.
67. Porter and Kramer, "Creating Shared Value."
68. Homer H. Johnson, "Does It Pay to Be Good? Social Responsibility and Financial Performance," *Business Horizons*, November–December 2003, 34–40; Jennifer J. Griffin and John F. Mahon, "The Corporate Social Performance and Corporate Financial Performance Debate: Twenty-Five Years of Incomparable Research," *Business and Society* 36, no. 1 (March 1997), 5–31; Beckey Bright, "How More Companies Are Embracing Social Responsibility as Good Business," *The Wall Street Journal*, March 10, 2008, R3; Bernadette M. Ruf et al., "An Empirical Investigation of the Relationship Between Change in Corporate Social Performance and Financial Performance: A Stakeholder Theory Perspective," *Journal of Business Ethics* 32, no. 2 (July 2001), 143ff; and Philip L. Cochran and Robert A. Wood, "Corporate Social Responsibility and Financial Performance," *Academy of Management Journal* 27 (1984), 42–56.
69. Heli Wang, Jaepil Choi, and Jiatao Li, "Too Little or Too Much? Untangling the Relationship Between Corporate Philanthropy and Firm Financial Performance," *Organization Science* 19, no. 1 (January–February 2008), 143–159; Philip L. Cochran, "The Evolution of Corporate Social Responsibility," *Business Horizons* 50 (2007), 449–454; Paul C. Godfrey, "The Relationship Between Corporate Philanthropy and Shareholder Wealth: A Risk Management Perspective," *Academy of Management Review* 30, no. 4 (2005), 777–798; Oliver Falck and Stephan Heblich, "Corporate Social Responsibility: Doing Well by Doing Good," *Business Horizons* 50 (2007), 247–254; J. A. Pearce II and J. P. Doh, "The High Impact of Collaborative Social Initiatives," *MIT Sloan Management Review*, Spring 2005, 31–39; Curtis C. Verschoor and Elizabeth A. Murphy, "The Financial Performance of Large U.S. Firms and Those with Global Prominence: How Do the Best Corporate Citizens Rate?" *Business and Society Review* 107, no. 3 (Fall 2002), 371–381; Johnson, "Does It Pay to Be Good?"; and Dale Kurschner, "5 Ways Ethical Business Creates Fatter Profits," *Business Ethics*, March–April 1996, 20–23.
70. Rashid Ameer and Radiah Othman, "Sustainability Practices and Corporate Financial Performance: A Study Based on the Top Global Corporations," *Journal of Business Ethics* 108, no. 1 (June 2012), 61–79.
71. Verschoor and Murphy, "The Financial Performance of Large U.S. Firms."
72. Richard McGill Murphy, "Why Doing Good Is Good For Business," *Fortune*, February 8, 2010, 90–95; Jean B. McGuire, Alison Sundgren, and Thomas Schneeweis, "Corporate Social Responsibility and Firm Financial Performance," *Academy of Management Journal* 31 (1988), 854–872; Falck and Heblich, "Corporate Social Responsibility: Doing Well by Doing Good"; and Geoffrey B. Sprinkle and Laureen A. Maines, "The Benefits and Costs of Corporate Social Responsibility," *Business Horizons* 53 (2010), 445–453.
73. Daniel W. Greening and Daniel B. Turban, "Corporate Social Performance as a Competitive Advantage in Attracting a Quality Workforce," *Business and Society* 39, no. 3 (September 2000), 254; and Kate O'Sullivan, "Virtue Rewarded," *CFO*, October 2006, 47–52.
74. Sarah E. Needleman, "The Latest Office Perk: Getting Paid to Volunteer," *The Wall Street Journal*, April 29, 2008, D1.
75. Christopher Marquis, "Doing Well and Doing Good," *The New York Times*, July 13, 2003, Section 3, 2; and Joseph Pereira, "Career Journal: Doing Good and Doing Well at Timberland," *The Wall Street Journal*, September 9, 2003, B1.
76. Reported in Needleman, "The Latest Office Perk."
77. "The Socially Correct Corporate Business," in Leslie Holstrom and Simon Brady, "The Changing Face of Global Business," a special advertising section, *Fortune*, July 24, 2000, S1–S38.
78. Example told in Shaw and Ronald, "Changing Culture—Patience Is Not a Virtue."
79. Alan Deutschman, *Walk the Walk; The #1 Rule for Leaders* (New York: Portfolio/Penguin, 2010), 93–94.
80. *Corporate Ethics: A Prime Business Asset* (New York: The Business Round Table, February 1988).

81. Treviño and Nelson, *Managing Business Ethics*, 201.
82. Gary R. Weaver, Linda Klebe Treviño, and Bradley Agle, "'Somebody I Look Up To': Ethical Role Models in Organizations," *Organizational Dynamics* 34, no. 4 (2005), 313–330; Andrew W. Singer, "The Ultimate Ethics Test," *Across the Board*, March 1992, 19–22; Ronald B. Morgan, "Self and Co-Worker Perceptions of Ethics and Their Relationships to Leadership and Salary," *Academy of Management Journal* 36, no. 1 (February 1993), 200–214; and Joseph L. Badaracco Jr. and Allen P. Webb, "Business Ethics: A View from the Trenches," *California Management Review* 37, no. 2 (Winter 1995), 8–28.
83. Alan Lewis, "Values Compass: Align Around True North Values," *Leadership Excellence*, February 2012, 13; Krista Jaakson, "Management by Values: Are Some Values Better than Others?" *Journal of Management Development* 29, no. 9 (2010), 795–806; and Kathy Whitmire, "Leading Through Shared Values," *Leader to Leader*, Summer 2005, 48–54.
84. This definition is based on Robert J. House, Andre Delbecq, and Toon W. Taris, "Value Based Leadership: An Integrated Theory and an Empirical Test" (working paper).
85. Brad Stone, "Costco CEO Craig Jelinek Leads the Cheapest, Happiest Company in the World," *Bloomberg BusinessWeek*, June 6, 2013, http://www.businessweek.com/articles/2013-06-06/costco-ceo-craig-jelinek-leads-the-cheapest-happiest-company-in-the-world (accessed June 7, 2013); "Costco's Profit Soars to $537 Million Just Days After CEO Endorses Minimum Wage Increase," *The Huffington Post*, March 13, 2013, http://www.huffingtonpost.com/2013/03/12/costco-profit_n_2859250.html (accessed June 7, 2013); Bud Meyers, "Hail to the Chief (Executive Officer) Craig Jelinek of Costco!," *The Daily Kos*, March 8, 2013, http://www.dailykos.com/story/2013/03/08/1192632/-Hail-to-the-Chief-Executive-Officer-Craig-Jelinek-of-Costco (accessed June 8, 2013); and Satinder Dhiman and Joan Marques, "The Role and Need of Offering Workshops and Courses on Workplace Spirituality," *Journal of Management Development* 30, no. 9 (2011), 816–835.
86. As quoted in Arkadi Kuhlmann, "Culture-Driven Leadership," *Ivey Business Journal*, March–April 2010, http://www.iveybusinessjournal.com/topics/leadership/culture-driven-leadership (accessed September 13, 2011).
87. Thomas J. Peters and Robert H. Waterman Jr., *In Search of Excellence* (New York: Harper & Row, 1982); and Kuhlmann, "Culture-Driven Leadership."
88. Carol Hymowitz, "CEOs Must Work Hard to Maintain Faith in the Corner Office" (In the Lead column), *The Wall Street Journal*, July 9, 2002, B1.
89. Based on Weaver et al., "Somebody I Look Up To."
90. Mark S. Schwartz, "Developing and Sustaining an Ethical Corporate Culture: The Core Elements," *Business Horizons* 56 (2013), 39–50.
91. Ibid.; and Gregory J. Millman and Ben DiPietro, "More Compliance Chiefs Get Direct Line to Boss," *The Wall Street Journal*, January 15, 2014, http://online.wsj.com/news/articles/SB10001424052702303330204579250723925965180 (accessed May 9, 2014).
92. Treviño and Nelson, *Managing Business Ethics*, 212.
93. Beverly Geber, "The Right and Wrong of Ethics Offices," *Training*, October 1995, 102–118.
94. Janet P. Near and Marcia P. Miceli, "Effective Whistle-Blowing," *Academy of Management Review* 20, no. 3 (1995), 679–708.
95. Jene G. James, "Whistle-Blowing: Its Moral Justification," in Peter Madsen and Jay M. Shafritz, eds., *Essentials of Business Ethics* (New York: Meridian Books, 1990), 160–190; and Janet P. Near, Terry Morehead Dworkin, and Marcia P. Miceli, "Explaining the Whistle-Blowing Process: Suggestions from Power Theory and Justice Theory," *Organization Science* 4 (1993), 393–411.
96. Christine Seib and Alexandra Frean, "Lehman Whistleblower Lost Job Month After Speaking Out," *The Times*, March 17, 2010.
97. Christian Berthelsen, "Whistleblower to Get Big Payment in Bank of New York–Virginia Deal," *The Wall Street Journal*, November 9, 2012, C1.
98. Schwartz, "Developing and Sustaining an Ethical Corporate Culture."
99. "Setting the Standard," Lockheed Martin's website, http://www.lockheedmartin.com/exeth/html/code/code.html (accessed August 7, 2001).
100. Schwartz, "Developing and Sustaining an Ethical Corporate Culture."
101. Katharina Bart, "UBS Lays Out Employee Ethics Code," *The Wall Street Journal*, January 12, 2010, http://online.wsj.com/article/SB10001424052748704586504574653901865050062.html?KEYWORDS=%22Ubs+lays+out+employee+ethics+code%22 (accessed January 15, 2010).
102. Carl Anderson, "Values-Based Management," *Academy of Management Executive* 11, no. 4 (1997), 25–46.
103. Ronald E. Berenbeim, *Corporate Ethics Practices* (New York: The Conference Board, 1992).
104. Jerry G. Kreuze, Zahida Luqmani, and Mushtaq Luqmani, "Shades of Gray," *Internal Auditor*, April 2001, 48.
105. Vanessa Fuhrmans, "Amazon Acts on German Controversy; Online Retailer Cuts Ties with Security Firm After a Television Documentary on Working Conditions," *The Wall Street Journal*, February 19, 2013, B3.
106. Jens Hansegard, Tripti Lahiri, and Chritina Passariello, "Retailers' Dilemma: To Ax or Help Fix Bad Factories," *The Wall Street Journal*, May 28, 2011, http://online.wsj.com/article/SB10001424127887323336104578501143973731324.html (accessed September 5, 2013).
107. S. C. Schneider, "National vs. Corporate Culture: Implications for Human Resource Management," *Human Resource Management*, Summer 1988, 239; and Terence Jackson, "Cultural Values and Management Ethics: A 10-Nation Study," *Human Relations* 54, no. 10 (2001), 1267–1302.
108. K. Matthew Gilley, Christopher J. Robertson, and Tim C. Mazur, "The Bottom-Line Benefits of Ethics Code Commitment," *Business Horizons* 53 (2010), 31–37.
109. Adapted by Dorothy Marcic from Allayne Barrilleaux Pizzolatto's "Ethical Management: An Exercise in Understanding Its Power," *Journal of Management Education* 17, no. 1 (February 1993), 107–109.
110. Based on Gary Yukl, "Consolidated Products," in *Leadership in Organizations*, 4th ed. (Englewood Cliffs, NJ: Prentice-Hall, 1998), 66–67; John M. Champion and John H. James, "Implementing Strategic Change," in *Critical Incidents in Management: Decision and Policy Issues*, 6th ed. (Homewood, IL: Irwin, 1989), 138–140; and William C. Symonds, "Where Paternalism Equals Good Business," *BusinessWeek*, July 20, 1998, 16E4, 16E6.

第11章 创新与变革

Organization Theory and Design

问题引入

在阅读本章内容之前，请先看下面的问题并选择答案。

1. 打造一个创新型公司最主要的做法是要求员工提供新想法。

同意________　　　　不同意________

2. 产品在市场上能够取得成功的最好方法是咨询顾客的需求。

同意________　　　　不同意________

3. 改变一个公司的文化可能是管理者承担的最困难的工作之一。

同意________　　　　不同意________

在线零售商美捷步正在建设一个较小的总部，以鼓励员工之间的碰撞。碰撞不是指怂恿员工打架斗殴或者让员工多几次去急诊室的机会，管理者们是希望员工之间多一些碰撞以及自发的沟通交流，有助于他们之间的协作和信息共享。密歇根大学(University of Michigan)研究了科学家之间的互动模式，结果发现，当科学家们有共同的建树，以及在日常行为模式上有相同之处时，他们更有可能一起合作。事实上，每100英尺的"区域重合"，就会增加20%的合作。美捷步的管理者们决定构建一个较小的总部，为每位人员安排100平方英尺的工作空间，以代替原来的150平方英尺。休息室将非常小，"所以人们会更多地交流和碰撞，"美捷步校园开发高级经理帕特里克·奥尔森(Patrick Olson)说。[1]

美捷步不是唯一一家安排员工们在工作场所以外相遇的公司。几年前，史蒂夫·乔布斯(Steve Jobs)将皮克斯(Pixar)的总部安排在离洗手间比较近的地方，这样员工们总能够不期而遇。[2] 美国电话电报公司(AT&T)、缤特力公司(Plantronics)、推特、凯捷集团(Capgemini)以及其他许多公司已经将它们的一些团队派到联合办公区，和其他公司的人一起工作。[3] 许多人认为，这种鼓励员工偶然碰面以激发创新的方式使得企业更像是一个城市。

美捷步将其大厅设置为开放的工作区，这样员工们就可以和其他公司的员工以及访客打成一片，就像在酒店的大厅里一样。奥尔森说："底层大厅里的那些不同部门和企业间的相邻区，在我们看来就是奇迹诞生的地方。"[4]

每个企业都面对着环境不断变化的挑战。新发现和新发明迅速取代了工作中的标准方法。巨大的技术飞跃已经变革了我们的生活方式。我们中的许多人使用短信和推特与"朋友"进行互动的频率比面对面互动的频率更高。变革的步伐已经为诸多事实所证实，例如：当代大学生的父母们在他们成长的年代里根本没有平板电脑(iPad)、社交网络、全球定位系统、流媒体视频，甚至是互联网，即便在10年前，对大多数人而言，与世界各地的人们进行即时通信也是难以想象的。在他们的青年时代，他们无法想象可以与世界各地的人们交流，无论走到哪儿都可以带着他们喜欢的音乐，或下载整本书到记事本一样的设备上。高科技产业似乎每时每刻都在变化，像苹果、谷歌、思科(Cisco)、脸谱网、英特尔、推特这样的企业必须保持创新，跟上时代步伐。但是，现今所有产业都在面临着与日俱增的创新压力。鲍勃·乔登(Bob Jordon)是美国西南航空科技与战略发展部门领导，他代表全球的管理者说："只有改变才能生存。"[5]

本章的目的

本章将探讨组织如何变革以及管理者如何指导创新和变革过程。我们先看看创新有多难，并讨论一下破坏性变革面临的挑战。之后，将介绍组织中常见的四种变革——技术变革、产品变革、组织结构变革和人员变革，并说明管理者如何成功地管理变革。接下来还要讨论什么样的结构和管理方法有利于促进各种变革。有关影响变革方案制订和实施的管理技巧，也将在本章得到具体说明。本章的最后介绍管理者可以成功实施变革和创新的方法和技巧。

变革的战略角色

如果说从前面各章介绍的内容中可以得出一个主题或教训的话，那就是组织必须快速行动，以便跟上周围所发生的变化。大型组织必须设法能像灵活的小组织那样行动。制造业企业需要使用新的柔性制造技术，服务业企业也需要新的信息技术。当今的组织必须以开放的心态投身到持续创新中去，不仅为了发展，更为了能在破坏性变革不断以及竞争日趋激烈的世界中生存下去。

创新或失败

强大的环境力量驱动着组织的变革需求。[6] 技术进步、市场变化、政府监管的增加、电子商务和移动商务、社会态度演变、全球经济动荡、社交媒体和信息革命以及阿拉伯国家和金砖四国(巴西、俄罗斯、印度和中国)力量的日益强大等因素增加了全球化经济的不确定性。经济全球化影响到了每一家企业,不论规模大小。企业不仅面临着更大的威胁,也有了更多的发展机遇。

企业可以通过三种类型的变革响应环境的变迁。[7] 间断性变革(episodic change)是许多管理者长期习惯的改变方式。这种变革偶然地发生在相对稳定的时期,管理者可以通过这种变革应对技术、产品或结构改革的需求。然而,对于当今大多数组织来说,正在由于不断加速的环境变化而经历着持续性变革(continuous change)。这种变革经常发生,组织的稳定时期更少更短。管理者们将改变视作是一种持续的组织程序,通过研发开发出新的产品或服务流程,以满足变化中的需求。在当今许多行业中,环境变得更加动荡,使得管理者们不得不采用破坏性变革和创新(disruptive change and innovation)。

阶段1	• 一些新的或意想不到的技术、产品或服务在小范围内出现,对老牌公司构成了潜在的威胁。 • 例子:第一艘商用轮船——因无法与帆船竞争而被摒弃;日本企业——因太小且功率不够大而被美国消费者摒弃;网上书店——人们喜欢实体书店;大规模在线开放课程(Massive Open Online Courses,MOOCs)——学生们无法体验校园生活。
阶段2	• 老牌公司忽略了这些小的潜在威胁,继续维持它们现行的商业模式。 • 例子:航行者以及越洋航行的船舶公司将蒸汽引擎安装到帆船上,但他们不接受纯轮船模型;通用和其他美国汽车制造商最后开始生产小型汽车,但要与日本相竞争为时已晚;亚马逊赢得了书店之战,书商们也接受了在线售书的模式;多数大学提供在线课程,但没有改变它们现行的模式,因为学生倾向于选择价格较低的课程。
阶段3	• 以前没有注意到的企业、产品和服务发展壮大,形成规模,成为摧毁现行商业模式的巨大力量。 • 例子:到20世纪初,由于蒸汽可以为船舶越洋提供足够的动力,之前的越洋航行船舶公司尽数歇业;日本汽车制造商几乎占领了整个小型车市场;现在只有很少的实体书店在运营;全国高校面临着预算危机

图 11-1 破坏性创新的阶段

资料来源:Based on Clayton M. Christensen and Michael B. Horn, "Innovation Imperative: Change Everything," *The New York Times*, November 1, 2013, http://www.nytimes.com/2013/11/03/education/edlife/online-education-as-an-agent-of-transformation.html?_r=0 (accessed May 15, 2014); and Melissa A. Korn, "Coursera Defends MOOCs as Road to Learning," *The Wall Street Journal*, May 15, 2013, B5.

如图11-1所示,**破坏性创新**(disruptive innovation)是指从小范围和小规模开始,到最后全面取代现有产品或服务技术。引领破坏性创新的企业可能会取得巨大的成功,而被破坏性创新影响的企业可能会就此停业。老牌企业通常会忽略最初的微小创新,因为它们想继续推行它们已经建立的商业模式。以大部分学生的年龄来说,大家可能都还记得当年日本汽车初次进入美国时,美国汽车制造商是如何嘲讽的,但是当日本汽车开始侵蚀美国汽车市场份额时,通用和福特的管理者们再也笑不起来了。另一个破坏性创新的例子是DVD,它的出现让录像带行业成为历史。而现在,流媒体视频正在同样威胁着DVD的命运。数码相机的出现几乎让整个胶卷行业全军覆没,而智能手机的出现正在威胁着卡片式数码相机的生存。现在,人们更喜欢用智能手机拍摄照片,因为可以很方便地把照片分享到社交网站上。傻瓜相机(point-and-shoot cameras)的销量一直在下滑。[8] 大规模在线开放课程(简称慕课,MOOCs)是一种大容量、开放式的在线课程平台,传统的大学教育提供方式是老师在教室为学生讲授课程,价格比较昂贵,大规模在线开放课程对这种传统方式来说是一种颠覆性创新。加利福尼亚州山景城(Mountain View)的课程时代公司(Coursera)为350万注册用户提供370多门免费在线大学课程。[9] 然而,传统大学正在犯着美国汽车公司曾经犯过的错误。很多大学也提供在线课程,但是他们并没有改变以往的模式以节省学生的时间和费用。[10]很多颠覆性创新是很多小型创业型企业实现的,比如说课程时代。

创新,特别是破坏性创新,并非易事。微软曾被视为技术领袖,却也在与脸谱网、苹果以及谷歌等企业在电子书籍、在线音乐、搜索以及社交网络等方面的竞争中遇到了麻烦。此外,微软在移动计算机这一新兴领域内的竞争力也尚显不足。[11]企业成功的一个关键要素就是热衷于创造变革。当今成功的企业,比如中国手机制造商小米、亚马逊、通用电气、谷歌、推特、飞利浦、苹果、耐克以及中国快速成长的玫瑰坊(Rose Studio),已经铆足了精力进行变革。每年,《快公司》(*Fast Company*)都会发布全球最具创新性企业50强名单。以下是2014年排在前10名的全球最具创新性的企业名单:[12]

1. 谷歌
2. 彭博慈善基金会
3. 小米公司
4. 网络随身碟(DropBox)
5. 网飞公司
6. 空中食宿(Airbnb)
7. 耐克
8. ZipDial(一家印度手机营销商)
9. DonorsChoose.org(一家慈善捐助网站)
10. Yelp(一家美国点评网站)

创新和变革的策略类型

管理者可以采用四种类型的变革使组织获得战略优势。如图11-2所示,这四种变革是技术变革、产品和服务变革、战略和结构变革以及文化变革。[13]不同类型的创新和变革之间是相互依存的,也即一种变革实施后常常会要求实行另一些变革。新产品的开发可能会要求生产技术上进行相应的变革,或者,组织结构方面的变革可能会对员工提出某种新技能的要求。例如，当谢南多厄人寿保险公司（Shenandoah Life Insurance Company）刚开始应用新的计算机技术处理索赔的时候，很多员工还无法完全应用这种新技术，直到他们被分配到能够熟练应用技术的团队里（5 人到 7 人一组），情况才得以好转。组织结构变革是技术变革的自然结果。组织是一个相互依存的系统，对组织某一部分的变革通常会影响到组织的其他部分。

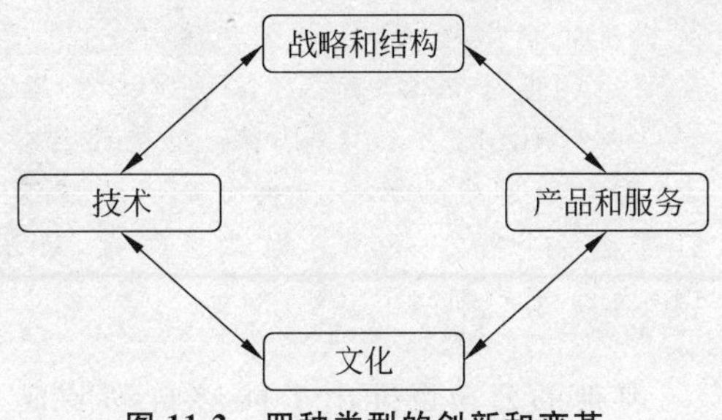

图 11-2　四种类型的创新和变革

技术创新（technology innovations）指的是生产流程方面的变革，其中包括了促进组织形成特有竞争力的有关知识和技能基础。技术创新的目的是提高生产效率，或者生产出更多的产品。具体内容涉及产品或服务生产中的各方面技术，包括工作方法、设备和作业流程等。一个例子是调整机器设备，将每个装配线上所需要的员工数量从五个减少为四个。另一个想法是采用一种新的方式包装拐杖糖，防止拐杖糖在运往商店的途中破碎。[14]

产品和服务创新（product and service innovations）指一个组织的产出方面的变革。新产品可以指对现有产品的少许改进，也可以是全新的产品。生产新产品、提供新服务的目的是为了增加市场份额，或者开发新市场、新顾客。艾肯制造公司（Elkay Manufacturing）就将 EZH2O 喷泉饮水机应用到了其现有的产品上。

应用案例 11-1

艾肯制造公司

你在学校的时候可能就已经知道艾肯制造公司了吧！现在，你的教室外可能就有这样的喷泉饮水机。几年前，艾肯制造公司的管理者们注意到：人们会努力将瓶子倾斜到适合的角度，尽量在使瓶子灌满水的同时，不让水洒到身上。在这个过程中，人们常常会反复左右轻轻摇摆手中的瓶子。管理者们将其形象地称为“空中舞步”。

艾肯制造公司决定重新设计喷泉，在原来的基础上增加一个用以灌水的地方。如今，人们饮用的水有一半来自自来水，这其中就包括可饮用的喷泉水。艾肯制造公司的管理者们希望，用瓶子接水的人可以在不接触饮水机的情况下完成接水过程，尽量减少细菌感染的可能性。同时他们认为，装满容量为 16 盎司的瓶子至少需要 10 秒钟。起初一名工程师认为 10 秒钟是不可能的。但是，一名由汽车零部件公司跳槽至艾肯制造公司的工程师想出了一个办法，从而加速了灌水速度。最终，他们设计出一台机器，在室温条件下，将 16 盎司的瓶子装满只需要 5 秒钟左右的时间;如果通过制冷管道,花费的时间会多出几秒钟。然而,在瓶子容量相同的情况下,传统的喷泉装置至少花费20秒钟的时间。

一名管理人员说,他曾认为在EZH20(喷泉装置的首个模型)上添加数字计时器的做法有些愚蠢,但后来却正是这个数字计时器使得EZH20像病毒一样流行开来。大学生喜欢在喷泉装置附近统计有多少塑料瓶不必扔进垃圾填埋场,可以重新利用;有些学生在此进行校内比赛,看谁重复使用的瓶子最多;而且,位于宾夕法尼亚州艾伦镇(Allentown)的穆伦堡学院(Muhlenberg College)如今已经安装了49台新型EZH20接水站点,同时他们也为大一新生准备了不锈钢水瓶。学院声称,瓶装水的销量目前已经下降了九成。据学生统计,EZH20喷泉装置大约帮助节约了140万个塑料瓶。[15]

其他的公司也推出了能够自动装满水杯的新型喷泉饮水机。艾肯说,他们的新型喷泉饮水机已经走进了数百家大专院校,以及至少15家飞机场,包括芝加哥的奥黑尔机场(O'Hare)和纽约的拉瓜迪亚机场(LaGuardia)。

战略和结构创新(strategy and structure innovations)涉及组织的管理领域,包括组织的监督和管理的各个方面,具体如组织结构、战略管理、政策、奖酬、劳资关系、协调方式、管理信息与控制系统、会计与预算系统等。战略、组织结构和系统的变革通常是自上而下的,即是由高层管理当局发起这种变革。与之相比,产品和技术变革则常是自下而上的。金宝汤公司(Campbell Soup Company)下属的汤锅公司(StockPot)原本主要为食品服务行业提供新鲜冷冻汤,前总经理艾德·卡罗兰(Ed Carolan)和他的管理团队改变了策略,将更多的注意力放在大型食品杂货零售商上。为了确保新战略的成功,他们设计了一组关键绩效指标来监测公司是否正在有效地达成竞争成本、高质量和优质服务的目标。这项变革的主要目的是提升部门的财务绩效。[16]ICU医疗公司是典型的自上而下结构的例子,ICU医疗公司的创立者兼总裁乔智·洛佩兹(George Lopez)博士向来独自决策并实施,尽管有的经理和员工开始会反对他的想法。这项变革从长远来看也是成功的。[17]

文化创新(culture innovations)是指员工的价值观、态度、期望、信念、能力和行为的变革。文化变革涉及员工思维方式的变革。这里发生改变的是人的思想观念,而不是技术、结构或产品。华盛顿特区警察局(Washington, D. C. Metropolitan Police Department)局长凯茜·拉尼尔(Cathy Lanier)正在改变组织的文化——像重视打击犯罪一样重视防止犯罪。"我们对待犯罪的态度已经发生了改变,从以前的殴打他们,与他们交手搏斗,用手铐把他们铐起来,变为如今的'我们应该如何阻止此类事件发生'。"华盛顿特区警察局局长助理阿尔·达勒姆(Al Durham)如是说道。拉尼尔说:"即使是巡逻的警察,如果能够努力工作,认真关注,就能对人们的生活作出重大的改变。"[18]

文化变革是尤为困难的,因为人们很难轻易改变自己的态度和信念。文化在之前的章节已进行了充分的讨论,我们将会在本章的后面部分更为具体地讨论文化变革。

成功变革的要素

不论何种类型或范围的变革，都包含几个可以识别的创新阶段。这些阶段通常按一定的顺序出现，尽管其中可能有些重叠。[19]有关创新的研究文献一般是将**组织变革**(organizational change)定义为组织采用了一种新的构想或行为；[20]而**组织创新**(organizational innovation)则被定义为组织采用了一种相对于其所处的行业、市场和一般环境来讲崭新的构想或行为。[21]第一家推出某种新产品的企业被认为是创新者，而仿制这种产品的企业则被认为只不过实施了变革。不过，从管理变革的角度来讲，创新和变革这两个词可以混同使用，因为不论一项变革与其他组织相比是早还是晚，它在组织内所进行的**变革过程**(change process)通常都可以明确识别。一般而言，创新要经过一系列的步骤或要素而渗透到组织中去。首先是组织成员意识到可能发生的创新，接着评估其适用性，然后再评价和选择实现这种创新的具体构想。[22]成功变革所要求的要素可概括为图 11-3。为成功地推行一项变革，管理者必须确保组织具备所有的要素。如果缺少了其中某个要素，变革过程就会以失败告终。

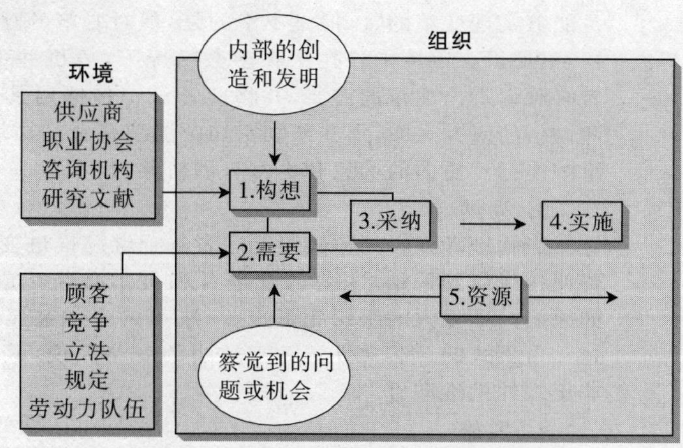

图 11-3　成功变革的要素及其序列关系

1. 构想

变化是一种思想的外在表现。没有哪个企业可以保持竞争力，除非不断产生新的构想，变革不过是构想的外在表现和延伸。[23]构想，指的是一种新的事物或新的做事方式。它可以是一项新的产品或服务，一种新的管理思想，或是联结组织内工作单元的一项新的流程。构想可源于组织内部，也可来自组织的外部。内部**创造力**(creativity)是组织变革中的一个具有戏剧色彩的要素。创造力是对新奇构想的概括，这些构想或者能满足察觉到的需求,或者能回应出现的机会。举个内部创造力的例子:Boardroom Inc.是一家书籍和新闻通信的出版商,它的一名雇员提出了将公司出版物的尺寸裁减掉1/4英寸的想法。经理人员明白较小的尺寸能减少邮资,实施这个想法每年将至少给公司节省50万美元。[24]有一些激发内部创造力的技巧,目的就是增加组织的多样性,确保员工有大量的机会去接触与自己不同的人,给员工实验的时间和自由,支持他们冒险和学习。[25]这里也给出一个例子:总部位于印第安纳波利斯(Indianapolis)的制药企业礼来公司(Eli Lilly & Co)举行"失败聚会"(failure parties),以纪念那些虽然最终结果失败但却杰出而有效率的科研工作。公司鼓励科研人员冒风险,并为失败的药物寻找替代用途。比如,治疗骨质疏松症的药物易维特(Evista)就是一种失败的避孕药,治疗注意缺陷/多动障碍症(ADHD)的盐酸托莫西汀(Strattera)正是一种失败的抗抑郁药,而轰动一时的壮阳药伟哥(Viagra)最初竟是开发用来治疗心痛病的。[26]

2. 变革的需要

构想通常不会得到重视,除非组织中的人们察觉到变革的需要。通常在管理者发现组织的实际绩效与期望绩效之间出现了差距时,他们才会认识到变革的需要。管理者要设法营造一种紧迫感,使其他人领会这种变革的需要。有时候,危机会造成一种不容置疑的紧迫感。例如,索尼一度引领了日本的技术专长,但是现在也在为生存而斗争。2012年春,新任首席执行官平井一夫(Kazuo Hirai)站在公司前描述了索尼的新战略,他说他会让公司扭亏为盈。"现在索尼已经到了必须改革的时刻,"他说,"我相信索尼是能够实现变革的"。但是不幸的是,他对变革的呼吁至今为止没有得到重视,索尼仍在困境中挣扎。[27]在多数情况下,危机并不明显存在。这样,管理者必须识别出变革的需要,并将此种认识传播给其他人。[28]一项关于工业企业创新的研究表明,那些鼓励密切关注消费者和市场环境、支持创新活动的组织能得到更多的构想和更富有创新性。[29]

3. 采纳

当管理者或者其他决策制定者选择继续推进变革,就做出采纳的决定。要使构想得到采纳,主要的管理者和员工必须达成支持变革的一致意见。如果是一项重大的组织变革,这一决策的生效甚至可能需要董事会签署通过一份正式的合法文件。对于较小的变革来说,只需一位中层管理人员的非正式的批准即可。

4. 实施

当组织成员将新的构想、技术或做事方法付诸实际应用时,组织变革进入实施阶段。实施开始时,所需的材料和设备等必须到位,员工也需要得到训练。实施是变革中的一个重要步骤,没有实施,前面的工作都变得毫无意义。实施变革通常也是变革过程中最困难的环节,但只有当人们切实采用了某一构想时,变革才成为现实。

5. 资源

要实现变革,需要人投入精力和行动。变革不会自动地发生。无论是提出还是实施某个新构想,都需要一定的时间和资源投入。必须得有人花费精力去发掘变革的需要并提出满足这一需要的构想。需要有人提出变革的建议，并要有人投入时间和精力实施这一建议。绝大多数创新项目都会超出正常的预算配额，需要提供额外的资金。另外，如第 3 章介绍的，有些企业成立了任务小组，集中资源推行某项变革。还有些企业设立种子基金(seed fund)或风险基金(venture fund)，给予提出有前景构想的员工以资金的支持。在礼来公司，“蓝天基金”(blue sky fund)就是用来支持研究人员从事那些似乎不会即时产生商业效益的项目的。[30]

图 11-3 中有一要点特别应该引起重视。我们将变革的需要和新的构想同时列为变革过程的起始环节。两者中的任何一个都可能率先引发变革过程。比如，许多企业采用了计算机技术，因为该项技术似乎有望提高效率。与此相对照，当代对人类免疫缺陷病毒(HIV)疫苗的研究，则是缘于一种强烈的需要。不管需要和构想哪个先出现，对于实现一项变革而言，图 11-3 所示的每一个步骤都是必须完成的。

技术变革

在当今的商界，任何一家不能持续地开发、获取和适应新技术的企业，很可能在几年时间内就会倒闭。管理者可以创造条件来鼓励技术变革。不过，如果企业要推行技术变革，它又会面临一种矛盾的境况，因为产生新构想所要求的条件往往并不是在常规生产中实施新构想所需的最佳条件。创新型组织具有灵活性强、授权于员工以及没有刻板的工作规定等特征。[31]正如本书前面讨论过的，一个有机的、机动灵活的组织通常是与变革相关联的，这种组织被认为是适应动荡多变环境的最理想的组织模式。完成问卷“你适合哪种组织设计”，看看你是否有创新的特质。

你适合哪种组织设计

你的创新性如何？

根据你现在的生活情况，对下面题项选择“基本符合”或“不太符合”。

	基本符合	不太符合
1. 我经常试图寻找做事情的新方法。	______	______
2. 我认为我是个创新的人，并且有很多原创性的思考和行为。	______	______
3. 我不太相信一些新奇的小玩意，除非我身边有人在用它。	______	______
4. 在学习或工作当中，我经常对别人的新想法持怀疑态度。	______	______
5. 我经常会先于其他人去购买一些刚出的食品、设备或其他创新产品。	______	______
6. 我喜欢花时间去尝试新东西。	______	______

7. 我的行为会影响到别人去尝试一些新东西。 ________ ________

8. 在我的同伴当中,我经常会第一个提出新想法或思路。 ________ ________

计分:计算你的个人创新得分,需要将题项1、2、5、6、7、8上选择"基本符合"的分数与题项3、4上选择"不太符合"的分数相加。

解析:个人创新性反映了对创新需要的意识,以及对创新实践的尝试。创新性被认为是一个人相比同龄人更早接受创新事物的程度。创新性对创新公司、创新部门、创业团队或是创业企业的人来说都有积极的推进作用。如果你的得分是6~8人,说明你是一个积极创新的人并且喜欢第一个接受创新。如果你的得分是4~5人,说明相比同龄人,你的创新性处于中等偏上水平。如果你的得分是0~3人,说明你可能比较偏向保守,不会对新奇的想法和事物感兴趣。作为一个管理者,较高的分数意味着你将会重视创新和变革。

资料来源:Based on H. Thomas Hurt, Katherine Joseph, and Chester D. Cook, "Scales for the Measurement of Innovativeness," *Human Communication Research* 4, no. 1 (1977), 58-65; and John E. Ettlie and Robert D. O'Keefe, "Innovative Attitudes, Values and Intention in Organiztions," *Journal of Management Studies* 19, no. 2 (1982), 163-182.

有机式组织所特有的灵活性使员工能自由地提出和采用新的构想。有机式组织鼓励自下而上的创新过程。正是因为有了提出新构想并进行试验的自由,源于中下层员工的创意才会层出不穷。与此相反,机械式结构由于强调规则条例而抑制了创新,不过,对有效地生产常规产品来说,它通常是最好的结构形式。管理者所面临的挑战就是要在组织内同时创造出有机式和机械式两种条件,以便同时取得创新和效率。为了实现技术变革这两方面的目标,许多组织采用了兼顾创新与效率的两栖组织策略。

两栖组织法

最近的研究在创新激发和创新应用的关系上探索出了一种将有机式结构与机械式结构结合起来的方法。有机式结构的特征,如分权和员工自主,对于激发创新是有益的,但对于创新的应用来说,它却给组织带来了困难,因为在这样的结构下,员工可能不遵从管理层的指挥。由于分权和结构松散的缘故,员工可能对组织中产生的创新构想视而不见。

组织应该如何解决这个两难问题呢?一个策略就是**两栖组织法**(ambidextrous approach)——将适于激发创新和应用创新的两类组织结构及管理过程结合到一个组织中。[32]在过去的几年中,两栖性已经成为组织研究中一个热点主题。[33]另一种考虑两栖组织法的方式是关注两类组织设计要素:一类对探索新构想十分重要;一类对充分利用现有能力最为合适。[34]探索意味着鼓励创造力和开发新构想,充分利用意味着实施这些构想以生产常规产品。因此可以把组织设计成:当需要探索新构想时按有机方式运行,当需要充分利用这些构想时按机械方式运行。图11-4说明了组织是如何做到将一个部门按有机方式构建以探索和开发新构想,而将另一个部门按机械方式构建以符合应用创新的日常工作。研究表明那些应用两栖组织法(从既有利于探索创新又有利于利用创新两方面来设计)的组织在开发创新型产品和服务方面明显更为成功。[35]

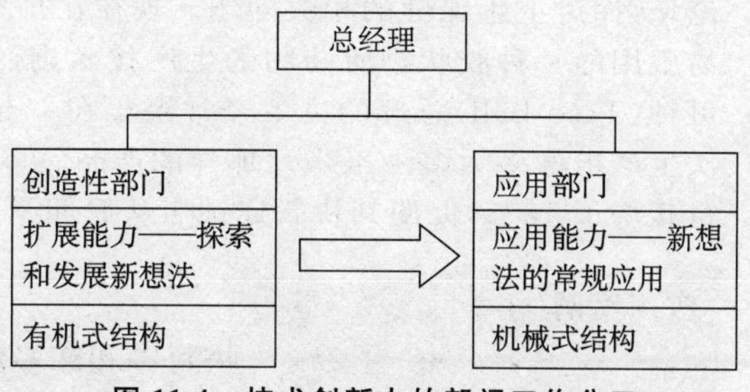

图 11-4　技术创新中的部门工作分工

举个例子,一项针对创办已久、在创新突破方面颇为成功的日本企业(如本田和佳能)的研究发现:这些组织应用的正是两栖组织法。[36]为了激发与某项新技术有关的构想,公司选派那些由不拘泥于固有行为方式的年轻职员所组成的团队去从事相应的项目。团队由一位受人尊敬的长者领导和负责,同时可以进行任何激发新构想和开发新产品所需要的工作,哪怕这意味着要打破那些对大公司实施新构想而言十分重要的规则。

博斯公司(Booz & Company)在最近的一项研究中强调了创新过程中的两个阶段:创意产生和创意转化,它们粗略地对应着探索和开发。创意产生是指为产品和服务提出新想法;创意转化是指将这些想法转化成产品开发流程。有趣的是,在博斯的研究中,有 46%的企业认为自己在两个阶段都做得比较差,只有 25%的企业认为自己在两个阶段都做得比较好。[37]

自下而上法

创新公司认识到许多有用的想法来自那些日常的工作:服务客户,对抗竞争对手,找出完成工作的最好办法。因此,支持创新的企业会实施多种机制、系统和流程,以鼓励自下而上地传递创意想法,并确保高管能听到这些想法并做出反应。[38]谷歌鼓励员工在任何给定的时间内尝试各种小型实验。公司故意拿出一些设计不完善或者不完整的产品,来测试一下员工们会提出什么样的想法去完善它们。[39]很多成功的创新都始于小型的实验,而不是规模可观的宏伟蓝图。博雷戈太阳能公司(Borrego Solar Systems)首席执行官迈克·哈尔(Mike Hall)在公司内部网上举办"创新挑战"竞赛,鼓励工程师们讲出如何改善业务的想法。员工投票选出他们最喜欢的想法,获胜者将可以得到现金奖励。很快,一个关于使用软件促进销售和工程团队合作的想法就得以实现。[40]

其他公司也使用这种方法。这种方法有时被称为"创新社区"。在直觉公司(Intuit),管理者们举办了一个 D4D 论坛(Design for Delight forums),1000 多名员工参加了这个论坛。论坛结束后,设计团队要说出一件他们能做的有别于其他团队的事情。两个刚到直觉公司几个月的员工提出了为

D4D论坛讨论提供在线社交网络的想法。在提议被接纳的第一年，通过网络产生了32个创意想法，而且这些想法已经被带进了市场。[41] 自2005年以来，日本制药企业卫材公司(Eisai Company)已经举办了400多次创新社区论坛，探讨卫生保健的相关问题。现在在日本市场上，老年痴呆症患者很容易服用的一种胶状物质药物的生产技术，就出自这一论坛提出的想法。[42] 塔可钟(Taco Bell)总部的员工经常聚集在一起举行全日创意会，以期能够再次生产出像多力多滋玉米片那样的产品。多力多滋玉米片的推出使公司销量猛增了13%，促使其快餐连锁店又雇佣了1.5万名员工。

应用案例 11-2

塔可钟和菲多利

塔可钟食品公司生产的"多力多滋玉米片"首先进入了家得宝(Home Depot)，开始了它的市场之旅。工作人员必须用喷枪将多力多滋的调料喷到玉米片的脆皮上。但是将这款产品进一步开发之后，顾客的口味测试令人很失望。"新产品让人兴趣全无"，塔可钟公司食品创新专家史蒂夫·戈麦斯(Steve Gomez)说。

塔可钟和菲多利的工作团队花了数月时间研究正确的配方和技术，以确保脆皮不会破裂，但仍然香脆可口。经历两年多夜以继日的工作以及尝试40多种配方之后，研发团队信心十足地在几家餐馆进行了测试。但压力依然很大。一篇评论写道："这就是我想要的，而且我期待更多。"多力多滋玉米片被销往全国，并很快成为一种流行食品，仅第一个星期就售出了数百万包。继乳酪玉米片(Nacho Cheese)和清爽牧场(Cool Ranch)之后，火焰辣味多力多滋玉米片(Doritos Flamas-flavored taco)成为新的流行食品。塔可钟首席执行官格雷格·克里德(Greg Creed)说："多力多滋玉米片不仅仅是一款产品，它现在更是一个平台。"[43]

塔可钟也认真考虑了推出其他新产品的可能性，并正在考虑将下一代多力多滋玉米片的创意设计工作众包出去。菲多利食品(Frito-lay)已推出了塔可钟口味的多力多滋玉米片。当今时代，组织的许多成功创新来自于组织之外，就像塔可钟和菲多利的合作以及它正在考虑的众包。

与创新想法一样重要的是将想法付诸行动。"没有什么比当员工发现他们的想法不知去向更糟糕、更影响士气的了。"创业学教授拉里·班尼特(Larry Bennett)说。在博雷戈太阳能公司(Borrego Solar Systems)，CEO把每一个他想实施的想法分配给执行发起人，员工可以在内部网跟踪想法的实施情况。[44]

促进技术变革的具体方法

为维持两栖组织的顺利运行以及鼓励自下而上的新构想，许多企业开发出了一系列具体方法，包括采用可变换结构，单设创造性部门，设立创业团队，开展公司创业以及建立合作团队。

可变换结构

可变换结构(switching structure)是指组织一旦需要有一种有机式结构来激发员工提出新构想,便建立这样一个结构。[45]下面是一些组织使用可变换结构法来创建两栖组织的一些示例。

● 位于伦敦的万盛软件公司(Misys)的首席执行官迈克·罗瑞(Mike Lawrie)组建了一个单独的部门设计开源解决方案(Open Source Solutions),旨在为卫生保健行业研发潜在的破坏性技术。罗瑞希望有创造力的人有时间和资源去开发新软件,使所开发的系统软件能够实现数据在医院、医生、保险公司和其他卫生保健系统之间的无缝交换。对于比较机械化、常规化的组织来说,在提出设立新部门或开发新业务的想法之后,程序和精度对于实施这些新想法而言非常重要。[46]

● 在德图快餐店(Gardetto's)——于 1999 年被通用磨坊(General Mills)收购的一家快餐企业,管理者们经常派一组员工到尤蕾克农场(Eureka Ranch),在那里度过"轻松自由"的两天半,大家可以在那儿先参加一场名为纳夫枪战(Nerf gun battle)的游戏,以此设定本次活动趣味和自由的基调。然后,以头脑风暴法的方式让大家在畅谈中充分发表意见,并告诉大家要在一天之内尽可能多地提出各种新构想。两天半后,小组成员回到各自的工作岗位,在通常的组织结构环境中将构想最有效地付诸实施。[47]

● 坐落于加利福尼亚州弗里蒙特市的新联合汽车制造公司(NUMMI),是一家由丰田汽车和通用汽车合资建成的公司,运营于 1984 年至 2010 年,该公司创建了一个以有机方式运作的跨职能、独立的机构,称作导航者团队(Pilot Team),为新款轿车和卡车设计生产流程。当这种款式的车投产之后,团队成员便返回车间的正常工作岗位。[48]

上述这些企业都创造性地找到了两栖组织法,既为开发新构想建立了有机式条件,同时又保持了实施和应用这些构想所需要的机械式条件。

创造性部门

在许多大型组织中,创新工作是由单独设立的**创造性部门**(creative department)来承担的。[49]像研究开发、工程、设计、系统分析等部门负责提出一些创新构想,供其他部门采纳使用。这些启动变革的创新部门是按有机方式组织的,为的是促进新构想、新技术的产生。而应用这些创新的部门则倾向于采取机械式结构形式,这样更适合高效率生产的要求。

举一个创造性部门的例子:日本大冢制药株式会社(Oksuka Pharmaceutical Company)*的研究实验室。为了具有那种想要尝试新事物、寻求意外收获的创造精神,大冢制药总裁樋口达夫先生(Tatsuo Higuchi)称其研究实验室十分重视思想独特的员工。[50]然而在制药部门,惯例和精准是非常重要的,因此制药公司倾向于雇用那些适于遵循规则和标准程序的更为常规的员工。

另一类创造性部门是**"构想孵化器"**(idea incubator),这是一种利于组

* 英文原版为 Oksuka,疑为印刷错误。——译者注

织内新构想开发的日益流行的方式。构想孵化器提供了这样一个安全的港湾：在那儿组织中所有员工的构想都能被开发出来，不受任何来自公司行政或政策的干扰。[51]像波音公司(Boeing)、奥多比系统公司(Adobe Systems)、雅虎(Yahoo!)、齐夫·戴维斯(Ziff Davis)出版公司和联合包裹服务公司(UPS)这类多元化的公司，正在使用"构想孵化器"来支持创造性构想的开发。

创业团队

创业团队(venture teams)是赋予组织内的创新活动更大自主性的一种组织方法。创业团队常常拥有独立的场所和设备，以使其摆脱组织中各种规章条例的束缚。创业团队就像是大企业中的一个小企业。诸多组织都运用创业团队的方式将富于创造力的人员从大公司的行政式机构中解放出来。[52]2013年末，亚马逊开始建立地理区域卫星定位系统，并为此开发了一些独立项目，由专门的技术人才库负责。这些负责项目开发的办公室称之为远程开发中心。建立远程开发中心的目的是为了利用新创项目的活力和灵活性，并减少与其他公司之间的沟通需求。开发中心的第一项任务是处理随着亚马逊不断增加的产品目录而增加的索引和搜索问题。[53]

有一种创业团队叫作"**专案工作小组**"(skunkwork)。[54]这种团队具有独立、小型、非正式、高度自主且通常保密的特点，通常聚焦于为企业提供突破性的构想。"斯昆科沃克"最初是由洛克希德·马丁(Lockheed Martin)在五十多年前创立的，至今仍在运行中。这种团队的实质就是赋予才华横溢的人员以时间和自由去发挥创造力。谷歌X实验室(Google X lab)是一个绝密实验室，其地理位置也是个秘密。工程师们开发的都是一些"上天揽月"之类的项目，比如无人驾驶汽车、太空电梯。这些技术有可能实现从太空搜集信息，或者向太空发送信息。此外，还有机器人研发，比如，你坐在办公室里，你的机器人代替你去参加会议。这个专案工作小组非常保密，在《纽约时报》报道它之前，几乎没有人知道，甚至谷歌的很多员工都不知道它的存在。[55]

创业团队思想的一种变异形式是设立**创业基金**(new-venture fund)，它为员工开发新的构想、产品或业务提供资金来源。荷兰皇家壳牌公司(Royal Dutch Shell)将10%的研发预算投放到改变游戏规则的项目上，为雄心勃勃且激进的或者长期的创新项目提供种子资金，虽然这些项目可能会迷失在较大的产品开发系统中。[56]

公司创业

公司创业就是要在公司内培育一种创新的精神、理念，并采用合适的组织结构，以促生更多的创新成果。公司创业包括创造性部门和创业团队的使用，更包括了要尽力释放组织中所有员工的创造力这样的内涵。长期成功的公司将创新看作是一种日常思维方式，是一个持续的过程，而不是一次性的。本章的新书评介讲述了皮克斯(Pixa)在保持员工创造性思维方面的一些经验。已被第一资本(Capital One 360)收购的荷兰国际集团(ING Direct)将企业家精神融入企业文化中，公司的指导原则包括"我们永远不会止步”。公司管理者们让人们总是想着接下来应该如何创新。[57]

埃德·卡特穆尔(Ed Catmull)

《创新公司：皮克斯的启示》(*Creativity Inc.: Overcoming the Unseen Forces That Stand in the Way of True Inspiration*)

皮克斯动画工作室(Pixar Animation Studio)已经出品了几部比较成功的、脍炙人口的动画电影,其商业运营模式也取得了惊人的成功。此外,皮克斯的领导正在重新振兴迪士尼动画工作室(Disney Animation Studios)。2006 年迪士尼收购皮克斯时,迪士尼动画工作室已经奄奄一息,到了山穷水尽的境地。皮克斯的经营管理哲学对于迪士尼动画工作室来说非常激进：让富有创意的人拥有创意控制权,经济成功就会随之而来！埃德·卡特穆尔是皮克斯动画工作室的总裁,也是其联合创始人之一。他之所以写《创新公司：皮克斯的启示》一书,一方面是为了讲述皮克斯工作室连续出品 14 部脍炙人口的动画片的过程;另一方面是为了告诉各个企业应该怎样重燃员工的创造激情。

皮克斯动画工作室的魔力源泉

埃德·卡特穆尔在《创新公司：皮克斯的启示》一书中列举了众多可用于管理和激发员工创造力的技巧,这些技巧均来源于他在皮克斯工作室的工作经历。

(1) 拥抱新事物。乔治·卢卡斯(George Lucas)刚开始雇用卡特穆尔时,主要让他负责将特效图片插入实景镜头,而当时卢卡斯影业(Lucas Film)的电影剪辑师们坚持不使用电脑。这一情况直到约翰·拉塞特(John Lasseter)进入公司后才得以好转,他用他的激情影响着公司员工思维模式的转变。为了规避重新设计的风险,工作室的团队小组在每部动画制作之前都会做相关领域的考察和研究。以皮克斯动画工作室出品的《美食总动员》(Ratatouille)为例。《美食总动员》讲述的是一只原本注定在垃圾堆中度过平淡一生的小老鼠梦想成为站在世界之巅的美味大厨的故事。为了这部动画,皮克斯的工作人员专程前往巴黎,品尝巴黎的美食,参观巴黎的厨房,主动与当地的厨师交流,甚至还实地考察了巴黎的下水道系统。

(2) 鼓励员工坦诚交流。卡特穆尔在书中写道：“人们能自由地交流自己的想法、观点和评论意见是公司文化具有创造性的一个重要标志。”而皮克斯动画工作室保证员工坦诚交流的主要机制来自于一个智囊团。该智囊团由一群有创造力的人员组成,他们每隔几个月就聚到一起相互交流自己的观点,知无不言,而且智囊团的所有人都是平等的,负责人也没有必要必须采纳其中的某条建议。智囊团存在的真正意义在于,将这一群睿智而又富有创造力的人聚在一起,让他们畅所欲言,针对各种问题出谋划策!卡特穆尔写道:"坦诚的交流对我们的创作过程至关重要。这是为什么呢?因为我们的动画在开始制作阶段会全面参考大家提出的各种想法和意见。"与此同时,皮克斯工作室勇于进行各种各样荒诞的尝试,例如"会说话的玩具""能做饭的老鼠"等,但这些都不是一蹴而就的,是大家相互交流、坦诚相待的结果。

(3)给所有人发言权。皮克斯工作室非常注重保护有创造力的员工,并且给予他们充分的自主权。然而,在《玩具总动员》(Toy Story)出品后,卡特穆尔了解到,制片人在制作《玩具总动员》的过程中非常不愉快,因此不想再签约制作下一部作品。这无疑会严重影响到公司将来的发展。卡特穆尔发现,这其中的原因是:制片人觉得自己没有受到应有的尊重,艺术家们似乎把他们当作二等公民来对待。出人意料的是,在动画制作期间,皮克斯工作室的工作人员都未利用公司的开放政策来抱怨或者发牢骚。卡特穆尔把大家聚到一起,告诉大家不要畏惧所谓的尴尬和可能遭受的谴责,畅所欲言,发表自己的看法。卡特穆尔在书中写道:"人们相互交流观点和看法,然后再让管理人员从中做出选择,这比费尽力气确保以正确的顺序通过正确的途径完成每一件事要更加有效。"

领导者的作用是什么?

卡特穆尔认为,领导者可能会错失很多东西。部分原因是领导们平时的工作非常忙碌;同时也是因为任何人都有盲点,包括领导者在内,并且这个盲点会随着权力的增大和声望的提高而愈加显著。卡特穆尔认为,领导们虽然不能完全避免盲点,但是他们能意识到自己也有盲点,并且能时刻意识到自己有许多不了解的事情。在《创新公司:皮克斯的启示》一书中,他写道:"有一个更好的办法就是,我们每个人都树立一种意识——面对复杂的环境,任何人都不可能面面俱到,我们要做的是将不同的观点整合到一起。"

Creativity Inc., by Ed Catmull, is published by Random House.

公司创业最重要的结果之一是促使**创新带头人**(idea champions)发挥作用。创新带头人有多种不同的称谓,诸如倡议者、内企业家、变革推动人,等等。创新带头人花费时间和精力促成创新的实现。他们力争克服对变革的各种阻力,使其他的人信服新构想的价值。[58]正如第8章所描述的,一些企业正在使用社会网分析的结果去识别哪些人能够影响同事,以及能够有助于新创意的实施。例如,企业健康服务提供商双健公司(HealthFitness Corporation)为了建立一个新技术平台已经投资了3000万美元。客户对此期望很高,但是有些员工并不接受这个项目。管理者们找出了30个左右对其他人有较高影响力的员工,额外给他们更多的机会了解项目内容和作用。这些人开始支持新项目,并向其他人传递了正向评价。此后,项目的实施工作顺利了许多。[59]

得克萨斯仪器公司(Texas Instruments)在实践中发现的一个令人振奋的事实,更明确揭示了创新带头人的重要性。得克萨斯仪器公司在评估已完成的 50 个成功或失败的技术项目时发现，所有失败的项目都有一个共同的特征，那就是缺乏一个自愿的带头人。没有人对这个新构想充满激情，并充分相信它的价值，从而冲破重重障碍，全力推动这个构想为人们所接受并最终变成创新成果。这个发现在得克萨斯仪器公司中引起了高度重视。这家公司现在在审批新技术项目时考虑的首要标准，就是看该项目是否有一个踊跃的带头人。[60]同样，在斯坦福国际咨询研究所(SRI International)，管理者们经常引用一句格言：没有创新就没有产品，没有产品就无法成功(no champion, no product, no exception)。[61]研究证实，成功的新想法通常是那些支持的人全心全意相信的想法以及那些值得去下决心说服别人的想法。此外，大量研究都发现创新带头人是新产品成功的一个重要因素。[62]

成功的企业会以提供自由和给富有创造力的项目组成员宽松的工作时间等方式来激励创新带头人。例如，IBM 公司、得州仪器公司、通用电气公司和 3M 公司允许员工无须经公司批准就可进行新技术开发。这些未经批准的研究，即所谓的干私活，通常会给公司带来丰厚的回报。20 世纪 70 年代早期，得州仪器公司秘密地开发了一款语音教育玩具“说和拼”(Speak & Spell)。产品一问世就引起很大的反响，但更重要的是，产品内嵌了得州仪器最新的电子信号处理芯片，而该芯片能嵌入手机和其他的移动工具，得州仪器公司获取了巨大的利润。[63]

评价你的答案

1. 打造一个创新型公司最主要的做法是要求员工提供新想法。

答案：不同意。新的想法对于创新至关重要，但是管理者不能只是简单地命令员工提出新想法。管理者要创造新想法提出和实施的条件，要知道保持创新和激发创新同样重要。

新产品和新服务

诚然刚才讨论的想法对于产品、服务及技术的变革十分重要，但也需要考虑其他要素。从许多方面来讲，新产品、新服务是创新的一个特例，因为使用这些创新成果的是组织外部的顾客。由于新产品、新服务是着眼于将来在市场上销售而设计的，因此，该项创新是否适用、是否能成功，就面临着很大的不确定性。

新产品的成功率

有不少研究对新产品开发和销售中存在的巨大的不确定性进行了考察。[64]只要看看以下几个失败的例子，我们就不难明白这种不确定性对组织意味着什么。微软花了两年时间和数亿美元开发了一条新型智能手机生产线,分别叫作 Kin One 和 Kin Two,但是这两款手机投放市场不到两个月就被撤回,因为一直没人买。就连谷歌在新产品开发方面也并不顺利。黑色球形状的流视频和流音乐播放器奈克瑟斯 Q(Nexus Q)的推出不断延迟,最终未能正式发售。由于顾客认为该款产品价格太高,因此谷歌决定已经预定该产品的顾客可以免费获得一台,但不再生产上市。美国有线电视新闻网(CNN)将其列入了2012年十大"技术失败"产品名单。[65]让我们想一下,微软推出的音乐播放器 Zune 能够和 iPod 竞争吗?如果你认为不能,那么很好;其他任何人都不会认为能。[66]

其他行业的企业生产的产品也遭遇了同样的命运。可口可乐投资5000万美元用于C2可乐的广告宣传活动。C2是可口可乐的一款新产品,热量和碳水化合物含量仅有常规可乐的一半,但是(据说)口感和常规可乐几乎一样,目标消费群体是20~40岁的男性消费者。但是新产品的吸引点并不那么明显,最后以失败告终。宝洁公司推出了一款名为"香氛机器"(Scentstories)的新产品,外形看起来像一个CD播放器,每30分钟向空气中喷射空气清香剂。消费者对这款产品及其市场营销信息感到很迷惑,他们以为这款"机器"既包含音乐又包含气味。[67]麦当劳为了满足"成人口味"推出了豪华汉堡,并且投资了数百万美元的研发费用和1亿美元的广告活动费用,却以失败告终。[68]开发和生产失败的产品对所有的企业来说都是业务的一部分。玩具公司每年推出上千种新产品,但大多都以失败告终。美国的食品公司每年要在超市里推出将近5 000种新产品,但是新成品的失败率占到了70%~80%。[69]企业之所以愿意承担这样的风险,是因为产品创新是企业适应市场和技术以及竞争环境的变化而必须采取的最重要的经营方式之一。[70]

虽然测算新产品的成功率比较棘手,但美国产品开发管理协会(Product Development and Management Association, PDMA)一项对多个行业新产品商业化成功率的调查似乎有些眉目。[71]美国产品开发管理协会的调查结果源于400多个协会会员,他们当中的大部分在不同行业的产品开发部门工作。调查出的成功率如图11-5所示,研发实验室承接的所有项目在测试阶段的平均通过率为28%,通过了测试意味着所有的技术问题都得到了解

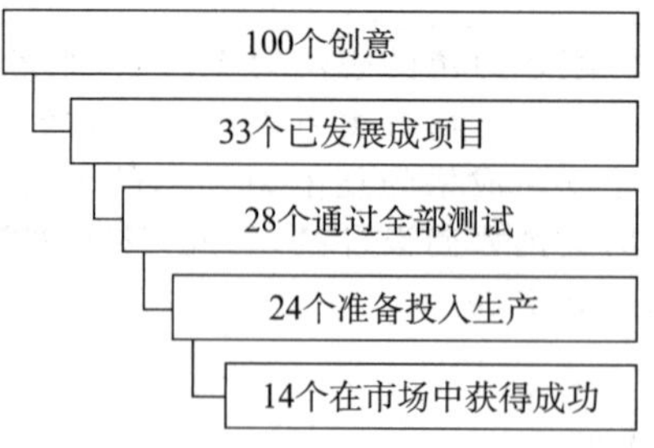

图11-5 新产品成功率

资料来源:Based on M. Adams and the Product Development and Management Association, "Comparative Performance Assessment Study 2004," available for purchase at *http://www.pdma.org*(search on CPAS). Resultsreported in Jeff Cope, "Lessons Learned—Commercialization Success Rates: A Brief Review," RTI Tech Ventures newsletter, 4, no. 4(December 2007).

决，并且准备投入生产。不到 1/4 的产品创新想法（24%）有机会走向商业化市场，仅仅只有 14%的产品获得最后的成功。[72]

新产品成功的原因

研究要回答的另一问题是：为什么有些新产品比另一些成功？麻省理工学院（Massachusetts Institute of Technology，MIT）最近的一项研究表明，将研发和制造地点安排在相近的位置，有助于企业提升创新能力以及创新成功率。通用电气（General Electric）坐落于纽约北部的大型定制生产制造工厂与研究园区相邻近，其目的是将新电池技术的设计、原型设计、制造、测试和生产整合在一起。[73]其他的研究表明，创新的成功与技术部门和市场部门间的协作关系有关。成功的新产品和新服务不仅在技术上是合理的，而且也要适应顾客的需求。[74]一项名为"萨菲项目"（Project SAPPHO）的研究考查了 17 对新产品创新成败的案例，每对案例中都有一个新产品成功而另一个新产品失败的情形。研究的结论如下：

1. 新产品创新成功的企业对顾客需要有更好的理解，对市场营销更为关注。

2. 新产品创新成功的企业能更有效地利用外部的技术，听取外部的建议，即便更多的工作是在企业内部完成的。

3. 成功创新的企业中，高层管理中有资深的拥有很大职权的人作为支持者。

总之，成功创新的企业中有一个独特的创新模式：能适应顾客的需要进行创新，有效地利用外部的技术，并拥有有影响力的高层管理者支持该创新项目。这些方面综合起来显示出，有效的产品创新活动是与跨部门的横向协调紧密关联的。

横向协调模式

为了实现新产品创新的成功，组织设计需要包含三方面要素：部门专业化、边界跨越和横向协调。这些要素既与第 3 章中介绍的横向协调方式相似，比如团队、任务小组、项目经理等；也与第 4 章中讨论过的分化与整合思想相似。图 11-6 展示了**横向协调模式**（horizontal coordination model）的这些要素。

专业化

新产品开发中的关键部门是研究开发、市场营销和生产部门。专业化分工意味着这三个部门中的员工在完成各自的任务中都是有很高技能的专业人才。因而，三个部门之间存在着分化，它们各自拥有与其专业职能相适应的工作技能、目标及态度。

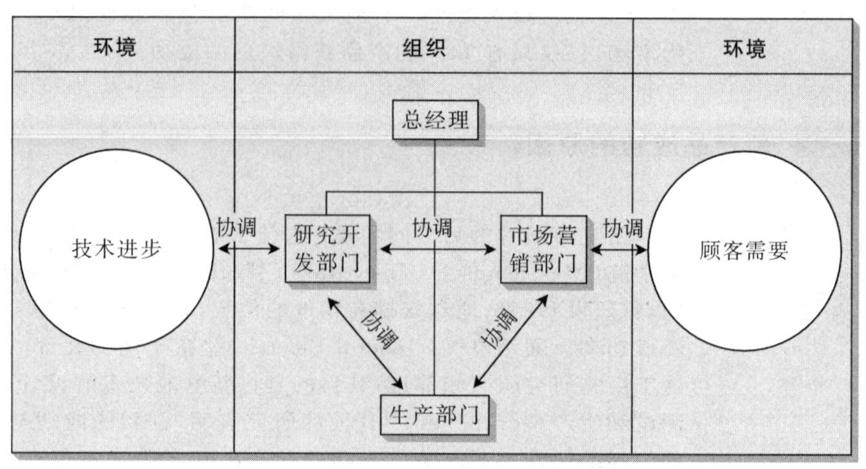

图 11-6 新产品创新中的横向协调模式

边界跨越

这一方面指的是参与新产品开发的每个部门都要与企业外部环境中的相应要素保持密切的联系。研究开发人员要与专业机构及其他单位研发部门的同行保持联系,了解最近的科技发展动态。市场营销人员要密切关注顾客的需要,倾听顾客意见,分析竞争对手的产品,研究分销商的建议。一项研究比较了具有良好产品开发记录的公司和具有较差记录的公司,表现最好的公司在整个产品开发过程中与顾客保持着密切联系,这些公司对顾客想要的和需要的进行了仔细研究。[75]金佰利克拉克公司(Kimberly-Clark)的市场研究人员通过到顾客家中进行深入调查,发现顾客对适合刚刚学步的小孩儿用的纸尿裤具有强烈的需求,由此开发出了好奇(Huggies)成长裤,取得了令人震惊的成功。在竞争厂家生产出同类的产品时,金佰利克拉克公司好奇纸尿裤的年销售额已经达到了 4 亿美元。[76]宝洁公司的产品开发团队实行的是"交易学习实验",他们生产少量新产品,并在网上、商场或游乐园销售,从而通过让消费者"用钱包投票"的方式来测度消费者对产品的兴趣程度。[77]

横向协调

这是指技术、营销和生产人员要共享他们的思想和信息。研究开发人员要告知营销部门新技术发展方面的信息,使之了解该项技术是否对顾客适用。市场营销人员也要向研究开发部门提供顾客的不满意见和有关信息,供其在新产品设计中使用。研究开发和市场营销部门的人员还要与生产人员密切协作,因为所开发的新产品必须要与生产能力适应,这样才能避免成本失控。总之,推出一项新产品的决策最终将是这三大部门联合决定的结果。信息技术管理公司艾默生(Avocent)的管理人员重新设计了产品开发过程,保证在项目从开始到结束的期间,程序员、测试人员和客户在同一团队工作。在一连串质量和安全问题导致数百万辆汽车被召回后,丰田修订了汽车开发的流程，以加强跨部门沟通。通用汽车公司可能会做同样的事，因为其安全问题也一直在发生。2014 年 2 月，通用汽车公司因点火开关故障召回了 80 万辆汽车，到了当年 5 月份，这一数字上升到了 200 万辆，而且未来有可能会继续上升。首席执行官玛丽·巴拉(Mary Barra)宣布成立安全团队，负责协调部门间的沟通和合作，以预防安全问题和质量失误。[78]运用诸如跨职能团队等方式的横向协调，能增加有利于新产品开发的信息的数量和种类，使产品设计既满足了消费者的需要，又规避了制造和营销中的问题。[79]康宁公司(Corning)采用一种横向联系模型(horizontal linkage model)为手机行业开发了一款新产品。

应用案例 11-3

康宁公司

如果你曾有一个塑料屏的手机，你可能会知道塑料非常容易被刮损甚至摔坏。康宁特殊材料部的一个小团队从中看到了机会。他们开始寻找一种方法，尝试用一种超级强韧而又柔软的玻璃制作手机屏幕。公司曾在 20 世纪 60 年代试图将其作为汽车挡风玻璃销售，但未成功。仅为了解客户兴趣而进行的实验性生产，就需要花费高达 30 万美元的成本。管理者们决定承受这个风险，因为他们觉得这个创意非常好。

一旦测试完成且对潜在顾客态度测试的收效良好，管理者就不得不快速行动了。康宁在令人惊叹的短时间内实现了从理念到商业的成功转化。原因之一便是公司拥有正确的文化和合适的系统。康宁各部门都知道，公司的高层管理者希望大家在新产品开发上保持合作，管理者们会对合作给予支持和奖励。康宁的创新并不仅仅依靠某个单打独斗的发明者或小团队，而是整个组织中的跨学科小组。因此，研发、生产、销售部门的员工就开发新型玻璃产品快速达成了一致意见。

截止到 2013 年，康宁公司的大猩猩玻璃(Gorilla Glass)已被用于 10 多亿部智能手机和平板电脑，每年销售收入达 10 亿美元，登上了《快公司》最具创新性公司的名单，位列第 36 名。康宁公司 2012 年推出的第二代大猩猩玻璃，厚度比前一代薄 20%，企业可以用来生产更轻巧的设备。第 3 代产品承诺将减少 40%的厚度，而且更具抗划伤性。随着越来越多的设备开始使用触摸屏，康宁公司一直在保持其产品创新。[80]

通过采用横向联系模型实施新产品开发，康宁在将创意成功转化为市场产品方面一直非常高效。著名的创新失败例子——新可口可乐、微软的 Zune 音乐播放器和苏珊·安东尼美元(Susan B. Anthony Dollar)，这些都违背了横向联系模式。员工没有考虑顾客需求和市场，或者内部部门间缺乏协调。研究证实，有效的边界跨越和成功的产品开发之间存在密切联系，边界跨越保证了组织能够接触到市场力量，也保证了部门间的协调。[81]

开放式创新与外包

很多成功的公司在产品和服务开发过程中都有顾客、战略合作伙伴、供应商和其他外部人员的参与。当今一个比较热门的趋势就是“开放式创新”。[82]

过去,很多企业都是在封闭的环境里产生构想,然后开发、制造、市场化和分销,这是一种封闭式创新方法。现在,具有前瞻性的公司都在尝试开放式创新方法。所谓**开放式创新**(open innovation),是指将从寻找新产品构想到产品商业化的过程扩展到组织边界甚至是产业边界之外。[83]例如,游戏开发商罗威欧公司通过向其他组织或个人发放许可的方式将“愤怒的小鸟”这款游戏应用进一步商业化,推出了相关的书籍、电影和玩具。[84]与别的企业、客户以及其他外部人合作能够使企业获益良多,包括缩短产品投向市场的时间,降低产品开发成本,提高质量,以及更好地适应客户需求。合作也可以促进更强有力的内部跨部门协调。与外部群体的合作要求来自公司不同领域的人员参与,这又需要企业建立强有力的内部协调和知识共享机制。[85]

博斯公司(Booz & Company)的研究显示,开放式创新能力强的公司的研发投资回报是创新能力较差公司的七倍。[86]消费品巨头宝洁公司可能是最著名的开放式创新的支持者。公司一些最畅销的产品,包括速易洁清扫器、玉兰油新生唤肤系列和清洁先生魔术橡皮擦,都是全部或部分地在公司外部开发出来的。宝洁公司从外部获得的创新产品占所有产品的50%还要多。[87]甚至是苹果公司,曾经一直以在许多方面的“封闭”而著称,现在也找到了一种利用开放式创新力量的方法。前任首席执行官史蒂夫·乔布斯曾经一直密切关注着公司的产品设计和开发。经过十年发展,苹果公司从一个电脑制造商变成了世界上最大的技术公司。苹果公司现在的主导产品包括硬件、软件、音乐、视频、通信和数字出版业。管理者深知在这些行业中取得成功需要一种更加开放的途径。例如,尽管苹果公司制定了指南和技术限制,但也允许所有人为iPhone手机应用程序提供创新思想和市场营销策略,希望iPhone手机应用程序可以获得一定的份额。[88]

互联网帮助礼来制药、宝洁、IBM、通用电气等公司利用了来自世界各地的创意,成千上万的人为创新出力。这种开放式创新称为**众包**(crowdsourcing)。通过向在线志愿者征集意见、让大家提供服务或者信息实现开放式创新的方式称为众包(“群众”和“承包”的结合),这种方式面向的是外部群众,而不是内部员工。[89]众包最直接的实现方式就是通过竞赛向群众寻求帮助。[90]位于伊利诺伊州卡迈市(Carmi)的伊莱斯特/美国海环公司(Elastec/American Marine)获得了100万美元的奖金,因为它开发了一套新的石油回收系统,可以以每分钟4600加仑的速度从海洋表面回收石油,这一速度超过了行业标准的4倍。[91]加拿大矿业企业黄金公司(Goldcorp)董事长兼首席执行官鲍伯·麦克尤恩(Rob McEwen)发起了黄金挑战(Goldcorp Challenge),他把之前严格保密的红湖(Red Lake)地形数据放到了网上，并且向公众提供575 000美元的悬赏奖金，只要有人能够从中发现矿藏资源丰富的位置，就可以获得奖金。来自50个国家的1400多名技术专家提供了各种方案，其中有两个澳大利亚的团队共同合作找到了金矿储藏最丰富的位置，使得红湖被公认为世界上金矿储量最丰富的地区之一。[92]在过去的几年中，人们对互联网上的各种竞赛报以了巨大的兴趣，这为企业将外部力量整合为新产品开发的内部输入提供了机会。[93]

评价你的答案

2. 产品在市场上能够取得成功的最好方法是咨询顾客的需求。

答案：对或不对取决于组织。将顾客纳入到产品开发过程对于组织至关重要，但是，许多产品根据顾客需要来设计并没有获得成功。此外，像苹果公司那样高度创新的企业，认为过多依靠顾客会对开发具有突破性的产品有限制作用。

利用快速的产品创新赢得竞争优势

由IBM公司和《工业周刊杂志》(*Industry Week Magazine*)联合发起的一项调查发现，40%的受访者认为与顾客和供应商进行合作对于新产品开发后成功进入市场有着最显著的影响。[94]在瞬息万变的全球市场中，快速的新产品和新服务开发已经成为一种重要的战略武器。[95]

一般来说，新产品开发速度越快，产品开发成本就越低，也就越有可能取得成功，因为企业可以更快速地在市场中获得有利位置，更快速地适应环境的变化，更快速地响应顾客需求变动。[96]例如，服装零售公司莎拉(ZARA)每周都有两次新品到店。公司每年生产4.5亿件商品。高科技设备使得连锁服装厂能够快速适应突发性的生产变动。卡拉威高尔夫公司每年推出7种到8种新产品，以确保其时刻站在最具创新性的制造商前列。[97]速度是菲亚特-克莱斯勒(Fiat-Chrysler)首席执行官塞尔吉奥·马尔乔内(Sergio Marchionne)重振克莱斯勒的策略基石。前任管理者的成本削减导致新产品缺乏，马尔乔内知道克莱斯勒必须迎头赶上以保持竞争力。马尔乔内最近宣布了一项雄心勃勃的目标：将菲亚特-克莱斯勒(Fiat Chrysler)的销量从2013年的440万辆年增长到700万辆。公司到2018年将推出8种新车型，同时改进老款车型，让它们保持新鲜感和时尚感。紧迫性和快速决策是克莱斯勒的新口号。[98]2014年，道奇公司(Dodge)出现在了《快公司》评出的最具创新性公司的名单上，位列第11名，因为它"不管内容是什么，总之一直在交流"。2013年，《王牌播音员2》(Anchorman 2)中扮演朗·伯甘蒂(Ron Burgundy)的演员代言了道奇的拓远者越野车(Durango)，他鼓吹说当年10月拍摄的广告使拓远者的销量上涨了59%，但是当他年末参加一档夜间访谈节目(以剧中角色的身份)听到这一数字时，却说，"这太让我震惊了，那车很糟糕，根本就是一堆废铁"。他把道奇当球踢，但是道奇没有生气，反而很满意。当然，其他所有人也非常满意。拓远者销量继续攀升。[99]

战略和结构变革

前面的讨论集中在生产流程和产品的创新上。这些是从组织的技术方面讨论的。实际上,生产流程和产品创新所需的专业知识蕴藏在技术核心和专业员工群体,如研究开发和工程部门。因此,这一部分要转而考察组织的战略和结构变革。

所有的组织都需要不时地对其战略、结构和行政程序做出调整和变革。过去,环境是相对稳定的,因而绝大多数组织只进行一些渐进式的微小变革,以解决眼前的问题或利用新机会。然而,在过去的10年里,全世界的企业都面临着适应新的竞争环境的问题,为此需要在战略、结构和管理过程方面进行激进式的变革。[100]

现在有许多企业正在进行削减管理层次、下放决策权的变革,并出现了向更为横向型的结构转变的强劲势头。乐高的忍者旋风忍术大师系列玩具(Ninjago: Masters of Spinjitzu)是公司分权创新和决策的结晶。2004年的时候,乐高还是一家层级制组织,"把大权集中在金字塔的顶端",高层制定所有的决策。而那段时间其实是一个关乎公司生死存亡的重要时期,一些高层领导意识到必须改变组织,采取新的结构形式。他们把权力从金字塔顶端下放到各个团队,并向团队提出一个他们想要的结果,然后团队几乎可以全权设定自己的目标,制定有关创新的决策。当忍者旋风忍术大师于2011年1月被投向市场的时候,它刷新了乐高公司的财务纪录,有力地证明了分权化模式的成功。[101]乐高最近一次通过权力下放获得成功的产品是乐高电影(The Lego Movie),公司2014年初发布的电脑动画冒险喜剧获得了普遍好评,连续三个周末都位居北美票房排名的顶端。

在这样的结构中,由一线工人组成的团队得到授权可以自主地做出决策、解决问题。一些企业正在彻底脱离传统组织形式,开始转向虚拟网络型的战略和结构。在这种情况下,许多企业纷纷进行结构重组和战略转变来发展电子商务。全球竞争和快速的技术进步很可能使下一个年代的战略和结构变革更为剧烈。推行这些变革是组织高层管理者的责任。一般来说,战略和结构变革的整个过程是与技术或产品创新的过程截然不同的。

双核心模式

组织变革的**双核心模式**(dual-core approach)将管理创新和技术创新结合在一起进行比较。**管理创新**(management innovation)是指组织对新的且有助于达成组织更远目标的管理实践、流程、战略或技术的应用。[102]这种创新与组织自身设计和结构有关,包括结构重组、精简机构、建立团队、控制系统和信息系统以及变更部门划分方式等。例如,平衡计分卡法就是一种管理创新，或者如第 6 章介绍的，通过建立合资企业实施全球扩张，或者如第 3 章所述的虚拟网络组织结构。许多公司最近采用的一种管理创新模式叫作“节俭型创新”(jugaad，发音为 joo-gaardh)。节俭型创新是塔塔集团(Tata Group)和印孚瑟斯(Infosys Technologies)等印度企业广泛应用的一种管理理念，这种理念倡导企业要力求快速、廉价地满足顾客的即时需求。经济困难导致研发预算愈加紧张，这使得节俭型创新正在成为许多美国管理者采纳的管理方式。[103]

有关研究表明，管理变革具有两个特点：一个是管理变革的发生频率低于技术变革；另一个是管理变革和技术变革是应对不同环境要素的需要，因而变革的过程并不相同。[104]组织变革的双核心模式确定了管理变革所适用的独特的变革过程。[105]组织——包括学校、医院、市政机构、福利院、政府部门以及各色的工商企业等——都可以以两个核心来概括其形态，即技术核心和管理核心。每个核心中都有各具特色的员工、任务和环境区域。组织中的创新可发端于任何一个核心。

在组织的层级体系中，管理核心位于技术核心之上。管理核心的职责包括组织自身的架构、控制和协调，它关注的环境要素主要是政府机构、金融资源、经济形势、人力资源以及竞争对手等。技术核心则是负责将原材料转化为组织的产品或服务，它关注顾客、技术等环境要素。[106]

双核心模式的一个要点是：许多组织，尤其是非营利性组织和政府组织，必须经常推行管理变革，并且与那些依靠频繁的技术和产品变革来获得竞争优势的组织相比，其构建方式需要有所不同。

实施管理变革的组织结构设计

有关管理和技术变革比较研究的结果表明，机械式组织结构适合于频繁进行管理变革(具体包括目标、战略、结构、控制系统以及人事等方面的变革)的组织。[107]成功地实施了许多管理变革的组织，与那些实施了许多技术变革的组织相比，前类组织通常拥有更高的管理人员比率，组织的规模也较大，集权化和正规化程度都更高。[108]其原因是，应政府、金融和法律等环境要素的变化而进行的管理变革常常需要采取自上而下的方式。如果组织采用的是有机式结构，基层员工拥有很大的自由和自主权，就可能抵制自上而下的变革。

同管理变革、技术变革相关联的创新模式如图 11-7 所示。有机式结构会促进生产工艺和新产品创新等的技术变革，因为这种结构允许基层和中层的员工自下而上提出各种新构想。与之对比，经常实施管理变革的组织则倾向于采用自上而下的变革过程和机械式结构。例如，六西格玛管理、采用平衡计分卡、决策制定分权等这些变化通过自上而下的方式得以实施。

在分权的机构中，专业人员可能抵制民政服务改革。相反，具有高度正规化和集权化特征因而被认为更为行政机构化的组织，则比较容易推行管理变革。[109]

那些通常采用自下而上方式进行技术创新的工商组织，如果突然陷入

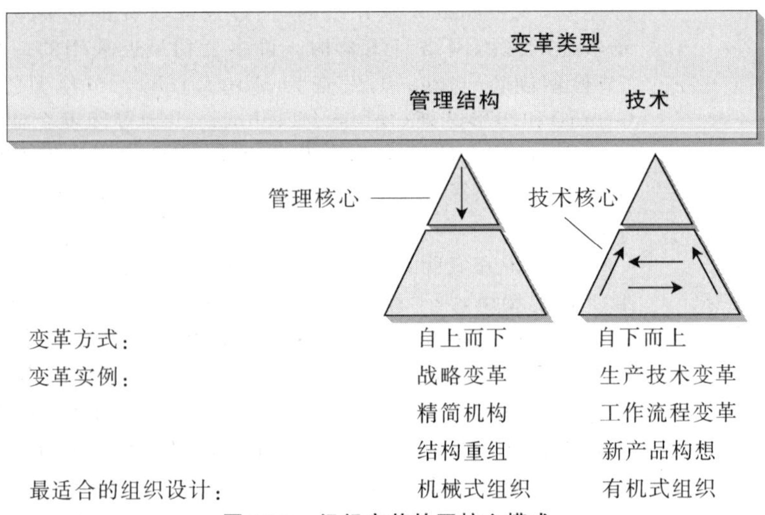

图 11-7 组织变革的双核心模式

危机中,需要进行重组,这时该怎么办呢?或者一个具有技术创新性的高科技企业,为适应生产技术和外部环境的变化,必须经常进行重组,这样的企业又该怎么办呢?许多技术创新型企业会突然被迫进行结构重组、裁减员工、改变薪酬制度、解散团队或组建一个新的事业部。[110]对此问题的答案是:采用自上而下的变革过程。战略与结构变革的职权掌握在高层管理中,他们应该适应环境要求而提出并实施新的战略和结构。变革过程也需要员工的投入,但高层管理者负有指导整个变革过程的责任。例如,总部位于英国的大型制药公司葛兰素史克(GlaxoSmithKline)就是通过自上而下的变革提升药物发现(drug discovery)的。

应用案例 11-4

葛兰素史克公司

诸如辉瑞、阿斯利康(AstraZeneca)以及葛兰素史克之类的制药公司在过去10年左右的时间都是通过并购推动企业发展壮大的。然而,虽然不断增长的规模增强了销售和营销的实力,但是日益增长的官僚主义却制约了企业的研发工作。大公司在新药研发上投入的资金在过去的15年间翻了3倍,但新药的数量却下降了,且已有新药中的大部分都是小型生物技术初创公司研发的。

葛兰素史克CEO安德鲁·威蒂(Andrew Witty)决定尝试一种实验性的方法,使研发科学家们像初创公司那样思考和行动。他将研发部门拆分成20~60人不等的小组,这些小组被称为研发绩效单元(Discovery Performance Units,DPUs)。每个小组都有来自不同学科的科学家,他们一起工作,并利用其综合的专业知识寻找诸如癌症、自身免疫性疾病等特定类型疾病的新药。化学家大卫·威尔逊(David Wilson)曾经说他可以永远都不见生物学家,而现在,大卫·威尔逊认为不同学科的融合有助于更快的决策和富有成效的头脑风暴。

威蒂批给了 DPUs 3 年的经费预算，给他们设定了明确的目标。他还设立了审查委员会以追踪小组研究进展，并决定是否继续对其予以资助。小组成员被告知：没有产出的小组可能会被解散，而小组里成员则被解雇。“即使我们失败了，也一定会有一个结果一直走到终点”，研发部主管蒙塞夫·斯拉维(Moncef Slaoui)如是说。[111]

葛兰素史克的大多数研究人员都对 DPUs 的创建表示欢迎。威蒂说研发部门的士气非常“可怕”。新型研发模式的实施给人们带来了创业动力，员工可以把精力集中在最有前途的研究领域上。如果研发部门不执行研发尖端药品的任务，威蒂和其他高管可能要通过解雇员工和外包更多的研发工作，来实施更加困难的自上而下的变革。

即使是要向去领导化的方向转型，也是从高层开始的，正如下面的案例中所展示的。

应用案例 11-5

美捷步

正如开篇案例中所讲述的，美捷步的领导层不畏惧任何风险，敢于尝试各种新方法。2013 年末，首席执行官谢家华(Tony Hseih)领导员工们开启了一场新的大变革。他召集所有员工，并向大家宣布，公司将重组为“全体共治”型组织(holocracy)。公司将不再设置具体的职位，也没有管理人员，所有工作都将被分散到一系列的工作圈中，取代之前的等级工作制度。美捷步的员工们几乎要在一夜之间改变与工作相关的方方面面。

到目前为止，美捷步是“全体共治”型组织的最大践行者，这种模式在企业界也越来越受欢迎。到 2014 年底，美捷步 1500 名员工将组成 400 个工作圈。全体共治背后隐藏的管理思想是，通过重新分配权力使所有员工成为自己角色中的领导者，组织可以更快地解决问题和实现目标。企业将成为由一个个创业领袖组成的组织，每个创业领袖都负责完成自己角色内的任务，但同时大家拥有共同的组织目标，能够在更大的组织范围内承担责任。[112]

然而，通常而言，那些涉及结构重组和机构精简的自上而下的变革对员工而言可能是痛苦的，所以高层管理人员的行动应该迅速和依靠权威，使员工尽可能地感觉有人情味一些。[113]企业转型往往包含痛苦的变革，一项针对成功转型的企业的研究发现经理人员都采用快速、集中的方法。如果高层经理在很长的一段时间内推行类似机构精简这样的艰难变革，员工士气将会受挫，变革也往往会失败。[114]

高层管理者还应该记住，自上而下的变革意味着构想发端于高层，而实施是下行的。不过这并不是说基层员工就不能激发或者参与变革。

文化变革

组织是由人与人际关系所构成的。战略、结构、技术和产品的变革不会自动发生,这些领域的任何变革都同时涉及人的变革。员工必须学会使用新的技术,进行新产品的营销,或者学会如何在跨学科团队中有效地工作,比如葛兰素史克。有时,培养员工一种新的思维方式需要集中进行深层次的企业文化价值观和行为规范的变革。企业文化的变革会使组织中的工作方式发生根本的改变,并常常会导致员工的忠诚度和授权方面产生重大变革,同时使企业与顾客间的关系更为密切。[115]

然而,文化变革似乎并非易事,因为它挑战着人们的核心价值观以及长期积累形成的思考和行为方式。企业间的并购就是对文化变革为何如此困难的最好解释。来看一下日本瑞穗金融集团(Mizuho Financial Group)新任社长兼首席执行官佐藤康博(Yasuhiro Sato)的例子。瑞穗金融集团在2002年由第一劝业银行(Dai-Ichi)、富士银行(Fuji Bank)和日本兴业银行(Industrial Bank of Japan)合并而成。佐藤康博说,不同单位之间的文化差异成为阻碍集团整合运营的最大因素。自2011年3月11日的日本地震之后,瑞穗银行经历了长期的计算机系统崩溃,瑞穗的结构、文化和管理系统就一直受到监视。由于这些原因,瑞穗的绩效一直落后于日本其他银行。佐藤立志要建立统一的企业文化,并提升整合的速度,以防止类似问题的出现,进而提高瑞穗的财务绩效。[116]美世咨询(Mercer)的并购咨询业务高级合伙人查克·莫瑞特(Chuck Moritt)说,尽管文化问题有时会成就或者阻碍企业间的成功合并,但是很多管理者并没有考虑到文化也应该成为并购计划的一部分。[117]

文化变革的动力

近期的很多趋势使得诸多公司有了文化变革的需要。例如,如第3章中所述,企业再造、向横向型组织的转变要求更加关注授权于员工、合作、信息共享和满足顾客需求等,这就意味着管理者和员工需要转换思维。相互信任、承担风险和容忍失误,这是横向型组织的核心价值观。

另外一个推动文化变革的动力是当今员工的多元化。多元化是当今组织生活的一个客观事实,许多组织都在实行新的招聘方法、指导方法、营销方法和多样性训练,颁布了针对性别歧视、种族歧视的严苛政策,实施了适应更加多元劳动力的津贴计划。很多公司都对其员工和管理人员进行了培训,以帮助他们认识到“无意识的偏见”,比如辉瑞(Pfizer)、英国宇航公司(BAE)、陶氏化学(Dow Chemical)和谷歌等。无意识的偏见是指,对某些团体和个人的隐性偏爱，其存在会影响人们在招聘、绩效考评和晋升等方面的评价和决策。陶氏化学对其管理人员进行"无意识的偏见"培训之后，较高层级的管理岗位中女性管理者的数量增加了，公司高管认为培训在实现管理人员多样化的过程中发挥了重要作用。[118]然而，如果组织中蕴涵的文化没有改变，所有其他支持多元化的努力都将归于失败。

最后，随着企业越来越强调组织学习和适应，这就对新的文化价值观提出迫切需求。回忆一下在第 1 章我们介绍过，向学习型组织的转变包括众多领域的变化，例如，结构变成横向，授权的团队直接与消费者一起开展工作，不存在什么完成任务的规则和程序，与任务相关的知识和对任务进度的控制在于员工而非管理者，信息被广泛分享而不是集中在高层经理那儿，此外，员工、消费者、供应商和合伙人在决定组织战略方向时都起到作用。当管理者要向更加有机的组织结构转型的时候，就必须有新的价值观、新的态度、新的思考方式和共同工作的方式。

评价你的答案

3. 改变一个公司的文化可能是管理者承担的最困难的工作之一。

答案：同意。员工和文化变革似乎比组织其他方面的变革更加困难。管理者经常会低估文化变革的难度，并且因为没有认识到文化变革需要较长期有意识的规划和持之以恒而导致变革失败。

文化变革中的组织发展策略

经理人员使用各种方法和技巧来变革公司文化，我们在第 10 章已经讨论过一些。大家已经知道，一种迅速导致文化变革的方法是**组织发展**（organization development，OD）策略，它关注组织中的人性和社交方面，认为这些方面是提高组织改造和解决问题的能力的一种途径。组织发展强调一系列的价值观，包括员工发展、公平、开放、避免高压政治，以及允许员工在合理的组织约束下按照其自己认为合适的方式完成工作的自主权。[119] 20 世纪 70 年代，"组织发展"逐步成为一个以增加组织有效性为目的的单独领域，在一个有计划的、涉及整个组织范围的变革过程中运用了行为科学。今天，这种观念已被扩大到用于审视个体和群体如何在复杂动荡的环境中向学习型组织转变。组织发展不是为了解决特定问题而按部就班的步骤，而是一个在组织的人性和社交系统中进行根本性变革，包括组织文化变革的过程。[120]

组织发展运用行为科学的知识和技巧来创造学习型环境，具体是通过增加信任、公开面对问题、员工授权与参与、知识和信息的分享、设计有意义的工作、小组间的协调合作及充分发掘员工潜能。组织发展方面的变革措施包括了对组织中特定群体和每位员工的培训。为使组织发展取得成功，组织的资深管理者们必须明白组织发展的需要，积极支持这项变革。许多组织通过组织发展提高员工技能的技巧和方法有以下几种：

大规模群体介入法

早期的组织发展活动绝大多数只涉及较小规模的群体,并侧重采用渐进式变革方式。然而,近些年组织发展法已被越来越多地应用到大规模群体的变革中,且这种变革倾向于与组织为适应所处的复杂多变环境而进行的激进式的根本性变革匹配起来。[121]**大规模群体介入法**(large group intervention)[122]是将组织内各部门的员工以及通常也包括的组织外部的关键利益相关者,召集在组织办公场所外的某个地方,一起讨论组织面临的问题和机会,并拟订变革的计划。大规模群体介入法下的与会者可达50～500人,会议可能要持续数天。例如,国际家具零售商宜家公司(IKEA)最近就是通过大规模群体介入法来重新构思公司的运营。通过几天长达18个小时的会议,52个切身利益者一起为产品设计、生产和分销新建了一套体系,其中就包括减少行政层级和组织分权等。[123]所有涉及公司信息、资源和利益的部门都要共同参与新建和执行这套新体系。

在办公场所外举行这样的会议可减少各种干扰,避免注意力的分散,使参与者集中精力思考做事的新方式。通用电气公司(GE)实施的"设法"(Work Out)方案旨在解决问题、促进学习和提高。该方案从举行大范围场外会议开始,使员工能跨职能、跨层级、跨组织边界地进行交谈。来自组织不同部门的计时工人和领薪员工,以及顾客和供应商聚集一堂,讨论和解决某个问题。[124]这个过程迫使大家快速分析构想、形成解决方案和开发实施方案。随着时间推移,"设法"方案已创造了一种能使思想迅速转变为行动与积极商业结果的文化。[125]

团队建设法

团队建设法(team building)促进了团队工作思想的实施,所谓团队工作思想,就是指在一起工作的人完全可以像一个团队那样协同工作。使用团队建设法就是将一组人集合到一起,以团队的方式讨论冲突、目标、决策过程、沟通、创造性以及领导等问题,并且制订出解决问题和改进结果的计划。团队建设法也被许多企业用来培训任务小组、委员会及新产品开发小组等工作团队。这些措施强化了沟通和协作,增强了组织群体和团队的内聚力。

组际活动法

来自不同部门的代表聚集在同一个地方,把问题和冲突摆到桌面上,共同诊断其原因,并制订出计划改进相互间的沟通和协调。这种组织发展方法已经被用于解决劳资冲突、总部与分支机构的冲突、部门之间的冲突以及购并后的整合问题等。[126]一个专门为其他公司保管档案记录的保管公司发现,组际会议是一种建设以团队精神为基础、以客户为焦点的文化的关键方法。来自不同部门的员工每两周开一次长会,提出问题,介绍成功经验,谈论他们在公司里观察到的事。这种会议有助于员工理解其他部门所面临的问题,也有助于体会大家如何互相信赖以顺利完成工作。[127]

联合健康集团(UnitedHealth Group)是美国最大的健康保险公司,是医疗行业最强大的企业之一。这家大型企业通过组织发展介入的方式在内部建立了一种更亲切、更具协作性的环境。

应用案例 11-6

联合健康集团

联合健康集团首席执行官斯蒂芬·赫尔姆斯利(Stephen Helmsley)说："联合健康集团确实太以自我为中心，而且有些咄咄逼人。"同时，他还表示，当初刚接管联合健康集团的时候，公司内部氛围十分严峻——员工们大都智商很高，但情商却不怎么高。为活跃内部气氛，使员工更加有亲和力、相互之间能更好地协作，赫尔姆斯利派出 8000 名人员参加了为期 3 天的敏感性项目训练。敏感性项目训练能够帮助人们更多地认识自己以及自己对他人的影响。赫尔姆斯利说："虽然我们需要改革的事实并不值得骄傲，但是我们要把改革当作一种令人骄傲的事情去做！"

有意思的是，赫尔姆斯利之前曾是一名会计，善于处理各类数据。虽然赫尔姆斯利最初不是因为人际能力而进入公司的，但却以出色的人际交往能力而使公司受益。医疗健康是人类事业中最敏感的工作领域之一，如今，联合健康集团的工作人员对自己扮演的角色充满了敬重感。"努力呈现正面积极的心态"是联合健康集团全体员工的工作准则之一。集团每年都会在明尼苏达州的总部举行球戏锦标赛，这是目前最为重要的团队建设项目之一。该锦标赛于 2010 年正式开幕，每年冬天举行一次。参加锦标赛的 90 个团队代表公司所涉足的不同领域。锦标赛以及其他有助于组织发展的活动使得公司的员工流失率不断下降，从 2008 年的 20%下降到了 2012 年的 8%。[128]

斯蒂芬·赫尔姆斯利希望通过组织发展的方式帮助企业摆脱"利益驱动的贪婪巨人的形象"。领导医疗革命是一项艰难的、永无止境的挑战，特别是"在数据分析和情感之间找到合适的平衡点，"他说。[129]

实施变革的策略

管理者和员工都可以考虑改进组织技术的发明途径、关于新产品和新服务的创造性构想、战略结构的新鲜方式或者培养适应性的文化价值观，但是除非这些构想都能付诸行动，否则构想对组织毫无价值可言。实施是变革过程中至关重要的一部分，也是最困难的一部分，因为变革无论是对管理者还是对员工来说往往都是引起分裂的和令人不安的。变革是复杂的、动态的、麻烦的，而实施要求强有力的、坚持不懈的领导。在最后一个部分，我们简要地探讨一下变革的领导角色、抵制变革的一些原因，以及经理们用来克服抵制阻力、成功实施变革的技巧。

变革的领导

一项调查发现那些成功的创新公司,80%的高层领导者都会经常强调创新的价值观和重要性。领导者思考创新,用行动来证明创新的重要性,并且会检查员工是否投入时间和精力在创新的工作上。[130]

高层管理者的领导风格为组织在连续不断的适应和创新中的有效程度奠定了基调。有一种领导风格,即我们所称的变革型领导,特别适于产生变革。具有变革型领导风格的高层领导会直接或间接地增强组织创新力,直接的影响是通过构建一种势不可当的愿景,间接的影响是通过营造一个支持探索、试验、冒险和交流思想的环境。[131]

只有当员工愿意为实现组织的新目标而付出时间和精力,组织的变革才可能成功。同时,员工也需要具备一定的应对技能去忍受可能出现的压力和艰辛。变革曲线(curve of change)能够帮助管理者指导员工,成功战胜变革中的困难。如图 11-8 所示,变革曲线是人们在重大变革中所经历的心理过程。

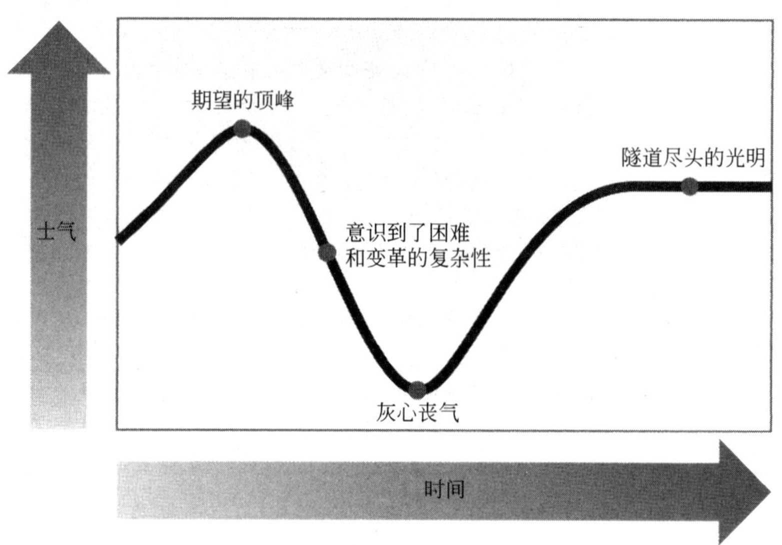

图 11-8 变革曲线

Source: Based on "Gartner Hype Cycle: Interpreting Technology Hype," Gatner Research, http://www.gartner.com/technology/research/methodologies/hype-cycle.jsp (accessed May 20, 2011); "The Change Equation ahnd Curve," 21st Century Leader, http://www.21stcenturyleader.co.uk/change_equation(accessed May 20,2011); David M. Schneider and Charles Goldwaswser, "Be a Model Leader of Change," *Management Review*(March 1998), 41-45; and Daryl R. Conner, *Managing at the Speed of Change* (New York: Villard Books,1992).

例如,某管理者发现他的部门需要变革工作流程,他抱着变革能够顺利实施而且能够达到积极效果的期望发起了变革。但是随着时间的推移，他会发现员工很难改变他们的态度和行为。变革要求员工用新方法完成工作，员工可能会问为什么，这会让主管感到不知所措和沮丧，而且如果变革变成现实，每个人可能都会感到不同程度的失望。由于人们可能会抵触新的流程和工作方式，部门绩效可能会因此而显著下降。优秀的变革管理者能够从这种沮丧和绝望当中走出来，而不会让这种心态破坏改革的努力。在有效的变革领导下，变革会坚持下来，并最终帮助组织或部门获得更好的绩效。宝洁公司的管理者为一项针对用户的工作流程改革准备了一个“60天免疫反应”系统。在这一系统下，当每个人都开始看到变革的积极结果的时候，组织花费 60 天时间就可以克服变革阻力，修正新流程中的错误，到达变革隧道的尽头，看到胜利之光。[132] 管理者要提出一个明确的、充分沟通的愿景目标，并且该愿景要能体现接受新构想、新方法、新风格的灵活性和开放性，就能为变革导向的组织顺利运行奠定良好基础，同时也使员工能更好地应对变革可能带来的混乱和紧张情绪。

变革实施的技巧

虽说是最高领导层勾画愿景并设定变革的基调，但实际上，整个组织的管理者和一般员工都介入了变革过程中。因此，需要一些技巧来帮助成功地实施变革。[133]

1. 树立变革的紧迫感。一旦管理者识别出变革的真实需要，就需要通过树立变革紧迫感来消融抵制。组织危机通常能有助于解冻，并使员工愿意投入所需的时间、精力去采用新技术或新程序。例如，美国航空公司（American Airlines）自 2001 年以来已经损失了数十亿元，高层管理者付出了巨大的努力来挽救公司。尽管变革是痛苦的，但危机使得员工们更能接受变革，否则公司将不复存在。然而在很多情况下，明显的危机并不存在，而经理们又不得不使其他人察觉到变革的需要。

2. 建立一个引导变革的联盟。管理者需要在组织中建立一个联盟，联盟中的成员拥有足够的领导变革过程的权力和影响力。为了成功实施变革，必须存在对变革的需要和可能性的共识。高层管理者的支持对于任何重大变革而言都是至关重要的，缺乏高层支持往往是变革失败最常见的原因之一。[134] 此外，这个联盟应该包括贯穿组织的基层管理者和中层管理者。对于小型变革而言，相关部门中有影响力的管理者的支持也是十分重要的。

3. 创造变革的愿景和实现愿景的战略。那些带领企业经历重大转型并获得成功的领导者们都有一个共同点：集中精力规划并明确表达一个势不可当的愿景和实现它的战略，这个愿景和战略将引导变革过程。哪怕只是一个小型变革，未来会更好的愿景以及实现该愿景的战略都是非常重要的变革动力。

4. 找到适合变革需要的构想。寻找一个合适的构想，通常要启用搜寻程序，即要与其他管理人员讨论，组建变革任务小组调查问题，向供应商征询意见，或请组织内有创造性的员工提出解决办法。提出新的构想需要有机式组织条件。这也是鼓励员工参与的一个好机会,因为他们需要有思考的自由,以便探讨新的办法。[135]

5. 创建变革团队。本章从头到尾都在谈论需要投入资源和精力使变革得到实现。单独设立的创造性部门、创业团队、特别团队或临时性的任务小组,这些都是将精力集中于提出和实施变革的方式。独立的部门才会有充分的自由去开发真正符合需要的新技术。设立任务小组,以确保变革实施的完成。该任务小组可负责沟通、吸收使用者参与变革、培训及其他变革所需的活动。

6. 培育创新带头人。创新带头人是变革过程中最有效的武器之一。最合格的创新带头人是自觉自愿地全身心投入实现某个新构想的自愿者。创新的技术带头人负责确保所有技术活动都是正确、完善的。另外还需要起支持、促进作用的管理带头人,他们负责说服人们实施变革。

克服变革阻力的技巧

许多好的构想没有得到使用,往往是因为管理者未能预见到来自顾客、一般员工或其他管理者的阻力,或者未做好应对阻力的准备。无论一项创新的有利结果表现得多么吸引人,实施中难免会与组织中的某些利益团体发生冲突,或者对某些利益同盟产生威胁。为了提高实施成功的可能性,管理当局必须正视这些冲突、威胁和员工所感知的潜在利益损失。以下策略可供管理者用来克服变革的阻力问题。

1. 高层支持。高层管理者给予明确的支持会让人们意识到变革的重要性。例如,一项新业务获得成功的重要原因之一是得到了高层管理者的大力支持,因为高层支持为新项目赋予了合法性。[136]当变革涉及多个部门的时候,或者资源要在各个部门进行分配的时候,高层管理者的支持尤为重要。没有高管层的支持,变革就会陷入部门间的争吵,可能会出现部门管理者各自发号相互冲突的命令的现象。

2. 参与和介入。及早、广泛的参与,应该成为变革实施过程的有机部分。它会让参与者产生一种自己能控制变革活动的意识,这样他们会对变革产生更好的理解,并全身心投入到成功实施变革中。最近有项研究考察了两家公司采纳和实施技术系统的变革过程,发现以参与的方式引入新技术的那家公司,变革实施过程要顺利的多。[137]达美乐比萨公司(Domino's Pizza)总部的管理者为了提升管理准确度,提高效率,增加利润,采用了一种新的销售点系统(point-of-sale ,POS),但是一些特许经营业主对此表示抗议。特许经营商没有参与新系统的设计和配置过程,而且他们中的很多人希望继续使用比较熟悉的旧系统。托尼·欧塞尼(Tony Osani)在亚拉巴马州(Alabama)亨茨维尔地区(Huntsville)拥有16家达美乐餐馆,他说道:"这让我们很多人难以接受。"[138]前面介绍的团队建设法和大规模群体介入法,是吸收员工参与变革过程的可行的有效方法。

3. 与使用者的需要和目标保持一致。克服阻力的最佳策略是保证变革满足有关方面的真正需要。研究开发部门的员工常常会提出一些宏伟的构想,但它要解决的问题可能根本就不存在。之所以会出现这种情况,是因为构想的提出者未能确实征询新构想使用者的意见。对变革的抵制常令管理者感到沮丧,但适度的阻力对组织是有益的。抵制会给那些毫无意义的变革以及纯粹为变革而变革的做法设置必要的阻碍。克服变革阻力的过程通常要求该项变革确实能对使用者有益。当大卫·祖盖里(David Zugheri)想在第一休斯敦抵押所(First Houston Mortage)推行无纸化办公系统时,他对雇员们强调这套系统可以电子化存储客户记录,这就意味着不管你在家照顾病重的孩子或者外出度假,你都可以随时跟踪重要客户。祖盖里说:"我可以从他们的肢体语言中看到他们对于这套新系统态度的转变。"[139]

4. 沟通和培训。沟通促使使用者了解变革的必要性和变革所可能带来的结果,从而可以阻止不实的传闻和误解及不满的发生。一项有关变革的研究发现,最常被提及的变革失败的原因是,员工只能从组织外部获悉该项变革的情况。高层管理者只注意与公众和股东的沟通,忽视了与自己所领导员工的沟通。实际上,员工不仅是与变革关系最为密切的,也是受变革影响最大的人。[140]开诚布公的沟通通常会给管理层提供一个机会,使他们有可能向员工说明和解释组织将采取哪些措施保证变革不会给员工们带来不利的后果。培训也是必需的,它可帮助员工们理解和掌握自己在变革过程中所起的作用。

5. 提供心理安全的环境。心理安全是指员工感到一种不会被组织中其他人阻碍或拒绝的自信。对于被要求进行的变革,员工既需要感到安全又要觉得自己有能力去做。[141]变革要求员工自愿去冒险、去做些与众不同的事,但是如果想到自己会因错误或失败而尴尬,很多人就会恐于尝试新事物。因此管理者要通过在组织中创造一种信任和相互尊重的气氛来提供心理安全。圣卢克(St. Luke)是位于伦敦的一家广告公司,它的创始人之一安迪·洛(Andy Law)这样说:"不担心别人嘲笑有助于冒真正的风险。"[142]

学习有效地管理变革,包括了解员工抵制变革的原因和探寻克服变革阻力的方法,这点至关重要,特别是自上而下的变革。错误地认识和克服阻力是导致管理者应用新策略失败的主要原因,尽管这种新策略能够帮助公司获取竞争力。[143]聪明的管理者会谨慎地、持续地处理变革过程,有计划地落实,并且对阻力做充分准备。

设计要点

■ 组织常常面临两难问题。管理者喜欢以一种可预见的、常规的方式来组织日常活动。然而,变化——而不是稳定——已成为当今全球化环境的自然规律。因此,组织需要在稳定中导入变革,一方面取得高效率,另一方面也要促进创新。当今的环境催生了三种类型的变革——间断性变革、持续性变革和破坏性变革。

■ 四种类型的创新——技术、产品和服务、战略与结构以及文化——可以使组织全面增强竞争力。管理者要确保变革成功所需的每一种要素都准备齐全。

■ 技术创新是大多数组织都关注的问题。鼓励员工自主行事的有机式结构在促进技术创新方面是最为有效的,因为它促进新构想以自下而上的方式不断提出。其他方面的措施包括单独设置负责提出新技术构想的部门,采用一系列的机制、体系和流程鼓励自下而上的思想传递,并且确保高管能够听到并做出反应,鼓励创新带头人,等等。新产品、新服务的产生通常需要多部门的密切合作,因此,横向协调是技术创新过程的一个重要部分。最新趋势是开放式创新,这种创新方式将顾客、供应商和其他局外人都纳入到新产品的搜寻和开发过程中。众包成为开放式创新趋势中的重要内容。

■ 就战略和结构变革来说,自上而下的方式通常最有效。这类创新必须置于最高层管理者的领导之下,由高层管理者负责诸如结构重组,精简机构和人员以及政策、目标和控制系统变革等工作。

■ 文化变革一般也属高层管理者的职责范围。使公司文化产生重大变革的一些最新趋势包括企业再造、向横向型组织模式的转变、更大程度的组织多元化以及学习型组织等。所有这些都要求员工和管理者在态度和工作方式上的转变。组织发展(OD)是带来文化变革的另一股力量。它关注组织中的人性和社交方面,运用行为科学知识引起人们态度和关系上的变化。

■ 最后需要指出,变革的实施是一个困难的过程。因此,需要有强有力的领导者指导员工克服变革所产生的动荡和不确定性,使整个组织形成对变革的高度认同与投入。了解变革曲线能够帮助领导者克服变革过程中的沮丧和束手无策。

■ 管理者可以通过做好应对阻力的充分准备,来提高变革成功的可能性。促进变革成功实施的一些技巧包括:树立变革紧迫感;创建引导变革的强有力的合作;规划实现变革的愿景和战略;培养变革团队和创新带头人。要克服变革阻力,管理者可以使用的技巧包括:获得高层管理的支持;使变革与使用者的需要和目标相一致;将使用者吸收到变革过程中来,提供心理安全。

关键概念

两栖组织法(ambidextrous approach)
变革过程(change process)
创造性部门(creative departments)
创造力(creativity)
众包(crowdsourcing)
文化创新(culture innovations)
破坏性创新(disruptive innovation)

双核模式(dual-core approach)
横向协调模式(horizontal coordination model)
创新带头人(idea champion)
构想孵化器(idea incubator)
大规模群体介入(large group intervention)
管理创新(management innovation)
创业基金(new-venture fund)
开放式创新(open innovation)
组织发展(organization development)
组织变革(organizational change)
组织创新(organizational innovation)
产品和服务创新(product and service innovations)
专案工作小组(skunkworks)
战略和结构创新(strategy and structure innovations)
可变换结构(switching structures)
团队建设(team building)
技术创新(technology innovations)
创业团队(venture teams)

讨论题

1. 你认为众包为什么会在近些年越来越流行？企业采取众包模式的弊端有哪些？何种情况下企业需要采取更加谨慎的方式对待开放式创新？

2. 请说明双核模式。通常而言，管理变革与技术变革之间有什么不同？试加以讨论。

3. 如何理解管理者既要组织探索式创新，也要组织利用式创新？

4. 你认为工厂里的工人会更加抵制下面哪种变革：生产方法变革、组织架构变革和文化变革？为什么？管理者应该采取什么方法来克服变革的阻力。

5. “变革比其他组织工作更需要协调，无论什么时候你做出一项变革，你会发现组织中许多相关联的其他部分也需要变革。”这种说法正确吗？讨论并说明原因。

6. 一个著名的组织理论家说：“组织变革的压力源自环境，保持稳定的压力来自于组织内部。”你同意这种说法吗？请讨论。

7. 在成功变革所需的 5 个要素中，你认为管理者最有可能忽视哪一个要素？请讨论。

8. 与其他变革类型相比，组织发展所隐含的深层次价值观有何不同？为什么组织发展所隐含的深层次价值观对于企业向适应型文化转型更有用？详见第 10 章(图 10-5)。

9. 一个药品公司研发经理说公司只有5%的新产品能取得市场成功。她还说行业平均成功率是10%,她想知道如何才能提高成功率。如果你是一个咨询专家,你会给她组织结构设计方面什么样的建议,以帮助该公司提高市场成功率?

10. 请回顾图11-8列示的变革曲线以及本章末讨论的克服变革阻碍的五种技巧。试问,每一个技巧分别最适用于变革曲线的哪一个点?

专题讨论

组织的创新氛围[144]

为考察组织对创新鼓励程度的差异,你需要给两个组织打分。你可以选择你所工作过的某个单位或者你现在就读的大学,作为其中一个组织;另一个组织可以选你的家庭成员、朋友或其他熟人所工作的单位。你将对被选中的这个人进行访谈,然后回答下表中的问题。你可以把自己所在组织的答案放在A栏,把访谈对象所在组织的答案放在B栏,把你认为理想的组织的答案放在C栏。打分使用5级刻度表:1代表完全不同意;5代表完全同意。

创新衡量表			
衡量项目	A栏 你的组织	B栏 他人的组织	C栏 理想的组织
1. 这里鼓励创新★			
2. 允许员工以不同的方法解决同一个问题★			
3. 我学着探求创造性构想#			
4. 组织对取得创新成果的员工给予公开的认可和奖励#			
5. 我们的组织是灵活的,并一贯对变革持开放态度★			
以下项目按相反的打分法,即:1=完全同意;5=完全不同意			
6. 这里员工的主要工作是遵从上级的指示★			
7. 在这里工作下去的最好方式是像其他人一样思考和行动★			
8. 这里更关注维持现状而不是变革★			
9. 不捣乱的人会得到更多奖励#			

续表

创新衡量表

衡量项目	A 栏 你的组织	B 栏 他人的组织	C 栏 理想的组织
10. 有许多很好的新构想，但我们没有足够的人或钱去实施这些构想#			

说明：标示★的项目表示组织的创新氛围；标示＃的项目表示资源支持情况。

问　题

1. 这两个组织的创新氛围有什么不同？

2. 在拥有支持创新氛围和不拥有支持创新氛围的组织中，生产率可能会有什么差别？

3. 你更愿意在哪种组织中工作？为什么？

教学案例

伊利诺伊制鞋公司[145]

伊利诺伊制鞋公司（Shoe Corporation of Illinois，SCI）生产系列低档女鞋，每双售价在 27.99～29.99 美元之间。10 年前，每双鞋的利润平均在 30～50 美分之间。但据总裁和主计长的说法，10 年来劳动力和原材料成本一直在上涨，到今天平均每双鞋的利润只有 15～20 美分。

公司每天的总产量是 12 500 双。有两个工厂，它们都坐落在以芝加哥为中心 60 英里的半径之内。一个在森特维尔（Centerville），每天生产 4 500 双鞋；另一个在米德维尔（Meadowvale），每天生产 8 000 双鞋。公司总部坐落在毗邻森特维尔工厂的一幢大楼里。

想给出公司生产线上准确的品种数目是比较困难的。鞋的款式变化可能比包括服装在内的其他任何产品都快。之所以这样，主要因为迅速改变生产流程是可能的；此外，为了赶在竞争者的前头，每家公司也都逐步加快了款式变化的速度。目前，包括大大小小的款式变化，SCI 每年向顾客提供 100～120 种不同的产品。

图 11-9 是 SCI 部分的组织结构图，主要是本案例涉及的部门。

行业竞争结构

一些规模很大的综合性制鞋企业，如国际（International）公司和布朗公司（Brown），也有女鞋生产线，而且其价格低于 SCI，主要因为大公司都执行一项政策，即大批量生产市场需求量比较稳定的鞋，如平底浅口无带鞋和平

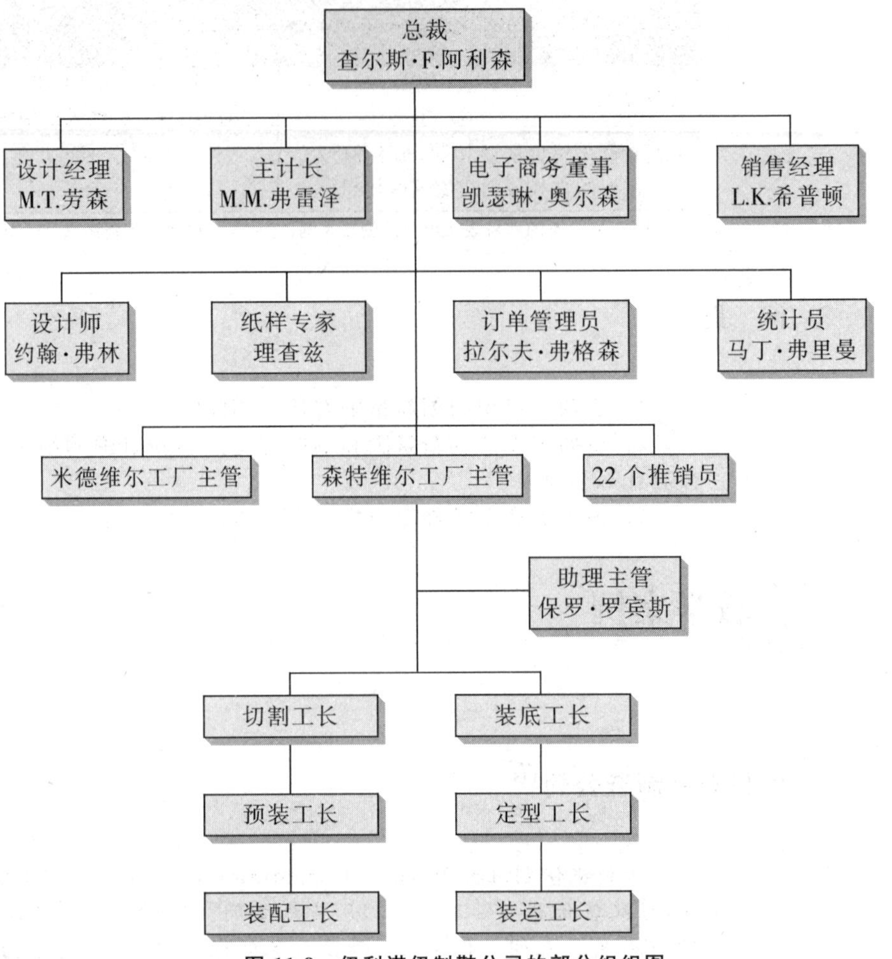

图 11-9 伊利诺伊制鞋公司的部分组织图

底便鞋。它们并不像那些小的竞争对手一样急着改变款式,也不用总是变革生产流程和销售展示设置,因此便可保持很低的成本。

SCI 的总裁查尔斯 · F. 阿利森(Charles F. Allison)感到,对于独立的小公司而言,获得竞争力的唯一途径是利用其组织的灵活性,经常改变款式,创造吸引顾客的设计。这样,创造出了需求,价格也可以定得高一些以获得利润。顺便提一句,阿利森对款式设计似乎有一定的艺术天赋,在过去的几年中,曾经多次做出成功的判断,批准了一些销量很大的款式。

谈到 SCI 与大型竞争对手的区别,阿利森说:

你知道,在布朗和国际公司,一种款式要生产成千上万双,放入工厂仓库。它们的顾客是些大的批发商和零售商,只需对它们的产品大类有个简单的了解,就可以下订单。它们不需要像我们这样经常改变款式。有时我希望我们也能这样,以便形成一个更稳定更有秩序的生产系统,而且也可以减少公司员工之间的摩擦。

使销售员工总能知道他们卖的是什么,生产员工知道公司对他们的期望是什么。也使工厂员工不至于经常在某个早晨惊讶地发现,有人正在他们的生产线上瞎捣鼓;设计人员也不至于经常惊讶地听到工厂的人告诉他们:"我们无法按你们的要求生产出这个新款式。"

为了使 SCI 与大公司相比更具有竞争力,阿利森最近创建了一个电子商务部门。尽管他的主要兴趣在于通过互联网进行市场营销,但阿利森同时也希望通过给人们提供一个更方便的沟通途径,来减少一些内部摩擦。他投资了一个复杂的计算机新系统,请来了技术顾问,建起了公司内部网,对中高级管理人员进行了几天的培训。凯瑟琳·奥尔森(Katherine Olsen)以电子商务董事的身份进入董事会,主要负责网上营销和销售的协调。就任之初,奥尔森曾经有一个构想,在一天之内向顾客提供可供选择的设计款式。然而,她却有些惊讶地发现,大部分员工即使在内部沟通与协调时,也拒绝使用内部网。此外,有关新款式的决策过程仍然沿用 20 世纪 70 年代的处理办法。

款式的大变革

对是否要将某一个款式投入生产进行决策时,需要几个不同的人提供信息。以下是 SCI 的典型做法,它将有助于我们根据组织结构图来理解款式决策的流程。(见图 11-9)

有关鞋的形状、鞋跟大小、使用平底还是高跟底以及附件(findings,专业术语,指附在鞋上的装饰件,它本身并不是鞋的组成部分——鞋弓、鞋带等)的大部分设计构思,由设计经理 M. T. 劳森(M. T. Lawson)和设计师约翰·弗林(John Flynn)提出。他们的构思主要来自阅读时尚和行业杂志或模仿一流设计师的作品。为了获得最新款式的图片和样品,劳森与出版商以及纽约、罗马和巴黎大商店的朋友保持着联系。尽管偶尔也使用电子邮件,但劳森还是更愿意用电话进行联系,用隔夜邮件邮递设计草图和样品。之后,他与弗林讨论不同的构思,设计出新的款式。

劳森确定了一个设计款式后,把草图拿给阿利森过目,由阿利森决定用还是不用。如果决定用,阿利森再把草图转给销售经理希普顿(Shipton),由他决定选择什么样的尺码。希普顿接到草图后,直接交给销售部的统计员马丁·弗里曼(Martin Freeman),他掌握着客户对颜色和尺码需求的信息。

为了收集这些信息,弗里曼每年走访推销员两次,向他们询问哪些颜色和尺码的鞋最畅销。他还保留着按颜色和尺码分类的发货记录,这是根据两个工厂装运工长上报的数据汇总得出的。

确定了颜色和尺码之后,弗里曼给阿利森报送一个表格,列出各种颜色和尺码需要生产的数量。如果阿利森同意,将其交给劳森;劳森再交给纸样专家理查兹(Richards);理查兹做出纸样和纸质、皮质样鞋,交回给劳森;劳森做出批准或不批准的决定,并将批准的样鞋提交阿利森;如果阿利森也批准了,通知劳森;劳森再把样鞋交给森特维尔工厂的助理主管保罗·罗宾斯

(Paul Robbins)。只有森特维尔工厂生产小批量的新型或试制女鞋,工厂的管理人员称之为“试生产”。

接下来,罗宾斯拿着样鞋,与工厂6个生产车间——从切割到定型——的工长逐个进行讨论。各车间工长与生产工人依次在机器上操作,生产出几千双的批量样品。

这批样品鞋做好后,定型工长将其送交装运工长(由于试制新款式十分重要,阿利森要求工长必须亲自将试制阶段的样品鞋移交给下一道工序的工长),后者将其作为库存放入仓库,同时送给阿利森和劳森每人一双。如果阿利森和劳森批准了最终产品,阿利森就指示装运工长给全国各地的22个推销员邮寄样品鞋。奥尔森也会接到新鞋的样品、图片和设计草图,把它们放在公司的网页上,测试顾客对新鞋的兴趣。公司要求推销员尽快(在一周内)使至少10个顾客接触到样品。按照惯例,已定型产品的订单通常送到希普顿办公室的一个职员拉尔夫·弗格森(Ralph Ferguson)那里,由他记录并送交工厂主管照单生产。但对于新产品的第一批订单,推销员们凭经验感觉马丁·弗里曼对试销成功有着更大的兴趣,因此,他们纷纷把新品订单用隔夜邮件送给马丁·弗里曼,他再用厂内邮件送给工厂主管。然后,马丁·弗里曼还得把这些订单的复印件送一份给拉尔夫·弗格森,以便他对公司接受的所有订单进行记录、统计。

推销员接到样品鞋3周后,阿利森要求拉尔夫·弗格森给他报送一份新品的订单统计表。据此决定推销员和公司网页是否开始大力促销这一新品,工厂是否开始大批量生产;或者告诉他们虽然订单上的鞋要生产,但这一新品将被暂时搁置一段时间。

按照阿利森的说法,如上概括的流程:

> ……基本运转良好。从劳森确定了设计款式,到通知森特维尔工厂进行试生产,平均时间为两周至一个月。当然,如果我们能加快这一进程,公司在与大公司的竞争中,地位将更安全,并能争得更多的份额。在涉及设计、试制阶段的员工中,似乎总是有着无休止的争吵。这是可以预料得到的,尤其当你必须快速行事时,没有多少时间停下来关注社交礼仪。我从来不认为正式的组织结构图对公司有什么好处,我们这里已经有了一套习惯做法,并且运转良好。

设计经理劳森说:在他的部门里,所有工作都可在最短的时间内完成,弗林和理查兹也都是技能熟练的好员工。他提到弗林去年曾经两次找他:

> ……询问他在公司里的前途问题。他32岁,有两个孩子。我知道他急着想挣钱,向他保证在目前50 000美元的基础上,几年内将不断给他加薪。事实上,自6年前我们从一家纤维公司中把他挖过来之后,他已经学到了不少关于款式设计的东西。

约翰·弗林指出：

其实我已经开始对这个工作感到不满了。所有的制鞋公司都在抄袭别人的款式，这在业内已是公认的做法。但我发现自己找到了设计的真正感觉，曾经几次建议，公司应该全部生产自己的原创款式。我们可以使 SCI 成为款式潮流的领导者，还可以增加销量。当我向劳森提出此事时，他说原创款式太费时，我们所要做的就是研究行业杂志，维持那些为我们提供专家设计成果的合约；他还说，我们的款式经受住了市场的考验。

"X 计划与 Y 计划"

弗林还说他和马丁·弗里曼经常探讨款式问题。他们感到：

阿利森的确是一位出色的总裁，如果没有他，公司肯定会亏损。然而，我们几次见到，因为他对款式的错误判断而使公司遭受大笔损失——在过去的 18 个月，次数不是太多，大概有 6 次或 7 次。当然，作为公司总裁，他也特别忙。他得操心每一件事情，从向银行融资到与工会谈判。结果有时一连几天甚至两个星期，他都没时间批复款式设计。在这个行业中，这样的延误代价很大。此外，过于忙碌也使他有些急躁。有时在批复我们提交的款式设计、理查兹做的样鞋，甚至装运工长送来的成品鞋时，看上去有些仓促，尤其是在还有其他许多事情要做的时候。我常常担心他犯两类错误，一是草率批准我们所做的设计，这样报批就只是在浪费时间；二是以自己的仓促判断否决我们花费了许多时间和专业技能做出的设计。我们认为他确实有较好的判断力，但他自己却多次说，希望有更多时间，能集中精力来批复款式、样鞋和试制好的成品鞋。

弗林进一步解释说（这一点也被弗里曼所证实），他们两人做出了两个计划，称作"X 计划"和"Y 计划"。在"X 计划"中，弗林没有模仿任何现有款式，而是设计了一个原创款式。弗里曼则对颜色和尺码进行了特别研究，推荐了与过去所有的顾客购买记录都不尽相符的一个颜色系列，他和弗林都认为将对顾客产生特别的吸引力。劳森和阿利森对这个款式与颜色都接受了，投产之后，成为年度三大畅销款式之一。但劳森和阿利森并不知道这款产品是按不同于以往的方式设计出来的。

在"X 计划"获得成功的次年，类似的第二个计划，"Y 计划"的设计成果投产，但 3 周后，销量就陷入了停滞。

劳森和罗宾斯之间的问题

设计经理梅尔·劳森（Mel Lawson）和森特维尔工厂助理主管保罗·罗宾斯之间常常发生分歧（1 年大约 10～12 次）。罗宾斯说：

设计人员不明白批量生产一种鞋意味着什么，也不明白我们必须要对生产进行的变革。他们无中生有，用很短的时间凭空想出一个款式。他们没有认识到，为了生产这些款式，我们必须对许多机器进行调整，而且他们想出的一些款式，要求对某些机器进行调整的时间可能比其他机器要长，这样在生产线上就形成了一个瓶颈。比方说，如果他们改变了鞋弓或鞋带的位置，就有可能使工作都堆积在了缝纫机上，在那里进行这些细微复杂的操作，而同时后面机器上的员工却可能闲着。这些都耗费了工厂的钱。还有，有时他们的样鞋送晚了，我和工长不得不加班，否则试生产就不能及时进行。这样，新款鞋的生产还没有开始，而旧款鞋的生产又停止了，造成了工厂生产能力的闲置。劳森对生产、销售以及公司的整体运作了解不多。我认为他所做的一切不过是把样鞋拿来工厂这里而已，有点像一个小邮差。为什么他这么难以相处？他的工资又不比我高，我在厂里的职位跟他一样重要。

劳森反过来也说与罗宾斯很难相处：

好多时候罗宾斯完全不可理喻。每个月我给他送5～6次样鞋，小的款式改动也有6～8次。每次我都告诉他，在完成这些款式设计时有些难题，但他只懂得加工厂的事情，告诉他这些没有任何好处。刚进入公司时，我们相处得没问题，但现在他越来越难以相处了。

其他方面存在的问题

销售部的职员拉尔夫·弗格森，负责接收推销员的订单，汇总后安排生产计划，并转交给两个工厂主管。他抱怨推销员越过他直接把试销鞋的订单交给弗里曼。弗格森坚持他的职位说明书(公司仅有的两个书面职位说明书之一)赋予了他这个职责，即接收公司所有的订单，保留、统计货物装运记录。

另一方面，推销员和弗里曼却都说，在他们开始直接传送试销鞋的订单之前(也就是弗格森仍然接收试销鞋的订单之前)，1年至少有8～10次，这些订单在弗格森的办公桌上要延误1～3天。他们说弗格森就是对新款鞋不感兴趣，所以推销员们才开始把新鞋订单送给弗里曼。弗格森承认有时的确存在短暂的延误，但这些延误都有充分的理由：

他们(推销员和弗里曼)过于热衷于新的款式、颜色和尺码，而不明白对全部订单(包括旧款式和新款式)进行系统处理的重要性。这必须要准确。当然，我也对新款式的订单优先处理，但有时现有款式的订单来得很多，都堆积起来了；有时还要做许多计划，给森特维尔和米德维尔分配生产计划，我得决定先做哪一样，是处理这些事情，还是处理新鞋订单。希普顿才是我的上司，而不是推销员或弗里曼。我坚持认为新鞋订单应该报给我。

推进新技术

凯瑟琳·奥尔森相信许多问题可通过更好地运用技术来得到解决。她与查尔斯·阿利森探讨过几次，需要更好地利用他所安装的那套昂贵的、复杂的计算机信息系统。尽管阿利森一直赞同她的想法，但迄今为止还没有什么实际行动来帮助解决这个问题。奥尔森认为新技术可以大幅改善公司内部的协调状况：

每个人都需要同时利用相同的数据进行工作。当劳森和弗林一提出新的设计，应该马上在公司的内部网上公布，这样所有的人就都知道了。每个人也都需要接触销售和订单信息、生产计划和装运期限，如果每个人——从阿利森到生产工厂的员工——都能了解公司整个运作过程的最新情况，所有的混乱和争吵都将不复存在。但这儿所有的人都不愿放弃自己的控制权——他们都有自己的小天地，不愿与其他任何人分享信息。比如，在拿到已完成的样鞋和图片之前，有时我甚至不知道正在搞一个新款式。似乎没有人意识到，互联网最大的一个优势就是帮助公司走在款式变化的前面。我知道弗林对款式设计有很好的感觉，并且我们还没有充分利用他的能力。我掌握着充分的信息，也有一些构想，可以帮助公司跟上款式变化的潮流，从众多的竞争对手中脱颖而出。可现在我不知道，用这种迟钝的、行动缓慢的方式推出一些已经落伍的款式，我们的竞争力还能维持多久。

南方的困惑[146]

吉姆·马尔斯科夫斯基(Jim Maleskowski)还清楚地记得两星期之前的那个电话，就像他刚刚放下话筒："我刚读了你的分析报告，我想让你现在就去墨西哥。"当时，他的上司、公司的首席执行官杰克·里彭(Jack Ripon)的声音突然在耳边响起："你知道，我们不能维持奥克诺莫(Oconomo)的那个工厂了，成本实在太高。所以你去一趟那儿，算算如果我们迁走，搬迁成本是多少。一周内回来向我报告。"

当时，吉姆感觉好像有一把刀顶在他的身体侧面肋骨的下边。吉姆身为兰佩利公司威斯康星特种产品分部(Wisconsin Specialty products division of Lampery, Inc.)主任，他很清楚在一个有第 3 代工会组织的美国制造厂中与那些身价不菲的员工打交道，绝对是一种挑战。尽管做那个分析报告时已经预感到了上司会有什么样的反应，但那个电话还是让他感到心惊肉跳。在兰佩利公司的奥克诺莫工厂中，有 520 名员工。他们以此为生，如果工厂被关闭，大部分人将很难在这个人口为 9 900 人的小镇上找到另外一份工作。与奥克诺莫工厂每小时 16 美元的平均工资相比，支付给墨西哥工人的工资平均只有每小时1.60美元。这些墨西哥工人居住在一个没有排水设施的小镇子上,工业污染导致的有毒排放物严重到了令人难以置信的程度。雇用墨西哥工人会给兰佩利公司每年节约近1 500万美元,但会增加一部分培训、运输和其他方面的成本。

在与墨西哥的政府代表以及小镇上其他公司的经理人员进行了两天的商谈之后,吉姆获得了充分的信息,足以得出一整套关于生产和装运成本的比较数据。在返回的路上,他开始考虑报告的提纲。他十分清楚,除非出现奇迹,否则对那些即将由他做出评价的员工来说,等待他们的将是雪片般的解雇通知书。

奥克诺莫工厂从1921年起就开始运转了,为遭受身体损害和处于其他疾病状况中的人制作专用服装。吉姆过去经常与厂里的员工交谈,员工们总爱讲述自己父辈或祖辈的故事,他们曾经也在这个工厂里工作。奥克诺莫工厂是兰佩利公司最后一个仍然在城镇进行生产的工厂。

但如果撇开友谊不谈,竞争者已经在价格上超过了兰佩利,而且在产品质量上也即将超过它。吉姆与工厂经理都曾试图说服工会接受低工资,然而工会领导人拒绝了。事实上,有一次当吉姆与工厂经理讨论准备实施一种小组生产组织方式时,当地工会领导人几乎难以抑制自己的怒气,因为这种工作组织将要求员工进行跨职能培训,使他们能至少从事三种不同的工作。但深入探究一下这种愤怒,吉姆能够觉察到隐藏在工会代表强硬外表下的恐惧,他也觉察到了他们的脆弱,但却无法突破保护这种脆弱的条件反射式的愤怒。

一周过去了,吉姆把报告提交给了上司。尽管他没有特意提到这一点,但很明显,即使把钱存入银行,也比投入到目前奥克诺莫工厂中的回报要高。

第二天,吉姆将要与首席执行官讨论这个报告。他不想承担解散这个工厂的责任,他个人认为,只要有一线降低成本的机会,解散工厂就是一个错误的举动。"但里彭是正确的,"吉姆对自己说,"成本实在太高了,工会又不愿合作,而公司即使只是想继续生存下去,也必须使自己的投资获得更好的回报。解散工厂听起来是正确的,但感觉又是错误的。我该怎么办呢?"

注 释

1. Rachel Emma Silverman, "The Science of Serendipity in the Workplace," *The Wall Street Journal*, May 1, 2013, B1.
2. Ibid.
3. Greg Lindsay, "Looking Beyond the Cube," *Fast Company*, March 2013, 34–38.
4. Silverman, "The Science of Serendipity in the Workplace."
5. Quoted in Anne Fisher, "America's Most Admired Companies," *Fortune*, March 17, 2008, 65–67.
6. Based on John P. Kotter, *The New Rules: How to Succeed in Today's Post-Corporate World* (New York: The Free Press, 1995); Steve Lohr, "How Crisis Shapes the Corporate Model," *The New York Times*, March 29, 2009, BU4; David K. Carr, Kelvin J. Hard, and William J. Trahant, *Managing the Change Process: A Field Book for Change Agents, Consultants, Team Leaders, and Reengineering Managers* (New York: McGraw-Hill, 1996); and Joseph

McCann, "Organizational Effectiveness: Changing Concepts for Changing Environments," *Human Resource Planning* 27, no. 1 (2004), 42–50.
7. This discussion of three types of change is based in part on Joseph McCann, "Organizational Effectiveness: Changing Concepts for Changing Environments.
8. Daisuke Wakabayashi, "The Point-and-Shoot Camera Faces Its Existential Moment," *The Wall Street Journal*, July 30, 2013, http://online.wsj.com/article/SB1000142412788732 4251504578580263719432252.html (accessed August 26, 2013).
9. Melissa A. Korn, "Coursera Defends MOOCs as Road to Learning," *The Wall Street Journal*, May 15, 2013, B5.
10. Clayton M. Christensen and Michael B. Horn, "Innovation Imperative: Change Everything," *The New York Times*, November 1, 2013, http://www.nytimes.com/2013/11/03/education/edlife/online-education-as-an-agent-of-transformation.html?_r=0 (accessed May 15, 2014).
11. Kurt Eichenwald, "Microsoft's Lost Decade," *Vanity Fair*, August 2012, 108–135; and Don Clark, "Microsoft, Intel Brave a Mobile World," *The Wall Street Journal*, April 15, 2013, B2.
12. "The World's 50 Most Innovative Companies," *Fast Company*, March 2014, 74–148.
13. Joseph E. McCann, "Design Principles for an Innovating Company," *Academy of Management Executive* 5, no. 2 (May 1991), 76–93.
14. Teri Evans, "Entrepreneurs Seek to Elicit Workers' Ideas—Contests with Cash Prizes and Other Rewards Stimulate Innovation in Hard Times," *The Wall Street Journal*, December 22, 2009, B7.
15. James R. Hagerty, "With Bottle-Fillers in Mind, the Water Fountain Evolves," *The Wall Street Journal*, March 24, 2013, B1.
16. Jon Katzenbach and Zia Khan, "Leading Outside the Lines," *Strategy + Business*, April 26, 2010, http://www.strategy-business.com/article/10204?gko=788c9 (accessed September 9, 2010).
17. Erin White, "How a Company Made Everyone a Team Player," *The Wall Street Journal*, August 13, 2007, B1, B7.
18. Judy Oppenheimer, "A Top Cop Who Gets It," *More*, June 2009, 86–91, 144.
19. Richard A. Wolfe, "Organizational Innovation: Review, Critique and Suggested Research Directions," *Journal of Management Studies* 31, no. 3 (May 1994), 405–431.
20. John L. Pierce and Andre L. Delbecq, "Organization Structure, Individual Attitudes and Innovation," *Academy of Management Review* 2 (1977), 27–37; and Michael Aiken and Jerald Hage, "The Organic Organization and Innovation," *Sociology* 5 (1971), 63–82.
21. Richard L. Daft, "Bureaucratic versus Non-bureaucratic Structure in the Process of Innovation and Change," in Samuel B. Bacharach, ed., *Perspectives in Organizational Sociology: Theory and Research* (Greenwich, CT: JAI Press, 1982), 129–166.
22. Alan D. Meyer and James B. Goes, "Organizational Assimilation of Innovations: A Multilevel Contextual Analysis," *Academy of Management Journal* 31 (1988), 897–923.
23. Richard W. Woodman, John E. Sawyer, and Ricky W. Griffin, "Toward a Theory of Organizational Creativity," *Academy of Management Review* 18 (1993), 293–321.
24. John Grossman, "Strategies: Thinking Small," *Inc.*, August 2004, 34–36.
25. Robert I. Sutton, "Weird Ideas That Spark Innovation," *MIT Sloan Management Review* (Winter 2002), 83–87; Robert Barker, "The Art of Brainstorming," *BusinessWeek*, August 26, 2002, 168–169; Gary A. Steiner, ed., *The Creative Organization* (Chicago: University of Chicago Press, 1965), 16–18; and James Brian Quinn, "Managing Innovation: Controlled Chaos," *Harvard Business Review*, May–June 1985, 73–84.
26. Thomas M. Burton, "Flop Factor: By Learning from Failures, Lilly Keeps Drug Pipeline Full," *The Wall Street Journal*, April 21, 2004, A1, A12.
27. Hiroko Tabuchi, "How the Parade Passed Sony By," *The New York Times*, April 15, 2012, BU1.
28. John P. Kotter, *Leading Change* (Boston: Harvard Business School Press, 1996), 20–25; and John P. Kotter, "Leading Change," *Harvard Business Review*, March–April 1995, 59–67.
29. G. Tomas M. Hult, Robert F. Hurley, and Gary A. Knight, "Innovativeness: Its Antecedents and Impact on Business Performance," *Industrial Marketing Management* 33 (2004), 429–438.
30. Burton, "Flop Factor."
31. D. Bruce Merrifield, "Intrapreneurial Corporate Renewal," *Journal of Business Venturing* 8 (September 1993), 383–389; Linsu Kim, "Organizational Innovation and Structure," *Journal of Business Research* 8 (1980), 225–245; and Tom Burns and G. M. Stalker, *The Management of Innovation* (London: Tavistock Publications, 1961).
32. Robert B. Duncan, "The Ambidextrous Organization: Designing Dual Structures for Innovation," in Ralph H. Killman, Louis R. Pondy, and Dennis Slevin, eds., *The Management of Organization* 1 (New York: North-Holland, 1976), 167–188; M. L. Tushman and C. A. O'Reilly III, "Building an Ambidextrous Organization: Forming Your Own 'Skunk Works,'" *Health Forum Journal* 42, no. 2 (March–April 1999), 20–23; and J. C. Spender and Eric H. Kessler, "Managing the Uncertainties of Innovation: Extending Thompson (1967)," *Human Relations* 48, no. 1 (1995), 35–56.
33. Julian Birkinshaw and Kamini Gupta, "Clarifying the Distinctive Contribution of Ambidexterity to the Field of Organization Studies," *The Academy of Management Perspectives* 27, no. 4 (2013), 287–298; Constantine Andriopoulos and Marianne W. Lewis, "Managing Innovation Paradoxes: Ambidexterity Lessons from Leading Product Design Companies," *Long Range Planning* 43 (2010), 104–122; Charles A. O'Reilly III and Michael L. Tushman, "The Ambidextrous Organization," *Harvard Business Review*, April 2004, 74–81; Sebastian Raisch and Julian Birkinshaw, "Organizational Ambidexterity: Antecedents, Outcomes, and Moderators," *Journal of Management* 34, no 3 (June 2008), 375–409.
34. J. G. March, "Exploration and Exploitation in Organizational Learning," *Organization Science* 2 (1991), 71–87; and R. Duane Ireland and Justin W. Webb, "Crossing the Great Divide of Strategic Entrepreneurship: Transitioning Between Exploration and Exploitation," *Business Horizons* 52 (2009), 469–479. For a review of the research on exploration and exploitation, see A. K. Gupta, K. G. Smith, and C. E. Shalley, "The Interplay Between Exploration and Exploitation," *Academy of Management Journal* 49, no. 4 (2006), 693–706.
35. M. H. Lubatkin, Z. Simsek, Y. Ling, and J. F. Veiga, "Ambidexterity and Performance in Small- to Medium-Sized Firms: The Pivotal Role of Top Management Team

Behavioral Integration," *Journal of Management* 32, no. 5 (October 2006), 646–672; and O'Reilly and Tushman, "The Ambidextrous Organization."
36. Tushman and O'Reilly, "Building an Ambidextrous Organization."
37. Barry Jaruzelski, John Loehr, and Richard Holman, "Making Ideas Work," *Strategy + Business* (Winter 2012), 2–14.
38. J. C. Spender and Bruce Strong, "Who Has Innovative Ideas? Employees." *The Wall Street Journal,* August 23, 2010, R5; and Rachel Emma Silverman, "How to Be Like Apple," *The Wall Street Journal,* August 29, 2011, http://online.wsj.com/article/SB10001424053111904009304576532842667854706.html (accessed September 16, 2011).
39. Erik Brynjolfsson and Michael Schrage, "The New, Faster Face of Innovation; Thanks to Technology, Change Has Never Been So Easy or So Cheap," *The Wall Street Journal,* August 17, 2009; and Vindu Goel, "Why Google Pulls the Plug," *The New York Times,* February 15, 2009.
40. Darren Dahl, "Technology: Pipe Up, People! Rounding Up Staff Ideas," *Inc.,* February 2010, 80–81.
41. Roger L. Martin, "The Innovation Catalysts," *Harvard Business Review,* June 2011, 82–87.
42. Spender and Strong, "Who Has Innovative Ideas?"
43. Austin Carr, "The Hard Sell at Taco Bell," *Fast Company,* July–August 2013, 36–38.
44. Dahl, "Technology: Pipe Up, People!"
45. Edward F. McDonough III and Richard Leifer, "Using Simultaneous Structures to Cope with Uncertainty," *Academy of Management Journal* 26 (1983), 727–735.
46. Michael L. Tushman, Wendy K. Smith, and Andy Binns, "The Ambidextrous CEO," *Harvard Business Review,* June 2011, 74–80.
47. Todd Datz, "Romper Ranch," *CIO Enterprise* Section 2 (May 15, 1999), 39–52.
48. Paul S. Adler, Barbara Goldoftas, and David I. Levine, "Ergonomics, Employee Involvement, and the Toyota Production System: A Case Study of NUMMI's 1993 Model Introduction," *Industrial and Labor Relations Review* 50, no. 3 (April 1997), 416–437.
49. Judith R. Blau and William McKinley, "Ideas, Complexity, and Innovation," *Administrative Science Quarterly* 24 (1979), 200–219.
50. Peter Landers, "Back to Basics; With Dry Pipelines, Big Drug Makers Stock Up in Japan," *The Wall Street Journal,* November 24, 2003, A1, A7.
51. Sherri Eng, "Hatching Schemes," *The Industry Standard,* November 27–December 4, 2000, 174–175.
52. Donald F. Kuratko, Jeffrey G. Covin, and Robert P. Garrett, "Corporate Venturing: Insights from Actual Performance," *Business Horizons* 52 (2009), 459–467.
53. Brad Stone, *The Everything Store: Jeff Bezos and the Age of Amazon* (New York: Little Brown), 199.
54. Christopher Hoenig, "Skunk Works Secrets," *CIO,* July 1, 2000, 74–76.
55. Claire Cain Miller and Nick Bilton, "Google's Lab of Wildest Dreams," *The New York Times*, November 13, 2011, www.nytimes.com/2011/11/14/technology/ at-google-x-a-top-secret-lab-dreaming-up-the-future .html?pagewanted=all (accessed November 14, 2011).
56. James I. Cash, Jr., Michael J. Earl, and Robert Morison, "Teaming Up to Crack Innovation and Enterprise Integration," *Harvard Business Review,* November 2008, 90–100.
57. Arkadi Kuhlmann, "Reinventing Innovation," *Ivey Business Journal,* May–June 2010, 6.
58. Jane M. Howell and Christopher A. Higgins, "Champions of Technology Innovation," *Administrative Science Quarterly* 35 (1990), 317–341; and Jane M. Howell and Christopher A. Higgins, "Champions of Change: Identifying, Understanding, and Supporting Champions of Technology Innovations," *Organizational Dynamics* (Summer 1990), 40–55.
59. Rachel Feintzeig, "Office 'Influencers' Are In High Demand," *The Wall Street Journal*, February 12, 2014, http://online.wsj.com/news/articles/SB10001424052702303874504579375313680290816 (accessed May 20, 2014).
60. Thomas J. Peters and Robert H. Waterman, Jr., *In Search of Excellence* (New York: Harper & Row, 1982).
61. Curtis R. Carlson and William W. Wilmot, *Innovation: The Five Disciplines for Creating What Customers Want* (New York: Crown Business, 2006).
62. Robert I. Sutton, "The Weird Rules of Creativity," *Harvard Business Review,* September 2001, 94–103; and Julian Birkinshaw and Michael Mol, "How Management Innovation Happens," *MIT Sloan Management Review* (Summer 2006), 81–88. See Lionel Roure, "Product Champion Characteristics in France and Germany," *Human Relations* 54, no. 5 (2001), 663–682, for a review of the literature related to product champions.
63. Peter Lewis, "Texas Instruments' Lunatic Fringe," *Fortune,* September 4, 2006, 120–128.
64. Joan Schneider and Julie Hall, "Why Most Product Launches Fail," *Harvard Business Review*, April 2011, 21–23; G. A. Stevens and J. Burley, "3,000 Raw Ideas = 1 Commercial Success!" *Research Technology Management* 40, no. 3 (May–June 1997), 16–27; R. P. Morgan, C. Kruytbosch, and N. Kannankutty, "Patenting and Invention Activity of U.S. Scientists and Engineers in the Academic Sector: Comparisons with Industry," *Journal of Technology Transfer* 26 (2001), 173–183; Edwin Mansfield, J. Rapaport, J. Schnee, S. Wagner, and M. Hamburger, *Research and Innovation in Modern Corporations* (New York: Norton, 1971); Christopher Power with Kathleen Kerwin, Ronald Grover, Keith Alexander, and Robert D. Hof, "Flops," *BusinessWeek,* August 16, 1993, 76–82; and Modesto A. Maidique and Billie Jo Zirger, "A Study of Success and Failure in Product Innovation: The Case of the U.S. Electronics Industry," *IEEE Transactions in Engineering Management* 31 (November 1984), 192–203.
65. Claire Cain Miller, "Back to the Drawing Board for Nexus Q," *The New York Times*, August 9, 2012, B1; and Doug Gross, "The Top 10 Tech Fails of 2012," CNN Tech Website, December 28, 2012, http://www.cnn.com/2012/12/28/tech/web/tech-fails-2012/index.html?hpt=hp_bn5 (accessed May 20, 2014).
66. Holman W. Jenkins, Jr., "The Microsoft Solution," *The Wall Street Journal Europe,* July 29, 2010, 13.
67. Schneider and Hall, "Why Most Product Launches Fail."
68. Andrew Bordeaux, "10 Famous Product Failures and the Advertisements That Did Not Sell Them," *Growthink.com*, December 17, 2007, http://www.growthink.com/content/10-famous-product-failures-and-advertisements-did-not-sell-them (accessed September 16, 2011); and Jane McGrath, "Five Failed McDonald's Menu Items," HowStuffWorks.com, http://money.howstuffworks.com/5-failed-mcdonalds-menu-items3.htm (accessed September 16, 2011).
69. Linton, Matysiak & Wilkes Inc. study results reported in "Market Study Results Released: New Product Introduction Success, Failure Rates Analyzed," *Frozen Food Digest,* July 1, 1997.

70. Deborah Dougherty and Cynthia Hardy, "Sustained Product Innovation in Large, Mature Organizations: Overcoming Innovation-to-Organization Problems," *Academy of Management Journal* 39, no. 5 (1996), 1120–1153.
71. M. Adams and the Product Development and Management Association, "Comparative Performance Assessment Study 2004," available for purchase at http://www.pdma.org. Results reported in Jeff Cope, "Lessons Learned—Commercialization Success Rates: A Brief Review," *RTI Tech Ventures* newsletter 4, no. 4 (December 2007).
72. Ibid.
73. Annie Lowrey, "Ideas on an Assembly Line," *The New York Times*, December 14, 2012, B1.
74. Shona L. Brown and Kathleen M. Eisenhardt, "Product Development: Past Research, Present Findings, and Future Directions," *Academy of Management Review* 20, no. 2 (1995), 343–378; F. Axel Johne and Patricia A. Snelson, "Success Factors in Product Innovation: A Selective Review of the Literature," *Journal of Product Innovation Management* 5 (1988), 114–128; Antonio Bailetti and Paul F. Litva, "Integrating Customer Requirements into Product Designs," *Journal of Product Innovation Management* 12 (1995), 3–15; Jay W. Lorsch and Paul R. Lawrence, "Organizing for Product Innovation," *Harvard Business Review,* January–February 1965, 109–122; and Science Policy Research Unit, University of Sussex, *Success and Failure in Industrial Innovation* (London: Centre for the Study of Industrial Innovation, 1972).
75. Study reported in Mike Gordon, Chris Musso, Eric Rebentisch, and Nisheeth Gupta, "Business Insight (A Special Report): Innovation—The Path to Developing Successful New Products," *The Wall Street Journal,* November 30, 2009, R5.
76. Dorothy Leonard and Jeffrey F. Rayport, "Spark Innovation through Empathic Design," *Harvard Business Review,* November–December 1997, 102–113.
77. Bruce Brown and Scott D. Anthony, "How P&G Tripled Its Innovation Success Rate," *Harvard Business Review,* June 2011, 64–72.
78. Janet Rae-Dupree, "Even the Giants Can Learn to Think Small," *The New York Times,* August 3, 2008, BU4; Mike Ramsey and Norihiko Shirouzu, "Toyota Is Changing How It Develops Cars," *The Wall Street Journal,* July 5, 2010, http://www.in.com/news/business/fullstory-toyota-is-changing-how-it-develops-cars-14559691-in-1.html (accessed September 16, 2011); and Tim Higgins, "GM Adds Team to Focus on Safety During Car Development," *Bloomberg*, April 16, 2014, http://www.bloomberg.com/news/2014-04-15/barra-adds-team-to-focus-on-safety-of-gm-vehicles-in-development.html (accessed May 24, 2014).
79. Brown and Eisenhardt, "Product Development"; and Dan Dimancescu and Kemp Dwenger, "Smoothing the Product Development Path," *Management Review,* January 1996, 36–41.
80. William J. Holstein, "Five Gates to Innovation," *Strategy + Business,* March 1, 2010, www.strategy-business.com/article/00021?gko=0bd39 (accessed September 16, 2011); and "Corning: For Becoming the 800-Pound Gorilla of the Touch Screen Business," segment of "The World's 50 Most Innovative Companies," *Fast Company*, March 2013, 86–156.
81. Kenneth B. Kahn, "Market Orientation, Interdepartmental Integration, and Product Development Performance," *The Journal of Product Innovation Management* 18 (2001), 314–323; and Ali E. Akgün, Gary S. Lynn, and John C. Byrne, "Taking the Guesswork Out of New Product Development: How Successful High-Tech Companies Get That Way," *Journal of Business Strategy* 25, no. 4 (2004), 41–46.
82. The discussion of open innovation is based on Henry Chesbrough, *Open Innovation* (Boston, MA: Harvard Business School Press, 2003); Henry Chesbrough, "The Era of Open Innovation," *MIT Sloan Management Review* (Spring 2003), 35–41; Julian Birkinshaw and Susan A. Hill, "Corporate Venturing Units: Vehicles for Strategic Success in the New Europe," *Organizational Dynamics* 34, no. 3 (2005), 247–257; Amy Muller and Liisa Välikangas, "Extending the Boundary of Corporate Innovation," *Strategy & Leadership* 30, no. 3 (2002), 4–9; and Navi Radjou, "Networked Innovation Drives Profits," *Industrial Management,* January–February 2005, 14–21.
83. Chesbrough, *Open Innovation*.
84. Amy Muller, Nate Hutchins, and Miguel Cardoso Pinto, "Applying Open Innovation Where Your Company Needs It Most," *Strategy & Leadership* 40, no. 2 (2012), 35–42.
85. Martin W. Wallin and Georg Von Krogh, "Organizing for Open Innovation: Focus on the Integration of Knowledge," *Organizational Dynamics* 39, no. 2 (2010), 145–154; Bettina von Stamm, "Collaboration with Other Firms and Customers: Innovation's Secret Weapon," *Strategy & Leadership* 32, no. 3 (2004), 16–20; and Bas Hillebrand and Wim G. Biemans, "Links between Internal and External Cooperation in Product Development: An Exploratory Study," *The Journal of Product Innovation Management* 21 (2004), 110–122.
86. Barry Jaruzelski and Richard Holman, "Casting a Wide Net: Building the Capabilities for Open Innovation," *Ivey Business Journal* March–April 2011, http://www.iveybusinessjournal.com/topics/innovation/casting-a-wide-net—building-the-capabilities-for-open-innovation (accessed September 19, 2011).
87. A. G. Lafley and Ram Charan, *The Game Changer: How You Can Drive Revenue and Profit Growth with Innovation* (New York: Crown Business, 2008); Larry Huston and Nabil Sakkab, "Connect and Develop; Inside Procter & Gamble's New Model for Innovation," *Harvard Business Review,* March 2006, 58–66; and G. Gil Cloyd, "P&G's Secret: Innovating Innovation," *Industry Week,* December 2004, 26–34.
88. Farhad Manjoo, "Apple Nation," *Fortune,* July–August 2010, 68–112; and Jorge Rufat-Latre, Amy Muller, and Dave Jones, "Delivering on the Promise of Open Innovation," *Strategy & Leadership* 38, no. 6 (2010), 23–28.
89. David Lerman and Liz Smith, "Wanted: Big Ideas from Small Fry," *Bloomberg BusinessWeek,* August 30–September 5, 2010, 49–51; Steve Lohr, "The Crowd Is Wise (When It's Focused)," *The New York Times,* July 19, 2009, BU4; and S. Lohr, "The Corporate Lab As Ringmaster," *The New York Times,* August 16, 2009, BU3.
90. Kevin J. Boudreau and Karim R. Lakhani, "Using the Crowd as an Innovation Partner," *Harvard Business Review*, April 2013, 61–67; Andy Meek "May the Best Business Win; Innovation Contests Can Spur New Products—and Boost Worker Morale," *Inc.*, February 2012, 86–87.
91. Meek "May the Best Business Win."
92. Olivier Leclerc and Mihnea Moldoveanu, "Five Routes to More Innovative Problem Solving," *McKinsey Quarterly*, April 2013, http://www.mckinsey.com/insights/strategy/five_routes_to_more_innovative_problem_solving (accessed May 14, 2013).

93. Sabrina Adamczyk, Angelika C. Bullinger, and Kathrin M. Möslein, "Innovation Contests: A Review, Classification and Outlook," *Creativity and Innovation Management* 21, no. 4 (2012), 335–355.
94. Reported in Jill Jusko, "A Team Effort," *Industry Week,* January 2007, 42, 45.
95. John A. Pearce II, "Speed Merchants," *Organizational Dynamics* 30, no. 3 (2002), 191–205; Kathleen M. Eisenhardt and Behnam N. Tabrizi, "Accelerating Adaptive Processes: Product Innovation in the Global Computer Industry," *Administrative Science Quarterly* 40 (1995), 84–110; Dougherty and Hardy, "Sustained Product Innovation in Large, Mature Organizations"; and Karne Bronikowski, "Speeding New Products to Market," *Journal of Business Strategy,* September–October 1990, 34–37.
96. Pinar Cankurtaran, Fred Langerak, and Abbie Griffin, "Consequences of New Product Development Speed: A Meta-Analysis," *Journal of Product Innovation Management* 30, no. 3 (2013), 465–486.
97. Susan Berfield and Manuel Baigorri, "Zara's Fast Fashion Edge," *Bloomberg BusinessWeek,* November 13, 2013, http://www.businessweek.com/articles/2013-11-14/2014-outlook-zaras-fashion-supply-chain-edge (accessed May 20, 2014); Brad Kenney, "Callaway Improves Long Game with Collaborative Tech," *Industry Week*, June 2008, 72.
98. Paul A. Eisenstein, "Not Your Dad's Chrysler: Fiat Merger Brings Exotic Cars, Style," *NBC News*, May 12, 2014, http://www.nbcnews.com/business/autos/not-your-dads-chrysler-fiat-merger-brings-exotic-cars-style-n103006 (accessed May 20, 2014); Bernie Woodall, "Fiat Chrysler Will Be OK If It Misses Lofty Targets: Marchionne," *Reuters*, May 13, 2014, http://www.reuters.com/article/2014/05/13/us-fiat-chrysler-markets-idUSBREA4C0XI20140513 (accessed May 20, 2014); and Alex Taylor III, "Chrysler's Speed Merchant," *Fortune,* September 6, 2010, 77–82.
99. "The World's 50 Most Innovative Companies," *Fast Company*, March 2014, 74–148 (Dodge is on page 86).
100. Raymond E. Miles, Henry J. Coleman, Jr., and W. E. Douglas Creed, "Keys to Success in Corporate Redesign," *California Management Review* 37, no. 3 (Spring 1995), 128–145.
101. David C. Robertson with Bill Breen, *Brick by Brick: How LEGO Rewrote the Rules of Innovation and Conquered the Global Toy Industry* (New York: Crown Business, 2013), 265–266.
102. Julian Birkinshaw, Gary Hamel, and Michael J. Mol, "Management Innovation," *Academy of Management Review* 33, no. 4 (2008), 825–845.
103. Reena Jana, "From India, The Latest Management Fad," *BusinessWeek,* December 14, 2009, 57; Navi Radjou, "Jugaad: The Art of Converting Adversity Into Opportunity," *Forbes* (March 23, 2014), http://www.forbes.com/sites/ashoka/2014/03/23/jugaad-the-art-of-converting-adversity-into-opportunity/ (accessed May 24, 2014); and Rebecca Bundhun, "Home and Away: Indians Successful All Around the World, *The National*, May 24, 2014, http://www.thenational.ae/business/industry-insights/economics/home-and-away-indians-successful-all-around-the-world (accessed May 24, 2014).
104. Fariborz Damanpour and William M. Evan, "Organizational Innovation and Performance: The Problem of 'Organizational Lag,'" *Administrative Science Quarterly* 29 (1984), 392–409; David J. Teece, "The Diffusion of an Administrative Innovation," *Management Science* 26 (1980), 464–470; John R. Kimberly and Michael J. Evaniski, "Organizational Innovation: The Influence of Individual, Organizational and Contextual Factors on Hospital Adoption of Technological and Administrative Innovation," *Academy of Management Journal* 24 (1981), 689–713; Michael K. Moch and Edward V. Morse, "Size, Centralization, and Organizational Adoption of Innovations," *American Sociological Review* 42 (1977), 716–725; and Mary L. Fennell, "Synergy, Influence, and Information in the Adoption of Administrative Innovation," *Academy of Management Journal* 27 (1984), 113–129.
105. Richard L. Daft, "A Dual-Core Model of Organizational Innovation," *Academy of Management Journal* 21 (1978), 193–210.
106. Daft, "Bureaucratic versus Nonbureaucratic Structure"; and Robert W. Zmud, "Diffusion of Modern Software Practices: Influence of Centralization and Formalization," *Management Science* 28 (1982), 1421–1431.
107. Daft, "A Dual-Core Model of Organizational Innovation"; and Zmud, "Diffusion of Modern Software Practices."
108. Fariborz Damanpour, "The Adoption of Technological, Administrative, and Ancillary Innovations: Impact of Organizational Factors," *Journal of Management* 13 (1987), 675–688.
109. Gregory H. Gaertner, Karen N. Gaertner, and David M. Akinnusi, "Environment, Strategy, and the Implementation of Administrative Change: The Case of Civil Service Reform," *Academy of Management Journal* 27 (1984), 525–543.
110. Claudia Bird Schoonhoven and Mariann Jelinek, "Dynamic Tension in Innovative, High Technology Firms: Managing Rapid Technology Change through Organization Structure," in Mary Ann Von Glinow and Susan Albers Mohrman, eds., *Managing Complexity in High Technology Organizations* (New York: Oxford University Press, 1990), 90–118.
111. Jeanne Whalen, "Glaxo Tries Biotech Model to Spur Drug Innovations," *The Wall Street Journal,* July 1, 2010, A1.
112. Sally Helgesen, "An Extreme Take on Restructuring: No Job Titles, No Managers, No Politics," *Strategy + Business*, February 11, 2014, http://www.strategy-business.com/blog/An-Extreme-Take-on-Restructuring-No-Job-Titles?gko=9b214 (accessed May 21, 2014); and Camille Sweeney and Josh Gosfield, "No Managers Required: How Zappos Ditched the Old Corporate Structure for Something New," *Fast Company*, January 6, 2014, http://www.fastcompany.com/3024358/bottom-line/no-managers-required-how-zappos-ditched-the-old-corporate-structure-for-somethin (accessed June 16, 2014).
113. David Ulm and James K. Hickel, "What Happens after Restructuring?" *Journal of Business Strategy,* July–August 1990, 37–41; and John L. Sprague, "Restructuring and Corporate Renewal: A Manager's Guide," *Management Review,* March 1989, 34–36.
114. Stan Pace, "Rip the Band-Aid Off Quickly," *Strategy & Leadership* 30, no. 1 (2002), 4–9.
115. Benson L. Porter and Warrington S. Parker, Jr., "Culture Change," *Human Resource Management* 31 (Spring–Summer 1992), 45–67.
116. Atsuko Fukase, "New CEO, New Mizuho Culture," *The Asian Wall Street Journal,* June 23, 2011, 22.
117. Reported in "Mergers Don't Consider Cultures," *ISHN,* September 2011, 14.

118. Joann S. Lublin, "Bringing Hidden Biases Into the Light," *The Wall Street Journal Online*, January 9, 2014, http://online.wsj.com/news/articles/SB10001424052702303754404579308562690896896 (accessed May 30, 2014).
119. W. Warner Burke, "The New Agenda for Organization Development," in Wendell L. French, Cecil H. Bell, Jr., and Robert A. Zawacki, *Organization Development and Transformation: Managing Effective Change* (Burr Ridge, IL: Irwin McGraw-Hill, 2000), 523–535.
120. W. Warner Burke, *Organization Development: A Process of Learning and Changing*, 2nd ed. (Reading, MA: Addison-Wesley, 1994); and Wendell L. French and Cecil H. Bell, Jr., "A History of Organization Development," in French, Bell, and Zawacki, *Organization Development and Transformation*, 20–42.
121. French and Bell, "A History of Organization Development."
122. The information on large group intervention is based on Kathleen D. Dannemiller and Robert W. Jacobs, "Changing the Way Organizations Change: A Revolution of Common Sense," *The Journal of Applied Behavioral Science* 28, no. 4 (December 1992), 480–498; Barbara B. Bunker and Billie T. Alban, "Conclusion: What Makes Large Group Interventions Effective?" *The Journal of Applied Behavioral Science* 28, no. 4 (December 1992), 570–591; and Marvin R. Weisbord, "Inventing the Future: Search Strategies for Whole System Improvements," in French, Bell, and Zawacki, *Organization Development and Transformation*, 242–250.
123. Marvin Weisbord and Sandra Janoff, "Faster, Shorter, Cheaper May Be Simple; It's Never Easy," *The Journal of Applied Behavioral Science* 41, no. 1 (March 2005), 70–82.
124. J. Quinn, "What a Workout!" *Performance*, November 1994, 58–63; and Bunker and Alban, "Conclusion: What Makes Large Group Interventions Effective?"
125. Dave Ulrich, Steve Kerr, and Ron Ashkenas, with Debbie Burke and Patrice Murphy, *The GE Work Out: How to Implement GE's Revolutionary Method for Busting Bureaucracy and Attacking Organizational Problems—Fast!* (New York: McGraw-Hill, 2002).
126. Paul F. Buller, "For Successful Strategic Change: Blend OD Practices with Strategic Management," *Organizational Dynamics* (Winter 1988), 42–55.
127. Norm Brodsky, "Everybody Sells," (Street Smarts column), *Inc.*, June 2004, 53–54.
128. Shawn Tully, "Can UnitedHealth Really Fix the System?" *Fortune*, May 29, 2013, 187–194.
129. Ibid.
130. Pierre Loewe and Jennifer Dominiquini, "Overcome the Barriers to Effective Innovation," *Strategy & Leadership* 34, no. 1 (2006), 24–31.
131. Bernard M. Bass, "Theory of Transformational Leadership Redux," *Leadership Quarterly* 6, no. 4 (1995), 463–478; and Dong I. Jung, Chee Chow, and Anne Wu, "The Role of Transformational Leadership in Enhancing Organizational Innovation: Hypotheses and Some Preliminary Findings," *The Leadership Quarterly* 14 (2003), 525–544.
132. Todd Datz, "No Small Change," *CIO*, February 15, 2004, 66–72.
133. These techniques are based on John P. Kotter's eight-stage model of planned organizational change, Kotter, *Leading Change*, 20–25.
134. Everett M. Rogers and Floyd Shoemaker, *Communication of Innovations: A Cross Cultural Approach*, 2nd ed. (New York: Free Press, 1971); and Stratford P. Sherman, "Eight Big Masters of Innovation," *Fortune*, October 15, 1984, 66–84.
135. Richard L. Daft and Selwyn W. Becker, *Innovation in Organizations* (New York: Elsevier, 1978); and John P. Kotter and Leonard A. Schlesinger, "Choosing Strategies for Change," *Harvard Business Review* 57 (1979), 106–114.
136. Donald F. Kuratko, Jeffrey G. Covin, and Robert P. Garrett, "Corporate Venturing: Insights from Actual Performance," *Business Horizons* 52 (2009), 459–467.
137. Philip H. Mirvis, Amy L. Sales, and Edward J. Hackett, "The Implementation and Adoption of New Technology in Organizations: The Impact on Work, People, and Culture," *Human Resource Management* 30 (Spring 1991), 113–139; Arthur E. Wallach, "System Changes Begin in the Training Department," *Personnel Journal* 58 (1979), 846–848, 872; and Paul R. Lawrence, "How to Deal with Resistance to Change," *Harvard Business Review* 47 (January–February 1969), 4–12, 166–176.
138. Julie Jargon, "Business Technology: Domino's IT Staff Delivers Slick Site, Ordering System," *The Wall Street Journal*, November 24, 2009, B5.
139. Darren Dahl, "Trust Me: You're Gonna Love This; Getting Employees to Embrace New Technology," *Inc.*, November 2008, 41.
140. Peter Richardson and D. Keith Denton, "Communicating Change," *Human Resource Management* 35, no. 2 (Summer 1996), 203–216.
141. Edgar H. Schein and Warren Bennis, *Personal and Organizational Change via Group Methods* (New York: Wiley, 1965); and Amy Edmondson, "Psychological Safety and Learning Behavior in Work Teams," *Administrative Science Quarterly* 44 (1999), 350–383.
142. Diane L. Coutu, "Creating the Most Frightening Company on Earth; An Interview with Andy Law of St. Luke's," *Harvard Business Review*, September–October 2000, 143–150.
143. Lawrence G. Hrebiniak, "Obstacles to Effective Strategy Implementation," *Organizational Dynamics* 35, no. 1 (2006), 12–31.
144. Adapted by Dorothy Marcic from Susanne G. Scott and Reginald A. Bruce, "Determinants of Innovative Behavior: A Path Model of Individual Innovation in the Workplace," *Academy of Management Journal* 37, no. 3 (1994), 580–607.
145. Written by Charles E. Summer. Copyright 1978.
146. Doug Wallace, "What Would You Do?" *Business Ethics*, March/April 1996, 52–53. Reprinted with permission from *Business Ethics*, PO Box 8439, Minneapolis, MN 55408; phone: 612-879-0695.

第12章 决策过程

问题引入

在阅读本章内容之前，请先看下面的问题并选择答案。

1. 管理者在制定决策时应尽可能遵照最为客观、理性的过程。

同意________　　不同意________

2. 当管理者知道解决组织问题的最好方案并且有相应的权力时，最好的办法就是直接做决定并付诸实施，不需要让其他管理人员参与到决策制定过程中。

同意________　　不同意________

3. 差劲的决策制定有助于管理者和组织的学习和成长。

同意________　　不同意________

不管在什么样的层级体系，什么样的行业，或者什么样的组织规模和组织类型中，每位管理者每天都从事的一项活动是什么？决策。管理者也经常被称为决策者，每一个组织的成长、成功或者失败都是管理者做出选择的结果。然而，很多决策是充满风险和不确定性的，并不能保证成功。罗恩·约翰逊(Ron Johnson)曾是苹果零售店的后台策划，他此前在塔吉特任职，非常成功。约翰逊自信地认为他有必胜的方法能够把连锁百货公司彭尼(J. C. Penney)从悬崖边上拉回来，拯救它于危难之间。他决定将彭尼重新装修成更高档的商店，并将目标顾客锁定为青年消费者，但这一决策失误了。在他担任首席执行官满一年之后，彭尼亏损了10亿美元。仅任职16个月之后，约翰逊就被解雇了。[1] 再来看看通用汽车公司名誉受损的事情。对通用汽车质量及安全问题的调查结果表明，如果管理者当初谨慎决策，就有可能挽救伤亡者的生命。通用汽车的高层管理已经承认，在他们召回260万辆可能会引起撞车和人员伤亡的问题汽车之前，确实有一些管理人员在十多年前就对通用汽车的点火开关故障问题有所了解。截止到 2014 年 5 月，开关故障已经导致 47 起撞车事件以及 13 名人员死亡。但是调查人员认为，除此之外，这些问题可能还会造成更多后果。[2] 事后来看，召回问题车辆的决定看起来似乎是显而易见的，但当时的情况并不那么明确。决策经常是在持续改变的因素、不明确的信息和冲突的观点之间做出的，即便是最成功公司中最好的管理者有时候也难免犯下愚蠢的错误。

现实中也有许多管理者做出了成功的决策。苹果公司在 2008—2014 年连续 7 年登上了《财富》杂志世界最受尊敬的公司名单的榜首，但是这家公司在 20 世纪 90 年代中期差点倒闭。如果董事会没有决定请回联合创始人史蒂夫·乔布斯(Steve Jobs)担任公司首席执行官(他此前曾被自己创建的苹果公司解雇)，今天苹果公司可能已经不存在了。1996 年，苹果公司销售收入 98 亿美元，利润亏损 8.16 亿美元。然而，多亏了乔布斯和其他高层管理者做出的决策(乔布斯从 1997 年起一直到 2011 年去世，都在领导苹果)，使今天的苹果一直在高飞猛进。从 2010 年起，按照上市公司市值估价苹果公司已经成为美国最大的企业。将乔布斯请回苹果，可以称为是有史以来最伟大的商业决策。[3] 也有一些成功的例子来自与苹果完全不同的行业。达美航空公司(Delta Airlines)首席执行官理查德·安德森(Richard Anderson)及其管理团队所做的决定帮助公司在 2013 年赚得了 27 亿美元的利润(达美航空公司在 2014 年《财富》杂志最受尊敬的企业名单中排名 48)，这打破了航空业有史以来的纪录。安德森所做的非常规思维决策的例子包括基于机票价格对常飞旅客进行奖励，而不是飞行里程。这一政策意味着商务旅客将得到更多奖励，因为他们通常会支付较高的机票价格，如此一来，更多的企业将会选择达美航空公司。另一个决策是放弃采购新一代客机，而是购买和翻新旧式飞机。[4]

本章的目的

在任何时候，任何组织都可能要为数百项决策进行问题识别、方案拟订及实施工作。在这些决策过程中，管理者及整个组织有时会不知所措。[5] 本章的目的是通过分析这些过程，了解组织在实际中是怎样做出决策的。决策可视为是组织大脑和神经系统运行的结果，也就是第 8 章所介绍的信息和控制系统的最终应用。首先，本章给出了决策的定义，以及不同决策类型的定义。紧接着下一部分描绘了理想决策模型并考察了个人管理者是如何做出决策的。其次，本章还探讨了组织决策制定的几个模型，每个模型对不同的组织情境都是适用的，并将决策模型放入单独的框架中来描述何时和如何使用各种决策方法。最后，本章讨论了关于决策制定的几个特别主题，例如高速环境(high-velocity environment)，决策错误和学习，克服妨碍有效决策的认知偏差的方法。

决策的类型

组织决策(organizational decision making)通常可定义为识别和解决问题的过程。这一过程包括两个主要阶段。一是**问题识别阶段**(problem identification stage),即对外部环境和组织状态进行监测,获得有关信息,以判明组织的绩效是否令人满意,并诊断出不足的原因所在。二是**问题解决阶段**(problem solution stage),即考察备选的行动方案,从中选择一个方案并加以实施。

组织决策问题的复杂性程度各不相同。根据这种复杂性程度的差异,可以将决策区分为程序性和非程序性两种。[6] 所谓**程序性决策**(programmed decisions)是指重复出现、结构明确的,可开发出程序来解决问题的决策。这类决策的结构性良好,因为通常它有很清晰的绩效衡量标准,对其当前的绩效状况可以获得充分的信息,而且备选方案也容易确定,同时对所选定的决策方案能否成功也有相对较高的确定。这种决策有既定的决策规则可循,如何时更新办公室的复印机,何时报销管理人员的差旅费,或某个求职者是否有胜任流水线工作的资格,等等。许多企业根据经验性的规则进行程序性决策。例如,大饭店中为宴席选配服务员的规则是,每30位客人配备1名负责餐桌招待的服务员,另外每40位客人加配1名机动服务员。[7]

非程序性决策(nonprogrammed decisions)是指新出现的、结构不明确的,不存在解决问题的既定程序的决策。当组织遇到前所未有的问题,而且不知如何应对时,就面临着非程序性决策情形。没有明确的决策标准,备选方案也模糊不清,所采用的决策方案是否能解决问题也不确定。一般来说,对于非程序性决策问题很难制订出几个备选的方案,通常只是根据所面临的问题量身定做一个解决方案。

快餐连锁店麦当劳(McDonald's)的管理者们面临各种各样的决策,有些是程序性决策,有些是非程序性决策。

应用案例 12-1

麦当劳公司

麦当劳每年都会新开设数百家分店。在美国,每次当麦当劳的管理者们打算增开一家分店的时候,他们要么本来就很了解某个位置的开业行情,要么能够轻松地搜集到所需要的信息,判断出在这个位置开分店的未来经营状况。他们会分析这个位置的当地人口资料、交通模式、物价、房地产以及周围的竞争者,并且将分析得到的数据与餐饮业的收入成本模型相结合,综合分析。这样一来,麦当劳的管理者们往往能够为新店开设做出又好又快的决策。这就是典型的程序化决策过程。

然而,麦当劳的管理者们经常面临的另一个问题却没那么容易解决。麦当劳会频繁推出各种新品,但是有很多并不畅销。例如,当管理者们想要引入一种新品三明治的时候，他们手中也会掌握大量的数据，这些数据包括对人口资料的分析等。但即使拥有大量的数据，管理者们也无法预测出新品三明治是否能迎合大部分人的口味。以我们在第11章中提到的招牌汉堡(Arch Deluxe hamburger)为例，尽管公司最初曾为其研发工作投入数百万元经费，并且专门投入100万美元用作广告宣传，但招牌汉堡依然失败了，没有受到消费者的欢迎。[8]这些都是典型的非程序化决策过程。

在新兴市场开设分店是麦当劳的管理者所面临的最艰难的决策。尽管他们可以像往常一样分析各种因素，但是能够掌握的信息太少了，并且对当地的市场情形也缺乏了解。在新的市场中，麦当劳的产品可以说是全新的，它将面临完全不熟悉的竞争者，需要与不熟悉的供货商打交道，其雇用和培训工作也要重新开始。这可以说是真正的魔鬼决策。如果管理者们在进入哪个市场以及如何进入市场等问题上产生分歧，决策将会很难进行。[9]

许多非程序性决策会由于环境不确定性和决策复杂性而涉及战略规划工作，比如麦当劳公司要做出一个进入新市场的决定。人们常常将特别复杂的非程序性决策称为“魔鬼决策”(“Wicked” decision)，因为单界定问题本身就会成为一项艰巨的任务。“魔鬼决策”通常与下列情形相关：管理者对此项决策的目标和备选方案存有冲突的看法，环境变化迅速，决策要素间的关联很不清晰。在处理“魔鬼决策”时，管理者可能会找到一个解决办法，但这事后会被证明他们开始时就错误地界定了问题。[10]组织学学者罗素·艾可夫(Russell Ackoff)曾经说：“管理者要解决的不是简单、孤立的问题，他们要解决的是混乱的问题。”[11]换言之，混乱的问题就是魔鬼决策需要解决的问题。在极端不确定的情况下，甚至一个好的选择也会导致一个坏的结果。[12]关于魔鬼决策，我们可以看看爱德华·斯诺登(Edward Snowden)的例子。斯诺登是一名美国国家安全局(National Security Agency)的签约工作人员，他将美国安全项目的有关信息泄露给了媒体，现在生活在俄罗斯，得到了俄罗斯的庇护。有人说，如果他回到美国，他应该得到诉辩的机会，或者给予宽大处理。也有人说，他应该被关进监狱。斯诺登在接受NBC布莱恩·威廉姆斯(Brian Williams)的电视采访时，对他公布信息的行为进行了解释，并且强调他之所以这么做是为了美国的利益，但是立法者和社会公众仍然难以判断出斯诺登是叛徒还是爱国者。[13]其他有关魔鬼决策的例子还包括如何扭转彭尼的衰退趋势，并重建公司声誉；如何解决底特律的危机，这座美国最大的城市从未想到过会面临破产。

由于经营环境的复杂性和动荡多变，当今的管理者及组织就面临着越来越多的非程序性决策和魔鬼决策。如图12-1所示，当今环境的快速度、复杂性和不确定性对组织的决策者提出了新的要求。首先，在环境不够稳定的时候制定决策的速度要够快。单个管理者无法掌握制定所有重要决策的信息，这意味着良好的决策取决于合作和信息共享。决策制定所依据的硬数据越少，结果的不确定性就越强。许多决策需要在试验和错误中不断修正。例如，为了简化和美化凌乱的商店并增加高附加值产品的销售，沃尔玛经理去掉了9%的商品,这一决定影响了销售额。沃尔玛在十年来第一次遭遇了市场份额下滑。沃尔玛最近宣布了一项名为"回来了"的活动,约8500件商品回归货架,同时还使用了新的口号——"天天平价,件件如此"(Low prices. Every day. On everything)。[14]

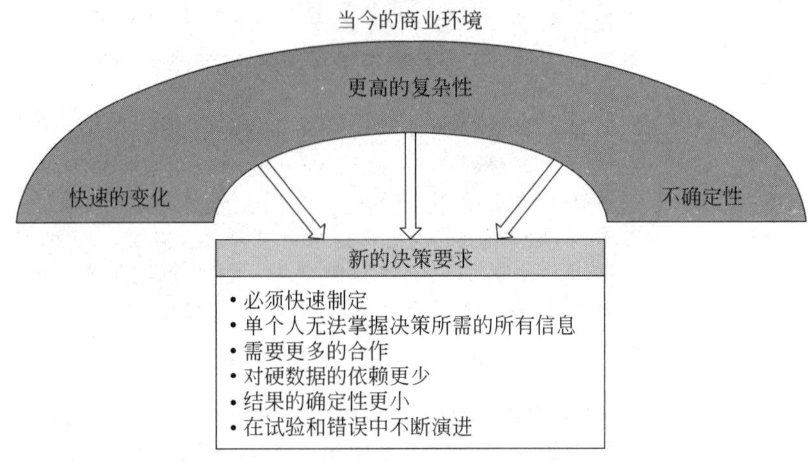

图 12-1 当今环境中的决策

资料来源:John P. Kotter, *Leading Change* (Boston, MA: Harverd Business School Press, 1996), p. 56.

个体决策

管理者的个体决策有两种方式。一种是**理性方法**(rational approach),提出理想模型,告诉管理者应该如何做出决策。另一种是**有限理性观**(bounded rationality perspective),描述决策实际是怎样在严格的时间和资源条件限制下做出的。理性决策是管理者努力要达到但很少能做到的理想的状态。

理性方法

个体决策中的理性方法是强调首先要对问题进行系统的分析,然后按照合乎逻辑的步骤进行方案选择及实施。例如,18世纪政治家和外交官本杰明·富兰克林(Benjamin Franklin)在遇到困难问题的时候,会把一张纸分成两列,左右分别标记为"正"(Pro)和"反"(Con),并在每一列上写出各种支持或者不支持的原因。然后富兰克林用几天的时间衡量每一种"正""反"意见的价值,不断减少两列标记下的选项,直到达到一个最佳的决策平衡点。富兰克林认为,通过使用这种理性的方法,他就不容易做出鲁莽的决定。[15]对于管理者来说也是一样,之所以提出用理性方法来指导个体决策,是因为观察者发现许多管理者在组织决策中缺乏系统分析,而且有武断行为。

尽管理性决策模式只是一种“理想”状态，在如图 12-1 所示的环境不确定、复杂和迅速变化的现实世界中不可能完全做到。不过，理性决策模型可以帮助管理者更清晰、更理性地思考决策问题。只要有可能，管理者应该尽量采用体系化的程序进行决策。要是管理者对理性决策过程有深刻的认识和把握，他们就能做出更有效的决策，即便是在缺乏明确信息的情况下。最近出版的一本关于决策的著作就剖析了美国海军陆战队(U. S. Marines)的例子。美国海军陆战队享有迅速果断地处理复杂问题的美誉。高强度的训练，使海军陆战队的官兵能迅速完成一系列的常规思维活动，并能迅速准确地分析形势，采取行动。[16]

依据这种理性方法，决策过程可分解为 8 个步骤，如图 12-2 所示，下面探讨的百货商店经理琳达・科斯洛(Linda Koslow)的例子正好说明了这 8 个步骤。[17]科斯洛是马歇尔・菲尔德公司(Marshall Field's)设在伊利诺伊州的奥克布鲁克商店的总经理。[18]

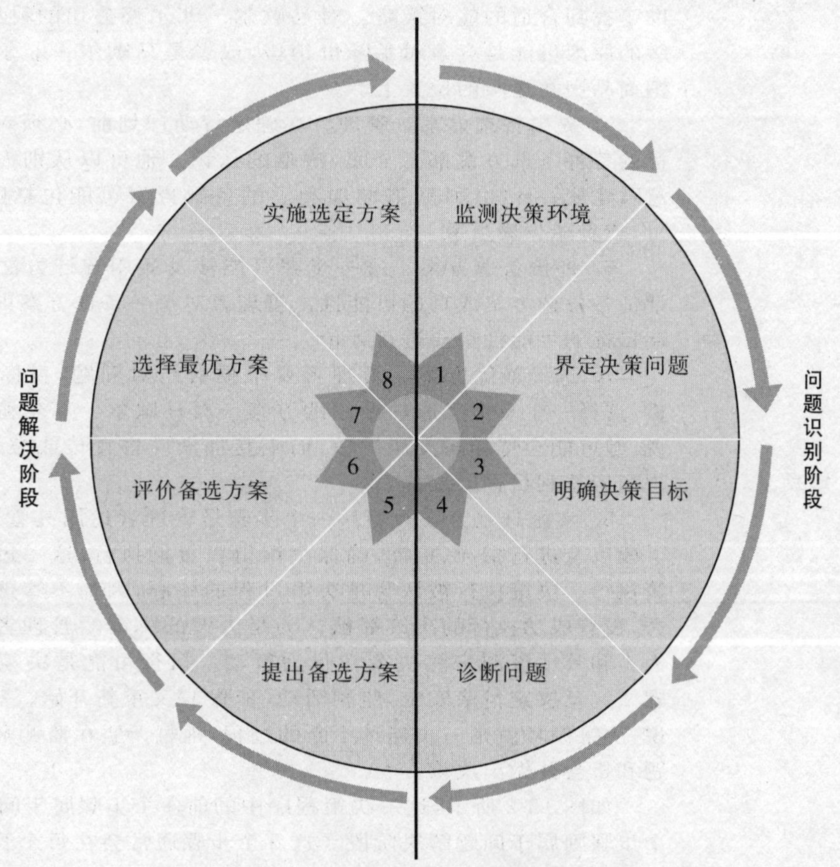

图 12-2　理性方法下的决策步骤

1. 监测决策环境。在理性决策的第 1 个步骤，管理者要监控内外环境，获得能显示实际与计划或可接受的行为之间的偏差的信息。监测的途径包括与同事们交谈，阅读财务报表、绩效评估报告及有关行业指数、竞争对手行动等资料或情报等。例如,在为期5周的圣诞节销售旺季里,琳达·科斯洛时刻关注着商场周围的竞争对手,看他们是否进行折价销售。同时她也浏览自己商店近几日的销售纪录,了解各种商品销售的升降情况。

2. 界定决策问题。对于出现的偏差,管理者要界定偏差问题实质性的具体环节,如是在什么地方、什么时间出现了偏差,谁是责任者,谁是受牵连者,当前的组织活动受到何种影响,等等。对琳达·科斯洛来说,这意味着要确定商店盈利低是因为总销售额比预期的少,还是因为某类商品的销售状况没有预期的好。

3. 明确决策目标。管理者要确定各项决策应该达到什么样的绩效目标。

4. 诊断问题。在这个步骤中,管理者要透过表面分析问题发生的根源。为帮助诊断,可能需要收集进一步的资料。把握问题产生的原因将有助于找到合适的应对策略。对马歇尔·菲尔德公司的科斯洛来说,销售减缓的原因可能是竞争对手降价销售,或者是马歇尔·菲尔德公司没有把热销商品摆在显眼的位置上。

5. 提出备选方案。管理者在确定行动计划前,必须对能够实现预期目标的各种备选方案都有全面、清晰的认识。他可以从别人那里寻求好的主意及建议。比如,科斯洛增加利润的备选方案可能包括购入新商品、大减价,或者减少雇员数。

6. 评价备选方案。这一步骤可能涉及运用统计方法或基于个人经验评估各备选方案成功的可能性。管理者对每一备选方案的优缺点和实现预期目标的可能性都要进行评价。

7. 选择最优方案。管理者要根据自己对问题、目标和备选方案的分析,选择一个有最大成功希望的方案。对马歇尔·菲尔德公司的科斯洛来说,她可能会选择减少雇员数,而不是加大广告宣传或减价销售,作为其实现商店盈利目标的抉择。

8. 实施选定方案。最后一个步骤是管理者运用其管理、行政和说服等手段以及进行指导、指挥,确保决策得以贯彻执行,这一过程有时被称为决策执行。决策执行被认为是决策过程的核心,因为不管选择的方案如何优秀,没有成功执行的决策都被认为是失败的决策。[19]管理者必须动员公司的人力和其他资源来将决策转化为行动。执行可能是决策过程最困难的步骤。一旦决定付诸实施,监测活动(步骤1)又重新开始。对于很多管理者来说,决策循环就是一个连续不断的过程,她每天要在监测环境中发现新的问题和机会并做出决策。

如图12-2所示,这一决策程序中的前4个步骤属于问题识别阶段,后4个步骤则属于问题解决阶段。这8个步骤通常会在每个管理者的决策过程中出现,只是每一个步骤可能并不是完全独立的。管理者凭借自己的经验能准确地知道在特定情形下该做些什么,所以,有可能会有一个或几个步骤被省略。应用案例12-2展示了理性方法是如何在人事问题决策中得到应用的。

应用案例 12-2

萨斯喀彻温(Saskatchewan)咨询公司的一项决策过程

1. 监测决策环境。星期一上午，萨斯喀彻温咨询公司(Saskatchewan Consulting)应收账款负责人乔·迪福(Joe DeFoe)又没来上班。

2. 界定决策问题。这已经是迪福连续四次在星期一旷工了。公司政策禁止无故旷工，迪福因为最近两次的严重旷工行为，已经受到了警告。解雇的最后通牒也准备好了，但如果他保证改正的话，可能暂不给他这个通牒。

3. 明确决策目标。迪福应该按规定上班，并达到他力所能及的款项回收水平。解决这一问题的时限是两周。

4. 诊断问题。经过与迪福同事的慎重讨论，并从迪福本人那里收集的信息来看，他存在酗酒问题。显然，他是利用星期一从周末的狂饮中缓过劲来。与公司其他知情人的交谈证实了这一点，迪福是一个积重难返的酒徒。

5. 提出备选方案。(1)解雇迪福。(2)发出解雇的最后通牒，不加任何说明。(3)发出最后通牒，并谴责迪福过度饮酒，让他意识到你完全知道他的酗酒问题。(4)与迪福交谈，看他是否愿意提及自己的酗酒问题。如果他承认自己有酗酒问题，就推迟发出最后通牒，并建议他参加公司新近推出的员工援助活动，这项活动旨在帮助员工克服个人问题，包括酗酒。(5)与迪福交谈，看他是否愿意提及自己的酗酒问题。如果他不承认自己有酗酒问题，告诉他下一次再旷工，他将失去这份工作。

6. 评价备选方案。培训一名接替者的成本在每个方案中都是相同的。方案1忽略了对成本费用和其他绩效标准的考虑。方案2和方案3不符合公司的政策，该项政策规定应当适时地对员工提出劝告。方案4考虑了迪福和公司双方的利益。如果迪福愿意寻求帮助，公司将获得一名优秀的员工。方案5主要是考虑了公司方的利益。最后通牒在某种程度上可促使迪福承认自己的酗酒问题。如果他承认并改正了，就可免于被解雇，但旷工将不再得到容忍。

7. 选择最优方案。迪福不承认自己有酗酒问题，所以选择方案5。

8. 实施选定方案。把情况记录下来，并发出最后通牒。[20]

在上述案例中，向迪福发出最后通牒是一个程序性决策。公司对所期待的良好行为有明确的标准，迪福旷工的次数及原因方面的信息也很容易得到，可接受的备选方案及其抉择程序很清楚。这种情形最适合采用理性决策法，因为这时决策者有足够的时间进行深思熟虑的、有条不紊的决策。另外，一旦做出了决策，萨斯喀彻温公司也有现成的机制用以实施这项决策。有些管理者甚至在鼓励和管理创造性思维时也采用理性方法。礼来基金会 (Lilly Foundation)与世界卫生组织遏制结核病联盟(Stop TB Partnership)合作，共同致力于帮助肺结核患者更为便利和持续地获取所需药物。在问题讨论中，他们首先对所面临的问题进行界定，然后进行分解，最后再提出备选方案。[21]

当管理者所面临的决策是非程序性的,不仅所要决策的问题结构不明,而且有许多这样的决策堆积在一起,这时,个体决策者仍应尝试遵循理性方法所提倡的决策步骤,不过往往要以个人直觉和经验对其中的步骤做些简化处理。这就产生了与理性方法所主张程序的偏离。这种偏离可以用有限理性观进行解释。

有限理性观

理性方法的主张是,管理者应该尽量采用体系化的程序来做出好的决策。确实,当管理者处理一些明确的问题时,他们经常使用理性程序来做出决策。[22]然而,有关管理决策的研究表明,管理者常常无法遵循这种理想的决策程序。在当今充满竞争的环境中,必须快速做出决策。时间压力、组织内外众多对决策产生影响的因素以及许多决策问题的结构性差等特性使管理者实际不可能进行系统的分析。管理者只有相对有限的时间和智力,因而不可能对每个决策问题、目标和备选方案都进行评估。许多问题的高度复杂性限制了对理性的追求。管理者所达到的理性有一定的限度。

亚马逊的杰夫·贝佐斯谈到了叙事谬误,这一术语是由纳西姆·尼古拉斯·塔勒布(Nassim Nicholas Taleb)在他的著作《黑天鹅》(*The Black Swan*)中提出来的。所谓叙事谬误(narrative fallacy)是指,由于人类大脑的能力是有限的,无法考虑到所有因素,人们在生理上倾向于将复杂的现实转化为更容易理解的叙述。贝佐斯要求亚马逊所有高管都读一读《黑天鹅》,这样他们就可以在事情不合常理时避免这种过于简单化的倾向。[23]

我们不用太经常使用有限理性的方法,但这种方法对于某些决策来说是非常有用的。有限理性(bounded rationality)这一术语是由组织学家赫伯特·西蒙(Herbert Simon)提出的。西蒙认为,完美的解决方案可能存在一个问题,由于人们的理性是有限的,因此无法做到所有必要的认知步骤去寻找到最优答案。[24]如何理解有限理性方法,想想大多数新经理在大学毕业后是如何选择工作的。这项看上去非常简单的决策能够迅速变得异常复杂,以至于要使用有限理性的方法。毕业生在拿到两三个录用通知的时候就在这些其中选一个,而这时他们找工作的行动也会迅速减少。然而,适合面试者的公司可能有成百家,假如毕业生是在完全理性的情况下做出决策,他们就应该考虑所有的备选方案,两三份录用通知显然是远远不够的。

限制与权衡

如图12-3所示,大型组织的决策不仅十分复杂、不易充分了解,而且还有其他许多限制条件约束了决策者。对许多决策而言,由于组织的环境是模糊不清的,因而需要社会性支持,对所发生事情的共识、接受和认同。其他限制组织决策过程的因素包括公司文化、道德价值观,还有组织结构和设计,如图12-3所示。例如,英国石油公司的企业文化影响了管理者的决策,进而导致了灾难性的墨西哥湾深水地平线钻井平台爆炸和石油泄漏。走带有风险的捷径在英国石油公司的文化中根深蒂固。例如,英国石油公司在打造钻探历史上最深的油井之一的时候，管理者决定只使用一根钢护筒，而不是广为推荐的两根或两根以上。为确保油井在打得更深的时候不偏转方向，最好使用 21 根扶正器，而英国石油公司的管理者决定只用 6 根。他们也不去检查井底水泥是否坚固，而是仅依赖于防喷器作为保障。大多数石油公司通常将防喷器作为附加的保障措施，但英国石油公司很冒进，冒险文化无法促使管理者采取更为谨慎和耗时的方法。[25]

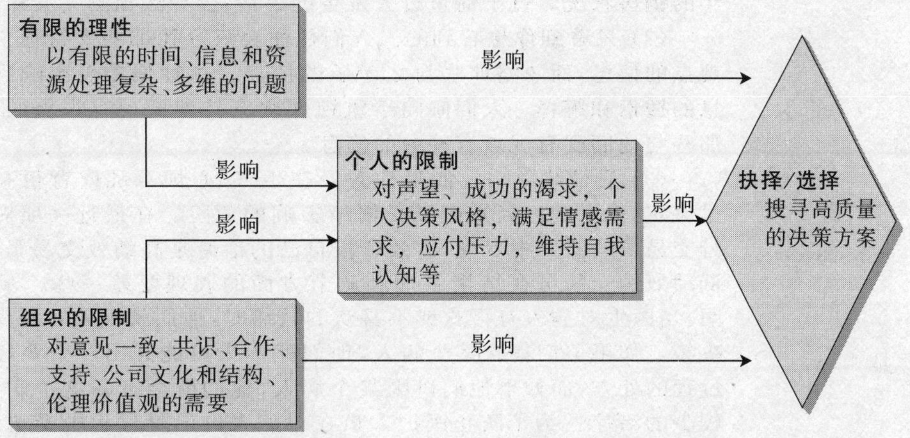

图 12-3　非程序性决策过程中的限制因素及其影响

资料来源：Adapted from Irving L. Janis, *Crucial Decisions*(New York: Free Press, 1989); and A. L. George, *Presidential Decision Making in Foreign Policy: The Effective Use of Information and Advice*(Boulder, Colo.: Westview Press, 1980).

限制也存在于个人层面。个体决策中的个人局限，诸如决策风格、工作压力、对声誉的渴求、对危险的感知等，可能限制备选方案的搜寻和接受。所有这些因素限制了可能带来理想选择的完全理性模型发挥应有的作用。[26] 比如，一些管理人员总是试图使自己做出的决策令上级管理者满意，这些上级管理人员经常被认为在组织中拥有权力，他们受到下级管理人员的尊敬，下级管理者都在朝着上级管理者的方向努力。[27] 其他的管理者则受制于僵硬的决策风格。据称，迈克尔·戴尔(Michael Dell)谨慎的决策风格限制了他重整已经面临问题的计算机公司。多年来戴尔一直很成功，但是当其他公司如 IBM 和苹果进入全新的业务领域时，戴尔仍然陷在个人计算机业务上，并提供小众服务。戴尔没有发现行业盈利点已不再是计算机硬件，也没有寻找进入行业新领域的可行方法。此外，知情人士表示，从 2002 年开始，迈克尔·戴尔一再阻止前任首席执行官凯文·罗林斯(Kevin Rollins)扩大计算机之外的其他业务。迈克尔·戴尔对风险和不确定的厌恶就是一种个人对决策的限制。[28]

此外，管理者们在做决策时会以自己的判断作为约束条件，因而会产生一些偏差。可以看一下本章末的“专题讨论”部分，检查是否有偏差在影响你的决策。下面列示了一些常见的个人偏差。在本章的稍后部分，我们将会讨论影响组织层面决策的偏差。对以下这四种偏差的警觉可以帮助人们做出更好的个体决策。[29]

(1) 受最初印象影响。在考虑做决策时,我们常常会给第一次接收到的信息较多的权重。最初的这些印象、统计或者估计将会作为一个锚对我们后续的想法和判断产生影响。这个锚可以很简单,可以是同事的随意评论,可以是在报纸上看到的一个统计数据。过去发生的事情及其显示出的趋势也可以作为锚。比如,业务经理常常通过前一年的销售统计估计下一年的销售状况。过于倚重过去发生的事情,会导致预测失灵和决策失误。

(2) 只看到你想看到的。人们往往会只寻找那些支持他们现有直觉或观点的信息,而忽略那些与之矛盾的信息。这种偏差会影响到管理者对信息的搜索和解释。人们倾向于重视那些支持他们现有观点的信息,而轻视那些与他们现有观点有冲突的信息。

(3) 受情绪影响。如果你曾经在生气、心烦意乱或者很高兴的时候做过决定,你可能已经知道了受情绪影响的危险。在最近一项对伦敦投资银行交易员的研究中发现,有效管控自己的情绪是高绩效交易员的特质之一。低绩效的交易员在情绪管理和调节方面的表现要差一些。[30]另一项发现表明,当医生对病人有喜欢或不喜欢的情绪时,他们就不大容易做出更有效的决策。如果他们喜欢某个病人,他们就不大可能开出一个要经历痛苦治疗过程的处方,而如果他们讨厌某个病人,他们就会责备这个病人,并且提供较少的治疗。[31]为了防止医护人员在对病人的治疗过程中受自己情绪影响,合作医疗系统(Partners Health Care System)的医生们使用了建立在大量数据基础之上的临床决策支持系统,系统能够告诉医生哪些是可行的,哪些是不可行的。[32]不幸的是,有些管理者在做决策时还是会时不时地受情绪影响。只有当管理者尽可能地把情绪剔除出决策过程时,他们才有可能做出更好的决定。

(4) 过于自信。大部分人在预测不确定结果时都会高估自己的能力。一家快餐连锁店的经理很确信地认为,较低的员工流动率是获得顾客满意及快餐店利润的关键,所以他决定为了保持员工快乐而投资一些项目。但是,当管理者们分析数据时发现,一些员工流动率较高的快餐店,其利润也较高,反而是一些员工流动率较低的快餐店在垂死挣扎。[33]在制定风险决策时,过度自信具有尤其高的危险性。

直觉的作用

有限理性观常常是与直觉决策过程相联系的。在**直觉决策**(intuitive decision making)中,决策者是依靠经验和判断做出决策,而不是按顺序进行合乎逻辑的、明显的推理分析。[34]很多研究人员发现,有效的管理者在时间压力下使用理性分析和直觉分析相结合的方法做出复杂的决策。[35]请完成下面的“你适合哪种组织设计”,看一看你在决策制定过程中是如何使用理性和直觉的。

你适合哪种组织设计

制定重要的决策

你是如何制定重要决策的?想要弄清楚这个问题,想想上次你是如何做出重要的职业生涯决定的，或者你是如何做出购买和投资的决定的。下面的词语多大程度描述了你最终做出决策的过程？请选择能最好地描述你是如何做出最终决策的五个单词。

1. 逻辑________
2. 内在认识________
3. 数据________
4. 感受________
5. 事实________
6. 直觉________
7. 概念________
8. 预感________
9. 理智________
10. 感受________

计分：选择奇数项的加一分，选择偶数项的减一分，最高可能的分数是＋5 分，最低可能的分数是－5 分。

解析：奇数选项适用于线性决策模型，偶数选项适用于非线性决策模型。线性指的是应用逻辑理性来制定决策，类似于图 12-1 所示的决策过程，非线性指的是应用基本直觉来制定决策，就像在上文中描述的一样。假如你的得分在－3 和－5 分之间，直觉和满意模型是你进行重要决策时的主要方法。假如你的得分在＋3 和＋5 分之间，那么文中描述的理性模型是你进行重要决策时的主要方法。商学院经常讲授理性方法，但许多管理者经常借助基于经验的直觉，特别是对于高层管理者来说，因为他们只有很少的可以用于评估的明确数据。

资料来源：Adapted from Charles M. Vance, Kevin S. Groves, Yongsun Paik, and Herb Kindler "Understanding and Measuring Linear-Nonlinear Thinking Style for Enhanced Management Education and Professional Practice", *Academy of management Learning & Education*, 6, no. 2(2007), 167-185.

直觉通常沉淀于潜意识之中，它是通过多年的实践和亲身的经验而积累下来的。因此，直觉决策并不是武断的，也不是非理性的。如果管理者发挥其基于长期处理组织中各类问题的直觉判断能力，那么，他就能更为迅速地认识和理解问题，并凭着一种直觉或预感察觉什么样的方案能解决问题，从而加快决策的速度。[36]越来越多心理学、组织科学及其他学科领域内的研究证明了直觉在有效决策中的价值。[37]

如果有人在某个领域积累了丰富的经验和知识，通常很快就能够毫不费力地做出正确的决定，因为他识别出了一种熟悉的信息模式，这种信息模式会被大部分人无意识地忽略和遗忘。这种能力可以从伊拉克士兵身上看到，他们通过认知模式预防和反击路边的炸弹袭击。高科技设备用于检测简易爆炸装置，但仅仅是一种补充，它们不具有替代人脑感知危险的能力和行为。当不对劲的事情将要发生的时候，有经验的伊拉克士兵能够感觉到。这可能是一块石头，昨天还没有，今天却出现了，也可能是一块看起来太过对称的混凝土，还可能是过于奇怪的行为模式，或者只是对空气压力的异常感觉。[38]同样，在商业领域，管理者不断感知和处理他们可能不会有意识地注意到的信息,他们的知识和经验帮助他们做出可能具有不确定性和模糊性的决策。

管理者借助先前的经验和判断将各种无形的因素纳入其决策中的问题识别和解决阶段。[39]一项关于管理者如何发现决策问题的研究显示,在调查的33项决策问题中,有30项是模糊的、不明确的。[40]从非正式渠道获得的一些零星的、不相关的信息在管理者的头脑中会逐渐形成关系。这位管理者虽然无法"证明"问题的存在,但他的直觉让他感觉到某一领域需要特别注意。对复杂的问题以简单化的方式加以认识,这常会导致决策的失败。[41]所以管理者应学会听从直觉,而不是简单地接受事实,这样的做法是无可厚非的。

直觉方法也可用于问题解决阶段。经理人员进行决策时,常常并不十分清楚会给公司的利润或其他绩效指标带来什么影响。[42]正如我们在图12-3中看到的,许多无形的因素,如个人对其他管理人员是否支持的关注,对失败的担心,以及社会的态度等都影响着最佳方案的选择。这些因素无法以条理化的方式加以量化分析,只有依靠直觉来引导方案的选择。管理者所做出的决策更可能是基于他们的感觉,而不是以确切的数据来证明这样做是正确的。

评价你的答案

1. 管理者在制定决策时应尽可能遵照最为客观、理性的过程。

答案:不同意。在决策过程中争取完全理性是理想而不现实的。许多复杂的决策并不能一步步按照理性分析来进行。同样对决策制定者来说也存在着很多限制。在制定非程序性决策时,管理者经常试着遵循理性决策的步骤,但他们同时不得不依赖于经验和直觉。

本章的"新书评介"栏目就会探讨经理人员应该如何使他们的直觉有更大的机会带来成功的决策。需要记住:有限理性观和直觉决策法主要用于非程序性决策中。非程序性决策的新鲜、模糊和复杂的特性使得决策者无法获取确切的数据,也没有合乎逻辑的程序可循。关于经理人员决策行为的研究发现,管理者简直无法运用理性方法解决非程序性战略决策问题。例如,是否将具有争议的处方药投入市场,是否投资一项复杂的新项目,或者一个城市是否有必要安装企业资源计划系统(ERP)并使之得到合理使用。[43]对于这些决策,管理者的时间和资源条件有限,并且有些因素根本无法予以测量和分析。试图量化这些信息可能会导致决策错误,因为强行量化的结果会使决策标准过于简化。直觉还能平衡和补充理性分析,从而帮助组织领导者做出更好的决策。决策制定中一种新的趋势是**准理性**(quasirationality)方法,是指将感性的直觉和理性的分析结合起来。[44]在许多情况下,要做出一个好的决策,只靠直觉或者只靠分析都不够充分,所以管理者们就把二者结合起来。

马尔科姆·格莱德威尔(Malcolm Gladwell)

《眨眼之间：不假思索的思考力量》(*Blink*：*The Power of Thinking without Thinking*)

与谨慎小心地做决定相比，迅速决定的效果同样好，甚至更好，但是它们也可能有严重的缺陷或是危险的错误。这就是马尔科姆·格莱德威尔所著的《眨眼之间：不假思索的思考力量》一书的前提。格莱德威尔探究了我们的“适应性无意识”是如何在瞬间做出复杂而重要的决策的，以及我们应该如何通过训练使所做的决策成为好的决策。

让你的直觉变敏锐

格莱德威尔认为：尽管我们以为决策是仔细分析和理性思考的结果，事实上大部分的决策是在半秒钟内发生在潜意识中的。这一过程，即他所称的“快速认知”，既可能是惊人的洞察力，也可能是严重的错误。以下给出一些提高快速认知能力的建议。

- 请记住：更多不代表更好。格莱德威尔指出：给人们过多的数据和信息会限制人们做出好决策的能力。他引用的一项研究表明：急诊室里诊断心脏病最棒的医生从病人那儿收集的信息比其他医生都少。重要的是搜寻最有意义的信息而不是让信息超载。
- 练习“切片”(thin slicing)。格莱德威尔所说的“切片”过程亦即利用“适应性无意识”的力量，使自己在最短的时间内依据最少的信息做出明智的决策。“切片”意味着聚焦于少量的有关数据和信息，让你的直觉为你服务。他以美国国防部所指挥的一次战争为例：由商贸人士组成的敌方团队，竟然战胜了拥有空前数量的信息和情报、对可想象的每个突发情况都作了彻底、理性、严格分析的美国军队，因为商贸人士已经习惯基于有限的信息做决策，在一小时内就做出成千上万个即时决策。管理者可以练习这种无意识决策，直至它成为一种本能。
- 了解你的极限。不是每个决策都能依靠直觉来制定的。当你在某领域内有了一定程度的知识和经验后，就可以更多地信任你的直觉了。格莱德威尔同时提醒人们警惕那些会影响优质决策的偏见。“眨眼之间”暗示我们要学会从第一印象中分类整理信息，弄清楚哪些是重要的，哪些是潜意识的偏见，比如刻板印象或情绪包袱。

应用

眨眼之间充满了生动有趣的奇闻轶事，比如消防员能让紧急时刻减速，并营造出可进行即时决策的环境。格莱德威尔断定：更好地理解瞬间决策的过程将有助于人们在生活的各个领域中都做出更好的决策，也能帮助人们预估和避免误差。

Blink：*The Power of Thinking without Thinking*，by Malcolm Gladwell，is published by Little，Brown.

组织决策

组织虽然是由使用理性方法和直觉方法进行决策的个体管理者组成的,但组织层次的决策通常并不是由单个管理者做出的。许多组织决策涉及多个管理者。问题的识别和解决都涉及许多部门和各种立场观点的人,甚至还包括了组织外的其他机构。因而,组织决策远远超出了个体管理者的范畴。

组织决策过程受到许多因素的影响,其中尤其重要的是组织自身的内部结构以及外部环境稳定或变化的程度。[45]有关组织决策的研究已经识别了4种组织决策的过程,即管理科学学派、卡内基模型、渐进决策过程模型以及垃圾桶模型。

管理科学学派

管理科学学派(management science approach)所主张的组织决策方法类似于个体决策者所采用的理性方法。管理科学形成于第二次世界大战期间。[46]当时,数学和统计方法被用于解决紧急的、大规模的军事问题,这些问题超出了个体决策者的能力范围。

数学家、物理学家和运筹学专家将系统分析法用于研究火炮弹道、反潜艇策略以及如齐投(同时投下多枚炸弹)这样的轰炸策略。假设有一艘战舰要击沉几英里外的敌舰。要计算出这艘战舰火炮的瞄准方位必须考虑距离、风速、炮弹规格、双方战舰的航行速度与航向、开炮战舰的前后左右摇晃程度以及地球表面的曲度等。依靠试错和直觉进行这样的计算不但难以获得精确的结果,而且耗时过长,用这种方法可能永远无法取得炮击的成功。

在这种情形下,管理科学应运而生。借助这种方法,分析人员可以确定与战舰火炮瞄准相关的变量,并建立数学模型。距离、风速、战舰前后左右摇晃程度、炮弹规格等都可以进行测算并代入模型中求解,答案很快就能得出。战舰上的火炮就可以开火了。像战舰前后左右摇晃程度这类的变量可通过仪器迅速测出,直接输入到瞄准模型方程式中。目前,各类瞄准过程已经可以完全排除人为因素的扰断。雷达捕捉目标的整个过程就是通过自动计算完成的。

管理科学在解决许多军事问题上取得了惊人的成绩。这一决策方法在第二次世界大战后迅速扩散到企业和商学院中,使其得到了进一步的研究和发展。使用运筹学方法的部门运用数学模型量化有关的变量,并对各备选方案及其能解决问题的概率进行定量的描述。这些部门使用的工具包括线性规划、贝叶斯统计方法、计划评审技术以及计算机模拟等。

当问题是可分解的而且变量可以确认和度量时，管理科学是组织决策的一个有效工具。数学模型能够包含上千甚至更多的变量，并确定每个变量与最终的结果变量相关联的特定方式。管理科学方法已被广泛应用到解决诸如确定教堂的理想位置，测量某新产品系列中第一个产品试销的结果，以及石油的钻探、电信服务设施布局的彻底变更等，并取得了显著的效果。[47]其他可用管理科学方法解决的问题还包括民航员工、救护人员、话务员和公路收费员的配置等。[48]

随着计算机技术和软件的日益复杂，管理科学可以准确、快速地解决问题。这些问题有太多的显变量，如果人工处理需要很多人员。例如，阿拉斯加航空公司(Alaska Airlines)自 1980 年以来一直使用管理科学技术制定飞行决策。当公司航空基地附近的圣海伦火山爆发导致航空公司瘫痪数日的时候，一个航空和气象专家团队开发了一个计算机模型来预测火山灰的轨迹，推动了航班的正常工作。[49]2014 年 3 月初，马来西亚航空公司 MH370 航班在飞越印度洋时消失。关于 MH370 的位置，现在仍然是一个谜，但官方搜寻机构正在使用管理科学手段识别出最有可能存在的区域并实施搜索。一个国际专家小组正在根据雷达数据以及国际海事卫星组织(Inmarsat)的 PLC 地球同步卫星在与飞机交换数据时定位出的位置等因素，结合复杂计算技术，测算卫星上的气温变化，预测当时飞机上的通信设备情况。分析结果包括卫星每一次与飞机取得联系时发生的气温变化，以及与同一区域其他航班取得联系时的评估数据。如果没有这些管理科学技术，这些分析就是极其费时的，甚至是不可能的。[50]

管理科学正在解决越来越多的问题。我们在前面第 8 章提到的大数据技术能够部分地说明这一事实。来看一下 2011 年电影《点球成金》(Moneyball)中讲述的故事。[51]布拉德·皮特(Brad Pitt)饰演奥克兰运动家棒球队的传奇经理比利·比恩(Billy Beane)，他在 2002 年用最小的预算组建了一个美国职业棒球大联盟的夺金团队。比恩很少依赖于观察者的直觉做决策，因为这会使他拒绝一个"看起来不像能够参加大联盟比赛"的球员，他的决策很大程度上依据的是数据和统计分析。从那时起，其他大多数团队也开始借助管理科学技术分析各种类型的数据来做决策。[52]

其他类型的组织管理者也利用技术制定更多的决策。在佛罗里达州奥兰多市(Orlando)的迪士尼世界(Walt Disney World)，管理者们使用复杂的计算机系统来分析数据和制定决策，以减少旅客的等待时间，最大化产能，优化人力资源效率，增加销售纪念品的机会。[53]甚至医生的办公室都在使用管理科学来使得医生们的行为更加有效，例如通过他们诊所的病人数量、放弃预约的病人比率和其他因素来预测预约的需求。[54]

正如我们在第 8 章所讨论过的，管理科学方法存在的一个问题是量化数据的内涵不够丰富，不能反映隐含的内容。而许多问题恰恰存在于隐含的、非正式的线索之中，必须更多地依赖管理者个性化的感觉才能发现它们。[55]如果一些重要的影响因素不能被量化，模型中无法包含，那么再复杂的数量分析也是没有用的。一些因素，如竞争对手的反应、消费者的"口味"(taste)、产品的"热度"(warmth)等，都属于定性的范畴。在这些情形中，管理科学方法只能对管理者的决策活动起一个辅助的作用。可以将量化分析结果交给管理者,结合他们自己的观点、判断、直觉进行讨论和解释。最终的决策既包括定性分析,也包括定量计算。

卡内基模型

组织决策的**卡内基模型**(Carnegie model)是建立在理查德·西尔特(Richard Cyert)、詹姆斯·马奇(James March)和赫伯特·西蒙(Herbert Simon)的研究成果基础上的。[56]由于他们3人都是卡内基—梅隆大学(Carnegie-Mellon University)的,该模型因此而得名。他们的研究不仅促进了有关个体决策的有限理性观的产生,而且对组织决策也提供了许多新见解。

在此之前,经济学领域的研究都是假定工商企业是作为一个统一体进行决策的,似乎所有的相关信息都汇集到最高决策者那里,供其做出选择。卡内基小组的研究表明,组织层次的决策涉及许多管理者,最终的选择取决于这些管理者所组成的联盟。这里,**联盟**(coalition)是指由对组织目标和问题优先序达成了一致意见的若干管理者结成的同盟。[57]这些管理者可能包括了直线主管人员、职能专家以及外部团体,如有影响力的顾客、银行、工会代表。

组织决策过程中对管理者联盟的需要有两方面原因。一是组织的总目标常常是比较模糊的,各部门的经营目标也往往不一致。在目标模糊和不一致的情况下,管理者会对问题的优先序产生歧义。他们必须就这些问题进行讨价还价的协商,达成优先解决这些问题的联盟。例如,凯鹏华盈风险投资公司(Kleiner Perkins Caufield&Byers,KPCB)的合伙人兰迪·科米萨(Randy Komisar)建议,当一个公司要决定投资哪些新机遇或解决哪些问题时,可以使用一种叫作"资产负债表"(the balance sheet)的技术。跨部门管理人员围坐在一张桌子旁,每个人在纸上列出某个特定机会的好的方面和不好的方面。这类似于本杰明·富兰克林用于理性决策的"正""反"列表。不过,在这种情况下,管理者们与他人分享自己的思想和观点,然后寻找利益共同点。"人们只关注支持他们的人,其他人会被忽视,这时候就会产生摩擦,这种技术可以有效地减少这种摩擦。"科米萨说。[58]

对联盟的需要还有第二个原因,那就是虽然个体管理者在意图上会力争实现理性,但实际上面临人的认知能力有限及其他限制。这点在前面已经讨论过。管理者没有足够的时间、资源和智力对问题的方方面面加以识别,并收集和处理与决策有关的全部信息,这种局限导致了结盟行为的出现,即管理者之间会相互交谈,交流看法,由此了解更多的信息,减少模糊性。拥有相关信息或对决策结果有相关利益关系的人会得到咨询。建立联盟会使所做出的决策获得相关利益群体的支持。《纽约时报》(The New York Times)的管理者决定在构建联盟的过程中在网站上开启付费订阅计划。

应用案例 12-3

纽约时报

要求读者有偿阅读《纽约时报》的网络版内容，并不是一个容易做出的决定。事实上，在 2009 年，公司主管和资深编辑花费了大量时间讨论这个问题，他们分析了各种可能性，并最终达成一致，决定实施这一新的订阅计划。

公司董事长亚瑟·苏兹贝格（Arthur Sulzberger）和其他一些高层管理者提出了有偿在线订阅的模式，但是遭到了其他高层管理者和编辑的坚决反对。反对者们花费多年时间将《纽约时报》的网站打造成世界一流的新闻网站，他们认为付费的订阅模式将会影响在线报刊平台的读者，并且这一做法与数字化时代格格不入。广告运营部门的管理者担心这一行为将会影响略有起色的数字化广告收益。其他人坚持认为公司需要通过有偿在线订阅的方式获得收益，或者进一步裁员。

正式与非正式的争论仍在持续。最终，管理者们形成了提供分层订阅服务的共识，也就是说网站允许读者每月免费阅读 20 篇文章，之后便要求读者在不同价格水平的三种订阅模式中做出选择。对于通过脸谱网、推特等社交网络或者谷歌等搜索引擎阅读到的文章，公司不计入每月限制的免费阅读量。事实上这些内容仍然可以很容易地“共享或通过推特、微博分享”。这种做法不仅可以减轻一些管理者的担忧，而且可以得到他们的共同支持。主管数字化运营的高级副总裁马丁·尼森霍尔兹（Martin A. Nisenholtz）说道：“首先，我认为有偿在线阅读这一做法还是会引起人们的焦虑，但是另一方面，我认为我们选择的这种模式有助于大大缓解人们的不安情绪，缓解作用度可达 90%。”[59]

《纽约时报》决定其收入用以偿还对《泰晤士报》（The Times）的欠款，这一决定没有伤害《泰晤士报》的利益。[60]通过成功地在组织内部建立联盟来支持这一决定，管理者们提高了成功的机会。

结盟对组织决策行为的解释具有几个方面的寓意。首先，决策是以使问题解决满意化而不是最优化为标准做出的。**满意化**（satisficing）意味着组织会接纳令人满意的而不是最优化的绩效水平，这样就使组织能够同时达成多元目标。在进行决策时，管理者联盟将会接受一个能让所有结盟成员都感到满意的解决方案，就像在《纽约时报》案例中的情况一样。

其次，管理者关注的是迫在眉睫的问题和立竿见影的解决方案。他们所进行的是西尔特和马奇所称的问题搜寻性质的工作。[61]所谓**问题搜寻**（problemistic search）是指管理者就近寻找能使问题得到迅速解决的方案的这样一种行为。虽然《纽约时报》的管理者们研究了各种其他公司采用的方法，他们没有考虑将这些方法应用于在线订阅模式的可能途径。在情形不明朗又隐含着各种冲突的情况下，管理者并不期望能找到一个完美的解决方案。这个观点是与管理科学学派的主张相反的，管理科学学派假定通过分析可以找到每一个合理的备选方案。卡内基模型则认为，搜寻行为足以使管理者找到一个满意的解决方案，并且，管理者通常会采纳首次出现的那个满意方案。

最后,讨论和协商是决策中问题识别阶段极其重要的方面。除非联盟成员认识到存在某个问题,否则就不会采取行动。然而,联盟中的关键管理者对于决策的顺利实施也很重要。当高层管理者意识到问题或者想做出重大决定的时候,他们需要与其他管理者达成协议来支持决定的实施。[62]

图12-4概括了卡内基模型所描述的决策过程。卡内基模型指出,管理者通过结盟达成一致意见,这是组织决策的一个重要内涵。结盟尤其在最高管理层中经常出现。讨论和协商要耗用时间,所以搜寻过程通常不会太复杂,只要能找到满意的而非最优的解决方案即告结束。如果所面临的是程序性的问题,也就是明确的、以前出现过的问题,此时,组织就会依赖先前的程序和惯例做出决策。有了规则、程序,就没有必要形成新的联盟,也没有必要进行讨价还价式的协商。然而,非程序性决策则需要在讨价还价的协商中化解冲突。

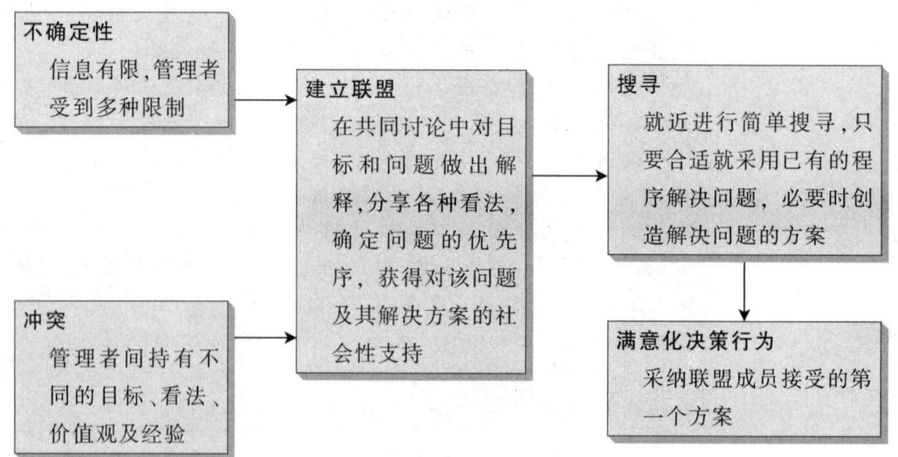

图12-4 卡内基模型下的决策过程

评价你的回答

2. 当管理者知道解决组织问题的最好方案并且有相应的权力时,最好的办法就是直接做决定并付诸实施,不需要让其他管理人员参与到决策制定过程中。

回答:不同意。组织决策很少是由单个管理者做出的。制定组织决策是一个结合多种观点的社会过程。管理者之间经常讨论问题的优先级,并彼此交换意见和观点,达成一致意见。如果管理者之间不能达成共识,重要的问题就有可能得不到解决,一项好的决策就有可能因为管理者的不相信和不能有效执行而最终成为失败的决策。

渐进决策模型

加拿大蒙特利尔市麦吉尔大学(McGill University)的亨利·明茨伯格

(Henry Mintzberg)和他的合作者从另一个角度研究了组织决策。他们选出了组织所做的 25 个决策实例,然后对与其相关的事项进行了自始至终的跟踪研究。[63]他们在研究中考察了决策过程的每一个步骤,在此基础上提出了称为渐进决策过程模型的决策方法。与卡内基模型不同,**渐进决策模型**(incremental decision model)较少强调组织中的政治性和社会性因素,而较多地考察决策过程中从发现问题到解决问题这一连串活动的结构性顺序。[64]

明茨伯格研究中的样本决策实例包括:区域性航空公司选购喷气式飞机的决策,新建一个夜总会的决策,在港口新建一个集装箱码头的决策,为除臭剂产品找到一个新市场的决策,医院里应用有争议的新式疗法的决策,解聘一位著名的播音员的决策等。[65]这些决策的影响范围和重要程度,从完成该项决策所需的时间长短上可以反映出来。其中大多数决策要花一年以上的时间,甚至有 1/3 的决策要花上两年多的时间。这些决策的绝大多数都是非程序性决策,需要特定的解决方案。

这项研究的一个发现是,大部分的组织决策通常都是由一系列较小的决策组合在一起而形成大的决策。也就是说,许多组织决策并非一蹴而就,而是一个渐进的过程。来看一下艾伦·穆拉利(Alan Mulally)为将福特从破产的边缘拯救出来而做出的多项决策。

应用案例 12-4

福特汽车公司

全美汽车租赁公司(AutoNation Inc)是一家大型汽车连锁经销商,拥有 40 家福特汽车的特许经营权。其首席执行官曾说:"美国汽车行业应该公开募捐,为艾伦建立一座雕像。"这其中的艾伦指的是艾伦·穆拉利。艾伦·穆拉利 2006 年刚进入汽车行业的时候还什么都不懂,是个"门外汉",但在 2014 年将要离职的时候却成了行业公认的最出色的首席执行官之一。

穆拉利采取措施重新振兴福特公司的过程体现的是渐进决策模型。穆拉利最初担任首席执行官时,福特公司已亏损数十亿美金,而且还在继续亏损,可以说是处于"烧钱"的状态。他被迫抵押了公司相当大一部分的资产,获得抵押借款 235 亿美元,用以缓解公司的资金压力。正是这笔曾引起无数争议的借款,帮助福特在金融危机爆发后仍持有充足的现金。同时他还决定,改变公司管理经营团队的运作方式,打破地区性竞争的模式,改行责任制。穆拉利每月定期给管理人员开例会,要求他们汇报各自负责区域的相关事务,包括各自区域已达成的目标和未达成的目标。第一次开会的时候,一位经理坦言,其所负责的某项新的车辆项目并未达标。穆拉利不但没有责怪,反而拍手叫好。他认为,将问题说出来总是要比隐藏问题好得多。

不久之后,穆拉利决定实施"同一个福特"(One Ford)的发展战略。在这个战略方针下,穆拉利计划缩减福特的车型数量,并在全球范围内整合福特品牌,以实现规模经济。同时,福特会将经营重点放在"强有力"的自有品牌上。他相信,如果能为福特汽车引入新的科学技术,在提高车辆安全系数的同时,减少油耗量,那么福特汽车会更有吸引力。2008年金融危机爆发,福特公司再次受到重创。穆拉利和通用汽车公司以及克莱斯勒的首席执行官们一起,联手要求美国议会给予紧急财政援助。但后来穆拉利的想法发生了改变,相比接受政府的救济,他认为公司更应该竭尽所能,尝试所有可能的办法。

一方面,穆拉利拒绝财政援助的行为使得福特公司的声誉大大提高;另一方面,福特公司在穆拉利的带领下,销售规模不断扩大,经营成本不断降低。就是在这样的情况下,福特公司最终于2009年扭亏为盈,重新实现盈利,让所有人都大为惊叹![66]

这些决策对福特产生了积极的影响。2014年,福特的营业收入比以往任何年份都多,而且自穆拉利进入福特以来,其市场价值增加了80亿美元。

管理者们也将渐进决策模型应用于独立的重大决策的制定中。在渐进决策过程中,组织要通过若干决策点而达成最后的决策,其间也许要克服一系列障碍。明茨伯格将这些障碍称为决策扰断。出现了决策扰断,意味着组织就不得不返回到前一决策步骤,重新开始新的试探。这种决策循环是组织通过探索而判断出哪个备选方案可行的一种途径。最终的解决方案可能与最初的预期大不一样。

明茨伯格和他的合作者所发现的决策过程模型如图12-5所示。决策过程中可能发生的每一个步骤可分为三个主要的决策阶段:识别阶段、开发阶段和抉择阶段。

识别阶段

识别阶段始于对问题的认知。认知是指一个或多个管理者意识到组织存在某个问题,需要做出决策、采取行动。认知通常是由问题或机会引发的。当外部环境要素发生变化,或组织绩效被认为低于预期水平时,问题就出现了。在解聘电台播音员的决策实例中,听众、其他播音员或广告商会对该播音员提出批评意见。这些片段性的信息经过管理者的分析后会形成一种趋势,以显示出现了问题需要解决。

识别阶段的第二个步骤是诊断。在这一步,为了确切界定问题,需要收集进一步的信息。诊断既可以是系统的调查分析,也可以是非正式的,这取决于问题影响的严重程度。对于影响严重的问题,必须马上做出反应,因而容不得花时间进行详细的调查。至于不太严重的问题,则通常要进行较为系统的调查。

开发阶段

为了解决识别阶段所界定的问题,需要提出一个解决方案,这就是开发阶段的任务。问题解决方案的开发有两种方式。第一种方式是搜寻,即在组织现有的解决方案档案中寻找该问题的解决方案。例如,在解聘著名播音员的实例中,管理者可以参照电台上一次是怎么解聘不称职的播音员的。在搜寻现有的解决方案时,组织成员可以通过自己的回忆、与其他管理者交谈以及查询组织处理这类问题的规范做法而得到答案。

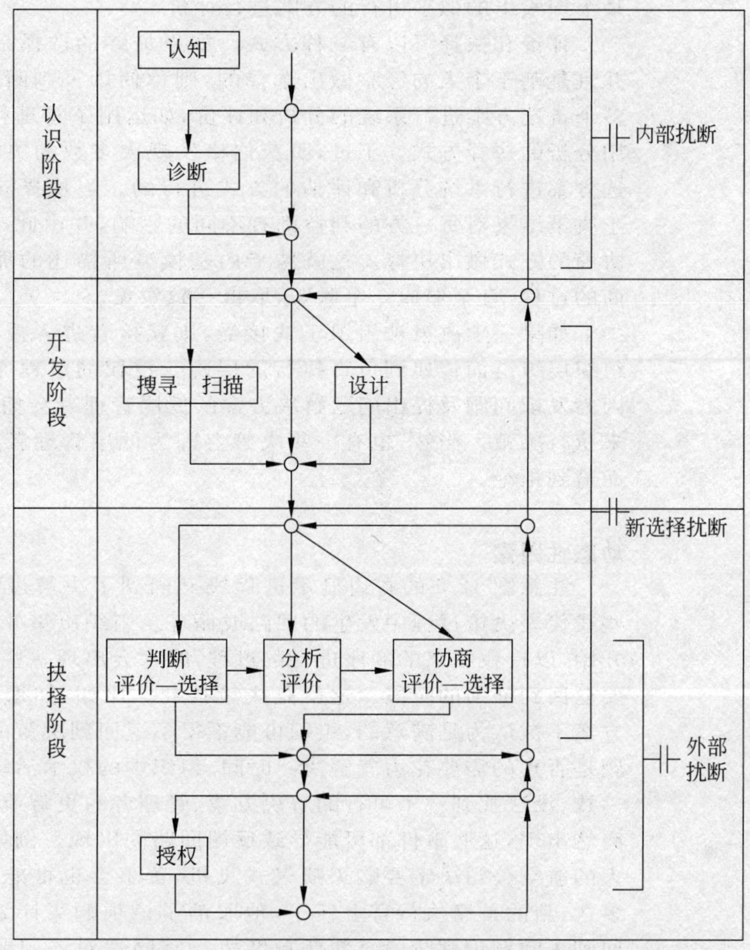

图 12-5　渐进决策模型

资料来源：Based on Henry Mintzberg, Duru Raisinghani, and André Théorêt, "Structure of Unstructured Decision Processes", *Administrative Science Quarterly* vol. 21(June 1976), 246-275. SAGE Publications.

开发方案的第二种方式是设计，即专门提出一个特定的解决方案。采用这种方式的场合是：所出现的问题是以前没出现过的，因而无先前的经验可供参照。明茨伯格发现，在这种情况下，关键的决策者对理想的解决方案只有一个模糊的概念。他们通过试错的过程才逐步形成一个特定的解决方案。因此，方案的开发过程是由一组探索活动构成的渐进的过程，是在一步一步的探索中逐步形成解决问题的方案的。

抉择阶段

抉择阶段就是选定解决问题的方案。抉择并不总是在多个备选方案中选定一个方案。在需要专门设计特定解决方案的场合，抉择更多的是指对某个探索出的似乎可行的方案进行评价。

评价和抉择可以有三种方式。如果最终的选择是由单个决策者完成，并且是基于个人的经验做出选择的，则称使用了判断的抉择方式。如果对多个备选方案进行系统的分析和评价，如运用了管理科学方法，这时就是采用分析的抉择方式。不过，明茨伯格发现大多数的决策并不是以这种对备选方案进行系统分析和评估的方式进行的。当抉择涉及多个决策者时，由于决策结果对每一方的利益都有不同的影响，并由此产生了冲突，此时是以协商的方式做出抉择。这就像卡内基模型所描述的那样，要通过讨论和协商的过程，直至形成一个联盟，取得一致意见。

如果一项决策被组织正式接受，则紧接着进入授权阶段。决策会沿着组织层级链而传递到负责执行的层次。授权的过程通常是一种常规行为，因为发现问题及提出问题解决方案的低层管理者会拥有相应的专长和知识来执行决策。当然，也有一些决策会因为低层管理者无法预料执行的后果而遭到拒绝。

动态性因素

注意图12-5的右边显示进程线又回到了决策过程一开始的地方。这些线代表决策过程中发生的回路或循环。组织决策并不完全是一个以认知开始，以授权结束的顺序进行的过程，时常会出现一些小问题使决策进程需要返回到前面的阶段。这就是决策扰断。比如，如果一个专门设计的解决方案不被认为是满意的，组织可能不得不返回到决策的起点，重新考虑该问题是否真的需要花力气解决。时间、组织中的权术活动、管理者间的意见不一致、没法找到一个可行的解决方案、管理者的更替或者一个新的备选方案突然出现，这些事件都可能导致反馈回路的出现。例如，加拿大有家规模不大的航空公司决定要购买喷气式飞机，董事会也批准了这一决策。但没过多久，新的首席执行官上任了，他取消了该项购买计划。这样，决策又重新回到了问题识别阶段。新任首席执行官同意对该问题的诊断结论，但坚持探寻其他解决办法。正在此时，有家国外的航空公司宣布破产，它有两架用过的飞机以低价待售。这就出现了一个预料之外的备选决策方案。这位新任首席执行官以他个人的判断决定购买这两架飞机。[67]

由于大多数决策需要经历相当长的时间，而环境又处在不断变化中，因此，决策是一个动态的过程。在问题得到解决之前，可能会需要多次决策循环。

组织决策和变革

本章开头我们已经探讨了迅速变化的经营环境是怎样给决策者带来了更大的不确定性。这一趋势对那些以互联网为基础的企业以及欲转向学习型组织的企业的影响尤为明显。这些组织无论在问题识别阶段还是问题解决阶段，都面临极大的不确定性。在这种情形下，有两种决策方法可帮助这类组织的管理者应对决策中的不确定性和复杂性。其中一种方法是将卡内基模型与渐进决策过程模型结合起来运用；另一种方法较为独特，发明者称为垃圾桶模型。

卡内基模型与渐进决策模型的结合

卡内基模型中描述的建立联盟的方法在问题识别阶段尤其有用。当要解决的问题比较模糊，或者管理者对该问题严重性的认识存在歧义时，就需要进行讨论、协商而达成联盟。渐进决策模型强调形成解决方案的步骤。当管理者对问题形成一致意见后，渐进决策过程就是尝试各种解决方案，看哪种解决方案能够奏效。当问题方案不清晰的时候，一种试误方案就可能被设计出来。

卡内基模型和渐进决策模型在决策过程各阶段的应用如图 12-6 所示。这两个模型相互之间并不矛盾。这两个模型描述了在问题识别不确定或者问题的解决方案不确定的情况下，组织制定决策时可采用的不同方法。在决策过程的两部分都同时处于高度不确定的情况下，组织就陷入了一种极其困难的境况，这种情况下的决策过程就可能是卡内基模型和渐进决策模型的结合，而这种结合将逐步发展成垃圾桶决策模型中描述的情况。

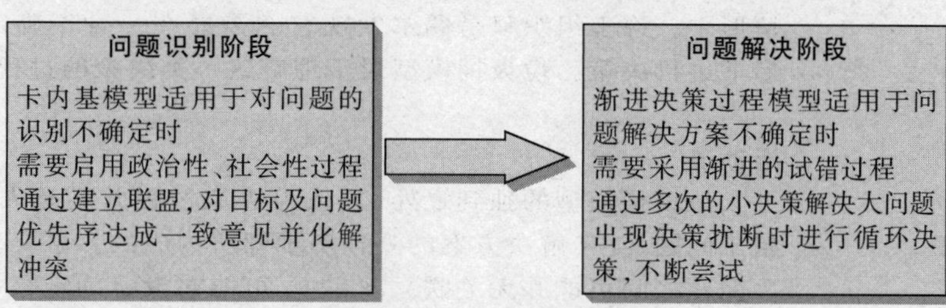

图 12-6　学习型组织的决策过程

（问题识别阶段和问题解决阶段同时存在不确定性）

垃圾桶模型

垃圾桶模型（garbage can model）是对组织决策过程的一种最新也最有趣的描述。该模型与前面所介绍的各种决策模型并不能进行直接的比较，因为垃圾桶模型探讨的是组织中多项决策的整体模式，而卡内基模型和渐进决策过程模型所关注的则是单项决策是如何做出的。垃圾桶模型有助于我们站在整个组织的立场上考察遍布组织的、管理者频繁做出的决策问题。在任何时候，组织内的管理者们都在考虑着各种各样的决策和行动，比如招聘新员工，开发一种新产品，或投资一家合资公司。通常情况下，管理者先评估各项备选方案，然后上级主管给出他们的意见和建议，最后做出决定。[68]

然而,有时候决策过程要复杂得多。

有组织的混乱

有些组织面临极高的不确定性,如学习型组织就要求不断成长、不断变革。垃圾桶模型就是用来解释这类组织的决策模式的。该模型的提出者是迈克尔·科恩(Michael Cohen)、詹姆斯·马奇(James March)和约翰·奥尔森(Johan Olsen)。他们将这种高度不确定性的情形称为**有组织的混乱**(organized anarchy),也即一种极其有机的组织。[69]处于这种状态的组织,没有正规的纵向职权层级链和官僚的决策规则。这种组织状态是由以下三个原因造成的。

1. 偏好不确定。目标、问题、备选方案和解决办法都是不明确的。决策过程的每一阶段都充满模糊性。

2. 技术路线不明确、难理解。组织中各方面的因果关系很难识别,而且不存在决策可参照的详尽的数据库。

3. 人员变动频繁。组织内各职位上的任职者频繁变更。而且,员工都很忙,分配到一个问题或一项决策上的时间实际非常有限。对任何一项决策而言,参与者是不固定而且有限的。

有组织的混乱形象描绘了那种变化迅速、职权层级不明显、行政式机构特征弱的组织的状况。尽管学习型组织和当前基于互联网的企业会在许多时候都面临这种状态,但不会有哪个组织会时时处于这种极端有机的组织情形中。许多组织只是偶尔发现它们需要在一种不确定的、充满疑问的情形下进行决策。垃圾桶模型对于理解这一类决策的过程很有帮助。

活动流

垃圾桶模型的独到之处,是认为决策过程并不是人们所认识的那样由始于问题、终于解决方案的一连串步骤所构成的。事实上,在识别问题和解决问题之间可能并无关联。现实中,可能在没有确定存在问题之前,就有一个构想被提出来作为解决方案。也可能是,存在着某一问题,但没有提出解决方案。决策是组织中独立发生的活动契合的结果。以下是与组织决策相关的四种活动流要素。

1. 问题。问题指的是组织当前活动和绩效中令人不满意的方面。它反映了当前状态与预期状态之间的差距。察觉到问题后,就会引起关注。但这与解决方案和抉择并无关联。一个问题不一定会导致某个解决方案被提出来。采纳了某一解决方案,也不见得就解决了问题。

2. 潜在的解决方案。解决方案是人们提出来供采纳的构想。这些构想形成了组织的方案流。构想可能是由新员工带入组织中的,也可以是现有员工创造出来的。决策参与者可能仅仅是受到某些构想的吸引而设法将其推为合理的选择,而不管要解决的问题是什么。被一个构想所吸引的人员,可能会反过来寻找一个问题使这个构想派上用场,并以此证明该构想的合理性。一句话,解决方案可能独立于问题之外而被提出。

3. 参与者。决策的参与者是进出这个组织的员工,他们被聘用、调整职位或被解聘,因而是变动不定的。这些参与者有着各式各样的构想,对问题的感知以及经验、价值观、培训背景等也各不相同。一个管理者对某个问题和解决方案的看法会与另一个管理者大相径庭。

4. 抉择点。抉择点是指组织通常做出一项决策的时点。签订合约、聘用新人、宣布开发出某种新产品等，这些都蕴含着方案被选用的机会，即抉择点。此外，参与者、解决方案和所存在问题恰好匹配时，也会出现这种抉择点。比如，一个碰巧想到了某个好主意的管理者，可能会突然发现有个问题正好适合采用这个构想。这种情况下，这位管理者也为组织提供了一个抉择点。许多决策常常是源于问题和解决方案之间的匹配。

认识了上述四种活动流要素，不难推断出，组织决策的总体模式表现为某种随机性。问题、解决方案、参与者和抉择点这些要素都在组织中流动着。从某种意义上讲，组织就像一个巨大的垃圾桶，这些活动流要素在组织这个垃圾桶中不断混合着，如图 12-7 所示。当问题、解决方案和参与者恰好在某一抉择点上结合时，一项决策就在这时做出了，问题也由此得到解决。但是，如果解决方案与问题不匹配，则该问题就无法得到解决。

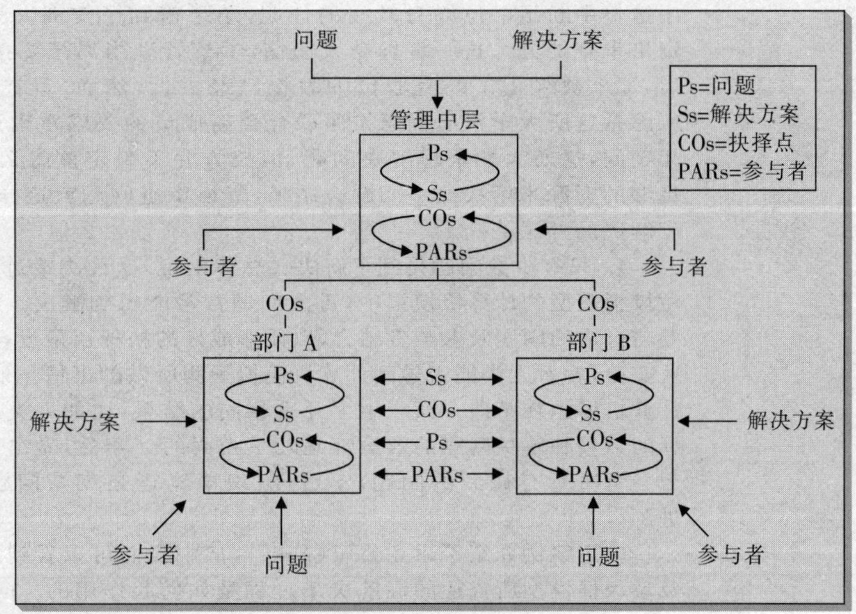

图 12-7　垃圾桶决策模型中独立的活动流示意图

因此，如果把组织视为一个整体，并且考虑其高不确定性情形，我们就会发现：有时出现了问题，但没法解决；有时，解决方案提出来了，但并不管用。组织决策可能是以无序的方式进行的，决策并不是合乎逻辑的循序渐进过程的结果。各种事件的模糊不清和复杂特性会使得决策、问题和解决方案各自流动，互不相关。只有当这些要素契合到一起时，一些问题才能得到解决，但依然存在许多没有解决的问题。[70]

推论

以下是垃圾桶模型关于组织决策的四条具体推论：

1．解决方案可能在问题并不存在时提出。一位员工可能信服了某个构想，然后试图说服组织中的其他人也接受这一构想。20世纪70年代计算机在许多组织的应用就是一个例子。使用计算机是一个令人兴奋的解决方案。计算机制造厂商和组织内的系统分析专家都倡导使用计算机。在最初的应用中计算机并没有解决什么问题。事实上，有些因使用计算机而产生的问题可能比它解决的问题还多。

2．做出了决策却没有解决问题。比如，创设一个新部门这样的决策本来是为了解决某一问题的，但在高度不确定的情况下，这样的决策可能是错误的。还有，许多决策是随意做出的。人们辞职的决定、组织削减预算的决定以及颁布一项新的政策，都可能确实是针对问题做出的，但也未必一定能解决问题。

3．问题可能持续存在，并未得到解决。组织成员可能对一些问题熟视无睹，没有把它们作为问题设法解决。或者，组织成员虽然知道应该如何解决问题，但技术路线并不明确。加拿大有一所大学因为未经合法程序擅自中断了一位终身教授的任职，结果遭到了美洲大学教授联合会的资格审查处分。这一审查令人懊恼，学校管理当局想要扭转局面。15年后，那个被终止了终身职位的教授已经去世，然而，审查处分依然保留。原因是这所大学没有同意按照联合会新成员的要求重审该解聘案件。毫无疑问，这所大学是想解决问题，但校方并不确定该怎么解决，他们也没足够的资源来解决这一问题。结果，资格审查问题就这样保留了下去，没有解决的办法。

4．只有少数问题得到了解决。总体上说，这种决策过程是有效的。在垃圾桶模型的计算机模拟中，重大问题常常能得到解决。解决方案确实需要与合适的问题及参与者结合，以便形成好的抉择。最近，研究人员做了一些实验，看看人类能否做到计算机模拟预测所做的事情。他们发现，人类和计算机模拟在某些方面产生了几乎相同的结果，比如人类和计算机做出选择的数量和解决问题的数量都是几乎相同的。[71]当然，做出了抉择并不意味着会解决所有碰到的问题，不过，组织毕竟还是朝着问题减少的方向迈进了。

应用案例介绍了耐克公司(Nike)，从中我们可以看到独立的活动流以及垃圾桶模型所描述的混乱决策过程是如何起作用的。问题，构想，机会，人们似乎通过随意组织产生了决策结果。

应用案例12-5

耐克公司

当今时代，组织面临的最难解决的问题之一来自于海外供应商和承包商。多年来，耐克一直是维权组织质疑的对象。创建于1964年的耐克一直秉承以较低成本生产高质量鞋子的理念。而要实现低成本，就需要委托(抉择)海外工厂生产产品，利用其低价格的劳动力。那时，只有4%的美国跑鞋是海外生产的。今天，海外生产率已达到98%。

20世纪90年代初，维权人士杰夫·巴陵格(Jeff Ballinger)写了一篇关于耐克在印度尼西亚的工厂提供低工资和恶劣工作条件的文章(问题),这是耐克第一次面对这样的问题。自此以后,耐克已经采取了很多改革措施,包括制定了一份工厂管理法则,组建了一个非营利团体负责建立独立的监督机制,同时还发布了一份完整的签约工厂名单(抉择)。但是问题仍旧继续。现在,焦点主要集中在孟加拉国,同时,耐克内部的冲突也在加剧。

耐克可持续发展运营主管汉娜·琼斯(Hannah Jones)(参与者)多年来一直警告孟加拉国的供应商要注意生产中存在的危险。她认为,承包商提供的廉价成本根本无法与威胁工人人身安全以及损害耐克声誉相比较。首席运营官艾瑞克·斯普朗克(Eric Sprunk)(参与者)持有另外一种观点,他认为耐克有权力和能力去控制工厂,有能力保证工人安全(方法),这样耐克就能够继续在孟加拉国生产产品,保持公司的低成本优势。

既要保持低成本,又要保证工人安全和较高工作条件,双重目标(抉择)已经割裂了耐克。在耐克公司内部,一方主张公司公开承认劳动力问题(解决方案),然而另一方则认为这类问题是服装行业的普遍问题,耐克没有必要让自己变成一个靶子(解决方案)。最后,首席执行官菲尔·奈特(Phil Knight)在一次演讲中郑重宣布公司将永不雇用童工,并且告知公众,公司的供应链将会更加透明化(抉择)。耐克与其主要足球生产供应商传奇体育(Saga Sports)一起合作,共同促使私人家庭作坊停止使用童工。然而,当这类作坊的所有者过世时,作坊由家庭成员接管,又会重新使用童工(问题)。耐克应该怎么做呢?一些高管建议撤除价值 1 亿美元的足球业务,这需要花费 18 个月的时间恢复生产水平。最后,公司撤除了该项足球业务(抉择),给供应商群体发出了一个强烈的信号。

同样,耐克在孟加拉国的问题上产生了分歧。一些生产管理者认为应该在该国更积极地扩大生产,以便获得较低的劳动成本优势(解决方案)。其他人则认为不值得,不顾指责的扩大生产会损害耐克的名誉(解决方案)。最后,耐克派出社会责任部门和生产部门的相关人员(参与者)一起到孟加拉国实地考察生产工厂的运行情况(抉择)。在一家工厂里,他们发现了防火和安全隐患方面的问题,耐克决定取消和这家工厂的合作关系(抉择)。此外,耐克决定继续和其他四家没有出现安全问题的工厂合作。[72]

耐克的故事说明了垃圾桶决策模型以及组织内部人员、问题、潜在的解决方案和抉择点看似随机的流动。很多问题不是按照简单、有逻辑、循序渐进的程序解决的。耐克的一些问题已经解决了,或者至少减少了,但尽管已经做出了决策,提出了解决方案,仍然存在很多问题。一些事件时有发生,比如工厂老板去世后,工厂交由家族成员管理,而这些家族成员又会重新雇用童工。管理者们正在尝试各种解决方案,一些问题将会得到解决。其他人可能会坚持很多年。新的决策会被制定,随着各种想法的人来来去去,各种机会将被接受或拒绝,外部力量将继续改变。

权变决策框架

本章已讲述了组织决策的几种方法,包括管理科学、卡内基模型、渐进决策过程模型和垃圾桶模型。本章还讨论了个体管理者所采用的理性的和直觉的决策方法。每一种决策方法都是对实际决策过程相对准确的描述,但各种方法之间互不相同。例如,管理科学所反映的决策的假设和程序,就与垃圾桶模型所反映的不同。

之所以存在多种不同的决策方法,是因为它们适用于不同的组织情境。采用哪一种方法取决于特定的组织情境。归纳起来,有两个组织特征决定了决策方法的选用:一是对问题的共识程度;二是用以解决问题的技术知识。[73]分析组织在这两个维度上表现出来的特征,可以推断出该采用哪一种方法进行决策。

对问题的共识程度

对问题的共识程度(problem consensus)反映管理者之间在组织所面临的问题或机会以及所追求的目标和结果方面认识的一致程度。这一变量的变化范围包括从完全一致到完全不一致的各种状态。如果管理者之间的认识一致,则不确定性就较低,这意味着组织的问题和目标以及绩效标准等都是明确的。反之,管理者之间的意见不一,则意味着组织的方向和期望的绩效处于争议中,从而产生了高度不确定性的情形。一个关于问题不确定性的例子发生于罗克福德卫生系统(Rockford Health System)。人力资源经理想实施一项新的自助福利制度,允许员工自己管理他们的薪酬福利等项目,以此鼓励员工参与更多战略性活动。然而,财务经理认为获得软件许可证的成本太高了,会伤害到公司的利益底线。其他部门的经理们也不同意使用新系统,因为他们担心昂贵的新型人力资源系统会导致他们自己部门的项目无法获得批准。[74]

如果组织像第4章描述的那样是高度分化的,那么,对问题的共识程度就较低。回忆前面的介绍可知,不确定的环境会导致组织内各部门间在目标和态度等方面的差异,因为各部门都专注于各自特定的环境要素。这种差异导致认识上的分歧和冲突,正如耐克公司的制造部门和社会责任部门之间,因此管理者在决策过程中就必须特别努力地建立联盟。例如,由于未及时识别出"哥伦比亚"号航天飞机上的问题从而没能阻止2003年2月的那场灾难,美国国家航空航天局(NASA)一直为此遭到批评指责。有一部分灾难成因正是安全部门的管理者和计划部门的管理者在认识上高度分化、相互冲突,具体说来就是准时发射优先于安全考虑。在航天飞机发射后的几秒钟内,一块泡沫材料碎片撞击了飞机左翼。事发后,工程师们三次要求得到更好的照片来评价撞击所造成的损坏，但都遭到拒绝。现在，调查已指明这处由碎片造成的物理损坏可能就是爆炸的主要物理原因。可见，一个能听取不同意见和建立联盟的机制可以改进 NASA 以及其他组织在处理复杂问题时的决策质量。[75]

对问题的共识在决策过程的问题识别阶段尤其重要。如果问题是明确的、高度认同的，那么，有关绩效的标准和期望也会是明确的。如果对问题的看法有分歧，那么问题的识别就很难进行。这时，管理当局必须集中精力，设法使大家在组织目标和优先序方面达成一致意见。

解决方案相关的技术知识

这里，**技术知识**(technical knowledge)是指管理者对如何解决问题和实现组织目标的理解及意见一致的程度。这一变量可以从对带来问题解决的因果关系的完全一致的确定性状态转变为完全不一致的不确定性状态。例如，胡椒博士/七喜公司(Dr. Pepper/Seven-Up Inc.)就曾面临低技术知识的情况。尽管管理者对所要解决的问题有一致的意见，都想使七喜汽水的市场份额从 6%提升到 7%，但是实现这一市场份额目标的手段却不清楚或者意见不一。有一小部分管理者主张在超市里进行打折销售，另一些人则认为应该在饭店和快餐连锁店增设汽水售货机，还有一小部分人坚持认为最好的办法是加大电台和电视广告宣传。管理者们不清楚到底怎样做才能增加市场份额。最终，加大广告宣传的意见占了上风，但实际的效果并不理想。这一决策的失败，反映了管理者对如何解决这一问题的技术知识的欠缺。

如果对实现目标的手段有清晰的认识，就可以找出合适的备选方案并进行相对确定的权衡比较。反之，如果对手段的认识模糊，潜在的解决方案就只会是不清晰、不确定的。此时，直觉、判断和试错就成为决策的基本方案。

权变框架

图 12-8 对**权变决策框架**(contingency decision-making framework)做了概括性描述。这一框架将问题的共识程度和有关解决方案的技术知识两个维度结合在一起，形成了四个象限。每个象限代表一种特定的组织情境及其适用的决策方法。

象限 1。图 12-8 所示的象限 1 中宜采用理性决策方法，因为此时对问题的认识一致，并且因果关系相当明确，因而不确定性程度低，可以用科学计算的方法进行决策。可以确定多个备选方案，并通过分析和计算选定最佳的解决方案。本章前面已经对个体及组织决策的理性模型做了描述，这种方法在问题及其解决的办法都很明确时适用。

象限 2。在象限 2 中，问题和优先序的不确定性高，因而需要通过协商、

图 12-8 决策模型选用的一种权变框架

妥协等达成一致意见。为解决一个问题,组织可能要将另一问题上所需采取的行动推后。优先考虑哪一问题的优先序往往要通过讨论、争辩甚至建立联盟才能确立。

处于这种情形下的管理者应当在决策过程中采用广泛参与的方法,以便达成一致意见。让各种观点摆到桌面上进行讨论,直到达成妥协。否则,组织就不可能以一个整体来行动。在沃尔玛连锁店的例子中,管理者们对在配备停车场巡逻队的利弊方面所持的各种不同观点需要进行充分的讨论。卡内基模型适用于对组织所面临的问题存在意见分歧的决策情形。当组织内部的不同群体之间存在不一致的看法,或者组织与外部利益相关者(如政府调控部门、供应商、工会等)之间存在冲突时,讨价还价和协商谈判就是必需的。讨价还价策略对决策过程的问题识别阶段尤其适用。一旦协商谈判完成,组织将获得对其中一种行动方案的支持。

象限3。在象限3的情形下,问题和绩效标准是明确的,但备选的解决方案模糊、不确定。解决某个问题的技术路线不确定,难以把握。个体管理者在面临这种情形时可以以直觉作为决策指南,依靠经验和判断进行决策。在这种情形下,因为备选方案难以识别和通过计算来权衡,因此理性的分析方法难以奏效。同时,硬数据和准确的信息也很难获得。

在这种情形下,组织可运用渐进决策过程模型进行试错性的探索。一旦识别出某个问题,通过一系列的渐进步骤可以使组织逐渐探寻出解决方案。在这个过程中如果出现新的问题,组织可返回到决策循环的前些步骤,重新开始。最终,组织会在几个月或几年后获得足够的经验,使问题得到满意的解决。在工商组织中常常会出现象限3的情形:资深管理人员对问题有共同的认识,但就是不知道该如何解决该问题。此时,如果采用渐进决策方法，管理者将最终获得有关解决方案的技术知识，从而解决问题，完成预期的目标。

象限 4。象限 4 中的特征是，问题和解决方案都具有高度的不确定性，因而决策的难度很大。在这种高不确定性情形下，个体管理者可以运用象限 2 和象限 3 中所示的方法。管理者会努力建立联盟以达成目标和优先序方面的共识，同时运用判断和试错法解决问题。此外，灵感与模仿也是比较适用的方法。所谓**灵感**(inspiration)，是指不以逻辑推论方式获得具有革新性、创造性的解决方案。灵感有时就像一闪而过的顿悟，不过与直觉相似，它要基于对问题的深刻认识和理解，而这些问题已经在潜意识中深思熟虑过了。[76] **模仿**(imitation)则是指采纳其他地方实施过的决策，希望这种解决方案在自己面临的情形中也能够奏效。

例如，一所大学中的会计系教师们对他们的处境感到不满意，但又决定不了下一步的发展方向。一些教师希望更多地以科研为中心，而另一些教师则认为，应该面向企业，侧重于实践应用。对目标的意见分歧因为各方都不确定实现所主张目标的最佳途径而更加激化。最终，系主任的灵感促成了问题的解决。具体解决方案是，利用大型会计师事务所捐赠的资金成立了一个会计研究中心。捐款用来资助那些对基础研究感兴趣的教师们的科研活动，同时也为其他教师提供与企业联系所需的经费。这一解决办法形成了一个共同目标，并使全系教师团结起来，朝着这个共同目标努力。

如果整个组织在问题和解决方案两方面都面临高度的不确定性，这就像电子化企业和学习型组织所面临的情形那样，这时会出现垃圾桶模型所描述的那些活动流要素。此时，管理者可能先是尝试使用象限 2 和象限 3 中所示的决策方法，不过，以问题识别为起点、以问题解决为终点的逻辑过程是不可能出现的。潜在的解决方案可能先于问题产生，这种情况出现的频率几乎与问题先于解决方案出现的概率相等。在这种情形下，管理者应该鼓励对问题进行广泛的讨论，发动大家踊跃提出方案构想，以促使组织有更大的可能性形成抉择。通过试错过程，组织最终会使一些问题得到解决。

研究发现：对权变决策框架诊断后再制定的决策更可能成功。然而，研究也指出：将近 60%的战略管理决策不符合框架，进而使得误导或遗漏的信息减少了有效决策的可能性。[77] 管理者可以使用图 12-8 所示的权变框架来提高做出成功组织决策的可能性。

几种特殊的决策情形

当今的世界是高度竞争的世界，全球竞争和快速变革无所不在，传统的理性分析模型已经不太适用于决策。在今天这个越来越难以预测的环境中，管理者要比以往更多、更快地制定高风险的决策。例如，针对高科技企业 CEO 的调查发现，他们想努力使用某些类型的理性决策方法，但行业的不确定性和变革往往导致这些方法失败。管理者进行决策时实际使用的方法是通过与其他管理者、下属、环境因素以及组织事件进行复杂的相互作用。[78]今天的决策者要特别关注三件事：适应高度动荡的环境，从决策失误中学习，以及了解和克服决策过程中的认知偏差。

高度动荡的环境

在当前的一些行业中，竞争和技术变革的速度非常快，以至于相关的市场数据要么难以获得，要么获得时已经过时。组织的战略也许会在不过几个月时间内就发生变化。决策失误的代价可能是整个公司破产。最近的研究考察了成功的企业如何在**高度动荡的环境**(high velocity environment)中进行决策。这项研究特别有助于理解这种环境中的组织为什么要放弃理性决策方法，否则要花很长时间去逐步实施理性方法所做出的决策。[79]

在高度动荡的环境中做出的决策，有成功的，也有失败的。对这两者进行比较研究后，可以得出以下指导原则：

- 成功的决策者对信息进行实时跟踪，以对本企业所处的行业有深入、敏锐的了解。企业通常每周要举行2～3次重要会议，关键性的决策人物全部参加。决策者追踪分析各方面的统计资料，包括现金、材料、存货、半成品、交货量等情况，以便及时把握企业经营的脉搏。与此对比，那些不成功的企业所关注的多是所谓的未来计划和前瞻性信息，对企业正在发生的事情关注甚少。
- 在一项重大决策进行期间，成功的企业会立即着手提出多个备选方案，并且在最终敲定决策方案之前可能已经同时开始实施了。而决策缓慢的企业每次都只制订一个方案，并且是在第一个方案失败以后才转向下一个方案。
- 高效、成功的决策者向所有的人征询建议，并特别倚重一两个经验丰富、值得信赖的同事，将他们视为高参。而决策缓慢的企业往往不能在优秀人员中建立起互信和共识。
- 快速反应的企业会吸收每一个人参加决策，并尽力在众多人之间达成共识；但如果无法达成共识，高层管理者会做出抉择，使企业尽快采取行动。等待所有的人全都达成共识，这会造成决策的耽搁，而不见得能确保决策的质量。反应迟缓的企业不惜耽搁决策进程，只为了取得一致的认识。
- 迅速、成功的抉择需要与企业其他方面的决策以及整体战略方向相吻合。而那些不太成功的抉择行为往往只是孤立地考虑这项决策，很少考虑与其他决策间的关联。这样做出的决策无异于空中楼阁。[80]

当企业反应速度非常重要时，迟缓的决策同错误的决策一样是无效的。管理者可以学会如何迅速做出决策。为了提高在高度动荡的条件下做出好决策的可能性，一些组织通过一种叫作“**点对点**”(point-counterpoint)的方法激励结构性冲突，这样就把决策者分成了两组，接着给他们安排不同的甚至经常是竞争性的职责。[81]两组分别提出方案，然后交换方案、进行观点上的辩论，直至双方达成共同的理解和建议。由于考虑了各种观点，各组一般都能做出更好的决策。在面临复杂性和不确定性的情况下，决策中有发言权的人越多,决策质量越好。

群体决策不一定总能达成共识,但是寻求共识的过程让每一个人都有机会去考虑别人的提议和去陈述自己的观点,也让高层管理者有了更全面的了解。一般而言,参与者都会支持最终的决定。然而,当需要快速决策时,高层管理者往往会乐意去做这种决策。

决策失误与学习

组织决策会出现许多失误,特别是在高度不确定的情境中做出决策时,失误会更多。因为这时管理者基本上无法确定或预测哪个备选方案将能解决问题。但组织还必须做出决策,并承担风险,因此决策通常表现为试错的过程。如果一个方案失败了,组织会从中学到一些东西,然后尝试另一个更适合的方案。每一次失败都提供了新的信息和经验教训。试错法的核心思想是,管理者要大胆地推进决策过程,不要过多顾虑可能的失误。“行动中的无序比无行动的有序要好一些。”[82]

在一些组织中,管理者培育了勇于尝试、促进创造性决策的氛围。如果一个构想失败了,就要尝试另一个。失败是成功之母。这正如明尼苏达采矿设备制造公司的技术人员以一个失败的产品——黏性不强的胶为基础,开发出了即时贴的例子所显示的那样。大多数创新公司认为,假如他们所有的新产品都成功的话,他们一定是做错什么了,他们没有为了开发新市场而承担一定的风险。换句话说,他们坚持认为只有失败才能让公司学到更多新东西,才能为公司以后的成功奠定基础。

只有通过犯错误,管理者和组织才能经历**决策学习**(decision learning)的过程,从中获得足够的经验和知识,使将来的决策更有效。一些公司甚至给失败以奖励,因为这些失败导致了更多的学习。葛瑞广告公司(Grey Advertising)每年颁发一次“英勇失败奖”,以奖励那些“让成功都自惭形秽的光荣失败”。[83]财捷公司(Intuit)从失败中获得的成功之一是,公司的一支团队发起了一项目标指向年轻纳税人的市场营销活动。通过 RockYourRefund.com 网站,财捷公司能够提供百思买公司和其他公司的打折服务,并且可以将退税直接储存到事先付费的由嘻哈(Hip-Hop)明星同时也是企业家的罗素·西蒙斯(Russell Simmons)发行的维萨卡(Visa)。这项运动以失败告终,因为财捷公司通过网站获得的收益非常少。经过对项目失败原因的分析,这支团队获得了一些经验,比如年轻人会规避那些看上去像是广告的网站,这些经验使得他们在将来的项目中避免犯同样的错误。财捷公司的主席斯科特·库克(Scott Cook)说:“在失败中什么都没有学到才算真正的失败。”[84]

按照这一章所说的决策制定的过程,我们可以预料一直持着学习的态度来对待解决方案的公司最终一定会制定出成功的决策。他们可能会犯错,但在不断试错的过程中将最终解决那些不确定性问题。

评价你的答案

3. 差劲的决策制定有助于管理者和组织的学习和成长。

答案:同意。管理者当然不愿意员工故意做出差劲的决定,但是聪明的管理者会鼓励员工承担一定风险,并进行一些可能会失败的尝试。在失败中学习是组织成长和进步的关键。另外,尽管管理者努力想要做出优秀的决策,但他们明白有时候必须基于有限的信息迅速做出决策,这时候试错对组织的学习和成长来说将成为一种重要的方法。

认知偏差

尽管鼓励风险承担和接受错误的做法能够促进组织学习和进步,精明的管理者仍然努力避免的一种错误是认知偏差,认知偏差会使决策变得更加模糊。**认知偏差**(cognitive biases)是人类在决策过程中常犯的错误,并且容易导致失败的选择。[85]三种常见的偏差是执着愚守、损失规避和群体盲思。

执着愚守

一种常见的认知偏差是**执着愚守***(escalating commitment)。研究者认为,尽管有充分的证据表明某一方案已无成效,但组织依然继续在这上面投入时间和金钱。针对管理者面对错误决策仍执着愚守的现象,研究者们给出了几种解释。[86]很多时候管理者只是简单地期望能够弥补回损失。例如,日本福岛第一核电站在2011年的地震中受损后,东京电力公司(Tokyo Electric Power Company)的管理人员延迟使用海水来冷却受损的核反应堆,因为他们想要保护他们的投资,而用海水可能会使核反应堆永久瘫痪。反应堆发生爆炸之后日本首相下令处理,该公司改变了它的决定,才开始用海水冷却。[87]

另外,当管理者对一项失败决策负有个人责任的时候,他们经常封锁和歪曲负面信息。另外一种解释是认为前后一致和坚持不懈在当代成为了一种普遍看重的行为准则。相比于不断改变行动方针的管理者来说,前后一致的管理者更容易被认为是优秀的领导者,所以尽管有证据证明一项决策是错误的,管理者仍然很难放弃这项决策。

前景理论

大多数人本性厌恶损失,所以做决策时对失败的恐惧比对成功的预期更强烈。[88]丢掉10美元感受到的痛苦情绪比找到20美元感受到的快乐情绪更加强烈。由心理学家丹尼尔·卡内曼(Daniel Kahneman)和阿莫斯·特维斯基(Amos Tversky)开发的**前景理论**(prospect theory)认为,损失的威胁比等价值的可能回报对决策的影响更大。[89]因此,很多管理者在分析问题时常常会思考他们将失去什么,而不是他们将获得什么。当面对具体的决策时,他们高估了潜在的损失而低估了潜在的收益。另外,研究表明,因决策造成损失的遗憾感比不作为而损失的遗憾感更加强烈。这样,管理者就会避免那些可能会获得好机会但同时也可能会出现消极结果的行为。这种

* 亦译为"承诺升级"。——译者注

趋势可能造成一种过度谨慎决策的模式，导致组织出现慢性退步的问题。[90]前景理论同时也能够解释前面提到的承诺升级现象。管理者不愿意失去，所以只得在失败的决策后继续投入更多的资金。

群体盲思

组织决策很多是由群体制定的，群体附和也会导致决策偏差。几乎在所有群体中都存在着微妙的一致性压力，特别是当组织中成员相互欣赏的时候，群体会避免一切可能导致不和谐的因素。**群体盲思**(groupthink)指的是组织成员常常抑制不一致的观点。[91]当人们陷进群体盲思的时候，对群体和谐的愿望就会超过对决策质量的关心。群体成员强调对团体一致性的维护而不会挑起对问题和备选方案的实际争论。人们审查各自的观点，并且不愿意批评别人的观点。

克服个人偏差

管理者如何避免群体盲思、执着愚守和由于规避损失带来的影响？我们提出一些建议帮助管理者在制定决策时更现实和客观。其中两个最有效的方法是应用基于证据的管理模型和鼓励意见分歧和多样化。

基于证据的管理

基于证据的管理(evidence-based management)模型，是指依据可获得的事实和证据做出更多明智的决策。[92]这种方法需要注意个体偏差，严格寻找并检验证据。管理者在进行基于证据的决策时是经过认真观察和深刻思考的，而不是粗略地依赖于假设、过去的经验、毫无科学根据的拇指原则或者直觉。例如，道恩·紫儿(Dawn Zier)被聘为营养系统公司(Nutrisystem)的首席执行官，以帮助其扭转乾坤。在问别人问题时，她觉得，“他们回答得有点快，甚至都没有思考。”通过紫儿的深入挖掘，她发现，“事实通常不是被呈现出来的事实。”她在组织内发起了文化变革，提倡建立一种关注确凿证据的文化，而不是“幻想或希望某件事情发生”。公司现在的座右铭是“只要事实”。在这里，“事实”这个词不但要有证据，而且要传导关注、责任、以客户为中心、团队和成功的价值观。[93]

麦肯锡公司的一项全球调查发现，经理将深思熟虑的分析纳入决策时会得到更好的结果。通过研究 2000 多位公司高管如何做一项特定决策，麦肯锡得出结论：详细分析、风险评估、金融模型等技术以及对类似情况的比较能够帮助企业得到更好的财务和运营成果。[94]然而，最近一项对 39 名高管所做决策的研究发现，他们所做的大部分决策都是基于很有限的证据来源。管理者可以通过使用更多的证据来源提升决策的有效性。[95]循证管理模型对克服损失规避和执着愚守问题发挥着特别作用。要应用循证管理模型，管理者需要使用扩展的数据和事实来预测决策。尽管许多管理者面临的问题是不确定的，一些事实和数据也很难搜集，但经常搜集证据的习惯能够帮助管理者避免依赖于错误的假设。这样，决策制定者也能够对决策进行事后解析,看看哪些对决策是有效的,哪些是无效的,如何能够制定出更好的决策。优秀的决策者对于他们不知道的事情有着正确合理的理解。他们经常自我质疑,并鼓励其他人对自己的知识和假设进行质疑。这样就养成了一种询问、观察和实验的习惯。

鼓励分歧和多样化

对于管理决策而言,在复杂环境中,分歧和多样化方法是非常有用的决策制定法,因为这种方法释放了决策制定过程中的各种想法和观点,从而避免了个体偏差和群体盲思的限制。[96]鼓励分歧的方法就是确保决策群体中的人员是多样化的,这些多样化包括群体人员的年龄、性别、专业分工、层级和商业经验。一些群体甚至在决策时安排一些唱反调的人,称为**"魔鬼辩护人"**(devil's advocate),这些人对群体的假设和主张提出异议。[97]这些唱反调的人强迫群体重新思考他们解决问题的方法以避免群体形成不成熟的决定。来看一下美国士兵在伊拉克和阿富汗参与军事行动的例子。错误的决策可以是致命的。在利文沃斯堡大学(Fort Leavenworth's University)的外国军事和文化研究所,美国陆军开始训练一群士兵,试图将他们训练为魔鬼代言人。"红队"的队员(已经从训练基地毕业的人)被分派到各个旅,去质疑现行假设,确保决策之前已经充分考虑了各种可行观点。"这里面需要有人一直不停地提醒'等一下,没有这么快'",培训项目主管格雷格·方特诺特(Greg Fontenot)说,"这样做是为了避免'陷入群体盲思'"。[98]

另一种方法叫作仪式分歧(ritual dissent),在一个很大的群体会议上让几个并行团队解决同一个问题。每一个团队都指定一个发言人向另一个团队陈述他们的发现和观点,另一个团队此时要求保持安静。陈述结束后,陈述者要求转到一边,接受另一个团队毫不留情的抨击,而这时候陈述者要求保持安静。每一个队的陈述者轮流陈述,然后每个团队都轮流抨击,这样到会议最后,每一个观点都被仔细分析和讨论了。[99]前面描述的论点和反论点(point-counterpoint)方法在鼓励意见分歧方面也是有效的。无论使用哪种方法,优秀的管理者在制定复杂决策时都能够找到方法,获得多样化的意见和观点。

设计要点

■ 大多数的组织决策不是以合乎逻辑的理性方式制定的。绝大多数的决策并不始于对问题的仔细分析,接着进行备选方案的系统分析,最后选定和实施解决方案。相反,组织决策过程的特征表现为冲突、结盟、试错以及快速做出决策和鼓励错误中学习等。管理者是在许多限制理性的制约条件下进行决策的,因此,他们在制定决策的过程中运用理性分析,同时也使用满意原则和直觉。个人认知偏差是管理者应该警觉的一种重要的决策约束。

■ 本章另一个重要观点是，虽然个体也做决策，但组织决策往往不是由单个人做出的。制定组织决策的方法包括管理科学方法、卡内基模型、渐进决策模型和垃圾桶模型。

■ 只有在极少数情况下，管理者自己分析问题并寻找解决方案。许多问题是不清晰的，所以广泛讨论和建立联盟的情况也就经常发生。一旦目标和优先级确定了，也就可以尝试那些为达到目标而制订的备选方案。当个别管理者确实做出了一项个人决定，那也经常被认为是更大的决策的一部分。组织通过一系列小的步骤来解决大的问题。单个管理者可能开始了决策的第一步，但他同时要注意这步属于哪一项更大的决策过程。

■ 如果对问题存有不同的看法，则会出现大量的冲突和联盟行为。必须首先确立优先序，说明哪些目标更重要，哪些问题宜先行解决。如果管理者试图解决一个其他人并不认同的问题，那他将失去实施该解决方案所必需的支持。因此，在决策过程的问题识别阶段，应该投入时间、采取行动建立起联盟。这样，组织才能朝着寻找解决方案的方向运行。而如果决策者对解决方案的技术知识知之甚少，在这种情况下可通过一系列渐进的试验过程探索解决方案，逐步形成一个总体的解决方案。

■ 垃圾桶模型是对组织决策过程的一种最新描述。该模型指出，在像学习型组织这样高度有机式的组织中，决策过程似乎基本是随机的。决策、问题、构想和人员在组织中不断流动，以各种不同的方式发生组合。在这个流动和随机组合的过程中，组织逐步地学习。有些问题可能永远得不到解决，但多数问题还是能得到满意的解决，从而使组织会朝着维持和提高绩效水平的方向前进。

■ 高速变化环境中的组织需要做出快速决策。这意味着要密切关注组织的运营情况和环境变化。另外，在一个高不确定性的环境中，组织难免会犯决策的错误。应该鼓励探索、试验中的失误，因为试错能促进组织的学习。

■ 另一方面，在模糊决策过程中的认知偏差可能给组织带来严重的负面结果。管理者可以通过实证管理模型、鼓励决策方案的多样性和分歧的方法等，避免执着愚守、损失规避及群体盲思所导致的偏差。

关键概念

有限理性观(bounded rationality perspective)
卡内基模型(Carnegie model)
联盟(coalition)
认识偏差(cognitive biases)
权变决策框架(contingency decision-making framework)
决策学习(decision learning)
魔鬼辩护人(devil's advocate)

执着愚守(escalating commitment)
基于证据的管理(evidence-based management)
垃圾桶模型(garbage can model)
群体盲思(groupthink)
高度动荡的环境(high-velocity environment)
模仿(imitation)
渐进决策过程模型(incremental decision model)
灵感(inspiration)
直觉决策(intuitive decision making)
管理科学学派(management science approach)
非程序性决策(nonprogrammed decisions)
组织决策(organizational decision making)
有组织的混乱(organized anarchy)
点对点方法(point-counterpoint)
对问题的共识程度(problem consensus)
问题识别(problem identification)
问题解决(problem solution)
问题搜寻(problematic search)
程序性决策(programmed decision)
前景理论(prospect theory)
准理性(quasirationality)
理性方法(rational approach)
满意化(satisfiying)
技术知识(technical knowledge)

讨论题

1. 当面对若干合理的备选方案时，你一般会如何做决策？你认为管理者一般会如何做决策？你和管理者的决策过程有哪些相似点？

2. 一位职业经济学家曾在课堂上说："个体决策者应该处理所有相关的信息，选择经济上最合理的决策方案。"你同意这种说法吗？为什么？

3. 假如管理者在制定复杂和非程序性决策的过程中频繁使用经验和直觉，他们如何应用基于事实和数据的实证管理模型？

4. 卡内基模型强调了决策过程中对政治性联盟的需要。试问在什么情况下建立联盟？为什么？

5. 明茨伯格提出的渐进决策过程模型中包括哪三个主要阶段？为什么组织可能会在该模型的一个或多个阶段之间进行决策循环？

6. 一位组织理论家曾这样告诫她的学生们："组织从来不是一次做出一项大决策的。它们往往做些小决策，累积起来后最终成为一项大的决策。"请分析这句话所蕴含的道理。

7. 假设要在菲律宾建立一个新的废物处理厂，现在面临建筑选址问题，你如何做决策？对于这个复杂的决策，你将从哪开始？采取哪些步骤？请解释本章中哪个决策模型最好地描述了你的方法。

8. 在动荡多变的环境下，管理者为什么要更加应该关注当前，而不是未来？多变环境下工作的管理者更有可能依赖于理性还是直觉做出正确的决策？试加以讨论。

9. 你能举出一个规避损失的意愿胜过获得收益的例子吗？可以参考你在人际交往、学校或者工作中的经历思考这个问题。你是否曾经一直坚持一个想法或项目，甚至为了避免失败而执着愚守？试加以讨论。

10. 为什么组织中通常能接受决策失误，而在培训管理者的大学课堂里和测试中却要对决策失误进行惩罚？

专题讨论

是否有偏差在影响你的决策？[100]

我们每个人都会有偏差，但是大部分人很难看到自己的偏差。有哪些偏差在影响你的决策和对问题的解决呢？回答下列问题，你就会知道等你作为管理者的时候，会面临什么样的困难以及会犯什么样的错误了。

1. 将一张纸对折，再对折，再对折……。这样对折 100 次后，折起来的纸有多厚？

写上你认为最有可能的答案：________。

你认为有 90%正确率的厚度范围是从________到________。

2. 下列哪个图形和其他图形的差异最大？

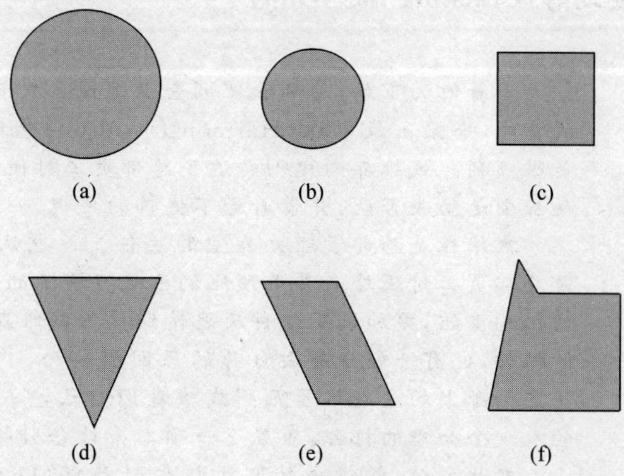

3. 作为公司的所有者和首席执行官,你决定投资1亿美元建造一种敌方雷达无法检测到的无人机。在项目完成到90%的时候,一家竞争公司已经开始营销这种雷达无法检测到的无人机。此外,他们的无人驾驶飞机更快、更小、更便宜,同时也比你的公司现在正在开发的无人机更复杂。现在的问题是:你还要投资最后10%的资金来完成你的无人驾驶飞机项目吗?请选择其中一个答案。

________不再投资:没有理由再继续投资这个项目了。

________继续投资:既然已经投资了9000万,我们不如继续投资,把这个项目做完。

4. 请快速估计下列算式的结果(5秒),不要精确的计算。

8×7×6×5×4×3×2×1=________

5. 罗伯特是一个嫉妒心强、固执、吹毛求疵、爱冲动、勤奋、聪明的人。一般来讲,你认为罗伯特的情绪化程度怎么样?(请圈一个数字)

一点都不情绪化 1 2 3 4 5 6 7 8 9 极端情绪化

6. 在下面的两个选择之间,你会选择哪个?

________选择A:有50%的机会获得1000美元

________选择B:确定获得500美元

在下面的两个选择之间,你会选择哪个?

________选择C:有50%的可能性失去1000美元

________选择D:肯定亏损500美元

在你做出每一个选择之后,你会发现你的答案与个人认知偏差之间的潜在关系。

教学案例

机会均等(Cracking the Whip)[101]

看着他的下属,总部管理调查小组负责人阿尔·皮彻(Al Pitcher)离去的背影,哈蒙·戴维森(Harmon Davidson)感到十分沮丧。他们的会谈不是很顺利。戴维森向皮彻转达了总部员工对他调查方法的不满。但皮彻的反应则是坚决否认,并带着毫不掩饰的蔑视。

戴维森是总部管理办公室的主任。他也认为对调查的批评,部分原因是总部员工讨厌外来者干预他们已经习惯了的工作方法。尤其是连续不断的机构重组,更加剧了这种厌恶情绪。但戴维森认为不能忽视的是,对调查的批评,也有一部分是由自身的原因引起的。"是不是从一开始,我就忽视了皮彻身上的危险信号呢?"戴维森问自己,"或者,我只是给了自己不了解的人一个公平的机会,布置了一项本身就会引起争议的工作?"

在此之前,戴维森就职于技术服务部(Department of Technical Services)。那一年年初，在最新一轮的机构精简中，技术服务部的编制被大大压缩。而办公室原来的主任，沃尔顿·德拉蒙德(Walton Drummond)又出人意料地提前退休了。这样，在时隔5年之后，戴维森再次回到了总部管理办公室(Headquarters Management Office)。

在新的岗位上，戴维森需要立即着手去办的事情中，有一件就是负责对总部的管理结构和流程，进行为期6个月的调查工作。技术服务部的部长许诺，这次对白宫的机构所进行的调查，将是下一阶段机构改革的前奏。德拉蒙德已经选好了调查小组的5位成员：两名富有经验的管理分析专家，一名很有前途的职员，一名实习生，还有一名就是小组负责人皮彻。皮彻刚从财务部(Treasury Department)调过来，在那里他参与过类似的调查。由于德拉蒙德在退休后就出发去了亚洲，参加一项漫长的登山探险活动，因此，他也没有向戴维森解释过调查计划，以及他对皮彻的了解。

戴维森对皮彻的精力和干劲印象深刻。他可以连续工作很长时间，写大量的东西——如果在不得已的情况下，并且熟悉最新的组织理论。然而，他也有一些令人担心的性格特点。对技术服务部的历史和组织文化似乎不感兴趣，并认定那些高级管理人员头脑简单，不关心现代管理方法，因而用一种居高临下、简单武断的态度对待他们。

在正式调查之前，戴维森和皮彻与各部门的首脑们进行了一系列简短的信息交流，这件事似乎进行得很顺利。在工作的宗旨方面，皮彻服从上级的意见，而只是在工作日程和程序上提出了自己的意见。皮彻在自己负责的那一部分的结尾处，非常友好地指出："如果发现了改进的机会，我们将尽量给你们提出建议。"

但调查刚刚进行了一个星期，戴维森就接到第一个反映情况的电话。电话是负责公共事务的助理部长伊琳·德芙(Erin Dove)打来的，她的声音不像平时那样听起来令人愉快，她说："你的那帮人总是指手画脚，告诉我们如何变革组织和工作方法，搞得我们所有的管理人员都心烦意乱。我想你们的调查只是为了发现问题，但皮彻这个家伙好像想在一夜之间彻底改造技术服务部。他以为他是谁呀？"

当戴维森向皮彻问及与公共事务部门的冲突时，皮彻表示迷惑不解，他只是与公共事务部门的管理人员就怎么样才能有助于"加快信息反馈"的问题简要地交换了一些看法，怎么就变成了令人如此不安的结论。他再次向戴维森保证："我只是对他们说：'我们将告诉你们如何去改正'。"

"听着，阿尔，"戴维森和蔼地告诫皮彻，"他们都是非常老练的管理人员，不习惯让别人告诉他们必须改正什么。这个机构近年来势头一直不错，提出变革很难引起大的反响。我们得收集、分析信息，为变革寻找一个令人信服的理由，否则，我们只会浪费时间。以后在我们俩没有讨论之前，不要向他们反馈意见。"

但两周之后，一个值得珍视的老同事，技术发展部门的主任菲尔·坎斯科(Phil Canseco)又踏进了戴维森的门槛，而且看上去很不高兴，就像伊琳·德芙在电话里听上去很不高兴一样。"哈蒙老弟，我想你应该管一管你这个调查小组了，"他说，"那天，有几个管理人员本来安排了要进行调查谈话的，但由于有一个修订的预算案，要在24小时之内提交筹款小组委员会

(Appropriations Subcommittee),谈话不得不推迟。我的副手说,皮彻对推迟谈话十分不高兴,抱怨我们不明白当前工作的优先次序。他是不是生活在现实中?”

听了坎斯科的评论,戴维森坐不住了。他开始给几个人打电话,想证实一下。这几个人都是戴维森比较尊重的、与他职位相当的同事,他们也都接触过调查小组。尽管这几个人都有不同程度的不情愿,但都一致批评调查小组的负责人,有时还包括小组成员。批评他们态度生硬,不考虑现行结构和流程存在的合理性。

于是,戴维森与皮彻进行了一次关于调查的总结、回顾,戴维森事先还想好了各种策略。但皮彻根本没有心思进行自我反省和重新考虑,他认为自己正在引领一场由白宫授意的管理改革运动。这场改革的入手点是一个炙手可热的机构,而这个机构从来不怎么考虑效率问题。他提醒戴维森,即使他让步,那些经理人员也应该在这一点上得到一些现实的教训。在皮彻看来,为了按时完成调查,只能坚持严格的日程安排。除此之外,别无选择,因为那些管理人员不愿意与他合作。在他们眼中,他是一个外来者,他所推行的那些东西也不受欢迎。皮彻还认为,戴维森的作用应该是坚持立场,顶住来自那些妄自尊大者无谓的、试图诋毁调查行动的批评。

在戴维森的心中,对这次调查计划以及他的部门完成这一计划的能力,生出了许多疑问。他们是不是承担得太多,而承受力又太小?调查小组的成员是不是选对了?管理人员,甚至小组本身对这次调查是不是准备不足?

但目前最紧迫的问题是,阿尔·皮彻能否在这些问题上帮助他?

美第奇地中海餐厅

吉多!吉多!

艾丽莎·梅森(Alissa Mason)驾驶汽车冒雨穿行在山路上。她把广播的音量调得很高以保持头脑清醒,但雨刷平稳的节奏使她重新想起吉多的问题。十年前,艾丽莎梦想开一家地中海风格的餐厅。这个梦想伴随着美第奇餐厅的开业而变为现实。直到现在,每当回想起当初小城镇的农场主和居民们喜欢故意将美第奇(Medici)的音发成美第凯(Medi-ki)的时候,艾丽莎都忍不住发笑。当初这个让人十分郁闷的习惯,如今对艾丽莎来说却特别美好。

艾丽莎的父亲是一位农场主。2000年,他向艾丽莎提供了游历地中海地区的机会作为毕业礼物。这次游历的最后一站是位于意大利中部城市托斯卡纳(Tuscany)的一所烹饪学校。此后,艾丽莎怀揣梦想回到家乡,在决心继续攻读工商管理硕士的同时,坚定了向餐饮方向发展的道路。事实证明,她的选择是正确的。

艾丽莎在家乡小镇开了第一家美第奇餐厅,食物美味,深受顾客欢迎,逐渐声名远扬,引来多方媒体的关注。一方面,美第奇餐厅有强大的本地顾客群;另一方面,餐厅位于通往几条著名山脉(开发了山地度假村)的州际公路上,是众多游客、滑雪爱好者和登山爱好者最喜欢的中途休息地。几年之内,艾丽莎的事业取得了极大的成功,许多人建议她在山地度假区附近再开一家餐厅。受到鼓舞的艾丽莎决定开始考虑扩张的问题。她面临的问题是：在两家餐厅位置相距将近一个小时车程的情况下，如何同时管理好两家餐厅，并且保证食物的质量和服务水平。

吉多·佰多力(Guido Bertolli)似乎是艾丽莎最合适的人选。才华横溢的意大利厨师吉多不仅帅气迷人，而且来源于名厨世家，是家族四个兄弟中最小的一个。吉多意识到自己不会继承家族的餐厅，决心移居美国远离相对强势的父亲和兄弟，树立自己作为厨师的声望。

吉多是一名经验丰富而又才华横溢的厨师，他不仅能自如地管理公司的员工，也能为顾客留下欢快而富有魅力的印象。艾丽莎确信吉多就是管理新餐厅的最佳人选。现在回想起来，艾丽莎意识到，自己对企业扩张的热情以及对意大利人不切实际爱幻想的印象导致她做出了错误的判断。

新开张的餐厅不久便迅速获得了经济上的巨大成功，远远超过了小镇的餐厅。但是到第二年年底，问题出现了。艾丽莎把越来越多的时间花在了位于度假胜地的这家餐厅，相应地，花费在第一家餐厅上的时间就变少了。在度假村的这家餐厅里，顾客拥挤，他们纷纷表示："我们非常喜欢吉多！能有吉多这样的厨师，真是太幸运了！"为了尝到吉多的手艺，顾客耐心地排着队。然而，由于餐厅的配送问题，导致顾客不得不频繁地更改他们点过的食物，这些食物都是菜单中比较受欢迎的选项。餐厅中多次出现账单和发票错误，吉多的工作态度也变得越来越松懈，导致各种冲突不断出现。艾丽莎明白吉多对公司的价值，多次相信吉多愿意认真工作的承诺。但是同样的问题却反复出现，最终导致两家餐厅的员工都越来越不满意。

最近，艾丽莎听到传言，据说吉多正在寻找机会开设自己的地中海风格的餐厅。艾丽莎还不确定自己是否想留住吉多，但是又不希望这位备受欢迎的厨师离开，因为这必定会带走一部分客源。最根本的一点原因是——顾客需要吉多。吉多如果要自己创业，他凭借自己的才能和声望一定能获得资金支持，这一点艾丽莎非常确信。她意识到在吉多采取进一步行动之前自己必须先采取行动。

艾丽莎忧心忡忡地开着车，她感觉自己的压力正越来越大。吉多的任何举动都影响到她生活的方方面面，是时候与吉多好好讨论一番了。几天以来，她一直在权衡各种选择。

现状

艾丽莎是赏识吉多的，并且希望避免将来的各种冲突，因为不搞对立是她一贯的管理风格。她认为应该赶在吉多做出决定之前和他坐下来讨论出一个更加可行的计划，解决度假区餐厅在管理方面的细节问题。艾丽莎突然想到，她可以雇用一名助理帮助吉多处理饭店的事务。但是，助理必须是全职员工，这意味着她的餐厅要增加一名全职人员，目前艾丽莎还不太确定这是不是正确的选择。

处罚还是开除吉多

对吉多施行了一定的惩罚措施后，艾丽莎觉得处罚没有效果。如果开除吉多，无疑会使如此优秀的厨师成为自己的竞争对手，让自己处于不利境地。但如果吉多一直保持现在的状态,即使再有声望、再受欢迎,也不能保证他能制订强劲的商业计划并获得可靠的经济支持,也未必能维持餐厅的竞争力。以前也有类似的情形,优秀的厨师不一定能经营好一家餐厅。

专注于第二家美第奇餐厅

艾丽莎在想,如果把全部精力都集中在度假胜地的餐厅,情况是不是会更好一点。虽然她喜欢最初的那家餐厅,但是度假村这家餐厅拥有更具才华的厨师和更多的顾客。如果只经营这家餐厅,那么她就能有精力进行更多管理,分担一些吉多不适合做的工作,还能改善吉多的工作习惯。

让吉多成为合伙人

让吉多成为合作人或许能留住吉多,增加吉多对公司的忠诚度和自豪感,同时也能提醒吉多以商业合伙人的身份建立自己的声望。但如果艾丽莎真的给予吉多小部分股权的话,就会削弱自己对吉多的管控力。吉多在日常经营中的作用越大,越不容易管理。

决策时间

艾丽莎把车停进车库的时候,雨也停了。此时吉多刚好从门口出来,正向她挥手。艾丽莎没有明确地回应吉多,而是与吉多一同走进了他的办公室。

“专题讨论”部分的答案

1. 答案简直令人难以置信:对折100次之后的厚度大约是从地球到太阳之间的距离的8×1014倍。你的思维可能被局限在了一单张纸的厚度上,导致你大大低估了对折100次之后的厚度。把最初的心理锚定在一个或低或高的角度,都会导致你得出错误的答案,而且可能会频繁出错。你对你的答案有多大把握呢?对折纸的这个例子是一种过度自信的表现,这也是管理者犯错误的主要原因之一。

2. 每个图形都在某些方面与众不同。图形(a)的面积最大,图形(b)的面积最小,图形(c)是唯一的正方形,图形(d)是唯一一个由三条边组成的图形,图形(e)最狭窄且不平衡,图形(f)最不对称且由五条边组成。你是否在找到一个正确答案后就停止思考了呢?管理者们如果不能超越最初的印象,挖掘表面现象之下的问题,就无法正确理解真正的问题所在,无法找到解决问题的正确方案或最佳方案。

3. 如果你的答案是“继续投资”,你的行为就可被称为执着愚守。即使先前的决策已被证明是失败的,你还是会选择继续投资。这是很多管理者都可能会犯的一个错误,因为他们在已经做出的决策上倾注了太多情感,哪怕这个决策毫无希望,他们也会继续下去。

4. 学生们的估值中位数是2250。如果算式的数字顺序是相反的,也就是从1×2开始,然后以此类推,学生们的估值中位数是512。正确的答案是

40320。信息提供的顺序不同，人们提出的解决方案也会因此不同，顺序的改变可能会导致人们迅速偏离正确的方向。

5. 在我们评判一个人的时候，前面的信息会比后面的信息发挥更重要的作用，这种现象叫作首因效应。如果把形容罗伯特的这些词的顺序反过来，把聪明和勤奋放在前面，你可能会对他产生更好的印象。对罗伯特情绪化程度的判断，或多或少地都会受到这些形容词的排序的影响。由于受到第一印象的影响，你是否也认为罗伯特是比较情绪化的呢？

6. 虽然每项选择在期望值上都是相等的，但是大部分人还是会倾向于选择 B 和 C。相对于享受胜利的喜悦来说，人们更加厌恶损失，因此大约有 80％的人会选择数额较小但比较确定的收入（B），70％的人敢于承担较大的风险，以期避免承受确定的损失（C）。通常来讲，在决策制定过程中剔除情感的影响，能够做出更好的决策。

注　释

1. Jennifer Reingold, "How to Fail in Business While Really, Really Trying," *Fortune*, April 7, 2014, 80–90.
2. "GM Faulty Ignition Crashes Now 47," *CNN*, May 25, 2014, http://money.cnn.com/2014/05/24/autos/gm-faulty-ignition-crashes/ (accessed May 27, 2014); and Jeff Bennett, "GM Now Says It Detected Ignition Switch Problem Back in 2001," March 12, 2014, http://online.wsj.com/news/articles/SB10001424052702303403604579585891316612268?mod=Business_newsreel_1 (accessed May 27, 2014).
3. Adam Lashinsky, "Apple Brings Back Steve Jobs," *Fortune*, October 8, 2012, 178–184 (adapted from *The Greatest Business Decisions of All Time* by Verne Harnish and the editors of *Fortune*); Betsy Morris, "What Makes Apple Golden?" *Fortune*, March 17, 2008, 68–74; E. S. Browning, Steven Russolillo, and Jessica Vascellaro, "Apple Now Biggest-Ever U.S. Company," *The Wall Street Journal Europe*, August 22, 2012, 24; and "World's Most Admired Companies," *Fortune*, http://money.cnn.com/magazines/fortune/most-admired/2014/snapshots/670.html (accessed May 28, 2014).
4. Shawn Tully, "Delta Takes Off," *Fortune*, March 17, 2014, 114–120.
5. Charles Lindblom, "The Science of 'Muddling Through,' " *Public Administration Review* 29 (1954), 79–88.
6. Herbert A. Simon, *The New Science of Management Decision* (Englewood Cliffs, NJ: Prentice-Hall, 1960), 1–8.
7. Paul J. H. Schoemaker and J. Edward Russo, "A Pyramid of Decision Approaches," *California Management Review*, Fall 1993, 9–31.
8. Andrew Bordeaux, "10 Famous Product Failures and the Advertisements That Did Not Sell Them," *Growthink.com*, December 17, 2007, http://www.growthink.com/content/10-famous-product-failures-and-advertisements-did-not-sell-them (accessed September 16, 2011); and Jane McGrath, "Five Failed McDonald's Menu Items," HowStuffWorks.com, http://money.howstuffworks.com/5-failed-mcdonalds-menu-items3.htm (accessed September 16, 2011).
9. Hugh Courtney, Dan Lovallo, and Carmini Clarke, "Deciding How to Decide," *Harvard Business Review*, November 2013, 62–70.
10. Michael Pacanowsky, "Team Tools for Wicked Problems," *Organizational Dynamics* 23, no. 3 (Winter 1995), 36–51.
11. Russell L. Ackoff, quoted in Ian I. Mitroff, Can M. Alpaslan, and Richard O. Mason, "The Messy Business of Management," *MIT Sloan Management Review*, Fall 2012, 96.
12. The idea of a good choice potentially producing a bad outcome under uncertain conditions is attributed to Robert Rubin, reported in David Leonhardt, "This Fed Chief May Yet Get a Honeymoon," *The New York Times*, August 23, 2006, C1.
13. David Firestone, "What Should Happen to Edward Snowden?" *The New York Times*, January 2, 2014, http://takingnote.blogs.nytimes.com/2014/01/02/what-should-happen-to-edward-snowden/ (accessed May 28, 2014).
14. Ylan Q. Mui, "Wal-Mart to Reinstate Dropped Products, Emphasize Price," *The Washington Post*, April 11, 2011, http://www.washingtonpost.com/business/economy/wal-mart-to-reinstate-products-emphasize-price/2011/04/11/AFrwLWMD_story.html (accessed September 26, 2011).
15. As described in a letter Franklin wrote in 1772, quoted in J. Edward Russo and Paul J. H. Shoemaker, *Decision Traps: Ten Barriers to Brilliant Decision-Making and How to Overcome Them* (New York: Fireside/Simon & Schuster, 1989).
16. Karen Dillon, "The Perfect Decision" (an interview with John S. Hammond and Ralph L. Keeney), *Inc.*, October 1998, 74–78; and John S. Hammond and Ralph L. Keeney, *Smart Choices: A Practical Guide to Making Better Decisions* (Boston: Harvard Business School Press, 1998).
17. Earnest R. Archer, "How to Make a Business Decision: An Analysis of Theory and Practice," *Management Review* 69 (February 1980), 54–61; Boris Blai, "Eight Steps to Successful Problem Solving," *Supervisory Management*, January 1986, 7–9; and Thomas S. Bateman, "Leading with Competence: Problem-Solving by Leaders and Followers," *Leader to Leader*, Summer 2010, 38–44.

18. Francine Schwadel, "Christmas Sales' Lack of Momentum Tests Store Manager's Mettle," *The Wall Street Journal*, December 16, 1987, 1.
19. Noel M. Tichy and Warren G. Bennis, "Making Judgment Calls: The Ultimate Act of Leadership," *Harvard Business Review*, October 2007, 94–102.
20. Adapted from Archer, "How to Make a Business Decision," 59–61.
21. Joseph V. Sinfield, Tim Gustafson, and Brian Hindo, "The Discipline of Creativity," *MIT Sloan Management Review*, Winter 2014, 24–26.
22. James W. Dean, Jr., and Mark P. Sharfman, "Procedural Rationality in the Strategic Decision-Making Process," *Journal of Management Studies* 30 (1993), 587–610.
23. Brad Stone, *The Everything Store: Jeff Bezos and the Age of Amazon* (New York: Little Brown, 2013), 12–13.
24. Jörn S. Basel and Rolf Brühl, "Rationality and Dual Process Models of Reasoning in Managerial Cognition and Decision Making," *European Management Journal* 31 (2013), 745–754.
25. Joe Nocera, "BP Ignored the Omens of Disaster," *The New York Times*, June 19, 2010, B1.
26. Irving L. Janis, *Crucial Decisions: Leadership in Policymaking and Crisis Management* (New York: The Free Press, 1989); and Paul C. Nutt, "Flexible Decision Styles and the Choices of Top Executives," *Journal of Management Studies* 30 (1993), 695–721.
27. Art Kleiner, "Core Group Therapy," *Strategy + Business*, Issue 27 (Second Quarter, 2002), 26–31.
28. Katie Benner, "Michael Dell's Dilemma," *Fortune*, June 13, 2011, 41–44.
29. This section is based on John S. Hammond, Ralph L. Keeney, and Howard Raiffa, *Smart Choices: A Practical Guide to Making Better Decisions* (Boston: Harvard Business School Press, 1999); Max H. Bazerman and Dolly Chugh, "Decisions Without Blinders," *Harvard Business Review*, January 2006, 88–97; J. S. Hammond, R. L. Keeney, and H. Raiffa, "The Hidden Traps in Decision Making," *Harvard Business Review*, September–October 1998, 47–58; Oren Harari, "The Thomas Lawson Syndrome," *Management Review*, February 1994, 58–61; Dan Ariely, "Q&A: Why Good CIOs Make Bad Decisions," *CIO*, May 1, 2003, 83–87; Leigh Buchanan, "How to Take Risks in a Time of Anxiety," *Inc.*, May 2003, 76–81; and Max H. Bazerman, *Judgment in Managerial Decision Making*, 5th ed. (New York: John Wiley & Sons, 2002).
30. Mark Fenton-O'Creevy et al., "Thinking, Feeling, and Deciding: The Influence of Emotions on the Decision Making and Performance of Traders," *Journal of Organizational Behavior* 32 (2011), 1044–1061.
31. Example from Jerome Groopman, *How Doctors Think* (New York: Houghton Mifflin, 2007).
32. Example from Thomas H. Davenport and Brook Manville, "From the Judgment of Leadership to the Leadership of Judgment: The Fallacy of Heroic Decision Making," *Leader to Leader*, Fall 2012, 26–31.
33. David Larcker and Brian Tayan study, reported in Michael J. Mauboussin, "The True Measures of Success," *Harvard Business Review*, October 2012, 46–56.
34. Herbert A. Simon, "Making Management Decisions: The Role of Intuition and Emotion," *Academy of Management Executive* 1 (February 1987), 57–64; and Daniel J. Eisenberg, "How Senior Managers Think," *Harvard Business Review* 62, November–December 1984, 80–90.
35. Jaana Woiceshyn, "Lessons from 'Good Minds': How CEOs Use Intuition, Analysis, and Guiding Principles to Make Strategic Decisions," *Long Range Planning* 42 (2009), 298–319; and Ann Hensman and Eugene Sadler-Smith, "Intuitive Decision Making in Banking and Finance," *European Management Journal* 29 (2011), 51–66.
36. Eduardo Salas, Michael A. Rosen, and Deborah DiazGranados, "Expertise-Based Decision Making in Organizations," *Journal of Management* 36, no. 4 (July 2010), 941–973; Kurt Matzler, Franz Bailom, and Todd A. Mooradian, "Intuitive Decision Making," *MIT Sloan Management Review* 49, no. 1 (Fall 2007), 13–15; Stefan Wally and J. Robert Baum, "Personal and Structural Determinants of the Pace of Strategic Decision Making," *Academy of Management Journal* 37, no. 4 (1994), 932–956; and Orlando Behling and Norman L. Eckel, "Making Sense Out of Intuition," *Academy of Management Executive* 5, no. 1 (1991), 46–54.
37. For a recent overview of the research on expertise-based intuition, see Salas et al., "Expertise-Based Decision Making in Organizations." Also see Eric Dane and Michael G. Pratt, "Exploring Intuition and Its Role in Managerial Decision Making," *Academy of Management Review* 32, no. 1 (2007), 33–54; Gary Klein, *Intuition at Work: Why Developing Your Gut Instincts Will Make You Better at What You Do* (New York: Doubleday, 2002); Milorad M. Novicevic, Thomas J. Hench, and Daniel A. Wren, "'Playing By Ear . . . In an Incessant Din of Reasons': Chester Barnard and the History of Intuition in Management Thought," *Management Decision* 40, no. 10 (2002), 992–1002; Alden M. Hayashi, "When to Trust Your Gut," *Harvard Business Review*, February 2001, 59–65; Brian R. Reinwald, "Tactical Intuition," *Military Review* 80, no. 5 (September–October 2000), 78–88; Thomas A. Stewart, "How to Think with Your Gut," *Business 2.0*, November 2002, http://www.business2.com/articles (accessed November 7, 2002); Henry Mintzberg and Frances Westley, "Decision Making: It's Not What You Think," *MIT Sloan Management Review*, Spring 2001, 89–93; and Carlin Flora, "Gut Almighty," *Psychology Today*, May–June 2007, 68–75.
38. Benedict Carey, "Hunches Prove to Be Valuable Assets in Battle," *The New York Times*, July 28, 2009, A1.
39. Thomas F. Issack, "Intuition: An Ignored Dimension of Management," *Academy of Management Review* 3 (1978), 917–922.
40. Marjorie A. Lyles, "Defining Strategic Problems: Subjective Criteria of Executives," *Organizational Studies* 8 (1987), 263–280; and Marjorie A. Lyles and Ian I. Mitroff, "Organizational Problem Formulation: An Empirical Study," *Administrative Science Quarterly* 25 (1980), 102–119.
41. Marjorie A. Lyles and Howard Thomas, "Strategic Problem Formulation: Biases and Assumptions Embedded in Alternative Decision-Making Models," *Journal of Management Studies* 25 (1988), 131–145.
42. Ross Stagner, "Corporate Decision-Making: An Empirical Study," *Journal of Applied Psychology* 53 (1969), 1–13.

43. W. A. Agor, "The Logic of Intuition: How Top Executives Make Important Decisions," *Organizational Dynamics* 14, no. 3 (1986), 5–18; and Paul C. Nutt, "Types of Organizational Decision Processes," *Administrative Science Quarterly* 29 (1984), 414–450.
44. Mandeep K. Dhami and Mary E. Thomson, "On the Relevance of Cognitive Continuum Theory and Quasirationality for Understanding Management Judgment and Decision Making," *European Management Journal* 30 (2012), 316–326.
45. Nandini Rajagopalan, Abdul M. A. Rasheed, and Deepak K. Datta, "Strategic Decision Processes: Critical Review and Future Directions," *Journal of Management* 19 (1993), 349–384; Paul J. H. Schoemaker, "Strategic Decisions in Organizations: Rational and Behavioral Views," *Journal of Management Studies* 30 (1993), 107–129; Charles J. McMillan, "Qualitative Models of Organizational Decision Making," *Journal of Management Studies* 5 (1980), 22–39; and Paul C. Nutt, "Models for Decision Making in Organizations and Some Contextual Variables Which Stimulate Optimal Use," *Academy of Management Review* 1 (1976), 84–98.
46. Hugh J. Miser, "Operations Analysis in the Army Air Forces in World War II: Some Reminiscences," *Interfaces* 23 (September–October 1993), 47–49; and Harold J. Leavitt, William R. Dill, and Henry B. Eyring, *The Organizational World* (New York: Harcourt Brace Jovanovich, 1973), chap. 6.
47. Stephen J. Huxley, "Finding the Right Spot for a Church Camp in Spain," *Interfaces* 12 (October 1982), 108–114; and James E. Hodder and Henry E. Riggs, "Pitfalls in Evaluating Risky Projects," *Harvard Business Review*, January–February 1985, 128–135.
48. Edward Baker and Michael Fisher, "Computational Results for Very Large Air Crew Scheduling Problems," *Omega* 9 (1981), 613–618; and Jean Aubin, "Scheduling Ambulances," *Interfaces* 22 (March–April, 1992), 1–10.
49. Scott McCartney, "The Middle Seat: How One Airline Skirts the Ash Cloud," *The Wall Street Journal*, April 22, 2010, D1.
50. Daniel Stacey, Andy Pasztor, and Jon Ostrower, "New Data, Analysis, and Luck Help Narrow Flight 370 Search Zone," *The Wall Street Journal*, April 16, 2014, http://online.wsj.com/news/articles/SB10001424052702303887804579504142188688308 (accessed May 29, 2014).
51. The movie is based on the bestselling book by Michael Lewis, *Moneyball: The Art of Winning an Unfair Game* (New York: W. W. Norton & Company, 2003).
52. Matthew Futterman, "Friday Journal—Baseball After Moneyball," *The Wall Street Journal*, September 23, 2011, D1.
53. Stephen Baker, "Math Will Rock Your World," *BusinessWeek*, January 23, 2006, 54–60; Julie Schlosser, "Markdown Lowdown," *Fortune*, January 12, 2004, 40; and Brooks Barnes, "Disney Technology Tackles a Theme Park Headache: Lines," *The New York Times*, December 28, 2010, B1.
54. Baker, "Math Will Rock Your World"; and Laura Landro, "The Informed Patient: Cutting Waits at the Doctor's Office—New Programs Reorganize Practices to Be More Efficient," *The Wall Street Journal*, April 19, 2006, D1.
55. Richard L. Daft and John C. Wiginton, "Language and Organization," *Academy of Management Review* (1979), 179–191.
56. Based on Richard M. Cyert and James G. March, *A Behavioral Theory of the Firm* (Englewood Cliffs, NJ: Prentice-Hall, 1963); and James G. March and Herbert A. Simon, *Organizations* (New York: Wiley, 1958).
57. William B. Stevenson, Joan L. Pearce, and Lyman W. Porter, "The Concept of 'Coalition' in Organization Theory and Research," *Academy of Management Review* 10 (1985), 256–268.
58. Anne Mulcahy, Randy Komisar, and Martin Sorrell, "How We Do It: Three Executives Reflect on Strategic Decision Making," *McKinsey Quarterly*, March, 2010, 46–57.
59. Jeremy W. Peters, "The Times's Online Pay Model Was Years in the Making," *The New York Times*, March 20, 2011, http://www.nytimes.com/2011/03/21/business/media/21times.html?pagewanted=all (accessed September 27, 2011); and J. W. Peters, "New York Times is Set to Begin Charging for Web Access; Chairman Concedes Plan is Risky but Says It's an 'Investment in Our Future,' " *International Herald Tribune*, March 18, 2011, 15.
60. Jeremy W. Peters, "Optimism for Digital Plan; but Times Co. Posts Loss," *The New York Times*, July 22, 2011, B3.
61. Cyert and March, *A Behavioral Theory of the Firm*, 120–222.
62. Lawrence G. Hrebiniak, "Top-Management Agreement and Organizational Performance," *Human Relations* 35 (1982), 1139–1158; and Richard P. Nielsen, "Toward a Method for Building Consensus During Strategic Planning," *Sloan Management Review*, Summer 1981, 29–40.
63. Based on Henry Mintzberg, Duru Raisinghani, and André Théorêt, "The Structure of 'Unstructured' Decision Processes," *Administrative Science Quarterly* 21 (1976), 246–275.
64. Lawrence T. Pinfield, "A Field Evaluation of Perspectives on Organizational Decision Making," *Administrative Science Quarterly* 31 (1986), 365–388.
65. Mintzberg et al., "The Structure of 'Unstructured' Decision Processes."
66. Neal E. Boudette, Christina Rogers, and Joann S. Lublin, "Mulally's Legacy: Setting Ford on a Stronger Course," *The Wall Street Journal*, April 21, 2014, http://online.wsj.com/news/articles/SB10001424052702304049904579515852823291232 (accessed May 29, 2014).
67. Mintzberg et al., "The Structure of 'Unstructured' Decision Processes," 270.
68. Michael Christensen and Thorbjörn Knudsen, "How Decisions Can Be Organized—and Why It Matters," *Journal of Organization Design* 2, no. 3 (2013), 41–50.
69. Michael D. Cohen, James G. March, and Johan P. Olsen, "A Garbage Can Model of Organizational Choice," *Administrative Science Quarterly* 17, March 1972, 1–25; Michael D. Cohen and James G. March, *Leadership and Ambiguity: The American College President* (New York: McGraw-Hill, 1974); and Alessandro Lomi and J. Richard Harrison, eds. *Research in the Sociology of Organizations, vol. 36: The Garbage Can Model of Organizational Choice: Looking Forward at Forty* (Bingley, UK: Emerald Books, 2012).
70. Michael Masuch and Perry LaPotin, "Beyond Garbage Cans: An AI Model of Organizational Choice," *Administrative Science Quarterly* 34 (1989), 38–67.

71. See John F. Padgett, "Book Review Essay: Recycling Garbage Can Theory," *Administrative Science Quarterly* 58, no. 3 (2013), 472–482, for an overview of garbage can theory and various empirical studies and computer simulations. This is a review of Lomi and Harrison, eds. *Research in the Sociology of Organizations, vol. 36: The Garbage Can Model.*
72. Shelly Banjo, "Inside Nike's Struggle to Balance Cost and Worker Safety in Bangladesh," *The Wall Street Journal*, April 21, 2014, http://online.wsj.com/news/articles/SB10001424052702303873604579493502231397942 (accessed May 30, 2014); Max Nisen, "How Nike Solved Its Sweatshop Problem," *Business Insider*, May 9, 2013, http://www.businessinsider.com/how-nike-solved-its-sweatshop-problem-2013-5 (accessed May 30, 2014); and Miguel Bustillo, "Nike Tries to Avoid Bangladesh, Risky Cities," *The Wall Street Journal Online*, November 29, 2012, http://online.wsj.com/news/articles/SB10001424127887324020804578149591783958054 (accessed May 30, 2014).
73. Adapted from James D. Thompson, *Organizations in Action* (New York: McGraw-Hill, 1967), chap. 10; McMillan, "Qualitative Models of Organizational Decision Making," 25; and Clayton M. Christensen, Matt Marx, and Howard H. Stevenson, "The Tools of Cooperation and Change," *Harvard Business Review*, October 2006, 73–80.
74. Ben Worthen, "Cost Cutting Versus Innovation: Reconcilable Difference," *CIO*, October 1, 2004, 89–94.
75. Beth Dickey, "NASA's Next Step," *Government Executive*, April 15, 2004, 34–42; and Jena McGregor, "Gospels of Failure," *Fast Company*, February 2005, 61–67.
76. Mintzberg and Westley, "Decision Making: It's Not What You Think."
77. Paul C. Nutt, "Selecting Decision Rules for Crucial Choices: An Investigation of the Thompson Framework," *The Journal of Applied Behavioral Science* 38, no. 1 (March 2002), 99–131; and Paul C. Nutt, "Making Strategic Choices," *Journal of Management Studies* 39, no. 1 (January 2002), 67–95.
78. George T. Doran and Jack Gunn, "Decision Making in High-Tech Firms: Perspectives of Three Executives," *Business Horizons*, November–December 2002, 7–16.
79. L. J. Bourgeois III and Kathleen M. Eisenhardt, "Strategic Decision Processes in High Velocity Environments: Four Cases in the Microcomputer Industry," *Management Science* 34 (1988), 816–835.
80. Kathleen M. Eisenhardt, "Speed and Strategic Choice: How Managers Accelerate Decision Making," *California Management Review*, Spring 1990, 39–54.
81. David A. Garvin and Michael A. Roberto, "What You Don't Know About Making Decisions," *Harvard Business Review*, September 2001, 108–116.
82. Karl Weick, *The Social Psychology of Organizing*, 2nd ed. (Reading, MA: Addison-Wesley, 1979), 243.
83. Sue Shellenbarger, "Better Ideas Through Failure," *The Wall Street Journal*, September 27, 2011, D1; and "Culture of Creativity," Grey Advertising Website, http://grey.com/us/culture (accessed May 19, 2014).
84. Jena McGregor, "How Failure Breeds Success," *BusinessWeek*, July 10, 2006, 42–52.
85. For discussions of various cognitive biases, see Daniel Kahneman, Dan Lovallo, and Olivier Sibony, "Before You Make That Big Decision . . .," *Harvard Business Review*, June 2011, 50–60; John S. Hammond, Ralph L. Keeney, and Howard Raiffa, *Smart Choices: A Practical Guide to Making Better Decisions* (Boston: Harvard Business School Press, 1999); Max H. Bazerman and Dolly Chugh, "Decisions Without Blinders," *Harvard Business Review*, January 2006, 88–97; J. S. Hammond, R. L. Keeney, and H. Raiffa, "The Hidden Traps in Decision Making," *Harvard Business Review*, September–October 1998, 47–58; Oren Harari, "The Thomas Lawson Syndrome," *Management Review*, February 1994, 58–61; and Max H. Bazerman, *Judgment in Managerial Decision Making*, 5th ed. (New York: John Wiley & Sons, 2002).
86. Helga Drummond, "Too Little Too Late: A Case Study of Escalation in Decision Making," *Organization Studies* 15, no. 4 (1994), 591–607; Joel Brockner, "The Escalation of Commitment to a Failing Course of Action: Toward Theoretical Progress," *Academy of Management Review* 17 (1992), 39–61; Barry M. Staw and Jerry Ross, "Knowing When to Pull the Plug," *Harvard Business Review* 65, March-April 1987, 68–74; and Barry M. Staw, "The Escalation of Commitment to a Course of Action," *Academy of Management Review* 6 (1981), 577–587.
87. Norihiko Shirouzu, Phred Dvorak, Yuka Hayashi, and Andrew Morse, "Bid to 'Protect Assets' Slowed Reactor Fight," *The Wall Street Journal*, March 19, 2011, A1.
88. Alastair Dryburgh, "Everything You Know About Business Is Right; Is Failure More Powerful Than Success?" *Management Today*, February 1, 2013, 16.
89. Daniel Kahneman and Amos Tversky, "Prospect Theory: An Analysis of Decision Under Risk," *Econometrica* 47 (1979), 263–292.
90. Kahneman et al., "Before You Make That Big Decision . . . ."
91. Irving L. Janis, *Groupthink: Psychological Studies of Policy Decisions and Fiascoes*, 2nd ed. (Boston: Houghton Mifflin, 1982).
92. This section is based on Jeffrey Pfeffer and Robert I. Sutton, "Evidence-Based Management," *Harvard Business Review*, January 2006, 62–74; Rosemary Stewart, *Evidence-Based Management: A Practical Guide for Health Professionals* (Oxford: Radcliffe Publishing, 2002); and Joshua Klayman, Richard P. Larrick, and Chip Heath, "Organizational Repairs," *Across the Board*, February 2000, 26–31.
93. Adam Bryant, "When Your Company Is Adrift, Raise Your Sails" (interview with Dawn Zier), *The New York Times*, January 31, 2014, B2.
94. "How Companies Make Good Decisions: McKinsey Global Survey Results," *The McKinsey Quarterly*, January 2009, http://www.mckinseyquarterly.com/How_companies_make_good_decisions_McKinsey_Global_Survey_Results_2282 (accessed February 3, 2009).
95. Jan Francis-Smythe, Laurie Robinson, and Catharine Ross, "The Role of Evidence in General Managers' Decision-Making," *Journal of General Management* 38, no. 4 (Summer 2013), 3–21.
96. Michael A. Roberto, "Making Difficult Decisions in Turbulent Times," *Ivey Business Journal*, May–June 2003, 1–7; Kathleen M. Eisenhardt, "Strategy as Strategic Decision Making," *Sloan Management Review*, Spring 1999, 65–72; and Garvin and Roberto, "What You Don't Know About Making Decisions."

97. David M. Schweiger and William R. Sandberg, "The Utilization of Individual Capabilities in Group Approaches to Strategic Decision Making," *Strategic Management Journal* 10 (1989), 31–43; and "The Devil's Advocate," *Small Business Report*, December 1987, 38–41.
98. Anna Mulrine, "To Battle Groupthink, the Army Trains a Skeptics Corps," *U.S. News & World Report*, May 26–June 2, 2008, 30–32.
99. "Tools for Managing in a Complex Context," sidebar in David J. Snowden and Mary E. Boone, "A Leader's Framework for Decision Making," *Harvard Business Review*, November 2007, 69–76.
100. Questions 1 and 3–6 are from research studies reviewed in Scott Plous, *The Psychology of Judgment and Decision Making* (Philadelphia: Temple University Press, 1993); question 2 is based on an item in the *Creativity in Action Newsletter*, as reported in Arthur B. VanGundy, *Idea Power: Techniques & Resources to Unleash the Creativity in Your Organization* (New York: AMACOM, 1992).
101. This case was prepared by David Hornestay and appeared in *Government Executive*, 30, no. 8 (August 1998), 45–46, as part of a series of case studies examining workplace dilemmas confronting Federal managers. Reprinted by permission of *Government Executive*.

第13章 冲突、权力和权术

Organization Theory and Design

问题引入

在阅读本章内容之前，请先看下面的问题并选择答案。

1. 一定数量的冲突对组织来说是有益的。

同意________　　不同意________

2. 流水线上的工人处于公司底层，他们对公司发生的事情只有很小的影响。

同意________　　不同意________

3. 当管理者使用权术的时候经常会导致公司的冲突与不和谐，并可能扰乱组织的正常功能。

同意________　　不同意________

2013年夏，宏盟集团（Omnicom Group inc）和阳狮集团（Publicis Groupe SA）的高管们在巴黎隆重宣布两家公司合并，以创建全球最大的广告公司。然而，到了2014年夏天，合并迟迟未能完成，两家公司在权力和地位方面产生了冲突。首先，两家公司未能在谁是法定收购方这一问题上达成一致，故而无法提交合并需要的相关文件。此外，两家公司都希望自己的高管担任新公司的高层职位。两家公司的合并交易约定是"对等合并"，宏盟集团的约翰·雷恩（John Wren）和阳狮集团的莫里斯·利维（Maurice Lévy）在合并之初的前30个月里共同出任新公司的联席首席执行官。但两个人都有很强的个性，从一开始就发生了冲突。对合并细节的沟通变得越来越复杂。行业内一家主要竞争对手公司的首席执行官马丁·索瑞尔（Martin Sorrell）在谈到宏盟集团和阳狮集团的冲突时说"一个人在说汉语，另一个人在说日语"，形容两家公司在商定合并事宜时存在的信息传递冲突。这场究竟由谁执掌新公司的战争持续了近一年，直到2014年5月雷恩和利维发表联合声明，宣布交易结束。匹维托研究集团（Pivotal Research

Group)分析师布莱恩·维塞尔(Brian Wieser)说:"说这场合并失败的原因在于双方在角色和职权上产生的分歧,似乎是值得怀疑的。"[1]

当然,不仅仅是因为角色和职权。真正的利害问题是新公司的控制权,双方都想获得最高权力。这并不是第一起由于领导人之间的冲突而导致项目失败的案例。黑莓动态公司(BlackBerry Enterprise Mobility)的前身动态研究公司(Research in Motion Ltd.)的管理者们针对一个问题争论了许多年:黑莓的智能手机曾经备受企业、政府、军事机构以及商务人士的喜爱,现在公司应该继续专注于为企业和专业机构服务,还是应该把目标转向大众消费者,为消费者提供方便的游戏、电影和音乐服务。[2] 权力的争斗使得黑莓公司很难迈入新的时代,它已不再是智能手机领域的领跑企业。

就像黑莓公司以及宏盟和阳狮之间的合并案一样,冲突是组织内部人员相互交往时很自然的结果,因为不同的人有不同的观点和价值观,追求不同的目标,对组织内的信息和资源有不同的获得途径。个人和群体往往使用权力和权术的手段来处理彼此的不同点,并以此手段来管理不可避免的冲突。[3] 过多的冲突可能对组织造成伤害。然而,冲突同样也可以成为一种积极的力量,这种力量能够挑战现状、鼓励新的想法和方法,并能为组织带来需要的改变。[4] 几乎在所有人类关系中都存在着某种程度的冲突,比如朋友之间、浪漫的情人之间、队友之间、父母和孩子之间、老师和学生之间、老板和员工之间。冲突源于人类不同利益的正常互动,其影响并不一定是负面的。组织内的个人和群体希望通过组织追求不同的利益和目标。管理者可以有效地运用权力和权术来管理冲突,从而使员工最大化产出,提高工作满意度和团队认同,达成组织重要目标并实现高水平的组织绩效。

本章的目的

本章将讨论冲突的性质以及运用权力和权术策略来管理和减少个体和群体间的冲突。冲突的概念在前面几章中已经出现过。如第 3 章中我们在探讨横向联系时谈到了任务小组和团队如何促进跨职能部门的合作。第 4 章介绍的分化概念,意味着不同的部门不仅有着不同的目标,而且拥有不同的看法和价值观。第 5 章涉及组织内部的冲突和权力之间的关系。第 10 章中讨论的子文化的存在,以及第 12 章中建议的通过建立联盟来解决部门间的争执等命题都与冲突有关。

本章第一部分考察群体间冲突的性质,哪些组织特征容易导致冲突,如何运用组织的权术模式与理性模式来管理利益冲突,哪些策略可以用来减少冲突,促进协作。第二部分研究个体和组织的权力,管理者和其他员工的纵向和横向权力来源,以及如何使用权力来达成组织的目标,同时审视授权基层员工的趋势。本章第三部分着重考察权术活动,也即运用权力和职权来取得希望的结果。我们也将讨论管理者如何增加权力,提升运用权力的政治技能,以及一些增进人员与部门之间合作的方法。

组织内的群体间冲突

群体间冲突的发生需要具备三个基本要素：群体的识别、可观察到的群体差异和利益矛盾。第一，员工必须把自己看作一个可识别的群体或部门的一部分。[5] 第二，必须存在某种形式的、可观察到的群体差异。如群体的办公地点可能在不同的楼层，成员可能曾经就读于不同的学校，或者在不同的部门工作。认定自己是某群体的一分子并观察到本群体与其他群体的差异，这是产生冲突必不可少的条件。[6]

冲突的第三个构成要素是利益矛盾。这意味着，如果一个群体实现了其目标，另一个群体将无法实现其目标；换句话说，它目标的实现受到了阻碍。矛盾并非一定是你死我活的，其程度只需达到足以引发群体间的冲突即可。当一个群体试图超越其他群体而达到预想的状态时，群体间冲突就会发生。我们把**群体间冲突**(intergroup conflict)定义为：当群体成员认同某一群体，并且发现其他群体可能阻碍其群体达到目标或期望时所发生的组织群体间的行为。[7] 冲突意味着群体间的直接碰撞，意味着相互之间存在根本性的对立。冲突与竞争类似，但程度更为激烈。**竞争**(competition)意味着群体之间为追求某项共同的奖赏而产生争夺，而冲突则意味着对实现目标的直接阻碍。

组织中群体间的冲突可以发生在横向方面，如跨部门冲突，也可以发生在纵向方面，如组织不同层次间的冲突。[8] 例如，在一家制造公司中，生产部门可能会因新推行的质量工作程序降低了生产效率而与质量控制部门发生争执。研发经理经常与财务经理发生冲突，因为财务经理为了控制成本会减少对新研发项目的资金支持。团队成员可能对完成任务和实现目标的最佳方法持有异议。

纵向冲突可能发生在老板和员工之间，关于完成新工作的方法，关于奖励系统，或者关于工作安排。另一种典型的冲突存在于工会和管理层之间，或者特许经营业主和总部之间。例如，麦当劳、墨西哥食品塔可钟(Taco Bell)、汉堡王(Burger King)和肯德基由于越来越多地在其特许连锁店附近设立公司自有的店铺，两者之间直接竞争，导致特许店业主们与总部发生了冲突。[9]

冲突也发生在不同的事业部或组织内不同的业务单元，例如在摩根士丹利(Morgan Stanley)，交易和投资银行部门与零售银行部门之间经常有冲突。交易员和投资银行的员工常常看不起零售业务部门，他们把自己看作是华尔街的“精英”。现在，银行在股东们的压力下要增加利润，需要零售部门和投资银行部门之间的合作。最近，摩根士丹利为了促进两个部门之间的沟通和合作，实施了一些变革。然而，正如一位分析师所说的，“让这两个部门在一起工作历来都没什么好结果。”[10] 在跨国公司中，由于国际业务的复杂性，地区经理和事业部经理之间、不同的事业部之间，或者事业部与总部之间经常发生摩擦，就像在第 6 章所阐述的一样。相同的问题发生在截然不同的组织之间，就像我们在第 5 章中简单讨论的一样，组织之间的合作涉及很多公司，冲突和权力变更也就不可避免了。

冲突的根源

某些特定的组织特征会引发冲突。**群体间冲突的根源**（sources of intergroup conflict）包括目标的不相容、组织的分化、任务的相依以及资源的稀缺。组织关系中的这些特征当然是由环境、规模、技术、战略和目标等权变因素以及组织结构共同决定的。前面几章中我们已讨论过这些组织特征。也就是这些组织特征进而影响到组织会在何种程度上使用理性行为模式或者权术行为模式来实现其目标。

评价你的答案

1. 一定数量的冲突对组织是有好处的。

答案：同意。冲突在所有人类关系中，包括在组织中，都是不可避免的，并且经常是一件好事。一定程度的冲突是有益的，它提供了多样化思考的可能，并常常导致改变。假如完全没有冲突，也就可能没有成长和发展。

目标的不相容

每个部门的目标反映了组织成员想要达成的具体目标。一个部门的目标实现经常会影响到另一个部门的目标实现，这就导致了冲突。例如，大学警卫的目标是保卫校园。为此，他们会在晚上和周末锁上所有的教学和办公楼，并且不把钥匙交给任何人。然而，无法进入办公楼加班使科学家的研究进度受到影响，无法实现科研目标。但如果允许科学家在任何时候都可以随便进出而忽视安全问题，那么警卫部门的目标就无法实现。可见，目标的不相容会导致部门之间发生冲突。

在商业组织中，信息技术部门和业务部门的管理者之间经常会因为目标不相容而发生冲突。业务部门的管理者常常希望购置一些新设备或新系统，却不知道为何他们的请求总是遭到首席信息官（CIO）的拒绝。而首席信息官的职责是，确保任何对整体信息系统和流程的更改都不能危及公司的安全。[11]营销部门与制造部门间要比其他部门之间更容易发生冲突，因为这两个部门的目标常常很不一致。表 13-1 给出了营销部门与制造部门间目标冲突的典型表现。营销部门力求增加产品线的宽度以满足消费者多样化的需要。产品线宽则意味着各品种的生产时间短，因而将增加制造部门的成本。[12]目标冲突的其他领域还包括产品质量、成本控制和新产品开发等。目标不相容可能是组织内部冲突的最主要原因。[13]

表 13-1 营销—制造部门间的潜在目标冲突		
目标冲突	营销部门	制造部门
	活动目标是顾客满意	活动目标是生产效率
冲突领域	**典型的看法**	**典型的看法**
1. 产品线宽度	"我们的顾客需要多样化产品。"	"产品线太宽了，我们的订单尽是短期而不经济的。"
2. 新产品开发	"新产品是我们赖以生存的血液。"	"毫无必要地改变设计会付出高昂的代价。"
3. 生产进度	"我们需要快速的反应。生产提前期太长了。"	"我们需要真实的顾客定位，不要像风向那样变化无常。"
4. 实物分配	"我们为什么总是不储备适量的商品？"	"我们无法承受保持大量的存货。"
5. 质量	"我们为什么不能以较低的成本生产出适当质量的产品？"	"我们为什么总要提供那些过于昂贵而对顾客没有多少效用的产品？"

资料来源：Based on Benson S. Shapiro, "Can Marketing and Manufacturing Coexist?" *Harvard Business Review* 55 (September-October 1977): 104—114; and Victoria L. Crittenden, Lorraine R. Gardiner, and Antonie Stam, "Reducing Conflict between Marketing and Manufacturing", *Industrial Marketing Management* 22 (1993): 299-309.

组织的分化

按照第4章的定义，组织分化是指"不同职能部门的管理者在认知和情感导向上的差异"。职能的专业化要求人们具有特定的教育、技能、态度和时间视角。例如，人们可能由于其能力和天资适合于做销售工作而进入销售部门。在成为销售部门的成员之后，他们又会受到该部门规范和价值观的影响。

组织中的各部门或事业部通常在价值观、态度和行为准则方面存在不同差异，这种文化上的差异会导致冲突。[14]就让我们看一则有关销售经理与研发工程师在新产品开发上的冲突：

> 销售经理的性格开朗，并且注意与研发工程师保持一种热情而友善的关系。研发工程师看起来很孤僻，不愿意谈论自己不感兴趣的问题，所以销售经理常常感觉受到了冷遇。他也对该工程师能非常自由地选择自己所做的事而感到恼火。而且，这位工程师经常约会迟到，以销售人员的观点来看，这样根本无法做成生意。另一方面，从工程师的角度来说，销售人员催促他对需要一段时间调研才能解决的技术问题立刻做出回答也感到不快。所有这些不愉快，都是这两类人员在工作和思维方式上存在着较大差异的具体体现。[15]

任务的相依

任务相依性是指一个单位需要依赖另一单位提供材料、资源或者信息。如第7章中谈到技术时描述的那样，并列式相依意味着相互间的联系很少；顺序式相依意味着一个部门的产出送入下一个部门；交互式相依则指部门间相互交换材料和信息。[16]

一般地说，随着相依程度的提高，冲突的可能性增加。[17]在并列式相依的情况下，各单位间很少相互作用，因此冲突很少。顺序式相依和交互式相依则要求有关的人员需要花时间进行协调和交换信息。他们必须频繁接触，在沟通的过程中彼此间目标或态度的差别便显露出来了。如果相互间没有就如何协调相互的服务达成协议，那么冲突就会发生。相依程度越高，意味着一个部门通常需要对其他部门施加压力，以要求后者做出更快的反应，因为该部门的工作要等待其他部门完成后才能进行下去。[18]

资源的稀缺

冲突的另一个主要根源是，群体间会为了其成员认为稀缺的资源而展开竞争。[19]组织只有有限的资金、物质设施和人力资源，这些需要在各部门间分配。为了实现自己的目标，各部门都想增大自己的资源投入。这导致各部门处于一种冲突的状态。各部门的管理者会想出一些策略，如虚报本部门的预算要求，或者搞一些幕后活动，以获得所需要的资源。

资源还象征着在组织中的权力和影响力。换言之，获得资源的能力可提高该部门的地位和声望。各部门一般都认为，它们对增加资源投入有合法的要求。但是，实现这一要求就导致了冲突。非营利组织和成员组织之间也经常会因为有限的资源发生冲突。美国军队的各分支机构之间就存在着冲突，他们都在努力从不断萎缩的国防预算中争取份额。

应用案例 13-1

美国军队

在第二次世界大战以前，前美国国防部长查克·哈格尔(Chuck Hagel)就建议将美国陆军削减到最小规模。这一建议以及其他裁军建议引发了美国军队各部门之间长达二十年的激烈冲突。

美国军费的粗略分配比例是，30%分配给空军，30%～35%分配给海军和海军陆战队，25%左右分配给陆军。当国防部协调各部队之间的任务时，军费分配也可能发生上升或下降的变化。海军陆战队官员提议将军事建设重点放在全球范围内的快速反应上，他们相信这将迎合美国政府未来的军事需求。但是问题在于，陆军正在建设可以在世界各地做出快速反应的小型士兵团。这意味着程序冲突，比如要将陆军直升机停靠在海军的舰船上去支持地面部队小组。这直接引起了陆军与海军陆战队的冲突，因为海军陆战队目前也将直升机驻扎在海军舰船上。陆军参谋长称，他的职责要求他做到全天候戒备，在任何一场军事冲突中都能快速做出军事部署。他说，“海军陆战队知道这一点，但是他们的目的和我们并不相同”。海军陆战队指挥官回击说：“如果美国不需要第二支海军陆战队，那么也不需要第二支陆军。”[20]

理性模式与权术模式①

图13-1列示了群体间冲突的各种根源。目标不相容、组织分化、任务相依的程度,以及由资源稀缺而产生的冲突,这些决定着在一个组织中是选择理性行为方式还是权术性质的行为方式来达成目标。如果目标趋于一致,分化程度低,部门之间以并列式相依为特征,而且资源几乎是充裕的,那么,管理者就会运用组织的**理性模式**(rational model),如图13-1所示。就像前面第12章中介绍的决策的理性方法一样,组织的理性行为方式只是一种“理想状态”,在现实世界中无法完全实现,尽管管理者都试图在任何可能的情况下尽量使用理性模式。在理性的组织中,行为不是随意的或偶发的。组织有明确的目标,并且以合乎逻辑的方式做出选择。在需要决策时,首先要确立目标、制订备选方案,然后选出成功可能性最大的方案。理性模式的特征还有权力和控制的集中化,范围广泛的信息系统,以效率为导向,等等。[21]

群体间潜在冲突的根源
- 目标不相容
- 组织分化
- 任务相依
- 资源稀缺

冲突低时,运用理性模式	特征项	冲突高时,运用权术模式
参与者间意见一致	目标	组织内部意见不一致,目标多元化
集中	权力与控制	分散联盟体和利益群体的成员不断变化
有序的、合乎逻辑的、理性的	决策过程	无序的过程,决策是各种利益讨价还价和相互作用的结果
以效率为准则	规则与规范	市场力量的自发作用,冲突是合法的,也是期望的
广泛的、条理化的、准确的	信息	模糊的,信息得到策略性地使用和截流

图13-1 冲突的根源与理性模式和权术模式的选用

另一种相反的描述组织活动过程的观点是**权术模式**(political model),亦如图13-1所示。当组织分化程度较大时,组织中各群体拥有不同的利益、目标和价值观,争执和冲突频频发生,所以要运用权力和影响力来达成决策。各群体都参与到为确立目标和做出决策的各方面的辩论中,信息是模糊而不完整的。政治模型描述了组织在大部分时间内的运营方式。尽管管理者力图使用理性方法,但政治模型在组织内部更具优势,因为每个部门都有自己想要实现的不同利益和想要达到的不同目标。纯理性程序在很多情况下并不奏效。

① “权术”一词的原文为“political”或“politics”,指策略性地运用权力来影响他人的行为或活动过程。它亦可译为“权谋活动”“政治活动”等。考虑到本书的介绍侧重于组织背景,“政治”一词的含义过于宽泛,因此,这里权且译为“权术”。但需要指出,这里使用的“权术”一词只是中性意义上的学术用语,并无中文中常见的贬义含义。——译者注

通常,理性的过程和权术的过程都见于实际的组织中。对绝大多数的组织来说,单纯的理性模式,或者单纯的权术模式,都不能完全反映事情的全貌。每一种模式都可能在某一时期有其适用性。管理者可能会力求运用理性的模式,但他们也会发现,在他们实现组织目标时还需要运用些权术。权术模式意味着管理者要学会获取、开发并使用权力来实现目标。

在普瑞米欧食品公司(Premio Foods),总裁马克·桑克(Marc Cinque)和副总裁查理安·南吉(Charlean Gmunder)试图采用传统模式解决冲突,但却发现权术模式更为适用。南吉建议实施一个计算机系统,以革新过时的预测和订单方法,这需要每个部门都做出改变。她向桑克提出了一组事实和统计数据,说明新系统将帮助公司每年增加 50 万美元的现金流,同时通过减少材料浪费每年可以节约 15 万美元。尽管"这些数字说明的事实很明显",但是桑克还在犹豫,主要是因为许多高层管理者对此表示强烈反对。经过考虑,桑克最终决定使用新系统,这使冲突加剧。南吉无法从一些高管那里得到她需要的信息,还有一些主管在参加会议的时候姗姗来迟,或者干脆不参加。南吉未能建立一个联盟来支持新系统的运行。为了扭转新系统无法正常运行的局面,桑克将各部门主管集合起来成立了一个小组,讨论他们关注的问题以及新系统应该如何运行。[22]

大多数组织至少面临着部门之间或者与其他组织之间中等程度的冲突。当冲突变得过于激烈的时候,管理者们无法实现合作,就会给组织带来许多问题。图 13-2 列举了管理者之间由于缺少合作而导致的十大问题。[23]

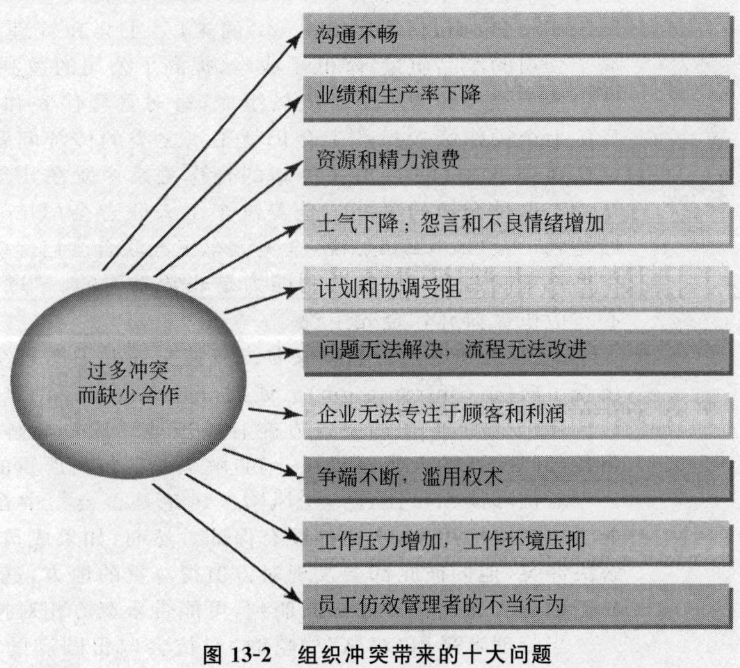

图 13-2 组织冲突带来的十大问题

增进合作的策略

优秀的管理者会努力减少冲突,防止冲突影响组织绩效和目标实现。有效的冲突管理会对团队和组织绩效产生直接的积极影响。[24]因此,管理者应该有意识地利用各种策略化解冲突,通过刺激部门间的协作与合作,支持组织目标的实现。**增进合作的策略**(tactics for enhancing collaboration)包括以下方面。

1. 创建整合手段。如第3章所述,跨越部门界限的团队、任务小组和项目经理可以作为整合的手段。将冲突部门的代表组织在联合解决问题的团队中,这是增进合作的一个有效方式,因为代表们会在团队工作中学会理解其他人的观点。[25]有时也可委任一名专职整合人员,通过与对方部门的成员会谈和交换信息而取得两部门的协作与合作。整合人员必须了解各部门的问题,并且必须能够将双方引向一个相互都能接受的解决方案。[26]

团队和任务小组将来自于不同部门的人员整合在一起,从而减少了部门间的冲突,增进了合作。整合手段还可能用于增进劳资双方的合作。**劳资团队**(labor-management team)的设计是为了增进员工的参与,并为解决劳资问题提供了一种合作模式。这种团队正为越来越多的企业所采用,比如固特异公司(Goodyear)、福特汽车公司和美国铝业(Alcoa)等。在肯塔基州(Kentucky)卡尔维特市(Calvert City)国际专业产品公司(International Specialty Products Corporation)的工厂,工会和管理层之间的合作关系提高了公司的产品质量,降低了成本,提高了公司的盈利能力。工厂的领导团队由两个经理和两个工会成员组成,每对管理代表和工会代表共同负责工厂的七个操作区。[27]虽然工会仍就工资之类的传统问题继续进行着抗争,但这些整合机制正创造出一种新的合作关系。就在几年前,许多管理者都不认为有这种合作的可能。全美汽车工人联合会(United Auto Workers)主席鲍勃·金(Bob King)说,全美汽车工人联合会已经吸取了教训,合作对于帮助汽车制造企业保持盈利能力是非常重要的。"过去的'我们和他们'的心态应该被摒弃,"金先生说。[28]

2. 对抗和谈判。当冲突各方直接交锋并力图解决他们间的差异时,就出现了**对抗**(confrontation)。**谈判**(negotiation)则是通常在对抗中产生的讨价还价行为,它使冲突各方能有条理地达成一个解决方案。这些方法是将各部门指派的人员召集在一起,解决一项较为严重的争端。

对抗和谈判存在着一些风险。讨论是否会集中在冲突的问题上,或者能否避免感情用事,这些都没有保证。然而,如果成员们能够面对面讨论和解决冲突,他们彼此都会发现对方值得尊重的地方,这样将来的协作就会更易于取得。通过直接的协商谈判,可能带来双方相对持久的态度上的转变。

当管理者采用"双赢"战略时,对抗会取得圆满的结果。"双赢"意味着两个部门都采取一种积极的态度,并努力以双方都受益的方式来解决冲突。[29]如果谈判恶化到非赢即输的境地(各方都想打垮对方),则对抗策略就是无效的。高层管理者应该促使各方的成员向互惠互利的结果努力。谈判的双赢战略和输赢战略的区别如表 13-2 所示。采用双赢战略，也就是把问题看作双方互动的结果，并公开地交换意见，避免使用威胁的手段，这样，在解决争端的同时能够使双方的态度发生变化。

表 13-2　谈判的方法

双赢战略	输赢战略
1. 把冲突看作双方的问题	1. 把问题看作非赢即输的
2. 追求互利的结果	2. 追求本方的利益
3. 找到满足双方要求的创造性的解决方案	3. 迫使对方屈从
4. 用公开、诚实和准确的方式交流各方的需要、目标与建议	4. 以欺诈、含糊和误导的方式交流各方的需要、目标与建议
5. 避免使用威胁手段(减弱对方的防备心态)	5. 使用威胁手段(迫使对方妥协)
6. 将灵活处事的态度告诉对方	6. 表明强硬的立场和态度(僵硬的处事方式)

资料来源：Adapted from David W. Johnson and Frank P. Johnson, *Joining Together: Group Theory and Group Skills*(Englewood Cliffs, N. J.:Prentice-Hall,1975),182-183.

用于解决劳资争议的一种谈判方式被称作**集体讨价还价**(collective bargaining)的谈判。这一谈判过程通常是通过工会来完成的，其结果旨在达成一项明确规定各方在以后两三年内的责任的这样一份协议。

3. 安排组际研讨会。在发生激烈而持久的冲突，而各部门的成员又多疑且不愿合作的情况下，管理者可以请第三方人员出面协调两部门的关系。[30]这一过程有时被称为工作现场调解。这是缓和冲突的一种强行干预手段，它将冲突各方召集在一起，并且允许各方表达其“真实”的看法。这种方法是由罗伯特·布莱克(Robert Blake)、简·穆顿(Jane Mouton)和理查德·沃尔顿(Richard Walton)等心理学家提出的。[31]

让有关部门的成员参加一个为期数日的研讨会，使这些成员暂时摆脱日常的工作事务。这种方法与第 11 章创新与变革中讨论的组织发展(OD)方法类似。冲突的团队被分开，邀请每一组来讨论并列出他们对自身以及另一组的看法。团队的代表们公开交流这些看法，然后团队一起再来讨论结果。组际研讨会对每个参与者有很高的要求，但如果能妥善处理，这种研讨会就能帮助各部门的员工更好地理解对方部门，从而带来后续几年内工作态度和关系的改善。

4. 实施人员轮换。轮换意味着一个人从一个部门被暂时性或永久性地调换到另一部门去工作。这样做的好处是可以使被轮换的人员融入另一部门的价值观、态度、问题及目标中。而且，被轮换的人员还能向新的同事解释他原工作部门的问题和目标，从而促进观点和信息的坦诚、精确的交流。利用人员轮换来减少冲突，见效比较缓慢，但是它能十分有效地改变导致部门间冲突的背后的态度和观念。[32]几年前，风险投资公司安德森·霍洛维茨基金(Andreessen Horowitz)的联合创始人本·霍洛维茨(Ben Horowitz)使用一种叫作怪诞星期五(Freaky Friday)的管理技术，解决了销售工程部门和客户支持部门之间的冲突和难题。

应用案例 13-2

《怪诞星期五》管理技术

当客户服务团队和销售工程团队互相开战之后，本·霍洛维茨不知道该做什么了，两个团队都由一流员工组成，并由杰出的管理者领导。销售工程团队抱怨客户服务团队不改正问题，反应不及时，并且无法提供让顾客满意的服务。顾客服务团队指责销售工程团队不听取建议，把自己的每一个问题都排在最先解决的位置，加大了客户服务团队的工作难度。两个团队难以和睦相处，但是为了公司的正常运转，他们必须和谐且持续地一起工作。

霍洛维茨恰巧看了一部叫作《怪诞星期五》(Freaky Friday)的电影，然后想到了一个主意。在电影里，妈妈和妹妹都认为对方无法理解和欣赏自己，这让她们非常沮丧，她们希望可以互换位置。因为这是发生在电影里，所以她们奇迹般地做到了。在剩下的电影情节中，霍洛维茨写道，“通过互相进入对方的身体，两位人物角色开始理解对方面临的问题”。他想知道，在销售工程经理和客户服务经理之间能否也发生这样的事情。第二天，他告诉两位经理，他们需要互换位置。就像《怪诞星期五》中的角色一样，他们可以保持自己的思想，但将拥有新的身体。

两位经理的反应就像杰米·李·柯蒂斯(Jamie Lee Curtis)和莲莎·露夏恩(Lindsay Lohan)在电影中的惊恐尖叫一样。但是在位置互换一周之后，两位经理发现了导致两个部门发生冲突的核心问题。更重要的是，他们快速实施了一些简单的解决方案，这些方案解决了长期存在的争议，并让两个部门的人和谐地工作在一起。霍洛维茨说，这两个部门“从那天起一直到我们把公司出售，都在以最佳的状态共同工作，超过了其他任何部门——一切都要感谢《怪诞星期五》，它或许是有史以来最深刻的管理培训电影”。[33]

5. 创设共同的目标。另一个处理冲突的策略是，企业高层管理者提出一个要求各部门精诚合作才能实现的共享的使命和最高目标。[34]就像第10章讨论的，拥有浓厚的适应型文化的组织，其员工共享着他们公司的共同愿景。这样的组织更可能拥有一支团结、合作的员工队伍。最近的研究表明，当来自不同部门的员工认识到他们的目标是紧密地联系在一起的时候，他们会公开地分享资源、交流信息。[35]为取得效果，企业的最高目标必须是激奋人心的，同时能保证员工们投入力气为实现这些目标而共同工作。奖酬制度也应当重新设计，以鼓励各部门追求企业的最高目标而不是本部门的分目标。

权力与组织

在组织中权力是一种无形的力量。它看不见，但是却可以感觉得到。权力通常被界定为一个人(或部门)影响另一个人(或部门)执行命令，[36]或者让人们做他本不想做的事情的潜在能力。[37]其他一些定义强调权力拥有者想要达成某种目标或结果的能力。[38]期望目标的实现是这个定义的基础：**权力**(power)是组织中一个人或部门通过影响其他人来达成自己想要的结果。它是组织中权力拥有者影响别人以达到自己想要的结果的潜力。例如，拥有权力的管理者经常能为自己的部门争取更多预算和更有利的产品计划，以及对组织日程的更多控制。[39]

权力仅仅存在于两个或更多的人的关系之中，它可以从横向和纵向两个方面发挥影响。权力的来源在于一种交换关系，在这种关系中一个岗位或部门可以为其他部门提供稀缺的或有价值的资源。当一个人依赖于另一个人时，就会产生权力关系，在这种关系中，拥有资源的人拥有更多的权力。[40]权力掌控者能够让人们服从他们提出的要求。

来看一下对个人权力依赖性增加的一个例子。马修·维纳(Matthew Weiner)是美国经典电影公司(AMC)出品的热播剧《广告狂人》(Mad Men)的节目创始人。维纳在与AMC的关系中掌握着巨大权力，他甚至可以掌控与AMC的合同条款。最近，AMC没有其他原创节目，主要依靠《广告狂人》获得广告收入，维持在有线电视网络中的声望。在上一轮的合作谈判中，维纳和AMC签订了三年3000万美元的协议，这是AMC在有限电视节目上签订的最大一笔协议。此外，关于网络播放的条款中，AMC也放弃了一些关于削减预算和广告时段的要求。维纳是《广告狂人》的心脏和灵魂，所以AMC必须依靠维纳保证电视剧的顺利播放。[41]但是最后一季被拆分成了两季，在为数不多的决策制定上，维纳并没有太多参与。“AMC要求我证明这个节目是成功的。在过去的时间里，我已经和他们进行了多次争论，我知道他们想要什么，对此我无话可说”维纳说。[42]

个人权力与组织权力

在一般文献中，权力通常被描述为一种个人的特征。它是研究一个人如何影响或支配其他人时常见的一个课题。[43]你或许能回忆起早先学习的管理学或组织行为学课程关于管理者有五种个人权力来源的介绍。[44]其中，法定权力指的是组织赋予拥有某一正式管理职位的管理者的职权。奖赏权力则是来源于对他人施与奖酬的能力，这些奖酬包括提升、加薪以及拍一下后背等。强制权力是指给予惩罚或建议给予惩罚的权力。专家权力来源于个人对所要完成的任务拥有的高超的技能或知识。最后一种是感召权力，它源自个人的品格，即人们出于对某位管理者的尊重和仰慕而崇拜这位管理者，愿意效仿他、认同他。组织中的任何个体都可以运用这五种权力来源。

不过，组织中的权力通常也是结构特征作用的结果。[45]组织是一个大型、复杂的系统，容纳着成百上千甚至成千上万的人。这类系统中有一种正规的层级链，表明某些任务比另一些任务更为重要，而不论执行任务的人是谁。另外，某些职位可以获取更多的资源，或者对组织的贡献更为重要。例如，首席执行官的行政助理拥有极大的权力，因为他们能够直接接触到高层管理，掌握其他人无法掌握的信息，而且能够决定谁有机会跟老板交谈。泰科玛公司(Techmer PM LLC)首席执行官约翰·曼努克(John Mannuck)说,他需要依靠行政助理尼科尔·布兰尼克(Nicole Brannick)告诉他,谁必须尽快和他会谈,以及谁可以稍微等一等。从公司只有100名员工开始,安尼卡·弗拉戈特(Anikka Fragodt)担任马克·扎克伯格(Mark Zuckerberg)的助理已有七年的时间,在扎克伯格和普莉希拉·陈(Priscilla Chan)的秘密婚礼举行之前,仅有四个人知道这一消息,她是其中之一。[46]

权力与职权

组织中各方面的人员都可以运用权力来达到希望的目标。当探索频道(Discovery Channel)想将其品牌扩展到有线电视节目外时,汤姆·希克斯(Tom Hicks)开始大力鼓动要将着重点放在新兴的互联网方面。尽管公司的首席执行官更倾向于开发互动式电视,但是,希克斯组织了一项大规模活动,最终说服了首席执行官将关注点转向网络出版业。这表明,希克斯在该组织中拥有很大的权力。如今,希克斯就负责经营探索频道的在线业务。[47]

正式职权概念与权力有关,但其涵盖范围要比权力窄。**职权**(authority)也是实现预期结果的一种力量,但它仅仅是由正规的层级链和报告关系规定的。识别职权的三个特性是:

1. 职权存在于组织职位中。人们拥有某种职权是因为他们处于这一职位上,而不是因为他拥有的个人特质或资源。

2. 职权根植于下属的接受。下属是因为他们认为居于该职位的人拥有运用职权的合法权利才依从这个领导人的。[48]在大多数的北美的公司中,雇员都认为雇主们有权力告诉他们什么时间上班,完成什么任务以及什么时间可以回家。

3. 职权是顺着纵向层级链向下流动的。[49]职权存在于正式的命令链中,因此,高层的职位就比低层的职位拥有更大的正式的职权。

在等级制度中,正式职权通过自上而下的方式得以行使。另一方面,组织权力可以自上而下、自下而上以及在水平方向上行使。此外,经理人员拥有正式职权,但是他们拥有的权力极少。当凯文·沙尔(Kevin Sharer)回想起他在美国世界通信公司(MIC,简称世通)担任营销执行副总裁的三年时光时,备感沮丧。沙尔有很多不错的改革创意,但是他未能在新同事间建立信誉。虽然他的职位不可小视,但他的想法和建议还是被人们忽略了。沙尔后来任职安进公司(Amgen Inc.),担任首席执行官兼董事长。[50]下面一部分我们将考察整个组织中员工的权力来源,包括纵向来源和横向来源。

权力的纵向来源

纵向层级链上的所有的员工都拥有某种权力。虽然按通常的组织结构,大量的权力都分配给了高层管理者,但是整个组织中的员工通常都能获得与其正式职位并不对等的权力,并向上施加某种影响。纵向权力有四方面来源：正式的职位、资源、对信息的控制以及网络中心性。[51]

正式的职位

高层职位会自然产生出相当的权力、责任及特权。组织中的员工会承认高层管理者拥有制订目标、做出决策和指挥活动的合法权力，这就是前面所定义的法定权力。高层管理者通常会运用表征性符号和语言使其法定权力渗透到组织中。例如，旧金山一个大型医院的新管理人员通过发表时事通信，并在封面贴上他的个人照片，每天 24 小时播放欢迎病人的录影带来表明他的权力。[52]

授予中层管理者和基层参与者的权力大小应当通过组织结构设计来确定。将权力分配给中层管理人员和职能人员非常重要，因为权力能激发员工们的生产率。当工作任务为非常规的时候，让员工参加自我管理团队或解决问题的任务小组，将会激发员工们的灵活性和创造性，并且鼓励他们用好自己的自主权。允许人们制定自己的决策，这增加了他们的权力。

当一个职位被鼓励与高层人员接触时，其权力也得到增强。接近有权的人物，发展同他们的关系，这为增加影响力提供了强有力的基础。[53]例如，NBC 环球（NBCUniversal）总裁行政助理蒂安洁尔·加拉尔萨（D'Andra Galarza）说，大家对她都很殷勤，而且总是想尽办法从她那儿获得信息。“大家知道我什么都知道”，她说，“如果我是副总裁的行政助理，情况就不会是这样。”[54]

职位可以被设计得拥有更大的权力，这一逻辑假定：组织并不是只有有限的权力在高层与基层人员之间分配。组织中权力的总量可以增大，主要办法就是妥当设计各层级的任务和互动关系，以便使每个人都能有更大的影响力。而如果权力的分配过度地集中于高层，那么该组织将是低效的。[55]

资源

组织要分配大量的资源，用于建造大厦、发放薪金、购置设备和供应品等。每一年度，组织都要通过预算的形式分配资源。这些资源是由高层管理者往下分配的。高层管理者通常拥有股份，这种身份给予了他们分配企业资源的权力。然而，在当今的许多组织中，组织各方面的员工都享有一定的所有权，这也就增强了他们的权力。

在大多数情况下，高层管理者控制着资源，因此他们能决定资源的分配。资源可以用作奖惩，这是权力的重要来源。资源分配也创造了一种依赖关系。下层的参与者依靠高层管理者提供完成任务所需要的资金和物质资源。高层管理者可以运用表现为加薪、聘用、晋升及提供物质设施等形式的资源来换取下属顺从他们而取得他们所希望的结果。

对信息的控制

对信息的控制也成为权力的一种来源。当今组织中的管理者认识到：信息是一种主要的经营资源；通过对收集什么样的信息以及如何解释信息、如何分配信息等进行控制,他们能够影响决策的制定。[56]在今天的许多企业中,信息是公开的,被广泛地分享,这增强了组织中一般员工的权力。

然而,高层管理者通常比其他的员工能获得更多的信息。这些信息可以按其影响其他人决策结果的需要而加以发布。例如,克拉克公司(Clark)高级信息技术经理通过控制向董事会提供的信息而影响了公司的决策。她清除了各业务单位现有的计算机系统,并将所有软件转移至新的平台。她知道这是确保成本一致的唯一办法,但是这会给业务经理们带来一些短期性的问题,因而可能会引起他们的反对。[57]董事会拥有正式的职权,由其决定是否采纳统一信息技术系统的计划,以及从哪家公司购买新系统。董事会要求管理智囊团找出6家有资格接受这批订单的公司。凯特·肯尼(Kate Kenny)是管理智囊团的负责人,她不同意其他经理人员的意见。这些经理人员不得不越过肯尼,如图13-3所示,直接向董事会表达自己的观点。肯尼则通过控制向董事会提供的信息左右了董事会的想法,从而使董事会最终选择了她所中意的系统。

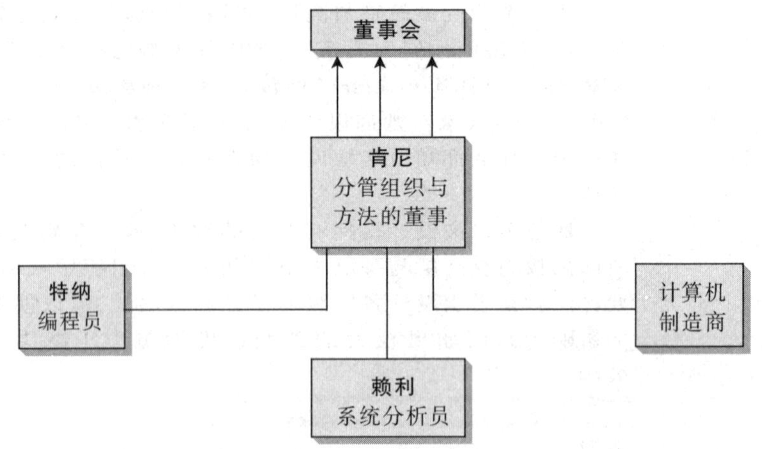

图13-3 克拉克公司购置计算机系统决策中的信息流

资料来源:Andrew M. Pettigrew, *The Politics of Organizational Decision-Making* (London: Tavistock, 1973), 235, reproduced by permission of Taylor & Francis.

中层管理者和低层的员工也可以获取某种信息,以此增强其权力。作为资深经理人员的秘书,他常常能控制其他人想要的信息,这样也就能影响这些人。即便是高层经理,他们也要依赖组织中的人员提供有关问题或机会的信息。中层管理者或低层的员工就可以通过控制提供给高层管理者的信息来影响其决策的结果。

网络中心性

网络中心性(network centrality)是指处于组织的中心位置,从而有渠道掌握对企业的成败至关重要的信息和人员。管理者和基层员工位于交流网络的中心位置与整个公司人员建立联系时,交流网络往往更有效率和影响力。例如，如图 13-4 所示，拉达（Radha）拥有一个健全发展的交流网络，通过这个交流网络可以与很多市场、制造和工程部门的人分享信息和相互援助。将拉达的网络和杰斯明（Jasmine）与凯瑞尔（Kirill）的对比，你认为谁有可能在组织中获得更多的资源和发挥更大的影响力？

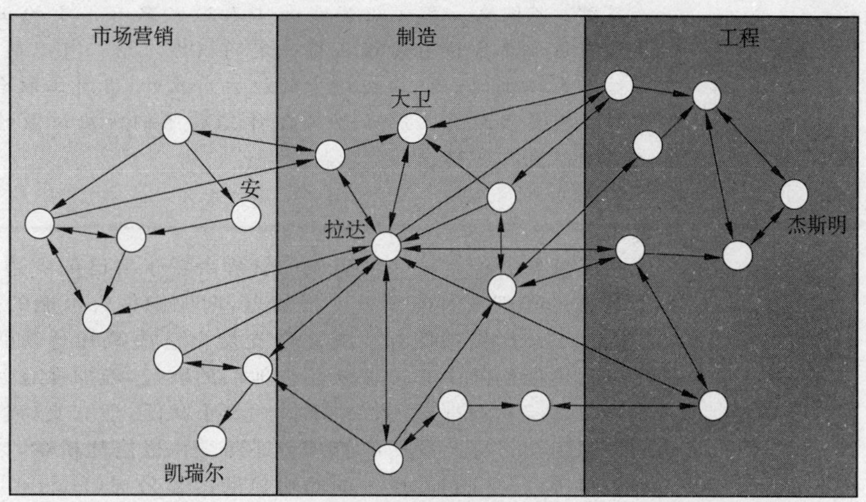

图 13-4　网络中心示意图

我们可以看一下网络关系在政治舞台上的重要性。亚伯拉罕·林肯（Abraham Lincoln）被历史学家认为是美国最伟大的总统之一，部分原因是在南北战争（Civil War）期间，美国变得支离破碎，林肯认真听取了他人的意见，既包括他的直接关系圈内的人士，也包括圈外人士，建立了广泛的关系网络。他接纳了与他有不同意见的人士，而这些人对于他的目标和计划的实现至关重要。[58]再看看现任总统贝拉克·奥巴马（Barack Obama），陪审团仍在商讨着如何评估他的总统任期。然而，奥巴马已经受到了一些指责，因为他没有和他最大的捐赠者培养关系，也没有与美国国会山（Capitol Hill）的民主党（Democrats）以及副总统乔·拜登（Joe Biden）手下的其他人士进一步发展关系。奥巴马是一个公认的喜欢孤独的人，他主要与关系密切的顾问讨论政策问题。[59]

所有层级的员工都可以使用网络中心性的思想来实现目标和获得更大成功。人们可以通过增加知识变博学，或者成为某一领域的专家等途径，提高自己的网络中心性。人们可以主动承担困难的任务，学习特殊的知识，成为高层管理者必需的人物，这种方法也能够提高自己的网络中心性。有一些人具有很强的首创精神，或者工作经常超过预期，或者经常主动承担大家都讨厌但是非常重要的工作，或者表现得非常乐于学习和公司及行业有关的知识，这些人往往具有较大影响力。地理位置对于提升网络中心性也是有帮助的，因为一些地理位置经常处在事件的中心。中心位置能够使员工被组织的重要人物察觉，进而成为交互网络的一部分。

评价你的答案

2. 流水线上的工人处于公司底层，他们对公司发生的事情只有很小的影响。

答案：不同意。尽管组装线的工人通常只有很小的正式权力和职权，但是所有员工都应该有途径获得一定的权力。个人可以通过建立关系或者获得信息来增加他(她)在组织中的权力。此外，当员工联合起来的时候，他们能够拥有更多权力。除非员工合作完成他们所应该做的工作，否则管理者完成不了任何事情。

人员

高层领导者经常把一群忠诚的管理者置于自己的身边来提高他们的权力。[60]忠诚的经理及时向领导汇报消息，向他们报告可能的违抗命令和捣乱的行为。当高层经理拥有一支完全支持自己决策和行动的管理团队时，他们可以利用他们的中心位置来建立他们的联盟，施加强有力的权力。

许多高层主管都试图打造忠诚的骨干队伍，建立支持性的管理层，帮助他们实现组织目标。聪明的管理者还懂得积极搭建桥梁，以赢过潜在对手。已辞去哈佛商学院副教授一职的哈拉斯博彩公司(Harrah's)首席运营官加里·拉夫曼(Gary Loveman)是一个很好的例子。哈拉斯公司的一些高管，包括首席财务官，不满公司对拉夫曼的任命，而且可能会破坏公司对他的任命计划。拉夫曼清楚，首席财务官掌握的信息、知识以及他的支持对任命计划的完成非常关键，所以他先和首席财务官建立良好关系。他经常去首席财务官的办公室找他谈话，让他了解他在做什么及为什么这么做，并且让他参与重要的会议和决策。建立积极的人际关系帮助拉夫曼实现了自己的目标，最终他被任命为哈拉斯的首席执行官(CEO)。[61]

下层对上层也会产生权力。当低层员工与他们的上司建立了积极的关系和联结时，他们也会拥有更大的权力。通过忠诚、支持他们的上司，员工有时候可以获得自己想要的地位，施加更大的影响。

授权给员工

在具有前瞻性的组织中，高层管理者希望基层员工能够拥有更多权力，以便更有效地完成工作。管理者有意下放和分散权力，促使员工达成目标。**授权**(empowerment)即权力分担，将组织权力和职权授予下属员工。[62]增加员工权力能够提升员工士气，增强员工完成任务的动力，并且能够防止个人间的不当竞争。管理学专家罗莎贝丝·莫斯-坎特(Rosabeth Moss-Kanter)说，“当人们感到没有权力时，可能就会走旁门小道。他们想极力抓住这个世界中他们能控制的那一小部分东西，在这个过程中他们会产生统治意识，对事情进行过度控制。”[63]授权可以使员工有权力选择采用任何一种方式完成任务，在此过程中可以充分发挥他们的创造力，这样员工的工作效率就得到了提高。[64]

授权给员工涉及三种要素——信息、知识和权力，这些要素能够确保员工用更加自由的行动完成他们的工作。[65]

1. 员工能够获得有关公司绩效的信息。在员工被完全授权的公司，所有员工都有权力获得公司财务和运营的信息。

2. 员工具备完成公司目标所需要的知识和经验。公司通过培训计划及其他发展手段来帮助员工获得所需要的知识和技能，以便员工能够实现组织绩效。

3. 员工拥有权力来制定重大决定。被授权的员工拥有直接影响工作程序和组织绩效的职权，例如，通过质量小组或者自我指导的工作团队。

当今许多组织都在执行授权计划，但对员工授权的程度不同。在一些公司，授权意味着鼓励员工提出更多想法，而管理者仍然保留做出最后决定的权力；而在另一些公司，授权意味着员工可以充分发挥创造力和想象力，拥有近乎完全的自由和权力去制定决策。[66]对几乎没有斟酌余地的第一线工人可以实行连续授权，例如，对传统装配线上的工人可以实行完全授权，这些人甚至可以参与制定公司战略。有一些例子能够说明组织如何实施最大化的授权，其中最有趣的是番茄加工企业晨星公司，我们在第 1 章中已有所介绍。

应用案例 13-3

晨星公司

晨星公司是全球最大的番茄加工企业，拥有三家工厂，共 400 多名员工，主要生产番茄酱、番茄丁等产品，供应给亨氏食品和金宝汤等企业。公司每年创造 7000 万美元的收入。

克里斯·鲁费尔在 40 多年前创建了晨星公司，秉承最大化员工授权的理念，让员工进行自我管理。在晨星公司，没有人发布命令，也没人有执行命令。以下是公司在进行员工自我管理过程中坚持的原则：

- 没有上司。
- 责任是针对顾客的，由团队承担，不需要向管理者负责。
- 没有头衔和晋升。
- 每个人都可以花公司的钱。
- 员工报酬由同级同事决定。

鲁费尔认为，如果一个人可以在没有上司的情况下打理自己复杂的生活，那么就没有理由不相信他也能在工作场所管理自己。公司从最初的 24 名员工发展到现在的 400 多名员工(在番茄收货季节，雇用人数会攀升至 2400 人)。但是在企业成长的过程中，一些员工在没有领导和层级的环境中工作遇到了麻烦。为此，鲁费尔开办了晨星公司自我管理学院，为员工提供自我管理原则和制度方面的培训。如今，每个员工都写出了自己的个人使命宣言，设定目标并负责完成。为完成目标需要获取必要的工具和资源，这意味着任何人都可以订购物资和设备。当他们需要更多人手帮助时，可以招聘新同事。

每年，每位员工都要和对他们工作影响最大的一个人共同起草一份同事理解书(Colleague Letter of Understanding，CLOD)。理解书中要明确设定衡量目标达成程度的标准以及满足同事需求的标准。一位助理说："在这里，没有人是你的老板，但是每个人都是你的老板。"[67]

权力的横向来源

横向权力涉及部门间的关系。所有的副总裁通常都处于组织图上的同一层次，但这是否意味着其主管的每一部门都有同样大小的权力呢？答案是否定的。横向权力不是由正式的层级链或组织图规定的。每个部门对组织的成功都有其独特的贡献。有些部门拥有较大的发言权，能实现预期的结果，另一些部门却不是这样。查尔斯·佩罗(Charles Perrow)曾对几家工业企业的管理者做了一项调查。[68]他直截了当地问他们，在企业的生产、销售、研究开发、财务这四大部门中，“哪一部门最有权力？”。

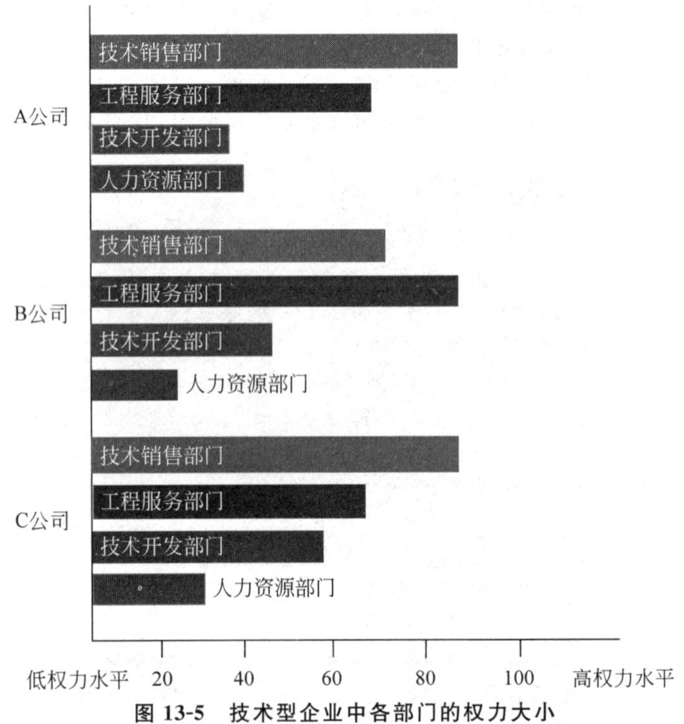

图 13-5　技术型企业中各部门的权力大小

在大多数企业中，销售部门的权力最大。在少数企业中，生产部门的权力也相当大。平均而言，销售部门和生产部门的权力比研究开发部门和人力资源管理部门的权力大一些，当然这中间有一定的偏差。横向权力的差异清晰地存在于这些组织当中。图 13-5 展示了技术型企业中不同部门之间存在的权力差异。在另一项研究中，研究人员调查了英国 14 个组织中的 55 个高层决策，研究发现：相对于研发、人力资源管理和采购来说，生产、金融和市场营销对战略决策的影响力更大。[69]横向权力的差别，在所调查的企业中是明显存在的。尤其是在当今的许多组织中，财务部门的权力正在增大，因为在愈加艰难的经济环境中，成本控制越来越重要。道德与合规办公室可能会有更大的权力，因为这些部门有助于减少最高领导人在道德丑闻和渎职行为方面面临的不确定性。在美国联邦政府，由于受 2008 年金融危机的影响，监控监管机构对华尔街的监督权力正在逐渐增强。例如，联邦存款保险公司（Federal Deposit Insurance Corporation，FDIC）在前任主席希拉·贝尔（Sheila Bair）的领导下获得了许多监管大型金融机构的新权力，包括在金融公司设置审查员监控经理人的活动。[70]

横向的权力相对不易测量，因为组织图上并没有显示出权力的差别。然而，如图 13-5 所示，目前已经有了对权力差异的一些初步的解释。战略权变因素是用来分析相对权力大小的一个理论概念。[71]

战略权变因素

战略权变因素（strategic contingencies）指的是组织内外对实现组织目标有重大影响的事件和活动。与组织战略权变因素相关联的部门，倾向于拥有更大的权力。如果一个部门能在解决组织的问题或危机中发挥战略性的作用，那么这个部门的活动就是重要的。例如，当组织面临诉讼或违规的严峻威胁时，负责应对这一威胁的法律部门就会获得很大的权力而影响组织的决策。如果产品创新是关键的战略问题，则研究开发部门的权力就将提高。

运用战略权变法来分析权力，这种思想与第 4、第 5 章中介绍的资源依赖模式相似。回想一下，组织都试图减少对外部环境的依赖。有关权力的战略权变法认为，对处理关键资源问题和环境依赖性负有最大责任的部门，必将成为最有权力的部门。例如，美国国家橄榄球联盟（National Football League，NFL）不得不屈尊于有线电视公司，安排它的电视合作伙伴——哥伦比亚广播公司（CBS）和国家广播公司（NBC），与 NFL 网络一起，同时播出 2007 年 11 月举行的爱国者队和巨人队之间的比赛，这场比赛备受大家的期待。许多年来，美国国家橄榄球联盟一直要求有线电视公司将它的 NFL 网络添加到基本选项包中，和 ESPN 及 ESPN2 并列，但都被拒绝了，原因是成本太高。尽管美国国家橄榄球联盟拥有受欢迎的产品，但由于其有限的分配权，和有线电视公司相比，它只能处于弱势的位置。[72]

部门权力来源

杰弗里·普费弗（Jeffrey Pfeffer）和杰拉尔德·萨兰西克（Gerald Salancik）以及其他一些人，在开展战略权变理论研究中取得了很大成果。[73]他们的研究表明，有权力的部门可能具有图 13-6 中所示的一个或几个特征。[74]在一些组织中，这五种**权力来源**（power source）会有些重合，但其中每个方面都提供了评价横向权力来源的一种有用方法。

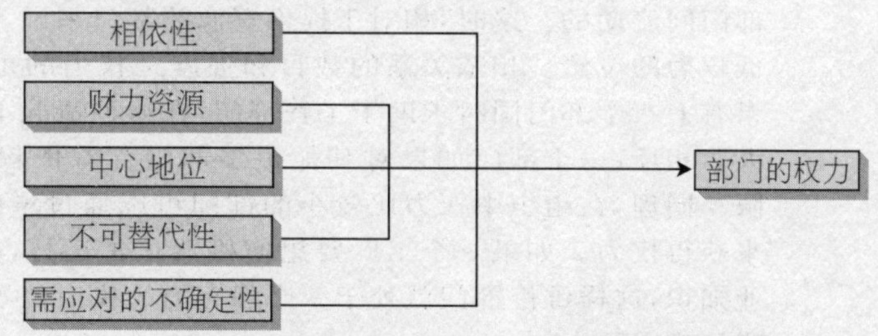

图 13-6　影响部门横向权力的战略权变因素

1. 相依性

部门间的**相依性**(dependency)是决定相对权力大小的一个关键因素。权力来自于拥有某种别人需要的东西。戏剧舞台工作人员的例子很好地说明了相依性是如何增加权力的。

应用案例 13-4

国际戏剧舞台工作者联盟

近年来,美国的工会势力明显走弱,但是国际戏剧舞台工作者联盟(International Alliance of Theatrical Stage Employees)依旧保持着强大的影响力,甚至表现出了逐渐增强的趋势。例如,在2600名活跃成员中,有很多是纽约市著名剧院的幕后天才,包括卡内基音乐厅(Carnegie Hall)、大都会歌剧院(Metropolitan Opera)、林肯中心(Lincoln Center)和纽约城市巴黎舞团(New York City Ballet)。在有些演出中,舞台工作人员比主演的收入还高。

国际戏剧舞台工作者联盟之所以如此兴盛,首要原因是他们拥有专业的、难以替代的技能。优秀的舞台工作者非常难得,是他们在火箭女郎(Rockettes)的"无线电城圣诞奇观"(Radio City Christmas Spectacular)背后创造了令人惊叹的旋转舞台效果,是他们为乔治·巴兰钦(George Balanchine)的《胡桃夹子》(the Nutcracker)升起了45英尺高的圣诞树,是他们负责为大都会歌剧院的歌剧《蝙蝠》(Die Fledermaus)制作盛大奢侈的旋转舞厅。将这些令人眼花缭乱的舞台效果带入生活需要天赋、经验,需要他们努力的工作。不像很多其他工作,这些由高技能人员担负的工作难以进行简单的外包。费尔菲尔德大学(Fairfield University)戏剧学教授玛莎·罗莫娜卡(Martha LoMonaco)说:"他们的工作极其复杂,科技含量很高,也非常危险。"

如果这些舞台工作人员离开了,表演将无法继续。他们组装和拆解复杂的装置,处理灯光和音响设备,并管理特效。即使罢工的威胁可能足以为他们赢得有利的合同条款,但是在国际戏剧舞台工作者联盟127年的历史里,只有几次罢工。同剧院所有者和管理者一样,舞台工作者们也知道,有演出的时候他们才有工作。[75]

同样性质的相依性和权力也存在于其他组织当中。当部门A依赖于部门B时,部门B的权力就比部门A来得大。[76]组织中存在多种相依关系。在任务顺序式相依(参见第7章)的情况下,材料、信息和资金是按一个方向在部门间流动的。这时,相对于提供资源的部门来说,接受资源的部门就处于低权力的位置。相依关系的数目和强度是权力的重要影响因素。例如,如果有七八个部门同时求助于工程部门,在这种情况下,工程部门的权力就很大。相反,一个部门如果对其他很多部门存有依赖,那么它的权力就很有限。同理,在组织中权力比较小的部门可以通过增强其他部门对它的依赖来获得权力。如果一个工厂要想使机器正常运行,必须依赖维修工人的专业知识,这样维修部门就处于一个强有力的权力位置,因为它能控制一个战略权变因素。

2. 财力资源

"规则是由有钱人制定的"，这已成为商界一条新的金科玉律。对各种资源特别是财力资源的控制，是组织中权力的一个重要来源。金钱能够转换成其他部门所需的其他各种资源。金钱产生了依赖性，从而提供财源的部门就拥有其他部门所需要的东西。因此，为组织直接创造收入的部门就拥有较大的权力。图 13-5 所示的技术型企业调查的结果也已表明，在所调查的绝大多数企业中，技术销售是最有权力的部门。销售部门之所以更有权，是因为销售人员找到了顾客并将产品销售出去，从而解决了组织中的一个重要问题。销售部门保证了现金不断流入组织。提供财源的能力，也解释了为什么在其他类型的组织中，比如说大学，某些部门会更有权力。

一所州立大学的预算分配不是一个简单的过程。对财力资源的需要可以根据各系培养的本科生、研究生人数和教职员工人数来决定。在大多数大学中，科研项目拨款和师生队伍的质量构成重要的经费来源。能取得高额科研项目拨款的系就拥有较大的权力，因为科研拨款中包括了一笔可观的付给学校的管理费，这些管理费可用于承担学校教职员工和设施费用的相当大的部分。各系培养的研究生规模和在全国的声望，也增大了其权力。这些虽然是非财力资源，但有助于提高学校的声誉和影响力。大学里的院系如何使用它们的权力呢？一般来说，权力使这些院系可以从学校中获得更多的经费。有明显权力的院系可以得到诸如研究生奖学金、校内科研资助以及暑期教职员工薪金等各种学校资源，其数额远远超过按其学生和教职员工规模所需要的水平。[77]

上述例子表明，在那些能带来或提供对组织有价值资源的部门中，权力会自然地形成和增大。权力又帮助了这些部门从组织中获取更多的稀缺资源的配额。"从获得资源中产生的权力被用来获取更多的资源，而这反过来又成为产生更大权力的工具。就这样，富者更富了。"[78]

3. 中心地位

中心地位（centrality）反映一个部门在组织主要活动开展过程中所起的作用。[79]该部门的工作对组织最终成果的影响程度是一个衡量尺度。例如，生产部门处于相对比较中心的地位，因而（在假定其他关键权变因素不变的情况下），生产部门就通常要比职能部门拥有更大的权力。中心地位之所以与权力密切相关，是因为它反映了该部门对组织所做出的贡献。一家投资银行的财务部门通常比证券研究部门的权力大。当财务部门只有记录收支情况的有限任务时，它在该组织中既不负责获取关键的资源，也不负责产品的生产，权力水平就会趋于变低。"然而今天由于对成本控制的需求增大，财务部门在组织中的权力增大了。"

4. 不可替代性

权力也取决于**不可替代性**（nonsubstitutability），这是指一个部门的职能不能由其他已有的部门代替。不可替代性将使权力增大。如果一个组织没有其他备用的技能和信息资源，那么，拥有这种资源的部门就有较大的权力。当管理当局决定利用外部咨询顾问时，即是这样的情况。咨询顾问可用作企业职能人员的替代力量，以此可以减弱职能部门的权力。

一项关于计算机部门中的编程人员的研究可用来说明替代性对权力的影响。[80]当计算机刚面市时,编程工作是一个稀缺而专门化的职业。人们必须具备很高的素质,才能成为该行业的职业工作者。编程人员控制着组织中计算机的使用,因为只有他们才拥有编制计算机程序的知识。但经过大约10年后,计算机编程成为一项相当普通的活动。编程人员可以很容易地被替代,这样,编程部门的权力就急剧下降了。替代性同样影响了组织的权力。唱片公司曾经对音乐艺术家拥有巨大的权力,因为唱片公司对艺术家的音乐录制及在消费者面前拥有近乎完全的控制权。然而,现在新创品牌都可以自己在网上发布唱片,不再需要借助唱片公司。此外,美国最大的音乐零售商沃尔玛已经涉足音乐制作及其市场业务,沃尔玛可以直接从老鹰乐队(Eagles)和旅行乐队(Journey)手中直接买下唱片。密集的市场宣传活动帮助老鹰乐队的唱片《远离伊甸园》(Long Road Out of Eden)在沃尔玛音乐店第一周就售出了711 000张,这其中并没有传统的唱片公司的介入。[81]

5. 需应对的不确定性

环境要素可能迅速变化,并且这种变化是复杂而又难以预见的。在环境不确定的情况下,管理者在考虑采取何种合适的行动方案时,可利用的信息就很少。因而,应对环境不确定性的部门就会有较大的权力。[82]不过,不确定性本身并不提供任何权力,但为其他部门降低了这种不确定性,则可以增加权力。当市场研究人员准确地预测出新产品需求的变动时,他们就会因为降低了这一重要的不确定因素而赢得权力和威望。预测只是应对不确定性(coping with uncertainty)的一种方法。在不可预见的事件发生时马上采取迅速而恰当的行动,这时常也能减少不确定性。

各部门用以处理重要不确定性的方法有三种:(1)事先获得有关的信息;(2)预防;(3)吸纳。[83]事先获得信息意味着一个部门可通过预测事件的发生而降低组织的不确定性。通过预见和阻止不良事件的发生,从而起到预防的效果,这样也可以增加该部门的权力。当一个事件发生之后,某部门采取措施降低该事件的消极影响,被称为吸纳。随着组织面临的法规和监管方面的挑战越来越多,企业内部法律部门的权力也越来越大。罗盛咨询公司(Russell Reynolds Associates)猎头顾问辛西娅·陶(Cynthia Dow)说:"有时候,企业总法律顾问的薪水比一个业务单位的总裁的薪水还要高。"[84]看看下面保健产业的案例。

应用案例 13-5

卡里赖恩健康系统

因为医院及其他健康医疗中心要处理复杂的法律规制事件,所以这些医院及健康中心的法律部门经常处于高权力的位置。这其中的一个例子就是位于弗吉尼亚州罗阿诺克(Roanoke)的卡里赖恩健康系统公司(Carilion Health System)。几年前,该公司的法律部成功击退了美国司法部的反垄断控诉,并在卡里赖恩和罗阿诺克唯一的另外一家医院的合并谈判中扮演了至关重要的作用。

从此以后,该公司法律部门就不仅要忙于规制事件,同时也要努力从那些声称不能支付高额医疗费用的病人那里取回付款。因为罗阿诺克在医疗健康服务方面还是一个"单一市场"，批评者称卡里赖恩在医疗收费上有些过分，这损害了病人、商人、保险人及整个社区的利益。罗阿诺克地区法院每周要花一个早上致力于卡里赖恩的案件，仅在最近的一个财政年度，卡里赖恩控诉了近 10 000 名病人，扣发了 5 000 名员工的工资，对 4 000 户家庭实施了质押权。

上述这些事件给卡里赖恩带来了负面压力，同时它还受到了来自于私营医生的强烈反对，他们认为卡里赖恩在故意限制竞争。这些负面影响意味着卡里赖恩需要增加公共关系部门的权力，因为该部门担负着维护卡里赖恩良好企业公民形象的责任。公共关系部门强调该公司仅仅对那些拥有支付能力的病人进行起诉，同时指出卡里赖恩每年都花费数百万美元来支持慈善事业。[85]

卡里赖恩的法律部门通过击退美国司法部的反垄断控诉减轻了该公司的不稳定性，并帮助卡里赖恩在规模和能力上都得到了成长。该部门同时能够在不确定出现时采取适当的行动(比如病人不支付医疗费用)。

当战略权变因素改变时，组织中的横向权变关系也会发生变化。尽管卡里赖恩公司的法律部门可能继续处在高权力的位置，但由于该医院需要提高自身声誉，回应日益强烈的批评声，这就可能有助于该公司公共关系部门得到更多权力。公共关系部门可以通过帮助组织向公众展示事件的有利方面，消除反对者的质疑来获得权力。能够帮助组织处理新的战略权变因素的部门将获得更多权力。

组织中的权术过程

同权力一样，权术也是无形的和难以测量的。它隐藏在人们视线的后面，很难以一种系统化的方式进行观察。近期有两项调研揭示了管理者对权术行为的如下反应：[86]

1. 大多数管理者对权术持否定的态度。他们认为，权术活动与其说会对一个组织起帮助的作用，倒不如说，它经常影响了组织实现其目标。

2. 管理者们相信权术行为实际见于所有的组织中。

3. 大多数管理者认为，权术行为在组织的上层要比在底层更为常见。

4. 管理者相信在某些决策场合，如结构变革决策中会出现权术行为，但在另一些决策场合，如处理员工的牢骚，则不会出现权术行为。

基于这些调查，权术似乎更可能发生在组织的高层，并与某些特定问题的决策相关。而且，管理者并不赞成权术行为。本章的后面部分就来全面地探讨什么是权术行为，何时应当运用权术行为，哪些类型的问题和决策与权术关联最紧，以及哪些权术策略可能是有效的。

定义

按照前面的定义,权力是为达到所期望的结果而可用的或潜在的力量。权术就是指运用权力来影响决策,以取得所期望的结果。在权力和影响力施用过程中产生了两种不同的权术定义:一是作为一种自利的行为;二是作为一种自然的组织决策过程。第一种定义强调权术的自利性,它涉及一些不为组织所准允的活动。[87]

按照这一观点,权术包括为谋取个人的私利而进行的欺骗和其他不诚实的做法,这种权术活动会导致工作环境中的冲突和不和谐。关于权术的这种阴暗面观点,是一般人所广泛持有的。最近的研究表明,在企业工作中感受到这种权术活动的员工,通常与焦虑感和工作不满意感有关。研究还支持了这样一种观点,权术的不恰当使用会导致员工士气低落、组织绩效差和决策不良。[88]这一权术观解释了本节开头提及的那项调研中的管理者不赞成权术行为的原因。

虽然权术可能得到消极、自利的运用,但对权术行为的恰当使用也能服务于组织的目标。[89]权术的第二种观点就是把权术看作解决组织各利益群体间分歧的一种自然的组织活动过程。[90]权术是用以解决意见分歧和冲突的讨价还价和谈判的过程。依照这一观点,权术就与第12章决策中介绍的通过联盟进行决策的过程相类似。

从组织理论的观点看,权术被认为是上述的第二种定义,一种正常的决策制定过程。权术不过是指在解决冲突和不确定性中运用权力的活动。权术是中性的,未必有害于组织。对组织中的权术的正规定义是:**组织权术**(organizational politics)是指在存在不确定性或选择争议的情况下,为取得所希望的结果而获取、开发和运用权力及其他资源的活动。[91]

权术行为可能是一种积极的力量,也可能是一种消极的力量。权术就是运用权力来做成某些事情,这些事情可以是坏事,也可以是好事。不确定性和冲突是自发的、不可避免的,权术就是达成一致意见所采取的手段。权术包括了使参与者达成一致意见并做出决策的各种非正式的讨论,没有这些讨论,可能出现各方意见难以统一或问题难以解决的局面。

评价你的答案

3. 当管理者使用权术的时候经常会导致公司的冲突与不和谐,并可能扰乱组织的正常功能。

答案:不同意。权术是解决组织内部差异和完成组织任务的自然过程。尽管权术可能导致负面影响和自私目的,但它仍然是管理者完成事务的基本途径。权术活动同样是管理者工作的一部分,但管理者应该注意用这种权术技能来为组织的利益服务,而不是为自己谋取利益。

何时启用权术行为

在不确定性程度较高以及对目标或问题的优先顺序存有争议的情况下，权力是达成一致意见的一种机制。回顾一下图 13-1 所示的理性模式与权力模式。权术模式是与目标冲突、联盟体和利益群体的变化、模糊的信息以及不确定性等相关的。由此可见，权术活动最常见于第 12 章中所描述的管理者面临非程序性决策的时候。而且，权术活动也与决策的卡内基模式有关。因为组织高层的管理者通常要比底层的管理者处理更多的非程序性决策问题，因此会出现更多的权术活动。另外，有些问题潜存着内在的不一致性。例如，资源是各部门生存和取得绩效的关键因素，所以，资源分配通常成为一个权术过程。以“理性的”方式分配资源并不能使参与者都满意。在大多数组织中，**权术活动的领域**（domain of political activity），即权术通常能发挥作用的场合有三种：结构变革、管理人员替换和资源分配。

结构重组触及权力和职权关系的心脏。像第 3 章中讨论的那些重组，使职责和任务关系发生了改变，从而就从战略权变因素变更方面影响了背后的权力根基。由于这些原因，重大的组织重组会引起权术活动爆发。[92]管理者们会积极地参与到讨价还价和谈判中，以便保住他们已有的职责和权力基础。聘用新的经理人员，晋升、调动等组织变革措施，也有重要的权术活动价值。特别在组织的高层更是如此，这一方面是因为它面临的不确定性高，另一方面是因为经理人员间的信任、合作及沟通网络也发挥重要的作用。[93]聘用决策会产生不确定性、争论和异议。经理们可以借助聘用、晋升等措施，将自己的人安插在重要的职位上，以此增强其联盟和合作网络。

权术活动的第三个领域是资源分配。资源配置决策涵盖实现组织绩效所需要的各种资源，包括工资、经营预算、员工、办公设施、机器设备以及公司专用飞机的使用等。资源如此重要，以致在资源分配优先序方面经常存在不同的意见，从而需要通过权术过程解决这一两难问题。

运用软实力和权术

本章讨论的一个主题是，组织中的权力主要不是一种个人的现象。权力与各部门所掌握的资源、各部门在组织中所起的作用以及各部门要应对的环境因素等相关。不仅是个性和风格，更是职位和职责，决定了一个管理人员对组织结果的影响力。

权力是通过个体的权术行为而得到运用的。同时考察结构要素和个体行为两方面对全面了解组织内权力的运用情况是很重要的。[94]虽然权力的取得与组织形式和组织过程等大背景有关，但对于权力的权术性运用则包含着个体层次的行为和技能。要了解更多关于你自身的政治技能，请完成下面的“你适合哪种组织设计”。拥有权术技能的管理者能够更有效地影响他人,从而能够达到他们想要的目的,为了组织,也为了个人前程。[95]管理者已经锻炼了观察和理解交互模式及影响组织的良好能力。他们善于和广泛社会网络中的人们建立关系,并且能够针对不同的人群和环境采取不同的方法。讲求权术效用的管理者认识到影响力和关系相关。[96]

你适合哪种组织设计

权术技能

你在组织内部影响别人的能力怎么样?要了解你的权术技能,回答下面的问题。请回答每个项目对你来讲是基本符合的还是不太符合。

	基本符合	不太符合
1. 我能够容易且有效地同别人交流。	________	________
2. 我在工作之余花费很多时间来同我工作领域之外的人建立联系。	________	________
3. 出于本能,我知道该说什么样的话以及做什么样的事去影响他人。	________	________
4. 我擅长利用我工作领域之外的人际关系来完成我的工作。	________	________
5. 在同别人进行交流的过程中,我说话、做事绝对真诚。	________	________
6. 接触新人对我来说并不困难。	________	________
7. 我能使陌生人在我身边感到舒适和放松。	________	________
8. 我善于觉察到别人的幕后动机。	________	________

计分:给标记基本符合的选项加一分。

解析:拥有一些基本的权术技能有助于管理者获得更广泛的支持和影响。权术技能能够帮助管理者建立个人和组织关系,从而提高管理团队的成果。6分或6分以上说明你拥有较高的权术技能,这是你事业的一个良好开端,尤其是在讲求权术的组织中。假如你只得了3分或3分以下,你可能需要在你的职业生涯中花费更多精力来建立同僚关系,培植支持力量。假如你不想这么做,那么你应该加入根据理性程序制定决策并采取行动的组织,而不是依靠联盟支持来决策和行动的组织。

资料来源:Adapted from Gerald R. Ferris, Darren C. Treadway, Robert W. Kolodinsky, Wayne A. Hochwarter, Charles J. Kacmer, Ceasar Douglas, and Dwight D. Frink, “Development and Validation of the Political Skill Inventory,” *Journal of Management* 31 (February 2005), 126-152.

管理者能够提升权术能力,并且能够根据他们自身的地位和具体情况来使用各种各样的影响力技巧。一些策略依赖于使用“硬实力”,这是一种很大程度上源于个人职权地位的权力。这种权力可以被主管用来通过奖惩影响下属,管理者可以发号施令,并要求下属服从。这种权力也可以让一个刚愎自用的首席执行官不顾别人的想法强行通过他或她自己的决定。然而，有效的管理者经常使用"软实力"，这是一种基于角色特征和关系构建的权力。[97]通用电气公司（General Electric）首席执行官杰弗里·伊梅尔特（Jeffrey Immelt）认为，如果自己每年使用正式职权的次数超过七八次，他就是失败的。其余的时间，伊梅尔特使用柔和的手段说服和影响他人，解决冲突的想法和观点。[98]

即使美国军方也意识到了建立关系而不是使用蛮力的重要性。例如，前国防部长罗伯特·盖茨（Robert Gates）说，要在国外赢得民心，美国必须"善于听取别人的声音"，而不是踢门，军队新的战地手册也在公开讨论软实力的价值。[99]北约前任最高指挥官韦斯利·克拉克（Wesley Clark）认为，不论是企业管理者还是国家领导人，建设以共同利益为基础的社区应该是第一选择，而不是使用威胁、恐吓等手段和粗鲁的力量。[100]一项对 49 个谈判专家在 9 年时间里所做谈判的研究揭示了软实力的有效性。研究人员发现，最有效的谈判者会花费相当于对手 400%还要多的时间来寻找利益共同点，而不是试图强迫对方接受自己的提议。[101]

接着下面部分就简要概述管理者用以增强其部门之间权力基础的策略，以及他们用以实现预期结果的权术策略和增进合作的策略。表 13-3 对这些策略做了归纳。

表 13-3　组织中的权力与权术策略

增强权力基础的策略	运用权力的权术性策略	增进合作的策略
1. 进入高不确定性领域	1. 建立联盟、扩大网络	1. 创建整合手段
2. 形成相依关系	2. 在关键位置上安置忠诚的人	2. 对抗和谈判
3. 提供稀缺资源	3. 控制决策前提	3. 安排组际研讨会会议
4. 适应战略权变因素	4. 加强合法性和专长性	4. 实施人员轮换
5. 表明直接的要求	5. 建立超常目标	

增强权力的策略

下面是四种用以**增强权力的策略**（tactics for increasing power）：

1. 进入高不确定性领域。个人或者部门之所以能够获得权力，原因之一是他们能够识别关键的不确定性，并采取措施消除这些不确定性。[102]不确定性可能产生于生产线的故障、对新产品质量的要求，以及不能预测到市场对新产品或服务的需要。一旦识别出不确定性所在，部门管理者就应该采取应对的行动。因其性质所致，不确定的问题不是立刻得到解决的。试错就成为一个必要的过程，而这正是你的部门可以得到好处的地方。你的部门会在试错过程中积累起其他部门难以复制的经验和专长。

2. 形成相依关系。相依性是权力的另一来源。[103]如果组织要依赖某一部门提供信息、材料、知识或技能，那么这一部门就拥有影响其他部门的权力。一个有趣的例子来自埃文·斯坦加特公司（Evan Steingart）。配送部门的一个基层库存货运员必须在所有需要装运的货物上签字。销售人员要取货需要有库存货运员的签名。那些经常有订单需要取货的销售人员就学着去讨好库存货运员。而那些比较傲慢的销售人员发现,对库存货运员态度不好会使自己处于不利地位,因为库存货运员有一长串的事情要做,很久才能轮到给他们发货。销售人员没有办法,只能等待。[104]另一个同样有效的策略是在可能的情况下获取必要的信息或技能,减少对其他部门的依赖,这样你的部门就不会处于从属地位。例如,销售经理可以征求签字权,以消除销售人员对库存职员和配送部门的依赖。

3. 提供稀缺资源。资源,在任何时候,都是组织生存所必需的。那些以资金、信息或设施等形式积累了资源并提供给组织使用的部门,必然拥有权力。正如前面案例中介绍的,大学中最有权力的部门往往是那些能从外界获得科研基金,以此支持学校管理费的院系。同样,工业企业中的销售部门也是有权的部门,因为它们带来了财源。

4. 适应战略权变因素。战略权变理论认为,外部环境和组织内部中有某些因素对组织的成功起着举足轻重的作用。某一重大的事件,某项不可替代的工作,与组织中其他许多工作有互依关系的某项核心任务,这些都可能成为战略权变因素。对组织及其外部环境变化的分析将会揭示出哪些是战略权变因素。只要有新的或未能妥善应对的战略权变因素存在,就会有某些部门进入这些重要领域,从而使其重要性和权力增强。

总而言之,组织中权力的不均衡分配并不是无缘由的。权力是组织中可理解和预测的组织活动过程的结果。诸如减少不确定性、增加相依性、获得资源以及应对战略权变因素等方面的能力,都可以提升一个部门的权力。一旦形成了权力,下一个问题就是运用这种权力获得有益的结果。

权力运用中的权术性策略

组织中权力的运用需要技能和意愿。有许多决策是通过权术过程做出的,理性的决策过程并不适用,因为不确定性太高或者争议太多。运用权力影响决策结果可以采用以下几种**权术性策略**(political tactics for using power):

1. 建立联盟、扩大网络。有效的管理者能够在组织中发展积极的关系,他们花很多时间同别人交谈,了解他们的想法,并建立互利的联盟。[105]大多数重要的决策是在正式会议之外制定的。针对某一问题,管理人员以一对一的方式进行讨论并达成协议。有效的管理者是那些能够三三两两碰头解决关键问题的人。[106]他们建立跨越纵向部门、职能部门甚至整个组织边界的网络关系。一项研究发现,建立社交网络的能力会让员工对管理者的管理效率产生正面积极的看法,同时对管理者影响绩效的能力也有正面积极的看法。[107]扩大网络的方法有两个:(1)向外延伸,设法与更多的管理者接触;(2)吸收持异议者。与别的管理者建立联系意味着建立基于爱好、信任和尊重的人际关系。可靠性及与别人合作的动力,而非利用别人,是网络和联盟建立的重要组成部分。[108]第二种方法,就是将持异议者吸收到网络内。例如,有一所大学的学术委员会原来是以职称和教龄作为成员的资格条件,后来吸收了持异议者。有几位对聘用和提职过程爱挑毛病的女教授被任命为委员会的新委员。一旦参与行政管理的过程，她们便能站在学校管理的角度看待问题，了解到管理者并不像她们想象的那么坏。这种吸收的方法有效地把她们纳入到行政管理网络之中。[109]

2. 关键位置上安置忠诚的人。另一个权术策略是把信任和忠诚的人员安置在组织或部门的关键岗位。高层管理者和部门领导通过聘用、调动和晋升的过程建立新的联系，把那些支持本部门的人安置在关键职位上，这有利于实现本部门的目标。[110]高层领导者经常采用这种策略，就像我们前面讨论的一样。来看一下方济各（Pope Francis）在梵蒂冈（Vatican）经历的事情。

应用案例 13-6

梵 蒂 冈

继任教宗之位还不到一年，方济各就已经通过改变天主教会的人事结构重塑了教会的运行方式。方济各将自己的人安排到有权力的位置上，帮助他实现目标：创建一个更具包容性、更有意义的教会，开创自己的新纪元。

雷蒙德·布尔克（Raymond L. Burke）是梵蒂冈级别最高的美国人之一，对美国新主教选举具有巨大影响力。莫罗·皮亚琴察（Mauro Piacenza）掌管着权力部门——圣职部（Congregation for the Clergy）。这两位都是红衣主教的权力要员，而红衣主教属于保守派，不利于方济各的改革，因此其官员要么被降级，要么被削弱了权力。方济各不断提拔任用那些和他在教会转型上有共识的温和派领导者，以取代前任教宗任用的因循守旧者。另一位保守派权力要员——圭多·波佐（Guido Pozzo）曾被前任教宗本笃十六世（Benedict）提拔到主教长的位置，并负责管理教会慈善事务，也已经被方济各降回到了以前的位置上。

相似的改革在其他领域继续上演。本笃十六世在退位前不久，批准了负责监督梵蒂冈银行的五人委员会继续留任下一个五年任期。而方济各已经用自己挑选的人取代了五人委员会中的四个人。他还任命了一个单独的特别委员会负责检查银行活动，加强控制和监督。梵蒂冈金融事务专家兼记者卡洛·马罗尼（Carlo Marroni）说："这是罗马新任教宗改革财政管理制度的一个强烈信号。"

方济各所做的很多改革被评价为是"抽倒了很多主教长用毕生经历搭建的职业阶梯"。此外，许多曾经权极一时的官员被扫出了权力圈。方济各认为，教会内部太多人"受制于世俗的诱惑"。打破权力圈是扭转这种趋势的一种方式。[111]

像其他高层领导人一样，方济各通过招聘、晋升以及人员调配将那些忠诚和值得信任的人放在可以帮助他实现组织使命和目标的位置上。

3. 坚持互利原则。许多研究表明多数人感到有义务回馈别人的帮助。[112]这种互惠原则是影响组织关系的关键因素。企业主管为同事提供帮助的时候，同事知道必须在未来做出回报。"当有人对我们表示感谢之后，我们即刻会从对方身上感受到极强的说服力。"影响力研究领域的著名社会学家罗伯特·查尔迪尼(Robert Cialdini)这么说。查尔迪尼说,管理者可以利用这一点提醒别人,比如告诉他们"当然,这是合作伙伴之间相互为对方所做的",让他们知道这是一种互惠关系。[113] 互惠的"潜规则"是像诺斯罗普·格鲁曼公司(Northrup Grumman)、卡夫食品(Kraft Foods)和辉瑞这样的企业为众议院和参议院的慈善机构捐款的重要原因。领导们试图以此讨好议员,因为议员们的决定会对他们公司的业务发展产生重要影响。[114] 与其他权术策略相比,管理者有时会为了私人目的而使用互惠原则,这会对组织及其利益相关者产生不利影响。例如,调查人员怀疑是否存在一种"共谋文化",主管核工业的官员、核工业企业的管理者、政客、监管机构等之间的紧密联系和互惠关系可能是造成日本福岛第一核电站发生灾难的重要原因。[115]

对日本核工业的调查反映了互惠互利在影响关系方面所发挥的重要作用。一些研究人员认为,交易——换取一些你需要的有价值的东西——是其他所有战术的基础。例如,理性的劝说能发挥作用是因为你让另一个人看到顺应这一计划会从中受益,同时,理性的劝说也会使你因为得到对方的喜欢和关注而取得成功。[116] 本章的"新书评介"深入探讨了互惠原则和其他一些基本影响原则。

罗伯特·B. 西奥迪尼(Robert B. Cialdini)

《影响力:你为什么会说"是"?》①(*Influence: Science and Practice*)

管理者使用多种多样的权术策略来影响其他人,并取得了预期结果。在《影响力:你为什么会说"是"?》这本书中,罗伯特·B. 西奥迪尼验证了导致人们热衷于各种策略的社会和心理压力。通过几年的研究,亚利桑那州立大学的心理学教授西奥迪尼指出了人类一些基本的影响原则,"这些原则适用于各种情形,各类从业者,各种论题和各种前景"。

影响原则

掌握一些基本的劝说方法可以帮助管理者预测和影响人们的行为,这些劝说工具在与同事、员工、消费者、合作伙伴甚至是朋友的交往过程中都是非常有用的。下面是一些关于如何成功实施影响力策略的心理学原则。

- **互惠。**互惠原则指的是人们对于接受的东西会产生一种回馈心理。例如,当管理者给其他人提供了帮助,受助者往往产生一种将做出回报的责任意识。聪明的管理者经常寻找帮助别人的方法,不管是帮助同事完成一项令人不愉快的工作,还是对下属员工的个人问题给予同情和关心。

① 本书中文版由中国社会科学出版社2001年12月出版,张力慧译。——译者注

● **喜爱。**人们常常跟他们喜欢的人说"是"。特百惠公司(Tupperware Corp.)很早认识到熟悉的面孔和志趣相投有助于产品的销售。特百惠家庭派对允许消费者从熟悉的朋友而不是陌生的销售员那里购买产品。各个公司的销售人员经常利用此原则来寻找他们和消费者之间的共同兴趣,通过这种方法来与消费者建立友好的关系。总体来讲,那些友善的、能够大方表扬对方、善于合作并能经常考虑其他人感受的管理者具有更强大的影响力。

● **可信的权力。**合法权力是影响力的来源。然而,研究者发现成功使用权力的关键是拥有渊博的知识,可靠、可信。那些精于专业知识、诚实坦率、值得信任的管理者往往比那些依赖于正式职权的管理者更具有影响力。

● **社会确认。**在给定的环境中,人们经常根据别人在做什么来决定自己应该做什么,也就是人们通过检验其他人的行为来确认正确的选择。例如,在资金募集活动中,当居民看到一份已经给当地慈善机构捐过款的邻居的名单时,捐款的频率会马上戏剧性地增加。通过示范,或者暗示,表明其他人已经遵照了要求,管理者能够获得更多合作机会。

社会影响的进程

因为管理者的活动就是影响其他人,所以学会真诚地游说是一项至关重要的管理技能。西奥迪尼的书阐述了人们如何以及为什么会改变态度和行为方式,这能够帮助管理者理解游说背后的基本心理原则。管理者需要以诚实且符合伦理的方式使用这些原则,这有助于他们提高管理效率,增加组织成功的机会。

Influence: Science and Practice (4th edition), by Robert B. Cialdini, is published by Allyn & Bacon.

4. 加强合法性和专长性。管理者可以在他们拥有被认可的合法性和专长的领域施与最强有力的影响。这种策略对年轻一代的管理者和员工非常有效。当今的年轻员工对权力的定义多是基于一个人的知识和技能,而不是职权。事实上,很多人不喜欢领导过多地使用政治手段,而且希望领导通过自己的知识和信誉影响他人。[117]如果管理者在本部门的工作范畴之内提出要求,即使这些要求符合本部门既得利益,其他部门也会遵守。该部门的成员还可以让外界的咨询顾问或组织内的其他专家支持他们的主张。[118]

5. 表明直接的要求①。管理者如果不提出要求,他的部门就很少能得到好处。一项表明直接要求的例子来自 Drugstore. com 网站,杰西卡·莫里森(Jessica Morrison)就直接要求获得新的头衔和提高薪酬。莫里森在 PayScale. com 网站研究了薪资标准,并向她的老板提供了这些,还包括其他一些确凿信息。基于调查的直接要求使莫里森获得了晋升机会。[119]只有在清晰地表白你的目标和要求,使组织能就此做出反应时,你的权术

① 该条位置与表 13-2 不一致,原书如此。——译者注

活动才会是有效的。管理者应当积极地讨价还价,并应该具有说服力。武断的建议也有被接受的可能,尤其在其他管理者没有更好的替代方案的情况下更是如此。此外,相对于其他模棱两可、意义含糊不清的方案而言,如果你的建议清晰明确,就常常会得到满意的处理。有效的权术行为要求有充分的强制力,并愿意冒风险,为达到所期望的结果至少做些尝试。

管理者能够利用对这些策略的理解来维护在组织内的影响力,并使工作得到顺利的完成。如果管理者忽视了权术技能,他们可能会发现在不知道为什么的情况下就失败了。其中的一个例子就是世界银行前行长保罗·沃尔福威茨(Paul Wolfowitz),他在没有建立必需的关系来维护影响力的情况下就想行使权力。

应用案例 13-7

世界银行

国防部前副部长保罗·沃尔福威茨(Paul Wolfowitz)在竞选国防部长以及布什政府的国家安全顾问失败后,他正好抓到机会跳到了世界银行(World Bank)当了新任行长。但沃尔福威茨没有在世界银行发展关系和建立联盟,这在一开始就注定了他在世界银行的命运。

当沃尔福威茨前来上任的时候,世界银行的大多领导者都已经在他们的职位上任职很多年了,就像一位董事会成员说的一样,他们已经习惯了"促进相互之间的利益,相互迎合"。沃尔福威茨在这个时候进入了世界银行,并且在没有考虑其他人的利益、想法和目标的情况下就试图宣称他自己的想法、目标和正式权力。他常常在关键问题上独断专行,拒绝考虑其他人的观点,这导致他很快就疏远了世界银行的很多领导团队和董事会。沃尔福威茨经常要么自己直接发布指令,要么通过他精心挑选的管理者对高级银行官员发布指令,但从未尝试劝导其他人接受他的思维方式。一些高层官员由于同这位新任主席的争论而最终辞职。

最终,董事会要求沃尔福威茨辞职。他的一位前同事说道:"保罗没能理解,世界银行行长的这个职位并不具有与生俱来的权力,银行行长只有同银行的其他领导者形成同盟才有可能成功,沃尔福威茨并没有同他们形成联盟,而是疏远了他们。"[120]

沃尔福威茨需要动用的是权术方法而不是一味把他自己的议事日程强加于人,当他意识到这一点的时候已经太晚了。即使管理者拥有很大的权力,对权力的使用也不应该太明显。[121]假如管理者在会议上依仗权力而郑重其事地说:"本部门拥有比你们任何一个部门都大的权力,所以,你们都得按我的意思去做。"那么,他的权力就会失效。权力无声使用才会发挥最大的功效。要求人们注意你的权力,你便失去了权力。无权者才会大声嚷嚷其权力,有权者不会这么做。人们心中都明白谁有权。哪个部门最有权往往有一种不约而同的共识。明确地显露自己有权不但没有必要,反而可能损害你部门的利益。

同时,在使用上述任何一种策略时,请记住前面的陈述,即大多数人认为自利的权术行为是对组织有害而不是有利的。如果管理者被人认为是在滥用权力或者追逐本部门自身的利益而不是追求有利于组织的目标，那他们就将失去人们的尊敬。另一方面，管理者必须对其工作相关的权术面有所认识。光有理性的技术能力还不够。发展和使用权术技能是成为一名优秀管理者的重要组成部分。

设计要点

■ 本章最重要的观点是，冲突、权力和权术是组织活动的自然结果。目标、背景和任务的差异对组织取得卓越的成绩是必不可少的，但是，这些差异也使群体陷入冲突中。管理者可以运用权力、权术来管理和解决冲突。

■ 这里提出了两种不同的组织观。组织的理性模式认为，组织有着特定的目标，任何问题都可以以合乎逻辑的方式予以解决。组织的权术模式则代表了另一种观点，它是本章大部分内容的思想基础。这种观点认为，组织的目标并不是特定的，或者说不是一致同意的。各部门有着不同的利益和价值观，这样管理者就面临着冲突。决策就只能在权力和权术影响的基础上做出。讨价还价、谈判、劝说、联盟活动等决定了决策的结果。

■ 虽然冲突和政治行为在组织中很常见，而且可以用来实现利益目标，但是管理者们仍需要尽力增进合作，避免部门之间的冲突过于激烈。增进合作的主要策略包括整合手段、对抗和谈判、安排组际研讨会、实施人员轮换、创设共同的使命和目标。

■ 本章还讨论了权力的纵向和横向来源。权力的纵向来源包括正式的职位、资源、控制决策前提和网络中心性。一般来说，处于组织层级链最高层的管理者比处于较低层级的管理者们拥有更大的权力。然而，层级链上的所有职位都可以通过设计而增强员工的权力。随着组织面临的竞争和环境不确定性日益增加，高层经理们发现，增加中层管理者和基层员工的权力能使组织更富有竞争力。授权在今天的组织中是一种很受欢迎的趋势。给雇员授权意味着给予他们三个重要因素：信息和资源、需要的知识和技能，以及做出实质性决定的权力。

■ 对横向权力过程的研究揭示，存在某些因素使一些部门比其他部门权力更大。权力的差异可以用战略权变的概念来理解。负责处理重要的资源问题和被依赖的部门经常具有更大的权力。相依性、财力资源及不可替代性等因素决定了部门的影响力。

■ 管理者需要权术技能来实施软权力。许多人对权术行为持怀疑的态度，担心它会被用来达成个人的自私目的，从而对组织不利。然而，为了实现一个部门或组织的目标，权术活动通常还是需要的。权术通常能发挥作用的三个领域是结构变革、管理人员替换和资源分配，因为这些问题存在高度的不确定性。管理者们可以使用诸如建立联盟、扩大网络、利用互利原则、加强合法性和表明直接的要求等权术性策略来使部门达到预期的结果。

关键概念

职权(authority)
中心地位(centrality)
集体讨价还价(collective bargaining)
竞争(competition)
对抗(confrontation)
相依性(dependency)
权术活动的领域(domains of political activity)
授权(empowerment)
群体间冲突(intergroup conflict)
劳资团队(labor-management teams)
谈判(negotiation)
网络中心性(network centrality)
不可替代性(nonsubstitutability)
组织权术(organizational politics)
权术模式(political model)
权术性策略(political tactics for using power)
权力(power)
权力来源(power sources)
理性模式(rational model)
群体间冲突的根源(sources of intergroup conflict)
战略权变因素(strategic contingencies)
增进合作的策略(tactics for enhancing collaboration)
增强权力的策略(tactics for increasing power)

讨论题

1. 举例说明工作任务、个人背景和培训方面的差异如何导致群体间的冲突？任务相依性又如何导致群体间的冲突？

2. 快消行业巨头宝洁公司和互联网领导者谷歌已经达成了市场合作。什么样的组织管理和环境因素能够决定哪个组织在合作过程中拥有更多权力?

3. 快速变革的组织中最可能采用何种方式来制定决策,是组织的理性模式还是权术模式?试讨论。

4. 权力与职权的区别是什么?一个拥有正式职权的人是否可能并没有真正的权力?试讨论。

5. 讨论可以通过哪些方式来让保险公司的一个部门通过预先获得的信息,以及通过预防或吸纳的方式帮助组织应对大型医院系统不断增加的权力?

6. 某州立大学(X 大学)90%的资金来自于州政府。由于学费较低,在校生数量已超额,申请入学的学生数量也已超额,该校正试图通过一些规定来限制新生入学。在一所私立的大学(Y 大学)中,其收入的 90%来自学生交纳的学费,它很少招到足够的学生以保持收支平衡。这所大学的招生办公室正在积极地招募下一学年的学生。利用战略权变的概念,分析一下哪所大学中的学生拥有更大的权力?这对于教师和行政管理人员来说意味着什么?试讨论。

7. 美林证券的一位财务分析师尝试了几个月想要暴露对次级抵押贷款投资的风险,但他没能力使其他人注意到他的主张。你如何评估这名员工的权力?他应该采取什么样的措施来提高自己的权力,并使其他人注意到公司即将发生的问题?

8. 某重点大学工程学院在过去三年时间里得到的政府科研经费是其他院系所得总数的三倍。工程学院拥有丰厚的资金,而且有许多全职研究教授。然而,在校内科研经费分配中,工程学院反而得到了最大的份额,尽管它已有相当多的外部科研资金。为什么会发生这样的事情?

9. 一些研究者认为暗含着互惠原则(同别人交换有价值的东西来获得你想要的东西)的交换概念是所有影响力的基础。你同意吗?试讨论之。在多大程度上你感到有责任回报你曾得到过的帮助?

专题讨论

你如何处理冲突?

回想一下你与你的团队成员、朋友或同事之间发生意见分歧的情况,然后判断下面描述的各种行为对你来说是否属实。答案没有对与错之分,请如实回答。

	基本属实	基本不实
1. 我觉得因为分歧而争论是没有必要的。	______	______
2. 当有人想讨论某一争议性问题时,我会有意避开他/她。	______	______
3. 我宁可对自己的观点保持沉默,也不愿引起争论。	______	______
4. 我经常有意识地避免让自己陷入引起争论的境地。	______	______
5. 我会尽力让自己的观点胜出。	______	______
6. 在争议中,我会强力地坚持自己的观点。	______	______
7. 当我试图让其他人接受我的观点时,我会提高我的嗓门。	______	______
8. 我立场鲜明地表达自己的观点。	______	______
9. 当其他人做出让步时,我也会有所让步。	______	______
10. 为了达成一致意见我会做出妥协。	______	______
11. 为了达成一致解决方案我会采取一些折衷手段。	______	______
12. 为了得到别人的认同,我会放弃自己的一些观点。	______	______
13. 我不想伤害别人的感情。	______	______
14. 如果和我争论的人提出了一个好方案,我会立马表示赞同。	______	______
15. 我会通过最小化冲突的方式缓和争论和分歧。	______	______
16. 我会体谅其他人的情绪。	______	______
17. 我会提出一个充分考虑了其他人观点的解决方案。	______	______
18. 我将争议中提出的各种观点合为一个新的解决方案。	______	______
19. 我会把其他人的意见考虑进去,然后提出一个大家都可以接受的方案。	______	______
20. 我使用相同的标准来评价自己和别人的观点。	______	______

计分与解释

这20个问题测量出了五种冲突处理策略,即回避型、控制型、协商型、包容型和合作型。这五种不同的类型反映了个人面对冲突时的固执或合作程度。你在某一种策略上的得分越高,你在处理冲突时越有可能采取这种方式。反之,你在某一策略上的得分越低,就可能越不常用这种方式。

控制型风格(走我的路)体现了一种较高程度的自信和坚持,这种风格的人一定要按自己的方式做事,以满足自己的利益为主。统计一下第5至第 8 题中选择基本属实的有几个,就是你的得分：________。

包容型风格(走你的路)体现了一种较高程度的协作意愿,这种风格的人愿意在冲突中让步,把帮助别人看作是最重要的。统计一下第 13 至第 16 题中选择基本属实的有几个,就是你的得分：________。

回避型风格(不走冲突之路)既不表现出坚持,也不表现出协作,而是在可能产生冲突的时候通过回避或沉默的方式避免冲突的发生。统计一下第 1 至第 4 题中选择基本属实的有几个,就是你的得分：________。

协商型风格(路中相遇)既表现出一定程度的坚持,也表现出一定程度的协作,双方相互做出让步,而后在中间某点达成一致。统计一下第 9 至第 12 题中选择基本属实的有几个,就是你的得分：________。

合作型风格(走我们的路)既表现出了较高程度的坚持,同时也表现出了较高程度的协作。双方达成统一目标,并共同完成。统计一下第 17 至第 20 题中选择基本属实的有几个,就是你的得分：________。

问　题

1. 你发现哪种策略最容易使用？哪一种最难使用？你最常用的是哪一种策略？

2. 如果另一方是你的朋友、你的家庭成员,或者你的同事,你的答案会有什么不同？

3. 你觉得你处理冲突的方式如何？还有哪些可以改进的地方？

教学案例

每日论坛报社[122]

《每日论坛报》(*Daily Tribune*)是面向田纳西州东部 6 个县区发行的唯一的一份日报。虽然该报社的职员并不多,而且主要面向小城镇和农村地区提供服务,但是,《每日论坛报》在田纳西出版协会和其他组织的多项新闻报道和摄影报道中获得过奖励。

里克·阿诺德(Rick Arnold)大约在 15 年前成为该报的新闻版主编。他在《每日论坛报》度过了整个职业生涯。《每日论坛报》由于对问题和事件的完整、均衡的报道而受到了认可,他对此感到无比自豪。这份报纸能够吸引这么多聪明的、有才华的、年轻的写作者和摄影作者,主要应该归功于里克的全身心投入以及他对新闻工作人员的支持。在他刚开始工作的那些年里,新闻室就是一个充满生气的、令人兴奋的工作场所——记者们在快节奏的工作及偶尔抢先诺克斯维尔一主要日报社的新闻报道中成长了起来。

但是,《每日论坛报》已经时过境迁。在过去大约5年时间,广告部门无论在人员还是经费预算方面都持续增加,而新闻部门则开始萎缩。在本月的经理会上,出版商约翰·费雪(John Fisher)提醒大家说:"是广告部替我们付账。如今,做广告的商家如果不喜欢我们为他们所做的事情,它会转而采用直接邮寄、有线电视甚至互联网等宣传方式。"

里克经常会因一些新闻报道谴责了主要的广告商家而与广告部门发生冲撞,但在过去几年中这种冲突明显增多。现在,费雪正在鼓励部门间进行更广泛的由他取名的"横向合作",他要求新闻部和广告部的经理们,在涉及本报主要广告商家的故事或论题报道时,相互征求对方的意见。这场运动部分是由于广告商家们不断增加的抱怨引发的,他们对一些他们认为不公平的报道很有意见。费雪在会上说:"我们是出版新闻的。我知道有时我们不得不刊发一些某些人不喜欢的报道,但我们也得找出对广告商家更友好的方法。如果大家一同工作,我们也能够开发出这样的战略,一方面能刊登出好的新闻报道,另一方面又有利于吸引更多的广告商家。"

里克离开会场时怒气冲冲。在回走廊尽头新闻室的路上,他让所有的人都听见了他对新提出的"对广告商家友好"说法的轻蔑话语,这些人中间包括了广告部经理弗雪德·托马斯(Fred Thomas)。里克手下的执行主编莉萨·劳伦斯(Lisa Lawrence)平静地表示支持他,但同时指出,广告商家也是读者,报纸必须听从所有相关团体的呼声。"如果我们不细心地处理这件事,费雪和托马斯会到这儿来,教训我们什么能写、什么不能写。"劳伦斯在里克刚到这家报社时就开始与他一起工作。纵使两个人之间有冲突,但他们关系的主流是相互尊重和信任的。"我们还是小心些,"她再次强调说:"读那些关于广告商家的报道时要再仔细一些,确保我们能够为所刊印的一切辩护,这样,一切都会顺利的。我知道,广告部与新闻部界限的模糊会让你生气,但托马斯是一个理智的人。我们只需要让他不出轨。"

那天下午晚些时候,里克收到了他手下的一位新闻记者工作了十几天写出的一则报道。东田纳西医疗公司(East Tennessee Healthcorp,ETH)经营着整个地区的一系列医疗卫生诊所。由于财务状况的不断恶化,它正准备关闭三家乡村诊所。记者伊丽莎白·弗雷利(Elisabeth Fraley)就居住在其中一个社区。在关闭诊所的消息将于今天下午宣布之前,她从邻居那里得到了这条消息。她的邻居是东田纳西医疗公司的一名会计。弗雷利写了一则令人信服的人权报道。报道中指出,诊所的关闭将使两个县的居民基本上无法获得健康护理;与此同时,一些大城市里根本不需要的诊所却仍在开放着。她认真地与诊所先前的病人和ETH公司的员工进行了访谈,其中包括一家诊所的主管和公司办公室的两位高层管理者。她还细致地记录了所有的资料来源。依照上午会议的精神,里克知道他应当让莉萨·劳伦斯审阅这一报道,因为东田纳西医疗公司是论坛报最大的广告商家之一。

但劳伦斯已经下班了。而他自己不宜亲自去征询广告部的意见——那是该由劳伦斯处理的权术问题。而如果他等待劳伦斯审核，这一报道就赶不上周日版了。他唯一的选择是写一则简短的通讯，只报道诊所关闭的消息而略去人权方面的内容。但里克相信，诺克斯维尔和附近其他城市的几大报社虽然都会在其周日的报纸上做相关的报道，可没有哪家会有足够的时间完成一篇像弗雷利所提供的如此全面而生动有趣的报道。里克用钢笔迅速地勾画，做了一些细微的编辑上的修改，然后将这份报道送去排版印刷。

第二天，当里克来上班时，立刻被叫到了出版商的办公室。他知道，星期天费雪还来上班准是个坏消息。在一顿训斥和责骂之后，里克得知数十万份的周日报纸已被销毁，印出了一份新编辑的版本。广告部经理在周日一大早给费雪家里打了电话，告诉他有关东田纳西医疗公司的新闻报道。他说，在同一天的报纸上，正好有为这家公司做的整版的宣传报道，颂扬该公司向东田纳西东部的小城镇和乡村社区提供医疗服务。

“这则报道是准确的。我猜想你会愿意抓住机会抢到各大报纸的前面，”里克开始说话，但费雪立即以他喜欢的方式打断了他的争辩。“你猜想的时候，”他尖叫道：“你就是在愚弄你和我。你可以只报道基本事实嘛，不要暗示这家公司不关心这一地区的居民。下一次再发生类似的事情，你会发现你自己和你的记者们要站到失业者的队伍中！”

里克以前也听过这样的话，但这一次他不知怎么就近乎相信这会是真的。“报纸的主要目的是提供新闻，现在的世道怎么了？”里克默默地念叨。“如今看来，我们都必须按照广告部指挥的节奏跳舞了。”

纽黑文的新举措

伯顿·李(Burton Lee)被调到一家大型制造企业的纽黑文(New Haven)分部去当工厂经理，这家分部的绩效很差，但是伯顿认为他可以通过改善这家工厂的业绩从而获得晋升。

伯顿也意识到自己在公司里被认为是一个智者，他认为这部分是因为自己在本科辅修了哲学的缘故。从 MBA 毕业已经 15 年了，但是伯顿一直对于阅读经典著作保有很高的激情，比如荷马(Homer)、塔西佗(Tacitus)、柏拉图(Plato)、希罗多德(Herodotus)和西塞罗(Cicero)等的作品，并且他一般只看希腊和拉丁原著。就像托马斯·杰斐逊(Thomas Jefferson)一样，他也随身携带着一本袖珍的希腊语法宝典。他的同事们也逐渐习惯了他的口头禅：“如果从逻辑角度来看待这个问题的话呢……”或者“这显然应该是……”

显然，伯顿认为纽黑文分部必须要做一些改变。这个分部的名声非常糟糕，被认为是公司的短板，机器长时间停工，产品积压，并且产品的质量也经常遭到抱怨，这些对员工情绪产生了负面影响。在一个不景气的经济环境中，也经常有谣言说纽黑文工厂可能会被关闭。

"我经济学的背景告诉我总会有一个符合逻辑的方法去解决这些问题。制造业往往深陷于过往,总是照着以前的方法行事。在制造业中,上级的命令总是胜过一切,即使在压倒性的证据面前,他们也不愿意做出任何改变。因为他们深陷于这种心智模式,他们不愿意去探索新的思路使自己领先于制造业的前沿,或者描绘出一个更宏大的蓝图。我相信在思想上、技术上、流程简化上的创新以及对于员工的授权等对于纽黑文工厂的成功是十分重要的。

坦率地说,当我接手纽黑文工厂的时候,这里一片混乱,到处都充斥着废纸,并且我们还在使用那些传统的流水线。当我和生产线主管交谈的时候,我感觉他们仍旧被亨利·福特所引导。我们确实应该抛开过去,去寻找一种新的模式与新的文化。我们必须要减少存货,加快产品的流转并且提高产品的质量。当然,这些仅仅依靠我的力量是不可能办到的,这些只能通过工厂的工人才能完成。但是要达成这些目标,工人们需要有工具,就像丘吉尔在'二战'中告诉罗斯福:'给我们工具,我们就能完成任务。'当然这也是我想在纽黑文工厂创造的一种文化。

我在工厂中不断观察,和所有人交谈,还去调查其他行业在做什么。我知道我们必须将个人工作整合到一起,建立一个完整但并不复杂的协作系统,并且鼓励工人们向着统一明确的目标努力工作,以提高我们的整体效率。但是问题是我们怎么去做?

如果从逻辑角度来看待这个问题的话呢,当你敢于跳出自己的舒服区去探寻其他行业的所作所为,你就会发现这里有大量你可以效仿的楷模,也可以发现这里有很多有用的技术与软件资源可以供我们使用。我设法说服了高层管理人员,让他们投资一个软件的试点项目,使我们能够创建一个虚拟工厂来审视我们操作流程的各个方面,比如工厂布局、物流、机械运作等。最初,我的现场管理团队还真的做到了这些工作。有了这种软件,我们可以模拟出各种问题,并且做一些'如果……那应该怎样……'的类似情境分析。当时我的想法是创建精益制造集群,将这些实践作为标杆,而后在整个公司推行。

在操作流程上,我们将流水线分解成了一个一个自我管理的小团队,这样做是为了授权给工人,鼓励他们做出实时决策。员工们看似热情高涨,希望对日常工作有更多控制权。当然,这对于管理者们却存在一定的利益冲突,因此他们也是对这个改变第一个发起反对的,他们担心自己失去现有的权威,担心公司里面最后连'资历'也会变得没有用处,正如一个老资格的管理者所说的:'一个才进公司10个月的新人乔·布朗就可以开始做决策了。'当然,这些举措也遭到了一些一线工人的反抗。你也许会认为从车轮齿轮转变成一个动态的、自我管理的团队这样的机会应该对于每个人都很有吸引力。其实不然。我猜想有些人是害怕自己做决定吧,感觉自己需要持续的指导。跟一些工人提及自我管理团队,他们的反应就像是被'车灯惊吓的小鹿'一样。

上述这些举措毫无疑问将给我们工厂的业绩带来较大的改善。但是要想这整个流程良好运转,我们还需要工人们的良好合作以及管理人员的鼎力支持。当我们已经开始取得一些进步，并且产品的产量和质量也有所提高的时候，上级管理人员却让我们来了个急刹车。做出改变是需要资源和时间的。但是其他工厂的管理人员却开始抱怨了，认为纽黑文工厂得到了优待，并且含沙射影地指责我们的软件开发和自我管理团队，认为他们成天只知道坐在一起'玩游戏'，在会议上握握手。公司也一再延迟发放给我们用于购买设备和员工培训的资金，而这些设备和培训却是能帮助我们把这个落后的工厂转变成一个 21 世纪的生产部门。

我承认我对于组织里面这么多人没有认识到我们这些做法的合理性感到震惊和失望，我认为这种合理性是任何用眼用脑的人都应该看出来的，但是他们却没有看到，甚至还不支持我们所做出的努力。我想着那就用事实说话吧，我把能够支持我们在纽黑文举措的合理性的数据都给他们看了，但是当我们需要开明的领导时，他们对此却没有反应。现在我也疑惑了，下一步我们应该何去何从？本来应该属于我的一个巨大成功被他们硬生生剥夺了。并且我也得到了一个非正式的答复，说我不适合作为下一任获得提升的候选代表。"

注　释

1. David Gelles, "At Odds, Omnicom and Publicis End Merger," Dealbook column, *The New York Times*, May 8, 2014, http://dealbook.nytimes.com/2014/05/08/ad-agency-giants-said-to-call-off-35-billion-merger/?_php=true&_type=blogs&_r=0 (accessed June 5, 2014); and Suzanne Vranica and Ruth Bender, "Clashes over Power Threaten $35 Billion Ad Agency Merger," *The Wall Street Journal Online*, April 25, 2014, http://online.wsj.com/news/articles/SB10001424052702304788404579524030560224554 (accessed June 5, 2014).
2. Phred Dvorak, Suzanne Vranica, and Spencer E. Ante, "BlackBerry Maker's Issue: Gadgets for Work or Play?" *The Wall Street Journal Online*, September 30, 2011, http://online.wsj.com/article/SB10001424052970204422404576597061591715344.html (accessed September 30, 2011).
3. Lee G. Bolman and Terrence E. Deal, *Reframing Organizations: Artistry, Choice, and Leadership* (San Francisco: Jossey-Bass, 1991).
4. Paul M. Terry, "Conflict Management," *The Journal of Leadership Studies* 3, no. 2 (1996), 3–21; Kathleen M. Eisenhardt, Jean L. Kahwajy, and L. J. Bourgeois III, "How Management Teams Can Have a Good Fight," *Harvard Business Review*, July–August 1997, 77–85; and Patrick Lencioni, "How to Foster Good Conflict," *The Wall Street Journal Online*, November 13, 2008, http://online.wsj.com/article/SB122661642852326187.html (accessed November 18, 2008).
5. Clayton T. Alderfer and Ken K. Smith, "Studying Intergroup Relations Imbedded in Organizations," *Administrative Science Quarterly* 27 (1982), 35–65.
6. Muzafer Sherif, "Experiments in Group Conflict," *Scientific American* 195 (1956), 54–58; and Edgar H. Schein, *Organizational Psychology*, 3rd ed. (Englewood Cliffs, NJ: Prentice-Hall, 1980).
7. M. Afzalur Rahim, "A Strategy for Managing Conflict in Complex Organizations," *Human Relations* 38 (1985), 81–89; Kenneth Thomas, "Conflict and Conflict Management," in M. D. Dunnette, ed., *Handbook of Industrial and Organizational Psychology* (Chicago: Rand McNally, 1976); and Stuart M. Schmidt and Thomas A. Kochan, "Conflict: Toward Conceptual Clarity," *Administrative Science Quarterly* 13 (1972), 359–370.
8. L. David Brown, "Managing Conflict Among Groups," in David A. Kolb, Irwin M. Rubin, and James M. McIntyre, eds., *Organizational Psychology: A Book of Readings* (Englewood Cliffs, NJ: Prentice-Hall, 1979), 377–389; and Robert W. Ruekert and Orville C. Walker, Jr., "Interactions Between Marketing and R&D Departments in Implementing Different Business Strategies," *Strategic Management Journal* 8 (1987), 233–248.
9. Amy Barrett, "Indigestion at Taco Bell," *BusinessWeek*, December 14, 1994, 66–67; and Greg Burns, "Fast-Food Fight," *BusinessWeek*, June 2, 1997, 34–36.
10. Susanne Craig, "Morgan Stanley Strives to Coordinate 2 Departments Often at Odds," *The New York Times*, February 19, 2013, B1.
11. George Westerman, "IT Is from Venus, Non-IT Is from Mars," *The Wall Street Journal*, April 2, 2012, R2.
12. Victoria L. Crittenden, Lorraine R. Gardiner, and Antonie Stam, "Reducing Conflict Between Marketing and

Manufacturing," *Industrial Marketing Management* 22 (1993), 299–309; and Benson S. Shapiro, "Can Marketing and Manufacturing Coexist?" *Harvard Business Review* 55, September–October 1977, 104–114.

13. Thomas A. Kochan, George P. Huber, and L. L. Cummings, "Determinants of Intraorganizational Conflict in Collective Bargaining in the Public Sector," *Administrative Science Quarterly* 20 (1975), 10–23.
14. Eric H. Neilsen, "Understanding and Managing Intergroup Conflict," in Jay W. Lorsch and Paul R. Lawrence, eds., *Managing Group and Intergroup Relations* (Homewood, IL: Irwin and Dorsey, 1972), 329–343; and Richard E. Walton and John M. Dutton, "The Management of Interdepartmental Conflict: A Model and Review," *Administrative Science Quarterly* 14 (1969), 73–84.
15. Jay W. Lorsch, "Introduction to the Structural Design of Organizations," in Gene W. Dalton, Paul R. Lawrence, and Jay W. Lorsch, eds., *Organization Structure and Design* (Homewood, IL: Irwin and Dorsey, 1970), 5.
16. James D. Thompson, *Organizations in Action* (New York: McGraw-Hill, 1967), 54–56.
17. Walton and Dutton, "The Management of Interdepartmental Conflict."
18. Joseph McCann and Jay R. Galbraith, "Interdepartmental Relations," in Paul C. Nystrom and William H. Starbuck, eds., *Handbook of Organizational Design*, vol. 2 (New York: Oxford University Press, 1981), 60–84.
19. Roderick M. Cramer, "Intergroup Relations and Organizational Dilemmas: The Role of Categorization Processes," in L. L. Cummings and Barry M. Staw, eds., *Research in Organizational Behavior*, vol. 13 (New York: JAI Press, 1991), 191–228; Neilsen, "Understanding and Managing Intergroup Conflict"; and Louis R. Pondy, "Organizational Conflict: Concepts and Models," *Administrative Science Quarterly* 12 (1968), 296–320.
20. Julian E. Barnes, "Branches of Military Battle over Shrinking War Chest," *The Wall Street Journal*, July 31, 2013, http://online.wsj.com/news/articles/SB10001424127887324260204578583513940889092 (accessed June 5, 2014).
21. Jeffrey Pfeffer, *Power in Organizations* (Marshfield, MA: Pitman, 1981).
22. Amy Barrett, "Marc Cinque Hired a Corporate Pro to Upgrade His Sausage Company. Will the Move Pay Off?" *Inc.*, December 2010–January 2011, 74–77.
23. Clinton O. Longenecker and Mitchell Neubert, "Barriers and Gateways to Management Cooperation and Teamwork," *Business Horizons*, November–December 2000, 37–44.
24. Amanuel G. Tekleab, Narda R. Quigley, and Paul E. Tesluk, "A Longitudinal Study of Team Conflict, Conflict Management, Cohesion, and Team Effectiveness," *Group and Organization Management* 34, no. 2, April 2009, 170–205.
25. Robert R. Blake and Jane S. Mouton, "Overcoming Group Warfare," *Harvard Business Review*, November–December 1984, 98–108.
26. Blake and Mouton, "Overcoming Group Warfare"; and Paul R. Lawrence and Jay W. Lorsch, "New Management Job: The Integrator," *Harvard Business Review* 45, November–December 1967, 142–151.
27. Jill Jusko, "Nature vs. Nurture," *Industry Week*, July 2003, 40–46.
28. Neal E. Boudette and Jeff Bennett, "UAW Boss Makes Nice, Touts End of Us vs. Them," *The Wall Street Journal*, August 4, 2011, B1.
29. Robert R. Blake, Herbert A. Shepard, and Jane S. Mouton, *Managing Intergroup Conflict in Industry* (Houston: Gulf Publishing, 1964); and Doug Stewart, "Expand the Pie Before You Divvy It Up," *Smithsonian*, November 1997, 78–90.
30. Patrick S. Nugent, "Managing Conflict: Third-Party Interventions for Managers," *Academy of Management Executive* 16, no. 1 (2002), 139–155.
31. Blake and Mouton, "Overcoming Group Warfare"; Schein, *Organizational Psychology*; Blake, Shepard, and Mouton, "Managing Intergroup Conflict in Industry"; and Richard E. Walton, *Interpersonal Peacemaking: Confrontation and Third-Party Consultations* (Reading, MA: Addison-Wesley, 1969).
32. Neilsen, "Understanding and Managing Intergroup Conflict"; and McCann and Galbraith, "Interdepartmental Relations."
33. Ben Horowitz, "The *Freaky Friday* Management Technique," Ben's Blog, Andreessen Horowitz Website, January 19, 2012, http://www.bhorowitz.com/the_freaky_friday_management_technique (accessed June 5, 2014). This story is also told in Horowitz, *The Hard Thing About Hard Things: Building a Business When There Are No Easy Answers* (New York: HarperBusiness, 2014).
34. Neilsen, "Understanding and Managing Intergroup Conflict"; and McCann and Galbraith, "Interdepartmental Relations."
35. Dean Tjosvold, Valerie Dann, and Choy Wong, "Managing Conflict Between Departments to Serve Customers," *Human Relations* 45 (1992), 1035–1054.
36. Robert A. Dahl, "The Concept of Power," *Behavioral Science* 2 (1957), 201–215.
37. W. Graham Astley and Paramijit S. Sachdeva, "Structural Sources of Intraorganizational Power: A Theoretical Synthesis," *Academy of Management Review* 9 (1984), 104–113; and Abraham Kaplan, "Power in Perspective," in Robert L. Kahn and Elise Boulding, eds., *Power and Conflict in Organizations* (London: Tavistock, 1964), 11–32.
38. Gerald R. Salancik and Jeffrey Pfeffer, "The Bases and Use of Power in Organizational Decision-Making: The Case of the University," *Administrative Science Quarterly* 19 (1974), 453–473.
39. Rosabeth Moss Kanter, "Power Failure in Management Circuits," *Harvard Business Review*, July–August 1979, 65–75.
40. Richard M. Emerson, "Power-Dependence Relations," *American Sociological Review* 27 (1962), 31–41.
41. Brian Stelter, "Creator of 'Mad Men' Agrees to Deliver Multiple Seasons," *The New York Times*, April 1, 2011, B2; Lauren A. E. Schuker, "'Mad Men' Put on Ice; AMC's Hit Drama Postponed to 2012 Amid Contract Talks," *The Wall Street Journal*, March 30, 2011, B8; and "Count on AMC to Make it a 'Mad,' 'Mad,' 'Mad,' 'Mad,' 'Mad' World," *The Washington Post*, March 30, 2011, C1.
42. Anthony D'Allessandro, "'Mad Men' Cast and Matthew Weiner Reflect on Half Season and Bert Cooper's Final Dance Number," *Deadline Hollywood*, June 4, 2014, http://www.deadline.com/2014/06/mad-men-cast-season-finale-deadline-screening/#more-740191 (accessed June 6, 2014).
43. Examples are Robert Greene and Joost Elffers, *The 48 Laws of Power* (New York: Viking, 1999); and Jeffrey J. Fox, *How to Become CEO* (New York: Hyperion, 1999).
44. John R. P. French, Jr., and Bertram Raven, "The Bases of Social Power," in D. Cartwright and A. F. Zander, eds., *Group Dynamics* (Evanston, IL: Row Peterson, 1960), 607–623.
45. Ran Lachman, "Power from What? A Reexamination of Its Relationships with Structural Conditions," *Administrative Science Quarterly* 34 (1989), 231–251; and Daniel J. Brass, "Being in the Right Place: A Structural Analysis of Individual Influence in an Organization," *Administrative Science Quarterly* 29 (1984), 518–539.

46. Rachel Feintzeig, "The Most Powerful Person in the Office: Executive Assistant Jobs May Be Thankless, but They Also Offer Big Impact," *The Wall Street Journal*, October 29, 2013, http://online.wsj.com/news/articles/SB10001424052702304470504579164142663425498 (accessed June 6, 2014).
47. Michael Warshaw, "The Good Guy's Guide to Office Politics," *Fast Company*, April–May 1998, 157–178.
48. A. J. Grimes, "Authority, Power, Influence, and Social Control: A Theoretical Synthesis," *Academy of Management Review* 3 (1978), 724–735.
49. Astley and Sachdeva, "Structural Sources of Intraorganizational Power."
50. Jean-Louis Barsoux and Cyril Bouquet, "How to Overcome a Power Deficit," *MIT Sloan Management Review*, Summer 2013, 45–53.
51. Jeffrey Pfeffer, *Managing with Power: Politics and Influence in Organizations* (Boston: Harvard Business School Press, 1992).
52. Monica Langley, "Columbia Tells Doctors at Hospital to End Their Outside Practice," *The Wall Street Journal*, May 2, 1997, A1, A6.
53. Richard S. Blackburn, "Lower Participant Power: Toward a Conceptual Integration," *Academy of Management Review* 6 (1981), 127–131.
54. Feintzeig, "The Most Powerful Person in the Office."
55. Kanter, "Power Failure in Management Circuits," 70.
56. Erik W. Larson and Jonathan B. King, "The Systemic Distortion of Information: An Ongoing Challenge to Management," *Organizational Dynamics* 24, no. 3 (Winter 1996), 49–61; and Thomas H. Davenport, Robert G. Eccles, and Laurence Prusak, "Information Politics," *Sloan Management Review*, Fall 1992, 53–65.
57. Based on Perry Buffett, "Using Influence to Get Things Done," *Strategy + Business*, Spring 2011, http://www.strategy-business.com/article/11104?pg=all (accessed June 9, 2014); and Andrew M. Pettigrew, *The Politics of Organizational Decision-Making* (London: Tavistock, 1973).
58. Nancy F. Koehn, "Lincoln's School of Management," *The New York Times*, January 26, 2013; Hitendra Wadhwa, "Lessons in Leadership: How Lincoln Became America's Greatest President," Inc.com, February 12, 2012, http://www.inc.com/hitendra-wadhwa/lessons-in-leadership-how-abraham-lincoln-became-americas-greatest-president.html (accessed March 4, 2013); and Gil Troy and Karl Moore, "Leading from the Centre: What CEOs Can Learn from U.S. Presidents," *Ivey Business Journal*, September–October, 2010, http://www.iveybusinessjournal.com/topics/leadership/leading-from-the-centre-what-ceos-can-learn-from-u-s-presidents (accessed May 21, 2013).
59. Scott Wilson, "Obama, the Loner President," *Washington Post*, October 7, 2011, http://articles.washingtonpost.com/2011-10-07/opinions/35280751_1_president-obama-politics-obama-administration (accessed October 8, 2011); and Peter Nicholas, "Obama's Insular White House Worries His Allies," *Los Angeles Times*, December 24, 2010, http://articles.latimes.com/2010/dec/24/nation/la-na-obama-insular-presidency-20101225 (accessed December 25, 2010).
60. Astley and Sachdeva, "Structural Sources of Intraorganizational Power"; and Noel M. Tichy and Charles Fombrun, "Network Analysis in Organizational Settings," *Human Relations* 32 (1979), 923–965.
61. Jeffrey Pfeffer, "Power Play," *Harvard Business Review*, July–August 2010, 84–92.
62. Edwin P. Hollander and Lynn R. Offermann, "Power and Leadership in Organizations," *American Psychologist* 45, February 1990, 179–189.
63. Quoted in D. Keith Denton, "Enhancing Power," *Industrial Management*, July–August 2011, 12–17.
64. Jay A. Conger and Rabindra N. Kanungo, "The Empowerment Process: Integrating Theory and Practice," *Academy of Management Review* 13 (1988), 471–482.
65. David E. Bowen and Edward E. Lawler III, "The Empowerment of Service Workers: What, Why, How, and When," *Sloan Management Review*, Spring 1992, 31–39; and Ray W. Coye and James A. Belohav, "An Exploratory Analysis of Employee Participation," *Group and Organization Management* 20, no. 1 (March 1995), 4–17.
66. Robert C. Ford and Myron D. Fottler, "Empowerment: A Matter of Degree," *Academy of Management Executive* 9, no. 3 (1995), 21–31.
67. Doug Kirkpatrick, "Self-Management's Success at Morning Star," *T+D*, October 2012, 25–27; and Gary Hamel, "First, Let's Fire All the Managers," *Harvard Business Review*, December 2011, 48–60.
68. Charles Perrow, "Departmental Power and Perspective in Industrial Firms," in Mayer N. Zald, ed., *Power in Organizations* (Nashville, TN: Vanderbilt University Press, 1970), 59–89.
69. Susan Miller, David Hickson, and David Wilson, "From Strategy to Action: Involvement and Influence in Top Level Decisions," *Long Range Planning* 41 (2008), 606–628.
70. Deborah Solomon, "Bair's Legacy: An FDIC with Teeth," *The Wall Street Journal*, July 7, 2011, C1.
71. D. J. Hickson, C. R. Hinings, C. A. Lee, R. E. Schneck, and J. M. Pennings, "A Strategic Contingencies Theory of Intraorganizational Power," *Administrative Science Quarterly* 16 (1971), 216–229; and Gerald R. Salancik and Jeffrey Pfeffer, "Who Gets Power—and How They Hold onto It: A Strategic-Contingency Model of Power," *Organizational Dynamics*, Winter 1977, 3–21.
72. William C. Rhoden, "The N.F.L. Backed Down for All the World to See," *The New York Times*, December 30, 2007, Sunday Sports section, 1, 3.
73. Pfeffer, *Managing with Power*; Salancik and Pfeffer, "Who Gets Power"; C. R. Hinings, D. J. Hickson, J. M. Pennings, and R. E. Schneck, "Structural Conditions of Intraorganizational Power," *Administrative Science Quarterly* 19 (1974), 22–44.
74. Also see Carol Stoak Saunders, "The Strategic Contingencies Theory of Power: Multiple Perspectives," *Journal of Management Studies* 27 (1990), 1–18; Warren Boeker, "The Development and Institutionalization of Sub-Unit Power in Organizations," *Administrative Science Quarterly* 34 (1989), 388–510; and Irit Cohen and Ran Lachman, "The Generality of the Strategic Contingencies Approach to Sub-Unit Power," *Organizational Studies* 9 (1988), 371–391.
75. Lorne Manly and Michael Cooper, "Hey Stars, Be Nice to the Stagehands. You Might Need a Loan," *The New York Times*, December 27, 2013, http://www.nytimes.com/2013/12/28/arts/hey-stars-be-nice-to-the-stagehands-you-might-need-a-loan.html?_r=0 (accessed June 5, 2014).
76. Emerson, "Power-Dependence Relations."
77. Jeffrey Pfeffer and Gerald Salancik, "Organizational Decision-Making as a Political Process: The Case of a University Budget," *Administrative Science Quarterly* (1974), 135–151.
78. Salancik and Pfeffer, "Bases and Use of Power in Organizational Decision-Making," 470.
79. Hickson et al., "A Strategic Contingencies Theory."
80. Pettigrew, *The Politics of Organizational Decision-Making*.
81. Robert Levine, "For Some Music, It Has to Be Wal-Mart and Nowhere Else," *The New York Times*, June 9, 2008, C1.
82. Hickson et al., "A Strategic Contingencies Theory."

83. Ibid.
84. Jennifer Smith, "Lawyers' In-House Roles Grow with New Regulation," *The Wall Street Journal*, November 5, 2012, http://online.wsj.com/news/articles/SB100014240529702047554045780991000235 66338 (accessed June 6, 2014).
85. John Carreyrou, "Nonprofit Hospitals Flex Pricing Power—In Roanoke, Va., Carilion's Fees Exceed Those of Competitors," *The Wall Street Journal*, August 28, 2008, A1.
86. Jeffrey Gantz and Victor V. Murray, "Experience of Workplace Politics," *Academy of Management Journal* 23 (1980), 237–251; and Dan L. Madison, Robert W. Allen, Lyman W. Porter, Patricia A. Renwick, and Bronston T. Mayes, "Organizational Politics: An Exploration of Managers' Perceptions," *Human Relations* 33 (1980), 79–100.
87. Gerald R. Ferris and K. Michele Kacmar, "Perceptions of Organizational Politics," *Journal of Management* 18 (1992), 93–116; Parmod Kumar and Rehana Ghadially, "Organizational Politics and Its Effects on Members of Organizations," *Human Relations* 42 (1989), 305–314; Donald J. Vredenburgh and John G. Maurer, "A Process Framework of Organizational Politics," *Human Relations* 37 (1984), 47–66; and Gerald R. Ferris, Dwight D. Frink, Maria Carmen Galang, Jing Zhou, Michele Kacmar, and Jack L. Howard, "Perceptions of Organizational Politics: Prediction, Stress-Related Implications, and Outcomes," *Human Relations* 49, no. 2 (1996), 233–266.
88. Ferris et al., "Perceptions of Organizational Politics: Prediction, Stress-Related Implications, and Outcomes"; John J. Voyer, "Coercive Organizational Politics and Organizational Outcomes: An Interpretive Study," *Organization Science* 5, no. 1, February 1994, 72–85; and James W. Dean, Jr. and Mark P. Sharfman, "Does Decision Process Matter? A Study of Strategic Decision-Making Effectiveness," *Academy of Management Journal* 39, no. 2 (1996), 368–396.
89. Jeffrey Pfeffer, *Managing with Power: Politics and Influence in Organizations* (Boston: Harvard Business School Press, 1992); and Pfeffer, "Power Play."
90. Amos Drory and Tsilia Romm, "The Definition of Organizational Politics: A Review," *Human Relations* 43 (1990), 1133–1154; Vredenburgh and Maurer, "A Process Framework of Organizational Politics"; and Lafe Low, "It's Politics, As Usual," *CIO*, April 1, 2004, 87–90.
91. Pfeffer, *Power in Organizations*, 70.
92. Madison et al., "Organizational Politics"; and Jay R. Galbraith, *Organizational Design* (Reading, MA: Addison-Wesley, 1977).
93. Gantz and Murray, "Experience of Workplace Politics"; and Pfeffer, *Power in Organizations*.
94. Daniel J. Brass and Marlene E. Burkhardt, "Potential Power and Power Use: An Investigation of Structure and Behavior," *Academy of Management Journal* 38 (1993), 441–470.
95. Pfeffer, "Power Play."
96. Robyn L. Brouer et al., "Leader Political Skill, Relationship Quality, and Leadership Effectiveness: A Two-Study Model Test and Constructive Replication," *Journal of Leadership and Organizational Studies* 20, no. 2 (2013), 185–198; Gerald R. Ferris et al., "Political Skill in Organizations," *Journal of Management*, June 2007, 290–320; "Questioning Authority; Mario Moussa Wants You to Win Your Next Argument" (Mario Moussa interviewed by Vadim Liberman), *The Conference Board Review* (November–December 2007), 25–26; and Samuel B. Bacharach, "Politically Proactive," *Fast Company*, May 2005, 93.
97. Joseph S. Nye, Jr., *Bound to Lead: The Changing Nature of American Power* (New York: Basic Books, 1990); and Diane Coutu, "Smart Power: A Conversation with Leadership Expert Joseph S. Nye, Jr.," *Harvard Business Review*, November 2008, 55–59.
98. Reported in Liberman, "Questioning Authority; Mario Moussa Wants You to Win Your Next Argument."
99. Anna Mulrine, "Harnessing the Brute Force of Soft Power," *US News & World Report*, December 1–December 8, 2008, 47.
100. Wesley Clark, "The Potency of Persuasion," *Fortune*, November 12, 2007, 48.
101. Study reported in Robert Cialdini, "The Language of Persuasion," *Harvard Management Update*, September 2004, 10–11.
102. Hickson et al., "A Strategic Contingencies Theory."
103. Pfeffer, *Power in Organizations*.
104. Jared Sandberg, "How Office Tyrants in Critical Positions Get Others to Grovel," *The Wall Street Journal*, August 21, 2007, B1.
105. Ferris et al., "Political Skill in Organizations"; and Pfeffer, *Power in Organizations*.
106. V. Dallas Merrell, *Huddling: The Informal Way to Management Success* (New York: AMACON, 1979).
107. Ceasar Douglas and Anthony P. Ammeter, "An Examination of Leader Political Skill and Its Effect on Ratings of Leader Effectiveness," *The Leadership Quarterly* 15 (2004), 537–550.
108. Vredenburgh and Maurer, "A Process Framework of Organizational Politics."
109. Pfeffer, *Power in Organizations*.
110. Ibid.
111. Jason Horowitz and Jim Yardley, "Pope with the Humble Touch Is Firm in Reshaping the Vatican," *The New York Times*, January 14, 2014, A1; and Jim Yardley and Gaia Pianigiani, "Pope Names Cardinals to Oversee Troubled Vatican Bank," *The New York Times*, January 16, 2014, A7.
112. Robert B. Cialdini, *Influence: Science and Practice*, 4th ed. (Boston: Allyn & Bacon, 2001); R. B. Cialdini, "Harnessing the Science of Persuasion," *Harvard Business Review*, October 2001, 72–79; Allan R. Cohen and David L. Bradford, "The Influence Model: Using Reciprocity and Exchange to Get What You Need," *Journal of Organizational Excellence*, Winter 2005, 57–80; and Jared Sandberg, "People Can't Resist Doing a Big Favor—Or Asking for One" (Cubicle Culture column), *The Wall Street Journal*, December 18, 2007, B1.
113. The Uses (and Abuses) of Influence" (an interview with Robert Cialdini), *Harvard Business Review*, July–August 2013, 76–81.
114. Raymond Hernandez and David W. Chen, "Keeping Lawmakers Happy Through Gifts to Pet Charities," *The New York Times*, October 19, 2008, A1.
115. Norimitsu Onishi and Ken Belson, "Culture of Complicity Tied to Stricken Nuclear Plant," *The New York Times*, April 27, 2011, A1.
116. Cohen and Bradford, "The Influence Model."
117. Marilyn Moats Kennedy, "The Death of Office Politics," *The Conference Board Review*, September–October 2008, 18–23.
118. Pfeffer, *Power in Organizations*.
119. Damon Darlin, "Using the Web to Get the Boss to Pay More," *The New York Times*, March 3, 2007, C1.
120. Steven R. Weisman, "How Battles at Bank Ended 'Second Chance' at a Career," *The New York Times*, May 18, 2007, A14.
121. Kanter, "Power Failure in Management Circuits"; and Pfeffer, *Power in Organizations*.
122. This case was inspired by G. Pascal Zachary, "Many Journalists See a Growing Reluctance to Criticize Advertisers," *The Wall Street Journal*, February 6, 1992, A1, A9; and G. Bruce Knecht, "Retail Chains Emerge as Advance Arbiters of Magazine Content," *The Wall Street Journal*, October 22, 1997, A1, A13.

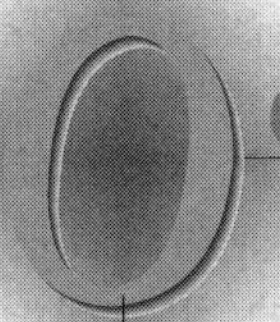

译后记

（第7版）

译者由于进修学习、访问研究和应邀讲学的缘故，拜访过北美和欧洲的一些管理学院以及国内某些中外合办的工商管理教育项目（如北京的中加管理学院），发现理查德·L. 达夫特教授著的《组织理论与设计》一书得到了广泛的使用。也许因为受到广泛范围的关注和使用，这本教材自 1985 年首次出版以来，在 16 年时间内就修订到了第 7 版，接近每两年就修订一次。使用或阅读过这部教材的人，普遍发自内心地赞扬这本书具有时代性强、信息量大、逻辑清晰、概念明确、生动易懂和适合教学之用等诸多优点。

其实，早在 1987 年这本教材的第 2 版出版时，中国人民大学访美归来的吴培良教授在指导工业企业管理专业硕士研究生专业英语学习过程中，就竭力推荐和安排翻译了这部篇幅宏大但引人入胜、充满新意的、在北美院校中广为使用的组织理论教程。当时在读的 5 位硕士研究生王凤彬、张宜正、刘翔、高正崎、刘建良，在吴教授指导下分别执笔翻译了全书第 1～3 章、4～6 章、7～9 章、10～11 章、12～13 章。手写的中文译稿交到杨文士教授手中后，杨教授不辞辛苦地花了数月时间仔细审校了译稿近一半内容，其余的部分则由张宜正配合王凤彬进行了审校和最后统稿。这本译稿最初曾以内部资料方式印刷后作为教学参考书在人大企业管理专业硕士生和博士生有关课程学习中使用，从中得到了有益的反馈意见。最终的审定稿于 1989 年底交付北京的一家出版社，但由于与美方出版社版权联系过程中出现耽搁以及该教材英文新修订版已经面世，加之国内出版界当时比较现实的出版经费问题等困扰，这本花费了我们大量心血和盼望已久的译著最终没有如期出版。

时隔整整一个年代之后，擅长工商管理译著选题策划的出版社编辑在 1999 年春向译者重提了翻译此书的动议，并将美方出版社寄来的英文第6版原著送给了译者。为了却这一不能忘怀的心愿,也为了让国内不少对这本教材青睐的读者能在阅读英文原著(东北财经大学出版社已在1998年出版了该书第6版的英文影印版)的同时以我们自己习惯的中文方式来领略这本北美教材的独特风格和领悟其中发人深省的精妙思想,我们决定重译此书。没想到好事竟如此多磨!就在我们准备翻译《组织理论与设计》第6版的时候,机械工业出版社已经捷足先登,推出了达夫特教授在该版本教材基础上简编的《组织理论与设计精要》一书。为避免雷同,我们翻译的计划再次搁浅了。直到世纪交替之际看到了该教材的第7版,发现这最新版本比前一版本又有了很大的改动,我们这才有了重新翻译这本巨幅教程的动力和决心。

应该指出,尽管经多次修订后的《组织理论与设计》最新版本与最初我们翻译的第2版相比,在结构安排、理论动态、案例材料甚至文字叙述方面都有了很大变动,但最初译稿对一些概念和专有词汇的译法对本次翻译工作颇有助益。尤其需要指出的是,吴培良教授在我们先前译者在第2版翻译过程中给予的非常有见地和悉心的指导,以及杨文士教授对第2版译稿的细致入微而又画龙点睛般的审校,都对我们本次新版教材的翻译和审校工作有重要的奠基和启发作用。虽然本译著的译校者名单中没有吴教授、杨教授的署名,但他们的贡献是绝对不可忽略的。另外,南开大学国际商学院李维安教授主持翻译的《组织理论与设计精要》一书,也对本书翻译起一定的参照作用。北京当代商城总裁办的王君祥先生在阅读了本书初译本后对一些公司名和品牌名称的规范译法提出了宝贵的建议,并以E-mail方式给我们发来了书面意见。审校者的博士生崔玉和硕士生赵明红、朱超威也在学习中查找出了多处翻译欠妥当的地方。对来自各方面的有形和无形的贡献、支持及帮助,我们谨在此表示衷心的感谢。

本书翻译工作的分工是:第1～5章正文部分及词汇表由王凤彬翻译,第1～2章、第3～4章和第5章的引例、应用案例、教学案例、成功的组织设计及新书评介分别由刘松博、吴勇军和赵建龙翻译,第6～10章由张秀萍翻译,第10章和第11章由李海翻译,第12章和第13章由桑强翻译。王凤彬对全书进行了全面、细致的审校。赵民杰作为本译稿的第一读者及审校者的科研助理,对校对后的电子版译稿进行了文字差错检查和订正,并帮助翻译和审订了书中的部分人名、地名及公司名。张秀萍配合王凤彬翻译了前言。

虽然本译作是多人智慧的结晶,但凡译稿中出现的问题将由最新版本的译者和审校者负责。有不妥当之处,恳请广大读者批评指正。

译校者:王凤彬

写于第7版中译本完稿时(2001年10月),修改于重印前(2004年2月)

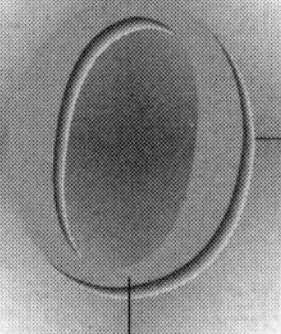

译后记
（第12版）

达夫特教授的《组织理论与设计》已经迎来了它的第12个版本。连续三次参与新版本的翻译工作，让我对这本书有了特别的感情。感谢王凤彬教授对我的充分信任，感谢清华大学出版社梁云慈编辑给予我的大力支持！虽然对这本书已经不再陌生，但是每次版本更新都是一次新的征程。我深知，唯有继续努力，才能不辱使命。

第11版的翻译和出版恍如还在昨日，第12版已经悄然而至。新版《组织理论与设计》相较于第11版有较多改动和更新。首先，著者在章节内容上进行了更新和调整，尤其是第8章的更新幅度非常显著，对组织决策和管理控制系统方面的内容做了大幅调整，并增加了社交商业和大数据方面的大量内容。其次，各章都增加了一些新概念和新理念，比如去领导化组织设计、自觉资本主义、创新竞技、破坏性创新的几个阶段等。这些新概念和新理论是组织理论与企业实践相结合的成果和表现，是组织理论兼顾经典与前沿、与时俱进、生生不息的使命所然。最后，对用于说明相关概念和理论的案例进行了大幅更新，本版共更新了52个应用案例和7个教学案例，相较于第11版的案例更新幅度更大。案例的形式上，相较之前版本也有了一些新特征，尤其是以成对案例对比说明的形式出现，比如亚马逊与沃尔玛、苹果与三星、巴诺书店与亚马逊、门洛创新与FAVI、塔可钟与菲多利。

如同企业的成长和发展一样，组织理论在不断变化的商业实践中演进和进步。新的组织理论和概念与新的商业实践相互融合，共同提升，从而理论创新指导了实践改革，实践发展又促进了理论突破。在瞬息万变的商业环境中，新的组织形式和业务模式不断出现，催生了大量的新事物和新潮流。企业组织方式发生着变化，顾客消费习惯也发生着变化，组织理论既要适应不断变化的商业实践，也必须不断推陈出新，保持其前沿性和先进性。第12版《组织理论与设计》是达夫特教授执着追求理论创新与发展的成果体现,也凝聚着企业实践的精华。新版《组织理论与设计》从理论到案例,都紧跟时代发展步伐,兼具理论的高瞻远瞩与实践的脚踏实地,对组织理论学习和企业组织变革都具有启发性意义。同时,书中大部分案例所选取的企业都为人们所熟知,我们在日常生活中能够接触到这些企业的产品或服务,这有利于学生在理论学习中联系实际。

在以前版本各位参译者努力的基础上,本版次的翻译工作继续由我负责组织,并承担了各章节的查核、翻译和校对工作。王凤彬教授一直密切关注本书的翻译进展,给了我很多有益指导和方向性建议。刘希婧、郑姗姗、陈枝旺参与了本版部分案例的翻译工作。

达夫特教授孜孜不倦地探索和追踪组织理论的新发展,推动《组织理论与设计》迈向了它的第12个青春。这种执着精神为这本书赋予了强大的生命力。著者的研究无终结,我对这本书的关注也会一直在路上。

由于我个人及其他参与者的翻译水平及专业水平比较有限,书中难免出现疏漏和表达不当之处,敬请各位读者批评指正。

石云鸣

2016年9月11日

教学支持服务

圣智学习出版公司（Cengage Learning）作为为终身教育提供全方位信息服务的全球知名教育出版公司，为秉承其在全球对教材产品的一贯教学支持服务，对采用其教材的每位老师提供教学辅助资料。任何一位通过 Cengage Learning 北京代表处注册的老师都可直接下载所有在线提供的、最为丰富的教学辅助资料，包括教师用书、PPT、习题库等。

鉴于部分资源仅适用于老师教学使用，烦请索取的老师配合填写如下情况说明表。

教学辅助资料索取证明

兹证明__________大学__________系/院__________学年（学期）开设的__________名学生□主修 □选修的____________课程，采用如下教材作为□主要教材或□参考教材：

书名：____________________

作者：____________________ □英文影印版 □中文翻译版

出版社：____________________

学生类型：□本科 1/2 年级 □本科 3/4 年级 □研究生 □MBA □EMBA □在职培训

任课教师姓名：____________________

职称/职务：____________________

电话：____________________

E-mail：____________________

通信地址：____________________

邮编：____________________

对本教材建议：____________________

系/院主任：__________（签字）

（系/院办公室章）

________年________月________日

* 相关教辅资源事宜敬请联络清华大学出版社或圣智学习出版公司北京代表处。

清华大学出版社
北京市海淀区清华园学研
大厦 B 座 506 室
邮编：100084
Tel：（8610）62770175-4506
Fax：（8610）62775511，62775445
E-mail：Liangyc@tup. tsinghua. edu. cn

Cengage Learning Beijing Office
圣智学习出版集团北京代表处
北京市海淀区科学院南路 2 号融科资讯中心
C 座南楼 12 层 1201 室
Tel：（8610）8286 2095/96/97
Fax：（8610）8286 2089
E-mail：asia. infochina@cengage. com
www. cengageasia. com